KB212469

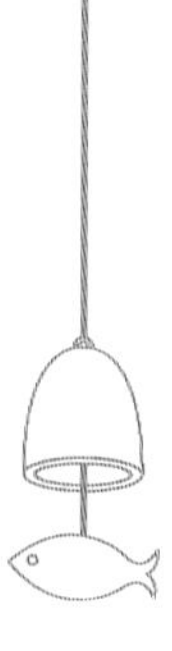

우리말 불교개념 사전

2

| 세계관 |

동국대학교 세계불교학연구소

고 영 섭 편

박문사

일러두기:

1. 이 사전은 인간관(1책), 세계관(2책), 수행론(2책)으로 분류한 123개 개념을 전5책에 담은 우리말 불교개념 사전이다.
2. 빠알리어표기는 첫 음의 경우 격음을 지양해 경음으로 표기하였다.
   Pali – 빠알리어
3. 범어표기는 첫 음의 경우 경음을 지양해 평음으로 표기하였다.
   Sanskrit – 산스크리트
4. 티베트어표기는 첫 음의 경우 경음을 지양해 격음으로 표기하였다.
   Tibetan – 티베탄
5. 이미 우리말로 굳어진 한자어의 음은 한자로 표기하지 않았다.
6. 각 원고 말미에는 집필자의 이름과 소속을 덧붙였다.
7. 기타

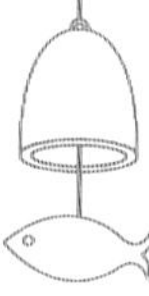

| 서문 |

무릇 사전은 한 문명을 이해하는 척도이자 한 학문을 인식하는 지도이다. 지도가 공간의 표상을 일정한 형식을 이용해 표현한 것이라면, 척도는 자료를 수집할 때 관찰된 현상에 하나의 값을 할당시키기 위하여 사용하는 측정과 평가의 기준이다. 이처럼 문명 이해의 척도이자 학문 인식의 지도인 온전한 사전의 유무는 해당 문명의 정도와 해당 학문의 수준을 가늠해 준다.

붓다에 대한 연구인 전승 불학과 붓다의 가르침에 대한 연구인 근현대 불교학 사이에는 연속과 단절이 존재한다. 전승 불학에서는 계정혜학과 불선유학의 연속성이 확인되지만 근현대 불교학에서는 계정혜학과 불선유학의 지속성이 확인되지 않는다. 연속성 속에서는 전승 불학의 특징과 특성이 강하게 발휘되지만 불연속성 속에서는 근현대 불교학의 특징과 특성이 강하게 발휘된다. 이 때문에 이 시대를 사는 인문학도와 불교학도는 전승 불학과 근현대 불교학의 연속과 불연속을 통섭해 이들의 강점과 장점을 원용하고 변용해 새로운 인문학과 불교학을 전개해야 할 과제를 지니고 있다.

민족 사학인 동국대학교는 우리나라에서 가장 오래된 배움터이다. 고구려 소수림왕 2년(372)년에 수도 집안에 들어온 순도가 전해온 불교를 공인하면서부터 그가 머문 초문사가 대학의 역사가 시작된 곳이기 때문이다. 우리나라의 고대 고구려 백제 신라 가야 사국의 교육은 대개 유학을 중심으로 한 관학과 불학을 중심으로 한 사학을 중심으로 전개해 왔다. 정부 주도의 관학과 달리 특히 민간 주도의 사학은 불교 사찰의 강원을 중심으로 교육이 이루어져 왔다. 신라 중기에 선법이 전래되면서부터는 선원에서도 교육이 이루어져 왔다.

고려시대 정종 때에는 관학과 함께 사학인 불교를 공부하는 이들을 위해 장학재단 광학보가 설치되었다. 조선후기에는 강원과 선원 및 염불원의 삼원을 중심으로 삼문 수행이 이루어졌다. 대한시대에 들어서 전국 16개 중법산 이상의 사찰에서 출자하여 중앙의 불교 사찰 원흥사에서 명진학교(1906)를 개교하였다. 명진학교는 이후 불교사범학교(1910~1914), 불교고등강숙

(1914~1915), 불교중앙학림(1915~1922), 불교학원(1922~1928), 불교전수학교(1928~1930), 중앙불교전문학교(1930~1940), 혜화전문학교(1940~1946), 동국대학(1946~1953), 동국대학교(1953~현재)로 이름을 바꾸어가며 이어져 오고 있다.

2003년 당시 편자는 우리 불교학의 지형을 제고하기 위해 불교학과의 젊은 교수들 중심으로 단권의 『우리말 불교개념 사전』을 기획하였다. 그런데 이 사실이 서윤길 대학원장님에게 알려지면서 이 기획을 동국대학교의 개교 100주년을 준비하는 사업으로 확대하자는 제안을 받았다. 그 결과 홍기삼 총장님의 동의 아래 학교출판부의 원고료 지원과 사전 간행 지원이라는 전향적인 방향으로 확장되었다. 그리하여 동국대학교의 뿌리가 된 불교학과 창설 100주년을 준비하기 위해 불교학과 교수들 중심으로 『우리말 불교개념 사전』을 편찬하기 위한 준비위원회가 구성되었다.

준비위에서는 이렇게 분류와 책수 및 집필 형식을 확정하고 108명의 박사 필자들에게 125개의 표제어를 150~200매 분량으로 청탁하였다. 이러한 일련의 준비 과정은 지난 한 세기 동대를 중심으로 한 국내 불교연구의 성과를 집대성하는 작업이었다. 이 때문에 당시 우리나라 인문학계에서는 이제까지 들은 적이 없는 『우리말 불교개념 사전』 편찬의 의미와 가치에 대해 큰 관심을 가지고 있었다. 그때 사전 간행을 위한 원고청탁서에는 이 사전의 집필 방향과 편찬 내용이 잘 나타나 있다.

불교에는 수행의 실제를 이론화한 무수한 개념들이 있습니다. 그 개념들은 깊고 넓은 시공간적 의미를 머금고 있기 때문에 인간(존재)과 세계(우주)와 수행(해탈)에 대한 불교의 깊고 넓은 의미 영역에 대한 올바른 이해를 위해서는 '개념사전'이라는 이정표가 필수적으로 요청됩니다. 먼저 각 개념들에 대한 온전한 이해를 위해서는 해당 개념의 1) 어원적 근거 및 개념 풀이, 2) 역사적 맥락 및 텍스트별 용례, 3) 인접 개념과의 관계 및 현대적 논의, 4) 출전 근거와 참고 문헌 등에 대한 탐색이 전제되어야만 합니다. 이들 네 축에 입각한 유기적이고도 포괄적인 이해 위에서 비로소 불교를 온전히 파악할 수 있게 됩니다.

불교사전은 불교를 이해하는 척도가 됩니다. 하지만 종래의 불교사전은 소항목 중심에다 단순한 개념 풀이에 머물러 있어 1) 어원적 근거 및 개념 풀이, 2) 역사적 맥락 및 텍스트별 맥락의 용례, 3) 인접 개념과의 관계 및 현대적 논의, 4) 출전 근거와 참고 문헌 등을 집중적으로 제시한 전문 사전은 아직까지 존재하지 않았습니다. 몇몇 불교사전들 일부에서 위의 몇 축이 제시되었다 해도 지극히 얕은 수준에서 산발적으로 나열되었을 뿐, 이들 네 축이 유기적으로 제시되거나 체계적으로 해명된 예의 사전은 없었습니다. 따라서 종래의 사전들은 단편적이고 주변적인 글자풀이의 수준에 머물러 있어 해당 개념에 대한 종합적 이해가 이루어질 수 없었습니다.

우리가 준비하는 『우리말 불교개념 사전』은 해당 개념마다 불교고전어인 범/파/장/한문과 중국어 및 영어에 이르는 어원적 근거, 각 개념의 시대별 및 텍스트별 용례 분석과 설명을 제시하는 역사적 용례, 해당 개념과 유관한 개념과의 동이 구분을 통한 인접 개념과의 관계 및 현대적 의미, 출전 근거(1차 자료)와 참고 문헌(2차 자료 이상)의 제시를 통하여 종래에는 찾아볼 수 없었던 전혀 새로운 의미의 사전이 될 것입니다.

이러한 네 가지 특징을 담은 새로운 형식의 『우리말 불교개념 사전』은 이미 오래전부터 요청되어 왔습니다. 하지만 우리 불교학계의 인적 물적 인프라의 미약 등으로 인해 아직까지 이루어지지 못했습니다. 『우리말 불교개념 사전』은 이러한 요구를 충실히 담아 불교개념에 대한 본질적 이해와 유기적 이해를 아울러 가능하게 해 줄 것으로 믿습니다.

편자는 기획과 편찬준비위원회를 대표하여 동료 교수들과 함께 수습된 원고를 모아서 '인간관'과 '세계관'과 '수행론'의 분류 아래 총5책 123개의 원고를 엮었다. '인간관'을 다룬 제1책에는 '붓다' 등 26개 개념, '세계관'을 다룬 제2책과 제3책에는 각기 '연기' 등 25개 개념과 '보법' 등 23개 개념, 그리고 '수행론'을 다룬 제4책과 제5책에는 '일념삼천' 등 23개 개념과 '삼도' 등 26개 개념을 담았다.

기존의 사전과는 차별성을 갖는 상위 범주 네 축과 하위 범주 포함 여덟 축의 구조는 이 사전의 독자적인 면모라고 할 수 있다. 이 사전은 불교정신에 기초해 창학한 민족 사학 동국대학교의 불교학과가 창설 100주년을 맞이하여 준비하는 『우리말 불교개념 사전』이라는 점에서 '동대 전인교육 백년'과 '불교연구 백년의 성취'를 아울러 담아내고 있다.

동국대학교 창학 100주년과 불교학과 창설 100주년을 기념하여 준비한 『우리말 불교개념 사전』(전5책)이 우여곡절 끝에 기획과 집필 및 교정과 간행에 이르기까지 예정보다 크게 늦어 118주년이 되는 금년에서야 겨우 간행할 수 있었다. 그 사이 원고를 집필을 해 주신 여러 필자들과 이미 세상을 떠나신 필자들께 감사와 위로의 마음을 전하고 싶다. 처음 『우리말 불교개념 사전』 편찬의 발의와 기획을 도맡았던 편자는 이 막중한 책임을 피할 수 없어 늦게나마 불사를 마무리하고자 폐기한 사전 원고를 출판부에서 넘겨받았다. 그 원고의 교정을 거듭한 끝에 편자와 동국대학교 불교대학 세계불교학연구소 이름으로 편찬을 마무리하기로 했다.

『우리말 불교개념 사전』 편찬을 위해 물심양면으로 지원해 주신 당시 동국대학교 홍기삼 총장님, 대학원 서윤길 원장님, 출판부 이철교 부장님, 그리고 편찬위원인 불교학과 박인성, 우제선, 신성현, 지창규, 고영섭, 김종욱 교수님께 감사를 드린다. 또 사전 원고를 읽고 꼼꼼히 교정해 준 동국대 연구교수 오지연 박사, 불교학과 박사반 박경미 원생에게도 감사를 드린다. 아울러 이 사전이 세상에 나올 수 있게 인내하며 출판해 주신 윤석현 박문사 사장님, 인연을 맺어주신 권석동 부장께도 감사를 드린다.

2024년 2월 9일
동국대학교 불교대학 세계불교학연구소
소장 고영섭 합장

|차 례|

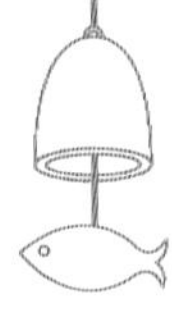

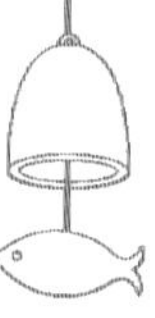

연기

범 pratītya-samutpāda 빠 paticca-samuppāda 장 rten-ciṅ-ḥbrel-bar ḥbyuṅ-ba 한 緣起 영 arising from conditional causation

Ⅰ. 어원적 근거 및 개념 풀이

1. 어원적 근거

연기(緣起)는 빠알리어로 'paṭicca-samuppanna(paticca-samuppāda)', 범어로 'pratītya-samutpāda', 서장어로는 'rten-ciṅ-ḥbrel-bar ḥbyuṅ-ba'라고 하며, 영어로는 'arising from conditional causation'으로 번역된다. 연기(pratītya-samutpāda)는 합성어로 이뤄져 있는데, '연(緣, pratītya)'과 '기(起, samutpāda)'로 나눠진다.

『중아함경』 권7에서는 "만약 연기법을 알면 곧 법을 볼 수 있고, 법을 볼 수 있으면 곧 연기법을 알 수 있다"[1]라고 하였는데, 이를 통해 연기는 불교 교리의 핵심이라는 것을 알 수 있다. 『잡아함경』 권12에서는 "연기법이라

1 『중아함경』 7, 「사리자상응품」, 「상적유경」 (『大正藏』 1권, 467상)

는 것은, 내가 만든 것도 아니고, 그렇다고 어느 다른 사람이 만든 것도 아니다. 그러므로 저 여래(如來)가 이 세상에 출현하거나 출현하지 못하더라도 [연기법은] 법계에 항상 존재한다. 여래는 스스로 이 법을 터득해서 정등정각(正等正覺)을 이루어서 모든 중생을 위하여 분별하여 말씀해주시고 열어서 보여주신다. 말하자면, '이것이 있음으로 저것이 있고, 이것이 생겨나므로 저것이 생겨난다'는 것이니, 즉 무명을 연하여 행이 있고, 내지 하나의 커다란 고온(苦蘊)의 집(集)이 있게 된다. 이것이 없음으로써 저것이 없고, 이것이 멸함으로써 저것이 멸한다. 즉 무명이 멸하므로 행이 멸하고 내지 하나의 커다란 고온의 멸(滅)이 있게 된다"[2]라고 하였다.

또 『구사론』[3]에는 원어[pratītya-samutpāda]의 어의에 관하여 prati-√itya, sam-ut-pāda를 분석하여, prati는 '이르다[至]'의 의미이고 √i는 '가다'의 의미이니, 여기서 tya라고 하는 것은 절대법(絕對法)의 어미가 붙어서 itya로 되고, 이 itya는 '가고'로 된다. 다음 prati라고 하는 접두사의 도움에 의해 '간다'라고 하는 어근의 의미가 바뀌어서 '연하여'라는 의미로 된다. 이것이 pratītya의 의미이다. 다음 sam은 '화합(和合)'의 의미이고, ut는 '상승(上昇)'의 의미이고 padā는 √pad에서 만들어진 말로 '유(有)'의 의미이고, '유'가 '화합'과 '상승'의 도움을 빌어 '기(起)'로 된다. 이것이 samutpāda의 의미이다. 따라서 전체적인 의미는 '유(pāda)의 법이 연에 이르러서 화합하고 승기(昇起)한다'는 의미로 해석이 될 수 있다. 『구사론』의 범본(梵本)에는 현장(玄奘) 역(譯)처럼 자세하지 않으나 같은 뜻으로 실려 있다. 월칭(月稱, Candrakīrti)의 해석에 있어서도 이와 유사한데, 중관파에서는 법을 공(空)으로 보기 때문에 √pad를 '유'라고 보지 않고 '출현(出現)'의 의미로 해석한다. 따라서 '인과 연이 상대하여 모든 존재가 생기(生起)하는 것이 연기의 의미이다'라고 설명하고 있다. 『구사론』[4]에 다음과 같은 경량부(經量部) 계통의 슈리라다의 설명도 나타난다. 유부(有部)에서는 법은 일찰나(一刹那) 사이에 존재하는 것으로 보기 때문에 그 일찰나 사이에 제법과 제법과의 상호관계를 연기로 설명하려고 한다. 그러나 경량부에서는 유위법(有爲法)은 찰나멸(刹那滅)하여 찰나도 머물지 않는다고 본다. 그렇기 때문에 '간다'의 √i를 '머무르지 않는다[無住]'(an-avasthāyin)라고

2 『잡아함경』 12(299) (『大正藏』 2권, 85중)
3 『구사론』 9 (『大正藏』 29권, 49하)
4 『구사론』 9 (『大正藏』 29권, 50하); 『구사론석』 7 (『大正藏』 29권, 207하)

해석하고, √pad를 월칭과 같이 '출현'의 의미로 해석한다. prati를 '종종(種種)', '반복'의 의미로 해석하여서 결국 '여러 가지 인(因)의 화합으로 적합한 것, 즉 멸(滅)하는 것은 취집(聚集)에 의하여 일어나는 것'을 연기의 의미로 해석한다. 이러한 해석은 찰나멸 하는 것이 어떻게 연기관계에 들어가는가 하는 문제에 해답을 줄 수 있다. 그러나 prati를 '종종'의 의미로 해석하면 pratītya에 '연(緣)'의 의미가 잘 드러나지 않는 점이 곤란하다. 이런 점 때문에 세친(世親, Vasubandhu)과 월칭은 이런 해석에 찬성하지 않았다.[5]

또 『순정리론』[6]에서는 다음과 같이 해석하고 있다. 즉, prati는 현전(現前)의 뜻이고, √i는 유(有)의 뜻이니, √i 가운데 많은 뜻이 있기 때문이다. 앞의 prati로 말미암아 √i는 연(緣)을 이룬다. tya는 이(已)의 뜻이니 이것은 화합하여 의지하는 바이다. 변화하여 이루어진 abhisam은 화합의 뜻이고, ut는 상승의 뜻이며, √pad는 유(有)의 의미이다. ut를 앞에 세움으로 말미암아 √pad는 기(起)의 뜻이 된다. 결국 연(緣)의 현전에 이미 화합하여 유법(有法)이 승기(昇起)한다는 것이니, 이것이 연기의 뜻이다.

연기의 개념은 모든 유위법(有爲法)의 존재는 여러 가지 조건 곧 인연(因緣)에 의해서 잠시 존재한다. 조건에 따라서 변화하므로 무상(無常)하고, 독립적 존재성을 가질 수 없으므로 무아[공]이므로 서로 의존하여 존재한다. 이와 같이 인연에 의하여서 성립되어 있는 존재를 연생(緣生), 연생법(緣生法), 또는 연이생(緣已生), 연이생법(緣已生法)이라고 한다. 즉, 모든 현상은 무수한 원인인 인(因, hetu)과 조건인 연(緣, pratyaya)이 상호 관계하여 성립되므로 독립·자존적인 것은 없다. 또 여러 가지 조건이 없으면 결과도 없다는 것이다. 따라서 일체 현상의 생기소멸(生起消滅)의 법칙을 연기라고 한다.

상좌부의 『청정도론』[7]에는 "연기라고 하는 것은 연(緣)의 법이고, 연이생법이라는 것은 여러 가지의 연에 의하여 생기는 법이다"라고 설하고 있다. 예컨대 이것을 십이연기에서 본다면 "무명을 연(緣)하여 행이 있다"고 할 때, 연이 되는 무명은 '연기'라는 의미이다. 이 연에 의하여 생하는 '행'은 "연이생법(緣已生法)"이라는 의미이다. 또 "연하여서 그것이 다시 일어나기 때문에 연기라고 한다"는 의미이기도 하다. 능생(能生)의 연과 소생

5 平川 彰, 『佛教思想の諸問題』(東京: 春秋社, 1976), 21~22면.
6 『순정리론』 25 (『大正藏』 29권, 481상중)
7 『남전대장경』 64권, 156~161면.

(所生)의 연이 곧 하나로 포착된다.[8]

2. 개념 풀이

초기 경전에 나타난 연기사상을 부파불교에 들어와서는 각 부파에 따라 여러 가지 설명을 보이고 있다. 가장 기본적이고 보편적인 형태는 십이연기의 삼세양중인과설(三世兩重因果說)이다. 근래에 들어 현대불교학자들은 이러한 전통적인 해석에 비판을 제기하고 있다. 연기에 대하여 전통적인 해석과 현대의 비판적인 해석으로 나누어 설명해 보면 다음과 같다.

1) 전통적 해석

『구사론』의 연기설

『구사론』에서는 부파시대의 여러 해석을 크게 네 가지로 정리하고 있다. 즉, ①찰나(刹那, **kṣaṇika**)연기 ②연박(連縛, **sāmbaṃdhika**)연기 ③분위(分位, **āvasthika**)연기 ④원속(遠續, **prakarṣika**)연기인데, 이 중의 세 번째인 분위연기에 석존의 본의(本義)가 있다고 주장하고 있다.[9] 여기서 찰나연기란 한 찰나에 십이연기가 갖추어져 있다는 해석이고, 연박연기는 12지(支)가 12찰나에 각각 대응하여 연속한다는 해석이다. 또한 분위연기는 이른바 삼세양중인과설이며, 원속연기는 12지의 인과가 다생(多生)에 걸쳐 일어난다는 해석이다. 그리하여 십이연기의 진의(眞意)가 분위연기, 즉 삼세양중인과에 있다는 해석은 후대의 논사들이 거의 대부분 수용하게 된다. 삼세양중인과설은 다음과 같은 내용이다. 즉, 태생학적(胎生學的) 모태(母胎)라고 할 수 있는 이 연기설은 십이연기의 12지[무명(無明)·행(行)·식(識)·명색(名色)·육입(六入)·촉(觸)·수(受)·애(愛)·취(取)·유(有)·생(生)·노사(老死)의 12항목] 가운데서 무명과 행은 과거세(過去世)의 2인(因)이고, 식·명색·육입·촉·수의 5지는 현재세(現在世)의 오과(五果)로 본다. 이런 과거세와 현재세 사이에 일중(一重)의 인과(因果) 관계가 성립된다. 또한 나머지 애·취·유 등 3지는 미래세(未來世)의 과(果)를 인생(引生)할 현재세의 삼인(三因)으로 보고, 마지막 생·노사의 2지는 현세의 삼인으로 말미암아 일어날

8 平川 彰, 앞의 책, 23면.
9 『구사론』(『大正藏』 29권, 48하)

미래세의 이과(二果)로 본다. 그리하여 다시 현재세와 미래세 사이에 일중(一重)의 인과(因果) 관계가 이뤄진다. 이렇게 하여 결국 삼세[과거세, 현재세, 미래세]에 걸친 양중[現·過 一重, 現·未 一重]의 인과, 즉 삼세양중인과가 성립하는 것이다. 여기서 과거 2인(因)은 전제(前際)의 2지분(支分)에 해당되고 현재 5과(果)와 현재 3인(因)은 중제(中際)의 8지분이 되며, 미래 2과(果)는 후제(後際)의 2지분에 해당된다. 그리고 과거의 무명은 현재의 애·취와 동일한 것이므로 그 이전에 다시 식·명색·육입·촉·수 등이 있게 되고, 미래의 노사는 현재의 명색·육입·촉·수에 상응하므로 그 후에 다시 애·취·유 등이 따르게 된다.[10]

『분별론』의 연기설

『분별론』 제6장 「연기품」에는 경분별(經分別)과 대법분별(對法分別)이 있는데, 대법분별에 다음과 같이 연기를 설명하고 있다. 즉, 12의 고온(苦蘊)의 요인을 네 종류로 두고 있다. 네 가지 모두 12지의 연쇄가 전고온(全苦蘊)의 요인으로 보고 있다. 네 가지란, 식(識)-명(名)-제육처(第六處)-촉(觸), 식-명-촉, 식-명색(名色)-제육처-촉, 식-명색-육처(六處)-촉 등이다. 이 가운데 네 번째[식-명색-육처-촉]가 일반적인 십이연기의 형태를 띠고 있으나, 『분별론』에서는 앞의 삼항(三項)을 중시한다. 특징은 명색 가운데 색(色)이 결여되어 있다. 이는 윤회의 사실이나 고온(苦蘊)의 발생을 식심의 흐름으로 설명하려는 특징이 있다. 또, "무명에 연(緣)하여 행이 있고, 무명을 인(因)으로 하는 - 무명상응이며, 무명을 연하여 행이 있고, 행을 연하여서도 무명이 있다"고 하여, 인연(因緣)·상응(相應)과 연(緣)·상호연(相互緣)을 설하고 있다. 사연(四緣), 오인(五因)과 팔연(八緣)을 십이연기의 해설과 연관하는 형태로 설하고 있다. 이것은 십이연기를 미혹한 실태로 보여주기 위하여 든 것이며, 이것을 일반화하는 형태로써 사연(四緣)·오인(五因)을 나타내고 있다.

2) 현대의 비판적 해석

현대의 많은 불교학자들은 전통적 삼세양중인과설을 비판하고 다양하

10 박경준, 「初期佛敎의 緣起相依說 再檢討」, 『한국불교학』 제14집(서울: 한국불교학회, 1995), 121~122면 참조.

계 새로운 해석을 주장한다. 12지의 연기관계(緣起關係)는 전통적으로 해석하는 시간적 인과관계가 아니라는 것이다. 즉, 논리적인 조건과 귀결의 관계라고 하는 무시간적(無時間的)이고 상의상관적(相依相關的) 연기관계라고 한다. 어떤 설은 논리적이고 동시에 시간적으로도 해석될 수 있다는 통합론적(統合論的) 해석도 제기하고 있다. 현대에는 이런 다양한 해석을 주장하고 있다.[11] 대표적인 해석은 다음과 같다.

무시간적 상의성 해석

"상의적 연기관은 12지 하나하나가 원인·결과의 관계순서로 설해져 있는 것은 아니고, 오로지 조건과 귀결의 관계를 추구하여 열거하였던 것이다. 각 지(支)는 상의상관적 관계에 있는 것을 조건을 추구하여 순서를 세웠던 것이다"[12], "모든 것은 상호에 관계하여 합하여 있고 이 상호간에 관계하여 합하여 있는 것을 연기라고 한다. 연기와 상의(相依)는 동일한 의미이다"[13]라고 하여, 연기를 인연론(因緣論)으로 이해하고 있으며, 또한 그 연기의 지분(支分)을 개념상의 구별로 보고 있다. 십이연기를 삼세에 걸쳐 윤회한다는 태생학적인 시간관계로 보지 않고, 각 지분을 상의상관적 화합으로 보는 인연론은 결국 지분의 의미가 비시간적(非時間的)으로 이해된다. 개념상의 구분이란, 노사(老死)는 무상(無常)·고(苦)의 법칙이고, 생(生)은 무상·고의 일반적 개시이고, 유(有)는 존재일반이고, 취(取)는 고집(固執)이고 등 12지의 각 지분을 철저히 개념상의 법으로 보는 관점이다.

통합적 연기 해석

무시간적 상의상관적 해석에 전통적 시간적 해석을 절충·통합하려는 해석이다. 즉 십이연기를 해석하는데 있어서, 범부의 '내면적 구조'를 무명에서 유에 이르는 10지분의 무시간적 상의상관의 관계로서 규정한다. 이러한 '내면적 구조'가 인(因)이 되어 생(生)·노(老)·사(死)·수(愁)·비(悲)·고(苦)·우(憂)·뇌(惱)라고 하는 '생활자의 내면적 상모(相貌)'가 과(果)로서 있다고 한다.[14] 이러한 관점은 연기설의 인과론적(因果論的)인 이해와 인연론적(因

11 이중표, 『아함의 중도체계』(서울: 불광출판부, 1991), 181~182면.
12 宇井伯壽, 『印度哲學硏究(II)』(東京: 岩波書店, 昭和40[1965]), 297~298면.
13 宇井伯壽, 『佛教思潮論』(宇井伯壽選集) (東京: 岩波書店, 昭和 46[1971]), 251~252면.
14 舟橋一哉, 『原始佛教思想の硏究』(京都: 法藏館, 昭和27), 125면.

緣論的)인 이해를 모두 타당한 것으로 조화·성립시키고 있다. 십이연기 각 지분을 삼세에 걸쳐 윤회하는 것으로 보지 않고, 다만 십이연기를 인과론에 의한 심리적 과정 및 생활자의 구체적 활동으로 축소하여 해석하고 있다. 결론적으로 이러한 해석은 인과론과 인연론의 절충적 성격으로 보인다.[15]

Ⅱ. 역사적 전개 및 텍스트별 용례

1. 초기불교의 연기설

초기경전에 나타나는 가장 일반적이고 보편적인 연기의 정형구(定型句)는, 빠알리어로는

imasmiṁ sati idaṁ hoti,
imassuppadā idam uppajjati.
imasmim asati idaṁ na hoti,
imassa nirodhā idaṁ nirujjhati

한역(漢譯)으로는

此有故彼有
此起故彼起
此無故彼無
此滅故彼滅[16]

영역(英譯)으로는

When this is present, that comes to be;

---

15 崔鳳守, 『原始佛敎의 緣起思想硏究』 (서울: 경서원, 1991), 98~106면 참조.
16 『雜阿含經』 10(262) (『大正藏』 2권, 67상)

from the arising of this, that arises.
When this is absent, that does not come to be;
on the cessation of this, that ceases[17]

우리말로는

이것이 있을 때 저것이 있게 되며,
이것이 생겨나므로 저것이 생겨난다.
이것이 없을 때 저것이 없게 되며,
이것이 소멸하므로 저것이 소멸한다.

라고 번역된다. 참고로 연기의 정의를 분배적으로 해석하여 다음과 같이 번역하기도 한다.

이것이 있을 때 저것이 있게 되며,
이것이 생기하므로 저것이 생기한다.
이것이 없을 때 저것이 없게 되며,
이것이 소멸함으로 저것이 소멸한다.[18]

위의 문장은 초기경전에 많이 등장하는 연기형식을 나타내는데 연기의 내용을 구체화한 대표적인 것으로 보인다. 연기는 중생과 현상이 생멸하는 보편적이 법칙을 말한다. 중생의 윤회와 관련하여 십이연기와 사성제(四聖諦)를 불가분의 관계로 설명한다. 즉, 십이연기의 유전문(流轉門)은 고제(苦諦), 유전문의 순관(順觀)은 집제(集諦), 환멸문(還滅門)의 역관(逆觀)은 멸제(滅諦), 그리고 환멸문의 순관은 도제(道諦)로 배대하여 윤회의 원인과 해탈의 결과를 설명하는 실천적인 교설로 설명을 한다.

첫째와 둘째 구(句)는 사성제의 유전문으로 설명하고, 뒤의 셋째와 넷째 구는 환멸문으로 설명될 수 있겠다. 한 구절 안에 이것이 반복적으로 들어간다고 하더라도 동일현상을 말하는 것은 아니다. 예컨대 이것이 이렇게

17 Kalupahana, D.J, *Causality; The Central philosophy of Buddhism,* Honolulu: the University press of Hawaii, 1975, 90면.
18 전재성, 『초기불교의 연기사상』(서울: 한국빠알리성전협회, 1991), 80~84면 참조.

일어났다고 할 때, 이것과 이렇게[이것]는 같은 것은 아니다. '이것이 있을 때 이것이 있게 되며'의 구절은 다시 표현하면 '이것이 있을 때 저것이 있게 되며'의 구절과 완전히 동일한 표현으로 보아도 좋을 것이다. 이하의 세 구절도 같은 형식으로 표현할 수 있다.

첫째, **'이것이 있을 때 저것이 있게 되며[此有故彼有]'**는 먼저 '조건지어진 연생(緣生)의 사실세계'를 설명하는데, 조건에의 의존성, 존재상의 계기, 인과의 연결을 경험적으로 설명해주는 대목이다. 다시 말하자면, 원인과 결과의 관계에서 보면 조건이 반드시 충족되었을 때 결과가 따른다. 여기서 원인과 결과의 사이는 계기적이다. 원인은 결과보다 존재상으로 선행한다고 본다. 단순한 논리적 상의상자(相依相資)관계가 아니다. 동시적이면서도 존재상의 계기가 인정되는 상호관련의 수반성(隨伴性)을 내포하는 넓은 의미의 인과관계로 받아들여져야 한다. 이 문장에 대하여 붓다고사(佛音, Buddhaghoṣa)의 주석으로는 원인이 조건성[원인이 된 뒤의 조건]과 수반성[원인의 상태로서의 조건]을 잘 드러내고 있다고 한다. 이러한 조건성과 수반성이 합해서 상호연관에서의 원인의 존재상의 계기를 이루고 있다고 보는 것이다.

둘째, **'이것이 생겨나므로 저것이 생겨난다[此起故彼起]'**는 '존재론적 생성의 세계관'으로서, 연기의 법칙성을 생산성의 원칙으로 전환시킴으로서 연기법칙이 구체적이고 존재론적으로 변한다. 세친은 이 문장에 대하여 네 가지로 서술한다. ①원인의 생기(生起)가 결과의 생기에 선행하는데 그 산출성을 구체적으로 한다. ②원인으로부터 결과가 생성되는데 산출성을 거부한다. ③존재가 과거·현재·미래로 생기하는 것이 계기적이다. ④인과의 수반성을 설명한다. 예컨대 십이연기에서 '무명'과 '행'의 관계는 직접적인 근인(近因)의 인과관계이고, '무명'과 '식'의 관계는 간접적인 원인(遠因)의 인과관계로 설명되는 수반성을 나타내고 있다.

셋째, **'이것이 없을 때 저것이 없게 되며[此無故彼無]'**은 '조건적 사실에 의한 무위(無爲)·해탈(解脫)의 가능성'으로서 반사실적(反事實的) 조건문(條件文)으로 원인과 결과의 비대칭적 의존관계를 명확히 나타낸다. 이런 조건문이 사실화 되었을 경우 사실적 조건문으로의 환원이 불가능하다. 이 때 '남김없이 사라져 소멸함으로' 환원불가능의 세계인 열반의 세계가 된다. 이는 반사실적일 때는 법칙성을 강화해주지만 사실적 진술일 경우에는 그와는 반대로 조건적이지만 '남김없이 사라져 소멸함으로' 무(無)의 가능성을 시사한다. 그것은 무조건적인 무위의 가능성이다. 예컨대 탐욕에 대하여 무탐(無貪)은 무위적인 열반에 도달할 가능성이며, 해탈적 조건성이며 법칙성이라고 할 수 있겠다.

넷째, **'이것이 소멸하므로 저것이 소멸한다[此滅故彼滅]'**는 '수반적 해탈을 나타내는 것'으로서, 인과적 생성에 대한 반사실적 조건진술이다. 조건이 실제로 이뤄지면, 무루법(無漏法)으로 환원 가능한 수반적 자유의 세계가 생겨난다. 소멸은 인과적 생성의 세계에서의 무조건 가능성의 구체적 실현이라고 볼 수 있다. 예컨대 십이연기의 '무명이 남김없이 소멸하면 행이 소멸한다'는 곧 '무명이 없을 때 행이 없다'는 무조건성에 대한 설명을 통해 밝혀진 무조건적인 열반이 구체적인 생성의 세계 속에서 소멸을 통해 실현되는 것을 의미한다.[19]

2. 대승불교의 연기설

1) 중관학의 연기설

용수(龍樹, Nāgārjuna)의 중관학설(中觀學說)의 중심사상은 『중론』에서 설해진 연기설이다. 『중론』과 『대지도론』, 『십이문론』 등의 저술과 그 주석서를 통하여 초기불교의 연기를 어떻게 해석하는가를 살펴볼 수 있다. 『중론』의 26장에서 용수는 원시불교(原始佛教)의 유전문과 환멸문의 형식을 취하여 연기를 해석하고 있다. 『대지도론』 권90에서도 연기에 관한 해석이 보이는데 "보살은 법의 본말(本末)이 공(空)한 것을 안다. 그러나 중생은 전도(顚倒)하고 착각하는 때문에 이러한 고(苦)를 받는다"라고 한다.[20] 또 「관인연문」 제1에서는 "중연(衆緣)의 소생법(所生法)은 2종이 있으니, 하나는 내(內)이고, 또 하나는 외(外)이다. … 내인연(內因緣)은 소위 무명(無明)·행(行)·식(識)·명색(名色)·육입(六入)·촉(觸)·수(受)·애(愛)·취(取)·유(有)·생(生)·노사(老死)이다"[21]라고 연기를 설하고 있다. 『중론』, 「관인연품」에서는 생멸(生滅)과 단상(斷常) 등의 팔불(八不)을 주제로 상대가 되는 네 쌍의 상반개념이 미혹임을 설한다. 먼저 '불생(不生)'을 설함으로서 상대가 되는 '불멸(不滅)'도 자연히 이해된다. '생(生)함'이 진실로 있는 것인가를 검토

19 전재성, 앞의 책, 80~97면.
20 『대지도론』 90 (『大正藏』 25권, 697상)
21 『십이문론』, 「관인연문」 1게 (『大正藏』 30권, 159하~160상)

하는데, 세상의 어떤 것이나 다른 무엇과 상관없이 '부대인연 불상대(不待因緣 不相待)'로 상대 형성되고 존재하는 독존실유(獨存實有)의 특성 즉 '자성(自性)'이 어디에도 존재하지 않는다. 즉, '무자성(無自性)'이므로 '자생(自生)', '타생(他生)', '공생(共生[自他生])', '무인생(無因生)'도 아니라고 하는 '사종불생(四種不生)'으로 생(生)함이 없음을 설한다. 또 일반적으로 만물 생성의 직접원인이라는 '인(因)'이나 간접원인이라는 '연(緣)'[아비달마 불교에서는 사연(四緣)이라 함] 등 그 어디에서도 생(生)함의 실체를 찾을 수 없다. 결국 '생한다', '멸한다'는 것은 언어의 희론(戱論)이다. 일체만물은 '무자성'이므로 '불생불멸(不生不滅)'이라고 주장한다. 이는 아비달마 불교의 사연(四緣)이 각각 결과를 형성하는[原因과 結果, 因과 緣의 명확한 관계] 결정적인 원인이 되지 못함을 밝히는 동시에, 원시불교의 연기와 무아의 근본사상을 충실히 재현하고 심화한 것이다.[22]

『중론』 주석가인 월칭은 용수(龍樹)의 연기설에 대하여 "이것[緣起說]은 상의성(相依性)에 의해서만 '세속의 성립'을 시인하나, 네 가지 종견(宗見)을 시인하는 것에 의해[세속의 성립]서는 시인할 수가 없기 때문이다. 어째서인가 하면, [네 가지 종견에 의해서는] 유자성론(有自性論)에 떨어지기 때문이며, 이불상응(理不相應)이기 때문이다. 그러나 상의성만을 시인할 때는 인과상호에 있어서 상대하는 의미가 있기 때문에 유자성(有自性)이 성립하지 않는다. 따라서 유자성이 될 수 없기 때문이다"라고 설하고 있다. 십이연기는 세속의 성립을 위하여 해석하고 있다. 또한『반야등론』,『중관석론』에서도 세속제(世俗諦)로 설하는 것을 용인하고 있다. 연기의 정형구인 '차유고피유 차기고피기 차무고피무 차멸고피멸(此有故彼有 此起故彼起 此無故彼無 此滅故彼滅)'은 상의성을 나타내고 있다. 즉 이것과 저것은 십이연기의 연기지(緣起支)인데 이들의 관계는 앞의 반은 순관(順觀)을 보이고, 뒤의 반은 역관(逆觀)을 보이고 있다. 따라서 상의성을 표현하는 것은 연기설의 설하는 바를 공식화 한 것이다. 이들의 공식화를 통하여 이것과 저것[연기지, 예로 生과 老死]의 사이에 상의상관성(相依相關性)을 명백히 강조하고 있다. 이런 연기지(緣起支) 사이의 관계를 아비달마에서는 '이것이 없으면 저것이 없다'고 할 때, 이것이 저것의 유일한 조건과 결과가 되며 완전히 동일한 명제의 표현으로만 설명하고 있다. 그러나 중관에서는 '이것은

22 김인덕,『中論頌 연구』(서울: 불광출판부, 1995), 98~99면 참조.

저것'의 또한 '저것은 이것의' 상호적인 상관관계로 설명한다. 연기지의 양단(兩端) 사이에 한 쪽이 다른 한 쪽의 조건이 되는 동시에 다른 쪽의 피조건의 관계가 동시에 이뤄지는 것이 상의상관성이다. 현대적으로 설명하자면, 연기지의 하나하나는 그것 자체로서도, 또는 전체로서도 인생생존의 전체[자기와 세계를 포함한 존재의 전체]를 표시하고 있다. 따라서 여러 가지 각각이 전체를 반영하는 부분으로서 관계가 중중무진(重重無盡)하게 되는 것이 상의성의 의미이다.[23]

『중론』에서는 "어떤 것에 의해서 어떤 것이 일어난다"[24], "여러 가지 것에 의하여 생기하는 것"[25], "저것에 의하여 이것이 일어날 때 이것은 저것에 의하여 생기는 것이다. 이것은 저것이 없을 때 생겨나지 않는다"[26] 등 많은 곳에서 연기를 인용하고 있다. 용수는 저술에 있어서 원시불교의 순관과 역관의 형태를 차용하여 설명하고 있다. 자신은 십이연기를 직접 부정하지 않고, 무명을 멸하는 것은 지(智)에 의하여 연기를 관찰하는 것으로 가능하다고 설한다. 중관파의 주석가들은 십이연기를 세속제로 용인하거나, 혹은 성문법으로서, 혹은 소승의 설로서 긍정하는 입장을 취하여 설명하고 있다.[27]

근대에 돈황(敦煌)에서 발견된 『인연심론송』[28]은 학자들 사이에 용수의 연기설에 관계된 강요서(綱要書)가 아닐까하여 학계의 주목을 끌고 있는 저술이다. 이 송은 일곱 개의 게송(偈頌)으로 이뤄진 짧은 것인데, 내용은 윤회의 양상을 12지의 삼분류(三分類)로 표시하고, 그 12지 연기가 공(空)을 근거로 하여 성립되었음을 설명한다. 연기의 진실을 아는 자는 해탈한다고 설하고 있다. 중요한 제7게(偈)에는 유가행파가 주장하는 연기유(緣起有)와 용수가 주장하는 연기공(緣起空)을 잇는 통로를 보이고 있다. 제1게에서는 연생(緣生)의 12지는 '번뇌(煩惱)·업(業)·고(苦)'로 되는 삼분류에

---

23 宇井伯壽, 『印度哲學研究(II)』(東京: 岩波書店, 昭和40[1965]), 321면.
24 『중론』 2, 「관삼상품」 7게 (『大正藏』 14권, 11상)
『중론』 3, 「관법품」 18게 (『大正藏』 14권, 24상)
25 『六十頌如理論』 19게 (『大正藏』 30권, 255상)
26 『七十空性論』 63게
27 八力廣喜, 「龍樹の緣起觀: 『中論』に說かれる十二支緣起」, 『印度學佛教學研究』 제19권 2호(東京: 日本印度學佛教學會), 843~847면 참조.
28 De La Vallee paussin, *Theorie des Douze Causes,* Gand, Université de Gand, Recueil fasc. 40, 1913, 122~124면.; 『因緣心論頌』(『大正藏』 32권, 490상~491중)

정확히 포섭된다.[29] 제2게, 제3게에서는 번뇌에서 업이 생기고, 업에서 고가 생기며, 다시 고에서 번뇌가 생기는 중생미혹의 양상이 상의연기(相依緣起)한다고 설명한다.[30] 제4게 에서는 공(空)한 제법(諸法)이 공한 제법을 낳는다. 유정(有情)의 윤회는 '번뇌·업·고'의 인과관계로 이뤄지지, 극미(極微)와 같은 윤회(輪廻)의 주체가 있어서 윤회하는 것은 아니다. '번뇌·업·고'의 인과관계는 결국 공한 제법이 공한 제법을 낳는 근거가 되어 필경 공하다고 설한다. 제5게에서는 윤회는 허망분별의 습기의 소산인데, '번뇌·업·고'의 인과관계가 공한 법에서 생기하는 것을 알면 해탈하게 된다.[31] 제7게에서는 여기서[緣起] 버릴 것도 없고 더할 것도 남아있지 않으니 연기의 진실을 여실히 보아야 하며, 그리하여 해탈하게 된다.[32] 여기서 용수는 연기의 제법실상(諸法實相)을 여실히 볼 것을 강조하고 있다. 결론적으로 용수는 미혹의 근본은 허망분별의 습기이며, 연기의 여실지관(如實知見)을 볼 때 해탈한다는 것을 설명하고 있다.[33]

중관학파에서는 아비달마불교의 연기를 좁은 의미의 인과관계로 한정하는 본체가 현상한다는 해석을 비판한다. 연기를 논리적인 상대관계도 포함한 넓은 의미로 확대해석한다. 즉 연기는 계기적[시간성]인 인과관계와 논리적인 상대관계[상의성]을 포함한 의존성 일반을 의미하는 것으로 해석한다. 이때 의존성이나 상의성이란 본체[실체, 자성]가 없는 공(空)인 상태에서 연기하는 것을 말한다. 연기의 관계가 성립하기 위해서는 사물은 변화하는 것[공, 무자성]이어야 한다. 사물이 이렇게 공일 때 인과관계[緣起]가 성립한다. 이는 아비달마의 연기를 유(有)와 유(有)의 관계로 보는 것을 부정하는 것이다. 예컨대, 종자(種子)에서 싹이 나올 때, 만약 종자라는 유(有)가 변하지 않는다면 싹은 생기할 수가 없다. 마찬가지로 싹이 변화하지 않고 유(有)로 고정되어 있다면 잎이나 열매가 이뤄질 수도 없다. 이렇게 생성되기 위해서는 유(有)를 고집해서는 안 되며, 무자성의 공(空)이 될 때만이 가능하다. 그러므로 연기는 바로 무자성의 공인 것이다.[34]

---

29 『因緣心論頌』(『大正藏』 32권, 490상)

30 『因緣心論頌』(『大正藏』 32권, 490중)

31 『因緣心論頌』(『大正藏』 32권, 490중)

32 『因緣心論頌』(『大正藏』 32권, 490중)

33 神子上惠生, 「因緣心論頌について」, 『印度學佛教學研究』 제10권 2호(東京: 日本印度學佛教學會), 577면.

34 梶山雄一 저, 정호영 역, 『空의 論理(中觀思想)』(서울: 민족사, 1989), 245면 참조.

2) 아뢰야식 연기설

아뢰야(阿賴耶[賴耶]) 연기설은 부파불교의 연기설의 내용인 업감연기(業感緣起)에 대한 연속상에서 제기된 사상이다. 부처님의 연기교설(緣起敎說)을 부파불교에서는 업(業)과 연결 지어 설명하려는 것이 십이연기를 태생학적으로 설명하는 연기설이다. 여기서 제기되는 한 가지 문제점은 삼세(三世)에 걸쳐 윤회할 때 윤회의 주체가 무엇이며, 어디에 업(業)의 성품이 보존되는가 하는 점이다. 이런 문제에 대한 해결로 아뢰야식(阿賴耶識)이라는 제 팔식(八識)을 상정하여 우리가 행하는 모든 업력(業力)이 종자(種子)의 형태로 저장된다는 것이다. 이렇게 저장된 선·악의 업종자(業種子)가 인연을 만날 때 다시 현행(現行: 緣起)하는 것을 아뢰야연기(阿賴耶緣起)라고 한다. 아(我)의 주체는 아뢰야식으로 일체 유정(有情)의 정보(正報[자신])와 의보(依報: 세계)를 나타내게 된다. 유식파(唯識派)는 현상세계가 연기하여 성립하는 과정을 일체종자식(一切種子識: 이숙식(異熟識)·아뢰야식)이라고 불리는 근본적인 식(識)에서부터 현현(顯現)된다고 설명한다[현상세계의 연기]. 또한 과거의 업과 현재의 생(生)의 관계는 식의 지분(支分)을 중심으로 하여 생성유전(生成流轉)되는 과정을 설명하는 유식학적 십이연기설을 주장한다[유식학적 십이연기설]. 유식사상사 초기에는 이러한 2종의 설명이 주창되었다가 후에 식전변설(識轉變說)이 성립됨으로 인하여 아뢰야식을 공통기반으로 하는 연기설로 정비되었다. '현상세계의 연기'란 현상세계는 유정세간(有情世間)과 기세간(器世間) 모두 자신의 종자에서 생성되는 것인데 개별 현상은 먼저 세간이 형성되어 있은 다음에 형성된다는 것이다. 물론 이때에 세간에 의하여 생성되는 것은 아니고 순서상 그런 것이고, 개별현상이든 세간이든 각각 자신의 종자가 아뢰야식에 저장되었다가 연기[顯現]되는 것이다.

또, '유식학적 십이연기설'은 삼세에 연기하는 경우 십이연기설이 과거 → 현재 → 미래에로 번뇌의 오염이 가중되어 유전(流轉)해 가는 한편[流轉門], 청정을 향하는 것으로 의하여 유전윤회가 소멸되는 환멸문으로 나누어 설명된다. 과거의 업에 의하여 현재로 유전하는 경우 과거와 현재가 결합하게 되는 것은 수업식(隨業識)·후유상속식(後有相續識)·이숙식(異熟識)이라고 하는 일련의 식인데 모두 제3지[식]와 연결되어있다. 수업식이란 과거세에 집적된 업을 따라서 업을 연(緣)하는 것이고, 이 식을 인(因)으로 하여 다음 생과 연결되는 것을 후유상속식으로 모태에 생긴다. 그 때 수업식의 연(緣)이 되는 것이 이숙식이다. 이 이숙식이 명색(名色)에 의지하여 유전상속(流轉相續) 된다. 미래와 현재도 같은 방식으로 유전된다. 이러한 관계를 인전변(因轉變)과 과전변(果轉變)이라고 한다. 이렇게 설해진 이숙식은 현상세계의 성립을 설명하는 연기설에 있어서 혈중(血中)에 응결되는 아뢰야식과 동일하다.[35]

유식학 논서에서는 '연기'라는 용어보다는 '의타기성(依他起性)'을 제법의 연기로 부른다. 삼성설(三性說)과 식전변설(識轉變說)이 가장 중요한 2대학설이다. 먼저 '삼성설'은 미혹함과 깨달음의 구조와의 관계를 표시하는 세계관이다. 즉 삼성(三性)은 의타기성(依他起性)과 변계소집성(遍計所執性)과 원성실성(圓成實性)인데, 이들 셋의 관계는 의타기성에서 변계소집성을 떠난 것이 원성실성이다. 의타기성이 미혹함과 깨달음을 나누는 매개이자 분기점이기도 하다. 여기서 의타기성이란 '의타의 훈습종자(薰習種子)에서 생긴다', 혹은 '다른 여러 인연에 의하여 일어나고, 생기는 것으로 자기에게서 일어남으로 의타기(依他起)라고 한다'를 의미한다. 자신의 종자의 인연에 묶이어 일어나는 연기라는 것을 의미한다. 이것이 첫째 특징이다. 또 종자에서 생한 법은 모두 찰나에 멸하는 성격이다. 이것이 둘째 특징이다. 찰나멸(刹那滅)이라는 것은 세계는 한 순간도 머물지 아니하고 유전(流轉)하는 것을 말한다. 법과 법이 찰나찰나 간단없이 인과상속(因果相續)한다. 비유하자면 폭포와 같다. 폭포는 한 순간도 쉬지 않는다. 끝없이 흐르는 것이 유전하는 것에 비교되고, 방울방울이 서로 찰나찰나 다르게 바뀌면서 흐르기 때문에 동일한 흐름이 아닌 것은 인과상속에 비교된다. 다음은 '식전변설(識轉變說)'이다.

세친은 종자와 법[現像]이 훈습하고 생기(生起: 現行)하는 것을 식전변(識轉變)이라고 정의한다. 제법(諸法)은 종자의 형태로 아뢰야식에 저장되므로 장식(藏識)이라고 한다. 종자가 곧 아뢰야식이나, 종자는 개별의 법을 말하고, 아뢰야식은 총보(總報)의 과체(果體)를 나타내는 것을 말할 뿐이다.

전식(轉識)이라는 것은 현실에 있어서 여러 가지 인식의 주체로서 활동하는 육식(六識: 了別識)과 염오(染汚)된 식[말나식]인데, 어떤 것도 아뢰야식에서 생기하는 식이기 때문에 전식이라고 한다. 전식이 종자를 훈습하는

35 小谷信千代, 「瑜伽師地論本地分に見られる ア-ラヤ識緣起說の 崩芽」, 『印度學佛教學研究』 제25권 1호(東京: 日本印度學佛教學會), 168~169면.

것이나, 종자·아뢰야식에서 전식이 생기하는 것 등이 '식전변'이다.

식전변의 특징은 인전변(因轉變)과 과전변(果轉變)이다. 인전변이란 '현행훈종자(現行薰種子: 전식이 아뢰야식의 습기·종자를 훈습하는 것)'이다. 과전변에는 두 가지가 있으니, 하나는 선악의 업종자(業種子)에서 아뢰야식이 생기는 것이고, 다른 하나는 업종자에 대한 명언종자(名言種子)의 등류습기(等流習氣)의 과전변이다. 이 등류습기에서 전육식(前六識)과 염오식(染汚識: 말나식)이 생기하는 것인데, '종자생현행(種子生現行: 아뢰야 종자가 연기·현행하는 것)'의 과전변이다.[36]

이상에서 보았듯이, 이 우주의 삼라만상은 유정의 주체인 아뢰야식으로부터 전변하여 연기한 것이다. 주관체[유정의 자신의 身心]인 정보(正報)와 객관체인 의보(依報: 세계)는 모두 종자에서 연기[현행]하는 것인데, 전자는 불공종자(不共種子)에서 후자는 공종자(共種子)에서 각각 전변된 것이다. 자기가 지은 업종자(業種子)가 자신을 초감(招感)하는 윤회의 업보는 정보이고, 다른 유정과 함께 초감하는 것은 공업(共業)인 의보가 된다. 여기서 공종자에는 두 가지가 있으니, 하나는 공중(共中)의 공(共)인 산하대지이고, 다른 하나는 공중(共中)의 불공(不共)인 각자의 집이나 의식(衣食) 등의 소유물이다. 공(共)·불공(不共) 종자로부터는 친인연(親因緣)이 전변하고, 선악의 업종자로부터는 조연(助緣)인 증상연(增上緣)으로 전변되어 일체의 의보와 정보를 생기하는 것이 아뢰야연기설이다.[37]

3) 진여연기설

진여연기(眞如緣起)란 우주의 만상은 모두 일심진여(一心眞如)의 이치로부터 일어난다고 하는 것으로 여래장연기(如來藏緣起)라고도 한다. 보편적인 유심체(唯心體)를 설정하여 그로부터 주관계(主觀界)·객관계(客觀界)의 모든 제법이 전개하는 것이라고 하는 연기설이다. 이는 아뢰야식(阿賴耶識)의 연기설 보다 발전된 유심론적 연기이다. 아뢰야 연기에서는 오직 중생이 수용한 현상만이 전변(轉變)한다고 하는 상대적인 유식무경(唯識無境)이다. 그러나 진여연기는 보편적인 진여(眞如)가 무명(無明)을 만나 일체를 다 전변시키는 연기가 일어난다고 하는 보다 보편적인 현상의 전개를 주장

36 武内紹晃, 「因果 - インド佛教唯識學における因果」, 『佛教思想』 3, 180~187면 참조.
37 金東華, 『佛教學槪論』 (서울: 보련각, 1984), 190~194면 참조.

한다. 여기서 진여의 뜻은 고요한 무활동체(無活動體)가 아니다. 이 진여가 무명의 연(緣)을 만나면 진여의 체(體)가 온통 그대로 일어나 생멸 변화하는 만유(萬有)가 되거니와, 이것은 물과 파도에 비유되어 그들 진여와 현상 간에 불이(不二)가 되어 일어나는 연기관계를 말한다. 『대승기신론』에서는 진여가 움직여 진(眞)과 망(妄)이 화합한 아뢰야식 중에는 각(覺)·불각(不覺)의 두 가지가 있으며 일체법을 능생(能生)할 불각인 무명으로부터 우주와 인생이 연기하게 되는 것이다. 이 연기과정이 삼세육추(三細六麤)라고 한다.

여래장 연기를 설하는 대표적인 경전으로는 『승만경』이 있다. 이 경에서는 여래장(如來藏)은 윤회에 대하여 소의(所依)라고 하며 여래장이 있을 때 윤회한다고 한다. 여래장은 여러 무위법(無爲法)과 함께 모든 유위법(有爲法)의 소의(所依), 유지자(維持者) 및 거점(據點)이 된다고 한다. 여래장은 불생(不生)·불멸(不滅)·불로(不老)·불사(不死)·불기(不起)로서 유위(有爲)의 특질을 뛰어넘어 항상·불변하는 것이다. 그리하여 무위(無爲)이면서 일체법의 소의(所依)가 된다. 무위법의 여래장은 고통을 받고 즐거움을 구하는 윤회의 주체가 된다. 유위법의 세계는 여래장의 다른 이름이라고 할 수 있다. 여래장과 유위법의 관계는 자성청정(自性淸淨)과 망염(妄染)의 관계로 병행하는 것으로 볼 때 '자성청정한 여래장이 밖의 수번뇌(隨煩惱)에 의하여 수염(隨染)하는 것은 여래(如來)의 경계이고 불가사의한 것이다'고 한다. 다음 『보성론』에서는 여래장이 일체법의 소의가 되면서 결정코 인아(人我)의 존재가 아닌 본성청정으로 아(我)와 아소(我所)를 떠나있다고 한다. 그러나 아직 그 자성청정이 현상계에 전개하는 방면에 대하여서는 언급하고 있지 않다. 연기와 관련된 다음과 같은 내용이 있다. 즉, "무시시래(無始時來)의 계(界)는 일체법의 동등한 소의(所依)이다. 그것이 있을 때 일체의 취(趣)와 또한 열반도 증득한다."[38] 또 『부증불감경』에서는 여래장과도 같이 여겨지는 법신(法身)과 윤회(輪廻)라고 하는 관계에 대하여 다음과 같이 설한다. 즉, "사리불아, 이 법신이라고 하는 것이 무량번뇌의 무변한 외연(外緣)에 포함되어 윤회유전(輪廻流轉)하는 것에 이끌려서 무시시래의 윤회의 취(趣)에 있어서 생사에 나아간다고 하는 것이 중생계라고 한다."[39]

---

38 『구경일승보성론』 4, 「無量煩惱所纏品」 제6 (『大正藏』 31권, 839상)
39 『불설부증불감경』(『大正藏』 16권, 467중)

여기서 법신조차도 윤회하는 고통을 싫어하여 여러 가지 보리행(菩提行)을 수행하는 것을 보살(菩薩)이라고 하고, 이 법신조차 일체의 고통과 번뇌를 벗어난 것이 여래이고 아라한(阿羅漢)이며 정등각(正等覺)한 것이라고 한다. 법신은 윤회하여 중생이 되고 고통을 싫어하고 즐거움을 구하는 것을 보살이라고 한다.[40] 여기서 법신이 중생일 때는 그 법신이 스스로 윤회하는 것에 의하여 무량의 번뇌를 갖게 되므로 윤회유전에 나아가게 된다고 한다.[41]

이외에도 『능가경』이나 『십지경』에도 여래장 사상이 언급되고 있다. 이상으로 여래장 계통의 경론에서는 조금이나마 여래장이 윤회를 통하여 존재를 유지하는데, 그 의미는 일체법의 소의(所依)가 되며 환멸문(還滅門)의 주체가 된다는 내용이다. 소의라는 것은 고와 락을 받는 주체의 성격을 부여받아 윤회하는 것으로 미계(迷界)의 작자(作者) 등으로 여겨진다.[42]

『기신론』에서 당(唐)의 법장(法藏)은 처음으로 여래장과 연기의 언어를 결합하여 여래장연기(如來藏緣起)라는 술어를 사용하였다.[43] 『기신론』은 진여수훈을 인정하지 않은 유식사상과는 달리 법장이 진망교철(眞妄交徹)로 부른 진여와 무명과의 염정상호훈습(染淨相互薰習)이라고 부른다. 진여가 무명에 훈습하는 한편 무명도 진여를 훈습하여 망심(妄心)이 일어나고, 더욱이 망심이 무명으로 훈습하여 미혹의 세계가 나타난다고 한다. 진여는 생멸문(生滅門)의 입장에서 말한다면 여래장과도 같다. "여래장에 의하기 때문에 생사가 있고, 여래장에 의하기 때문에 열반을 얻는다"[44]라고 한다. 연기의 의미를 확대해석하면 이러한 내용은 여래장연기라고 할 수 있겠다.[45]

『기신론』에선 어떻게 무명이 생기는가 하는 메커니즘에 관해서는 '염정상호훈습(染淨相互薰習)'이라고 한다. 진여가 자성을 지키지 않고 수연(隨緣)하는 것은 무명이 진여에 훈습하는 때문이고, 한편 무명에 대해서도 진여가 작용하여 그 활동을 소멸시킨다. 이러한 진여와 무명이 서로 염정상

---

40 『불설부증불감경』(『大正藏』 16권, 467중)
41 『불설부증불감경』(『大正藏』 16권, 467중)
42 竹村牧男, 「因果 -如來藏緣起說について - 大乘起信論との關係を含めて」, 『講座 佛教思想』 3, 230~233면 참조.
43 『대승기신론의기』 상 (『大正藏』 44권, 243중~하)
44 『대승기신론』(『大正藏』 32권, 580상)
45 藤田正浩, 「初期如來藏系經典と緣起思想」, 『印度學佛教學研究』 제25권 1호(東京: 日本印度學佛教學會), 213면.

호훈습을 깨달음에 이르기까지 계속하여 진여의 역용(役用)이 무한히 계속된다. 진여의 역용은 바로 불신(佛身)의 활동이다. 이러한 상호 훈습을 진망교철(眞妄交徹)이라고 하는 연기로 설명되고 있다.[46] 또, 『기신론』에서는 대승이라고 하는 법(法)은 중생심이 일체의 세간의 법과 출세간의 법을 포함하는 것으로 볼 수 있고, 대승의 의(義)라는 것은 체대(體大), 상대(相大)와 용대(用大)의 삼대(三大)이다. 체대는 일체의 법이 진여평등(眞如平等)하여 부증불감(不增不減)한 것이고, 상대는 여래장이 무량한 성공덕(性功德)을 갖추고 있는 것이고, 용대는 일체 세·출세간의 선의 인과를 생하는 것이다. 여기서 대승의 법이란 다름 아닌 중생심으로 이 마음의 실체가 곧 진여이다. 이것은 실체적인 진여문(眞如門)과 현상의 생멸문(生滅門)으로 표현하는데 실체[진여]와 현상[생멸]이 서로를 떠나지 않는 불일불이(不一不二)의 관계이다. 마치 파도가 바다를 떠나서 있을 수 없어 파도가 곧 물이고, 물이 곧 파도라는 비유와 같다. 진여는 중생심의 실체이며 또한 일체제법의 실체이기도 하니, '심진여자(心眞如者)는 일법계(一法界)의 대총상(大總相)이요, 법문(法門)의 체(體)'라고 한다. 진망화합(眞妄和合)의 이문(二門)은 심진여상(心眞如相)과 심생멸인연상(心生滅因緣相)이다. 심생멸문은 불변(不變)의 진여가 기동(起動)하여 수연현상(隨緣現象)하는 것이다. 일심의 본체인 여래장 진여에 의하여 현상계의 제법을 수연기멸(隨緣起滅)시킬 생멸심(生滅心)이 있고, 이 생멸심이 현상계 제법을 수연기멸시키는 데는 불변의 심진여와 생멸의 심생멸이 화합한 아뢰야식으로부터 연기한다는 것이다. 연기에는 생멸의 연기인 염법연기(染法緣起: 삼세육추(三細六麤) 즉 전상(轉相)·업상(業相)·현상(現相)의 삼세와 지상(智相)·상속상(相續相)·집취상(執取相)·계명자상(計名字相)·기업상(起業相)·업계고상(業繫苦相)의 육추를 말함)로 생사계(生死界)로 유전하는 것과, 현상계의 염법이 심진여의 정훈습력(淨薰習力)과 불보살(佛菩薩)의 가피(加被)로 진여계(眞如界)로 환멸(還滅)하는 것으로 이뤄져있다. 염법훈습은 생멸(生滅)의 법이기 때문에 끊어짐이 있으나, 정법훈습은 불변(不變)의 법이라 영원히 지속된다. 따라서 생멸의 염법훈습이 진여의 정법훈습에 의하여 어느 때인가 완전히 청정하게 되어 중생의 생사유전이 그치게 된다.[47] 이것이 『기신론』을 중심으

46 高崎直道, 「因果-如來藏と緣起」, 『佛教思想』 3, 224면 참조.
47 金東華, 앞의 책, 205~239면 참조.

로 하는 진여연기의 내용이다.

4) 천태의 연기설

불교사상을 분류할 때 연기론(緣起論)과 실상론(實相論)으로 대별(大別)하는 방법도 있는데, 중관사상(中觀思想)과 법화사상(法華思想)은 실상론에 배속한다. 따라서 천태(天台)의 법화사상은 현상을 설명하는 연기론과는 별로 관계가 없는 것으로 생각하기 쉽다. 그러나 천태의 사상 가운데 연기와 관련된 내용이 일부 있기 때문에 천태에서 본 연기의 입장을 간단히 소개하겠다.

천태종(天台宗)에서는 네 가지 십이인연(十二因緣)을 세워서 화법사교(化法四教)인 장교(藏教)·통교(通教)·별교(別教)·원교(圓教)에 배속시킨다. 네 가지 인연이란 사의생멸(思議生滅)·사의불생불멸(思議不生不滅)·부사의생멸(不思議生滅)·부사의불생불멸(不思議不生不滅)이다.[48] 최후의 원교에서는 십이인연을 불성이라고 하여 연(緣)에 의해서 생긴 현상의 그대로가 중도(中道)의 이치와 다르지 않다고 주장한다. 아비달마불교의 연기관(緣起觀)에서 보이는 네 가지 연기 가운데 분위연기설(分位緣起說)은 시간적 생기(生起) 관계의 관점에 서서 연기를 해석한 대표적인 연기설이다. 천태 지의(智顗)의 입장은 이 분위연기에 대하여 높이 평가하고 있지 않는다. 『법화현의』의 오중현의(五重玄義)의 제1 「석명(釋名)」가운데 「묘법(妙法)」을 해석하는 항목아래에 진술하는 적문십묘(迹門十妙)의 하나인 경(境)에 관하여 논술하는 부분에 십이연기가 설명되고 있다. 해석상에 네 가지로 대별(大別)되는데, 이들의 질적 차이를 낮은 단계에서부터 '사의생멸십이인연(思議生滅十二因緣)'·'사의불생불멸십이인연(思議不生不滅十二因緣)'·'부사의생멸십이인연(不思議生滅十二因緣)'·'부사의불생불멸십이인연(不思議不生不滅十二因緣)' 등의 순서로 나눈다. 먼저 '사의생멸십이인연'은 확실히 소승의 인연설로 그 내용은 연기를 시간적·계기적으로 해석하는 분위연기이다. 천태의 입장에서 본다면 진실에서 가장 먼 위치에 있다고 본다. 연기의 뜻인 '연(緣)하여 생(生)한다'는 것은 시간적·계기적 뜻을 나타낸다고 본다. 천태의 입장을 가장 잘 나타내는 것은 '부사의불생불멸십이인연'이다. 이것은 무명으로 시작되는 12지의 모두가 생기하지 않으면

48 『妙法蓮華經玄義』 2하 (『大正藏』 33권, 698중~하)

멸하지도 아니한다는 것조차도 없이[49] 모두가 보리(菩提)이고, 해탈(解脫)이고, 법신(法身)이라고 해석하는 연기설이다. 주석에서는 다음과 같이 설명한다. 즉 "'부사의불생불멸십이인연'이라고 하는 것은 수승한 근기(根機)의 사람들을 위한 것으로 즉시로 이치를 나타낸다. 대경(大經)에서 '십이인연을 불성이라고 한다'라고 하는 것은 무명 그대로가 번뇌가 된다는 것이고, 이 번뇌는 곧 보리가 된다. 보리를 통달하면 구경청정(究竟淸淨)하여 번뇌가 없게 되며 요인불성(了因佛性)이 된다. … 고(苦)는 곧 법신이 되며 … 불생불멸의 정인불성(正因佛性)이 된다"[50] 여기서 가장 중요한 것은 연기를 '생(生)'한다고 해석하고 있지 않고, 또한 '멸(滅)'한다고 생각할 필요도 없다는 점이다. 따라서 '부사의불생불멸십이인연'을 통하여 '연에 의하여 생한다'는 것의 '생(生)'은 곧 '무생(無生)'·'불생(不生)'의 '생'으로 해석하고 있는 듯하다. '불생의 생'라고 하기 때문에 '유(有)'인 원인을 상정하여 이것으로 유도되는 제법이 생(生)한다는 의미는 아니다. 왜냐하면 무엇인가 '유'인 원인에 따라서 '과(果)'가 성립한다면 그 관계는 결정코 '불생'이 될 수 없고, 그 성립하는 '과'는 '무주(無主)'로 될 수 없다. 따라서 '불생의 생'이란 원인-결과의 관계를 함의하고 있는 것은 아니라, 여러 가지 연(緣)이 합하는 것에 의하여 성립하는 것으로 표현할 수 있다. 즉, '상의상관(相依相關)'의 관계로 보아야 하겠다. '연이 화합하는 것에 의한다'는 것을 이해하기 위해서는 천태의 공가중(空假中) 삼제(三諦)의 가(假)를 정확히 이해함을 통해서 가능하게 된다. 천태의 삼제는 즉공(卽空)·즉가(卽假)·즉중(卽中)의 원융삼제(圓融三諦)로 이해된다. 그러나 좀더 포괄적 의미로는 공·가·중의 격별삼제(隔別三諦)와 함께 즉공·즉가·즉중의 원융삼제도 포함하는 논리로 보아야 하겠다. 현상계의 모든 사물[一切法]이 실체가 없이 공(空)하나 이를 전무(全無)하다고 이해한다면 단멸(斷滅)의 극단에 빠지게 된다. 제법(諸法)은 무(無)가 되지 않고, 현실에 있어서 중생의 인식을 만나서 명칭도 갖게 된다. 제법의 이러한 측면을 '가(假)'라고 보는 것이다. 실체를 갖지 않는다고 하는 존재[空]도 명칭을 갖고 지시되는 존재도 또한 제법의 존재하는 하나의 방식인 것이다. 그것은 격별(隔別)의 관계에 서지

49 여기서 의미는 '이것이 있으면 저것이 있다'는 인연과 조건의 관계, 다시 말하면 점차적인 조건성(條件性)과 수반성(隨伴性)의 단계를 거치지 않고 그대로 번뇌가 보리가 되는 '돈교적(頓敎的)' 의미로 해석할 수 있겠다.

50 『묘법연화경현의』 2하 (『大正藏』 33권, 700상)

않고 통일되는데 이를 중도(中道)라고 하며, 따라서 공(空)과 가(假)에 치우치지 않고 원융한 하나가 된다. 천태는 가(假)에 대하여 "'역명위가명(亦名爲假名)'이라고 하는 것은 유위(有爲)의 허약하여 세(勢)가 독립적이지 않고 중연(衆緣)을 빌어 성립된다. 연(緣)에 의하기 때문에 방편의 가(假)라고 하지 않는다"[51]라고 해석하고 있다. 이러한 해석은 연기를 특정원인이 있어 제법이 생기하는 것으로 보지 않는다. 중연의 화합에 의하여 제법이 성립한다는 것이다. '중연(衆緣)을 빌어서 성립한다'는 것은 공(空)이면서 또한 가(假)인 것이다. 따라서 공(空)이며 또한 공(空)이 아닌[假] 상태를 교시하는 것으로 해석된다. 가(假)는 중연을 빌어서 성립하는 제법의 존재방식을 나타낸다. 명칭을 가지고, 지시하는 방법으로 존재하는 '뇌연(賴緣)의 가(假)[연에 의지하는 가]'라는 것은 원인-결과의 관계로 해석될 수 없다. 가(假)의 의미는 '연(緣)에 의한 생기(生起)'·'불생(不生: 空)의 생(生: 假)'의 의미에서 해석되어야 한다. '연에 의하여 생기한다'는 것도 '불생의 생', 즉 연기의 상관관계를 의미한다. 이러한 천태의 연기해석은 명쾌하고 직접적으로 연기를 도출하지 아니하고 간접적으로 설명해야 하는 약점을 갖고 있다. '연에 의하여 생기한다'는 것의 논거로 제법의 공(空)을 주장하는 사상적·논리적 관계를 생각해 볼 때, 천태의 연기사상은 중연의 화합에 의한 것 즉, '상의관계'로 해석해야지 '원인-인과'의 생기(生起)로 해석해서는 일체법이 공(空)하다는 천태의 삼제원융 이치가 잘 드러나지 않는다고 본다.[52]

5) 법계연기설

법계연기설(法界緣起說)은 우주만유를 일대연기(一大緣起)로 보아 법계(法界)의 사물이 천차만별하나, 피차가 서로 인과 관계를 가지고 있으며 단독으로 존재하지 않는다고 한다. 만유(萬有)를 모두 동일한 수평선 위에 두고 볼 때 중생(衆生)과 불(佛), 번뇌(煩惱)와 보리(菩提), 생사(生死)와 열반(涅槃) 등 대립하는 모든 것이 동등하여 원융(圓融)하다. 하나의 사물이 그대로 전 우주라는 뜻에서 한 사물을 연기의 법으로 삼고, 이것이 우주 성립의 체(體)로 보아 일즉일체(一卽一切), 일체즉일(一切卽一)의 연기가 성립한다고 하는 화엄종(華嚴宗)의 연기설이다. 이와 같이 우주의 제법은 하나와

51 『마하지관』 1하 (『大正藏』 46권, 7상)

52 新田雅章, 「天台教學と緣起の思想」, 『印度學佛教學研究』 제27권 1호(東京: 日本印度學佛教學會), 253~257면.

일체가 중중(重重)하게 무진(無盡)한 연기를 한다. 연기의 주체를 한 사물이나 이체(理體)에 두지 않고 제법(諸法)의 낱낱이 바로 연기의 주체라고 하는 것이 법계연기설이다. 이러한 화엄사상의 목표는 존재하는 모든 법의 낱낱이 독존(獨存)을 유지하면서 서로 원융하게 융합하는 것이다. 화엄의 연기설을 단적으로 나타낸 것이 사법계(事法界)·이법계(理法界)·이사무애법계(理事無碍法界)·사사무애법계(事事無碍法界)의 사종법계설(四種法界說)이다. 사법계(事法界)란 현상의 모든 것을 말한다. 일반적으로 현상세계의 삼라만상 일체를 말하나, 조금 더 확대하면 불·보살의 깨달음의 경계까지 포함한 물적·정신적 세계를 말한다. 이법계(理法界)는 바로 공성(空性)의 세계를 말한다. 이사구절백비(離四句絕百非)의 세계이다. 일체가 끊어진 절대의 이법(理法)세계를 말한다. 이사무애법계(理事無碍法界)는 이(理)와 사(事)가 상즉(相卽)하여 걸림이 없는 세계를 말한다. 현상으로서 있는 일체의 존재는 연생무성(緣生無性)이라서, 사(事) 가운데 이(理)가 완전히 녹아서 이사(理事)가 걸림 없는 세계를 말한다. 사사무애법계는 현상으로서 개개의 사물이 원융무애(圓融無碍)한 관계로 존재하는 세계이다. 화엄교학에서는 주변함용관(周遍含容觀)이라고 한다. 현재에 존재하는 모든 현상은 서로 원융하여 무애하니 존재론적·시간론적으로 자기 자신의 존재를 지키면서도 상대를 포용하는 것이다. 앞에서 살펴본 진여연기와 비교해 보면, 전자가 진여의 이체(理體)를 상정하여 그 진여이체(眞如理體)에서부터 만상이 현현한다는 것이다. 그러나 법계연기는 우주의 실상은 현상(現象) 밖에 실체(實體)가 따로 있는 것이 아니요, 실체 밖에 현상이 따로 있는 것이 아니다. 실체는 능연기(能緣起)요, 현상은 소연기(所緣起)이니 현상계의 만유제법(萬有諸法) 개개(箇箇)가 모두 실체의 현현(顯現)인 것이다. 법계(法界)는 즉, 일대연기(一大緣起)의 총화(總和)이니 시간적으로는 사사(事事)가 영동(靈動)하고 공간적으로는 물물(物物)이 상호 관련하여 고립됨이 없는 상호 무진(無盡)한 상관관계로 이뤄진다. 화엄종에서 설하는 연기의 교설은 실로 방대하고 복잡하다. 여기에서는 주요한 개념만 설한다. 먼저, 연기(緣起)와 성기(性起)의 관계이다. 법계연기의 특징을 연기보다도 성기(性起)로 표현을 한다. 실제로 연기와 성기(性起)는 일법(一法)에 대한 양면의 관계이다. 즉, 일체제법의 실체면상(實體面上)의 성덕(性德)을 말하는 것이 성기설(性起說)이요, 일체제법의 현상면상(現象面上)의 표덕(表德)을 말하는 것이 연기설(緣起說)이다. 달리 말하자면 제법의 본유면(本有面)은 성기(性起)라

하고, 제법의 수현면(修顯面)을 연기라고 하니, 연기는 곧 불기(不起)의 법성(法性)이 인연에 의하여 일어나는 것이요, 성기(性起)는 그 법성이 연기하여서도 성품을 바꾸지 않는 것을 말한다. 종밀(宗密)은 성기(性起)라고 하는 법계의 성(性)전체가 일어나서 제법이 되는 것이고, 연기는 그것을 염(染)과 정(淨)으로 나눠서 정연기(淨緣起)는 염연기(染緣起)를 갖고서 성기(性起)에 합하는 것이다. 이른바, 염정(染淨)은 연기의 상대적 입장이고 이것이 융회(融會)하여 법계성(法界性)으로 합하는 성기(性起)야말로 화엄사상의 근본이라고 본다. 더욱이 교선일치(教禪一致)를 통하여 연기설을 연기관(緣起觀)을 통하여 완성하려는 것을 특성으로 하고 있다.[53]

다음은 제법의 연기하는 원리인 '인문육의(因門六義; 공유력부대연(空有力不待緣)·공유력대연(空有力待緣)·공무력대연(空無力待緣)·유유력부대연(有有力不待緣)·유유력대연(有有力待緣)·유무력대연(有無力待緣))'에 관한 설명이다. 이는 인연의 취산(聚散)에 따른 제법의 생멸의 원리를 설명한다. 또 제법의 상관적 원리[相卽義와 相入義]는 공간적으로 볼 때에 일체제법이 어떤 관계와 원리인가를 설명하는 것이다. 체(體)의 상즉의(相卽義)와 용(用)의 상입의(相入義)를 각각의 이체문(異體門)의 상즉[공·유]과 상입[유력·무력], 동체문(同體門)의 상즉[一·十]과 상입[一·多]의 뜻으로 인문육의(因門六義)를 부연설명하고 있다.

화엄교학의 연기설의 이대(二大) 추요(樞要)가 있으니 '무진연기(無盡緣起)'와 '육상원융설(六相圓融說)'이다. 먼저 연기의 실상이자 법계연기의 핵심인 사사무애설(事事無礙說)은 십현연기(十玄緣起: 동시구족상응문(同時具足相應門)·일다상용부동문(一多相容不同門)·제법상즉자재문(諸法相卽自在門)·인다라망경계문(因陀羅網境界門)·미세상용안립문(微細相容安立門)·비밀은현구성문(秘密隱現俱成門)·제장순잡구덕문(諸藏純雜俱德門)·십세격법이성문(十世隔法異成門)·유심회전선성문(唯心回轉善成門)·탁사현법생해문(託事顯法生解門))로 설명된다. 이는 일체제법이 시간적으로 상의상승(相依相承)의 계기속생(繼起續生)하며, 공간적으로 상자상관(相資相關)의 상의상성(相依相成)하여 차별이 없는 무진하게 연기하는 이체(理體)와 현상의 관계를 설명하는 것이다. 무진연기는 십현으로 각각 설한 것이다. 이

53 石橋眞誠, 「華嚴の緣起說」, 『印度學佛教學研究』 제31권 1호(東京: 日本印度學佛教學會), 270면.

에 반하여 '육상원융설(六相圓融說)'은 육상(六相: 총상(總相)·별상(別相)·동상(同相)·이상(異相)·성상(成相)·괴상(壞相))의 원리로 제법연기를 설하는 전체적인 설명이다.[54]

이상과 같은 법계연기설의 연기의(緣起義)를 현대적으로 살펴보자면, 현상의 존재는 끊임없이 움직인다. 움직이기 위해서는 물(物)과 물(物)의 상호관계가 먼저 하나가 다른 것을 부정하고 다른 것이 하나를 인정하는 '역무력(力無力)'의 관계가 되어야 한다. 이는 상호부정이 오직 한 방향으로 향하는 것이 아니고 상호부정이 또 상호긍정으로 호환되는 것이다. 이는 존재하는 두 개의 사물이 각각의 특성을 가지고 서로 상대하고 혹은 서로 부정하는 것을 돌이켜, 서로 결합하여 원융하게 될 때 완전한 것으로 존재하게 되는 것이다. 잡다한 존재를 인정하는 사상으로 대립이나 항쟁이 없이 융화와 연대를 이루게 된다. 한편으로는 개물(個物)의 존재를 인정하는 것과 함께 공존·융화의 도(道)를 찾는 것이 화엄연기사상이다. 만약 개물의 존재를 인정하지 않고 원융만 설하는 잡란(雜亂)과는 다른 것이 원융무애의 진정한 법계연기의 도리이다.[55]

6) 육대연기설

대승후기의 밀교(密敎)에서는 육대연기설(六大緣起說)로 연기를 설명한다. 밀교의 주요한 2교(敎)는 태밀(台密)과 동밀(東密)인데 육대체대설(六大體大說: 六大緣起)는 동밀의 교리체계이다. 육대(六大)는 일체제법의 본체이다, 밀교에서는 이법계(理法界)의 이(理)를 구체적으로 논하여 육대라 하고 이 육대 법체(法體)가 그대로 현상화한 것이 사법계(事法界)이므로 사법계(事法界)로 이 육대를 중심으로 하고 연기한다는 것이 바로 육대연기설이다. 육대는 지(地)·수(水)·화(火)·풍(風)·공(空)·식(識)으로 이것이 우주의 본체임과 동시에 현상계 제법의 실체로 본다. 『대일경』과 『금강정경』에서는 전오대(前五大)는 색(色)인 물질이요, 식대(識大)는 심(心)인 정신이다. 우주의 본체는 물질인 오대(五大)와 마음인 식대(識大)가 합한 것으로 본다. 실재(實在)로서의 육대인 법이육대(法爾六大)는 상주불변하고, 현상으로서의 육대인 수연육대(隨緣六大)는 생멸·변화한다. 육대설(六大說)은 철학적

54 金東華, 앞의 책, 240~277면 참고.

55 鎌田茂雄, 「法界緣起と存在論」, 『講座 佛敎思想』 1, 95~130면 참조.

으로는 각 성분을 분석해 설명하자면, 지대(地大)는 땅의 견고부동의 성덕을 가진 것으로 만물을 정주(止住)시키고, 보존·유지하는 작용을 한다. 수대(水大)의 물은 윤습(潤濕)의 성덕을 갖춰서 만물을 섭수(攝受)하는 작용이 있다. 화대(火大)의 불은 온난(溫暖)의 성덕이 있어 만물을 성숙케 하는 작용이 있다. 풍대(風大)의 바람은 운동의 성덕을 갖춰 만물을 장양(長養)하는 작용이 있다. 공대(空大)의 공(空)은 무애한 성덕을 갖춰 걸림 없는 작용이 있다. 식대(識大)의 식(識)은 요지(了知)의 성덕을 구유한 것으로 판단의 작용이 있다. 법이(法爾)의 육대상(六大上)에 성덕이 구유하고 있다고 한다. 이들 각 요소들 간에 상호무애하게 상입(相入)하는 것을 이류무애(異類無碍)라고 하며, 같은 요소들 간의 상입을 동류무애(同類無碍)라고 한다. 또 육대설의 종교적 의미는 그것이 바로 법신대일여래(法身大日如來)이다. 즉, 육대를 떠나서 따로 유정이 있는 것이 아니고, 육대를 이(理)로 본다면 법(法)이 되고 인(人)으로 본다면 대일여래(大日如來)이다. 객관적인 전오대(前五大)는 이법신(理法身)의 체(體)요, 주관적 실재인 식대(識大)는 지법신(智法身)이다. 우주간의 일체제법 중 물질적인 전오대는 태장계(胎藏界) 만다라(曼荼羅)요, 정신적인 식대는 금강계(金剛界) 만다라이다. 육대는 오직 대일여래의 법신일 뿐만 아니라 만유제법 모두 그대로가 대일여래의 축소로서, 당래 완성될 당체(當體)이다. 이와 같이 개개체(箇箇體)와 전우주, 범부와 대일여래는 피차 상입하며 원융무애하고 혼연일체가 되어 우주 질서가 연기한다는 것이 바로 육대연기설(六大緣起說)의 교설이다. 또, 일체제법은 모두 육대를 실체로 하여 연기한 것이므로 육대는 우주의 본체인 동시에 제법 그 자체이다. 육대를 실체로서 체대(體大)이고 이로부터 연기하여 나타난 제법의 가지가지의 네 가지 만다라의 차별상(差別相)을 상대(相大)라고 한다. 체대와 상대와 함께하는 그 역용(力用)을 용대(用大)라고 하니 신(身)·구(口)·의(意) 삼업(三業)에 배대하여 삼밀(三密)의 작용이다. 삼밀은 실천수행을 뜻하는 것이니, 유정도 대일여래와 같이 체대로서의 육대와 상대로서의 사만(四曼)과 용대로서의 삼밀행(三密行)을 본래 구족한 것을 여실히 자각하여 수(手)에는 인(印)을 결(結)하고 구(口)에는 진언(眞言)을 송(誦)하며, 의(意)에는 삼마지(三摩地)의 정(定)을 동화시키는 것이 삼밀의 실천행이다. 이 삼대(三大)의 밀교 사상의 핵심은 육대연기설이고 만다라와 삼밀의 이해를 함께할 때, 밀교의 연기설을 제대로 이해하게 된다.[56]

Ⅲ. 인접 개념과의 관계 및 현대적 논의

(1) 생명현상을 진화론을 기반으로 하는 현대 생물학의 시각에서 조명함으로써 그 일반적 구조가 연기에 근거하여 있다는 것을 보이는 생물학적 접근도 있다. 양형진은 다음과 같이 설명한다. 생명의 역사를 통하여 살펴보면 우주와 생명은 모두 인연에 따라 화합하고 사라지는 자성이 없는 진화의 모습을 보인다. 그러한 과정이 모두 연기의 그물망으로 조직된 통시간적인 연관성을 나타낸다. 또 공간적 상호 연관성을 가진 생명의 관계성을 보이기도 한다. 이 세계의 인식은 연기적 흐름 속에서 파악하는데 유식의 아뢰야 연기적 측면에서 해명하고 있다.[57] 1960년대 이후 미국을 중심으로 과학의 모든 현대적 개념들과 동양사상을 연결지으려는 신과학운동이 일어났다. 박광서도 자연과학, 특히 현대물리학의 개념이 연기론적 입장과 어떠한 조화를 갖는가를 설명한다. 현대물리학의 상대성이론과 양자이론이 연기의 내용으로 해석된다. 소립자들의 극미 현상은 불확정성 원리로 설명되는데 이들 간의 관계는 고정된 실체가 없이 연기적으로 형성되어 있고, 그 관계를 인식하는 과정도 '자아'라는 주체를 떠나서 있다는 연기론적 무아의 입장으로 해석될 수 있다.[58]

(2) 현대철학과 불교의 사상을 비교 접목하려는 움직임도 있다. 포스트모더니즘의 Derrida, Deleuze, Lyotard와 Adorno 등의 사상이 불교의 연기적 내용과 궤를 같이 할 수 있는 점을 해명하고자 한다. 마츠모도 시로는 연기를 기체설(基體說: 기체(基體)인 locus와 초기체(超基體)인 super-locus)의 개념으로 설명하고 있다. 힌두이즘에서 논의되고 있는 유일존재자나 발생적 일원론 등에 대한 기체설과 연기는 정반대의 개념을 가지고 있다. 전자가 영원한 실체인 아트만을 상정한다면, 후자는 현상이 연기적으로 발생·소멸되는 관계성을 말한다. 힌두이즘의 기체적 설명에 대하여, 현대철학의 모더니즘은 로고스 중심주의에 대한 비판으로 자기동일성의 부정한

56 金東華, 앞의 책, 278~296면 참조.

57 楊亨鎭,「생명세계에서의 연기론」,『未來佛教의 向方-목정배 華甲論叢』(서울: 장경각, 1997), 859면.

58 박광서,「연기론과 현대물리학」,『불교의 현대적 조명(교불련 논문집 1)』(서울: 민족사, 1989), 376면.

다. 대상의 동일성도 보는 주체의 동일성도 없이 사물은 분열을 일으킨다는 것이 Derrida, Deleuze 등의 사상이다. 그것은 부정적니 환상이나 그림자에 지나지 않는다고 본다. 연기, 무상의 내용과 궤를 같이 할 여지가 있다. 그렇다고 하여 완전히 포스트모더니즘의 사상과 불교의 연기적 내용이 일치하고 있다고 결론내리기에는 성급하다는 입장을 견지해야 한다고 본다.[59]

(3) 문명의 발달로 야기된 현대문명의 심각한 문제에 대한 자기반성·성찰로 환경과 자연에 관한 담론이 거세게 일고 있다. 불교에서도 예외는 아니어서 최근 동국대를 중심으로 환경·생태학 연구가 활발히 일고 있다. 해외불교 학자로서 Lewis Lancaster나 후지타 운케이 등의 논의도 있다. 동국대를 중심으로 한 홍기삼, 박경준, 김종욱, 윤영해 등과 최재천, 장회익 등 일련의 학자들이 환경·생태에 관한 논의를 활발히 진행하고 있다. 불교에서 바라보는 환경·생태의 관점을 연기사상과 관련지어 간단히 살펴보면 다음과 같다.[60]

김종욱은 논문에서 다음과 같이 논한다. 생태학적 의미에서 자연이란 생태계(eco-system)을 가리킨다. 즉, 생물과 그 환경간의 상호작용 체계이며, 상호의존성(interdependence), 자신의 본성으로 한다. 이들은 순환성(circularity)과 항상성(homeostasis)을 유지하려고 한다. 이들은 불생불멸(不生不滅)과 부증불감(不增不減)으로 무수한 조건들이 서로 의존 화합하여 성립하는 것이라, 새로운 생멸이 없는 끝없는 반복과 순환의 체계인 연기의 세계를 보여준다.[61] 또, 박경준은 환경·생태에 대하여 인간과 자연을 각각 독립된 실체로 파악하지 않고, 화엄의 중중무진한 법계연기로 보아서 생태계가 바로 연기의 세계임을 천명하거나, 유(有)·무(無)를 떠난 중도실상(中道實相)의 현현(顯現)으로 설명하기도 한다. 생태계는 유정물은 물론 무정물 까지 외연(外延)을 확대하여 연기의 세계를 나타내기도 한다.[62] 근본불교 연구학자 이호진은 환경문제를 욕망과 업사상(業思想)의 입장에서 연기론적으로 해

59 마츠모토 시로, 「불교와 포스트모더니즘」, 『21세기 문명과 불교(개교 90주년 기념 세계불교학술회의)』 (서울: 한국언론자료간행회, 1997) 참조.

60 홍기삼 외, 『제2회 불교생태학 세미나』 (동국대, 2003); 『에코포럼』 (동국대, 2005) 참조.

61 김종욱, 「자연, 환경인가 주체인가」, 『제2회 불교 생태학 세미나』 (동국대, 2003), 72~78면 참조.

62 박경준, 「불교적 관점에서 본 자연」, 위의 책, 41~49면 참조.

석하고 있다. 연기법은 '조화의 원리'이자, '공존의 원리'라고 한다. 현대의 특징을 산업문명의 발달에 의한 대량소비와 대량욕망이 중심이다. 욕망의 극대화는 대량생산을 통하여 더욱더 치명적인 환경의 훼손을 가져온다. 불교적 관점에서 욕망의 자제를 통한 연기적 사상을 생활의 내면화를 이룩하지 않는 한 이러한 파괴의 악순환을 막을 대안이 없다. 환경은 인간의 공업(共業)이므로, 인간이 환경을 청정히 하기 위해서 선업(善業)을 만들어 가야 하는 것은 불교의 기본적인 업관(業觀)으로 이해될 수 있다. 환경문제는 확실한 인과의 법칙이자 연기의 결과임을 잊지 말고 스스로 좋은 환경을 만들도록 노력해야 하는 것이다.[63]

(4) 사회과학의 민중운동에서 이론적 틀로 연기를 중심사상으로 두기도 한다. 불교계에서 참여운동을 하는 인물들로는 여익구, 법성, 법륜, 지선, 진관 등을 들 수 있는데, 여기서는 간단히 법성의 민중운동 사상의 불교 연기설과 관계를 살펴보자. 붓다는 현실역사를 소외시키는 고통의 조건을 소멸함으로써 인간의 자주적 본질을 전면적으로 실현해내는 우리들의 사회적 실천이다. 연기는 바로 이러한 자주적이고 창조적인 인간의 본질[本覺]을 가르치며, 그 본질을 소외시키는 현실의 제조건에 대한 실천적 싸움을 통해 구체적이고 현실적인 해방을 주어진 역사 안에서 구현[始覺]해내려는 것이다.[64] 또 십이연기의 해명을 통해, 해방의 과정인 환멸연기는 소외의 과정인 유전연기를 반성함으로써 이뤄진다고 설명한다. 해방은 바로 소외의 그 자리에서 이뤄지는 것이다. 현실을 떠난 다른 어떤 곳에서 이뤄지는 것이 아니라고 한다. 그러므로 연기설에 나타난 인간과 세계의 혁명적인 자기 전환의 길은 주객의 동시적인 변혁 속에서 달성될 수 있다고 설명한다. 불교적인 역사 해방의 길, 환멸의 길은 자신의 역사 앞에 겸허히 부정을 통해서만이 새롭게 자신을 역사 앞에 긍정하는 방향으로 나아가게 된다고 한다.[65]

(5) 사회와 정치적 이념으로서 불교의 연기사상을 천명하는 학자들이 많

---

63 이호진, 「환경과 연기」, 『21세기 문명과 불교(개교 90주년 기념 세계불교학술회의)』 (서울: 한국언론자료간행회, 1997) 참조.

64 법성, 『민중불교의 탐구』 (서울: 민족사 1989), 20~23면.

65 법성, 『앎의 해방, 삶의 해방』 (서울: 한마당, 1989), 280~281면.

다. 이이다 쇼오로오, 정병조, 윤사순 및 서경수 등을 꼽을 수 있다. 이들의 주장은 연기설이 사회의 평화 협조의 원리로서, 혹은 관용의 원리로서 이론적 틀이 된다는 것이다. 이런 시각의 이론적인 틀은 초기불교의 소박한 연기설에 있다기보다는, 상의적 관계성인 중관의 공의 해석이나, 화엄의 법계연기에 근거를 두고 해석하는 것 같다. 이런 논리에 대하여 국내외에서의 반론도 만만치 않다. 박경준은 연기상의설 재해석을 통해 이런 논리를 반박한다. 먼저 전자의 관용이나 화해의 논리로서 연기설을 살펴보고, 후자의 반론도 살펴보기로 하자. 이이다 쇼오따로오는 화엄 주석가 법장의 금사자(金獅子)와 인다라망의 비유를 들어 연기의 관용성을 설명한다. 화장세계의 설명에서 두 가지의 원리를 적출하는데 하나는 보편적 법과 개별적 법이 완전히 융화하되 잡란하지 않다. 개별적 법은 일체법과 본질적으로 하나라서 일체법은 개개의 법과 함께 있다고 한다.[66] 정병조, 윤사순과 서경수 등도 이러한 맥락에서 연기적 해석의 궤를 같이한다. 서경수는 "한 송이 국화꽃을 피기위해 천둥은 그렇게 울었나 보다", "오동 한 잎 떨어지니 천하의 가을이 왔다", "무한한 은혜의 힘[緣起]으로 우리는 산다" 등의 내용들이 모두 중중한 법계연기 임을 설한다.[67] 이에 대하여 박경준은 연기법은 환멸문과 생멸문의 내용을 포함하는 구제론적(sotereological) 성격이 강하다고 반박한다. 초기 경전의 붓다의 가르침은 고통에서 벗어나도록 하는 희망의 메시지로 보아야지 상의상관(相依相關)으로 보아서는 안 된다는 것이다. 특히 우이 하쿠쥬(宇井伯壽)로 시작되는 연기의 정형구[공식]인 '차유고피유(此有故彼有) …'에 대한 상의적(相依的) 해석을 반대하면서, 구제(救濟)와 희망의 가르침으로 이해하려고 한다.[68] ❁

박경준 (동국대)

---

66 이이다 쇼오따로오, 「불교의 연기와 관용에 관한 소고」, 『佛教와 現代世界』 (서울: 신흥인쇄, 1977), 112~115면.

67 서경수, 『불교철학의 한국적 전개』 (서울: 불광출판부, 1990), 37면.

68 박경준, 「불교적 관점에서 본 자연」, 앞의 책, 40면과 논문 「初期佛教의 緣起相依說 再檢討」, 136~138면.

윤회

범 saṃsāra 한 輪廻

윤회(輪廻)란 힌두교, 불교, 자이나교에서 끊임없이 삶이 반복된다고 하는 믿음에 적용된 명칭이다. 이 이론에 의하면 지금 현재 우리들이 살고 있는 삶은 일회적으로 끝나는 것이 아니라 계속해서 이어지게 되며, 앞으로 우리들이 살아갈 무수히 많은 삶의 작은 일부에 불과한 것이 된다. 인도에서 이 윤회에 대한 관념은 행위(業, karman) 이론과 결합하여 윤리적인 측면을 띠게 된다. 모든 생류들은 스스로의 행위에 기인하여 삶, 죽음 그리고 재생을 끊임없이 반복하는 것으로 설명된다. 따라서 이러한 인도적 윤회관은 다양한 인간의 상태에 대한 인과적인 설명과 함께 인간이 도덕적으로 살아야 할 윤리적인 근거를 포함하는 종합적인 세계관으로 발전하게 된다. 또한 이 용어가 가지고 있는 존재론적인 의미는 생류들에만 국한되어 적용되는 것이 아니라, 이 세계에 있는 모든 것들에까지 확대되어 적용되게 된다. 즉 이 세계에 있는 모든 것들은 현상적이며 영원하지 못하고 조건적이며 끊임없이 변화하는 것으로 생각되게 된다. 이 세계의 이러한 현상적인 상태는 영원하고 무조건적이며 초월적인 상태로서의 해탈(mokṣa) 또는 열반(nirvāṇa)과 대비되게 된다. 따라서 윤회관은 자연스럽게 해탈관과 결합되게 된다. 따라서 이러한 윤회로부터 자유로워지는 것이 앞에서 언급한 힌두교, 불교, 자이나교에서 우리의 종교적인 삶이 지향하는 궁극적인 목표로서 받아들여지게 된다.

Ⅰ. 어원적 근거 및 개념

윤회(輪廻)는 범어 saṃsāra의 번역어이다. 이 용어는 '함께'를 의미하는 접두어 saṃ과 '흐르다', '달리다'를 의미하는 동사 √sṛ가 동사의 작용을 나타내는 추상명사의 형태와 결합한 용어이다. 글자 그대로 보았을 때 '함께 흐르는 것', '함께 달리는 것' 등을 의미하는 이 용어는 점차 '어떤 연속적인 상태를 지나가는 것', '일상적인 삶의 순환', '삶의 계속적인 반복' 등을 의미하는 것으로 발전한 듯하다. 어원적으로 보았을 때 이 용어는 아마 끊임없이 흐르는 물에 비유되어 사용되었다가, 점차 원형적인 순환 개념이 도입되면서 회전하는 '바퀴' 등의 이미지로 나타나게 된 듯하다. 따라서 현재의 삶이란 끊임없이 순환하는 강물의 한 물결에 불과한 것으로서, 무수히 많은 삶들 가운데 극히 일부에 불과한 것이(된)다. 인도적인 윤회이론은 윤회의 주체, 윤회의 원동력, 윤회의 원리, 그리고 윤회의 목표라는 네가지 요소들로 구성되어 된다.

첫째, 윤회의 주체란 과거의 무수히 많은 삶으로부터 현재까지 그리고 현재로부터 무수히 많은 미래의 삶까지 우리들이 자기 동일성을 지닐 수 있는 근거이다. 힌두교에서는 자아(ātman)를, 자이나교에서는 영혼(jīva)을 죽음과 함께 파괴되지 않는 영원불변의 실체로서 받아들인다. 한편 불교에서는 무아(anātman)라고 하여 그러한 실체를 부정하고 있다.

둘째, 윤회의 원동력이란 생류들을 계속해서 한 삶에서 다른 한 삶으로 이끄는 힘이다. 힌두교, 자이나교, 불교를 포함한 인도의 거의 모든 종교에서 행위(業, karman)가 윤회의 원동력으로 받아들여지고 있다. 물론 이 행위를 어떻게 볼 것인가 하는 점에 있어서는 많은 차이점들이 발견된다. 힌두교의 모태가 되는 브라만사상에서 기본적으로 제식행위를 가리키는 행위는 점차 윤리적인 측면에서 선하거나 악한 행위를 지칭하는 것으로 받아들여지게 된다. 힌두교에서는 선 또는 악한 행위가 일어났을 때, 그 행위의 주체인 자아에 예치되어 있는 잠재적인 힘을 의미하게 된다. 자이나교에서는 이러한 행위를 물질적인 성질을 지닌 것으로 대단히 미세하지만 무게를 지닌 것으로 본다. 한편 불교에서는 이러한 행위를 행위가 일어나기 직전의 선 또는 악한 의도로 본다. 『앙구따라니까야(*Aṅguttaranikāya*)』에서 붓다는 "비구들이여, 나는 의도(cetanā)를 행위(karman)라 한다. 먼저 의도한 후에 신체적으로 언어적으로 정신적으로 행위를 한다"[1]라고 선언하고 있다. 따라서 불교에서는 외적으로 사람 또는 사물이 직접적으로 관련된 물리적인 행동이 아니라 내적으로 윤리적이고 정신적인 과정을 행위로 본다.

셋째, 윤회의 원리란 어떤 과정을 통해 한 삶으로부터 다른 삶이 연결되는가 하는 것에 대한 설명이다. 힌두교에서는 자아(ātman)에 남겨진 행위의 잠재적인 힘이 다음 생에서 태어날 종족, 세계, 사회적 계급, 성, 외모 등을 결정하게 된다고 설명한다. 자이나교에서는 영혼(jīva)에 붙어있는 일종의 물질로서 행위가 기본적으로 상향성을 지닌 영혼은 상위의 세계로 올라가지 못하게 하고 하위의 세계로 끌어 당기게 된다고 설명한다. 따라서 영혼에 붙어있는 행위의 무게에 따라 다음 생의 상태가 결정되게 되는 것이다. 자아나 영혼과 같은 윤회의 주체를 부정하는 불교에서는 이러한 윤회의 과정을 번뇌, 행위, 이숙과의 연쇄라는 추상적인 원리 즉 연기(緣起, pratītyasamutpāda)를 통해 설명한다. 따라서 불교에서는 윤회를 현상의 배후에 있는 어떤 영원불변의 실체를 통해서 설명하는 것이 아니라 서로 밀접하게 연관되어 있는 현상적인 것들 사이에서의 상호 인과관계를 통해서 설명하는 것이다.

넷째, 윤회의 목표는 이러한 끊임없는 삶의 반복이 지향하는 종착점으로서 윤회로부터 자유로워지는 것이다. 하지만 이렇게 윤회로부터 자유로워진 것을 어떻게 보느냐 하는 점에서 몇몇 차이점들이 발견된다. 힌두교에서는 개별적인 원리로서 윤회의 주체인 자아(ātman)가 우주적 원리이자 궁극적인 실체인 브라만(brahman)과 하나가 되는 것, 즉 범아일여(梵我一如)의 상태를 지칭한다. 자이나교에서는 물질적인 행위의 속박에서 해방된 영혼(jīva)이 세계의 꼭대기로 올라가 그곳에서 영원히 머무르게 되는 것을 지칭한다. 따라서 힌두교와 자이나교에서는 이러한 상태를 해탈(mokṣa)이

---

1 AN III, 415면: *cetanāhaṃ bikkhave kammaṃ vadāmi; cetayitvā kammaṃ karoti kāyena vācāya manasā.*

란 용어로서 설명한다. 한편 자아나 영혼과 같은 영원한 실체를 부정하는 불교에서는 해탈(mokṣa)이란 용어보다 열반(nirvāṇa)이란 용어를 더 선호하고 있다. 열반이란 부정 접두어 nir와 √vā 동사의 작용을 나타내는 추상명사가 결합한 형태로 활활 타오르던 불이 꺼지는 것을 지칭한다. 어원적으로 보았을 때 이 용어는 절대라는 개념보다는 소멸이란 개념에 더욱 가까운 것으로 보아야 할 것 같다.

인도인들에게 이 윤회관은 인간의 사후에 관한 의문에서부터 인간조건의 불평등 및 대자연의 신비에까지 이 세계의 거의 모든 문제들에 대한 해답을 제공하고 있으며, 오늘날까지 인도인들의 사유방식과 생활태도를 지배하고 있다.

Ⅱ. 역사적 전개

윤회(輪廻)의 기원에 대해서는 크게 세가지 정도로 정리될 수 있는 많은 이론들이 대립하고 있다. 우리는 이것을 아리얀 기원설, 인더스 기원설, 그리고 갠지즈 기원설로 분류할 수 있다.

첫째, 아리얀(Aryan) 기원설은 아직까지 학계에서 폭넓은 지지를 받고 있는 이론이다. 여기에서 아리얀(Aryan)이란 범어(Sanskrit)를 사용하는 사람들로서 기원전 1,500년 경에 북서쪽으로부터 인도로 들어온 사람들을 가리킨다. 이들에 의해 작성되고 유지되어 온 『베다(*Veda*)』, 『브라흐마나(*Brāhmaṇa*)』, 『아란야까(*Āraṇyaka*)』, 『우빠니샤드(*Upaniṣad*)』에서 윤회와 행위에 대한 관념이 점차적으로 발전하여 오늘날의 모습으로 체계화되었다는 것이 아리얀 기원설이다.

둘째, 아직까지 그 언어가 판독되지 않고 있는 인더스 문명에서 찾으려고 하는 인더스 기원설이 있다. 위의 아리안 기원설이 풍부한 범어 문헌들에 의해서 뒷받침되고 있는 것에 반해서 이 인더스 문명 기원설은 아직까지 자료적인 한계를 극복하지 못하고 있다. 이곳에서 주로 발견되(고 있)는 인장(seal)과 사람 토기 등에 나타나는 요가수행의 흔적들로부터 윤회로부터의 해방이 이러한 수행과 밀접한 관련이 있다는 전재 하에서 그 기원을 인더스 문명까지 거슬러 올라가는 것이다.

셋째, 윤회와 행위이론의 기원을 외부에서 인도로 들어온 아리얀(Aryan)

들이 아니라 갠지즈강 중하류 지방의 토착민들 사이에서 찾으려는 갠지즈 기원설이다. 여기에서는 갠지즈강 중하류 지방의 토착민들과 그들의 문화를 어떤 것으로 볼 것인가 하는 점이 여전히 쟁점이 되고 있다. 앞에서 언급한 브롱코스트는 스뚜빠(stūpa)를 숭배가 불교, 자이나교, 그리고 아지비까(Ājīvika)에서 공통적으로 행해지고 있으며, 브라흐마나(Brāhmaṇa) 문헌에서 동쪽지방에서 행해지는 관습으로 소개되고 있는 점으로부터 이렇게 스뚜빠를 숭배하는 사람들이 최초로 윤회와 행위의 관념을 체계화하지 않았을까 하고 주장하고 있다.

인더스문명 기원설의 경우 이를 뒷받침할 수 있는 문헌들의 부족으로 인해 아직까지 하나의 학설로 그치고 있지만, 여기에는 몇몇 생각해 볼 문제들이 있다. 19세기 중반 대영제국에 있어서 인도학은 동인도회사를 통한 간접통치와 직접통치를 거치면서 식민지 인도를 경영하는데 필요한 하나의 첨단학문으로서 각광을 받고 있었다. 이 시기에 활약한 대표적인 동양학자이자 인도학자로서 막스뮬러(Max Muller)를 들 수 있는데, 소설『독일인의 사랑』(German Love)으로도 유명한 그는 문헌학 및 언어학자이면서 사실상 비교종교학의 창시자였다. 특히 그는 1879년부터 1910년까지 옥스퍼드 대학에서 50여권으로 출판된『동방성서(*The Sacred Books of the East*)』의 책임 편집자이자 번역자로서 종교학 및 인도학 분야에 잘 알려져 있다. 1,790년 경에 윌리엄 존스(William Jones)에 의해서 범어(Sanskrit)가 유럽고전어인 라틴어(Latin) 및 희랍어(Greek)와 유사하다는 점이 밝혀진 이래 범어와 범어 문헌들에 대한 연구는 인도유럽어족이란 새로운 용어를 만들어 내면서 많은 비교언어학적 발전을 이끌어 냈다. 막스뮬러는 이러한 언어학적 발견을 문화적인 측면에 적용하여 아리얀(Aryan)족이 기원전 1,500년경 북서쪽으로부터 인도로 이동해 들어왔다고 주장했다. 그의 이론은 후에 '아리얀 침략이론(Aryan invasion theory)'이란 형태로 발전하면서 영국의 식민지 인도통치를 합리화는 하나의 도구로 이용되기에 이르렀다.

막스뮬러의 이러한 주장은 아직까지 서구의 학계에서 일반적으로 받아들여지고 있지만, 1920년대에 인더스문명이 발견되면서 새로운 해석의 여지를 남기게 된다. 서구의 학자들은 인더스 문명의 존재 여부를 알지 못한 상태에서 형성된 막스뮬러의 이론을 유지하기 위하여 인더스문명을 갠지즈강을 중심으로 발달된 아리얀(Aryan) 문화와 완전히 단절된 것으로 본

다. 즉 인더스문명은 기원전 3,500년 경에 시작되어 기원전 1,800년 경에 자연적으로 소멸되었으며 아리안들은 적어도 300여년의 시차를 두고 오늘날의 아프카니스탄 및 파키스탄 지역에서 북인도로 들어왔다고 보는 것이다.

비록 현대 인도의 힌두 민족주의적 경향과 밀접하게 관련되어있지만, 오늘날 많은 인도학자들은 갠지즈강을 중심으로 발달된 아리얀(Aryan) 문화와 인더스문명을 연결시키려는 시도를 하고 있다. 이들은 아리얀(Aryan)들이 적어도 기원전 2,000년 이전에 인도북서부에 들어왔을 것으로 보며, 아리얀(Aryan) 문화가 사실상 인더스문명을 계승한 것이라는 점을 강조하고 있다. 인더스문명 기원설 또한 이러한 맥락에서 주장되는 것으로서 비록 이들의 문자는 판독되지 않고 있지만, 그림과 문자를 세긴 인장(seal)과 여러 가지 동작을 하고 있는 사람 토기 등을 통해서 추정하고 있다. '요가 하는 쉬와'로 알려진 유명한 인장 등이 이러한 주장의 증거로 제출되고 있지만, 아직까지 이들의 문자가 해독되지 않고 있기 때문에 직접적인 증거가 없다는 단점을 가지고 있다. 아직까지 이 부분에 대한 연구가 진행되고 있어서 단정하기는 어렵지만, 근래 많은 고고학적 발견을 통해서 인더스문명과 아리얀(Aryan) 문화 사이의 간격이 많이 좁혀져가고 있다는 점을 지적하고 싶다.

여기에서는 첫번째 윤회의 아리얀 기원설을 우빠니샤드(*Upaniṣad*) 등과 같은 힌두 문헌들에서 점차적으로 발전해 온 것으로 보는 힌두전통의 윤회관을 살펴보는 부분에서 다룰 것이고, 세 번째 윤회의 갠지즈 기원설은 불교, 자이나교 등과 같은 비힌두 문헌들을 중심으로 하는 비힌두적 전통의 윤회관을 살펴보는 부분에서 다루도록 하겠다.

Ⅲ. 힌두전통에서의 윤회

윤회의 아리얀(Aryan) 기원설에 의하면, 오늘날 인도인들이 가지고 있는 윤회와 행위에 대한 관념은 베다(*Veda*), 브라흐마나(*Brāhmaṇa*), 아란야까(*Āraṇyaka*), 그리고 우빠니샤드(*Upaniṣad*)에 걸쳐서 점차적으로 발전하여 오늘날의 모습으로 체계화된 것이다.

힌두적 윤회이론은, 할파스(Wilhelm Halbfass)가 바르게 지적하고 있듯이, 짜르와까(Carvakas)로 대표되는 인도 유물론자들을 제외한 거의 모든 인도의 사유체계에서 이 세계를 설명하는 종합적인 세계관으로 광범위하게 받아들여지고 있다.[2] 하지만, 가장 오래된 힌두문헌으로서 신들에 대한 찬가를 수록한 베다 문헌들에서는 윤회에 대한 언급들을 전혀 나타나지 않고 있다. 베다시대의 아리얀들은 제식 중심적이고 현세적인 경향을 가지고 있었으며, 봄, 여름, 가을, 겨울의 변화를 100번만 볼 수 있게 해 달라는 이들의 소망에서 볼 수 있듯이 완전한 수명을 누리는 것으로서 불사는 100세까지 사는 것이었다. 한편 이러한 관념은 베다의 해설서인 브라흐마나(*Brāhmaṇa*) 문헌들에 오면서 점차적으로 바뀌게 된다. 브라흐마나 시대의 아리얀들은 제식 중심적이면서 내세관과 함께 재생관념을 가졌던 것으로 보이는데, 제사를 통해 천상의 세계로 갈 수 있다고 하거나 천상계는 불사이지만 인간계는 죽음이 계속 반복된다고 하는 설명 등을 통해서 잘 나타나고 있다. 한편 이시기의 바라문들은 '왜 인간계에서는 죽음이 반복되고 천상계에서는 죽음이 반복되지 않는가?'라는 의문을 제기하고 있다. 따라서 이 시기에 당연히 천상계에서도 죽음이 반복되어야 하는 것 아닌가하는 생각들이 싹트면서 계속되는 죽음에 대한 일종의 공포와 같은 것이 죽음과 관련하여 형성되기 시작했던 것으로 보인다.

힌두전통에서 윤회에 대한 본격적인 언급은 『아란야까(*Āraṇyaka*)』를 거쳐서 『우빠니샤드(*Upaniṣad*)』에 오면 본격적으로 나타나기 시작한다. 이전의 두 가지 문헌들이 신들에 대한 찬가와 제식에 대한 해설을 중심으로 한다면, 이 문헌들은 종교적이고 철학적인 사유를 중심으로 하며, 본격적으로 윤회와 행위 그리고 해탈에 관해서 언급하고 있다. 이때까지 많은 학자들은 여러 단계의 문헌들에서 오래 살고 싶은 소망으로부터 내세관, 재생관 및 윤회사상이 점차적으로 나타나는 것으로부터, 원래 윤회에 대한 관념이 없었던 아리얀(Aryan)들이 점차적으로 인도적 환경에 적응하면서 서서히

2 Wilhelm Halbfass, '*Karma, Apūrva, and "Natural" Causes: Observations on the Growth and Limits of the Theory of Saṃsāra*', *Karma and Rebirth in Classical Indian Traditions,* Delhi: ed. by Wendy Doniger, 1983, 269면.(이하 Wilhelm Halbfass (1983)으로 약칭)

윤회이론을 확립했을 것으로 추정하고 있다. 이들에 의해 확립된 윤회이론의 가장 오래된 형태를 우리는 『브리하드아란야까(*Brhardāraṇyaka*) 우빠니샤드(*Upaniṣad*)』와 『찬도갸(*Chādogya*) 우빠니샤드(*Upaniṣad*)』에서 찾아볼 수 있다. 이들은 『우빠니샤드』 문헌들 중에서 가장 오래된 것으로 불교성립 이전 또는 거의 동시대에 형성된 것으로 추정하고 있다. 여기에서는 크게 두 가지 정도의 윤회이론을 볼 수 있는데, 한 가지는 우연적이고 자연관찰에 기초하고 있는 윤회설이고 다른 한가지는 행위(業, karman) 이론이 나타나는 철학적 사유에 기초한 윤회설이다.

우연적인 윤회설은 『브리하드아란야까(*Brhardāraṇyaka*) 우빠니샤드(*Upaniṣad*)』[3]와 『찬도갸(*Chādogya*)[4] 우빠니샤드(*Upaniṣad*)』에서 나타나고 있다. 이도오화설(二道五火說)로 알려진 이 우연적인 윤회설은 끄샤뜨리아(Kṣatriya)인 빤짤라의 왕 자이왈리(Jaivali)가 브라만 사제인 가우따마(Gautama)에게 설명하는 형식을 취하고 있다.

가우따마의 철없는 아들 스웨따께뚜(Śvetaketu)는 윤회와 관련된 자이왈리왕의 다섯 가지 질문에 전혀 대답을 하지 못하게 된다. 스웨따께뚜는 자신의 스승이자 아버지인 가우따마에게 달려가 자이왈리의 다섯 질문을 이야기한다. 다섯 질문이란 '사람이 죽었을 때 가는 두 가지 다른 길을 아는가?', '죽은 사람이 이 세상으로 다시 돌아오는 것을 아는가?', '왜 저 세상이 가득차지 않는지 아는가?', '봉헌물을 받쳤지만 물이 사람의 말을 하는 것을 아는가?' 그리고 '신들의 길과 조상들의 길을 가는 과정을 아는가?'이다. 그 해답을 전혀 알 수 없었던 가우따마는 자이왈리왕에게 찾아가 제자로서의 예를 취하고 이 이도오화설(二道五火說)의 가르침을 받게 된다. 여기에서 이도(二道)란 조상들의 길과 신들의 길을 가르치는데 전자는 계속해서 윤회하는 과정을 후자는 윤회로부터 해방되는 과정을 설명한다. 오화(五火)란 화장하는 불로써 사람이 죽은 다음 이 세상에 돌아와 다시 태어나기까지의 과정을 비유적으로 설명한 것이다. 화장장의 불은 저 세상, 비구름, 이 세상, 남자, 그리고 여자에 차례대로 비유되어 사람이 죽은 후 다시 태어나는 과정을 설명하고 있다.

조상들의 길을 갈 수 있는 사람은 제사, 보시 그리고 고행을 통해서 이 세

---

3 *Brhardāraṇyaka Upaniṣad* 4.2.
4 *Chādogya Upaniṣad* 5.3-10.

계를 극복한 사람들로 제한된다. 이들이 죽어서 화장되게 되면 연기, 밤, 달, 태양을 거쳐서 조상들의 세계로 간다. 그곳에서 신들의 심판을 받은 후 허공, 바람, 비를 거쳐서 땅으로 내려온 후, 음식이 되어 남자에게로 가고 다시 여자에게서 태어나게 된다. 그리고 이러한 과정을 계속해서 반복하면서 끊임없이 윤회하게 된다고 설명한다.

신들의 길을 갈 수 있는 사람은 지혜를 갖추고 숲으로 물러나 진리를 믿음으로 받아들이는 사람들로 제한된다. 이들이 죽어서 화장하게 되면 연기, 낮, 달, 태양을 거쳐서 신들의 세계로 간다. 그리고 이곳에서 브라만의 세계로 올라가 그곳에서 살 수 있는 가장 오랫동안 살게 되며 더 이상 윤회하는 세계로 돌아오지 않게 된다. 즉 윤회로부터 벗어나게 되는 것이다. 이 브라만의 세계에서 더 이상 윤회하는 세계로 돌아오지 않는다는 언급은 윤회의 목표인 해탈에 대한 아주 초기적인 언급이다. 이러한 해탈의 경지는 아직까지 윤회하는 세계 속에 있다는 점에서 윤회하는 세계를 초월한 것으로 설명되는 후대의 해탈관과 차이를 가진다.

한편 이러한 두 가지 길은 모르는 사람들은 벌래 곤충 또는 뱀이 된다고 설명하여 사실상 윤회를 세 가지 과정으로 설명하고 있다. 이도오화설(二道五火說)은 일반적으로 우연적이고 자연관찰에 근거한 초기적 형태의 윤회이론으로 간주되고 있다. 우리는 이 설명에서 윤회의 원동력이 되는 행위(業, karman)와 윤회의 주체인 자아(ātman)에 대한 관념을 전혀 찾아볼 수 없으며, 여러 가지 우연적인 요소들이 개입되어 있음을 볼 수 있다. 예를 들어, 사람으로 다시 태어나기 위해서는 비와 함께 이 세상으로 내려올 때 음식이 될 수 있는 곳으로 와야 하며, 반듯이 남자에게 먼저 음식의 형태로 먹혀야 한다는 것 등이다. 하지만, 이 이도오화(二道五火)의 윤회설은 샹까라(Śaṇkara)의 아드와이따 웨단따(Advaita Vedānta)에서 아주 중요하게 취급되고 있을 정도로 광범위하게 받아들여지고 있다.[5] 한편 여기에서 자이왈리왕은 이 이도오화(二道五火)의 윤회설이 이전까지 그 어떠한 브라만에게도 전달되지 않았다는 것을 가우따마에게 강조하고 있다. 즉 이러한 초기적인 형태의 윤회설이 브라만을 중심으로 하는 아리얀(Aryan)의 전유물이 아니었을 가능성을 열어놓고 있는 것이다.

행위이론이 나타나는 철학적인 윤회설은 『브리하드아란야까 우빠니샤

5 Wilhilm Halfass (1983), 296-302면.

드(*Brhardāraṇyaka Upaniṣad*)』[6]에서 나타나고 있다. 앞에서 살펴본 우연적인 윤회설에 비해서 좀 더 철학적이고 체계적인 모습을 갖춘 이 윤회설은 여러『우빠니샤드』에 등장하는 유명한 브라만 사제인 야즈냐왈까(Yājñavalkya)에 의해 설명된다.

위데하(Videha)의 왕 자나까(Janaka)는 꾸루(Kuru)와 빤짤라(Pāñcālā) 지역의 모든 브라만들을 초청한 후 가장 뛰어난 브라만에게 두 개의 뿔 사이에 열 개의 금화를 매달아놓은 소 천마리를 주겠다고 선언한다. 이때 야즈냐왈까(Yājñavalkya)가 가장 앎이 많은 브라만이 바로 자신이라고 나서게 되고, 나머지 브라만들은 그에게 문제제기하는 방식으로 열띤 토의가 진행된다. 이때 아르따바가(Ārtabhāga)가 야즈냐왈꺄에게 윤회와 관련하여 다음과 같이 질문한다.

> "야즈냐왈꺄여, 남자가 죽었을 때, 그의 언어는 불로 갑니다. 호흡은 바람으로, 눈은 태양으로, 마음은 달로, 귀는 영역으로, 신체(śarīra)는 땅으로, 자아(ātman)는 공간으로, 털은 실물로, 머리카락은 나무로, 피와 정액은 물로 갑니다. 이때 그 남자는 어디로 가지요?"

아르따바가의 질문에는 윤회의 주체로서 자아(ātman)가 나타나고 있다. (문맥에서 보이듯이) 여기에서 자아는 신체(śarīra)와 분명하게 구분되어 나타나고 있다.『우빠니샤드』이래 개별적인 인간을 규정하는 핵심적인 원리로서 발전한 자아(ātman)가 여기에서 분명하게 윤회의 주체로서 나타나고 있는 것이다. 아르따바다의 이 질문에 대해서 야즈냐왈꺄는 다음과 같이 대답한다.

> "친구여, 아르따바가여, 손은 잡아라. 우리 둘이서 그것에 대해 알아보도록 하자. 실로 그것은 사람들 앞에게 이야기할 수 없다."

대중들 앞에서 물러난 두 사람은 오직 행위(業, karman)에 대해서만 이야기한 것으로 나타나고 있다. 즉, 윤회의 원동력으로서 행위가 받아들여지고 있는 것이다. 야즈냐왈꺄는 윤회의 원동력으로서 행위를 다음과 같이

6 *Brhardāraṇyaka Upaniṣad* III, 2; IV, 4.

정의한다.

> "사람은 선한 행위에 의해서 선하게 되고, 악한 행위에 의해서 악하게 된다."[7]

그 후 야즈냐왈꺄는 위데하의 왕 자나까에게 유명한 애벌레의 비유를 통해서 인식, 행위, 그리고 기억의 주체인 자아(ātman)가 어떤 과정을 통해 윤회하는가를 다음과 같이 비유적으로 설명한다.

> "마치 애벌레가 잎의 끝까지 가서 다른 입에 접근하여 발을 디딘 후(,) 스스로를 다른 잎으로 끌어당기는 것과 같이, 이 자아(ātman)는 신체를 넘어뜨리고 의식이 없는 상태로 만들고 나서 다른 신체에 접근하여 발을 디딘 후(,) 스스로를 다른 신체로 끌어당긴다."

이 애벌레의 비유는 인도 사상계 전반에서 광범위하게 받아들여지게 되었으며, 특히 『대비바사론(*Mahāvibhāṣāśāstra*)』과 같은 불교의 문헌에까지 나타나게 된다.

브라만 사제인 야즈냐왈꺄(Yājñavalkya)에 의해 설명된 윤회설은 윤회의 원동력으로서 행위(業, karman), 윤회의 주체로서 자아(ātman), 그리고 윤회의 원리로서 자아에 남겨진 행위의 힘에 관한 설명들이 제시되어 있다. 따라서 이전의 우연적인 윤회설에 비해 좀 더 철학적이고 체계적인 모습을 갖추게 되며, 이후 인도 사상계 전반에서 고르게 나타나는 윤회설을 토대가 된다.

양자를 비교해 보면, 우연적인 윤회설이 끄샤뜨리아(Kṣatriya) 계급인 빤짤라의 왕 자이왈리(Jaivali)에 의해서 설명된 것에 대해서, 철학적인 윤회설은 브리만 사제인 야즈냐왈꺄(Yājñavalkya)에 의해서 설명되고 있다. 따라서 토착 지배계층인 크샤뜨리아 계급 사이에서 유행했던 우연적이고 자연관찰적인 윤회설이 원래 윤회에 대한 관념이 없었던 브라만들에게 전파되었을 것으로 보인다. 그리고 브라만을 중심으로 하는 아리얀(Aryan)에 의해서 이 윤회이론은 자아(ātman)와 행위(業, karman)관념을 통해 철

7 puṇyo vai puṇyena karmaṇā bhavati, pāpaḥ pāpena.

학적으로 조직적으로 체계화되면서 오늘날에 이르렀을 것으로 추정되고 있다.

Ⅳ. 비힌두 전통에서의 윤회

오늘날 인도인들의 사유방식을 지배하고 있는 윤회와 행위에 관한 관념이 기본적으로 앞에서 살펴본 『우빠니샤드(*Upaniṣad*)』의 두 가지 윤회설에 바탕하고 있다는 점에는 의심의 여지가 없다. 하지만, 이렇게 『우빠니샤드』에서 체계화되기 이전의 초기적이고 원시적인 형태의 윤회에 대한 관념이 아리얀(Aryan)에 의해서 형성되었다고 보기에는 많은 문제들이 있다. 앞에서도 살펴 보았지만, 윤회에 대한 관념은 우빠니샤드 이전의 문헌인 『베다(*Veda*)』, 『브라흐마나(*Brāhmaṇa*)』, 그리고 『아란야까(*Āraṇyaka*)』에서 나타나지 않고 있다. 또한 우연적인 윤회설을 설명하는 『우빠니샤드』에서조차도 이러한 이도오화(二道五火)의 윤회에 대한 가르침이 끄샤뜨리야 계급으로부터 브라만 계급에게 전달되지 않았다는 점이 강조되어 있다. 이러한 문제점들로부터 윤회의 기원을 비아리안 계열의 갠지즈강 중하류 지방의 토착 문화에서 찾으려는 것이 윤회의 갠지즈 기원설이다.

사실상 단순한 형태의 재생에 대한 믿음은 세계 도처에서 발견되고 있다. 식민지시대 서구의 학자들은 인도의 윤회관이 그리스의 피타고라스에게서 왔을 것이라고 추정했었다. 단순한 윤회에 대한 관념은 오늘날 아프리카, 오스트레일리아, 파푸아 뉴기니 등지에서 아직까지 원시적인 생활을 하고 있는 부족들 사이에서도 나타나고 있다.[8] 이 윤회관들은 단순한 형태로부터 점차적으로 선악, 천국과 지옥 등과 같은 관념들이 결합되면서 윤리적인 형태를 띠게 되는 과정들을 보여주고 있다.

이러한 입장에서 보았을 때, 고대 인도에서 갠지즈 중하류 지방을 근거로 발전했던 아지비까(Ājīvika)는 윤회를 받아들이면서도 행위를 받아들이지 않는 독특한 입장으로부터 많은 주목을 받고 있다. 비록 지금은 인도에서 완전히 사라지고 없지만, 아지비까는 하나의 교단의 형태로 14세기까

8 Gananath Obeyesekere, '*The Rebirth Eschatology and Its Transformation*', *Karma and Rebirth in Classical Indian Traditions,* Delhi: ed. by Wendy Doniger, 1983, 137-164면.

지 남인도에 남아 있었으며, 인도최초의 통일왕국인 마우리아 왕조의 제2대 빈두사라(Bindusara)왕이 그 신도였던 것으로 알려져 있다.

아지비까는 우리들의 삶이 일회적인 것이 아니라 계속해서 반복되는 것이라는 윤회(saṃsāra)이론을 받아들이면서도 그 윤회의 원동력으로 인도사상 일반에서 광범위하게 받아들여지는 행위(karman)이론은 받아들이지 않고 있다. 이들에 의하면 인간은 선하거나 악한 행위(karman)에 의해서 다음 생에 좋거나 나쁘게 태어나는 것이 아니다. 숙명(nayati)이란 이름으로 잘 알려진 이들의 결정론에 의하면, 우리들의 삶은 태어나기 전부터 이미 다 결정되어 있으며 현재의 노력에 의해 그 결과가 달라질 수 있는 성질의 것이 아니다. 심지어는 모든 생류들이 8,400,000겁 동안 삶과 죽음의 윤회를 반복하고 나면, 자동으로 이러한 윤회로부터 벗어나게 된다는 것까지 이미 결정되어 있다. 아지비까(Ājīvika)는 고대 인도에서 상당한 영향력을 지녔던 것으로 추정된다. 이들의 사상은 한편으로 인도 유물론자인 짜르와까(Cārvāka)와 관련이 있어 보이며, 다른 한편으로 자이나교(Jainism)와 밀접한 관계를 맺고 있는 것으로 보인다. 또한 이들이 불교와 자이나교의 초기문헌들에서 폭넓게 강력하게 비판되고 있다는 점으로부터 이들이 그 당시 불교 및 자이나교와 일종의 라이벌 관계를 형성했을 것으로도 추정할 수 있다.

아지비까와 불교 및 자이나교에서 공통적으로 찾아볼 수 있는 것으로 스뚜빠(stūpa)를 숭배를 들 수 있다. 브라흐마나(Brāhmaṇa) 문헌에서는 이 스뚜빠 숭배가 동쪽지방에서 행해지는 관습으로 소개되고 있는 점으로부터, 스뚜빠 숭배를 지금은 사라지고 없는 갠지즈 중하류 지방의 토착문화의 흔적으로 보려는 경향이 있다. 아지비까, 불교, 자이나교가 공통적으로 윤회에 대한 관념을 가지고 있다는 점으로부터, 아리안(Aryan)이 갠지즈강 중하류 지방에 도달하기 이전에 스뚜빠를 숭배했던 비아리안 계열의 토착 부족들이 초기적 형태의 윤회에 대한 관념을 지녔던 사람들로 추정되고 있다. 그리고 아지비까, 자이나, 불교를 거치면서 점차적으로 행위(業, karman) 이론이 체계화 되면서 오늘날 우리들이 보는 것과 같은 윤회와 행위이론을 형성하게 되었을 것으로 볼 수 있다.

이렇게 윤회와 행위에 대한 이론을 중심으로 아지비까, 자이나교, 그리고 불교가 크게 일어난 시기를 기원전 5-6세기경으로 잡고 있다. 이 시기는 힌두적인 윤회와 행위이론이 나타나는 『브리하드아란야까(*Brhardāraṇyaka*)

우빠니샤드(*Upaniṣad*)』와 『찬도갸(*Chādogya*) 우빠니샤드(*Upaniṣad*)』가 성립된 시기와 거의 일치하고 있다. 아마도 이 시기를 중심으로 인도 북동부의 갠지즈강 유역을 중심으로 아리안 전통의 문화와 비아리안 전통의 문화가 조우하고 교류하면서다양한 방면에서 종교적이고 철학적 발전이 이루어지고, 윤회와 행위에 대한 관념이 상호영향 아래서 각각 체계화되었을 것이라고 여겨진다.

1. 자이나교

자이나교의 창시자인 마하비라(Mahāvīra)에 의하면, 깨달음을 얻지 못한 영혼(jīva)은 시작도 없고 끝도 없는 윤회를 상상할 수도 없을 만큼 오랫동안 반복하게 된다고 한다. 영혼은 욕망을 지닌 행위에 의해서 오염되게 되고, 수없이 많은 행위 물질을 끌어들이게 된다. 이렇게 영혼에 이끌린 행위의 물질들은 영혼을 더욱 오염시키고 끝없이 계속해서 윤회하게 만든다. 자이나교에서 행위(業, karman)는 모든 공간을 점유하고 있으며 헤아릴 수도 없고 보이지도 않는 어떤 물질적인 입자(paudgalika)로서 설명된다. 우리들의 신체적·정신적·언어적 행위는 영혼의 파동을 만들게 되고 탐욕, 혐오 등의 욕망과 결합하면서 마치 '먼지'와 같은 행위 입자들을 영혼에 달라붙게 만든다. 그리고 이러한 행위 입자들이 가지고 있는 무게에 의해서 영혼은 점점 더 깊은 윤회의 수렁으로 빠져들게 된다.

초기 브라만 전통에서 재식행위의 중요성을 부각시키기 위해 사용되었던 이 행위(karman)라는 용어는 아마도 자이나교에서 최초로 윤회이론과 결합되면서 윤회의 원동력으로 받아들여지게 된 것으로 보인다. 자이나교에서 행위(karman)이론에 관련된 많은 용어들은 사실상 덥고 습한 인도적 환경에서 농사일을 하는 것에 비유되어 설명되고 있다. 불교와 자이나 사상의 진원지였던 마가다(Magadha) 지역은 오늘날 인도의 비하르(Bihar) 지역에 해당된다. 인도의 서북부인 이 지역의 날씨는 우기가 몇 번 오지만 주로 무덥고 습하다. 이곳의 뜨거운 햇빛 아래에서 일하고 있는 농부가 있다고 가정한다면 그의 몸은 금방 땀이 나서 흥건히 젖게 되고 주변의 먼지가 달라붙게 될 것이다.

자이나교의 행위(karman)이론에서 이렇게 뜨거운 햇빛 아래 일하고 있는 농부가 땀에 흥건히 젖어 있는 상태를 인간이 번뇌에 물들어 있는 상태로 보고 있다. 그리고 이러한 농부의 끈적끈적한 몸에 먼지가 달라붙어 농부를 불편하게 만드는 것과 같이, 원래 상향성을 가진 영혼(jīva)에 어떤 무게를 가진 물질로 규정된 행위(karman)가 달라붙어서 위로 올라가는 것을 방해하고 무겁게 만들어서 아래로 내려가게 한다[9]는 이미지를 통해 자이나의 계박(bandha)의 상태를 설명할 수 있다.

자이나교에서는 윤회의 과정과 관련하여 행위를 네가지로 설명하고 있다. 정신적인 행위(nāmakarman)는 새로운 생에서 받게 될 성별, 가문 등 다양한 삶의 측면들을 결정하고, 종성적인 행위(gotrakarman)는 새로운 생의 정신적인 단계를 결정하게 되며, 느낌으로서 행위(vedanīyakarman)는 새로운 생의 즐겁거나 괴로운 상태를 결정하고, 수명으로서 행위(āyuḥkarman)는 새로운 생의 길이를 결정한다고 설명한다. 이러한 재생의 과정은 중간단계 없이 행위에 의해서 이미 결정되어 있는 새로운 생으로 순간적이고 직접적으로 진행되는 것으로 파악되고 있다.

해탈로 나아가는 방식(soteriology)이란 측면에서 보면 자이나의 해탈(mokṣa)이란 고행 등을 통해 영혼(jīva)이 가벼워지고 영혼에 붙어있는 행위의 물질들이 고행을 통해서 파괴되게 되면, 무게가 없게 되어도 떠오르게 된다. 자이나의 우주관에 의하면 이 세계는 인간의 모양을 한 폐쇄적인 공간으로 인간계는 인간의 허리에 해당되는 중간지역인 'B'가 된다. 자유롭게 된 영혼들(siddhas)은 이곳으로부터 이들의 영원한 거주처에 해당되는 우주의 꼭대기인 'D'까지 올라가게 되며, 그곳에서 다시는 밑으로 내려가지 않고 영원히 살게 된다고 설명한다.[10]

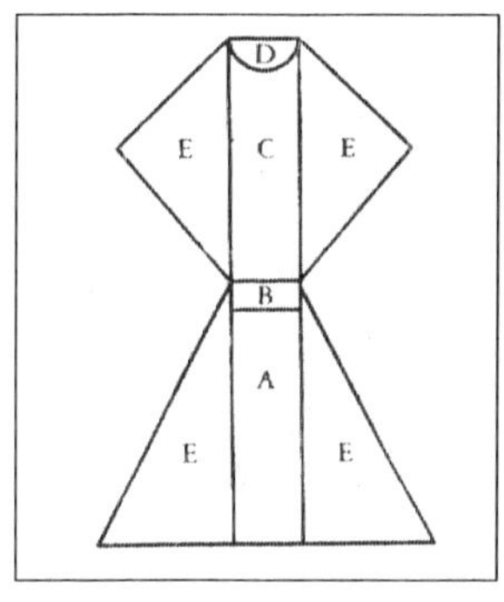

인도적 환경에서 농부의 어떠한 행동도 기본적으로 행위에 해당되는 먼지가 달라붙는 것으로부터 자유로울 수 없을 것이란 점으로부터, 자이나 사상은 우리들의 선하거나 악한 모든 행동 또는 움직임이 결국에는 어떤 결과로 이어지게 될 것으로 보게 된다. 따라서 해탈로 가는 길이란 아무런

9 Richard Gombrich, *How Buddhism began,* London, 1996, 50면.
10 Jaini (1983) 237면.

행동도 하지 않고 죽는 것으로서 사실상 굶어 죽는 것이 최상의 방법으로 언급되고 있는데, 붓다와 거의 동시대로 추정되는 마하비라(Mahāvīra)가 이렇게 죽으면서 해탈에 이르렀다[11]고 이야기 하고 있을 만큼 자이나교의 행위이론은 사실상 아주 극단적인 측면을 가지고 있었다. 자이나교의 이러한 극단적인 측면은 이들이 지향했던 엄격한 고행주의 전통과 함께 오늘날까지 전승되고 있으며, 이들의 윤회와 행위에 대한 가르침 또한 큰 변화 없이 이어지고 있다.

자이나교의 행위(karman)는 어떤 물질적인 입자(paudgalika)라는 점에서 그 자체가 완전한 형태로 윤리규범화되었다고 보기는 어렵다. 모든 행위는 물질적인 것이며 따라서 질량을 가지게 된다. 그리고 이러한 질량은 영혼(jīva)이 우주의 꼭대기로 올라가 해탈하지 못하도록 하는 요소가 된다. 따라서 해탈이라는 관점에서 보면, 행위 자체의 선하거나 악하거나 하는 정도는 중요하지 않다. 왜냐하면 모든 행위는 기본적으로 해탈로 나가는 것에 방해가 되기 때문이다. 따라서 비힌두 전통에서 윤회의 윤리규범화는 불교에 와서 비로소 완성되었다고 보아야 한다.

2. 불교

아지비까와 자이나교를 통해서 발전해온 비힌두 전통의 윤회와 행위이론은 불교에 와서 비로소 체계적이고 완성된 모습을 갖추게 된다. 불교의 윤회이론은 자이나교가 윤회의 원동력인 행위(karman)의 본질을 물질적인 것으로 보는 것에 대해서 행위를 의도(cetanā)라고 주장하고, 힌두 전통의 윤회이론이 자아(ātman)를 윤회의 주체로서 받아들이는 것에 대해서 무아(anātman)를 주장하며, 윤회의 원리로서 연기(pratītyasamutpāda)를 주장하여 번뇌, 행위, 이숙과의 연쇄를 설명하고 윤회의 목표로서 힌두 및 자이나교에서 사용하는 해탈(mokṣa)이란 용어보다 열반(nirvāṇa)이란 용어를 선호하는 것으로 특징지을 수 있다.

불교에서 행위(業, karman)는 선악이라는 윤리 관념과 밀접하게 결합되어 있다. 앞에서 언급했던 야즈냐왈꺄(Yājñavalkya)의 행위이론은 "사람

11 Johannes Bronkhorst, *The Two Tradition of Meditation in Ancient India,* Stuttgart, 1986, 31면.

은 선한 행위에 의해서 선하게 되고, 악한 행위에 의해서 악하게 된다."고 하여 선인선과 악인악과(善因善果 惡因惡果)의 관계를 지향하고 있다. 여기에 대해서 불교는 이숙과(異熟果, vipāpaphala)를 주장하여, 선인락과(善因樂果) 악인고과(惡因苦果)의 관계를 지향하고 있다. 사람은 선한 행위를 원인으로 즐거운 결과를 받고, 악한 행위를 원인으로 괴로운 결과를 받는다는 것이다. 이때 원인이 되는 선(善)·악(惡)은 윤리적인 것으로 감정적인 상태를 나타내는 결과로서의 락(樂)·고(苦)와는 성격이 다르므로(vipāka) 이를 이숙과(異熟果)하고 한다. 따라서 이러한 즐겁거나 괴로운 결과는 도덕적으로 중립이 되며[無記, avyākṛta], 힌두전통에서와 같이 선·악이 결과가 되어 한번 선한 행위는 영원히 선하게 되거나, 한번 악한 행위는 영원히 악하게 되거나 하는 무한소급의 오류로부터 벗어날 수 있게 해 준다.

<table>
<tr><th colspan="2">의도적인 행위 (思業, cetanā karman)</th></tr>
<tr><td rowspan="3">의도한 후의 행위
(思已業, cetaitvā karman)</td><td>정신적인 행위 (意業, manaḥkarman)</td></tr>
<tr><td>신체적인 행위 (身業, kāyakarman)</td></tr>
<tr><td>언어적인 행위 (口業, vākkarman)</td></tr>
</table>

행위(業, karman) 자체가 선·악이라는 윤리적인 성격을 띄기 위해서는 물리적이거나 물질적인 것일 수 없다. 우리는 외부의 물질 또는 물리적 움직임에 대해서 선하거나 악하다고 이야기하지 않는다. 어떤 것이 선하거나 악하다고 이야기할 때, 우리는 그것과 관련된 내적인 정신 상태에 대해서 이야기하고 있다. "비구들이여, 나는 의도(cetanā)를 행위(karman)라 한다. 먼저 의도한 후에 신체적으로 언어적으로 정신적으로 행위를 한다"라는 앙구따라니까야(Aṅguttaranikāya)의 유명한 선언을 통해서 불교는 직접적인 행위 이전의 선하거나 악한 의도가 바로 행위[業, karman]라고 선언하고 있다.

이렇게 정신적인 것으로 규정된 선하거나 악한 행위는 그것에 대한 즐겁거나 괴로운 결과를 낳을 때까지 결코 파괴되지 않는다. "행위는 수백만 겁이 지나더라도 결코 파괴되지 않는다. 복합적인 조건들과 적절한 때를 만나면, 행위는 작자에게서 그 결과를 낳는다"[12]는 유명한 게송을 통해서 이

12 Étienne Lamotte, *Karmasiddhiprakaraṇa the Treatise on Action by Vasubandhu*, Berkeley: tr. by Leo M. Pruden, 1988, 16면.

점을 명확히 하고 있다. 따라서 선하거나 악한 행위를 한 사람은 그 결과를 받을 때까지 시작도 없고 끝도 없는 윤회를 계속하게 된다.

불교에서 인간존재는 단일하고 영속적인 정신 물질적 유기체로 파악되기보다는 복합적인 정신적 물질적 현상들의 연속체로서 이전의 행위[業, karman]를 통해서 그 흐름이 계속해서 이어진다고 설명되고 있다. 그리고 이러한 정신적 물질적 요소들의 복합적인 관계는 윤회의 원리인 연기(pratītyasamutpāda)를 통해 설명된다. 연기는 무아이론이 있는 모든 정신적 물질적 현상들을 영원하지 않고, 괴로우며, 자성을 결여한 요소들로 축소하는 것에 대해서, 그러한 현상들의 생성과 소멸이 우연의 여지를 남기지 않은 상태에서 엄격한 결정론에 의해 지배된다는 점을 보여주고 있다.

초기불교에서는 연기(pratītyasamutpāda)를 통해 상호의존적으로 존재하는 정신적 물질적 요소들의 복합체를 다섯 더미[五蘊, pañcaskandha]로서 설명한다. 다섯 더미란 신체(rūpa), 느낌(vedanā), 개념(saṃjñā), 의지작용(saṃskāra), 의식(vijñāna)으로서 이들의 상호관계를 통해서 인간존재의 인식현상이 설명되고 있다. 초기불교의 무아이론에서 an-ātman은 주로 격한정복합어(karmadhāraya)로 해석된다.[13] 즉 인간존재를 구성하는 다섯 더미 각각이 자아(ātman)가 아니(an)라는 것이다. 이러한 비아(非我)적인 해석은 현상적인 자아를 초월한 진아(眞我)라는 것이 따로 있는 것이 아닌가 하는 억측을 만들어 내기도 했다. 하지만 초기경전에서 무아가 사용된 문맥들을 자세히 살펴보면 인간존재에는 다섯 더미의 복합체 배후에 자아(ātman)가 인식주체로서 존재하지 않는다는 것이 무아설을 통해 주장하고 있다. 불교에서는 다섯 더미의 복합체의 연기에 입각한 상호관계를 통해서 직접지각을 통해서도 추론을 통해서도 증명되지 않는 자아(ātman)를 가정하지 않고서도 우리의 인식현상을 충분히 설명할 수 있기 때문이다.

하지만 불교는 행위를 한 사람(kartṛ)과 그 행위의 결과를 받는 사람(bhoktṛ) 사이의 자기동일성을 담보하여 자신의 행위에 대해 스스로 무한책임을 질 수 있게 해주는 자아(ātman) 또는 영혼(jīva)과 같은 단일하고 인격적인 윤회의 주체를 부정하는 무아(anātman)이론과 존재하는 모든 것들이 매순간 생성과 소멸을 반복한다는 찰나(kṣaṇika)이론이 광범위하게 받

13 an-ātman은 불교가 교리적으로 체계화되면서 점차적으로 소유복합어(Bahubrīhi)로 해석되게 된다. 즉, 자아 또는 자성을 결여한 것으로 해석되면서 있는 모든 것을 공한 것(śūnyatā)으로 보는 중관이론(madhyamaka)과 연결된다.

아들여지면서 어려운 입장에 빠지게 된다. 앙드레 바로는 인도 초기 부파불교가 직면한 모순들 중에서 가장 핵심적인 것으로 '행위자에게 필연적으로 책임을 지우는 행위와 그 과보에 대한 이론과 힌두 전통의 자아(ātman)나 자이나교의 영혼(jīva)과 같은 실체로서 행위를 한 사람과 그 과보를 받는 사람 사이의 동일성을 보장하고 책임을 질 수 있게 하는 모든 인격적 주체 또는 실체를 부정하는 무아(anātman)이론 사이의 모순'이라는 점을 지적하고 있다.[14]

인도 부파불교를 대표하는 학파라고 할 수 있는 테라바다(Theravāda), 설일체유부(Sarvāstivādins), 그리고 경량부(Sautrāntikas)의 논서류에는 이러한 무아이론과 찰나이론이 전제되는 절박한 상황에서도 행위를 행한 사람(kartṛ)과 그 결과를 받는 사람(bhoktṛ) 사이의 자기동일성을 확보하여 자신의 행위에 스스로 무한 책임을 진다고 하는 불교의 엄격한 윤회와 행위이론을 지켜내려는 노력들이 담겨있다.

테라바다(Theravādins)는 행위를 한 사람(kartṛ)과 그 결과를 받는 사람(bhoktṛ) 사이의 자기동일성을 의식[識, vijñāna]을 통해서 확보한다. 의식은 잠자고 있을 때도, 무의식 상태에 있을 때도 중단 없이 이어지며, 죽음과 삶이 교차하는 순간에도 중단 없이 이어진다. 의식이 없는 상태에서도 의식의 흐름은 유분식(bhavaṅga)를 통해서 계속 이어지며 결코 중단되지 않는다. 새로운 생명이 생겨나기 위해서는 어머니와 아버지가 결합할 때 의식(識, vijñāna)이 자궁에 들어와야 한다고 이들은 설명한다. 테라바다에서는 이러한 의식을 결생식(paṭisandhi)이라 하는데, 이전 생의 마지막 순간의 의식인 사식(cuti)을 원인으로 순간적으로 생겨난다. 중유(antarabhāva)를 통해서 재생의 과정을 설명하는 설일체유부(Sarvāstivādins)와 달리, 테라바다는 사식으로부터 결생식으로의 진행이 찰라적(kṣaṇika)이라 하여 찰라윤회를 주장한다.

설일체유부(Sarvāstivādins)는 정신적 물질적 요소들의 복합체인 다섯 더미[五蘊, pañcaskandha]의 중단 없는 흐름(相續, saṃtāna)을 통해서 행위를 한 사람(kartṛ)과 그 결과를 받는 사람(bhoktṛ) 사이의 자기 동일성을 확보한다. 이들은 존재하는 모든 것들을 다섯 카테고리의 75가지 요소(dharma)로 분류한다. 각각의 요소들의 자성(svabhāva)은 과거 현제 미래라는 삼세

14 André Bareau (1966) 109면.

에 걸쳐서 존재하지만, 이들의 양태는 각각의 순간에 생성, 지속, 쇠퇴, 소멸을 끊임 없이 반복하게 된다. 개별적인 인간을 구성하는 다섯 더미의 흐름[蘊相續, skandhasaṃtāna]은 이전의 번뇌와 행위를 원인으로 중단 없이 이어지게 된다. 주어진 수명이 다하게 되면 이 다섯 더미의 흐름은 중유(antarabhāva)가 되어 새로운 생이 시작되는 곳을 찾아가게 되며 미래의 부모의 생식기관에서 새로운 생을 받게 되고 계속해서 이어지게 된다.

경량부(Sautrāntikas) 또한 정신적 물질적 요소들의 복합체인 다섯 더미[五蘊, pañcaskandha]의 중단 없는 흐름[相續, saṃtāna]을 통해서 행위를 한 사람(kartṛ)과 그 결과를 받는 사람(bhoktṛ) 사이의 자기 동일성을 확보한다. 이들은 개별적인 요소(dharma)들의 자성과 양태를 구분하여 설명하는 설일체유부(Sarvāstivādins)의 이론을 받아들이지 않는다. 경량부에 의하면 자성과 양태는 구분될 수 없으며, 그 자체로서 생성과 소멸을 끊임 없이 반복한다고 주장한다. 따라서 이들은 찰나적으로 생멸을 반복하는 요소들이 어떠한 경우에도 중단 없이 이어져야만 한다는 문제에 봉착하게 된다. 결국 멸진정(nirodhasamāpati)과 같은 경우에서 현상적인 다섯 더미의 흐름[蘊相續, skandhasaṃtāna]이 중단될 수 있다는 것으로부터 그 배후에 중단 없이 폭류처럼 이어지는 잠재의식(ālayavijñāna)의 흐름이 있다는 것을 받아들이게 되며, 대승불교의 유식사상으로 나가는 토대를 형성하게 된다.

불교는 윤회의 목표를 힌두 및 자이나교에서 사용하는 해탈(mokṣa)이란 용어보다 열반(nirvāṇa)이란 용어를 선호한다. 열반이란 어떤 불타는 것이 그 연료가 다하여 자동적으로 꺼지는 상태를 의미한다. 초기 『우빠니샤드(*Upaniṣad*)』에서 해탈의 경지는 브라만의 세계에서 영원히 사는 것으로 설명되며, 자이나교에서는 우주의 꼭대기에서 영원 시 하는 것으로 설명된다. 이 경우에 해탈의 경지는 이들이 가지고 있는 우주관 속에 있다. 여기에 대해서 불교 열반의 경지는 불교의 우주관 속에서 찾아볼 수 없다. 불교에서는 브라만의 세계와 우주의 꼭대기까지를 포함하는 있는 모든 세계를 시간의 차이는 있지만 결국은 윤회하는 세계로 본다. 따라서 불교의 열반은 이러한 세계와 완전히 단절된 것이어야만 한다. 이렇게 이 세계와 완전히 단절된 것은 개념적으로 표현할 수 없기 때문에 다만 불이 꺼지는 것에 비유하여 열반(nirvāṇa)로 명칭 지어졌을 뿐이다. 초기불교는 이러한 열반의 존재성 문제에 대해서 철저히 침묵했으며, 부파불교 시대에 이러한 열반의 경지를 어떤 초월적이고 궁극적인 것으로서 존재하는 것으로 보는 견해들이 활발하게 제기되게 된다. 오직 경량부(Sautrāntikas)만이 인도부파불교의 대표적인 18부파 중에서 열반을 존재하지 않는 것으로 보는 유일한 부파였다.

Ⅴ. 윤회의 의의

윤회와 행위에 대한 관념은 인도와 중국을 포함하는 아시아인들의 사유를 지배해 왔다. 그것은 단순한 재생사상이 아니라 고도로 발달된 윤리적 철학적 의미를 지닌 것으로 오늘날까지 인도인들과 불교인들의 사유방식을 지배하고 있다. 초기적인 형태의 단순한 재생사상에서 윤리적 철학적 윤회이론으로의 발전은 갠지즈강 중하류 지방을 중심으로 하는 비힌두 전통에서 먼저 이루어졌던 것으로 보이며, 우빠니샤드를 중심으로 하는 힌두사상가들에 의해 차용되고 세밀하게 발전되었던 것으로 보인다. 윤리적이고 철학적인 윤회이론은 기원전 4-5세기경에 우빠니샤드와 불교에서 각각 정점에 이르렀으며, 오늘날 우리에게 전해진 것과 같은 형태를 갖추게 된다.

불교적인 윤회이론은 거의 모든 인도사상에서 받아들여지는 자아(ātman)나 영혼(jīva)과 같은 단일한 윤회의 주체를 부정하면서, 윤회의 원동력으로서 행위[業, karman]를 받아들이고 있다. 불교는 서로 양립하기 어려운 양자를 어떻게 해서든 조화시켜야 하는 입장에 처하게 되면서, 다양하고 복잡하고 난해한 복합적인 윤회이론들을 발전시키게 된다. 역설적이지만, 부파불교를 거치면서 세밀하고 치밀하고 다양하게 발전한 불교의 윤회이론들은 일반인들이 가지고 있는 단순한 윤회관념과 점차적으로 멀어지게 되었으며, 윤회와 행위에 관련된 여러 가지 문제들과 그 해결에 대한 노력들이 이 일부 학승들의 점유물이 되어버리는 결과를 낳게 된다. ❁

황순일 (동국대)

우리말 불교개념 사전

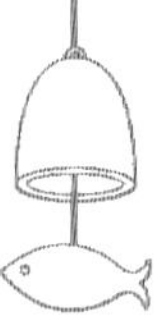

선과 불선

범 kuśala·akuśala 빠 kusala·akusala 장 dge-ba·mi-dge-ba
한 善·不善 영 good·bad

Ⅰ. 어원적 근거 및 개념 풀이

'선'은 빠알리어로는 'kusala'이며 범어로는 'kuśala'이다. 서장어로는 'dge-ba', 한문으로는 선(善), 영어로는 'good'에 해당한다.[1] '불선' 혹은 '악'은 빠알리어 'akusala', 범어 'akuśala', 서장어 'mi-dge-ba', 한문 불선(不善) 또는 악(惡), 영어 'bad/evil'에 해당한다. 이들 용어들의 불교적 시원은 빠알리어인 만큼 빠알리어 'kusala'와 'akusala'에 대한 이해를 통해 선과 불선의 어의를 파악해 보기로 한다.

범어 'kuśala'라는 말은 'kuśa'와 'la'로 분석된다. 'kusa'는 '특정 종교의식에 쓰이는 성스러운 풀'을 의미하고 'la'는 '자르는 것'(cutting)을 의미한다.[2] 그래서 'kuśala'를 어원적으로 따져보면, 'kusa라는 성스러운 풀을 꺾

1 이 글에서 특별히 범어라고 명시되지 않는 경우 괄호 속의 원어는 모두 빠알리어 표기법에 따른다.

2 Monier Williams, *Sanskrit-English Dictionary,* London: Oxford University Press,

는 것'을 의미한다. 이러한 어의는 다음과 같은 추측을 가능케 한다. 즉 '선'이란 것은 종교의식을 위해 성스러운 풀을 꺾는 것과 같다는 것—불교적으로 말하자면 매순간 마음 챙기는 상태에서 청정한[올바른] 몸[身]·말[口]·생각[意]의 행위를 익혀 가는 것—을 은유적으로 표현한다는 것이다.[3]

그런데 빠알리어 사전을 보면, 'kusala'는 다양한 의미를 갖는다. 그것은 사용되는 맥락에 따라 1) 숙련된, 현명한, 탁월한, 2) 선한, 옳은, 덕스러운, 칭찬할 만한, 유익한, 3) 운 좋은, 행복한, 건강한, 번창하는 등의 의미로 번역될 수 있다. 영어권에서는 주로 'good(선한)', 'wholesome(건전한)' 혹은 'skillful(숙련된)'이라는 번역이 선호되지만, 열거된 용어의 의미 하나하나가 결코 소홀히 되어서는 안된다. 불교적 선은 그러한 의미들을 모두 담고 있기 때문이다. 이러한 의미들을 종합하여, 'kusala'는 1) 올바른 행위에 있어서 숙련된 것, 2) 행위가 올바르고 덕스러워서 칭찬할만하며 유익한 것, 3) 행위가 좋은 결과를 가져와 행복·번창으로 귀결되는 것을 의미한다. 이렇게 보면 'kusala'라는 말은 행위의 숙련성, 행위의 사회적 승인성과 유익성, 그리고 행위의 결과로서 행복·번창이라는 포괄적 의미를 담고 있다. 'kusala'라는 말의 이러한 다의성은 불교의 선 개념의 독특성과 다차원성을 잘 보여준다. 특히 여기에서 세 번째의 '행위의 숙련성'은 단순히 행위의 일회적 옳음이 아니라 옳은 행동을 체화하는 것, 즉 옳은 행동을 반복하여 습관화하여 성품으로 숙련시키는 것을 의미한다. 영어권에서 'kusala'의 번역으로 'skillful(숙련된)'을 가장 선호하는 것도 'kusala'가 갖는 이러한 의미를 중요하게 여기기 때문일 것이다.

그런데 불교의 선을 정의하는데 있어서 이상과 같은 어의를 고려하는 것만으로는 충분치 않다. 불교의 선은 모든 존재와의 관계성을 전제로 하지

1956, 295, 891면.

3 각묵은 'kusa'라는 풀은 우리나라의 억새풀과 비슷하여 꺾을 때 조심해서 마음을 기울여야 한다고 한다. 그리고 그는 '선'이기 위해서는 지혜로운 주의(yoniso manasikāra)를 기울일 필요가 있다는 뜻에서 이 말이 유래되었다고 분석한다(각묵, 『금강경 역해: 금강경 산스크리트 원전 분석 및 주해』(서울: 불광출판부, 2002), 121면). 각묵은 다른 책에서 한 주석서의 내용을 소개하며 'kusala'의 어의를 다음의 네 가지로 정리한다. 1) 나쁘고 삿된 법을 쓸어버린다. 2) 나쁜 형태로 누워 있는 'kusa' 풀을 끊어버린다. 3) 나쁜 것들을 약하게 하고 없애버림으로 지혜를 'kusa'라 한다. 이런 'kusa'에 의해 꺾어지고, 얻어지고, 생겨나야 한다는 의미에서 'kusala'이다. 4) 'kusa'풀을 베어 버린다는 의미에서 'kusala'이다(각묵·대림 역주, 『아비담마 길라잡이』(상) (서울: 초기불전연구원, 2002), 109-110면)

만 자신의 마음과 몸을 절제하여 청정한 성품을 기르는 오직 자기관련적인 선이기도 하며, 세속의 행복뿐만 아니라 그 이상의 행복을 목표로 하기도 하며, 인간뿐만 아니라 모든 생명체의 행복을 목표로 하기도 하여, 이러한 여러 차원의 선은 최종적으로는 '열반(nibbāna, 범 nirvāṇa)'이라는 최고선으로 통합·귀결된다. 앞에서 살펴본 'kusala'의 어의와 이러한 점을 고려하여 '선'을 정의해 보면 이렇게 말할 수 있다. 즉 불교의 선은 '인간의 행위와 성품을 평가하는 말로서 자기 자신을 포함한 모든 인간, 더 나아가서는 모든 생명체를 이롭게 하여 궁극적으로는 이들 모두를 열반에 이르게 하는 행위 및 성품'이다. 불교적 선에서 주목하는 것은 선이 행위뿐만 아니라 성품까지 내용으로 한다는 것이며, 그 의미는 최종적으로 최고선인 열반과 관련하여 결정된다.

'akusala'는 선에 반대되는 것을 의미한다. 즉 'akusala'는 어의상으로는 1) 올바르게 숙련되지 못한 것, 2) 행위가 올바르지도 덕스럽지도 않아서 칭찬할 만하지도 유익하지도 못한 것, 3) 행위가 불행과 같은 나쁜 결과를 가져오는 것을 의미하여, 행위의 비숙련성, 사회적 불안과 무익성, 불행과 같은 행위의 나쁜 결과라는 의미를 담고 있다. 이러한 점을 고려하여 우리는 'akusala'에 대하여 '인간 행위와 성품을 평가하는 말로서 자신을 포함한 모든 인간, 더 나아가서는 모든 생명체를 이롭게 하지 못하고 열반에 이르게 하는 데 기여하지 못할 뿐만 아니라 오히려 역행하는 행위나 성품'이라고 정의할 수 있다.

'kusala'와 'akusala'와 유사하게 쓰이는 말로서 빠알리어 'puñña'와 'pāpa' (혹은 'apuñña')가 있다. 'puñña'는 공덕, 복덕, 복, 선 등으로 번역된다. 'puñña'와 'pāpa'는 항상 윤회와 업 사상과 결부되어 사용되며 행동의 직접적 결과에 초점이 맞추어진 말이다. 'puñña'는 현생에서 좋은 결과를 가져오거나 내생에 좋은 곳에서 태어나도록 하는 착한 행동을 지칭하며, 'pāpa'는 현생에서의 나쁜 결과를 수반하거나 내생에서 나쁜 곳에서 태어나도록 하는 행동으로서 악행을 지칭한다.

'puñña'와 'pāpa'는 행동의 직접적인 결과에 초점이 맞추어진 개념이기 때문에, 'kusala'와 'akusa'가 행위의 체화와 성품의 변혁을 강조하는 것과는 다르다. 'kusala'와 'puñña'는 의미상 중첩되는 부분도 있지만, 전자는 보다 높은 윤리적 목적이나 최고선인 열반과 결부되어 있고, 후자는 현세와 내세에서의 복락이라는 과보와 결부되어 있다. 전자는 윤회의 그침을 지향하고 후자는 윤회 과정에서의 복락을 지향하는 측면이 있다.

'puñña'와 'pāpa', 그리고 'kusala'와 'akusala'가 함축하고 있는 의미상의 차이는 전자가 불교 이외의 인도전통 사상들에서 사용되어 온 용어인 반면, 후자는 붓다에 의해 새롭게 사용되기 시작한 용어라는 점에 있다. 붓다는 'kusala'와 'akusala'라는 말을 독자적으로 채택하면서,[4] 인간의 자유의지를 강조하는 업설을 주장코자 한다. 즉 붓다는 'puñña'와 'pāpa'라는 말을 중심으로 형성된 인도 전통의 숙명론적·운명론적 업설을 거부코자 한다. 그리하여 붓다에 의해 채택된 'kusala'라는 말은 '건전한 상태(wholesome state)'나 '선한 상태(good state)'를 의미하는 용어로 일반화되고 '선'의 의미로 번역되게 된다. 특히 초기불교 경전들 중에서도 좀더 후대의 경전이나 주석서에 이르면 그러하다.[5] 'kusala'와 'akusala'라는 말이 자유의지를 강조하는 업설을 전제하면서 불교적 선악개념으로 정착된 것이다. 결과적으로 붓다는 현세적 인과응보나 결정론적 선악개념을 넘어서 '스스로 행위에 의한 자기변혁의 결과로서의 최고선/열반'을 지향하는 선악개념을 정립하게 된다.

지적되어야 할 것은 'kusala'와 'akusala'가 선악을 나타내는 가장 대표적·포괄적 용어임에도 불구하고, 의미상의 차이를 전제로 하여 'puñña'와 'pāpa'도 빈번히 쓰였다는 것이다. 또한 맥락에 따라서 그 밖에 다른 유사한 의미의 용어들이 다양하게 쓰였다. 'kalyāna(선량한/선)'와 'pāpa(나쁜/악)', 'bhadra(선)'와 'pāpa(악)', 'seyya(선)'와 'pāpiya(악)', 'sādhu(정당한/선의)'와 'asādhu(부정의/불선의)', 'sant(진실한)'와 'asant(진실하지 않는)', 'sukatāsucarita(선행)'와 'dukkatāduccarita(악행)', 'anavajja(무죄의)'와 'sāvajja(유죄의)', 'dhamma(정법)'와 'adhamma(비정법)', 'sammā (바른)'와 'micchā(거짓된)' 혹은 'sukha(흰)'와 'kanha(검은)' 등도 선악을 지칭

---

4 藤田宏遠에 의하면 'puñña'와 'pāpa'에 대응하는 산스크리트 'punya'와 'pāpa'는 고우파니샤드와 원시 자이나교 성전에서도 발견되는 당시 인도인의 일반적 선악 관념이지만, 산스크리트 'kuśala'와 'akuśala'는 불교 이전의 브라흐마나 문헌이나 초기의 고우파니샤드에서 선악개념으로 쓰이지 않는다. 따라서 선악의 의미로서 'kusala'와 'akusala'는 석존의 독자적 용법이라고 생각되는 것이다.(藤田宏遠, 「原始佛教의 倫理思想」(최법혜 편역, 『불교윤리학논집』(고운사본말사교육연수원, 1996), 23-24면)

5 S. Cousins, 'Good or Skillful? Kusala in Canon and Commentary', *Journal of Buddhist Ethics* 3, 1996, 156면.

하는 다른 말들이다.[6]

그런데 'kusala'와 'akusala'의 이해에 있어서 주목해야 할 것은 이 말이 도덕적 가치에 국한되지 않는다는 것이다. 살펴 본 것처럼 그것은 도덕적 가치를 넘어 궁극적 가치인 절대자유, 즉 열반을 포함·지향한다. 붓다는 이러한 선을 찾아 출가했고, 이러한 선을 이룬 후에는 다른 모든 사람들이 이러한 선에 이르도록 가르쳤다. 붓다는 자신이 선한 것을 구하여(kimkusalānuesin) 출가했고,[7] 출가 후에는 '선한 것을 구해(kimkusalagavesī) 최상의 적정이자 최상의 도(anuttaram santivarapadam)를 구하면서' 선인을 찾아갔다고 말한다.[8] 마찬가지로 수행자가 구하는 것도 이러한 선이다.[9] 이와 같이 추구되는 선은 도덕적 선을 넘어서는, 열반까지 포함하는 선이다. 저 유명한 칠불통계(七佛通誡)—"모든 악행(pāpa)을 하지 않고 선(kusala)을 따르며 자신의 마음을 청정히 하는 것이 (일곱) 부처의 가르침이다"[10]—로 표현되는 선도 바로 이러한 선이다.

지금까지 살펴 본 'kusala'의 의미를 종합·보완하여 정리하면 다음과 같다. 첫째, 선으로서의 'kusala'는 도덕적 선성(moral goodness)을 의미할 수도 있고 상황에 따른 기술적 탁월성(technical excellence)을 의미할 수도 있다.[11] 둘째, 'kusala'는 선한 행동을 의미할 수도 있고 선한 성품을 의미할 수도 있다. 선한 성품으로서의 'kusala'는 선한 행위를 반복함으로써 그것이 신·구·의(身口意)에 습관화된 것을 의미한다. 셋째, 'kusala'는 관습적인 선—도덕률, 행복, 타자배려 등—을 의미하기도 하지만 그것은 최고선으로서의 열반을 의미하기도 한다. 넷째, 초기불교적 관점에서 말할 때 'kusala'는 완성된 자인 아라한(arahant)의 성품 상태를 지칭한다. 아라한의 가장 중요한 특징은 그가 'akusala'의 뿌리[惡根, akusalamūla]인 탐·진·치(貪瞋痴)—탐욕(aobha), 미워함·성냄(dosa), 어리석음·무지(moha)—가 지멸된 성

6 藤田宏遠, 앞의 논문, 19-22면.
7 *Dīgha-nikāya* II, 151면.
8 *Majjhima-nikāya* I, 163면.
9 수행자는 '선한 것을 구한다'(parissayāni kusalānuesī)고 한다(*Sutta-nipāta,* 956송)
10 이 구절은 유명하고도 자주 인용되는 구절이므로 빠알리어 원문과 이에 상응하는 한역원문을 제시하면 다음과 같다. "sabbapāpassa akaraṇaṃ kusalassa upasampadā, sacittapariyodapanaṃ etaṃ buddhāna sāsanaṃ(諸惡莫作 衆善奉行 自淨其意 是諸佛敎)"(*Dhammapada,* 183송)
11 Damien Keown, *The Nature of Buddhist Ethics,* New York: St. Martin's Press, 1992, 119면.

품 상태를 유지한다는 것이다.[12]

이상과 같은 'kusala'의 의미를 고려하여 최종적으로 불교가 제시하는 선악의 기준을 다음의 세 가지로 정리할 수 있다.

첫째, '탐진치의 유무'가 선악을 결정한다. 신구의 행위가 악의 뿌리인 탐진치로부터 비롯되면 그 행위는 악이 되고, 반대로 선의 뿌리(善根, kusalamūla)인 무탐진치(alobha-adosa-amoha)로부터 비롯되면 그 행위는 선이 된다. 탐진치라는 삼독심의 유무가 선악을 결정하는 가장 근본적인 것이다. 그래서 경전은 탐진치가 없는 신구의가 선이며, 탐진치가 있는 신구의가 악이라고 반복적으로 강조한다.[13]

둘째, 쾌고가 선악의 기준이다. 선은 고통(dukkha)을 감소·제거시키고 쾌(sukha)를 증가시키는 것이며, 악은 이 반대이다. 자신과 타자[더 나아가서는 모든 중생]에 대하여 쾌·행복을 증가시키고 고통을 감소시키는 신구의가 선이며, 이 반대가 악이다. 그래서 경전은 악행에는 고통이 따르고 선행에는 후회가 없다고도 하고,[14] 올바른 법을 실천하고 악행을 하지 않으면 이 세상과 저 세상에서 행복을 얻는다고 말한다.[15]

셋째, 윤회를 벗어나 열반이라는 최고선을 얻는 데 기여하는 행위는 선이고 그 반대가 악이다. 초기불교에 의하면 열반은 단번에 이루어지는 것이 아니라 축척된 수행의 결과로서 점진적으로 이루어지는 것이다. 따라서 열반을 위한 모든 점진적인 노력이나 수행 혹은 선법의 실천이 선이 된다.

그런데 선악의 기준으로서 탐진치의 유무, 쾌고의 증감, 그리고 열반 획득에의 기여 유무는 서로 다른 기준이 아니다. 이들은 설명의 차원이 다를 뿐 근본적으로 동일한 의미이다. 탐진치가 모든 번뇌의 근본적 원인으로서 고통을 불러오기 때문이며, 탐진치로 인한 번뇌·고통으로 인하여 중생은 윤회를 계속하고 열반에 도달하지 못하기 때문이다. 다만 동기론적 고려냐 아니면 결과론적 고려냐 하는 점에서의 차이는 있다. 첫 번째의 기준을 강조하면 행위의 동기에 초점을 맞추어 선악을 판단하는 것이 되고, 두 번째나 세 번째의 기준을 강조하면 행위의 결과에 초점을 맞추어 선악을 판단하는 것이 된다.

---

12 *Saṃyutta-nikāya* IV, 251-252.

13 예컨대 *Majjhima-nikāya* II, 88경.

14 *Dhammapada,* 314송.

15 *Dhammapada,* 169송.

이상과 같은 세 가지 선악의 최종적인 기준은 그 표현상 변화를 겪기는 하지만 후대의 불교에서도 동일하게 계승된다.

Ⅱ. 역사적 전개 및 텍스트별 용례

이상에서 살펴 본 선의 개념은 주로 빠알리어 초기불교를 중심으로 밝혀진 것이지만, 그것은 후대의 불교에서도 크게 다르지 않다. 다음에서는 서로 다른 불교전통에서 선의 개념이 어떻게 나타나는지 살펴보기로 한다.

후대의 불교에서 선의 개념이 표현되는 데 있어서는 각 불교마다 특징이 있다. 예컨대 아비달마불교에서는 선에 관한 개념적·분석적 설명방식을 선호한다면, 화엄은 선의 내용을 드러내는 무량한 보살행을 그려내고자 한다. 또 『유마경』이나 『육조단경』이 선의 속성에 대해 직접적으로 설명하고자 한다면, 『법화경』은 비유를 통해서 선의 실천방식을 드러내고자 한다. 다음에서는 초기, 아비달마, 화엄, 중관, 유식, 법화, 그리고 『보리행경』, 『유마경』, 『육조단경』을 중심으로 하여 선의 개념을 살펴보기로 한다.

1. 초기불교에서 선

앞에서 'kusala'와 'akusala'의 의미를 설명하면서 드러난 초기불교에서의 선의 개념은 다음과 같은 구체적 내용을 갖는다. 우선 초기불교에서는 열반이라는 최고선에 이르는 선법(kusala dhamma)을 다양한 방식으로 다양하게 제시하고 있다는 점이 지적되어야 할 것이다. 제시되고 있는 선법들은 열반에 이르는 삼십칠 가지 길[三十七助道品], 사념처(catu satipaṭṭhāna), 팔정도(ariya aṭṭaṅgika magga), 자·비·희·사의 사무량심(catu appamāṅa manas), 보시·애어·이행·동사의 사섭법(catu saṇgahavattu), 다양한 계[오계, 팔계, 십계, 비구계, 비구니계 등], 십선업(dasa kusala kamma), 계·정·혜의 삼학, 자비(karuṅā), 육근수호(saḷindriyagutti) 등이다. 이들 중에서도 사념처와 팔정도는 중심 수행법으로서 특히 강조되며, 십선업과 오계는 지켜져야 할 구체적·근본적 행위지침으로서 강조된다.

사념처는 몸[身]·느낌[受]·마음[心]·현상[法]에 대한 마음챙김으로서, 이것들의 실상[無常·苦·無我]을 여실하게 보는 것이다. 팔정도는 올바른 견해

[正見], 올바른 생각[正思], 올바른 말[正語], 올바른 행위[正業], 올바른 생계수단[正命], 올바른 노력[正精進], 올바른 마음챙김[正念], 올바른 선정[正定]으로서, 이 전체가 신구의 청정(visuddhi) 혹은 계정혜 삼학으로 설명된다. 초기불교에 의하면, 이 두 가지 선법의 열매가 열반이며, 이 두 가지에 대한 전제 없이 열반은 성취될 수 없다.

십선업은 1) 생명체를 상해하지 않는 것, 2) 자신에게 주어지지 않는 것을 취하지 않는 것, 3) 올바르지 않는 성적 욕구를 갖거나 근친상간이나 법을 어기는 성행위를 하지 않는 것, 4) 모르는 것을 안다고 (혹은 아는 것을 모른다고) 하거나, 보지 않는 것을 보았다고 (혹은 본 것을 못 보았다고) 하거나, 자신이나 타인의 이익을 위해 의도적으로 거짓말 하지 않는 것, 5) 화합을 깨고 싸움을 일으키는 이간시키는 말을 하지 않는 것, 6) 마음을 상하게 하는 말, 폭언, 화를 촉발시키는 말 등과 같은 거친 말을 하지 않는 것, 7) 무의미한 말, 때에 맞지 않는 말, 사실과 합치하지 않는 말, 무익한 말, 법과 율에 맞지 않는 말, 무가치한 말, 사리에 맞지 않는 말, 들을 가치가 없는 말, 이로움과 무관한 말 등을 하지 않는 것, 8) 질투하지 않는 것, 9) 악의[적의]를 품지 않는 것, 10) 잘못된 견해를 갖지 않는 것이다.[16] 반대로 이러한 행동을 하는 것은 십악업이 된다.[17] 십선업 또한 신구의 청정으로 설명 될 수 있다.

오계(pañcasīla)는 생명체를 상해하는 것을 삼가는 것[不殺生戒], 2) 자신에게 주어지지 않는 것을 취함을 삼가는 것[不偸盜戒], 3) 법도에 어긋난 (성)관계를 삼가는 것[不邪淫戒], 4) 진실 되지 않는 말을 삼가는 것[不妄語戒], 5) 음주를 삼가는 것[不飮酒戒]이다. 오계는 흔히 이해되어 온 것처럼 자신에 대한 금계에 국한된 것이 아니다. 『숫타니파타』와 같은 경전에서는 타인이 오계를 범하는 것을 방조하지 말라는 적극적 태도를 요청하고 있다.[18]

선법으로서 특히 팔정도, 십선업, 오계 등에 대한 강조는 초기불교 뿐만 아니라 이후의 불교에서도 마찬가지이다. 이 밖에 초기불교에서는 여섯 감각(기능)을 단속·절제하는 육근수호－혹은 탐진치를 수반하는 육근의 활동을 버리는 육입처멸－, 발고여락(拔苦與樂)과 자리이타(自利利他)의 자

---

16 *Aṅguttara-nikāya* V, 264-265.

17 *Aṅguttara-nikāya* V, 211-212.

18 *Sutta-nipāta,* 394-398송.

비, 탐진치 지멸의 성품형성 등을 선법의 핵심으로 강조한다. 이러한 선법 또한 대승으로 발전·계승된다.

중요한 것은 이상과 같은 선법이 모두 윤회의 동력인 탐진치[번뇌]를 지멸시키는 열반[최고선]을 지향한다는 것이며, 이러한 지향은 내적 변환의 과정으로서 외적으로는 반드시 자리이타의 자비의 실천을 요청한다는 것이다. 이러한 지향의 과정에서 더 이상 닦을 것도 없고 더 이상 태어남도 없는 전선(全善)의 인간인 아라한이 탄생한다.

2. 아비달마불교에서 선

『구사론』에서는 불선을 다양하게 부른다. 악행(惡行), 악계(惡戒), 업(業), 업도(業道), 불율의(不律儀)는 명칭은 다르지만 모두 같은 의미라고 하고, 이 말들의 의미를 다음과 같이 밝히고 있다.

> "지혜로운 자가 꾸짖고 싫어하는 바이기 때문에, 그리고 그 결과를 좋아하는 것이 아니기 때문에 '악행'이라 이름한다. 청정한 계에 장애가 되므로 '악계'라고 이름한다. 몸과 말에 의해 만들어지기 때문에 '업'이라고 한다. 근본[의도/마음]에 포섭되기 때문에 '업도'라고 이름한다. 몸과 말을 금지하지 않기 때문에 '불율의'라고 이름한다."[19]

이처럼 다양한 이름으로 불리는 불선은 탐진치로부터 비롯되고, 이 때 탐진치가 불선법의 근본이 되므로 탐진치를 불선근이라고 한다.[20] 선법과 불선법의 구분은 '좋아하는 결과(愛果)를 가져오느냐 혹은 좋아하지 않는 결과(非愛果)를 가져오느냐'에 달려 있으며, 이 양자 어느 결과도 아닌 경우에는 무기(無記)라고 하여 선법, 불선법, 무기가 구분된다.[21] 또 아비달마불교에서는 선한 마음에 동반되는 법을 대선지법(大善地法)이라고 하고 다음의 열 가지를 들고 있다. 즉 신(信), 불방일(不放逸), 사(捨), 참(慚), 괴(愧), 무탐(無貪), 무진(無瞋), 불해(不害), 경안(輕安) 그리고 근(勤)이 열거된다.[22]

19 『阿毘達磨俱舍論』(『大正藏』29권, 74상-하)
20 『阿毘達磨俱舍論』(『大正藏』29권, 103상)
21 『阿毘達磨大毘婆沙論』(『大正藏』27권, 263하)
22 『阿毘達磨俱舍論』(『大正藏』29권, 19중)

선법에 수순함으로써 열반에 도달할 수 있으며[隨順善法 能到涅槃],[23] 선법은 생득선(生得善)과 가행득선(加行得善) 두 가지로 구분된다. 생득선은 공력이나 수습에 의하지 않고 얻어지는 선이며, 가행득선은 공력이나 수습으로 인하여 얻어지는 선이다.[24] 이 밖에 『구사론』에서는 선성을 획득하는 원인에 따라 승의선(勝義善), 자성선(自性善), 상응선(相應善), 등기선(等起善)의 네 가지를 구분하여 말한다.[25]

3. 대승불교에서 선

1) 중관에서 선

중관 철학자 용수의 선에 대한 생각은, 그가 한 왕에게 쓴 짧은 글에서[26] 찾아 볼 수 있다. 용수는 간결하게 선의 실천에 대해 설명하고 있는데, 그 내용은 대승보다는 초기불교에서 말하고 있는 선의 내용을 반영한다. 육바라밀을 위시한 몇몇 개념을 제외하면, 대부분이 초기경전 특히 『담마파다』나 『숫타니파타』에서의 선에 대한 가르침이다.[27] 용수는 선인선과 악인악과에 따른 업의 법칙을 반복하여 강조하면서 선의 실천을 강조한다. 십선업, 육바라밀, 팔계, 십계, 여섯 감각기능의 제어, 사섭법, 신구의 청정, 팔정도 등에 관한 가르침이 그 핵심 내용이다.

용수는 『중론』의 한 게송에서는 선의 체계를 '삼독심멸→자선(慈善)의 복덕이라는 선행→선행에 따른 선과'의 도식으로 설명한다. 「관업품」에서 업에 따른 과보를 전제로 한 선에 대하여 말하기를, "사람은 마음을 항복시켜 중생을 이익 되게 할 수 있다. 이를 자선이라고 하는데, 이것이 현세와 내세의 과보를 가져오는 종자이다"라고 한다.[28] 보다 구체적으로 설명하기를, 선을 행한다는 것은 마음을 항복시키고—삼독심을 소멸시킴으로써 악

---

23 『阿毘曇毘婆沙論』(『大正藏』28권, 382중)

24 『阿毘達磨俱舍論』(『大正藏』29권, 22하)

25 『阿毘達磨俱舍論』(『大正藏』29권, 71상-하)

26 『龍樹菩薩勸誡王頌』(『大正藏』32권, 751-754)을 참조.

27 칼루파하나(Kalupahana)는 『龍樹菩薩勸誡王頌』의 티벳본 역주서에서 그 내용이 초기경전의 도덕관을 충실하게 반영하고 있음을 밝히고 있다(Kalupahana, David, *Nagarjuna's Moral Philosophy and Sinhala Buddhism,* Colombo: Karunaratne & Sons LTd., 1995.

28 『中論』(『大正藏』30권, 21중)

(의 마음)을 항복시키고— 보시, 지계 등(육바라밀)을 실천함으로써 다른 이들을 이익 되게 하여, 자선의 복덕을 쌓아 금세와 후세에 선과를 발생케 하는 것이라고 한다. 여기에서 '자선'은 타인을 이롭게 하는 것이면서 결국은 자신을 이롭게 하는 것으로서 설명된다.

2) 유식과 화엄에서 선

유식『삼십송』의 대표적 주석인『성유식론』에 의하면, 선악은 육전식(六轉識)에서의 수순과 거스름, 그리고 이익과 손해로 설명된다. 이 세상과 다른 세상에서 수순하고[順] 이익[益]이 되기 때문에 선이라고 하고, 이 세상과 다른 세상에서 거스르고[違] 손해[損]가 되기 때문에 불선이라고 한다. 육전식이 믿음[信] 등 열한 가지 선심소(善心所)에 상응하면 선의 성품(善性)을 갖고, 무참(無慙) 등 열 가지 심법에 상응하면 불선의 성품[不善性]을 갖는다고 한다. 이 양자 어느 것에도 상응하지 않으면 무기(無記)의 성품을 갖는다.[29]

유식에서 모든 존재와 현상의 근원을 근본식인 아뢰야식(ālaya-vijñāna)으로 설명하듯이 선악에 대해서도 마찬가지다. 선악의 근원은 아뢰야식의 작용으로 설명될 수 있다. 아뢰야식은 윤회의 생명활동으로 오염된 유루의 갖가지 종자(bīja)를 자기 속에 갖지만 동시에 항상 청정한 무루종자를 갖는다. 아뢰야식 안의 오염된 종자를 소멸시키고 청정의 종자를 증장시킴으로써 열반을 닦아가는 것이 선의 습득과정이다. 단계적으로 선을 습득하고 열반을 성취해 가는 수행도를 유식은 자량위(資糧位), 가행위(加行位), 통달위(通達位)·견도(見道), 수습위(修習位)·수도(修道), 그리고 구경위(究竟位)라는 오위(五位)의 체계로 정리한다.

열반에 이르는 선 습득의 체계에서 그 기제를 설명해 주는 핵심은 수습위의 과정에서 일어나는 '전의'(轉依, āśraya-parāvṛtti)의 개념이다.『섭대승론』에서는 문훈습(聞薰習, śruta vāsanā)을 통한 전의를 말한다. 문훈습은 법신의 종자 혹은 법계의 소리인 대승의 가르침을 듣고 익히는 것인데, 여기에서 더 나아가 문(聞)·사(思)·수(修)를 반복적으로 닦음으로써 아뢰야식을 다스려 출세심을 이룬다. 그리하여 문훈습에 의하여 번뇌에 대치하고, 악도에 대치하며, 일체의 악행을 소멸시켜 악행에 대치함으로써 결국 불보

29 『成唯識論』(『大正藏』31권, 26중)

살을 따르게 된다. 문훈습의 이러한 과정이 바로 오염을 청정으로 바꾸는 전의의 과정이며, 번뇌장과 소지장을 소멸시켜 열반에 이르는 과정이다.[30]

문훈습을 통한 전의의 과정을 『성유식론』에서는 잡염법과 청정법 모두의 의지처인 의타기성(依他起性) 위에서의 작용으로 설명한다. '의지처'[依]인 의타기성에서, 한편으로는 전환하여[轉] 허망한 변계소집성(遍計所執性)인 잡염법을 버리고[捨] 다른 한편으로는 전환하여[轉] 진실된 원성실성(圓成實性)인 청정법을 얻는 것[得]이다. 의타기성 위에서 전사(轉捨)하고 전득(轉得)하는 것이다. 요컨대 의타기성 위에서 언어에 의한 분별집착인 변계소집성이 버려지고 존재의 참된 실상인 원성실성의 지혜가 획득되는 것이 전의이다.[31]

여기에서 주목되는 것은 전의가 일어나는 의타기성의 양면성이다. 의타기성은 변계소집성과 원성실성, 염오와 청정 혹은 악과 선의 성품을 모두 갖추고 있는 것이다. 마음의 작용방식인 의타기성의 이러한 속성으로 인하여 선악은 둘 일 수 없다. 그래서 공과 불공, 아와 무아, 세간과 열반 등의 다른 대립된 두 쌍은 물론 정(淨)과 부정(不淨)도 둘이 아니라고 한다.[32]

이처럼 유식에 의하면 선악은 식·마음의 문제이다. 선을 습득한다는 것은 마음에서 오염성·악을 청정성·선으로 전환시키는 문제이다. 유식은 바깥 대상을 부정하지 않으면서 모든 것을 마음의 작용－유식무경(唯識無境)－이라고 말하듯이, 선악의 실재 및 선습득의 당위를 부정하지 않으면서 선악이 마음의 작용임을 강조한다. 마음이 주체적인 역할을 하지만 마음 또한 모든 현상과 마찬가지로 공하듯이, 마음에 내재된 선성이나 악성 또한 그러하다. 그러나 마음에는 항상 우리가 지향해야 하는 선의 성품이 있다. 전의의 개념에서 보았듯이, 마음에는 선의 성품으로서 청정성이 오염성과 함께 있다. 아뢰야식이라는 마음의 본령 속에 유루의 번뇌(악)를 소멸시키는 무루종자[선]가 있는 것이다.

유식의 이러한 입장은 깨달음의 가능성, 여래장, 불성, 혹은 본래성불 등의 개념에 의해서 마음의 본래 청정성을 강조하는 모든 불교의 본령과 일치한다. 마음이 오염성[번뇌성·유루성]과 청정성[열반성·무루성]이라는 양면성을 갖지만 강조는 후자에 있다. 유식의 '유식무경'이나 '일체유심

30 『攝大乘論』(『大正藏』31권, 100상)
31 『成唯識論』(『大正藏』31권, 51상)
32 『攝大乘論』(『大正藏』31권, 103상)

조'(一切唯心造)라는 말에는 마음의 이러한 청정성에 대한 강조가 전제되어 있다.

마음의 이러한 청정성에 대한 강조는 화엄에서도 마찬가지이다. 그런데 화엄에서는 유식의 '유식무경'이나 '일체유심조'(一切唯心造)라는[33] 말에서 한 걸음 더 나아가 부처와 중생의 마음이 [이러한 청정심으로 인하여] 같다고 한다. "마음, 부처, 중생, 이 세 가지는 차별이 없다[心佛及衆生 是三者無差別]."[34] 현재 중생의 오염성[악]이 단순히 부처의 청정성[선]으로 전환될 수 있다는 것이 아니라 이미 부처의 상태로 전환되어 있다는 것이다.

선의 실천과 관련하여 유식과 화엄 간에 차이가 있다면, 그것은 초점의 차이일 것이다. 유식이 마음의 청정성의 회복이라는 관점에서 오염성을 청정성으로 전환시키는 구조를 체계적으로 설명하고 있다면, 화엄은 '보리심'으로 표현되는 이러한 청정심이 무량한 법계에서 무량한 보살행으로 발현되는 모습을 그려내고 있다. 유식이 청정성으로 전환되어 가는 마음의 내적 구조를 밝히고자 한다면, 화엄은 청성성·보리심이 사회적 선으로서 무량하게 외화 되는 모습을 제시하고 있다.

청정심·보리심의 외화는 곧 보살의 실천행이며, 이것이 육십 화엄에서는 십신, 십주, 십행, 십회향 그리고 십지라는 오십위의 수행체계로 제시된다. 이러한 단계를 거쳐 궁극적 선의 경지인 등각과 묘각으로 나아간다. 화엄의 「이세간품」에서는 보살의 수행도로서 십신(十信)과 십주(十住)를 제시하고, 「십행품」에서 보살의 십바라밀로서 십행을 말한다. 십행은 환희행(歡喜行), 요익행(饒益行), 무위역행(無違逆行), 무굴요행(無屈撓行), 무치란행(無痴亂行), 선현행(善現行), 무착행(無着行), 난득행(難得行), 선법행(善法行), 그리고 진실행(眞實行)이다. 「십회향품」에서는 올바른 회향으로서 보살의 십회향을 말한다. 「십지품」에서는 깨달음으로 나아가는 최상의 길로서 십지가 제시되는데, 그것은 환희지(歡喜地), 이구지(離垢地), 발광지(發光地), 염혜지(焰慧地), 난승지(難勝地), 현전지(現前地), 원행지(遠行地), 부동지(不動地), 선혜지(善慧地) 그리고 법운지(法雲地)의 단계로 이루어진다. 십지는 초기불교에서 선법으로 제시되고 있는 십선업, 삼십칠조도품, 사섭법 등의 실천을 포함한다.

---

33 유식의 이러한 말에 상응하는 화엄의 말은 주지하다시피 '삼계허망 유일심작'(三界虛妄 唯一心作), '삼계유일심 심외무별법'(三界唯一心 心外無別法) 등이다.

34 『大方廣佛華嚴經』(『大正藏』9권, 465하)

오십위의 수행단계를 통한 선의 구현 모습은 무량한 세계에서 무량한 보리심을 동력으로 하는 무량한 보살행의 발현을 특징으로 한다. 무량한 세계에서 보살이 실천해야 할 선도 한량없다. 예컨대 「십회향품」에서는 보살의 회향이 무량한 법계에서 한량없고, 법계에 미치는 여래의 속성 또한 법계에서 한량없다고 한다. 십회향 중에서 특히 법계에 들어가는 한량없는 회향은 법계에서 보살의 수행이 한량없이 두루 한 것임을 분명히 한다. 이와 유사하게 「여래출현품」에서는 여래의 속성이 한량없어 그의 행이 한량없고 시방에 두루 하다고 한다. 여래의 한량없는 자비가 한량없이 미친다는 것인데, 이는 보살이 한량없는 법계에서 한량없이 실천해야 하는 한량없는 선을 예시한 것이다.

이상과 같은 '무량한 세계에서의 무량한 보리심의 발현과 무량한 보살행의 실천'은 티끌 하나하나에서 부처를 보는 지혜, 그리고 그 티끌 하나하나에까지 빠짐없이 미치는 자비를 전제한다. 이러한 지혜와 자비를 전제로 하여 일체 중생을 해탈시키고자 하는 무량한 보리심이 가능하며, 이러한 보리심을 원동력으로 하는 무량한 보살행이 가능한 것이다. 그런데 이러한 지혜와 자비는 현대적 관점에서 볼 때 모든 존재의 가치를 똑같이 인정·존중하는 평등과 존중의 실천이다. 보리심은 청정심의 발현으로써 우리 모두의 마음마다에서 발현되어 온 시방 구석구석에 미치어 부처로서 발현된다. 마음 안의 청정심으로서의 부처가 구석구석에 미치어 뭇 존재를 그대로 부처되게 한다.

3) 『법화경』에서 선

초기와 대승 모든 불교에서 실천하고자 하는 선의 이념은 자리이타 혹은 중생구제의 자비인데, 『법화경』에서는 특히 '중생구제의 자비'를 절대적인 선 이념으로서 제시한다. 이 경전에서 보살은 중생구제라는 목적론적 선 이념을 갖는다.[35] 이 이념의 실천과 관련하여 법화가 갖는 특징은 자비의 다양한 방편을 허용한다는 것이며 다양한 비유를 통한 다양한 방식의 자비 실천을 예시하고 있다는 점이다. 중생구제의 자비를 실천하는 여래 또한 중생의 욕구와 근기에 따라 다양한 방식의 다양한 모습으로 현현한다. 역

35 이러한 의미에서 학자들은 법화의 윤리를 목적론적이라고 말하기도 한다. Gene Reeves, 'Appropriate Means as an Ethical Doctrine in the Lotus Sutra.', *Journal of Buddhist Ethics* 5, 1998, 9면.

설적인 것은 여래는 중생을 탐진치로부터 구제하기 위해 그들의 탐진치 욕망에 순응하기도 하는 방편을 구사하기도 한다는 점이다.

보살에게 요청되는 자비는 항상 긴급하고 절실한 것으로 묘사된다. 그래서 중생들을 빠짐없이 자신의 자식으로 알고 '오직 나만이 구제할 수 있다'는 마음으로 구제하라고 한다. "그[삼계화택] 가운데 있는 중생이 다 나의 아들인데, 지금 이곳이 환난 가득하니 오직 나 혼자만이 그들을 구호(救護)할 수 있다"라는 태도를 가지라고 한다.[36] 중생의 고통 앞에서 회피하거나 그들의 구제를 남에게 미루지 말라는 것이다. 모든 중생이 평등하기에 그들 모두를 평등하게 자기 자식처럼 구제해야 한다는 것이다. 이러한 중생구제의 자비의 실천 모델로서 여래는 모든 중생의 아버지로서, 큰 신통력과 큰 지혜력을 가지고 방편과 지혜의 바라밀로써 항상 대자대비(大慈大悲)에 게으름이 없으며, 선한 일을 추구하여 일체를 이익 되게 한다[求善事利益一切].[37]

중생구제의 자비라는 선 실천의 관점에서 허용되는 다양한 방편은 중생들의 욕구, 근기, 수준 등을 따르는 것이며, 따르는 과정에서는 거짓말이나 속임수 같은 부도덕까지도 방편으로 수용된다. 중생구제라는 더 큰 선의 실천을 위해서 보다 작은 선을 희생하는 것이 정당화되는 것이다. 신통한 힘과 지혜만으로는 중생을 구제할 수 없기에 방편이 필수적이라고 한다. "만일 내가 신통력과 지혜의 힘만 가지고서 방편을 버리고 중생에게 여래의 지견력과 두려움 없는 것을 찬탄한다면, 이것으로써는 중생들을 제도하지 못할 것이다"라고 한다.[38]

『법화경』에서는 중생구제의 자비라는 선 이념 이외에 경전의 수지독송, 육바라밀, 사섭법, 사무량심 등의 실천이 찬탄된다. 경전의 수지독송 자체는 특유한 것이 아니지만, 『법화경』에서는 경전을 거의 절대시하고 있다. 「법사품」에서는 독송하는 이를 욕하는 것은 부처를 욕하는 것 보다 더 무거운 죄라고까지 한다.[39] 독송은 어떤 공양에 비할 바 없는 공양이며, 그 공덕 또한 가장 수승하고 한량없다고 한다.[40] 그런데 이러한 수지독송을 육바라

36 『妙法蓮華經』(『大正藏』9권, 14하)
37 『妙法蓮華經』(『大正藏』9권, 13상)
38 『妙法蓮華經』(『大正藏』9권, 13상-중)
39 『妙法蓮華經』(『大正藏』9권, 30하 - 31상)
40 『妙法蓮華經』(『大正藏』9권, 45하)

밀 수행과 함께하라고 하며, 다른 수행 및 선법의 실천과 함께하라고 한다.[41] 경전의 수지독송 자체도 선이지만, 수지독송은 경전이 말하고 있는 선의 실천과 함께했을 때 더욱 의미 있다는 메시지이다.

법화의 선 이념을 요약하자면, 그것은 절대적 이념으로서 자비이다. 자비가 예외가 되는 상황은 없다는 의미에서, 그리고 자비의 관점에서 모든 방편이 허용된다는 의미에서 자비는 '절대적'이다. 이와 함께 자비의 여래도 영원불멸하여 절대적이며, 모든 중생이 부처될 것이라는 수기를 과거, 현재, 미래의 모든 중생이 예외 없이 받았다는 점에서 절대적이며, 중생이 현재 이미 부처로서 예외 없이 섬김을 받는다는 점에서 절대적이며, 이러한 가르침을 담은『법화경』을 절대화한다는 점에서 절대적이다.

4)『보리행경』,『유마경』,『육조단경』에서 선

대승경전 중에서『보리행경』,『유마경』,『육조단경』은 선악에 대하여 특히 주목되는 내용을 담고 있다. 주지하다시피『보리행경』은 대승불교에서의 선 실천이념, 특히 티벳불교에서 지향하는 선의 핵심을 시적 언어로 표현하고 있으며,『유마경』은 선악이 불이(不二)하다고 말함으로써 선악의 공성을 말하고 있으며,『육조단경』은 선악이 함께 있다고 말함으로써 선악의 공성을 강조하고 있다.

『보리행경』은 보리심(bodhicitta)의 중요성과 그 힘을 강조하고 대승의 실천 덕목으로서 육바라밀을 설명하고 있는데, 선 실천과 관련하여 특히 주목되는 것은 선 실천의 근원·동력으로서 보리심을 찬탄하고, 자타동체적인 태도로 이타행을 행하면서 타인의 고통을 자신이 대신 받는 자기희생적인 (또한 자기구제적인) 선을 실천하라고 강조하고 있다는 점이다.

『보리행경』에 의하면, 보리심은 선의 근원으로서 그 위력이 매우 크다. 보리심으로 인하여 고귀한 인간으로 태어날 수도 있고 보리심으로 인하여 작은 선이 거대한 악을 이길 수 있으며,[42] 보리심을 발하여 죄의 힘을 소멸시키고 수승한 과보를 얻으며 일체 유정을 구제할 수 있다.[43] 또한 보살은 항상 마음으로 선을 구하여 항상 선을 행해야 한다. "독수리가 고기를 탐하기를 싫어하지 않듯이 사람이 선을 탐하는 것 또한 그러해야 한다."[44]

---

41 『妙法蓮華經』(『大正藏』9권, 45하)
42 『菩提行經』(『大正藏』32권, 544상)
43 『菩提行經』(『大正藏』32권, 544하)

『보리행경』에서 전하는 가장 큰 선의 메시지는 그 무엇보다도 자타동체적 태도로 이타행을 실천하라—자타동체적 자비를 실천하라—는 것이다. 자신의 몸이 타인의 몸과 다르지 않으며, 다른 이의 몸이 곧 자신의 몸과 같음을 알라고 한다. 무생(無生)을 배우는 방법을 말하면서 다음과 같이 말한다. 즉 "배우기를, 자기의 몸이 자기의 몸이 아님을 알고 그리함으로써 자기의 몸을 타인의 몸과 같다고 여기고 이와 같이 이타하라[如學而自知 自身而非身 以自如他身 如是而利他]."[45] 이 같은 자타동체적 관점에서 보살은 타인의 고통을 자신이 대신 받는 자기희생적 선을 실천해야 한다. 이는 다른 경전에서 "일체 중생이 병들었으므로 나도 병들었으며, 일체중생의 병이 나은즉 나의 병도 낫는다"고 한 말과 같다.[46] 보살은 타인의 고통을 자신이 대신하여 받음으로써 거기에서 선의 즐거움을 얻는 자이다. 그래서 『보리행경』은 "세간에 고통이 있다면 일체의 고통을 내가 받고, 세간의 일체가 선하면 보살의 즐거움이 얻어진다."[47]고 한다. 그런데 세간의 고통을 자신이 대신하여 받을지라도 그것은 보살의 성취가 되어, 이타(利他)가 자리(自利)가 된다. 자기희생이 자기성취로 전환되어 자기희생적 선이 자기성취적 선이 되는 것이다. 이는 자타동체적 자비의 논리적 귀결이다.

『유마경』에서는 불이법문(不二法門)을 말하는데, 선과 악·불선이 각각 고정된 상이 있는 것이 아니어서 서로 분리된 두 개의 이질적인 것이 아니며, 이러한 의미에서 선악이 평등하고 양자는 둘이 아니다[不二]라고 한다. (선과 불선이 둘이라고 하지만) "만일 선과 불선을 일으키지 않으면[若不起善不善] 상이 없는 데 들어가 통달하는 것이니[入無相際而通達者], 이것이 불이법문에 들어가는 것이다."[48] 그러면 선과 불선이 둘이 아닌 까닭은 무엇인가? 그것은 상이 있음과 상이 없음이 대립된 둘이 아니기 때문이다. 그래서 이렇게 말한다. 즉 "하나의 상(一相)과 상이 없음(無相)이 둘이지만, 만일 하나의 상이 곧 상이 없음이라는 것을 알면 또한 상이 없음을 취하지 아니하여 평등에 들어가니 이것이 불이법문에 들어가는 것이다."[49]

44 『菩提行經』(『大正藏』32권, 546중)
45 『菩提行經』(『大正藏』32권, 555상)
46 『維摩詰所說經』(『大正藏』14권, 544중)
47 『菩提行經』(『大正藏』32권, 562상)
48 『維摩詰所說經』(『大正藏』14권, 550하) 유루와 무루, 유위와 무위, 세간과 출세간, 생사와 열반, 죄와 복 등에 대해서도 마찬가지로 말한다.
49 『維摩詰所說經』(『大正藏』14권, 550하)

그런데 선악이 독립된 상이 있는 것이 아니어서 평등하고 불이라는 말은, 선악을 판별하지 말라는 의미도 선을 간택하지 말라는 의미도 아니다. 이는 절대적으로 고정된 선악이 있는 것이 아니라 선악은 모든 존재 현상과 마찬가지로 조건적·가변적·상대적으로 발생하는 상호적인 개념이라는 것이다. 한 마디로 선악의 공성을 알고서 선악을 판별하고 선을 간택하라는 것이다. 따라서 선악은 공성·불이이지만, 몸과 마음으로 닦는 것은 선이며 나아가는 곳은 선법이다. 이러한 까닭에 "멀리 떠남에서 관하지만 몸과 마음으로 선을 닦으며, 돌아갈 바 없음을 관하나 선법으로 돌아가 나아간다."[50]

『육조단경』이나 선불교에서도 유사한 입장을 취한다. 『육조단경』에서는 만법이 공하듯이 선악이 공하다고 하고 선악이 함께 더불어 있다고 한다. 그리고 공한 만법이 긍정되듯이, 선도 악도 그 공함으로 인하여 긍정된다고 한다. "악인, 선인, 악법, 선법, 천당, 지옥이 다 공 가운데 있다. 세인의 성품도 공하여 역시 이와 같다. 성품이 만법을 포함하고 있음이 크고 만법이 다 자성이다. 일체의 사람과 사람 아닌 것을 봄에 악이 선과 함께 있음을 알아 악법과 선법을 다 버리지 않고 (악이) 더럽다고도 않고 (선에) 집착하지도 않으니, 마치 허공과 같으므로 이를 크다고 이름 하니 이것이 큰 행위[摩訶行]이다."[51] 요컨대 선악은 공하여 함께 있어서 분리될 수 없고 모두 함께 긍정된다.

선불교에서는 선악의 공성을 말하는 한편, 다른 한편으로는 선악이 마음의 소산이라는 점을 명백히 한다. 예컨대 지눌은 "선악과 인과가 오직 마음이 지어낸 것[善惡因果 唯心所作]"[52]이라고 한다. 선악은 외재하는 것이 아니라 호오(好惡)와 같이 마음의 소산이다. 그런데 여기에서 '선악이 마음의 소산'이라는 말은 '선악이 일심(一心)의 소산'이라는 말로 바꾸어 쓸 수 있다. 그리고 주지하다시피 일심은 진여와 생멸로 이루어진 이중적인 것으로서, 서로 모순된 대립 쌍-예컨대 윤회와 열반, 번뇌와 보리, 중생과 부처 등의 대립 쌍-을 자기 속에 내포하고 있다. 요컨대 선악은 일심 안의 문제이다.

일심의 관점에서 윤회와 열반, 번뇌와 보리, 혹은 중생과 부처가 따로 있

50 『維摩詰所說經』(『大正藏』14권, 554하)
51 『六祖大師法寶壇經』(『大正藏』48권, 339하 - 340상)
52 『勸修定慧結社文』(『韓佛全』4권, 706중)

는 것이 아닌 것처럼 선과 악도 그러하다. 지눌은 『수심결』에서 "미혹[迷]과 깨침[悟]이 없은즉 범부와 성인이 없고, 범부와 성인이 없은즉 더러움[染]과 청정함[淨]이 없고, 더러움과 청정함이 없은즉 시비가 없다."[53]고 말함으로써, 시비-선악-가 없다고 말하고자 한다.

그런데 중요한 것은 『유마경』에서 그랬던 것처럼, 선불교에서의 선악의 공성이나 선악의 마음[일심] 소산성이 선악을 판별하지 말라거나 선을 간택하지 말라는 의미가 아니라는 것이다. 불선은 제거되어야 하고 선은 추구되어야 한다. 그래서 『육조단경』에서는 "불선행을 제거하는 것, 이것을 '귀의'라고 이름 한다[除不善行 是名歸依]."라고까지 말한다.[54] 요청되는 것은 선을 추구하되 선에 집착하지 말아야 하며, 악을 피하되 악에 대해서도 집착하지 말아야 한다. 그래서 번뇌가 적은 자는 "선에서 선을 떠나고 악에서 악을 떠난다[於善離善 於惡離惡]."[55]

요컨대 『유마경』과 『육조단경』과 같은 경전에서는 선악의 공성·불이성 혹은 선악의 마음 소산성을 말한다. 이들 경전에 의하면, 선악은 독립적·절대적·외재적으로 실재하는 것이 아니라 마음으로부터 비롯되는 상호의존적·비절대적·내재적인 것이다. 요청되는 것은 선악의 이러한 속성을 알고서 선악을 판별하고 선을 간택하는 것이다.

Ⅲ. 인접 개념과의 관계 및 현대적 논의

1. 인접 개념과의 관계

불교의 모든 개념들은 선과 연관되어 있다고 볼 수 있다. 불교는 수행체계이며 수행의 내용이 곧 선/선법의 내용이기 때문이다. 초기불교든지 대승불교든지 그 주요 내용은 수행, 즉 선의 실천에 관한 것이다. 그런데 선 실천의 개념과 방법에 있어서 초기불교와 대승불교가 일치하는 것만은 아니다. 대승불교는 초기불교와 구별되는 독자적인 선 실천 개념을 발전시켰는데, 그것은 대표적으로 육바라밀(혹은 삼취정계), 보살, 보리심, 회향 등

53 『牧牛子修心訣』(『韓佛全』4권, 710하)
54 『六祖大師法寶壇經』(『大正藏』48권, 339중)
55 『牧牛子修心訣』(『韓佛全』4권, 712상)

이다. 초기와 대승에서 추구하는 선 개념에 있어서의 차이, 그리고 대승이 지향하는 선 개념의 특징을 알아보기 위해서 이들 네 가지 개념들에 대해 먼저 살펴보기로 한다. 그런 후에 인접개념들에 대해 논의해 보기로 한다.

첫째, 대승불교에서의 선의 실천이념은 여섯 바라밀(pāramitā)로 결정화되어, 육바라밀이 모든 대승에서 공통적으로 자기수행과 사회적 실천이념으로 제시된다. 초기불교에서의 사섭법이 계정혜의 체계적 틀과 결합하여 보시, 지계, 인욕, 정진, 선정, 지혜의 육바라밀로 발전된 것으로 이해된다. 다른 한편 대승불교에서는 실천적 선의 내용을 삼취정계(三聚淨戒)로 종합하기도 한다. 모든 계율을 지키는 섭율의계(攝律儀戒), 모든 선법을 지키는 섭선법계(攝善法戒), 모든 중생을 이롭게 하는 행위를 실천하는 섭중생계(攝衆生戒)로 이루어진 삼취정계는 선 실천의 내용을 단계적이고 포괄적으로 제시하고 있다.[56] 방비지악(防非止惡)적인 소극적 계율 지킴(섭율의)에서 선행(섭선)에로, 선행에서 다시 보다 적극적인 요익중생의 이타행(섭중생)의 순서로 실천될 수 있다. 육바라밀이나 삼취정계는 모두 계율의 실천을 포함하고 있는데, 대승불교에서는 계가 오계, 팔계, 십계, 비구·비구니계 이외에도 『범망경』에서와 같이 십중사십팔경계(十重四十八輕戒)로 구체화되고 『승만경』에서는 적극적 사회윤리로 확장되어 십대 서원[57]으로 나타난다. 특히 십대 서원의 내용을 면밀히 검토해 보면, 그것은 개인적·소극적 계율지킴의 차원을 넘어서 사회적 약자와 소외된 자들을 보살피고 사회적 부정의를 좌시하지 않는다는 결의를 담고 있다.

둘째, 대승불교에서는 육바라밀 등의 선 실천 주체로서 보살(bodhisattva)의 상을 제시한다. 보살은 초기불교에서는 '(자신의) 깨달음을 위해 노력하는 사람'을 의미했으며, 깨침을 얻기 전 붓다 자신을 지칭하는 말이기도 했다. 그러나 대승불교에서 보살은 '자신의 깨달음뿐만 아니라 타인의 깨달음을 위해 노력하는 사람'의 의미로 발전된다. 더 나아가서 보살은 모든 중생을 고통으로부터 구제하여 그들 모두가 깨달음에 이를 때까지 자신의 깨달음을 의도적으로 미루어 두는 자기희생적인 구도자를 의미하게 된다. 그래서 "보살은 원력을 사용한다. 그러한 까닭에 악취에서 태어난다[菩薩以

56 목정배는 『유가사지론』에 나타난 삼취정계에 대한 내용을 설명하면서, 이 세 가지가 단계적으로 실천되는 것이라고 말한다(목정배, 『계율학개론』(서울: 장경각, 2001), 357-362면)

57 『勝鬘獅子吼一乘大方便方廣經』(『大正藏』12권, 217중하)

願力故 當生惡趣].”라고 한다.[58] 보살은 열반에 들 수 있음에도 불구하고 중생을 구제하기 위해 의도적으로 윤회를 거듭하는 것이다. 대승의 이러한 보살이념은 ‘위로는 깨달음을 구하고 아래로는 중생을 교화한다[上求菩提 下化衆生].’는 말로 표현되지만, 사실 보살은 자신의 깨달음보다도 중생구제를 먼저 생각하며 중생을 구제함으로써 자신의 깨달음을 이루려는 사람이다.

셋째, 대승불교의 선 실천의 이념에서 육바라밀과 보살 못지않게 중요한 개념이 ‘보리심’(bodhicitta)이다. 보리심은 보살의 전제조건으로서 보살행을 가능케 하는 것이다. 보살은 보리심으로 인하여 보살이 되고 보리심으로 인하여 보살행을 완성한다. 보리심은 보살로 하여금 보살행을 배우고 보살행을 닦게 하는 원동력이다. 그래서 『화엄경』의 「입계법품」에서 선재동자가 구도여행을 하며 선지식을 찾아 보살행과 보살도를 물을 때도 그 마음의 근간은 보리심이다. 선재동자는 선지식들을 만날 때 마다, ‘위없는 보리심을 발했으나 보살이 어떻게 보살행을 배우며 어떻게 보살도를 닦는지 알지 못한다’라고 말하고 가르침을 청한다.[59] 그런데 대승에서 보리심의 의미는 풍부하지만, 그 핵심은 ‘깨달음을 이루고자 하는 마음’, ‘중생을 깨달음에로 이끌고자 하는 마음’, 혹은 ‘중생을 고통으로부터 구제하고자 하는 마음’에 있다. 한 마디로 중생구제의 자비가 보리심의 요체이다. 『화엄경』의 「이세간품」에서는 보살의 열 가지 보리심을 말하면서 그 첫 번째와 두 번째 보리심에 대하여, ‘보리심으로 인하여 일체중생을 교화하고 성숙케 하며 보리심으로 인하여 일체중생의 고통을 제거하여 멸해준다’고 한다.[60]

넷째, 대승불교에서 선 실천의 이념으로서 새롭게 발전된 개념은 ‘회향’(廻向, pariṅāmanā)이다. 보통 ‘선인선과 악인악과[善因善果 惡因惡果]’라는 업의 일반원칙은 악행은 물론 선행의 과보를 행위자 자신이 받는다는 것을 의미한다. 그런데 ‘자신의 수행이나 선행의 공덕이 가져오는 과보를 자신이 향유하지 않고 타인이 받도록 타인에게 돌아가게 한다’는 의미의 회향은 이러한 업의 법칙을 넘어선다. 이러한 회향의 개념은 어떤 경우에도 업의 인과법칙에 대한 예외를 인정하지 않았던 초기불교의 입장에서 비약적

58 『阿毘達磨大毘婆沙論』(『大正藏』28권, 261중)
59 예컨대 『大方廣佛華嚴經』(『大正藏』9권, 704중하)
60 『大方廣佛華嚴經』(『大正藏』9권, 635상)

으로 발전한 것이다. 그것은 대승에서 독특하게 발전된 개념으로서[61] 육바라밀, 보살, 보리심 등의 개념과 함께 대승의 선의 실천적 지향점—중생구제의 '이타(利他)'의 자비—을 잘 드러내 주고 있다.

살펴 본 육바라밀, 보리심, 보살, 회향의 개념은 대승의 선 실천이념의 골자로서 '이타' 혹은 '자리이타'의 자비로 총괄될 수 있을 것이다.[62] 선 실천 개념과 관련된 대승의 이러한 특징 이외에도, 마음역할에 대한 강조를 통해 심청정과 불국토의 청정을 동일시한 것, 그리고 여래장, 불성, 본래성불과 같은 보다 발전된 개념을 통해 인간의 선성에 대해서 절대적 믿음을 보인 것 또한 중요한 특징이다. 초기불교에서도 선 실천에 있어서 마음 청정을 강조한 것은 마찬가지이지만, 대승에서는 한 걸음 더 나아가서 이러한 마음 청정을 실제 세계의 청정과 같다는 것을 명백히 한다. 예컨대 『유마경』에서는 "만약 보살이 정토를 얻고자 한다면 마땅히 그 마음을 깨끗이 하라"고 하고, "그 마음이 깨끗해짐에 따라서 불국토도 깨끗해진다[隨其心淨則佛土淨]"라고 말한다.[63] 인간의 선성에 대한 믿음 역시 초기불교에서 '깨달음의 가능성'에 대한 믿음으로서 이미 전제되어 있지만, 대승에 이르러서는 이 개념이 '여래장', '불성' 혹은 '본래성불' 등의 개념으로 발전하여 '인간의 선성' 혹은 '이미 깨달은 자로서의 인간'에 대한 절대적 믿음이 강조된다.

지금까지의 선과 불선에 관한 논의에서 선과 연관된 주요 개념으로서 숙고되지 않는 개념은 연기/공·무아, 업설, 윤회와 열반, 그리고 명상이다. 이제 이러한 개념들의 선과의 관련성을 살펴보기로 한다.

불교의 중심 세계관인 연기·공·무아는 선과 불선의 개념 발생, 인식, 그리고 실천에 있어서 대전제다. 올바르게 선을 이해하고 실천하는 데는 모든 존재와 현상은 연관적·상호의존적으로 발생하며[緣起], 그것들은 고정된 모습이나 불변의 속성[自性]이 없이 찰나마다 변화하는 것이며[空], 그

---

61 미산웅일은 대승적인 의미를 가진 '회향'이라는 말이 처음 등장한 것은 『팔천송반야경』에서 라고 하고, 회향을 과보의 대상이 바뀌는 방향전환의 회향과 과보의 내용이 바뀌는 내용전환의 회향으로 나누어 설명한다(梶山雄一, 김재천 옮김), 『대승과 회향』(서울: 도서출판 여래, 2002), 15, 178, 184-185면 참조)

62 자비는 초기불교에서도 핵심적인 선 실천의 이념이지만, 초기불교에서는 '자리'(自利)와 '이타'(利他)가 동등하게 강조된다면 대승에서는 '이타'가 먼저 강조되는 차이가 있다.

63 『維摩詰所說經』(『大正藏』14권, 538하)

것들 어디에서도 불변·불멸의 실체나 자아가 없다[無我]는 실상에 대한 이해가 필수적이다. 인식과 실천에 있어서 연기, 공, 무아에 근거한 이해의 틀이 결여된다면 그것은 올바르지 못하다. 따라서 존재와 현상의 실상처럼 선과 불선도 조건적이고, 가변적이며, 의존적으로 발생하는 것이다. 『유마경』이나 선불교에서 선악이 공하다고 한 것도 바로 이러한 관점에서 비롯된 것이며, 절대주의적 선을 말할 수 없는 것도 바로 이러한 이유 때문이다.

업설은 선의 실천에 있어서 전제가 되는 개념이다. 존재가 업(karma), 즉 '행위'(action)에 의해 규정된다는 것이 업설인데, 이 업설에 의하면 중생은 과거의 신구의의 행위를 통해 현재의 자신을 현재 조건 속에 있게 하였고 미래의 자신도 현재의 행위의 질에 의해 결정해 가고 있다. 업설에 의하면 존재규정은 오직 행위에 의해서만 가능하다. 이러한 업설은 윤회설과 결합되어 있어서 중생이 자신의 행위의 질 혹은 행위의 과보에 따라 오도 혹은 육도를 윤회한다고 말해진다[초기불교에서는 오도윤회를 말하고 대승불교에서는 육도윤회를 말한다]. 이러한 업설은 도덕의 관점에서 볼 때 선인선과 악인악과라는 인과응보적 도덕법칙이다. 즉 선행은 좋은 과보[善果]를 수반하며 악행은 나쁜 과보[惡果]를 수반한다는 것이 업설이 말하는 일종의 도덕법칙이다. 앞에서 언급하였지만, 붓다의 업설의 특징은 숙명론이나 운명론이 아니라, 자신의 '행위'가 자신의 존재를 결정한다는 자기책임성 내지는 자기결정성을 강조하는 데 있다. 또 불교의 업설은 과거의 행위에 의한 현재 결정성보다는 현재의 행위에 의한 현재와 미래 결정성을 강조한다. 자신의 운명은 오직 자신의 행위에 의해 결정된다는 이와 같은 업설은 신구의에 있어서 선한 행위를 독려하고 진작시키고 요청하는 역할을 한다. 간략히 말하여 업설은 신구의 삼업청정—신구의 중에서도 의가 근간이 되므로 의업청정—, 범행, 혹은 십선업을 요청하는 하나의 도덕법칙이다.

선과 불선은 윤회와 열반과도 연관되어 있다. 윤회는 무명으로 인한 생사의 반복, 혹은 탐진치의 상태를 의미하고, 열반은 무명을 벗어나 더 이상의 태어남이 없는 것, 혹은 탐진치의 지멸상태를 의미한다. 초기불교에서는 윤회와 열반 간 존재론적 차이가 강조되고 있으나 부파불교를 지나 대승불교에 이르면 윤회와 열반 간 불이성이 강조된다. 그리하여 윤회가 곧 열반이고, 번뇌가 곧 깨달음이라는 인식이 발전한다. 윤회와 열반 간 이러한 불이적 이해는 인식론적으로는 일심, 여래장, 불성, 혹은 본래성불 개념의 발전과 관련이 깊지만, 윤리적으로는 대승의 존재긍정적·현실긍정적 태도와 윤회의 현실 속에서의 이타적 보살행에 대한 강조와 관련이 깊다고 생각된다. 초기불교에서는 선 실천의 끝에서는 "태어남의 윤회(jātisaṁsāra)를 완전히 끊었다. 이제 다시 태어남이 없다(na punabhava)"와[64] 같이 선언하여 '윤회로부터의 단절의 열반'을 말하지만, 대승에서는 보살의 선 실천의 속성상 '윤회까지도 변증법적으로 껴안는 열반'을 지향한다. 대승에서는 (자신이) 깨침을 이루더라도 열반에 들지 않고 (깨치지 못한 뭇 중생을 위하여) 다시 윤회를 선택하는 것이다. 초기불교에서는 선 실천의 결과로서 바로 아라한[붓다]가 되기를 선택하지만, 대승에서는 윤회중생이 남아 있는 한 윤회의 세계에 영원히 남아 있어야 하는 것이다. 윤회와 열반에 관한 초기와 대승 간 이러한 차이에도 불구하고, 원론적으로 말하여 초기와 대승은 모두 선을 실천함으로써 윤회를 벗어나 열반에 이르고자 한다. 공통적으로 윤회는 극복의 대상인 것이다. 다만 대승은 온 중생 온 세계가 '함께' 열반에 들어야 한다고 본다.

마지막으로, 선의 실천은 다양한 형태의 명상과 연관되어 있다. 앞에서 말한 사념처 수행법인 위파사나(vipassanā), 마음의 산란상태를 떠나 고요한 집중상태를 유지하는 사마타(samatha), 산란상태를 떠나 마음을 단계적으로 깊숙이 몰입시켜 열반의 상태인 멸진정에까지 이르는 여러 단계의 선정(jhāna), 혹은 대승에 이르러 발전된 다양한 명상법들은 선을 실천하는데 필수적이다. 이러한 여러 가지 명상법들의 핵심은 존재실상[연기·공·무아, 혹은 무상·고·무아]에 대한 인식과 이러한 인식에 근거한 자아 변혁(transformation/pariṇāma)에 있다. 여기에서 자아변혁의 관건은 앞에서 말한 '성품'의 변혁에 있다. 신구의에 있어서 선을 행할 수밖에 없는 탐진치 지멸의 성품을 형성하는 것이다. 이러한 성품 형성에 있어서 필수적이며 효과적인 방법이 바로 명상이다. 그런데 명상에 의한 이러한 수행은 계를 지키는 것을 전제로 하고 지혜를 수반하기 때문에 계정혜 삼학을 단계적인 하나로 강조하게 된다. 그래서 결국 명상을 통한 선의 실천은 사실상 삼학의 실천을 의미한다.

64 *Therī-gātā* 22송.

2. 현대적 논의

선에 관한 현대적 논의는 불교윤리학이라는 분과학문 속에서 주로 논의되고 있다. '불교윤리학(Buddhist ethics)'이라는 말은 불교 고유의 말이 아니라 근대 이후 출현한 말이지만, 이 말은 불교의 선에 대한 다양한 논의를 포함·포괄하고 있다. 따라서 불교윤리학에 있어서의 성과들을 검토해 봄으로써 선에 관한 현대적 논의를 살펴보고자 한다. 그런 후에 마지막으로 바람직한 향후 연구방향 모색을 위해 현재의 불교윤리 연구가 안고 있는 문제점을 생각해 보고자 한다.

(1) 불교윤리에 대한 현대적 접근은 1900년대 초 남방부 초기불교문헌에 대한 연구를 중심으로 시작한다. 초기에는 불교윤리 개념들에 대한 문헌학적·해석학적 연구와 함께 남아시아의 상좌부 불교국가에서의 불교신앙형태 분석을 통한 불교윤리 연구가 중심을 이루었다. 예컨대 타치바나(Tachibana)와 사다티사(Saddhatissa)의 연구가 문헌에 근거한 연구라면, 스피로(Spiro)와 킹(King)의 연구는[65] 상좌부 불교국가에서의 불교신앙형태를 분석한 윤리연구이다. 전자는 빠알리어 문헌에 나타난 주요 윤리 개념들에 대한 설명을 시도하고 있고, 후자는 현실적으로 실천·추구되고 있는 불교윤리를 밝히고 있다. 타치바나와 사다티사의 연구는 유사한 연구이지만, 전자가 윤리개념들을 평면적으로 설명하는 연구임에 비해 후자는 윤리의 핵심 개념들을 체계적·입체적으로 구성해 보려는 연구라는 점에서 양자 간에는 약간의 차이가 있다. 또 스피로와 킹은 열반불교(nibbānic Buddhism)와 업불교(kammic Buddhism) 혹은 출가자 불교와 재가자 불교라는 도식으로 불교윤리를 이해하여, 전자를 열반지향의 윤리로 규정하고 후자를 윤회 안에서의 생천이나 현실적 복락을 지향하는 윤리로 규정하여 이 분야의 고전적·선구적 연구자로 평가받고 있다. 그러나 이러한 이원적 이해는 상좌부 불교국가의 신앙형태에 국한시킬 때에는 타당할지라도 교설적·경전적 근

---

65 Tachibana S.의 *The Ethics of Buddhism* (London: Clarendon Press, 1926), Saddhatissa H.의 *Buddhist Ethics* (New York: George Braziller, 1971), Melford Spiro의 *Buddhism and Society* (New York: Harper & Row Publishers, 1970), 그리고 Winston King의 *In the Hope of Nibbāna: An Essay on Theravāda Buddhist Ethics* (LaSalle: Open Court, 1964).

거를 갖지 못한 것이다. 따라서 이러한 접근은 그 후 학자들에 의해 많은 비판을 받았다.[66]

불교윤리에 대한 그 이후의 주목되는 연구는 키온(Keown)과 화이트힐(Whitehill)에 의한 덕윤리적 관점에서의 불교윤리 해석이다. 특히 키온의 연구서 *The Nature of Buddhist Ethics*(1992)는 이 분야의 획기적인 연구로 평가받고 있다. 키온은 이 책에서 불교윤리의 속성을 밝히고 불교윤리 전체를 설명할 수 있는 설명틀을 모색한다. 키온은 초기불교 윤리를 가장 잘 설명하는 윤리이론으로서 아리스토텔레스의 덕 윤리(virtue ethics)를 지목하고, 불교윤리를 아리스토텔레스의 목적론적 덕 윤리 모델에 비교하여 이해한다. 불교윤리는 서양의 어떤 윤리이론보다도 아리스토텔레스의 덕 윤리와 유사하다는 것이다. 예컨대 불교의 열반개념은 아리스토텔레스의 행복(eudaimonia)의 개념에 비교되는 인간의 최고목적이며, 이러한 목적은 두 전통 모두에서 점진적(gradual)이고 축적적인(accumulative) 과정을 통해 달성된다는 것이다. 키온의 이러한 접근은 불교윤리에 대한 지엽적·부분적 이해가 아니라 전체적·포괄적 이해라는 점에서 종전의 불교윤리 연구에서 진일보한 것이다. 또한 키온의 연구는 단순 서술적인 연구를 넘어서서 해석학적·메타적 연구라는 점에서 획기적이다. 이러한 까닭에 키온의 연구는 '창조적인 패러다임 시프트'를 제공했다고 평가받고 있다.[67]

화이트힐은 키온의 기본 입장에 동의하면서 덕윤리로서의 불교윤리에 대한 이해를 심화시키고 있다. 그는 덕 윤리를 '원칙이나 행위 중심적이라기보다는 성품에 근거한(character-based), 실천 지향적(praxis-oriented), 목적론적(teleological), 공동체에 특수한(community-specific) 윤리'라고 의미규정하고 불교윤리가 이러한 덕 윤리에 유비될 수 있다고 본다.[68] 그에 의하면, 불교의 덕 윤리는 '깨침의 덕'(awakened virtue)이자 궁극의 열반의 덕으로서 도덕과 정신적 수행을 통합한다. 주목되는 점은 그가 불교의 덕 윤리를 서구의 유대교적·기독교적, 목적론적, 제국주의적 혹은 가부장적 문화로부터 벗어날 수 있는 일종의 전환 윤리로 추천하고 있다는 것이

66 예컨대 Harvey Aronson, *Love and Sympathy in Theravāda Buddhism,* Delhi: Motilal Banarsidass, 1986.

67 Charles Prebish, 'Ambiguity and Conflict in the Study of Buddhist Ethics.', *Journal of Religious Ethics* vol.24. no.2, 1996, 298면.

68 James Whitehill, 'Buddhism and the Virtues.', Damien Keown, Ed., *Contemporary Buddhist Ethics,* Richmond: Curzon Press, 2000, 19면.

다.[69] 불교윤리에 대한 이러한 덕 윤리적 해석은 국내에서는 안옥선에 의한 연구(2002)가 있다.[70] 그녀는 불교수행의 핵심이 선의 체화, 즉 탐진치 지멸이 자비의 성품형성에 있다고 본다.

불교윤리에 대한 키온의 해석을 보완한 최근의 한 연구 또한 주목된다. 소장학자 케아(Cea)는 초기불교에서 제시하는 선의 준거에 대한 한 연구에서[71] 선의 개념이 키온이 정의하고 있는 덕윤리의 유형에 합치한다기보다는 다른 유형의 덕윤리에 보다 더 합치한다고 본다. 그 다른 유형의 덕윤리란 공리주의와 도덕 실재론(moral realism)의 특징을 포함하는 것이라야 한다는 것이다. 이 연구는 키온에 의해서 간과되고 있거나 무시되고 있는 자리이타라는 선의 기준과 결과주의적·공리주의적 선의 기준을 찾아 의미 있게 부각시켰다는데 그 의미가 있다. 그런데 중요한 것은 이 연구 또한 키온과 마찬가지로 덕윤리적 관점에서 불교윤리를 이해하고 있다는 것이다. 키온과 다른 점은 불교가 제시하는 덕윤리의 유형이 공리주의적 선의 기준을 수용하는 덕윤리라는 것이다.

(2) 불교윤리 연구에 있어서 특히 '선(kusala)'의 의미 구명과 관련하여 다른 주목되는 연구는 프레마시리(Premasiri)의 연구이다.[72] 이 연구는 빠알리어 경전에 근거하여 초기불교 윤리의 핵심내용을 체계적으로 설명하고 kusala의 의미를 다각적이고도 입체적이며 종합적으로 밝혀내고 있다. 보다 최근에는 하비(Harvey)가 선의 의미와 기준을 밝히고, 이에 관한 기존의 연구들을 재검토하고 있다.[73] 그의 연구는 독자들로 하여금 불교의 선 개념과 서양윤리학 이론들과의 연관성뿐만 아니라 이에 관한 기존의 주요 논점들까지 접할 수 있도록 하고 있다. 그는 불교윤리가 선한 동기를 중시하는 칸트의 의무론적 윤리, 성품의 배양을 중시하는 아리스토텔레스적 모

69 화이트힐, 앞의 논문, 29면.

70 안옥선, 『불교윤리의 현대적 이해: 초기불교윤리에의 한 접근』(서울: 불교시대사, 2002).

71 Abraham Velez de Cea, 'The Criteria of Goodness in the Pali Nikayas and the Nature of Buddhist Ethics.', *Journal of Buddhist Ethics,* 11, 2004.

72 D. Premasiri, 'Ethics.', *Encyclopaedia of Buddhism,* Colombo: Department of Buddhist Affairs, 1991.

73 Peter Harvey, *An Introduction to Buddhist Ethics: Foundations, Values, and Issues,* Cambridge: Cambridge University Press, 2000, 42-59면 참조.

델, 타인과 자신의 고통을 감소시키려는 공리주의적 모델 중에서 어느 하나에만 귀속될 수 없고 이 세 가지 특징을 모두 갖는다고 본다.[74]

이상에서 언급된 학자 이외에도 불교윤리에 대한 주목할 만한 연구자는 다르마시리(Dharmasiri)와 칼루파하나(Kalupahana)를 들 수 있다.[75] 다르마시리는 불교윤리 전반에 대하여, 칼루파하나는 초기불교 윤리에 대해 밝혀내고 있다. 특히 칼루파하나는 빠알리어 경전에 근거하여 자신의 독특한 설명체계 속에서 불교윤리를 해석하고 있다. 불교윤리를 해석하는 그의 관점은 실용주의와 경험주의의 관점이다. 이 밖에 최근에는 사회윤리적 관점에서의 불교윤리에 대한 연구가 증가하고 있다. 그 대표적 연구자는 죤스(Jones)를 들 수 있을 것이다.[76]

우리나라의 경우 불교의 선 개념에 대한 현대적 접근의 선구자는 김동화일 것이다. 그는 특히 자신의 저서에서 선악의 의미를 구명하고 있다.[77] 그는 불교의 선악관이 한편으로는 행위의 동기가 이치—무명(無明)의 반대로서 명(明)—에 따를 때 선이 되고 그렇지 않을 때 불선이 되는 '동기에서 본' 선악론이면서, 다른 한편으로는 행위의 결과에 따라 선악이 정해지는 '결과론적 선악설'이기도 하다고 말한다.[78] 그 후 불교윤리나 계율사상에 대한 연구는 많이 있었지만, 불교윤리의 메타적 성격을 밝히는 연구로는 박경준의 연구(1992)가 있다.[79] 그는 불교의 업설의 관점에서 불교윤리가 칸트적 의미의 동기주의적 윤리일 뿐만 아니라, 결과론적 윤리이기도 하다고 보고 있다.

---

74 Harvey, 앞의 책, 51면.

75 Gunapala Dharmasiri의 *Fundamentals of Buddhist Ethics,* Antioch; Golden Leaves Publishing Company, 1989. 및 David Kalupahana의 *Ethics in Early Buddhism,* Honolulu: University of Hawaii Press, 1995.

76 이 분야에 관한 Ken Jones의 저서로는 *The Social Face of Buddhism: An Approach to Political and Social Activism* (London: Wisdom Publications, 1989), 그리고 *The New Social Face of Buddhism: A Call to Action* (London: Wisdom Publications, 2003)이 있다. 그 밖에 사회윤리적 관점에서의 주요 저술은 Russell Sizemore와 Donard Swearer가 공동으로 편집한 *Ethics, Wealth, and Salvation: A Study in Buddhist Social Ethics* (Columbia: University of South Carolina Press, 1990), Padmasiri Silva의 *Buddhism, Ethics and Society: the Conflicts and Dilemmas of Our Times* (Clayton: Monash Asia Institute, 2002), David Chappell의 'Searching for a Mahāyāna Social Ethic' (*Journal of Religious Ethics,* vol.24, no.2, 1996)이 있다.

77 김동화, 『불교윤리학: 인간학으로서의 불교』(서울: 보련각, 1989), 4장 참조.

78 김동화, 앞의 책, 272-273면.

79 박경준, 「불교 업설에서의 동기론과 결과론」, 『불교학보』 제29집, 1992.

(3) 1900년대 후반과 2000년대 초에서부터 최근까지 불교윤리 연구에 있어서 관찰되는 한 특징은 응용윤리학적·응용불교적 접근법이다. 응용윤리학적 접근은 문헌학적 입장을 견지하면서 현대의 응용윤리학의 문제들 각각에 대하여 불교적 응답을 찾아내려는 방법이다. 이전의 불교윤리 연구가 주로 문헌연구를 통해 불교윤리의 내용을 밝히고 설명·해석하는 연구였다면, 최근의 응용윤리학적 연구는 환경오염·생태문제, 경제정의 문제, 낙태, 안락사, 자살, 유전자 복제 등의 생명윤리문제, 전쟁과 평화의 문제, 성평등의 문제, 동성애 문제, 인권 문제 등의 현대의 다양한 윤리적 문제들에 대하여 불교적 답변을 제시하고자 한다.

응용윤리학적 접근 가운데에서도 불교에 대한 생태학적 해석은 현재 가장 활발하고 다양하게 논의되고 있으면서도 대체로 의견의 합치를 보고 있는 부분이라고 생각된다. 불교를 생태학적으로 해석하는 연구자들은 불교 자체가 일종의 생태학으로서 생태학적 패러다임을 지향한다고 본다. 수많은 연구자들 중에서도 슈미타우젠(Schmithausen)과 해리스(Harris)가 이 분야의 연구를 선도하고 있다.[80] 이 두 사람은 불교생태학의 가능성을 부정하지 않으면서도, 다른 한편으로는 그 정립 가능성이 꼭 긍정적이지만은 않다고 본다. 이에 비해 매시(Macy), 스폰버그(Sponberg), 실바(Silva) 등은[81] 불교생태학과 심층생태학이 상호 호환성내지는 유사성을 갖는다고 보고 불교생태학이 생태문제의 한 해결책일 수 있다고 본다. 특히 매시나 실바는 불교생태학의 성립가능성에 대해서 전적으로 긍정적이며 불교생태학을 적극적으로 옹호한다. 불교생태학과 관련된 연구로서 왈도(Waldau)의 연구를 빠뜨릴 수 없을 것이다. 그는 불교와 기독교와의 비교의 관점에

---

80 불교생태학에 대한 해리스와 슈미타우젠의 저술은 많다. 대표적으로 Ian Harris의 'Buddhist Environmental Ethics and Detraditionalization: The Case of EcoBuddhism.' (*Religion* 25, 1995), 'Getting to Grips with Buddhist Environmentalism: A Provisional Typology.' (*Journal of Buddhist Ethics* 2, 1995), 'Buddhism and Ecology' (Damien Keown Ed., *Contemporary Buddhist Ethics*(Richmond: Curzon Press, 2000), 그리고 Lambert Schmithausen의 *Buddhism and Nature* (Tokyo: The International Institute for Buddhist Studies, 1991)를 참조할 수 있을 것이다.

81 Alan Sponberg의 'Green Buddhism and Hierarchy of Compassion'(Mary Tucker & Duncan Williams Ed., *Buddhism and Ecology: The Interconnection of Dharma and Deeds* (Cambridge: Harvard University Center for the Study of World Religions, 1997), Joanna Macy의 'The Greening of the Self' (Allan Badiner Ed., *Dharma Gaia* (Berkeley, Parallax Press, 1990), Padmasiri Silva의 *Environmental Philosophy and Ethics in Buddhism* (London: Macmilan Press LTD, 1998).

서 불교에서의 동물의 위치와 가치에 대해 밝혀내고 있다.[82] 우리나라의 경우, 최근 동국대학교를 중심으로 불교생태학에 관한 연구와 논의가 매우 활발하게 진행되고 있다. 이에 따라 연구물도 비약적으로 축적되고 있다. 불교생태학에 대한 국내의 단독 저술로는 고영섭(2001)과 김종욱(2004)의 저서가 있다.[83]

(4) 1900년도부터 현재까지의 불교윤리 연구는 방법론적으로 몇몇 전환점을 갖는다. 초기에는 문헌학적 접근(혹은 많지는 않지만 불교인의 실천적 삶에 대한 관찰적 접근)을 통한 서술적 연구가 주류를 이루었다. 문헌연구에 근거한 윤리내용에 대한 정리가 주를 이룬 것이다. 이 시기를 지나 불교윤리의 주요개념에 대한 분석이나 불교윤리의 속성에 대한 철학적/윤리학적 성찰의 시기로 이행한다. 윤리내용에 대한 서술적·설명적 연구에서 탈피하여 불교윤리의 속성에 대한 메타적 연구로 이행한 것이다. 이러한 연구는 주로 서양윤리 이론 틀과의 비교윤리학적 접근법이나 다른 종교전통의 윤리들과의 비교종교학적 접근법으로 나타났다. 이러한 연구방법보다도 조금 이후에 등장한 가장 최근의 접근법은 앞에서 언급한 응용윤리학적 접근법이다. 현재는 불교윤리에 대한 서술적, 메타적, 응용윤리학적 방법론이 함께 활용되고 있으며, 비주류 방법이기는 하지만 여성주의적 접근법 그리고 다양한 불교전통을 존중하는 다원주의적 접근법 등이 병행되고 있다. 영미권에서의 이상과 같은 불교윤리 의 연구흐름은 우리나라에도 일부 반영되어, 최근에는 순수 문헌학적 연구뿐만 아니라 응용윤리학적 연구도 활발하게 진행되고 있다. 현재의 연구는 과거의 문헌학적 접근법 내에서의 서술적 불교윤리 연구나 계율 중심의 해설적 연구를 탈피한 것이다.

(5) 불교윤리 연구의 또 다른 한 특징은 대승불교 윤리에 대한 연구가 초기불교 윤리에 비해 취약하다는 점이다. 특히 서구에서 초기불교 빠알리어 문헌에 대한 체계적·분석적 접근에 의한 연구 성과들이 해를 거듭할수록 빠른 속도로 축적되고 있는 것과 달리, 대승불교 윤리에 대한 종합적·망라적·체계적 저술은 현재까지 거의 없는 실정이다.[84] 초기불교 윤리에 대한

---

82 Paul Waldau, *The Specter of Speciesism,* New York: Oxford University Press, 2002.
83 고영섭, 『연기와 자비의 생태학』(서울: 연기사, 2001); 김종욱, 『불교생태철학』(서울: 동국대학교출판부, 2004).

연구서들이 윤리내용에 대한 일차적 서술에서부터 선악의 판단기준에 대한 메타적 분석, 더 나아가서는 응용윤리학적 탐구에 이르기까지 그 논의와 접근방법이 풍부한 것과 달리, 대승불교 윤리에 대한 연구는 양적으로도 적지만 그 내용 또한 개괄적이거나 특정 텍스트에 국한된 연구가 대부분이다.

(6) 현대의 불교윤리 논의에 있어서 주목되는 획기적인 일은 온라인상의 불교윤리 연구전문지의 창간이다. *Journal of Buddhist Ethics*는 년간지로서 1994년 프레비쉬(Prebish)와 키온(Keown)에 의해 창간된 이후 2004년 현재 11권까지 발행되었다. 이 저널에는 불교윤리에 관한 다양한 논문이 게재되고 있는데, 그 내용은 주로 핵심적인 불교윤리 개념에 대한 이해, 그에 대한 현대적 재해석, 그리고 다양한 응용윤리학적 문제들에 대한 불교적 응답 등으로 이루어져 있다. 또한 이 저널은 최근 수십 년간 출판되어온 불교윤리학 관련 연구 성과들에 대한 목록을 주제별로 제시하고 있으며, 윤리학 관련 주요 저서들을 소개하고 있다. 이 저널의 주최로 온라인 학술회의도 개최된 바 있는데, 1995년 불교와 인권에 대한 온라인 회의가 그것이다. 불교와 인권에 관한 다양하고도 다차원적 논의가 진행되었으며, 그 회의의 결과는 *Buddhism and Human Rights*(1998)로 출판되었다.[85]

(7) 선과 불선에 대한 탐구로서 불교윤리에 대한 연구는 양적·질적으로 꾸준히 증가·발전되어 왔음에도 불구하고 보완되어야 할 점이 많다. 첫째, 앞에서 말했듯이 초기불교 윤리에 대한 연구의 깊이나 그 방대한 양에 비하여 대승불교 윤리에 대한 연구는 상대적으로 취약하다. 둘째, 시도가 전

84 선불교 윤리에 대한 단독 연구서들은 몇 권 출판되었다. 예컨대 Robert Aitken의 *The Mind of Clover: Essays in Zen Buddhist Ethics* (San Francisco: Northpoint Press, 1984)와 John Loori의 *The Heart of Being: Moral and Ethical Teachings of Zen Buddhism* (Boston: Charles Tuttle, 1996) 등이 그것이다. 망라적은 아닐지라도 초기와 대승의 윤리에 대한 종합적·체계적 접근의 시도라고 할 수 있는 연구는 앞에서 언급된 키온의 연구가 있을 뿐이다.

85 Damien Keown, Charles Prebish, & Wayne Husted, Ed., *Buddhism and Human Rights,* Richmond: Curzon Press, 1998. 이 밖에도 이 저널은 빠알리어 경전 원문을 제공하고 있을 뿐만 아니라 불교학 연구와 관련된 다양한 정보를 제공하고 있다. 필자 또한 서구에서의 최근의 윤리학 관련 연구 성과들에 대한 정보를 얻는 데 이 온라인 저널의 도움을 많이 받았다. 이 저널의 주소는 http://jbe.gold.ac.uk이다.

혀 없었던 것은 아니지만, 불교윤리 전반에 대한 포괄적·종합적·체계적 접근이 요청된다. 종파, 학파, 지역, 시대 등을 넘어서 다양한 불교의 차이들을 종합하여 통일적인 설명 틀을 찾아내는 연구가 요청된다.[86] 이러한 작업은 불교 자체의 다양성과 다측면성, 그리고 수많은 윤리적 개념들의 존재와 그것들 상호간의 체계적·통일적 연관성 파악의 어려움으로 인하여 많은 어려움이 있겠지만, 모든 불교가 공통적으로 지향하는 최고선[열반]이라는 이름 하에 그런 작업이 가능하리라고 생각된다. 셋째, 지역적으로 볼 때 불교의 현실적 실천형태로서 불교윤리 연구는 주로 남방부 상좌부 국가에 집중되어 있는데, 한국, 중국, 일본 등의 동아시아 지역으로 확장될 필요가 있을 것이다. 특히 우리나라의 경우 현재뿐만 아니라 전 불교역사 속에서 불교적 선이 어떤 형태로 실천되어 왔는지에 대한 이론적 연구가 필요하다고 생각된다. 그것은 우리 불교의 현재 정체성의 확인일 뿐만 아니라, 오늘날 우리가 우리의 현실 속에서 불교적 선을 어떻게 실천할 것인가 하는 문제와도 연결되어 있기 때문이다. ❁

안옥선 (전 순천대)

86 할리세이는 레이놀즈(Reynolds)의 13년 전 불교윤리 연구에 대한 평가가 여전히 유효하다고 하고, 불교윤리 연구는 방대하지만 이 영역에서의 진보는 제한되어 있다고 한다. 할리세이는 탁월한 연구는 많았지만 그 진보는 특정 관심분야에서 새로운 문제를 제기하는 데 그쳤고, 제한된 논의들을 적절하게 틀 지워서 연관시키고 불교윤리 연구를 다른 영역의 윤리적 성찰로 연관시키는 '거대 규모의 설득적 설명'을 찾아내지 못했다고 평가한다. 할리세이의 이러한 평가는 앞으로의 연구에서는 불교윤리 전체를 설명해 주는 포괄적인 윤리 틀이나 설명체계에 대한 모색이 핵심 문제가 되어야 함을 지적한 것이다(Charles Hallisey, 'Recent Works on Buddhist Ethics.', *Religious Studies Review,* vol.18. no.4, 1992, 248면).

다르마

범 dharma 빠 dhamma 장 chos-kyi 한 達摩, 法 영 logos

Ⅰ. 어원적 근거 및 개념 풀이

불교는 불법(佛法)을 신앙하는 종교이다. 여기서 불법이란 곧 붓다(buddha, 佛)와 다르마(dharma, 法)인데, 붓다는 '깨달은 자'[覺者]이고 그 깨달음의 내용이 되는 것이 다르마이니, 다르마야말로 불교 사상의 정수이다. 그런데 불교를 포함한 인도 철학 사상 일반에서 다르마만큼 복합적이고도 핵심적인 의미를 가진 개념도 없는데, 인도 문명의 정신성과 생명력과 지성의 다양한 양상들은 모두 이 다르마라는 개념에서 나온 것이라 해도 과언이 아니다.[1] 다시 말해 다르마야말로 불교뿐만 아니라 인도의 모든 종교와 형이상학, 윤리와 정치, 법과 관습 등에 대하여 사상적 구심점의 역할을 한 개념이라고 할 수 있다. 이런 다르마(dharma)는 범어 표현이고, 빠알리어로

1 B. G. Gokhale, *Indian Thought Through The Ages,* (Bombay : Asia Publishing House, 1961), 24면.

는 dhamma이며, 서장어로는 chos-kyi이고, 한자로는 달마(達摩) 또는 법(法)이다.

고대 인도의 아리아족(Aryan)은 세상의 모든 사물이 적당한 위치와 기능을 지닌다는 일종의 '질서' 개념을 리타(ṛta)라는 말로서 표현했었다. 자연의 규칙이나 윤리의 규범이나 혹은 제사의 의례 등을 의미하던 리타(ṛta)는 신들조차도 그것의 지배를 받는 영원 불변의 이치로서, 신들은 바로 이 리타(ṛta)의 수호자들이었다. 그러던 것이 사회 조직이 점차 복잡해짐에 따라 리타(ṛta) 개념은 다르마(dharma)로 대체되었다[2].

이런 리타라는 개념은 본래 아리아족 고유의 것인데, 그들이 인도에 가져온 이 개념이 인도라는 새로운 환경을 만나 다르마(dharma)라는 개념으로 변천되었던 것이다.[3] 따라서 다르마 개념을 제대로 이해하기 위해선 리타 개념을 먼저 살펴보아야 한다. 인도-유럽어상에서 범어 ṛta와 이란어 arta와 라틴어 ars, artus, ritus 에 공통된 어근 ṛ, ar, ri 등은 '전체를 구성하는 부분간의 조화로운 순응'으로서 '질서'를 의미한다.[4] 특이 범어 어근 ṛ는 유사어근 gam처럼 단순히 가는 것이 아니라 똑바로 가는 것, 즉 일정한 궤도를 따라 가는 것이라는 뜻에서 '질서'를 의미한다. 이들 '질서' 개념은 인도-유럽어족의 법적인 세계뿐만 아니라 종교적이고 도덕적인 세계의 주요 기본 개념 가운데 하나이다. 다시 말해 우주의 배치, 별들의 운행, 계절과 해의 순환 등을 규제할 뿐만 아니라, 인간과 신들의 관계 그리고 인간들 사이의 관계를 규정하는 '대질서'이다.[5] 따라서 이것은 모든 사회의 종교적이고도 도덕적인 기초이며, 이 원리가 없다면 모든 것이 무질서와 혼돈으로 변하고 만다.

그래서 인도의 베다 현자들은 세계의 끊임없는 변화는 영속적 질서이자 불변의 실재인 이런 리타의 다양한 자기 현현이라고 생각하여, "비슈누는 리타의 태아이고",[6] "하늘과 땅도 리타로 인하여 하늘과 땅일 수 있다"[7]고 하였다. 그런데 리타가 영속하는 근본 질서라는 점은 만물의 통일성에 대

---

2 앞의 책, 26면.

3 앞의 책, 25면.

4 에밀 벤베니스트 저, 김현권 역, 『인도 유럽사회의 제도 문화 어휘 연구 II』(서울 : 아르케, 1999), 119면.

5 앞의 책, 120면.

6 *Ṛgveda* I. 156.3.

7 *Ṛgveda* X. 121.1.

한 자각을 가져와, 조물주 프라자파티(Prajāpati)라는 일신교적 개념을 다양성 이면의 통일적 일자(ekam)라는 개념으로 대체하게 만들었으며,[8] 그리하여 근본적 힘이나 절대정신으로서 브라흐만(Brahman)개념이 등장하였다. 또한 영원불변하는 질서나 법칙이야말로 궁극적인 실재라고 할 수 있으므로, 리타는 참다운 존재(sat)로서 진리(satya)와 관계를 맺게 되며, 이 때 리타는 인간이 따라야 할 윤리의 길임과 동시에 신들조차도 지켜야 하는 정의의 법칙을 의미하고,[9] 사티야(satya)는 언행과 실재의 일치로서의 진리를 가리킨다.[10] 따라서 리타의 길이야말로 모든 죄악에서 벗어난 정의로운 길이고,[11] 이런 리타의 길을 따른다는 뜻의 브라타니(vratāni)가 선한 사람들의 삶의 방법이 된다.[12] 그런데 이렇게 리타의 길에 따르는 도덕적 행위(karma)의 구체적인 내용은 제사의식(yajña)의 올바른 실행을 의미하는 것이었기 때문에, 리타가 올바른 실행으로서의 사티야[진리] 개념으로 대체되어가자, 일상생활에서 이런 진리를 준수하는 것이 중요하게 부각된다. 이처럼 진리의 준수로서의 정의라는 개념이 바로 다르마(dharma)인바,[13] 이제 사티야[眞理]와 다르마[正義]는 하나가 된다.

> 참으로 정의[dharma]인 것은 진리[satya]이니라. 그러므로 진리[satya]를 말하는 자에 대하여 이르길 정의[dharma]를 말한다고 하며, 정의[dharma]를 말하는 자에 대하여 이르길 진리[satya]를 말한다고 하느리라. 참으로 이 둘은 하 나이니라.[14]

이것은 모든 것을 주관하는 '질서'라는 뜻의 리타 개념이 통일적 '일자'(ekam) 개념을 거쳐 절대자로서의 브라흐만(Brahman)이나 아트만(ātmam) 개념으로 이행함과 동시에, 궁극적 실재(sat)라는 점에서 리타가 실행적 진

---

8 라다크리슈난 저, 이거룡 역,『인도철학사』1권 (서울 : 한길사, 2001), 142 - 145면; 존 콜러 저, 허우성 역,『인도인의 길』(서울 : 세계사, 1995), 139면.

9『인도철학사』1권, 118면.

10 B. Khan, *The Concept of Dharma in Vālmiki Rāmāyaṇa,* (New Delhi : Munshram Manoharlal), 30면.

11 Rgveda X. 133.6.

12 Rgveda IX. 121.1, X. 37.5.

13 S. Gopalan, *Hindu Social Philosophy,* (New Delhi : Willey Eastern Limited, 1979), 137면.

14 Radhakrishnan, *The Principal Upanisads,* 170면.

리인 '사티야'(satya) 개념을 거쳐 진리의 준수로서의 정의라는 뜻의 '다르마' 개념의 등장으로 이어진다는 것을 보여준다. 이처럼 애당초 베다 우파니샤드적 전통에서 다르마는 절대자의 신봉이나 절대적 진리의 준수와 관련된 종교사회적인 개념이었다.

이제 이런 다르마 개념을 그 어원적인 의미에서 포괄적으로 고찰해보자. 일단 다르마의 의미는 대략 열거해 보아도 법령, 판결, 관례, 규범, 이법, 이치, 의무, 권리, 정의, 도리, 도덕, 선행, 진상, 진리, 교리, 교설, 본성, 본질, 요소, 사물, 사건, 존재 등 수십 가지의 의미를 지니고 있다.[15] 이를 좀더 풀어서 설명하면 다르마는 "바른 것과의 일치나 준수, 우주적 진리, 관습적이거나 전통적인 규약, 정의, 영원불변의 질서 혹은 이 모든 것의 변형"[16]이라고 정의 된다. 그런데 이렇게 다양한 뜻들을 지니고 있지만, '떠받치다', '유지하다', '지탱하다'는 뜻의 어간 **dhṛ**에서 유래한 다르마(dharma)는 크게 보아 다음의 네 가지로 그 의미를 분류할 수 있다.

첫째, '인간 사회를 떠받쳐 유지시켜 주는 것'이라는 의미에서는 사회의 '질서'와 '규범'과 '법령', 카스트 제도상의 '의무', 인생의 네 가지 주기(āśrama)에 관한 '관례' 등을 뜻한다. 이것은 브라흐만교도 내지는 힌두교도로서 지켜야 할 '정의'이자 '도덕'으로서, 불교의 등장 이전뿐만 아니라 오늘날의 인도 사회에서도 존중되고 있는 힌두 다르마이다. 앞서 베다 우파니샤드적 전통에서 다르마가 절대자의 신봉이나 절대적 진리의 준수를 뜻함을 살펴보았듯, 이런 힌두적 다르마는 절대자를 섬기는 제사의 '의무', 절대적 질서인 카스트(caste)와 아슈라마(āśrama)에 대한 '의무'[17], 이런 절대적 원칙의 준수로서의 '정의' 등을 가리킨다. 이것은 고대 인도 사회에서 일반적으로 통용되던 '의무'나 '정의'라는 뜻의 다르마는 반드시 힌두적 절대자[브라흐만, 아트만, 신]를 전제로 하고 있다는 점을 보여준다.

둘째, '우주 만물을 떠받쳐 유지시켜 주는 것'이라는 뜻에서는 우주의 '이법'이나 '법칙', 만물의 '본성'이나 '진상' 또는 '진리' 등을 의미한다. 이

---

15 M. Monier-Williams, *Sanskrit-English Dictionary,* (Oxford, 1960), 510면. N. N. Bhattacharyya, *A Glossary of Indian Religious Terms and Concepts,* (Manohar Publications, 1990), 52-53면.

16 W. Spellman, *Political Theory of Ancient India,* (Oxford : Clarendon Press, 1967), 98면.

17 U. N. Goshal, *A History of India Political Ideas,* (Oxford : University Press, 1957), 43면.

것은 종래의 협소한 용법이 불교의 등장으로 인해 훨씬 확장되었음을 보여준다. 다시 말해 당시까지의 전통적 다르마가 언제나 신적인 절대자를 전제한 것인데 비해서, 불교의 다르마는 그런 절대자의 존재를 인정하지 않고 다만 다르마를 그 자체로, 즉 세상의 '이치'나 '법칙' 그 자체로 수용하려 한 것이라고 볼 수 있다. 브라흐만이나 힌두의 다르마가 카스트적 규제를 포함하는 지극히 인디아적인 법임에 반해, 이런 불교의 다르마는 카스트 제도를 넘어선 만유 보편의 법이다. 전자가 신들의 계시로서 영원 불변한 부동법(不動法, sanā-dharma)을 가리킨다면, 후자는 무수한 조건에 따라 생성 소멸하는 인연법(因緣法, pratītya-dharma)을 가리킨다. 따라서 "연기를 보면 곧 법을 보는 것이요, 법을 보면 곧 연기를 보는 것이다."[若見緣起便見法 若見法便見緣起][18]는 말에서도 알 수 있듯이, 자연 만물의 원리 내지 본성으로서의 다르마(法)란 내용적으로는 바로 '연기'(pratītyasamutpāda)를 의미한다고 할 수 있다.

셋째, 이런 '만물의 법칙에 의해 지탱되어 유지되는 것'이라는 뜻에서는 그런 이법에 의해 형성된 '사물'이나 '사건', '존재자' 혹은 그 존재자의 구성 '요소' 등을 의미한다. 이것은 '연기'라는 본성적 원리에 따라 '연기한 것'(pratītyasamutpannā dharmāḥ, 緣已生法)을 가리킨다.[19] 불교에서 일체법이나 제법(諸法, sarva-dharma)이라는 말로 함축하고 있는 것은 바로 이런 것들이다. 따라서 이런 식의 용법에는 제법의 분류 방식으로서 소위 오위칠십오법(五位七十五法)이나 오위백법(五位百法)이 속하며, 좀 더 구체적으로는 상응법(相應法)과 불상응법(不相應法), 색법(色法)과 무색법(無色法), 유위법(有爲法)과 무위법(無爲法)이라 할 때의 다르마[法]도 여기에 해당한다. 그런데 이렇게 불교에서 일반적으로 사물로 간주되는 것에 대해 존재(bhāva)나 유(atthitā)라는 개념을 사용하지 않고, 다르마 개념을 적용하는 것은 모든 것을 고정된 실체적 존재자로 보지 않고, 인과 연의 관계에 따라 연기한 것으로 보려는 관계론적 관점이 깔려있기 때문이다.

넷째, 그런 '만물의 법칙에 관해 가르치는 것'이라는 뜻에서는 '교설', '교리', '경전' 등을 의미한다. 불교에서 붓다의 '가르침'을 불법(佛法, buddha-dharma)이라 하고, 그런 가르침을 삼보의 하나로서 법보(法寶, dharma-

---

18 『중아함』「상적유경」(『대정장』1권, 467상), *Majjhima Nikāya* I. 190, 191.

19 *Saṁyutta Nikāya* II. 25, W. G. Weeraratne ed., *Encyclopaedia of Buddhism,* (The Government of Sri Lanka, 1988), vol. IV, DHAMMA, 243면.

ratna)라고 할 때가 여기에 해당한다. 『화엄경』의 표현에 의하면,

> 하나와 여럿이 따로 없다는 것을 아는 것이 불교(佛敎)를 따르는 것이다. 중생과 국토가 동일하다고 할 수도 없고 다르다고 할 수 없나니, 이와 같이 잘 관찰하는 것을 불법(佛法)의 의미를 알았다고 하는 것이다.[20]

여기서 불교는 곧 불법이고, 그 의미는 모두 붓다의 가르침이니, 이 때의 다르마는 바로 '가르침'의 의미임을 알 수 있다.

이상과 같은 뜻을 지닌 다르마에 대해 중국인들은 음역하여 달마(達摩), 담마(曇摩), 담모(曇謨), 타마(陀摩)라 하였고, 의역하여 법(法)이라 하였다. 중국 사상에서 법은 법가(法家)에 의하면 군주가 제작한 제재를 수반한 인정적(人定的) 규범, 혹은 신민의 행위를 지도하고 그 행위의 결과에 따라 주어지는 상벌을 헤아리기 위한 도구 등으로 생각되었으며, 이에 대해 유가(儒家)에서는 윤리화된 예(禮)라는 규범을 대신 주장하였다.[21] 그런데 법가식의 상벌 규범이든 유가식의 예의 규범이든, 법은 마땅히 따라야할 이치나 규범 또는 모범을 가리키는 것이니, 의무나 이법이라는 뜻의 다르마를 법(法)으로 번역하는 것은 일견 타당하다고 할 수 있다.

Ⅱ. 역사적 전개 및 텍스트별 용례

1. 초기불교에서 다르마

현상을 설명함에 있어 붓다는 현상 이면에 숨겨진 '어떤 것'(kiñci)이라는 신비적 절대자를 상정함이 없이,[22] 현상의 사물들을 그것들이 '되어 있는 그대로'[如實, yathābhūta] 보고자 하였다. 그래서 그는 누구나 경험하는 현상들을 분석한 뒤, 그것들 모두에게 통용되는 원리를 도출하는 방식으로 나아갔다. 다시 말해 여러 가지로 조건지어진 현상의 사물들은 '서로 의존하여 일어난 것'[緣已生法, paṭiccasamuppannā dhammā]이라고 설명

---

20 『화엄경』「광명각품」(『대정장』10권, 65상)

21 溝口雄三 외저, 김석근 외역, 『중국사상문화사전』(서울: 민족문화문고, 2003), 467면.

22 *Dhammapada* 421 참고.

한 뒤, 그 후 불교의 중심 개념이 되는 하나의 일반 원리인 '의존적인 일어남'[緣起, paṭiccasamuppāda]을 정식화하였던 것이다.[23] 그러므로 우주 만물 모든 것에 적용되는 '의존적인 일어남'이라는 원리는 근본적 이법이라는 점에서 다르마(dharma)라 할 수 있는 것이지만, 이런 연기법은 전적으로 경험에 토대를 둔 것으로서, 경험 너머의 절대자를 지향하는 바라문교적 다르마와는 완전히 다른 것일 뿐만 아니라, 그런 절대자에 의해 창안된 것도 아니다.

> 비구들아, 의존적인 일어남[緣起, paṭiccasamuppāda]이란 무엇인가? 비구들아, 여래가 출현하든 출현하지 않든 간에, 태어남에 의존하여 늙음과 죽음이 있느니라, 이런 요소, 현상의 이런 상태, 현상의 이런 규칙성, 이런 상호의존성 등은 이미 '있어 왔다.' 여래는 스스로 깨달아 알았고 또 깨달아 알고 있는 것을 묘사하고 설명하고 전달하고 수립하고 드러내고 분석하고 해명하는 것이니, '보라'.[24]

여기서 '의존적인 일어남'이라는 연기의 원리는 여래의 출현 여부와 상관없이 이미 '있어 온'[住, ṭhita] 우주론적 이법임이 강조되고 있다. 연기라는 다르마는 계속해서 이미 있어온 이법이므로, 이것을 '볼' 수 있는 가능성은 누구에게나 열려 있고, 이것을 제대로 '보기'만 하면 누구나 범부에서 여래나 붓다로 될 수 있다.

이처럼 연기라는 다르마가 지닌 개방적 성격으로 인해 누구나 붓다가 될 수 있는 가능성도 확보되는 것이기 때문에, 여기에 바탕을 두고 후대 대승불교에서 "모든 중생이 불성을 지니고 있다."[一切衆生悉有佛性]고 주장하는 것도 그 타당성을 보장받을 수 있다. 또한 이렇게 연기라는 다르마가 이미 '있어 온'[住, ṭhita] 것이라는 점은 '현상의 이런 상태'를 dhammaṭṭhitatā[法住性]이라는 용어를 사용하여 그런 '이법이 계속 있어 왔다는 것'을 강조하고 있는 데서도 확인된다.[25] 그리고 연기라는 다르마가 이렇게 계속 있어 왔다는 점은 현상의 일정한 규칙성(dhammaniyāma)를 보여주는 것이며, 이런 규칙성은 이른바 상호의존성[相依性, 此緣性, idappaccayatā]이라고

23 D. J. 칼루파하나 저, 김종욱 역, 『불교철학사』 (서울 : 시공사, 1996), 103면.
24 *Samyutta Nikāya* II. 25, 『잡아함』 제299경 (『대정장』 2권, 85중)
25 D. J. 칼루파하나 저, 김종욱 역, 『불교철학사』 (서울 : 시공사, 1996), 104면.

표현된다. 다르마의 이러한 상의성은 다음의 구절에서 분명하게 드러난다.

> 저것이 있을 때, 이것이 있게 되고
> 저것이 일어남으로 해서, 이것이 일어난다.
> 저것이 없을 때, 이것이 없게 되고
> 저것이 소멸함으로 해서, 이것이 소멸한다.[26]

이것은 현상을 설명함에 있어 어떤 신비적인 실재나 초월적인 절대자를 실체적으로 배후에 상정하지 않고, 현상을 우리의 경험 범위 내에서 사건과 사건 사이의 함수적 관계성에 의해서만 설명하는 방식이다. 이런 점에서 붓다의 연기론은 근본적 경험론(radical empiricism)이자 동시에 비실체적 관계론(non-substantial relation theory)이라고 할 수 있다. 그리고 이런 상호의존성의 다르마는 거기에 맞추어 현상이 늘 그렇게[如, tatha] 되어져 있다[實, bhūta]는 점에서 일종의 객관성[眞如性, tathatā]을 지니며, 그렇게[如, tatha] 될 수밖에 달리 있을 수 없다[不離, a-vi]는 점에서 일종의 필연성[不離如性, avitathatā]을 지니고, 그런 이법 자체는 달라지지 않는다는 점에서 일종의 항상성[不異如性, anaññathatā]을 지닌다.[27]

이렇게 객관성과 필연성과 항상성을 지닌 만물의 법칙[法, 다르마]이 연기법(緣起法, paṭiccasamuppāda dhamma)이고, 그런 법칙에 의해 드러난 사건 또는 만상이란 바로 연기한 것[緣已生法, paṭiccsamuppannā dhammā]으로서의 제법(諸法) 또는 일체법(一切法)이다. 일체법은 12처, 18계, 유위법과 무위법 등으로 표현된다. 12처(處, āyatana)란 눈(眼), 귀(耳), 코(鼻), 혀(舌), 몸(身), 마음(意) 등의 내적인 것과 형태[色], 소리[聲], 냄새[香], 맛[味], 감촉[觸], 사물[法] 등의 외적인 것으로 이루어진 '경험의 열두가지 터전'을 말한다. 특히 이 중에서 의(意 manas)의 대상을 법(法, dhamma)이라고 한 것은 사물을 실체적 존재자가 아니라, 의지를 갖는 의식[manas]에 의해 연기적으로 산출된 것으로 보고자 한 것이라고 할 수 있다. 18계는 이런 여섯 가지의 육체적 기관[六根]을 인(因)으로 하고, 저 여섯가지의 물질적 대상[六境]을 연(緣)으로 하여 여섯가지의 정신적 작용[六識]이 일어남을

26 *Majjhima Nikāya* I. 262, *Samyutta Nikāya* II. 28.
27 *Samyutta Nikāya* II. 26.

나타내고 있다. 따라서 일체를 12처 또는 18계라 함은, 육체계와 물질계와 정신계가 연기라는 원리에 의해 통합되어 작용하는 하나의 세계라는 것을 보여 준다. 이에 비해 유위법과 무위법은 깨달음의 여부와 관련된 다소 종교적인 분류법이다. 유위(有爲, **saṁskṛta**)란 번뇌를 낳는 의지적 성향[行, **saṁskāra**]에 의해 형성된 것을 말하고, 무위(無爲, **asaṁskṛta**)란 그런 의지적 성향에 의해 형성되지 않은 것을 말한다. 따라서 세간(世間)의 미계(迷界: 깨닫지 못한 세계)를 유위법이라 한다면, 출세간(出世間)의 오계(悟界: 깨달은 세계)는 무위법이라 할 수 있다. 그런데 연기하지 않는 법은 결코 있을 수 없으므로, 유위법도 무위법도 다 함께 일체법으로서 모두 연기에 의해 통일되어 있다고 볼 수 있다.

그런데 연기란 세상의 모든 것들은 수많은 조건들[緣, **pratītya**]이 함께(**sam**) 결합하여 일어난다[起, **utpāda**]는 '상호의존적 발생'을 의미한다. 일체의 현상이 이런 '상호의존성[緣生性, **pratītyasamutpannatva**]'의 원리에 따라 성립하여 끊임없이 변화해 간다고 할 경우, 영원 불변하게 남아있는 것은 있을 수 없고[無常], 혼자만의 동일성을 유지하는 자아도 있을 수 없게 된다[無我]. 즉 연기이기에, 무상이고 무아인 것이다. 따라서 무상과 무아야말로 연기라는 '다르마를 대표하는 일종의 징표[法印, **dharma-mudrā**]'와도 같은 것이라고 할 수 있다.[28]

이렇게 무상과 무아를 대표적 특징으로 하는 '다르마를 직관하는 것'[法隨觀, **dhammānupassanā**]이 바로 지혜[般若, **paññā**, **prajñā**]이다. '각성'이나 '통찰'을 뜻하는 명사 **paññā**의 어원적 동사형 **pajānāti**는, '앞선' '넘어선'을 뜻하는 접두사 **pa**와 '안다'는 뜻의 **jānāti**가 결합되어, '분명히 안다'는 의미를 지니고 있다. 여기서 짐작할 수 있는 것은 지혜란 단순히 일상적으로 아는 것을 넘어선 것이고, 그렇게 넘어섬으로써 오히려 더 분명하게 아는 것이라는 점이다. 전자는 지혜가 개념적 분별을 넘어선 직관적 통찰이라는 의미이고, 후자는 지혜란 있는 그대로를 보는 여실지견(如實智見, **yathābhūtañāṇadassana**)이라는 의미이다.[29] 분별을 넘어선 직관이기에, 불

28 물론 三法印등의 용어는 초기불교에서가 아니라 후대 有部에서 비로소 나타난다. "세존께서는 三句法을 말씀하시기를, '어진 이여, 모든 것은 무상하고, 모든 法은 다 무아이며, 적정은 곧 열반이라. 이것을 三法印이라 이름한다'라고 하셨다" 『根本說一切有部毘奈耶』 권9 (『대정장』23권, 670하)

29 "수행승은 집중에 들어서 있는 그대로를 분명히 안다" *Saṁyutta Nikāya* III. 13.

교의 지혜는 주객 분리의 이원적 사고가 극복된 무분별의 지혜(無分別智)이며, 그런 무분별적 불이(不二)의 집중[定, samādhi]을 통해 주어지는 근본적인 체험이다. 또한 지혜가 있는 그대로를 본다고 하는 것은 모든 것을 연기의 원리에 따라 무상하고 무아인 것으로 본다는, 일체법에 대한 연생적(緣生的) 통찰을 의미한다. 즉 지혜의 시야 한가운데서 일체법의 총체적 모습이 무상과 무아의 것으로 드러난다. 직관의 일 순간에 전체성이 불이의 것으로 통찰되고 있는 것이다.

이렇게 볼 때, 초기 불교의 다르마에는 '연기'와 '연기한 것'이라는 이중적 의미와 아울러, 만물의 법칙과 그 법칙의 전개 과정이 함께 내포되어 있음을 알 수 있다. 즉 다르마는 법칙으로서의 '본성'과 그것의 전개 과정으로서의 '사건'이라는 복합적인 의미를 지니고 있는 것이다.

2. 부파불교에서 다르마

고대 아리아인들의 다르마에 우주적 법칙으로서의 사물의 '본성' 개념과 그 법칙의 전개 과정으로서의 사물이나 '사건' 개념 등이 포함되어 있었다고 할 때, 이런 '본성'과 '사건'은 불교적 내용으로 보면 '연기성'과 '연기한 것'이고, 불교적 용어로 표현하면 법성(法性)과 일체(一切) 법계(法界)이다. 초기불교에서 이 법성에 해당하던 dhammatā는 사물의 본성이나 질서라는 뜻이었는데[30], 소위 바른 견해[正見]의 인식 대상이 되는 것은 이것으로서[31], 그 내용은 상호의존성[相依性, idappaccayatā]이라는 제법의 규칙성[法決定, dhammaniyāma], 즉 연기성(pratītyasamutpannatva)을 가리켰다[32].

그런데 불멸 후 100년 경부터 상좌부와 대중부로 갈라진 이래 200여년 동안 불교교단은 20여 부파로 분열하였다. 이들 부파는 초기불교 이래 전승되던 경장(經藏)과 율장(律藏)을 자파에 알맞게 다소 고쳐서 전승 유지하였고, 나아가 아비달마(阿毘達磨, Abhidharma)라고 불리우는 교의서(教義書)

30 *Dīgha Nikāya,* II 12-15, Rhys Davids 영역, *Dialogues of the Buddha II,* (London : Pali Text Society, 1977), 8-12면.

31 *Majjhima Nikāya,* I 325, I. B. Horner 영역, *The Collection of the Middle Length Sayings,* (London ; Pali Text Society, 1976), 387면.

32 D. J. 칼루파하나, 김종욱 역, 『불교철학사』 (서울 : 시공사, 1996), 103·105면.

를 독자적으로 만들어, 이른바 논장(論藏, Abhidharma-pitaka)을 완성시켰다. 이처럼 부파시대의 불교교단은 아비달마(Abhidharma) 논장을 비롯한 삼장을 자기들대로 독자적으로 보존 전승하고 있었으므로, 이 시대의 불교를 일반적으로 아비달마 불교라거나 삼장교(三藏教)라고 부르고 있다.

Abhidharma가 무슨 의미인지는 abhi를 해석하는 방식에 따라 크게 둘로 나뉜다.[33] 먼저 중현(衆賢, Saṁghabhadra)이나 빠알리 상좌부 계통에서는 abhi를 '승의'(勝義) 즉 '뛰어난', '최상의'라는 의미로 보는데, 이럴 경우 아비다르마는 승법(勝法, dharma visesa) 곧 '뛰어난 법'이라는 뜻이 된다. 그리고 세친(世親, Vasubandhu)이나 유부(有部) 계통에서는 abhi를 '대향'(對向) 즉 '--과 대면함'이라는 의미로 보는데, 이렇게 되면 아비다르마는 대법(對法, pratyabhimukha dharma) 곧 '법에 대한 연구'를 뜻하게 된다.[34] 그러나 이 두 가지 방향은 아비달마를 붓다께서 설한 '뛰어난 법에 대한 연구'라는 식으로 이해함으로써 종합될 수 있다. 이러한 아비달마 불교의 특징은 붓다께서 여러 곳에서 각양각색의 중생을 위하여 수차 설하신 교의 교법 전반과 실천요강들을 조목별로 정리하여 체계적으로 분별 해석하는 데 있다.

그런데 그 후 부파불교의 설일체유부(說一切有部) 논사들은, 연기법에 따라 모든 것이 현상적으로는 찰나 찰나 생멸을 거듭하지만, 그 이면의 본체인 궁극의 요소들[다르마들]만큼은 과거 현재 미래에 걸쳐 실유한다는 실재론적 주장을 제기하였다[35]. 그들에게 있어서 세계는 마치 한편의 영화와도 같은 것이었다.[36] 즉 그들의 입장에서 보자면, 필름의 각 컷트 자체는 움직이지도 변화하지도 않고 존재하지만, 스크린에 투영된 영상은 컷트 컷트들의 부단한 연속을 통해 변화 활동하며 한 편의 이야기를 구성해 가듯이, 영사기에서 돌아가는 필름의 컷트 컷트는 다르마로서 실재하는 것인데 비해, 스크린에 비친 일체의 활동이나 나의 모습[자아]은 이 본체적 필름에

33 Abhidharma에 관한 자세한 어의 분석으로는 권오민의 『유부아비달마와 경량부철학의 연구』 (서울 : 경서원, 1994), 78-92면를 참고할 수 있다.

34 世親, 『俱舍論』, 分別界品 (『대정장』 29권, 1중), "최상의 법이라면 오직 열반뿐이고, 모든 형식의 법에 두루 통하는 것이라면 사성제인데, 능히 이런 것에 대하여 지향하고(對向) 그런 것에 대하여 관찰하기(對觀) 때문에, 법에 대한 연구(對法)라고 부른다"

35 世親, 『俱舍論』 (『대정장』 29권, 104중); D. J. Kalupahana, *Causality,* (Honolulu : The University Press of Hawaii, 1975), 75면 참고.

36 여기서 영화의 예는 Th. Stcherbatsky, *The Conception of Buddhist Nirvāṇa,* (Leningrad, 1927), 39면을 참고한 것이다.

의해 드러난 현상에 불과한 것이라고 할 수 있다. 다시 말해 현상적으로는 찰나멸(刹那滅)이지만 본체적으로는 삼세실유(三世實有)라는 이런 주장은 요소들의 복합체는 가합태로서 비실재이나, 요소들 자체는 실재라는 발상이라고 할 수 있다. 따라서 이것은 세상을 현상면과 본체면으로 나눈 다음, 본체적 다르마들의 존재를 통해 현상의 무상과 무아를 논증하고자 하는 시도라고 볼 수 있다.

그런데 설일체유부가 이렇게 자아의 실재성을 부정한 것은 사실이지만, 각각의 순간적 요소들을 받아들인 결과 야기되는 지속성의 문제를 설명해야될 필요가 있었으므로, 그들은 '항상 존재한다'[恒有]고 여겨지는 이면의 기체(基體), 즉 자성(自性)을 믿게끔 되었다.[37] 그리하여 현상적 존재와 본체는 분열되고, 그 본체적 요소들은 자성을 지닌 것으로 간주된다. 여기서 자성(自性, svabhāva)이란, 자기만의 독자적인 존재 방식을 지니고 있는 것이라는 점에서는 '스스로 있음'(sva-bhāva)이고, 삼세에 걸쳐 매 찰나마다 실재하는 것이라는 점에서는 '언제나 있음'(sarvadā-bhāva) 을 의미한다[38]. 자성은 이처럼 '자기-존재'와 '지속-존재'를 가리킨다는 점에서, 서구 형이상학의 실체(substance)와 매우 흡사한 개념이다. 왜냐하면 서양에서 실체는 독립적 개체(individual)라는 점에서는 '자기 존재'이고, 항상하는 보편적 본질(essence)을 지닌 것이라는 점에서는 '지속 존재'인 것이기 때문이다. 이렇게 자신만의 독자적인 것[자기-존재]을 삼세에 걸쳐 언제나 변치않고 간직하고 있는 것[지속-존재], 즉 자성(自性) 또는 자상(自相)을 가지고 있기 때문에 다르마(法)라고 한다.[39]

다르마 개념에 포함된 일체의 본성을 연기성으로 보고, 이것을 법성(法性)이라 부른다면, 그런 본성이 전개된 사건이나 사물은 '연기한 것'으로서, 한마디로 '일체(sabba, sarva)'가 여기에 해당한다고 볼 수 있다. 따라서 연기의 법성이 전개된 사건이란, 연기한 '일체'를 말한다. 초기불교에서는 이런 '일체'를 십이처(十二處)라고 보았다[40]. 그런데 십이처는 육근(六根)과 육경(六境)이 주관과 객관 식으로 대립하고 있는 것이 아니라, 오히려 대상

37 D. Kalupahana, *Causality,* (Honolulu : University Press of Hawaii, 1975), 75면.

38 吉元信行, 「三世實有說再考」, 『印度學佛教學研究』 제37권 제2호, 1989, 913면 참고.

39 *Abhidharma Kośabhāsya,* (Panta : K. P. Jayaswal Research Institute, 1967), 2. 1. 9, "자상을 지니는 까닭에 다르마(法)라 한다"

40 『雜阿含經』 권13 (『대정장』 2권, 91상중)

성이 배제된 근원적 의식의 영역을 나타내는 것이며, 내입처(內入處)와 외입처(外入處) 간의 상호 의존하는 연기 관계를 통해 현실 세계의 인식론적 바탕을 설명하는 것이기도 하다[41].

초기불교에서는 이런 십이처에 오온과 십팔계를 더하여 일체 존재의 분류법으로 활용하였는데, 설일체유부의 논사들은 이것들을 더욱 세분화하여 5위 75법이라는 다르마 이론을 만들어내었다. 그리고나서 그들은 12입처가 고유한 자상(自相)을 지닌 것으로 보았고[42], 나아가 75가지의 다르마들도 '자기만의 독립된 성질을 지니는'[能持自相, svalakṣaṇa-dhāraṇā][43] '실체적 존재'[實有, dravyataḥ sat][44]라고 보았는데, 이렇게 다르마에 독립된 자성을 부여하는 이상, 다양한 현실을 구성하는 요소들의 숫자도 늘어날 수밖에 없게 되는 것이다. 그리하여 '일체'에 해당하는 것이 초기불교에서 십이처였다면, 이제 설일체유부에서는 그것이 75법으로 된다. 이렇게 본체적 요소들에 의해 현상계를 떠받친다는 발상은 다르마를 비실체적 연기성이라는 관계론적 통찰에서 받아들인 초기 불교의 용법을 넘어서, '떠받치다', '지탱하다'라는 다르마의 어원에 담긴 토대론(fundamentalism)적 발상에 지나치게 얽매인 것이라고 할 수 있으며, 나아가 초기불교에서 그토록 신중하게 경계한 베다 우파니샤드의 본질주의(essentialism)적 관점을 재도입한 것이라고도 할 수 있다.[45]

결국 설일체유부는 존재를 여러 구성 요소들로 분석하여, 일련의 궁극적인 것(dharma)들의 체계를 수립한 일종의 환원주의적 시스템이라고 볼 수 있다. 이 요소들의 결합체는 모두 이름뿐인 것으로, 궁극적인 실체는 아니다. 다시 말해 실재한다고 인정될 수 있는 것은 부분 부분의 근원적 요소들뿐이며, 이런 것들로 결합된 전체는 결코 실재가 아니다. 이것은 부분과 전체가 서로에게 침투되어 들어가는[相入] 총체론적 조화[圓融]를 강조하는 후대 대승불교의 화엄적 세계관과는 정반대의 입장이라고 할 수 있다. 이처럼 설일체유부는 전체를 부분으로 해소하고자 하기 때문에, 이제 자아는

41 이중표, 「十二處說考」, 『한국불교학』 제13집 (서울 : 한국불교학회, 1988), 140-145면.
42 『雜阿毘曇心論』 권11 (『대정장』 28권, 963상)
43 世親, 『俱舍論』 (『대정장』 29권, 1중)
44 世親, 『俱舍論』 (『대정장』 29권, 105상)
45 W. G. Weeraratne ed., *Encyclopaedia of Buddhism,* (The Government of Sri Lanka, 1988), vol. IV, DHAMMA, 449면.

수(受)·상(想)·행(行)을 동반한 식(識)과 같은, 끊임없이 흐르는 개개의 요소들의 연속으로 변형되어진다. 색(色) 또한 마찬가지로서, 영원성은 없으나 불가입적(不可入的) 특성(impenetrability)을 지니고서 감각의 재료가 되는 일종의 순간적 섬광들의 흐름(a flow of momentary flashes)으로 여겨진다.[46]

이상에서 보듯이 연기 관계에 있는 12처로서의 일체가 실체 관계에 놓인 75법으로 분화되는 것은, 다르마에 담긴 사물의 본성이 고립과 분열이라는 자성적 실체성으로 변형되어 간다는 것을 보여준다고 하겠다.

3. 중관사상에서 다르마

현상 이면의 본체적 요소들의 실유성(實有性)을 강조하게 됨으로써, 일체의 본성으로서의 다르마에는 그 강조점이 '연기성'보다는 '자성'에 두어지게 되었다. 그러나 설일체유부의 이런 노선에 설 경우, 도리어 연기법 자체가 성립할 수 없게 된다는 것이 중관불교의 입장이다.

자성(自性, svabhāva)이란 사물의 실체성을 가리키는 인디아적 개념으로서, 글자 뜻 그대로는 어떤 대상의 자기(自己, sva, self) 존재(存在, bhāva, existence)를 말한다. 설일체유부에서는 이 자성을 '타와 공통되는 성질[共相, 通相, sāmānya-lakṣaṇa]과 대비해서 사용되는 말인 '독자의 성질[自相, 別相, sva-lakṣaṇa]' 즉 다른 것에는 없는 그 자신의 특성과 동의어로 사용하며, 이 독자적 존재 혹은 본체를 실체(dravya)와 같은 뜻으로 간주한다. 따라서 그들은 이 독자의 성질[自性]을 유지하기 때문에 법(法, dharma)이라 부르는 것이며, 그리하여 다르마와 자성은 동의어가 된다.[47]

그런데 이러한 설일체유부의 자성에 대해 용수는 다음과 같이 정의한다.

> "자성이란 만들어진 것[한정된 것]이 아닌 것을 이름하며, 다른 것에 의존하지 않고 이루어지는 것이다."[48]

---

46 Th. Stcherbatsky, *The Conception of Buddhist Nirvana,* (Leningrad, 1927), 39면.

47 H. Guenther, *Philosophy & Psychology in the Abhidharma,* (Shambhala, 1976), 5면 참고.

48 용수, 『中論』, 15품, 2게.

> "자성을 가진 것은 다른 것에 의존하여 생긴 것[연기한 것]이 아닌 것이며, 원인을 갖지 않는 것이고 영원한 것이다."[49]

즉 설일체유부가 과거 현재 미래에 걸쳐 항상하며, 그 자신 다른 것에 의존함이 없이 자립적으로 존재하는 본체라고 한 자성이란, 곧 연기하지 않는 것을 뜻하는 것이 된다. 그리하여 용수는 다음과 같이 말한다.

> "만일 네가 모든 존재를 자성을 가지고 실재하는 것으로 본다면, 너는 그 모든 존재를 인연 없이 있는 것으로 보는 것이다."[50]

설일체유부가 일체 현상을 요소들로 분석한 뒤, 이 다르마들이 각각 자성을 지닌다고 하여, 그것들에게 자성의 필연적 성질인 자기특성[개체화된 고유 성질]과 독립성[비의존성]과 불가분성[원자성]과 불변성을 부여하였지만,[51] 용수에게 있어서는 자성이란, 마치 붓다에게 있어서 우파니샤드의 아트만처럼, 또 하나의 형이상학적 이론에 불과했으며, 연기한다는 것은 곧 모든 다르마들이 상대적이라는 것, 즉 자성이 존재하지 않는다는 것, 다시 말해 공(空, śūnya)하다는 것을 뜻하는 것이었다.

이렇게 자성을 부정하여 '공을 설하는 목적'[空用, śūnyatā prayojana]은 희론의 적멸에 있다. 희론(戱論, prapañca)이란 문자 그대로 허위의 쓸모없는 이론을 말한다. 이처럼 지혜를 얻는데 전혀 도움이 안되는 희론이란, 자성을 상정함으로써 일어나는 사유 구성, 혹은 결정화되고 대상화된 분별(vikalpa), 한마디로 자성적 분별심을 뜻한다. 이것은 "자성을 갖고 있지 않은 모든 것에 자성이 있다고 여기는 생각"[52]으로서, 연기하는 역동적 과정을 개념[nāma, 名]과 형상[nimitta, 相]으로 고정화시키거나, 주관[grāhaka, 能取]과 객관[grāhya, 所取]의 도식으로 이분화하는 것이라고 할 수 있다.

이렇게 분별하고나서는 그렇게 분별된 것이 있다거나 없다라는 양자택

---

49 용수, 『廻諍論』, 제55송, K. Bhattacharya, *The Dialectical Method of Nāgārjuna,* (Motilal Banarsidass, 1978), 37면.

50 용수, 『중론』, 24품, 16게.

51 R. Robinson, *Early Mādhyamika in India and China,* (Motilal Banarsidass, 1978), 48면.

52 龍樹, 『廻諍論』, 제27송, K. Bhattacharya, *The Dialectical Method of Nāgārjuna,* (Motilal Banarsidass, 1978), 19면.

일적인 판단을 내린 다음, 그 극단적인 판단 내용의 어느 하나에 집착한다. 이런 식의 판단에 대표적인 것으로 생(生)과 멸(滅), 상(常)과 단(斷), 일(一)과 이(異), 거(去)와 래(來) 등이 있다. 그러나 무수한 조건과 조건들 간의 상호 작용하는 모습을 각 측면에 따라 이렇게 생이다 멸이다는 등의 여덟 가지로 나누지만, 그것들 자신이 어떠한 자성도 지니고 있지 못하므로, 확정적으로 단정지을만한 생과 멸의 상(相)이 따로 존재하는 것은 아니다. 이처럼 생과 멸에는 애당초 자성이 없는 것이기 때문에, 생을 부정하면 멸이 되는 것이 아니라, 생이 부정되므로 멸 또한 부정되어 불생불멸이 된다.

따라서 연기한 모든 것에는 자성이 없어, 불생불멸 불상부단 불일불이 불래불거한 것이므로[八不], 양극단의 어느하나에도 집착해서는 안 된다[中道]. 자성을 세워 분별한 다음, 그것에 집착하여 온갖 쟁론을 일으키지만, 원래 무자성이므로 분별할 것도 집착할 것도 쟁론할 것도 없다는 것이다. 이렇게 무자성(無自性, niḥsvabhāva)이어서 무분별(無分別, nirvikalpa)이고 무집착(無執著, anabhiniveśa)인 중도에 설 때, 희론은 종식된다.

그리하여 일체 다르마인 '제법은 자성을 지니고 있지 않다는 것'이 곧 법의 본성(法性, dharmatā)이 되고[53], 제법의 실상(tattva)이 된다. 그리고 이런 자성의 지멸, 즉 공성(空性)으로서의 법성이 바로 실체적이고 상대적인 분별이 끊어진 절대의 반야바라밀(般若波羅蜜, prajñāpāramitā)이다[54]. 이처럼 정신적 실체의 부정[pudgala-nairātmya, 人無我]뿐만 아니라 요소적 실체의 부정[dharma-nairātmya, 法無我]까지도 철저화하여 연기성을 공성으로 해석한 것은[55], 초기불교의 연기무아설에 담긴 비실체적 연기성으로서의 다르마의 본성을 회복한 것이라고 할 수 있다. 그리고 이렇게 아(我)와 법(法) 모두를 비실체적인 공으로 보는 관점은 유식불교에서도 그대로 수용된다.[56]

일체 다르마의 본성이 이처럼 공성인 이상, 색과 공 모두 무자성(無自性)의 공한 것이므로, 색은 곧 공이 되고[色卽是空], 공은 곧 색이 된다[空卽是

53 야고 메, 김형희 역, 『중관학연구』(서울 : 경서원, 2000), 321면; 龍樹, 『中論』, 18품 7게, 참고.

54 龍樹, 『大智度論』(『大正藏』 25, 314중, 370上)

55 T. R. V. 무르띠, 김성철 역, 『불교의 중심철학』, (서울 : 경서원, 1995), 70면 참고.

56 『唯識論』(『대정장』 31권, 67 상), "여래께서는 我와 法의 실체없음(空)을 중생에게 이해시키기 위한 방편으로 다만 識 내에서 전개되는 것일 뿐이라고 말씀하신 것이다. 하지만 거기엔 진실로 집착할만한 識이 있는 것은 아니다"

色]. 다시 말해 연기한 모든 것에는 자성이 없으므로, '일체의 모든 것은 공이다'[一切皆空]라 하고, 이렇게 모든 연기한 것이 공이기 때문에, 모두 연기한 것인 '물질적인 것도 공이다'[色卽是空]라 한다. 또한 공이 곧 연기한 것을 가리키는 이상, 공이야말로 모든 것을 연기적으로 성립시켜 주는 근거가 되므로, "공의 이치가 있음으로써 모든 것이 이루어지니, 공의 이치가 없다면 모든 것이 이루어지지 않는다"[57]고 한다. 그렇기 때문에 '공이 곧 물질적인 것이다'[空卽是色]고 하니, 오히려 공이므로 공허가 아닌 것이 된다. 그리하여 색은 곧 공이라 하여 일체를 철저하게 공화시키는 것[眞空]과, 공은 곧 색이라 하여 그렇게 공화됨으로써 일체가 신비롭게 드러난다는 것[妙有]이 둘이 아닌 것이 된다. 즉 진공이 곧 묘유로 되는 것이다. 이것은 대부정[眞空]을 통해 대긍정[妙有]이 된다는 뜻이기도 하고, 대부정[眞空]과 대긍정[妙有]에 차별이 없다는 뜻이기도 하다. 이렇게 진공이기도 하고 묘유이기도 한 것에 대해서는, 부정과 긍정의 어느 하나로 고정적으로 분별되지 않기 때문에, 그저 같고도[如] 같다[如]고 할 따름이다. 그저 '같고도 같은 것'[如如, tathatā]은 '진실로 같은 것'[眞如, bhūta-tathatā]이며, '참으로 있는 그대로의 것'[如實, yathā-bhūta]이다. 다시 말해 진여의 상태란, '상호의존[緣起]하기에 고립적 실체성[自性]이 부정될 수밖에 없는 상태'임과 동시에, '이원적 분별에 의해 더해질 것도 덜해질 것도 없이[不增不減] 제스스로 본래 그러한 상태'로서, 그저 '그러그러하다[如如, tathatā]고 밖에는 표현할 수 없는 그런 상태이다. 바로 이런 진여가 일체 다르마의 진상, 즉 제법실상(諸法實相, dharmatā)인 것이다.

4. 화엄사상에서 다르마

설일체유부에 이르러 일체 다르마의 본성이 연기성보다는 자성으로 이해됨에 따라, 연기한 일체도 12처에서 75법으로 분화되었다. 그러나 중관불교를 통해 제법의 본성인 법성(法性)이 공성(空性)으로서의 연기성으로 해명됨에 따라, 화엄불교에서는 그런 법성을 본성으로 하여 드러나는 일체법을 법계(法界, dharma-dhātu)라는 말로 수용하게 되었고[58], 나아가 법계

57 龍樹, 『中論』, 24품, 14게.
58 『六十華嚴』 권35 (『大正藏』 9권, 622중, 626상) 참고.

는 단순히 일체가 아니라 진리 그 자체를 의미하게 되었다. 특히 인간의 본성[人性]을 마음의 본성[心性]에서 찾고 그것을 우주의 본체[道體]와 연결시키는, 그래서 인성론과 심성론을 본체론화하는 중국철학 특유의 구조는 중국의 화엄론사들로 하여금 법(法)을 마음(心)과 진여(眞如)의 차원에서 모색하게 했다.

법(法)을 심(心)의 차원에서 다루는 것은 이미 중국적 불교의 전범 중의 하나인『대승기신론』에서부터 나타난다.

> 법(法)이라고 불리우는 것은 중생의 마음[衆生心]을 말한다. 이 마음은 일체 모든 세간과 출세간의 법을 아우르니, 이 마음에 의지하여 대승의 의미를 나타낸다. 어찌하여 그런가? 마음의 진여상(眞如相)이 대승의 본체[體]를 드러내기 때문이다.[59]

여기서 우리는 법(法)이 심(心)과 진여(眞如)와 체(體)와 연관되는 것을 확인할 수 있는데, 이런 사유 방식은 중국 화엄학의 대성자 법장에게서도 그대로 드러난다.

> 삼라와 만상은 일법(一法)에 의해 각인된 것이다. 일법이라고 하는 것은 곧 일심(一心)을 말한다. 이 마음은 일체 모든 세간과 출세간의 법을 아우르니, 이것이 일법계(一法界)로서, 대총상(大總相) 법문(法門)의 체(體)가 된다. 오직 망념에 의하여 차별이 있을 뿐이니, 단지 망념을 떠나기만 하면 그대로가 일진여(一眞如)이기 때문에 해인삼매(海印三昧)라고 한다.[60]

만상의 본체[體]가 된다는 점에서 일법(一法)이 일심(一心)과 일진여(一眞如)와 연결되고 있는 것이다. 이처럼 법(法)을 심(心)과 관련지우는 것은 화엄론사들의 법에 대한 일반적 규정에서도 나타난다. 중국 화엄종의 제2조 지엄(智儼)은 법의 의미를 '의식되어 알려진 것'[意所知法], '자성'(自性), '법칙'[軌則] 등 세 가지로 제시하고 있으며,[61] 이를 계승하여 법장(法藏)도 법의 의미를 '자성을 지니는 것'[持自性], '법칙'[軌則], '의식대상'[對意] 등

---

59 『大乘起信論』(『대정장』 32권, 575 하)

60 法藏, 『修華嚴奧旨妄盡還源觀』(『대정장』 45권, 637중)

61 智儼, 『大方廣佛華嚴經搜玄分齊通智方軌』 권5 (『대정장』 35권, 87 하)

세가지로 표현하고 있다.[62] 여기서 '법칙'[軌則]은 다르마[法]의 가장 일반적인 의미이며, '자성'(自性)은 부파불교 이래 나타난 개념이 중국화되어 '성품', '본질', '본성' 등으로 쓰이는 것이고, '의식되어 알려진 것'[意所知法]이나 '의식대상'[對意]은 초기불교 때부터 전통적으로 의(意)의 대상을 법(法)이라 하던 것이 이제 심(心)의 차원에서 논의되기 위해 설정되는 개념이라고 할 수 있다.

이상과 같이 심(心)과 나아가 진여(眞如)와도 연결되는 법(法, dharma)이 화엄불교에서는 주로 계(界)와 결합되어 법계(法界, dharma-dhātu)라고 많이 사용되는데, 그 界(dhātu)에는 두가지 의미가 있다. '야기하다' '놓다'는 뜻의 dhā에서 유래한 dhātu는 '야기하는 근원'[因, 性]과 그런 근원에 의해 '야기되어 놓여진 것'[分齊, 가지런히 나누어 가짐]이라는 두 가지 뜻을 지닌다.[63] 전자의 뜻으로 해석할 경우, 모든 존재자의 현상을 야기하는 근원으로서의 연생성(緣生性)을 가리킨다는 점에서, 법계는 곧 법성과 같은 의미가 된다. 하지만 후자의 뜻으로 해석할 경우, 연기라는 원리 하에 마치 하나의 가족이나 종족처럼 공존하며 모여 있는 것을 뜻한다는 점에서, 법계는 곧 '연기한 제법'(pratītyasamutpannā dharmāḥ), 즉 일체법이라는 의미를 갖는다.

여기서 법성(法性, dharmatā)이란 법의 본성을 말하는데, 이 때의 법은 실제로는 제법, 즉 모든 '연기한 것'을 가리킨다. 따라서 제법의 본성으로서의 법성이란, 연기한 제법을 관통하는 근본적인 성격, 또는 연기한 모든 존재자를 그렇게 존재하게 하는 원리를 의미한다. 그것은 바로 '연기'(緣起)이다. 이 연기라는 원리는 현실 세계 속에서 구체적으로 '연기한 것'들을 추상화한 하나의 이법이기 때문에, '연기한 것'(pratītyasamutpanna, 緣生)을 추상명사로 만들어, 연생성(緣生性, pratītyasamutpannatva)을 법성으로 간주하기도 했던 것이다.

무수한 조건과 조건들이 상호의존적으로 화합하여 일어나는 현상을 일러 연기(緣起)라 한다. 이렇게 모든 것이 생성 소멸하여 가는 과정이 가능하기 위해서는, 각 조건이 고정적 항유성[自性]을 고수해서는 안 되기 때문에, 연기를 무자성(無自性)의 공(空)으로 표현한다. 무자성의 공이기에 생(生)

62 法藏, 『華嚴經深玄記』 권18 (『대정장』35권, 440중)

63 智儼, 『大方廣佛華嚴經搜玄分齊通智方軌』 권5 (『대정장』 35권, 87하); 法藏, 『華嚴經深玄記』 권18 (『대정장』35권, 440중)

과 멸(滅)도 가능한 것이다. 그런데 연기한 모든 것이 무자성의 공이라면, 연기한 것인 생과 멸 역시 무자성의 공이어야 한다. 끝없이 연기하는 과정의 일면을 잡아 생성이다 소멸이다 하지마는, 자성적으로 확정지을만한 생성과 소멸의 상(相)이 따로 실재하는 것은 아니다. 이처럼 생과 멸에 애당초 자성이 없는 이상, 불생(不生)이고 불멸(不滅)이다. 자성이 없어 생과 멸이 성립하지만, 생과 멸에 본래 자성이 없으므로, 불생불멸이라는 것이다 그렇다면 연기하는 삼라만상의 참 모습[實相]은 생멸(生滅)하기도 하고 불생불멸(不生不滅)이기도 하다고 할 수 있다. 이렇게 생멸과 불생불멸이 불이(不二)적 즉화(卽化)를 이루고 있는 것이 진여의 본성(眞如本性)이며, 일체법의 참다운 본성인 법성(法性)이다.

이런 진여본성으로서의 "법성이 분별을 떠난 지혜로운 마음 중에 현재하는 것"[64]이 바로 성기(性起)이다. 다시말해 진여가 본래대로 드러나는 방식, 진여인 법성이 마음속에 현현하는 사태, 즉 법성성기(法性性起)를 말한다. 이것은 인성론(人性論) 및 심성론(心性論)이 본체론(本體論)과 결합되는 중국철학적 특징이 불교와 만나, 만상의 현상 방식인 연기(緣起)가 만상의 본성이 마음상에 출현하는 것인 성기(性起)로 변형되고 있음을 보여 준다. 이렇게 연기가 성기로 바뀌는 것이야말로 중국적 성(性) 철학의 성격을 잘 드러내는 대목이라고 할 수 있다.

그런데 진여로서의 법성은 생멸과 불생불멸의 불이적 즉화이므로, "생은 곧 불생의 생[不生生]이고, 불생의 생은 바로 부주(不住)의 뜻이니, 부주는 곧 중도라는 의미이다"[65] 생과 멸, 생과 불생 그 어디에도 자성을 두어 머무르지 않는 무분별과 무집착의 중도가 진여의 참 모습이다. 무자성(無自性)과 무주(無住)를 본성으로 하는 이곳에서는 어떠한 자성적 분별과 집착도 일어나지 않으므로, 성기는 '일어나지 않으면서 일어나는 것'[不起爲起]이라 한다. "무자성의 이치가 연기하는 곳마다 현현하니, 그 현현함을 취하여 다만 성기라고 이름하나"[66], 성기는 곧 불기(不起)인 것이다. 즉 진여로서의 법성의 드러남[性起]은 분별 집착하여 머무름의 드러나지 않음[不起]이다.

그런데 진여인 법성은 인간의 마음에서 드러난다. 아울러 성기는 곧 불

64 法藏, 『華嚴經問答』(『대정장』 45권, 610중) 참고.
65 義湘, 『一乘法界圖』(『韓國佛敎全書』 2권, 6중)
66 法藏, 『華嚴經深玄記』(『대정장』 35권, 405중) 참고.

기이므로, 성기에서의 마음은 무분별심이고 무집착심이며, 무주심(無住心)이다. 무주심이란 '마땅히 머무는 바 없이 내는 마음'[應無所住而生其心]으로서, 분별 집착하여 머무르는 마음이 사라진 무심(無心)이며, 이 무심이 진정한 마음, 즉 진심(眞心)이다. 이런 무심으로서의 진심은 본래의 진여 법성을 그대로 드러내는 것이기 때문에, 여기서는 자성적으로 이루어지는 모든 분별과 분열이 불이적으로 즉화된다. 이렇게 일체를 전일적인 총체로 수용하는 마음이 바로 일심(一心)이며, 이러한 일심 상에서는 모든 것이 '하나의 조화로운 세계'[一乘法界]를 이룬다. 그렇기 때문에, "성기란 일승법계를 밝히는 것이니 연기의 극치이다"[67]라고 하는 것이다.

이에 비해 법계(法界)란, 연기라는 원리하에 마치 하나의 가족이나 종족처럼 공존하여 모여 있는 것, 즉 '연기한 제법'(pratītyasamutpannā dharmāḥ)을 뜻하는데, 법성이 곧 진여 본성인 이상, 법계는 불이(不二)적으로 즉화(卽化)되는 전일적 총체성을 본성으로 하는 조화로운 세계를 가리킨다. 이렇게 조화로운 세계로서 법계는 이제 진리 그 자체의 세계[眞界]가 되어, 일체 중생의 미오(迷悟)의 근본이자 보살행의 발원지이며 모든 부처가 궁극적으로 깨달음을 얻는 곳이 된다.[68] 나아가 이런 진계로서의 법계는 "왕(往)과 복(復)에 끝이 없고 동(動)과 정(靜) 모두의 근원이 되며, 수많은 묘한 작용을 함유하고 있으면서도 여유가 있고, 언어와 사유를 넘어선 것"[69]이라고, 상당히 노장(老莊)적인 색채를 띠고서까지 묘사된다.

화엄불교에서는 이런 법계를 네 종류로 나누는데, 먼저 사법계(事法界)란 현상의 세계 혹은 사실들의 영역으로서, 사물이나 사건(事)이 서로 다른 대상으로 드러나는 차이성의 세계이다. 둘째, 이법계(理法界)란 본체의 세계 혹은 원리의 영역으로서, 사물과 사건 이면의 보편 원리(理)가 발견되는 동일성의 세계이다. 셋째, 이사무애법계(理事無碍法界)란 현상과 본체가 일체화된 세계로서, '원리에 의해 사건이 이루어지고'[依理成事] '사건을 통해 원리가 드러나는'[事能顯理] 차이성과 동일성의 공존 세계이며[70], 사법계의 모든 현상에 무차별의 이법계성이 동시에 존재한다고 보는 세계이다.

---

67 智儼, 『孔目章』 (『대정장』 45권, 580하)

68 澄觀, 『大方廣佛華嚴經隨疏演義鈔』 권1 (『대정장』36권, 2하)

69 澄觀, 『大方廣佛華嚴經疏』 권1 (『대정장』35권 503상)

70 杜順, 『華嚴法界觀門』, 조계종교육원 편, 『화엄종관행문』 (서울: 조계종출판사, 2001), 174면; 宗密, 『注華嚴法界觀門』, 『화엄종관행문』, 597-599면.

끝으로 사사무애법계(事事無碍法界)란 현상과 현상이 걸림없이 하나로 된 세계, 일체가 일체를 포함하여 사사물물이 상즉상입(相卽相入)하는 세계, 사건과 사건이 완전히 자재하고 융섭하는 총체성의 세계로서, 여기에서는 차이가 차별로 되지 않고, 각자의 고유성이 발휘되면서도 전체와 조화를 이룬다. 마치 인드라의 구슬 그물에서 각각의 구슬들 속에 모든 구슬이 반사되어 나타나고, 거울로 둘러싸인 방에서 모든 거울들이 각각마다 불상 특유의 모습을 빠뜨리거나 비뚤어뜨림 없이 모두 반사하고 있는 것과도 같다. 이러한 무한 반사를 통해서 부분과 전체가 상호 침투(相入)하는 것이다. 이 곳에서는 하나의 사물은 고립된 부분이 아니라, 전 우주와의 관계망 속에서 그 우주 전체를 반영하고[一中一切 多中一], 하나의 사건은 무수한 조건들간의 동시 조화적 생성 활동[衆緣和合生起]으로서의 일대사인연(一大事因緣)을 함축한다.

이렇게 일체를 전일적인 총체로 수용하는 마음이 바로 일심(一心)이며, 이러한 일심상에서는 모든 것이 인간[人]과 사물[法], 주관[能]과 객관[所], 물질[色]과 정신[心] 등으로 분열되지 않고 '하나의 조화로운 세계'[一乘法界]를 이룬다. 또한 이런 일심은 곧 본래의 진여본성과 법성을 드러낸 것이므로, 우리 마음의 본질은 이런 진여본성으로서의 법성을 받아들이는데 있다고 할 수 있다. 그러한 마음을 통해, 진여본성으로서의 법성과 공성으로서의 연기성을 깨우칠 수 있다는 원초적 가능성 속에, 인간의 본질이 있다고 할 수 있으므로, 인간의 본성을 불성(佛性)이라고 하는 것이다. 그러나 불교적인 '인간의 본성'을 불성이라고 한다고 해서, 그런 불성을 인성(人性)과 자성(自性)의 차원에서 지나치게 실체적으로 고정화시켜서는 안 된다는 점에 주의할 필요가 있다. 무주(無住), 무애(無碍), 무위(無位)의 공성(空性)이 바로 불성의 내용인 이상, 불성은 공성과 연기성의 자각 가능성에 대한 최소한의 표현으로 그쳐야지, 그런 불성을 실체적으로 미리 주어진 본질로 고정화시켜서는 곤란하다. 마찬가지로 자성청정심(自性淸淨心)이라는 것도, 청정한 본래의 자성을 가진 마음이 아니라, 자성을 비워 자성에 물들지 않는 청정한 마음, 즉 자성의 공함에 대한 자각이라고 이해되어야 한다. 인간이 연기성과 공성을 자각할 수 있는 것은 인간의 내면적 자성이 본래 구비되어 있어서라기 보다는, 인간 자신이 다른 사물들과 마찬가지로 공성의 그물망 내에 공존하고 있기 때문이라고 할 수 있다. 그럼에도 불구하고 특히 중국불교에서 불성을 자성화시키는 경향이 있어 온 것은, 불교가 중국화되는 과정에서 중국 특유의 인성론(人性論)과 본체론(本體論)의 결합이 개입되었기 때문이라고 볼 수 있는 측면이 있는 것이다.

이렇게 볼 때 일심(一心)상에 드러나는 법계(法界)는, 대상성이 배제된 근원적인 의식에서 드러나는 내입처와 외입처 간의 상호의존 관계 속에 담긴 연기성을 회복하는 것이라고 할 수 있다. 이처럼 연기 공성을 법성으로 하여 드러난 화엄 법계는 사물을 고립된 실체가 아니라 상호의존과 상호반영의 관여물로 보며, 각자의 고유성을 인정하면서도 전체적 통일성을 잃지 않는 조화로운 연화장 세계를 지향한다.

Ⅲ. 인접 개념과의 관계 및 현대적 논의

1. 다르마와 법계 그리고 생태계

자연에 해당하는 영어 nature의 어원인 라틴어 natura는 본래 '잉태된 것'이라는 뜻으로서, 여기에는 일종의 부모 자식 간의 인과적인 산출이 전제되어 있었다. 그런 산출이 중세에는 섭리적 인과성으로 근대에는 기계적 인과성으로 파악되어, 이런 인과성의 장악을 통해 자연을 정복·지배·이용하고자 분투해온 것이 서구식 문명 발전의 역사였다. 주지하다시피 그런 역사의 귀결은 자연의 파괴와 생태계의 위기인 바, 이에 대한 근본적인 해결책은 자연을 바라보는 인간의 시각을 획기적으로 전환하는 것뿐이다. 즉 그것은 자연을 인간에 의해 처분될 수 없는 그 자신의 고유한 것으로 인정하고, 자연과 인간의 관계를 상호의존과 상호존중의 관계로 이해하며, 단선적인 실체론적 고정 사유에서 벗어나 중층적이고 비실체론적인 네트워크(network, 緣起網) 사유로 전향하는 것이다. 바로 이러한 전환에 기초가 되는 것이 자연을 법계(法界, dharma-dhātu)로 이해하는 불교의 관점과 자연을 생태계(eco-system)로 인식하는 생태학의 입장이라고 할 수 있다.

생태계(ecosystem)란 에코와 시스템이 합쳐진 말로서, 에코의 그리스 어원 오이코스(oikos)는 집, 가정, 거주지 혹은 넓은 의미에서 '삶의 터전'을 가리킨다. 또한 우리는 시스템이라는 말에서 단순히 체계나 조직을 떠올리지만, 현대의 과학에서 시스템은 복잡하면서도 나름대로의 질서를 지닌 어떤 것을 가리킨다. 여기서 복잡하다는 것은 풀지 못한 실타래처럼 뒤엉켜 있음을 뜻하는 것이 아니라, 하위 차원에서는 도저히 예견할 수 없었던 것이 상위 차원에서 급격하고도 새롭게 출현하여, 일면적 단순성(simplicity)만으로는 파악되지 않는 다면적 복잡성(complexity)[71]을 띠는 현상을 가리킨다. 창발(創發, emergence)[72]이라고도 불리우는 이런 돌발적 출현 현상을 우리는 단백질과 세포, 신경세포와 뇌, 개별 생물과 생태계 사이의 관계에서 확인할 수 있는데, 여기서 세포와 뇌와 생태계라는 상위 차원은 각각의 하위 차원을 구성하는 부분적 요소들에서는 찾아보기 힘든 조화로운 통합체의 모습을 보여주고 있다. 그렇기 때문에 세포 내에서 자체적으로 소화하고 분열하는 생활체의 현상은 단백질에 담긴 고분자 화합물이라는 물질적 성질들 그 이상의 것이 되고, 뇌의 심리 현상 전체에서 일어나는 전일적(全一的) 조화는 개별 신경세포가 지닌 전기 화학적 성질들 그 이상의 것이 되며, 생태계 전체에서 이루어지는 환경과의 자기조절적인 조화는 대사와 생식으로 작동하는 개별 생명체들의 유기체적 생사 현상 그 이상의 것이 된다.

이는 전체는 부분들의 합 그 이상이며, 이처럼 그 이상이 될 수 있는 이유가 바로 창발성에 있다는 것을 함축한다. 이렇게 자연의 생명 계열이 창발적 복잡성에서 이루어지는 이상, 부분들의 집합이 곧 전체라고 간주하여 부품들의 환원적 조작을 통해 전체를 조작하려는 근대의 기계론적 발상은 더 이상 자연과 생명을 올바로 이해하는 관점이 되지 못한다.[73] 비록 근대 과학과 불교가 다 같이 인과성을 주장한다고 하더라도, 연기적 인과성과 기계적 인과성은 내용적으론 전혀 다르다. 근대의 기계론에서 자연은 마치 죽은 기계처럼 수동적인 물질들의 집합체이기 때문에, 자연 내 요소들 간의 인과관계도, 일정한 원인의 부분이 제한된 범위에서 일정한 결과의 부

71 복잡하다는 표현에는 complex와 complicated가 있다. 전자는 날줄과 씨줄이 섞여 직물을 이루듯이 나름대로의 '질서있는 무질서'를 의미한다면, 후자는 과도하게 겹쳐져 뒤얽혀 있는 것처럼 전혀 '질서 없는 무질서'를 뜻한다. 그러므로 complexity는 단순한 무질서의 혼란을 가리키는 것이 아니라, 기존 구조가 붕괴되고 신 구조가 창출되었다가 다시 붕괴되고 또 창출되는 혼돈과 질서의 피드백(feedback)적인 복합성을 의미한다.

72 생태계에 담긴 창발성의 원리에 관해서는 유진 오덤 저, 이도원 역, 『생태학』(서울 : 사이언스북스, 2001), 49면을 참고할 수 있다.

73 근대 서양의 자연관에 담긴 기계론적 발상의 문제점에 대해서는 김종욱, 『불교에서 보는 철학, 철학에서 보는 불교』(서울 : 불교시대사, 2002), 142-163면을 참고할 수 있다.

분을 낳는 쪽으로만 진행하도록 결정되어 있다는 획일적이고도 단순한 선형적(linear) 인과관계가 된다. 그러나 불교의 연기론에서 자연은 마치 인드라의 그물처럼 수 많은 조건들이 서로를 반영하는 관계들의 연쇄이기 때문에, 자연 내 구성원들 간의 인과관계도, 원인과 결과가 '고정된 선후관계' [因先果後, 果先因後]나 실체성[自性]을 고집하지 않는 역동적이고도 공(空)한 관계가 된다. 이것은 현대의 생태학적 시스템 이론의 주장을 연상시킨다. 그 이론에서 자연은 서로 연결된 관계들의 자기조직적 그물망(network)이기 때문에, 자연 내 각 사건들 간의 인과관계 역시, 되먹임(feedback) 작용을 통해 결과가 원인에 재투입되기도 하는 환류적이고도 복잡한 비선형적(nonlinear) 인과관계가 된다. 이렇게 볼 때, 인과의 일방성과 단순성을 주장하는 근대의 기계론과는 달리, 인과의 상호성(mutuality)과 복잡성(complexity)을 주장한다는 점에서 불교의 연기론과 시스템 생태학은 일맥상통하고 있다고 할 수 있다.

그런데 생명의 계열이 그토록 복잡하면서도 전체적으로 훌륭하게 조화를 이루며 연결되고 있는 것은, 그런 조화가 성립하고 있는 계열에 속한 수많은 조건들이 서로 영향을 주고 받는 상호 의존 작용을 하고 있기 때문이다. 이렇게 볼 때 생명의 세계에서 그 본질은 이런 상호의존성(interdependence)에 있으며, '생태계'란 이 상호의존성을 바탕으로 적합한 삶의 터전을 이루고자 생물과 그 환경 간에 이루어지는 상호 작용의 체계라고 규정할 수 있다. 그런데 생태계의 본질로서의 이 '상호의존성'을 불교식으로 표현하면, 그것이 바로 연기(緣起)이다. 연기(pratītyasamutpāda)란 세상의 모든 것은 무수한 조건(pratītya)들이 서로 화합(sam)하여 발생(utpāda)한다는 것을 가리키며, 그러기에 영어로는 interdependence(상호의존성)라고 옮긴다.[74]

74 불교에서는 인과와 연기를 혼용하는 경우가 있지만, 이렇게 되면 서양식의 기계적 인과성과 구별되는 연기성의 훌륭한 의미가 제대로 살아나지 않는다. 한 사건을 異時的 인과 관계로 볼 경우, 시간적으로 분리된 원인과 결과 중 어느 하나를 파악함으로써 사건 전체를 장악하여 이용할 수 있으나 한 사건을 동시적 상호의존 관계로 볼 경우, 그 사건을 이루는 다중적으로 일시에 중첩된 조건들을 낱낱으로 분리하기란 사실상 불가능하기 때문에, 그 사건은 전일적인 관점에서만 이해될 수 있다. 실제로 오늘날 복잡성(complexity)의 과학에서는 근대 기계론의 획일적이고도 단순한 선형적(linear) 인과 관계를 넘어서, 환류적이고도 복잡한 비선형적(non-linear) 상호 관계를 지향하고 있다. 기계론적 인과성에 감춰진 권력적인 속성을 파헤쳐내기 위해서도, 상호의존성으로서의 연기는 단순한 인과와 구분되어 성찰될 필요가 있다.

그런데 생태계의 구조적 원리는 순환성과 항상성에 있고, 이 양자는 상호의존성에 기초하고 있다. 다시 말해 생물학적 요소들이 '생산-소비-분해'의 과정을 반복함으로써 생태계의 모든 물질은 결코 고정되지 않고 흐른다는 순환성과 생물이 환경과 상호작용을 하여 자신에게 유리한 조건의 형성을 위해 자기를 조절한다는 항상성(homeostasis)이 생태계의 원리이다. 더욱이 상호의존성(interdependence) 즉, 생명 과정들 상호간의 의존성이야말로 모든 생태적 관계의 본질이다.[75] 생태적 공동체의 모든 구성원들은 생명의 그물(web of life)이라고 하는 거대하고 복잡한 관계들의 연결망(network) 속에서 상호 관련되어 있다. 그 구성원들은 자신들의 본질 자체를 다른 것과의 관계에서 획득한다. 다시 말해 한 개체의 고유한 본질이란 원래부터 타고난 자기만의 불변적인 어떤 것(essence)[76]이 아니라, 전체 네트워크상의 함수(function) 관계 속에서 시공적 인연에 따라 설정되는 잠정적인 어떤 것(prajñapti, 假施設)이다. 따라서 개체 속에 전체가 반영되어 있고, 전체 속에서 개체는 각각의 소중한 의미를 지닌다. 즉 하나 가운데 일체가 있고, 여럿 가운데 하나가 있는 것이다[一中一切多中一]. 이처럼 상호의존성에 입각해 부분과 전체가 상즉상입(相卽相入)의 조화를 이루고 있는 것이 생태계이다.

그런데 상호의존성이므로 순환성과 항상성이 된다는 원리를 불교식으로 표현하면, 연기(緣起)이므로 불생불멸(不生不滅)이고 부증불감(不增不減)이라는 것이 된다. 즉 모든 것은 무수한 조건들이 서로 의존 화합하여 성립하는 것이므로, 전혀 새로운 것이 생겨나거나 완전히 사라져 없어지거나 하는 것이 아니라 끝없이 반복 순환하는 것이며, 더 늘어나거나 더 줄어듦 없이 그 관계의 그물망 전체는 언제나 평형을 이룬다는 것이다. 이러한 통찰을 『반야심경』에서는 "이 모든 사물의 형상이 공하니 생겨나지도 소멸하지도 않으며, 늘어나거나 줄어들지도 않는다"[是諸法空相 不生不滅 不增不減]고 표현한다. 이에 대해 『반야심경주해』에서는 "제법의 당체가 곧 진공

75 프리초프 카프라, 김용정 역, 『생명의 그물』(서울 : 범양사출판부, 1998), 390면, 현대철학 특히 화이트헤드의 유기체철학이 상호의존성이라는 개념을 매개로 생태학과 연결될 수 있음을 보인 논술은 다음에 나온다. 도널드 워스터 저, 강헌 역, 『생태학 : 그 열림과 닫힘의 역사』(서울: 아카넷, 2002), 제15장 : 상호의존의 선언, 392 - 419면.

76 본질이라는 뜻의 essence는 어원상 옛날부터 '있어온 것'이라는 불변적 지속성을 함축하고 있는 표현이다. 김종욱, 『불교에서 보는 철학, 철학에서 보는 불교』(서울 : 불교시대사, 2002), 19면 참고.

실상임을 알았으니 …… 생멸이 없거늘 …… 어찌 증감이 있다고 할 수 있겠는가?"라고 해석하고 있다.[77] 이것은 무자성(無自性)의 공이어서 불생불멸이고 부증불감이라는 것, 즉 비실체성이기에 순환성과 항상성이 성립한다는 말이다. 그러므로 일체법에는 고정된 자성이 없어[無自性] 공(空)하다고 하는데, 이는 불변적 실체성에 대한 부정[破邪]임과 동시에 상관적 연계성에 대한 긍정[顯正]이다. 이처럼 연기와 공이기에, 즉 상호의존성과 비실체성이기에, 순환성과 항상성이 생태계의 구조적 본성을 이루며, 생태계를 화엄불교적으로 표현하여 법계(法界)라고 하는 것이다.

2. 다르마와 법성 그리고 자연성

화엄불교의 이런 관점에서 볼 때 세계는 시작도 끝도 없는[無始無終] 직간접의 조건들[因緣]의 연쇄적 그물망[因陀羅網]으로 표상되며, 길가의 이름없는 풀 한 포기에도 전 우주의 역사가 함장되어 있듯이, 모든 것에는 모든 것이 층층이 겹쳐 융섭하는 것[重重無盡緣起]이 마치 연씨가 서로 겹치는 것과도 같으므로 우주는 연화장세계[蓮華藏世界]라고 표현된다. 또한 이런 인드라의 그물망이나 중중무진의 연화장세계를 이루게 하는 원리가 연기이고, 이 연기야말로 삼라만상의 근본 이치로서의 다르마(Dharma), 즉 법(法)이므로, 연기에 의해 성립된 온 생명의 큰 바다를 법계(法界)라고 부른다. 즉 연기라는 원리에 의해 관류되어 있는 세계, 상호의존하여 이루어진 모든 존재자로서의 일체법이 법계(法界, dharma-dhātu)이고, 이런 연기한 제법을 관통하는 근본적인 성격, 또는 연기한 모든 존재자를 그렇게 존재하게 하는 원리로서의 연생성(緣生性, pratītyasamutpannatva)은 법성(法性, dharmatā)이다. 그리고 이런 법성의 법계를 자연(自然)이라는 한자식 표현에 맞추어 볼 경우 법연(法然)이 된다. 불교적 의미에서 자연은 법연이고, 자연계는 법계이며, 그런 자연의 본성은 연기성으로서의 법성이라고 할 수 있다.

서양인에게서 자연의 본성이 제작성[고대]과 창조성[중세]과 기계적 인과성[근대]이고, 도가에서는 무위자연성(無爲自然性)인 데 비해, 불교에서는 무상성(無常性, anityatā)과 무아성(無我性, anātmatva)과 공성(空性,

---

77 『般若波羅蜜多心經註解』(『대정장』 33권, 570하)

śūnyatā)을 특징으로 하는 상호의존성, 즉 연생성이 자연의 본성[法性]인 것이다. 이러한 연생성으로서의 법성이야말로 모든 존재자의 있는 그대로의 실테를 보여주는 것이므로 제법실상(諸法實相, dharmatā)이라고도 한다. 그렇다면 여기서 우리는 놀라운 하나의 일치점을 발견하게 된다. 그것은 생태계와 법계가 그 본질을 상호의존성과 연기성으로 공유하고 있다는 점이다. 현대의 종합 과학으로서 생태학이 발견한 세계인 생태계는 불교적으로 표현하면 한마디로 법계이다. 생태계가 곧 법계라는 것은 현대의 절박한 화두인 생태계의 파괴 문제를 해결하는데 불교가 기대 이상의 바람직한 기여를 할 수 있다는 것을 암시하며, 아울러 불교와 생태학이 각자의 영역 세계를 바라보는 시각을 공유함으로써, 생산적 만남을 향한 건전한 출발점의 토대를 마련하기 위한 단서를 제공해 준다고 볼 수 있다.

이처럼 이 세상과 자연을 법계와 생태계로 보는 관점에서는 인간과 자연이 둘로 분열되지 않는다. 그런데 이런 관점이야말로 근대 서양인의 인간관과 자연관에 대한 비판을 함축하고 있는 것이기도 하다. 근대인에게서 인간은 비물질적 정신성을 본질로 하고 이와는 반대로 자연은 물질적 연장성(延長性)을 본질로 하는 것이었기 때문에, 인간과 자연은 각각 독립된 실체로서 분립되는 것들이었다. 그러나 불교에서 자연은 이런 것이 아니다. 법성(法性)을 본성의 원리로 하고 법계(法界)를 전체의 범위로 하는 불교적 자연[法性自然, 法界自然]에서는, 모든 존재자가 상의성(相依性)과 연생성(緣生性)과 공성(空性)을 법으로 하여 통일된 한 생명의 큰 바다를 이루고 있다. 그 곳에서 천지와 나는 한 뿌리이고[天地與我同根], 정신과 물질은 둘이 아니며[色心不二], 만물과 나는 한 몸이다[萬物與我一體][78]. 그러므로 땅의 인연을 받아 태어난 생명[身]과 그 땅[土] 자체는 언제나 하나이다.

아울러 비실체적 총화성을 본성으로 하는 법계는 스스로 조화를 이루는 전일적 총체로서, 부분과 전체가 상즉(相卽) 상입(相入)의 융화를 이루고 있기 때문에, 부분을 전체에 종속시키는 목적론적 섭리나 전체를 부분으로 환원시키는 기계론적 법칙에 의해 장악되어 지배당하지 않는다. 다시 말해 부분과 전체를 전일적으로 조화시키는 연기론에서는, 목적론처럼 전체의 목적을 중요시하여 부분을 전체에 종속시키거나, 기계론처럼 부분의 요소를 강조하여 전체를 부분으로 환원시키거나 하지 않는다. 이처럼 연기적

78 僧肇, 『肇論』, 「涅槃無名論」 (『대정장』 45권, 159중)

전일성의 관점에서는, 모든 것이 한없이 거듭 거듭해서 상호 관련되어 있으므로[重重無盡緣起], 하나의 사물은 고립된 부분이 아니라 전 우주와의 관계망 속에서 그 우주 전체를 반영한다[一中一切 多中一]는 것으로 이해된다. 그리하여 이런 법계로서의 자연 속에서는 모든 사사(事事) 물물(物物)이 전우주적 비중과 가치를 지닌 소중한 것들로 간주된다. ❁

김종욱 (동국대)

우리말 불교개념 사전

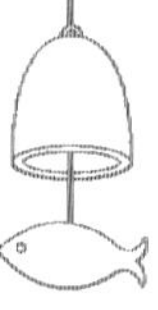

열반

범 nirvāṇa 빠 nibbāna 장 mya-ṅan-lasḥdas-pa, myan-ḥdas 한 涅槃
영 blowing out

I. 열반의 언어학적 고찰 및 기본 개념

범어 nirvāṇa(열반)라는 말은 붓다 당시 외도인 자이나교나 바라문교에서 사용되던 관념을 불교가 채용했던 것으로 보인다. 이미 다른 외도들이 사용되고 있었던 것을 석가모니가 불교 수행의 궁극적 경지를 표현하는 술어로 채택한 것이다. 올덴베르흐(Oldenberg)는 이미 브라흐만교에서 사용하고 있던 열반을 불교 측에서 그대로 수용한 것으로 보는데 비해 빨리 뿌셍(Vallée Poussin)은 브라흐만교에서 사용하는 의미로 열반을 불교 측에서 받아들이고 있지 않다고 보고 있다.[1]

열반(涅槃)이란 한자는, 범어의 '니르바나(nirvāṇa)'의 음역이다. 빠알리어로는 nibbāna이고 서장어로는 mya-ṅan-lasḥdas-pa 또는 myan-ḥdas이

1 James hastings ed, *Encyclopaedia of Religions and Ethics.* 13 volumes. Edinburgh. 1908-26. 'Nirvana' 항목 참조.

다. 열반이라는 한자 이외에 니원(泥洹), 니왈(泥曰), 열반나(涅槃那), 열예반나(涅隸槃那), 니박남(抳縛南), 열바남(涅婆南) 등이 사용되었지만 열반이 표준어로 정착되었다. 니르바나에 대한 의역에도 다수가 있다. 대표적인 것만 나열하면 멸도(滅度), 적멸(寂滅), 원적(圓寂), 무위(無爲), 부작(不作) , 무생(無生) 등이다.[2]

열반과 동의어로 반열반(般涅槃)이나 대반열반(大般涅槃)이라는 말이 있다. 서장어로 반열반에 해당하는 말은 yoṅs-su- mya-ṅan-lasḫdas-pa이고, 대반열반에 해당하는 말은 yoṅs-su- mya-ṅan-lasḫdas-pa-chen-po이다. 범어로는 각각 parinirvāna와 mahāparinirvāna 이고 빠알리어로는 parinibbāna와 mahāparinibbāna이다. 열반, 반열반, 대반열반은 모두 동의어로 서로 교차가 가능하다. 접두사 mahā와 pari는 nibbāna의 완전성을 강조하고 있는 것일 뿐 본질적으로 nibbāna와 mahāparinibbāna에는 차이가 없다.[3]

현대 인도고전 언어학자에 의하면 nirvāṇa는 그 어근이 vā이고 nir는 부정접두사이다. 가장 오래된 범어 문헌에서 보면 nir-vā는 자동사와 타동사의 용법을 모두 가지고 있다. 영어의 "to blow out(불어서 끄는 것)"이나 "to quench"로 번역될 수 있다.[4] 형태상으로 보면 nirvāṇa는 과거분사 또는 형용사로 "blown out(불어서 꺼진 상태)"의 의미이지만 대개 명사로 사용되어 취멸(吹滅)이나 갈증 해소의 과정이나 사건 또는 그 결과를 가리킨다. 불교에서 최고의 목표로 제시될 때 열반의 이미지는 불을 끄는 바람이나 개체를 강조하는 것이 아니라 연료가 다하여 불이 꺼져 버린 상태에 역점이 주어져 있다.[5]

nir-vā는 또한 다음과 같은 의미를 갖고 있다. "안심되다(to be allayed), 회복되다(to refreshed), (기분 따위가) 고양되다(to be exhilarated)" 이런 경우 nirvāṇa는 심신을 괴롭히던 것에서 벗어나 심신이 행복한 상태에 있는 것을 말한다. 순수한 즐거움이나 행복한 감정을 의미한다.[6] 빨리 뿌셍

2 望月信享 編, 『佛教大辭典』(東京: 世界聖典刊行協會), 4146면. '열반' 항목 참조.

3 한역어인 大槃涅槃에 관한 분석은 다음을 참조하시오. 『가산불교대사림』4(서울: 가산불교문화연구원, 2001), 190면.

4 Williams, Monier, *Sanskrit-English Dictionary* London: Oxford University Press, 1956. David, Rhys, *Pali-English Dictionary.* London: Pali Text Society, 1979. 'nirvāṇa' 항목 참조.

5 Steven Collins, *Nirvana and other Buddhist felicities,* Cambridge: Cambridge University Press 1998, 191면.

(Vallée Poussin)은 영어 상당어로 다음의 번역어들을 소개하고 있다: blowing out, cooling, deliverance, extinction, disappearance, becoming cool, refreshment, comfort, repose, serenity.[7]

현대의 어문학자들은 동의하지 않지만 빠알리어 불교 전통에서는 vāṇa 또는 vāna를 vana(욕망)와 동일한 어근에서 온 것으로 분석하고 같은 의미로 파악한다. 그래서 nirvāṇa를 무욕(without desire)으로 이해하고 있다. vana는 조림(稠林)의 의미가 있어 nirvāṇa는 조림이 없는 것으로, 이 경우에도 번뇌의 숲이 없어진 상태를 의미하게 된다. vāna는 바늘질하다, 짜다라는 의미이기 때문에 nirvāṇa는 생사를 짜지 않는 것을 의미하게 된다.[8] 빠알리 경전 주석 전통에선 nibbāna의 취멸이라는 의미를 무시하고 무욕(無欲)으로 이해하고 있다. 빠알리 경전에선 열반은 꺼져버린 것을 의미하고 있지만 주석가들은 열반을 무욕으로 이해하는 경향을 보이고 있다.[9] 이것은 아마도 열반을 허무나 죽음으로 오해할 위험을 막기 위해 주석가들은 무욕으로 이해하고 있는 것이다.

삼화(三火)의 소멸을 열반이라고 정의하는 초기경전을 이어받아 유부에서도 부연하고 있다. "번뇌가 소멸하기 때문에 열반이라 한다. 삼화가 쉬기 때문에 열반이라 한다. 삼상(三相)이 고요하기 때문에 열반이라고 한다. 취예(臭穢)를 떠나기 때문에 열반이라 한다. 제취(諸趣)를 떠나기에 열반이라고 한다."[10]

부파불교 시대 이래 제학파와 학자들은 열반을 언어학적으로 정의하려는 시도가 있어 왔다. 설일체유부의 논서인 『아비달마대비바사론』에는 열반을 언어학적으로 설명하는 여러 가지 견해가 제시되어 있다. 열반이라는 글자 한 자 한 자에 대하여 다음과 같이 열반을 정의하고 있다. "반(槃)이란 조림(稠林)이고 열(涅)이란 벗어난다[出]라는 의미이다. 오취온(五取蘊)이라는 조림을 벗어났기 때문에 열반이라 한다. 반(槃)이란 짠다[織]는 의미이고 열(涅)이란 아니다[不]라는 의미이다. 짜지 않으므로[不織] 열반이라고 한다. 실이 있으면 곧 깁는 일이 있다. 실이 없으면 깁는 일이 없다. 업

---

6 Steven Collins, 앞의 책, 192면.

7 James hastings ed, *Encyclopaedia of Religions and Ethics*. 'Nirvana' 항목 참조.

8 Steven Collins, 앞의 책, 193면.

9 Steven Collins, 앞의 책, 195면.

10 『阿毘達磨大毘婆沙論』(『大正藏』27권, 147중)

(業)과 번뇌가 있으면 곧 생사를 짜게 된다. 무학(無學)에겐 업과 번뇌가 없기 때문에 생사를 짜지 않는다. 그러므로 열반이라 한다. 반(槃)이란 후유(後有)를 말하고 열(涅)이란 없다(無)라는 의미이다. 후유가 없기 때문에 열반이라고 한다. 반(槃)이란 계박(繫縛)을 말하고 열(涅)은 떠난다[離]는 의미이다. 계박을 출리(出離)하였으므로 열반이라고 한다. 반(槃)이란 일체의 생사고난을 의미하고 열(涅)이란 초도(超度)를 의미한다. 일체의 생사고난을 초도하였으므로 열반이라고 한다"[11]

대승불교의 『대반열반경』에도 열반을 문자적으로 정의하고 있다. "열(涅)은 아니란[不] 말이요, 반(槃)은 멸한다[滅]는 말이니, 멸하지 않는 것을 열반이라 한다. 반은 또 덮는다[覆]는 뜻이니, 덮이지 않았다는 뜻을 열반이라 한다. 반은 또 간다 온다[去來]는 뜻이니, 가지도 않고 오지도 않음을 열반이라 한다. 반은 취(取)하는 뜻이니, 취하지 아니함을 열반이라 한다. 반은 일정치 않다[不定]는 뜻이니 선정이 일정치 아니함이 없음을 열반이라 한다. 반은 새 것과 낡은 것[新故]이란 말이니, 새 것과 낡은 것이 없음을 열반이라 한다. 반은 장애[障]란 말이니, 장애가 없음을 열반이라 한다. 선남자여, 우루가(優樓迦)와 가비라(迦毗羅)의 제자들이 말하기를 반은 모양[相]이란 뜻이니, 모양이 없음을 열반이라 한다. 선남자여, 반은 있다[有]는 말이니, 있지 아니함을 열반이라 한다. 반은 화합(和合)이란 말이니 화합이 없음을 열반이라 한다. 반은 괴롭다[苦]는 말이니, 괴로움이 없음을 열반이라 한다"[12]

『상윳타니카야』(Saṃyutta Nikāya)에 열반의 동의어가 나열되고 있다: 더러움이 없음, 피안, 미묘, 보기[이해하기] 힘듬, 불노, 고정(常), 불괴, 불현(不顯), 불희론, 평화, 불사, 고상, 길상, 안전한 곳, 탐욕의 멸, 경이, 경탄, 무고뇌, 무고뇌의 상태, 무갈등, 무욕, 청정, 자유, 무집착, 섬, 집, 피난처, 피난.[13] 대승불교의 『대반열반경』에는 열반의 동의어로 25가지가 소개되고 있다: 무생(無生), 무출(無出), 무작(無作), 무위(無爲), 귀의(歸依), 굴택(窟宅), 해탈(解脫), 광명(光明), 등명(燈明), 피안(彼岸), 무외(無畏), 무퇴(無退), 안처(安處), 적정(寂靜), 무상(無相), 무이(無二), 일행(一行), 청량(淸涼), 무암(無闇), 무애(無礙), 무쟁(無諍), 무탁(無濁), 광대(廣大), 감로(甘露), 길

11 『阿毘達磨大毘婆沙論』(『大正藏』27권, 147중)
12 『大般涅槃經』(『大正藏』12권, 514하)
13 *Saṃyutta Nikāya* vol.Ⅳ, 370면.

상(吉祥).[14] 열반의 전체 의미를 한마디의 언어로 드러내기 어려우므로 이상과 같이 여러 가지 단어들을 사용하여 열반의 속성을 드러내고 있는 것이다.

열반은 최고의 법으로 모든 것보다 상위에 있다고 초기경전 이래로 지적하고 있다. 열반은 불교의 궁극목표인 것이다. 라다라는 제자가 붓다에게 묻는다. "그러면 세존이시여, 무엇을 위해 열반을 얻는 것입니까?" "라다야, 너의 질문은 너무 지나치다. 묻는데 끝을 모르는구나. 라다야, 나의 가르침은 열반에 이르는 것이 목적이다. 우리들이 이 거룩한 수행을 하는 것은 모두 열반에 이르기 위한 것이며, 열반에서 끝나는 것이다."[15] 설일체유부의 논서에도 열반을 최상법으로 표현하고 있다. 마치 세간에서 상품(上品)의 의복·음식·장엄구 등을 최승(最勝)이라고 하듯이 열반도 그러하다. "열반(涅槃)은 제법(諸法) 중 최승법(最勝法)이다. 열반은 제의(諸義) 중 최승의(最勝義)이고 제사(諸事) 중 최승사(最勝事)이다. 열반은 제리(諸理) 중 최승리(最勝理)이며 제과(諸果) 중 최승과(最勝果)이다. 그러므로 최승(最勝)이라고 한다."[16] 부파불교 시대의 문헌인 『밀린다팡하』에서도 열반을 최승법으로 단정짓는다. "열반은 이 세상에서 비교할 대상이 없다."[17]

어원으로 해석되는 열반의 의미는 마치 타고 있는 불을 바람이 불어와 꺼버리듯이, 타오르는 번뇌의 불꽃을 지혜로 꺼서 일체의 번뇌·고뇌가 소멸된 상태를 가리킨다. 그때 비로소 적정(寂靜)한 최상의 안락(安樂)이 실현된다. 현대적인 의미로는 영원한 평안, 완전한 평화라고 할 수 있다.

Ⅱ. 역사적 용례 및 텍스트별 용례

1. 초기불교의 열반관

붓다의 설법은 고통의 해소에 그 목적을 두고 있었기 때문에 고통의 제거에 도움이 되지 않거나 무관한 주제는 논의되지 않는다. 독화살의 비유

14 『大般涅槃經』(『大正藏』12권, 563하)
15 *Saṃyutta Nikāya* vol.Ⅲ, 189면; 『中阿含經』(『大正藏』1권, 430하)
16 『阿毘達磨大毘婆沙論』(『大正藏』27권, 163하)
17 *Milindapañha* 316면.

에서처럼 붓다는 고통의 해결에 직접 관련이 없는 문제는 논의하지 않았다. 따라서 열반 그 자체에 대한 사변적인 논의는 초기경전에서 찾아보기 어렵다. 고통의 해결이라는 실천적인 목표와 관련하여 열반이 정의되고 있은 것이지 존재론적인 측면이나 형이상학적인 시각에서 언급되는 것은 찾아보기 어렵다.

초기경전에선 대체로 열반을 정의할 때 부정적인 용어를 사용하고 있다. 물론 행복(sukha), 평화(santi) 등 긍정적인 용어로 열반을 정의하고 있기도 하지만 대부분의 경우 부정적인 방식으로 정의되고 있다. 열반의 정의에 대한 대표적인 몇 가지 예를 나열하면 다음과 같다: 멸진(滅盡, nirodha), 무위(無爲, asamkhata), 무집착(無執着, anupādāna), 무루(無漏, anāsava), 불허망법(不虛妄法, amosadhamma), 불사(不死, amata), 불멸(不滅, accuta), 무위(無爲, asaṅkhata), 적정(寂靜, santi), 안온(安穩, khema, yogakkhema), 청량(清凉, sita), 해탈(解脫, vimokkha, vimutti).[18]

초기경전에서 열반은 탐욕·분노·우치가 영원히 끊어진 상태라고 설명되어 있다. "열반이란 탐욕이 영진(永盡)하고 진에가 영진하고 치암(痴暗)이 영진한 것이니, 일체 번뇌가 영진한 것을 열반이라고 이름한다."[19] 『맛지마 니카야』(*Majjhima Nikāya*)에선 열반이 승의(勝義, paramattha)로 이해되고 있다. "비구들이여! 기만하는 성질을 가지고 있는 것은 거짓이다. 기만의 성질이 없는 것, 즉 열반은 진실이다. 그러므로 이런 진실을 갖춘 비구는 최상의 진리의 토대를 소유한 자이다. 비구들이여! 왜냐하면 이것은 최승의 성제(paramam-ariyasaccam), 즉 열반이기 때문이다. 열반은 속이는 성질이 없다."[20]

오온에 대한 탐욕에서 벗어난 것을 열반이라고 정의하고 있다. "색(色)에 대해서 싫어하는 마음을 일으키고, 탐욕을 소멸하며, 완전히 없애고, 어떤 번뇌도 일으키지 않아 마음이 바르게 해탈하면, 이것을 비구가 법을 보아 열반하는 것이라 한다. 이와 같이 수(受)·상(想)·행(行)·식(識)에 대해서 싫어하는 마음을 일으키고, 탐욕을 소멸하며, 완전히 없애고, 어떤 번뇌도 일으키지 않아 마음이 바르게 해탈하면, 이것을 비구가 법을 보아 열반을 얻는 것이라 한다."[21]

18 早島鏡正, 『初期佛教のさとり』(東京:世界聖典刊行協會, 1994), 185-197면.
19 『雜阿含經』(『大正藏』2권, 126중)
20 *Majjhima Nikāya* vol.Ⅲ, 245면.

열반을 언제 획득하느냐에 따라 다음과 같이 순열이 결정된다. 현법열반→중반열반→생반열반→무행반열반→유행반열반→상류반열반 등의 순서로 그 우열이 결정된다고 밝히고 있다. 칠각지를 수습한 "비구는 현세에서 지혜를 얻어 열반의 즐거움을 얻을 것이고, 만약 현세에서 얻지 못하면 목숨을 마칠 때 열반의 즐거움을 얻을 것이며, 또는 목숨을 마칠 때 5하분결(五下分結)이 다해 중반열반(中般涅槃)을 얻을 것이고, 만일 중반열반을 얻지 못한다면 생반열반(生般涅槃)을 얻을 것이며, 만약 생반열반을 얻지 못한다면 무행반열반(無行般涅槃)을 얻을 것이고, 만일 무행반열반을 얻지 못한다면 유행반열반(有行般涅槃)을 얻을 것이며, 만일 유행반열반을 얻지 못했다면 상류반열반(上流般涅槃)을 얻을 것이다."[22]

『선인왕경(善人往經)』에는 성문 4과(果) 중 제3의 불환과(不還果)를 5종열반으로 나누어 생반열반 등으로 구분한다. 이들 5종열반과 구분하여 무여열반을 말하고 있다. "어떤 것이 무여열반(無餘涅槃)인가? 비구는 마땅히 이와 같이 수행해야 한다. 나라는 것에는 나라는 것도 없고 또한 내 것이라는 것도 없다. 미래에도 나라는 것은 없을 것이고 또한 내 것이라는 것도 없을 것이니, 이미 받은 몸도 끊어 버린다. 이미 끊어 버릴 수 있다면 생존의 즐거움에도 빠져들지 않고 만남에도 집착하지 않을 것이다. 그 수행이 이와 같은 자는 지혜로써 무상식적(無上息迹)의 경지를 관찰할 것이다. 그리고 그것은 이미 증득한 것이다. 내가 말하는 그 비구는 동방(東方)으로도 가지 않고, 서방·남방·북방·사유(四維)·상하에도 가지 않으며, 곧 현재 세상에서 식적멸도(息迹滅度)할 것이다."[23] 이 경전에선 무여열반이 현법열반으로 정의되고 있다. 현법열반(diṭṭhe dhamme nibbāna)은 죽어서 얻는 것이 아니라 이 몸을 가진 상태에서 무지와 탐욕을 벗어나 해탈하기만 하면 곧바로 얻을 수 있는 것이다.

어떤 비구는 현세에서 반열반(般涅槃)하고, 어떤 비구는 현세에서 반열반하지 못하는 이유를 묻자 붓다는 육근(六根)과 육경(六境)에 의거하여 육식(六識)이 일어날 때 대상에 애념하거나 염착하지 않으면 지금 이 자리에서 열반을 증득할 수 있다고 한다.[24]

---

21 『雜阿含經』(『大正藏』2권, 6상)
22 『雜阿含經』(『大正藏』2권, 196하)
23 『中阿含經』(『大正藏』2권, 427하)
24 『雜阿含經』(『大正藏』2권, 57하)

초기경전엔 두 종류의 열반이 제시되고 있다. “두 가지 열반 세계가 있다. 어떤 것이 그 두 가지인가? 유여열반(有餘涅槃)의 세계와 무여열반(無餘涅槃)의 세계이다. 어떤 것을 유여열반의 세계라고 하는가? 비구가 오하분결(五下分結)을 없애고 저 반열반(般涅槃)에 들어 이 세상에 다시는 돌아오지 않는 것을 곧 유여열반의 세계라고 한다. 저 어떤 것을 무여열반의 세계라고 하는가? 비구가 번뇌를 다 끊고 번뇌가 없어져서 마음이 해탈하고 지혜로 해탈하며 몸으로 증득하여 스스로 즐겁게 노닐며, ‘나고 죽음은 이미 다하고 범행은 이미 섰으며, 해야 할 일을 이미 마쳐 다시는 후세의 몸을 받지 않는다’고 사실 그대로 알면, 이것을 무여열반의 세계라고 한다. 이것이 두 가지 열반의 세계이다. 마땅히 방편을 구해 무여열반의 세계로 가도록 하라.”[25] 이 경전에선 유여열반은 불환과(不還果)가 성취하는 것이고 무여열반은 아라한이 성취하는 것으로 되어 있다. 유여열반보다 무여열반이 상위에 있으므로 무여열반을 추구하도록 장려하고 있다. 무여열반은 앞서 살펴본 현법열반을 의미한다. 그렇지만 부파불교 논서에서는 육신의 존재여부에 따라 구분한다. 육신이 생존하고 있을 때 이룬 열반은 유여의열반이고 육신의 사멸과 함께 얻어지는 열반을 무여의열반이라고 정의하고 있다.

사성제에서 세 번째 성제인 멸성제(滅聖諦)는 열반에 관한 진리이다. 4번째 도성제(道聖諦)는 열반에 이르는 방법을 제시한 것이다. 멸성제에서 멸이란 열반을 번역한 말로 ‘소멸’의 의미를 지니는데, ‘고가 소멸된 상태’를 가리킨다. ‘고통으로부터의 완전한 해방’이며, ‘최고의 행복’이다. 도성제에서 도란 괴로움을 소멸하고 열반에 이르는 길이다. 이것은 중도(中道)라고 부르는 것으로 양극단을 떠난 중간의 길이다. 쾌락적인 생활도 극단적인 고행도 아닌, 몸과 마음의 조화를 유지하는 상태의 길을 말한다. 마치 거문고의 줄이 지나치게 팽팽하거나 지나치게 느슨해도 좋은 소리를 낼 수 없는 것과 같은 이치이다. 이 중도를 통하여 열반에 이르는 길을 구체적으로 설명한 것이 바로 팔정도이다. 붓다는 열반을 왕궁에 비유하고 그 왕궁에 도달하는 길을 팔정도로 비기고 있다.[26] 열반을 성취한 아라한은 정견에서 정정에 이르는 8가지 항목 이외에 정지(正智)와 해탈을 추가하여 10가지 항목을 구족한다.[27]

25 『增一阿含經』(『大正藏』2권, 579상)
26 *Saṃyutta Nikāya* vol.Ⅱ, 104면ff; 『雜阿含經』(『大正藏』2권, 80중; 718상)
27 *Majjhima Nikāya* vol.Ⅲ, 76면.

2. 부파불교 시대의 열반관

유부의 『아비달마대비바사론』엔 열반의 특성을 드러내는 용어들을 나열하고 설명하고 있다. 즉 열반은 세간의 어떠한 동류의 법도 갖지 않으며 또한 동류의 원인도 되지 않기 때문에 '부동류(不同類)'라고 하며, 유위법에 의해 조작된 것이 아니기 때문에 '비취(非聚)'라고 하며, 어떠한 세속의 언어로도 드러낼 수 없기 때문에 '비현(非顯)'이라고도 하며 일체의 존재 가운데 가장 미묘하기 때문에 '최승(最勝)'이라고 하며, 존재 본성을 꿰뚫는 지혜에 의해 획득된 것이기 때문에 '통달(通達)'이라고도 하며, 마땅히 공양을 받을 만하기 때문에 '아라한'이라고도 하며, 감히 가까이 하여 탐낼 만한 대상이 아니기 때문에 불친근(不親近)이라고도 하며, 자주 익힌다고 획득되는 것이 아니기 때문에 불수습(不修習)이라고도 하며, 성자들이 참으로 즐기는 경계이기 때문에 '가애락(可愛樂)'이라고도 한다.[28]

유부는 3가지 무위법을 내세우는데 이중 택멸(擇滅) 무위법은 초기불교 시대 이래의 열반을 지칭한다. "택멸이란 이계를 자성으로 삼는 것으로 모든 유루법에서 벗어난 것을 의미한다."[29] 유위법(有爲法)의 세계는 다수의 원인과 조건에 의해 조작된 것이기 때문에 궁극적으로 무상하고 괴로우며, 실체성이 없는 것이다. 이런 유위법의 존재본성에 대한 통찰을 통해 무지와 집착 등의 일체의 번뇌와 그것에 비롯되는 존재의 속박으로부터 벗어난 상태를 이계(離繫, visaṃyoga)라고 한다. 그리고 이 같은 번뇌소멸의 열반은 사성제의 진리성을 이해 간택(簡擇)하는 무루의 지혜에 의해 증득되기 때문에 '택멸'이라고 한다. 모든 번뇌를 단절할 때 깨달음이 성취되며 이것을 열반의 경지라고 생각한다. 그러나 설일체유부에서는 하나 하나의 번뇌가 끊어지고 마음의 상속이 그 번뇌의 구속으로부터 벗어날 때마다 즉 이계할 때마다 같은 수의 열반이 성취된다고 한다. 그래서 열반은 택멸이라고 불린다.

3종의 무위법 가운데 택멸 무위, 즉 열반은 오과(五果) 중 하나인 이계과(離繫果)로서 헤아려진다. 열반은 바른 지혜에 의하여 획득되는 결과이므로 이계과라고 불리는 것이다. 그러나 열반은 무위법으로 인과관계에서 벗

---

28 『阿毘達磨大毘婆沙論』(『大正藏』27권, 163상)
29 『阿毘達磨俱舍論』(『大正藏』29권, 1상)

어나 있다. 열반을 이계과라고 하더라도 유위의 달마인 지혜에 의하여 생성된 것이 아니므로 일상적인 의미에서의 인과관계에 의해 생기한 결과로 볼 수 없다. 이런 점에서 과이기는 하지만 원인을 갖지 않는다. 요컨대 무위법의 하나인 열반은 이계과이지만 생성 원인을 갖지 않는다. 열반은 무위법일 지라도 마음[心]과 마음작용[心所]의 대상이 되기 때문에 소연연(所緣緣) 즉 유력능작인(有力能作因)이 될 수 있다. 또한 다른 유위법의 생기에 방해하지 않는다는 점에서 무력능작인(無力能作因) 또는 증상연(增上緣)이 될 수 있다. 열반은 다른 유위법에 대하여 능작인은 될 수 있지만 어떤 유위 제법에 의해 생성된 것으로서의 과는 아니다.[30]

유부는 불환과와 관련하여 7종 열반을 제시하고 있다. 물론 이들 열반은 유부가 처음으로 제시한 것은 아니고 초기경전에 보인다. 초기경전에선 이들 열반에 대해 어떠한 설명도 보이지 않지만 유부의 논서에는 자세히 설명되고 있다. 불환의 성자를 모두 설하면 일곱 가지가 있지만 5하분결을 끊은 후 목숨을 마치고서 색계로 가서 반열반에 드는 불환에는 다섯 종류가 있다. 첫째는 중반열반(中般涅槃)으로, 중유(中有)의 상태에 머물면서 반열반에 드는 불환을 말한다. 둘째는 생반열반(生般涅槃)으로, 색계에 태어나 오래지 않아 아라한을 성취하고서 반열반에 드는 불환을 말한다. 셋째는 유행반열반(有行般涅槃)으로, 색계에 태어나 오랜 시간 다시 노력하여 반열반에 드는 불환을 말한다. 넷째는 무행반열반(無行般涅槃)으로, 색계에 태어나 어떠한 노력도 없이 오랜 시간을 지나 반열반에 드는 불환을 말한다. 다섯째는 상류반열반(上流般涅槃)으로, 색계에 태어나 보다 높은 경지로 전생(轉生)하여 반열반에 드는 불환을 말하다. 여기에서 보다 높은 경지란 색계의 경우 제4정려의 최고천인 색구경천(色究竟天)을 말하고, 무색계의 경우 비상비비상처 즉 유정천(有頂天)을 말한다. 따라서 상류반열반에는 색구경천과 유정천으로 전생하여 반열반에 드는 두 종류의 불환이 있다고 할 수 있는데, 전자는 지혜를 즐기는 관행자(觀行者)가 이르는 경지이며, 후자는 선정을 즐기는 지행자(止行者)가 이르는 경지이다. 이상의 다섯 가지 불환을 색계로 가서 반열반하는 자라고 한다. 불환의 성자는 이 밖에 욕계에 있으면서 색계의 탐을 떠났을 경우 목숨을 마친 후 바로 무색계로 가서 반열반에 드는 것을 행무색반열반(行無色般涅槃)이라고 한다. 그리고 욕계에

30 『阿毘達磨俱舍論』(『大正藏』29권, 33하)

머물면서 바로 아라한과를 획득하여 반열반에 드는 것을 현반열반(現般涅槃)이라고 한다. 언제 어디서 열반을 성취하느냐에 따라 7가지 종류로 분류하고 있는 것이다.[31]

『아비달마대비바사론』에선 유여의열반과 무여의열반을 다음과 같이 구분하고 있다. 아라한은 모든 번뇌의 구속을 단절하고 삼계(三界)의 견소단(見所斷)을 여의고 아래 팔지(八地)의 수소단(修所斷)과 아울러 비상비비상처(非想非非想處) 전의 팔품(八品)의 수소단을 끊어 일미(一味)를 증득하는 것을 유여의열반계라고 한다. 아라한의 온·계·처(蘊·界·處)가 멸하면 다시 상속되지 아니하니 무여의열반계에 들어간 것이라고 하여 무여의열반을 죽음과 관련하여 말하고 있다.[32]

유부에선 열반을 유학법(有學法)도 무학법(無學法)도 아니라고 정의내리고 있다. 유학법이란 유학의 성자가 획득한 무루의 유위법을 말한다. 무학법이란 무학의 성자가 획득한 무루의 유위법을 말한다. 열반을 일컬어 학법이라 하지 않는 것은 무학과 이생도 역시 또한 성취할 수 있기 때문이다. 열반을 무학법이라 이름하지 않는 이유는 유학과 이생도 역시 또한 성취할 수 있기 때문이다.[33]

유부에서는 다른 유위 제법과 마찬가지로 열반 역시 존재론적인 의미로 해석하여 객관적이고도 개별적으로 실재하는 것으로 간주하였다. 열반을 자성을 지닌 특별한 존재[法]로 생각하였다. 이런 유부의 입장에 대해 경량부(經量部)에서는, 택멸이라고 가설한 것일 뿐이라고 주장하였다. 택멸은 색온 등의 오온의 존재처럼 지각될 만한 자성을 갖추고 있는 것도 아니며 눈코 등 6근의 감각기관처럼 작용이 있는 것도 아니다. 단지 유위가 제거된 상태를 단지 가설한 것에 지나지 않는다고 하여 열반의 실재성을 부인하고 있다.[34] 유부(有部) 등 다른 부파에서는 열반을 실재하는 것으로 이해하는 경향이 우세한 데 비해, 경량부(Sautrāntika) 등과 대승불교의 일부 학파에서는 열반은 번뇌가 멸한 상태에 대한 가칭적인 명칭에 불과한 것으로 여기고 있다.

독자부(Vāstiputrīya)와 정량부(Saṃmatīya)는 푸드갈라(Pudgala)를 주

31 『阿毘達磨俱舍論』(『大正藏』29권, 124중)
32 『阿毘達磨大毘婆沙論』(『大正藏』27권, 322상)
33 『阿毘達磨俱舍論』(『大正藏』29권, 127상)
34 『阿毘達磨俱舍論』(『大正藏』29권, 33하)

장하여 열반을 성취한 자는 어떤 형태로든지 존재한다고 여긴다. 열반의 실재를 지나치게 강조하지 않으려는 의도에서 열반이라는 것은 제법과 동일하지도 그렇다고 전혀 다른 것도 아니다라고 말할 수 없다는 조심스런 태도를 보이고 있다. 또한 열반이라는 것이 존재한다거나 존재하지 않는다고 말할 수 없다고 밝히고 있다.[35]

3. 대승불교의 열반관

1) 용수의 열반관

중관(中觀)학파는 논리적인 측면에서 이분법적인 사고방식을 부정한다. 열반이 곧 윤회이고 윤회가 곧 열반이라고 주장한다. 열반이 없이는 윤회가 없고 윤회가 없이는 열반이 없다는 것이다. 언어와 언어가 지칭하는 대상은 근본적으로 동일하지 않다는 것을 전제로 하여 용수(Nāgārjuna)는 언어는 어떤 절대적인 실제를 정의하는데 적합하지 않다고 보고 있다. 일반적으로 사람들이 열반이니 윤회이니 하는 말을 사용하는 한 열반이라는 말이나 윤회라고 하는 말은 서로 의존하고 있는 것이다. 실제를 언어로 분석하고 집착하는 것이 문제의 근원이므로 지혜를 개발하여 관념에 대한 집착을 벗어나게 해주는 것이 긴요하다. 특히 자아관념은 가장 해로운 관념 중의 하나이다. 자아라는 관념에 해당하는 자아가 실재하는 것은 아니다. 자아관념을 제거하면 일체를 자비로 대할 수 있게 되는 것이다.

『중론』의 「관박해품(觀縛解品)」에선 열반과 생사가 별개의 것으로 존재하는 것이 아니다라고 역설하고 있다. "생사를 떠나서 별도로 열반이 있는 것이 아니네. 실상(實相)의 이치가 이와 같은데 어찌 분별하겠는가? "모든 법의 실상(實相)인 제일의(第一義)에서는 생사를 떠나 별도로 열반이 있다" 고 말하지 않는다. 경전에서는 "열반이 생사이고 생사가 열반이다"고 말하고 있다. 이와 같이 법들의 실상에서 어떻게 '이것이 생사이다', '이것이 열반이다' 하고 말하겠는가?"[36] 『중론』의 「관열반품(觀涅槃品)」에선 열반과 세간이 전혀 차이가 없다고 역설한다. "열반은 세간과 어떤 차이도 없네. 세간은 열반과 어떤 차이도 없네.[涅槃與世間 無有少分別 世間與涅槃 亦無少

35 Lamotte, E., *History of Indian Buddhism.* Tr. by Sara Webb-Boin. Louvain-la-Neuve. 1988. 611면.

36 『中論』(『大正藏』30권, 21중)

分別]”[37] 모든 법은 발생하지도 않고 소멸하지도 않기 때문에 세간은 열반과 차이가 없고, 열반은 세간과 차이가 없다고 설명하고 있다. 또 세간과 열반의 한계를 완벽하게 궁구해 보아도, 한계가 생기는 일이 없고 평등해서 얻을 수 없기 때문에 아주 적은 차이도 없다고 부연하고 있다. “열반의 경계와 세간의 경계 이 두 경계는 아주 적은 차이도 없네.[涅槃之實際 及與世間際 如是二際者 無毫釐差別]”[38]

『대지도론』에서도 열반을 긍정적으로 밝히고 있다. “일체 중생 중 불(佛)이 제일이듯이 일체 제법 중 열반이 제일이다.”[39] “열반은 일체법 중 구경의 무상법(無上法)이다. 중천과 만류 중에서 대해(大海)가 최고이고 산들 중에선 수미산(須彌山)이 최고이고 일체법 중 허공이 최상이듯이 열반도 그러하다. 노병사의 고(苦)가 없고 사견(邪見)이나 탐에(貪恚) 등의 제쇠(諸衰)도 없고 애별이고(愛別離苦)도 원증회고(怨憎會苦)도 없다. 구부득고(求不得苦)도 없다. 무상(無常)·허광(虛誑)·패괴(敗壞)·변이(變異) 등 일체가 없다. 요약해서 말하면 열반이란 일체고가 사라진 것이고 끝내 상락(常樂)이다. 시방의 모든 불보살(佛菩薩)과 제자 무리들의 귀의처이다. 안은 상락하여 이것[열반]보다 나은 것이 없다.”[40]

『대지도론』에서도 열반과 세간의 불리(不離)를 강조하고 있다. 열반은 최승법이지만 환상과 같다고 밝힌다. 열반도 허망법에서 나왔기 때문이다. “허망법에서 나왔기 때문에 열반이 있다.[從虛妄法故有涅槃]”[41] 열반이 세간의 법과 별개로 존재하는 것이 아님을 밝히고 있다. 열반은 어떤 상도 가지고 있지 않으므로 취착할 수 없으며 따라서 다툼이 일어나지 않는다. “만약 열반이 상(相)을 지니면 즉 이것은 정해진 상(定相) 있게 되어 취착의 대상이 될 수 있다. 곧 이것은 희론(戲論)을 의미한다. 희론이 일어나므로 쟁송이 일어난다. 쟁송이 나면 진에(瞋恚)가 있게 되어 천상이나 인간으로 태어나지 못한다. 하물며 열반이랴. 이런 이유로 붓다도 설하신다. ‘열반은 무상(無相)이며 무량(無量)이며 불가사의(不可思議)이며 모든 희론을 소멸한다. 이런 열반상은 곧 반야바라밀(般若波羅蜜)이다. 그러므로 열반은 응당

37 『中論』(『大正藏』30권, 36상)
38 『中論』(『大正藏』30권, 36상)
39 『大智度論』(『大正藏』25권, 449상)
40 『大智度論』(『大正藏』25권, 449중)
41 『大智度論』(『大正藏』25권, 449중)

심(心)과 심수법(心數法)에 속하지 않는다."[42] 용수는 중도실상의 세계 즉 열반이 중생의 세계, 즉 윤회와 멀리 떨어진 별개의 세계가 아니라 모순 대립하는 사견을 떠나면 세간이 곧 열반임을 이야기하고 있다. 열반은 논의될 수 있는 것이 아니며 온전한 지혜에서 알려질 수 있다고 말하고 있다.

2) 『대반열반경』의 열반관

『대반열반경』에서 열반의 세 가지 덕으로 법신(法身)·반야(般若)·해탈(解脫)의 셋이 열거되고 있다. 법신은 영원한 진리의 세계, 반야는 생사를 만들어내는 번뇌를 제거하는 지혜를, 해탈은 생사의 구속에서 벗어난 것을 의미한다. 이 셋은 마치 세 개의 다리가 솥을 구성하듯이 열반의 특징을 잘 보여준다. 셋 중 어느 하나가 결여되어도 열반이라고는 하지 못한다고 밝히고 있다. "해탈법도 열반이 아니고 여래의 몸도 열반이 아니고 마하반야도 열반이 아니며, 세 가지 법이 제각기 달라도 열반이 아니다."[43]

한편으로는 열반을 상(常)·락(樂)·아(我)·정(淨) 네 가지 특성으로 설명하고 있다. "생각이 뒤바뀌고 마음이 뒤바뀌고 소견이 뒤바뀜이 있다. 세 가지가 뒤바뀐 연고로 세간 사람들은 즐거운 것을 괴로움으로 보고, 항상한 것을 무상(無常)으로 보고, 아(我)를 무아(無我)로 보고, 정(淨)을 부정(不淨)으로 보는 것이다. 그러므로 뒤바뀌었다 이름하고, 뒤바뀐 연고로 세간 사람은 글자만 알고 이치를 알지 못한다고 한다. 무엇을 이치라 하느냐. 무아(無我)는 생사이고 아(我)라는 것은 여래며, 무상(無常)이라는 것은 성문·연각이요, 항상한 것은 여래의 법신(法身)이며, 괴로운 것은 모든 외도들이다. 즐거운 것은 열반이며, 부정한 것은 만들어진 법이고, 깨끗한 것은 붓다와 보살이 가지는 바른 법이다. 이것은 전도되지 아니한 것이라고 한다."[44] 결국 열반이란 상주하여 불멸하며, 고통이 없는 완전한 행복이며, 아무 것도 존재하지 않는다는 허무론이 아니며, 더러움이 없는 청정의 세계임을 적극적으로 천명하고 있는 것이다. 초기불교나 부파불교에선 열반을 긍정적인 언어로 정의하거나 설명하는 일이 드물었다. 부정적인 용어로 열반을 정의하다 보니 열반을 소극적으로 또는 허무론적으로 이해하려는 경향이 있었다. 이런 잘못된 경향을 대승불교의 『대반열반경』은 바로 잡고자 적극

---

42 『大智度論』(『大正藏』25권, 643하)
43 『大般涅槃經』(『大正藏』12권, 376하)
44 『大般涅槃經』(『大正藏』12권, 377하)

적으로 열반을 세 가지, 네 가지 긍정적인 덕성을 드러내고 있는 것이다.

열반에 8가지 맛이 있다고 설하며 열반의 긍정적인 특성을 강조하고 있다. "모든 약 가운데 제호(醍醐)가 제일이듯이 중생들의 번뇌와 산란한 마음을 다스림에도 이 대반열반이 제일이다. 선남자여, 좋은 타락에는 여덟 가지 맛이 갖추어져 있듯이, 대반열반에도 여덟 가지 맛이 갖추어져 있다. 첫째는 항상한 것, 둘째는 변치 않는 것, 셋째는 편안한 것, 넷째는 서늘한 것, 다섯째는 늙지 않는 것, 여섯째는 죽지 않는 것, 일곱째는 때가 없는 것, 여덟째는 즐거운 것이다. 이것이 여덟 가지 맛이니, 여덟 가지 맛을 구족하였으므로 대반열반이라 한다. 모든 보살마하살들이 이 속에 편안히 머물면, 가는 곳마다 열반을 나타낼 수 있으므로 이름을 대반열반이라 한다."[45]

붓다의 불멸성(不滅性)을 불신상주(佛身常住)라고 한다. 붓다가 무여열반에 드는 것이 마치 장작이 다 타서 불이 꺼지는 것과 같다고 생각하는 것은 붓다를 신체적으로만 파악하는 것이다. 붓다를 업(業)의 속박으로부터 벗어날 수 없는 신체적 존재라고 보는 자에게 붓다의 죽음은 무상(無常)하고 괴로운 것이며, 무아(無我)며 부정(不淨)한 것일 수밖에 없다. 그러나 붓다는 육신(肉身)이 아니며 업에 속박되는 무명(無明)의 존재가 아니다. 붓다로 하여금 붓다이게끔 하는 것은 진실로 깨달음인 것이다. 『대반열반경』은 그 깨달음을 대열반이라고 한다. 그리고 붓다의 본질을 열반이라고 한다.[46]

붓다의 본질인 대열반이 이와 같은 법신과 반야와 해탈의 셋을 내용으로 한다고 하면 붓다는 법신이므로 무상(無常)한 육신이 아닌 상주(常住)며, 해탈이므로 고(苦)가 아니라 낙(樂)이며, 반야이므로 무지(無知)와 무명(無明)에 속박되지 않는 절대 자유의 대아(大我)다. 결국 그것은 청정하며 번뇌가 없는 존재이다. 석가모니불의 무상을 나타낸 입멸을 계기로 『열반경』은 이 대아를 밝히며 진실한 붓다는 상락아정(常樂我淨)의 4덕과, 법신·반야·해탈의 삼덕(三德)을 갖춘 열반으로서 본질을 삼기 때문에 불신(佛身)은 상주(常住)인 것이다.

『대반열반경』은 불성의 증득 여부에 따라 열반과 대반열반을 구분시키고 있다. "불성을 보지 못하고 번뇌만 끊은 것을 열반이라 하고 대열반이라 이름하지 아니한다. 불성을 보지 못하였으므로 항상함도 없고 나도 없으

45 『大般涅槃經』(『大正藏』12권, 385상)
46 『大般涅槃經』(『大正藏』12권, 390상)

며, 즐거움과 깨끗함만 있나니, 이런 뜻으로 번뇌를 끊었으나 대열반이라 이름하지 않는다. 만일 불성을 보고 번뇌를 끊었으면 대반열반이라 이름한다. 불성을 보았으므로 항상하고 즐겁고 나이고 깨끗하다 하며, 이런 뜻으로 번뇌를 끊은 것도 대반열반이라 일컫는다."[47]

성문과 연각을 폄하하는 대승불교의 전통에 따라 『대반열반경』도 붓다가 머무는 열반은 대반열반이라 하고 이승이 머무는 열반은 그냥 열반이라고 하고 있다. "소왕(小王)이 머무는 데는 작은 성이라 하고, 전륜왕이 머무는 데는 큰 성이라 하듯이, 성문이나 연각이 8만·6만·4만·2만·1만 겁 동안 머무는 데는 열반이라 하고, 위없는 법주(法主)인 성왕(聖王)의 머무는 데라야 대반열반이라 이름한다."[48] 이승이 자신의 안락만 생각하여 열반에 머무는 것에 비해 보살은 생사에 빠져 있는 중생들에게 진실의 길을 보여주므로 대반열반이라고 한다. "보살도 그러하여 대자비가 있어 모든 사람을 가엾이 여기고 여러 중생에게 부모와 같다. 생사의 바다에서 중생들을 건지고, 중생들에게 한결같은 실상의 도를 보여 준다. 이것을 대반열반이라 이름한다."[49]

3) 유식종학파 4종열반관

유식학파는 열반과 윤회는 공통의 기반 즉 마음이라는 것을 공유하고 있다고 본다. 마음은 무명[윤회]과 지혜[열반]의 공통 토대이다. 모든 개개인은 불성을 지니고 있는데 단지 무명이라는 집착에 덮여 있을 뿐이다. 만약 열반과 윤회가 마음에 공통적으로 의존한다면 열반을 객관적인 실재로 보기 어렵게 된다. 열반이나 윤회가 마음에 의존하고 있으므로 주관적일 수밖에 없다.[50]

『성유식론』에서 열반을 4가지로 나눈다: 본래자성청정열반(本來自性淸淨涅槃), 유여의열반(有餘依涅槃), 무여의열반(無餘依涅槃), 무주처열반(無住處涅槃). "첫째, 본래자성청정열반은 일체 법상의 진여 도리가 일시적인 더러움을 지니고 있더라도 그 본성은 청정하다는 것이다. 무수한 미묘 공

---

47 『大般涅槃經』(『大正藏』12권, 514하)
48 『大般涅槃經』(『大正藏』12권, 502중)
49 『大般涅槃經』(『大正藏』12권, 502하)
50 Eliade, Mircea, ed., *Encyclopedia of Religion,* New York. 1987. 'NIRVĀṆA'항목 참조.

덕을 구족하고 있다. 무생이고 무멸하는 것이 마치 허공과 같다. 일체 유정이 모두 평등하게 구유하고 있다. 일체법과 동일하지도 않고 별이한 것도 아니다. 일체의 상(images)과 일체분별을 떠나 있다. 사고도 끊어진 것이며 언어도 단절된 곳이다. 오직 참된 성인이 스스로 몸소 증득한 바이다. 그 본성이 본래 적정하므로 열반이라고 한다. 둘째, 유여의열반이란 진여가 번뇌장을 벗어난 것이다. 비록 미세한 고통이 의지하는 것이 남아 있지만 장애가 영원히 적멸하였기 때문에 열반이라고 이름한다. 셋째, 무여의열반이란 진여가 생사의 고통을 벗어난 것이다. 번뇌가 이미 멸진하고 나머지 몸도 멸하였다. 모든 고통이 영원히 사라졌으므로 열반이라고 한다. 넷째, 무주처열반이란 진여가 소지장(所知障)을 벗어나고 대비와 반야의 도움을 항상 받는다. 그리하여 생사에도 열반에도 머물지 않고 유정을 영원히 즐겁고 이롭게 한다. 작용하지만 항상 고요하기 때문에 열반이라고 한다."[51]

이들 4종 열반 중 유여의열반과 무여의열반에 관한 정의는 부파불교의 논서와 대동소이하다. 본래자성청정열반과 무주처열반에 관하여 살펴보자. 본래자성청정열반은 열반의 본체에 대해 말한 것이다. 어떤 언설이나 사고로도 알 수 없는 진여 그 자체라는 것이다. 무주처열반은 대승불교가 표방하는 보살의 이상을 잘 대변하고 있다. 지혜에 의하여 번뇌장과 소지장을 여의었기 때문에 생사 윤회의 세계에도 머물지 아니하고 대비를 가지고 중생을 구제하기 위하여 열반에도 머물지 않는다는 것이다. 무주처열반은 대승불교에서 이상적으로 여기는 열반으로서 생사에도 머물지 않고 열반에도 머물지 않는 것이다. 자비와 지혜가 원만하여 중생들을 구제하는 것이다.

4) 대승불교의 논서 및 선종 문헌

『십지경론』에선 열반을 성정열반(性淨涅槃)과 방편괴열반(方便壞涅槃)으로 나눈다.[52] 『삼무성론』은 멸제(滅諦)를 청정여여(淸淨如如)로 정의하면서 본래청정열반과 무구청정열반으로 나누고 있다. 전자는 수행이전부터 본래 청정했던 열반을 지칭하며 후자는 수행한 후 정화된 열반을 의미한다.[53] 길장은 『대승현론』에서 열반을 편안한 마음의 본래 집으로 비유하고

51 『成唯識論』(『大正藏』31권, 55중)
52 『十地經論』(『大正藏』26권, 133중)
53 『三無性論』(『大正藏』31권, 172)

있다.[54]

선종에선 열반이 무엇인지 언어나 논리로 설명하지 않고 선문답으로 답하고 있다. 다음의 선문답은 대표적인 예가 될 것이다. 단하(丹霞) 화상이 마곡(麻谷)과 산 구경을 하다가 개울가에 이르러 이야기를 하던 끝에 마곡(麻谷)이 물었다. "어떤 것이 대열반입니까?" 선사가 고개를 돌리면서 대답했다. "급하다." "무엇이 급합니까?" "개울물이니라."[55] 『종경록』에선 자성청정심(自性淸淨心)을 열반으로 보고 있다. "이 마음은 본래도 있었고 지금도 있는 것이다. 조작을 빌지 아니하며, 본래도 깨끗하고 지금도 깨끗한지라 빛이 나게 닦기를 기다리지 아니한다. 제 성품이 열반이요 제 성품이 청정이며, 제 성품이 해탈이고 제 성품이 여의었기 때문이다. 이것이 그대의 성품이요 본래 부처인지라 따로 부처를 구할 필요도 없다. 그대 스스로가 금강정(金剛定)이라 다시금 뜻을 짓고 마음을 모아 선정을 취할 필요도 없고 비록 마음을 모으고 생각을 거두어서 지어 얻는다 하여도 역시 구경이 아니다."[56]

5) 원효(元曉)의 열반관

원효의 『열반종요』는 열반에 관한 이전의 다양한 논의들을 회통하여 열반의 본래 의미를 드러내고 있다. 원효는 대승불교의 『대반열반경』을 중심으로 하여 불성, 열반을 논의하고 있는데, 경의 인연과 종지, 열반의 번역, 열반의 체와 상, 열반의 허실, 열반의 종류, 열반의 덕 등에 대해 각종 경전들을 인용하고, 여러 학파 및 학설을 소개하고 해석하거나 평가하고 있다.

원효는 서두에서 열반을 다음과 같이 정의하고 있다. "열반의 도(道)라는 것은 무도이지만 도 아닌 것이 없다. 머무는 것이 아니지만 머물지 아니하는 것이 아니다. 그 도가 지극히 가깝고 그리고 지극히 멀다는 것을 안다. 이 도를 증득한 자는 너무나 고요하기도 하고 너무나 요란하기도 하다."[57] 열반은 불가사의한 도로 일상적인 언어나 사고로 표현할 수 없다는 것이다. 따라서 열반에 관하여 여러 가지 논의가 있을 수 있지만 일방적으로 어떤 주장은 옳고 다른 주장은 틀린 것이라고 할 수 없다는 입장에서 원효는 열

54 『大乘玄論』(『大正藏』45권, 46상)
55 釋靜과 釋筠 편찬, 『祖堂集』(長沙市:岳麓書社, 1996), 101면.
56 『宗鏡錄』(『大正藏』48권, 492상)
57 『涅槃宗要』(『韓佛全』1권, 524상)

반에 관한 제학설을 회통시키고 있다.

『대반열반경』에서 논의되었던 주요한 내용들을 원효는 주로 인용하고 다루고 있는데 열반의 삼사(三事)와와 사덕(四德)을 중심으로 살펴보자. 원효는 열반의 많은 공덕 중에서 법신, 반야, 해탈의 세 가지 특성을 들고 있는 이유에 대해 세 가지로 나누어 설명하고 있다. 즉 생사의 세 가지 근심을 대치(對治)하기 위해서 라고 밝히고 있다. 첫째, 법신은 고(苦)의 과보인 오음(五陰)의 몸을 대치하기 위해 건립된 것이고, 반야는 번뇌의 미혹되는 법을 제거하기 위해, 해탈은 모든 업장(業障)에 얽매이는 원인을 여의기 위해서 건립되었다는 것이다. 둘째, 소승들이 열반에 들 때 회신멸지(灰身滅智)하므로 법신이 상존하며 대지는 불멸이라고 설한 것이다. 셋째, 소승들이 신지(身智)가 남아 있을 때, 습기가 남아 있어 고통의 과보를 면하지 못한다. 신지와 관련하여 참된 해탈을 건립한 것이다.[58]

원효는 열반에는 수많은 덕이 갖추어져 있는데 오직 상(常)·낙(樂)·아(我)·정(淨)의 사덕(四德)만을 세우는 이유를 네 가지로 설명하고 있다. 4가지 장애를 없애고, 4가지 환난을 뒤엎고, 4가지 전도를 대치하고, 4가지 편견을 여의기 위해서라고 밝히고 있다. 첫째, 4가지 장애를 없앤다는 것은 다시 네 가지로 세분하여 설명하고 있다. 일천제(一闡提)는 생사에 탐착해서 정덕(淨德)에 장애가 있고, 외도는 허망한 아(我)에 집착하여 아덕(我德)에 장애가 있으며, 성문은 고를 두려워하여 악덕(樂德)에 장애가 있고, 연각은 이타(利他)의 마음을 내지 않아 상덕(常德)에 장애가 있다. 네 가지 장애를 각각 대치하기 위해서 열반의 사덕을 건립하였다는 것이다. 둘째, 4가지 환난을 뒤엎는다는 것은 윤회 생사의 4가지 환난 즉 무상(無常)·고(苦)·무아(無我)·부정(不淨)을 뒤엎는다는 의미이다. 셋째, 4가지 전도를 대치한다는 것은 성문의 4가지 무위에 전도되는 것, 즉 무상·고·무아·부정을 대치한다는 것이다. 성문의 무상 등은 범부의 4가지 전도를 대치한 것이지만 법신의 무위인 4가지 덕을 왜곡한다. 넷째, 4가지 상을 여읜다는 것은 윤회하는 생사의 4가지 모습 즉 연상(緣相)·인상(因相)·생상(生相)·괴상(壞相)을 여읜다는 것이다. 연상인 무명의 더러움을 벗어나기 위해서 정덕(淨德)을 내세우고, 인상인 업의 얽매임을 벗어나기 위해 아덕(我德)을, 생상인 미세한 고를 벗어나기 위해 낙덕(樂德)을, 괴상인 무상의 소멸을 벗어나기 위해 상

58 『涅槃宗要』(『韓佛全』1권, 531하)

덕(常德)을 건립한다는 것이다.[59]

Ⅲ. 인접 개념과의 관계 및 현대적 논의

1. 인접 개념과의 논의

1) 열반과 해탈

열반이란 개념이 갖는 본래의 뜻은 번뇌의 소멸 즉, 번뇌의 구속에서 벗어남을 의미한다. 이런 의미에서 열반의 동의어로 해탈도 사용된다. "마치 거대한 대양이, 오 비구들이여, 한가지 맛, 즉 소금의 맛을 지니듯이, 비구들이여, 이 법과 율은 오로지 한가지 맛 즉 해탈의 맛을 지니고 있다"[60] 수행을 통해 도달한 궁극적 경지를 불교에서는 해탈이나 열반이라는 말로 부른다. 해탈(vimoksa, vimukti)은 결박이나 장애로부터 벗어난 해방, 자유 등을 의미하고, 열반(nirvana)은 '불어 끈다(吹滅)'는 뜻으로서 번뇌의 뜨거운 불길이 꺼진 고요한 상태를 가리킨다.

인도사상사적 견지에서 정신적 해방을 뜻하는 가장 보편적인 단어는 해탈로서 이해되었으나, 불교의 이상적 경지는 열반 즉 **nirvāṇa**로 표현되었다. **nirvāṇa**는 '탐욕·갈망을 가라앉히다'라는 뜻을 지니고 있다. 탐욕 등 번뇌의 불이 소멸된 상태를 의미한다. 한편 해탈을 지칭하는 말로서, '해방하다'거나 '~에서 벗어나다'는 뜻의 어원 muc(to be free from)에서 파생된 mokṣa(또는 vimokṣa)는 번뇌에 묶인 바 미혹의 고통으로부터 풀려남을 의미하며, 또한 '미혹의 세계를 넘는다'는 뜻에서 도탈(度脫)이라 쓰여지기도 한다. 언어적 측면을 전제할 때 mokṣa는 해탈의 주체가 암시적으로 스며들어 있다. 무엇이 [또는 누가] 해탈하는가 라는 의문이 해탈이라는 말에 결부되어 있다. 반면에 열반이라는 말은 그런 문제에서 벗어나 있다. 소멸이 일차적인 의미이므로 소멸의 대상에 초점이 맞추어져 있기 때문이다. 무아(無我)를 종지로 삼았던 불교에선 이런 이유로 해탈이라는 용어보다는 열반을 더 선호하게 되었고 인도종교사에서 열반이 불교의 전문용어 (Buddhist

---

59 『涅槃宗要』(『韓佛全』1권, 533하)

60 *Vinaya -piṭaka* vol.V, 335면.

technical term)로 여겨지게 되었다고 보인다.

해탈이라는 말은 종종 심해탈(心解脫), 혜해탈(慧解脫), 구해탈(俱解脫)로 사용된다. 이 3개의 해탈이 서로 동일한 것인지 다른 별개의 것인지 정리해 둘 필요가 있다. 심해탈과 혜해탈이 동시에 병기되는 경우를 초기경전에서 종종 볼 수 있다. 심해탈은 탐욕에서, 혜해탈은 무명에서 벗어난 것을 의미한다. "탐욕을 여의었기 때문에 심해탈이 있고, 무명에서 벗어났기 때문에 혜해탈이 있다.(rāgavirāgā cetovimutti avijjāvirāgā paññāvimutti ti)"[61] 심해탈은 혜해탈로 가는 도정에 있는 것으로 보는 경구도 있다. "심해탈이란 무엇인가? 탐욕에서, 분노에서, 무지에서 마음이 해탈한 것이다. 혜해탈이란 무엇인가? 이미 탐욕, 분노, 무지를 단절하고, 그 뿌리를 잘라내고, 뿌리 없는 다라수 나무처럼 멸해져 미래에 다시 태어나지 않는 것을 아는 것이다. 이것을 혜해탈이라고 한다"[62] 여기 인용문에선 해탈지견(解脫智見)이 혜해탈에 상응한다. 색온(色蘊) 등 오온에 대해 싫어하는 마음을 내고 욕심을 버려서 해탈하는 것을 아라한의 혜해탈이라고 부른다.[63] 구해탈이란 문자 그대로 2가지 해탈 즉, 심해탈과 혜해탈을 의미한다. "비구는 번뇌를 멸진하고 무루의 심해탈과 혜해탈에 도달하여 머문다. 이 경지를 구해탈이라고 한다. 이 구해탈이외에 더 우수한 구해탈은 없다"[64] 구해탈이 선정과 관련되어 사용되는 경우가 많으므로 구해탈이 정해탈(定解脫), 심해탈과 동의어로 보는 학자도 있다.[65] 반면에 심해탈과 혜해탈이 최초기에는 같은 것을 지칭하는 것이었는데 경전 주석가나 논사들에 의해 서로 다른 것으로 구분되고 상하 우열 평가가 매겨지게 되었다고 보는 학자도 있다.[66]

다른 한편 해탈과 열반을 구분하여 해탈을 열반보다 하위에 두는 용례도 찾아볼 수 있다. 다음의 초기경전은 이런 사정을 잘 보여준다. "무엇을 위해 탐욕을 버립니까?" "해탈을 위해서이다." "해탈의 목적은 무엇입니까?" "해탈의 목적은 열반이다." 이상의 문답에서 해탈이 열반보다 하위에 놓여 있음을 알 수 있다.[67] 열반과 해탈을 구분하려는 시도는 아비달마 논서에도

61 *Aṅguttara Nikāya* vol.I, 61면.
62 *Aṅguttara Nikāya* vol.V, 31-32면.
63 『雜阿含經』(『大正藏』2권, 19중)
64 *Dīgha Nikāya* vol.II, 71면.
65 佛教思想研究會 編, 『解脫』(東京: 平樂寺書店. 1982), 111-113면.
66 Richard F. Gombrich, *How Buddhism Began,* London: The Athlone Press. 1996. 110면ff.

보인다. 『아비달마대비바사론』엔 해탈과 열반의 차이에 대해 논하고 있다. "마음에 구예(垢穢)가 없는 것을 해탈이라 하고 영원히 중담(重擔)을 버린 것을 열반이라고 한다. 조건에 대해 이계(離繫)하는 것을 해탈이라 하고 제온(諸蘊)이 영적(永寂)하는 것을 열반이라고 한다. 무색계(無色界)를 떠나는 것을 해탈이라고 하고 영원한 적정(寂靜)을 증득하는 것을 열반이라고 한다."[68] 대승불교의 『대반열반경』에도 해탈과 열반을 동일시하지 않고 해탈을 열반의 주요한 한 속성으로 이해하고 있다. 열반이란 법신(法身)과 반야(般若)와 해탈(解脫)의 삼법(三法)으로써 이루어지며 이 셋을 열반의 삼덕(三德)이라고 한다. 법신이란 때와 장소라고 하는 제약을 넘어 보편적이며 항상 존재하는 우주의 진실한 이법(理法)이다. 그리고 그것을 깨닫는 지혜가 반야며 그것을 깨달았을 때 얻는 자유의 경지가 해탈이다. 이 3자는 상호 의지하여 존립함으로써 비로소 각각의 의의를 완성할 수 있으며 각각 떨어져서는 성립되지 않는다.[69]

2) 열반과 무위법

무위법(無爲法)의 문자적 의미는 더 이상 어떤 조건[인연]에 의해 조작[생성]되지 않은 것, 따라서 더 이상 소멸하지도 않는 것이라는 뜻이다. 비구들이여, 생기하지 않은 것이 있고, 성장하지 않은 것이 있으며, 만들어지지 않은 것이 있으며 형성되지 않은 것이 있다. 만약 생기하지 않은 것이 없고, 성장하지 않은 것이 없으며, 만들어지지 않은 것이 없고 형성되지 않은 것이 없다면 생겨나고 성장하며 만들어지고 형성된 것들로부터의 해탈도 없을 것이다. 생기하지 않은 것이 있고 성장하지 않은 것이 있으며 만들어지지 않은 것이 있고 형성되지 아니한 것이 있기 때문에 생겨나고 성장하며 만들어지고 형성된 것들로부터의 해탈이 있는 것이다.[70]

---

67 *Saṃyutta Nikāya* vol.Ⅲ, 189면; 『中阿含經』(『大正藏』1권, 430하)

68 『阿毘達磨大毘婆沙論』(『大正藏』27권, 147중)

69 『大般涅槃經』(『大正藏』12권, 376하)

70 Udāna, 80-81면. 이 구절을 둘러싼 여러 가지 논의가 있다. 열반을 존재론적으로 이해하려는 입장과 그것을 부정하는 입장이 있다. Rune, Johansson, *The Psychology of Nirvana,* London: George Allen and Unwin LTD. 1969, 51-80면. "Atthi bhikkhave ajātaṃ abhūtaṃ akataṃ asankhataṃ, no ce taṃ bhikkhave abhavissa ajātaṃ abhūtaṃ akataṃ asankhataṃ, na yidha jātassa bhūtassa katassa sankhatassa nissaranaṃ paññāyetha. Yasmā ca kho bhikkhave atthi ajātaṃ abhūtaṃ akataṃ asankhataṃ, tasmā jātassa bhūtassa katassa sankhatassa nissaranaṃ paññāyati"

무위법의 정의가' 바로 열반임을 확인할 수 있다. "무엇을 무위법이라고 하는가? 탐욕(貪欲)이 영원히 소진하고 진에(瞋恚)·우치(愚癡)가 영원히 소진하고 일체 번뇌가 영원히 소진하는 것, 이것을 무위법이라고 한다."[71] 열반은 생사의 괴로움을 벗어난 세계이다. 그 곳에는 생주이멸(生住異滅)의 무상함은 없다. "유위(有爲)에는 생주이멸이 있지만 무위(無爲)에는 생주이멸이 없다. 이것을 모든 행(行)이 적멸(寂滅)한 열반이라고 한다."[72] 다음과 같은 게송도 이런 경지를 표현하고 있다. "모든 행은 무상하니 그것은 생멸의 법이다. 생멸을 멸해 버리면 적멸은 즐거움이 된다."[73]

각 부파들마다 제각기 무위법에 대하여 다르게 범주지우고 있지만 공통적으로 열반을 무위법으로 포함하는 것엔 이견을 보이지 않는다. 붓다고사(Buddhaghosa)는 어떻게 열반이 불사가 되는지 설명하고 있다. "열반은 만들어지지 않았기 때문에, 늙음과 죽음으로부터 자유롭다."[74] 카즌(Cousins)은 논장에서 다루어지고 있는 열반의 존재론적 지위를 연구하고, 다음과 같이 결론짓는다. "모든 불교전통이 일치하는 점은 열반은 무위법이고, 시간적인 것도 공간적인 것도, 정신적인 것도 물질적인 것도 아니다. 그렇지만 단순히 유위법의 부재나 소멸도 아니다."[75] "색계는 욕망에서 벗어났고 무색계는 색계에서 벗어났고 적멸 열반은 유위에서 벗어났다."[76] 무위법으로서의 열반은 대승불고에선 진여(眞如)·법계(法界)·제일의제(第一義諦)·공성(空性)·불성(佛性)·법신(法身) 등과 동의어로 인식되었다

3) 열반과 무상정등각

초기불교문헌에 의거하는 한 열반과 정각은 동의어이다. 열반이 탐욕 등의 불꽃이 소멸된 것을 의미한다는 측면에서 감정적인 번뇌의 측면을 강조한 것인데 비해 정각은 무명과 상반하여 사용되어 지적인 측면을 드러내고 있지만 동일한 것을 의미한다. 붓다가 35세에 보리수 아래에서 이룩한 경지를 열반이라고도 하며 정각이라고도 하는 것이다. 『증일아함경』에서 붓

71 『雜阿含經』(『大正藏』2권, 224중)
72 『雜阿含經』(『大正藏』2권, 83하)
73 『雜阿含經』(『大正藏』2권, 153하)
74 *Visuddhimagga* 509면.
75 L. S. Cousins, 'Nibbāna and Abhidhamma' *in Buddhist Studies Review* 1, 2, 1983-4, 107면.
76 『阿毘達磨大毘婆沙論』(『大正藏』27권, 431중)

다는 인내력과 사유력에 의거하여 정각을 이룰 수 있었다고 회고하고 있다. "만약 나에게 이 두 가지 힘이 없었다면 끝내 무상정진등정각(無上正眞等正覺)을 성취하지 못했을 것이다. 무엇을 무위도적(無爲道跡)이라고 하는가? 팔성도분(八聖道分)이 그것이다. 즉 정견·정지(正智)·정어·정업·정명·정방편(正方便)·정념·정정, 이것이 무위도적(無爲道跡)이다."[77] 사위국의 바사닉왕이 붓다가 스스로 아뇩다라삼먁삼보리(阿耨多羅三藐三菩提)를 이루었다고 선언한 말을 듣고 그 말의 진위여부를 묻자 붓다는 대답한다. "나는 지금 진실로 아뇩다라삼먁삼보리를 얻었기 때문입니다."[78] 붓다의 사후 제자들도 붓다의 열반을 성불이라고 표현하고 있다. "실달(悉達)이라는 왕자가 출가하여 도를 배워 비로소 처음 성불(成佛)하기에 이르렀다."[79]

『대반열반경』에 보이는 입멸과정이 붓다의 정각과정과 밀접한 관계가 있음을 고려한다면 열반과 정각이 동등하게 다루어지는 것을 유추할 수 있다.[80] 『열반경』은 붓다의 정각과 입멸을 동등하게 다루고 있다. 말라족의 푸쿠사가 바친 황금가사가 붓다의 몸에 입혀졌을 때, 찬란했던 그 가사는 광채를 잃어버린 것 같았다. 이 놀라운 광경을 보고 놀란 아난다에게 붓다는 설명한다. "아난다여! 그와 같도다. 아난다여! 두 경우에 여래(如來)의 피부는 매우 밝고 빛난다. 두 경우는 무엇인가? 아난다여! 여래가 무상(無上)의 최고의 정등정각을 이루는 밤과, 여래가 무여의열반(無餘依涅槃)을 이루는 밤이다."[81] 왜 붓다의 피부가 두 경우에 그렇게 빛난 이유는 두 경우가 서로 동등하기 때문이라는 것이다. 정각과 열반이 동등하다는 생각이 다시 붓다에 의해 피력되었다. "두 공양 음식은 다른 어떤 공양보다도 똑같은 열매, 똑같은 결과를 초래한다. 무엇이 그 둘인가? 무상 최고의 정각을 이루기 전(前) 여래에 의해 취해진 음식과 무여의열반 직전 여래가 취한 음식이다."[82] 다른 어떤 공양보다도 이 두 음식 공양이 똑같이 더 많은 결과를

---

77 『增一阿含經』(『大正藏』2권, 580중)

78 『雜阿含經』(『大正藏』2권, 334하). 『別譯雜阿含經』에도 (『大正藏』2권, 391하)에도 보인다. 빠알리어 경전에도 똑같은 내용이 보인다. "Aham hi anuttaraṃ sammasambodhi abhisambuddha"(*Saṃyutta Nikaya* 118)

79 『增一阿含經』(『大正藏』2권, 680중)

80 자세한 논의는 다음을 참조. 안양규, 「붓다의 반열반(parinibbāna)에 관한 고찰」, 『인도철학』 제10집, 인도철학회, 2000, 13-19면.

81 *Dīgha Nikāya* vol.Ⅱ, 134면.

82 *Dīgha Nikāya* vol.Ⅱ, 135면f.

가져오는 이유는 열반과 정각이 동일함에 기인한다.

주석서에서 붓다고사(Buddhaghosa)는 유여의열반과 무여의열반(anupādisesa-nibbāna-dhātu)이라는 용어를 사용하고 있으며, 붓다고사의 주석에 대하여 담마팔라(Dhammapāla)는 전자를 유루-반열반(有漏-般涅槃, kilesa-parinibbāna)이라고 하고, 후자를 오온-반열반(五蘊-般涅槃(khandha-parinibbāna)이라고 정의하고 있다.[83] 전자는 정각(sammāsambodhi)의 동의어이다. 생전에 증득한 열반은 유여의열반(sa-upādisesa-nibbāna)이라고 하는데 여기에는 아직 오온(khandha)이 연료(upādi)로서 남아있다(sesa). 오온이 더 이상 존속하지 않을 때, 아라한은 무여의열반(anupādisesa-nibbāna)을 증득한다. 아라한이나 붓다의 경우 오온에 대한 집착은 사라지고 오로지 집착에서 벗어난 오온을 지니고 있을 때 유여의열반을 성취한 것이고 오온 자체마저도 해소될 때 얻어지는 열반이 무여의열반이다. 두 열반은 달리 이름붙여졌지만, 그들 사이의 차이는 두 열반의 궁극적인 상태의 가치에서 볼 때, 무의미하다. 각 열반은 정각이다.[84] 사실 경전에서 이 두 용어가 서로 교환되어 사용되고 있기 때문에 이 두 경우의 열반의 실재는 본질적으로 다르지 않다.

전통적인 상좌부 입장은 두 열반이 분리되어 존재하고 있지 않다고 본다. 그러나 점차 지적인 측면이 강조되면서 지혜를 통한 정각이 더욱 강조되었다. 특히 대승불교의 반야부 계통의 경전은 지혜를 붓다의 어머니로 간주할 정도로 지혜를 강조하게 된다. 지혜에 의한 정각은 곧 성불을 의미하게 되고 대승불교도들은 성불을 불교의 목표로 설정하게 되었다. 대승의 보살들은 정각 즉 성불을 위해 열반을 포기 내지 연기한다는 서원을 세운다. 이렇게 대승불교에 이르러 열반은 정각보다 한 단계 낮은 것으로 여겨지게 되었다.[85]

원효(元曉)는 열반의 상락아정 사덕 중 낙에 대해 설명하면서 열반과 보리가 별개의 것이 아님을 밝히고 있다. 열반의 대락(大樂)에는 4종이 있다. 즉 수(受)를 끊는 낙, 적정(寂靜)의 낙, 각지(覺知)의 낙, 불괴(不壞)의 낙 등 4종류가 있다. "수를 끊는 낙과 적정의 낙을 열반의 락이라고 하며, 각지의

83 안양규, 「붓다의 반열반(parinibbāna)에 관한 고찰」, 『인도철학』제10집(서울: 인도철학회, 2000), 27면.

84 Burford Desire, *Death and Goodness : the conflict of ultimate values in Theravāda Buddhism,* New York: Peter Lang Publishing. Inc. 1991, 158면.

85 Gombrich, *How Buddhism Began : The Conditioned Genesis of the Early Teachings.* London & Atlantic Highlands: The Athlone Press. 1996. 132-133면.

낙과 불괴의 낙을 보리의 락이라 하지만 이들 사이에는 아무런 구별도 없다. 왜냐하면 보리와 열반은 다르지 않기 때문이다."[86] 원효는 열반과 보리를 동일시하고 있다.

4) 입멸한 자의 사후 존재 여부

열반이 생사 윤회에서 벗어난 것이라고 이해하게 될 때 이런 의문이 발생한다. 열반을 성취한 자는 사후에 존속하는가 라는 의문이다. 이런 질문에 대해 붓다는 입멸한 자의 사후 존속 여부에 대해 논의하는 것 자체가 가능하지 않다고 대답하고 있다. "번뇌를 소멸한 그는 더 이상 헤아릴 수 없다. 번뇌가 다한 자에게는 그것을 헤아릴 근거가 없다. 그에 관해 이제 더 이상 이렇다거나 저렇다고 말할 만한 근거가 없는 것이다. (유위의) 모든 법이 완전히 끊어지게 되면, 논쟁의 길 또한 완전히 끊어져 버린다."[87] 재생(再生)에서 벗어난 성자에게 사후 어디에 존재하는가라고 묻는 것은 마치 불이 꺼졌을 때 어디에 있느냐라고 묻는 것과 같이 적절한 질문이 아니라고 대답하고 있다. "밧차여, 만일 어떤 사람이 너에게 '당신 앞에 있는 이 불이 꺼졌다. 그 불은 여기에서 동서남북 어느 쪽으로 갔는가?'라고 묻는다면 너는 무엇이라고 대답하겠는가? '오, 고타마여, 그것은 적절하지 않습니다. 왜냐하면 그 불은 짚과 나무와 같은 땔감으로 인하여 타고 있었고, 그 땔감을 다 소모하고 더 이상 없어서 불이 꺼진 것이기 때문입니다.' 그와 마찬가지로 형상[色]을 여래(如來)라고 가리키는 사람이 있지만 여래의 형상은 포기되었고, 그 뿌리는 파괴되었으며, 종려나무처럼 뿌리 뽑혀서 더 이상 자라지 않고, 미래에 새로운 존재로 생겨나지 않는다. 여래는 형상으로부터 자유롭고, 깊은 대양처럼 깊고, 측정할 수 없고, 심원하다. [나머지 수상행식의 사온(四蘊)에 대해서도 같은 내용이 반복된다.]"[88] 바람에 꺼진 등불이 적멸하여 어디에 있는지 말할 수 없는 것과 같이 명색(名色)을 떨쳐버린 아라한은 적멸하여 어디에 있는지 말할 수 없다는 것이다.

붓다의 마지막 순간을 다루고 있는 『대반열반경』엔 붓다의 입멸과정이 자세히 소개되고 있다. 제자들에게 최후의 유훈을 남긴 뒤 붓다는 제1선

86 『涅槃宗要』(『韓佛全』1권, 523)
87 *Suttanipāta* 1076게송, 207면.
88 *Majjhima Nikāya* vol.I, 487면.

(禪,)에서 멸진정(滅盡定)까지의 9차제정을 차례대로 출입한다. 그리고 다시 멸진정에서 제1선까지의 9차제정을 순차적으로 출입한다. 다시 제1선에서 제4선까지 출입하고 난 직후 붓다는 입멸한다.[89] 이 경전에선 입멸한 후의 붓다에 관하여 어떠한 암시도 주어지지 않고 있다. 입멸한 붓다의 존재 여부와 관련하여 어떠한 언급도 없다. 이런 소극적인 태도는 대승불교의 『대반열반경』과 대조적이다.

부파불교 시대에 형성된 『밀린다팡하』에서 붓다의 사후 존재 여부에 관한 대답을 들을 수 있다. 붓다는 이미 입멸하였는데 붓다란 분이 실제로 존재하느냐는 밀린다(Milinda)왕의 질문에 나가세나(Nāgasena) 존자는 대답한다. "그렇습니다. 계십니다." "나가세나 존자여, 그렇다면 여기 계신다든가 저기 계신다든가 라고 지적할 수 있습니까?" "대왕이여, 부처님은 재생을 초래할 어떠한 것도 없는 무여의열반계에 들었습니다. 부처님은 실지로 여기 계신다든가 저기 계신다든가 하며 지적할 수는 없습니다." 나가세나는 계속해서 불꽃의 비유로 설명하고 있다. 타고 있던 불꽃이 사라졌는데도 불꽃이 여기 있다 또는 저기 있다고 지적할 수 없듯이 붓다는 번뇌의 불을 끔과 동시에 무여열반의 경지에 들었기 때문에 여기 계신다든가 저기 계신다든가 하며 지적할 수는 없다는 것이다. "그러나, 대왕이여, 법신(法身)에 의하여 부처님을 지적할 수 있습니다. 왜냐하면 법(法)은 부처님에 의하여 가르쳐졌기 때문입니다."[90]

석존이 80세에 입멸한 사실을 대승불교에선 적극적으로 설명하고 있다. 대승불교의 입장에서 보면 80세에 입멸한 붓다는 진실한 붓다가 아니며 중생을 교화하기 위해서 진실한 붓다가 응현(應現)한 붓다이며, 그 응현의 붓다가 중생을 교화하고 제도하기 위하여 중생과 한가지로 입멸을 보인 것에 지나지 않는다. 진실한 붓다에게는 성도라든가 병에 걸린다고 하는 일도 있을 수 없다. 성도, 발병, 입멸 등 그 모두는 중생을 교화하기 위한 방편에 지나지 않는다는 것이다. 대승불교의 『대반열반경』에선 여래의 상주를 법신으로 말하고 있다. "여래의 몸은 곧 금강신(金剛身)이다. 그대는 오늘부터 항상 이 뜻을 마땅히 사유해야 한다. 식신(食身)을 생각하지 말라. 또한 사람들에게 여래의 몸은 곧 법신이라고 설해야 한다."[91] 같은 경에서 붓다

---

89 안양규, 「붓다의 반열반(parinibbāna)에 관한 고찰」, 『인도철학』 제10집(서울: 인도철학회, 2000), 9-36면.

90 *Milindapañha* 73면.

의 상주를 다음과 같이 역설하고 있다. "선남자여, 그대는 '등불이 꺼지면 간 곳이 없으니, 여래도 그와 같아서 한 번 멸도하면 간 곳이 없으리라'라는 그런 말을 하지 말라. 선남자여, 마치 남자나 여인이 등을 켤 적에는 등잔에 가득히 기름을 부었으므로 기름이 있을 때까지 밝은 빛이 있다가 기름이 다하면 밝은 빛도 꺼지는 것과 같나니, 밝은 빛이 꺼짐은 번뇌가 없어짐과 같으며 밝은 빛은 꺼지나 등잔은 남은 것같이 여래도 그러하여 번뇌가 없어져도 법신은 남느니라."[92]

『대반열반경』의 이와 같은 불신관(佛身觀)은 『반야경』이나 『유마경』에서 붓다는 법신(法身)으로서 생신(生身)이 아니라고 하는 사상을 계승한 것이며, 『법화경』 「수량품(壽量品)」에서 설하고 있는 붓다의 수명은 구원(久遠)하며 본지불(本地佛)은 구원의 옛날에 성불(成佛)하였다고 하는 주장과도 서로 통한다. 무량수불(無量壽佛)인 아미타불도 붓다의 영원한 수명을 보여주고 있다.

5) 열반은 허무나 죽음이 아니다

열반은 인간의 사후에야 실현되는 경계라고 오해하는 경우가 있다. 붓다는 자신의 열반 성취에 관하여 정각 직후 다섯 비구에게 선언하고 있다. 이 선언에서 열반과 무사(無死)가 동의어로 사용되고 있는 것을 볼 수 있다. "나는 병이 없는 위없이 안온한 열반을 구하여 곧 병이 없는 위없이 안온한 열반을 얻었고, 늙음도 없고 죽음도 없으며 근심 걱정도 없고 더러움도 없는 위없이 안온한 열반을 구하여, 곧 늙음도 없고 죽음도 없으며 근심 걱정도 없고 더러움도 없는 위없이 안온한 열반을 얻었다. 그리고 내게는 앎이 생기고, 소견이 생기고, 결정된 도품법(道品法)이 있어, 생은 이미 다하고 범행(梵行)은 이미 서고, 할 일은 이미 마쳐, 다시는 후세의 생명을 받지 않는다는 것을 사실 그대로 알았다."[93]

해탈지견 즉 "내 생은 다했고 범행(梵行)은 섰으며 할 바는 하였고 후유(後有)를 받지 않을 것"이라는 자증(自證)의 선언은 붓다뿐만 아니라 제자 아라한들도 공통적으로 말하는 것으로 경전에 수없이 되풀이되고 있다. 열반의 참다운 뜻은 현재의 상태에서 생사로부터의 해탈을 그대로 체득하는

---

91 『大般涅槃經』(『大正藏』12권, 383중)
92 『大般涅槃經』(『大正藏』12권, 390상)
93 『中阿含經』(『大正藏』1권, 777하)

것이다. 그러기에 아라한은 현법(現法)에서 해탈한다고 설해져 있으며, 석가모니께서는 또 다음과 같은 교설을 베풀고 있다. "만일 비구가 늙음·병듦·죽음에 대하여 싫어하고, 탐욕을 여의고, 완전히 소멸시켜 모든 번뇌[漏]를 일으키지 않고, 마음이 잘 해탈하면, 이것을 비구가 현세에서 반열반을 얻는 것이라고 한다."[94]

붓다고사는 죽음(kālaṃ karoti)과 열반 또는 반열반을 구분하고 있다. 그에 의하면, 붓다는 반열반에 들어가기 위해 자신의 수명(kālaṃ akari)을 다했다고 한다.[95] 불사(不死)인 열반의 본질을 열반을 증득한 붓다에게 적용시킬 때, 우리는 다음과 같이 말할 수 있다. 여래는 존재의 조건이 끊어졌기 때문에 사후 더 이상 윤회하지도 않지만, 그렇다고 모든 것이 절멸된 상태도 아니다. 만약 열반이 모든 것이 절멸된 상태라면, 그것은 허무 단멸론과 다르지 않다.

6) 열반은 선정이 아니다

선정 수행을 하는 외도의 은둔자나 신비론자들은 선정의 희열 속에 숨겨진 위험을 알아차리지 못하고 그 기쁨의 맛에 매료되어 집착을 일으킨다. 마치 미성숙한 속인들이 감각 대상의 쾌락에 끄달리는 것이나 조금도 다를 것이 없다. 한 경전에서 알라라 칼라마(Āḷāra Kālāma)와 웃다카 라마풋타(Uddaka Rāmaputta)가 각각 자신의 무소유처정(無所有處定)과 비상비비상처정(非想非非想處定)을 최고의 목표인 열반이라고 착각하고 있는 것을 붓다는 비판하고 있다.[96] 무소유처정이나 비상비비상처까지도 마음에서 조작한 유위법(saṅkhata)로 불생불멸의 열반은 아니다. 『우다나』에서도 공무변처(空無邊處)를 위시한 사무색계(四無色界) 선정도 열반이 아니다라고 분명히 밝히고 있다. 열반은 "공무변처도 아니고, 식무변처나 무소유처 그리고 비상비비상처도 아니다.(Atti bhikkave, tad āyatanaṁ, na ākāsānañcāyatanaṁ, na viññānañcāyatanaṁ, na ākiñcaññāyatanaṁ, na nevasaññānāsaññāyatanaṁ)"[97]

---

94 『雜阿含經』(『大正藏』2권, 101상)

95 안양규, 「붓다의 반열반(parinibbāna)에 관한 고찰」, 『인도철학』제10집(서울: 인도철학회, 2000), 33면. 특히 상좌부는 열반이 허무론으로 전락하는 것을 방지하고자 하였다. Nyāṇaponika Mahāthera, *'Anatta and Nibbāna: Egolessness and Deliveranc'*, Kandy: The Buddhist Publication Society, 1986. 7면.

96 *Majjhima Nikāya* vol. Ⅰ, 160-175면.

외도들이 특정 선정을 열반으로 착각하고 있는 것을 부파불교 논서에서도 지적하고 있다. “외도는 사무색정(四無色定)을 사종의 열반으로 집착한다. 첫째, 공무변처(空無邊處)를 집착하여 무신열반(無身涅槃)이라고 한다. 둘째, 식무변처(識無邊處)를 집착하여 무변의열반(無邊意涅槃)이라고 한다. 셋째, 무소유처(無所有處)를 집착하여 정취열반(淨聚涅槃)이라고 한다. 넷째, 비상비비상처(非想非非想處)를 집착하여 세간솔도파열반(世間窣堵波涅槃)이라고 한다. 이렇게 외도가 열반을 그릇되게 집착하는 것을 막기 위해 사무색정을 발생한 것으로 진정한 해탈이 아니라고 한다.”[98]

붓다의 입멸과 관련하여 멸진정에 관한 아난다(Ānanda)의 언급은 멸진정과 열반의 차이를 보여 준 것이다. 붓다가 멸진정에 들어갈 때, 아난다는 “아누룻다 존자여! 세존은 이제 막 열반에 드셨습니다”라고 말했다. 아누룻다 존자는 고쳐 잡았다. “아난다여, 그렇치 않다. 세존은 아직 열반에 드신 것이 아니다. 그는 단지 멸진정에 든 것이다.”[99] 여기에서 멸진정은 확실히 열반과 구별되고 있다. 바로(Bareau)는 『열반경』에서 멸진정은 열반과 다르다는 것을 보이기 위해 도입되었다고 추정하고 있다. 다양한 주석 문헌 전통에 이르게 되면, 이 세상의 삶에서 열반과 동등시되곤 했던 멸진정은 그 중요성을 잃게 된다. 이러한 기간 동안, 멸진정의 증득(nirodhasamāpatti)은 불필요하게 생각되고, 그리고 심지어는 열반의 증득과 무관하다고 여겨졌다.[100] 이런 황홀 상태는 아라한과나 불환과(不還果, anāgāmi)를 얻은 이가 이 세상에서 실현할 수 있는 성취의 한 유형에 불과할 뿐이고, 완전한 깨달음을 이루기 위해 본질적으로 필요한 것은 아닌 것이다.[101]

97 *Udāna* 80면.

98 『阿毘達磨大毘婆沙論』(『大正藏』27권, 382중)

99 *Dīgha Nikāya* vol.Ⅱ, 156면.

100 Ray, Reginald A., *Buddhist Saints in India.* Oxford University Press. 1994, 372면.

101 Boyd, James W, ‘The Theravāda View of Saṃsāra’ in *Buddhist Studies in Honour of Walpola Rahula* ed. by Somaratana Balasooriya et al., London: Gordon Fraser. 1990, 37면.

2. 현대의 열반 논의

2,600년전 고타마 싯달타(Gotama Siddhattha) 는 보리수 아래에서 열반을 성취하였다. 열반을 성취하여 고타마는 붓다(Buddha)가 되었다. 이 사건은 전통적으로 인도를 위시한 아시아 전역의 문화에 커다란 영향을 끼쳐왔다. 근자엔 서양의 문화와 사상에도 주요한 영향을 미치고 있다. 열반이라는 용어는 불교에서 처음 사용한 것이 아니라 불교 이전부터 사용되었다. 붓다 당시에도 불교이외의 다른 종교에서도 사용하였지만 점차 불교의 전문 용어로 정착되었다. 붓다 당시에도 열반에 관한 그릇된 견해가 있었고 불교 내에서도 열반에 관한 견해나 해석이 일치하지 않았다. 시기에 따라 지역에 따라 열반에 관한 이해가 달라지게 되었다. 대승불교에선 열반에 대한 오해를 정정하고자 하였다. 열반이 붓다의 가르침이 지향하는 궁극적인 목표(the Ultimate Goal)라는 점에선 이견의 여지가 없다. 그러나 그것이 무엇인가라는 질문에 많은 대답들이 불교의 발생 이래로 제시되었다.[102]

열반에 관한 논문과 저서는 현대에 와서도 다양한 각도에서 발표되고 있다. 가장 최근에 스티븐 콜린즈(Steven Collins)가 열반에 관한 방대한 단행본을 펴낸 것을 비롯해 열반에 관한 논의가 계속 진행 중이다.[103] 칼란수리야(Kalansuriya)의 논문은 열반에 관한 두 가지 이해 방식을 잘 요약하고 있다.[104] 그는 열반의 해석과 관련하여 자야틸레케(Jayatilleke)와 칼루파하나(Kalupahana)의 견해를 각각 살피며 문제점을 지적하고 있다. 자야틸레케가 열반을 초경험적인(trans-empirical) 존재로 이해하려는 데 비해 칼루파하나는 자야틸레케가 열반을 형이상학적인 존재로 만들고 있다고 비판하며 경험주의(empiricism) 입장에 충실해 열반을 이해해야 한다고 주장하고 있다. 서구의 경험주의 사상에 의거하여 열반을 이해하는 시도는 열반을 형이상학적인 실체로 여기는 위험에서 벗어나지만 열반을 인간의 세속적인 일상적인 경험으로 떨어뜨릴 위험이 있다.

102 다음의 단행은 열반에 대한 서구 학자들의 견해를 다루고 있다. Guy Richard Welbon, *The Buddhist Nirvāṇa and its Western Interpreters,* by Chicago, 1968.

103 Steven Collins, *Nirvana and other Buddhist felicities,* Cambridge University Press, 1998.

104 A.D.P. Kalansuriya, 'Two Modern Sinhalese Views of Nibbāna', *Religion* Volume 9, Spring 1979, 1-11면.

열반은 세속적인 사고가 감정이 절멸될 때 온전히 경험될 수 있는 것임에 틀림없다.

열반을 이해하는데 크게 두 가지 접근 방식으로 대별할 수 있다. 첫째 열반을 심리적인 상태로 보는 것이다. 둘째 방식은 존재론적으로 보는 것이다. 전자는 특수한 마음의 상태(state of mind)로 보는 것으로 열반은 기존의 그릇된 사고방식이나 인생관을 전면적으로 변혁시킨 결과 얻어지는 청정한 마음의 상태를 의미한다. 잘못된 견해를 시정함으로써 인생관이나 세계관을 바르게 가지게 되어 인생이나 세계에 대한 바른 태도를 지니게 되는 것을 의미한다. 후자는 열반을 형이상학적인 어떤 존재(a kind of being)로 보는 것이다. 피안이라는 말이 지시하듯이 이 세상[차안]에서 벗어나 있는 저 세상을 암시하고 있는 것이다.

이상의 두 가지 접근 방식은 초기경전에도 혼재하고 있으며 부파불교시대에도 주요한 논란거리 중의 하나였으며 대승불교에서도 여전히 하나로 통일되지 못하였다. 두 가지 입장을 고려하여 열반을 정의하자면 열반이란 생사가 지배하는 세계에서 벗어나고 마음이 고통에 구애되지 않는 지복의 상태에 이른 것이라고 할 수 있다. 또한 열반은 '모든 조건지어진 것들의 구속에서 벗어난 경계'이다. 열반의 경지는 속박, 굴종, 노예 상태 따위의 심리적인 구속에서 완전히 자유롭다. 그러므로 열반은 대자유의 상태요 족쇄로부터의 해방이다. 열반의 성취는 모든 불만족스러운 마음 상태의 원인이 되는 번뇌들을 완전히 제거했음을 전제로 하기 때문이다. ❁

안양규 (동국대)

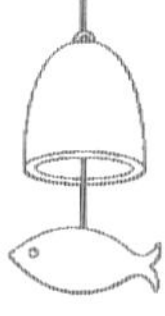

유위와 무위

유위: 범 saṃskṛta	빠 saṅkhata	장 'dus byas	한 有爲
무위: 범 asaṃskṛta	빠 asaṅkhata	장 'dus ma byas	한 無爲

I. 어원적 근거 및 개념 풀이

유위와 무위의 개념은 아비달마불교의 독특한 개념이며, 제법을 분류하는 기준점으로 인식되고 있다. 먼저 유위의 어원적인 근거를 살펴보면 접두사 **saṃ**(접두사)+√**kṛ**(to do)+ta(과거수동분사어미)가 조합되어 만들어진 말이다. 접두사 sam은 '함께'라는 의미를 가지며, 어근 √**kṛ**는 '조작하다' 또는 '만들다'라는 뜻으로 사용되고, ta는 형용사 어미로 활용된다. 유위라는 말은 범어에서 saṃskṛta로 쓰이고, 빠알리어는 saṅkhata이다. 한문으로 번역하면 유위(有爲)가 되고, 서장어로는 **ḥ**dus byas이다. 영어로 표현하면 조건 되어진(conditioned), 조작된(made), 복잡한(compounded), 의도적인(intentional), 동기 부여된(motivated) 등으로 해석될 수 있으며, 이중에서 '조건 되어진다'는 의미가 가장 타당하리라 본다.[1] 범어 saṃskṛta에 대

1 BHS, 543면.

한 한역의 번역어는 작(作), 행(行), 유위(有爲), 소작(所作), 위도(爲度), 화합(化合), 상취(相聚), 선상합(善相合) 등의 뜻으로 쓰여 지는 경우가 종종 있다.[2] 이 중에서 **saṃskṛta**의 의미를 포괄적으로 잘 한역된 것은 바로 유위가 될 것이다.

불교 경전에서 인용된 사례에 따라 유위법의 뜻을 살펴보면 다음과 같다. 첫째로, 만들어진 것이라는 뜻으로 하여 위작(僞作), 조작(造作), 유작(有作)의 개념으로 사용되는 경우다. 여기서 만들어진 것이라는 함축적 의미는 모든 존재적 구성요소인 제 현상을 말하는 것이며, 또한 인연으로 인하여 조성되어지고 변이되는 모든 것을 나타내는 말한다. 즉 직접적인 원인과 더불어 파생되어지는 모든 간접적인 원인에 의하여 성립되는 사물을 표현하는 개념이 된다. 이러한 개념이 사용된 경전은 언급하자면 『금강반야경』 권8[3], 『변중변론』[4], 『보성론』[5], 『유가사지론』 권45[6], 『유마경』[7], 『왕생요집』[8] 등이 있다. 둘째로, 무상하고 변천하는 것이라는 개념이다. 이와 같은 개념으로 유위가 사용된 경전은 무수한 경전들이 있지만, 그 중에 특이한 경전으로 『집이문론』[9]이 있다. 이 경전에서 무상하고 변천한다는 말은 일체의 존재가 생멸하는 작용을 말하는 경우로 쓰이는데 즉, 사식[段食, 觸食, 意思食, 識食] 등을 통하여 나타나는 제현상적 모습을 설명하는 경우가 이에 속한다. 셋째로, 임시적인 것이란 뜻으로 사용되는 경우가 있다. 『유부율잡사』[10]에 보면 "유위의 제행은 모두가 파괴되며, 불선법에 물들여져 있어 항상 타인을 손해나게 하며, 잠시 즐거움에 머물더라도 괴로움을 오래가는 것"이라고 서술되고 있다. 넷째로 허망분별과 동일한 의미로 사용되는데, 예를 들자면 유식 논서인 『중변분별론』[11]에 유위가 허망분별(abhūta-parikalpa)로 사용되는 경우다. 또한 생주이멸의 사상(四相)을 가지고 유위라고 설명되는 경전이 있는데, 대표적인 경전으로 하여 『대비바사론』[12]과

2 『梵和大辭典』, 1375면.
3 『금강반야경』 권8 (『大正藏』 8, 752중)
4 『변중변론』 (『大正藏』31, 464중)
5 『보성론』 (『大正藏』31, 826중)
6 『유가사지론』 권45 (『大正藏』30, 543하)
7 『유마경』 (『大正藏』14, 551상)
8 『왕생요집』 (『大正藏』84, 55하)
9 『집이문론』 (『大正藏』 26, 367하)
10 『유부율잡사』 (『大正藏』24, 215하)
11 『중변분별론』 (『大正藏』31, 451상)

『구사론』[13]등이 있다. 또한 유위라는 개념이 생명을 성립시키는 힘으로 유용되는 경우가 있는데, 『유행경』[14]에 보면 생명을 성립하는 힘으로 하여 생명체와 가시적 세계의 온갖 것을 대변하는 것이 그것이다. 마지막으로 『대일경』[15]에서는 유위가 번뇌의 뜻으로 하여 사용된다.

무위란 개념은 **asaṃskṛta**라는 단어로 표현된다. 이 단어를 분석하면 **a**+**saṃskṛta**가 되며, 여기에 명사 법(dharma)을 덧붙여 무위법이 된다. 부정을 나타내는 접두사 a를 사용하였기에 당연히 유위법의 상대적 개념인 무위법으로 사용된다. 따라서 무위법은 유위법의 상대적인 관점에서 ①만들어진 것이 아닌 것, ②원인과 조건에 의해서 생성되어진 것이 아닌 것, ③인과관계를 떠난 것, ④성립과 파괴를 초월하여 존재되어지는 것, ⑤초시간적인 존재로 생멸변화의 경계를 뛰어넘어 상주로 존재하는 것 등으로 쓰일 수 있다.

초기경전에서 무위의 개념은 열반의 이명(異名)으로 사용되고 있는데, 이 경우 무위는 일체의 번뇌가 소멸된 적정안온의 경지로 묘사된다. 『사분율』[16]에 부처님은 동자에서 말씀하기를 "무위라는 곳에 다다른다는 것은 위험[厄]이 없는 것이며, 이곳은 안온하여 영원한 적정을 바라는 것이며, 욕망을 다하려고 하는 것이 바로 멸진열반이다"라고 기술된 것이 그 좋은 예이다. 『장아함경』 2권[17]에는 무위의 뜻에 대하여 아무것도 하지 않음이라고 설명하는 경우도 있다.

부파불교 시대에 이르러 무위라는 용어가 열반으로 사용되는 것은 조금 퇴색이 되고, 열반이라는 뜻 외에 다양한 무위의 개념이 도출된다. 특히 대중부는 9종무위설을 채택하여 9가지 무위에 대하여 설하고 있다. 그러나 대중부는 9가지 무위라는 각각의 체(體)가 있는 것이 아니라, 여러 가지 경우에 따라 9가지 종류의 무위가 있을 뿐 그 무위의 체는 하나라고 한다. 또한 화지부는 부분적으로 진여의 관점에서 9종무위설을 설하고 있다. 설일체유부는 물질의 무장애성(無障碍性) 및 번뇌의 이계(離繫)를 통하여 허공,

12 『대비바사론』(『大正藏』27, 117 중-하)
13 『구사론』(『大正藏』26, 137상)
14 『유행경』(『大正藏』1, 15하)
15 『대일경』(『大正藏』 18, 3중)
16 『사분율』(『大正藏』 22, 789중)
17 『장아함경』 2권 (『大正藏』 1, 12상)

택멸, 비택멸이라는 삼종무위설을 설하고 있다. 하지만 경량부는 무위비인(無爲非因)을 주장하여 무위법의 실체를 부정한다. 이외에 아비달마불교에서는 다양한 무위법에 해석이 진행이 되는데, 이것은 각 부파의 교리적 특성을 이해하는데 아주 중요한 논쟁이 된다.

대승불교의 대표적인 두 학파인 중관학과 유식학에서는 무위법을 각각 연기법과 공으로 사용되는 경우가 있다. 또한 중국불교의 대표적인 종파인 선종에서 말하는 무위는 일체의 장애되는 마음을 버리는 불도에 투철하게 용맹정진 하는 것으로 해석되는 경우가 있다. 또한 무위라는 개념은 법신(法身)이라는 개념으로 중국불교에서 응용되는 경우가 비일비재하다. 예를 들면, 무위란 것은 부처님의 법신이 되기에 색깔도 형태도 없고, 우주에 충만하여 고루고루 존재하는 절대의 진리체로 표현되는 경우가 있다.

위에서 나열한 유위와 무위의 뜻을 현대적인 관점에서 종합하여 유추한다면 유위란 인과율에 의해 조작되는 생멸법을 가리키며, 무위란 인과율에 의해 생멸법을 일으키지 않는 비현상법(非現象法)으로 확대 해석할 수 있는 것이다. 결과적으로 유위의 개념은 '조건으로 형성되어진 것'을 의미하며, 상대적으로 무위는 '조건에서 벗어난 상태'를 의미하는 것으로 해석할 수 있다.

Ⅱ. 역사적 전개 및 텍스트별 용례

1. 초기불교의 유·무위설

초기불교 경전에서 유·무위의 개념을 명확하게 나타나는 경전은 다소 드물다. 하지만 『장아함경』[18]에 "내가 출가하고자 했던 바는 무위도(無爲道)를 닦는 것이다"라고 되어 있다. 말하자면 출가란 세속적인 것을 버리는 과정이며, 세속적인 것을 모두 버린 것을 무위의 성취라고 말할 수 있는 것이다. 『중아함경』[19]에 "제법의 분류에 있어 유위와 무위로 나누어 설명하면서, 그 중에 무위의 뜻이 열반을 표현하는데 가장 수승한 법이다"라고 좀

18 『장아함경』(『大正藏』 1, 33하)
19 『중아함경』(『大正藏』 1, 647하)

더 구체적으로 설명 되어있다. 이러한 초기경전의 설명은 대체로 유위의 개념을 세간적인 잡다하고 번잡한 것으로 파악하여 사용되고 있으며, 반면 무위의 개념은 출세간적인 것으로 사용됨을 짐작할 수 있다. 『잡아함경』[20]에서는 보다 선명하게 유위와 무위의 뜻을 밝히고 있다. "만약 생주이멸이라면 유위요, 만약 일체법이 생주이멸이 아니라면 무위다"라는 개념이다. 즉 유위란 말은 생주이멸의 현상적 세계를 표현하고 있으며, 반면 무위란 말은 이러한 현상적인 세계의 모습들이 존재하지 않는다는 뜻으로 쓰고 있다.

2. 아비달마불교의 유·무위설

1) 상좌부 계통의 유·무위설

상좌부의 교리는 대체적으로 초기불교의 교리와 이해의 맥을 같이 한다고 볼 수 있다. 왜냐하면 부파불교가 진행되면서 상좌부 고유의 독특한 교리가 『아함경』을 위주로 정리되고 체계화되는 과정을 가지고 있기 때문이다. 상좌부의 대표적인 초기 아비달마 논서 『담마상가니』에 보면 유위에 대한 언급이 있다. "어떤 현상이 조건 되어 지는 성질인가? 모든 현상의 조건이 모여서 된 것을 말하며, 그러한 법을 유위라 한다. 어떤 현상이 조건되어지지 않는 것인가? 모든 현상이 조건 없이 이루어진 것을 말하며, 그러한 법을 무위라고 한다."[21] 이 문장에서 살펴보아야 할 것은 '조건적으로 형성된 것'(sankhata)은 다양한 조건법들의 유연(有緣)의 관계를 암시하고 있고, 반면에 '조건 없이 이루어진 것'(asankhata)은 무연(無緣)의 관계 현상을 가리키고 있다는 점이다. 결국 이러한 해석은 상좌부에서 유·무위의 개념을 연성(緣性)과 비연성(非緣性)의 법으로 나누어 설명되고 있다는 사실을 알 수 있다.

2) 대중부 계통의 유·무위설

대중부에서 주장하는 일체의 유위적 현상론은 대체로 현재의 실재성을 인정하는 입장에서 그 의미를 두고 있다. 즉 과거와 미래는 실체가 없고, 오

---

20 『잡아함경』(『大正藏』 2, 83하)
21 PTS, 139면.

직 현재만이 실재성을 가지고 있다는 주장이다. 이와 같은 대중부의 설은 『이부종륜론』[22]에 매우 분명하게 언급이 되어있다. 말하자면 과거의 법은 이미 소멸되었기에 없는 것이고, 미래의 법은 발생되지 않았기에 그 실체가 없는 것이라고 추정하는 것이다. 더불어 오직 현재의 법은 체(体)와 용(用)이 병존하기에 이것만이 실유라고 본다. 이러한 주장은 당연히 대중부 입장에서 5위법 중에 인연소생(因緣所生)에 의해서 발생하는 색법, 심과 심소법, 불상응행법 등을 모두 유위법에 포함시키게 된다.

반면 대중부에서 주장하는 무위법은 인연소생으로 발생하는 현재라는 개념의 부정을 통하여 성립된다. 즉 과거와 미래는 실유하지 않는다는 것이라는 논리에 중심을 두고 있기 때문이다. 이런 관점에서 대중에서는 9종무위설을 언급하고 있다. 9종무위란 ① 결정(niyāma), ② 연기(paṭiccasamuppāda), ③ 사제(cattārisacca), ④ 사무색(cattāro ārūppa) ⑤ 멸정(nirodha samāpatti), ⑥ 허공(ākāsa), ⑦ 사문과(sāmaññaphala), ⑧ 득(patti), ⑨ 업(kamma) 등이다. 이러한 9종무위설을 기준으로 하여 대중부 계통 지말부파들의 무위법을 정리하여 보면 다음과 같다. 안달라파는 결정, 멸정, 업, 일체법결정을 무위법으로 간주하고, 북산주부는 멸정과 허공, 일체법결정을 무위법의 범주로 삼고 있다. 특히 주목해야 할 대중부의 일파인 동산주부는 연기, 사제, 사무색, 사문과, 득 등을 무위법으로 인정하고 있다는 점이다. 이렇게 대중부 지말 부파들의 무위법에 대한 여러 가지 견해는 하나의 본체론에 기반을 두고 있다고 가정할 수 있다. 대중부가 주장하는 하나의 본체는 인연소생으로 발생하는 모든 법의 상대적 개념으로 정립된 것이다. 이렇게 현상세계의 존재양식을 있는 그대로 설명하기 위해서 붓다의 교설을 본체론의 입장에서 정리된 것이 대중부의 무위법이라고 할 수 있다.

3) 설일체유부의 유·무위설

설일체유부는 유위법의 뜻을 오온과 연기법에 준하여 설하는 것이 일반적인 경향이다. 왜냐하면 유부는 일체법의 모습을 행온소섭(行蘊所攝)이라는 관점에서 논구하고 있기 때문에, 생멸 변화하는 모든 법을 다 유위법의 범주에 소속시킨다. 유부 논사들은 『법온족론』 권11[23]에서 "무엇이 유위법

---

22 『이부종륜론』(『大正藏』 49, 16상)
23 『법온족론』 권11 (『大正藏』 26, 505상)

인가? 말하여 오온이다." 『아비달마품류족론』 권1[24]에서는 "인연에 따라 이루어진 모든 대상을 유위라고 설명하고, 인연에 따라 이루어지지 않는 모든 대상을 무위법으로 간주한다"라고 기술되어 있다. 이러한 해석에 대하여 『품류족론』[25]에서 "연기법이란 무엇인가? 말하여 유위법이다. 연기법이 아닌 것은 무엇인가? 말하여 무위법이다"라고 되어 있다. 『대비바사론』 권23[26]에서 유부는 삼세실유의 입장에서 "연기법은 유위의 법이여서 삼세에 떨어지는 것이고, 그렇지 않다면 그것은 무위라고 말한다." 이와 같이 유부의 입장에서 일체라는 존재는 전제조건으로써 서로 필요·충분조건이 되어 삼세에 걸쳐 반드시 인과에 따라 존재하는 현상계가 바로 연기법으로 인식되는 것이다. 또한 『대비바사론』 권23[27]에 연기법 그 자체를 유위적인 개념으로 하여 설명한다. 즉 "연기라는 것은 어떤 의미를 가지는가? 조건에 의지하여 발생되기 때문에 연기이다. 어떤 조건 등에 의지하는가 하면 원인과 조건이다. … 이와 같이 설하여 말하면 각각의 사물들은 각각의 조건들이 서로 화합하여 발생하는 것이다"라고 묘사되어 있다. 이러한 견해는 대중부의 무위에 대한 설명과 정면으로 상충되는 모습을 가지고 있는데, 앞의 인용문에서 유부 주장의 요체는 연기법이란 원인과 조건에 의해서 발생한다는 유의적 의미를 가지고 있다는 것이다. 즉 일체는 서로 원인이 되고 조건이 되어 발생한다는 의미가 내재되어 있는데, 그것은 현상적이고 가변적인 모든 것을 지칭하는 것이다.

한걸음 더 나아가 유부 논서 『아비달마식신족론』[28]에서는 "모든 유위법은 식의 발생을 통하여 일어난다고 한다. 따라서 식의 발생을 기준점으로 하여 육식[眼識·耳識·鼻識·舌識·身識·意識] 중에 오식[眼識·耳識·鼻識·舌識·身識]이 바로 유위법이며, 무위법은 의식이 인식되는 것이 아닌 것[非識所識]이다"라고 하였다. 또한 『대비바사론』 권76[29]에 보면 다음과 같은 유·무위설에 대한 정의가 있다.

---

24 『아비달마품류족론』 권1 (『大正藏』 26, 669상)
25 『품류족론』 (『大正藏』 26, 715하)
26 『대비바사론』 권23(『大正藏』 27, 116하)
27 『대비바사론』 권23 (『大正藏』 27, 117중)
28 『아비달마식신족론』 (『大正藏』 26, 582하)
29 『대비바사론』 권76 (『大正藏』 27, 392하)

> 만약 법에 발생과 소멸 그리고 원인과 결과가 있다면 유위의 모양을 갖추어 유위의 뜻을 얻는 것이고, 발생도 소멸도 없고 원인도 결과도 없는 무위의 모양을 갖춘 것이라면 무위라고 하였다. 또한 인연이 화합하는 작용에 의지하고 속한 것으로 무상하여 소멸하는 것이면 유위의 뜻이고, 이것과 서로 반대되면 무위의 뜻이다.

위 인용문은 유부가 유위·무위의 개념을 통하여 서로간의 독립적인 실체로 간주하면서, 이 두 가지 개념을 일체 존재의 전제 조건으로 삼고 있는 것을 보여주는 것이다. 이와 같은 관점에서 유부는 세간에 유전(流轉)하기 때문에 원인이 있고 결과가 있으나, 무위는 그렇지 않기 때문에 원인이나 결과가 없다고 한다. 또한 유위법은 생김과 멸함이 있기 때문에 원인과 결과가 있으나, 무위는 그렇지 않기 때문에 원인과 결과가 없다고 한다. 또한 『대비바사론』 권76[30]에는 이러한 입장을 더욱 심화하여 유위·무위에 대한 부가적인 설명을 다음과 같이 하고 있다.

> 현상이 세간에 유전하며 결과를 취하여 작용이 있고, 마음으로 인식을 구별하는 것과 현상으로써 세상에 함몰 되어 온(蘊)에 떨어지고 고통과 함께 상속하여 앞뒤가 변하고 바뀌면서 상·중·하가 있는 것이면 유위라고 하였다. 이와 반대되면 무위의 뜻이라 하였다.

위 인용문에서 알 수 있듯이 유위법과 무위법에 대한 주된 관점은 '인연화합의 작용에 속하고, 속하지 않는 것'이라는 개념으로 하여 설해진다. 말하자면 현상적으로 이루어진 현재의 우리 세계는 인연으로 발생이 있기 때문에 작용이 있고 없음이 이루어진다는 것이다.

이와 같은 관점을 통하여 유부는 무위법을 설명할 경우 택멸, 비택멸, 허공 등의 삼종무위설을 주장한다. 삼종무위설에 대한 유부의 언급은 최초로 『법온족론』 권11[31]에서 "무엇이 무위계인가? 말해서 허공 내지 이멸(二滅)이다"라고 되어 있다. 또한 『법온족론』보다 후대 성립된 『아비달마품류족론』 권1[32]에서도 삼종무위설이 설명되는데, 이것을 자세히 살펴보면 다음

---

30 『대비바사론』 권76 (『大正藏』 27, 392하)

31 『법온족론』 권11 (『大正藏』 26, 505상)

32 『아비달마품류족론』 권1 (『大正藏』 26, 694중)

과 같다. "허공은 무엇인가? 말해서 허공의 체는 색(色)과 행(行)에 장애가 없는 것이다. 비택멸이란 무엇인가? 생기·변화하는 성질에 반대되는 상태이다. 택멸이란 무루지를 통하여 간택(pravicaya) 되어진 지혜로 열반이라고 하여 모든 번뇌로부터 완전히 소멸된 상태[離繫]이다"라고 되어있다. 이러한 삼종무위설의 정의에 대하여 아비달마 『품류족론』의 동본 이역서인 『중사분아비담론』[33]에 수멸(數滅), 비수멸(非數滅), 허공(虛空)이라는 이역(異譯)의 삼종무위설이 있다. 여기서 수멸과 비수멸에서 '수'라는 의미는 택멸과 비택멸의 '택'과 동의어로 사용되지만, 그 뜻에 있어서는 약간 다른 차이점을 가지고 있다. 유부에 의하면 '택'이라는 말은 무루지를 통한 번뇌의 이계(離繫)를 의미하지만, '수'라는 말은 무루지를 통한 지혜를 의미한다. 그러나 이 두 가지 이역어는 서로 번뇌가 없다는 의미에서 동일한 뜻을 가지고 있다. 또한 유부 7론의 아비달마 논서 중에 『발지론』의 이역서에 속하는 『아비담팔건도론』[34]에서는 수연진(數緣盡), 비수연진(非數緣盡), 무상(無常)이라는 색다른 삼종무위설이 설하여지고 있다.

> 수연진이란 무엇인가? 모든 행이 다한 것으로서 바로 해탈이다. 이것을 수연진이라고 한다. 비수연진이란 무엇인가? 모든 행이 다한 것으로서 해탈이 아닌 것, 이것을 비수연진이라고 한다. 무상이란 무엇인가? 모든 행이 변이하고 멸진하여 머물지 않는 것, 이것을 무상이라고 한다.

사실 유부는 자종의 입장을 강조하여 타종의 견해를 비판하는 입장을 취하고 있는데, 그 중에서 무위법에 대한 견해가 아주 중요하게 다루어지고 있다. 『대비바사론』 권31권[35]에 보면 유부는 경량부가 설한 무위무실체설(無爲無實體說)에 대하여 삼종무위설[擇滅, 非擇滅, 無想滅]은 실체가 있다고 비판하고 있다. 또한 음광부가 말하는 삼종무위설의 실체가 무위라는 사실에 대하여 비판을 가하여 삼종무위설 중에 두 가지 택멸과 비택멸은 무위지만, 무상멸은 유위라고 말한다. 왜냐하면 무상멸이라는 것은 모든 행이 흩어지고, 무너지고, 깨지고, 없어지고, 망하고, 물러나는 것이라고 보기 때문이다. 여기서 모든 행이 흩어진다는 등의 말은 곡식이나 콩 따위와

33 『중사분아비담론』(『大正藏』26, 627상)
34 『아비담팔건도론』(『大正藏』 26, 777하)
35 『대비바사론』 권31권 (『大正藏』 27, 161상-중)

같은 것이 흩어지면서 다른 곳으로 가게 되는 그런 것이 아니라, 다만 무상멸을 말미암아 다시는 작용이 없다는 것을 나타낼 뿐이며, 또 흩어진다는 등의 말은 모든 행의 자성이 소멸하고 파괴되는 것을 나타내지 않고, 다만 모든 행이 무상멸로 말미암아 다시는 작용이 없는 것만을 나타내는 것이라고 보는 것이다. 따라서 유위법의 자성은 항상 존재하면서 내는 모양[生相]을 말미암아 작용을 일으키는 것인데, 멸하는 모양[滅相]을 말미암아 다시는 작용이 없다는 것을 흩어지고, 무너지고, 깨지고, 없어지고, 망하고, 물러난다고 하는 것이다. 따라서 유부는 이러한 유·무위의 실상을 『대비바사론』 권38[36]의 게송을 인용하여 설명하고 있다. 즉,

> 부처님께서 비구들에게 말씀하셨다. "법에는 두 가지가 있는데 첫째는 유위요, 둘째는 무위다. 유위는 생기는 것[起]도 분명히 알 수 있고, 다하는 것[盡]과 머무르는 것[住]과 그리고 달라지는 것[異]도 분명히 알 수 있다. [반면] 무위는 생기는 것이 분명히 알 수 없고 다하는 것과 머무르는 것과 그리고 달라지는 것도 분명히 알 수 없다."

위 인용문은 유부가 생주이멸이라는 사생의 입자에서 자종의 입지를 강조하기 위해서 여러 부파들의 견해를 비판한다. 『대비바사론』 권38[37]에 보면 유위법의 특징에 대해 사상(四相)의 문제를 논구하고 있다. 물론 이 사상에 각기 다른 부파들의 견해가 나타나는 것은 철학적 사고에 기초한 당연한 일이지만, 유부의 입장은 보다 선명하게 이것을 설명하고 있다. 앞에서도 살펴보았지만 경량부가 주장하는 모든 유위상의 현재적 존재를 부정 한다. 말하자면 오온은 태에서 나올 때를 생(生)이라고 하고, 상속할 때를 주(住)라 하며, 쇠하면서 변할 때를 이(異)라 하고, 목숨을 마칠 때를 멸(滅)이라 한다는 주장을 부정하는 것이다. 또한 모든 유위의 상(相)은 모두가 곧 무위라고 주장하는 음광부의 견해도 부정한다. 또한 법밀부가 주장하는 세 가지 생상(生相), 주상(住相), 이상(異相)은 유위지만 멸상(滅相)은 바로 무위라는 견해도 부정한다. 생주이멸 사상의 능상과 소상은 모두가 서로 비슷하다고 주장하는 상자상속(相似相續)을 주장하는 사문들도 비판한다.

---

36 『대비바사론』 권38 (『大正藏』 27, 198상)

37 『대비바사론』 권38 (『大正藏』 27, 198상-하)

또 다른 방향에서 유부는 『부집이론』[38]에 보이는 유위적인 관점에서 독자부의 보특가라(補特伽羅)설도 부정한다. 말하자면 "유위법은 찰나 찰나마다 소멸하여 물질도 여의기 때문에, 하나의 법도 이 세상으로부터 뒷세상에 이르는 것은 없으나 사람은 옮김이 있다"고 말한다. 이에 대한 반론으로 유부는 동계서에서 "보특가라를 차단하여 버리기 위해서라 함은 유위와 무위법만이 있을 뿐이요, 실로 보특가라는 끝내 없다는 것을 보여 준다"고 설한다. 이렇게 실체적인 유아적인 것을 부정하기 위해서 유부는 유위상과 무위상을 비교하여 『대비바사론』 권76[39]에서 다음과 같이 설명한다.

> 만일 법에서 생과 멸 그리고 원인과 결과가 있으면 유위의 모양[有爲相]을 얻는 것이며 유위의 뜻이고, 생도 멸도 없고 원인도 결과도 없으면 무위의 법을 얻는 것이며 무위의 뜻이다. 또한 법으로서 인연이 화합한 작용에 의지하고 속한 것이면 유위의 뜻이고, 법으로서 인연이 화합한 작용에 의지하고 속한 것이 아니면 무위의 뜻이다. 만일 법으로서 발생이 일어나고, 노쇠 하는 것이며, 무상하여 소멸하는 것이면 유위의 뜻이고, 이것과 반대되면 무위의 뜻이다. 또한 만일 법으로서 세간에 유전하여 결과를 취하고, 작용이 있으며, 대상[所緣]을 분별하는 것이면 유위의 뜻이고, 이것과 반대되면 무위의 뜻이다. [마지막으로] 만일 법으로서 세상에 떨어지고, 온(蘊)에 떨어지고, 고통과 함께 상속하고, 앞뒤가 변하고 바뀌면서 상·중·하가 있는 것이면 유위의 뜻이고, 이것과 서로 반대되면 무위의 뜻이다.

이와 같은 설은 동본 이역서인 『비바사론』 권7[40]에 비슷하게 직역되고 있다. 또한 유·무위의 개념적 설명에 대하여 『대비바사론』 권76[41]에서는 유부 논사 4인의 구체적인 설명을 보여준다.

> 세우(世友) 존자는 말한다. "어떤 것이 유위의 모양이라 하는가? 세상에 떨어지는 모양과 온(蘊)에 떨어지는 모양이니, 이것이 유위의 모양이다. 어떤 것을 무위의 모양이라 하는가 하면, 세상에 떨어지지 않는 모양과 온에

---

38 『부집이론』(『大正藏』49, 21하)
39 『대비바사론』 권76 (『大正藏』 27, 392하)
40 『비바사론』 권7 (『大正藏』 28, 464중)
41 『대비바사론』 권76 (『大正藏』 27, 393상)

떨어지지 않는 모양이니 이것이 무위의 모양이다"라고 말한다. 존자 대덕(大德)은 "만일 법으로서 유정의 가행(加行)으로 말미암아 모이고 흩어지는 것이 있으면 유위의 모양이요, 법으로서 유정의 가행으로 말미암지만 모이고 흩어지는 것이 없으면, 이것은 무위의 모양이다"라고 말한다. 존자 각천(覺天)은 "만일 법으로서 인연의 조작으로 말미암으면 유위의 모양이요, 인연의 조작을 말미암지 않으면, 무위의 모양이다"라고 말한다. 존자 묘음(妙音)은 "만일 법으로서 유위의 모양과 합한 것이면 유위의 모양이요, 유위의 모양과 합하지 않는 것이면 무위의 모양이다"라고 말한다.

이러한 유부 4대 논사의 주장은 설일체유부의 가장 중요한 설인 삼세실유 법체항유(三世實有 法體恒有)를 주장하고자 하는 의도를 가지고 있다. 특히 유부는 위에 언급한 4명의 논사를 통하여 유위법과 무위법의 정당성을 밝히면서, 앞에서도 살펴보았던 경량부가 주장하는 세계의 본질은 영원한 것과 그 본질에 반대되는 가변적인 것은 무상하다는 견해를 비판하는 의도가 함축되어 있다고 볼 수 있다. 특히 비바사 4대 논사 중에 세우는 『존바수밀보살소집론』[42]에서 "유위법은 없지 않음이 아니고[非不無] 있지 않음이 되지 않는 것[非爲不有]과 같이, 무위법도 없지 않음이 아니고 있지 않음이 되지 않는다"고 하였다. 즉 유위법은 항상 함[常住]이 없다는 말이며, 무위법은 항상 함이 있다는 말과 같은 뜻이 성립되는 것이다. 또한 과거와 미래의 실체를 부정하는 주장과 또한 현재를 무위로 삼는 주장에 반대하면서 일체법의 자성은 유위가 됨을 천명하고, 더불어 세상의 존재적 양태는 작용에 따라 각기 별개인 것을 밝힘으로써 삼세실유를 논증한다고 볼 수 있다. 반면 유부는 시간적 존재의 양태와 시간적 추이에 따라 과거도 미래도 현재도 아닌 법을 무위라고 단정하고 있다. "무엇을 과거도 미래도 현재도 아닌 법이라고 말하는가? 법 중에 무위인 것이다"라고 기술되는 『사리불아비담론』[43]의 견해를 주목할 필요가 있다.

4) 화지부 계통의 유·무위설과 그 외 부파의 유·무위설

화지부는 상좌부 계열의 부파로서 일찍이 독자적인 교리를 형성하고 있

42 『존바수밀보살소집론』(『大正藏』 28, 724하)
43 『사리불아비담론』(『大正藏』 28, 666상)

었다. 화지부 교리의 특색은 상좌부의 교리를 전체적으로 받아들이면서, 부분적으로 대중부의 교리를 채용하고 있다는 점이다. 그러나 이 부파는 유·무위법의 해석에 대하여 유부와는 상반적인 견해를 가지고 있다. 그 예로 『이부종륜론』[44]을 보면 화지부는 "과거와 미래는 없고, 현재와 무위는 있다"라고 천명하고 있다. 곧 일체법 가운데 현재와 무위법을 존재하지만, 아(我)와 과거·미래의 법은 인정하지 않는다는 것이다. 여기서 현재라는 것은 찰나 생멸하는 현상계에 일시적 존재를 인정한다는 유위법의 개념이며, 그와 반대적인 개념으로 하여 현상계에 항상(恒常)을 무위법으로 간주하고 있다. 마치 어떤 물체가 고체에서 액체로, 액체에서 기체로 바뀔 경우에 물질에 상태를 바꾸기 위하여 소비되는 융해열(融解熱)이나 증발열(蒸發熱)을 유위로 인정한다는 것이며, 반면 무위법은 내부에는 존재하지만 외부에는 나타나지 않는 잠열(潛熱)과 같은 개념으로 이해되는 것이다. 따라서 이 학파의 이름은 『법화현찬』 권1[45]에 의하면 대중부의 설과 비슷하게 과거와 미래를 인정하지 않기 때문에 법무거래종(法無去來宗)이라고 불린다. 또한 화지부는 '일시적 존재가 아니다'는 성질을 부각하기 위해서 대중부와 같이 택멸, 비택멸, 허공, 부동, 선법진여, 불선법진여, 무기법진여, 도지진여 등의 9종무위설을 채택하고 있다. 전체적인 화지부의 9종무위법의 범주를 간략하게 설명하면 현상계의 생멸 변화에서 가감과 증감이 없는 상태 즉, 진여를 무위법으로 간주하고 있는 듯이 보인다. 이와 같은 설명은 다름 아닌 법의 상주를 인정하는 것과 별반 다름이 아니다. 이러한 화지부의 무위법의 분류는 중기 대승불교시대까지 유지되어 무착에 의하여 8종·6종무위설로 설명된다.

5) 『구사론』의 유·무위설

세친의 『구사론』에서 제시된 넓은 의미의 유·무위설은 대체로 5위법을 기준으로 하여 설명된다. 즉 5위법 중에 색법, 심법, 심소법, 불상응행법 등을 유위법의 범주로 삼고, 무위법을 따로 구분하고 있다. 『구사론』에서 이러한 오위법을 다시 세분화하여 색법에 11종, 심법에 1종, 심소법에 46종, 불상응행법에 14종과 무위법에 3종의 법을 분류하여 총계 75법으로 나누

---

44 『이부종륜론』(『大正藏』 49, 16하)
45 『법화현찬』 권1 (『大正藏』 34, 854)

어 설명 한다.

먼저 유위법에 대한 구체적인 개념을 『구사론』에 따라 인용하면 다음과 같다. 『구사론』[46]에 보면 "모든 유위법이란 화합하는 뜻을 취하기 때문에 온(蘊)의 의미가 된다" 『구사론』「분별계품」에 언급된 이와 같은 유위의 개념은 모이고 화합하여 작용하는 것이 존재한다면, 그것은 유위라는 말로 해석하는 것이다. 이러한 『구사론』의 유위에 대한 개념은 우리가 경험하는 현상적인 세계에서 이루어지는 모든 물질적 세계와 정신적 세계를 포함하는 일체 존재의 관계성을 유위라는 개념으로 표현한 것이라 볼 수 있다. 간결하게 『구사론』에서 제시된 유위의 개념을 『구사석론』 권1[47]에 의하여 살펴보면 4가지 의미가 밝혀진다. 첫째 유위의 뜻은 이미 행해졌고, 행해지고 있으며, 앞으로 행해지는 까닭에 세로(世路, adhva)라는 의미이다. 여기서 '세'의 의미는 과거·현재·미래의 삼세를 대상으로 하여 설명되며, 또한 '로'의 의미는 파괴와 무상의 뜻을 담고 있다. 따라서 삼세에 걸쳐 파괴되는 모든 것을 세로라는 비유적 표현을 든 것이다. 둘째는 언의(言依)라 하는데, 그 이유로써 유위는 언어(kathā)와 음성(vākya)의 대상으로 하여 성립되기 때문이라 한다. 즉 언어와 음성은 영원한 실체가 될 수 없음을 단적으로 말하는 것이다. 셋째는 유리(有離)라 하는데, 유위에는 떠남이 있고 열반에는 떠남이 없기 때문이다. 이와 같은 이유로 인하여 유위를 '유리'라고 이름 한다고 하였다. 말하자면 열반이 존재됨을 표현하기 위하여 '리'라는 말을 쓰고 있는 것이다. 넷째는 유사(有事)라 한다. 즉 '사'는 원인에 의해서 발생된 법, 원인을 가지고 있는 것, 다른 것을 일으키는 작용이 있는 것 등으로 표현되기에 유위법의 뜻으로 사용될 수 있을 것이다.

『구사론』은 원래 설일체유부의 교설을 홍포하기 위해서 세친에 의해 지어졌지만, 세친에 의해서 유부의 교설보다는 경량부의 교설이 교묘하게 첨가된 논서이다. 왜냐하면『구사론』의 전체적인 논조의 입장은 경량부의 주장을 옹호하는 경향을 가지고 있기 때문이다. 그 특징 중에 하나가 『구사론』에서 보여지는 유·무위설이 유·무루법의 범주 안에서 설명되는 것이다. 신역인 『구사론』[48]의 게송으로 보면 다음과 같이 설하고 있다. 즉,

46 『구사론』(『大正藏』29, 4하)
47 『구사석론』 권1 (『大正藏』29, 162하)
48 『구사론』(『大正藏』 29, 1중-하)

> 번뇌 있음과 번뇌 없음이라는 현상세계에서 도를 제외한 것 외에는 모두 유위법이며, 거기에는 번뇌가 따라 더하나니, 그러므로 번뇌의 있음이라 말한다. 번뇌 없음인 그것을 말하자면 도의 진리와 세 가지 무위 중에 허공과 두 가지의 사라짐인데, 이 중에서 허공은 걸림 없으며, 택멸은 [세속적] 계박을 떠난 것이며, 계박을 따르는 사실도 각기 다르고 미래에 생길 법이 끝내 장애를 받는 다면 그것은 유달리 비택멸이 된다.

즉『구사론』의 조직적 구성에 있어 모든 법은 번뇌의 있음[有漏]과 번뇌가 없음[無漏]의 범주에 속한다는 것이다. 다시 말하면『구사론』이전의 모든 아비달마 논서 들에서 보여 지는 유·무위의 개념은 축소되고,『구사론』에서는 모든 법을 번뇌(āsrava, 漏)의 있음과 없음이라는 체계 안에서 분류된다는 것이다. 이러한 제법의 분류에 대하여『구사석론』[49]에서는 번뇌[漏]라는 번역어 대신 수면[流]이라는 번역어를 사용하고 있다. 따라서『구사론』의 제법의 분류는 유·무위법의 분류가 아닌, 유류법·무류법의 범주에서 다양한 법을 규정하는 것으로 구성되어 있음이 발견된다.

세친은 아비달마『구사론』[50]에서 이러한 번뇌가 있음과 번뇌가 없음이라는 두 가지 분류법을 천명하고, 이 중에서 무루법을 삼종무위설로 비유를 든다. 세친은 아비달마『구사론』[51]에서 말하기를 "논 하건데 세 가지 무위의 법은 물질 따위의 쌓임 속에 있다고 말하지 못할 것이니, 물질 따위와 그 뜻이 서로 합하지 않기 때문이다. 따라서 무위의 그 자체는 물질도 아니고 내지 의식도 아니니 또한 제육(第六)의 쌓임이라고도 말하지 못한다. 그것은 바로 쌓임의 뜻과 서로 합치되지 않기 때문이다"라고 말한다. 이와 같은 이해의 선상에서 유부의 삼종무위법을 설명하면 다음과 같다. "허공은 다만 걸림이 없는 것으로써 성품이 된 것이니, 그 걸림이 없으므로 말미암아 물질이 그 속에서 마음대로 행할 수 있다." 또한 동계서에서 다음과 같이 자세하게 기술하고 있다.

> 온갖 번뇌가 있는 법에서 그 계박만을 떠나면 해탈을 증득하게 되므로 택멸이라 하였다. … 마치 소에다 멍에 한 수레를 소달구지라 말함과 같다. 미

49『구사석론』(『大正藏』29, 2상)
50『구사론』(『大正藏』29, 1하)
51『구사론』(『大正藏』29, 5중)

래에 생길 것이 아주 장애를 받아 못생기게 되는 것은 비택멸이라고 하는데, 마치 눈이 의식과 함께 한 가지의 빛깔에만 몰두할 적에는 딴 빛깔과 그 밖의 소리 냄새 맛 촉 따위는 모두 떠나게 되고 자취를 감추어 그 오식신(五識身)은 미래 세상에 머물러 필경 나지 않는 것과 같은데, 능히 과거의 경계를 반여하지 못하는 것이다. 따라서 비택멸이다.

결과적으로 『구사론』에서 보이는 유·무위설은 유·무루법의 범주 안에서 고찰되어지고, 이러한 고찰은 경량부의 사상이 농후하게 혼합하여 새로운 유·무위법의 해석을 가져오고 있다는 사실을 증명하는 것이다.

3. 대승불교의 유·무위설

1) 초기대승불교의 유·무위법에 대한 해석

대승불교는 기존의 부파적인 교설에 대하여 비판적인 시각을 가진 사람들에 의해서 시작된다. 아비달마 불교의 주석적 연구 방법에 회의를 가진 사람들이 좀더 적극적으로 붓다의 말씀을 전하고자 새로운 형식의 사상을 전개하면서 불법에 대한 새로운 이해방식을 제시한다. 특히 초기대승경전이라 함은 이러한 이해방식을 공(空)이라는 절대적 부정을 통하여 방편으로 시설하는 경우가 많이 있다. 『대승의장』 권9[52]에서는 이러한 뜻에 따라 대승불교를 권대승교(權大乘敎)라고 칭하고 있다. 즉 붓다의 진실한 교법을 받아들일 수 없는 이들을 위해서 방편 내지 수단으로 붓다의 진정한 교설을 전한다는 뜻이다. 여하튼 모든 대승경전은 이러한 방편적인 교설을 통하여 장구한 세월을 걸쳐 구성이 되고 완성이 된 것이다. 그러나 대승경전의 여러 교설들이 부파적인 교설과 상대적 교감이 없이 만들어진 것은 아니다. 왜냐하면 교리적인 측면에서 대승경전은 결국은 초기불교의 지향점이 좀더 확대되고 발전된 형태를 띠게 된 것이라고 볼 수 있기 때문이다. 이러한 측면에서 대승불교의 유·무위설을 살펴보고자 한다.

최초의 대승경전이라 불리는 『소품반야경』[53]에서 보면 "여래는 유위성에도 머물지 않고, 또한 무위성에도 머물지 않는다"고 설하고 있다. 『대반

52 『대승의장』 권9 (『大正藏』 44, 648하)
53 『소품반야경』 (『大正藏』 8, 540중)

야경』 권411[54]에서는 좀더 구체적으로 유·무위에 대하여 다음과 같이 말한다.

> 어떤 것이 무위법인가? 부처님은 선현에게 말씀하신다. "말하여 삼계에 걸쳐 만약 오온, 사정려, 사무량, 사무색정, 사념주, 18불공법 등이 있다면, 선현이여! 이와 같은 것 등이 유위법이다" 비구와 선현들은 다시 부처님에게 고하여 말한다. 어떤 것이 이름 하여 무위법인가? 부처님은 선현에게 말씀하시길 "만약 법이 무생(無生), 무주(無住), 무멸(無滅), 무이(無異)이고 탐·진·치가 다함이 있고, 만약 진여법계와 법성이 허망하지 않고, 불변이성(不變異性), 평등성(平等性), 이생성(離生性), 결정(法定), 법주(法住)하여 진실하다면, 선현이여! 이것을 무위법이란 한다."

초기대승경전 『대반열반경』[55]에도 이와 비슷하게 유·무위설에 대하여 다음과 같이 설명한다. "여래가 진실함이 곧 무위법이다. 이와 같지 않으면 그것은 유위다." 『대반열반경』[56]에는 다음과 같이 설하고 있다.

> 선남자여! 일체 유위란 것은 모두가 무상이다. 허공무위도 무상이다. 불성무위도 무상이다. 허공이라는 것은 불성이니, 불성은 그 자체가 여래가 된다. 여래는 곧 자체가 무위다. 무위라는 것은 곧 항상(恒常)이다. 항상이란 곧 법이다. 법이란 곧 증(憎)이다. 증이란 곧 무위다. 무위라는 것이 상(常)이다. 선남자여! 무릇 유위의 법에는 두 가지가 있으니, 색법과 비색법이다. 비색법은 심과 심수법이다. 색법은 지수화풍이다.

또한 『대반열반경』에는 "유위라는 법은 괴멸이 존재하며, 무위에 법에는 괴멸이 존재하지 않는다"[57]라고 설명되어 있다. 이와 비슷하게 열반경 계통의 『불설대반니원경』[58]은 "응당 알아야 한다. 여래의 상주는 무위이며 비변이법(非變異法)"이라고 서술되어 있다. 또한 현장이 번역한 『대반야경』[59]

---

54 『대반야경』 권411 (『大正藏』 7, 59하)
55 『대반열반경』 (『大正藏』 12, 374중)
56 『대반열반경』 (『大正藏』 12, 445하)
57 『대반열반경』 (『大正藏』 12, 472중)
58 『불설대반니원경』 (『大正藏』 12, 860상)

에서는 유위법이라는 것은 단지 이름이며, 이러한 이유로 무위법은 실유가 아니라고 기술되고 있다. 『대반야경』의 주석서인 『대지도론』[60]에서는 "유위법이라는 것은 인연화합에 의해 발생하므로 오중(五衆), 십이입(十二入), 십팔계(十八界) 등이 이에 속한다. 무위법이라는 것은 인연이 없는 것이기에 상(常)이며, 불생(不生)이며, 불멸(不滅)이므로 마치 허공과 같다." 또한 『마하반야바라밀경』[61]에서는 "유위의 성질 중에는 무위의 뜻이 없으며, 무위의 성질 중에는 유위의 뜻이 없다"라고 말하고 있다. 말하자면 『반야바라밀경』에서 제시하는 유위와 무위라는 개념은 두 가지 모두 실체로서 파악되는 것도 아니라는 것이다. 이 경에서 말하고자 하는 궁극적인 주장은 유위와 무위는 서로 분리되는 것이 아니고, 분리 되지도 않는다는 뜻을 피력하고 있는 것이다.

대승불교의 중요한 경전인 『대방광불화엄경』[62]에서 "어떤 것이 유위법인가? 소위 말해서 욕계·색계·무색계의 중생을 말한다. 어떤 것이 무위법인가? 소위 허공과 열반으로 하여 수연진과 비수연진이다"라고 유·무위법을 정의하고 있다. 여기서 삼계는 일체의 존재적 모습 즉, 생사에 유전하고 있는 일체의 미혹의 세계를 말한다고 볼 수 있다. 사실 『화엄경』에서는 마음을 떠나 따로 존재하는 실체를 인정하지 않는다. 다만 모든 것은 마음의 환영이며, 마음에 의존하여 존재한다고 한다. 이것이 소의 화엄에서 말하는 마음 밖에 따로 어떤 법이 없다는 것[心外無別法]이다. 『팔십화엄경』「대지품」[63]에 보면 "삼계의 모든 현상은 오로지 한 마음에 지나지 않는다"고 한다. 이러한 사실을 미루어 살펴보면 마음으로 이루어지는 모든 것 즉, 유심(唯心)은 유위법이 된다고 볼 수 있다. 반면 무위법에 관련하여 『화엄경』에서는 마음으로부터 독립한 일심(一心)의 경계로 쓰이는 경우가 종종 있는데, 마치 주관에 상대한 객관의 세계를 부정 하는 것과 같다. 왜냐하면 허공, 수연진, 비수연진 등 설일체유부가 주장하는 삼종무위설을 그대로 받아들이고 있음을 앞에서 인용한 『화엄경』을 통하여 알 수 있기 때문이다. 여하튼 화엄에서 말하고 있는 유·무위설은 그 자체로 어떤 커다란 의미를

59 『대반야경』(『大正藏』 7, 731중)
60 『대지도론』(『大正藏』 25, 288하)
61 『마하반야바라밀경』(『大正藏』 8, 242상)
62 『대방광불화엄경』(『大正藏』 9, 476상)
63 『팔십화엄경』「대지품」(『大正藏』10, 194상)

가지고 있는 것은 아니지만, 화엄적인 입장에서 아비달마불교와 유·무위설에 대하여 분명한 교감이 있었다는 사실은 위의 설명을 통하여 부정할 수 없다.

2) 중관학파의 유·무위적 개념

중관학에서는 인연에 의해서 모여진 일체의 현상적 모습은 실제로 존재하는 것이 아니라고 한다. 다만 모든 사물은 실체로 존재하는 것이 아니고, 자성이 없이 실존한다고 한다. 즉 영원불변의 실체가 있다는 실유적인 사상을 부정하고, 모든 것은 인연에 의해서 소생하는 것이고 말한다. 이런 부정적 사유 방법은 주로 실체적 유(有)에 집착하고 있는 아비달마 불교에서 말하고 있는 편향된 견해를 교정하고자 하는 의도를 가지고 있다고 볼 수 있다. 특히 설일체유부가 주장하고 있는 실유설에 대하여 가혹한 비판을 하면서, 실유적인 모든 존재의 양상을 부정하고 있다. 말하자면 용수가 주장하는 공(空)이라는 관점은 모든 만물의 인연화합이란 관점을 『중론』[64]에서 언급하는데, "모든 법의 제 성품은 뭇 인연 속에 있지 않고, 다만 뭇 인연이 화합하므로 이름을 얻게 되었다"고 말하는 것을 참조할 필요가 있다. 따라서 공은 깨달음을 위한 방편적 시설이므로, 이 공에 다시 집착하면 애초에 제시한 공의 뜻은 사라진다. 공의 근원적인 목적은 존재의 본질을 규정하여 아는 것이 아니라, 주체의 해탈에 있다. 즉 주객이 전도된 입장을 편하없이 이해하여 일체 존재의 실상을 관하고자 하는 것이다. 『중론』의 「관행품」[65]에 보면 "부처님께서 공의 진리를 설함은 여러 견해를 벗어나게 하기 위함이다. 그러므로 공이 있다는 견해를 또 한 번 가지게 된다면 더 이상 교화할 방법이 없다"고 하였다. 이러한 관점은 『중론』 제2권[66]에서 비유적으로 기술되어 있다.

> 만일 존재된 것[生]이 무위법이라면 어떻게 유위법에 대하여 형상을 이루겠는가? 무슨 까닭인가? 무위법은 성품이 없기 때문이다. 유위가 사라짐으로써 무위라 하나니, 그러므로 생하지 않고, 멸하지 않는 것을 무위라 할지언정 따로 제 형상이 되지 못한다. 따라서 없음의 법[無法]은 있음의 법[有

64 『중론』(『大正藏』 30, 2중)
65 『중론』「관행품」(『大正藏』 30, 18하)
66 『중론』 제2권 (『大正藏』 30, 9중)

法]에 대하여 형상이 되지 못한다. 마치 토끼의 뿔과 거북의 털 따위가 사물의 형상이 될 수 없는 것과 같다. 그러므로 존재된 것은 무위의 법이 아니다.

이러한 해석에 대하여 용수는 『십이문론』[67]에서는 유·무위법의 관점을 구체적으로 설하고 있다. "만일 있음이 이루어지지 않으면 없음도 이루어지지 않는다. 그러므로 이제 이것을 추구하면, 있음도 없고 없음도 없으므로, 온갖 일체 유위법이라는 것은 공이다. 따라서 유위법도 공이고 무위법도 공이다. 유위와 무위는 항상 공한데, 어찌 아(我)라는 것이 존재할 수 있는가?" 이러한 설명은 본래 공이라는 것은 모든 현상에서 일어나는 생멸과 변화를 초월하는 성품 내지 원리를 관찰하는 것이라 볼 수 있다. 이와 같은 관점은 아비달마 논서에서 언급된 유위법과 무위법이라는 법의 분류 해석적 체계를 정면으로 부정하는 입장임을 알 수 있다. 말하자면 중론학파에서 파악된 유·무위법의 모든 실상은 공하다는 것과 일치하며, 이런 관점에서 유·무위법은 실상 무익한 법으로 인정하는 것이라 볼 수 있다. 그러나 『대승광백론석론』 제9권[68]에는 해석을 달리하여 "유위와 무위를 제외하고는 따로 딴 법이 없다. 설사 있다 하여도 빈 말일 뿐이니, 유위와 무위는 온갖 법을 두루 포섭한다. 이 두 가지가 모두 공하기 때문에 모든 법은 모두가 공하다. 공한 가운데는 전혀 분별과 장난말이 없나니, 비어있고 통하고 걸림 없어서 그대로가 거룩한 지혜이다"라고 기술되어 있음이 보인다.

3) 유식학파의 유·무위설

유식학은 아비달마불교에서 거론되는 마음 밖에 실존하는 대상이 있다고 믿는 잘못된 집착을 논파한다. 오직 식(識)을 통하여 일체의 존재가 성립된다고 주장한다. 따라서 식이 전변하여 일어날 때에 인식 대상으로서의 객관적인 식[相分]과 인식의 주관으로서의 식[見分]으로 변화됨으로써 외계에 실존하는 것처럼 보이는 대상의 현현함을 밝힌다. 이런 이치에 비추어 아비달마불교에서 주장하는 외경실재론(外境實在論)이나 법의 분류법인 오위법(五位法)도 부정한다. 이러한 유식무경설(唯識無境說)의 입장을

67 『십이문론』(『大正藏』 30, 165상)
68 『대승광백론석론』 제9권 (『大正藏』 30, 242중)

견지하는 유식논사들은 식의 전변을 통하여 성립된 유위법과 무위법은 모두 식을 떠나서 독립적으로 존재하는 것이 아니라는 입장을 견지하여 일체유식(一切唯識)이라고 말한다. 그래서 유식 논서인 『유가사지론』[69]은 "생주이멸의 법을 아는 것이 유위의 속성이고, 생주이멸이 없다고 아는 것을 무위의 속성이라고 한다"라고 설명하고 있다. 더욱이 『유가사지론』[70]에서 사상의 생주이멸이라는 사상을 가지고 유위법의 범주를 적극적으로 응용하여 설명하고 있다.

> 일체 행(行)은 삼세를 통하여 현현하는 까닭에 미래에 걸쳐 이루어지는 발생은 없다. 이러한 까닭에 세존은 미래에 대한 유위상을 설명하기 위해서 생(生)이라는 유위상을 설명하였다. 그것은 이미 난 뒤에는 과거로 낙사되어진 것이니, 이 때문에 세존은 과거 세상으로 말미암아 유위법에 사라짐을 멸(滅)이라고 말씀하셨다. 현재 세상의 법은 두 가지 모양으로 드러나게 되나니, 주(住)와 이(異)이다. 왜냐하면 앞과 뒤가 변하여 달라짐도 역시 현재뿐이기 때문이다. 세존은 현재 세상으로 유위법에 대하여 총설하여 말씀하시기를 [사상 중에] 주(住)·이(異)만이 유위다.

이와 같이 유식론에서 보여 지는 유위법은 인연의 세력 때문에 본래 없던 것이 현재 존재하는 것이라 하는데, 따라서 대체적으로 유식 논사들은 유위법은 잠시 존재하다가 다시 존재하지 않는다는 것을 사상(四相)을 통하여 설명하고 있다. 『성유식론』[71]에 보면 다음과 같다.

> 본래 없던 것이 현재 존재하는 것으로서 존재하게 되는 단계를 생(生)이라고 이름 한다. 생겨남의 단계에서 잠시 머무는 것을 주(住)라 한다. 머무름이 전 찰나와 후 찰나에 달라지기 때문에 다시 이(異)라는 명칭을 건립한다. 잠시 존재하다가 다시 존재하지 않게 되는데, 존재하지 않은 경우를 멸(滅)이라고 한다. 앞의 세 가지는 존재하는 것이 때문에 현재에 있고, 뒷부분의 하나는 존재하지 않기 때문에 과거에 있다.

---

69 『유가사지론』(『大正藏』 30, 358중)
70 『유가사지론』(『大正藏』 30, 586상)
71 『성유식론』(『大正藏』 31, 6상)

다른 한편으로 유식 논서『중변분별론』[72]에 보면 가변적인 세계를 표현하기 위해 유위법을 허망분별(abhūta parikalpa)이라 설명하고 있으며, 참다운 인식의 세계를 허망하지 않는 뜻으로 하여 무위법을 공(空)이라고 설명하는 경우도 있다. 이러한 경향을 감안하여 일반적으로 유식 논서 중에는 무위법에 관련하여 팔종무위설(八種無爲說) 내지 6종무위설(六種無爲說)을 채택하고 있다. 먼저『유가사지론』[73]에서는 8종무위를 살펴보면 다음과 같다. "무위에는 여덟 가지 사(事)가 있으니, 말하여 허공, 비택멸, 택멸, 선·불선, 무기법, 진여, 부동, 상수멸 등이다."『유가사지론』을 주석한『현양성교론』[74]에서는 8종무위설을 다음과 같이 부연 설명하고 있다.

> 허공이란, 온갖 마음과 마음법의 바깥 물질에 반연하는 것을 다스리는 대상인 성질을 말한다. 비택멸이란, 인연과 모이지 않으며 그 중간에 온갖 이어감이 일어나거나 사라지지 않고 계박되어 떠남이 아닌 성질을 말한다. 택멸이란, 슬기의 방편에 의하여 번뇌가 있음인 온갖 지어감이 필경 일어나거나 사라지지 않고, 바로 계박을 떠남인 성질을 말한다. 부동이란, 변정의 욕망을 떠나 제사정려(第四靜慮)를 얻으려고 할 그 중간에 괴로움과 즐거움의 계박으로부터 떠난 성질을 말한다. 상수멸이란, 무소유처의 욕망을 떠나 멸진정에 들려고 할 그 중간에 마음과 마음법이 항상 현행하지 않고 일부분의 마음과 마음법의 사라짐만 항상 행하는 것으로서 계박을 떠난 성질을 말한다. 선법, 불·선법, 무기법, 진여라는 것들은 청정한 법의 경계를 말한다.

이 밖에『성유식론』제2권[75]에 보면 허공, 택멸, 비택멸, 부동, 상수멸, 진여라고 하는 6종무위설을 시설의 관점에서 설하고 있다. 이 중에 앞의 다섯 가지는 마음의 작용의 훈습에 의해서 나타난 모습이지만, 이 나타난 모습이 의식에 의해서 전후가 서로 비슷하고 차별이 없기에 무위법이라고 설하고 있다. 마지막 진여는 법성이라는 관점에서 무위법이라고 설하고 있다. 이와 비슷하게 후기 유식 논서『대승백법명문론』[76]에 6종무위설을 설하고

72『중변분별론』(『大正藏』31, 451상)
73『유가사지론』(『大正藏』30, 293하)
74『현양성교론』(『大正藏』31, 484중-하)
75『성유식론』제2권 (『大正藏』31, 6하)
76『대승백법명문론』(『大正藏』31, 855하)

있다. 이 경전에 의하면 6종무위설은 여섯 가지가 모두가 실상에 벗어나지 않기 때문에 의여육무위설(依如六無爲說)이라고 했다. 또한 가끔 듣고 반추한다든지 하는 것에 의해서 마음속으로 6종무위와 같은 상분(相分)이 일어난다고 가정하여 식변육무위설(識變六無爲說)이라 둘로 나누어 설명하고 있다.

Ⅲ. 인접 개념과 현대적 논의

지금까지 살펴본 불교의 유·무위의 설을 중심으로 불교의 인접 개념과 현대적 논의의 중심에 도가의 무위자연 사상이 있다. 도가 사상에서는 천지자연의 이치로서의 도(道)를 체득하는 것을 궁극적인 목적으로 삼는다. 노자의 『도덕경』 1장에 보면 "도를 도라 하면 이미 도가 아니요, 이름을 이름이라 하면 이미 이름이 아니다(道可道 非常道 名可名 非常名)"라는 구절이 있다. 『도덕경』에서 도(道)란 보통 인간 사이에서 발견되는 인위적인 행위, 과장된 행위, 계산된 행위, 남을 의식하지 않는 행위, 자기중심적인 행위, 부산하게 설치는 행위, 억지로 하는 행위, 남의 일에 간섭하는 행위 등 일체의 부자연스러운 인위적 행위를 하지 않거나, 벗어나는 관조적 자세를 지칭하는 경우가 많다. 따라서 행동이 너무 자발적이고, 자연스러워서 자기가 행하는 행동이 구태여 행동이라 이름 할 수 없는 행위 즉, 그런 행위가 바로 도가에서 말하는 행함이 없이 이루어지는 행위라는 무위지위(無爲之爲) 또는 아무 것도 하지 않는데 모든 것이 다 이루어진다는 무위이화(無爲而化)가 될 것이다. 『도덕경』 38장에 보면 이런 행동방식, 이런 마음가짐, 이런 초월적인 자유를 가진 자유인의 하는 참된 일이기 때문에 도가에서는 '도는 늘 함이 없으면서도 하지 아니함이 없다(道常無爲, 而無不爲)'라고 말한다. 즉 모든 형상을 있게 하는 것이 도이며, 그 형상을 움직이게 하는 것이 또한 도이다. 그러므로 형상의 측면에서 도는 우주의 근원이라고 표현되며, 움직임의 측면에서 도는 근원적인 이치·법칙이라고 표현되는 것이다. 이와 같이 『도덕경』에서는 도와 무위가 대체로 구별 없이 쓰여지는 경우가 허다하다. 따라서 도가에서 말하는 무위란 인위(人爲)의 반대적인 개념이 되며, 결코 아무 것도 하지 않는 자기 멋대로의 방임이나 비활동성을 두고 한 말은 아니다.

반면 인위란 행위주체를 말하는 것이기 때문에 분명 거기에는 인간의 의지나 지식이 결합되어 있음을 암시된다. 이러한 인위적인 행위는 불교의 유위적인 개념과 상통하는 경우가 될 수 있지만, 근본적으로 동일한 개념은 아니다. 다만 현대적인 해석을 통하여 도가에서 제시된 인위라는 개념을 불교적인 입장에서 유위라고 이름 할 수 있다는 것이다.

이러한 관점은 불교에서 말하고 있는 유·무위의 접근 방법과 도가의 인·무위의 접근 방법이 서로 상이한 점을 주목해야 한다. 불교에서 말하는 유·무위설은 일체 존재의 현상계가 반드시 '조건에 의해서 연결되어 있다'는 것과 '조건이 결여되어 있다'는 관점에서 유·무위설이 설명된다. 선(禪)이라는 주제를 자유롭게 해석한 대주 혜해선사(大珠 慧海禪師) 『돈오입도요문론』[77]에서는 "불법은 유위에도 다함이 없고, 무위에도 머묾이 없다[不盡有爲 不住無爲]"고 까지 말한다. 동계서를 인용하자면 '유위에도 다함이 없다'는 것은 붓다가 처음 발심으로부터 보리수 아래에서 등정각을 이루고 열반에 드실 때까지, 일체법을 모두 다 버리지 않음이 곧 유위에도 다하지 않는다는 것이다. 또한 '무위에 머물지 않는다'는 것은 비록 무념으로 닦는다 하더라도 무념으로서 증명함을 삼지 않는다는 것이고, 공(空)을 닦으나 공을 가지고 증명함을 삼지 않는다는 뜻이다. 말하자면 보리, 열반, 무상, 무작은 닦으나 열반이나 무상을 통하여 일체의 존재를 부정하지 않는다는 것이다. 이러한 불교적 해석에 반하여 노자는 『도덕경』을 통하여 자연의 일부로서 자연과 동화하여 자연적 본성으로 살아야 한다는 것을 무위라는 말을 통하여 설명하고, 나아가 도덕적 명령이나 규범, 그리고 그 규범을 제도적으로 강제하는 것을 인위라고 말한다. ❁

배상환 (동국대)

---

77 『돈오입도요문론』(『續藏經』 63권, 21중)

공성

범 śūnyatā 빠 suññatā 장 ston pa 한 空性
영 emptiness, voidness, openness

Ⅰ. 어원적 근거 및 개념 풀이

공성(空性)은 산스크리트로 śūnyatā, 티베트어로 ston pa, 빠알리어로 suññatā이다. emptiness, voidness, openness 등으로 영역된다.

'공(空)'은 형용사 'śūnya'의 한역어이고 '공성(空性)'은 'śūnya'의 명사형 'śūnyatā'의 한역어이다. 'śūnya'는 '공하다', '공한 것'을 의미하고 'śūnyatā'는 '공함'을 의미한다. 그런데 명사 'śūnyatā'는 'śūnya'[공하다]의 의미뿐 아니라 'aśūnya'[공하지 않다]의 의미도 담고 있다는 점에 유의해야 한다.

아래에서 공성[śūnyatā]이 공한 것[śūnya]과 공하지 않은 것[aśūnyatā]의 의미를 모두 담고 있다는 것을 초기경전의 공성, 『중론(中論)』의 공성, 『변중변론(辯中邊論)』의 공성, 『반야심경』의 공성을 순서대로 논하면서 자세히 밝히겠지만 먼저 요약해서 말하면 이렇다. 'śūnya'는 '공하다', 곧 '없다'는 의미이다. 범부들이 있다고 집착하는 사물이 실제로는 있지 않다 곧 없다. 그러나 범부들이 있다고 집착하는 사물이 없을 뿐이지 실제로는 아무것도 없는 것은 아니다. 없지 않다 곧 있다. 이 있음은 범부들이 집착하는 사물이 있다고 할 때의 있음과 다른 방식으로 있다. 이것이 'aśūnya' 곧 '공하지 않은 것'이다.

변계소집자성, 의타기자성, 원성실자성 이른바 3자성(自性)에 의거해서 말한다면, 변계소집자성은 없지만[śūnya], 의타기자성과 원성실자성은 있다[aśūnya].[1] 초기경전의 없지 않고 '남아 있는 것'이 용수는 『중론』 「관사제품(觀四諦品)」에서 연기, 공성임을 보여주고 있고, 미륵과 세친은 『변중변론』 「상품(相品)」에서 허망분별, 공성임을 보여주고 있다.

공성 개념을 규명하는 이 글은 이처럼 초기경전의 없지 않고 '남아 있는 것'이 『중론』과 『변중변론』에서 적극적으로 정의되고 있다는 것을 보여줄 것이다. 특히 『변중변론』에서 초기경전의 『소공경(小空經)』의 문장을 그대로 인용하면서 이 '남아 있는 것'을 새롭게 밝히고 있다는 점에 주목할 것이다. 『반야심경』을 포함한 반야경류는 불요의(不了義)이기 때문에 이 없지 않고 '남아 있는 것'이 적극적으로 정의되고 있지 않다. 그래서 요의(了義)에 의거해서 『반야심경』을 해석한 원측의 『반야심경찬』을 따라가며 『반야경』의 공성을 확대해 보겠다.

Ⅱ. 초기경전의 공성

용수의 『중론』을 따라 공성을 이해한다면 공성은 먼저 무자성(無自性)이다. 무자성 곧 자성이 없음은 초기불교의 다음과 같은 경전에 잘 나타나 있다.

> 세존이시여, 세간은 공하다, 세간은 공하다고 말합니다. 세존이시여, 도대체 세간은 무엇이 공하다고 말하는 것인지요?
>
> 아난다여, 나 또는 나의 것이 공하기 때문에 세간은 공하다고 말하는 것이다. 아난다여, 나 또는 나의 것이 공하다는 것은 무엇인가? 아난다여, 눈

1 3자성 곧 변계소집자성, 의타기자성, 원성실자성에 대해서는 『반야심경』에 대한 원측의 해석을 보라. 또 현대적 해석을 보라.

[眼]은 나 또는 나의 것이 공하다. 색(色)은 나 또는 나의 것이 공하다. 안식(眼識)은 나 또는 나의 것이 공하다. 안촉(眼觸)은 나 또는 나의 것이 공하다. … 이 의촉(意觸)을 연(緣)으로 해서 생하는 좋은 느낌[樂受], 싫은 느낌[苦受], 싫지도 좋지도 않은 느낌[不苦不樂受]도 나 또는 나의 것이 공하다. 아난다여, 나 또는 나의 것이 공하기 때문에 세간은 공하다고 말하는 것이다.[2]

"공하다[suñño]"는 "없다"는 뜻이다. 이 경전을 볼 때 "세간은 공하다" 또는 "세간은 없다"는 "세간은 나 또는 나의 것이 공하다", "세간은 나 또는 나의 것이 없다"는 뜻임을 알 수 있다.

위 인용문에서 "나 또는 나의 것[attena vā attaniyena]"은 3격으로 되어 있다. "공하다[suñño]"는 "어떤 것[甲]이 어떤 것[乙]에 있어서 공하다"는 문장과 같이 3격을 취하는 "어떤 것[乙]"과 함께 쓰이는 형용사이다. 그러므로 "세간이 공하다"고 말할지라도 3격을 취하는 "어떤 것"이 생략되어 있다고 보아야 한다. "세간이 공하다"는 "세간이 어떤 것에 있어서 공하다", "세간에 어떤 것이 공하다"는 것을 뜻한다.

이 경전에 따르면 세간은 6근(根), 6경(境), 6식(識), 6촉(觸), 6수(受)이다. "세간이 공하다"는 것은 바로 이것들이 나 또는 나의 것이 공하다, 없다는 것이다. 그런데 이 세간은 나 또는 나의 것이 없다는 것이지 세간이 없다는 것이 아님에 유의해야 한다. 용수의 표현대로 한다면 세간은 자성(自性)이 없는 것이지 세간이 없는 것은 아니다. 세간은 연기(緣起)하는 것이기 때문이다. 이 경전에서 "의촉(意觸)을 연(緣)으로 해서 생하는 좋은 느낌, 싫은 느낌, 싫지도 좋지도 않은 느낌도 나 또는 나의 것이 공하다"고 말하는 것을 보면 세간은 무자성, 곧 연기하는 것임을 알 수 있다. "의촉(意觸)을 연(緣)으로 해서 생하는 좋은 느낌, 싫은 느낌, 싫지도 좋지도 않은 느낌"에서 느낌은 스스로 있는 것, 자성[svabhāva]이 아니라 의촉(意觸)을 연(緣)으로 해서 생하는 것이다. "의촉을 연으로 해서 생한다[manosamphassapaccayā uppajjati]"에서 '연(緣)으로 해서 생한다[upaccayā uppajjati]'는 용수가 말하는 연기와 같은 것이다.

자성이 없다고 할 수 있는 것은 이처럼 연기하는 것이기 때문인데 연기하는 것은 다음과 같은 경전에 더 잘 나타나 있다.

---

2 SN. Ⅳ, 54면.

> 내가 그대들을 위해 법을 설하겠다. 최초에도, 중간에도, 최후에도 선(善)하고, 뜻이 선하고 맛이 선하며, 순일하고 청정하며, 범행이 맑고 깨끗하니 이른바 대공법경(大空法經)이라 한다. 귀기울여 듣고 잘 생각해 보거라. 그대들을 위해 말하겠다. 무엇을 대공법경이라 하는가? 이것이 있기 때문에 저것이 있고, 이것이 일어날 때 저것이 일어난다. 이를테면 무명(無明)을 연해서 행(行)이 있고, 행(行)을 연해서 식(識)이 있고, … 오로지 큰 고(苦)의 집적이 있다. 생(生)에 연해서 노사(老死)가 있다에 대해서 어떤 사람이 "무엇이 노사인가? 노사는 무엇에 속하는가?" 하고 그에게 물어 말할 때 그는 "나가 노사이다. 이제 노사가 나에게 속한다. 노사는 나이다"고 답해 말하거나, "생명이 곧 신체이다" 혹은 "생명은 신체와 다르다"고 말한다면 이것은 같은 의미이지 말이 다를 뿐이다. 만약 "생명은 곧 신체이다"고 보고서 말한다면 그의 범행(梵行)은 없는 것이다. 만약 "생명은 신체와 다르다"고 보고서 말한다면 범행이 없는 것이다. 이 두 극단을 마음은 따르지 않는 것이니 곧바로 중도(中道)로 향하는 것이며, 현성(賢聖)다운 것이며, 출세간인 것이며, 여실하며, 전도되지 않은 것이며, 올바르게 보는 것[正見]이다.[3]

이 경전에 따르면, 예를 들어 "이것이 노사(老死)이다", "이것에 노사(老死)가 있다"고 보아서는 안 된다. "이것이 노사이다", "이것에 노사가 있다"고 하는 경우의 노사는 자성(自性)이기 때문이다. 그런데 노사는 생(生)에 연해서 있기 때문에 자성이 아니다. 이처럼 무자성은 곧 연기이고 연기는 무자성임을 알 수 있다. 이 경전에서 또 붓다는 이처럼 무자성인 연기는 중도(中道)이기도 하다고 말하고 있다. "생명과 신체가 같다", "생명과 신체가 다르다" 하는 경우 같음과 다름의 양 극단에 떨어지게 된다. 같다거나 다르다고 하는 경우 이미 생명과 신체가 각각 자성이 있다고 전제한 것이기 때문이다.

이렇게 해서 용수의 『중론』에서 말하는 무자성, 연기, 중도가 초기불교의 경전에 이미 설시되어 있고 이것들이 공성의 다른 이름이라는 것도 확인할 수 있었다. 그런데 없음을 의미하는 이러한 공성이 그대로 있음을 의미하기도 한다. 없다, 공하다고 해도 남는 것이 있기 때문이다. 이 남는 것의 있음의 공성은 사실 없음의 공성보다 선행하는 것이다.

---

3 『잡아함경』, 297경 (『大正藏』2권, 847하)

자성의 없음을 의미하는 무자성이나, 다름과 같음이란 양 극단을 부정하는 중도는 있음을 적극적으로 표현한 것이 아니었다. 공성을 남아 있는 것으로 보면서 공성의 있음을 적극적으로 표현하는 중요한 경전이 있다. 이른바 『소공경(小空經)』이다.

> 아난다여, 나는 이전에도 또 지금도 공성의 주[住, vihāra]에 많이 머물고 있다. 예를 들어 이 녹모강당은 코끼리, 소, 말, 노새가 공하고 금, 은이 공하고 여자와 남자의 모임이 공하다. 그러나 비구승단에 의존해서 공하지 않은 것[asuññata]이 단 하나 있다. 아난다여, 이와 같이 비구는 마을의 상(想)을 작의(作意)하지 않고, 사람의 상(想)을 작의하지 않고, 숲의 상(想)에 의존해서 단 하나를 작의한다. 숲의 상(想)에 있어서 그 마음이 도약하고 청정하게 되고 확립하고 해탈한다. 그는 이와 같이 안다[pajānāti]. 마을의 상(想)에 의존해서 번민들이 있다 해도 여기에는 없다. 사람의 상(想)에 의존해서 번민들이 있다 해도 여기에는 없다. 그러나 이 번민이 있다. 숲의 상(想) 단 하나에 의존해서.
>
> 그는 이 상(想)에 속하는 것은 마을의 상(想)이 공하다는 것을 알고 이 상(想)은 사람의 상(想)이 공하다는 것을 알지만, 숲의 상(想) 단 하나에 의존해서 공하지 않은 것[asuññata]이 있다는 것을 안다.
>
> 이렇게 해서 실로 거기[甲]에 없는 것 그것[乙]에 있어서 그것[乙]이 공하다고 그는 그대로 따라가며 본다. 그러나 거기[甲]에 남아 있는 것[丙], 그 있는 것(丙)을 이것은 있다고 그는 안다[iti yaṃ hi kho tattha na hoti, tena taṃ suññaṃ samanupassati, yaṃ pana tattha avasiṭṭhaṃ hoti, taṃ santaṃ idam atthīti pajānāti][4].[5]

붓다가 설법하는 녹모강당에는 코끼리, 소, 말, 노새가 공하다 곧 없다. 그러나 비구승단은 없는 것이 아니다 곧 있다. 공하지 않은 것이 있다. 비구가 수행하는 숲에는 마을의 상(想)이나 마을사람의 상(想)이 없다 곧 공하다. 그러나 숲의 상(想)은 있다 곧 공하지 않는 것이 있다. 이렇게 해서 이 경전에서는 숲의 상(想)은 없지만 대지의 상(想)은 있다. 대지의 상(想)은

---

4 'samanupassati[그대로 좇아가며 본다]'와 'pajānāti[안다]'에 대해서는 아래에서 『변중변론』의 공성과 중도를 다루는 부분에서 설명하고 있다.

5 MN.Ⅲ, 104-105면.

없지만 공무변처의 상(想)은 있다. 공무변처의 상(想)은 없지만 식무변처의 상(想)은 있다. 식무변처의 상(想)은 없지만 무소유처의 상(想)은 있다. 무소유처의 상(想)은 없지만 비상비상처의 상(想)은 있다. 비상비상처의 상(想)은 없지만 무상심삼매(無相心三昧)는 있다고 말한다. 이런 식으로 계속 부정해 가면서 부정해도 남는 것이 있다고 하며 긍정해 간다. 이런 과정들을 거쳐 최후에 남는 것을 긍정한다.

> 그는 이 상(想)에 속한 것이 욕루(欲漏)가 공하다는 것을 알고 이 상(想)에 속한 것이 유루(有漏)가 공하다는 것을 알고 이 상(想)에 속한 것이 무명루(無明漏)가 공하다는 것을 알지만, 그러나 생명을 연(緣)으로 해서 이 6처(處)가 있는 신체에 의존해서 있는 것이 공하지 않은 것임을 안다.[atthi c' ev' idaṃ asuññataṃ yad idaṃ imam eva kāyaṃ paṭicca saḷāyatanikaṃ jīvitapaccayā][6]

이 모든 단계를 거쳐오면서 그것들이 모두 공해도 최후로 이 단계들을 구성하는 공하지 않는 것이 있다는 것이다. 그것은 생명을 연(緣)으로 해서 이 6처(處)가 있는 신체에 의존해서 있는 것이니 이것이야말로 공하지 않다는 것이다.

이렇게 부정하면서 남아 있는 것의 공성을 긍정하는 것은 『유가사지론』과 『변중변론』에 그대로 계승되고 있다. 『유가사지론』 「진실의품」에 보이는 내용이 『변중변론』에 잘 확정되어 있기 때문에 이 논서에서 이 남아 있는 것인 공성이 어떻게 설명되고 있나 살펴보겠다. 그러기에 앞서 『중론』에서 공성과 연기가 이런 관점에서 어떻게 이해되고 있는지 중관학파 논사인 월칭과 청변의 설명을 통해 알아보겠다.

Ⅲ. 『중론』의 공성

용수는 『중론』 모든 품에 걸쳐서 자성(自性)을 부정하는 방식에 의해서 연기(緣起)를 보여 주고 있다. 공성의 일차적인 의미는 이 자성을 부정하는

6 MN.Ⅲ, 117면.

것이기에 이 공성의 의미를 되새겨 본다면 용수가 『중론』에서 전달하고자 하는 연기의 의미를 알 수 있다. 그러나 이러한 공성은 자칫 부정성으로만 이해될 수 있으므로 연기와 가립(假立), 승의제와 세속제 같은 상호 보완적인 것들을 함께 파악해야 공성이 긍정성도 담고 있다는 것을 더 잘 이해할 수 있다. 이러한 긍정성의 공성을 「관사제품」에서 다루고 있고 제18게송에서 이 품의 내용을 잘 축약하고 있기에 이 게송을 분석하면 용수가 전달하고자 하는 공성과 연기의 의미를 더 깊이 알 수 있을 것이다.

용수의 '있지 않다'란 표현을 '없다'로 이해하는 사람들은 '있지 않다'고 한다면 고(苦), 집(集), 멸(滅), 도(道)의 4제(諦)가 없어서 수행하는 일도 수행해 나가는 단계도 수행의 결과도 없지 않겠는가 하고 반박한다. 용수가 '있다'고 집착하는 사람들에게 '있지 않다'고 말하면서 논증을 펼 때 그 어떤 것도 없다고 주장하는 것은 아니다. 그렇다면 '있지 않음'이란 무엇이고 '없지 않음'이란 무엇일까? 「관사제품」에서는 이 있지 않음과 없지 않음을 제18게송에서 읊고 있다. 2제(諦)의 내용과 관계를 잘 보여주는 이 게송의 산스크리트본은 이렇다.

> yaḥ pratītyasamutpādaḥ śūnyatāṃ tāṃ pracakṣamahe /
> sā prajñaptirupādāya pratipatsaiva madhyamā //
> 연기인 것을 공성이라고 말하네.
> 그것(=공성)은 의지해서 시설되는 것이고 그것(=공성)은 중도이네.[7]

그러면 "공성은 의지해서 시설되는 것이다"라 할 때 무엇에 의지해서 시설되는 것인가 하는 문제가 남는다. 이 문제를 풀어내려면 바로 이어서 "공성은 곧 중도이다"고 표방하고 있기 때문에 중도의 의미를 잘 생각해 보아야 한다. 중도(中道)는 일단 있음과 없음의 중도이므로 '있지 않음'과 '없지 않음'이다. 이 중도의 있지 않음과 없지 않음이 앞의 구절에서 드러나야 한다는 것에 착안해야 한다. "연기는 공성이다", "공성은 의지해서 시설되는 것이다" 이 두 문장 중에서 하나는 '있지 않음'을 하나는 '없지 않음'을 드러낸다고 보아야 끝에 가서 중도로 마감할 수 있을 것이다. 더 좁혀 정확히 말하면 '연기'와 '의지해서 시설되는 것' 중에서이다. 「관사제품」의 이 게

---

7 나가르주나 지음, 박인성 옮김, 『중론』(대전: 주민출판사, 2001), 418면.

송은 이렇게 정리될 수 있다.

① 연기가 공성이다.
② 공성은 의지해서 시설되는 것이다.
③ 공성은 중도이다.

용수는 그의 있지 않음을 없음으로 오해하는 사람들을 위해 다시 없지 않음을 말해야 하는 상황에 있다. "연기가 공성이다" 했을 때 이 공성은 없지 않음 즉 있음이다. 그리고 그들이 생각하는 있음은 실제로 있음이 아니기에, 있지 않음을 보여 주어야 하는데 그 때 이 있지 않음이 공허한 것이 아니라는 것을 보여 주어야 한다. 그래서 "공성은 의지해서 시설되는 것이다"고 말하는 것이다. 그렇다면 답이 나온다. 용수가 '의지해서 시설되는 것'이라 했을 때 '시설되는 것'은 '연기에 의지해서 시설되는 것'이라고 말할 수 있다. 『유가사지론』「진실의품」에서 가설(假說)은 의타기에 의지한다고 자주 강조하고 있다. 이 게송에서 말하고자 하는 중도는 결국 '연기의 없지 않음'이고 '연기에 의지해서 시설되는 것의 있지 않음'이다.

『유가사지론』「진실의품」에 의탁해서 중론의 공성을 해석했으니 이제 중론을 주석한 월칭과 청변의 생각을 알아보면서 공성을 더 깊이 이해해 보도록 하자. 먼저 월칭은 이 게송을 이렇게 해석한다.

> 이 **연기**(緣起) 즉 인(因)과 연(緣)들에 의존해서 싹과 인식 등이 출현하는 것은 자성으로서 발생하지 않는 것이다. 그리고 사물들이 자성으로서 발생하지 않는 것이 **공성**이다. 그리고 이 자성이 공한 것은 **의지해서 가립되는 것**이다. 그 공성은 '의지해서 가립되는 것'이라고 안립된다. 바퀴 등 차의 부분들에 의지해서 차가 가립된다. 그것이 자기 부분들에 의지해서 가립되는 것은 자성으로서 발생하지 않는 것이다. 그리고 자성으로서 발생하지 않는 것이 공성이다. 그 자성으로서 발생하지 않는 것을 특징으로 하는 공성은 **중도**라고 안립된다. 왜냐하면 자성으로서 발생하지 않는 것에는 '있음'[astitva]이 없기 때문이고, 자성으로서 발생하지 않는 것에는 소멸이 없어서 '없음'[nāstitva]이 없기 때문이다. 그러므로 있음[bhāva]과 없음[abhāva]의 두 극단이 없기 때문에 모든 자성으로서 발생하지 않는 것을 특징으로 하는 공성은 중도[madhyamā pratipad] 곧 가운데 길[madhyama mārga]이

라고 말해진다. 그러므로 이와 같이 공성, 의지해서 가립되는 것, 중도는 연기의 다른 이름들이다.[8]

있음과 없음의 관점에서 중도(中道)를 말해 본다면 중도는 있음과 없음의 양 극단을 버린 '있지 않음'과 '없지 않음'일 것이다. 월칭은 이 '있지 않음'과 '없지 않음'인 중도를 있음과 없음에서 바로 끌어내지 않고 발생에서 끌어내고 있다. 모든 사물들은 인(因)과 연(緣)들에 의존해서 출현하는 것이기에 자성으로서 발생하는 것이 아니다. 자성으로서 발생하지 않는 것이기에 '있지 않은 것'이고 자성으로서 발생하지 않는 것은 소멸하지 않기에 '없지 않은 것'이다. 자성으로서 발생하는 것과 소멸하는 것은 달리 말하면 있음과 없음이다. 월칭은 자성[svabhāva]이란 말로 이 집착된 있음과 없음을 표현하고 있다고 볼 수 있다. "자성으로 발생하지 않는 것을 특징으로 하는 공성이 중도이다"고 말하는 것을 보면 월칭은 중도로 연기를 드러내고자 한다는 것을 알 수 있다. 그렇다면 자성에 자리잡는 언설은 어떻게 되는 것일까? 중도로 연기를 드러내기는 했지만 언설의 성격을 적극적으로 드러냈다고 볼 수는 없는 것 같다.

용수가 게송에서 연기를 공성이라 하고 공성을 가립(假立)이라 했을 때 그는 연기=공성, 가립=공성의 두 관계를 순서대로 표현하고 싶었던 것이지, 연기=공성, 공성=가립이니까 연기=공성=가립 이 관계를 표현하고 싶었던 것은 아닐 것이다. 그러나 월칭은 이 공성을 연기와 가립을 매개하는 것으로 이해한 듯싶다. 월칭의 이 말을 다시 확대해 보자.

> 이 **연기(緣起)** 즉 인(因)과 연(緣)들에 의존해서 싹과 인식 등이 출현하는 것은 자성으로서 발생하지 않는 것이다. 그리고 사물들이 자성으로서 발생하지 않는 것이 **공성**이다. 그리고 이 자성이 공한 것은 **의지해서 가립되는 것**이다. 그 공성은 의지해서 가립되는 것이라고 안립된다.[9]

인과 연들에 의존해서 출현하는 것인 연기하는 것은 자성으로서 발생하지 않는 것이고, 자성으로서 발생하지 않는 것이기에 '공한 것'이다. 이 공

8 『Prasannapadā』, Poussin 교정본, 503-504면.
9 위의 책, 504면.

한 것 즉 공성은 부정성이다. 자성으로서 발생하는 것을 부정했기 때문이다. 이 공성이 단순한 부정에 그치는 것이 아니라 긍정도 담고 있다는 것을 보여 주고자 월칭은 "이 자성이 공한 것은 의지해서 가립되는 것이다"고 설명한다. 이러한 월칭의 설명은 이 게송의 구조를 따라가면 연기=공성, 공성=가립이니까 연기=공성=가립으로 이해될 만한 소지가 없는 것은 아니지만, 용수가 연기=공성, 공성=가립이라고 말했을 때 공성의 부정성을 먼저 보여 주고자 한 것은 아니었다. 공성이란 용어가 부정성을 담고 있는 것은 사실이지만 「관사제품」이 공하다는 것은 아무것도 없다는 것이 아닌가 하는 대론자의 반박으로 시작하는 것으로 볼 때 이 공성은 긍정성을 적극적으로 표현한 것이라고 볼 수 있다. 다시 말해서 없다는 의미를 담고 있는 이 공성을 연기와 가립의 긍정성을 통해서 이해하려 했다고 볼 수 있다. 그렇다면 여기서 연기의 공성과 가립의 공성을 따로 밝혀내야 하는데, 이후의 설명을 보면 월칭은 가립을 설명해야 하는 자리에서 연기를 다른 각도에서 설명할 따름이다. 그는 공성의 부정성을 매개로 해서 다시 연기로 돌아온다. 다시 그의 설명을 확대해서 보자.

> 바퀴 등 차의 부분들에 의지해서 차가 가립된다. 그것이 자기 부분들에 의지해서 가립되는 것은 자성으로서 발생하지 않는 것이다. 그리고 자성으로서 발생하지 않는 것이 공성이다.[10]

자기 부분들에 의지해서 가립된다는 표현을 보면 전체성이 전제되어 있다는 것을 알 수 있다. 차의 한 부분인 바퀴는 바퀴 자체에 머물고 있지 않다. 바퀴가 바퀴인 것은 차의 다른 부분들을 지시하고 있기 때문이다. 바퀴가 이처럼 자기 자체에 머물지 않고 차의 다른 부분들을 지시하면서 자기의 정체성을 드러내는 것은 차라는 지시의 전체성이 있기 때문이다. 월칭이 이런 내용을 말하려고 했다면 일단 앞에서 인과 연들에 의존해서 출현하는 것인 연기를 표현하고 있다고 말할 수 있다. 인과 연들에 의존해서 출현하는 것은 항상 자기 속에 다른 것이 이미 들어와 있다. 자기 속에 다른 것이 이미 들어와 있지 않다면 자기에 머물지 않으면서 다른 것을 지시할 수 없다. 월칭이 말한 '자성으로서 발생하지 않는 것'이란 자기가 자기 속

10 위의 책, 504면.

에 고유하게 머물고 있어서 다른 것과 관계를 맺을 수 없는 것이다. 월칭뿐만 아니라 중관학파의 논사들의 자성은 이처럼 다른 것과 연계되지 않는 순수한 고유성이다. 월칭은 앞에서 연기를 인과 연들에 의존해서 발생하는 것이라 했고 이 인과 연들에 의존해서 발생하는 것은 자성으로서 발생하지 않는 것이라 했다. 그렇다면 자성으로서 발생하지 않는 이 차의 예야말로 연기가 아닌가? 물론 이것을 보고 차로 판단하는 과정에는 언설이 개입된다. 이러한 언설은 국집성을 띠기에 용수는 이 언설의 국집성을 타파해서 언설의 기능을 드러내고자 '의지해서 가립되는 것'이라고 했을 것이다. 바퀴 등과 차의 관계도 이러한 언설의 기능과 유관한 것이지만 일단 그 연기성을 파악해야 언설의 기능을 옳게 이해할 수가 있는 것이다.

이제 청변의 해석을 살펴보아야 하겠다. 티베트본을 살펴보겠다. 티베트본에서 청변은 앞행과 뒷행을 나누어서 주석하는데, 다음은 경전에서 인용하는 부분을 제외한 앞행에 대한 주석 전문이다.

> "연기인 것 그것을 공성이라고 말하네." 사물은 연(緣)들 속에 자성이 있는 것도, 없는 것도, 있으면서 없는 것도, 다른 것도, 다르지 않은 것도, 둘이 있는 것도 아니다. 승의제에서는 연(緣)들에서 연기하는 것이기에 자성이 발생하는 일이 없다. 눈 등이 발생하는 것은 세제에 의거한 것이다. 그것을 공성이라고 말한다. 자성을 여의었기 때문이다.[11]

자성을 여의었기 때문에, 즉 자성이 없기 때문에 공하다고 했으니까, 여기서도 연기를 '자성이 없다', '자성이 공하다'는 표현으로 드러냈다는 것을 알 수 있다. 연기를 이렇게 부정의 방식으로 드러낸 것을 보면 청변도 월칭과 다르지 않다. 변계소집을 의지해서 반성될 때 이렇게 연기는 부정의 방식으로 드러날 수밖에 없겠지만, 이렇게 드러난 연기는 공성의 긍정성에서 볼 때 무한히 현실을 생성하게 하는 힘에 자리잡고 있다. '있지 않음'인 공성에서 벗어나 '있음'인 공성으로 넘어갈 때 풍요로움을 만나게 된다. 긍정성의 공성은 변계소집이 끊기는 자리에서 오는데, 이 자리에 서서 연기를 보아야 다양한 언설의 기능을 긍정하게 된다.

---

11 『北京版 西藏大藏經』 제95권, 247면 5단 5-8행. 『大北版 西藏大藏經』 제34권, 492면 5단 1-3행.

다음은 경전에서 인용하는 부분을 제외한, 뒷행에 대한 주석 전문이다.

> "그것은 의지해서 시설되는 것이네. 그것은 중도이네." 연기라고 하는 것은 공성인데 그것은 의지해서 시설되는 것이다. 세간과 출세간을 언설하길 바라기 때문에 취(取)들에 의지해서 시설하는 것이다. 그것은 중도이다. 왜냐하면 중도는 발생함과 발생하지 않음, 있음과 없음의 양 극단을 끊었기 때문이다. 이렇다. 발생하는 것도 아니고 발생하지 않는 것도 아니며, 있는 것도 아니고 없는 것도 아니며, 상주하는 것도 아니고 상주하지 않는 것도 아니며, 공한 것도 아니고 공하지 않은 것도 아니기 때문에, 그렇기 때문에…….[12]

이 주석에서 우리는 아주 중요한 내용을 만날 수 있다. 앞에서 용수의 'prajñaptir upādāya'를 '(연기에) 의지해서 시설되는 것'으로 이해해야 한다고 강조한 바 있다. 그런데 청변은 여기서 구마라집이 '가명(假名)'으로 한역한 이 구절이 '의지해서 가명되는 것, '의지해서 시설되는 것'임을 정확히 보여주고 있다.

언설하길 바라는 사람은 뜻을 전달하고자 하는 사람이다. 다시 말해서 뜻하기[signification]를 행하는 사람이다. 우리말의 '뜻하다'는 의미가 의도나 의지 속에서 이해되는 것임을 보여주는 이 '뜻하기'의 이중 의미를 담고 있다. '뜻하다'는 ① '의지하다'나 '의도하다', ② '의미하다'이다. 의미를 전달하고자 하는 사람은 무엇인가를 의지하고 의도하며, 의지하고 의도하는 사람은 무엇인가를 지시하고자 한다. 언설은 무엇인가를 의미하지만 동시에 무엇인가를 지시한다. 말은 의미가 있기에 지시하는 것이지만 의미는 지시 속에서 실현된다. 'tha sñad ḥdod pas'(언설하길 바라기 때문에)의 '바라기'(ḥdod pa)는 의미하는 언설이 무엇을 지시해야 한다는 것을, 무엇에 의지해야 한다는 것을 암시하고 있다. 그러기에 시설(prajñapti)은 무엇에 의지해서(upādāya) 시설되는 것이다. 이어 나오는 "취(取)들에 의지해서 시설되는 것이다"[ñe bar len pa dag la brten nas gdags pa yin no]란 말을 잘 보아야 한다. 청변은 월칭이나 청목과 달리 시설되는 것이 무엇

12 『北京版 西藏大藏經』 제95권, 247면 5단 8행-248면 1단. 『台北版 西藏大藏經』 제34권, 492면 5단 4-6행.

에 의지하고 있고 이 무엇이 취(取)들이라는 것을 확실하게 밝히고 있다. 취들(ñe bar len pa dag)이란 취온(取蘊, upadānaskandha)이다. 5취온(取蘊) 즉 색취온, 수취온, 상취온, 행취온, 식취온은 잡염(雜染) 의타기(依他起)이다. 잡염 의타기는 우리가 이미 알고 있는 말로 바꾼다면 연기(緣起)이다. '의지해서 시설되는 것'(prajñaptir upadāya)은 '연기에 의지해서 시설되는 것'이라는 것을 여기서도 확인할 수 있다.

Ⅳ. 『변중변론』의 공성

앞서 『중론』에서는 공성과 연기를 중심으로 '남아 있는 것'의 의미를 알아보았다. 이제 유식학파의 논서인 『변중변론』에서 남아 있는 것의 의미가 어떻게 이해되고 있나 공성과 중도를 중심으로 해서 살펴보겠다.

중(中)이란 있음이란 극단과 없음이란 극단에서 벗어난 것이다. 있음이란 극단에서 벗어났기에 없지 않음이고, 없음이란 극단에서 벗어났기에 있지 않음이다. 중도(中道)란 중(中)의 도(道), 곧 중(中)을 보는 것, 아는 것이다. 미륵은 『변중변론』「상품」에서 이러한 중도(中道)를 다음과 같이 노래한다.

> 그러므로 모든 것은 공하지 않고 공하지 않지 않다고 말해지네.
> 있기 때문에, 있지 않기 때문에, 또 있기 때문이네. 그리고 그것이 중도(中道)이다.
>
> na śūnyaṁ nāpi cāśūnyaṁ tasmāt sarvam vidhīyate /
> sattvād asattvā sattvāc ca madhyamā pratipac ca sā //[13]

"모든 것은 공하지 않고 공하지 않지 않다"고 하니 이 경우에는 공하지 않음과 공하지 않지 않음이 중(中)이고, "있기 때문에, 있지 않기 때문에, 그리고 있기 때문에"라 하니 이 경우에는 있음과 있지 않음이 중(中)이다. 그러므로 이 공하지 않음과 공하지 않지 않음, 있음과 있지 않음을 아는 것이

13 마이뜨레야 송, 바수반두 논, 박인성 역, 『중과 변을 구별하기』(대전: 주민출판사, 2005), 20면.

중도(中道)이다.

세친이 미륵의 "그것이 중도(中道)이다"를 "모든 것은 한결같이 공하지 않고 한결같이 공하지 않지 않다"[14]로 풀이할 때 그는 중(中)을 미륵처럼 '공하지 않음과 공하지 않지 않음'으로 이해하고 있는 것이다. "모든 것은 공하지 않고 공하지 않지 않다"에 '한결같이[aikāntena]'를 넣어 두 극단을 확정해서 보여주면서. 세친이 이렇게 "한결같이"를 넣어 두 극단을 확정해서 이 문장을 반복하는 것은 "모든 것은 공하다"를 한 극단, "모든 것은 공하지 않다"를 다른 한 극단으로 보고 이를 타파해서 중(中)을 드러내고자 하기 때문이다. 이렇게 할 수 있는 근거는 미륵이 바로 이어서 "있기 때문에, 있지 않기 때문에, 그리고 있기 때문에"라고 노래하기 때문이다.

중도의 이 표현들을 정확히 이해하려면 미륵의 "모든 것은 공하지 않다"와 "공하지 않지 않다"를 다른 말로 바꾸는 게 좋다. 이 송에서 "있기 때문에, 있지 않기 때문에, 그리고 있기 때문에"라고 노래하기 때문에 "공하다"는 '있지 않다''로, "공하지 않다"는 '없지 않다'로 바꿀 수 있다. 더 간단히 "공하다"는 '없다'로, "공하지 않다"는 '있다'로 바꿀 수 있다. 그러므로 "모든 것은 공하지 않고 공하지 않지 않다"는 우선 "모든 것은 없지 않고 있지 않다"로 바꿀 수 있고, 이는 다시 "모든 것은 있고 없다"로 바꿀 수 있다. 없지 않음과 있지 않음이 중(中)이기 때문에 있음과 없음 또한 중(中)이다.

미륵이 바로 앞의 송에서 "허망분별이 있다", "허망분별에 공성이 있다"고 했으므로 "모든 것은 있다"는 '허망분별과 공성이 있다'이고, "허망분별에 파악되는 것과 파악하는 것 둘이 없다"고 했으므로 "모든 것은 없다"는 '파악되는 것과 파악하는 것 둘이 없다'이다.[15] 이는 세친이 미륵을 좇아 "공성과 허망분별은 있기 때문에 '공하지 않다'고 말하고 파악되는 것과 파악하는 것이 없기 때문에 '공하지 않지 않다'고 말한다"[16]고 풀이하는 것을 보아도 분명하다.

그런데 '없지 않음"을 '있음'으로, "있지 않음"을 '없음'으로 바로 표현하면 되는데 왜 굳이 이렇게 부정을 빌어 표현하는 것일까? 중(中)을 현현하게 하기 위해서이다. 있음은 없음의 부정이고 없음은 있음의 부정이다. 있음은 긍정이되 없음이란 부정을 담고 있는 긍정이고 없음은 부정이되 있

---

14 위의 책, 20면.

15 위의 책, 18면

16 위의 책, 20면.

음이란 긍정을 담고 있는 부정이다. 이렇게 자체 안에 대립, 모순을 담고 있는 긍정과 부정을 타파하기 위해 '없지 않음'이나 '있지 않음'이란 부정을 빌어오는 것이다. 부정을 빌어오지만 이 부정은 이 부정의 대척인 긍정을 담고 있는 부정이 아니다. 부정의 형식을 띠고 있을 뿐 그 자체는 긍정이다. 이는 형식적인 부정을 통해 드러나는 있음이 원성실의 있음이고 의타기의 있음이라는 데서 알 수 있다. 만약 이 부정이 매개하는 부정이라면 원성실의 있음은 부정을 담고 있는 있음일 것이고, 따라서 의타기의 있음은 이 원성실의 있음을 부정을 매개로 해서 수용한 의타기의 있음일 것이다. 그러나 의타기의 있음은 원성실의 있음이 부정 없이 있는 그대로 수용되는 있음이다.

미륵의 송 "있기 때문에, 있지 않기 때문에 그리고 있기 때문에"에서 우리는 "그리고 있기 때문에"를 잘 들여다보아야 한다. 세친은 첫 번째 "있기 때문에"는 '공성과 허망분별이 있기 때문에'[17]로 풀이한다. 미륵이 앞의 송에서 "허망분별이 있다. 허망분별에 공성이 있다"고 했으니 당연한 귀결이라 하겠다. 아직 공성과 허망분별의 있음의 차이가 드러나지는 않았지만 파악되는 것과 파악하는 것의 없음에 의해 드러나는 있음이고 이로부터 펼쳐지는 있음이기 때문에 "있기 때문에"라 한 것이다. 다음의 "없기 때문에"를 '파악되는 것과 파악하는 것 둘이 없기 때문에'[18]로 풀이하는 것을 보아도 이 점은 분명하다. 이렇게 파악되는 것과 파악하는 것 둘이 없기 때문에 있음이 드러나는데 이 있음은 의타기의 있음에 감싸여 있다. 이 의타기의 있음에 감싸여 있는 것을 세친은 "허망분별에 공성이 있기 때문에"로, 원성실의 있음이 펼쳐지는 것을 "공성에 허망분별이 있기 때문에"로 풀이하는 것이다.[19]

이 두 송을 함께 들어 다시 구성하면 다음과 같다.

① 허망분별이 있다. 허망분별에 파악되는 것과 파악하는 것 둘이 있지 않다. 허망분별에 공성이 있다. 공성에 허망분별이 있다.
② 모든 것은 없지 않고 있지 않다.
③ 공성과 허망분별이 있다. 파악되는 것과 파악하는 것 둘이 있지 않다.

17 위의 책, 20면
18 위의 책, 20면
19 위의 책, 20면

허망분별에 공성이 있고 공성에 허망분별이 있다.
④ 그것이 중도이다.

"모든 것은 있지 않고 없지 않다"고 부정의 형식을 취해 말하지만 결국 이 부정은 파악되는 것과 파악하는 것 둘이 있지 않다는 것을 보여주기 위해서라는 것을 알 수 있다. 파악되는 것과 파악하는 것 둘이 있지 않음에서 공성과 허망분별이 있다는 것이 드러난다. "없지 않다"라 한 것은 파악되는 것과 파악하는 것을 없다고 했을 때 이 공성과 허망분별마저 없는 것으로 볼까 염려해서이다. 사실 파악되는 것과 파악하는 것의 없음을 보는 것은 공성의 있음을 보는 것이기 때문이다. 이를 강조하기 위해 공성이 있다는 말을 반복한 것이고 끝에 가서 "이것이 중도에 들어맞는 것이다"고 말한 것이다.

그래서 미륵은 『변중변론』 서두[20]에서 "허망분별이 있다", "허망분별에 파악되는 것과 파악하는 것 둘이 없다", "허망분별에 공성이 있다. 공성에 허망분별이 있다"고 노래할 때 바로 중과 중도를 보여주고 있는 것이다. 중도인 이 앎은 세친의 다음과 같은 풀이에 잘 나타나 있다.

> 이렇듯이 어떤 곳에 어떤 것이 없을 때 어떤 곳은 어떤 것이 공하다고 여실하게 본다. 또 이 곳에 남아 있는 어떤 것이 있다면 이 곳에 어떤 것이 있다고 여실하게 안다. 이렇게 해서 전도되지 않은 공성의 상이 현시되었다.
>
> [evaṁ yad yatra nāsti tat tena śūnyam iti yathābhutaṁ samanupaśyati / yat punar atrāvaśiṣṭaṁ bhavati tat sad ihāstīti yathābhūtaṁ prajānātīty aviparītaṁ śūnyatālakṣaṇam udbhāvitam bhavati /][21]

이 대목은 다음의 세 문장으로 나누어 볼 수 있다.

---

20 위의 책, 18쪽.

21 위의 책, 18-19; 위의 책, 172-173면. "若於此非有, 由彼觀為空. 所餘非無故, 如實知為有. 若如是者, 則能無倒顯示空相."(만약 이것에 (그것이) 있지 않다면 (이것이) 그것으로서 공하다고 본다. 남아 있는 것이 없지 않기 때문에 여실하게 있다고 안다. 만약 이와 같다면 전도됨이 없이 공성의 상이 현시된다.)

① 이렇듯이 어떤 곳에 어떤 것이 없을 때 어떤 곳은 어떤 것이 공하다고 여실하게 본다.
② 이곳에 남아 있는 어떤 것이 있다면 이곳에 어떤 것이 있다고 여실하게 안다.
③ 이렇게 해서 전도되지 않은 공성의 상이 현시되었다.

③의 "공성의 상이 현시되었다"에서 '공성의 상'이란 ①의 '없다'이고 ②의 '있다'이다. '없다'이고 '있다'이니 중(中)이다. "공성의 상이 현시되었다"에서 '현시되었다'란 ①의 "여실하게 본다"이고 ②의 "여실하게 안다"이다. "여실하게 본다"이고 "여실하게 안다"이니 중도(中道)이다. '없다'와 '있다'란 중(中)에 대해서는 앞에서 설명했기 때문에 여기서는 "여실하게 본다"와 "여실하게 안다"의 중도(中道)에 대해서 설명하겠다. 첫째 '여실하게', 둘째 '본다'와 '안다'.

첫째, "여실(如實)하게"(yathābhūtam): '여실'(如實)의 '여'(如)는 'yathā'를, '실'(實)은 'bhūta'를 한역한 말이다. 'bhūta'는 '일어나다'란 뜻의 동사 'bhū'의 과거수동분사이므로 '일어난 것'이란 뜻이다. 이 동사의 3인칭 단수형인 'bhavati'를 자주 만나게 되는데 이는 '이다', '있다'란 뜻이다. 가령 식탁 위의 사과를 보고 "사과이다"나 "사과가 있다"고 말할 때 이 '이다'나 '있다'가 'bhavati'이다. 그런데 우리는 "사과이다"나 "사과가 있다"고 말하면서 이 '이다'와 '있다'에 매이게 된다. 이 '있다'가 이미 일어난 것이라는 것을 알지 못하고 '있다'에 매이게 된다. 이 '이다'나 '있다'를 이미 일어난 것대로 보는 것이 여실하게 보는 것이다.

둘째, '관'(觀)으로 한역되는 '보다'와 지(知)로 한역되는 '알다': ①의 "여실하게 본다"를 "여실하게 안다"로, ②의 "여실하게 안다"를 "여실하게 본다"로 바꾸어도 된다. '본다'와 '안다'는 서로 의미를 보강하는 성격을 갖고 있다. '본다'가 밀도와 강도의 성격을 갖고 있다면 '알다'는 분할의 성격을 갖고 있다. '본다'의 원어 'samanupaśyati'는 '그대로[sam] 좇아가며[anu] 본다[paśyati]'는 뜻이다. 있는 것을 있는 것으로 보고 없는 것을 없는 것으로 본다는 것은 있는 것을 있는 것 그대로 좇아가며 보고 없는 것을 없는 것 그대로 좇아가며 본다는 것이다. 없는 것을 없는 것 그대로 좇아가면서 보려면 없는 것을 있는 것에서 분리해 내야 한다. 이러한 분리, 분할의 성격을 '알다'가 갖고 있다. '알다'의 원어 'prajānāti'는 우리에게 친근한

'반야'(般若)의 동사형 'prajñā'의 3인칭단수형이다. 반야는 간택(簡擇)이다.[22] 간택이란 갈라본다, 가려본다는 뜻이다. 없는 것을 있는 것에서 분리해내고 있는 것을 없는 것에서 분리해낸다는 뜻이다. 가령 있는 것을 없는 것에서 분리해낼 때 있는 것의 밀도와 강도가 증가한다. 또 있는 것의 밀도와 강도가 증가하면서 있는 것은 없는 것에서 분리하게 된다. 이처럼 '본다'와 '안다'는 서로 보강하는 성격을 갖고 있다. '없다'란 어떤 곳에 어떤 것이 없을 때 어떤 곳은 어떤 것이 없다고 보는 것이다. '없다'고 여실하게 볼 때 '없다'의 밀도와 강도가 증가하고 이 밀도와 강도가 증가할수록 어떤 곳이 있다는 것이 솟아오른다. 그런데 있다는 것이 솟아오르는 것은 어떤 곳에서 어떤 것이 없다는 것을 보았기 때문이다.

①의 어떤 곳은 허망분별이고 어떤 것은 파악되는 것과 파악하는 것이다. ②의 어떤 곳은 허망분별이고 어떤 것은 공성이다. 이렇게 바꾸어서 다시 써보면,

① 이렇듯이 허망분별에 파악되는 것과 파악하는 것이 없을 때 허망분별은 파악되는 것과 파악하는 것이 공하다고 여실하게 본다.
② 허망분별에 남아 있는 공성이 있다면 허망분별에 공성이 있다고 여실하게 안다.
③ 이렇게 해서 전도되지 않은 공성의 상이 현시되었다.

Ⅴ. 『반야심경』의 공성

『반야경』의 사상을 가장 잘 요약해서 보여주고 있는 경전인 『반야심경』을 분석하면서 공성이 어떻게 전개되고 있나 살펴보겠다. 『반야심경』에 대한 해석서는 인도, 중국, 한국, 일본에 걸쳐 꽤 많이 존재하지만 원측의 『반야심경찬』이야말로 가장 훌륭한 해석서라 할 수 있다. 원측은 앞에서 본 『중론』과 『변중변론』을 인용하면서 『반야심경』을 상세하게 해석해내고

22 『阿毘達磨俱舍論』(『大正藏』29권, 1하). "擇滅即以離繫為性. 諸有漏法遠離繫縛證得解脫名為擇滅. 擇謂簡擇即慧差別. 各別簡擇四聖諦故."(택멸은 계박을 여의는 것을 본성으로 한다. 유루법의 계박을 여의어서 해탈을 증득하는 것이기에 택멸이라 이름한다. 택이란 간택이니 혜의 차별이다. 사성제를 각각 간택하기 때문이다.)

있다. 이 『반야심경찬』에 기대어 『반야심경』의 중요한 대목을 살펴보겠다.

먼저 『반야심경』에서 공이 언급되는 부분을 축약해서 보여주면 다음과 같다.

① 5온이 모두 공함을 명료하게 본다[照見五蘊皆空].

② 색은 공과 다르지 않고 공은 색과 다르지 않으며, 색이 곧 공이고 공이 곧 색이다[色不異空空不異色色卽是空空卽是色].

③ 이 모든 법의 공상(空相)은 발생함이 없고 소멸함이 없으며 더러움이 없고 깨끗함이 없으며 늘어남이 없고 줄어듦이 없다[是諸法空相不生不滅不垢不淨不增不減]. 공에는 색이 없다[空中無色]. …

원측은 부분①이 변계소집의 공을, 부분③은 원성실의 공을 표현한다고 보았으므로 이 두 부분은 3자성 모두에 의거해 5온과 공의 관계를 규명하는 부분②에 포함될 수 있다. 그러므로 부분②를 설명하면 공이 나오는 모든 부분을 설명하는 셈이 되겠기에, 이 부분을 원측의 해석을 따라가며 설명하겠다.

"색은 공과 다르지 않고 공은 색과 다르지 않다. 색이 곧 공이고 공이 곧 색이다[色不異空, 空不異色. 色卽是空, 空卽是色]"는 둘째 문장의 산스크리트문은 "rūpaṃ śūnyatā, śūnyataiva rūpam. rūpān na pṛthak śūnyatā, śūnyatāyā na pṛthag rūpam"[23]이다. 첫째 문장[24]의 공이 'śūnya'의 번역어인데 반해 지금 이 문장의 공은 'śūnyatā'의 번역어임에 유의해야 하겠다. "공하다"이나 "공한 것"이란 의미의 'śūnya'는 "무엇이 없다" 할 때 "없다"[無]로 쓰이는 말이기 때문에 원측은 첫째 문장의 공을 산스크리트 원문대로 이 '없다'로 받아들여서 이 없음이 변계소집의 없음을 의미한다고 밝혔다.

이 대목에서 이제 원측은 공성과 색의 관계를 전개한다. 앞에서도 그랬듯이 원측은 중관학파인 청변의 학설과 유식학파인 호법의 학설을 대등하게 나열한다. 먼저 청변 학파의 두 학설을 보여준다.

---

23 中村 元·紀野一義 譯註, 『般若心經·金剛般若經』 172면.

24 "5온이 모두 공함을 명료하게 보고"[照見五蘊皆空]에서의 공(空).

> 첫째 청변을 비롯한 논사들은 이렇게 해석한다. 색은 세 종류가 있다. 변계소집의 색 등[25]이다. 공은 자성(自性)을 내버리니 본체가 3자성이 아니기 때문이다. 이제 "색이 곧 공이고"란 변계소집성은 본래 없는 것이기 때문에 이를 공이라고 말한다. 실제로는 이 공 또한 공이다.[26] 그래서 『중론』에서 "만약 불공(不空)의 법이 있다면 공(空)의 법이 있으리라. 불공(不空)의 법이 없는데 어떻게 공(空)의 법이 있을 수 있겠는가?"[27]라고 말한다. 뒤의 2자성의 공도 이것에 준해서 알아야 할 것이다. 있음의 집착을 없애기 위해 "그것(=색)이 곧 공이다"고 설하는 것이다. 의타기성은 환술 등이 그렇듯 연(緣)에 의지하기 때문에 공이다. 원성실성은 발생하지 않기 때문에 허공의 꽃이 그렇듯 자체(自體)가 또한 공이다. 이 주장하는 문장[28]을 해석함에 있어서 또 한 가지의 풀이가 있다. 앞의 2자성[29]을 내버리지만 원성실성은 내버리지 않는다.[30]

첫째 문장을 해석할 때처럼 원측은 청변 학파의 학설을 둘로 나누고 있다. "색이 곧 공이고 공이 곧 색이다" 할 때 색은 변계소집의 색, 의타기의 색, 원성실의 색일 수 있는데, 청변 학파에는 이 3자성의 색이 모두 공하다고 보는 부류가 있고 이 3자성의 색 가운데 원성실의 색을 제외한 변계소집의 색과 의타기의 색만 공하다고 보는 부류가 있다. 3자성의 색이 모두 공하다고 보는 부류는 공하다고 할 때 공도 공하다고 본다. 원성실의 색도 공하다고 하는 마당에 굳이 공을 남겨놓을 이유가 없다. 다른 한 부류는 변계소집의 색과 의타기의 색이 공하다고 해서 이 두 자성의 색은 내버리고 원성실성의 색을 남겨놓는다. 이 두 부류는 같은 중관학파이지만, 한 부류는 한 자성의 색도 남겨놓지 않는다는 점에서 그리고 다른 한 부류는 의타기의 색은 내버리면서도 원성실의 색은 남겨놓는다는 점에서 서로 조화를 이

25 변계소집의 색, 의타기의 색, 원성실의 색.

26 "據實此空亦非是空"(실제로는 이 공 또한 공이 아니다)로 되어 있는데 문맥으로 보아 "據實此空亦卽是空"(실제로는 이 공 또한 공이다)로 바뀌어야 한다.

27 『중론』 제13 「행(行)을 관찰하는 장」 제7송. "만약 공하지 않은 법이 있다면 공한 법이 있으리라. 공하지 않은 법이 없는데 어떻게 공한 법이 있을 수 있겠는가?"로 번역될 수도 있다.

28 색은 공과 다르지 않고 공은 색과 다르지 않으며, 색이 곧 공이고 공이 곧 색이다.

29 변계소집자성과 의타기자성.

30 원측 지음, 박인성 옮김, 『반야심경찬』(대전: 주민출판사, 2005), 70-73면.

룰 길이 없어 보인다. 원측은 첫째 문장을 해석하는 대목에서 "청변 보살은 없음[空]을 잡고 있음[有]을 덜어냈는데 이는 있다[有]는 집착을 없애고자 한 것이요, 호법 보살은 있음[有]을 세우고 없음[空]을 덜어냈는데 이는 없다[空]는 집착을 없애고자 한 것이다"[31]고 말하면서 중관학파와 유식학파의 학설이 동등하다고 주장했을 따름이지 중관학파의 두 부류가 어떻게 조화를 이루는가에 대해서는 아무 언급도 없었다. 이제 이어서 그는 중관학파의 두 학설이 다음과 같은 이유 때문에 조화를 이룰 수 있다고 말한다.

> 두 학파[32]는 모두 있음과 없음의 상(相)을 여의었고 희론(戱論)이 끊겨져 있다는 것을 인정한다. 그래서 색(色)과 공(空)을 상대시켜서 같은가 다른가 하고 묻는 것이다. 만약 [색과 공의] 본체가 같아서 서로 합일해 있다면 같음의 집착이 성립할 것이다. 만약 다르다면 다름의 집착이 성립할 것이다. 같기도 하고 다르기도 하다면 어찌 모순되지 않겠는가? 같지도 않고 다르지도 않다면 희론이 성립할 것이다.[33] [34]

우리는 여기서 원측이 『중론』의 전형적인 논법을 전개하고 있다는 것을 쉽게 알아챌 수 있다. 색과 공을 상대시켜서 이 둘이 다르면 다른 대로 논파하고 같으면 같은 대로 논파하는 이 논법은 이른바 사구부정(四句否定)인데, 이는 사실 용수 이후의 대승의 모든 학파가 상대방의 학설을 논파할 때 쓰는 유용한 논법이다. 그러나 이 논법은 원측이 말한 대로 있음의 상(相)과 없음의 상(相)을 여의었고 희론이 적멸해 있는 열반을 보여주는 한 방법이긴 하나, 자칫 의타기 곧 연기를 놓치고 따라서 이 논법이 지향하는 열반을 놓칠 수 있다는 점에서 항상 유의해서 보아야 한다.

청변 학파의 두 학설을 정리해서 소개한 다음 원측은 이어서 호법 학파의 관점에서 둘째 문장의 네 구를 다룬다. 원측도 "색은 공과 다르지 않고 공은 색과 다르지 않다"는 앞의 구들을 따로 다루지 않고 "색이 곧 공이고 공이 곧 색이다"와 같은 말로 이해해서 다룬다. 그런데 원측은 둘째 문장의

31 위의 책, 47면.

32 3자성을 모두 내버리는 학파와 3자성 중 원성실은 남기고 앞의 2자성을 내버리는 학파. 모두 청변의 학설을 따르는 학파다.

33 같음, 다름, 같으면서 다름, 같지도 않고 다르지도 않음, 이렇게 4구를 부정하고 있다.

34 위의 책, 73면.

이 공이 첫째 문장과는 달리 'śūnyatā'의 번역어라는 점에 유의해서 이 구들을 분석한다. "색이 곧 공이다"는 구에서 공은 술어이지만 "공이 곧 색이다"는 문장에서 공은 주어이기에 색이 3자성의 색으로 나뉠 수 있다면 공도 3자성의 공으로 나뉘어야 한다고 생각한다.

> 색은 세 가지가 있다. 3자성의 색을 말한다. 공 또한 세 가지가 있다. 본체가 3자성이기 때문이다. 그래서 무착(無着) 보살은 『변중변론』에서 "공에 세 가지가 있다. 첫째는 무성(無性)의 공이다. 자성이 있지 않기 때문이다. 둘째는 이성(異性)의 공이다. 허망하게 집착된 자성과 다르기 때문이다. 셋째는 자성(自性)의 공이다. 2공(空)에 현현하는 것을 자성으로 하기 때문이다"고 말한다.[35]

보다시피 원측은 『변중변론』을 따라 공을 3자성에 배대해서 무성(無性)의 공, 이성(異性)의 공, 자성(自性)의 공으로 나누고 있다. 변계소집자성은 자체가 없다는 점에서 무성의 공이고, 의타기자성은 자연생성(自然生性)이 아니기 때문에 이성의 공이며, 원성실자성은 아집(我執)과 법집(法執)이 공할 때 현현하는 것이기에 자성의 공이다. 이 세 공은 3무자성 곧 상무자성(相無自性), 생무자성(生無自性), 승의무자성(勝義無自性)의 무자성임을 알 수 있다.

원측은 먼저 변계소집의 색을 공에 상대시키는데 이것은 세 경우로 나누어진다. 첫째는 변계소집의 색을 무성(無性)의 공에 상대시키는 경우이고, 둘째는 변계소집의 색을 이성(異性)의 공에 상대시키는 경우이며, 셋째는 변계소집의 색을 자성(自性)의 공에 상대시키는 경우이다.

> 변계소집의 색을 공에 상대시킬 때 세 가지의 네 구가 있다. ① 첫째 변계소집의 색을 변계소집의 공에 상대시켜서 네 구를 밝힌다. 망정(妄情)에 따라서 집착된 근(根)과 경(境) 등의 색은 변계소집의 본래 없음의 공과 다르지 않다. 그래서 "색이 곧 공이다"고 말하는 것이다. 본래 없음의 공은 망정(妄情)에 따른다면 있기 때문에 "공이 곧 색이다"고 말하는 것이다. 이것은 동성(同性)의 상즉(相卽)[36]이다. 주장을 표방하는 두 구(句)[37]도 위에 준해서

35 위의 책, 79면.

알아야 한다. ② 둘째 변계소집의 색을 의타기의 공에 상대시켜서 네 구를 밝힌다. 의타기에 의탁해서 집착된 실(實)의 색(色)은 의타기의 무실(無實)의 공과 다르지 않다. 그래서 "색이 곧 공이다"고 말하는 것이다. 그리고 그 망정(妄情)이 그 공한 곳[空處]에 있어서 실(實)의 색(色)이 있다고 집착하기 때문에 "공이 곧 색이다"고 말하는 것이다. 주장을 표방하는 두 구도 위와 같다는 것을 알아야 한다. 이것은 이성(異性)의 상즉(相卽)[38]이다. ③ 셋째 변계소집의 색을 원성실의 공에 상대시켜서 네 구를 밝힌다. 원성실에 있어서 실(實)의 색(色)을 집착하는 것은 원성실의 자성공(自性空)과 다르지 않으며 자성공에 있어서 실(實)의 색(色)을 집착하기 때문에 "색이 곧 공이고 공이 곧 색이다"고 말하는 것이다. 주장을 표방하는 두 구도 위에 준해서 알아야 한다. 이것은 의타기의 이성(異性)의 상즉(相卽)과 같다.[39]

원측은 상즉(相卽)을 동성(同性)의 상즉과 이성(異性)의 상즉으로 나누고 있다. 이 경우 동성의 상즉은 변계소집의 색이 무성공과 상즉하는 것을 말하며, 이성의 상즉이란 변계소집의 색이 이성공과 상즉하는 것이나 원성실의 공과 상즉하는 것을 말한다. 동성의 상즉이든 이성의 상즉이든 모두 '다르다'는 집착[異執]을 막기 위한 것이다. 변계소집의 색은 전연 없는 것이기 때문에 공과 다르지 않으며, 의타기의 색을 집착해서 나타난 것이기 때문에 공과 다르지 않으며, 의타기의 색을 집착하는 것은 전전(展轉)한다면 원성실성과 다르지 않기 때문에 공과 다르지 않은 것이다. '공이 곧 변계소집의 색이다'란 명제도 성립하는데, 그 공이 변계소집의 공, 의타기의 공, 원성실의 공을 의미할 수 있어서 변계소집의 색과 다르지 않기 때문이다.

이어서 원측은 의타기의 색을 세 가지의 공에 상대시킨다. 여기에서 동성의 상즉은 이성공에 상대시키는 경우이고 이성의 상즉은 무성공과 자성공에 상대시키는 경우이다. 변계소집의 색을 다룰 때도 그러했듯이 동성

---

36 동일한 자성들이 서로 합치하는 것. 이 경우 변계소집의 색과 변계소집의 공이 서로 합치하는 것을 말한다.

37 색은 공과 다르지 않고 공은 색과 다르지 않으며.

38 상이한 자성들이 서로 합치하는 것. 이 경우 변계소집의 색과 의타기의 공이 합치하는 것을 말한다.

39 위의 책, 78-81면.

의 상즉은 그야말로 동성이기 때문에 다르지 않다. 이성의 상즉은 의타기의 색이 변계소집의 공과 다르지 않거나 원성실성의 공과 다르지 않다는 것을 말하는데, 이것들은 앞에서 말한 변계소집의 색이 의타기의 공과 다르지 않고 원성실의 공과 다르지 않은 것과 같다. 원측은 여기에서 앞에서와는 달리 의타기의 색과 원성실의 공의 관계를 비교적 자세하게 다루고 있다.

> ① 의타기의 색을 이성공(異性空)에 상대시킬 때도 그 네 구가 있다. 연(緣)에서 발생한 색은 의타기의 이성공(異性空)과 다르지 않고, 또 이 공성이 곧 질애(質礙)이기 때문에 "색이 곧 공이고 공이 곧 색이다"고 말하는 것이다. 이것은 동성(同性)의 상즉(相卽)이다. 주장을 표방하는 두 구도 이에 준해서 알아야 할 것이다. ② 또 연(緣)에서 발생한 의타기의 색을 두 자성[40]에 상대시켜 풀이할 때 두 가지의 네 구가 있다. 상이한 자성에 상대시키는 것이니 앞의 풀이와 다르지 않다. 자성공(自性空)에 상대시킬 때 네 구가 있다. 연(緣)에서 발생한 색은 진여를 본체로 삼으며 또 그 공성은 의타기와 다르지 않다. 그래서 『성유식론』에서 "그러므로 이것은 의타기와 다른 것이 아니며 다르지 않은 것도 아니다. 무상성 등이 그렇듯이"고 말한다. 또 『변중변론』에서 "이것에 오직 공이 있을 뿐이네. 저것에도 이것이 있네" 하며 말하고 있다. 이런 이치가 있기 때문에 의타기와 원성실은 서로 떨어져 있지 않다. 그래서 "색이 곧 공이고 공이 곧 색이다"고 말하는 것이다. 연(緣)에서 발생한 것이 공하기 때문에 서로 합치한다[相卽]고 말해서는 안 된다. 그렇지 않다면[41] 주장[42]을 어기는 과실이 성립하기 때문이다.[43] 이것은 이성(異性)의 상즉(相卽)이다. 주장을 표방하는 두 구도 이에 준해서 알아야 할 것이다.[44]

이성의 상즉에서 원측은 『성유식론』과 『변중변론』을 인용하면서 의타기의 색과 원성실의 공의 관계를 다루고 있다. '같은 것도 아니고 다른 것도

---

40 무성공(無性空)과 자성공(自性空).

41 서로 합치한다[相卽]고 말한다면.

42 색은 공과 다르지 않고 공은 색과 다르지 않으며.

43 "색은 공과 다르지 않고 공은 색과 다르지 않다"고 앞2구에서 색과 공이 서로 즉하는 않는다고 말했으므로 뒤2구인 "색이 곧 공이고 공이 곧 색이다"를 서로 즉하는 것, 서로 합치하는 것으로 이해해서는 안 된다는 뜻이다.

44 위의 책, 83면.

아니다'는 보통 이 의타기성과 원성실성의 관계를 두고 하는 말인데, 이 관계는 자주 세속제와 승의제의 관계로 표현되기도 한다. 원측이 인용하고 있는 『성유식론』 문장의 앞뒤를 살펴보면 이 문장이 의미하는 바를 정확히 이해할 수 있다. 『성유식론』 제8권의 3자성을 다루는 대목에 "이런 이치가 있기 때문에 이 원성실과 저 의타기는 다른 것도 다르지 않은 것도 아니다. 만약 다르다면 진여가 저것의 실성(實性)이 아닐 것이다. 만약 다르지 않다면 이 자성은 상주하는 것이 아닐 것이며 저것과 이것은 모두 청정한 경계이기도 하고 청정하지 않은 경계이기도 할 것이니, 그런즉 근본지와 후득지의 용(用)에 차이가 없을 것이다. 어떻게 두 자성은 다른 것도 아니고 같은 것도 아닌가? 그것의 무상(無常)이나 무아(無我) 등의 성질과 같다. 무상 등의 성질이 행(行) 등의 법과 다르다면 그 법은 무상 등이 아닐 것이요, 다르지 않다면 그것의 공상(共相)이 아닐 것이다. 이 비유를 통해서 이 원성실과 저 의타기는 같지도 다르지도 않다는 것을 나타낸다"[45]는 말이 나온다. 원성실성과 의타기성은 행(行)과 무상성(無常性)의 관계와 유사하다. 흔히 듣는 "모든 행(行)들은 무상하다"는 명제가 의미 있게 들어오는 것은 이 행(行)과 무상성이 같지도 다르지도 않기 때문이다. 만약 행(行)이 무상성과 같다면 무상성은 그 행(行) 자체가 되어 다른 행(行)의 공상(共相)이 되지 못할 것이고, 만약 행(行)이 무상성과 다르다면 그 행(行)은 무상성이 아닌 것이 되어 행(行)의 특성을 잃고 말 것이다. 『성유식론』에서는 이어서 "법과 법성은 도리가 반드시 그러해야 한다. 승의제와 세속제는 서로 상대해서 있기 때문이다. 이 원성실성을 증득하고 보지 않고서는 저 의타기성을 볼 수 없다. 변계소집성의 공함을 요달하지 않고서는 의타기성이 있다는 것을 여실하게 요지하지 못하기 때문이다. 무분별지가 진여를 증득하고 나서야 비로소 후득지가 의타기성이 환영 등과 같다는 것을 요달한다"[46]고 말하고 있다. 저 환영과 같은 의타기성을 본다는 것은 변계소집이 없다는 것을 환히 알았다는 것이며 따라서 진여인 원성실성을 증득했다는 것이다. 그럴진대 세속제와 승의제가 어떻게 다르겠으며, 변계소집성과 의타기성 그리고 원성실성이 어떻게 다르겠는가? 또 이렇게 다를진대 어떻게 같겠는가?

45 『성유식론』 제8권(『大正藏』 31권, 46중)
46 『大正藏』 31권, 46중-하.

이어서 원측은 원성실성의 색을 자성공 곧 원성실성의 공에 상대시킨다. 여기에서는 동성의 상즉만을 언급한다. 아마도 변계소집의 색과 의타기의 색을 다룰 때 충분히 보여주었다고 생각했기 때문이리라.

> 원성실성의 색을 자성공(自性空)에 상대시킬 때도 그 네 구가 있다. 원성실성의 색은 의타기성의 색의 실성(實性)이기 때문에 색이라고 한다. 아공(我空)과 법공(法空)에 현현한 것이기 때문에 원성실성의 공이라고 한다. 이런 이치가 있기 때문에 "색이 곧 공이고, 공이 곧 색이다"고 말하는 것이다. 이것은 동성(同性)의 상즉(相卽)이다. 주장을 표방하는 두 구도 이에 준해서 알아야 할 것이다.[47]

색하면 당연히 의타기의 색 또는 변계소집의 색일텐데 앞에서 우리는 원성실의 색이란 표현을 아무 의심 없이 받아들였다. 여기서 원측은 "원성실의 색이 의타기 색의 실성(實性)이기 때문에 색이라 한다"고 분명하게 밝히고 있다. 원성실의 공이 아공(我空)과 법공(法空)에 현현하는 진여이니까, 의타기 색의 실성(實性)인 원성실의 색은 곧 진여라는 것을 알 수 있다. 원성실의 색을 의타기의 공이나 변계소집의 공에 상대시키는 일은 결국 앞에서 다룬 의타기성과 원성실성의 관계, 세속제와 승의제의 관계를 살피는 일과 다름이 없다. 여기서도 같지도 않고 다르지도 않은, 이성(異性)의 상즉(相卽) 관계가 성립한다.

Ⅵ. '남아 있는 것'의 현상학적 해석

초기경전의 '남아 있는 것'은, 위에서 보았듯이, 3자성 중 의타기자성과 원성실자성이다. 이 '남아 있는 것'은 있음의 집착을 끊을 때 볼 수 있다. 대승의 논서에는 의타기자성에서 변계소집자성의 없음을 볼 때 원성실자성에 들어간다고 표현되어 있다. 이 과정은 후설의 현상학적 판단중지 및 현상학적 환원과 유사하다. 자연적 태도로 살아가는 일상인은 세계와 세계내 대상이 실제로 존재한다고 집착한다. 이것을 '자연적 태도의 일반정립'이

47 원측 지음, 박인성 옮김, 『반야심경찬』(대전: 주민출판사, 2005), 85면.

라 한다. 대상으로 향해 있는 태도를 의식체험으로 향하게 하는 것을 현상학적 환원이라 하는데 이는 후설 자신이 말했듯 '종교적 회심'에 비견할 만하다. 이렇게 초월론적 태도로 전향하게 되면 초월론적 의식이 나타나고 의식을 넘어 있는 초재적인 대상은 의식에 내재하는 초월적 대상으로 바뀌게 된다. 초월적 대상은 초월론적 주관에서 발산한 지향적 체험이 구성한 것에 불과한 것이 된다. 『반야심경』에 대한 원측의 해석을 보여줄 때 말했지만, 원성실성인 진여를 경험한 무분별지가 이미 일어났을 때 의타기자성인 내식(內識)을 본다. 이와 유사하게 초월론적 주관을 경험한 반성하는 사유는 의식체험의 작용들을 본다. ❀

박인성(동국대)

우리말 불교개념 사전

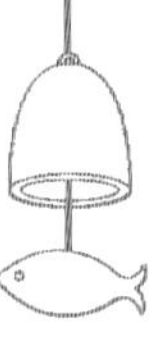

법계

범 dharma-dhātu 빠 dhamma-dhātu 장 chos-kyi khams 한 法界 영 physis

I. 어원적 근거 및 개념 풀이

1. 법(法)의 어원과 개념

‘법계(法界)’란 범어로는 dharma-dhātu이며, 빠알리어로는 dhamma-dhātud 이며, 서장어로는 chos-kyi khams이다. 법계는 엄밀히 말하면 ‘법(法)’과 ‘계(界)’의 합성어이다.

‘법’은 범어로는 dharma, 빠알리어로는 dhamma, 서장어로는 chos-kyi 이다. 이를 중국에서는 음역(音譯)하여 달마(達摩), 타마(馱摩), 타마(陀摩), 담마(曇摩), 담모(曇謨), 담무(曇無)라 하였으며, 어떤 경우에는 담(曇)이라고도 하였다.

‘법(dharma)’은 원래 유지하다[護持]라는 의미를 지닌 어근 ‘dhṛ’에서 나온 말로서 인도에서는 질서·관례·풍습·습관·법칙·규칙 등을 의미하였다.

불교에서의 의미는 초기의 논서 『구사론』 권1에서는 “능히 자체의 모습을 지니므로[持自相] 법(法)이라 한다"[1]라고 설명하고 있는데, 『불지경론』에서도 같은 의미로 쓰이고 있다.[2] 대승불교의 논서 『성유식론』 권1에서는 "법이란 궤지(軌持)이다. 법에는 여러 가지 모습이 있는데 구체적으로는 '실덕업(實德業)'과 '온처계(蘊處界)' 등이 있다"라고 설명한다.[3] 여기에서 궤지(軌持)란 '법에 자체의 모습을 가지고 있다[軌範持自相].'라는 의미로서, 쉽게 말하자면 '존재'를 나타낸다. 또한 『분별공덕론』권2에서는 "법(法)에는 무루법(無漏法)·무욕법(無欲法)·도법(道法)·무위법(無爲法) 등이 있다. 욕심으로부터 욕심이 없는 상태[無欲]에 이르기 때문이다"[4]라고 설명한다.

불교에서 '법'에 대한 다양한 의미는 법(法)과 비법(非法), 유위법(有爲法)과 무위법(無爲法), 유루법(有漏法)과 무루법(無漏法), 세간법(世間法)과 출세간법(出世間法), 선법(善法=眞實法)과 불선법(不善法), 상응법(相應法)과 불상응법(不相應法), 색법(色法)과 무색법(無色法) 등처럼 서로 대가 되는 관계가 형성된다. 뿐만 아니라 '일체법'이라고 할 경우, '법'의 범주는 식소연법(識所緣法)과 지소연법(智所緣法)을 포함한 수많은 개념과 의미로 확장되기도 한다.

불교가 중국에 전래되면서 존재의 의미를 지닌 '지자상(持自相)', '궤지(軌持)'의 의미가 보다 확대·심화되어, 법(法)·정법(正法)·교법(教法)·선법(善法)·보법(實法)·묘법(妙法)·여법(如法)·법문(法門) 등 진리의 현상을 나타내게 된다. 뿐만 아니라 진리의 본질 내지는 본성을 나타내거나 진리 그 자체를 나타내는 의미로도 쓰이게 되었다.

예를 들면, 『대승기신론』(이하『기신론』) 에서는 "법(法)이란 중생의 마음을 말한다. 이 마음은 일체 모든 세간과 출세간의 법을 지칭하며, 이 마음에 의지하여 대승의 의미를 나타낸다"[5]라고 하였다. 여기에서는 내적인 의미로서 '중생의 마음' 즉 마음을 법이라고 표현하고 있다. 그 이유는 '법(dharma)'이라는 단어와 개념이 중국에 들어와 번역하는 과정에서 각 경전마다 그 경의 역자나 경전의 내용과 성격에 따라 다르게 번역되고 있기 때

1 『구사론』권1 (『대정장』29권, 1중)
2 『불지경론』권2 (『대정장』26권, 301중)
3 『성유식론』권1 (『대정장』31권, 1상)
4 『분별공덕론』권2 (『대정장』25권, 35하)
5 『대승기신론』(『대정장』35권, 575하)

문이다. 또한 그 경이 번역된 시대와 장소에 따라 각 시대의 사회와 문화를 반영하고 있기 때문이다.

이와 같이 법이 가지고 있는 본래의 의미에서 확대 내지 심화되는 과정을 걸쳐 오늘날 화엄의 개념으로 정착되었다. 그 좋은 일례는 바로 화엄종 제2조로 추앙받는 지엄(智儼)에게서 찾을 수 있다. 지엄은 법(法)의 의미를 세 가지 제시하였다. 즉, 첫째는 의식된 것[意所知法]이요, 둘째는 본질[自性]이요, 셋째는 존재[軌持]의 의미라고 하였다.[6] 이 해석은 화엄종 제4조로 추앙받는 징관(澄觀)에게 영향을 끼치게 되고, 그는 "법이란 존재[軌持]의 의미이다"[7]라는 개념을 규정하고 있다.

2. 계(界)의 어원과 의미

'계(界)'란 범어dhātu이며, 빠알리어로는 dhātud이며, 서장어로는 khams 이다. 'dhātu'의 원형은 dhā로서 원래의 의미는 성분·요소·신체의 근본요소·시간·층(層)·근본 등의 의미를 가지고 있다.

초기의 논서인 『대비바사론』권71에서는 종족(種族)·단(段)·분(分)·편(片)·이상(異相)·불상사(不相似)·분제(分齊)·종종인(種種因)·치류(馳流)·임지(任持)·장양(長養) 등을 의미하는 경우도 있다.[8] 『잡집론』권2에서는 일체법종자(一切法種子)·인(因)·능지자상(能持自相)·능지인과성(能持因果性)·섭지일체법차별(攝持一切法差別) 등의 의미를 지니며, 이 가운데 능지인과성은 18계(十八界)를 뜻하고, 섭지일체법차별은 모든 경에서 설하고 있는 지(地)·계(界) 등 18계에 포함한다는 뜻이다.[9] 『구사론』권1에서는 "지수화풍(地水火風)의 사대(四大)가 능히 자상(自相)과 만들어야 할 색(色)을 지니고 있으므로 계(界)라고 하며, 사계(四界, 四大)를 대종(大種)이라고도 한다"[10]라고 정의하고 있다.

이처럼 계(界)의 의미도 매우 다양하며, 중국불교에서는 계(界)·신계(身界)·세계(世界)·근성(根性)·종(種) 등 다양한 의미를 가지고 있다.

---

6 『수현기』(『대정장』35권, 87하)
7 『화엄경약책』(『대정장』36권, 707하)
8 『대비바사론』권71 (『대정장』27권, 367하)
9 『잡집론』권2 (『대정장』31권, 704중)
10 『구사론』권1 (『대정장』29권, 3중)

이와 같이 법계(法界)는 각각의 의미를 가진 두 단어, 즉 dharma와 dhātu를 합하여 '법계(法界)'라고 하였기 때문에 그 해석이나 설명이 단순하지 않다. 법계의 의미에는 진리의 외적인 모습과 내적인 본질을 모두 다 포함하고 있기 때문이다. 그래서 경(經)이나 논소(論疏)에 따라 다른 의미로 쓰이기도 하고, 시대와 장소 혹은 학파나 종파나 따라서 전혀 다른 의미를 취하기도 한다. 그런 까닭에 법계의 의미가 더욱 다양해지고 복잡해진 것이다.

Ⅱ. 법계의 역사적 전개 및 용례

1. 초기 경전과 논소

『잡아함경』권16에서는, "무엇을 가지가지의 계(界)라 하는가. 18계를 말한다. 안계(眼界), 색계(色界), 안식계(眼識界), 내지 의계(意界), 법계(法界), 의식계(意識界) 등으로 이를 가지가지 계라고 한다"[11]라고 설하고 있다. 또 같은 경 권12에서는 "연기법은 내가 지은 것도 아니요 또한 다른 사람이 지은 것도 아니다. 그러나 저 여래(如來)가 세상에 나오든 안 나오든 법계는 상주한다. 여래는 스스로 이 법을 깨달아서 부처[等正覺]를 이루었으며, 모든 중생을 위하여 분별하여 연설하시어 [중생의 본성을] 개발하여 드러나게 하신 것이다"[12]라고 설하고 있다. 즉, 법계의 범주에는 현상세계인 18계(界) 내지는 온 우주를 모두 포함하고 있다는 뜻이다.

초기의 논서 가운데 『대비바사론』에서는 "법계란 모든 법의 의미가 되어 과거·현재·미래를 통달하는 것"[13]이라고 정의하고 있다. 즉, 시간적으로 과거·현재·미래의 삼세(三世)에 걸쳐서 의식의 대상이 되는 모든 것이 바로 법계라고 한다. 『변중변론』 권상에서는 "부처님이 되는 법의 인[聖法因]이 법계이다. 모든 부처님이 되는 진리는 이것으로 인하여 나오기 때문이다. 이 가운데 계(界)란 바로 인(因)의 의미와 무아(無我) 등의 의미가 있다"라고 한다.[14] 『구사론』권1에서는 "여기에서 말하는 수상행온(受想行蘊) 및

11 『잡아함경』권16 (『대정장』2권, 115하~116상)
12 『잡아함경』권12 (『대정장』2권, 85중)
13 『대비바사론』권71 (『대정장』27권, 370하)

무표색(無表色) 그리고 세 종류의 무위법(無爲法) 등 일곱 가지를 처문(處門)의 관점에서는 '법처(法處)'라 하고, 계문(界門)의 관점에서는 법계라 한다"[15]라고 정의하고, 이어서 "법의 의미 가운데 종족(種族)의 의미가 바로 계(界)이다. 마치 하나의 산 속에 금(金)·은(銀)·동(銅)·철(鐵) 등과 같은 광물질의 부류가 많이 있으므로 '많은 계[多界]'라 하는 것과 같은 이치이다. 이처럼 하나의 몸, 혹은 하나의 상속(相續)에 18종류의 제법의 종족이 다 포함되어 있어 18계라 하는 것이다. 이 가운데 종족에는 생본(生本)의 의미가 있다. 이처럼 눈(眼) 등은 누구의 생본인가. 말하자면, 스스로 동일한 인(因)이기 때문이다. 만약 그렇다면 무위(無爲)는 마땅히 계라고 명명하지 않는데, 그 이유는 마음[心, 주체]과 마음의 대상[心所, 객체]의 법은 생본이기 때문이다. 어떤 이는 계성(界聲)은 종류의 의미를 나타내므로, 말하자면, 18법의 종류는 자성이 각기 달라 같지 않기 때문에 18계라 이름한다"[16] 라고 설명한다. 여기에서 계(界)란 본래 종족이 같은 인(因)을 가진다는 종족생본(種族生本)의 의미와 통하며, 한편으로는 각각 자성이 다른 종류격별(種類格別)을 의미한다고 하겠다.

이처럼 초기에 성립된 경론(經論)에서의 법계의 범주는 매우 넓어서 '일체법', 즉 의식의 대상이 되는 모든 것을 통틀어서 '법계'라고 정의하고 있음을 알 수 있다.

2. 대승 경전과 논소

『대반야경』권567「법계품」에서는 "법계는 허망한 성질의 것이 아니며[不虛妄性], 변하는 성질의 것이 아니며[不變異性], 모든 법의 진여(眞如)이다"[17]라고 설한다. 또 『문수반야경』권하에서는 "일체법에 과거·현재·미래 등 삼세의 모습이 없음을 알고자 한다면, 마땅히 반야바라밀을 배우라. 무슨 까닭이냐 하면 법계의 본성과 그 모습에는 삼세가 없는 까닭이다"[18]라고 설한다. 뿐만 아니라 곳곳에서 '법계에는 본성도 없고, 현상도 없고, 머무르

14 『변중변론』권상 (『대정장』31권, 465하)
15 『구사론』권1 (『대정장』29권, 4상)
16 『구사론』권1 (『대정장』29권, 5상)
17 『대반야경』권567 (『대정장』7권, 929중)
18 『문수사리소설마하반야바라밀다경』권하 (『대정장』8권, 232하)

지도 않는다.'라고 강조하고 있는데, 이는 『반야경』의 핵심사상인 '공(空)' 사상과 밀접하게 관련이 있는 교설임을 알 수 있는 대목이다.

『열반경』권4에서는 "여래의 본성(本性)은 영원히 멸하지 않는다. 그러므로 여기에서 상주(常住)하는 법이란 절대로 바뀌지 않는 진리[不變易法]임을 마땅히 알아야한다. 선남자여, 대열반(大涅槃)이란 바로 모든 부처님의 법계이다"[19]라고 설한다. 즉, 열반의 세계가 바로 법계라는 것이다. 또 『대보적경』권23 「피갑장엄회」에서는 "법계란 모든 것을 멀리 떠나 모양도 가지고 있지 않으며[諸法遠離相], 계(界)도 없고 계(界)가 아님도 없다[無界無非界]. 비록 법계라 하더라도 실로 그 실체를 얻을 수 없다[不可得]"[20]라고 설한다. 이들 경에서도 앞에서 설명한 것처럼 『반야경』의 '공(空)'사상에 입각하여 법계를 설하고 있음을 알 수 있다.

한편, 대승의 논서인 『섭대승론』권하에서는 "법계를 변행(遍行)·최승(最勝)·승류(勝流)·무섭(無攝)·상속불이(相續不異)·무염정(無染淨)·종종법무별(種種法無別)·부증감(不增減)·정자재의지(定自在依止)·업자재의지(業自在依止)"[21] 등 십법계(十法界)를 들고, 이 십법계는 상주하여 변하지 않는 것[常住不變]이므로 한 맛을 지니고 있어 평등한 것이라고 한다. 『섭대승론석』권15에서는 "법계에는 성(性)·인(因)·장(藏)·진실(眞實)·심심(甚深) 등 다섯 가지 의미가 있다"[22]고 설명한다. 『불지경론』권3에서도 "청정한 법계란 일체 번뇌와 소지장(所知障)인 객진번뇌(客塵煩惱)가 다 떨어져나간 것이며, 일체 유위법과 무위법등이 전도됨이 없는 진실한 성질이며, 일체 성인의 법이 길러 의지하는 인(因)이며, 일체 여래의 진실한 자체를 말한다"[23]라고 설명한다. 『대승장엄론』에서는 "마음 밖에 대상[物]이 없고, 대상[物]에 마음이 없다는 것 또한 없으니, 이 둘이 모두 무(無)라는 사실을 안 까닭에 진법계(眞法界)에 잘 안주한다"[24]라고 설명한다.

『기신론』에서는 "심진여(心眞如)라는 것은 곧 하나의 법계이며, 대총상법문(大總相法門)의 본체이다. 이를테면 나지도 않고 없어지지도 않는 심성

19 『대반열반경』권4 (『대정장』12권, 389중)
20 『대보적경』권23 (『대정장』11권, 131중)
21 『섭대승론』권하 (『대정장』31권, 126상)
22 『섭대승론석』권15 (『대정장』31권, 264중)
23 『불지경론』권3 (『대정장』26권, 302상)
24 『대승장엄경론』권2 「진실품」 (『대정장』31권, 599상)

(心性)을 말한다. 일체 모든 법은 단지 거짓 생각[妄念]에 의지하기 때문에 차별이 있는 것이다. 만약 거짓 생각만 떨쳐버리면 모든 대상에 대한 차별의 모습이 사라진다. 그러므로 일체 모든 것은 본래부터 언어나 문자 그리고 마음의 대상을 다 떨쳐버리고 궁극적으로는 평등하여 아무런 변화가 없으므로 그 무엇으로도 파괴할 수 없는 것이다. 그러므로 이를 '진여(眞如)'라고 한다"[25]라고 설한다. 즉, 『기신론』에서의 '법계'는 내적인 본질을 의미하는 용어이며, 이를 달리 진여(眞如)·법성(法性)·심성(心性)·심(心)이라고 표현하고 있는 것이다. 뿐만 아니라 "법계의 하나의 모습이 그대로 여래의 평등한 법신(法身)이며,"[26] "한 법계를 통달하지 못한 까닭에 마음이 서로 상응하지 못하고 홀연히 망념(妄念)이 일어나는데 이를 무명(無明)이라 한다"[27]라고 설명한다. 그리고 스스로 질문하기를 "위에서 말하기를 법계의 모습과 부처의 본성은 둘이 아니라 하였는데, 무엇 때문에 진여(眞如)를 생각하고 다시 모든 선행(善行)을 구해서 배우라 하는가. 스스로 답하기를, 본래 마니주(摩尼珠)는 그 본성은 맑고 깨끗하나 광석(鑛石)에 더러움이 묻어 있듯이, 중생의 진여법의 본체는 공(空)하고 깨끗하지만 거기에 수많은 번뇌와 때가 묻어있는 것과 같은 이치이다"[28]라고 설명한다.

이처럼 『기신론』의 법계 이해에는 초기 불교의 경론에서 표현한 오온(五蘊)·18계 등 우주 내지는 세계를 나타내는 말은 거의 보이지 않을 뿐만 아니라, 내면의 세계인 심(心)·심성(心性)에도 머무르지 않고 오히려 이를 뛰어넘어 적극적으로 진여(眞如)·법신(法身) 등의 개념으로 사용되고 있음을 알 수 있다. 이러한 개념은 법장을 비롯한 화엄학자들에게 시사하는 바가 적지 않았다고 하겠다.

3. 밀교

밀교에서는 지(地)·수(水)·화(火)·풍(風)·공(空)·식(識)등 육대(六大)를 법계의 본질이라고 한다. 이것을 대일(大日) 부처님의 삼매신(三昧身)이라고 하며, 법계궁(法界宮)이라고도 하며, 그 정해진 위치를 법계정(法界定)이

25 『대승기신론』(『대정장』31권, 576상)
26 『대승기신론』(『대정장』31권, 576상)
27 『대승기신론』(『대정장』32권, 577하)
28 『대승기신론』(『대정장』32, 580하)

라고도 하며, 그 손 모양을 법계정인(法界定印)이라고 하며, 그 가지력(加持力)을 법계가지력이라고 한다.

법계궁의 의미로서 『대일경』권5에서는 "그때 [삼매의 하나인] 법계생(法界生)의 부처님 몸은 모든 법계에 자신을 드러내시어 변화한 몸이 구름과 같이 모든 곳을 두루 채웠다. 비로자나부처님께서 잠깐 마음을 일으키는 순간 모든 털구멍에서 헤아릴 수 없이 많은 부처님을 출현시켜 이와 같이 더욱 나아가 모든 중생들에게 가지(加持)한 다음 다시 법계궁에 들어간다"[29]라고 설한다.

법계가지(法界加持)의 의미로서 『문수대교왕경』권6에서는 "법계에 가지하여 신밀삼마지인(身密三摩地印)으로 들어가 법신(法身)을 성취하면 변하거나 달라지지 않으므로 해탈로 들어가는 문을 얻게 된다"[30]라고 설한다. 또 밀교사상을 잘 나타내고 있는 『보리심론』에서는 "다섯 방향[五方]에 모셔진 부처님의 위치는 각각 지혜를 나타내는데, 그 가운데 중방(中方)의 비로자나불은 법계지(法界智)를 성취하셨으므로 비로자나불을 근본으로 삼는다"[31]라고 말한다.

4. 천태·법화

천태종은 지옥·아귀·축생·아수라·인간·천·성문·연각·보살·부처 등 십계(十界)를 총괄하여 십법계(十法界)라고 한다. 이것은 각 차별상들의 서로 다른 본체에 따라 말한 것이다. 천태종에서도 '마음이 곧 법계'라고 말하는데 이것은 근본적인 수행법인 '지관(止觀)을 곧 법계'로 보는 것과 같은 맥락이다.

『마하지관』권5에서 "열 개의 법수는 의지하는 당체[能依]이고, 법계는 의지하는 대상[所依]이다. 이 당체와 대상을 합하여 열 가지 법[十法]라고 한다. 또한 이 열 가지 법은 각각 원인이면서 각각 결과이기도 하여 서로서로 뒤섞이지 않으므로 십법계(十法界)라 한다. 또한 이 열 가지 법은 그 하나하나의 당체가 모두 법계이므로 십시계(十時界) 이다"[32]라고 설명한다.

---

29 『대일경』(『대정장』18권, 31상)
30 『문수대교왕경』(『대정장』20권, 753상)
31 『금강정유가중발아뇩다라삼먁삼보리심론』(『대정장』32권, 573하)
32 『마하지관』(『대정장』46, 52하)

『지관보행전홍결』권5의 3에서는 "법계라는 말의 법은 곧 모든 법을 말하고, 계는 계분(界分)을 말하니 모든 법의 모양이 같지 않기 때문이다. 모든 법은 공(空)·가(假)·중(中)의 세 가지 진리[三諦]로써 계분을 삼는다. 세 가지 진리를 밝히기 위한 것이므로 반드시 십법계를 덧붙여 차별된 특징과 양상을 드러낸다"[33]라고 설명한다. 그리고 또한 같은 책에서 "하나의 색(色)과 하나의 향(香) 마다 중도(中道)가 아닌 것이 없다는 말에서 중도는 곧 법계이며, 법계는 곧 지관이다. 지(止)와 관(觀)이 둘이 아니며, 대상 경계와 주관의 지혜가 하나로 명합한다"[34]라고 설명한다. 또 "원만하게 깨달은 사람은 마음이 바로 법계라는 도리를 안다"[35]라고도 설명한다.

이 외에도 천태에서는 법계를 제법실상(諸法實相)에 붙여진 열두 가지 명칭 즉, 진여·법계·법성·불허망성(不虛妄性)·불변이성(不變異性)·평등성·이생성(離生性)·법정(法定)·법주(法住)·실제(實際)·허공계(虛空界)·부사의계(不思議界) 가운데 하나로 보기도 한다. 여기에서 제법실상을 불허망성(不虛妄性)과 불변이성(不變異性)이라 이름한 것은『반야경』의 영향으로 여겨진다.

Ⅲ. 『화엄경』에 나타난 법계의 의미

1. 『화엄경』의 종류

『화엄경』에는 네 종류가 있는데, 온전한 형태로 중국에 들어와 번역된 것은 세 종류이다.

① 60권『화엄경』[36] : 420년 동진(東晉) Buddhabhadra(覺賢, 359~429년) 번역
② 80권『화엄경』[37] : 699년 당(唐) Śikṣānanda(實叉難陀, 652~710년) 번역
③ 40권『화엄경』[38] : 798년 당(唐) Prajñā(般若, 생몰연대 미상) 번역

33 『지관보행전홍결』(『대정장』46, 151하)
34 『지관보행전홍결』(『대정장』46, 151하)
35 『지관보행전홍결』(『대정장』46, 176상)
36 60권『화엄경』(『대정장』9에 수록)
37 80권『화엄경』(『대정장』10에 수록)

이 가운데 ③ 40권『화엄경』은 완역된 화엄경 가운데「입법계품」의 내용만을 별도로 번역한 경전이다. 이 경의 이름은「입불가사의해탈경계보현행원품(入不可思議解脫境界普賢行願品)」이라는 부제가 붙어있다.[39] 여기에서 '불가사의경계(不可思議境界)'란 말과 생각이 끊어진 세계(亡言絶慮), 즉 진리(眞理)·진여(眞如)의 세계요, 법성(法性)의 세계요, 깨달음의 세계를 말한다. 다시 말하자면, 법계를 달리 표현한 말이다. 그리고 이 경은 일명『보현행원품』이라고도 불린다.

이외에도 티베트에서 9세기 말경에 Jinamitra 등이 서장어로 번역한 "Saṅs-rgyas phal-po-che shes-bya-ba śin-tu rgyas-pa chen-poḥi mdo[佛華嚴이라고 이름 지어진 大方廣經]" 45품이 온전한 형태로 현존하고 있다.[40] 이를『장역화엄(藏譯華嚴)』이라고 부른다.

2.『화엄경』에 나타난 법계의 의미

『화엄경』에 나타난 '법계'의 의미는 일반적으로는 '세계' 내지는 '우주'의 의미를 나타낸다. 60권『화엄경』「세간정안품」에서는 "끝없이 평등하고 오묘한 법계는 모두 여래의 몸으로 충만해 있다"[41] "여래의 법신은 법계와 동등하여 널리 중생에 응하여 모두 나타낸다"[42]라고 설한다.「십주품」에서는 "보살의 종성이 매우 넓고 커서 법계·허공계와 동등하다"[43]라고 설한다. 뿐만 아니라「십행품」에서는 "진실한 법계는 파괴할 수 없다"[44] 라고 설한다.

삼매(三昧)와 관련한 의미로 쓰인 경우도 있다.「십회향품」에서는 "보살의 법계삼매지혜는 미세하다"[45]라고 설하며,「십지품」에서는 "청정한 법계삼매"[46]라고 설하며,「입법계품」에서는 "한 생각 가운데에 한 몸이 충만

---

38 40권『화엄경』(『대정장』10에 수록)

39 奉詔譯,『罽賓國三藏般若』(『大方廣佛華嚴經』「入不思議解脫境界普賢行願品」(『대정장』10권)이지만, 일반적으로 40권『화엄경』이라고 한다.

40 『서장대장경』(北京版) 제25·26권에 수록. 범어 Buddha-avataṃsaka-nama-mahayana-Sūtra에 비교된다.

41 60권『화엄경』(『대정장』9권, 397중)

42 60권『화엄경』(『대정장』9권, 399중)

43 60권『화엄경』(『대정장』9권, 444하)

44 60『화엄경』「십행품」(『대정장』9권, 469상)

45 60『화엄경』「십회향품」(『대정장』9권, 530하)

46 60『화엄경』「십지품」(『대정장』9권, 562상)

한 법계삼매"[47]라고 설하고 있다.

법계의 외적인 현상 보다는 본질적인 면을 중시하는 의미로서 '법계성(法界性)'이라고 설한 경우도 있다. 80권『화엄경』「야마궁중게찬품·각림보살게」에서는 "만약 사람이 삼세의 모든 부처님에 대해 알고자 한다면 마땅히 법계의 체성[法界性]을 관찰하라. 일체는 오직 마음이 만든 것이니라"[48]라고 설하고 있다. 여기에서 말하는 법계의 체성[法界性]이란 삼세의 모든 부처님께서 깨달은 진리를 의미한다. 즉, 삼세의 부처님께서 깨달은 내용은 법계성이며, 이는 각자의 마음에서 만들어지는 것에 지나지 않는다는 뜻으로 이해할 수 있다.

3. 「입법계품」의 법계와 보현행의 관계

「입법계품」에서는 법계를 탐구해야 할 대상 내지는 진리와 동일한 의미로 설하고 있다. 그러므로 "끝없는 보현보살의 소행은 깊이 법계의 바다로 들어간다"[49]라고 설한다. 「입법계품」은 진리의 세계인 '법계(dharma-dhātu)'를 깨달아 그 세계에 들어가는 과정을 생생하게 그리고 있는 것이다. 즉, 장자(長者, Śreṣṭhi-dāraka)의 아들인 선재(善財, Sudhana)라는 어린 구도자가 지혜를 상징하는 문수보살의 지시로 '보살도(菩薩道)란 무엇인가' 라는 문제를 해결하기 위하여 남쪽으로 52명의 선지식을 방문하면서 가르침을 청하여 듣는다. 마지막으로 큰 실천행을 상징하는 보현보살(普賢菩薩)을 만나 진리의 세계인 법계에 들어가는 보현행(普賢行)을 완성한다는 내용으로 전개된다. 「입법계품」에서는 진리의 세계인 법계로 나아가는 것을 보현행이라 하고, 보현행을 실천하기 위해서는 목표를 달성하기 위한 마음가짐, 즉 원(願)을 세울 것을 강조한다. 그래서 이를 합하여 '보현행원(普賢行願)'이라 하며, 이 행원(行願)을 세워야 비로소 진리의 세계인 법계에 깨달아 들어간다는 내용이다.

47 60『화엄경』「입법계품」(『대정장』9권, 684하)
48 80권『화엄경』(『대정장』10권, 102중)
49 60『화엄경』「입법계품」(『대정장』9권, 722중)

4. 보현행(普賢行)

보현행이란 '진리의 세계인 법계에 들어감' 즉 법계에 들어가는 실천행인 보살도(菩薩道)를 행하는 것을 말하며, 이의 실천자를 보현행자 또는 보현보살이라 한다. 보현보살은 범어로는 Samanta-bhadra Bodhisattva이며, 한자로는 '보현보살(普賢菩薩)'이라 번역되고, '모든 방면에 길상(吉祥)이 있는', '모든 것에 뛰어난'이라는 의미를 가지고 있다. 즉, 보현보살은 보살도의 실천자로서 모든 방면에 뛰어난 행을 보인 보살이며, 그가 행하는 보살행을 통하여 진리의 세계인 법계에 들어갈 수 있다는 것이다.

보살도란 구체적으로 보현보살의 행(行)과 원(願)을 말하며, 이를 한 단어로 보현행원(普賢行願)이라 한다. 보현행원은 지혜(智慧)와 자비(慈悲)의 실천, 그리고 본인도 이로운 자리(自利) 와 타인에게도 이로운 이타(利他)의 수행이 서로 합해진 말이다. 「입법계품」에서는 부처님의 지혜를 상징하는 문수보살(文殊菩薩)과 자비의 실천을 상징하는 보현보살(普賢菩薩)을 등장시켜, 이 두 보살들 사이에 문수의 지혜를 눈[目]으로 삼고, 보현의 자비행을 발[足]로 삼아 진리를 탐구하는 구도자 선재동자(善財童子)를 내세우고 있다. 선재동자의 구도여행은 최후에 보현행에 눈을 뜰 때 지혜와 자비, 자리와 이타가 원만해지며, 이 때 비로소 '보현행'을 완성한다는 구조이다. 여기에 등장하는 52명의 선지식(善知識)도 모두 다 보현행을 실천하는 보현행자들이다. 그러므로 「입법계품」은 지혜와 자비, 자리와 이타가 서로 합해진 '비지원만(悲智圓滿)'의 보현행을 완성해 간다는 구조로 이루어져 있다. 보현행의 최종목표는 깨달음의 세계인 법계에 들어가는 것이다.

Ⅳ. 법계 탐구사

1. 지론종의 법상과 혜원

중국에서 법계에 대한 철학적 탐구는 『화엄경』이 번역된 이후 상당기간이 지나서이다. 특히, 세친보살(世親 또는 天親, Vasubandhu)의 저작으로 알려진 『십지경론』이 보리류지(菩提流支, Bodhiruci)에 의해 번역되자, 이 책의 중심사상인 십지사상을 전문적으로 연구하는 지론종(地論宗)이 성립되었다. 지론종은 다시 남도파와 북도파로 양분되었으나, 그 가운데에서 남도파에 속하는 법상(法上, 495~580년)과 그의 제자 정영사 혜원(慧遠, 523~592년)에 이르러서 '법계'에 대한 철학적 탐구가 시작되었다.

법상은 그의 저작인 『십지론의소(十地論義疏)』에서, "법계는 불성의 다른 이름이며, 승의(勝義)이다"[50]라고 해석하였다. 법상에 의하면, 법계는 '사(事)법계'와 '진실법계'의 두 종류로 구성되어 있는데, 사법계는 성문들은 알 수 있는 것을 말하기 때문에 '대(大)'라고 하지 못하며, 오직 진실법계만이 '대(大)'이며 '승(勝)'이 된다고 하였다. 그리고 모든 부처님은 법계와 합치하여 완전함[圓用]을 얻지만, 보살은 완전하지 못하기[分用] 때문에 법계는 부처의 근본이라고 하였다. 여기에서 사법계와 진실법계 사이에 단계를 설정하여 전자는 보살의 경계이므로 완전하지 못하지만, 후자는 부처님의 경계로서 완전한 경지이므로 사법계를 수행하여 진실법계에 도달한다고 하였다.

법상의 제자 정영사 혜원은 그의 주요저서인 『대승의장』에서 법계를 '이(理)'와 '사(事)'의 관계로 파악하거나 '사(事)법계'라는 용어를 직접적으로 사용하지는 않았다. 그렇지만, '진체적(眞體寂)'을 설명하면서 "진실법계의 항사불법(恒沙佛法)과 동일한 체성(體性)이 서로 화합해서 성립되었으므로 법계에는 별도의 자성(自性)은 없다"[51]라고 하였다. 이러한 혜원의 이해는 스승인 법상의 해석을 잘 이해하고 계승한 것으로 보인다.

또 혜원은 "처음에 설한 생공(生空, 人空)·법공(法空)·제일의공(第一義空)이 곧 공(空)의 모습이며, 아뢰야식공(阿賴耶識空)이라야 곧 진공(眞空)이다. 아뢰야식 가운데 모든 법계가 다 포함되어 있으므로 법계는 모두 진리가 된다. 그러므로 '대(大)'라 한다"[52]라고 하였다. 즉, 『십지경』에서 설하고 있는 법계를 아뢰야식과 관련시켜 아뢰야식이 공해야 비로소 진공이라고 할 수 있다하여 아뢰야식 가운데 모든 법계가 포함되어 있다고 하였다. 바로 이러한 법계 해석이 후대에 화엄종 제2조로 추앙받는 지엄에게 영향을 주어 후술하는 화엄의 '법계연기사상'이 성립되는 사상적 기반이 된 것으로 여겨진다.

---

50 『십지론의소』(『대정장』85권, 765하)
51 『대승의장』권1 (『대정장』44권, 486하)
52 『대승의장』권4 (『대정장』44권, 554상)

2. 화엄종 학자들의 법계 이해

1) 지엄의 법계연기설

화엄종 제2조 지엄(智儼, 602~668년)은 그의 저작이며『화엄경』해설서인『수현기(搜玄記)』에서 「입법계품」의 '입법계(入法界)'와 관련하여 '법(法)'의 의미를 '의소지법(意所知法)·자성(自性)·궤칙(軌則)' 등 세 가지를 들고 있다. '계(界)'의 의미도 '일체법통성(一切法通性)·인(因)·분(分齊)' 등 세 가지를 들고 있다.[53] 그리고 법계를 해석하여 "법계를 일심(一心)의 입장에서 해석한다면 이 염부제가 바로 일심법계(一心法界)와 다르지 않다"[54]라고 설명한다. 즉, 적극적인 의미로 이곳 염부제가 바로 근본적으로 진실의 세계이자 결국은 진심(眞心)으로 만들어진 세계라고 보고 있는 것이다. 그러므로 법계는 법(法)의 일반적 성질[一切法通性]·원인[因]·영역·범주[分齊]의 의미를 가진 것으로 정의한다.[55]

또 다른 저작인『공목장』에서는 "선법진여(善法眞如)가 법계이며, 이는 일체의 성문과 연각과 모든 부처의 묘한 법의 의지가 되는 모습을 하고 있기 때문이다"[56]라고 설명한다. 즉 진실한 법의 의지처가 된다는 측면에서 '법계는 곧 진여[法界卽眞如]이다'라는 의미로 파악한 것으로 이해된다. 또 넓은 의미에서는 팔무위(八無爲)와 고(苦)의 오종색(五種色), 그리고 수(受)·상(想)·행(行)·온(蘊) 등을 통틀어서 모두 다 법계 아닌 것이 없다고 한다. 여기에서 지엄이 파악한 법계의 영역은 초기의 논서들 보다 오히려 더 포괄적인 의미를 지니고 있다.

지엄은 이러한 법계의 개념을 보다 실천적으로 이해한 결과, 대승불교의 핵심교리인 '연기사상'과 결합시켜 '법계연기(法界緣起, the dependent origination of dharma-dhātu)'의 개념을 체계적으로 제시하였다. 지엄이 체계화한 '법계연기'는 근본적으로는 진실 내지는 진리 그 자체에 의지하여 성립된 연기의 존재방식이라 할 수 있다. 그런 까닭에 이 법계연기는『화엄경』의 이론과 사상에 입각하여 새롭게 해석된 연기의 모습이고, 진리를 이해하고 관찰하는 방법으로서 중국화엄사상 연구의 새로운 지평을 열어

53『수현기』(『대방광불화엄경수현분제통지방궤』) (『대정장』35권, 87하)
54『수현기』(『대정장』35권, 37중)
55『수현기』(『대정장』35권, 87하)
56『공목장』(『화엄경내장문등잡공목장』) (『대정장』45권, 542중)

주는 핵심용어가 되었다.[57]

법계연기의 용어와 내용에 대하여 지엄의 『수현기』 권3하 「제6현전지」의 '십이인연관(十二因緣觀)'에서 법계연기에는 수많은 모습이 있으나 크게 나누면 '범부염법(凡夫染法)'과 '보리정법(菩提淨法)' 의 두 가지가 있다고 한다. 이 중에서 정법(淨法)은 중생 가운데 깨끗한 성품이 있다는 것을 전제하고, 그 깨끗한 성품이 자각되는 과정을 본유(本有)·본유수생(本有修生)·수생(修生)·수생본유(修生本有) 등 네 가지 관점에서 논하고 있다.[58]

지엄은 먼저 '본유'는 연기의 근본 체(體)가 깨끗하기 때문에 이름을 떠나 법계에 나타나 과거·현재·미래의 삼세에 부동하다고 하였다. 『화엄경』 「여래성기품」에 이르기를 "중생의 마음 가운데에 작은 티끌 수와 같은 경전이 있고, 보리의 큰 나무가 있어 뭇 성인이 함께 증득한다"[59] 라는 내용을 근거로 "사람이 증득함에는 전후가 같지 않으나 그 나무는 따로 나뉘지 않으므로 본유이다. 그러므로 연생문(緣生門)은 십이인연이 곧 제일의제(第一義諦)이다"라고 하였다.

'본유수생'은 모든 깨끗한 성품(淨品)이 본래는 체성이 다르지 않지만, 이제 일체의 인연(緣)에 맞추어 새로 선(善)을 발하기 때문에 저 모든 인연과 망법(妄法)에까지 의거하여 참된 지혜가 발하여 보현(普賢)에 합한다. 성품의 본체는 본래 분별이 없는 것이며 지혜를 닦는 것 역시 분별이 없으므로, 지혜는 이치를 따를 뿐 모든 연(緣)을 따르지는 않는 것이다. 그러므로 수생은 곧 본유를 따라서 같은 성품에서 발현하는 것이다. 그러므로 「성기품」에서 보리심(菩提心)이 곧 성기(性起)라고 하였다.

'수생'은 믿음 등의 선근(善根)이 아직 나타나기에 앞서 이제 올바른 가르침(正敎)을 대하고 연(緣)을 발하기 시작한 상태를 말하므로 신생(新生)이라고도 한다. '수생본유'는 여래장성(如來藏性)이 번뇌 가운데에 덮여 숨겨져 있는 상태이다. 범부는 혼미한 상태에 있기 때문에 그러한 본성을 가지고 있으면서도 여기에 대하여 알지 못하고 있다. 만약 본성을 대하고서도 미(迷)한 상태에 있으면 여래장성이 있다고 이름 할 수 없는 것이다.[60]

---

57 木村清孝, 『初期中國華嚴思想の研究』 (東京: 春秋社, 1977), 300~309면
58 『수현기』 권3하 (『대정장』35권, 62하~63상)
59 60권『화엄경』「보왕여래성기품」 (『대정장』9권, 624상)
60 『수현기』 권3하 (『대정장』35권, 63상)

위와 같이 법계연기의 깨끗함[淨]의 입장에서 설명한 네 가지 구별은 지엄이 깨달음의 진상을 제대로 파악한 것으로서 그의 독창적인 사상으로 인정되어진다. 그리고 화엄종 초조(初祖)로 추앙받는 두순이 설하고 지엄이 받아 적었다고 하는『일승십현문』에 나타난 '십현문(十玄門)'과 '육상설(六相說)'도 매우 중요하다. 이 내용은 사법계(四法界)의 사사무애법계(事事無碍法界)와 관련하여 후술하기로 하겠다.

2) 화엄교학의 대성자 법장

(1) 법계연기의 체계화

화엄교학의 대성자이며 화엄종 제3조인 법장(法藏, 643~712년)은 법계를 설명할 때, 이(理)·사(事)와 인과(因果)·연기(緣起)를 관련시켜서 설명하고 있다.

먼저, '법'과 '계'의 의미에 대하여『탐현기』권18에서 "「입법계품」의 '법'에는 지자성(持自性)·궤칙(軌則)·대의(對意)의 뜻이 있다. '계(界)'에도 인(因)·성(性)·분제(分齊)의 뜻이 있는데, 인(因)은 일체 모든 깨끗한 법[淨法]을 내기 때문이며, 성(性)은 제법의 본성이 되기 때문이며, 분제(分齊)는 연기하는 모습이 서로 섞이지 않기 때문이다"[61]라고 설명한다.

법장이 제시한 '법'과 '계'의 의미는 기본적으로 스승인 지엄의 의도에 거역하지 않고 오히려 보다 논리적인 체계를 갖추고 있음을 알 수 있다. 예를 들면, '법'의 의미는 지엄이 제시한 '의소지법(意所知法)' 이라는 용어를 대신하여 '대의(對意)'라고 하였을 뿐 그 의미는 다르지 않다. 그리고 '계'의 세 가지 의미도 다르지 않으나 그 내용을 설명하는 가운데 '인(因)'은『섭대승론석』[62]과『중변분별론』[63]을 인용하여 '정법(淨法)의 인(因)' 또는 '성법(聖法)의 인(因)'이라고 하였다. '성(性)'의 의미는『화엄경』「세간정안품」을 인용하여 제법의 의지할 대상인 '법성(法性)'을 의미한다고 하였으며, '분제(分齊)'는 연기하고 있는 제법이 상호간에 어지럽지 않으면서 각자 자신의 분(分)을 지키고 있는 차별상을 의미한다고 하였다. 이러한 점에서 지엄보다 더 논리적인 체계를 갖추고 있다고 하겠다.

---

61 『탐현기』권18 (『대정장』35권, 440중)

62 진제삼장 역,『섭대승론석』권15 (『대정장』31권, 264중)

63 진제삼장 역,『중변분별론』권상 (『대정장』31권, 452하)

(2) 법계의 종류

법장은 그의 저서인 『탐현기』 권18에서 화엄의 근본취지를 논하면서, 법계를 의미[約義]·유형[約類]·지위[約位] 등 세 가지 측면에서 설명하고 있다. 다시 이러한 측면을 소입(所入)과 능입(能入)법계로 분류하여 그 속에 포함된 다양한 법계를 설명하고 있다.

먼저, 의미[約義]의 관점에서 보면, 소입법계에는 유위법계(有爲法界)·무위법계(無爲法界)·역유위역무위법위(亦有爲亦無爲法界)·비유위비무위법계(非有爲非無爲法界)·무장애법계(無障碍法界) 등이 있으며,[64] 능입법계에는 정신(淨信)·정해(正解)·수행(修行)·증득(證得)·원만(圓滿) 등 다섯 종류가 있다.

다시 소입법계에서 '유위법계'는 본식능지법종자(本識能持法種子)와 삼세제법차별변제(三世諸法差別辺際)로, '무위법계'는 성정문(性淨門)과 이구법(離垢門)으로, '역유위역무위법계'는 수상문(隨相門)과 무애문(無碍門)으로 나누고 있다. 이 가운데 '역유위역무위법계'의 '무애문'을 '일심법계(一心法界)'라고 하고, 다시 심진여문(心眞如門)과 심생멸문(心生滅門)으로 나눌 수 있지만, 이 두 문은 일체 모든 법을 다 갈무리하고 있다고 한다. '비유위비무위법계(非有爲非無爲法界)'는 형탈문(形奪門)과 무기문(無寄門)으로, '무장애법계(無障礙法界)'는 보섭문(普攝門)과 원융문(圓融門)으로 나누어 설명하고 있다.[65]

두 번째, 유형[約類]의 관점에서 보면, 소입법계에는 법법계(法法界)·인법계(人法界)·인법구융법계(人法俱融法界)·인법구민법계(人法俱泯法界)·무장애법계(無障碍法界) 등이 있으며, 능입법계에는 신(身)법계·지(智)법계·구(俱)법계·민(泯)법계·원(圓)법계 등이 있다.

세 번째, 지위[約位]의 관점에서 보면, 소입법계에는 인법계(因法界)·과법계(果法界)가 있으며, 능입법계에 점입법계(漸入法界)·돈입법계(頓入法界)가 있다.

법장이 법계를 굳이 수행하는 주체를 강조하는 능입법계와 수행해 도달할 목적지인 소입법계를 함께 설한 이유는 이론과 실천의 합치를 높일 뿐

64 법장이 제시한 다섯 종류의 '소입법계'는 신라 원효성사(617~686)의 『화엄경소』에 설해진 사법계설을 발전시킨 것으로, 이는 신라 표원(表員)의 『화엄경문의요결문답』 권3 (『속장경』1~12~4, 340우상~344우상)에 인용되어 있다.

65 『탐현기』 권18 (『대정장』35권, 440중~하)

만 아니라 종교적인 실천의 필요성까지 강조하고 있음을 알 수 있다.

또한 법장은 법계를 정보(正報)·의보(依報)·현상(現相)·표의(表義)·언설(言說)·의리(義理)·업용(業用)·설왕인(說往因)·결자분(結自分)·추승인(推勝進) 등 십법계로 설명하고 있다.[66] 또 다른 저서인『의해백문』에서는 "만약에 성상(性相)을 두지 않으면 이법계(理法界)요, 사상(事相)에 걸림이 없어 완연하면 사법계(事法界)이다. 이사(理事)가 합해도 무애하여, 둘이면서 둘이 아니고, 둘이 아니면서 둘인 것이 법계이다."[67]라고 설명한다.

그리고 화엄의 근본취지를 밝히는 종취(宗趣)를 '인과연기이실법계(因果緣起理實法界)'라고 제시한다.[68] 즉, 인과(因果)와 연기(緣起)의 관련성 속에서 법계를 파악하고 있는 것이다.

3) 징관 – 법계 해석의 특징 –

(1) 일진무애법계(一眞無碍法界)

화엄종 제4조로 추앙받는 청량국사 징관(澄觀, 738~839년)은 새롭게 사(事)·이(理)·이사무애(理事無碍)·사사무애(事事無碍)의 사법계(四法界) 체계를 세웠다. 이 사법계설은 화엄종의 초조인 두순의 저작이라고 알려진『법계관문(法界觀門)』의 실천사상과 상응하는 점에서 화엄교학을 대표하는 법계설이 되었다. 이는 화엄경을 처음 접하면서부터 법계에 대한 지속적인 관심과 일생에 걸친 끊임없는 법계탐구의 결과라고 할 수 있다. 징관의 전기에 의하면, 스승인 법선(法銑, 718~778년)으로부터 화엄을 배울 때 "법계는 전적으로 너에게 있다."라고 인가 받은 사실과 자신이 세운 열 가지 다짐 가운데 "일생동안 법계의 경전을 등지고 앉지 않겠다."라는 내용이 있다.[69] 이러한 점은 징관의 일생에 있어서 가장 큰 관심은 '법계'의 탐구에 있었다는 것을 알 수 있는 근거가 된다.

징관은 그의 저서인『화엄경소』권54에서,『화엄경』「입법계품」의 품명

66『탐현기』권18 (『대정장』35권, 451하)

67『의해백문』(『대정장』45권, 627중)

68『탐현기』권1 (『대정장』35, 120상)에 의하면, 화엄의 근본취지인 종취에 대하여 江南의 印·敏 二師는 '以因果爲宗', 그리고 隋의 정영사 혜원은 '以華嚴三昧爲宗', 大衍(曇衍)法師(503~581)는 '以無碍法界爲宗', 隋의 靈裕法師(518~605)는 '以甚深法界心境爲宗', 後魏 光統律師(468~537)는 '以因果理實爲宗'을 제시하고 있다. 이들 종취는 법장, 정법사 혜원뿐만 아니라 징관도 받아들였다.

69 元代 普瑞의『화엄경현담회현기』에 수록된「묘각탑기」(『續藏經』1~12~1, 4우하)

(品名) 가운데 '법(法)'과 '계(界)'의 의미에 대해 "법계(法界)란 깨달음의 세계에 들어갈 대상(法)이며 이(理)와 사(事) 등의 구별이 있다. 그러나 '법'은 지(持)와 궤(軌)의 뜻을 포함하고 있고, '계'에도 많은 뜻이 있다. 그리고 법계에는 지의(持義)·족의(族義)·분제의(分齊義)의 의미도 있다. '지(持)'에는 지자체상(持自體相)·지제법차별(持諸法差別)·지자종류불상잡란(持自種類不相雜亂)의 뜻이 있고, '족(族)'은 종족의 뜻으로 18계설(十八界說)을 말하며, '분제(分齊)'는 연기하고 있는 사법(事法)이 서로 섞이지 않는다는 뜻이다."[70]라고 하였다.

또 「입법계품」의 근본취지를 밝히면서, '의(義)'의 측면에서 보면 소입법계(所入法界)는 아무런 차별도 없고 장애도 없는 완전한 진리의 세계, 즉 일진무애법계(一眞無碍法界)이다. 이는 성(性)·상(相)의 관점에서 보면 이(理)와 사(事)를 떠나지 않지만, 의미상으로는 유위법계(有爲法界)·무위법계(無爲法界)·구시(俱是)·구비(俱非)·무장애(無障礙) 등 오법계(五法界)로 나뉜다고 설명한다.[71] 이처럼 소입법계를 일진무애법계라고 파악한 것은, 법장의 오법계(五法界)를 포함할 뿐만 아니라, 차별상이나 한계를 뛰어넘은 절대 평등한 진리의 세계를 말한 것으로 여겨진다.

(2) 오주인과(五周因果)

징관의 『화엄경소』 권3에서 "만약에 『화엄경』의 이름을 본체(體)·근본(宗)·작용(用)의 셋으로 나누면, 이실(理實)은 본체(體)가 되고, 인과(因果)는 근본(宗)이 되며, 연기(緣起)는 작용(用)이 된다. 그 이유는 근본[宗]을 탐구하여 본체인 이실(理實)에 향하게 하는 까닭이다. 그러므로 '법계(法界)'는 본체(體)·근본(宗)·작용(用) 셋을 모두 다 포섭하고 있다."[72]라고 하였다. 그리고 『화엄경소』 권4에서는 경의 내용을 믿을 대상(所信)·차별(差別)·평등(平等)·성행(成行)·증입(證入)의 오주인과(五周因果)로 나누어 설명하고 있다.[73]

첫째, 소신인과(所信因果) : 제1「세주묘엄품」부터 제8「비로자나품」까지

둘째, 차별인과(差別因果) : 제9「여래명호품」부터 제35「수호광명공덕

70 『화엄경소』 권54 (『대정장』 35권, 907하)
71 『화엄경소』 권54 (『대정장』 35권, 908상)
72 『화엄경소』 권3 (『대정장』 35권, 522중)
73 『화엄경소』 권4 (『대정장』 35권, 527중)

품」까지

셋째, 평등인과(平等因果) : 제36「보현행품」부터 제37「여래출현품」까지

넷째, 출세성행인과(出世成行因果) : 제38「이세간품」

다섯째, 증입인과(證入因果) : 제39「입법계품」

이처럼 징관이 경문을 인과(因果)의 입장에서 나눈 것은 기본적으로는 법장의 입장을 계승한 것이지만, 사상적인 내용을 분석해 보면 이통현 장자의 영향도 있음이 추측 가능하다. 따라서 『화엄경』 그 자체를 수행 장소로 보기도 하고, 수행과정으로 보기도 하는 등 진리를 실천하는 하나의 장으로 파악한 것이다.[74]

(3) 법계의 궁극적인 의미

징관의 법계 해석의 최대의 특징은 법계는 진리의 궁극적인 상태로서 진리 그 자체이며 만물을 생성하는 근원이라고 하는 성기(性起)의 관점에서 해석하고 있는 점이다. 『화엄경소』권1 서두의 '법계구(法界句)'에서 "왕(往)과 복(復)이 끝이 없으나 동(動)과 정(靜)이 하나의 근원이며, 수많은 묘한 작용을 포함하고 있으면서도 여유가 있고, 언어와 사고를 초월하여 이보다 훨씬 더 벗어난 것은 오직 '법계' 뿐이라 하겠네"[75]라고 법계의 작용과 범주에 대해 제시하고 있다. 이 내용의 해설에서 징관은 스스로 중국고유사상인 『주역』과 『논어』 그리고 『노자』와 『장자』 등을 들어 당시의 사람들에게 이해하기 쉽도록 설명하고 있다.[76]

즉, '법계'란 가고[往] 옴[復]에 아무런 장애가 없이 자유자재로 활동할 수 있는 장소이면서, 그 근원은 작용하든[動] 작용을 하지 않든[靜] 간에 동일하다고 보고 있다. 그리고 법계는 무한한 공덕을 가지고 있기 때문에 언어와 사고를 초월하여 이보다 훨씬 더 뛰어난 세계라고 설명한다. 이는 법계의 초월성을 잘 표현한 내용이 담겨있다. 그리고 '끝이 없다[無際]'라 함은 보살행의 바다는 넓고 커서 끝이 없을 뿐만 아니라, 낱낱의 움직임이 전부 진리와 합치하므로 끝이 없음을 나타낸다고 한다. 이는 무한한 보살행

74 淨嚴(徐海基), 「澄觀の法界解釋－三大說を中心に－」, 『南都佛教』 78 (奈良:南都佛教研究會, 2000).

75 『화엄경소』권1 (『대정장』35권, 503상)

76 『연의초』권1 (『대정장』36권, 1중~2하)
小島岱山, 「澄觀における老·易·嚴一致の華嚴思想と四法界」, 『印度學佛教學研究』 46-2 (東京: 日本印度學佛教學會, 1998), 58-62면.

과 비교하여 설명한 내용이다. 마찬가지로 무제(無際)의 설명도 법계의 '용(用)'의 입장에서 보살행과 관련시켜 실천적인 면에서 해석하고 있다. 이러한 점은 그의 화엄교학을 파악하는데 매우 중요한 관건이다.[77]

한편 징관은 법계를 '진리의 궁극적인 상태'이며 '만물의 근원'이라고 해석하고 있는데, 『보현행원품소』 첫머리에 "크고도 크도다. 진리의 세계[眞界]여! 만법은 여기에서 시작한다. 공(空)과 유(有)를 다 포함하고 있으면서도 모양이 없고, 언어 속에 들어있으면서도 자취가 없구나. 묘유(妙有)는 그것[眞界]을 얻지만 단지 유(有)만이 아니며, 진공(眞空)도 그것을 얻지만 단지 공(空)하지 만은 않는구나. 생멸(生滅) 속에서 그것을 얻기 때문에 진상(眞常)이고, 연기(緣起) 속에서 그것을 얻기 때문에 서로 비추어 내는구나"[78]라고 설명한다. 여기에서도 징관은 '법계'란 진리의 궁극적인 상태이며, 만물의 근원이기도 하면서 유(有)와 무(無)의 대립적인 관계를 초월하고 있다고 파악하고 있다. 그렇기 때문에 생멸 속에 진상(眞常)이 있고, 연기하는 가운데 서로 비추어 낸다고 표현한 것이다.

또 『연의초』 권1에서는 '법계'를 가장 중시하여 제일 먼저 내세운 까닭에 대하여 자문자답(自問自答)하고 있다. 즉, "[법계는] 화엄경에서 근본으로 삼는 까닭이며, 또 모든 경전에 통하는 본체이기 때문이며, 모든 진리가 공통으로 의지하는 곳이기 때문이며, 모든 중생의 미오(迷悟)의 근원이기 때문이며, 일체제불이 깨달은 곳이기 때문이며, 모든 보살행이 이곳으로부터 나오기 때문이며, [부처님께서] 처음 성불하여 돈교(頓敎)를 설한 까닭이며, 여타 경전에서 점교(漸敎)를 설한 것과는 다르기 때문이다."[79]라고 하였다.

여기에서 주목할 점은 법계를 모든 부처와 중생의 근원이라고 보는 점과 보살행이 발생하는 근본이라고 파악하고 있는 점이다. 이러한 점은 화엄교학의 전통설에는 나타나지 않는 징관의 독자적인 법계 이해로 보이며, 여기에 그의 실천적인 화엄사상이 잘 나타나 있다. 그리고 징관에 의해서 파악된 법계의 의미는 "청정한 법계는 깊고 깊어서 능히 항하사와 같은 큰 덕을 포함하고 있다"[80]라고 하듯이, 법계란 전혀 오염되지 않은 청정한 세계

---

77 『연의초』 권1 (『대정장』 36권, 2상)
78 『화엄경보현행원품소』(『속장경』 1~7~3, 236우상)
79 『연의초』 권1 (『대정장』 36권, 2하)
80 『연의초』 권1 (『대정장』 36권, 2상)

이며, 깊고 오묘한 뜻을 지니고 있으면서도 만덕을 포함하고 있는 세계라는 것이다.

법계의 깊은 이치에 대해서는 당시 왕이었던 헌종(憲宗, 재위 805~821년)도 지대한 관심을 가지고 징관에게 '화엄법계'란 무엇인가라고 질문한다. 징관은 "법계란 중생의 체성(體性)이다. 부처님께서는 법계(法界)의 본성에 맞추어 『화엄경』을 설하셨다. 법계는 이(理)와 사(事)가 융합해 있어 어디에나 널려있다"고 답변하였다. 이 설명을 들은 헌종은 즉석에서 법계의 의미를 깨달았다고 한다.[81]

또 『연의초』 권1에서 "법계는 화엄경의 현종(玄宗) 즉 근본이다. 그 이유는 연기법계부사의를 근본[宗]으로 삼기 때문이며, 모두 법계를 논하여 불법(佛法)의 대종(大宗)을 삼은 까닭이다."[82]라고 하였다. 여기에서 대종(大宗)이란 의미는 근본이라는 의미와 다르지 않다. 따라서 법계란 『화엄경』의 근원일 뿐만 아니라 불법(佛法)의 근본이 된다고 파악한 것이다.

징관은 법계(法界)를 사법계(事法界)·이법계(理法界)·이사무애법계(理事無碍法界)·사사무애법계(事事無碍法界)의 넷으로 분류한다.[83] 이 사법계(四法界)는 그의 독자적인 분류법이며, 화엄의 대표적인 법계의 분류법으로 알려진다. 4법계설은 두순이 『법계관문』에서 제시한 진공관(眞空觀)·이사무애관(理事無碍觀)·주변함용관(周遍含容觀)의 삼관(三觀)[84]과 법장이 제시한 오법계설[85]을 보다 체계적으로 분류한 것이다.

사법계설에서 핵심은 이(理)와 사(事)의 관계인데, 여기에서 이(理)는 항상 사(事)와 융합해 있으므로 불가분의 관계에 있다. 그러므로 이사무애의 '무애(無碍)'는 시간적으로 전후가 없이 동시에 존재하는 관계로서 서로서로 아무런 방해가 되지 않고 융화한다는 뜻이 성립된다. 또 사(事)와 이(理)의 관계가 무애(無碍)인 이유는 '이사(理事)란 표현 할 수 있는[所詮] 진리를 총칭하기 때문이며, 모든 장소에 이사무애(理事無碍)가 설해져 있기 때문이며, 사법계를 성립시키기 때문'이라고 설명한다.

81 『불조통기』 권42 (『대정장』 49권, 381상)
82 『연의초』 권1 (『대정장』 36권, 1중)
83 『연의초』 권1 (『대정장』 36권, 2하)
84 『법계현경』(『대정장』 45, 67상)
85 『탐현기』 권18 (『대정장』 35권, 440중)

4) 종밀의 본원청정심(本源淸淨心)

화엄종 제4조 종밀(宗密, 780~841년)의 저서로는 화엄사상과 관련하여『보현행원품소초』와 두순의 저작으로 알려진『법계관문』의 주석서인『주법계관문』이 있다. 이 가운데『보현행원품소초』에서 법계에 대하여, "법계를 설하여 불법의 큰 근본[大宗]으로 삼는다"라고 하였다. 이어 "진리의 세계[眞界]는 곧 진여법계를 말한다. 법계의 종류는 비록 많지만, 그것을 통괄적으로 나타내면 단지 일진법계(一眞法界)일 뿐이다. 즉 (진계는) 모든 부처와 중생의 근원인 청정한 마음이다"[86] 라고 파악하고 있다.

종밀은 '진리의 세계[眞界]'란 진여법계(眞如法界), 즉 일진법계(一眞法界)이며, 이는 곧 모든 부처와 중생이 다 함께 가지고 있는 본래 청정한 '본원청정심(本源淸淨心)'이라고 해석하고 있다. 징관에 의해 정립된 '법계즉일심(法界卽一心)'이 그의 제자인 종밀에 의해 그대로 계승발전된 것을 알 수 있다. 이는 다시 종밀에 의해 선사상과 결합하여 선종(禪宗)에서 더욱 강조되었으며, 여기에서는 근원성으로서의 '본원청정심' 쪽에 중점을 두었다고 여겨진다.

5) 화엄종 전통 밖의 연구자 이통현

이통현 장자(635~730년)의 법계 이해는 그의 저서인『신화엄경론』권32「입법계품」에서 품명을 '지(智)'의 관점에서 해석한 곳에서 확인해 볼 수 있다.[87] 그는 먼저 '입법계(入法界)'를 한 자 씩 분석하여 '명신락자 종미창달(明信樂者 從迷創達)'은 '입(入)'이며, '신심경계성자무의(身心境界性自無依)'는 '법(法)'이며, '일다통철진가시비장망(一多通徹眞假是非障亡)'은 '계(界)'의 의미라고 한다.

이어서 '법계'의 의미에 대하여 그는 "순(純)과 지(智)는 모두 중생의 의식의 대상이므로 법계이고, 무명(無明)의 식종(識種)을 통달한 순은 지의 작용이기에 미(迷)에 속하지 않으므로 무의지(無依智)의 경계이다. 그러므로 시방세계에 두루 하지 않음이 없어 널리 진(眞)과 속(俗)이 모두 불가사의함을 보며, 모공(毛孔)과 신진(身塵)과 삼라만상의 끝없는 경계가 불찰(佛刹)에 중중무진하여 지(智)와 범(凡)이 한 몸[同體]이고, 경계와 모습이 서로

86『보현행원품별행소초』(『속장경』1~7~5, 399우하)

87『신화엄경론』권32 (『대정장』36권, 943중하)

교섭(相入)한다. 또, 하나의 미진 속에 널리 수많은 국토를 포함하고도 허공에 두루 하지 않음이 없고, 국토마다 포함되지 않는 곳이 없으면서도 보경(報境)을 파괴하지 않고 중중무진하여 진리에 통철한다. 일묘음(一妙音)이 모든 국토에 다 들리고, 일섬호(一纖毫)의 수량이 평등하여 방위가 없고, 대소(大小)의 견해가 없고 만물과 내가 한 몸이어서 식(識)이 떨어져 나가고(謝), 정(情)이 없어져서 지(智)에 통하여 걸림이 없는 것이 진리의 세계에 들어감[入法界]이다"라고 파악하였다.[88] 즉, 이통현 장자가 이해한 법계의 범주는 중생의 사유영역을 뛰어 넘은 '무의지(無依智)'의 세계이며, '무분별지(無分別智)' 세계이지만, 궁극적으로는 '지(智)'와 '범(凡)'의 본체는 동일하여 '물아일체(物我一體)'의 세계라고 할 수 있겠다.

이통현 장자는 『화엄경』 전체를 다섯 종류의 '인과변주(因果遍周)'로 나누고 있다.

첫째, 성정각인과(成正覺因果) : 제1「세주묘엄품」부터 제7「비로자나품」까지

둘째, 신위급진수인과(信位及進修因果) : 제8「여래명호품」부터 제26「십지품」까지

셋째, 정체[인과]변주(定體[因果]遍周) : 제27「십정품」부터 제29「십인품」까지

넷째, 행해[인과]변주(行海[因果]遍周) : 제30「보현행원품」부터 제38「이세간품」까지

다섯째, 법계부사의대원명지해[인과]변주(法界不思議大圓明智海[因果]遍周) : 제39「입법계품」

위 다섯으로 나눈 '인과변주법계(因果遍周法界)'는 동일한 법계, 동일한 시간[刹那際]이며, 동일한 본체[體]와 작용[用]이며, 일체제불의 공통의 법[法]이며, 하나의 인과(因果)이므로 두루 원만하여 앞뒤가 없다고 설명한다.[89] 뿐만 아니라 『화엄경』의 근본취지는 '일대법계대원명지(一大法界大圓明智)'인데, 그 이유는 위 다섯 종류의 변주인과가 존재하기 때문이라고 한다.[90]

이처럼 이통현 장자는 『화엄경』의 경문을 '인과'의 입장에서 다섯으로

---

88 『신화엄경론』권32 (『대정장』36권, 943중하)
89 『신화엄경론』권8 (『대정장』36권, 766하~767상)
90 『신화엄경론』권8 (『대정장』36권, 766하~767상)

나눈 것[分科]은 경의 사상만 취한 것이 아니라, 『화엄경』 그 자체가 하나의 성불하기 위한 실천수행, 즉 보살행을 행할 수행 장소로 인식하였음을 알 수 있다.

Ⅴ. 신라 화엄종의 법계 이해

1. 『일승법계도』와 『총수록』

한국 화엄사상의 주류를 이루는 것은 의상계 화엄사상이며, 그 중심을 이루는 내용은 의상이 저술한 『화엄일승법계도(華嚴一乘法界圖)』(이하 『일승법계도』)이다. 이 책의 다양한 주석을 모아 고려시대에 엮은 것으로 『법계도기총수록(法界圖記叢髓錄)』(이하 『총수록』)이 있다.[91] 이 책에 나타난 '법계'의 의미를 통하여 고대 한국의 화엄학자들이 이해한 법계의 개념을 살펴보기로 한다.

먼저, 『일승법계도』는 의상이 귀국한 후(671) 3년이 지나 신라 문무왕 14년(674)에 그의 제자 표훈(表訓)과 진정(眞定)의 질문에 대답한 것으로 알려지고 있다. 이 책의 취지는 의상 자신의 깨달음의 세계를 글과 그림으로 나타내어 이름에만 집착하는 사람들이 이름 없는 참된 근원으로 되돌아가기를 간절히 바라는 마음에서 저술하였다고 한다. 따라서 이 책은 우주만물의 이치를 한 장의 도장처럼 그림[圖印]으로 표현한 것이다.[아래 그림 1, 2 참고]

『일승법계도』는 7언 30구로 구성되어 있으며, 총 210자로 이루어져 있다. 210자에 담겨 있는 내용은 화엄사상의 핵심이자 요체인 동시에 의상의 '화엄관'을 요약하고 있다. 그리고 의상은 자서(自叙)에서 『일승법계도』를 저술한 목적에 대하여, "위대한 성인의 훌륭한 가르침은 모남이 없어서 근기에 응하고 병에 따름이 하나가 아닌데, 미혹한 자는 자취만을 집착하여 체를 잃어버린 줄 알지 못하니 부지런히 종(宗)으로 돌아가고자 하나 그럴 날이 없다. 그러므로 이치에 의지하고 가르침에 의거하여 간략하게 반시(盤詩)를 지으니 이름에 집착하는 무리는 이름이 없는 진리의 근원[眞源]으

91 『총수록』(『한불전』권6에 수록)

로 돌아가길 바라노라"[92]라고 하고 있다.

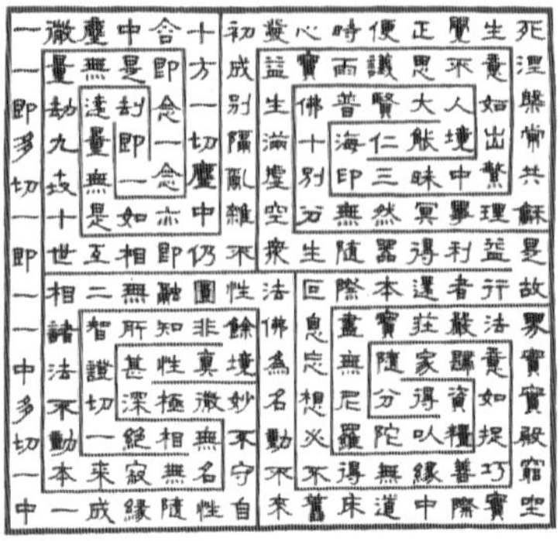

(그림 1: 일승법계도 合詩一印)

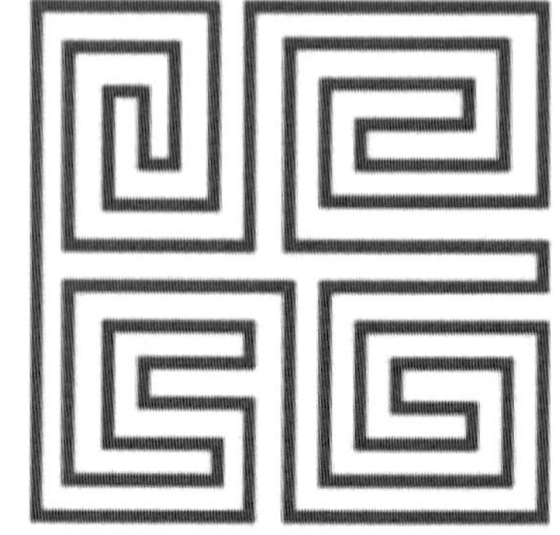

(그림 2: 일승법계도인)

의상의 『일승법계도』는 그림1에서 보는 바와 같이 '법성원융무이상(法性圓融無二相)'의 법(法)이라는 글자로부터 시작하여 구래부동본래불(舊來不動明爲佛)'의 불(佛)자로 끝나는데, 거기에 '중생수기득이익(衆生隨器得利益)'의 '중(衆)'자를 넣어 불·법·승의 삼보가 구족하게 되어있다[그림 1 중앙부분 참고]. 이는 삼종세간(三種世間)에 일체 제법을 다 포섭하고 있다는 뜻이다.

『일승법계도』의 도인(圖印)에서 기세간(器世間), 즉 중생이 의지하여 살고 있는 공간은 흰 바탕이고, 중생세간(衆生世間)은 210자의 검은 글자이며, 지정각세간(智正覺世間), 즉 깨달음의 세계인 진리는 붉은 줄로 그어져 있다. 법(法)자는 흰 바탕에 붉은 줄 위의 검은 글자이다. 이는 바로 융삼세간(融三世間)을 뜻한다고 할 수 있다. 의상은 화엄세계를 융삼세간, 즉 중생세간과 기세간과 지정각세간이 하나로 융합되어 있음을 나타내고 있는 것이다.

의상의 제자 신림은 『일승법계도』의 의미에 대하여, "법계의 '법(法)'은 깨달을 대상이며, 지금 현재의 우리의 마음은 깨닫는 주체이다. 곧, 일(一)은 능소(能所)를 구별할 수 없는 곳이요, 승(乘)은 수행하는 사람의 수행단계[行位]를 말한다. 이와 같이 바꿀 수 없는 궤칙(軌則)은 분제(分齊)로 이루

92 『총수록』(『한불전』6권, 768상)

어져 있기 때문에 법계라 한다. 법계란 법의 본위(本位)이다. 이것은 나의 5척으로 된 몸[五尺身]인데, 이러한 뜻을 나타내고자 그림으로 모든 법계의 한 몸의 모양을 그린 것이다. 그러므로 도(圖)라고 한 것이다. 이를테면 법계도 그림[圖印] 가운데 '반(盤)'은 삼승(三乘)을 말한다."라고 설명한다.[93]

『총수록』에 수록된 『일승법계도』의 주석서로는 『대기』·『법융기』·『진기』가 유명하며 이를 삼대기(三大記)라 한다. 이 가운데 『법융기』에서는 "일승법계도에는 두 번 거듭해서 가려내고[簡] 취(取)하고 있는데, 한 번은 교분(敎分)을 가려내고, 오직 증분(證分 : 깨달음)만을 취한다. 이를테면 일승의 법(法)은 깨달음[證分]에 통하지만, 계(界)는 교분(敎分)을 가려낸 것이다. 왜냐하면 증분으로서 일승법의 궁극적인 경지로 삼기 때문이다. 또 한 번은 오직 삼승(三乘)을 가려내고 일승(一乘)의 증분과 교분은 모두 취함이니, 이른바 하나(一)로서 셋을 가려내기 때문이다. 이 일승의 일(一)과 합시일인(合詩一印)의 일(一)은 처음과 끝을 떠난 하나의 붉은 도장(朱印)이다. 지엄의 본말상생문(本末相生門)의 일자인(一字印)과 같은 뜻이 된다. 화엄경의 첫 머리에 일자인(一字印)을 둔 것은 경의 처음부터 끝까지 설해진 문장과 구절구절이 오직 똑 같다(一)는 것을 밝히려고 한 것이다."[94]라고 설명하고 있다.

2. 법계의 의미

1) 법(法)의 의미

'법'의 의미에 대한 화엄의 제사(諸師)들의 견해의 일부를 소개하도록 하겠다. 『진기(眞記)』에서는 "법에는 세 가지 뜻이 있다. 첫째는 자체(自體)를 법이라 이름 한다. 삼승의 입장에서는 그 자체 밖에 말[馬]이 있으며, 말 그 자체[밖]에 소(牛)가 있다는 뜻이다. 일승의 입장에서는 이쪽 법을 벗어나서 저쪽 법이 없으며, 저쪽 법을 벗어나서 이쪽 법이 없으므로 자체라고 말한다. 둘째, 의미[意]에 대하여 본체[法]이라 한다. 삼승의 입장에서는 제6의식의 대상을 법진(法塵, 法境)이라 하지만, 일승을 기준으로 하면 다함없는 의식의 대상을 '본체[法]'라 한다. 셋째는 궤칙[법칙]의 뜻이 있다는 것

93 『총수록』(『한불전』6권,768하)
94 『총수록』(『한불전』6권,769상)

은 주지의 사실이다."[95]라고 한다.

『법기』에서는, "법성을 설명함에 '어떤 것이 법인가'라는 물음에 몸과 마음이 법이며, 성품은 원융하다는 것이다. 이는 두 가지 모습이 없어 원융하고, 법이 곧 법성이다."[96]라고 한다.

2) 계(界)의 의미

『법융기』에서는 "계는 곧 이 몸과 마음이 모두 포용하여 상대가 끊어지고, 과거와 미래가 끊어진 것이다. 곧 진리의 궁극적인 경지를 뜻한다."[97]라고 설명한다.

『진기』에서는 "계에도 세 가지 뜻이 있다. 첫째, 성품이 다르다[性別]의 뜻이다. 삼승을 기준으로 하면 선(善)·악(惡)·무기(無記)의 세 가지 성품이 각기 다르다고 한다. 일승을 기준으로 하면, 세 가지 성품 중에서 전체적으로 각각 서로서로 밖이 없으므로 성품이 다르다고 한 것이다. 둘째는 인(因)의 뜻이다. 삼승을 기준으로 하면, 오직 안식(眼識)을 일으키는 것이 안식이므로 명언종자(名言種子)이다. 일승을 기준으로 하면, 육식(六識)은 전체적으로 안식을 일으키므로 안식의 명언종자라 하는 것이다. 셋째는 지(持)의 뜻이다. 삼승을 기준으로 하면, 다른 결과[異果]의 인(因)을 가지므로 다른 인(因)의 과(果)라고 하며, 일승을 기준으로 하면, 곧 모든 과(果)의 인(因)을 지니므로 모든 인(因)의 과(果)라 한다. 그러므로 지(持)이다"[98]라고 한다.

3) 법계의 의미

『총수록』에 나타난 법계의 의미는 먼저 '법'과 '계'의 의미를 각각 설명한 후 다시 전체적인 의미를 설명하고 있다. 예를 들면, 『진기』에서는 '법'의 의미에 대하여 '자체(自體)'와 '의식의 대상'과 '궤칙(법칙)', 그리고 『입법계품초』와 『법기』에서는 '몸과 마음'의 의미를 갖는다고 하였다. 그리고 '계'의 의미에 대하여 『법융기』에서는 '진리의 궁극적인 경지'의 뜻으로, 『진기』에서는 '성별(性別: 성품이 다르다)'과 '인(因)', 그리고 '지(持)'의 뜻이 있다고 하였다.

---

95 『총수록』(『한불전』6권,768하)
96 『총수록』(『한불전』6권,776중)
97 『총수록』(『한불전』6권,769중)
98 『총수록』(『한불전』6권,770하)

이어『총수록』에서 '법계'의 의미를 종합하여 설명하고 있다. 먼저, 의상의 제자 신림은『일승법계도』를 설명하면서 법계의 '법(法)'은 깨달을 대상이며, 지금 현재의 우리의 마음은 깨닫는 주체이다. 곧, 일(一)은 능(能)과 소(所)를 구별할 수 없는 곳이요, 승(乘)은 수행하는 사람(주체)의 수행단계[行位]를 말한다. 이와 같이 바꿀 수 없는 궤칙은 분제(分齊)로 이루어졌기 때문에 '법계'라 한다. 법계란 '법의 본위(本位)'이다. 이것은 곧 "나의 5척으로 된 몸이다"라고 설명하고 있다.

따라서,『총수록』에서는 '법의 본위(本位)'로 계승되는 면도 없지 않지만, 이것을 다시 '나'로 바꾸어 '나의 5척으로 된 몸'을 법계라고 정의하고 있다. 이러한 점에서 보면, '법계' 해석에서 신라인들의 주체성이 잘 나타나고 있다.

Ⅵ. 법계의 사상적 발전 – 4법계

1. 사법계(四法界)의 기본 의미

1) 사법계(事法界)

사법계는 현실의 세계를 말하는데, 이 현실세계는 곧 천차만별한 세계이다. 철학 용어로는 현상세계 또는 객관세계라고도 한다. 이 현상세계로부터 우주의 진리를 관찰하는 것이다.

2) 이법계(理法界)

이법계는 진리(眞理)의 세계, 공(空)의 세계, 근본[本體]의 세계, 이치의 세계, 원리의 세계를 말한다. 따라서 사법계[현상세계]가 눈으로 볼 수 있는 세계, 형체가 있는 세계를 말한다면, 이법계[본체]는 사법계를 존재하게 하는 근본원리 내지는 이치를 말한다. 교리적으로 말하자면, 중관(中觀) 또는 반야공관(般若空觀)을 수행하는 불교를 말한다. 곧『반야심경』에서 말하는 '색즉시공(色卽是空) 공즉시색(空卽是色)'을 말한다.

3) 이사무애법계(理事無碍法界)

이사무애법계는 현상세계[事法界]와 본체[理法界]가 따로 구분되어 있는 것이 아니라, 서로서로 원융무애(圓融無碍)하여 상호관련 속에 연관성을 가지고 있다는 것이다. 그러므로 현상세계가 곧 진리세계이고, 진리세계가 곧 현상세계라고 보는 것이다. 다시 말하면 평등(平等)이 곧 차별(差別)이고, 차별이 곧 평등이라는 말이다. 비유를 들어 설명하면, 물이 곧 파도이고[水不離波] 파도가 곧 물[波不離水]인 것과 같아서, 서로 둘인 것 같으면서도 둘이 아닌 것을 말한다. 이와 같이 걸림 없는 진리를 관찰하면 현상세계가 곧 진리세계이고 진리세계가 곧 현상계이다. 『대승기신론(大乘起信論)』에서 진여(眞如)에는 '불변(不變)'과 '수연(隨緣)'이 있다고 하는데, 이는 이치(理致)와 현상이 서로 연관성을 가지고 있어 서로 통하는 것과 같다는 것이다.

4) 사사무애법계(事事無碍法界)

사사무애법계란 현상세계[사물]와 현상세계[사물]가 서로 원융하고 묘하여 각기 서로 다른 그대로 존재하면서 아무런 걸림도 없음을 뜻하는 말이다. 현상계의 우주만유에는 형형색색의 천차만별이 있으면서도 서로서로 걸림 없는 관계를 맺고 있다. 그러므로 현상(事)과 본체(理), 현상(事)과 현상(事)이 서로서로 걸림이 없다는 것이다. 비유하면 물과 파도는 걸림이 없듯이 파도와 파도끼리도 아무런 걸림이 없다는 것이다. 이와 같이 현상계의 걸림 없는 이치를 '사사무애법계'라 한다. 이 사사무애의 이치에 의하여 일심법계(一心法界)의 교설을 세운 것이 화엄경의 특징이다. 이러한 사사무애의 궁극적인 모습을 잘 설명한 내용이 십현문(十玄門)과 육상문(六相門)이다.

2. 사사무애법계의 궁극적인 모습 - 십현문

1) 십현문(十玄門)의 의미

지엄은 법계연기 사상을 보다 효과적으로 설명하기 위하여 '십현문(十玄門 : the Ten mysterious gates)'과 '육상원융문(六相圓融門)'의 체계를 세웠다. 이 십현문은 『화엄경』 가운데 직접적인 언급은 없지만, '일승원교(一乘圓教) 및 돈교(頓教)의 법문'을 나타내기 위하여 화엄종 초조인 두순(杜順)이 설하고 지엄이 받아 적었다고 하는 『일승십현문』과 『수현기』에서 처음 세워진 체계이다.

일승원교인 화엄사상은 사사무애의 도리를 밝히고 있는데, 여기에서 모든 만물의 본체[體]와 모습[相]을 구별하고, 주인[主]과 손님[伴]은 구별되지만 손님이 주인 될 때도 있고 주인이 손님 될 때도 있어 주객이 구분이 없고 걸림이 없다는 뜻이다. 즉 하나 속에 결과[果]와 모양[相]이 두루 갖추고 있다는 뜻이다. 쉽게 말하면, 진리의 본질을 표현하는 열 가지 표현법인 것이다.

부처님의 깨달음의 세계에는 모든 것이 갖추어져 있기에 '일승원교'라 하며, 이를 다양하게 설명한 것이 '십현문'과 '육상원융문' 이다. 그러므로 사사무애에는 십현문의 의미가 그대로 담겨있다고 하겠다.

십현문은 처음에 지엄이 『일승십현문』에서 설명하였으며[99], 다시 제자인 법장이 체계적으로 정리한 것이다. 이 법문은 화엄사상의 극치라고 표현한다. 또 여기에는 깊은 종교적 체험도 깔려있다. 즉, 이러한 무진연기(無盡緣起)는 해인삼매(海印三昧)의 수행에 의해서 본질을 이해할 수 있다는 것을 말한다.

법장은 사사무애에 대하여 그의 저서인 『탐현기』권1의 사융상섭문(事融相攝門)에서 포함[相在]과 긍정[相是]의 의미로 설명하고 있다. "상재는 하나[一]가 전체 속에 있으며, 전체는 하나[一]에 속하는데, 그 이유는 이(理)는 일체의 사(事)에 두루 존재하며 사(事)도 이(理)를 다 포함하고 있기 때문이다. 상시는 하나[一]가 곧 전체이기 때문에 하나의 교법으로서 사(事)가 전적으로 진리이며, 진리가 그대로 일체사(一切事)이기 때문이다"[100]라고 하였다.

십현문의 나열 순서에서 징관이 ① 동시구족상응문(同時具足相應門)을 맨 앞에 둔 것은 모든 문의 '총(總)'이기 때문이고, ② 광협자재무애문(廣狹自在無碍門)은 사사무애의 시작이므로 두 번째에 두었으며, 다음은 순서대로 상용성(相容性)·상즉성(相卽性)·상입상즉성(相入相卽性)·무진성(無盡性)· 원융성(圓融性) 등을 고려하여 십문으로 배열하였다고 하였다. 그리고 ⑩주반원명구덕문(主伴圓明具德門)은 연기하기 때문에 주반(主伴)이 있고, 그래서 원융무애라고 하였다.

---

99 『화엄일승십현문』(『대정장』권45, 514상~518하)

100 『탐현기』권1 (『대정장』권35, 119상)

2) 여러 가지 십현문

두순『법계관문』	지엄『수현기』	법장『탐현기』	징관『화엄경소』
① 理如事門	同時具足相應門	同時具足相應門	同時具足相應門
② 事如理門	因陀羅網境界門	廣狹自在無碍門	廣狹自在無碍門
③ 事含理事門	祕密隱顯俱成門	一多相容不同門	一多相容不同門
④ 通局無碍門	微細相容安立門	諸法相即自在門	諸法相即自在門
⑤ 廣狹無碍門	十世隔法異成門	隱密顯了俱成門	祕密隱顯俱成門
⑥ 遍容無碍門	諸藏純雜具德門	微細相容安立門	微細相容安立門
⑦ 攝入無碍門	一多相容不同門	因陀羅網法界門	因陀羅網境界門
⑧ 交涉無碍門	諸法相即自在門	託事顯法生解門	託事顯法生解門
⑨ 相在無碍門	唯心廻轉善成門	十世隔法異成門	十世隔法異成門
⑩ 普融無碍門	託事顯法生解門	主伴圓明具德門	主伴圓明具德門

이 외에도 법장의 저작인『화엄경지귀』에서는 '십현문'과 유사한 '십무애(十無碍)'도 제시하고 있다.[101] 그러나 법장이 젊어서 저작한 것으로 알려진 화엄학 강요서인『오교장』에서는 지엄이『수현기』에서 제시한 '고십현문(古十玄門)'을 그대로 채용하고 있다.[102]

그런데 지엄의 '고십현문(古十玄門)'과 법장의『탐현기』에서 제시한 '신십현문(新十玄門)' 사이에는 두 가지 차이점이 있다. 첫째는 전자의 ⑥제장순잡구덕문(諸藏純雜具德門)이 후자에서는 ②광협자재무애문(廣狹自在無碍門)으로 이름과 위치가 바뀐 점이다. 여기에는 사사무애의 입장이 반영되었다. 둘째는 전자에서 중시된 ⑨유심회전선성문(唯心廻轉善成門)이란 항목이 후자에는 없고 새롭게 ⑩주반원명구덕문(主伴圓明具德門)이 편입된 점이다.

이처럼 법장이 입장을 바꾼 이유는 무엇일까. 먼저, 화엄사상이 여래장자성청정심(如來藏自性淸淨心)을 중심으로 한『기신론(起信論)』의 사상을 뛰어넘어 깨달은 상태[果上現]의 법문을 절대적인 입장에서 논하려고 했다는 견해가 있다.[103] 이는 절대적인 입장에서 현실의 일은 모두 '절대의 개체'이며, 현실의 개체를 제외한 진리는 있을 수 없다는 것을 의미한다. 이를테면 현상의 배후에 있는 형이상학적인 실체를 설정하는 것을 모두 거부하

---

101 『화엄경지귀』(『대정장』45권, 594상)

102 『오교장』권4 (『대정장』45권, 505上~507상)

103 鎌田茂雄,『中國華嚴思想史の研究』(東京: 東京大學出版會, 1965), 537~559면.

는 태도가 그것이다. 이러한 입장을 철저히 함으로써 여래장심(如來藏心)이라고 하는 이적(理的)이고 실체적인 느낌을 가진 것은 부정한다. 또 다른 이유는, 법장이 비교적 젊은 시절에 저작한 『오교장』과 사상의 완숙기에 저작한 『탐현기』 사이에 있었던 시대의 변화와 함께 사상의 변화도 고려되어야 한다는 점이다.

따라서 법장의 화엄교학에 있어서 심식(心識)에 대한 해석이 매우 한정적인 측면은 당시 그와 경쟁 관계에 있었던 '유식사상(唯識思想)'을 신랄하게 비판한 것에 대한 반영이다. 그 결과 『화엄경』에서 말하는 '일승(一乘)'의 입장을 보다 명확하게 밝히기 위한 의도에서 '유심(唯心)'에 치우칠까 염려하여 신십현문을 다시 설한 것이다. 이 점은 화엄종 제4조 징관도 지엄의 '고십현문'을 따르지 않고 법장이 제시한 '신십현문'을 따르고 있는 이유이다.[104]

한편, 징관은 '십현문'의 이유로 제시한 '법성융통문(法性融通門)'에서 별도의 십현문을 정립하고 있으며, 이(理)와 사(事)가 서로 융통(融通)하는 점이 사사무애의 성립 근거라고 설명한다.[105] 이는 두순의 저작이라 전해지는 『법계관문』에서 말하는 주변함용관(周遍含容觀)의 십문(十門)과도 서로 상응한다.[106]

3) 십현문의 내용

법장의 『탐현기』에 수록된 십현문을 중심으로 그 내용을 살펴보겠다.

① 동시구족상응문(同時具足相應門)

십현문의 총설(總說)이며 나머지 9문까지는 별설(別說)이다. 우주만유는 시간과 공간을 통하여 서로 하나가 되기도 하고(相卽) 서로 교섭하기도 하면서(相入) 연기하는 것으로서 과거와 현재 그리고 미래가 반드시 동시에 서로 응한다는 뜻이다. 과거에 현재와 미래가 들어있고, 현재와 미래 속에도 또한 과거·현재·미래가 다 들어 있어서 앞과 뒤, 시작과 끝의 분별이 없이 서로 응하여 하나[一體]가 되어 나타난다. 예를 들면, 금으로 만든 금사자가 있다면 금과 사자가 동시에 성립하여 금사자가 원만구족하다. 곧 바

104 『연의초』권10 (『대정장』36권, 75중하)
105 『화엄경소』권2 (『대정장』35권, 517상)
106 『법계현경』(『대정장』45권, 682하~683상)

닷물 한 방울에도 백천(百千)의 강물 맛이 갖추어져 있는 것과 같다.

② 광협자재무애문 (廣狹自在無碍門)

지엄의『수현기』의 제장순잡구덕문(諸藏純雜具德門)에 해당한다. 이는 현상을 설하는 것으로서 인연으로 일어나고[緣起] 있는 모든 법은 순수한 것[狹, 純]과 잡박한 것[廣, 雜]이 섞여 있으나, 순수한 것은 순수한 대로 섞인 것은 섞인 대로 동시에 나타난다. 즉 금은 금대로 은은 은대로 나름의 가치를 지니고 제자리[本位]를 지키고 동시에 '광'과 '협'이 서로 자유자재로 나타남을 의미한다.

③ 일다상용부동문(一多相容不同門)

현상세계의 일체사물의 작용에서 무진연기(無盡緣起)를 설한다는 뜻이다. 우주의 모든 존재를 역학 관계로 보면 하나(개체) 속에 전체가 들어가고[一入多], 전체가 개체에 들어있지만[多入一] 서로 걸림 없이 자재한다. 그러면서도 각각 나름대로의 개성을 잃지 않고 본래의 모습[本來面目]을 유지한다. 즉 금은 금빛을 유지하고 있고, 은은 은빛을 보유하고 있으면서도 각기 본분을 유지하고 있는 것과 같다. 마치 한 방에 천개 불빛이 서로서로 용납하여 아무런 장애도 없이 비추는 것과 같이 상입무애(相入無碍)한다는 의미이다.

④ 제법상즉자재문(諸法相卽自在門)

인연법(緣起)에는 공(空)과 유(有)에 근원을 두고 서로 하나[相卽]가 된다. 곧, 일즉일체(一卽一切) 하나가 일체 모든 법을 통섭하고 일체 모든 법이 하나에 통섭되어 두루 걸림 없는 것을 설하는 것과 같은 이치이다. 마치 금으로 만든 금사자의 팔이나 다리 4지와 털 한 개라도 다 사자의 전체인 것과 같다. 다시 말하면 각 영주가 대한민국에 통섭되고 대한민국이 곧 각 영주를 통섭하는 것과 같고, 한 명의 대통령이 많은 국민을 통섭하고 많은 국민들이 한 명의 대통령에게 통섭되는 것과 같아서 '자재원융' 한다는 의미이다.

⑤ 은밀현료구성문(隱密顯了俱成門)

지엄의 '고십현(古十玄)'에서 '비밀은현구성문'으로 연기하는 모든 것은 각각 드러나지 않는 것[隱]과 드러나는 것[顯]으로 이루어져 있다. 곧 하나

[一]가 드러나면 많은[多] 것은 숨고, 많은[多] 것이 드러나면 하나[一]는 감추어지는 것이다. 또 서로 합해[相卽]지기도 하고 서로서로 교류[相入]하기도 하는 것이다.

마치 금으로 만든 사자를 바라보는 것과 같아서, 사자로만 보면 사자만 보이고 금은 나타나지 않으며, 금으로만 보면 금만 남고 사자는 숨어버리는 것과 같은 것이다. 어떤 사물이든 인간의 삶이든 간에 드러난 것과 드러나지 않는 것 이렇게 양면성이 있다고 하겠다.

⑥ 미세상용안립문(微細相容安立門)

연기하는 모든 것은 크고 작은 것을 해치지 않고 하나의 진리[一法門] 안에 동시에 갖추어져 있음을 설하고 있다. 개체[一]가 능히 전체[多]를 포함하고, '전체'가 능히 개체를 거두는 것이 마치 겨자씨 한 알 속에 수미산(須彌山)을 용납하고 한 티끌 속[一微塵]에 삼천대천세계[온 우주]를 다 수용하면서도 조금도 본래의 모습을 파괴하지 않고 각각 그 분수를 지켜 서로 수용하고 서로 안정적으로 세운다[安立]는 뜻이다. 마치 금사자의 각 부위가 금사자를 더욱 돋보이게 하면서도 각기 제 위치를 유지하는 것과 같다.

⑦ 인다라망경계문(因陀羅網境界門)

한 가닥의 갈기 끝에 이르기까지 사자의 눈과 귀와 수족 따위의 각각의 금사자가 있다. 모든 사자는 일체의 털끝에 의해 포용되며, 동시에 즉각적으로 한 가닥 털 속으로 들어간다. 따라서 일체의 털 속에 무한히 많은 사자들이 들어있다. 곧 일체 우주의 모든 존재가 겹겹으로 끝없이[重重無盡] 서로 얽히고 설켜 있는 상즉상입(相卽相入)의 관계를 나타낸 것이다. 마치 제석천의 하늘의 그물인 '인드라망'의 보배 구슬 하나하나가 모두 다 광채를 내지만, 그 무수한 보배 구슬 빛은 서로서로 비추어 주면서 더욱 찬란하게 광채를 발하는 것과 같다. 우주의 모든 사물도 서로 융합융통(融合融通)하면서 끝없는 광명을 발하지만 서로 아무런 장애가 없다는 뜻이다.

⑧ 탁사현법생해문(託事顯法生解門)

존재하는 모든 것은 개체[一]가 전체[多]이고, 전체[多]는 곧 개체[一]라는 것이다. '탁사현법'이란 본질은 언제나 현상[事法]에 의탁하여 다함없는 법문을 드러낸다는 것이다. 곧 사자는 인간의 무지를 가리키기 위해 설한 것이며, 금은 참 성품을 드러내기 위해 설한 것이다. 그러므로 사실에 의탁하여 바른 법을 나타낸다는 의미이다.

⑨ 십세격법이성문(十世隔法異成門)

시간적으로 서로 장애가 없음을 나타낸 것이다. 과거·현재·미래의 삼세(三世)에 다시 과거·현재·미래를 곱하면 구세(九世)가 된다. 이 구세를 통합하는 절대적 현재를 추가해서 십세(十世)가 된다. 십세가 동시에 나타나 연기를 이룬다는 것이 화엄사상에 입각한 시간에 대한 이해이다. 이는 경전에서 '과거 겁(劫)이 미래 겁으로 들어간다.'는 구절과 '한 점 티끌에 삼세의 모든 부처님 세계를 나타낸다.' 는 내용으로 설해져있다. 곧 상즉원융(相卽圓融)의 사상이다. 현재의 한 사건에 과거·현재·미래가 전부 나타남을 관하라는 것이다.

⑩ 주반원명구덕문(主伴圓明具德門)

지엄이 세운 고십현문(古十玄門)에 나오는 유심회전선성문(唯心廻轉善成門)을 없애고 그 자리를 대신 세운 내용이다. 우주의 존재는 그 어느 것도 홀로 일어나지 않는다. 마치 영화나 드라마의 주연이 있으면 그 주위에 수많은 조연이 필요한 것과 같다. 또 그물 코 한 개만 들면 그물 전체가 따라오는 것과 같이, 주인[본질]과 손님[현상]이 분명하여 만 가지 공덕을 갖추고 있다는 것이다.

3. 또 하나의 사사무애법계 – 육상문

1) 육상문(六相門)의 의미

육상문은 끝없이 연기하는 무진연기의 실상을 보여주는 것으로서 『화엄경』경문에서 가져온 용어를 이론적으로 정리한 것이다. 세친(世親)은 『십지경론(十地經論)』에서 이를 철학적으로 정리하였고, 이후 지론종(地論宗) 남도파에 속한 정영사 혜원과 화엄종 제2조인 지엄을 걸쳐 제3조인 법장에 이르러서 체계화 되었다.[107]

107 60권『화엄경』권23「십지품」(『대정장』9권, 545중);『십지경』(『대정장』10권, 538하)

육상, 즉 여섯 모양[六相]은 총(總)·별(別), 동(同)·이(異), 성(成)·괴(壞)의 서로 대립되는 세 개의 쌍을 말한다. 그런데 서로 대립 관계에 있는 세 개의 쌍들이 서로서로 원융하여 걸림 없는 관계에 놓여 있어, 하나에 다른 다섯이 포함되면서도 여섯의 모습이 본래의 모습을 손상하지 않고 법계연기가 성립된다는 내용이다.

2) 육상의 종류

① 총상(總相)과 별상(別相)

총상은 전체를 말하고, 별상이란 부분을 말한다. 『오교장』에서는 이것을 집[舍]에 비유하여 해설하고 있다. 즉, 총상은 전체가 만덕을 다 갖추고 있다는 의미이고, 별상은 그 속에 각각의 개체가 제 기능을 발휘하고 있다는 뜻이다. 이것이 진실한 세계의 원융한 모습이다.

② 동상(同相)과 이상(異相)

동상은 같은 성질의 것이요 이상은 각양각색의 모습을 하고 있는 것이다. 즉 서로 차이가 나는 사물이 각각 다르다 하더라도 모두 전체를 이루고 있기 때문에 '동일한 모습[同相]'이라고 하며, 여기에 대하여 서로 '다른 모습[異相]'으로 다양하게 존재하고 있는 다양한 요소들에 의해 하나의 완성된 모습을 이룬다는 뜻이다.

③ 성상(成相)과 괴상(壞相)

성상은 여러 기능이 조합되어 하나의 완성태를 이루는 것을 말하고, 괴상은 그들이 각각 독자적 위치를 차지하고 역할을 하는 것을 말한다. 집으로 비유하면 성상이란 완성되어 유지되고 있는 온전한 집을 말하며, 괴상이란 이미 지어진 집이라도 각각 제 역할이 있기 때문에 유지될 수 있는 것을 말한다.

이 육상문 가운데 총상·동상·성상은 '평등(平等)'의 관점에서 바라본 것이며, 별상·이상·괴상은 '차별(差別)'의 관점에서 바라본 것이다. 이는 서로서로 상반되거나 대립되는 개념을 원융사상을 통하여 대립을 극복하고

Ryūko Kondō, 『The Daśabhūmika Sūtra (梵文大方廣佛華嚴經十地品)』(Tokyo: 中山書房, 1936, 再版)

조화를 이루어 하나의 통일된 입장을 가지도록 하는 화합의 원리가 육상원융의 근본 취지임을 나타낸다.

Ⅶ. 인접 개념 '법성'과의 관계

1. 법성의 근본 의미

법성(法性)이란 범어로는 dharmatā이며, 본질·근본의 이법·법의 본질의 뜻이지만, 일상용어로는 단지 일상의 규칙·세상의 관습을 의미한다.

중국의 불경 번역가들은 dharmatā를 번역할 때, 경의 사상이나 내용에 따라 법(法)·법성(法性)·법체(法體)·법연(法然)·법여(法如) 등 다양한 의미를 가진 단어로 번역하였다. 그리고 '법성'이라는 단어에 의미를 부여하여 ① 제법(諸法)의 진실한 본성 ② 변하지 않는 법의 법다운 성품 ③ 제법의 체성(體性) 등으로 해석하였다.[108]

이 외에도 진리 내지는 진리의 본질을 나타내는 말로서 실상(實相)·묘유(妙有)·진선(眞善)·표색(妙色)·실제(實際)·필경공(畢竟空)·여여(如如)·열반(涅槃)·허공(虛空)·불성(佛性)·여래장(如來藏)·중실이심(中實理心)·비유비무중도(非有非無中道)·제일의제(第一義諦)·미묘세계(微妙世界)·진여(眞如) 등 다른 이름들이 매우 많다.

따라서 법성은 제법의 실상(實相)이라 정의할 수 있다. 그러므로 마음속의 무명(無明)과 모든 번뇌를 제거하고 깨끗하게 관찰(實觀)함으로써 제법의 진실한 본성, 즉 법성을 체득하는 것을 말한다. 여기에는 단지 이론뿐만 아니라 실천을 토대로 한 개념이 포함되어 있는 것이 특징이다. 특히 저명한 역경가인 구마라습(鳩摩羅什)은 제법실상의 의미를 가진 dharmatā나 bhūta-tathatā의 의미에 공(空)의 의미를 포함시켜 대승불교의 기치로 삼았기 때문에 그 의미가 보다 다양하게 되었다.

---

108 織田能得, 『佛教大辭典』(東京: 大藏出版株式會社, 1954), 1601~1602면.
中村元, 『佛教語大辭典』(東京: 東京書籍, 1981), 1252~1253면.
吉祥編, 『佛教大辭典』(서울: 弘法院, 2001), 822면.

2. 법성의 다양한 의미

이러한 여러 설을 근거로 법성(法性)의 쓰임에 대하여 살펴보면 다음과 같다. 즉, ① 법인 것, 법이 법으로서 성립 (『소품반야경』), ② 연기의 이법(理法)이 정해진 것, ③ 법의 자성 (『중론』·『대일경』), ④ 존재의 실상으로서 변하지 않는 본성, 존재를 존재하게 하는 것 (『화엄경』), ⑤ 사물의 본성, 진리의 본질, 물체의 진실한 본성, 진실로 있는 그대로의 사물의 모습, 모든 사물의 진실한 모습, 있는 그대로의 깨달음의 본성, 진여와 동일한 뜻 (『유마경』·『대지도론』), ⑥ 존재의 보편적인 존재방식(『변중변론』), ⑦ 완전한 본래적 성질, 법계와 동일 (『보성론』), ⑧ 공(空)인 본성, 공(空)과 동일(『조론』), ⑨ 법 그 자체, 진실 그 자체 (『임제록』), ⑩ 일체 현상[存在]을 관통하고 있는 절대의 진리(『선원제전집도서』) 등의 의미로 쓰이고 있다.

이상에서 살펴본 바와 같이 법성(法性)의 의미는 연기의 이법(理法) 내지는 본질(本質)을 나타내는 말로서 법계의 의미, 구체적으로는 법계가 나타내는 '내적인 본질의 의미'를 포함하고 있다. ❁

서정엄 (동경대)

우리말 불교개념 사전

신멸 · 신불멸

범 jīva 한 神滅·神不滅 영 soul

Ⅰ. 어원적 근거 및 개념 풀이

중국에 불교가 전래됐을 때 중국인들이 가장 주목한 불교 교리는 보응설이다. 그들은 현재의 삶은 전생의 행위와 연관되고, 현재의 행위는 내생의 삶과 직접적으로 연결된다는 방식으로 보응설을 이해했다. 당시 보응설과 관련해서 과연 무엇이 내생에까지 현재의 행위를 전달하는가 하는 질문이 제기된다. 이런 질문과 함께 '육체의 죽음'[形盡]이후 정신이나 영혼 등의 비육체적 내용들이 존재하는가에 대한 논의가 불교와 반불교의 방식으로 전개된다. 논쟁 가운데서 가장 핵심적으로 부각된 개념이 바로 신멸(神滅)·신불멸(神不滅)이다. 이 개념을 둘러싼 논의를 통해서 우리는 비교적 쉽게 중국불교 초기의 불교이해나 고대 중국인의 세계관을 엿볼 수 있다. 그래서 이 개념은 불교 내부뿐만 아니라 중국철학사에서도 매우 중요한 문제이다.

신멸·신불멸 논의는 중국이라는 특정한 지역, 그리고 위진남북조라는 특정한 시대에 한정된다. 그래서 그것이 불교 전체 역사를 관통하는 개념은 분명 아니다. 하지만 이것은 인도에서 태동한 불교가 중국이라는 커다란 문화 또는 역사와 만나는 과정에서 겪은 문화적 사상적 굴곡들을 매우 적나라하게 보여주고 있다. 불교의 성격을 보다 명징하게 보여줄 수 있다는 점에서 이런 논의에 대한 세심한 주의가 필요하다. 인도불교 입장에서 보면 신멸·신불멸 논의는 윤회의 주체 문제에 관한 것으로 분류할 수 있다. 이에 반해 중국에서 보면 그것은 윤회의 주체라기 보다는 육체와 정신 또는 육체와 영혼을 문제 삼는 형신론(形神論)의 맥락으로 확장된다. 이렇게 신멸·신불멸 논의는 여러 지점들이 겹쳐져 있다는 점에서 매우 독특하다.

1. 고대 인도에서 신(神)의 의미

고대인도의 성전인 『리그베다(Ṛg-veda)』에서는 신(神)의 의미로 데바(deva)라는 표현이 즐겨 사용된다. "그것은 '주는 자'의 의미를 가진다. 인간에게 이 세계를 선사하기 때문에 신(神)은 '주는 자'일 수 있다."[1] 그것도 가장 궁극적인 의미에서다. 이것은 창조주 내지 주재자를 가리키는 신 개념이다. 이렇게 주재신이나 천신 개념은 『리그베다』에 빈번하게 등장한다. 특히 자연신은 매우 다양하다. 그것은 어쩔 수 없이 자연력에 기댔던 당시의 삶을 그대로 반영한다. 각각의 자연력에 대해 하나의 신성을 부여하는 경우다. 신은 인간이 도저히 도달할 수 없는 능력을 가리킨다. 예를 들면 우주 질서의 보호자인 바루나(Varuṇa), 태양신 수리야(Sūrya), 천둥의 신 인드라(Indra) 등이다. "특히 바루나가 관장하는 우주의 질서를 리타(ṛta)라고 한다. 리타는 우주의 운행이나 인간 세계의 질서와 도덕을 총칭한다."[2] 이렇게 자연신이나 천신 개념 외에도 다양한 신 개념이 등장한다. 신명(神明, devatā), 신아(神我, ātman, jīva) 신귀(神鬼, amṇi, piśāca), 신식(神識, ātman, vijñānanā) 등이다.[3]

신을 크게 나누면 육체와 대비되는 영혼 또는 정신, 그리고 인간과 대비되는 우주적 실체다. 물론 그것이 반드시 '육체와 정신', '인간과 신'이라는

1 Rddhakrishna, Sarvepalli, 이거룡 옮김, 『인도철학사』 (서울: 한길사, 1999), 108면.
2 정태혁, 『印度宗教哲學史』 (서울: 김영사, 1985), 19면.
3 Akira Hirakswa, *A Buddhist Chinese-Sanskit Dictionary,* (東京: 靈友會, 1997), 113면.

이원론을 상정하고 있는 것은 아니다. 육체와 정신을 벗어난 제3의 실체를 상정하기도 한다. 인도철학 가운데 샹키아 철학에서는 최고 정신을 푸루샤(Puruṣa)라고 했다. 중국에서는 신아(神我)로 번역된다.[4] 신아는 일상의 삶을 영위하는 자아와는 다르다. 그것은 순수하고 완성된 자아기 때문에 매우 특별한 과정을 통해서만 드러난다. 이런 점을 보면 인도 고대의 형신론이 반드시 이원론적이거나 이분법적인 것은 아님을 알 수 있다. 자이나교에서는 생명적 실체[영혼, jīva]와 무생명적 실체[ajīva]를 이야기한다.[5] 그들은 영혼을 가진 존재와 영혼을 갖지 않은 존재로 세계를 구분한다. 이런 점에서 이원론적 성격을 띠기도 한다.

초기불교에서는 인간을 비롯한 유정(有情)은 오온으로 구성된다고 말한다. 오온은 물질적 요소(rūpin)와 비물질적 요소(arūpin)의 집합이다.[6] 육체와 정신의 구분에 해당하는 내용들이 불교에서도 존재한다. 하지만 이런 것들 어느 것에도 '자아'로 불릴만한 것들은 존재하지 않는다. 오온 가운데 그 어느 것도 영혼이나 자아의 역할을 감당할만한 것은 없다. 초기불교의 오온설은 물질과 비물질성의 구분을 위한 것이 아니라 이렇게 무아설을 설명하기 위한 이론이다. 불교는 무아설을 가장 중심적 교리로 채택할 뿐만 아니라 전통적으로 윤회설을 지지한다. 그래서 불교는 자아를 부정하는 입장에서 윤회설을 설명해야 하는 쉽지 않은 문제에 봉착한다. 무엇이 윤회하는가 또는 어떻게 윤회하는가? 라는 질문은 초기불교에서 난점 가운데 하나다.

윤회의 주체에 관한 불교 내부의 일련의 논의가 있지만 신멸·신불멸 논의와 관련해서 푸드갈라론이 중요하다. 부파불교시대에 몇몇 부파에서 푸드갈라(pudgala)이론을 제기한다. 푸드갈라는 보특가라(補特伽羅)로 음역되고 수취취(數取趣)나 중수자(衆數者)로 의역된다. 그것은 여러 차례 윤회를 거치는 자를 말한다. 범어 푸드갈라는 √pums에서 유래했는데 신체(身體), 영혼(靈魂), 개인(個人) 등의 뜻이다. 또 '지옥'의 뜻인 √pum과 '떨어지다'의 뜻인 범어 √gal의 합성어로 지옥에 떨어진 자 등의 뜻도 있다. 이것은 윤회하는 신식(神識)을 가리킨다.[7] 푸드갈라 이론은 초기불교의 오온

4 William Edward Soothill, *A Dictionary of Chinese Buddhist terms,* Taipei: chengwen publishing co. 1975, 334면.

5 R. 뿔리간들라, 이지수 옮김, 『인도철학』 (서울: 민족사, 1991), 38면.

6 木村泰賢, 박경준 옮김, 『原始佛敎 思想論』 (서울: 경서원, 1992), 113면.

설과 관련되는데 그것은 오온은 아니지만 그렇다고 오온에서 완전히 벗어나 존재하는 것도 아니다. 그래서 비즉비리온(非卽非離蘊)이라고 말한다.[8] 독자부(獨子部, Vātsīputrīya)에서는 목숨이 다함과 동시에 오온의 제법은 따라서 멸하지만 푸드갈라는 불멸해서 윤회를 통해서 생을 취한다고 한다.[9] 푸드갈라의 가립을 주장하는 설일체유부와 달리 독자부에서는 푸드갈라의 실재성을 주장한다. 독자부의 푸드갈라 이론은 중국 초기 불교에서 보여주었던 신불멸론과 유사하다.

신불멸론과 관련해서 언급해야할 윤회이론은 식(識, vijñāna)이론이다. 경량부(經量部, sautrāntika)에서는 초기불교의 식(識) 이론을 발전시켜 윤회의 주체로서 일미온(一味蘊) 혹은 근본식(根本識)을 상정한다. 식은 언제나 동일한 본질로서 지속한다. 그것은 또한 윤회의 주체로서 현생의 행위를 종자로 간직하는 역할을 한다.[10] 이렇게 경량부에서는 마음의 지속과 윤회를 종자에 의해서 설명하고 있다.[11] 초기불교에서 사용한 식의 의미는 정신적 활동의 총체를 가리킨다. 대상에 대한 감각이나 판단, 그리고 사태의 종합 등을 포괄한다. 육근(六根)이 육경(六境)을 대면하면서 일어나는 활동이 육식(六識)이라면 근본식은 그것과 분명하게 구별된다. 대개 식(識)이 육식과 같은 의미로 쓰이는 경우에는 그냥 식이라는 말을 사용하고 있지만, 그것이 영혼과 같은 내용으로 쓰일 때에는 신(神), 식신(識神), 신식(神識)이라는 말을 사용하고 있다.[12]

2. 고대 중국의 신(神) 개념

고대 중국에서는 인도에 비해 육체와 영혼 혹은 육체와 정신이라는 이원론적 특징이 강하다. 물론 둘 사이에서 본질적인 것을 우위에 두려는 경향은 존재한다. 또한 둘을 통합하려는 태도도 등장한다. 중국 고대에는 육체와 정신을 '형(形)과 신(神)'으로 표현한다. 이것은 중국철학의 매우 오래된

7 望月信亨編, 『望月佛教大辭典』(東京: 世界聖典刊行協會, 1971), 4489-4490면.
8 길희성, 『印度哲學史』(서울: 현음사, 1993), 72면.
9 望月信亨編, 『望月大事典』, 4490면.
10 길희성, 앞의 책, 같은 곳.
11 平川彰, 李浩根 옮김, 『印度佛教의 歷史』上 (서울: 민족사, 1989), 190면.
12 尹浩眞, 『無我·輪廻問題의 硏究』(서울: 민족사, 1992), 109-110면.

범주다. 그것은 인간이 어떻게 구성되고 생명의 본질은 무엇인가 하는 문제를 탐구하는 과정에서 출현한다.[13] 여기서는 '신(神)'을 둘러싸고 펼쳐졌던 고대의 논의를 살펴보자.

중국 고대문헌에서 '신(神)'은 적어도 세 가지 의미를 포함하고 있다. ① 인격적 신, 즉 천신(天神)을 가리킨다. 『예기·제법』에는 "산과 숲과 강과 계곡과 구릉에 구름을 일으키고 풍우를 부르며 서광을 출현시키는 것을 모두 신이라고 한다"는 구절이 있다. 이것은 자연신을 가리킨다. ②『주역·계사전』에서는 "예측할 수 없는 음양의 변화를 신"이라고 말한다. 일반적인 인식기준으로서는 도저히 이해할 수 없는 사태를 가리킨다. 이것은 인격신도 아니고 이후에 말할 인간의 정신작용도 아니다.[14] ③인간의 육체와 대비되는 인간의 정신을 가리킨다. 이것이 형신론의 출발이다. 세 가지 신의 정의 가운데 두 번째는 상대적으로 중국적 특수성이 있다. 이런 개념은 중국고전에서 많이 등장한다. 예를 들어 신묘(神妙)나 신이(神異) 등은 일상적인 인식 능력을 초월한 사실들을 표현할 때 사용한다. 신과 관련해서 귀(鬼)나 '귀신(鬼神)'을 언급할 수 있다. 중국 고전을 통해서 보면 신(神) 보다는 귀 개념이 먼저 등장한다. 신이라는 개념이 통용되기 전에는 그것이 '귀'라는 개념으로 포괄된 것으로 보인다. '귀신'이라는 개념은 '신'이라는 개념이 발생하고 나서야 사용된 것이다. 공자는 『논어·선진』에서 "사람 섬기기도 제대로 하지 못하는데 어떻게 귀신을 섬기겠는냐?"고 말하고는 다시 "삶을 모르는데 어찌 죽음을 알겠는가?"[15]라고 언급한다. 여기서 공자가 언급을 거부한 귀신은 천신이나 정신은 아니다. '귀신'이라는 말에서 드러나듯 그가 거부한 것은 죽음 이후에 존재한다고 상정된 비물질적 실체다. 그래서 공자를 간단하게 무신론자로 취급할 수는 없다. 신에 대한 제한적인 부정과 제한적인 긍정이 병존하고 있기 때문이다.

『황제내경』에서는 정신 활동은 사람의 생리기관에서 발생한다고 말한다. "오장에서 심장은 정신을 품고, 폐는 백(魄)을 품고, 간은 혼(魂)을 품는다. 비장은 의(意)를 품고, 위는 정미한 뜻[精志]을 품는다."[16] 이것은 정신활동을 매우 구체적인 몸의 활동으로 인식한 것이다. 결국 몸을 통해서 정신

13 葛榮晋, 『中國哲學範疇史』 (哈爾濱: 黑龍江人民出版社, 1987), 202면.
14 張岱年, 양재혁 등 옮김, 『중국철학사방법론』 (서울: 이론과 실천, 1990), 110-112면.
15 『論語·先進』; 『四書集注』, (北京, 中華書局, 1983), 125면.
16 『黃帝內徑·靈樞』; 『靈樞講義』下 (東京: オリエント出版社, 1988), 823면.

적 문제를 다스릴 수 있다는 생각에까지 미친다. 물론 반대 논리도 가능하다. 즉 마음의 다스림으로 몸의 문제를 치유할 수 있다는 논리도 성립한다. 『장자』「대종사」에서는 "단지 육체를 변형시킬 수 있어도 정신[心]은 손상시킬 수 없고 집을 바꿀 수는 있어도 정신[情]이 사라지는 일은 없다"[17]고 말한다. 『순자』에서는 "육체가 갖추어지면 정신[神]이 생겨나는데 좋고 싫음, 기쁨과 성냄, 슬픔과 즐거움이 거기에 깃든다"[18]는 견해를 피력한다. 「대종사」에서 정신의 완전성이나 영원성을 이야기했다면 순자는 육체의 정신에 대한 우선성을 이야기하고 있다. 한대(漢代)의 왕충(王充)은 중국 전통적인 형신론과 상당히 괴리된 주장을 편다. 그는 『논형』에서 "사람이 생겨난 까닭은 정기(精氣) 때문인데 죽으면 정기가 사라진다. 정기를 구성하는 것은 혈맥이다. 사람이 죽으면 혈맥이 말라버리는데 혈맥이 말라버리면 정기는 소멸하고 만다. 정기가 소멸하면 형체가 썩고, 형체가 썩으면 흙이 되니, 무엇이 귀신이 되겠는가?"[19] 왕충은 중국고대에 매우 정교한 유물론을 구사한 인물이다. 그는 생명 있는 것은 모두 죽음을 맞이하고 죽은 것이 다시 귀신이 되는 일은 없다고 주장한다. 왕충의 이런 주장은 이후 신멸론에 강한 영향을 미친다. 특히 그것은 범진에게 고스란히 계승된다. 왕충은 매우 강력한 유물론적 경향을 보이고 있다.

중국 북송의 장재(張載)는 귀신을 기론(氣論)으로 풀이하고 있다. 그는 "귀신은 오고 가는 것과 접히고 펴지는 운동을 뜻한다."(『正蒙·神化』) 왕래와 굴신을 말하는데 이것은 오그라들고 펴지는 기(氣)를 이야기한다. 주희는 이런 장재의 견해를 계승해서[20] "신(神)이란 신(伸)이며 귀(鬼)는 굴(屈)이다. 비바람과 천둥번개가 일어나는 바로 그 순간은 기가 이쪽으로 신장되어 오기 때문에 신이며, 바람이 멈추고 비가 그치며 천둥번개가 사라질 때는 기가 저 편으로 사라져가기 때문에 귀라고 할 수 있다."(『주자어류』 권3) 장재나 주희의 이런 발상은 철저하게 기론에 입각하고 있다. 인간 내부에 지배적 지위를 확보한 주재자가 존재하지 않음을 밝히려고 한다.

---

17 黃錦鋐 註釋, 『莊子讀本』(臺北: 三民書局印行, 1991), 110면.
18 『荀子·天論』;『荀子箋釋』下 (東京: 博文館, 明治39), 15면.
19 北京大學歷史系, 『論衡註釋』 권3 (北京: 中華書局, 1979), 1185면.
20 溝口雄三 等編, 김석근 외 옮김, 『中國思想文化辭典』(서울: 민족문화문고, 2003), 523면.

Ⅱ. 역사적 전개 및 텍스트별 용례

1. 신멸 · 신불멸 논의의 등장

1) 중국불교 초기의 신(神) 개념

신멸·신불멸 논의가 본격적으로 전개되기 전에 번역된 몇몇 한역경전에서 신개념이 등장한다. 지겸(支謙)이 번역한 『법구경』의 마지막 부분에는 「생사품(生死品)」이 있다. 여기서 "사람들의 혼령(魂靈)과 망신(亡神)이 행업을 따라서 윤회전생한다"[21]고 말한다. 「생사품」은 『법구경』이 번역되는 과정에서 첨부된 것으로 보이는데 그것의 시대성을 엿볼 수 있다. 지겸은 당시 사람들의 보응설에 대한 관심과 질문에 번역의 방식으로 답변한다. "나고 죽음이 한 번이 아니며, 어리석음으로 애욕은 길이 자라 고락 받으니 몸은 죽으나 [신은] 소멸하지 않네."[22] 물론 지겸이 사용한 혼령과 망신이 불교에서 말하는 윤회설을 완전하게 설명한 것은 아니다. 하지만 기존 개념으로 윤회를 설명하려고 했을 때 지겸이 선택할 수는 있는 개념은 사실 매우 제한적이었다.

지겸이 번역한 『태자서응본기경』에서 세존은 다음과 같이 말한다. "내가 스스로 '지난 삶'[宿命]을 가만히 생각해보면 셀 수 없는 세월 동안 본래는 범부였다. 처음 불도를 구한 이래로 정신(精神)은 몸을 받아서 오도(五道)를 두루 다녔으며, 한 번 몸이 죽어 사라지면 다시 한 몸을 받으니 살고 죽는 것이 끝이 없더라."[23] 지겸은 여기서 정신(精神)이라는 표현을 사용한다. 윤회의 주체로서 분명하게 정신을 상정하고 있다. 정신은 연속하지만 육체는 끊임없이 교체된다. 살고 죽음을 관통하며 윤회를 지속하는 내용물이 정신인 것이다. 지겸은 『법구경』과 『불설태자서응본기경』의 번역을 통해서 비교적 분명하게 혼신이나 정신이 윤회한다는 점을 밝히고 있다. 이런 지겸의 번역은 이후 중국에서 불교인들이 '신(神)' 개념을 제기하고 신불멸론을 주장한 근거가 된다.

위진남북조 불교의 문헌들을 대량으로 수집해서 편집한 『홍명집(弘明集)』에서는 신멸론에 관한 여러 가지 논의를 소개하고 있다. 이런 논의 가

21 『法句經』 卷下 (『大正藏』 4권, 574상)
22 『法句經』 卷下 (『大正藏』 4권, 574상)
23 『佛說太子瑞應本起經』 卷上 (『大正藏』 3권, 472하)

운데 가장 앞선 것은 「이혹론(理惑論)」이다. 리(理)는 "다스리다[治]"의 의미다. 그래서 이 글은 처음부터 "미혹한 견해를 다스린다"는 의미가 된다. 불교에 대한 오해나 비판 등을 언급하고 다시 비판한다. 중국인이 기술한 가장 정형화된 형태의 신불멸론은 바로 여기서 등장한다. "혼신(魂神)은 사라지지 않고 단지 몸뚱이만 스스로 썩어 문드러질 뿐이다. 몸은 오곡의 뿌리와 잎에 비유할 수 있으며, 혼신은 오곡의 종자와 열매에 비유할 수 있다. 뿌리나 잎은 생겨나 반드시 사라지지만 씨와 열매가 어찌 종말이 있겠는가?"[24] 곡식의 열매를 통해서 생사윤회를 설명하는 방식은 매우 보편적으로 사용된다.

2) 신멸·신불멸 논쟁의 발생

원굉(袁宏)의 『후한기(後漢記)』에는 다음과 같이 불교를 평가하고 있다. "대개 의식을 평안히 하고 욕심을 제거하여 무위에 복귀한다. 그리고 사람이 죽어도 정신은 사라지지 않고, 이어져 다시 몸을 받는데 살아서 행한 선악은 모두 보응이 있다고 말한다. 그래서 귀하게 여기는 것은 '선을 행하고 도를 닦아서 정신을 연마하기를 그치지 않으며, 무위[열반]에 이르러 부처가 되는 것'이다."[25] 원굉은 당시 수용된 불교의 핵심을 비교적 정확히 파악하고 있다. 그는 열반이라는 궁극적 지향하고 인과보응이라는 윤회의 방식을 지적한다. 또한 육체가 소멸하더라도 정신은 사라지지 않고 윤회는 지속한다고 언급한다. 그는 여기서 보응설을 옹호하기 위해서 신불멸론을 제기하고 있다. 『홍명집』을 편집한 승우(僧祐, 444-518)는 「홍명집후서(弘明集後序)」에서 여섯 가지로 당시 불교비판을 정리하고 있다. 그 가운데 두 번째가 "사람이 죽으면 정신도 사라져서 삼세가 있지 않다고 의심하는 것"[26] 이다. 이런 판단은 승우가 『홍명집』을 편집하는 과정에도 분명하게 영향을 미치고 있다.

동진(東晋)의 고승 여산(廬山) 혜원(慧遠, 334-416)은 직접 「삼보론(三報論)」을 지어서 보응설을 옹호한다. 그는 부제에서 "세속의 사람들이 착한 행위와 악한 행위가 현실적인 징험이 없다고 의심을 해서 짓는다"[27]고 밝

24 牟融, 「理惑論」, 『弘明集』 (『大正藏』 52권, 3중)
25 袁宏, 『後漢記』 卷10; 『中國佛敎思想資料選編』 卷1 (北京: 中華書局, 1981), 429면.
26 僧祐 撰, 「弘明集後序」, 『弘明集』 (『大正藏』 52. 95상)
27 慧遠, 「三報論」, 『弘明集』 (『大正藏』 52권, 34중)

히고 있다. 당시 분위기에서 보응설의 옹호는 곧바로 불교 옹호와 등치된다. 동진(東晋)의 라함(羅含)은 「갱생론(更生論)」을 지어서 적극적으로 불교의 윤회설을 지지한다. "지금 만물은 한정된 수량이 있지만 우주는 무궁하다. 무궁한 변화가 아직 만물에서 나타나지 않거나 만물이 다시 태어나지 않는다면 우주는 끝이 있게 된다. 우주는 끝이 있지 않기 때문에 만물이 다시 태어남을 알 수 있다"[28]고 하며, 인간도 만물의 하나기 때문에 끊임없이 다시 나고 죽는다는 주장을 편다. 그리고 라함은 "사람과 사물의 변화에는 각각 그것의 성격을 가진다. 그것의 성격에는 본분이 있기 때문에 고정된 것이 있다"[29]고도 말한다. 라함은 만물이 다시 탄생하는 과정에서 그것의 속성을 구분할 수 있는 성질을 가진다고 말한다. 유정이 유정으로 태어났다는 것은 그것의 속성이 상속했다는 말인데 라함은 이것의 구체적 작동방식을 말하지는 않았지만 그것의 가능성을 찾고 있다. 이런 사고는 자연스럽게 신불멸론을 견인한다.

신멸·신불멸의 최초 논쟁은 라함과 손성(孫盛) 사이에서 발생한다. 손성은 "내 생각엔 육체가 흩어졌다면 정신도 그와 마찬가지다. 흩어졌다가 뒤섞여서 다른 사물이 된다. 그 사물은 이전의 모습을 상실했고 옛날을 회복할 수도 없다"[30]고 말한다. 손성은 육체와 대비되는 정신 활동을 신(神)이 아니라 '지(知)'라고 표현한다. 그는 단지 인간의 인지활동만을 인정할 뿐이다. 신(神)이라는 개념이 갖는 이중성을 비켜가고 있다. 려산 혜원과 직접적으로 신멸·신불멸 논쟁을 벌였던 인물은 대규(戴逵, 335-396)다. 그는 "선을 쌓고 악을 쌓는다는 이야기는 대개 권교의 언설일 뿐이다."[31]라고 말한다. 대규는 여기서 보응설은 사실을 알린다기보다는 현실적 효용을 고려한 이야기라고 주장한다. 혜원은 「삼보론」과 「명보응론」 등을 통해서 대규의 이런 견해를 비판한다.

유송(劉宋)시대의 천문학자였던 하승천(何承天, 370-447)은 「달성론(達性論)」을 통해서 불교의 보응설을 비판한다. 그는 현실에서 일어나는 일들은 불교에서 말하는 '선인락과(善因樂果) 악인고과(惡因苦果)'를 증명하지 못한다고 주장한다. 하승천은 거위와 제비를 비유로 해서 이 점을 설명한

28 羅含, 「更生論」, 『弘明集』(『大正藏』 52권, 27중)
29 羅含, 「更生論」, 『弘明集』(『大正藏』 52권, 27중)
30 孫盛, 「孫長沙書」, 『弘明集』(『大正藏』 52권, 27하)
31 戴逵, 「與遠法師書」, 『廣弘明集』卷18 (『大正藏』 52권, 222중)

다. “거위는 짐승으로서 맑은 연못에 떠다니면서 봄풀만을 뜯어먹고, 온갖 벌레들이 준동하여도 그것들을 범하지 않지만, 요리꾼들에게 잡혀서 그들의 칼질을 피하는 놈이 드물다. 제비는 몸을 휘돌아 날아다니면서 먹이를 구할 때 날아다니는 벌레들만 맛있게 여기는데도 사람들은 제비를 아껴서 비록 처마에다 둥지를 쳐도 싫어하지 않는다.”[32] 불교적 입장에서 살생은 모든 중생을 막론하고 나쁜 행위다. 그런데 그런 행위만을 일삼는 제비는 현실에서 고통이나 불편을 당하지 않는다. 오히려 그 반대다. 거위는 어떠한가. 하승천은 바로 이런 구체적 사실에서 불교에서 말하는 인과보응을 실감할 수 없다고 말한다. 그는 다시 이야기한다. “만약 ‘제비는 벌레가 아니면 달다 여기지 않기 때문에 죄가 미치지 않는다’고 말한다면 사람들이 가축을 먹는 것이 어찌 유독 죄를 받겠는가?”[33] 하승천의 이런 논리는 상당히 설득력이 있다. 현실에서 인과보응의 증험을 찾는 것은 어렵지 않다. 그런데 문제는 그 반대 예도 매우 찾기 쉽다는 것이다.

여산 혜원은 「삼보론」에서 이런 점들에 대한 교리적 해명을 시도한다. “경(經)에서 업은 세 가지 과보(果報)를 가진다고 하였다. 먼저는 현보(現報)고 둘째는 생보(生報)며 셋째는 후보(後報)라 했다. 현보는 선악이 이 육신에서 시작됐으니 바로 이 몸이 과보를 받는 것이다. 생보는 내생에서 다시 받는 것이다. 후보는 이생이나 삼생, 백생, 천생을 거친 뒤에 받음이다. 그것[과보]을 받는 것에 주인이 없으나 반드시 마음에서 말미암고, 마음에는 정해진 관리가 없으나 일에 따라 감응한다. 그 감응에는 빠르고 느림이 있어서 과보에도 선후가 있으며 선후가 비록 다르지만 모두 만나는 것에 따라서 대적하며 대적하는데도 강약이 있다. 그래서 경중이 같지 않다. 이것이 자연의 상벌이며 세 가지 과보의 대략이다.”[34] 혜원은 하승천과 같이 현실에서 곧바로 인과보응의 증거를 찾고자 하는 태도에 제동을 건다. 생사윤회는 일종의 인과보응이다. 불교의 인과보응설은 기본적으로 윤회라는 개념을 상정하고 출발한다. 그래서 현생에서 인과보응의 내용과 결과가 완전히 드러난다는 것은 모순인 셈이다. 혜원은 바로 이 점을 다시 확인한다. 그래서 굳이 하승천의 물음에 답할 필요는 없는 것이다. 혜원은 인과보응을 현실로써 완벽하게 설명할 필요를 느끼지 못한다.

---

32 何承天, 「報應問」, 『廣弘明集』(『大正藏』 52권, 224상)
33 何承天, 「報應問」, 『廣弘明集』(『大正藏』 52권, 224중)
34 慧遠, 「三報論」, 『弘明集』(『大正藏』 52권, 34중)

2. 신멸론의 전개

1) 신멸론과 원기론(元氣論)

신멸론의 주된 사상원천은 중국의 전통적인 원기론이다. 기(氣)를 통해서 사물의 생성과 소멸을 설명하는 방식이다. 『노자』는 선진(先秦) 시대 원기론의 전형을 보여준다. "도(道)는 하나를 낳고 하나는 둘을 낳고 둘은 셋을 낳고 셋은 만물을 낳는다. 만물은 음(陰)을 지고 양(陽)을 품어 그 음양의 기(氣)를 충만히 하여 조화된다."[35] 여기서는 도와 음양, 기 등의 주요 범주들이 직접적으로 등장한다. 만물의 출발과 변화는 물론 인간의 삶도 이런 개념을 통해서 설명한다. 그래서 불교계에서는 이런 기론과 대결한다. 혜원은 「사문불경왕자론」에서 당시 신멸론을 원기론으로 평가하면서 그들의 입장을 몇 가지로 요약한다. "형신(形神)은 함께 변화하고 원래 다름이 없이 소통한다. 정미하고 거침이 하나의 기(氣)이며 시작과 끝이 집을 같이 하기 때문에 집이 온전하면 기가 모여서 령(靈)이 있게 되고 집이 손상되면 기(氣)가 흩어져서 소멸하게 된다."[36] 여기서 말하는 령은 일종의 생명이다. 육체[形]과 정신[神]으로 결합했다는 것은 하나의 생명이라는 이야기인데 바로 그 결합의 가능성이 령이다. 형체가 손상되어 거처를 상실하면 령도 사라진다. 육체뿐만 아니라 정신도 기의 집합이다. 결국 그것도 흩어지고 만다. 이런 혜원의 평가대로 신멸론자들의 사상기반은 대부분 원기론이다. 원기론의 바탕에서는 불교의 연기론이나 인과보응 개념이 성립하기 힘들다.

원기론은 결국 신멸론의 몇 가지 특징을 초래했다. 원기론과 관련해서 신멸론의 세 가지 큰 특징은 우연설(偶然說), 정명설(定命說), 독화설(獨化說)이다. 이런 특징을 가장 잘 보여주는 예는 소자량(蕭子良)과 범진(范縝, 450-515)의 대화다. 소자량은 연회 자리에서 불교를 줄곧 비판하는 범진에게 인과를 믿지 않는다면 인간이 운명적으로 가지는 빈부 차이는 도대체 어떻게 설명할 수 있는가 라고 질문한다. 이에 대해 범진은 기론(氣論)의 입장에서 대답한다.

사람이 생겨남은 나무의 꽃과 같아서 함께 피어나지만 바람을 타다가 떨

---

35 陳鼓應, 『老子註譯及評介』(北京: 中華書局, 1983), 232면.

36 慧遠, 「沙門不敬王者論」, 『弘明集』(『大正藏』 52권, 31중)

어지는데 자연스럽게 (어떤 것은) 발과 휘장을 파고들어 방석 위에 떨어지고 (어떤 것은) 자연스럽게 울타리를 넘어 변소 가운데 떨어집니다. 방석에 떨어지는 것은 전하 같은 분이고, 변소 간에 떨어지는 것은 제가 바로 그런 경우입니다. 귀하고 천한 것이 비록 그 길을 달리하지만 그렇다고 인과응보가 도대체 어디에 있다는 것입니까?[37]

범진의 답변에는 부귀와 빈천의 구분에 대한 언급만 있는데 성인과 범부라는 자질까지 확장하더라도 이런 방식의 접근은 가능하다. 그것은 '좋은 기운[精氣]'과 '조잡한 기운[粗氣]'의 차이 때문이다. 이것은 기(氣) 결정론이다. 그런데 왜 누구는 좋은 기운을 받아 태어나고 누구는 거친 기운을 받고 태어나는가. 신멸론자나 기론자들은 우연이라고 말할 뿐 여기에 답변하지 않는다. 이렇게 기론(氣論)에 입각한 신멸론에는 결정론과 우연론의 속성이 함께 있다. 신멸론의 입장에서 빈부귀천은 바로 이렇게 결정된다. 그런데 기는 왜 모였다가 문득 흩어지는가. 원기론에서는 이런 질문에 답할 수는 없다. 그래서 제시한 견해가 독화설이다. 이 학설에 따르면 사물의 발생과 변화, 그리고 소멸은 어떤 주재자나 원리에 의해 이루어지는 것이 아니라 단지 사물 자신의 이유 때문이다. 곽상(郭象, 252-312)은 『장자주(莊子注)』에서 이런 독화설을 제기한다. 하지만 독화설이 꼭 곽상 만의 특징은 아니다. 범진은 말한다. "질그릇과 기와가 자연으로부터 품부받고 삼라만상은 모두 홀로 변화한다는 점에서 똑같으며, 홀연히 스스로 존재하고 은연중에 없어진다. 오는 것은 [누군가가] 몰아서 그런 것이 아니고 가는 것은 [누군가가] 쫓아서 그런 것이 아니다. 자연의 이치를 따라 각각 그 성질에 안주하는 것이다."[38] 여기에는 전생이나 내생의 관념이 개입하지 않는다. 사람의 태어남과 죽음까지만 이야기한다.

2) 범진의 신멸론 논리

범진(范縝, 450-515)은 위진남북조시대 대표적인 신멸론자이다. 당시 불교가 거의 국교의 지위에 있었던 점을 감안하면 그의 불교 공격은 매우 도발적이다. 범진의 불교 비판은 이론 방면뿐만 아니라 정치나 경제면에서도

37 李延壽 撰, 「范縝傳」, 『南史』 권57 (北京: 中華書局, 1992), 1421면.
38 范縝, 「神滅論」, 『弘明集』 (『大正藏』 52권, 57중)

진행됐다. 이런 점을 보면 그가 단지 불교의 인과응보설에 대한 이론적 불만에서 신멸론을 제기한 것이 아님을 알 수 있다. 그는 불교의 현실적 효용이나 가치를 나름대로 평가한 후 매우 부정적 결론을 내린다. 중국철학사에서 범진은 대표적인 유물론자다. 그의 유물론적 사고도 물론 원기론에 바탕하고 있다. 그는 이전 신멸론자들의 논의를 종합하고 보다 정교한 이론을 구축한다. 그의 신멸론은 중국 형신론의 최고수준을 보여준다. 그는 신의 존재 여부가 아니라 오히려 육체[形]와 정신[神]의 관계에 집중한다.

① 형체와 정신은 분리할 수 없다[形神相卽]

범진은 「신멸론(神滅論)」에서 형과 신의 관계를 본격적으로 밝히고 있다. "신(神)이 바로 형이고 형(形)이 바로 신(神)이다. 그래서 형(形)이 있으면 신(神)도 존재하고 형(形)이 다하면 신(神)도 사라진다."[39] 그는 '상즉'의 논리를 신멸론의 논리로 전환하고 있다. 여기서 "'즉(卽)'은 서로 구별되지만 매우 밀접하게 연관한다는 세 가지 함의가 있다. '서로 분리되지 않음[不離]', 서로 대립하지 않는다[不異], 서로 통일된다[不二]이다."[40] 그는 형신 개념에 대한 이원론적 접근을 폐기하고 그것을 일원론으로 취급하고 있다.[41] 더구나 둘 가운데 형(形)을 우선시 한다. 즉 육체의 존재 여부에 따라 신의 존재 여부가 결정된다는 식이다. 범진이 상즉의 논리로 강조하고 싶은 지점은 육체와 정신의 분리 불가능성이다. 불교인들의 신불멸론은 육체의 죽음 이후에도 정신의 활동을 긍정했다. 이것은 육체와 정신의 분리 가능성을 말한다. 범진은 바로 이 점을 공격하기 위해서 '형신상즉'을 주장한 것이다. 조사문(曹思文)은 「난신멸론(難神滅論)」에서 범진의 이런 형신상즉(形神相卽)의 원리를 형신합용(形神合用)의 논리로써 공격한다. "형이 곧바로 신이 아니며, 신도 곧바로 형이 아니다. 이것은 합쳐져서 공용(功用)이 되는 것이지만 합쳐지는 것일 뿐이지 즉(卽)하는 것은 아니다. 살아 있으면 합쳐져서 쓰임이 되고, 죽으면 형체는 남고 신은 사라진다."[42] 조사문은 범진의 상즉원리를 상용의 원리로 비판한 셈이다. 그는 형·신의 결합과 분리 모두를 인정한다. 범진의 형신상즉은 논리적 귀결이 아니라 신멸론에 대한

---

39 范縝, 「神滅論」, 『弘明集』 (『大正藏』 52권, 55상)
40 方立天, 『中國古代哲學問題發展史』 (北京: 中華書局, 1990), 제6장, 제3절, 294면.
41 候外廬 仕編, 『中國思想通史』 3권 (北京: 人民出版社, 1992), 383면.
42 曹思文, 「難神滅論」, 『弘明集』 (『大正藏』 52권, 58상)

하나의 주장이다. 또한 그것은 설명 방식일뿐이다. 그래서 조사문의 형신 합용에 대해서 특별히 논박하지 못한다.

② 육체는 본질이고 정신은 작용이다[形質神用]

범진은 육체와 정신 가운데 육체가 우선함을 전제하고 본질과 작용이라는 측면에서 형신론을 재정립한다. 그는 다음과 같이 말한다. "육체는 정신의 바탕이고, 정신은 육체의 작용이다. 이렇다면 육체를 정신의 바탕이라 말하고, 정신(神)은 형체의 작용이라고 말할 수 있다. 육체와 정신이 다를 수 없다.[形者神之質, 神者形之用. 是則形稱其質, 神言其用. 形之與神, 不得相異]"[43] '정신이 바탕이고 육체가 작용'이라는 방식이 아니라 그 반대의 입장을 취하고 있다. 범진이 사용한 질·용 개념은 불교에서나 이후 송대 신유학에서 자주 사용한 체(體)·용(用) 개념과 매우 유사하다. 체와 용은 개념적으로 분리될 수 없는 것이다. 왜냐하면 그것은 서로를 통해서 드러나기 때문이다. 그래서 범진은 질·용 범주를 통해서 형과 신은 두 가지 측면을 가진 동일체임을 강조하려 한다.

육체와 정신 가운데 육체가 물질을 대표하는 것이라면 범진의 이런 논의는 다분히 유물론적 입장을 대표한다. 하지만 육체가 본질이고 정신이 작용이라는 말은 아직까지는 선언에 불과하다. 정반대의 선언을 하더라도 그것이 가지는 객관성의 정도는 동일하다. 결국 구체적 사건을 통해서 그것을 검증해야 한다. 범진은 유명한 칼과 날카로움의 비유를 통해서 육체와 정신의 관계를 설명한다. 그는 "정신(精神)의 바탕에 대한 관계는 날카로움이 칼에 대한 것과 같다. 육체의 작용에 대한 관계는 칼이 날카로움에 대한 것과 같다"고 말한다. "'날카로움'은 칼이 아니고, '칼'이 날카로움이 아니지만 날카로움을 버리고는 칼은 없으며 칼을 버리고는 날카로움이 없다. 칼이 무뎌지고 날카로움이 존재한다는 것은 듣지 못했다. 형(形)이 사라짐을 인정하고서도 신(神)이 존재하겠는가?"[44] 칼은 날카로움을 생명으로 한다. 날카로움이라는 관념은 예리한 칼에서 출발한다. 날카로움은 칼의 작용이자 외부적 표현이다. 범진이 제시한 질(質)·용(用)의 관계는 중국의 전통적인 철학 규범인 체용 관계와 흡사하다. 범진이 이런 방식으로 궁극적

---

43 范縝, 「神滅론」, 『弘明集』 (『大正藏』 52권, 55상)
44 范縝, 「神滅論」, 『弘明集』 (『大正藏』 52권, 55하)

으로 이야기하고 싶은 것은 여전히 형과 신의 분리 불가능성이다.

③ 정신은 인간의 특수한 작용이다

범진이 형질신용의 견해를 제기하자 신불멸론자들은 목석은 인간과는 달리 정신 활동을 갖지 않는 것을 들어서 정신이 형체의 작용이라는 범진의 주장을 비판한다. 인간은 목석과는 달리 정신 활동을 한다. 신불멸론자들은 정신은 인간에게만 존재하는 매우 특수한 활동이고 그래서 그것은 단지 형체나 육체의 일부로 포섭될 수 없는 고유한 어떤 것임을 강조한다. 범진은 이런 주장에 대해서 비록 목석에게는 없지만 정신은 여전히 육체의 작용일 뿐이라고 말한다. "사람이 무지각의 자질이 없는 것은 나무가 유지각의 자질이 없는 것과 같다."[45] 범진은 여전히 형질신용의 원칙을 고수한다. 사람이 목석과는 달리 지각이 있는 것은 목석이 사람과 달리 지각이 없는 것과 마찬가지라는 논리를 내세우고 있다. 각각 상이한 자질을 갖기 때문에 작용 또한 상이할 수밖에 없다. 상이한 자질이 상이한 작용을 낳는다는 논리다.

신불멸론자들은 죽은 자가 육체는 그대로인데 정신활동이 부재한 것을 통해서 정신과 육체의 분리 가능성을 주장한다. 이것은 범진이 말하는 육체가 정신의 바탕[質]이고 정신은 육체의 작용이라는 주장에 대한 비판이다. 범진은 이런 비판에 대해서 다음과 같이 말한다. "죽은 자는 목석과 같은 자질은 있지만 목석과 다른 지각은 없다. 산사람은 목석과 다른 지각은 있지만 목석과 같은 자질은 없다. [질문] 죽은 자의 몸은 산사람의 몸이 아닌가. [답변] 죽은 자의 몸은 산사람의 몸이 아니고 산사람의 몸은 죽음 사람의 몸이 아니다. 구분이 이미 확실하다. 어떻게 산사람의 몸을 가지고서 죽은 자의 몸을 가지겠는가?"[46] 범진은 특정한 자질이 특정한 작용을 결정한다는 입장을 견지하고 있다. 또한 그는 인간의 정신활동을 지각[知]과 사려[慮]로 구분한다.

45 范縝, 「神滅論」, 『弘明集』 (『大正藏』 52권, 55하)
46 范縝, 「神滅論」, 『弘明集』 (『大正藏』 52권, 55하)

3. 신불멸론의 전개

1) 혜원의 「사문불경왕자론(沙門不敬王者論)」

혜원의 「사문불경왕자론」은 단순히 국가권력에 대한 출가자의 불복종을 이야기한 것이 아니다. 이 글은 매우 정교한 논리를 가지고 작성된 것이다. 그는 이 글을 재가(在家), 출가(出家), 구종불순화(救宗不順化), 체극불겸응(體極不兼應), 형진신불멸(形盡神不滅) 등 다섯 편으로 구성한다. 마지막 글이 육체의 죽음 이후도 정신은 소멸하지 않는다는 신불멸론에 관한 이야기다. '구종불순화'에서 '구종'은 근본[宗]을 추구하는 것이다. '불순화'는 윤회를 따르지 않음을 말한다. 결국 근본을 추구하여 윤회를 벗어난다는 이야기다. 혜원은 '순화(順化)'를 설명하기 위해서 다시 형진신멸론을 제시한다. "신은 무엇인가? 정미함이 지극해서 신령하게 된 것이다. 정미함이 지극하면 괘상(卦象)으로 묘사할 수 없다."[47] 혜원의 신(神)에 대한 정의는 지금의 맥락에서 보면 매우 애매하다. 정미함[精]이나 신령[靈] 등의 용어는 굳이 불교적 술어라고 할 수 없다. 당시 일상적인 철학 용어다. 하지만 여기서 그의 의도는 분명하다. '신'은 일반적인 사고나 논리방식으로는 포착할 수 없다는 것이다. 그런데 여기서 윤회의 주체나 업의 전달자로서 '신'이 활동자로서 성격을 지닌다. 업의 상속이나 윤회의 동력이라는 한정된 역할을 벗어나고 있다. 이 점은 위진시대의 불교를 이해하는 데 중요한 단서를 제공한다. 혜원은 '신'의 의미를 확장하고 있다.

> 신은 무엇과도 호응하여 고정되지 않고, 활동이 매우 다양해서 규정된 이름이 없다. 사물과 호응하여 활동하고 일상의 원리를 빌어서 운행한다. 사물에 호응하지만 사물이 아니기 때문에 사물이 소멸하더라도 따라서 소멸하는 일은 없다. '일상의 원리'[數]를 빌지만 그런 원리는 아니기 때문에 그런 원리가 바닥나더라도 끝이 나는 일이란 없다.[48]

'수(數)'는 일상에서 삶이 가능하게 하는 조건이나 방식을 가리킨다. 신은 일상 인식으로 파악할 수 없는 무엇이지만 그것이 일상으로 드러나야

---

47 慧遠, 「沙門不敬王者論」, 『弘明集』 (『大正藏』 52권, 31하)
48 慧遠, 「沙門不敬王者論」, 『弘明集』 (『大正藏』 52권, 31하)

한다면 어떤 매개를 거쳐야 한다. 그것이 수(數)다. 혜원이 가리키는 '신'은 단지 윤회의 고리 역할에 한정되지 않는다. 그는 신을 통해서 보응설을 설명하고자 한다. 전생의 업이 현생이 시작되는 순간에 다 드러나는 것은 절대 아니다. 그것은 현생의 삶을 영위하는 과정에서 하나씩 드러난다. 업은 단수의 것이 아니라 복수의 것이기 때문에 다양한 관계에서 과보는 다양하게 드러난다. 혜원은 바로 이 점을 설명하고 있다. 그런데 신의 역할은 여기에 그치지 않는다. 업의 결과를 형성하는 것과 함께 중생의 업을 기억하는 역할까지 해야 한다. 중생의 특정한 행위는 그런 행위가 완료된 이후에도 기억된다. 수많은 사건들이 지나쳐 사라졌다고 하더라도 그것이 업력은 소멸하지 않는다. 혜원은 신(神)을 두 가지 방식에서 사용하고 있는 셈이다. 그는 "정이 있으면 사물과 감응할 수 있으며 식이 있으면 이수(理數)를 구할 수 있다"[49]고 말한다. 혜원은 정(情)이나 식(識)은 모두 신 개념에 포괄된다고 생각한다. 신이 업력의 결과를 초래하는 역할을 하기 때문에 정이나 식이 그것에 포함된다.

2) 종병의 「명불론(明佛論)」

종병(宗炳, 375-443)은 혜원의 제자로서 유명한 문인 지식인이다. 종병은 「신불멸론」으로 불리기도 했던 「명불론」을 저술하여 신불멸론의 논의를 심화시킨다. 그가 말하는 '신'의 의미는 윤회의 주체이자 법신이다. 전자는 무명번뇌에 의해서 생사윤회를 따르는 범부의 신(神)이고 후자는 무명번뇌를 여의고 생사윤회를 해탈한 불(佛)의 신(神)을 말한다. 종병을 통해서도 알 수 있듯이 "혜원 이후의 신불멸론은 새로운 방향으로 변용된다. 그것의 계기가 된 것은 법현(法顯)에 의해 번역된 『니원경(泥洹經)』(418년)과 담무참이 번역한 『대반열반경』 때문이다"[50] 종병은 윤회의 핵이 되는 정신이 불멸인 것은 인간의 지성과 능력에 차이가 있음을 생각해 보아도 옳다고 확신한다. 이 점도 종래의 신불멸론을 한 걸음 전진시킨 것이다. 그러나 그의 사상 가운데서 보다 중요한 점은 이 정신을 성불론이나 불신론과 연결시킨다는 점이다.[51]

「명불론」에서 보이는 종병의 신불멸론은 분명 혜원의 연장선 위에 있다.

---

49 慧遠, 「沙門不敬王者論」, 『弘明集』 (『大正藏』 52권, 30하)
50 伊藤隆寿, 『仏教の批判的研究』 (東京: 大蔵出判株式会社, 1992), 제4장, 제3절, 254면.
51 木村清孝, 박태원 옮김, 『中國佛敎思想史』 (서울: 민족사, 1988), 38면.

혜원과 마찬가지로 정(情)·식(識)·신(神)의 관계로 논의를 전개한다. "생명이 발생하는 것은 모두 정(情)으로부터 시작한다. 지금 남녀가 아이를 갖거나 만물이 변화하고 발생하는 것은 모두 정(情)이 구성한 것이다. 정이 자기를 구성한다는 점에서 온갖 신(神)이 몸을 받는 점이 대체로 비슷하다. 그래서 정이 발생의 근본이 됨을 알 수 있다."[52] 정은 일상의 삶이나 생명력을 일깨우는 역할을 한다. 그것은 욕망의 다른 이름이다. 이런 것들이 현실 삶을 상당 부분 추동한다. 혜원이나 종병은 이런 점을 포착한다. 욕망은 생의 활력일 수도 있지만 근본적으로 그것은 장애다. 불교에서 말하는 궁극적 완성을 장애한다. 그렇다면 식(識)과 신(神)은 정과 어떤 관계일까? "식은 불멸하는 본성을 투명하게 할 수 있다. 날마다 덜어내는 가르침을 간직하여 덜어내고 또 덜어내면 무위무욕에 이른다. 신명만 밝게 빛나면 욕정이 생성변화를 감당하는 일이 없다. 태어남이 없으면 육체도 없다. 육체는 없지만 신(神)은 존재하니 그것을 법신(法身)이라 한다."[53] 혜원은 식(識)의 역할이 일상 삶의 원칙을 획득하는 것이라고 한 데 반해 종병은 그것에 좀더 긍정적인 의미를 부과하고 있다. 본성을 밝게 할 수 있다는 것은 본성을 드러내는 작용을 한다는 이야기다. 정욕[情]의 활동은 업의 결과이자 또한 업의 출발이다. 무위무욕에 이른다는 말은 바로 업을 짓는 행위를 멈춘다는 이야기다. 이런 상황에서 존재하는 신을 종병은 법신이라고 명명한다. 여기서 신불멸론 논의가 새로운 단계로 접어들었음을 알 수 있다. 그것은 단지 윤회설이나 보응설을 설명하는 차원에 그치지 않고 불신론이나 불성론 차원으로까지 확장한다. 종병은 신과 식의 관계를 좀더 구체적으로 밝힌다. "신명만이 관조 활동을 하고 일상 인식이 그친 경우는 마음이 사물과 단절하고 오직 신으로서만 존재한다. 그래서 현묘하게 비추이며 수고롭게 생각하는 식이 없는 것으로 마음과 사물이 단절되어 오직 신만 있을 뿐이다. 그래서 일상 인식이 소멸한 근본적 인식은 시종 상주하며 사그러들지 않는다."[54] 앞에서 신을 법신의 범주로까지 확장시킨 것처럼 여기서 '사려'[思營]하는 인식[識]이 단절한 경우 신은 순수해진다. 정욕이나 식이 단절된 상태의 신은 순수 자체다. 이것은 마치 『대승기신론』에서 중생심이 생멸문과 진여문으로 나뉘는 것과 유사하다.

52 宗炳, 「明佛論」, 『弘明集』(『大正藏』 52권, 10하)
53 宗炳, 「明佛論」, 『弘明集』(『大正藏』 52권, 10하)
54 宗炳, 「明佛論」, 『弘明集』(『大正藏』 52권, 11상)

3) 소연(蕭衍)의 「입신명성불의기(立神明成佛義記)」

양무제 소연(464-549)은 유명한 불교 황제이다. 그는 범진의 신멸론 주장을 직접 공격한다. 소연은 신명(神明)을 통해서 부처가 된다는 논리를 「입신명성불의기」에서 전개한다. 소연의 신불멸론을 팡리티엔(方立天)은 대략 네 가지로 구분한다.

① 신(神)은 중생이 가지고 있는 목석과 다른 본성이다.
② 신은 성(性)과 용(用)의 두 방면으로 나뉜다.
③ 신(神)의 본성은 항상한다.
④ 신(神)은 성불의 주체다.[55]

「입신명성불의기」에 부기된 심적(沈績)의 서(序)에는 기존의 신멸·신불멸 논의에 관해서 평가한다. "그래서 어리석은 사람은 신식(識神)이 끊어지지 않는다는 말만 듣고서 단지 항상 하다고 말하고, 신념(心念)이 항상하지 않는다는 것을 듣고는 오로지 단절된다고 말한다. 단절된다고 말하면 본성이 항상 함을 모르고, 항상하다고 말하면 외부적 쓰임[用]이 단절됨을 모른다. 쓰임[用]에 의거하여 근본을 의심하는 이는 근본에서도 멸할 수 있다고 하고, 근본에 의거하여 용을 의심하는 이는 쓰임이 움직이지 않는다고 말한다. 정미하게 궁구하지 못한다면 서로 편벽된 집착을 일으킬 것이다. 본성(本性)을 깨달게 하여 스스로 그 터무니없는 말이 없게 해야 할 것이다."[56] 상견과 단견에 대한 비판은 주로 중도사상을 제기하기 위한 논법으로 사용된다. 그것은 반야사상에서 가장 잘 보이는데 소연도 동일하게 이런 논리를 구사하고 있다.

「입신명성불의기」는 불성론에 상당히 접근하고 있다. 또한 이것과 관련해서 『대승기신론』의 귀경게에서 언급한 출발지로서 믿음을 소연도 대단히 중시한다. "행업을 닦는 것은 믿음[信]을 세우는 데 근본을 둔다. 믿음의 건립은 바른 이해[正解]에서 출발한다. 이해가 바르면 외부의 사견에 미혹함이 없으며 믿음이 건립되면 내면의 식심에 대해 의심이 없다."[57] 여기서 심식은 완전히 순수한 진여심을 말한다. 혜원이나 종병이 말하는 오염과

55 方立天, 『中國古代哲學問題發展史』 (北京: 中華書局, 1990), 제6장, 3절, 288-291면.
56 蕭衍, 「立神明成佛義記」, 『弘明集』 (『大正藏』 52권, 54상)
57 蕭衍, 「立神明成佛義記」, 『弘明集』 (『大正藏』 52권, 54상)

순수의 복합체로서 '신'과는 다르다. 소연의 심식론은 열반에 대한 이해와 맞물려 있다. 그것은 『열반경』의 유행과 직접적으로 관련이 있다. 그는 『열반경』을 인용해서 "마음이 정인(正因)이 되어 결국 불과(佛果)를 이루게 된다."[58]고 말한다. 이 부분에 대해서 심적은 "부처가 되는 인연에는 두 가지 의미가 있다. 첫째는 연인(緣因)이고 둘째는 정인(正因)이다. 연인은 모든 선업이고 정인은 신식이다. 모든 선업은 돕고 계발시키는 역할을 한다. 그래서 연인이라고 말한다. 신식(神識)은 그것의 근본이기 때문에 정인이라고 말한다."[59] 심적은 소연의 글을 주석하면서 신식을 직접적으로 불성 개념으로 풀고 있다. 소연은 "만약 무명이 바뀌면 지혜[明]가 된다"고 이야기한다. "마음은 작용의 근본이 된다. 근본은 하나지만 작용은 각각 다르다. 다른 작용은 각자 흥폐가 있지만 본성은 한결같이 변함이 없다. 한결같은 본성은 무명(無明)과 신명(神明)이다."[60] 마음이 생멸변화하는 것이 무명이다. 그런데 "신명의 본성은 생멸변화하지 않음이다." 소연의 신명은 마음의 본성으로 무명과 상대적인 개념으로 사용된다. 수나라 길장(吉藏)은 『대승현론』에서 '정인불성(正因佛性)' 11가로 나누었는데 이것을 다시 인, 심, 리로 대별한다. 소연의 신명불성론은 진심으로 정인을 삼기 때문에 심에 해당한다.[61] 원효(元曉)도 『열반종요』에서 소연의 불성론에 대해 다음과 같이 평가한다. "마음에 신령하여 잃지 않는 본성이 있다고 말한다. 이와 같은 심신(心神)이 몸 안에 있으면 목석 등 비유정물과는 다르다. 이것을 통해서 대각의 과보를 성취하기 때문에 심심이라고 말한다. 곧 정인의 체가 된다. 이런 견해는 양무제 소연의 경우다."[62] 원효는 분명하게 소연의 견해를 여래장 사상과 관련시킨다. 『열반경』의 「여래성품」과 「사자후품」을 인용하면서 이런 부분을 설명하고 있다. 소연의 신명 개념은 불성이나 여래장으로 등치된다. 인과보응이나 윤회를 설명하기 위해 부각된 신불멸론은 이제 혜원, 종병 등을 거쳐서 소연에 이르면 불성론으로 정착된다. 이런 것에서 신 개념의 다양한 변용을 만날 수 있다.

---

58 曇無讖譯, 『大般涅槃經』 (『大正藏』 12권, 533중)
59 蕭衍, 「立神明成佛義記」, 『弘明集』 (『大正藏』 52권, 54상)
60 蕭衍, 「立神明成佛義記」, 『弘明集』 (『大正藏』 52권, 54상)
61 吉藏, 『大乘玄論』 (『大正藏』 45권, 35하)
62 元曉, 『涅槃宗要』 (『韓佛全』 1권, 538상중)

Ⅲ. 인접 개념과의 관계 및 현대적 논의

인도나 중국 고대의 신 관념이 불교의 '윤회설'과 만나면서 매우 다양한 사유 실험이 일어난다. 그것은 단지 불교만의 특수한 문제가 아니라 인류가 가지고 있던 종교적 사유의 한 단면이다. 신멸·신불멸 논쟁은 바로 이 단면을 매우 분명하게 그리고 적절하게 드러낸 사건이다. 인과보응설이나 신불멸론은 중국에서 종교적으로 다양하게 변주된다. 교리의 일관성을 들이밀며 그런 변주를 비판할 수 없다. 당시 불교인들은 매우 구체적인 문제를 해결하고자 노력했고 그 결과가 그런 변화와 다양성으로 표출된 것이다. 인간의 삶은 삶 그 자체로 가치 있다고 말하는 이도 있다. 하지만 이 말은 다소 모호하다. 물론 몰가치한 것은 아니지만 가치의 원천을 단지 행위 자체에 둠으로써 행위자의 의도나 행위의 결과가 쉽게 은폐되기 때문이다. 중국불교 초기의 불교인들은 인간의 행위가 단지 공중에 흩어지는 것이 아님을 지적한다. 인과보응설은 하나의 행위는 그것 자체로 하나의 연기적 사건임을 알려준다. 무의미하게 발생한 것도 아니고 무의미하게 사라지지도 않는다는 입장이다. 이렇게 될 경우 행위자는 자신의 행위를 통해서 많은 사람과 만나고 또한 많은 행위를 만난다. 곧바로 행위자는 행위의 가치를 직접적으로 대면할 수 있다.

불교의 보응설에서는 자신의 업, 즉 행위는 자신에게 되돌아온다고 말한다. 하지만 단지 부메랑처럼 동일한 것이 되돌아오는 방식은 아니다. 되돌아오는 그것에는 많은 인연들이 묻히고 또한 많은 기억들이 둥지 틀고 있다. 비단 이런 기억뿐만 아니다. 보응설은 과거를 설명하기 위해서가 아니라 현재나 미래를 설명하기 위한 장치임을 알아야 한다. 그것은 언제나 미래로 열려 있다. 깨달음의 가능성도 마찬가지로 이런 장치를 통해서 설명된다. 이 장치의 가장 중요한 부품이 신불멸론의 원리다. 인과보응과 윤회설을 설명하는 가장 중요한 장치인 셈이다. 삶의 무게만 있지 삶의 버팀목이 없는 경우 그것은 또한 단단한 바닥이 될 수 있다. 신멸·불멸 논쟁이 남조시대로 한정되지만 몸과 마음, 그리고 그것의 극복과 완성이라는 매우 오래된 주제는 특정한 시대로 한정 될 수 없다. 그것은 매우 숭고하기까지 한 인류의 과제이다. 그래서 그것은 언제나 현재적이다. 몸과 마음은 쉽게 한쪽의 우위를 말할 수 없다. 둘 중 한쪽의 불안함은 곧바로 한 삶의 불안함으로 귀결된다. 그렇기 때문에 몸과 마음의 안정된 상태를 희망하고 그것을 위해서 노력한다.

앞서 말했듯이 신멸·신불멸 논의는 중국에서는 형신론으로 평가된다. 형신론은 현재 맥락에서는 몸과 마음의 문제다. 어쩌면 인간이 탐구해야 할 가장 근원적인 문제이기도 하다. 역사나 정치, 사회 등에 비해 한 개인의 몸과 마음은 매우 낯설 정도로 작은 범위의 문제이다. 근대 이후 인류의 관심이 개인의 역량을 사회나 역사에 동원하는데 있었다고 한다면 현대 이후를 고민하는 지금으로선 바로 한 개체의 몸과 마음이라는 문제로 자연 귀착할 수밖에 없다. 문제를 생산하고 해소하는 근본 입장으로서 몸과 마음은 이제 단지 철학이나 종교의 문제로 한정되지 않는다. 매우 구체적인 삶의 문제다. 혜원이나 종병처럼 '정신이나 마음'[神]은 수행의 주체이자 대상이다. 수행을 통해서 그것은 완전해지고 열반으로 귀환할 수 있다. 이런 완성은 지복(至福)이다. 이때 몸이 단지 마음의 부차적인 것은 아니다. 그것도 충분한 가치를 가진다. 번뇌도 물론 몸에 기반하지만 번뇌의 해소를 통한 깨달음의 완성도 또한 그것에 기반하기 때문이다. 몸이 없이 궁극적 목적을 성취할 수는 없다. 이런 점을 주의한다면 불교가 말하는 몸과 마음의 문제가 단지 마음만을 어떻게 하면 모든 것이 해결된다는 방식은 아님을 알 수 있다.

몸과 마음은 사실 매우 구체적인 무엇이다. 그것은 상상의 것도 추상적인 어떤 것도 결코 아니다. 우리가 매일 감각하고 운용하고 있는 것이다. 우리는 그 속에서 갖은 문제를 일으킨다. 이렇게 육체와 정신 혹은 몸과 마음의 문제는 간단하지 않다. 중국에 불교가 처음 전래됐을 때 발생했던 신멸·신불멸 논쟁 또한 바로 이런 간단치 않은 문제를 가지고 씨름한 결과다. 그들은 몸과 마음이라는 범주를 매개로 해서 세계와 인간이라고 문제에 접근한 것이다. 몸과 마음은 우리 삶의 출발지이면서 불교적 행복을 구현할 곳이기도 하다. 고대 중국에서 행해졌던 신멸·신불멸 논의는 바로 이런 점에서 여전히 현실적이고 유효한 주제임에 틀림 없다. 상품 복제의 시대를 지나 동물 복제의 시대를 맞은 지금이다. 그것의 윤리적 의미도 바로 이런 맥락에서 점검해 볼 법하다. ❁

김영진(동국대)

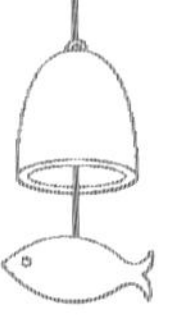

삼세

범 trayo'dhvānaḥ 빠 tayo addhā 장 dus gsum 한 三世 영 three times; three periods

Ⅰ. 어원적 근거 및 개념 풀이

1. 어원적 근거

삼세는 산스크리트로는 trayo'dhvānaḥ이고, 빠알리어로는 tayo addhā이며, 티벳어로는 dus gsum이고, 한문으로는 삼세(三世)이며, 영어로는 three times 또는 three periods에 해당된다. 삼세(三世, trayo'dhvānaḥ)는 시간의 세 종류로서 일반적으로 과거세(atīta-adhvan), 현재세(pratyutpanna- adhvan), 미래세(anāgata-adhvan)를 가리킨다. 삼제(三際: 前際·中際·後際)라고도 하고, 거래현(去來現)이라고도 하며, 이금당(已今當)이라고도 한다. 현재세와 미래세를 합해서 현당이세(現當二世)라고도 한다. 과거세를 과거, 전세(前世), 전생(前生), 전제(前際)라고도 한다. 현재세를 현재, 현세, 현생, 중제(中際)라고도 한다. 미래세를 미래, 내세, 내생, 당래(當來), 후제(後際)라고도 한다. 한 인간에 대해서 현재의 한 생애를 현세(現世)라 하고, 그 출생 이전의 생애를 전세(前世)라 하며, 목숨이 다한 이후의 생애를 내세라고 한다. 혹은 현재의 한 찰나를 기준으로 하여 그 이전과 이후로써 삼세를 말하는 수도 있다. 혹은 겁(劫)을 단위로 삼세를 건립하여 장엄겁(莊嚴劫)을 과거세로, 현겁(賢劫)을 현재세로, 성수겁(星宿劫)을 미래세로 하는 경우도 있다.

삼세라는 개념은 불교에서 업보설, 윤회설을 설명하는 데 중요한 요인이 된다. 여기서 '세(世, adhvan)'는 천류(遷流: 변하고 흐름) 또는 격별(隔別)의 뜻으로서, 모든 존재가 생멸 변화하여 떨어져 헤어지는 과정을 의미한다. 인도 부파불교의 논서인 『집이문족론(集異門足論)』에서 "세(世)란 모든 행(行, saṃskāra)을 나타내 보이는 용어이다"[1]라고 말하듯이, 삼세라는 시간의 흐름은 현상계 모든 존재의 생(生, uppāda)·주(住, sthiti)·이(異, jarā, 老)·멸(滅, bhaṅga)의 과정을 통해 인식된다. 시간은 존재로 하여금 과거·현재·미래의 삼세의 시간적 차별을 갖게 한다.

삼세의 개념은 시간론과 연결된다. 우리는 시간이라는 현상을 어떻게 인식하는가? 일반적으로 시계(時計)를 통해서거나, 또는 해가 뜨고 진다거나 계절의 변화 등을 통해서 하루, 일주일, 몇 달, 1년 등의 시간의 흐름을 인지한다. 시간은 실체성이 있는 것인가? 만약 시간이 실체성을 갖는 실유(實有)라면 세계 어디서나 시간은 똑같아야 하는데, 지역에 따라 시차(時差)가 있다.

2. 개념 풀이

불교에서 '시간'의 개념은 객관적으로 독립된 실체가 아니라, 다만 생멸 변천하는 현상계의 모든 존재[有爲諸法]에 근거하여 설정된 것이다. 실제로 시간 그 자체가 직접 인식되는 것이 아니라, 사물의 변화를 통해서 시간의 흐름을 인식하게 되기 때문이다. 불교에서는 시간의 실체성을 인정하지 않는다. 부파불교 중에서 모든 존재의 삼세에 걸친 실유를 주장했던 설일체유부(說一切有部)에서도 시간을 독립된 실체로 보지 않았다. 유부의 제법분류인 오위칠십오법(五位七十五法)에 시간은 포함되지 않는다. 나아가 시간의 체(體)는 오온(五蘊)이라고 밝히고 있다.[2] 대승불교 유가행파(瑜伽行派)

1 『阿毘達磨集異門足論』 제3권 (『大正藏』 26권, 378하)
2 世親, 『阿毘達磨俱舍論』12 (『大正藏』 29권, 63중)
『阿毘達磨順正理論』32 (『大正藏』29권, 523하)

의 제법분류인 오위백법(五位百法) 중에서 불상응행법(不相應行法)에 시간이 포함되어 있으나, 실체적 존재가 아니라 인과상속(因果相續)하여 유전(流轉)하는 것을 가립하여 시간이라 이름한 것이다.[3]

불교에서 시간을 나타내는 용어들의 어원적 근거 및 개념은 어떠한가? 우선 삼세에서의 '세(世)'는 산스크리트로 adhvan (빠알리어 addhan) 혹은 kāla의 한역(漢譯)이다. 그런데 adhvan과 kāla는 시간을 의미하는 용어이지만 그 개념의 범위에 차이가 있다. kāla는 시간의 일반적인 개념으로서, 유동적인 시간을 어느 한 점에서 포착한 것이다. 이에 대해서 불교에서의 adhvan은 시간적 지속과 공간적 연장이라는 두 가지 의미를 갖고 있으며, 또한 아비달마불교에서는 유위법(有爲法)의 이명(異名)으로 되어 있다. 삼세실유(三世實有)라고 하는 경우의 세는 adhvan이다. 특히 빨알니까야(Pāli-nikāya)에서 시간적 지속의 의미에서 과거·현재·미래를 삼세로 포착할 때는 반드시 tayo'ddhā와 addhan을 사용하며 kāla를 사용하지 않는다. 과거세·미래세 등이라 할 때도 과거·현재 등을 의미하는 형용사와 함께 사용되고 있다.

시간을 나타내는 용어에 관한 인도철학사적인 배경은 다음과 같다. 인도철학에서 시간관은 일반적으로 kāla를 중심 개념으로 전개된다. 이외에도 시간을 나타내는 개념으로는 adhvan, samaya 등을 대표적으로 들 수 있다. kāla 이전에는 ṛtu, saṁvastara 등이 사용되었는데 점차 kāla로 대치되어 시간의 통칭이 되었고, 이후 여러 철학사상에서 사색의 대상이 되었다. kāla는 √kal (계산하다, 열거하다)의 파생명사로서 일반적인 시간을 의미하며, 시간에 의한 시기(時期), 인간의 마음으로 지각할 수 없는 원인이나 사건을 이끄는 시간을 의미한다. 이것은 또한 운명, 숙명, 죽음을 의미하는 등 시간과 관련된 다양한 의미를 갖는다.[4] 이런 의미에서 Kāla는 죽음의 신인 Yama의 이름이 되기도 한다.[5] 시간은 죽음과 직결되기 때문이다. 신화적 단계를 지나 시간에 대한 형이상학적 사색이 진전되면서 kāla만으로는 모든 시간개념을 충분히 설명할 수 없게 되었다.

---

3 『大乘阿毘達磨雜集論』1 (『大正藏』31권, 665하)

4 Monier Williams, *A Sanskrit-English Dictionary* (London, Clarendon Press, 1951), 278면.

5 Dowson John, *A Classical Dictionary of Hindu Mythology and Religion, Geography, History and Literature* (London, R. K. P., 1979), 140면.

그리하여 특히 불교와 자이나교에서 새로운 개념으로 사용된 용어가 samaya, adhvan이다. 우선 자이나교에서 말하면, kāla는 시간 일반을 표시하고 samaya는 시점(時點)·시각(時刻)을 나타낸다. kāla는 진시(眞時)로서 오직 하나이고 시작도 없고 끝도 없으며 단순히 경과하고 지속하는 것이다. 이에 반하여 습관적 가시간(假時間)인 samaya는 규칙적이며 끊임없는 것으로 보이는 어떤 변화에 따라 인위적으로 분할된 시간이다. 그러나 가시(假時)는 진시(眞時)에 영향을 미치지 못한다고 보았다.[6]

adhvan은 불교와 자이나교에서 samaya와 같은 입장으로 사용되며, samaya라는 개념이 계발되기 전에 사용된 것 같다. '시간'이란 뜻 외에도 '여행, 과정, 거리, 수단, 방법, 하늘, 공기' 등의 의미를 갖는다. 빠알리어로는 addhan인데 '펼치다, 늘이다'의 뜻으로서 시간과 공간을 모두 나타낸다. 공간적 의미로서는 '길[道]' 또는 '여행'이다. 시간적 의미로서는 '시간의 연장, 시간의 간격, 시기' 즉 시간의 모형이다.[7]

samaya는 삼마야(三摩耶)·삼매야(三昧耶) 등으로 음역(音譯)된다. 시(時)·중회(衆會)·일치·규칙·교리 등의 의미를 갖는 용어이며, 흔히 시(時)·일치(一致, 平等)의 뜻으로 사용된다. samaya는 9가지 의미 즉 '집합(samūha), 조건(hetu), 경력에서의 조화(samavāya), 기회(khaṇa), 계절(kāla), 의견(diṭṭhi), 획득(paṭilābha), 제거(pahāna), 관통(paṭiveddha)'을 뜻한다.[8] 밀교에서는 불타의 본서(本誓 : 因位의 誓願)의 의미로도 쓰인다. 시(時)의 뜻으로 쓰일 때는 가시(假時)라 번역한다. 그리하여 adhvan이나 samaya는 kāla만으로는 설명할 수 없는 시간개념을 나타내기 위해 채택되었다.

불교에서는 모든 존재는 무상으로서, 모든 것은 시간 속에서 존재하며 흘러가는 것, 찰나에 멸해가는 것, 유전(流轉)이며 변역(變易)이다. 자기 동일성을 갖는 불변의 것은 존재하지 않는다. 불교는 만물의 생성과 변화를 연기법으로써 설명하므로, 시간관도 상대적인 성격을 띤다. 따라서 실시(實時)의 개념인 kāla보다는 가시(假時)인 samaya가 사용되었다. 빠알리 삼장의 주석가인 붓다고사(Buddhaghosa)는 "시간(samaya)이란 오직 현상에서

---

6 Raju, P. T., *The Philosophyical Traditions of India* (London, George Allen & Unwin Ltd., 1971), 102면.

7 Rhys Davids, *The Pali Text Society's Pali-English Dictionary* (London : Luza & Company, Ltd., 1959), 26면.

8 Ibid, 683면.

유출된 개념이다"라고 말했는데, 여기서 samaya는 인과관계를 의미하기도 한다.[9] 이러한 입장은 초기경전에 속하는 『나선비구경(那先比丘經)』에도 잘 반영되어 있다[여기서 시간은 빠알리어 addhan으로 표현되어 있다]. 초기경전에서 시(時)를 의미하는 samaya는 가상(假想)의 시간 개념보다는 '일정한 시간', '어떤 시간', '한때[一時]'를 의미했다.[10] 그렇다고 해서 samaya가 긍정되었다는 것이 아니라, samaya는 이미 실체적 시간이 부정된 상황에서 현상을 설명하기 위해서 제시된 것이다. 결국 시간은 인도 중관학파(中觀學派)의 용수(龍樹, Nāgārjuna)가 『대지도론(大智度論)』『중론(中論)』 등에서 강조했듯이 실체성이 없는 공(空)이기 때문이다.[11]

한역불전에 나오는 '시(時)'에는 가라시(迦羅時)와 삼마야시(三摩耶時)가 있다. 가라(迦羅)는 산스크리트 kāla의 음역(音譯)으로서, 시(時)라 번역되고 실시(實時)의 의미를 갖는다. 또한 시간의 단위를 나타낼 때도 있어서 1주야의 1천 8백분의 1인 1천 6백 찰나(刹那)를 가리키기도 한다. 삼마야는 samaya의 음역이며 가시(假時)의 의미이다. 불교에서는 시간을 실재하는 것으로 생각하지 않으므로 흔히 삼마야를 사용하게 되었다. kāla가 일반 철학계에서 '실시(實時: 실체적 시간)', '진시(眞時)'로 설명되기 때문에, 불교에서의 samaya는 그것과 구별하여 불교적 견지에서 '가시(假時: 假像으로서의 시간)'를 나타내기 위해 사용되었다.[12] 가라(迦羅)는 '비시식(非時食)' 같은 경우의 시(時)로 사용되며, 불교 이외에 인도의 여러 학파에서 시간을 실재하는 것으로 생각하는 경우의 시(時)와 혼동될 염려가 있기 때문에 율(律) 등에서 불교도에게 설하는 경우에만 사용되었다. 그러므로 별상시(別相時)라고도 했다. 삼마야(三摩耶)는 경전의 서문에 나오는 '일시불재(一時佛在)' 등의 경우와 같은 시간으로서, 시간은 실체가 없음을 나타내므로 파사견시(破邪見時)라고도 한다.

---

9 Gokhale, B. G., *Indian Thought Through the Ages,* Bambay (Asia Publishing House, 1961), 13면.

10 金倉圓照, 『インド哲學 佛教學 研究』, 제1권 (東京 : 春秋社, 1973), 199면.

11 藤 謙敬, "印度佛教 時間觀 一考察", 『印度學 佛教學 研究』 通卷 제3권 (東京 : 印度學佛教學會, 1973), 50면.

12 金倉圓照, "時間論覺え書—特に『ミリンダの問』『中頌』とその釋·及びアビダルマとの連關について", 『インド哲學佛教學研究 I』 (東京 : 春秋社, 1973), 198면.

Ⅱ. 역사적 전개 및 텍스트별 용례

불교의 시간관은 단순히 현상의 흐름에 대한 분석적 사고방식만으로는 이해되기 어렵고 보다 철학적으로 논구함으로써 비로소 이해될 수 있다. 현재뿐만 아니라 과거·현재·미래 전체에 대한 포괄적 시간관이면서, '세무별체(世無別體)'라 하여 시간의 실체성이 부정된다. 또한 불교에서 시간론 특히 삼세에 관한 논의는 단순한 지적(知的) 차원이 아니라, 죽음의 공포로부터의 해탈을 목표로 하는 종교철학적 요구를 바탕으로 한다. 불교에서 시간 개념은 업보설과 윤회설을 설명하는 중요한 요인이 된다. 업(業)은 대부분 곧바로 과보를 맺는 것이 아니므로, 업과 그에 대한 과보는 시간적인 선후(先後) 관계를 갖기 때문이다.

1. 초기불교 및 경전에서의 삼세

1) 초기경전에서의 삼세 내용

초기불교에서는 시간을 나타내는 데 samaya, kāla가 사용되었다. "그때 부처님께서 말씀하셨다[爾時佛告]"라거나 "한 때 부처님께서 ~에 계셨다[一時佛在]" 등의 경우의 '이시(爾時, tena samayena)'나 '일시(一時, ekasmin samaye)' 등의 시간에는 samaya가, 일반적인 시간을 의미할 때는 kāla가 사용되었다.

초기불교에서 삼세와 관련된 입장은 『중아함경』 제43권의 「온천림천경(溫泉林天經)」에 나오는 '일야현자(一夜賢者)의 게송'에 잘 나타나 있다. 즉 그곳에서 "과거를 좇지 말라. 미래를 바라지 말라. 과거는 이미 지나간 것. 그리고 미래는 아직 오지 않았다. 현재에 있는 법도 견고한 것은 없다고 생각해야 한다. …"[13]라고 말한다. 과거에 경험한 즐거웠던 일들을 갖가지로 상기하고 애착한다거나, 미래에 이러저러한 일들이 있을 것이라고 갖가지로 상상하고 원하지 말라는 것이다. '현재에 있는 법'이란 곧 '오온(五蘊)'을 가리키며, 이것이 나 또는 나의 소유라고 보지 말고, 바르게 관찰하여 집착하지 말아야 한다는 것이다.

또한 『잡아함경』 제1권의 「과거무상경(過去無常經)」에는 "이렇게 관찰

13 『中阿含經』 제43권 (『大正藏』 1권, 697중)

하는 사람은 과거의 색(色)을 아쉬워하지 않고, 미래의 색을 바라지 않으며, 현재의 색에 대한 애착을 여의어 바로 모든 번뇌를 다하려고 노력하게 된다. … 이렇게 삼세의 모든 법은 무상하고 괴로움이며 공(空)이요 내가 아니라고 관찰하는 것도 또한 그와 같다"[14]라고 말한다. 삼세의 모든 법이 무상(無常)·고(苦)·무아(無我)·공(空)임을 관찰하여 애착을 버리라는 것이다. 과거를 연연하거나 미래를 원하지 말고, 현재법을 집착하지 않으면서도 오늘 하루 게으르지 말고 올바로 정진(精進)하라는 취지이다.

또한 『잡아함경』 제13권 「제일의공경(第一義空經)」에서 "생겨났을 때 온 곳이 없고 멸했을 때 간 곳이 없다"[15]고 한 것은 제법무아(諸法無我)를 말하고자 함이다.

이와 같이 『아함경』에서 삼세와 관련된 내용은, 주로 수행면에서 과거에도 미래에도 속박되지 않고 또한 현재에도 집착하지 않는 자유자재한 경지를 말하고 있다.

그런데 『아함경』에서는 시간의 배열에 있어서 과거→현재→미래 또는 미래→현재→과거 순서가 아니라, 주로 과거와 미래를 먼저 열거한 뒤에 현재를 언급하고 있다. 이것은 과거와 미래를 처음 열거하여 이변(二邊)을 없애고, 현재를 나중에 열거하여 중(中)으로 삼는 의도를 갖는다. 이러한 배열은 시간 구조의 진상(眞相)에 철저한 면을 보인다.

또한 『아함경』의 「범동경(梵動經)」에는 62견(見)이 열거되는데, 과거에 관한 18견과 미래에 관한 44견을 포함하여 이류팔론(二類八論) 혹은 십론(十論)으로 분류된다. 이 경전에서는 그들 여러 견해를 논파한다. 『중아함경』의 「차제경(嗏帝經)」에도 과거세와 미래세에서의 존재의 유무 등을 고찰하는 것을 배척하고 있다.

초기경전에 속하는 『나선비구경(那先比丘經)』에는 밀린다왕과 나선비구와의 문답 중에서 시간에 관한 내용이 나온다.[16] 나선비구는 "시간이란 과거·현재·미래를 가리킨다"고 말하며, 시간의 근거가 무엇인가에 대해서는 무명(無明)이라 하고, 이것을 12연기설로써 설명한다. 과거·현재·미래의 삼시를 종자와 나무, 닭과 계란, 땅 위에 그린 원(圓)의 비유로 설명하여 전체 시간의 시원은 인식될 수 없다고 말한다. 시간의 존재여부에 대해서는

14 『雜阿含經』 제1권 (『大正藏』 2권, 1하)
15 위의 책, 제13권 (『大正藏』 2, 92하)
16 『나선비구경』 (『大正藏』 32, 711중)

존재하는 시간과 존재하지 않는 시간을 구분하며, 여기서 후자는 곧 해탈을 의미한다.

2) 대승경전에서의 삼세 내용

대승경전에서는 공(空)의 입장이 강조됨에 따라 시간의 실체성이 더욱 부정되었다. 『대보적경(大寶積經)』 제94권에서 "삼세란 과거·미래·현재를 말한다. 무엇이 과거세인가? 어떤 법이 생겨난 뒤에 멸하면 이것을 과거세라고 부른다. 무엇이 미래세인가? 어떤 법이 아직 생겨나지 않았다면 이것을 미래세라고 부른다. 무엇이 현재세인가? 어떤 법이 생겨나고서 아직 멸하지 않았으면 이것을 현재세라고 부른다"[17]고 하여 삼세에 대해 자의적(字義的)인 설명을 하고 있다.

『보살영락경(菩薩瓔珞經)』에서는 "모든 부처님들이 일체를 관조하심에 삼세가 공하여 상(相)이 없다"[18]고 말한다. 모든 존재가 실체성이 없는 공이므로, 삼세의 법에 집착하지 말라는 취지이다. 『원각경(圓覺經)』에는 "모든 부처님의 세계는 마치 허공에 피어있는 환화[空華]와 같다. 삼세가 다 평등하여 마침내 오고 감이 없다"[19]고 말한다. 시간을 초월한 영원한 부처님의 세계, 즉 과거·현재·미래가 서로 침투해 있고, 그러면서도 제각각의 특징을 발휘해서 빛나고 있는 부처님의 세계를 말한다. 시간의 실체성이 부정되고 집착이 끊어졌을 때, 시간은 부처님의 현전에 있는 그대로의 모습을 드러내기 때문이다.

『소품반야경(小品般若經)』 제7권에서 전심(前心)과 후심(後心)은 각각 함께 하지 않으며 각각 별개의 것으로 말하는 내용이 나온다.[20] 『금강반야경(金剛般若經)』에는 "과거의 마음도 불가득(不可得)이고, 현재의 마음도 불가득이며, 미래의 마음도 불가득이다"라고 하여 '삼세심불가득(三世心不可得)'을 말한다. 그 이유는 마음이 찰나에 생멸하여 과거의 마음은 이미 멸했기 때문에 얻을 수 없고, 현재의 마음은 잠시도 머물지 않기 때문에 얻을 수 없으며, 미래의 마음은 아직 오지 않았기 때문에 얻을 수 없다. 여기서 불가득은 공(空)의 의미이다. 시간은 찰나마다 소멸해가는 것이고, 거기에 현재

17 『大寶積經』 제94권 (『大正藏』11권, 535중)
18 『菩薩瓔珞經』 (『大正藏』 16, 101하)
19 『大方廣圓覺修多羅了義經』 (『大正藏』17권, 915중)
20 『小品般若波羅蜜經』 제7권 (『大正藏』8권, 567상)

는 포착될 수 없으므로, 곧 시간의 근저는 공이다.

2. 아비달마불교에서의 삼세

1) 불교의 시간 단위

초기불교 이후 불교의 여러 학파에서 이루어진 삼세에 관한 구체적인 논의에 들어가기 전에, 불교의 시간 단위와 생멸의 개념을 살펴볼 필요가 있다.

불교의 시간 및 거리 단위에 관한 용어는 브라만교 등 인도의 일반 종교철학의 그것과 유사한 면이 있다. 『대비바사론』, 『구사론』 등 아비달마논서에서 시간의 단위로서 찰나(刹那, **kṣaṇa**), 달찰나(怛刹那, tatkṣaṇa), 납박(臘縛, lava), 모호율다(牟呼栗多, muhūrta), 낮[日, divasa], 밤[夜, rātra], 하루[晝夜, ahorātra], 반 달[半月, ardha-māsa], 한 달[月māsa], 계절[時候, **ṛ**tu], 일 년[歲, saṁvatsara] 나아가 겁(劫, kalpa)을 말한다. 이것은 다만 시간의 변화를 규정한 개념에 불과하며 모두 오온(五蘊)을 본질로 한다.

'찰나(刹那)'는 산스크리트 **kṣaṇa**의 음역(音譯)이다. 차나(叉拏)로 음역하기도 하고, 염(念)·염경(念頃: 한 생각을 일으키는 순간)으로 의역(意譯)한다. 시간의 최소 단위를 뜻한다. 실제 그 길이에 관해서 『잡아비담심론(雜阿毘曇心論)』, 『구사론』 등에서 "비유하면 힘이 센 사람이 손가락을 빨리 한 번 튕기는 순간이 65찰나가 된다"고 말한다. 손가락 한 번 튕기는 것의 1/65이라는 것이다.[21] 1찰나는 오늘날의 0.013초 즉 1초의 약 1/75에 해당한다. 혹은 1찰나는 1극미(極微)에서 다음 극미까지 공간을 움직이는데 필요한 시간이라고 설명되기도 하므로 대단히 짧은 시간으로 간주된다. 찰나생멸론(刹那生滅論)에 의하면 법은 이 1찰나 사이에 생(生)·주(住)·이(異)·멸(滅)한다고 한다.

'납박(臘縛)'은 산스크리트 lava의 음역으로서 나예(羅豫)라고도 하며 '순식간(瞬息間)', '경각(頃刻)'이라고 말하고, 오늘날의 1분(分) 36초(秒)에 해당한다. '모호율다(牟呼栗多)'는 산스크리트 muhūrta의 음역이며 수유(須臾)라고도 말하고, 오늘날의 48분에 해당한다.

『구사론』 제12권에 의하면 120찰나(刹那, **kṣaṇa**)를 1달찰나(怛刹那, tatkṣaṇa, 1.6秒)로 하고, 60달찰나를 1납박(臘縛, lava)으로 하며, 30납박을

21 『阿毘達磨俱舍論』 제12권 (『大正藏』 29권, 62상)

1모호율다(牟呼栗多, muhūrta)로 하고, 30모호율다를 1주야(晝夜, ahorātra)로 하며, 30주야를 1달[月, māsa]로 하고, 12달을 1년(年, varṣa)으로 한다. 1세계의 성(成)·주(住)·괴(壞)·공(空)의 시간을 1대겁으로 한다.[22] 가장 긴 시간으로서는 아승기겁(阿僧祇劫) 등이 있다.

『승기율(僧祇律)』 제17권에는 20념을 1순(瞬)이라 하고, 20순을 1탄지(彈指, 손가락을 튕기는 것)라 하며, 20탄지를 1나예(羅豫, 臘縛)라 하고, 20나예를 1수유(須臾)라 하며, 30수유가 1주야라고 한다. 여기서 일념은 지금의 0.018초에 해당한다.

1찰나와 1념을 다르게 말하기도 한다. 『왕생론주(往生論註)』 상권에서는 60찰나를 1념이라 하며, 『인왕반야경』 상권에서는 90찰나를 1념이라 하기도 한다. 『대지도론』 제30권과 제83권에서는 60념을 1탄지(彈指)로 한다. 『구사론』 제12권에서는 65찰나를 1탄지로 삼는다. 『대반야경』 제347권에서는 1주야, 1일, 반일, 1시, 식경(食頃), 수유(須臾), 아이(俄爾), 순식경(瞬息頃)의 순서로 말한다.

그런데 시간 특히 하루의 길이에 관하여 유정의 세계마다 상대적인 것으로 설명한다. 『구사론』 제11권에 의하면 사왕천(四王天)의 1일은 인간의 50년에 해당되고, 위로 갈수록 순차적으로 증가하여 도리천의 1일은 인간의 백년에 해당되며, 야마천의 1일은 인간의 2백년이고, 도솔천의 1일은 인간의 4백년이며, 화락천은 8백년이고, 타화자재천의 1일은 인간의 1천 6백년에 해당된다고 한다. 색계의 여러 하늘의 경우는 신체의 크기에 비례하여 겁의 단위로 말해진다.[23]

2) 생멸의 개념과 찰나멸론

불교에서 삼세를 비롯한 시간 개념을 이해하기 위해서는 '생멸(生滅)'과 '찰나멸(刹那滅)'에 대한 불교적 개념 이해가 필요하다.

'모든 존재는 무상하다(sarvaṁ anityaṁ)'라는 명제는 근본불교 이래 일관된 진리이다. 참으로 모든 존재는 고정불변의 실체가 아니라 끊임없이 변화하는 역동적인 과정 속에 있다. 아비달마논사들은 근본불교에서의 무상의 개념을 논리적으로 철저하게 분석한 결과 '모든 존재는 찰나마다 생

22 위의 책, 62중하.
23 『구사론』 제11권 (『大正藏』29권, 61중하)

멸한다(sarvaṁ kṣaṇikaṁ)'라는 명제를 도출해내었다. '무상(anitya)'의 개념이 경험주의적 인식론에 근거한 귀납적 일반화라고 하면, '찰나(kṣaṇa)'의 개념은 존재의 변화 과정을 논리적으로 분석한 결과 성립된 것이다.[24] 찰나는 몸을 얻는 순간에 멸하는 것을 말하며, 이러한 찰나를 가진 법을 유찰나(有刹那, kṣaṇika)라고 한다.[25] 모든 유위법은 몸을 얻는 순간에 멸하는 유찰나이다.

아비달마불교 이래 불교의 여러 학파들은 존재의 찰나성을 논증함으로써, 타종교의 실체론적인 가설들 즉 신(神, Īśvara), 개아(個我, ātman), 원질(原質, prakṛti) 등의 개념을 논파하고자 하였다. 그리하여 우리의 정신이나 신체, 외계의 물질적인 존재는 순간적으로 생멸을 반복하므로 아뜨만(ātman)이나 쁘라끄리띠(prakṛti)와 같은 영속적 자기동일적 실체는 존재하지 않는다고 하였다.[26]

불교에서 생멸의 개념은 어떤 성격인가? 생(生, uppajjati, '일어난다')은 '현현(顯現)'의 의미이다. 생은 완전한 무(無)에서 생하는 것이 아니라, 어딘가에 잠재해 있다가 현현하는 것이다. 멸(滅, nirujjhati, '사라진다')은 '은복(隱伏)'의 의미이다. 멸은 완전한 무(無)로 멸하는 것이 아니라 어딘가에 잠복해 있는 것이다. 완전한 무로부터 생하고 완전한 무로 멸한다면 전후 두 법 사이에는 인연론적인 연고관계란 없기 때문이다.[27]

생멸에는 찰나생멸(刹那生滅)과 일기생멸(一期生滅)의 2종의 구별이 있다. 전자는 시간의 가장 짧은 단위를 말하며, 예를 들면 1초간에 75회의 생멸이 있다고 한다. 후자는 어떤 법이 생하여 일정한 기간에 유지 보존되다가 그 시기가 다하면 멸함을 의미한다. 찰나생멸(刹那生滅, kṣaṇabhaṅga)은 『성실론(成實論)』에 나오는데, 일찰나의 가장 짧은 시간 중에 생멸하는 것을 말한다. 이것은 일체 만물이 찰나에 생하고 찰나에 멸하는 것을 말한다. 『인왕반야경』 상권에서는 1찰나에 9백의 생멸이 있다고 말한다. 『왕생론주(往生論註)』 상권에서는 1찰나에 101의 생멸이 있다고 말한다.

아비달마불교 중에서 유력한 부파이었던 설일체유부(Sarvāstivādin)의

24 D. J. Kalupahana, 『*Buddhist Philosophy*』, 100-101면.

25 『구사론』 제13권 (『大正藏』29권, 67하)

26 李芝洙, "印度佛教哲學의 몇 가지 문제들—Madhva의 '全哲學綱要'와 관련하여—", 『한국불교학』 제11집, (서울: 한국불교학회, 1986), 377면.

27 고익진, 『아함법상의 체계성 연구』 (서울: 동국대 출판부, 1990), 74면.

찰나멸론에 의하면, 현상계는 찰나마다 생멸해도 본체의 세계는 불멸이라고 한다. 유위법은 순간순간 생멸하지만, 그 본질은 과거·현재·미래의 삼세에 걸쳐서 실재한다는 것이다. 유부에 있어서 현재는 항존(恒存)하는 법체가 작용과 결합한 찰나이고, 작용과 떨어진 상태가 과거와 미래이다. 그리고 존재의 멸은 법체의 작용의 멸이지 그 본체의 멸은 아닌 것으로 간주한다.[28] 현상계의 찰나멸만 인정하고 본체는 불멸이라는 것이다.

경량부(經量部, Sautrāntika)와 대중부(大衆部) 계통에서는 현상계의 모든 존재는 순간적인 것이라는 찰나멸론과, 존재자는 순간마다 생멸하면서 개체로서 지속된다는 상속(相續, saṃtāna)의 개념을 주장했다. "현재 한 찰나에 일어나고 있는 것만이 실유이고 과거·미래의 법은 비존재[現在實有過未無體]"라고 주장했다. 경량부는 부파교단에 속하지만, 인도 대승불교학설의 전개 특히 인식론·논리학설의 전개에 큰 영향을 미쳤으며 7·8세기에 유가행파에 합류되었다.

또한 찰나와 관련하여 찰나무상, 찰나삼세, 찰나연기 등의 용어가 있다. 찰나무상(刹那無常)은 찰나 동안에 생(生)·주(住)·이(異)·멸(滅)의 사상(四相)을 갖춘 것으로서 만물이 생멸하거나 변화함이 무상하다는 것을 말한다. 찰나삼세(刹那三世)는 찰나 위에 세운 삼세를 말한다. 즉 현재의 1찰나를 현재로, 전찰나(前刹那)를 과거로, 후찰나를 미래라고 한다. 찰나연기(刹那緣起)는 찰나 동안의 행위에 12연기의 12지(支)가 구비되어 있는 것을 말한다.

3) 삼세의 자성(自性)과 삼세가실(三世假實)의 문제

초기 아비달마에서는 시간의 정의(定義)가 자의(字義)의 영역에서 벗어나지 않았다. 대표적인 예를 들어보면, 『집이문족론(集異門足論)』 제3권에서 삼세에 관하여 다음과 같이 설명한다.

> "삼세란 과거세와 미래세와 현재세를 말한다. 과거세란 어떤 것인가? 모든 행(行)이 이미 일어났었고 이미 함께 일어났으며, 이미 생겼고 이미 함께 생겨났으며, 이미 옮아갔고 이미 나타났다 옮아갔으며, 이미 모여 쌓였고 이미 출현했다가 과거로 사라졌고, 다하여 없어졌으며, 떠나고 변해버린

28 梶山雄一, 『佛敎における存在と認識』(東京: 紀伊國屋書店, 1983), 36면.

과거의 성품과 과거의 종류와 과거세에 딸린 것 등을 이름하여 과거세라고 한다.

미래세란 어떤 것인가? 모든 행이 아직 일어나지 않았고 아직 함께 일어나지 않았으며, 아직 생겨나지 않았고 아직 함께 생겨나지 않았으며, 아직 옮아가지 않았고 아직 나타나 옮아가지 않았으며, 아직 모여 쌓이지 않았고 아직 출현하지 않은 미래의 성품과 미래의 종류와 미래세에 딸린 것 등을 이름하여 미래세라고 한다.

현재세란 어떤 것인가? 모든 행이 이미 일어났고 이미 함께 일어났으며, 이미 생겼고 이미 함께 생겨났으며, 이미 옮아왔고 이미 나타나 옮아왔으며, 모여 쌓이고 출현하여 머물러 있으면서 아직 사라지지 않았고, 아직 다하여 없어지지 않았으며, 아직 떠났거나 변하지 않았으면서 한데 어울려 눈앞에 나타나 있는 현재의 성품과 현재의 종류와 현재 세상에 딸린 것 등을 이름하여 현재세라고 한다."[29]

중기 아비달마에서는 삼세에 대해 철학적인 사유를 진행하여 정의를 내렸다. 『대비바사론』 제76권에서는 유부(有部)의 근본 입장인 '삼세실유 법체항유설'에 입각해서, 삼세의 정의 12가지를 열거한 뒤에 '바사사평가(婆沙四評家)'의 견해를 제시하고 있다. 12설중에 5설은 작용의 기멸(起滅)에 의하고, 5설은 인과(因果) 위에 세우며, 1설은 관대(觀待), 1설은 유(類) 위에서 삼세를 정의한 것이다.[30]

그러면 삼세는 무엇을 자성으로 삼는가? 이 문제에 대하여 『대비바사론』 제76권에서 일체 유위법을 자성으로 삼는다고 밝히고 있다.[31] 삼세라는 시간은 일체 유위법을 떠나서는 존재할 수 없기 때문이다. 일반적으로 유부 교학에서는 실재적 시간을 의미하는 kāla라는 용어 보다는 변천·변이의 뜻인 adhvan(世, 世路)이라는 말을 사용한다. 이것은 유위(有爲)의 이명(異名)이다.[32] 유위법은 무상 변천하여 시간[世]의 근거[路]가 되기 때문에 '세로(世路)'라고 한다. 세간에서의 시간은 유위법을 근거로 하기 때문에 '유위

29 『集異門足論』 제3권 (『大正藏』26권, 378하)
30 『大毘婆沙論』 제76권 (『大正藏』27권, 393하-394하)
31 『大毘婆沙論』 제76권 (『大正藏』27권, 393하)
32 Th. 체르바츠키, 『소승불교개론(*The Central Conception of Buddhism and the Meaning of the Word "Dharma"*)』(서울: 경서원 : 1986), 102면.

법이 다니는 길'이라는 의미에서 세로(世路)라고 말한 것이다. 그리하여 "세(世)는 별도의 실체가 없으며 존재에 의거해서 가립한다[世無別體依法而立]"라고 설명한다.

유부에서는 삼세에 걸쳐서 법의 체는 실유로서 항상 존재한다는 삼세실유 법체항유설을 주장했다. '삼세실유'란 삼세 그 자체가 실유라는 의미가 아니라, 삼세라는 시간의 형식에 의하여 존재하는 일체 유위법의 실유를 의미한다. 실유(實有)는 '실체(dravya)로서 존재한다'라는 의미이다.

그렇다면 삼세 그 자체는 실유(實有)인가, 가유(假有)인가? 부파불교에서 삼세의 가실(假實)문제에 대한 논의가 있었는데, 『식신족론(識身足論)』 제1권에 의하면 다음과 같다. 사문 목련(目連)은 과거와 미래는 실체가 없고 현재와 무위법만이 실체가 있는 것으로 주장했다고 한다. 일설부(一說部)는 삼세에는 실체가 없고 오직 가명(假名)뿐이라고 주장했다. 설출세부(說出世部)는 세간법은 전도(顚倒)되고 허망한 것으로서 삼세는 오직 가명뿐이요 실체가 없으며, 출세간법은 진실한 것으로서 삼세에 그 실체가 있다고 주장했다. 대중부와 경량부 등은 현재만이 실체가 있는 것이고, 과거와 미래는 본체와 작용이 모두 없는 것이므로 실유(實有)가 아니라고 주장했다. 여기서도 결국은 시간 그 자체가 실유라는 것이 아니라, 과거·미래법의 존재를 생각하기 위해서는 시간의 형식이 없어서는 안 된다는 취지이다. 인도종교철학의 시논사(時論師)처럼 시간 그 자체가 아무런 변화 없이 실제 존재한다는 뜻은 결코 아니다.

설일체유부는 삼세실유 법체항유설을 주장하여 제법의 체(體)가 삼세에 걸쳐서 늘 존재하여 소멸하지 않는 것으로 설명했다. 그렇다면 법체가 항상 존재함으로 과거나 미래의 시간적 구별이 없어질 것이 아니냐 하는 문제가 생긴다. 『대비바사론』 제76권에 "삼세는 일체 유위법으로써 자성을 삼으며 무위법이 아니다. 세(世)의 의미가 없기 때문이다"라고 설명한다. 원래 삼세라는 것은 생멸 변천하는 유위법으로써 그 구별이 있는 것이니, 법체가 항상 존재하고 소멸하지 않는 무위법은 시간의 구별을 필요로 하지 않으므로 삼세와는 무관하다.

경량부와 대중부 계통에서는 유부의 삼세실유를 인정하지 않고 '현재실유 과미무체'의 이론을 전개하였다. 현재 1찰나에 일어나고 있는 것만이 실유하고, 과거·미래의 법은 비존재(非存在)라고 하였다. 일체 유위법은 찰나멸(刹那滅)의 존재로서 과거는 이미 지났고, 미래는 아직 오지 않았으며, 참다운 존재는 현재의 1찰나뿐이다. 과거와 미래의 존재 방식은 증유(曾有)와 당유(當有)이고, 증유와 당유는 실재적으로 있는 것이 아니라 기억으로서 있고 기대로서 있기 때문이다.

4) 삼세실유 법체항유설(三世實有 法體恒有說)

부파불교에서 삼세에 관한 논의라고 하면, 설일체유부의 삼세실유 법체항유설을 자세히 살펴볼 필요가 있다. 삼세실유 법체항유설은 유부(有部)의 중요한 교의이다. 유부는 학파 형성 초기부터 이 이론을 주장했다. '설일체유부(說一切有部, Sarvāstivādin)'라는 학파 명칭도 그 이론에서 유래한다. 이 이론에 의하면 모든 존재는 현상으로는 무상(無常)이지만, 그 본체(svabhāva)는 과거·현재·미래를 통하여 실재한다고 한다. 삼세실유 법체항유의 의미는 '삼세에 실유하는 법체는 항상 존재한다', 즉 과거·현재·미래를 통하여 실유인 제법의 본체가 항상 존재한다는 뜻이다.

그 근거로서는 경전상의 근거[經證] 두 가지와 논리적 근거[理證]로서 두 가지를 들었다. 『잡아함경』 제3권 제79경에서 오온법이 삼세에 걸쳐서 존재한다는 의미로서, 과거와 미래의 색법이 존재하기 때문에 다문성제자(多聞聖弟子)들이 과거와 미래의 색법에 대해서 부지런히 닦고 싫어하여 버리게 된다고 말한다.[33] 만약 과거와 미래의 색법이 존재하지 않는다면 그것에 집착하고 즐겨 추구하는 일도 없어야 하기 때문이다. 또한 『잡아함경』에서 식이 생기하려면 두 가지 조건[緣] 즉 감관[根]과 대상[境]이 있어야 한다고 말한다.[34] 그리하여 인식이란 인식대상이 존재해야만 성립된다, 즉 대상 없는 인식이란 불가능하다고 주장하게 된 것이다. 이것은 『아함경』의 문구를 아비달마적인 사고방식으로 분석 추구한 결과이다. 그리하여 유(有)의 개념을 인식론적 관점에서 분석하여, 유의 본질은 인식을 가능하게 하는 것이라고 보았다.[35] 또한 그 인식은 삼세를 통하여 가능한 인식이다.

그런데 삼세실유 법체항유설에서 무엇이 시간에 따라 변화(pariṇāma)함으로써 법의 삼세의 구별이 생기는가에 관하여 아비달마논사 사이에 논쟁이 있었다.[36] 이 문제에 관하여 『대비바사론』 제77권에 이른바 '바사(婆沙)

33 『雜阿含經』 제3권 (『大正藏』2권, 20상)
34 『雜阿含經』 제8권 (『大正藏』2권, 54상)
35 『順正理論』 제50권 (『大正藏』29권, 621하)
36 유부논서인 『識身足論』 제1권 (『大正藏』26권, 531-537상), 『大毘婆沙論』 제76권 (『大

의 사평가(四評家)'로 불리는 법구(法救)·묘음(妙音)·세우(世友)·각천(覺天) 논사의 상이한 의견이 소개되어 있으며, 『구사론』 제20권에도 이것을 인용하고 있다. 사론(四論)의 대의는 다음과 같다.[37]

① 법구(法救, Dharmatrāta)존자의 유부동설(類不同說, bhāva-pariṇāma): 부류·종류의 부동에 의해 삼세를 구별한다는 주장이다. 유위의 모든 법이 미래로부터 현재로 올 미래의 부류를 버리고 현재의 부류를 얻으며, 현재에서 과거로 옮겨 갈 때 현재의 부류를 버리고 과거의 부류를 얻는다. 이처럼 오직 그 부류를 버리거나 얻을 뿐이요, 그 법체는 실유이므로 버리거나 얻지 않는다. 비유하면 금그릇을 부수어서 다른 물건으로 고쳐 만들 때 비록 장(長)·단(短)·방(方)·원(圓)의 형체는 다를지라도 그 실체는 하등 다르지 않은 것과 같다는 주장이다.

② 묘음(妙音, Ghoṣa)존자의 상부동설(相不同說, lakṣaṇa-pariṇāma): 양상, 특질의 부동에 의해 삼세를 구별한다. 유위의 모든 법이 삼세를 유전할 때 양상의 다름이 있을 뿐이요 그 법체에는 다름이 없다는 주장이다. 삼세에는 각각 다른 양상이 있어서 제법이 미래에 있을 때 미래의 법에 부합되므로 비록 미래라 하지만 과거와 현재의 양상을 여의지 못한다. 현재에 와서는 현재와 부합되어 현재의 법이 되지만 과거·미래의 양상을 여의지 못한다. 과거에 들어가면 과거의 양상에 부합되어 과거의 법이 되지만 미래·현재의 양상을 여의지 못한다. 그 부합하는 세(世)의 양상이 같지 않음에 따라 삼세의 분별이 있으나 법체는 실유하다. 비유하면 한 사람에게 세 사람의 처와 첩이 있다면 각각의 처·첩과 합함에 따라서 그 명칭을 달리하는 것과 같다고 한다.

③ 세우(世友, Vasumitra)존자의 위부동설(位不同說, avasthā-pariṇāma): 위치·자리·작용의 부동에 의해 삼세를 구별한다는 주장이다. 미래는 미작용위(未作用位)이고, 현재는 정작용위(正作用位)이며, 과거는 이작용위(已作用位)이다. 유위의 모든 법이 삼세에 유전하면서 아직 작용이 일어나지 않는 자리에 있을 때를 미래세라 하고, 바로 작용을 일으키는 자리를 현재

正藏』27권, 393상-395), 제77권 (『大正藏』27권, 396상중), 『順正理論』 제51권 (『大正藏』29권, 625중), 『顯宗論』 제26권 (『大正藏』29권, 901上), 『雜阿毘曇心論』 제11권 (『大正藏』26권, 963상중), 『俱舍論』 제20권 (『大正藏』29권, 104중하) 등에서 삼세실유 법체항유설이 논증되고 있다.

37 『대비바사론』 제77권 (『大正藏』27권, 396상중)
『俱舍論』 제20권 (『大正藏』29권, 104중하)

세라 하며, 이미 작용을 종료한 자리에 있을 것을 과거세라고 이름한다. 비유하면 주판알을 1단위에 놓으면 1이 되고, 100단위에 놓으면 100이 되며, 1000단위에 놓으면 1000이라 이름하는 것과 같다고 한다.

④ 각천(覺天, Buddhadeva)존자의 대부동설(待不同說, apeksa-pariṇāma): 제법의 상대 즉 전후상대(前後相待)의 부동에 의해 삼세를 구별한다. 유위의 모든 법이 삼세에 유전할 때 그 대망(待望)에 다름이 있을 뿐이요 그 법체에는 다름이 없다는 주장이다. 즉 전법(前法)을 후법(後法)에 상대하여 전법을 과거라 하고, 후법을 미래라 하며, 그 중간을 앞뒤에 상대하여 현재라고 이름한다. 비유하면 한 부인을 그 여식에 상대해서는 어머니라 이름하고, 그 어머니에 상대해서는 여식이라 이름하는 것과 같다고 한다.

이상 네 가지 주장은 설일체유부의 '일체유(一切有)'의 종지를 천명하는 점은 같으나, 이 가운데 세우의 학설이 유부의 정통설로 인정되었다. 제1 유부동설은 법체전변(法體轉變)의 과실이 있다고 하였다. 즉 금은 동일하다 할지라도 그릇에 따라 전변이 있는 것처럼, 삼세의 법체가 만약 전변한다면 삼세실유 법체항유라 할 수 없다고 한다. 제2 상부동설은 세상잡란(世相雜亂)의 과실이 있다고 한다. 삼세가 모두 각각 삼세의 양상이 있다고 하기 때문이다. 제4 대부동설은 일세(一世)의 법을 삼세라고 말하는 과실이 있다고 한다. 즉 오늘의 현재법을 어제에 상대하여 미래법이라 이름하고, 또한 내일에 상대해서는 과거법이라 이름할 수 있는 것처럼, 과거·미래의 법도 역시 상대하여 각각 삼세라고 이름하는 의미가 있기 때문이라는 것이다. 제3 위부동설은 최선의 주장으로서 제법의 작용이 아직 있지 않은 것을 미래라고 하고, 작용이 있을 때를 현재라고 하며, 작용이 이미 멸한 것을 과거라고 하여 그 본체에는 다름이 없다는 것이다.

3. 대승불교에서의 삼세

1) 중관학에서의 삼세 내용

중관학에서는 모든 존재가 공(空)·무자성(無自性)임을 관찰함으로써 집착의 근본을 끊고, 존재를 있는 그대로 보고자 하였다.

용수(龍樹, Nāgārjuna, 150-250년 경)는 『대지도론』, 『중론』 등에서 공의 입장에서 삼세를 포함한 시간의 실체성을 철저하게 부정하였다. 『대지도론(大智度論)』 제1권에서는 "불법에서 수(數)와 시(時) 등의 법은 실재하지 않는다. 음(陰: 五陰), 입(入: 十二入), 지(持: 十八界)에 포섭되지 않기 때문이다. 어째서 '일시(一時)'라고 말하는가 하면 세속제(世俗諦)에서이다"[38]라고 설명한다. 또한 "그런 까닭에 경전에서는 시(時)를 나타냄에 있어서 가라(伽羅, kāla)라고 하지 않고 삼마야(三摩耶, samaya)라고 한다"[39]고 말한다. 또한 "시간[時]·방위[方]가 있다는 것은 떠나고 모이며 같고 다르며 길고 짧다는 명자(名字)에 대해 범부들이 집착하여 그것이 실유라고 생각한다"[40]고 지적한다.

『대지도론』 제51권에서 "전제(前際)·후제(後際)·중제(中際)는 모두 불가득으로서 삼세가 평등하기 때문에 마하연(摩訶衍)이라고 이름한다"[41]고 말한다. 여기서 삼세의 불가득·평등이란 곧 공(空)을 가리킨다.

중관학파(中觀學派, Mādhyamika)에서는 삼세의 실재성을 인대(因待)와 이상(異相)의 논리로써 부정하였다. 원인을 기다려서 과거·현재·미래의 삼세가 있는데, 그렇다면 삼세가 동시에 한꺼번에 있어야 하는 모순에 빠진다. 이런 모순을 피하기 위해 원인을 없애면 삼세는 제각기 다른 것으로 양상을 달리하여 서로 독립적으로 있게 되니 시간의 연속성이나 구분이 없어지는 모순에 빠진다는 것이다.[42] 『중론(中論, Madhyamaka-kārikā)』의 「관시품(觀時品, Kāla-parīkṣā)」에서 다음과 같이 말한다.[43]

> "시간은 원인을 기다려서 성립하는 것이니, 과거시가 있음으로써 곧 미래와 현재시가 있고, 현재시로 인하여 과거와 미래시가 있으며, 미래시로 인하여 과거와 현재시가 있다. … 과거시로 인하여 미래와 현재시가 있다면 과거시 중에는 마땅히 미래와 현재시가 있어야 한다. 왜냐하면 원인이 있는 곳에 따라서 법이 성립한다면 이곳에 마땅히 이 법이 있어야 하기 때문이다. 마치 등[燈]이 있음으로 인하여 밝음이 성립하는 것과 같다. … 과거시 속에 미래와 현재시가 있다면 곧 세 가지 시간이 과거라는 이름으로 다할 것이다."

38 『大智度論』 제1권 (『大正藏』25권, 64하)
39 『大智度論』 제1권 (『大正藏』25권, 65하)
40 위의 책 제1권, 65중.
41 위의 책 제51권, 422상.
42 소광희, 『시간의 철학적 고찰』 (서울: 문예출판사, 2001), 656-658면.
43 『中論』「觀時品」(『大正藏』30권, 25하-26상)
박인성 번역, 『中論』(대전: 주민출판사, 2001), 297-301면.

라고 하여 과거·현재·미래의 삼세가 독자적 시간 양상으로 있을 수 없다고 주장된다. 또한 이러한 모순을 피하기 위해서 과거 속에 현재와 미래가 없다고 한다면, 이것은 과거·현재·미래가 서로 양상을 달리하는 것이다. 그렇게 되면 과거·현재·미래는 제각기 다른 것이 되어 서로 독자적으로 있게 되며, 시간의 연속성이 없어진다. 또는 세 가지 사이에 구별이 없어져서 과거가 현재가 되기도 하고 현재가 미래가 되기도 하는 등의 모순이 있게 된다. 따라서 삼세의 시간은 실재하지 않는다는 것이다.

2) 유식학에서의 삼세 내용

유식학(唯識學)도 기본적으로 공사상을 바탕으로 하므로, 삼세를 포함한 시간의 실체성이 부정되다. 이 학파는 만법유식(萬法唯識)을 주장하므로 유식학파(唯識學派, Vijñaptimātravādin)라고도 하고, 지관쌍수(止觀雙修)의 요가수행을 중요시하여 유가행파(瑜伽行派, Yogācāra)라고도 부른다. 유식학에 의하면, 일체는 유식(vijñaptimātra)으로서 삼능변식(三能變識)의 인식의 흐름 속에서 표상화된 것이므로, 식을 벗어나서 외계에 독립적으로 존재하는 사물이란 없다. 만법유식의 대명제 아래, 시간도 단순한 표상에 지나지 않는다. 시간을 실유가 아닌 가유로 보는 것은 불교 일반의 관점이며, 유식학에서는 시간의 실체성 부정이 인식작용의 구조와 관련하여 설명되었다.

유식학에서는 24불상응행법(不相應行法)의 하나로 시(時)를 든다. 이 경우는 산스크리트 kāla의 번역으로서, 존재로 하여금 삼세의 시간적 차별을 갖게 하는 것을 말한다. 다만 승론(勝論) 학파나 시논사(時論師)처럼 시간의 실재성을 말하지 않고, 가정적으로 시간을 세울 뿐이다.

과거·현재·미래에 대한 정의(定義)가 일반적으로 원인·결과의 관계에 의해서 설명되었다. 『아비달마집론(阿毘達磨集論)』 제1권에서 "원인·결과가 상속하여 유전하는 것을 가립(假立)하여 시간이라 이름한다"고 말한다. 『변중변론(辨中邊論)』에 의하면, 원인·결과가 모두 작용을 마친 것이 과거이고, 아직 모두 작용하지 않은 것이 미래이며, 원인의 작용이 시작되고 결과가 아직 나타나지 않은 것이 현재라고 한다. 그런데 이런 정의는 존재[法]가 찰나마다 원인·결과의 관계 속에서 생멸하는 상태를 전제로 한다. 어떤 본체가 배후에 존재하고 그 본체를 기초로 해서 현상이 원인·결과의 관계로 나타나는 것이 아니라, 존재자 그 자체가 찰나마다 생멸을 이어가는 것이 바로 원인·결과의 관계 연속이며, 그곳에서 시간을 보고자 하는 것이다. 유식학에 의하면, 원인·결과의 관계는 외계에 실재하는 존재자에 걸치지 않는다. 존재자는 외계에 실재하는 것이 아니라, 어디까지나 식의 전변(轉變) 속에서 나타난 것이며, 그것이 갖는 원인·결과의 관계는 식전변(識轉變)에 속한다. 존재하는 것은 오직 현재뿐이고, 과거와 미래는 종자훈습(種子熏習)의 원인·결과로 설명하는 항시현재설(恒時現在說)의 입장이다.

유식학에서는 시간을 식(識)과의 연관 속에서 논의하였다. 특히 제8 아뢰야식에 저장되어 있는 종자로부터 근본식인 제8식과, 제8식의 등류습기(等流習氣)로부터 전변생기(轉變生起)된 전식(轉識)인 7식은 종자를 매개로 상호인과관계에 있다. 또한 종자생현행(種子生現行)→현행훈종자(現行熏種子)→종자생종자(種子生種子)→종자생현행 등에서 종자생종자는 인과이시(因果異時)이지만, 종자생현행과 현행훈종자는 과구유(果俱有)의 인과동시로 설명된다. 유식학의 항시현재설이나 삼법전전인과동시설(三法展轉因果同時說) 같은 것은, 인과업감(因果業感)의 순서인 과거→현재→미래나, 법상생기(法相生起)의 순서인 미래→현재→과거와 같이, 흐르는 시간의 사변(思辨)에 입각한 것과는 다르다.

호법(護法, Dharmapāla, 530-561)은 『성유식론』에서 만법유식의 입장에서 설일체유부와 경량부 등의 시간론을 비판하였다. 호법에 의하면, 원인[因]·결과[果]라고 이름할 때는 반드시 작용에 의거하며, 본체[體]에 의거하지 않는다. 아직 작용이 일어나지 않은 것을 미래라고 이름하고, 바로 작용이 있는 것을 현재라고 이름하며, 작용이 이미 끝난 것을 과거라고 이름한다. 오직 현재의 한 찰나만이 존재하며, 그 현재법이 후법(後法)을 이끄는 작용이 있는 것에 관대(觀待)하여 당과(當果)를 가립하고, 이것에 대하여 현재법을 가정적으로 원인이라 이름한다. 또한 현재법이 전법(前法)에 대한 갚음[酬]의 양상이 있는 것에 관대하여 증인(曾因)을 가립하고, 이것에 대하여 현재법을 가정적으로 결과라고 이름한다. 그러므로 현재법을 후법에 대해서는 원인이라 하고, 전법에 대해서는 결과라고 말했다. 인과의 이취(理趣)가 현요하여 단상(斷常)의 이변(二邊)을 떠나 중도의 입장에 있다.

또한 호법은 『성유식론』 제8권에서 설일체유부의 삼세양중인과설을 비판하고 이세일중인과설(二世一重因果說)을 주장했다. 『아함경』의 십이연기설이 부파불교에 와서 혹(惑)→업(業)→고(苦)의 업감연기설로 설명되었으며, 혹(惑)은 무명과 애·취이고, 업은 행과 유(有)의 일부이며, 고(苦)는 식·

명색·육처·촉·수·생·노사와 유의 일부를 가리킨다. 유식학파에서는 업의 저장소이며 윤회의 주체인 제8 아뢰야식의 작용원리를 규명하고 아뢰야식 연기설을 주장했다. 유부에서는 삼세실유 법체항유설에 입각하여 과거의 무명·행의 용(用)은 멸하더라도 체(體)는 존재하므로 미래의 결과를 이끈다고 말한다. 유식학에서는 종자훈습설에 입각하여, 현재세의 혹(惑)·업(業)은 찰나에 멸하고 과거는 실체가 없음으로 미래의 과보를 이끌 수는 없지만, 그 찰나에 반드시 제8 아뢰야식 중에 종자를 훈습시켜서 집지(執持)하므로 상속하여 후세에 이르게 되고, 연(緣)과 화합하여 현행하여 고과(苦果)를 생겨나게 한다. 그리하여 생사가 끊임없이 상속된다고 설명했다.[44]

신라 출신으로 중국에서 활동한 원측(圓測, 613-696)은 『해심밀경소(解深密經疏)』 제1권에서 "유가행파에 의하면 숫자[數]와 시간[時]은 곧 유위법 위에 분위(分位)하여 가립한 것이다. 24불상응행법 가운데의 숫자와 시간이다. 오온문(五蘊門)에서는 행온에 속하고, 십이처(十二處)·십팔계문(十八界門)에서는 법처와 법계이니 의식의 경계이기 때문이다"라고 설명했다. 또한 중관학파와 유식학파에서 시간의 유(有)·무(無)에 대한 견해가 다른 것에 대해서, 원측은 "중관학파에서는 외도들이 숫자와 시간 등이 실유라는 견해를 갖는 것을 깨뜨리기 위해 체성이 없다고 한 것이며, 유식학파에서는 대승 법상의 도리를 나타내기 위해 그것을 따로 세운 것이니 서로 어긋나는 것이 아니다"라고 회통했다.[45]

중국 법상종의 개조인 자은 기(慈恩基, 632-682)는 『성유식론술기(成唯識論述記)』 제3권에서 "대승의 진의(眞義)를 총괄하면 법에는 오직 현재뿐이다. 식이 전변해서 삼세가 있게 된다"[46]고 하여 항시현재설(恒時現在說)의 입장을 밝히고 있다. 또한 "『유가사지론』 제51권·제69권, 『현양성교론』 제10권, 『아비달마잡집론』 제3권, 『중변분별론』 제1권에서는 모두 종자에 의지해서 삼세를 건립한다. 과거와 미래의 뜻에 요약해서 그 세(世)를 말한다. 『유가론』 제66권, 『잡집론』 제4권·제13권, 『살차니건자경』에서는 6신통에 삼세의 차별이 있다고 말한다. 숙명지(宿命智)는 과거를 반연하고, 생사지(生死智)는 미래를 반연하며, 타심지(他心智)·누진지(漏盡智)는 현재를 반연한다. 지금 여기서는 또한 식이 전변한 과거·미래의 원인·결과에 요약

---

44 深浦正文, 『唯識學研究』 하권, 507면.

45 圓測, 『해심밀경소』 제1권 (『韓佛全』1권, 140상)

46 基, 『成唯識論述記』 제3권말 (『大正藏』43권, 339하)

해서 과거·미래를 말한다"[47]고 하였다.

또한 기(基)는 종래 여러 경론에서 말하는 삼세를 요약해서 도리삼세·신통삼세·유식삼세라는 3종의 삼세를 들면서 다음과 같이 설명했다.[48]

① 도리(道理)의 삼세: 원리상으로 본 삼세이다. 현재의 법 위에 과거는 일찍이 있었던 인상(因相)으로서, 미래는 장차 있으려고 하는 과상(果相)으로서 과거·미래의 의미가 갖추어 있다는 이유에서 현재의 법에 원리로서 삼세를 건립하는 것이다. 현재법이란 이전에 일찍이 있었던 원인으로 하여 일어난다. 이 수인(酬因)의 양상을 관해서 과거에 있었던 원인을 가립하고, 이 증유(曾有)의 원인에 대해서 현재법을 결과라고 한다. 또한 현재법은 나중에 마땅히 결과를 이끄는 힘이 있으므로 이 인과(引果)의 양상을 관해서 미래에 장차 있을 결과를 가립하며, 이 당유(當有)의 결과에 대해서 현재법을 원인이라고 한다. 따라서 과거증유의 원인도 미래당유의 결과도 모두 현재법 위에서 가설한 것에 지나지 않는다. 이에 현재법 위에 증유와 당유와 현유를 관대(觀待)하여 도리로써 가립된 삼세이다. 이것을 종자증당(種子曾當)의 삼세라고도 한다. 종자의 증인(曾因)에 갚아져서 당과(當果)를 이끄는 뜻에 의해서 가립된 삼세이기 때문이다.

② 신통의 삼세: 과거·미래는 본래 실체가 없지만 신통력에 의해서 삼세의 사실이 완연하게 현현함을 말한다. 성자가 숙명지(宿命智, 宿命通)를 얻으면 먼 과거 옛적의 일을 관하고, 생사지(生死智, 天眼通)를 얻으면 먼 미래의 일을 관하며, 타심지(他心智, 他心通)를 얻으면 현재 현실의 일을 관한다. 그 관념수습(觀念修習)의 힘에 의해 각 세상의 상황이 완연하게 현현한다. 신통력에 의해 현현한 삼세를 현재 찰나의 심식의 상분(相分)으로서 세우는 것이다. 그런데 이것들은 망식(妄識)이 전변된 바가 아니고 실지(實智)의 현현이기 때문에 실법(實法)이지만, 현재 찰나의 상분 위에 가립된 삼세에 지나지 않는다. 이것은 신통에 의해 변현된 삼세이므로 또한 정식(淨識)의 삼세라고도 한다.

③ 유식(唯識)의 삼세: 허망분별의 망식(妄識) 앞에 현현된 삼세를 말한다. 과거·미래가 본래 무체(無體)이지만, 범부의 망정(妄情)에 의해서 과거·미래의 사상(事相)과 같은 상분이 현현한다. 그러므로 범부의 망정 앞에서

47 上同.
48 上同.

는 삼세의 차별이 있다고 하지만, 사실은 현재 찰나의 상분(相分)으로서 모두 오직 식이 전변된 것[唯識所變]이므로 유식의 삼세라고 말한다.

앞에서 말한 도리삼세와 신통삼세도 또한 유식소변이지만, 전자는 종자의 과거·미래의 도리에 의지하고, 후자는 성지소발(聖智所發)의 신통력에 의지하는 등의 차이가 있다. 그런데 유식삼세는 다만 범부가 분별망식에 의해서 변출(變出)된 삼세의 차이가 있기 때문에 그렇게 부를 뿐이다. 또한 신통 삼세와 유식 삼세 중에서 전자는 오심(悟心)에 의하고 후자는 망식(妄識)에 의한 것이므로 2종으로 별립한 것이다.

3) 화엄학(華嚴學)에서의 삼세 내용

화엄학의 시간관은 신라 의상(義湘, 625~702)의 『일승법계도(一乘法界圖)』에 나오는 "한량없는 먼 겁이 곧 일념이고, 일념이 곧 무량겁이다. 구세와 십세가 서로 엉킨 듯이 한 덩어리면서도 그러나 그대로 잡란되지 않고 제각각 성립하도다.[無量遠劫卽一念 一念卽是無量劫 九世十世互相卽 仍不雜亂隔別成]"[49]라는 게송에 명쾌하게 요약되어 있다. 그 원리는 다음과 같다. 과거·현재·미래의 삼세의 하나하나에 각각 과거·현재·미래의 삼세가 있기 때문에 구세(九世)가 된다. 즉 삼세의 각각에 삼세를 세워서 과거의 과거, 과거의 현재, 과거의 미래, 현재의 과거, 내지 미래의 미래인 구세를 세운다. 또한 그것들은 상즉상입(相卽相入) 즉 다른 것에 서로 통합하고 서로 화합하여 일념 중에 거두어지기 때문에 9세와 전일(全一)의 1세가 합해서 10세가 된다. 구세가 결국은 일념에 거두어지고, 그 일념을 열면 구세가 되기 때문에 합해서 십세라고 한다. 이 십세는 시간적으로 멀리 떨어져 있기는 하지만, 일념에 거두어지기 때문에 상즉상입(相卽相入)한다. 그러면서도 전후장단 등의 구별이 지켜지므로 질서정연하다. 그리하여 한 생각과 삼세의 시간이 서로서로 맞물려서 복잡하게 얽혔어도 조화롭게 작용한다는 것이다.

화엄학에서의 시간관은 십현연기설(十玄緣起說)의 전개 논리인 상즉상입(相卽相入)의 원리로써 설명된다. '상입(相入)'은 개체가 전체에 함입(含入)되고 전체가 개체에 함입되는 원리이다. 전체 속에 있는 개체이고 개체 속에 있는 전체 즉 '일중다(一中多) 다중일(多中一)'의 관계를 말한다. '상즉

---

49 義湘, 『一乘法界圖』(『韓佛全』2권, 1상)

(相卽)'은 개체와 개체의 상호 협력관계를 말한다. 자기 존재의 확립을 통해 타자의 존재를 성립시키는 것 즉 '일즉다(一卽多) 다즉일(多卽一)'의 관계이다.[50]

이러한 시간관은 중국 화엄종의 제3조인 현수법장(賢首法藏, 643-712)의 『화엄일승교의분제장(華嚴一乘敎義分齊章)』과 『화엄경탐현기(華嚴經探玄記)』에 나오는 동시구족상응문(同時具足相應門)과 십세격법이성문(十世隔法異成門)에서 보다 정치하게 설명된다. 동시구족상응문은 앞과 뒤, 그리고 처음과 끝이 차별 없이 상즉상입하여 일체를 구족하고 있어서, 역순(逆順)이 들어와도 혼란스럽게 섞이지 않고 일대연기(一大緣起)를 이루면서 무한한 공간과 시간이 한 점에서 응집하는 것을 말한다.[51] 십세격법이성문은 시간에 있어서의 상즉상입을 말한다. 삼세는 각각 삼세를 갖고 있으므로 구세가 되고, 구세는 현재의 일념 속에 수섭(收攝)되므로 구세에다가 일념인 현재를 더하여 십세라고 한다. 삼세가 어째서 또 각각 삼세를 갖느냐 하면, 과거·현재·미래의 제법(諸法)이 각각 상즉상입의 원리로 존재하기 때문이다. 즉 과거세의 제법은 그 과거세에서 또한 과거세·현재세·미래세의 제법과 상즉상입하며, 이것은 현재세와 미래세에 있어서도 마찬가지이므로 삼세가 각각 삼세를 갖게 된다. 또한 구세는 연속체로 연관되는 것이 아니라 격법으로 따로따로 성립하면서도[隔法異成] 동시적으로 현재의 일념 속에 수섭(收攝)된다.

화엄사상에서 말하는 시간은 오직 현재뿐이며, 그 현재는 자기 동일성을 갖고 흘러가는 실재가 아니라 영원한 현재로 있다. 화엄에서 말하는 시간에는 연속성이 없으며, 이사무애(理事無碍) 사사무애(事事無碍)로 일시현성(一時現成)이다. 과거·현재·미래가 실재한다는 생각을 배격하고, 그러면서 없다고 하는 생각도 다시 배격함으로써 삼세가 자유롭게 어느 한 점에 포용되며, 어느 한 점에서 삼세를 모두 전개시킨다고 본다. 즉 과거는 독립된 과거로 실재하는 것이 아니라 그 가운데 현재와 미래가 포용되어 나타나며, 현재 역시 과거와 미래가 포용되고, 미래 가운데서도 과거와 현재가 포용되어 일즉삼(一卽三) 삼즉일(三卽一)이 된다. 이렇게 될 때 찰나 가운데서 영겁을 보게 되고, 영겁도 찰나 가운데 포용된다. 즉 일념이 바로 무량원겁

50 소광희, 『시간의 철학적 성찰』, 660-661면.

51 『華嚴一乘敎義分齊章』(『大正藏』45권, 505상)

이고 영겁도 일념에 지나지 않는다는 것이다. 시간의 실체성을 인정하지 않으나 다시 부정을 통한 중도사상에 의해 극복됨으로써 그 존재성이 다시 인정되어, 찰나 속에 영원을 발견하고 영원 속에서 찰나를 발견한다.

Ⅲ. 인접 개념과의 관계 및 현대적 논의

1. 인접 개념과의 관계

삼세의 인접개념으로서 윤회, 삼세업보, 삼세양중인과설 등을 살펴보기로 한다.

윤회(輪廻, saṁsāra)는 중생이 번뇌와 업(業, karma)에 의해서 삼계(三界) 육도(六道)의 미혹한 생사세계를 거듭하는 것을 말한다. 태어나서 살다가 죽음을 거듭하는 윤회 속에서 중생의 전생, 현생, 내생의 삼세 구별이 있게 되며, 삼세의 순환이 반복된다. 이때 삼세 각각의 시간 길이는 그 중생의 수명에 따라 달라진다.

삼세업보는 과거·현재·미래의 삼세에 걸쳐서 인과응보의 이치가 행해지는 것을 말한다. 곧 과거의 업을 원인으로 하여 현재의 과보를 받고, 현재의 업을 원인으로 하여 미래의 과보를 받는 것을 말한다. 삼세인과라고도 한다.

삼세양중인과설은 십이연기를 삼세에 걸치는 인과관계로 설명하는 이론으로서 설일체유부 등에서 주장되었다. 그 내용은 십이지 중에서 무명·행의 2지(支)를 과거세의 원인[因]으로 하고, 식(識) 등의 5지를 현재세의 결과[果]로 하여 이것을 초중(初重)의 인과로 한다. 다음에 애(愛)·취(取)·유(有)의 3지를 현재세의 원인으로 하고, 생(生)·노사(老死)의 2지를 미래세의 결과로 하여 이것을 제이중(第二重)의 인과로 한다. 그리하여 12지에 삼세양중에 인과가 있다고 주장한 것이다. 근본불교에서는 아직 명백하게 윤회설과 12연기설을 하나로 결합하지는 않았다. 설일체유부는 이 둘을 결합해서, 12연기를 삼세에 걸치는 인과율로 생각하여 삼세양중인과를 주장했다.

연기설의 본래 취지는 유정·무정을 막론하고 일체 제법의 상호관계의 도리를 밝히는 것이지만, 12연기설은 유정 중심의 연기설이다. 이 문제에 관하여 『구사론』 제9권에서 "삼제(三際) 중에서 어리석은 미혹을 버리기 위함이다. 삼제의 차별은 오직 유정에 있다"[52]라고 밝힌다. 그리하여 12연기 중에 과거의 무명·행의 2지(支)를 말하는 것은 전제(前際)에 대한 어리석은 미혹심(迷惑心)을 제거하기 위한 것이고, 미래의 생·노사의 2지를 말하는 것은 후제(後際)에 대한 어리석은 미혹심을 제거하기 위함이며, 현재의 식 내지 유(有)의 8지를 말하는 것은 중제(中際)에 대한 어리석은 미혹심을 제거하기 위한 것이다. 12지의 삼제(三際)연기는 오직 인과관계로서 전후가 상속하여 자재를 얻지 못하는 것이므로, 실아(實我)가 없다는 무아의 도리를 교시하는 것이 12연기설의 이유임을 밝힌다.

설일체유부(說一切有部)는 4종연기 즉 ① 찰나(刹那, kṣaṇika)연기 ② 연박(連縛, sāmbandhika)연기 ③ 분위(分位, āvasthika)연기 ④ 원속(遠續, prākarṣika)연기를 말했다. 찰나연기는 찰나경의 행동에 12지가 구유(俱有)함을 말하고, 연박연기는 12지가 연이어서 계기(繼起)함을 말한다. 분위연기는 12지가 각각 오온을 갖추는데, 그 12지 소유의 오온이 삼세의 분위에 나누어짐을 말한다. 원속연기는 이것이 현원상속(懸遠相續)하여 무시무종한 것을 나타낸다. 이중에서 석존의 뜻은 분위연기에 있다는 것이 유부의 주장이다.[53] 연기에 대한 이런 견해 속에서 발달하여 완벽한 체계를 이룬 것이 삼세양중인과설이다. 이것은 다시 통속적인 태내외오위설(胎內外五位說) 및 사유설(四有說)과 결합하여 태생학적(胎生學的) 연기관을 낳는다. 이러한 분위적 해석은 『아함경』에서 12연기의 식(識)을 결생식(結生識)으로 설명하거나[54] 12지의 일부를 수태에서 시작되는 생장과정으로 설명하는 대목에[55] 근거를 두고 있다. 또한 부파불교에서 생사유전하는 윤회의 주체에 대한 논의가 두 가지 방향 즉 ①12연기설 ②12연기설과는 독립적인 윤회의 주체에 대한 추구에서 전개되었는데, 전자에서 삼세양중의 12연기설로 다루어졌기 때문이다. 참고로 말하면 후자에서는 대중부(大衆部)의 근본식(根本識), 화지부(化地部)의 궁생사온(窮生死蘊), 설일체유부의 유분식(有分識) 이론을 낳았고 마침내 유식학파에 와서 아뢰야식을 규명하게 되었다.

52 『구사론』 제9권 (『大正藏』29권, 49상)
53 위의 책 제9권, 48하.
54 『장아함경』 제10권 (『大正藏』1권, 61중)
55 『중아함경』 제54권 (『大正藏』1권, 769중)

순생업(順生業)의 연기로서 삼세에 걸쳐서 12지를 분위한다. 삼세에 윤회하는 오온은 분위(分位)하여 연기하는 것임을 표현하는 것으로서, 이것을 12지에 나눈다 할지라도 그 체는 오온에 불과하다. 오온이 상속하는 위(位)의 특징에 의하여 12지의 분위를 건립한 것이다. 『청정도론(清淨道論)』 등에서 "무명과 행은 과거세에 속한다. 태어남과 늙음·죽음은 미래세에 속한다. 중간에 여덟 가지 각지는 현재세에 속한다. 그러므로 삼세가 있다", "이것은 과거와 현재와 미래의 삼세에 속한다. 무명과 행, 이 두 각지는 과거에 속하고, 느낌부터 존재까지 8개의 각지는 현재에 속하며, 태어남과 늙음과 죽음, 이 두 각지는 미래에 속한다고 알아야 한다"[56]라고 말한다.

참고로 말하면 삼세십이인연 이외에 『구사론』에서는 『대집경(大集經)』에 근거하여 이세십이인연, 일세십이인연을 말한다. 이세십이인연(二世十二因緣)에서는 앞의 10가지 각지는 현재에 속하고 끝의 두 각지는 미래에 속한다고 설명한다. 일세십이인연(一世十二因緣)이란 다만 한 세상을 잡아서 한 사람의 한 생각 일어남을 따라 곧 십이인연을 갖추는 것을 말한다.

삼세양중인과설은 유부뿐만 아니라 남방상좌부 나아가서는 일부 대승교단에 이르기까지 지지되었다. 지금도 남방불교에서는 연기를 삼세양중인과로 설명한다.

유부(有部)의 삼세양중인과에 대해서 유가행파(瑜伽行派) 중에서도 특히 호법(護法, Dharmapāla, 530-561)은 『성유식론(成唯識論)』 제8권에서 이세일중인과(二世一重因果)를 주장했다. 무명부터 유(有)까지의 10지를 10인(因)으로 하고, 생·노사를 2과(果)로 하며, 과현문(過現門)에서는 과거세의 10인이 현재세의 2과를 불러오고, 현미문(現未門)에서는 현재세의 10인이 미래세의 2과를 불러온다고 설명한다.[57]

그 외에 '삼세'와 연결 혹은 관련된 용어로서 삼세제불, 삼세삼천불, 삼세지, 내세표상 등이 있다.

삼세제불(三世諸佛)은 과거·현재·미래 삼세의 무한히 긴 시간에 출현하는 모든 부처님을 말하며, 삼세여래(三世如來)라고도 한다. 다만 부파불교에서는 1불 1불이 일정한 간격을 두고 출현한다고 하며, 대승에서는 공간적으로 시방의 모든 부처님이 시간적으로 삼세에 걸쳐서 나타난다고 하여

56 『清淨道論』 XVII. 287. 『아비담마 길라잡이』 하권에서 인용.
57 『성유식론』 제8권 (『大正藏』31권, 44중하)

시방횡화(十方橫化) 삼세견화(三世堅化)라고 한다.

삼세삼천불(三世三千佛)은 과거 장엄겁(莊嚴劫)의 1천불, 현재 현겁(賢劫)의 1천불, 미래 성수겁(星宿劫)의 1천불을 합해서 말한다.

삼세지(三世智)는 과거, 현재, 미래의 불지(佛智)를 통달한 것을 말한다.

내세표상(來世表象, idea of beyond or the world beyond)은 인간이 죽은 후에 그 영혼이 간다고 하는 세계 즉 내세에 대한 상상을 말한다. 내세의 위치는 지상, 지하, 하늘로 구분된다. 이 세상과 저승의 관계는 단순한 생사의 연속적 관계라고도 생각되고, 선악의 응보적 관계라고도 생각된다. 응보적 저승은 극락 또는 천국과 지옥으로 갈라지며, 전자는 보통 하늘의 세계로 표상되고, 후자는 지하의 세계로 표상된다.[58]

2. 현대적 논의

인간 나아가 모든 사물이 존재함에 있어서 시간과 공간은 근본적인 전제이다. 우리가 현실적으로 존재한다는 것은 시간과 공간의 동시성(同時性)을 통해서 가능하다. 그리하여 시간과 공간에 대한 논의는 동서고금을 통해서 다양한 형태로 전개되어왔다. 이중에서 시간은 어디에 존재하는가? 우리는 무엇을 통해 시간의 존재를 확인하는가? 우리는 현상의 변화에 의해서 시간의 흘러감을 알고 그 존재성을 추론한다. 시간은 존재로 하여금 과거·현재·미래의 시간적 차별을 갖게 한다. 불교에서 '시간'의 개념은 객관적으로 독립된 실체성을 갖지 않는다. 다만 생멸 변천하는 유위제법(有爲諸法)에 근거하여 설정된 것이다. 유위제법이 원인·결과가 상속(相續)하여 단멸되지 않는 분위(分位)에 가립(假立)된 것이다. 시간이 실존해서 유위법이 생멸 상속하는 것이 아니라, 유위법이 생멸 상속하는 것에 의거해서 시간을 가립한다. 또한 시간론에서 특히 '삼세'의 개념은 업보설, 윤회설을 설명하는 데 중요한 요소이다.

인도종교에서는 윤회를 벗어나서 불생불멸의 해탈에 안주함을 희구한다. 불교의 시간관은 연기법을 올바로 깨쳐서 시간을 달관하여 윤회적인 시간을 초월함을 목적으로 한다.

일반적으로 시간을 연구하는 차원은 세 가지 즉 과학의 차원, 종교의 차

58 『세계철학대사전』(서울: 교육출판공사, 1989), 163면.

원, 철학의 차원이다.[59] 첫째 과학의 차원에서 보이는 시간은, 태양계에 속하는 생물들이 해와 달과 별들의 주기적 운행에 맞추어 사는 데 근거한 것으로서, 다른 차원의 시간론의 기초가 된다. 둘째 종교적 차원의 시간론은 인간 영혼의 구제로 모아져서 필연적으로 다음과 같은 세 가지 영원관이 있게 된다. ① 이승의 시간을 무한하게 늘려서 이승에서 불로장생을 성취하려는 것, ② 사후에 (성불, 득도, 부활 등에 의한) 영생(永生)의 관념을 두는 것, ③ 윤회전생(輪廻轉生)이다. 셋째 철학적 차원의 시간 연구의 주제는 시간의 본질, 시간의 인식, 시간 양상의 문제, 시간과 영원과의 관계, 시간의 근원 등이다.

그런데 시간은 현상계 사물의 변화를 통해서 지각될 수 있으며, 그러한 시간을 인식하는 것은 결국은 의식의 흐름에 귀결된다. 주관적인 견지를 취함에 의해 비로소 시간의 수수께끼를 풀 수 있게 된다. 이런 입장은 불교, 특히 유식학(唯識學)의 시간관에서 잘 나타난다. 서양철학에서 아우구스티누스(A. Augustinus, 354-430)도 이와 유사한 설명을 했다. 그는 『고백록』에서 "과거는 이미 지나갔고, 미래는 아직 오지 않았다. 시간은 현재에 존재한다. 과거·현재·미래는 마음에 존재한다"고 말했다. 그리하여 천체의 규칙적인 순환 운동은 시간을 측정하는 유용한 단위는 될 수 있으나, 그것 자체로 시간이 될 수는 없고, 과거와 미래의 존재 근거는 의식에 있다고 하였다. 그는 시간의 본질을 규정하여, 무릇 있는 것은 오직 현재로서만 있으며, 과거·현재·미래라는 세 시간의 양상을 존재의 면에서는 과거의 것에 대한 현재, 현재의 것에 대한 현재, 미래의 것에 대한 현재라 하고, 의식의 면에서는 기억·직관·기대라고 말했다. 시간의 소재는 의식이고, 세 시간의 양상을 의식으로 환원하여 그 존재 근거를 확보하였다. 과거는 '기억으로서의 현재'이고, 미래는 '기대로서의 현재'이며, 현재는 '직관으로서의 현재'라고 말했다.

참고로 서양철학에서의 시간론의 역사를 살펴보면 다음과 같다. 서양철학에서는 시간에 대한 철학적 고찰이 자연철학적 사고와 결합하여 현대의 물리학에까지 연결되었다. 플라톤(Platon)의 철학적 시간론에 대해서, 아리스토텔레스(Aristoteles)는 시간을 영원과 연결 짓지 않고 자연의 운동과 연관시켜서 관찰하여 과학적 시간론의 기초를 세웠다. 아우구스티누스(A. Augustinus, 354-430)는 그리스의 철학적 시간론과 그리스도교의 시간 사

59 소광희, 『시간의 철학적 성찰』, 8-10면.

상의 통합을 모색하였다. 시간을 의식 속으로 내재화하여 시간을 의식과 관련해서 논의하는 전통을 열었다. 시간이 흘러가는 방향 문제에 있어서는, 시간은 미래에서 발원하여 현재를 거쳐 과거로 흐르는 것으로 표상되어 있다. 이러한 미래 연원적 시간관은 목적론적이고 종말론적이다.

근세 이후 많은 시간론이 대두되었다. 뉴턴(Newton, 1643-1727)은 시간과 공간을 인간의 지각이나 개별적 사물로부터 독립된 절대적 실체로 보았다. 라이프니쯔는 시간과 공간을 절대적 실체가 아니라 '사물의 질서'로 보았다. 칸트(Kant, 1724- 1804)는 시간의 선험성(先驗性, apriority)을 말하여, 시간과 공간은 유일하고 무한하며 경험에 선행한다고 하였다. 훗설(Husserl)의 현상학적 시간론에서는 시간류(時間流), 의식류(意識流), 체험류(體驗流) 등이 말해진다. 짐머(Heinrich Zimmer)는 "시간은 생성과 소멸이고, 무상(無常)의 근거이며, 요소이며, 일시적인 정신과정의 구조이고 내용이며 그의 변화이고, 머지않아 사라질 경험의 대상이다"[60]라고 하여 시간에 대한 인도철학의 입장을 대변하였다.

과학에서는 일반적으로 시간이 시작도 끝도 없이 무한히 흐르는 것으로 표상되어 왔다. 그런데 영국의 천체물리학자 호킹(S. W. Hawking)에 의하면, 우주는 대폭발(big bang)과 함께 시작되어 계속해서 팽창하다가 언젠가는 또 한 번의 대폭발로 인해 파괴되어 블랙홀 속에 빠져서 없어지기 때문에, 시간은 이전의 대폭발과 함께 있으면서 진행하다가 마침내 이후의 또 한 번의 대폭발로 인해 없어질 것이라고 말했다.[61]

시간에 관한 일반적인 표상은 크게 원환적(圓環的) 표상과 직선적 표상이다. 전자는 주로 농경사회의 자연관 즉 자연의 무한순환에 기초한 그리스적·동양적 표상이다. 후자는 이스라엘 민족의 역사적 삶에서 연원하는 시간 표상으로서 시간에 시작과 종말이 있음을 전제로 하며, 종말론적 시간관의 종교적 배경이 된다. 전자는 시간의 무한성을, 후자는 시간의 유한성을 말한다.

윤회의 시간을 형이상학적 시간 또는 회귀적(回歸的) 시간이라고 한다. 그것은 자기에 회귀하는 무시무종(無始無終)의 시간이다. 서양철학에서 플

60 Heinrich Zimmer, *Philosophies of India* (New York : Meridian Book, Inc. 1956), 450면.

61 S. W. Hawking, *A Brief History of Time, from the big bang to black holes,* 현정준 번역, 『시간의 역사』 (서울: 삼성이데아, 1988). 소광희, 전게서에서 인용.

라톤, 아리스토텔레스 등 그리스 철학자들은 대부분 시간을 원환적(圓環的)인 것으로 보았고, 거기에는 윤회전생(輪廻轉生)의 종교적 믿음이 따랐다. 인간은 무한 횟수를 반복해서 살아야 하는 숙명적 존재로 간주되었다. 스토아학파의 학자들도 시간의 순환성을 견지하였다. 근대적 형태로는 헤겔 철학의 변증법에서도 일종의 회귀사상이 나타난다. 쇼펜하우어에게 있어서는 불교의 윤회사상의 영향 아래 재생과 윤회가 사유되었다. 현대 회귀사상의 대표적인 예로서 니체는 인간적 회귀와 새로운 생명으로서의 삶의 영겁 회귀를 들었다.

윤회의 범주를 다시 전개하여 기세간(器世間)의 회귀를 설명하는 것이 겁설(劫說)이다. 우주적 회귀는 세계가 창조주에 의해 무(無)에서 창조된 것이 아니라 근원도 목표도 없이 매순간마다 시작과 끝이 동시에 회귀하는 항구적 운동을 계속하며, 따라서 세계 속에서 진행되는 시간도 처음과 끝을 갖는 일이 없이 무한하고 영원히 회귀적으로 진행한다. 회귀사상에서 '회귀'란 본래 같은 것으로의 회귀, 자기 동일성을 가진 영원한 존재를 상정한다. 그러나 엄밀히 말하면 어제의 나와 오늘의 나는 다르다. 모든 존재는 일회성 가운데 있으며 연(緣)에 따라 계속 변화한다. 일방적인 회귀가 아닌 것이다.

결론적으로 말하면, 삼세를 포함하여 불교의 시간관은 시간의 실체성을 인정하지 않는다는 점에서 무시적(無時的) 시간관이라 할 수 있고, 중도사상에 의해 과거·현재·미래가 융통무애하게 서로 밀접한 하나가 되면서 상즉상입(相卽相入)하는 면에서 통시적(通時的) 시간관이라고 할 수 있다. 이러한 입장은 선전(禪典)에서 더욱 강조되었다. 선(禪)에서는 무념(無念)의 일념 속에서 만유의 현전을 직하(直下)에 보고자 한다. 여기서 시간은 삼라만상이 한꺼번에 현전하는 절대 현재로서 천명된다. 현세에 대한 절대적 긍정의 입장이다. 과거 지향적이라거나 현재 지향적이라거나 미래 지향적인 삶이 아니라, 과거·현재·미래가 일념 속에 포용되어 매순간 전인적 삶을 살 것을 강조한다. ❀

김묘주 (동국대)

우리말 불교개념 사전

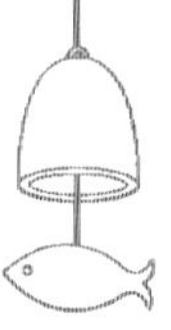

삼계

범 tridhātu 빠 tidhātu 장 khams gsum 한 三界

I. 어원적 근거 및 개념 풀이

삼계란 범어로 tridhātu이며 빠알리어로는 tidhātu이다. 이는 중생들이 거주하고 왕래하는 세계, 나아가 생물이 사는 세계를 말한다. 그리고 이 세계는 생사유전 하는 미혹의 세계로 중생들이 죽어 윤회하는 영역이다. 이런 세계를 욕계(欲界)·색계(色界)·무색계(無色界)의 세 단계로 나눈 것을 삼계라 한다.[1]

불교의 우주관에 따르면 이들 삼계는 수미산 둘레에 위치하고 있다. 그 가운데 욕계는 수미산 아랫부분이고, 색계는 수미산의 중간부분, 그리고 무색계는 수미산의 가장 높은 곳에 위치한다. 이와 같은 삼계의 분류는 그곳에 살고 있는 중생들의 과보에 의해 나누어진다.

삼계 가운데 욕계는 범어로 kāma-dhātuḥ이며 빠알리어 표기는 동일하

1 『望月佛教大辭典』 제2권 (東京: 明和印刷株式會社 昭和 33년), 1467면.

다. 티벳어로는 ḥdod-paḥi khams이다. 이곳은 삼계 가운데 가장 밑에 존재하는 세계이며 지옥, 아귀, 축생, 인간, 그리고 저급한 신들이 사는 곳이다. 여기에 사는 모든 존재들은 욕망의 생활을 하고 있어 도덕적인 가치와 윤리적인 상벌이 있다. 그래서 업과 업을 짓는 자가 존재하고 나쁜 길과 좋은 길이 있다. 따라서 이곳은 음욕과 식욕 그리고 수면욕 등 세 가지 욕심을 갖는 생물이 사는 곳으로 욕심이 번성한 세계, 욕망이 지배하는 세계, 현상적인 육체의 세계를 말한다.

이 욕계는 크게 세 가지로 나누어지고, 그 세 가지는 다시 스무 곳으로 구성되어 있다. 위로는 육천인 사천왕천(四天王天, cāturmahārājakāyika), 도리천(忉利天, trayastriṃśa), 수야마천(須夜摩天, yāma), 도솔천(兜率天, tuṣita), 화락천(化樂天, nirmāṇa-rati), 타화자재천(他化自在天, paranirmita-vaśa-vartin)과 같이 육욕천이 있다.

중간에는 사대주가 위치하고 있다. 남섬부주(南贍部洲, jambu-dvīpa), 동승신주(東勝身洲, pūrva-videha), 서우화주(西牛貨洲, apara-godānīya), 북구로주(北俱盧洲, uttara-kuru)가 그것이다.

밑으로는 팔대지옥 즉 무간지옥(無間地獄, avīci), 대열지옥(大熱地獄, pratapana), 염열지옥(炎熱地獄, tapana), 대규환지옥(大叫喚地獄, mahā-raurava), 규환지옥(叫喚地獄, raurava), 중합지옥(衆合地獄, saṃghāta), 흑승지옥(黑繩地獄, kāla-sūtra), 등활지옥(等活地獄, saṃjīva) 등과 축생(畜生, tiryañc), 아귀(餓鬼, preta)가 위치하고 있다. 모두 욕애(欲愛)에 의해 차별된 까닭으로 세워진다.[2]

색계는 사선(四禪)에 해당하는 사층으로 이루어져 욕망을 모르고 정신적인 즐거움만을 가지고 있는 신들이 사는 세계이다. 그래서 색계는 맑고 깨끗한 물질로 성립되고, 욕계의 더러움을 여읜 청정한 세계이다. 욕계가 물질적인 세계 안에서 특히 본능적인 욕망이 성하고 강력한 곳이라면 색계는 이보다 욕망이 성하지 않은 곳으로 욕계 위에 있는 천계이다.

이곳의 중생들은 욕망은 끊었지만 육체를 갖고 있으며 광명을 식(食)으로 하고 언어로 삼는다. 이 세계는 초선(初禪), 제2선(第二禪), 제3선(第三禪), 제4선(第四禪)으로 구성되어 있으며 모두 십칠 천이 존재한다.

그 십칠 천을 살펴보면 초선인 제일정려처(第一靜慮處)에 해당하는 천으

2 『望月佛教大辭典』제5권 (東京: 明和印刷株式會社 昭和 33년), 4934-4935면.

로는 범중천(梵衆天, Brahmakāyikāḥ), 범보천(梵輔天, Brahmapurohitāḥ), 대범천(大梵天, Mahābrahmāṇaḥ)이 있다.

두 번째는 제이선으로 제이정려처이다. 이곳에는 소광천(少光天, parīttābhāḥ), 무량광천(無量光天, Apramāṇābhāḥ), 극광정천(極光淨天, Ābhāsvarā)이 있다.

세 번째는 제삼선으로 제삼정려처이다. 이곳에는 소정천(少淨天, parīttaśubhāḥ), 무량정천(無量淨天, Apramāṇaśubhāḥ), 변정천(遍淨天, Śubhakṛtsnāḥ)이 있다.

네 번째는 제사선으로 제사정려처이다. 이곳에는 무운천(無雲天, Anabhrakāḥ), 복생천(福生天, puṇyaprasavāḥ), 광과천(廣果天, Bṛhatphalāḥ), 무번천(無煩天, Abṛhāḥ), 무열천(無熱天, Atapāḥ), 선현천(善現天, sudṛśāḥ), 선견천(善見天, sudarśanāḥ), 색구경천(色究竟天, Akaniṣthāḥ)이 있다.[3]

무색계는 물질적인 공간이나 조건에서 완전히 벗어나 있는 곳이다. 이곳은 육체도 없고 욕망도 없는 순수한 정신적인 존재들이 사는 세계로 비물질적인 사천(四天)으로 되어 있다. 그곳은 공무변처(空無邊處, ākāśānantyāyatana), 식무변처(識無邊處, vijñāṇānantyāyatana), 무소유처(無所有處, ākiñcanyāyatana), 비상비비상처(非想非非想處, naivasaṃjñānāsaṃjñāyatana)로 구성되어 있다. 이곳은 순수하고 정신적인 영역이기 때문에 궁전, 신체 등과 같은 물질적인 요소는 없고 수(受), 상(想), 행(行), 식(識)의 네 가지로 구성된 세계이다.[4]

이와 같은 삼계는 정신적 수양에 따라 그 표현을 달리 한다. 욕계는 선정력이 부족하므로 산지(散地)라고 부른다. 그것은 이곳의 중생들이 태어나면서부터 마음의 안정이 없이 항상 산만하며 번뇌를 일으키는 데서 비롯된 것이다.

그에 반해 색계와 무색계는 정지(定地)라 부른다. 그것은 중생들이 그곳에 나면서부터 마음의 바탕이 이미 선천적으로 흔들리지 않는 안정된 마음을 가지고 태어나는 세계이기 때문이다. 그런 정지 가운데에서 무색계는 정(定)이 가장 많아 제일 수승한 세계이다. 그에 반해 색계는 무색계만 못하지만 정과 혜가 고루 하여 이를 정려(精慮)라 부른다.[5]

이와 같은 삼계를 다시 구지(九地)로 나누는데 이것을 삼계구지(三界九地)라고 한다. 그 내용을 보면 욕계의 지옥, 아귀, 축생, 아수라, 인간 등 욕망이 있는 곳을 합쳐 오취잡거지(五趣雜居地)라 한다. 다음 색계를 사지로

3 『望月佛教大辭典』 제2권 (東京: 明和印刷株式會社 昭和 33년), 1740면.

4 『望月佛教大辭典』 제5권 (東京: 明和印刷株式會社 昭和 33년), 4831면.

5 오형근, 『심령과 윤회의 세계』 제4장 제1절 (서울: 불교사상사 1978), 185면.

분류하여 범중천, 범보천, 대범천 등 삼천을 이생희락지(離生喜樂地)라 하며, 소광천, 무량광천, 극광정천 등 삼천을 정생희락지(定生喜樂地)라 하며, 소정천, 무량정천, 변정천 등 삼천을 이희묘락지(離喜妙樂地)라 한다. 그리고 무운천, 복생천, 광과천, 무상천, 무번천, 무열천, 선현천, 선견천, 색구경천 등 구천을 사념청정지(捨念淸淨地)라 한다. 마지막으로 무색계의 공무변처천을 공무변처지(空無邊處地), 식무변처천을 식무변처지(識無邊處地), 무소유처천을 무소유처지(無所有處地), 그리고 비상비비상처천을 비상비비상처지(非想非非想處地)로 하여 구지로 분류한다.[6]

Ⅱ. 경전 속의 삼계

1. 욕계의 세계

삼계 가운데 욕계는 풍륜(風輪), 수륜(水輪) 그리고 금륜(金輪)이라는 삼륜에 의하여 이루어지고 유지되는 세계이다. 먼저 우주가 허공만으로 텅 비어 있을 때 중생들의 업력이 작동하여 최초로 대폭풍을 일으킨다. 이 업력은 세계를 건설하는 공동의 업력으로 그 작동을 업풍(業風)이라 한다. 이 업풍은 허공에서 일어나 다시 허공에 의지하여 둥글고 큰 원을 그리며 일정하게 자리를 잡는다. 이것이 가장 하위에서 천체를 떠받들며 유지시키는 원동력이며 풍륜이다.

중생들의 업력이 더욱 증가하며 바람과 큰 구름으로 비가 되어 풍륜 위에 쏟아지면 그 빗물은 바람과 더불어 큰 원을 그리며 바다를 이룬다. 이것이 수륜이다.

이와 같은 풍륜과 수륜이 형성된 뒤에 다시 중생들의 업력이 증가하여 대폭풍을 일으켜 수륜의 물을 타격하여 그 물을 응고시켜 지층을 형성시키면 금륜이 된다. 이것이 대지이며 이것을 모체로 대부분의 욕계가 의지하게 되는 수미산(須彌山)이 건설된다.[7]

이와 같은 욕계에 대해 일반적으로 말할 때 보통 육천(六天)을 가리킨다.

---

6 오형근, 위의 책, 제4장 제3절 196-197면.
7 오형근, 위의 책, 제4장 제3절 190-192면.

그렇지만 욕계를 세분하면 열두 가지로 구분되고, 좀 더 세부적으로 구분하면 스무 곳으로 나누기도 한다.[8] 먼저 열두 가지의 내용을 보면 지옥, 축생, 아귀, 인간, 아수라, 사천왕천, 도리천, 야마천, 도솔타천, 화락천, 타화자재천과 마신천[9]이다.

이런 구분 가운데 지옥은 여덟 가지로 나누어 이를 팔대지옥이라 한다. 그 명칭을 보면 첫 번째는 등활지옥(等活地獄)이며, 두 번째는 흑승지옥(黑繩地獄)이며, 세 번째는 중합지옥(衆合地獄)이며, 네 번째는 호규지옥(號叫地獄)이며, 다섯는 번째 대규지옥(大叫地獄)이며, 여섯 번째는 염열지옥(炎熱地獄)이며, 일곱 번째는 대열지옥(大熱地獄)이며, 여덟 번째는 무간지옥(無間地獄)이다.

그리고 사대주(四大洲)는 첫 번째가 남섬부주(南贍部洲)이며, 두 번째가 동승신주(東勝身洲)이며, 세 번째가 서우화주(西牛貨洲)이며, 네 번째가 북구로주(北俱盧洲)이다.

다음 육욕천으로는 첫 번째가 사천왕천(四天王天)이며, 두 번째가 도리천(忉利天)이며, 세 번째가 야마천(夜摩天)이며, 네 번째가 도솔천(兜率天)이며, 다섯 번째가 화락천(化樂天)이며, 여섯 번째가 타화자재천(他化自在天)이다. 여기에 축생과 아귀의 처소를 합하면 스무 곳이 된다.[10]

이 육욕천은 위치해 있는 곳에 따라 두 가지로 나누어진다. 수미산에 위

8 『起世經』8 (『大正藏』1권, 348중)
9 『經律異相』1 (『大正藏』53권, 2하)
육천을 말할 때에는 이 마천(魔天)이 제외된다. 마천의 궁전은 욕계와 색계의 두 세계 중간에 있으며, 마(魔)라 함은 마치 맷돌과 같아서 공덕을 갈아 무너뜨리기 때문이다. 가로와 세로는 6천 유순이요 궁전 담장은 일곱 겹이며, 온갖 장엄은 아래 하늘과 같다. 아울러 열 가지 법이 있는데, 첫째 날아가는 데에 한이 없고, 둘째 날아오는 데도 한이 없으며, 셋째 가는 데에 걸림이 없고, 넷째 오는 데도 걸림이 없으며, 다섯째 마천인 몸에는 살갗·뼈·골수·힘줄·피나 살이 없고, 여섯째 몸에는 부정한 대변과 소변이 없으며, 일곱째 몸은 고달픔이 없고, 여덟째 천녀는 아이를 낳지 않으며, 아홉째 천인은 눈을 깜박거리지 아니하고, 열째 몸은 뜻에 따라 청색을 좋아하면 청색이 되고 황색을 좋아하면 황색이 되고 적색이나 백색을 좋아하면 뭇 색깔이 그 뜻에 따라 나타난다. 이것이 이 하늘의 열 가지 법이다. 또 열 가지 일을 지님이 있는데, 첫째 날아다님이 그지없고, 둘째 오감이 그지없으며, 셋째 모든 하늘에는 도적이 없고, 넷째 서로가 제 몸의 선을 말하지도 않고 다른 이의 악도 말하지 아니하며, 다섯째 서로가 침범함이 없고, 여섯째 모든 천인의 이[齡]는 똑같으면서 투명하며, 일곱째 머리카락은 검푸른 빛에 반들하고 윤이 있으면서 길이는 여덟 길[丈]이며, 여덟째 천인의 머리카락이 청색이면 몸도 청색이고, 아홉째 백색이 되고자 하면 몸도 백색이 되며, 열째 흑색이 되고자 하면 몸도 바로 흑색이 된다.
10 『俱舍論』8 (『大正藏』29권, 40하-41상)

치해 있는 사왕천과 도리천은 땅의 위치에 있다고 해서 지거천(地居天)이라 한다. 그리고 나머지 네 곳은 모두 공중에 있는 천이므로 공거천(空居天)이라 한다.[11]

경전에서 설명하는 욕계 육욕천의 내용은 다음과 같다.

1) 사천왕천

사천왕천은 수미산의 사방 두둑하게 솟은 땅에 자리 잡고 있다. 그 모두의 높이는 사만 이천 유순(由旬)이다. 이곳에는 동남서북 네 방향에 각각이 천왕이 있다. 동방(東方) 천왕은 이름이 제두뢰타(提頭賴吒)이고, 성(城)의 이름은 상현성(上賢城)이다. 남방 천왕은 이름이 비루륵(毘婁勒)이고, 성의 이름은 선견성(善見城)이다. 서방 천왕은 이름이 비루박차(毘婁博𠰰)이고, 성의 이름은 주라성(週羅城)이다. 북방 천왕은 이름이 비사문(毘沙門)이고, 모두 세 개의 성에서 머문다. 첫째가 가외성(可畏城)이요, 둘째가 천경성(天敬城)이며, 셋째가 중귀성(衆歸城)이다.

사왕천인(四王天人)의 키는 모두가 반 유순이며, 옷은 길이가 일 유순, 너비가 반 유순, 그 무게가 이푼이다. 천수(天壽)는 오백 살인데 그보다 더 사는 이는 적고 덜 사는 이가 많다. 인간의 오십년이 이 하늘의 하루 낮 하룻밤이다. 또한 삼십일이 한 달이요 열두 달이 한 해이다.

과거의 삼업이 착해 금생에 천인이 되는데 자연적으로 화생(化生)하여 천인의 무릎 위에 나타난다. 그 형상의 크기는 인간의 두 살 되는 아이와 같다. 아이는 태어난 지 얼마 되지 않아 스스로 배고픔을 알게 되고, 칠보의 아름다운 그릇에 온갖 음식이 담긴다. 복이 많으면 밥의 빛깔이 저절로 백색이 되고, 만약 복이 중간이면 밥의 빛깔이 청색이 되며, 만약 복이 적으면 밥의 빛깔이 적색이 된다. 아이가 먹으면 소화되고 소화된 뒤에 목이 마르면 보배 그릇에 밥 빛깔과 같은 감로가 생긴다.

신체가 키와 크기가 다른 천인들과 똑같이 되어 못에 들어가 목욕하고 향나무 아래로 나아가면 가지가 드리워 구부러지니 향을 취하여 몸에 바른다. 옷과 꾸미개, 꽃다발이며 보배 그릇에 과일과 악기도 저마다 나무에서 나오므로 거기에 두루 나아가서 뜻대로 취한다.

모든 동산 숲에 들어가면 수많은 천녀들이 북을 치고 악기를 타며 노래

11 오형근, 앞의 책, 제7장 제1절 319면.

를 부른다. 말하고 웃다가 서로 마주하여 깊이 오염된 애착을 일으켜 동서를 번갈아 본다. 그렇게 희희락락할 당시에는 처음 태어날 때 기억하고 알았던 전생의 선행으로 천상에 태어나게 된 사실을 잊어버리게 된다.

못은 맑고 잔잔하며 꽃과 열매는 우거지고 무성하다. 그 성은 일곱 겹인데 그 모두의 너비는 육천 유순이다. 난간과 나망과 궁전의 담과 늘어선 나무도 모두 다 일곱 겹이다. 비사문왕은 언제나 다섯의 대귀신을 거느리는데, 첫째는 나사루(那闍婁)요, 둘째는 단타라(檀陀羅)요, 셋째는 혜마발타(醯摩拔陀)요, 넷째는 제게라(提偈羅)요, 다섯째는 수일로마(修逸路摩)로서 늘 따르면서 곁에서 모신다. 반 달 삼재일은 팔일과 십사일과 십오일이다. 사천왕은 언제나 팔일에 여러 사자들을 시켜 세간을 살피고 다니면서 인민들이 부모에게 효도하고, 사문과 바라문 및 장로를 공경하며, 재계를 받아 지니면서 보시 하는가 않는가를 자세히 살피라고 한다. 사자들은 명을 받들고서 선악을 자세하게 아뢰는데, 사천왕은 악을 들으면 기뻐하지 않고 선을 들으면 기뻐한다. 십사일에는 사천왕이 언제나 태자를 보내어 천하를 살피고 다니게 하며, 십오일에는 사천왕 자신이 몸소 돌아다닌 연후에 선법전(善法殿)에 나아가 제석천에게 자세히 아뢴다. 제석천은 악을 들으면 근심하고 선을 말하면 즐거워하면서 재계를 받아 지니는 사람은 나와 행이 똑같다고 게송으로 찬탄한다.

2) 도리천

도리천은 수미산 꼭대기에 자리하며 삼십삼 개의 천궁이 있다. 왕 이름은 석제환인(釋提桓因)이다. 키는 일 유순이며, 옷은 길이 이 유순, 너비 일 유순, 옷의 무게는 육수(銖)이다. 수명은 하늘의 천 살인데 그보다 더 사는 이는 적고 덜 사는 이가 많다. 만약 죽으려 할 때면 다섯 가지 모양이 나타나게 된다. 첫째 옷에 때가 묻고, 둘째 머리 위 꽃이 시들며, 셋째 몸에서 나쁜 냄새가 나고, 넷째 겨드랑이에서 땀이 나며, 다섯째 있는 자리가 즐겁지 않게 된다. 이 다섯 가지 일을 보게 될 적에 마음이 크게 괴로워짐은 마치 지옥의 고통과 같다.

삼업이 착해야 도리천에 난다. 자연적으로 화생(化生)하여 천인의 무릎 위에 나타나는데 세 살 되는 아이만 하다. 태어난 천인은 자기를 지칭하는 말을 알아듣고 스스로가 전생에 보시하고 계율을 지녔음을 안다. 음식을 얻고자 하면 그대로 금 그릇에 가득 차는데 복의 깊고 얕음에 따라 음식의 훌륭함과 못함이 있음은 사천왕천과 같다. 성은 가로세로가 팔만 유순이다. 그 성은 일곱 겹으로 되었고 구백구십구 문이 있는데 문마다 육십의 청의야차(靑衣夜叉)가 지키고 있다.

삼십삼천은 금성에는 은의 문이고 은성에는 금의 문으로 칠보를 번갈아서 성문을 만들었고 누각과 대관이 두루 에워쌌다. 동산 숲과 목욕하는 못에는 보배 꽃이 사이사이 섞여 났고, 보배 나무가 늘어서고 꽃과 열매는 많고 무성하다. 향기로운 바람은 사방에서 일어나 사람의 마음을 기쁘게 하고 다른 종류의 기이한 새들은 수없이 함께 지저귄다. 그 사방 둘레 안에는 저마다 두 개씩의 돌 장벽이 있다. 각각 가로세로는 오십 유순이며 칠보로 만들어져 천의처럼 부드럽다.

추삽원(麤澁園)과 화락원(畵樂園) 중간에는 난타지(難陀池)가 있다. 가로세로는 백 유순이며 그 물은 맑고 잔잔하다. 일곱 겹의 보배 해자에는 네 가지 꽃이 피어 있다. 청·황·적·백에 붉은색과 옥색이 섞여 있는 빛깔이다. 향기는 널리 자욱하여 일 유순에 퍼져 있다. 뿌리는 바퀴통 같고 즙은 젖처럼 희며 맛은 꿀처럼 달다. 또 잡원(雜園)과 대환희원(大歡喜園)이 있다. 그 중간에 주도(晝度)라는 나무가 있는데 둘레는 칠 유순이고 높이는 백 유순이며 가지와 잎은 사방 오십 유순에 펼쳐 있다. 그 향기는 바람을 거슬러 백 유순 안에 어린다. 도리전(忉利殿) 남쪽에 또 파질구기라(波質拘耆羅)라는 나무가 한 그루 있는데 높이는 사천 리이다. 가지와 잎은 이천 리에 널리 퍼져서 바람이 불면 꽃향기가 바람을 거슬러 이천 리까지 퍼진다. 나무에 꽃이 필 때는 모든 천인들이 나무 아래 함께 앉아 즐겁게 노는데 도리천의 시간으로 백이십 일에 걸쳐 노닌다.

제석천에게는 삼십의 대신이 있고 저마다 궁전이 있고 동산 안에서 반드시 칠일 동안을 즐겁게 지낸다. 이 동산에 들어갈 적에는 몸이 거칠고 껄끄러워지기 때문에 추삽(麤澁)이라 한다. 이 동산에 들어갈 적에는 몸이 저절로 갖가지 그림의 빛깔이 되어 서로를 즐겁게 한다는 뜻에서 화(畵)라 한다. 잡(雜)이라 함은 언제나 매월 팔일, 십사일, 십오일에는 여러 채녀들을 놓아 모든 천자들과 뒤섞여 놀게 하는데, 한 무리가 영화를 버리고 함께 한 곳에 있게 되므로 잡이라고 한다. 대희라 함은 이 동산에 들어갈 적에는 마음이 크게 기쁘기 때문이다.

도리천은 다른 말로 제석천이라 한다. 그리고 도리천 안에 모두 삼십삼천이 있다. 중앙에 제석천이 있고 사방에 팔천으로 구성되어 있기 때문에 삼십삼천이 된다. 그래서 중앙에 있는 제석천왕이 나머지 삼십이천을 통치하는 형식이다.

3) 야마천

야마천은 다른 말로 염마천(閻魔天)이라 한다. 염마천궁은 풍륜에 지탱되어 허공중에 있다. 야마천이 허공에 떠 있을 수 있는 것은 바람이 떠받들어 유지하고 그 밑은 물에 의하여 유지된다. 그리고 그 물은 바람에 의하여 유지되는데 그 바람을 염마풍이라 한다.

염마천인의 키는 이 유순이며, 옷은 길이 사 유순, 너비 이 유순, 옷의 무게는 삼수(銖)이다. 이는 나무로부터 나오는데 밝고 깨끗하고 광채가 나면서 갖가지의 빛깔이 있다. 몸은 광명이 있어 해와 달이 필요 없다. 신구의 삼업이 착하거나 혹은 등불·촛불·명주 등을 보시하거나 계율 지님과 선정 등의 업으로 염마천에 태어난다. 수명은 하늘의 이천 살이나 그보다 더 사는 이는 적고 덜 사는 이가 많다. 음식·혼인·음행은 도리천에서와 같다. 처음 태어나서의 형상은 인간의 네 살 되는 아이만 하다.

야마천은 수시로 즐거움을 받는다는 뜻에서 시분천(時分天)이라 부른다. 앞서 살펴본 사왕천과 도리천은 수미산의 상봉에 위치하기 때문에 땅에 위치한 천국이지만 야마천부터는 공간에 의지하여 있기 때문에 공거천에 해당한다.

4) 도솔천

도솔천궁은 풍륜에 지탱되어 허공중에 있다. 이곳 왕의 이름은 선희(善喜)이다. 후변신(後邊身)보살이 이 하늘에 많이 나는데 아래 하늘은 방탄(放誕)하고 위 하늘은 암둔(闇鈍)하기 때문에 이곳에 난다.

도솔천인은 키가 사 유순이며, 옷은 길이 팔 유순, 너비 사 유순, 옷 무게는 일수 반이다. 수명은 하늘의 사천 살이나 그보다 더 사는 이는 적고 덜 사는 이가 많다. 음식은 아래 하늘들과 같고 장가들고 시집가는 것도 있다.

그 하늘에 처음 태어나면 인간의 다섯 살 되는 아이만 하다. 스스로가 전생에 지었던 보시와 계율을 지녔던 일을 안다. 음식은 저절로 나며 마시고 먹고 옷 입고 관 쓰고 노래하고 춤춘다. 몸에는 광명이 있는데 염마천의 것보다 훌륭하다.

5) 화락천

화락천은 즐거움이 스스로 변화하여 나타나고 모든 것을 즐겁게 해주는 도구가 모두 자연히 제작되어 스스로 오락을 즐길 수 있다는 뜻에서 화락(化樂)이라 한다. 화락천의 궁전도 풍륜에 지탱되어 허공중에 있으며 왕의 이름은 선화(善化)이다. 자기의 다섯 가지 대경을 저절로 변화시켜 자신의 오락으로 삼는다. 키는 팔 유순이며, 옷은 길이 십육 유순, 너비 팔 유순, 옷 무게는 일수이다. 수명은 하늘의 팔천 살이나 그보다 더 사는 이는 적고 덜 사는 이가 많다. 음식은 아래 하늘과 같으며 장가들고 시집가는 것도 있다. 그 하늘에 처음 태어나면 인간의 여섯 살 되는 아이만 하다. 저절로 나는 광명은 도솔천보다 훨씬 뛰어나다.

6) 타화자재천

타화자재천은 욕계 육천 가운데 가장 높은 곳에 위치하며 화락천보다 배가 크고 복력도 배 이상 많다. 육천 가운데 제일 훌륭하고 제일 큰 천국이다. 모든 생활과 환경이 말할 수 없이 좋다. 타화자재천의 궁전도 풍륜에 떠받치어 허공중에 있으며 왕 이름은 자재이다. 남이 변화한 바를 모아서 자신의 쾌락으로 삼는다. 이 곳은 타인을 위하여 마음대로 악기를 나타내어 즐겁게 한다. 천인들이 남을 즐겁게 하기 위하여 마음대로 악기 등을 변화시켜 자유자재하게 신통력을 발휘한다는 뜻이 포함되어 있다.

이곳에 태어나기 위해서는 몸으로 하는 행동과 입으로 하는 행위 그리고 마음으로 행하는 행위 모두가 선행으로 일관해야 한다. 그리고 같은 행동이라고 하더라도 정도의 차이가 있기 때문에 다른 곳과 타화자재천의 선행은 차별이 있다. 같은 선행이라고 해도 유루선과 무루선과의 차이가 있는 것이다.

이곳의 이름을 애신천(愛身天)이라고도 하며 욕계 안에서는 홀로 자재를 얻는다. 키는 십육 유순이며, 옷은 길이 삼십이 유순, 너비 십육 유순, 옷의 무게는 반 수이다. 수명은 하늘의 일만 육천 살이나 그보다 더 사는 이는 적고 덜 사는 이가 많다. 음식은 아래 하늘과 같다.

그 하늘에 처음 태어나면 인간의 일곱 살 되는 아이만 하다. 스스로 전생을 아는데 그것은 보시하고 계율을 지니고 악을 버렸기 때문이다. 저절로 나는 음식과 옷과 옥녀에 관한 일은 앞의 것과 같다. 광명은 화락천보다 더 뛰어나다.[12]

---

12 『經律異相』1 (『大正藏』53권, 1상-2하)

이와 같은 세계를 욕계라고 이름 하는 것은 능히 자기의 모습을 갖기 때문이다. 여기서 계는 종족의 뜻을 지니고 있다. 즉 욕탐이 있는 세계이어서 욕계가 되는 것이다.

이와 같은 욕계에는 선, 불선, 유부무기, 무부무기 네 가지의 마음이 있다. 이 네 가지와 색계와 무색계의 각기 세 가지 마음을 합쳐 열 가지 종류의 마음을 유루심이라 한다.[13] 여기에 학(學)과 무학(無學)의 마음인 무루심을 합하여 열두 가지 마음이 된다. 이런 열두 가지의 마음은 서로를 낳고 낳아지는 상생의 관계를 형성한다.[14]

2. 색계의 세계

색계는 욕계 위에 있는 세계로 17처로 나누어져 있다.[15] 그리고 그곳을

---

13 『俱舍論』13 (『大正藏』29권, 70하)
불선업이 욕계에만 존재하고 그 밖의 다른 곳에는 존재하지 않는 것은 색계 무색계의 유정은 이미 불선근과 무참(無慚)과 무괴(無愧)를 끊었기 때문이다. 그리고 선과 무기의 업은 온갖 지(地)에 모두 존재한다.

14 『俱舍論』7 (『大正藏』29권, 38중-39상)

15 색계에 속한 천은 전하는 경전에 따라 그 수가 다소 다르다. 많게는 23천에서 적게는 17천에 이르고 있다.
23천 :『經律異相』1 (『大正藏』53권, 2중-하)
범신천·범보천·범중천·대범천·광천·소광천·무량광천·광음천·정천·소정천·무량정천·변정천·무상천·무번천·엄식천·소엄식천·무량엄식천·엄식과실천·무상천·불번천·무열천·선견천·대선견천·색구경천·마혜수라천.
22천 :『起世經』8 (『大正藏』1권, 348중)
범신천(梵身天)·범보천(梵輔天)·범중천(梵衆天)·대범천(大梵天)·광천(光天)·소광천(少光天)·무량광천(無量光天)·광음천(光音天)·정천(淨天)·소정천(少淨天)·무량정천(無量淨天)·변정천(遍淨天)·광천(廣天)·소광천(少廣天)·무량광천(無量廣天)·광과천(廣果天)·무상천(無想天)·무번천(無煩天)·무뇌천(無惱天)·선견천(善見天)·선현천(善現天)과 아가니타천(阿迦膩吒天).
21천 :『大般若經』304 (『大正藏』6권, 548상)
범중천(梵衆天)·범보천(梵輔天)·범회천(梵會天)·대범천(大梵天)·광천(光天)·소광천(少光天)·무량광천(無量光天)·극광정천(極光淨天)·정천(淨天)·소정천(少淨天)·무량정천(無量淨天)·변정천(遍淨天)·광천(廣天)·소광천(少廣天)·무량광천(無量廣天)·광과천(廣果天)·무번천(無繁天)·무열천(無熱天)·선현천(善現天)·선견천(善見天)·색구경천(色究竟天).
18천 :『大樓炭經』4 (『大正藏』1권, 299상-중)
범가이천 (梵加夷天) 범불수루천(梵不數樓天) 범파리사천(梵波利沙天)·대범천(大梵天)·아유비천(阿維比天)·파리답천(波利答天)·아파라나천(阿波羅那天)·파리다수천(波利多首天)·(阿波羅天)·마수천(摩首天)·아피파라천(阿披波羅天)·유아천(維阿天)·파리

네 곳의 정려처로 구분한다. 아래 세 정려처에는 각기 세 곳이 있으며, 제4 정려처에는 여덟 곳이 있다. 제1 정려에 있는 세 곳은 첫 번째가 범중천(梵衆天)이며, 두 번째가 범보천(梵輔天)이며, 세 번째가 대범천(大梵天)이다. 제2 정려에 있는 세 곳은 첫 번째가 소광천(少光天)이며, 두 번째가 무량광천(無量光天)이며, 세 번째가 극광정천(極光淨天)이다. 제3 정려에 있는 세 곳은 첫 번째가 소정천(少淨天)이며, 두 번째가 무량정천(無量淨天)이며, 세 번째가 변정천(遍淨天)이다. 제4 정려에 있는 여덟 곳은 첫 번째가 무운천(無雲天), 두 번째가 복생천(福生天), 세 번째가 광과천(廣果天), 네 번째가 무번천(無繁天), 다섯 번째가 무열천(無熱天), 여섯 번째가 선현천(善現天), 일곱 번째가 선견천(善見天), 여덟 번째가 색구경천(色究竟天)이다.[16]

이러한 색계의 세계는 욕계의 물질과 달리 아주 청정하고 절묘한 물질로 구성된 세계이므로 색계라고 한다. 여기서 색은 물질을 의미하며 물질은 변화의 성질과 구애되는 성질이 있어 변애(變礙)라고 한다. 그리고 계는 자체의 모습을 지니고 있으며 여러 가지가 모여도 분명한 경계를 짓는다는 뜻에서 종족으로 번역된다.

불교에서 색계는 욕계 위에 존재하므로 복력이 크고 많은 선행을 지은 사람이 태어나는 곳이다. 이곳의 사람들은 물질에 대한 욕심이 없고 모든 사람에게 자선행위를 많이 하며 남을 위하여 모든 것을 베풀어주고 봉사하는 선행을 다한 사람이다.

색계에는 낮과 밤의 구별이 없다. 그래서 이곳에 태어나는 사람들은 부모에 의지하지 않는 화생(化生)이다. 남녀의 구별이 없으며 신통력이 뛰어나서 오고 가는 것이 자유롭다. 또한 식사도 선정으로 하며 의, 식, 주 모든 것에서 아무런 장애를 받지 않는다. 수명도 겁의 숫자로 헤아린다.[17] 이곳에 태어나는 사람들은 남다른 비법을 가지고 있다.[18]

다유천(波利多維天)·아파마유아천(阿波摩維呵天)·유가천(維呵天)·유아발천(維阿鉢天)·아답화천(阿答和天)·선견천(善見天)· 아가니타천(阿迦尼吒天).

16 『俱舍論』8 (『大正藏』29권, 41상)

17 오형근, 앞의 책, 제8장 제1절 385면.

18 오형근, 위의 책, 제8장 제1절 386면.
①공중에 날아갈 때 거리에 구애되지 않고 갈 수 있다. ②날아올 때 무엇에 구애되지 않고 한없이 올 수 있다. ③ 도보로 걸어갈 때 한없이 걸어갈 수 있다. ④ 도보로 걸어올 때 한없이 걸어올 수 있다. ⑤天身에는 피부와 고수와 근맥과 혈육이 없다. ⑥몸에는 부정한 것이 없고 대소변도 없다. ⑦어떤 일을 하더라도 피곤함이 없다. ⑧천녀들은 아들과 딸을 해산하지 않는다. ⑨ 천인들의 눈은 깜짝하지 않고도 현란하지 않는다. ⑩

이와 같은 색계를 다음과 같이 네 가지로 구분한다.

1) 초선천 : 제일정려(靜慮)를 수행하고 덕화(德化)를 닦는 천이다.

① 범중천

범중천은 대범천에 소속된 영토와 같으며 대범천의 교화를 받는 중생들이 살고 있기 때문에 범중(梵衆)이라고 이름 한다. 이곳은 하선(下禪)을 닦으면 여러 소범(小梵)들이 나는 처소이다.

② 범보천

범보천은 대범천의 앞에서 대범천왕이 행차할 때 모든 시위를 맡아서 하기 때문에 범보(梵補)라고 한다. 이곳은 중선(中禪)을 닦으면 이는 귀범(貴梵)으로서 나는 처소이다.

③ 대범천

대범천은 광대한 선을 발생하기 때문에 범이라 한다. 이 범이 너무나 크고 중간에 선정을 획득하여 이곳에 최초로 출생하고 최후에 몰하며 위덕이 너무나 수승하기 때문에 대범이라 한다. 대범천왕이 범천 대중 안에서 큰 음성을 내면 범신(梵身)의 천인들은 각자 대범천왕이 자신하고만 말하고 딴 사람과는 접촉하지 않는다고 생각한다. 이곳은 하늘 세계에서 가장 자재함을 얻었고 부유하여 넉넉하며 만물을 조화(造化)할 수 있으므로 자신이야말로 바로 온갖 중생들의 부모라고 생각한다. 상선(上禪)을 닦아야 이곳에 난다.

2) 제이선천 : 제이정려를 수행하고 덕화(德化)를 닦는 천이다.

① 소광천

소광천은 자신들이 사는 땅이 다른 천국보다는 광명이 아주 적다는 뜻에서 소광이라 한다.

천인들의 몸은 마음대로 색깔을 나타낼 수 있다. ⑪ 이들은 이러한 열 가지 신통력을 가지고 자유롭게 살면서 색계의 초천(初天)에서 상천(上天)으로 가면서 증가한다고 한다.

② 무량광천

무량광천은 광명이 많고 유전함이 뛰어나기 때문에 이 천의 내용을 헤아리기 어려우므로 무량광이라 이름 한다.

③ 극광정천

극광정천은 청정한 광명이 두루 비치므로 극광정이라 하며, 그 곳에 빛[光]을 말소리[語音]로 삼으므로, 광음천(光音天)이라고도 한다.

3) 제삼선천 : 제삼정려를 수행하고 덕화(德化)를 닦는 천이다.

① 소정천

제삼선천 가운데 가장 정이 적고 못하므로 소정이라 이름 한다. 이곳은 깨달음, 근심 없음, 즐거움과 상응한 선을 익혀서 이 세 하늘에 태어난다. 그리고 적은 방편에 상응한 선으로 태어났기 때문에 받는 즐거움 또한 적다.

② 무량정천

청정하고 안락의 정이 점점 증가하는 양을 헤아리기 어려우므로 무량정이라 한다. 이곳은 중간방편으로 이 하늘에 난다.

③ 변정천

변정천은 진리적이고 청정한 즐거움과 깨끗함이 온 천국에 가득 있기 때문에 이를 변정이라 이름 한다. 이곳의 왕은 정지(淨地)이며 네 팔로 소라고둥을 잡고 수레바퀴를 지니며 금시조(金翅鳥)를 탄다.

4) 제사선천 : 제사정려를 수행하고 덕화(德化)를 닦는 천이다.

① 무운천

무운천은 의지를 나타내는 즐거움이 능히 이에 넘어설 수 없음을 뜻한다. 무운천 이하의 천국은 공중에 의거하는 땅이 마치 구름이 밀접하게 합해져 있는 것과 같기 때문에 운이라고 한다. 그렇지만 이 천국 이상의 모든 천국은 운지와 같은 것이 없다는 뜻에서 무운이라 한다.

② 복생천

모든 이생(異生)의 중생들이 수승한 복을 짓고 그곳에 가서 출생할 만한 곳이기 때문에 복생이라 한다.

③ 광과천

중생들이 어떤 장소에 거주하거나 사는 곳 가운데에서 어떤 세계보다도 가장 수승한 곳이며 과보라는 뜻에서 광과라고 한다.

④ 무번천

이곳부터 정거천(淨居天)이다. 정은 탐욕을 여윈 모든 성인이 성스러운 물로 마음속에 있는 번뇌의 때를 씻어 청정하게 하기 때문에 정이라 한다. 또 여기에 거주하는 천인들은 생과 사를 물거품과 같이 깨닫고 생사에 구애됨이 없기 때문에 정이라 한다.

무번천이상의 천국은 오염되고 잡된 것이 없는 곳이다. 그렇기 때문에 순수한 성인만이 거주하는 곳이라는 뜻에서 정거(淨居)라고 한다.

⑤ 무열천

마음을 어지럽히는 번뇌를 제거하고 정려만을 수행하여 상중품(上中品)의 장애를 복제하여 그 마음속에 나타나는 의락(意樂)이 고르고 유순하여지면 평소에 있었던 열뇌가 다 없어지기 때문에 이를 무열이라 한다. 또는 하생의 번뇌가 맹렬한 것은 처음으로 멀리 여의고 치성한 열이 없으며 상품의 정려와 과보를 증득하지 못하였지만 이를 무열이라 하기도 한다.

⑥ 선현천

천인들이 이미 상품의 정려를 자주 수행하여 과보와 덕망이 환하게 나타나므로 이를 선현이라 한다.

⑦ 선견천

선정을 자주 수행하여 선정에 대한 장애를 제거하지만 나머지 장애가 지극히 미열하게 남는다. 그렇지만 반대로 정견이 극히 청정하며 원만해졌기 때문에 선견이라 한다.

⑧ 색구경천

색구경천은 욕계를 비롯하여 색계천 등 어떤 세계든지 물질적인 세계에서는 이곳의 수행과 복력보다 수승한 곳은 없고 최고라는 뜻에서 색구경이라 한다. 또 중생의 여러 가지 고통이 몸에 의지하여 있게 되는데 그 고통의 의지처로서 색구경이 최후라는 뜻에서 색구경이라 한다.[19]

이와 같은 세계를 색계라고 이름 하는 것은 시현(示現)의 뜻을 지니고 있는 색이 소속되었기 때문이다. 이곳에는 세 가지 마음이 있다. 욕계의 선·불선·선악의 어떤 결과도 불러올 힘이 없는 것·성스러운 가르침을 방해하고 심성을 가리어 부정하는 일이 없는 것 가운데 불선을 제외한 마음이다. 이는 욕계의 네 가지 마음과 무색계의 세 가지 마음을 합쳐 열 가지의 유루심이다. 여기에 아직 닦아야 할 것이 남은 성자와 무학(無學)의 번뇌가 없는 마음 두 가지를 합쳐 모두 열두 가지 마음이 된다. 이런 열두 가지의 마음은 서로를 낳고 낳아지는 상생의 관계를 형성한다.[20]

3. 무색계의 세계

무색계는 삼계 중 가장 위에 있는 곳으로 가장 복력과 지혜가 많은 중생이 태어나는 세계이다. 그러므로 이 세계는 보살과 같은 성인들이 선정을 닦으며 사는 영적인 곳이다. 그런 까닭에 물질이 없는 곳이라는 뜻에서 무색계라 한다.

이곳은 처소가 존재하지 않으므로 색법이 존재하지 않아 머무는 바가 없다. 즉 무색의 법인 과거·미래법이나 외면으로 나타나지 않은 행위와 물질을 초월한 법이 구체적인 공간에 머물지 않기 때문이다. 다만 이숙생의 차별에 따라 공무변처천(空無邊處天), 식무변처천(識無邊處天), 무소유처천(無所有處天), 비상비비상처천(非想非非想處天) 등 사천[21]으로 구별한다.[22]

---

19 『經律異相』1 (『大正藏』 53권, 3상-중)

20 『俱舍論』7 (『大正藏』29권, 38중-하)

21 『大樓炭經』 4 (『大正藏』1권, 299중)
사무색천은 허공지천(虛空智天), 식지천(識智天), 아갈연천(阿竭然天), 무사상역유사상천(無思想亦有思想天) 등의 이름으로 불리기도 한다.

22 『俱舍論』8 (『大正藏』29권, 41상)

1) 공무변처천

무량공입처(無量空入處)는 혹 공처지천(空處智天)이라고도 한다. 이곳은 무색계의 제일정지(第一定地)로써 공무변처정을 수행하는 중생들이 출생하는 곳이다.

이곳의 천인들은 과거에 담벽과 나무와 가옥과 언덕 등을 관찰할 때 그 내용이 허구이고 거짓된 모습이고 공한 모습이라고 집중적으로 사유하여 모든 색상을 초월한 인연으로 태어난다.

이곳에 출생한 천인들은 선업과 악업에 치우치지 않고 또 마음속에 악업의 세력이 없는 수, 상, 행, 식 사온에 의지하여 살아간다.

2) 식무변처천

이곳은 공무변천에서 수행한 외공(外空)을 싫어하고 그 허공에 대한 사유를 버려 마음속에 있는 안, 이, 비, 설, 신, 의식 등 내식(內識)을 관조하여 출생한다.

이곳의 천인들은 제육식을 주처로 하며 색온을 제외한 사온을 자성으로 하여 살기 때문에 무량식천(無量識天)이라 칭한다.

3) 무소유처천

이곳은 위에서 말한 식무변처의 식처를 싫어하고 더욱 정진하여 무소유처정을 수행하여 그 인과응보로 이곳에 출생한다. 밖의 허공과 같은 현상을 관조하다가 다시 마음속의 심식을 관조하여 이 역시 실재한 것이 아님을 깨닫고 심식이 무상하여 있는 바가 없다고 관찰하여 출생하는 것이다.

이곳의 천인들은 아집과 상대적 객관 세계에 대한 소유의식이 적으므로 융통성이 없는 것이 아니다. 다만 서로 통하고 원만한 관계를 맺고 생활하지만 아직도 윤회의 세계에 있으므로 범부의 생활을 완전히 면하지 못한다. 그렇지만 상당한 성인의 위치에 접근하여 생활하고 있다.

4) 비상비비상처천

이곳은 비상비비상정을 수행한 과보로 태어나는 곳으로 욕계, 색계, 무색계 등 삼계 중에서 가장 높고 수승한 곳이다. 그런 까닭에 유정천(有頂天)이라 부르기도 한다. 또는 유상무상천(有想無想天)이라고도 한다.

이곳의 천인들이 수행하는 선정의 내용은 거친 생각이 없으므로 비상이라 한다. 그렇지만 번뇌를 완전히 해탈한 성불의 세계는 아니기 때문에 비비상이라 이름 한다. 이곳에서도 해탈하려는 목적으로 수도하며 여기서 해탈하면 그대로 성인이 되고 또 부처가 되는 것이다.[23]

이와 같은 세계를 삼계 가운데 무색계라 이름 하는 것은 그 세계 중에는 색이 존재하지 않기 때문이다. 그곳의 본질이 색이 아니기에 무색이라 이름 하는 것이지 그것이 단지 색이 없다는 사실만을 본성으로 하는 것은 아니다.

이런 무색계에는 각기 세 가지 마음이 있다. 욕계의 선·불선·선악의 어떤 결과도 불러올 힘이 없는 것·성스러운 가르침을 방해하고 심성을 가리어 부정하는 일이 없는 것, 색계에서 불선을 제외한 세 가지 마음을 합쳐 열 가지의 유루심이다. 여기에 아직 닦아야 할 것이 남은 성자와 무학(無學)의 번뇌가 없는 마음 두 가지를 합쳐 모두 열두 가지 마음이 된다. 이런 열두 가지의 마음은 서로를 낳고 낳아지는 상생의 관계를 형성한다.[24]

Ⅲ. 인접 개념과의 관계

1. 삼계의 윤회와 이십오유(有)

불교에서 욕계, 색계, 무색계의 삼계는 세간의 각가지 경계이다.[25] 그런 삼계가 욕계 색계 무색계로 나누어지는 것은 각각의 세계에 존재하는 욕망이 있기 때문이다. 먼저 욕계에는 정욕(情欲), 색욕(色欲), 식욕(食欲), 음욕(淫欲) 등 네 가지 욕이 있다. 색계에는 정욕과 색욕 두 가지가 있으며, 무색계에는 정욕 한 가지만이 있다. 그래서 욕계는 네 가지를 다 갖추었으나 욕이 강하고 색이 약하기 때문에 욕계라 한다. 둘째 색계는 색이 강하고 욕이 약하기 때문에 색계라 하며, 셋째 무색계는 색이 끊어지고 욕이 약하기 때문에 무색계라 하는 것이다.[26]

이와 같이 삼계는 갖가지 욕망이 존재하는 세간이기 때문에 윤회의 세계

23 『經律異相』1 (『大正藏』53권, 4상)
24 『俱舍論』7 (『大正藏』 29권, 38중-39상)
25 『雜阿含經』(『大正藏』 2권, 118상)
26 『法苑珠林』2 (『大正藏』53권, 278상)

이다. 색계의 중생으로서 무색계에 머무르면서 열반계(nirvāṇadhātu)를 알지 못하는 사람은 돌아와 다시 모든 몸을 받는다. 또한 만일 저 색계를 끊고 무색계에도 머무르지 않으며 멸계에서 마음이 해탈하면 길이 나고 죽음을 떠난다고 하는 삼계의 윤회는 일찍부터 설해졌다.[27]

중생들이 삼계에서 윤회를 하게 되는 것은 모두 다 십사(十使)를 몸을 의탁하여 사는 집으로 삼기 때문이다. 그 열 가지는 신견(身見), 변견(邊見), 사견(邪見), 계취(戒取), 견취(見取), 탐욕(貪慾), 성냄[瞋], 어리석음[痴], 거만함[慢], 의심[疑]이다. 이 열 가지는 세간의 관리처럼 죄인을 쫓아다니기 때문에 십사라 한다.

이것은 생사의 근본이다. 그래서 범부는 착각하고 미혹하여 이치를 보지 못한다. 망령된 고집이 상속하여 삼계를 벗어나지 못한다. 십사가 마구 치달리고, 십전(十纏)이 구속하며, 오둔(五鈍)에 잠기기 쉽고 오리(五利)는 제어하기 어렵다. 고집(苦集)의 흐름을 따라 시작 없는 과거로부터 항상 떠돌아다니기 때문에 열반을 증득할 수 없다.[28]

삼계의 윤회는 처음의 욕계에서 색계로 그리고 무색계로 올라가는 이치이다. 이것을 출계라고 한다. 이른바 욕계에서 나와 색계로 가고, 색계에서 나와 무색계로 가며, 일체의 모든 행과 일체의 사상(思想)이 멸한 계로써 이것을 세 종류의 출계라 한다.[29]

그런 삼계를 이십오유(有)로 분류하기도 한다. 유는 존재한다는 뜻으로 욕유(欲有), 색유(色有), 무색유(無色有)를 말한다. 그것은 삼계는 선악의 원인에 의해 고락의 과보를 느끼고 생사윤회가 계속되어 인과가 다하지 않음이 나타나는 미혹의 세계이기 때문에 유의 세계라 한다.

욕유는 욕에 사로잡힌 생존의 세계이고, 색유는 물질이 있는 경지에서 과보의 실재가 있는 세계이며, 그리고 무색유는 물질이 없는 경지이다. 이는 삼계와 같은 말로 모두 이십오 가지여서 삼계 이십오유라 한다.

이십오유 가운데 욕계에 해당되는 유는 열네 가지이다. 그 내용을 보면 네 가지 악취의 사유와 또 사천하에 있는 사람의 네 가지 유와 그리고 육욕천의 여섯 가지 유이다. 색계에 해당되는 유가 일곱 가지이다. 그 내용을 보면 대범천과 다섯 정거천 그리고 무상천이다. 무색계에 해당되는 유가 네

27 『雜阿含經』(『大正藏』2권, 118상)
28 『法苑珠林』72 (『大正藏』53권, 834상)
29 『雜阿含經』(『大正藏』2권, 118중)

가지이다. 그 내용을 보면 사무색정(四無色定)의 네 가지이다. 이들 모두를 합하면 이십오유가 된다.[30]

범부들이 이런 세 가지 유에 얽매이게 되는 것은 죄와 복을 지으면서 인과와 선악이 아무 성질이 없다는 것을 알지 못하고 그 성질에만 집착하기 때문이다.[31]

불교에서는 이런 삼계는 세간이기 때문에 모두 공으로 보고 있다. 있는 것은 반드시 없어지고 만물은 허깨비와 같다. 그래서 삼계는 무상의 세계이다. 이런 견해는 대승불교에서도 삼계를 무상과 공의 세계로 보고 있다는 점에서 같다.

부파에서 대승에 이르도록 삼계에 대해 그렇게 분석하는 것은 삼계가 연기에 의해 번뇌가 생기는 세계이기 때문이다. 이른바 명색(名色)은 화합하여 육입을 기르고 감관 대상이 서로 상대해 닿음을 내며, 그 닿음 때문에 느낌을 내고 느낌을 탐하기 때문에 갈애을 내며, 욕망이 더욱 자라기 때문에 가짐[取]을 내고 가짐의 인연 때문에 다시 뒷몸을 일으킨다. 그 뒷몸 때문에 남과 늙음과 죽음과 근심과 슬픔이 있다. 이런 인연으로 온갖 고통 무더기를 모아 갖가지 고뇌를 받는다.[32] 이는 욕계에 매이고, 색계의 매이고 무색계에 매이는 것을 의미한다.

또한 대승불교는 그런 삼계에 대해 공하고, 모양이 없고, 지음이 없고, 생멸이 없고 체성이 없는 것으로 말하고 있다.[33] 욕계에서 모든 욕락을 받고 색계에서 정려의 즐거움을 받고 무색계에서 고요함의 즐거움을 받지만 그것은 모두가 덧없고 괴롭고 공하고 나 없고 깨끗하지 못해서 변화를 속성으로 하고, 다하는 것을 속성으로 하고, 지나가는 법을 속성으로 하는 것이요, 떠나는 법을 속성으로 하는 것이요, 소멸하는 법을 속성으로 하는 것이다.[34] 그러므로 대승경전에서 보살은 무애지(無礙智)로써 사람들을 위하여 널리 설하며 삼계가 공하고 무소유임을 관찰하며 부처님의 법을 지향하고 추구한다. 여러 변재(辯才)를 구족하여 중생의 번뇌로 인한 걱정거리를 제거하고 소멸해야 하는 것을 강조하는 것이다.[35]

---

30 『法苑珠林』70 (『大正藏』53권, 819중)
31 『法苑珠林』71 (『大正藏』53권, 823하)
32 『華嚴經』23 (『大正藏』9권, 546중)
33 『大般若經』305 (『大正藏』6권, 553하)
34 『大般若經』304 (『大正藏』6권, 548상)

따라서 지혜에 들어가, 욕계·색계·무색계의 무너짐을 알고, 욕계·색계·무색계의 이루어짐을 안다면[36] 그 혜안으로 어떤 법의 유위와 무위, 유루와 무루, 세간과 출세간, 나아가 욕계의 얽매임과 색계의 얽매임과 무색계의 얽매임 내지 온갖 법의 제 성품과 혹은 차별을 보지 않게 된다.[37] 그렇게 되면 욕계·색계·무색계는 허공 꽃과 같고 듣는 본성 되돌려서 깨달음이 이루어지는 것이다.[38]

2. 삼계의 속박[繫]

삼계를 윤회하는 것은 속박에서 벗어나지 못하는 것을 의미한다. 이처럼 삼계에 속박 당하는 것으로 삼계의 속박[三界繫]이라 한다.[39]

그 가운데 욕계의 속박는 욕계의 번뇌에 계박되어 욕계에 소속되어 머무르게 되는 법을 말한다. 이런 이치에 따라 색계의 번뇌에 계박되어 색계에 소속되어 머무르게 되는 법을 색계의 속박, 그리고 무색계의 번뇌에 계박되어 무색계에 소속되어 머무르게 되는 법을 무색계의 속박이라 한다.[40]

삼계계 가운데 욕계의 속박은 부정지(不定地)에서 욕탐에 의해 점차로 늘어나는 법이다. 그것은 욕탐이 변화심에 대해 애미(愛味)를 낳기 때문이다. 그리고 변화하는 자의 자재로운 힘을 보고서 그러한 변화심에 대해 탐애를 낳기 때문에 생겨난다. 다음으로 색탐에 의해 점차로 늘어나는 법을 색계의 속박이라 한다. 그리고 온갖 무색지(無色地)에서 일어나는 탐을 무색탐이라 하며, 이것에 의해 수증되는 법을 일컬어 무색계의 속박이라 한다.[41]

욕계에 계속(繫屬)되는 계는 십팔계이다.[42] 모두가 무루와 통하는 것이 없는 유루이다. 이 가운데 몸은 욕계에 있으면서 색계의 경계를 대상으로 하여 의식을 생기시키는 것은 열두 가지이다. 비, 설, 비식, 설식 혹은 향, 미 등의 여섯 가지가 제외되는 것은 거기에는 그러한 경계가 존재하지 않기

35 『無量壽經』下 (『大正藏』12권, 274상)
36 『華嚴經』26 (『大正藏』9권, 565상)
37 『大般若經』404 (『大正藏』7권, 21하)
38 『首楞嚴經』6 (『大正藏』19권, 131상)
39 『望月佛敎大辭典』제1권 (東京: 明和印刷株式會社 昭和 33년), 378면.
40 『望月佛敎大辭典』제1권 (東京: 明和印刷株式會社 昭和 33년), 831면.
41 『俱舍論』8 (『大正藏』29권, 41하)
42 『俱舍論』2 (『大正藏』29권, 7중)

때문이다.

욕계에 태어나서 아직 색계 선심을 획득하지 않았다면 욕계의 일체의 강한 작용을 하는 힘을 갖는 것과, 처음과 제이 정려의 여덟 가지와, 제삼과 제사 정려의 네 가지와, 무색계의 한 가지를 성취한다. 그리고 성취한 상계(上界)의 의식을 생기시키는 것은 모두 하계(下界)의 경계를 염오한 것이기 때문에 경계의 대상으로 삼지 않는다.

만약 이미 색계의 선심을 획득하였지만 아직 욕탐을 떠나지 않았다면 욕계의 일체 의근행과 초정려의 열 가지 의식을 생기시키는 것을 성취한다. 열 가지는 네 가지의 희(喜)와 여섯 가지 사(捨)의 의식을 생기시키는 것을 말한다.[43]

욕계에 있다가 갑작스레 목숨을 마칠 때에는 열 가지와 아홉 가지와 여덟 가지가 최후로 멸한다. 남근과 여근을 동시에 갖춘 경우에는 최후에 열 가지 근이 멸하고, 남근이나 여근 하나일 경우에는 최후로 아홉 가지가 멸한다. 만약 남근과 여근이 없는 경우라면 최후로 여덟 가지가 멸한다. 그것은 여근과 남근은 없고 오로지 앞에서 설한 여덟 가지만이 있기 때문이다.

천천히 목숨을 마칠 때에는 최후에 오로지 네 가지 근을 버리게 된다. 신근(信根)과 명근(命根)과 의근(意根)과 사근(捨根)이 최후에 멸하는 것이다. 그것은 이러한 네 가지 근은 반드시 시간적으로 전후하여 멸하는 일이 없기 때문이다. 다시 말해 동시에 멸하는 것이다.

이와 같은 것은 염오와 무기의 마음으로 목숨을 마치는 자의 경우이다. 그러나 삼계에 있으면서 선한 마음으로 죽을 때는 모든 경우에 있어 반드시 신 등의 오근을 갖추어지게 된다. 따라서 앞에서 설한 일체의 상태 중에 신 등의 다섯 가지가 증가하게 된다. 그래서 욕계에서 천천히 목숨을 마칠 때에는 아홉 가지에 이르게 되는 것이다.[44]

다음 색계에 계속되는 것은 열네 가지이다.[45] 십팔계 가운데 향경(香境), 미경(味境)과 함께 비식(鼻識), 설식(舌識)이 제외된다. 향경과 미경이 제외되는 것은 그것이 육체를 보양하는 음식물 바로 단식(段食)이기 때문이다. 그런 단식에 대한 욕망에서 벗어날 때 비로소 색계에 태어날 수 있다. 또한 비식과 설식을 제외한 것은 거기에는 그것의 소연이 존재하지 않기 때문이

43 『俱舍論』2 (『大正藏』29권, 54상)
44 『俱舍論』2 (『大正藏』29권, 17상)
45 『俱舍論』2 (『大正藏』29권, 7중)

다. 그렇기 때문에 그곳에는 마땅히 촉계도 없어야 한다. 촉은 향경, 미경과 마찬가지로 단식의 성질이기 때문이다.

그렇지만 그곳에 단식의 촉이 존재한다면 향, 미의 종류도 역시 존재하여야 한다. 그러나 촉은 존재하고 향, 미는 존재하지 않는 것은 향, 미가 식을 떠나 별도로 수용되는 일이 없기 때문이다. 그렇지만 촉은 별도로 수용되는 일이 있는 것은 그곳에서는 식욕을 떠났기에 향, 미가 수용되는 일이 없어도 근과 의복 따위는 존재하기 때문에 촉이 존재하는 것이다.

만일 욕계에 머물면서 그 같은 색계의 정려와 등지(等至)에 의지하여 색을 보고 소리를 들을 때 경안(輕安)과 함께 일어나는 수승한 촉이 있어 믿는 바를 가라앉힌다면 색과 성과 촉은 그러한 정려에서 생겨나 서로 수축(隨逐)할 수 있지만, 향, 미는 그렇지 않기 때문에 색계에는 존재하는 일이 없다.

색계에서는 향, 미가 수용되는 일이 없다면 그곳에는 응당 마땅히 비근과 설근도 존재하지 않는다. 그것은 향, 미의 경계가 그러한 것처럼 그것도 쓰임새가 없기 때문이다. 비록 쓸모가 없다고 할지라도 근이 생겨나는 것은 근에 대한 애착이 있어 수승한 업을 일으켰기 때문이다.

그러나 만약 향, 미 등의 경계에 대한 애착을 떠났다면 근에 대해서도 결정코 그러해야 한다. 색계의 유정은 경계에 대한 애탐을 떠났으므로 근에 대한 애착이 없다. 따라서 생겨나게 할 원인이 없으므로 마땅히 비근과 설근은 존재하지 않는다.[46]

이런 색계의 경계를 소연으로 하는 의식을 생기시키는 것은 초정려와 제이정려에 열두 가지가 있다. 이 가운데 우수(憂受)를 제외한 다음 여덟 가지는 색계를 소연으로 삼으며, 두 가지는 무색계를 소연으로 삼는다.

제삼정려와 제사정려에서는 오로지 사수(捨受)의 여섯 가지의 의식을 생기시키는 것만이 있다. 그 가운데 향, 미의 두 가지를 제외한 나머지 네 가지는 색계의 소연이 되며, 한 가지는 무색계의 소연이 된다.[47]

만약 색계에 있다가 장차 목숨을 마치고자 할 때라면, 앞의 세 가지 근과 안 등의 오근, 이와 같은 여덟 가지의 근이 최후로 멸한다. 일체의 화생은 모든 근을 갖추어 태어나고 죽기 때문이다. 이것은 다만 염오와 무기의 마음으로 목숨을 마치는 자의 경우이다. 그러나 삼계에 있으면서 선한 마음

46 『法苑珠林』23 (『大正藏』53권, 454상-중)

47 『俱舍論』2 (『大正藏』29권 ,54상)

으로 죽을 때는 모든 경우에 있어 반드시 신 등의 오근이 갖추어지게 된다. 따라서 앞에서 설한 일체의 상태 중에 신 등의 다섯 가지가 증가하게 된다.[48]

다음 무색계에 계속되는 것은 의계와 법계 그리고 의식계 세 가지이다.[49] 그것은 무색계는 색욕을 떠나야 그곳에 태어날 수 있기 때문에 열 가지 색계가 존재하지 않기 때문이다. 또한 소의와 소연이 없기 때문에 오식도 역시 존재하지 않는다. 그래서 오로지 뒤의 세 가지만이 무색계의 계이다.[50]

이와 같은 무색계의 계는 욕계, 색계에서 일체의 물질적인 형태에서 벗어나 일체의 작의가 없고 무변의 공을 관하는 곳의 가까운 것에는 네 가지 종류 의식을 생기시키는 것이 있다. 그것은 단지 색, 성, 촉, 법을 소연으로 삼는다. 그리고 제사정려를 소연으로 삼는 경우에도 역시 네 가지 종류를 모두 갖추고 있다.

무색계에 있다가 장차 목숨을 마치고자 할 때에는 명근과 의근과 사근의 세 가지가 최후로 멸한다. 이것은 다만 염오와 무기의 마음으로 목숨을 마치는 자의 경우이다. 그러나 삼계에 있으면서 선한 마음으로 죽을 때는 모든 경우에 있어 반드시 신 등의 오근이 갖추어지게 된다. 따라서 앞에서 설한 일체의 상태 중에 신 등의 다섯 가지가 증가하게 된다. 그래서 무색계에서는 여덟 가지 근에 이르게 된다.[51]

이와 같은 삼계의 계는 각종 기능을 지배하는 힘을 의미하는 이십이근[52]과 관계가 깊다. 이 가운데 욕계와 관련된 것은 열아홉 가지이다. 그것은 이십이근 가운데 뒤의 세 가지 무루근을 제외한 것이다. 그것은 뒤의 세 가지 근이 불계이기 때문이다.

다음으로 이십이근 가운데 색계와 관련된 것은 열다섯 가지이다. 색계는 앞의 욕계와 마찬가지로 세 가지 무루근을 제외한다. 그리고 남근과 여근과 우근과 고근의 네 가지도 역시 제외한다. 이에 따라 열다섯 가지의 근은 역시 색계의 계에도 통하는 것이다. 여기서 여근과 남근을 제외하는 것은

---

48 『俱舍論』2 (『大正藏』29권, 17상)
49 『俱舍論』2 (『大正藏』29권, 7중)
50 『法苑珠林』23 (『大正藏』53권, 454중)
51 『俱舍論』2 (『大正藏』29권, 17상)
52 이십이 가지의 각종 기능을 지배하는 힘을 의미하는 眼耳鼻舌身意의 육근, 男女命의 삼근, 喜苦樂憂捨의 오수근, 信勤念定慧의 오선근, 미지당지(未知當知) 이지(已知) 구지(具知)의 삼무루근(三無漏根)을 말한다.

색계는 이미 음욕의 법을 떠났기 때문이며, 여근과 남근이 있는 신체는 누추하기 때문이다.

무색계에 관련된 것은 여덟 가지이다. 앞에서와 마찬가지로 세 가지 무루근과 여근과 남근과 우근과 고근을 제외한다. 아울러 다섯 가지 색근과 희근과 낙근을 제외한다. 이에 따라 그 밖의 나머지 여덟 가지 근이 무색계의 계와 통한다.[53]

3. 삼계의 해탈

불교에서는 일찍부터 삼계에 대해 욕계의 욕망, 형상 세계의 욕망, 무형 세계의 욕망으로 보았다. 그래서 이 세 가지 욕망을 끊으려면 큰 스승을 구해야 한다.[54] 그것이 반야바라밀다를 배우는 것이다.[55]

모든 바라밀을 청정하게 할 때와 모든 바라밀을 원만하게 할 때와 모든 바라밀을 버리지 아니할 때 크게 장엄한 보살승 가운데 머물러서 그 생각하는 바가 깨끗한 업을 증장하여 해탈을 얻게 되기 때문이다. 그래서 나쁜 갈래에 떨어진 이는 가르쳐 발심하게 하고, 어려움 가운데에 있는 이는 부지런히 정진하게 하고, 탐욕이 많은 중생은 탐욕이 없는 법을 보여주고, 성을 잘 내는 중생은 연기법을 말하여 주고, 욕계의 중생에게는 탐욕과 성냄과 나쁘고 선하지 아니한 법을 여의도록 가르치고, 색계의 중생들에게는 비발사나(毘鉢舍那)를 말하여 주고, 무색계의 중생에게는 미묘한 지혜를 말하여 주고, 성문과 연각에게는 고요한 법을 가르치고, 대승을 좋아하는 이에게는 십력과 광대한 장엄을 알게 하는 것이다. 그러므로 이를 알며 잠깐 동안에 그지없는 중생의 행을 알며, 그지없는 중생의 마음을 알며, 일체법의 진실함을 알며, 일체 여래의 힘을 알며, 법계의 문을 두루 깨닫게 되는 것이다.[56]

삼계에 편안함이 없음은 마치 불이 난 집과 같다고 이미 여러 경전에서 말해지고 있다. 그 이유는 여러 중생들이 나고 늙고 병들고 죽으며, 근심과 슬픔과 고통과 고뇌 속에서 시달리는 것을 보며, 또한 오욕과 재물을 위하여 가지가지 고통을 받으며, 또 탐하고 구하느라 현세에서 많은 고통을 받

53 『俱舍論』2 (『大正藏』29권, 15상)
54 『雜阿含經』삼애경(三愛經) (『大正藏』2권, 225상)
55 『大般若經』408 (『大正藏』7권, 43중)
56 『華嚴經』18 (『大正藏』10권, 97하)

다가 후세에는 다시 지옥과 아귀와 축생의 고통을 받으며, 만일 천상이나 인간에 태어난다 하더라도 빈궁하고 곤란하여 많은 고생을 하며, 사랑하는 사람과 이별하는 괴로움과 원수를 만나는 괴로움 등 가지가지 고통 속에 중생이 빠져 있으면서도 즐거워하고 유희하느라고 깨닫지 못하고 알지 못하며 놀라거나 두려워하지도 아니하며, 싫증을 내지도 않고 해탈을 구하려 하지도 아니하며, 삼계의 불타는 집에서 동서로 뛰어다니느라 큰 고통을 당하면서도 걱정할 줄 모르기 때문이다.[57]

이와 같은 괴로움을 없애고 즐거움을 주고자 하면 반드시 계를 공경하고 우러러 봐야한다. 계를 지키는 것은 먼 길을 걸을 수 있으므로 다리와 발과 같고, 수승하게 온갖 것을 지니므로 대지와 같고, 만물을 자라게 하므로 때 맞춰 오는 비와 같고, 뭇 병을 잘 치료하므로 좋은 의사와 같고, 배고픔과 목마름을 소멸시키므로 감로와 같고, 물에 빠질 이를 붙들어 주므로 교량과 같고, 큰 바다를 운반해서 건너므로 뗏목과 같고, 어두움을 비추어 없애므로 등불과 같고, 잘못을 막고 악을 그치게 하므로 계율의 선행과 같고, 해탈에로 나아가게 하는 것은 끝내 계를 빙자하고 법신을 장식하게 하므로 영락이 되는 것이다[58]. 따라서 이런 계를 받아 지닐 적에 마음이 욕계에도 머물지 않고 색계에도 머물지 않고 무색계에도 머물지 않는다.[59]

특히 모든 번뇌를 다하여 열반의 성에 들고자 하면 의당 방편을 구해서 팔관재(八關齋)를 이루어야 한다고 강조되었다. 그것은 인간 안의 영화스런 지위는 귀한 것이 못되기 때문에 육욕천과 색계천과 무색계천에서 벗어나고자 하면 이 재를 지녀야 한다는 것이다. 그것은 사방의 천자와 전륜성왕의 지위를 구하고자 하면 역시 소원을 얻게 되고, 성문과 연각과 불승을 구하고자 하면 모두 그 소원을 성취하게 된 것은 모두 계율을 지녔기 때문이다.[60] ❀

김경집 (진각대)

57 『妙法蓮華經』2 (『大正藏』9권, 13상)
58 『法苑珠林』87 (『大正藏』53권, 921상)
59 『華嚴經』21 (『大正藏』10권, 111하)
60 『法苑珠林』88 (『大正藏』53권, 933상)

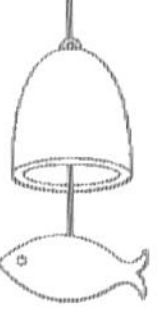

이제

범 dvi-satya: saṃvṛti-satya, paramārtha-satya 빠 sammuti-sacca, paramattha-sacca 장 bden pa gñis: kun rdsob kyi bden pa, don dam paḥi bden pa 한 二諦: 世俗諦, 勝義諦 영 the twofold truths: the worldly truth, the ultimate truth

Ⅰ. 어원적 근거 및 개념 풀이

이제(二諦)는 종교와 철학의 여러 분야에서 사용되는 언어로서, 그 기본적인 의미는 현상계(現象界)와 본체계(本體界), 예지계(叡智界)와 감성계(感性界), 이데아(idea)의 세계와 현상의 세계, 천상(天上)의 세계와 지상(地上)의 세계 등 다양한 관점에서 바라보는 대립되는 두 가지 개념에 대한 학설의 총칭이다.

인도의 전통적인 종교철학에서는 두 가지 세계에 대한 학설로서 여러 가지가 제창되었다. 대표적으로 고전학파 가운데 상키야(Sāṃkhya, 數論)학파는 이 세계를 구성하는 요소로서 이원론(二元論)을 주장하며, 순수한 정신적 요소인 푸루샤(puruṣa)와 물질적 요소인 프라크리티(prakṛti)가 결합하여 모든 존재를 형성한다고 보았다. 또 베단타(Vedānta)학파는 유일한 실재자인 창조신 브라만(Brahman)과 무명에 의하여 현출된 다수의 개인적 자아인 아트만(ātman)과 현상세계를 구별하였다.

불교도 본래 초기의 원시불교(原始佛敎) 때부터, 미혹한 범부와 깨달은 자(佛, Buddha)에 의하여 파악된 두 가지의 차별된 세계를 언급하였다. 석가모니 부처님은 수행하여 성도한 후 자신이 증득한 법을 미혹한 세상 사람들에게 설파하기 위하여, 차안(此岸)에서 피안(彼岸)으로, 무명(無明, avidyā)에서 열반(涅槃, nirvāṇa)으로 건너가게 하는 뗏목[筏]과 같은 교설(敎說)이 필요하였다. 이러한 요구에 상응하여 등장한 것이 다름 아닌 이제(二諦)였다. 그 하나는 각자(覺者)가 깨달은 수승한 진리의 세계를 의미하는 승의제(勝義諦)이고, 또 하나는 미혹한 범부의 세상에서 통용되는 상식적인 진리를 의미하는 세속제(世俗諦)이다. 불교의 이제설(二諦說)은 원시불교 이래 오랜 세월 동안 불교 내부의 여러 학파나 종파에서 다양하게 전개되어, 불교 독자적으로 발전된 특징이 뚜렷이 나타난다.

이와 같이 이제(二諦)는 기본적으로 세속제(世俗諦)와 승의제(勝義諦)의 두 가지를 말하는데, 그 세속제(世俗諦)는 또한 세제(世諦), 속제(俗諦)라고도 부르고, 승의제(勝義諦)는 또한 진제(眞諦), 제일의제(第一義諦)라고도 일컫는다. 세속제(世俗諦)와 승의제(勝義諦)는 신역(新譯)이고, 속제(俗諦)와 진제(眞諦) 또는 제일의제(第一義諦)는 구역(舊譯)에 해당한다. 그런데 『남해기귀내법전(南海寄歸內法傳)』 제4권에서, 세속의 일은 세간적인 진리를 덮어 감추기 때문에, 속제(俗諦)를 또한 범어를 직역하여 부속제(覆俗諦)나 부제(覆諦)라고 번역해야 한다고[1] 특이한 견해를 피력하였다.

그 이제(二諦)의 범어는 satya-dvaya, 또는 dvi-satya, dve satye이며, 세속제는 saṃvṛti-satya, 승의제는 paramārtha-satya이다. 빠알리어로 세속제는 sammuti-sacca, 승의제는 paramattha-sacca이다. 이제(二諦)의 서장어는 bden pa gñis이며, 세속제는 kun rdsob kyi bden pa, 승의제는 don dam paḥi bden pa이다. 영어로 이제(二諦)는 the two truths, 또는 the twofold truths이며, 세속제는 the worldly truth, 또는 the relative truth, 승의제는 the ultimate truth, 또는 the absolute truth, the supreme truth 등으로 표현된다.

1 義淨, 『南海寄歸內法傳』 (『大正藏』 54권, 228중)

Ⅱ. 역사적 전개 및 텍스트별 용례

원시불교 시대에 등장한 이제(二諦)라는 용어는 그 의미가 뚜렷하지 않았으나, 그 이후 전개된 부파불교 시대에는 부파에 따라 명확한 개념으로 사용되었다. 그러다가 인도의 대승불교 중관학(中觀學)에서 그 의미가 새로이 확립되어 적극 강조되었고, 유식학(唯識學)에서도 부분적이나마 독자적으로 설명되었다. 또한 인도불교가 전래된 이후 다양한 불교사상을 수립한 중국에서는, 특히 삼론학(三論學)과 천태학(天台學)에서 복합적이고 중층적인 이제설이 제창되었다.

불교의 여러 학파나 종파에서 주장된 데에서 드러나듯이, 그 이제(二諦)의 의미와 내용은 결코 단순하거나 일률적이지 않으며, 불교의 많은 경론이나 여러 학파에 따라서 다양하게 사용되었다. 이하에서 원시불교 이래 여러 학파별로 그 의미를 적출하여 요약해 본다.

1. 원시불교의 이제설

원시불교의 경전에는 이제(二諦)의 용어가 몇 번 정도 나오기는 하지만, 후대의 불교에서 보이는 것처럼 명확한 이제(二諦)의 학설은 등장하지 않는다.

가장 오래된 경전인 『숫타니파타(Sutta-nipāta, 經集)』에 승의(勝義)와 세속(世俗)을 뜻하는 paramattha와 sammuti라는 용어가 사용되어 있다.[2] 또 상응부 경전(Saṃyutta-Nikāya) 중에 세속(世俗)의 sammuti라는 용어 대신, 후세에 언어적 관습을 의미하는 용어 vohāra(vyavahāra)가 동일한 의미로 사용된 경우가 있다고 지적한다.[3] 일단 승의(勝義)는 궁극적인 진리인 열반(涅槃)에 해당하고, 세속(世俗)은 언어적 표현이나 언어적 관습을 의미한다고 보는 것이다. 그러나 일부에서는 그러한 의미가 후세의 개념과 동일한 것인지 분명하지 않다고 보기도 한다.

한역(漢譯)의 『중아함경(中阿含經)』 제7권의 『분별성제경(分別聖諦經)』에는 과거 현재 미래의 성제(聖諦)를 서술하면서 진제(眞諦)의 용어가 속제

2 *SUTTA-NIPĀTA,* Pali Text Society. 이 경전의 68게송 및 897, 904게송 참조.
3 安井廣濟, 「初期佛教における眞俗二諦說の形態」, 『中觀思想の硏究』(東京: 法藏館, 1961), 47면.

(俗諦)를 수반하지 않고 단독으로 사용되어 있다.[4] 또 『증일아함경(增一阿含經)』 제3권의 「아수륜품(阿須倫品)」에 이제(二諦)라는 용어가 있으나, 삼해탈문(三解脫門), 사성제(四諦), 오근(五根) 등 다른 용어와 함께 그 명칭만 나열되어 있고, 그 내용이 분명하게 설명되어 있지 않다.[5] 그러나 『증일아함경』이 원시경전 가운데 후기의 새로운 부분이기 때문에, 역시 일부에서는 그 이제설(二諦說)을 오래된 것이라고 보기에는 문제가 있다고 본다.

2. 아비달마불교의 이제설

원시불교의 교법에 대해 연구하여 아비달마(阿毘達磨, Abhidharma) 불교라고도 불리는 소승(小乘)의 약 20 부파불교(部派佛敎)는, 승의와 세속을 이제설(二諦說)로서 발전시키고, 다시 그것을 일종의 교상판석(敎相判釋)의 입장에서 채용하였다. 먼저 부파불교 가운데 가장 유력한 설일체유부(說一切有部, Sarvāstivāda)에서는 원시불교의 이제(二諦)를 계승하여 이렇게 설명하였다.

『아비달마대비바사론(阿毘達磨大毘婆沙論)』 제90권에서 설명하기를, 나고 죽는 자는 세속적으로 있는 것[世俗有]이고, 모든 나고 죽는 법은 승의적으로 있는 것[勝義有]이며, 또한 업보 같은 것을 지은 자[作者]와 받은 자[受者]는 세속적으로 있는 것이고, 업(業)이나 이숙과(異熟果) 등은 승의적으로 있는 것이라고 주장하였다. 또한 뿌드갈라(補特伽羅, pudgala)는 임시적인 가(假)인데 비하여, 색(色, rūpa) 등의 오온(五蘊)은 실재적인 실(實)이라고 설명하였다.[6] 또 이 논서의 제77권에서는, 세간에서 상식적으로 알고 있는 사항과, 세간에서 편의적인 약속으로 인정되는 도리를 세속제(世俗諦)라 하고, 무루(無漏)의 성스런 지혜에 의하여 증득되는 진실한 진리를 승의제(勝義諦)라 하였다.[7]

그리고 사제(四諦)와 이제(二諦)의 관계에 대하여 말하자면, 소승의 각 부파 사이에 극심한 분기설이 있었다고 전하고 있다. 곧 어떤 부파에서는 사제(四諦)의 고(苦)와 집(集)은 세속제이고 멸(滅)과 도(道)는 승의제라 하

4 『中阿含經』(『大正藏』 1권, 468중-469하)
5 『增一阿含經』(『大正藏』 2권, 561상)
6 五百大阿羅漢等造, 玄奘譯, 『阿毘達磨大毘婆沙論』(『大正藏』 27권, 463상-중)
7 앞의 책, 400상.

였고, 어떤 부파에서는 고(苦)와 집(集)과 멸(滅)은 세속제이고 도(道)만이 승의제라 하였으며, 어떤 부파에서는 사제(四諦)는 모두 세속제이고 공(空)과 비아(非我)는 승의제라 하였다. 이에 대하여 사제(四諦)의 하나하나에 세속제와 승의제가 있다고 하는 것이 『아비달마대비바사론』의 정의(正義)라고 하였다.[8]

유부(有部)의 논사 세친(世親)이 저술한 『아비달마구사론(阿毘達磨俱舍論)』 제22권의 제6 「분별현성품(分別賢聖品)」에서도 오온(五蘊)은 승의제라고 논의하였다. 곧 물질적 요소인 색(色, rūpa)은 그것을 구성하는 궁극적 요소라는 극미(極微, paramāṇu)로 분석해보면 그 본질이 인식되는데, 그것이 승의(勝義)로서 존재하기 때문에 승의제(勝義諦, paramārtha-satya)라는 것이다. 예를 들면, 병(甁)이나 옷[衣]은 그 형태가 파괴되어 와력(瓦礫)이나 헝겊조각 등으로 분해하면, 다시는 병이나 옷이라고 이름할 수 있는 인식이 발생하지 않는다. 또 물[水]이나 불[火]은 수승한 지혜로 그것을 분석하면, 색(色)·향(香)·미(味) 등의 각종 요소로 분석되어 역시 물이나 불이라는 인식이 발생하지 않는다. 그럼에도 세간에서는 가상적으로 병이 있다거나 물이 있다고 말하는데, 이와 같이 세간의 일반적 상식에서 잘못 되지 않은 진실로 간주되는 것을 세속제(世俗諦, saṃvṛti-satya)라 칭하였다. 이에 대하여 모든 존재를 구성하는 색(色)·향(香)·미(味) 등의 각종 요소는 그 형태가 분해되면 극미(極微)에 이르는데, 수승한 지혜로 분석하면 그 본질이 항상 존재하여 변함이 없다고 보았다.[9] 그리하여 모든 존재의 궁극적 요소로 간주되는 오위(五位)의 75법(法)이라 불리는 법은, 출세간적인 불교의 진리로서 그 존재를 인식하고 있기 때문에, 이들 법이 있다고 설하는 것을 승의제(勝義諦)라 하였다. 이와 같이 설일체유부(說一切有部)에서는 원시불교의 이제(二諦)를 계승하면서, 그것을 제법(諸法)의 근원을 논의하며 인무아(人無我)와 법유(法有)를 주장한 데에서 보이듯이, 일종의 교판설로 전개한 특색이 있다. 그 유부의 아비달마불교는 원시불교의 사상을 바르게 발전시킨 것이라고 보기에는 문제가 있다는 지적이 뒤따른다.

그 외에 부파불교의 하나인 경부(經部) 혹은 경량부(經量部, Sautrāntika)에서는, 무루(無漏)의 출세간적 지혜와 세간의 바른 후득지(後得智)에 의하

8 앞의 책, 399하-400상.
9 世親造, 玄奘譯, 『阿毘達磨俱舍論』 (『大正藏』 29권, 116중)

여 인정되는 것을 승의제라 하고, 유루(有漏)의 지혜에 의하여 인정되는 것을 세속제라 하였다.

그리고 대중부(大衆部)에 속하는 설가부(說假部, Prajñaptivāda)에서는 진가(眞假)를 분별하여, 진(眞)을 진제(眞諦), 가(假)를 속제(俗諦)라고 하였다.

또한 설출세부(說出世部, Lokottara)에서는, 세간의 법은 전부 가(假)이고 허망하지만 출세간법은 실(實)이고 진정(眞正)이라고 하여, 속제는 허망하고 진제는 진실이라고 주장하였다고 한다.[10]

남방불교 상좌부(上座部)의 『해탈도론(解脫道論)』에서도 이제를 설하였다. 부처님의 설법에는 유정(有情)과 보특가라(補特伽羅, pudgala) 등을 설하는 언설과, 무상(無常)·고(苦)·무아(無我) 등을 설하는 언설이 있다고 하였는데, 전자는 가설(假說)의 언설제(言說諦)이고 후자는 진실(眞實)의 언설제(言說諦)라고 설명하였다. 이것은 설법의 내용에 따라서 가설과 진실을 구분한 것이라고 본다.[11]

소승불교에 속하는 『성실론(成實論)』 제11권 「입가명품(立假名品)」에서는, 색(色)·향(香)·미(味) 등의 법과 열반(涅槃)을 진제(眞諦)로 삼고, 색(色) 등의 오온과 극미로 구성된 병(甁)이나 물[水]은 가명(假名)으로 병이나 물이라고 이름하지만, 그 실체가 없기 때문에 속제(俗諦)로 삼았다.[12]

3. 대승경전의 이제설

대승경전에 설해진 이제설(二諦說)은 비교적 풍부하여, 예로부터 여러 학파나 종파에서 제창하는 새로운 학설의 근거가 되었고, 서로 다투어 그 미묘함을 빛내는 계기가 되었다. 여기에 잘 알려진 대승경전의 이제설(二諦說)을 요약하여 소개한다.

1) 『반야경』의 이제설

대승경전 가운데 기원 전후 최초로 성립된 경전은 『반야경(般若經)』이다. 그 중에서 가장 오래된 『8천송 반야경』(일명 『소품반야경(小品般若經)』)이 근간이 되어, 확대되거나 축소되어 여러 가지 『반야경(般若經)』이 되었다고

10 宇井伯壽, 『佛教汎論』(東京: 岩波書店, 1947), 1057면.
11 武邑尙邦, 『佛教思想辭典』(東京: 教育新潮社, 1984), 343면.
12 訶梨跋摩, 『成實論』(『大正藏』 32권, 327중)

본다.[13] 그러나 『소품반야경』에는 이제설(二諦說)이 설해져 있지 않고, 그것이 증광 발전된 2만 5천 송으로 이루어진 『대품반야경(大品般若經)』에 명료하게 설해져 있다.

그 『대품반야경』의 이제설(二諦說)을 몇 군데 살펴보면 다음과 같다. "보살마하살은 세제(世諦)로 인하여 중생이 있다거나 없다고 열어 보이며, 제일의(第一義)로써는 아니다."[14] "세제(世諦)가 있기 때문에 과보가 있다고 분별하여 설하며, 제일의로써는 아니다. 제일의(第一義) 중에서는 인연과 보를 설할 수 없다."[15] "보살마하살은 이제(二諦)에 머물러 중생을 위하여 세제(世諦)와 제일의제(第一義諦)를 설한다. 이제 중에서는 중생을 비록 얻을 수 없으나, 보살마하살은 반야바라밀을 수행하여 방편력으로써 중생을 위하여 법을 설한다."[16] 이와 같은 『대품반야경』의 이제설(二諦說)은 그 후 대승불교에서 말하는 이제설(二諦說)의 원천이 되었다고 한다.

2) 『보적경』의 이제설

『보적경(寶積經)』은 월칭(月稱)의 『입중론(入中論)』에도 인용되어 있어. 중관사상(中觀思想)과 밀접한 관계를 갖고 있는 경전으로 알려져 있다.[17] 이 경전의 제66권에서 이제(二諦)를 설하는데, 세간의 지혜로운 자는 다른 것을 듣지 않고 세속과 승의의 이제(二諦)를 가지고 설하며, 세 번째의 제(諦)는 존재하지 않는다고 하였다.[18]

3) 『대반열반경』의 이제설

북본(北本)의 『대반열반경(大般涅槃經)』 13권 「성행품(聖行品)」에서, 세간의 일반인이 알고 있는 것을 세제(世諦)라 하고, 출세간의 사람이 진리를 증득하여 알고 있는 것을 제일의제(第一義諦)라고 하였다. 또한 유명유실(有名有實)한 것을 제일의제, 유명무실(有名無實)한 것을 세속제라고 하였다. 곧 사성제(四聖諦) 같은 불교의 도리는 제일의제이고, 더운 날의 아지랑

---

13 安井廣濟, 「干潟龍祥博士による, 梵文善勇猛般若經の出版と般若經研究」(『大谷學報』 제39-1호(東京: 大谷學校, 1959)
14 『大品般若經』 (『大正藏』 8권, 378하)
15 앞의 책, 397중.
16 앞의 책, 405상.
17 安井廣濟, 『中觀思想の研究』(東京: 法藏館, 1961), 82면.
18 『大寶積經』 (『大正藏』 11권, 378하)

이, 건달바성(乾闥婆城), 거북이 털과 토끼 뿔[龜毛兎角], 바퀴처럼 회전하는 불덩어리 같은 것은 세제라고 하였다.[19]

4) 『인왕반야경』의 이제설

『인왕반야경(仁王般若經)』 상권의 「이제품(二諦品)」에서는, 이제(二諦)가 상즉(相卽)하여 진속(眞俗)이 불이(不二)라고 하여, 한층 진일보한 설명을 하였다. 곧 진리의 도리에 의하여 말하자면 이제(二諦)의 구별이 있지만, 진실한 지혜에 의하여 관조하면 이제(二諦)가 둘이 아니라는 이치가 자연히 나타난다고 하였다.[20]

5) 『보살영락본업경』의 이제설

『보살영락본업경(菩薩瓔珞本業經)』 상권에는, 그 내용의 일부분이 설명되어 있는 제일의제(第一義諦)와 세제(世諦)라는 이제(二諦)의 명칭이 몇 군데에 시설되어 있다. 그리고 하권에서는 이제(二諦)의 의미를 설명하면서, 특이하게 세제(世諦)와 무제(無諦)라고 번역하기도 하였다. 그 내용의 일부를 들어보면, "이제(二諦)는, 세제(世諦)는 유(有)이기 때문에 공(空)이 아니고, 무제(無諦)는 공(空)이기 때문에 유(有)가 아니다. 이제(二諦)는 상이(常爾)하기 때문에 하나가 아니고, 성조(聖照)하면 공(空)이기 때문에 둘이 아니다."라고 하였다[21].

6) 『능가경』의 이제설

『능가경(楞伽經)』에는 「게송품(偈頌品)」에서 이제(二諦)가 몇 곳에 설명되어 있다. 『입능가경(入楞伽經)』의 경우를 보면 다음과 같다. "세제(世諦)에서는 일체가 있으나, 제일의제(第一義諦)에서는 없다. 실체(實體)의 무상(無相)이 제일의제(第一義諦)이다. 허망한 법을 보기 때문에 세제(世諦)를 설한다."[22] "세제(世諦)에 의하면 제법이 있으나, 제일의(第一義)로서는 모두 없다. 진실한 법은 없는데도 미혹하니, 이것이 세제(世諦)의 법이다."[23]

---

19 『大般涅槃經』(『大正藏』 12권, 443상-중)
20 『仁王般若經』(『大正藏』 8권, 829상-중)
21 『菩薩瓔珞本業經』(『大正藏』 24권, 1018중)
22 『入楞伽經』(『大正藏』 16권, 568상)
23 『入楞伽經』(『大正藏』 16권, 575중)

4. 중관학파 용수의 이제설

대승불교 중관학(中觀學, Mādhyamika)의 시조 용수(龍樹, Nāgārjuna, 150-250)의 이제설(二諦說)은 가장 오래된 대승경전에 속하는 『반야경』의 이제설(二諦說)을 새롭게 전개한 것이다.

『반야경』의 설법에 따르면, 작자(作者)와 인아(人我)뿐만이 아니라 오온(五蘊)과 보살(菩薩) 불(佛) 등의 일체 존재는 오직 명칭일 뿐이며(nāmamātra), 언어적 설명을 초월한 공성(空性, śūnyatā) 이외에 승의(勝義)의 진리라는 것은 존재하지 않는다고 하였다. 『반야경』의 이러한 이제설은 열반은 승의(勝義)이고 언설(言說)은 세속이라고 설한 원시불교의 이제사상으로 회귀하는 것을 도모하는 동시에, 이제설을 일종의 교판으로 채용한 아비달마불교의 이제설을 승계한 것이라고 한다. 다만 아비달마불교와는 다르게 인법(人法)이 모두 무아(無我)라고 주장하고, 오온으로 대표되는 아비달마불교의 교설은 일체법이 공성이라는 승의의 진리를 전하는 방편설에 불과하다고 하였다.

이러한 『반야경』의 이제설(二諦說)에 적지 않은 변화를 주며 일체법공(一切法空)의 도리를 천명한 장본인이 대승 최초의 논사 용수였던 것이다. 전형적인 용수의 이제설(二諦說)은 『중론(中論)』 제24장 「관법품(觀法品)」에 설해져 있다.

> "제불은 세속제(世俗諦)와 제일의제(第一義諦)라는 이제(二諦)에 의하여 중생을 위하여 법을 설한다."
>
> " 만약 사람이 그 이제(二諦)의 구별을 알지 못하는 자는 심원한 불법(佛法)의 진실을 알지 못한다."
>
> "세속제(世俗諦)에 의하지 않으면 제일의제(第一義諦)는 시설되지 않으며, 제일의제(第一義諦)를 얻지 못하면 열반(涅槃)을 증득하지 못한다."[24]

이제(二諦)에 관한 이러한 설명은, 만약 일체의 법이 대승에서 주장하는 바와 같이 허공처럼 공허하다면, 사성제(四聖諦)와 삼보(三寶) 같은 불교의 이치는 물론 세속의 도덕과 인과법을 포함하여, 세간과 출세간의 모든 언

---

24 龍樹, 『中論』(『大正藏』 30권, 32하)

어적 관습이 파괴될 것이라는 반론자의 의문에 대하여 답변한 것이다.

이에 용수는 모든 존재에 자성(自性, svabhāva: 고정 불변의 본성을 말함)이 없어, 생겨나지도 않고 소멸하지도 않는 불생불멸(不生不滅)의 공(空, śūnya)을 아는 것을 제일의제(第一義諦)라고 하였다. 또한 모든 존재는 그 자성이 공하다는 공성(空性, śūnyatā)이 있고, 그 공성이 공의 목적으로서 작용하게 하는 공용(空用, śūnyatāyāṃ prayojanam)을 갖고 있기 때문에,[25] 가명(假名)으로 세간의 사물이라는 모습으로 나타나서 상의상대(相依相對)적으로 존재한다고 인식하는 것을 세속제라 하였다. 곧 제일의제는 불생불멸하여 공하지만, 세속의 사물은 현실적으로 생겨나고 소멸하는 것처럼 보이며, 또한 생겨나고 소멸한다는 언어적 표현과 관념적 사고도 세속에서 유효하기 때문에 세속제로 허용된다고 보았다. 이 세속제에 의하지 않으면 언어적 표현과 관념적 사고를 초월한 제일의제를 사람들에게 전달할 수 없으며, 그 제일의제를 얻지 못하면 열반 같이 평온한 깨달음의 경지를 얻지 못한다고 말한 것이다. 그리하여 세간의 상식적 진리에 준거하는 생(生)·주(住)·멸(滅), 업(業)·업보(業報), 오온(五蘊)·사대(四大)·육근(六根) 등의 갖가지 교설은, 일체법이 공성이라는 승의의 진리를 전달하여 알게 하는 데 불가결한 중요성을 갖는다고 하였다.

이와 유사한 취지는 『공칠십론(空七十論)』제69게송에도 설해져 있다. "승의(勝義)에서는 연기(緣起)한 일체의 법은 자성(自性)에 관하여 공(空)하다. 그러나 부처님 세존은 세간의 언설에 의하여 갖가지를 남김없이 있는 그대로 가설(假說)하신다"라고 하였다.[26]

한편 앞의 『중론』제24장 후반부에서 용수는 말하기를, 논의의 상대가 공성설(空性說, śūnya-vāda)에 대하여 반박하는 그러한 모든 과실은 공성에는 없고, 오히려 자성이 있다고 말하는 자성설(自性說, svabhāva-vāda)에 부수한다고 설명하였다.[27] 이러한 주장은 용수의 이제설(二諦說)에서 중요한 의미를 갖는다고 본다. 생멸(生滅)이나 오온(五蘊) 등 모든 세간과 출세간의 언어적 관습은, 실제로 자성을 인정하는 실재론적 입장에 근거하는 것이 아니라, 그 성품이 한 가지로 공성(空性)인 바탕 위에서 오직 가명(假名, prajñapti)으로서만 성립한다는 의미를 함축하고 있다는 것이다.

---

25 앞의 책, 32하.

26 Nāgārjuna, *Śūnyatāsaptati* (Chr. Lindtner, Nagarjuniana, Motilal Banarsidass, 66면.)

27 龍樹, 『中論』(『大正藏』 30권, 33상)

이제설(二諦說)을 중심으로 한 용수의 학설은 인도의 중관학파에 계승되어 논의되었을 뿐만 아니라, 중국에 전래되어 뛰어난 교학적 업적을 성취한 삼론종(三論宗)의 이제설(二諦說)과 천태종(天台宗)의 천태삼관(天台三觀), 그리고 화엄종(華嚴宗)의 교학과 관법(觀法)의 성립에 지대한 영향을 끼쳤다.

5. 중국불교의 이제설

1) 육가칠종(六家七宗)의 이제설

중국에 불교가 전래된 기원후 1세기 무렵, 남북조시대(南北朝時代)에 이르러 반야사상(般若思想)에 심취한 중국의 불교학자들에 의하여 다양한 이제설(二諦說)이 제기되었다. 중국불교에서 이제설(二諦說)이 본격적으로 제창된 것은 삼론종(三論宗)으로, 그 삼론종에서 거론하는 이제설(二諦說)은 대개 『중론』을 비롯한 삼론(三論)의 이제설(二諦說)에 근거하여 논의되었다. 그러나 『중론』 등의 삼론은 구마라집(鳩摩羅什)이 장안에 와서 5세기 초엽에 한역하였기 때문에, 그 이전의 사람들은 『중론』 등의 이제설(二諦說)을 들어보지 못하였다. 하지만 구마라집 이전에도 후한(後漢)의 지루가참(支婁迦讖)이 179년에 한역한 『반야도행품경(般若道行品經)』, 오(吳)의 지겸(支謙)이 한역한 『대명도경(大明度經)』, 서진(西晉)의 축법호(竺法護)가 286년 역출한 『광찬반야경(光贊般若經)』 등 열 가지 정도의 소품(小品) 및 대품(大品) 계통의 『반야경』이 한역되었고, 이들 『반야경』에도 이제설(二諦說)이 시설되어 있어, 이에 의하여 여러 가지 이제설을 제창한 것이다.

그리하여 여러 『반야경』의 공설(空說)과 당시 중국의 위진(魏晉) 시대에 유행한 노장(老莊)사상 같은 현학(玄學)이 결합하여 일시 격의불교(格義佛敎)가 발생하였다. 격의불교란 불교의 사상을 그것과 유사한 중국의 사상을 가지고 해석하는 것이다. 이 격의불교의 중심에는 『반야경』의 공사상(空思想), 곧 반야사상에 대한 이해와 더불어 공(空)과 유(有)의 이제(二諦)의 관계를 어떻게 이해할 것인가 하는 문제가 놓여 있었다. 그러나 구마라집 이전에 유통된 『반야경』들은 그 번역이 정밀하지 않은데다, 제가(諸家)의 반야에 대한 이해가 또한 동일하지 않았기 때문에, 마침내 육가칠종(六家七宗)의 설이 출현하게 되었다.

그 때에 남조(南朝) 유송(劉宋)의 장엄사(莊嚴寺) 담제(曇濟)는 『칠종론

(七宗論)』이라는 저서를 지어, 구마라집이 장안에 초빙되어 오기 이전에 제기된 반야의 진속이제(眞俗二諦)에 대한 육가칠종의 학설을 기록하였다. 육가(六家)란, 본무종(本無宗)·즉색종(卽色宗)·심무종(心無宗)·식함종(識含宗)·환화종(幻化宗)·연회종(緣會宗)을 말하며, 칠종(七宗)은 그 육가에 침법사(琛法師)의 본무이종(本無異宗)을 더한 것이다. 본무이종(本無異宗)은 원래의 본무종(本無宗)에서 파생한 것이라 간주하였다. 이 저서는 비록 오래 전에 산실되었지만, 구마라집 문하의 승조(僧肇, 384-414)가 지은 『조론(肇論)』 가운데 하나인 「부진공론(不眞空論)」에는 앞의 사종(四宗)이 비판되어 있고,[28] 길장의 『중관론소(中觀論疏)』 2권에는 그 칠종이 논의되어 있다.[29] 이에 의하여 칠종이제(七宗二諦)의 개요를 서술하면 다음과 같다.

(1) 도안(道安)의 본무종(本無宗) : 길장은 이 본무의(本無義)에 도안의 설과 침법사(琛法師)의 설을 지적하였다. 먼저 미천(彌天)의 도안(312-385)은, 일체의 제법은 본성이 공적하여 본래 진실로 없는 것이지만, 필경에 유무(有無)는 상즉(相卽)하여, 삼라만상 그 자체 위에서 공무(空無)의 이치를 인정하였다. 진(陳)의 혜달(慧達)은 도안에게 『본무론(本無論)』이라는 저술이 있었다고 하는데, 이 저서도 또한 전하지 않아 자세한 것은 알 수 없다. 도안은 처음으로 격의불교를 비판한 인물로 알려지고 있다.

그러나 승조가 비판한 본무종(本無宗)의 특징은, 일체법의 근저에 무(無)를 설치하여 공(空)을 표현하는 비유(非有)와 비무(非無)를 모두 무(無)의 차원에서 이해하는 것이었다. 이것은 특히 노장(老莊)의 무(無)의 사상에 깊이 결부된 것이라 말해진다. 이 계통의 본무의(本無義)는 축법태(竺法汰)의 설이라고도 하고, 침법사(琛法師)의 설이라고도 한다.

(2) 침법사(琛法師)의 본무이종(本無異宗) : 침법사의 침(琛)은 아마 심(深)의 오기인 듯하며, 법심(法深) 축잠(竺潛)일 것이라 한다. 그는 세속의 색법(色法)에 앞서 진공(眞空)이 존재하여, 진전속후(眞前俗後)이고 선무후유(先無後有)라고 하였다. 이러한 주장은 유(有)의 근원으로 소급하면 결국 무(無)로 돌아가기 때문에, 마침내 대무(大無)의 악취공(惡取空)에 떨어질 우려가 있다고 하였다.

(3) 즉색의(卽色義) : 여기에는 관내(關內)의 즉색의(卽色義)와 지둔(支遁)

28 僧肇, 「不眞空論」, 『肇論』 (『大正藏』 45권, 152상-153상)
29 吉藏, 『中觀論疏』 (『大正藏』 42권, 29상-중)

의 즉색의(卽色義) 두 가지가 있다. 관내(關內)의 즉색의(卽色義)는, 청색과 황색 등의 모습은 사람이 그것을 인식하고 청색이나 황색이라고 명칭하는 것에 의하여 그렇다는 것을 획득하는 것이며, 만약 그렇게 명칭하지 않으면 어디에도 청색이나 황색 등이 존재하지 않아 곧 공이라고 말하는 데에 있다. 그러나 이 설과 같이 인식을 상대하여야 비로소 색법(色法)이라는 것을 획득한다는 주장은 철저하지 못하다는 비난이 뒤따른다.

지둔(支遁)의 즉색의(卽色義)는, 색법(色法)은 자성이 없지만, 색법에 상즉하여 공을 관하는 것이다. 이 설은 『반야경』의 색즉시공(色卽是空)과 흡사하여, 유무(有無)의 상즉(相卽)을 긍정하는 것이다. 그러나 승조의 지적에 따르면, 색법 자체의 공(空), 무자성(無自性)을 설한 것이 아니기 때문에 철저한 것은 아니라고 보기도 하였다.

(4) 온법사(溫法師)의 심무종(心無宗) : 이 심무종(心無宗)은 지민도(支愍度)가 말하였으나, 진(晋)의 혜달(慧達)이 지은 『조론소(肇論疏)』에서는 원래 이 설의 주장자를 축법온(竺法溫)으로 간주하였다.[30] 이 심무(心無)라는 것은, 만물에 대하여 무심(無心)하여도 만물은 일찍이 무(無)가 아니라는 것이다. 곧 『반야경』의 제법개공(諸法皆空)은 만물을 공(空)하게 하는 것이 아니라, 주관적인 마음을 두는 상태를 표현한 것으로, 주체자인 자아(自我)를 공하게 한다는 것이다. 그러므로 이 설은 『반야경』의 설명과 달리 공(空)을 일부분밖에 설명하지 못하였으며, 또 유물론적 성향이 강한 주장이었다. 그 때문에 승조와 길장 등이 모두 비판하였다.

(5) 우법개(于法開)의 식함종(識含宗) : 삼계(三界)의 중생들이 긴 밤 동안 심식(心識)이 미혹하여 망상의 꿈을 꾸는 동안은 속제의 차별이 있지만, 오도(吾道)에 도달하면 전도된 미혹의 심식이 소멸하여 삼계가 모두 진공(眞空)이라고 하여, 망념은 속제이고 오도는 진제라는 이제설을 주장하였다. 이설에 따르면 대오한 후에는 만물의 속제의 차별을 보지 못하기 때문에, 여래의 오안(五眼)도 소용이 없어진다는 힐난이 따른다.

(6) 일법사(壹法師)의 환화종(幻化宗) : 일법사(壹法師)는 축도일(竺道壹) 혹은 담일(曇壹)을 말하는데, 그는 세제는 환화(幻化)와 같아 본래부터 있지 않다고 주장하였다. 이 주장은 세속의 일체가 모두 환화라고 말하기 때문에, 진실한 사람이나 거짓된 사람이나 필경에 존재하지 않아 차이가 없어

30 慧達, 『肇論疏』(『卍續藏』 150권, 866상)

지고, 죄와 복도 환화이기 때문에 인과(因果)도 파괴될 것이라는 허물이 뒤따른다.

(7) 우도수(于道邃)의 연회종(緣會宗) : 그는 만물이 인연 화합하여 유(有)인 것을 속제라 이름하고, 인연이 흩어져 무(無)인 것을 진제라고 칭하였다. 그러나 경전에서 이미 "가명(假名)을 허물지 않고 실상(實相)을 설한다"라고 하였기 때문에, 이 주장처럼 인연이 흩어지는 것을 상대하여 비로소 진제는 무상(無相)이라고 말할 수는 없다는 것이다.

이상의 칠종의 이제설 가운데 도안(道安)의 본무설(本無說)과 지둔(支遁)의 즉색의(卽色義)를 제외하고, 모두 잘못된 설이라는 비난을 면치 못한다고 하였다. 이와 같이 이제설(二諦說)은 삼론종이 성립하기 이전에 이미 칠종이나 주장되었다. 그러나 그 이전의 격의불교를 통한 이해는 불교 본래의 이제와 공사상을 바르게 이해하지 못하였기 때문에, 길장은 그 이전의 육가칠종 이제설을 거론하고 대부분을 비판하였다.

2) 삼론종의 이제설

중관학(中觀學)의 시조 용수(龍樹)의 이제설(二諦說)은 중국불교의 삼론종(三論宗)에 수용되어 여러 가지 이제설(二諦說)이 전개되는 밑거름이 되었으며, 여러 가지 삼론교의를 수립한 고구려 출신의 승랑(僧朗)을 시조로 하는 신삼론학(新三論學)의 제4조 길장(吉藏, 549-623)에 이르러 대성되었다.

삼론종의 초조로 간주되는 구마라집에 의하여 한역된 『중론(中論)』·『십이문론(十二門論)』·『백론(百論)』의 『삼론(三論)』과 『성실론(成實論)』이 5세기 초엽 중국에 소개된 이후, 이 논서들의 연구와 강습에 의거하여 이제(二諦)와 유관한 논의들이 흥성하게 제기되었다. 여기에는 이제(二諦)의 체(體)에 대한 논의를 비롯하여 몇 가지의 이제설이 있다. 길장에 의하여 선전된 이제설(二諦說) 가운데 가장 특색 있는 것은, 어교이제설(於敎二諦說)과 사중이제설(四重二諦說)이 거론된다. 또한 이제(二諦)의 체(體)에 관한 논의도 있었다. 삼론종은 이렇게 다양한 이제설에 의하여 종래부터 논의되어 온 각종의 이제설을 수렴하여 개편하였다.

(1) 이제(二諦)의 체(體) : 길장이 저술한 『이제의(二諦義)』 또는 『이제장(二諦章)』에는 고래로 논의된 이제(二諦)의 체(體)에 대한 14가(家)의 서로 다른 주장이 있었다고 한다. 그러나 실제로 길장의 저서에서 설명되는 것은 그 중에서 가장 대표적인 세 가지로서, ①이제(二諦)의 체(體)는 동일하

다는 설, ②이제(二諦)의 체(體)는 서로 다르다는 설, ③이제(二諦)의 체(體)는 중도(中道)라는 설이다.[31] 또 『대승현론(大乘玄論)』에서 말하는 다서 가지는, 첫 번째의 이제의 체는 동일하다는 설을 세 가지로 상설한 것에 지나지 않는다.[32] 이 세 가지 내지 다섯 가지는 모두 성실종(成實宗)의 학설로, 삼론종에서는 그 모두가 잘못된 해석이라고 평하였다.

특히 문제가 되는 것은 세 번째의 해석으로, 이것은 성실종(成實宗)의 논사 개선사(開善寺) 지장(智藏)이 주장하였다고 한다. 그런데 문제는 삼론학도 동일하게 이렇게 주장하였다는 것이다. 길장이 전하는 바에 의하면 그 사연은 다음과 같다. 고구려 요동성(遼東城) 출신의 승랑대사가 북지(北地)에서 삼론을 학습하고 남지(南地)에 내려와 교화하자, 양(梁)나라의 무제(武帝)가 그 명성을 듣고 전국의 학승 열 명을 승랑에게 보내어 수학하게 하였다. 그 때 지장(智藏)은 직접 승랑에게 수업을 받지는 않았지만, 그 가르침을 전해 듣고 중도를 이제(二諦)의 체(體)로 삼았다는 것이다. 그러나 지장의 주장은 이(理)를 제(諦)로 삼아 교(教)를 제(諦)로 하는 삼론학과 다르고, 도리어 진제(眞諦)를 이제(二諦)의 체(體)로 파악하여, 유일한 실제(實諦)를 방편으로 이제(二諦)를 설하는 삼론학과 어긋나게 되었다고 한다.[33]

(2) 어교이제설(於教二諦說) : 이 어교이제설(於教二諦說)은 어이제(於二諦)의 어제(於諦)와 교이제(教二諦)의 교제(教諦) 두 가지를 구별하여 주장한 이제설이다. 어(於)는 소의(所依)의 의미로서, 부처님이 법을 설하는데 의지하는 바가 되는 현실적 세계의 육진(六塵) 경계를 가리킨다. 그 육진의 경계를 범부는 유(有)라고 보는 것을 어(於)의 속제(俗諦), 성자는 공(空)이라고 보는 것을 어(於)의 진제(眞諦)라고 한다. 이 어제(於諦)에는 부처님이 출세하기 이전부터 본말(本末)의 두 종류가 있었다고 하는데, 그것에 의하여 부처님이 설법한 어제(於諦)를 소의(所依)의 어제(於諦)라고 하고[本], 부처님의 설법을 듣고 중생이 이해한 어제(於諦)를 미혹한 교설[迷教]의 어제(於諦)라고 한다[末]. 그 다음 교(教)는 능의(能依)의 의미로서, 부처님이 육진 경계에 의지하여 설하신 교법(教法)을 가리킨다. 이에 의하여 진공묘유(眞空妙有)를 설하는 것을 교(教)의 속제(俗諦), 언어적 표현과 사고를 초월

31 吉藏, 『二諦義』(『大正藏』 45권, 107하)
32 吉藏, 『大乘玄論』(『大正藏』 45권, 19상)
33 金仁德, 「僧朗 相承 三論學의 三種中道論」, 『韓國佛教學』 제24집 (서울: 한국불교학회, 1998), 33면.

한 무소득의 이치를 설하는 것을 교(敎)의 진제(眞諦)라고 한다. 이상의 본말(本末)의 어이제(於二諦)와 교이제(敎二諦)를 합하여 삼종이제(三種二諦)라고 말하기도 한다.

어제(於諦)의 이제(二諦)는 교설(敎說)의 이제(二諦)인 교제(敎諦)의 소의(所依)가 되어, 범부와 성자의 둘에게 있어서 진리[諦]라는 뜻이며, 그것은 각각 유(有)와 공(空)에 해당한다고 한다. 이에 대하여 『이제의(二諦義)』에서는 이렇게 설명한다. 제법은 공(空)을 본성으로 삼지만, 세간에서는 전도(顚倒)되어 유(有)라고 말한다. 세상 사람에게는 유(有)라는 것이 진실이기 때문에, 그것을 진리[諦]라고 이름한다. 그러나 모든 현성은 유(有)라고 보는 것이 전도라는 것을 바로 알기 때문에, 공을 본성으로 삼는 것이 성인에게 진실이기 때문에, 그것을 진리[諦]라고 이름한다.[34] 이렇게 이들 두 가지의 어제(於諦)에 근거하여 설해지는 두 종류의 교설을 교제(敎諦)라고 부른다. 그리하여 어제(於諦)와 교제(敎諦)는 각각 약리(約理)와 약교(約敎)의 이제(二諦)라고 말한다.

그런데 어제(於諦)에 해당하는 것은 이제(二諦)를 이경(理境)으로 보는 다른 학파의 이제설(二諦說)을 의미한다. 그러나 어이제(於二諦)는 실(失)이 있어 바른 해석이 못되고, 삼론학에서 주장하는 교제(敎諦)의 이제설(二諦說)은 득(得)이 있다고 한다. 비록 어제(於諦)에서 범부와 성인에게 유(有)와 공(空)의 이제(二諦)를 설하는 것을 들더라도, 유(有)와 무(無)가 둘이면서 둘이 아니라고 설하는 교제(敎諦)의 이제설(二諦說)이 바른 해석이라고 한다.[35]

여기에서 주목되는 중요한 점은, 세속제-범부-유(有)이고, 제일의제-현성-공(空)이라는 해석에서 보이는 이제의 내용이다. 이와 같은 어제(於諦)와 교제(敎諦)의 이제설(二諦說)은, 구마라집이 한역한 『중론』에 설해진 용수의 이제설(二諦說)에 기초하여 발전적으로 해석한 것이라고 볼 수 있다.

(3) 사중이제설(四重二諦說) : 이것은 네 가지의 이제(二諦)를 중첩하여 설명하는 것으로, 『대승현론(大乘玄論)』과 『중관론소(中觀論疏)』에 설해지고 있다. 그 사중이제는 결론적으로 비담종(毘曇宗)과 성실종(成實宗), 지론종(地論宗)과 섭론종(攝論宗)의 네 가지 종파의 이제(二諦)를 해명하는 것을 말한다.

---

34 吉藏, 『二諦義』(『大正藏』 45권, 86하)

35 金仁德, 「高句麗 三論思想의 展開」, 『韓國佛敎文化思想史』 (서울: 가산문고, 1992), 180면.

제1중은 유(有)를 속제(俗諦), 공(空)을 진제(眞諦)라고 하는데, 이것은 아비달마(阿毘曇磨) 불교인 비담종(毘曇宗)의 설이라고 한다. 제2중은 유(有)와 공(空)을 속제, 유(有)도 아니고 공(空)도 아닌 것[非有非空]을 진제라고 하는데, 이것은 성실종(成實宗)의 설이라고 한다. 제3중은 유공(有空)과 유(有)도 아니고 공(空)도 아닌 것[非有非空]의 둘이 둘이 아님을 속제, 유(有)도 아니고 공(空)도 아닌 것[非有非空]과 유(有)가 아님도 아니고 공(空)이 아님도 아닌 것의 둘이 아님이 둘이 아님도 아님을 진제라고 한다. 그리고 제4중은 앞의 삼중(三重)을 속제, 언어로도 표현 못하고 생각도 할 수 없는 언망여절(言亡慮絕)의 절대적 경지를 진제라고 한다. 이 제3중과 제4중은 대승학파에 속하는 지론종(地論宗)과 섭론종(攝論宗)의 설이라고 한다.[36]

삼론학에서 이 사중이제설(四重二諦說)을 전개한 이유는 여러 가지가 열거된다. 경론(經論)의 의미를 바르게 해석하고, 범부와 성인이 유공(有空)에 집착하는 병폐를 깨뜨리고, 다른 학파의 이제설(二諦說)을 물리치기 위함이라고 한다.[37] 이상의 내용을 도시하면 다음과 같다.

毘曇	(俗)事	(俗)有	第一重
	(眞)理	(眞)空	
成實	(俗)有	(俗)有·空	第二重
	(眞)空	(眞)非有非空	
地論·攝論	(俗)依他·分別	(俗)二·不二	第三重
	(眞)依他無生·分別無相	(眞)非二·非不二	
地論·攝論	(俗)三性	(俗)二不二·非二非不二	第四重
	(眞)三無性	(眞)言亡慮絕	

(4) 이종이제설(二種二諦說) : 이것은 길장이 종래의 이제설(二諦說)을 분류하여, 서루율이제(鼠嘍栗二諦)와 안고이제(案苽二諦)의 두 가지로 평가한 것을 말한다. 먼저 서루율(鼠嘍栗)의 이제(二諦)는 늙은 쥐[鼠]가 밤[栗]을 먹는데 그 속의 알맹이는 파먹고 겉의 껍질은 남겨놓는 것처럼, 진제는 공(空)이지만 속제는 가유(假有)라고 말하는 설을 지적한다. 그리고 안고(案

36 吉藏,『大乘玄論』(『大正藏』45권, 15하)
37 吉藏,『中觀論疏』(『大正藏』42권, 28중)

菰)의 이제(二諦)는 손으로 물속에 있는 오이를 꺼내고, 다시 그것과 같은 오이를 그대로 물속에 담가놓는 것처럼, 속제를 가유(假有)라고 하면서, 그 가유가 그대로 공(空)인 것을 진제로 삼는 설을 지적한다.[38] 길장의 지적에 의하면, 이 두 가지의 이제설 가운데 후자는 성실종의 개선(開善) 등이 사용하였다고 한다.[39] 그리고 전자는 지금의 연구에 따르면 누구의 주장인지 구체적으로 확정짓기 곤란하나, 근래의 연구에 의하면 역시 성실론사의 견해를 지적한 것이라고 한다.[40] 길장은 이 두 가지가 차례로 초보적인 이제설로서, 모두 의미가 깊지 못하다고 평가하였다.

3) 법상종의 이제설

인도의 유식학(唯識學)을 계승한 중국의 법상종(法相宗)에서는 사중이제(四重二諦)를 거론하였다. 현장(玄奘)의 제자 규기(窺基, 632-682)가 저술한 『대승법원의림장(大乘法苑義林章)』 제2권에서 거론하는 사중이제는,[41] 『유가사지론(瑜伽師地論)』 제64권에서 논의한 사종세속제(四種世俗諦)와 『성유식론(成唯識論)』 제9권에서 설명한 사종승의제(四種勝義諦)를 귀납적으로 결합시켜, 사진사속(四眞四俗)의 사중이제(四重二諦)를 성사시킨 것이다.

인도에서 성립된 『유가사지론(瑜伽師地論)』은 세속제(世俗諦)를 세간세속(世間世俗)·도리세속(道理世俗)·증득세속(證得世俗)·승의세속(勝義世俗)의 네 가지로 분류하고, 여기에 승의제(勝義諦)를 병행하여 이제설(二諦說)로 삼았다.[42] 그리고 호법(護法)의 학설을 중심으로 역출한 『성유식론(成唯識論)』은 세속제를 단순히 세속(世俗)이라 하거나 또는 이세속(理世俗)이라 불렀고, 오히려 승의제를 세간승의(世間勝義)·도리승의(道理勝義)·증득승의(證得勝義)·승의승의(勝義勝義)의 네 가지로 분류하였다.[43] 이렇게 두 논서에서 별도로 주장한 네 가지의 세속제와 승의제는, 법상종에 이르러 두 논서의 학설을 병합하여 이제(二諦)에 각각 네 가지가 있다는 사중이제(四

38 吉藏, 『大乘玄論』, (『大正藏』 45권, 24하)
39 앞의 책, 25상.
40 平井俊榮, 『中國般若思想史硏究』 (京都: 春秋社, 1976), 205-206면.
41 窺基, 『大乘法苑義林章』 (『大正藏』 45권, 248하)
42 彌勒, 『瑜伽師地論』 (『大正藏』 30권, 653하-654하)
43 護法等造, 『成唯識論』 (『大正藏』 31권, 48상)

重二諦)로 개편된 것이다. 그 내용을 요약하면 다음과 같다.

① 『유가사지론』에서는 병(甁)이나 자아[我], 유정(有情) 등은 범부들이 미혹한 정서로 그것들을 바라보고 실재한다고 생각하는데, 그것은 여러 요소가 임시적으로 화합하여 실체가 없는 가법(假法)의 존재로서, 세상의 일반적 도리에 준거하여 가상적으로 명칭을 부여한 것에 불과하기 때문에 세간세속제(世間世俗諦)라 칭한다. 이에 대하여 『성유식론』에서는 색(色)·수(受)·상(想)·행(行)·식(識)의 오온(五蘊) 등은 인연에 의하여 발생한 것이므로, 비록 붕괴되고 그 때문에 세간이라 말해지지만, 실체와 작용이 있기 때문에 성자들이 후득지(後得智)에 의하여 알 수 있으므로 세간승의제(世間勝義諦)라 칭한다. 이것은 체(體)가 있고 없음에 따라서 이제(二諦)의 구별을 수립한 것이기 때문에, 이 이제를 명사이제(名事二諦)라 말한다. 곧 명(名)은 유명무실한 허공의 꽃 같은 존재를 말하고, 사(事)는 명칭도 있고 실재하기도 하는 현상적 존재를 말한다.

② 『유가사지론』에서는 오온(五蘊)·십이처(十二處)·십팔계(十八界) 등의 사(事)는 본래의 도리로서, 그로 인하여 차별이 있어 그 모습을 판연히 구별할 수 있기 때문에 도리세속제(道理世俗諦)라 칭한다. 이에 대하여 『성유식론』에서는 사제(四諦)의 도리는 비록 미오(迷悟)와 인과(因果)의 차별이 있지만, 다만 무루지(無漏智)에 의하여 알 수 있기 때문에 이것을 도리승의제(道理勝義諦)라 칭한다. 이것은 사(事)와 이(理)에 의거하여 이제(二諦)의 구별을 수립한 것이기 때문에, 이 이제를 사리이제(事理二諦)라 말한다.

③ 『유가사지론』에서는 예류과(預流果) 등 사과(四果)의 소의처가 되는 사제(四諦)의 도리는 능히 수행자로 하여금 열반의 깨달음에 들어가게 하는데, 다만 언설(言說)을 빌어 미오(迷悟)와 인과(因果)의 차별을 시설해야 비로소 그 모습을 알 수 있기 때문에 증득세속제(證得世俗諦)라 칭한다. 이에 대하여 『성유식론』에서는 아공(我空)과 법공(法空)의 이공진여(二空眞如)는 반드시 성자의 지혜로 관조하여야 비로소 그 진실한 도리를 밝게 드러내고, 범부가 능히 알 수 있는 바가 아니기 때문에 증득승의제(證得勝義諦)라 칭한다. 이것은 도리의 얕음[淺]과 깊음[深]에 의거하여 이제(二諦)의 구별을 수립한 것이기 때문에, 이 이제를 천심이제(淺深二諦)라 말한다.

④ 『유가사지론』에서는 이공(二空)의 진여(眞如)는 일체의 유위법(有爲法)을 초월하여 성자의 지혜에 의거해야 알 수 있고, 반드시 인법이공(人法二空)의 명칭을 빌어야 그 도리를 언어로 표현할 수 있기 때문에 승의세속

제(勝義世俗諦)라 칭한다. 이에 대하여 『성유식론』에서는 비안립(非安立: 진여의 체성(體性)이 언어의 표현을 벗어나 무위적멸(無爲寂滅)한 것의 일진법계(一眞法界)는 폐전일실(廢詮一實)의 진여를 직접 가리키기 때문에 언어와 사고를 초월한 절대적 경계로서, 성자의 근본 무분별지(無分別智)만이 증득할 수 있기 때문에 승의승의제(勝義勝義諦)라 칭한다. 이것은 언어적 설명[言詮]과 언어적 설명을 초월한 것에 의거하여 이제(二諦)의 구별을 수립한 것이기 때문에 전지이제(詮旨二諦)라 말한다.

이상의 네 가지 세속제 중에서 첫째의 세간세속제(世間世俗諦)는 오직 속제일 뿐 진제가 아니며[唯俗非眞], 네 가지 승의제 가운데 넷째의 승의승의제(勝義勝義諦)는 오직 진제일 뿐 속제가 아니다[唯眞非俗]. 그 밖의 나머지 세 가지 세속제와 승의제는 다만 진속(眞俗)의 양면에서 관찰하여 표현만 다를 뿐, 본래는 모두 동일하다고 본다. 이상의 내용을 도시하면 다음과 같다.

법상종(法相宗)의 사중이제(四重二諦)

『瑜伽師地論』				『成唯識論』
世間世俗諦 (有名無實諦)	―――	家·瓶·我·有情等		
道理世俗諦 (隨事差別諦)	―――	五蘊·十二處·十八界	―――	世間勝義諦 (體用顯現諦)
證得世俗諦 (方便安立諦)	―――	聖果·四諦	―――	道理勝義諦 (因果差別諦)
勝義世俗諦 (假名非安立諦)	―――	二空의 眞如	―――	證得勝義諦 (依門顯實諦)
(眞諦)	―――	非安立의 一眞法界	―――	勝義勝義諦 (廢詮談旨諦)

4) 지론종의 이제설

지론종(地論宗)의 정영사(淨影寺) 혜원(慧遠, 523-592)은 천태종(天台宗)의 천태 지의(智顗)와 동시대의 선배로서, 자신이 저술한 『대승의장(大乘義章)』 제1권에서 교판을 세워, 입성종(立性宗)·파성종(破性宗)·파상종(破相宗)·현실종(顯實宗)이라는 네 종파의 명칭을 수립하였으며, 각 종파에 따라

서 이제(二諦)의 의미에 깊고 얕음이 있어 동일하지 않다고 설명하였다.[44]

① 입성종(立性宗)은 부파불교 가운데 유부(有部)의 아비달마교학을 연구한 비담종(毘曇宗)을 가리킨다. 비담종에서는 사리(事理)가 상대하여 이제(二諦)를 이루는데, 사(事)는 세제(世諦), 이(理)는 진제(眞諦)가 된다고 하였다. 예를 들면 오온(五蘊)·십이처(十二處)·십팔계(十八界) 등의 사(事)는 서로 현격한 장애가 되어 세제이고, 무상(無常)·고(苦) 등의 이(理)는 서로 상통하여 진제라고 하였다. 그 때문에 이 종파를 인연종(因緣宗)이라 칭하기도 하였으며, 소승 가운데 의미가 얕은 교설에 속한다고 보았다.

② 파성종(破性宗)은 성실종(成實宗)을 가리키는데, 성실종에서는 인연에 의하여 생기는 가유(假有)를 세제, 자성(自性)이 없는 공(空)을 진제라고 하였다. 이 종파를 또한 가명종(假名宗)이라 칭하였으며, 소승 가운데 의미가 깊은 교설에 속한다고 보았다.

③ 파상종(破相宗)은 삼론종(三論宗)을 지적하는데, 삼론종에서는 일체의 제법이 허망한 모습으로 있는 것[有]을 세제, 특정한 모습이 없는 무상(無相)한 공(空)을 진제라고 하였다. 이 종파를 또한 부진종(不眞宗)이라 칭하였으며, 대승 가운데 의미가 얕은 교설에 속한다고 보았다.

④ 현실종(顯實宗)은 지론종(地論宗)을 말하는데, 그 요지는 의지(依持)와 연기(緣起)의 두 가지 의미에 놓여있다. 의지(依持)의 의미에서 말하자면, 허망한 법은 능의(能依)로서, 허망한 모습은 있으나 바른 이치는 없다는 것[妄有理無]을 세제, 허망한 모습의 법이 의지하는 진여(眞如)는 소의(所依)로서, 그 모습이 공이면서도 자체가 있는 존재인 것을 진제라고 하였다. 연기(緣起)의 의미에서 말하자면, 진여 그 자체를 진제, 그것이 연기하여 미혹과 깨달음의 세계를 나타내 보이는 것을 세제라고 하였다. 이 종파는 진여의 자체를 변론하기 때문에 진종(眞宗)이라 칭하기도 하였으며, 대승 가운데 의미가 깊은 교설에 속한다고 보았다.

5) 천태종의 이제설

천태종(天台宗)의 천태지의(天台智顗, 538-597)는 『법화현의(法華玄義)』 제2권 하(下)에서 화법사교(化法四教)와 삼종피접(三種被接)에 의하여 칠종이제(七種二諦)를 설명하였다.[45]

44 慧遠, 『大乘義章』(『大正藏』 44권, 483상-중)

화법사교는 부처님이 일대에 설한 모든 법을, 그 설법의 내용에 따라서 장교(藏教)·통교(通教)·별교(別教)·원교(圓教)의 네 가지로 분류한 것이다. 장교는 바로 삼장교(三藏教)를 말하는데, 경(經)·율(律)·논(論)의 삼장(三藏)은 본래 대승과 소승에 두루 통용되지만, 천태는 유독 소승불교를 의미하는 용어로 사용하였다. 통교는 정면으로 보살(菩薩)을 위하고 측면으로 성문(聲聞)과 연각(緣覺)의 이승(二乘)을 위한 것으로, 『대품반야경(大品般若經)』과 『삼론(三論)』 등이 여기에 해당한다고 보았다. 별교는 오직 보살만을 위한 것으로 이승과 함께 하지 않으며, 천태의 오시교(五時教) 가운데 방등시(方等時)·반야시(般若時)·화엄시(華嚴時)의 교설이 여기에 포함된다고 하였다. 원교는 원만한 구경의 법문으로서, 『화엄경』을 뜻하는 이전의 교판과 달리 열『반경(涅槃經)』과 『법화경(法華經)』을 여기에 배정하였다.

삼종피접은 별접통(別接通)과 원접통(圓接通), 원접별(圓接別)의 세 가지를 말한다.[46] 통교(通教)에서 설하는 반야바라밀(般若波羅蜜)에는 장교(藏教)의 소승과 공통되는 공반야(共般若)와, 그보다 차원이 높은 별교(別教)나 원교(圓教)에도 공통되는 불공반야(不共般若)의 양면이 있다고 한다. 통교의 수행자로서 근기가 둔한 자는 이승(二乘)과 동일하게 적멸한 열반에 들지만, 근기가 뛰어난 자는 별교나 원교로 전입하는 것을 피접(被接)이라 하는데, 여기에는 별교로 전입하는 별접통(別接通)과 원교로 전입하는 원접통(圓接通)이 있다고 하였다. 또 별교의 경우에도 별교의 원리(原理)에서 원교의 삼제원융(三諦圓融)을 증득하여 전입하는 원접별(圓接別)의 피접이 있다고 하였다. 이와 같이 하여 천태종에서는 화법사교에 삼종피접을 더하여 모두 일곱 가지 이제설을 주장하였다.

① 삼장교(三藏教)의 이제(二諦) : 제법이 실제로 생겨나고 소멸한다는 실유(實有)의 법을 속제(俗諦), 실유(實有)의 법이 소멸하여 공무(空無)의 이치로 귀결하는 것을 진제(眞諦)라고 하였다. 이것은 소승불교의 교설을 가리키며, 『법화현의석첨(法華玄義釋籤)』2권 하에서는 생멸이제(生滅二諦), 『열반경소(涅槃經疏)』12권에서는 명무명이제(名無名二諦)라 칭하기도 하였다.

② 통교(通教)의 이제(二諦) : 제법이 인연으로 생겨난 환유(幻有)의 법을 속제, 환유(幻有)는 실유(實有)가 아니라서 곧 공(空)함을 진제라고 하였다.

---

45 智顗, 『妙法蓮華經玄義』(『大正藏』33권, 702하-703하)

46 앞의 책, 703하.

이것은 성문과 연각과 보살의 삼교(三教)에 통하는 교설을 말하며, 또한 무생이제(無生二諦)라 칭하기도 하였다.

③ 별접통(別接通)의 이제(二諦) : 제법이 환유(幻有)라는 것을 속제, 환유(幻有)가 곧 공하고 공하지 않음을 진제라고 하였다. 이것은 통교(通教)에서 설하는 이제(二諦)에서 별교(別教)에 피접한 것을 가리키며, 또한 함중이제(含中二諦), 단속복진이제(單俗複眞二諦)라 칭하기도 하였다. 함중(含中)이란, 통교에서 설하는 공(空)의 도리에 이미 중도(中道)의 원리를 포함하고 있다는 말이다.

④ 원접통(圓接通)의 이제(二諦) : 제법의 환유(幻有)를 속제, 환유(幻有)가 곧 공하면서 공하지 않음과 제법이 공하면서 공하지 않음에 취입(趣入)한 것을 진제라고 하였다. 이것은 통교(通教)에서 설하는 이제(二諦)에서 원교(圓教)에 피접한 것을 가리키며, 또한 별접통(別接通)의 이제와 동일하게 함중이제(含中二諦)라 칭하였다.

⑤ 별교(別教)의 이제(二諦) : 제법의 환유(幻有)와 그 환유(幻有)가 곧 공함을 속제, 유(有)도 아니고 공(空)도 아닌 평등한 법계를 진제라고 하였다. 이것은 별도로 대승보살을 위하여 교설한 이제를 수용한 것이며, 또한 무량이제(無量二諦), 복속단중이제(複俗單中二諦)라 칭하기도 하였다.

⑥ 원접별(圓接別)의 이제(二諦) : 환유(幻有)와 환유(幻有)가 곧 공함을 속제, 유(有)도 아니고 공(空)도 아님과 제법이 유(有)도 아니고 공(空)도 아님에 취입한 것을 진제라고 하였다. 이것은 별교(別教)에서 설하는 이제(二諦)에서 원교(圓教)에 피접한 것을 가리키며, 별교의 이제와 동일하게 복속단중이제(複俗單中二諦)라 칭하기도 하였다.

⑦ 원교(圓教)의 이제(二諦) : 환유(幻有)와 환유(幻有)가 곧 공함을 속제, 제법이 유(有)에 취입하고 공(空)에 취입하고 유(有)도 아니고 공(空)도 아님에 취입한 것을 진제라고 하였다. 또한 유(有)와 공(空) 이외에 별도로 중도(中道)를 수립하고, 유(有)·공(空)·중(中)의 삼제(三諦)가 역력히 격리된 것을 속제, 유(有)·공(空)·중(中)에 편중되지 않고 삼제(三諦)가 상즉(相卽)하여 원융무애한 것을 진제라고 하며, 이것이 천태 원교(圓教)의 이제(二諦)라고 하였다. 원교의 이제는 또한 무작이제(無作二諦), 화합이제(和合二諦), 부사의이제(不思議二諦)라 칭하기도 하였다. 원교의 진제와 속제는 서로 일체로 원융하여 둘이 아니고, 그 자체는 중도(中道)라고 하였다. 이상의 내용을 도시하면 다음과 같다.

천태종(天台宗)의 칠종이제(七種二諦)

四教三被接	俗諦	眞諦	『法華玄義釋籤』	『涅槃經疏』
1. 三藏教	實有	實有滅	生滅二諦	名無名二諦
2. 通 教	幻有	幻有卽空	無生二諦	實不實二諦
3. 別接通	幻有	幻有卽空 不空	單俗複眞二諦 (含中二諦)	定不定二諦
4. 圓接通	幻有	幻有卽空不空 一切法趣空不空	單俗複眞二諦 (含中二諦)	法不法二諦
5. 別 教	幻有 幻有卽空	不有不空 幻有卽空	複俗單中二諦 (含中二諦)	燒不燒二諦
6. 圓接別	幻有 幻有卽空	不有不空 一切法趣不有不空	複俗單中二諦	苦不苦二諦
7. 圓 教	幻有 幻有卽空	一切法趣有趣空 趣不有不空	複俗單中二諦	和合二諦

6. 일본 진종의 이제설

일본의 진종(眞宗)에서 말하는 진속이제설(眞俗二諦說)은, 이제(二諦)의 의미를 전용하여 불법(佛法)을 진제(眞諦), 왕법(王法)을 속제(俗諦)로 삼은 것이다. 이렇게 일본 내에서 진속이제(眞俗二諦)와 왕법(王法)을 연관시킨 최초의 견해는 최징(最澄)이 찬술한 『말법등명기(末法燈明記)』라고 하는데, 그 저서는 불법(佛法)에 수순한 왕법을 속제(俗諦)로 시설한 『인왕경(仁王經)』의 영향을 받은 것이 명백하다고 본다.[47]

이러한 주장에 근거하여 진종(眞宗)에서 근세기의 메이지[明治]시대에 진속이제(眞俗二諦)의 명칭을 사용하여 그 교의의 기본체계를 설명한 것이다. 그 내용은 아미타불(阿彌陀佛)을 신앙하여 극락정토에 왕생하는 길을 제시하는 출세간적 교법으로서의 진제(眞諦)와, 국가와 사회에서 각 개인이 실천해야 할 도덕을 제시하는 세간적 교법에 상당하는 속제(俗諦)로 되

47 山崎龍明, 「眞宗二諦説の吟味」, 『印度學佛教學研究』 제19-1 (東京: 日本印度學佛教學會, 1970), 148면.

어 있다. 그리하여 출세간의 진제에서는 불법(佛法)을 근본으로 아미타불의 구제를 신앙하고, 세간의 속제에서는 왕법(王法)을 근본으로 국법에 위배되지 않는 각자의 업무에 종사할 것을 설한 것이다.

Ⅲ. 인접 개념과의 관계 및 현대적 논의

1. 인접 개념과의 관계

진제(眞諦)와 속제(俗諦)의 이제설(二諦說)은 다른 종교와 철학의 영향과 상관없이 발생한 불교의 독자적 개념으로, 불교 대부분의 종파나 학파에 수용되어 비중 있는 교학적 역할을 담당하였다. 또한 불교 내부에서도 다른 교리에 영향 받아 발생한 것도 아니라고 보인다. 그 때문에 이제설의 성립근거에 관하여 거론할 만한 다른 교의(敎義)는 특별히 눈에 띄지 않는다. 다만 이와 연관되어 있는 교의가 몇 가지 있다.

보통 이제설(二諦說)은 중관학(中觀學)의 중요 개념이고, 이에 필적할 만한 유가유식학(瑜伽唯識學)의 학설로는 삼성설(三性說)이 말해지곤 한다. 유식학(唯識學)에서도 이제설(二諦說)이 설명되기는 하지만, 그 중요성이나 설명 빈도는 삼성설에 크게 미치지 못한다. 유식학에서 거론하는 삼성설은 제법의 속성을 세 가지로 분류한 변계소집성(偏計所執性)·의타기성(依他起性)·원성실성(圓成實性)을 말한다. 이 이제(二諦)와 삼성(三性)은 교학적으로 연관이 있는 것으로 추측되고, 따라서 대개 이제(二諦)가 발전하여 삼성(三性)으로 전개되었다고 설명하고 있다.[48] 그러나 한편으로는 적어도 성립사적인 면에서 볼 때, 이제(二諦)와 삼성(三性)은 직접적인 연관성은 없는 것으로 보는 견해도 있다. 곧 이제(二諦)가 발전하여 직접 삼성(三性)이 되었다고 생각되지는 않는다는 것이다. 이제(二諦)의 세속제는 삼성의 변계소집성에, 이제의 승의제는 삼성의 원성실성에 비견되기도 하지만, 이제(二諦)에 의거하여 삼성의 모두를 설명하기에는 적절하지 않다는 것이다[49]. 그러는 한편 삼성설(三性說)은 본래 인식가치의 판정에 관하여 『반야

48 講座·大乘佛教 『唯識思想』 8 (東京: 春秋社, 1982), 217-221면.

49 福原亮嚴, 「三性三無性の源流」, 『印度學佛教學研究』 제20-2 (東京: 日本印度學佛教學會, 1972), 499면.

경(般若經)』에 설해진 별도의 교의인데, 유식설이 독립하자 삼성(三性)과 삼무성(三無性)도 유식학에 편입되어 자가(自家)의 학설로 회통하게 되었다고 간주한다.[50] 그 밖에 삼성설의 연원을 『반야경』에서 찾는 이들이 여럿 있다.[51] 그 때문에 삼성설의 연원에는 이제(二諦)와의 관계를 고려하는 것 외에도, 별도로 고찰해야 할 사항이 더 요구된다.

그 보다 이제(二諦)는 삼제(三諦)와 밀접한 관계에 있다는 것을 강조할 필요가 있다. 삼제(三諦)는 보통 삼제게(三諦偈)로 잘 알려져 있다. 용수가 『중론』에서 말한, "여러 가지 인연으로 발생한 법을, 나는 곧 공(空)이라고 말한다. 그것은 또한 가명(假名)이고, 또한 중도(中道)의 의미이다"라는 삼제게(三諦偈)[52]에 나오는 공(空)·가(假)·중(中)의 세 가지가 그것이다. 이 삼제(三諦)는 바로 이제(二諦)의 사상적 바탕이 되는 공(空)과 가(假)에 중도(中道)의 진리를 더한 것이다. 이제(二諦)는 그 자체만으로도 매우 중요한 교의이다. 그러나 더 깊이 고찰하면 거기에 한정되지 않고, 또 하나의 핵심 교의인 중도(中道)라는 개념을 생산하는 기반이 되기도 한다. 고행과 쾌락, 단멸과 상존, 좌익와 우익, 그 어느 한 쪽에 치우치지 않는다는 중도의 개념 역시 원시불교 이래로 설해진 것이다. 그런데 중관학에서는 그 세제와 제일의제의 이제(二諦)에 근거하여 중도를 수립하였다. 이렇게 하여 그 중도는 중관학파 용수의 삼제게(三諦偈)에 의하여 교의적으로 비약적인 발전을 이루게 된다.

중국불교 가운데 천태종에서 선전하는 천태삼관(天台三觀) 또는 일심삼관(一心三觀)은 불교역사상 유명한 관법이다. 여기서 말하는 삼제(三諦)는 공(空)·가(假)·중(中)의 삼제(三諦)를 관법의 대상으로 삼아 관찰하되, 모든 존재는 공하여 실제적인 자체가 없다고 관하는 공제(空諦), 비록 공하지만 연기하여 가명적인 존재로 보는 가제(假諦), 그 공(空)과 가(假)를 벗어난 본질적인 면모를 의미하는 중도제일의제(中道第一義諦)를 의미한다. 사교(四敎) 가운데 별교(別敎)에서는 이 삼제를 차례로 관하는 격력삼제(隔歷三諦)이지만, 원교의 삼제는 일제(一諦) 중에 삼제를 구족하는 원융삼제(圓融三諦)라고 한다. 이것은 천태 지의가 『인왕반야경』과 『영락본업경』에 의거하여 제창하였다고 말하는데, 그 경전들 외에 용수의 『중론』의 삼제게(三諦

---

50 保坂玉泉, 『唯識根本教理』(京都: 鴻盟社, 1960), 100면.
51 勝呂信靜, 『初期唯識思想の研究』(京都: 春秋社, 1989), 305면 등.
52 龍樹, 『中論』(『大正藏』 30권, 33중)

偈)에 근거하였다는 사실도 이제는 알려졌다.[53] 오늘날 경전의 성립사적 측면에서 볼 때 시기적으로 『중론』이 보다 앞선다는 점을 상기하면, 그 의미를 가늠할 수 있을 것이다.

또한 『중론』의 삼제(三諦)의 파급 영향은 단지 천태종에만 국한되지 않는다. 당초(唐初) 이래로 그 종맥(宗脈)이 계승되지 못하여 작금에 와서야 조금씩 알려졌지만, 천태삼관을 전후하여 삼론종에서 담론하던 삼종중도(三種中道)는 세제중도(世諦中道)·진제중도(眞諦中道)·진속이제합명중도(眞俗二諦合明中道)를 말하는 중도설이다. 이 삼종중도는 길장에 의하여 정리되었으나, 그 성립 기원은 멀리 승랑(僧朗)에게서 발원한다고 말해진다.[54] 그 교의적 설명이 번잡하여 생략하지만, 이 삼종중도는 언어로 표현된 중도설 가운데 극치라 할 수 있는데, 이 역시 용수의 삼제게(三諦偈)에 근거하여 발전시킨 것이 명백하다고 본다.

이와 같이 이제(二諦)와 삼제(三諦), 중도(中道)는 서로 복합적으로 상승작용하여, 여러 불교 학파의 중요한 교의를 생산하는 기반이 되었다.

2. 현대적 의미

불교의 진리는 일반적으로 세상의 진리와 그 의미가 다르다고 말한다. 그리하여 세상에서 통용되는 일반적이고 상식적인 수준의 진리를 속제(俗諦) 또는 세속제(世俗諦)라 표현하고, 세상을 초월한 출세간의 불교의 진리를 가장 뛰어난 진리라는 진제(眞諦) 또는 승의제(勝義諦)라고 표현하였다. 이것은 결국 세상의 진리와 불교의 진리라는 두 종류의 진리에는 수준의 차이가 있다고 말하는 것이다. 그것은 세상의 진리는 일반적인 지식과 관습에 의하여 습득되는데 비하여, 불교의 진리는 불교적인 수행과 학습, 명상과 선정 등을 통하여 증득된다는 점을 고려하면 어느 정도 납득될 것이다.

이렇게 불교 내부에서 독자적으로 발생한 불교의 진속이제설(眞俗二諦說)은 대부분의 불교종파나 학파에서 중요한 교학적 역할을 담당하였다. 이제(二諦)라는 명칭은 최초로 원시불교에서 등장하였으나, 그 의미가 나

53 新田雅章, 『天台實相論の研究』 (京都: 平樂寺書店, 1980), 361면.
54 金仁德, 「僧朗 相承 三論學의 三種中道論」, 『韓國佛教學』 제24집 (서울: 한국불교학회, 1998), 19면 이하.

름대로 규정된 것은 그 뒤의 부파불교에서 이루어졌다. 그 후 인도의 대승학파 중관학(中觀學)에서 다시 그 의미를 새로이 확정 지었으며, 다시 이 계통의 학설이 중국의 여러 불교종파에 수용되어 다양한 이제설(二諦說)이 제창되었다.

전체적인 불교학파를 통하여 드러나는 이제설의 기본 내용은, 세속의 일반적인 견해와 상식적인 진리를 의미하는 세속제(世俗諦)는 대개 허망하여 진실하지 않고, 불교의 도리에 입각한 진리를 뜻하는 진제(眞諦)나 승의제(勝義諦)는 의미 깊고 진실하다고 보는 것이다. 그러나 불교의 여러 학파가 차례로 성립하면서 각 학파에서 주장하는 이제설에도 변화가 수반되어, 그 이제의 내용이 점차적으로 달라지게 되었다. 그럼에도 대승불교 중관학의 용수(龍樹)가 설한 이제설(二諦說)은 거의 모든 대승불교의 학파에서 부동의 위치를 점하는 학설로 자리 잡아, 중관학의 중심 교의(教義)가 되었을 뿐만 아니라, 중국불교 삼론종, 천태종, 화엄종의 주요 교의의 토대가 되었다. 그 이제설의 개념과 변천에 초점 맞추어 그 대요를 설명하면 이렇게 설명될 수 있을 것이다.

초기불교 때부터 부분적으로 사용된 이제(二諦)라는 용어는, 원시불교에서 설법자 부처님은 그 의미를 익히 알고 있었을 가능성이 있지만, 교의적으로 명확히 설명되지는 않았던 듯하다. 적어도 문헌적인 설명은 거의 드러나지 않는다.

그 후 전개된 소승불교 약 20부파의 주장은 일치하지 않아 단정적으로 말하기 곤란하다. 부파에 따라서는 열반 같은 깨달음의 소산을 승의제라고 보기도 하였다. 그러나 부파불교 가운데 가장 강성한 교세를 구축한 유부(有部)의 아비달마불교는 이제설을 이렇게 이해하였다. 이 세상의 현상계(現象界)에서 세속적으로 존재한다고 생각하는 병(甁)과 의복[衣]이나 인간존재[人我]는 오온(五蘊)으로 구성되어 있고, 인간의 활동 영역을 뜻하는 십이처(十二處)는 인간의 여섯 가지 감각기관인 육근(六根)과 그 육근의 활동 대상인 육경(六境)이 합한 것이다. 이렇게 유부교학에서는 오온과 십이처 등으로 되어 있는 병과 의복[衣]과 인간존재는 실재적이지 않지만, 그러나 오온 등을 구성하는 물질적 법(法)의 근원적 요소는 극미(極微)로서 실재한다고 생각하였다. 그 극미는 너무 작아서 볼 수도 없고 느낄 수도 없는 지극히 미세한 물질적 요소로서, 오늘날 물리학에서 말하는 원자(原子, atom)라는 개념과 거의 같은 것이다. 그 원자 같이 매우 미세한 극미가 정연한 법칙에 따라 다수가 모집하여, 마침내 눈에 보이고 손에 잡히는 현상계의 거대한 물질적 모습으로 성립한다는 것이다. 그리하여 오온이나 십이처 같은 것으로 구성된 옷이나 인간존재는 세속제이고, 그것을 구성하는 실재적 극미는 승의제라고 하였다. 이것은 마치 고전물리학에서 궁극적인 물질적 요소로서 원자를 상정한 것과 다를 바가 없는 주장이었다.

그러나 대승불교에서는 이제를 유부처럼 그렇게 파악하지 않았다. 사실상 대승불교 이제설의 주인공이라 할 수 있는 중관파의 시조 용수보살(龍樹菩薩)은 이제를 이렇게 이해하였다. 세속적으로 통용되는 상식이나 진리 같은 것은 그 이전과 별반 다름없이 여전히 세제라고 보았다. 그러나 개인적 자아나 십이처 같은 것을 구성하는 물질적 요소로서의 극미 같은 것은 실재하지 않는다고 보았다. 모든 사물의 근원적 궁극적 요소는 그렇게 자성적으로 존재하지도 않고, 고정적으로 실재하지도 않는다고 생각하였다. 여기에 이르러 불교는 오온이나 십이처 등으로 구성된 인간존재의 비실재를 의미하는 아공(我空)뿐 아니라, 그 오온 등 모든 사물의 근원적 요소인 물질적 법조차도 끝내 공하다는 법공(法空)을 주장하였다. 이로부터 일체법의 속성이 공하다는 일체법공(一切法空)의 개념을 바탕으로 하는 제일의제(第一義諦) 또는 진제(眞諦)의 관념이 발생하였다.

용수는 계속하여 말하기를, 불교의 가르침에는 이와 같이 일체법공(一切法空)에 기반한 제일의제와 연기설에 근거한 세간적인 속제의 이제설(二諦說)이 적용되어 있어, 이를 잘 이해하지 못하는 사람들은 깊고 오묘한 불교의 의미를 알지 못한다고 하였다. 이에 이제의 문제는 불교의 중요한 교리 가운데 한 가지일 사항일 뿐 아니라, 불교 이해의 중요한 관건이 되었다.

사물과 인간에 대한 거시적 현상을 넘어, 그 사물의 구성요소로서 원자 같은 극미의 실재성을 부정하는 것은, 그 당시의 사람들에게는 납득하기 어려운 일이었을 것이다. 그리고 역사적으로 불교 안팎에서 이에 대한 반박도 있었다. 그러나 현대물리학에서는 원자보다 더 미세한 소립자(素粒子, elementary particle)도 완전한 입자(粒子)만의 물질적인 존재가 아니라 파동으로 전환되는 에너지이기도 하며, 경우에 따라 그 파동이 마치 의식이 반영된 듯 관찰자가 예측한 방향으로 관찰되어, 그 고정적인 실체를 포착할 수 없다고 말하기도 한다. 미시적 세계에서 도출되는 이러한 물리학적 관측은, 대승불교에서 말하는 법공의 의미를 다시 반추하게 하는 바가 있다고 생각한다.

여하튼 용수의 학설이 끼친 영향이 지대하여 그 이후 전개된 대승불교의 초석이 되었으며, 대부분의 중요한 불교 학파에서는 용수를 조사로 추앙하게 되었다.

그 뒤에 성립된 수많은 중국불교의 학파나 종파의 이제설은, 대부분 중관학의 이제설(二諦說)을 기반으로 삼아 수립하되, 각자 자신의 학파를 중심축으로 삼아 다양하게 전개한 모습을 보이고 있다. 그 중에서 삼론종의 이제설(二諦說)은 용수의 공사상(空思想)을 보다 충실하게 활용한 면모가 드러나고, 천태종의 이제설(二諦說)은 원융하게 전개한 특색이 돋보인다. 독립적인 학설로 수립되지 않았기에 여기서 논의하지 않은 화엄종의 학설에도 이제설이 원융무애하게 운용되었으나, 아직 제대로 규명되지 않았다. 역시 종파적으로 수립하지 않았기에 한 마디도 언급하지 않았지만, 선종(禪宗)의 사상에도 이제설의 영향이 없다고는 말할 수 없을 것이다.

이와 같이 진속이제(眞俗二諦)의 설은 역사적으로 여러 가지 발전을 이루었으며, 아울러 그 시대에 요구되는 불교의 중요 사상으로 설명되었다는 것을 알 수 있다. 이제설(二諦說)은 본래 불교의 가장 근원적인 깨달음의 문제와 그 당시 사회 교화에 연관된 주제를 논의하고 있는 사항이기 때문에, 오늘날에도 주목하여 연구할 만한 가치가 충분하다고 본다. 인도와 중국불교에서 갖가지로 만개하여 많은 세월이 경과한 지금, 이제는 어떠한 모습의 이제설(二諦說)이 제시되어야 하는가도 당면의 과제일 것이다. ❁

박상수 (동국대)

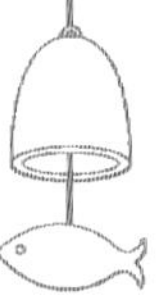

격의

한 格義　중 Ge Yi　영 attached the enumeration or conditions of Buddhism to those of other texts, and arranged them into doctrines for teaching people

Ⅰ. 어원적 근거 및 개념 풀이

1. 어원적 근거

'격의(格義)'는 '바로잡고 헤아려 의미를 맞춘다'는 뜻으로, 인도의 불교를 중국인들이 이해하기 쉽도록 유가(儒家)나 도가(道家) 등 중국 고유의 사상으로부터 유사한 개념이나 용어를 빌려서 설명하는 방법을 가리킨다. 또한 이러한 방식에 따라 이해된 불교를 '격의불교'라고 한다. 이 '격의'에 대한 영어의 표기에 있어서 현 학계에서는 특별히 고정적으로 사용하는 용어는 없이 중국어 발음인 'Ge Yi'로 사용하고, 의미에 있어서 "attached the enumeration or conditions of Buddhism to those of other texts, and arranged them into doctrines for teaching people"로 번역하고 있다.

2. 개념 풀이

'격의'의 개념에 있어서 학계에서는 일반적으로 『고승전』「축법아전(竺法雅傳)」에 기재된 다음과 같은 사료(史料)를 인용하여 설명하고 있다.

> 그때 문도들이 세전(世典)에는 뛰어나지만 불교의 이치에는 아직 능통하지 못하였다. 축법아(竺法雅)와 강법랑(康法朗) 등이 경(經) 가운데 사수(事數)를 외서(外書)와 비슷하게 맞추어 이해하기 쉽도록 예로 삼은 것을 '격의(格義)'라고 하였다. 또한 아비다르마 논서 등을 역시 '격의'로 해석하여 문도들에게 가르쳤다. 축법아의 풍격(風格)이 소탈하여 핵심을 파악하는데 뛰어나 외전(外典)과 불경을 섞어 강설하며, 도안(道安), 축법태(竺法汰)와 자주 해석을 논의하여 함께 경전의 핵심을 궁구하였다.[1]

이를 근대 중국불교학자 탕용동(湯用彤)은 『한위양진남북조불교사』에서 다음과 같이 해석하였다.

> 격의란 무엇인가? '격(格)'은 '량(量)'이다. 대체로 중국전통사상으로써 비슷하게 배합하여 사람들로 하여금 쉽게 불서를 이해할 수 있게 하는 방법이다. 사수(事數)란 무엇인가? 『세설신어(世說新語)』「문학(文學)」에 따르면, "사수는 오음(五陰), 십이입(十二入), 사제(四諦), 십이인연(十二因緣), 오근(五根), 오력(五力), 칠각(七覺) 등을 말한다."고 한다. 법아(法雅)가 말하는 사수는 바로 불교교의의 조목(條目)과 명상(名相)이다. 그 사수로써 비슷하게 맞추어 한(漢) 이래로 경전을 강의할 때 그 사수에 많이 의지하였던 것이다. 『승전(僧傳)』에 강법랑(康法郎) 등이 사수로써 외서(外書)와 비슷하게 배합하여 이해를 쉽게 하고, 그 후 조목을 따라 예를 들어 강의할 때에 문도를 가르친 것을 일러 '격의'라고 한다.[2]

이러한 의미를 종합해 정리해보면 인도로부터 전래된 불교의 교의와 개념 등을 쉽게 이해시키기 위하여 그와 유사한 중국 전통적 사상과 개념을

---

1 慧皎 撰, 『高僧傳·竺法雅傳』4(『大正藏』50권, 374상)
2 湯用彤著, 『漢魏兩晋南北朝佛教史』(北京: 北京大學出版社, 1997), 167면.

빌려 해석한 방법을 '격의'라고 한다. 학계에서는 대체적으로 이러한 탕용동의 견해에 따르고, 특히 '격의'를 보다 좁은 의미로서 동진(東晋)시기 대승반야학(大乘般若學)의 전파를 위하여 노장철학(老莊哲學)적 용어와 개념으로 반야경전을 해석하는 것으로 많이 사용하고 있다. 중국불교사에 있어서 이러한 단계를 흔히 '격의불교'라고 칭한다.

Ⅱ. 역사적 전개 및 텍스트별 용례

1. 역사적 전개

1) 역경(譯經)에서의 격의불교

우선 역경의 방면으로부터 보자면 '격의'의 방법론은 동한(東漢) 초기 중국에서 역경이 진행되면서 이미 시작하였다고 할 수 있다. 언어, 문자와 문화적 배경이 전혀 이질적인 상황에서의 번역은 피할 수 없이 중국의 전통적이면서 사상적인 함축적인 뜻이 배어 있는 용어를 사용할 수밖에 없었던 것이다. 또한 역경가(譯經家)들은 불교에 대한 이해가 거의 없는 상황에서 보다 쉽게 접근시키기 위하여 중국에 이미 형성되어 있는 사상적 술어를 사용하였을 것이다. 동한의 양대 역경가인 안세고(安世高)와 지루가참(支婁迦讖) 등은 번역을 하며 대량의 중국 전통적 용어와 술어를 사용하였음은 이미 학계에서 공인하는 바이다.

특히 반야사상은 지루가참의 『도행반야경(道行般若經)』 번역 이후 점차적으로 중국사상계의 관심을 끌어 오(吳)의 지겸(支謙)에 의하여 『대명도경(大明度經)』이라는 제명(題名)으로 중역(重譯)되고 있다. 그의 번역은 지루가참의 번역보다 더욱 많은 노장(老莊)의 술어를 사용하고 있다. 예를 들자면, 『대명도경』 「행품(行品)」의 "도(道)를 체득하여 보살이 됨은 공허(空虛)한 것이다. 이 도가 보살이 됨도 역시 공허(空虛)한 것이다[夫體道爲菩薩是空虛也. 斯道爲菩薩亦空虛也.]"라는 구절에 대하여 그는 다음과 같이 주석하고 있다.

> 스승이 이르기를, 보살심으로 대도(大道)를 실천하여 도를 체득[體道]하고자 하지만, 마음은 도가 형(形)을 갖추지 않게[道俱無形] 됨으로 공허하

> 다고 말한다. 이 도란 공(空)을 말하는 것으로, 무상(無想)을 바라는 것이 아니다.[3]

위의 예문에 나타나는 "체도(體道)", "공허(空虛)", "대도(大道)", "도구무형(道俱無形)" 등은 노장철학에서 상용하는 용어와 개념으로 지루가참(支婁迦讖)의 번역에 비하여 보다 명확하게 노장의 용어를 직접적으로 사용하고 있음을 알 수 있다. 물론 지겸은 외국으로부터 온 지루가참과는 달리 중국에서 태어나 성장하였으므로 보다 중국의 문화에 익숙하였던 원인도 있겠지만[4], 지겸의 시대에 이미 '노장사상'과 '반야사상'의 비슷함을 인식하고 있었던 것을 나타내고 있는 것으로 볼 수 있을 것이다. 적어도 지겸에게는 "노장"으로 '반야'를 설명할 수 있거나 혹은 양자 사이에 서로 통하는 점이 있다고 보았다고 말할 수 있는 것이다. 이 점으로부터 본다면 '격의'는 이미 역경에서 그 시초를 찾을 수 있는 것이다.[5]

이러한 역경의 상황에 대하여 도안은 『비나야(鼻奈耶)』「서(序)」에서 다음과 같이 말하고 있다.

> 경전이 중국에 유통됨은 온 곳이 있음이다. 천축(天竺)의 사문(沙門)들이 경전을 지니고 올 때마다 번역되는데, 십이부(十二部) 가운데 비목나부(毗目羅部)가 가장 많았다. 중국인들이 노장(老莊)의 가르침으로써 방등경(方等經)을 겸망(兼忘)과 비슷하게 보았으므로 쉽게 유행하였다.[6]

인용문으로부터 '격의'의 방법이 유행한 원인을 살필 수 있는데, 대승불

---

3 支謙譯, 『大明度經』「行品」第一卷(『大正藏』8권, 478하)

4 僧祐 撰, 蘇晋仁·蕭鍊子 點校, 『出三藏記集·支謙傳』(北京: 中華書局, 1995), 516면 참조.

5 僧祐 撰, 『出三藏記集』 권1, 「前後出經異記」(『大正藏』55, 5상)에는 다음과 같이 구역과 신역을 대조하고 있는데, 그를 살펴본다면 역경에 있어서 격의적 방법을 통하여 번역어를 채택하였음을 어느 정도 짐작할 수 있다.[구역→신역] "衆祐 → 世尊, 扶薩(開士) → 菩薩, 各佛(獨覺) → 辟支佛(緣覺), 薩芸若 → 薩婆若, 溝港道(道跡) → 須陀洹, 頻來果(一往來) → 斯陀含, 不還果 → 阿那含, 無著果(應眞, 應儀) → 阿羅漢(阿羅訶), 摩納 → 長者, 濡首 → 文殊, 光世音 → 觀世音, 須扶提 → 須菩提, 舍梨子(秋露子) → 舍利弗, 爲五衆 → 爲五陰, 十二處 → 十二入, 爲持 → 爲性, 背捨 → 解脫, 勝處 → 除入, 正斷 → 正勤, 覺意 → 菩提, 直行 → 正道, 乾沓和 → 乾闥婆, 除饉除饉女 → 比丘比丘尼, 怛薩阿竭阿羅訶三耶三佛 → 阿耨多羅三藐三菩提"

6 道安 述, 『鼻奈耶』「序」(『大正藏』24권, 851상)

전이 노장사상과 유사한 점이 있으므로 유행할 수 있었다는 것이다. 이 점으로부터 도안의 시대에는 반야학의 이해를 위해서는 마땅히 노장의 우선된 이해를 통하는 것이 일반적이었음을 알 수 있다. 다시 말하여 이러한 '격의'의 방법은 일종의 '사조(思潮)'—'격의불교'—를 형성하였다고 말할 수 있는 것이다.

역경에 있어서 '격의'의 방법은 점차적으로 발전하여 하나의 통일된 규범이 나타나게 되었고, 그러한 규범은 다시 역경에 있어서 다만 '명상(名相)'과 '장구(章句)'를 중시하는 형식주의에 빠지게 되었던 것이다.[7] 또한 이러한 '격의'적 방법의 역경은 하나의 중대한 문제를 내재하고 있다. 그것은 그 용어 자체가 지니고 있는 함축된 뜻으로부터 또 다른 해석의 여지를 남긴다는 것이다. 결국 인도로부터 전래한 불교[특히 반야학]와 노장은 별개의 사상체계였던 것이다. 이러한 '격의'의 역경에 대하여 도안은 『도행반야경(道行般若經)』「서(序)」에서 다음과 같이 불만을 나타내고 있다.

> 그러나 그를 이끄는 자가 글을 살펴 사소한 것으로 그 이치를 보이려 한다면 그 문(文)의 취지를 혼란스럽게 할 것이다. 구절을 살펴 그 뜻을 증명하려고 한다면 그 요지가 어두워진다. 무엇 때문인가? 문(文)을 살피는 것은 다름과 같음을 각각의 단어로 말미암는 것이며, 구절을 찾는 것은 유추하여 각각의 의미가 되기 때문이다. 단어를 위하면 그 문장의 완성을 망치게 되며, 취지를 위한다면 처음부터 의미를 따르게 되어 소홀하게 된다.[8]

도안은 '장구'를 중시하는 오류에 대하여 지적하고, 이어서 "만약 처음부터 핵심[要]으로 끝까지 하고자 한다면, 혹은 문(文)을 잊고 전체의 질(質)을 갖추어야 곧 대지(大智)가 오묘하게 통하게 되어 그 내용을 알 수 있는 것이다"[9]라고 강조하고 있다.

이상으로부터 '격의'는 바로 역경에서 그 시초를 찾을 수 있으며, 그 가운데 특히 반야경전에 대한 역경과 이해에 있어서 더욱 그 '격의'적 방법이 성행하였음을 알 수 있는 것이다.

---

7 呂澂 著, 『中國佛學源流略講』(北京: 中華書局, 1979), 45면 참조.
8 道安 述, 『道行般若經』「序」(『大正藏』8권, 425상)
9 道安 述, 위의 책, (『大正藏』8권, 425상)

2) 강설(講說)에서의 격의불교

역경에서 '격의'의 방법이 형성됨에 따라서 강설에 있어 역시 '격의'의 방법이 채택되는 것은 아주 자연스러운 일인 것이다. 『고승전』에 있어서 수많은 승려들이 노장에 해박하였다는 기록의 흔적이 있는데, 그 가운데 『고승전』「축법잠전」에 다음과 같이 말하고 있다.

> 축법잠(竺法潛)은 한가롭게 강의하기 30여 년, 혹 대승(大乘)을 펼치고, 혹은 노장(老莊)을 해석하였다.[10]

이로부터 축법잠이 대승불교를 강의할 때 노장으로써 해석하는 상황을 짐작할 수 있는 것이다. 동진십육국(東晋十六國) 시기 강남불교(江南佛教)의 대표인 혜원(慧遠)도 또한 '격의'의 방법을 채택하고 있는데, 『고승전』「혜원전(慧遠傳)」에 다음과 같이 나와 있다.

> 혜원(慧遠)의 24세, 강설을 시작하니, 사람들이 와서 강의를 들었다. 어려운 실상의(實相義)를 오고 가며 설명할 때, 사람들에게는 그 의문과 어려움이 더하였다. 혜원은 이에 멀리 장자(莊子)의 뜻으로 비슷함을 연결하여 설명함에 의심을 품은 자들이 환하게 이해하게 되었다. 그 후, 도안은 혜원에게 특별히 세속의 책을 금지시키지 않았다.[11]

혜원이 강설을 할 때 『노자』와 『장자』에서 유사한 부분을 인용하여 설명하였고, 그러한 것을 스승인 도안은 비록 '격의'를 반대하는 입장이었지만 혜원의 '격의'적인 강설에 대해서는 '특별히 허락하였다[特聽]'는 기사는 당시 강설에 있어서 '격의'의 방법이 상당히 일반적이었다는 것을 짐작할 수 있게 하는 것이다.

3) 찬술(撰述)에서의 격의불교

찬술의 부분은 중국전통사상으로 불교를 해석하는 것과 반대로 불교의 교의(教義)로 중국 전통사상[특히 노장사상]을 해석하는 것의 두 가지로 나

---

10 慧皎 撰, 湯用彤 校注, 『高僧傳』 第四卷, 156면.
11 慧皎 撰, 湯用彤 校注, 위의 책, 212면.

눌 수 있다. 중국전통사상으로 불교를 해석하는 것에는 주로 불교가 중국에 정착하기 위하여 중국전통사상을 따르는 내용이었다. 이는 양(梁)의 승우(僧佑)가 편찬한 『홍명집(弘明集)』에서 그 예를 찾을 수 있다. 우선 『홍명집』3권 손작(孫綽)의 「유도론(喩道論)」에 다음과 같은 기록을 볼 수 있다.

> 부처님이란 도를 체득한[體道] 사람이다. 도(道)란 만물에 통하는 것이다. 감응하여 순리대로 통하니 하지 않아도 하지 않음이 없는 것[無爲而無不爲]이다. 함이 없으니 텅 비고 스스로 그러함이요, 하지 않음이 없으니, 만물을 신묘(神妙)하게 조화한다.[12]

이로부터 보자면 불교를 완전히 노장사상과 일치되는 것으로 기술하고 있다. 어쩌면 손작의 눈에는 불교가 노장과 일치하는 것으로 보였었는지도 모르겠지만, 그보다는 당시 불교에 대한 거부감을 중국 전통사상과의 일치라는 동질감의 확보를 통하여 해소시키려는 의도가 심어져 있다고 보아야 할 것이다. 손작은 다시 한 걸음 더 나아가 다음과 같이 말하고 있다.

> 주공(周公)과 공자(孔子)가 바로 불(佛)이고, 불(佛)이 바로 주공과 공자이다. 대체로 중국과 외국[內外]의 이름일 뿐이다. 그러므로 황제(皇帝)에 있어서 황제가 되고, 왕(王)에 있어 왕이 된다. 불(佛)이란 범어(梵語)로서 중국어로는 깨달음이다. 깨달음의 뜻은 물(物)을 깨달음을 이르니, 역시 맹자가 성인을 깨달음의 지표로 삼는 것과 같아, 그 요지는 하나이다.[13]

여기에서는 불타(佛陀)를 중국의 성인과 완전하게 일치됨을 강조하고 있는 것이다. 다시 말하여 '불(佛)'을 유가에서 받드는 성인인 주공과 공자와 대비시키고, 공자에 버금가는 성인으로 칭해지는 맹자를 이끌어 일치시키고 있다. 이 점은 작자미상의 『정무론(正誣論)』에도 또한 "불(佛)과 주공과 공자는 다만 함께 충(忠), 효(孝), 신(信), 순서를 밝혔을 뿐이다. 그를 따르는 자는 길(吉)하고, 그를 버리는 자는 흉(凶)하다"[14]라고 논술하는 것으로부터 엿볼 수 있다.

---

12 孫綽, 『喩道論』, 僧佑 撰, 『弘明集』3卷 (『大正藏』52권, 16중)
13 孫綽, 『喩道論』, 僧佑 撰, 위의 책, (『大正藏』52권, 17상)
14 作者未詳, 『正誣論』, 僧祐 撰, 『弘明集』1卷, (『大正藏』52권, 8중)

이상의 인용문으로부터 보자면 손작은 이미 그 시대에 유·불·도의 '삼교합일(三教合一)', '삼교호용(三教互容)'을 내세우고 있는 것이다. 이는 당시에 유행하던 현학(玄學)의 영향으로 보여진다. 주지하다시피 현학은 유가의 강상명교(綱常名教)를 도가의 논리로 다시 해석하고자 하였던 철학사조이다. 물론 그 과정에 불교의 영향이 존재하였지만, 다른 말로 표현하자면 현학은 유가의 뼈대에 도가의 정신을 주입시킨 새로운 철학적 시도라고 할 수 있다. 그러한 현학이 한 시대를 주도하고 있는 상황에서 당시 불교인들은 그 시대정신에 따라서 불교를 사상적 주류에 편입시키려는 교묘한 복선을 의도하고 있는 것이다. 이러한 부분도 마땅히 '격의'의 범주에 포함되는 것이다.

두 번째, 불교의 교의(教義)로 중국 전통사상[특히 노장사상]을 해석하는 것으로 그 대표적인 예를 지도림(支道林, 支遁)을 들 수 있다. 흔히 학계에서 지도림을 '현학화(玄學化)된 명승(名僧)'[15]이라고 칭하는 것에서 알 수 있듯이 그는 현학 이론에 상당히 뛰어난 승려이다. 『고승전』「지둔전(支遁傳)」에 따르면 그는 일찍이 백마사(白馬寺)에서 류계지(劉系之)와 『장자』의 소요유(逍遙遊)편을 논하면서 각각 그 성품에 따라 자유롭게 노닌다[逍遙]는 '적성소요(適性逍遙)'에 이르자, 그는 다음과 같이 말하였다고 한다.

> 지둔이 말하였다. "그렇지 않다. 걸(桀)과 척(跖)은 잔혹함을 성품으로 삼는데, 만약 성품에 맡기는 것으로 본다면, 그들 또한 소요(逍遙)라고 하여야 할 것이다." 그리하여 물러나 『장자』「소요편」에 대한 주(注)를 찬술하였는데, 많은 유학자들이 탄복을 금하지 못하였다.[16]

여기에서 지도림은 곽상(郭象)의 '적성소요(適性逍遙)'에 대하여 정면으로 반박하고, 또한 「소요유편」에 대한 주(注)를 찬술하였음을 알 수 있는 것이다. 『세설신어』「문학」32조에 그의 『소요론』이 주인(注引)되어 있는 것이 보인다.

---

15 필자의 견해로는 '玄學化된 名僧'의 표현은 적합하지 않다고 본다. 支道林은 '玄學化'한 것이 아니라 '玄學'을 '佛教化', 특히 '般若學化'한 佛僧으로 칭해져야 마땅할 것이다고 하였다. 왜냐하면 그는 玄學의 이론적 한계를 지적하여 새로운 이론을 창출하였는데, 그 논리 과정에는 般若의 논리가 개입되고 있기 때문이다.

16 慧皎 撰, 湯用彤 校注, 『高僧傳』4卷, 160면.

> 소요(逍遙)란 지인(至人)의 마음을 밝히는 것이다. …… 지인은 하늘의 올바름을 타고 올라 무궁(無窮)에서 노닐며 방랑한다. 물상(物象)을 [오직] 물상으로 보고, 물상에서 [다른] 물상을 보지 않으니, 곧 자유롭게 스스로 득의(得意)하지 않고, 오묘하게 감응하여 작위(作爲)함이 없었다. 서둘지 않아도 신속함으로 자유롭게 가지 못하는 바가 없으니, 이를 바로 소요(逍遙)라 하는 것이다. 만약 욕심이 있어 그를 만족하고자 하고, 그 만족을 얻는다면 그것은 흔연히 천진(天眞)한 것과 같지만, 이는 배고픈 자가 한 끼 배부르게 먹는 것이요, 목마른 자가 물을 가득 마시는 것과 같은 것이니, 어찌 말린 밥 때문에 제사음식을 잊으며, 막걸리 때문에 제삿술을 잊겠는가? 참으로 지극한 만족[至足]이 아니라면 어찌 소요라고 할 수 있겠는가?[17]

이로부터 보자면, 지도림은 곽상의 '적성소요(適性逍遙)'를 '지족소요(至足逍遙)'로 바꾸고 있는 것을 볼 수 있는 것이다. 그의 『소요론』을 비롯하여 대다수의 저작들이 소실되어 명확하게 확인할 수는 없지만,[18] 주지하다시피 지도림은 즉색종(卽色宗)의 대표로서 분명 그의 이러한 논리전개 과정에는 반야학의 개입이 있었을 것이고, 그것은 마땅히 곽상의 논리와는 다른 귀결이었을 것이다. 그의 이러한 귀결은 바로 '지족소요'를 다시 그의 '즉색유현(卽色遊玄)'이라는 논리적 과정을 거쳐서 최종적으로 '무심소요(無心逍遙)'로서 귀결되어진다. 또한 이 '무심소요'는 이후 선종에서 나타나는 '임심소요(任心逍遙)', 나아가서는 '당하즉시(當下卽是)'의 시초가 된다고 할 수 있다.

이러한 전개과정으로부터 '격의'는 단순하게 불교의 이해를 위하여 중국전통사상을 사용한 것으로부터 한 단계 발전하여 직접 중국사상—당시의 주도 사상이었던 현학사조(玄學思潮)—에 개입하여 새로운 이론을 제시하고 있음을 알 수 있다. 따라서 만약 이를 '격의'의 범주에 포함시킨다면 '격의'의 개념은 다시 수정이 필요할 것으로 본다. 다시 말하여 '격의'를 단순하게 불교의 이해를 위하여 중국의 전통사상에 '의부(依附)'한 것이 아니라 보다 적극적으로 중국사상의 본질에도 개입하고 있다는 점으로부터 '격의'의 개념은 보다 확대되어져야 한다는 것이다.

---

17 『世說新語』「文學」32條에 注引된 支遁의 『逍遙論』, [南朝宋]劉義慶 著, 劉孝 標注, 徐嘉錫 箋疏, 『世說新語箋疏』(上海: 上海古籍出版社, 1996), 220면.

18 許抗生, 『僧肇平傳』(南京: 南京大學出版社, 1998), 85면 참조.

4) 육가칠종(六家七宗)에서의 격의불교

동진(東晋)시기 '반야'에 대하여 '격의'의 방법론을 사용하여 나타난 학파가 바로 이른바 '육가칠종'의 반야학파이다. 일반적으로 『육가칠종론』의 작자는 류송(劉宋)의 담제(曇濟)로 알려져 있고, 최초로 이 책을 언급하고 있는 것은 양조(梁朝) 보창(寶唱)이 지은 『속법론(續法論)』이다. 하지만 이러한 책들은 모두 소실되었는데, 이러한 상황은 당(唐)대 원강(元康)의 『조론소(肇論疏)』에 다음과 같이 기재되어 있다.

> 혹 육가칠종이나 나아가 열두 개가 있었는데, 강남(江南)에는 본래 모두 육종(六宗), 칠종(七宗)이라고 하였고, 지금 전하는 기록을 찾아보니 육가칠종이다. 양조(梁朝) 석보창(釋寶唱)은 『속법론』 백육십 권을 지어 말하기를, 송나라 장엄사(莊嚴寺)의 석담제가 『육가칠종론』을 지었다고 한다. 육가(六家)를 논하고, 다시 나뉘어 칠종을 이루었다. 첫째 본무종(本無宗), 둘째 본무이종(本無異宗), 셋째 즉색종(卽色宗), 네번째 식함종(識含宗), 다섯째 환화종(幻化宗), 여섯째 심무종(心無宗), 일곱째 연회종(緣會宗)이 그것이다. 본래 육가였으나 본무종이 둘로 나뉘어져 칠종을 이루었다.[19]

이로부터 원강은 보창의 『속법론』 등을 근거로 하여 '육가칠종'을 말하고 있고, 이로부터 승조시기에 반야학과 관련된 '육가칠종'등이 형성되었음을 알 수 있다. 원강의 『조론소』는 비록 '육가칠종'에 대하여 언급하지만 그 구체적인 인물에 대해서는 단지 『조론』에서 말하는 삼종의 중심인물, 즉 '심무'의 지민도(支敏度)·도항(道恒), '즉색'의 지도림, '본무'의 축법태만을 언급하고 있다.[20] 하지만 진(陳)대 혜달(慧達)의 『조론소』, 수(隋)대 길장(吉藏)의 『중관론소(中觀論疏)』 등에서 말하는 각 종(宗)의 중심인물들에는 서로 차이가 나타난다. 이러한 자료를 종합하여 탕용동은 『한위양진남북조불교사』에서 다음과 같이 정리하고 있다.

---

19 元康 撰, 『肇論疏』 「序」上 (『大正藏』45권, 163상)
20 元康 撰, 『肇論疏』 「不眞空論」上, (『大正藏』45권, 171중하)

육가(六家)	칠종(七宗)	대표인(代表人)
본무(本無)	본무(本無)	도안(道安)[성공종의(性空宗義)]
	본무이(本無異)	축법심(竺法深)·축법태(竺法汰)
즉색(卽色)	즉색(卽色)	지도림(支道林)·치초(郗超)
식함(識含)	식함(識含)	우법개(于法開)
환화(幻化)	환화(幻化)	도일(道壹)
심무(心無)	심무(心無)	지민도(支敏度)·축법온(竺法蘊)·도항(道恒)
연회(緣會)	연회(緣會)	도수(道邃)

탕용동은 육가칠종 모두 "중국인들의 성공(性空)과 본무(本無)에 대한 해석이다"라고 보고, 그를 당시의 반야학파를 세 개의 학파로 함개(函蓋)하여 "첫째는 본무(本無)로서 본체를 공무(空無)로 해석하였다. 두 번째는 즉색, 식함, 환화 및 연회의 네 개의 학파로 모두 색(色)이 무(無)임을 주장하였는데, 지도림이 가장 유명하다. 세 번째는 지민도로서 심무를 세웠다"[21]라고 결론지었다. 이러한 탕용동의 결론은 중국학계에서 정론(定論)으로 되었으나 여전히 많은 이견이 제시되고 있다.[22] 그러나 '육가칠종'의 모든 종(宗)에 대한 설명이 상세하게 나타나는 현존자료는 거의 보이지 않는다. 다만 승조의 『조론』에서 정확하게 아래의 '본무·즉색·심무'의 삼종(三宗)만이 비교적 구체적으로 언급되고 있을 뿐이다. 그에 따라 승조의 『조론』에서 논파하는 삼종에 대하여 살펴보고자 한다.

(1) 본무종(本無宗)

'본무종'은 동진(東晋)의 유명한 승려 도안을 대표로 하고 있으며, 중국학계에서는 일반적으로 그를 현학의 '귀무론(貴無論)'과 연결시키고 있다. 다시 말하여 정시현학(正始玄學)의 개창자(開創者)인 왕필(王弼)의 '귀무론(貴無論)'의 영향을 받아 형성된 것으로 보고 있다. 우선 도안(道安)의 '본무종'에 대한 대체적인 내용을 살펴보기로 하겠다. 길장의 『중관론소』에 다

21 이상은 모두 湯用彤, 『漢魏兩晋南北朝佛敎史』, 192-193면 참조.

22 '六家七宗'과 그 중심인물에 관한 문제는 今井宇三郎, 「六家七宗論の成立」(日本: 日本中國學會報, 第七集, 1955); 晴山俊英, 「六家七宗論硏究序說」(日本: 駒澤大學佛敎學部論集, 第22號, 1991) 等 참조, 최근에 楊維中의 『佛敎心性論』(南京: 南京大學博士學位論文, 1998) 第一章, 第二節, 二、格義生解與六家七宗에서 '六家七宗'의 명칭은 당시의 모든 불교학(般若學과 小乘佛敎學)에 대한 統稱이라고 論證하고 있다.

음과 같은 '본무종'에 관한 기재가 있다.

> 첫째는 석도안(釋道安)이 본무의(本無義)를 밝혔는데, 이르기를 무(無)는 원화(元化)의 앞에 있는 것이고, 공(空)은 모든 형(形)의 시작이 된다고 하였다. 사람들이 걸리는 바는 말유(末有)에 걸리는 것이요, 만약 진실로 본무를 마음에 새기면[宅心本無], 곧 다른 생각은 바로 쉬게 된다. …… 이 뜻을 자세히 말하자면, 도안은 본무를 밝혔는데, 일체의 제법(諸法)은 본성이 공적(空寂)하기 때문에 '본무(本無)'라고 한다. 이는 대승의 경론, 구마라집(鳩摩羅什)·승조의 산문(山門)과 뜻에 다름이 없다. 다음으로 침법사(琛法師)는 말하기를, "'본무'란 아직 색법(色法)이 있지 않을 때, 먼저 무(無)가 있었고, 그러므로 무(無)로부터 유(有)가 나왔고, 곧 무(無)는 유(有)의 앞이고, 유(有)는 무(無)의 뒤에 있음으로 본무(本無)라고 칭한다"라고 하였다.[23]

또한 『명승전초(明僧傳抄)』「담제전(曇濟傳)」에 다음과 같이 말한다.

> 본무종은 유래(由來)를 숭상한다. 무엇인가? 명조(冥造)의 앞에는 확연(廓然)할 뿐이라고 한다. 원기(元氣)가 도화(陶化)됨에 이르러, 바로 모든 상(像)이 형(形)을 품수(稟受) 받고, 형(形)은 비록 자화(資化)되지만, 권화(權化)의 근본은 바로 자연에서 나온 것이다. 자연은 스스로 그러한 것인데, 어찌 조작하는 것이 있겠는가? 이로부터 말하면, 무(無)는 원화(元化)의 앞에 있는 것이고, 공(空)은 모든 형(形)의 시초가 됨이다. 그러므로 본무(本無)라고 칭하고, 허활(虛豁)의 가운데 만유(萬有)를 생한 것을 이르는 것이 아니다. 사람들이 걸리는 바는, 말유(末有)에서 걸리는 것으로, 진실로 본무를 마음에 새기면[宅心本無], 바로 그 얽매임을 통하게 한다. 본(本)을 숭상하여 말(末)은 버릴 수 있다는 것은 대개 이를 말하는 것이다.[24]

이러한 인용문으로부터 도안을 대표로 하는 '본무종'의 '반야'에 대한 이해를 엿볼 수 있는데, 바로 '본무'로써 만물존재의 근거로 삼는 것이다. 다시 말하여 만물의 그 담지체(擔持體)인 '본체'를 '본무'로서 파악하고 있

23 吉藏 撰, 『中觀論疏』「因緣品」2 (『大正藏』42권, 29상).
24 『明僧傳抄』「曇濟傳」, 『中國哲學史教學資料匯編』(魏晋南北朝部份)(北京: 中華書局, 1963) 하, 385면.

다는 것이다. 도안의 이러한 파악 혹은 해석을 다음과 같이 해석할 수 있는 것이다. 우선 지루가참과 지겸이 『반야경』을 번역할 때, 구마라집이 '제법성공(諸法性空)'으로 번역한 것을 그들은 '제법본무(諸法本無)'로 번역하였다. 따라서 그들이 번역한 『도행반야경』 혹은 『대명도경』을 텍스트로 삼을 수밖에 없었던 도안에 있어서 '성공'을 '본무'로 이해하는 것은 당연한 결과이다.[25]

또한 당시 현학이 주류를 이루고 있는 시대적 상황으로 볼 때, 어떠한 사상의 표현에 마땅히 『노자』, 『장자』와 현학(玄學)적 표현방식을 사용하였을 것이다. 이러한 점은 승조의 『조론』에 보이는 논술 방법으로부터 충분한 증명을 얻을 수 있는 것이다. 『조론』은 상당히 많은 문구에서 『노자』와 『장자』의 구절을 인용하고 있는데[26], 이로부터 보자면 당시 불교계의 찬술도 노장 현학적 방법을 사용하고 있다고 추측할 수 있는 것이다. 그리고 도안은 앞에서 언급한 바와 같이 역경에 있어서는 '격의'를 반대하였지만 강설에 있어서는 어느 정도 허용하는 융통을 보이고 있다. 따라서 도안은 자신의 '반야사상'을 널리 알리기 위하여 당시 주류사상이었던 현학의 이론, 특히 하안(何晏)·왕필(王弼)이 제창한 '귀무론(貴無論)·본무론(本無論)'의 논리와 표현을 이용하였다는 추론이 성립할 수 있을 것이다. 이러한 추론은 앞의 인용문에서 더욱 분명하게 보이는 것이다. "무(無)는 원화(元化)의 앞에 있는 것이고, 공(空)은 모든 형(形)의 시초가 됨이다"라는 기술로부터 보자면, 도안은 아마도 제법(諸法)의 담지체(擔持體)인 '제법성공(諸法性空: 本無)'을 중시한 것이고, 그를 설명하기 위하여 그와 어느 정도 비슷한 '귀무론'의 논리를 차용(借用)하고 있는 것이다. 다른 한편으로 도안은 『안반주(安般注)』 「서(序)」에서 "본(本)을 따라 말(末)을 움직이니, 어찌 어려울 것이 있겠는가?"[27]라고 말하고 있다. 그러나 도안의 반야에 대한 이해는 여전히 '반야'의 진제(眞諦)에 미치지 못한다. '반야'의 논리는 비록 '실상(實相)'으로서 '제법성공[本無]'을 설정하지만 또한 끊임없는 부정(否定)의 방법론을 채용하고 있고, 더구나 용수(龍樹)의 『중관론』에 따르면 '세속제(世

25 이 점은 道安이 서술한 『道行經』 「序」에서 분명하게 나타난다. 僧祐 撰, 蘇晋仁·蕭鍊子 點校, 『出三藏記集』 7, 262면 참조.

26 金鎭戊, 「佛學與玄學關系研究」(南京: 南京大學校 哲學系 博士學位論文, 2001) 109-118면 참조.

27 道安 撰, 『安般注』 「序」, [梁]釋僧叡撰, 蘇晋仁·蕭鍊子點校, 『出三藏記集』 八卷, 245면.

俗諦)'와 '제일의제(第一義諦)'는 '호상관대(互相觀待)'인 것으로 '제법성공'의 일면에 편중될 수 없는 것이다. 아마도 도안은 아직 그 점에 대하여 인식하지 못하고 있는 것 같다. 그것은 당시 중국불교계의 상황으로 보자면 어쩌면 당연한 것일지도 모른다.[28] 따라서 당시 중국 최고의 고승인 도안의 반야에 대한 이해에는 결점이 있었던 것이고, 그에 대하여 승예(僧叡)는『비마라힐제경의소(毗摩羅詰堤經義疏)』「서(序)」에서 다음과 같이 말하고 있다.

> 지혜의 바람이 동쪽으로 불어와 불법의 가르침이 유행한지 오래인데, 비록 강의를 편다고 말하나, 격의는 본의(本意)에 어긋나고 멀어지게 하였고, 육가(六家)는 치우치고, 다하지 못하였다. 성공(性空)의 종(宗)은 지금 그를 검증하여 보니, 가장 그 실(實)을 얻고 있다. 하지만 용광로의 제련하는 노력은 조그마한 실수도 다하지(용납하지) 못함이나, 마땅히 찾을 수 없었던 것이지, 찾아도 얻을 수 없었던 것은 아니다.[29]

여기에서 승예는 비록 도안을 대표로 하는 성공종(性空宗)의 공적을 인정하지만, 그의 견해에 만족하지 못하고 있음을 알 수 있다. 다시 말하여 참고할 만한 경전(經典)이 없었음을 지적하고 있는 것이다. 그러나 도안의 후기 사상 가운데 '진속원융(眞俗圓融)'의 관점도 명확하게 보이고 있다. 도안은『합방광광찬약해(合放光光贊略解)』「서(序)」에서 다음과 같이 말한다.

> 반야바라밀(般若波羅蜜)이란 위없이 바르고 참다운 도(道)를 이루는 근본이다. 바른[正] 것은 평등[等]한 것이고, 불이(不二)로 드는 곳이다. 평등한 도[等道]에는 세 가지 뜻이 있다. 그것은 법신(法身)이고, 여(如)이며, 진제(眞際)이다. 그러므로 그것이 경(經)이 되는 것이요, 여(如)로 으뜸이 되는 것이고, 법신(法身)으로 종(宗)이 되는 것이다. 여(如)란 그러함[爾]이고, 본(本)과 말(末)이 평등하여[本末等爾] 그렇지 않게 할 수 없는 것이다. 불(佛)이 흥하고 멸함은 면면이 상존(常存)하여 의연히 기댐이 없으므로 여(如)라고 하는 것이다. 법신(法身)이란 하나이고, 항상 깨끗함이다. 유(有)와 무(無)

---

28 이 점에 대해서는 呂澂의『中國佛學源流略講』第三講、般若理論的研究에서 상세히 설명하고 있다. 43-65면 참조.

29 僧叡 撰,『毗摩羅詰堤經義疏』「序」, [梁]釋僧叡撰, 蘇晋仁·蕭鍊子點校,『出三藏記集』八卷, 292면.

> 가 모두 깨끗하여[有無均淨], 시작과 끝이 이름이 있으므로, 계(戒)에 있어 바로 계가 없는 것이고, 범함이 없는 것이며, 정(定)에 있어 바로 정이 없으며, 산란함도 없는 것이고, 지(智)에 있어 지가 없으며 어리석음도 없는 것이고, 사라져 모두 잊혀지고, 둘 셋이 다 쉬어지니, 명백하여 어둡지 않으므로 정(淨)이라 하고, 상도(常道)라 한다.[30]

이로부터 보자면 도안은 대체로 '반야사상'의 진제(眞諦)에 접근하고 있음을 알 수 있다. 특히 '본말등이(本末等爾)', '유무균등(有無均淨)' 등으로부터 보자면 도안은 분명히 '반야'의 특질을 인식하고 있다고 볼 수 있다.

하지만 그의 본무종(本無宗)[31]에 대하여 승조는 『조론(肇論)』「부진공론(不眞空論)」에서 다음과 같이 비판하고 있다.

> 본무종은 깊게 무(無)를 숭상하여, 말끝마다 무(無)를 귀하게 여긴다. 그러므로 비유(非有)는 유(有)가 바로 무(無)요, 비무(非無)는 무(無)가 바로 무(無)라고 한다. 이러한 문(文)의 본지(本旨)를 세운 것을 살펴보자면, 바로 비유(非有)로써 비진유(非眞有)로 삼고, 비무(非無)로써 비진무(非眞無)로 삼은 것일 뿐이다. 어찌 비유(非有)에 있어서 유(有)가 없다고 할 수 있으며, 비무(非無)에 있어서 무(無)가 없다고 할 수 있는가? 이는 바로 무(無)를 좋아하는 사람들의 논함이지, 어찌 사실에 따르고 통한 즉물(卽物)이라고 할 수 있겠는가?[32]

여기에서 승조는 그의 대표적인 논리인 '비유비무(非有非無)'를 통하여 본무종(本無宗)을 비판하고 있다. 즉 '비유(非有)'의 의미는 비록 '유(有)'를 부정하여도 '진유(眞有)'를 부정하는 것이 아니요, '비무(非無)'의 의미는 비록 '무(無)'를 부정하여도 '진무(眞無)'를 부정하는 것이 아니라는 것이다. 이는 바로 '호상관대(互相觀待)'로부터 얻어낸 결론이라고 할 수 있다. 바로 승조가 지적한 것은 도안이 마땅히 얻어내야 하는 '진속원융(眞俗圓

30 道安 撰, 『合放光光贊略解』「序」, 앞의 책, 266면.

31 吉藏의 『中觀論疏』에 따르면 僧肇가 論破한 것은 琛法師(『大正藏』42권, 29상 참조)라고 하지만, 任繼愈主編의 『中國佛敎史』(北京: 社會科學出版社, 1985)에서는 『肇論』에서 논파한 것은 道安의 '本無宗'이라고 논증하고 있다. 第2卷, 227면 참조.

32 僧肇 撰, 『肇論』「不眞空論」(『大正藏』45권, 152상)

融)'의 결론을 얻지 못하고 다만 '제법성공'의 일면에 편중된 점이다. 따라서 승조는 첫 부분에 "깊게 무(無)를 숭상하여, 말끝마다 무(無)를 귀하게 여긴다[情尙于無多, 觸言以賓無]"라고 지적한 것이다.

(2) 심무종(心無宗)

'심무종'에 있어서는 원강(元康)의 『조론소』에서는 다음과 같이 논한다.

> 심무종은 진조(晋朝) 지민도의 '심무의(心無義)'를 논파한 것이다. …… "마음이 없이 만물은 존재하며, 만물은 일찍이 없었던 적이 없다." 이르기를, 경에서 공(空)을 말하는 것은 다만 물(物)에서 집착하는 마음을 일으키지 않게 하는 것이므로 그 공(空)이라고 말하는 것이다. 하지만 물(物)은 존재하여 없을 수 없다. "이는 신정(神靜)에 있어서는 옳지만, 물허(物虛)에 있어서는 옳지 못하다"는 것은 바로 논파(論破)하는 것이다. 능히 법(法)에서 집착함이 없음이기 때문에 옳다고 한 것이고, 물성(物性)이 공(空)임을 알지 못하기 때문에 옳지 못하다고 한 것이다.[33]

또한 길장의 『중관론소』에서는 '심무종'에 대하여 다음과 같이 논한다.

> 온법사(溫法師)는 심무의(心無義)를 사용하였다. 심무종(心無宗)에서는 마음이 없이 만물은 존재하며, 만물은 일찍이 없었던 적이 없다고 한다. 이를 해석하여 말하기를, 경에서 설하는 제법공(諸法空)이란 심체(心體)로 하여금 허망함을 알게 하여 집착하지 않게 하고자 하는 것이므로 무(無)라고 말할 뿐이고, 외물에 대해서는 공(空)하지 않다고, 즉 만물의 경계는 공(空)하지 않다고 하였다.[34]

이로부터 『조론소』와 『중관론서』에서 말하는 '심무종'의 대표인물이 서로 같지 않음을 알 수 있다. 이러한 '심무종'에 대하여 중국학계에서는 일반적으로 원강현학(元康玄學)의 배외(裴頠)가 제창한 '숭유론(崇有論)'과 연계시켜 그의 영향으로 성립한 것으로 보고 있다. 다시 말하여 위의 인용

33 元康 撰, 『肇論疏』「不眞空論」上(『大正藏』45권, 171중하)
34 吉藏 撰, 『中觀論疏』「因緣品」2(『大正藏』42권, 29상)

문 가운데 "만물은 일찍이 없었던 적이 없다[萬物未嘗無]", "물(物)은 존재하여 없을 수 없다[物是有, 不曾無也.]" 등으로부터 추론하여 그러한 결론을 도출하고 있는 것이다. '심무종'의 대사들 눈에는 스스로의 반야에 대한 이해로부터 '숭유론'과 비슷한 점을 찾아내고, 그를 널리 알리기 위하여 '격의'의 방법으로 표현하였다. 따라서 그들이 '숭유론'의 논리를 사용하고 있는 것은 당시의 시대정신을 대표하였던 현학이론을 이용하였다고 볼 수 있다. 또한 당시 '현학'과 '불학'을 명확하게 구분하지 않고 어울러 말하는 것이 일반적인 상황이었다는 각도에서 본다면 승려들이 명사들과의 교류를 위하여 모두 공인하는 현학의 용어와 개념을 사용하여 스스로의 반야에 대한 이해를 천명하는 것은 매우 자연스러운 일로 보아야 할 것이다.

그러나 '심무종'의 '반야'에 대한 부족한 이해를 승조는 다음과 같이 평가한다.

> 심무종은 마음이 없이 만물은 존재하며, 만물은 일찍이 없었던 적이 없다고 한다. 이는 신정(神靜)에 있어서는 옳지만, 물허(物虛)에 있어서는 옳지 못하다.[35]

이러한 승조의 말로부터 한편으로는 '심무종'의 공적을 긍정하고, 한편으로는 비판하고 있는 것을 알 수 있는 데, 이로부터 '심무종'이 어느 정도 '반야'에 접근한 부분이 있음을 짐작하게 해준다. 이점은 앞에서 인용한『조론소』와『중관론소』에서 다음과 같이 해석하고 있다. '경색(境色: 物)'은 '공(空)'이 아니고 실재하는 것이며, '공(空)'은 바로 주관적인 '심체(心體)'에 허망하게 집기(集起)하지 않게 하는 것이다. 따라서 승조는 그 '법집(法執)'을 파(破)하는 데 있어서 그 공적을 긍정하였지만, '물(物)'이 그 자체도 '공(空)'임을 이해하지 못하는 부분에 있어서는 비판하였다.[36] 이렇게 '심체'를 중시하는 전통은 당시의 중국불교에서 상당히 일반화되어 있다고 할 수 있다. 특히 '설일체유부(說一切有部)'의 '오위칠십오법(五位七十五法)' 가운데 '심왕법(心王法)'에 근거하여 강승회(康僧會)는 '심(心)'을 모든 법(法)에 있어서 지존(至尊)의 지위로 추대하였던 것[37]이다. 또한 당시 비록 대승불

---

35 僧肇 撰,『肇論』「不眞空論」(『大正藏』45권, 152상)

36 앞의 인용문 참조.

37 이 점은 康僧會가 撰述한『法鏡經』「序」에서 "夫心者, 衆法之原, 臧否之根, 同出異名, 禍

교가 점차 중국불교의 주류로 형성되어 갔지만, 여전히 동한(東漢)의 안세고 이래 '아비담(阿毗曇)' 등의 부파불교와 관련이 있는 경론이 끊임없이 역출(譯出)되고 있었다. 그에 따라 '반야'를 주로 논한 학파인 '심무종'에서 이렇게 '심체'를 중시하는 결과로 나타났다고 이해할 수 있다.

(3) 즉색종(卽色宗)

'즉색종'은 지도림을 대표로 한다. 앞에서 언급한 대로 지도림은 곽상의 '적성소요'를 비판하여 '무심소요(無心逍遙)'를 제시할 정도로 현학의 이론에 뛰어난 사람이다. 지도림의 저작도 역시 산실되어 그 정확한 면모를 확인할 수 없지만 『세설신어』, 『조론』, 『중론소』, 『조론소』 및 『출삼장기집』 등에 그에 대한 이야기가 실려 있다.

승조는 『조론』 「부진공론(不眞空論)」에서 '즉색종'에 대하여 다음과 같이 말한다.

> 즉색종은 색(色)이 스스로 색이 될 수 없음을 밝히므로, 비록 색이지만 색이 아니라고 한다. 색을 말하는 것은 다만 마땅히 색 자체로 색에 나아가야지 어찌 색을 기다린 후에[色으로 분석된 후에] 색이 되겠는가? 이는 바로 색이 스스로 색이 될 수 없음을 말하였지만, 아직 색 자체가 색이 아님을 알지 못하였다.[38]

이러한 승조의 '즉색종'에 대한 비판을 다음과 같이 해석할 수 있겠다. '즉색종'은 단지 '경색(境色)'에 대하여만 '자성(自性)'이 없는 '공(空)'으로 파악하여, 비록 '색'이 존재한다고 해도 '색'이라고 말할 수 없다고 한다는 것이다. 이 점으로부터 본다면 즉색종은 '공(空)'의 일면만을 파악하였다고 할 수 있고, 또한 '세속제(世俗諦)'로부터 '반야'의 도리에 접근한다고 말할 수 있다. 하지만 이것은 '제일의제(第一義諦)'인 '제법성공(諸法性空)'으로부터 본다면 여전히 미진한 부분이 나타난다. 바로 즉색종은 '제일의제'로부터 마땅히 설해야할 '색즉공(色卽空)'의 논단(論斷)을 얻지 못하였다는 것이다. 따라서 '즉색종'은 다만 '인연화합(因緣和合)'한 '색'이 비로소 '공

福分流." ([梁]釋僧叡撰, 蘇晋仁·蕭錬子點校, 『出三藏記集』第六卷, 254면) 등의 記載로부터 짐작할 수 있는 것이다.

38 僧肇 撰, 『肇論』「不眞空論」(『大正藏』45권, 152상)

(空)' 인줄만 안다는 것이다. 이 점은 『세설신어』「문학」에 주인(注引)된 『집묘관장(集妙觀章)』에서 엿볼 수 있다.

> 색(色)의 성(性)은 스스로 색으로 존재할 수 없다. 색은 스스로 존재할 수 없기 때문에 비록 색이지만 공(空)한 것이다. 그러므로 색은 바로 공이 되는 것이요, 색은 다시 공과 다른 것이라고 말한다.[39]

다시 말하여 '색'은 '자성(自性)'이 없기 때문에 '스스로 존재할[自有]' 수 없다는 것이고, "색은 다시 공과 다르다[色復異空]"는 것으로부터 본다면 여전히 '색즉공(色卽空)'의 결론에 도달하지 못하는 것이다. 따라서 승조는 "이는 바로 색(色)이 스스로 색이 될 수 없음을 말하였지만, 아직 색 자체가 색이 아님을 알지 못하였다"라고 비판한 것이다. 또한 원강의 『조론소』와 길장의 『중론소』에서도 다음과 같이 말한다.

> 임법사(林法師)는 다만 색(色)이 스스로 색이 될 수 없으며, 인연으로 이루어진다는 것만을 알고, 색 자체가 본래 공함을 모르고 가유(假有)를 남겨 놓았다.[40]
>
> 다음으로 지도림은 『즉색유현론』을 지어 즉색이 공(空)임을 밝히므로 『즉색유현론』이라 하였다. 이는 오히려 가명(假名)을 파(破)하지 않고서 실상을 설하는 것으로, 도안의 본성공(本性空)과 다르지 않다.[41]

Ⅲ. 인접 개념과의 관계 및 현대적 논의

1. 인접 개념과의 관계

'격의'와 '격의불교'의 인접한 개념으로서는 바로 앞에서 설명한 '육가칠종'이 대표적이라고 할 수 있다. 즉 본무(本無: 本無와 本無異)·즉색·식

39 『世說新語』「文學」第35條, 劉孝標가 支道林의 『集妙觀章』을 注引함. [南朝宋] 劉義慶 著, 劉孝 標注, 徐嘉錫 箋疏, 『世說新語箋疏』(上海: 上海古籍出版社, 1996), 222면.

40 元康 撰, 『肇論疏』「不眞空論」上(『大正藏』45권, 171하)

41 吉藏 撰, 『中觀論疏』「因緣品」2(『大正藏』42권, 29상)

함·환화·심무·연회의 '육가칠종'이 격의·격의불교의 직접적이면서도 가장 인접한 개념이라고 할 수 있다. 그러나 이미 앞의 '격의'·'격의불교'의 전개에서 상세히 논술하였으므로 그에 대한 설명은 생략한다.

2. 현대적 논의

'격의'·'격의불교'는 유가보다도 도가의 영향이 특히 두드러지는데, 주로 도가의 사고방식을 이용하여 불교의 이해를 도모한 것이 격의불교의 특징이라 할 수 있다. 이러한 방식을 사용하여 인도에서 성립된 이질적인 불교를 중국화 하는데 성공했다는 것에 격의불교의 의의가 있다. 사실상 중국에서 불교를 수용할 수 있었던 것은 중국 고유의 사상인 노장사상이 있었기 때문이다. 한대(漢代) 유가 사상의 정치적 실패는 당시 지식인들로 하여금 새로운 사상적 방법론을 찾게 되었고, 그로부터 나타난 것이 바로 현학이라고 할 수 있다. 다시 말하여 중국의 전통적 양대 사상인 유·도 양가의 결합을 통하여 새로운 방법론을 찾아낸 것이 바로 현학이라고 할 수 있는데, 이미 그에는 불교적 사유양식이 깊게 배여 있었던 것이다. 이러한 현학의 유행은 바로 불교와 노장사상과의 자연스러운 결합으로 '격의'의 유행을 불러일으켰다고 할 수 있다. 특히 현학의 중심문제인 유무(有無)와 반야(般若)의 공(空)·유(有)의 관계 속에서 여러 반야학파를 형성하게 되고 자연스레 흡수, 전파되었다. 그러나 당시 귀족사회에서 많은 지지를 받으며 번져감으로써 원래의 뜻을 정확히 이해하려는 일에 등한히 하고 불교를 중국사상과 혼합시켜 불교 본래의 현실해결적인 실천적인 입장이 도외시되고 무위적, 도피적 성격의 종교로 불교가 오해되게 만들었으며, 대상 전체를 왜곡하고 거기에 담긴 진정한 의미를 축소시키는 결과를 초래했다. 이렇게 중국으로 전해져 형성된 격의불교는 구마라집의 역경활동으로 막을 내렸으나 격의를 보다 넓은 의미로 곧 중국적 사유방식에 따른 중국적 해석으로 본다면 광의의 격의는 중국인의 불교이해에 예외 없이 지속적으로 영향을 끼쳐 중국적 불교의 바탕을 형성하게 되었다고 할 수 있다.

'격의'의 방법은 바로 경전의 번역으로부터 시작되었다고 할 수 있고, 역경에서 그 방법적 효시를 보였다면 그에 대한 강설에 있어서 '격의'의 방법은 너무도 자연스럽게 이루어지는 것이다. 또한 찬술에 있어서도 '격의'의 방법을 채택하는 것은 당연한 것이라고 할 수 있다. 이러한 '격의'의 방법

우리말 불교개념 사전

2

| 세계관 |

우리말 불교개념 사전 2 | 세계관 |

초판인쇄 2024년 04월 15일
초판발행 2024년 04월 22일

편 자 고영섭
발 행 인 윤석현
발 행 처 박문사
책임편집 최인노
등록번호 제2009-11호

우편주소 서울시 도봉구 우이천로 353 성주빌딩
대표전화 02) 992 / 3253
전 송 02) 991 / 1285
홈페이지 http://jnc.jncbms.co.kr
전자우편 bakmunsa@hanmail.net

ISBN 979-11-92365-55-8 04220
979-11-92365-53-4 (SET)

정가 48,000원

은 동진십육국(東晋十六國)시대에 하나의 사조를 이루어 '격의불교'로 형성되는데, 그 발전은 다음의 두 단계로 나눌 수 있는 것이다. 첫째는 '의부(依附)', '비부(比附)'의 단계로서 불교 교의를 중국 전통사상 가운데 유사한 것을 통하여 이해를 도모하고, 또한 전통사상과의 마찰을 피하기 위하여 동질성의 확보를 도모하는 시기라고 할 수 있다. 다시 말하여 역경이나 강설에 있어서 대량으로 전통사상의 용어, 개념을 빌려 사용하고, 찬술을 통하여 전통사상들과의 일치성을 강조하는 단계를 모두 '격의'에 포함시킬 수 있는 것이다. 두 번째 단계는 앞의 단계에서 보다 발전하여 적극적으로 불법, 특히 반야학을 널리 펴기 위하여 당시 주류였던 현학의 이론과 용어 등을 차용하는 단계이다. 나아가서는 불교의 교의(教義)를 통하여 보다 깊숙이 현학에 개입하여 새로운 이론을 제시하고 있다는 것이다. 중국 최초의 반야학파인 '육가칠종'은 마땅히 두 번째 단계에 속하는 것으로 현학의 이론적 영향을 받아 성립한 것으로 보기에는 어려운 점이 많다.

이러한 '격의', '격의불교'는 외래의 종교사상으로서 불교가 중국에 정착하는데 있어 어쩌면 불가결한 당연한 단계일 것이다. 그것은 '이하지방(夷夏之妨)'을 논하는 국수(國粹)적 성향이 강한 중국 민족적 특색에 비추어 보아 '격의', '격의불교'라는 과도기적 단계가 없었다면 불교가 중국에 성공적으로 뿌리 내려 유·불·도의 삼교정립의 국면을 연출하기에는 사실상 불가능하였을 것이고, 또한 그것은 역사적 사실과 부합하는 것이다. 중국불교가 그 발전과정에서 보여 지고 있는 불교의 '유학화', '노장화', 그리고 최종적으로 중국불교의 귀결이라고 하는 '선종'의 성립에 이르는 국면을 연출한 것은 바로 초기 역경으로부터의 '격의'에서 그 초기화라는 실마리를 찾을 수 있다. '격의'와 '격의불교'의 중요성은 바로 여기에 있는 것이다.

'격의', '격의불교'는 서로 다른 문화적 배경을 갖는 불교와 중국전통사상과의 만남에 의하여 나타난 하나의 과도기적인 단계라고 할 수 있다. 그러한 '격의'에 대하여 종래의 견해는 생소한 불교의 교의에 대하여 중국의 전통사상에서 유사한 개념과 술어를 빌어 이해를 도모하였던 것으로 보는 것이다. 하지만 '격의'는 단지 이해를 위한 것에 그치지 않고 다시 한 단계 뛰어넘어 불교의 교의를 통하여 중국의 주류사상에 깊이 개입하여 새로운 방향을 제시하고 있다. 그에 따라서 '격의'의 개념은 다시 확대되어, 불교를 통하여 중국사상에 영향을 미치는 범위까지를 '격의'로 상정해야 할 것이다. '격의불교'의 가장 중요한 점은 바로 전체적인 중국불교의 방향을 결정하는데 있어 그 내재적 작용을 하였다는 것이다. 다시 말하자면, '격의'와 '격의불교'에서 이미 불교의 '유학화', '노장화'의 노선을 보이고 있었으며, 또한 그를 통하여 '삼교합일'이라는 중국사상과의 정체성의 확보를 기도한 것으로부터 최종적으로 중국에 완전히 뿌리를 내리는 데 성공하여 유·불·도의 삼교정립의 국면을 창출한 것은 바로 '격의', '격의불교'의 과도적 단계가 없었다면 사실상 불가능하였던 것이다. 이러한 측면에서 다양한 외래문화와 정보가 시간의 간격이 없이 왕래되고 있는 현대에 있어서 역사 속에서 전개되었던 격의와 격의불교가 갖는 의미는 더욱 새로울 것이다. ❀

김진무 (남경대)

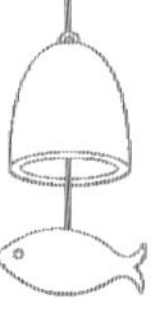

중도

범 madhyamā pratipad 빠 majjhimā paṭipadā 장 dbu maḥi lam
한 中道 영 middle path, middle way

Ⅰ. 어원적 근거 및 개념 풀이

중도는 범어로 madhyamā pratipad(마드야마 쁘라띠빠드)이다. madhyamā의 번역어는 중(中)이고 pratipad의 번역어는 도(道)이다. madhyamā는 형용사 madhyama의 여성형(feminine)으로 피수식어인 여성명사 pratipad와 성(性)을 일치시켜 말미의 a음이 장음(長音) ā로 되었다. madhyama는 '중간', '가운데' 또는 '사이'를 의미하는 형용사 madhya에 최상급 어미 ma가 부가되어 만들어진 형용사로 '가장 중간의'를 의미한다. pratipad는 '~에 대해' 또는 '되풀이하여'를 의미하는 접두사 prati와 '가다'를 의미하는 어근 √pad에서 유래된 명사 pad(발, 발걸음)가 합쳐진 말로, '밟히는 길' 또는 '정도(正道)'를 의미한다. 따라서 중도(中道)의 범어 원어인 madhyamā pratipad는 '가장 중간의 길' 또는 '가장 가운데의 길'로 풀이될 수 있다.

중도는 빠알리어로는 majjhimā paṭipadā(맛지마 빠띠빠다)인데, majjhimapaṭipadā라고 쓰기도 한다. majjhimā는 중(中)을 의미하고, paṭipadā

는 도(道)를 의미한다. majjhimā paṭipadā의 어원 분석은 범어 madhyamā pratipad의 풀이에 준한다. 그리고 중도는 서장어로 dbu maḥi lam(우매람)인데, 상기한 범어 madhyamā pratipad의 번역어로 '중간'을 뜻하는 명사 dbu ma, 소유격 조사 ḥi, '길'을 뜻하는 명사 lam이 조합된 말이다. '중간의 길'로 번역된다. 또한 중도는 한문으론 中道, 中途이고, 영어로는 middle path, middle way이다.

중도를 문자 그대로 풀이하면 '중간의 길'이란 의미가 되겠지만, 불교에서 말하는 중도에는 '중간의 길'이라는 긍정적 의미보다 '양극단[二邊]을 벗어난 길'이라는 비판의 의미가 강하게 담겨 있다.

부처님의 근본 가르침에서 말하는 중도는 '실천적 중도'와 '사상적 중도'로 대별된다. 실천적 중도는 불교수행법과 관계된 중도로, 수행자는 자신을 괴롭히는 고행(苦行)을 수행법으로 삼아도 안 되지만 세속적 욕락(欲樂)에 탐닉해서도 안 된다는 것을 의미하며 이를 고락중도(苦樂中道)라고 부른다. 그런데 여기서 말하는 세속적 욕락에는 재물, 이성(異性), 수면(睡眠), 음식, 명예로 인해 얻어지는 통상적인 오욕락(五欲樂)도 포함되지만, 더 나아가 삼매락(三昧樂), 즉 삼매의 즐거움도 포함된다. 올바른 불교수행자는 고행만 해도 안 되지만 삼매의 즐거움에만 머물러 있어도 안 된다는 것이다. 부처님께서 알라라 깔라마(Ālāra Kālāma)와 웃다까 라마뿟따(Uddaka Rāmaputta)라는 두 명의 수정주의자(修定主義者)에게 배웠던 무소유처정(無所有處定)과 비상비비상처정(非想非非想處定)이라는 '삼매'도 버리고, 다섯 비구와 함께 닦았던 '고행'도 버린 후 보리수 아래 마른 풀을 깔고 앉아, 12살 어린 시절 농경제에 참가했다가 염부수 아래로 자리를 옮겨 초선(初禪)에 들었던 일을 회상하고 그때와 같은 방식으로 정관(靜觀)에 들어가 깨달음을 얻었다는 교훈을 압축한 것이 바로 고락중도, 즉 실천적 중도의 가르침인 것이다.

이렇게 고행과 삼매의 양 극단 모두를 지양(止揚)하는 중도의 실천은, 바른 세계관[正見], 바른 생각[正思], 바른 말[正語], 바른 행위[正業], 바른 생계[正命], 바른 노력[正精進], 바른 마음가짐[正念], 바른 삼매[正定]의 팔정도로 구체화 되어 제시된다. 그리고 그 귀결은 감성과 인지(認知)가 모두 해체되는 고요한 열반이라는 점에서 사상적 중도와 연결된다.

극단적 고행이나 극단적 욕락의 상태에서는 이 세상을 '있는 그대로[yathābhūtaṃ, 如實히]' 보지 못한다. 계행을 지키며[戒] 고요히 앉아[定]

관찰하는[慧] 팔정도를 닦는 자, 즉 실천적 중도를 닦는 수행자에게 이 세계의 진상인 사상적 중도가 드러난다. 사상적 중도는 우리의 인지(認知)와 관계된 중도로, 세상만사에 대해 '있다[有]'거나 '없다[無]'는 생각을 내는 것, '같다[一]'거나 '다르다[異]'는 생각을 내는 것, '끊어졌다[斷]'거나 '이어졌다[常]'는 생각을 내는 것과 같은 양극단의 생각이 모두 옳지 않다는 것을 의미하며, 이를 차례대로 유무중도(有無中道), 일이중도(一異中道), 단상중도(斷常中道)라고 부른다. 이러한 사상적 중도는 연기법(緣起法)에 근거한다. 세상만사는 연기적이다. 인연이 모여 이루어졌다가 인연이 흩어지면 사라진다. 이렇게 모든 것이 연기적이기에 그 어떤 것도 실재한다고 볼 수 없지만[非有] 그렇다고 해서 세상만사가 아예 없는 것도 아니다[非無]. 또, 과거의 일이 현재의 일로 그대로 이어진 것이라고 볼 수도 없지만[不常] 현재의 일과 미래의 일이 완전히 단절되어있다고 볼 수도 없으며[不斷], 인과(因果), 체용(體用), 주객(主客) 관계에 있는 한 쌍의 사태를 서로 같은 것이라고 볼 수도 없고[不一], 다른 것이라고 볼 수도 없다[不異]. 연기적으로 얽혀 진행되는 이 세계의 참 모습에 대해서는, 이렇게 '있다'거나 '없다', '이어졌다'거나 '끊어졌다', '같다'거나 '다르다'는 식의 흑백논리에 의해 작동되는 우리의 분별적 생각이 적용될 수가 없다는 것이 '사상적 중도'의 가르침이다. 그리고 이런 사상적 중도가 바로 열반의 지혜로, 우리의 분별망상을 깨뜨리는 해체의 지혜인 것이다.

고행과 욕락의 양극단에서 벗어난 팔정도의 실천적 중도 수행을 통해 우리는 유무(有無), 일이(一異), 단상(斷常)이라는 흑백논리적 사유의 양극단을 지양하는 사상적 중도를 깨닫게 된다. 이러한 사상적 중도를 체득함으로써[道] 우리는 우리의 흑백논리적 분별이 빚어낸[集] 종교적 철학적 고민[苦]에서 해방된다[滅]. 즉, 분별고(分別苦)가 소멸한다.

대승불교사상 내에서 중도에 대한 논의는 활발하고 다양하게 전개된다. 인도에서 발생한 대표적 대승교학인 중관학(中觀學)과 유식학(唯識學) 모두 중도를 표방하였고, 중국에서 종합 정리된 대승교학인 천태학(天台學)과 삼론학(三論學)은 물론이고 선종(禪宗) 역시 중도의 구현을 그 종교적 목표로 삼았다.

인도의 경우 용수(龍樹, Nāgārjuna: 150~250경)에 의해 창시된 중관학에서는 우리의 사유가 빚어낼 수 있는 모든 방향의 판단들을, 초기불교의 연기설에 근거하여 논리적으로 비판함으로써 중도를 천명한다. 우리의 생각은 어떤 사태에 대해 총 네 가지 판단을 내릴 수 있다. 앞에서 말했던 양극단의 판단 두 가지[二邊]와 그 두 가지 판단의 연언적(連言的) 긍정 및 연언적 부정을 조합하여 네 가지 판단이 작성된다. 여기서 말하는 네 가지 판단을 불교용어로 사구(四句)라고 부르는데, 이는 '네 가지 극단적 생각'이라고 풀이될 수 있다. 예를 들면 '업을 짓는 자와 그 과보를 받는 자는 같다[제1구], 업을 짓는 자와 그 과보를 받는 자는 같지 않다[제2구], 업을 짓는 자와 그 과보를 받는 자는 같으면서 같지 않다[제3구]. 업을 짓는 자와 그 과보를 받는 자는 같지도 않고 같지 않지도 않다[제4구]' 또는 '실재하는[제1구] 행위자가 행위 한다. 실재하지 않는[제2구] 행위자가 행위 한다. 실재하면서 실재하지 않는[제3구] 행위자가 행위 한다. 실재하는 것도 아니고 실재하지 않는 것도 아닌[제4구] 행위자가 행위 한다'와 같은 네 가지 판단이다. 그 어떤 사태든 이와 같이 '① A, ② not-A, ③ A and not-A, ④ not-A and not-not-A'의 네 가지 판단이 가능한데, 용수의 중관학에서는 이 네 가지 판단 모두에서 논리적 오류를 지적함으로써 '네 가지 극단적 사유에서 벗어난 중도'를 천명하는 것이다. 우리의 분별이 빚어낸 이런 네 가지 판단은 이 세계의 참 모습인 연기(緣起)실상과 무관하다. 우리의 네 가지 판단이 적용되지 않는다는 점에서 이 세계의 참 모습은 공하다고 한다[空性]. 따라서 지금 우리의 사유에 의해 구성된 세계의 모습은 모두 꿈이나 환상과 같은 것일 뿐이다[假名]. 그리고 공성이고 가명이었던 연기실상의 이 세계에 대해 이렇게 네 가지 판단을 내리는 것이 모두 지양(止揚)되고 비판된다는 점에서 바로 이 세계의 참모습은 바로 중도(中道)인 것이다. 초기불전에서 양극단의 사유를 지양하며 직관적 방식에 의해 설명되었던 '사상적 중도'의 가르침은 용수의 중관학에서 사구부정(四句否定)의 논리, 즉 중관논리(中觀論理)에 의해 체계적으로 정리된다.

그런데 시대가 흐르자 용수의 중관학에서 천명되었던 공성, 비판적 의미를 갖는 공성에 대해 잘못 이해하는 무리들이 생기게 된다. 중관학의 공사상에서는 자아나 법의 자성을 논파할 뿐이었는데, 이들은 이런 공성을 잘못 이해하여 자아나 법이 아예 없다고 착각하였다. 중관학에 이어서 등장한 대승교학인 유식학(唯識學)에서는 이들을 악취공자(惡取空者: 공을 잘못 파악한 자)라고 불렀다. 중관학에서는 공성이 그대로 중도였지만, 유식학에서는 '악취공자들의 잘못된 이해'인 공견(空見), 즉 무견(無見)을 하나의 극단으로 설정한다. 그리고 이와 반대로 '자아와 법들이 실재한다'고 생각하는 유견(有見)을 다른 하나의 극단으로 설정한 후, 이런 무와 유를 지양한 유식(唯識)의 가르침을 통해 '사상적 중도'를 구현하고자 하였다. '자아'나 '법' 모두 실재하지 않기에 비유(非有)이다. 그러나 이런 자아와 법들이 아예 없는 것이 아니라 식(識)으로서 존재하며, 자아와 법의 실상인 공성(空性) 역시 존재한다. 이렇게 '식'과 '공'은 비무(非無)이다. 자아와 법을 '아예 없다'고 생각하는 공견은 '과도한 허무론의 극단'[損減邊]이고 이와 반대로 '확고하게 있다'고 생각하는 유견은 '과도한 실재론의 극단[增益邊]'이다. 유식학에서는 이런 공견과 유견의 양 극단을 지양한 유식의 가르침을 통해 중도를 천명한다.

인도에서 발생한 중관학과 유식학의 이러한 중도사상은 앞선 시대의 교학에서 가르쳤던 중도사상에 대한 반동이나 묵살이 아니라 보완(補完)이었다. 초기불전에서 직관적 방식으로 가르쳤던 중도사상을 보완하여 논리적 방식을 제시한 것이 중관학의 중도사상이었고, 공에 대한 오해를 시정하기 위해 응병여약(應病與藥)적으로 제시된 공유중도(空有中道)의 사상이 유식학의 중도사상이었던 것이다.

인도의 대승교학이 중국에 전해지면서 삼론학(三論學)과 천태학(天台學), 화엄학(華嚴學)과 선종(禪宗) 등이 탄생하는데 이 가운데 중도를 교학의 중심으로 삼아 가장 현란한 논의를 벌인 것이 삼론학이다. 구마라습과 그 제자들에 의해 시작되었으나 장안(長安)이 전란에 휩싸임으로 인해 그 맥이 끊어졌던 삼론학의 전통은, 장강(長江) 하류에 위치한 양(梁)의 수도 금릉(金陵: 지금의 남경) 외곽의 섭산(攝山)에서 활동했던 고구려 출신의 승랑(僧朗: 450~530경)에 의해 부흥되는데 승랑 이후의 삼론학을 신삼론(新三論)이라고 부른다. 그리고 승랑의 증손(曾孫) 제자 길장(吉藏: 549~623)은 삼종중도설(三種中道說), 중가이론(中假理論), 약교이제설(約敎二諦說), 삼종이제설(三種二諦說) 등을 통해 삼론학의 중도사상을 집대성한다. 삼론학의 중도사상은 『중론』의 진속이제설(眞俗二諦說)에 근거하여 전개되는데 그 성격을 한 마디로 규정한다면 '변증법적 체용론(體用論)'이라고 말할 수 있다. '체'와 '용'은 '본체'와 '현상' 또는 '실체'와 '작용'이라고 풀이할 수 있는데, 삼론학의 경우 부처님께서 깨달으신 '진리[理]'와 그에 대한 부처님의 '가르침[敎]' 각각을 '체'와 '용'에 대비시킨다는 점에서 체용론이다. 예를 들어, '진제와 속제 각각은 이법(理法)이다'라고 보았던 성실론사(成實論師)들의 '약리이제설(約理二諦說)'을 비판하면서 새롭게 제시된 것이 '진제와 속제는 가명(假名)으로서의 교설(敎說)일 뿐이며 비진비속(非眞非俗)의 중도가 이법(理法)'이라는 신삼론의 '약교이제설'인데, 여기서 가명인 교설은 '용'에 해당하고 중도인 이법은 '체'에 해당한다. 그러나 '체'와 '용'의 내용이 결정되어 있는 것이 아니라 세계에 대한 조망의 깊이에 따라서 체가 다시 용으로 격하되고 새로운 체가 제시된다는 점에서 변증법적이다. 삼종중도설의 경우 중도이었던 것이 가명으로 격하되며 다시 새로운 중도가 제시되며, 삼종이제설의 경우 진제이었던 것이 속제로 격하되며 새로운 진제가 제시된다.

삼종이제설에서는 교화 대상에 따라 변증법적으로 상승하는 3단계의 이제를 말하는데, ①제1단계의 이제에서는 유(有)가 속제이고 무(無)가 진제가 되며, ②제2단계의 이제에서는 제1단계의 이제 모두, 즉 유와 무 모두가 속제[用]이고 이를 부정하는 비유비무의 중도가 진제[體]가 된다. 그리고 ③제3단계의 이제에서는 제2단계의 이제 모두, 즉 유무와 비유비무가 모두 속제[用]로 격하되고 이를 부정하는 비-유무[非邊] 비-비유비무[非中]의 진제[體]가 새로운 중도로서 제시된다.

삼종중도는 ①세제중도(世諦中道)와 ②진제중도로 나누어 설명하는 이제각론중도(二諦各論中道)와 이 두 가지를 종합하여 중도를 밝히는 ③이제합명중도(二諦合明中道)로 이루어져 있다. 삼종중도설에서는 『중론』 귀경게에 등장하는 '불생불멸(不生不滅), 불상부단(不常不斷), 불일불이(不一不異), 불래불거(不來不去)'의 팔불(八不) 가운데 '불생불멸'을 예로 들어 중도를 밝히는데, 먼저 ①세제(世諦), 즉 속제에서는 생멸이 가명[用]이고 불생불멸(不生不滅)이 중도[體]가 되며, ②진제에서는 세제에서 중도로 간주되었던 불생불멸이 세제[用]로 격하되고 이를 부정하는 비불생비불멸(非不生非不滅)의 중도가 진제[體]로서 제시된다. 변증법적 상승이다. 그리고 ③이제합명중도에서는 세제중도의 '불생불멸'을 '비생멸'로 줄이고 진제중도의 '비불생비불멸'을 '비불생멸'로 줄인 후 양자를 종합한 '비생멸비불생멸(非生滅非不生滅)'을 중도적 조망으로 제시하는 것이다.

이렇게 체용의 변증법을 통해 구현하는 삼론학의 '중도'는 『대반열반경(大般涅槃經)』에 근거하여 '불성(佛性)'과 동일시되고, 이러한 중도불성(中道佛性) 사상은 자연스럽게 『법화경』의 '일불승(一佛乘)' 사상으로 연결된다. 삼론학에 뒤이어 나타난 천태학의 삼제원융관(三諦圓融觀)[1]이나 선문답(禪問答)의 역동성 모두 '변증법적 체용론'이라고 규정되는 삼론학의 '유기적 중도관'이 있었기에 가능하였다.

Ⅱ. 역사적 전개 및 텍스트별 용례

인도에서 발생한 불교는 시기에 따라 장소에 따라 다양한 불교사상을 창출해 내었다. 인도에서는 근본불교가 아비달마 교학으로 체계화된 이후 중관, 유식, 밀교 등의 대승사상이 탄생하였고, 중국에서는 삼론, 천태, 화엄, 정토, 선 등의 불교사상으로 종합, 정리되었다. 이런 불교사상들이 모두 일미(一味)의 불교일 수 있는 것은 그 밑바탕에 연기(緣起)와 중도(中道), 그리고 해탈의 가르침이 깔려 있기 때문이다. 그런데 이렇게 방대한 불교사상들 속에서 '중도'와 관계된 문구를 찾아내어 이를 정리하는 일은, 불교사상사 전체를 다시 기술하는 것에 버금가는 어마어마한 작업이 될 것이다. 이는 불교개념사전의 범위를 넘어서는 일이다. 따라서 본 사전에서는 다양한 불교사상 가운데 '중도' 개념이 중심역할을 하는 사상 몇 가지만을 추려 그 용례를 정리하였다. 인도의 경우, 중도사상의 연원인 초기불교를 비롯하여 중관학과 유식학을 소재로 삼았고, 중국의 경우 삼론학과 천태학을 소재로 삼았다.

1. 인도불교의 중도

1) 초기불교의 중도

앞에서 말했듯이 초기불전에 실린 중도의 가르침은 크게 '실천적 중도'와 '사상적 중도'로 나누어지는데, 먼저 실천적 중도인 고락중도의 가르침이 실린 『중아함경(中阿含經)』의 경문을 소개하면 다음과 같다.

> 욕락을 추구하지 말지어다. 이는 아주 낮고 천한 일로 속인의 행동이니라. 이것이 첫 번째 극단이다. 또한 자신의 몸을 괴롭히는 수행도 추구하지 말지어다. 너무 심한 고행은 성스러운 수행이 아니며 이치에 맞지도 않느니

---

1 일심삼관(一心三觀)이라고도 한다. 『중론』 제24 「관사제품」 제18게인 소위 '삼제게'에 근거한 천태의 관법. 인연으로 발생한 모든 법들이 그대로 공성이고 가명이며 중도임을 한 마음 가운데서 보는 관법.

> 라. 이것이 두 번째 극단이다. 이런 까닭에 다음과 같이 설하느니라. 이런 두 가지 극단을 벗어난 곳에 중도(中道)가 있어서 안목을 이루고 지혜를 이루며 스스로 삼매를 이루어 지혜로 나아가고 깨달음으로 나아가고 열반으로 나아간다. 이는 무엇에 기인하느냐 하면, 성스러운 길 여덟 가지인데 정견에서 정정에 이르기까지의 여덟 가지이니라. 두 극단을 떠난 곳에 중도(中道)가 있어서 안목을 이루고 지혜를 이루며 스스로 삼매를 이루어 지혜로 나아가고 깨달음으로 나아가고 열반으로 나아간다.[2]

이 경문은 ①욕락을 추구함에 대한 비판, ②고행에 대한 비판, ③중도, ④팔정도, ⑤중도의 순서로 구성되어있다. 그런데 이렇게 욕락에 대한 탐닉과 고행을 추구하는 수행을 비판하는 이유는 그 두 가지 행위 모두 갈등을 야기하는 행위[有諍法]이기 때문이다. 욕락의 경우는 그것을 획득하기 위해 남과 다투어야 하고, 고행의 경우는 그 괴로움을 참기 위해 자신과 다투어야 하기에 모두 근심과 걱정을 야기하는 잘못된 행위인 것이다.[3] 『사분율(四分律)』에서는 이를 다음과 같이 설명한다.

> 출가한 비구는 다음과 같은 양 극단을 가까이 하면 안 된다. '애욕을 좋아하여 그것에 빠지는 것' 또는 '스스로 고행하는 것'이 그것인데 이는 현인이나 성인의 길이 아니며, 심신을 피로하게 만들어 수행에 힘쓰지 못하게 된다. 비구들이여, 이 두 극단을 벗어난 곳에 중도(中道)가 있어서 눈이 밝아지고 지혜가 밝아지며 영원하고 고요한 휴식의 상태에서 신통을 이루고 등각을 얻어 사문의 열반을 이루게 된다.[4]

욕락에 빠지든지, 심한 고행을 할 경우에는 몸과 마음만 피로해질 뿐 이 세상의 모습을 있는 그대로 볼 수가 없기에, 열반의 지혜 역시 열릴 수가 없다. 그래서 이러한 고락중도의 '실천적 중도'는 자연스럽게 '사상적 중도'로 연결된다. 부처님께서는 가전연을 교화하며 다음과 같이 유무중도(有無中道)의 가르침을 베푼다.

---

2 『중아함경(中阿含經)』(『大正藏』1권, 701하); *Saṃyutta Nikāya,* Vol. Ⅴ, 421면.
3 위의 책, 703상.
4 『사분율』(『大正藏』22권, 788상)

가전연이여! 이에 대해 의심하지 않고, 미혹되지 않고, 남[他]으로 말미암는 것이 아니라 스스로 알 수 있는 것, 이것을 정견이라 이름 하는데 여래가 설한 것이니라. 왜 그런가? 가전연이여! 세상만사가 인연이 모여 생하는 것임[集起]을 있는 그대로 보는 자는 세상만사에 대해 무견(無見)을 내지 않는다. 세상만사가 사라지는 것[滅]을 있는 그대로 보는 자는 세상만사에 대해 유견(有見)을 내지 않는다. 여래는 두 가지 극단[二邊]을 떠나 중도(中道)를 설하는데 이는 다음과 같으니라. 이것이 있음에 저것이 있고, 이것이 생함에 저것이 생한다. 즉, 무명을 연(緣)하여 행이 있고 … 생로병사와 우비뇌고(憂·悲·惱苦)가 있느니라. 또 이것이 없음에 저것이 없고, 이것이 멸하기에 저것이 멸한다. 즉, 무명이 멸하면 행이 멸하고 … 생로병사와 우비뇌고가 멸하느니라.[5]

여기서는 세상만사에 대해 '있다'거나 '없다'고 보는 극단적 생각에서 벗어난 것이 중도라고 말한 후 이를 십이연기의 가르침과 동치(同値)시킨다. 세상만사는 인연에 의해 발생하고 인연이 제거되면 사라진다. 따라서 그 어떤 것에 대해서도 '확고하게 존재한다'고 규정할 수가 없지만, 그렇다고 해서 '전혀 존재하지 않는다'고 규정할 수도 없다. 이것이 모든 존재의 참 모습이다.

그런데 우리 사유의 이율배반적 성격을 비판하는 이러한 '사상적 중도'는 소위 '무기설'로 불리는 '부처님의 침묵'에서 확연히 드러난다. 통상적으로 무기(無記)의 소재가 되는 전형적인 난문(難問)은 다음과 같이 네 부류로 나누어진다.

A. 세간과 자아에 끝이 ① 있는가[有邊], ② 없는가[無邊], ③ 있으면서 없는가, ④ 있지도 않고 없지도 않은가?
B. 세간과 자아는 ① 상주하는가[常], ② 무상한가[無常], ③ 상주하면서 무상한가, ④ 상주하지도 않고 무상하지도 않은가?
C. 영혼과 육체는 ① 같은가[一], ② 다른가[異], ③ 같으면서 다른가, ④ 같지도 않고 다르지도 않은가?
D. 여래는 사후(死後)에 ① 존재하는가[有], ② 존재하지 않는가[無], ③ 존

5 『잡아함경(雜阿含經)』(『大正藏』2권, 67상)

> 재하면서 존재하지 않는가, ④ 존재하는 것도 아니고, 존재하지 않는 것도 아닌가?[6]

부처님께서는 이런 네 부류의 질문에 대해 침묵을 지키는데, 『전유경(箭喻經)』에서는 그 이유에 대해 설명하면서 독화살의 비유를 든다. 이런 의문에 매달리는 사람은 독화살을 맞았는데도 '나는 이 화살을 누가 쏜 것인지, 무엇으로 만들어졌는지 알기 전까지는 화살을 뽑지 않겠다'고 생각하는 사람과 같이 어리석은 사람이다.[7] 이런 의문들은 무의미하고[非義], 진리와 아무 상관이 없으며[非法], 청정한 수행과도 무관하고[非梵行], 불교수행의 목표인 열반과 전혀 관계가 없기[不與涅槃相應] 때문에 부처님께서는 이에 대해 답을 하지 않는다.[8]

이렇게 네 부류의 난문으로 구성된 무기설은 『전유경』 이외에도 초기불전 도처에 등장한다. 또, 이 이외에도 고락(苦樂)의 자작자각(自作自覺), 타작타각(他作他覺)의 문제, 자아가 있는지 없는지의 문제 등도 무기의 소재가 된다. 다음을 보자.

> 어떤 바라문이 … 부처님께 아뢰었다. '어떠합니까, 구담(瞿曇: Gautama)이시여, 자작자각(自作自覺)입니까?' 부처님께서 바라문에게 고하셨다. '나는 이것을 무기(無記: 언표되지 않는다)라고 설한다. 자작자각, 이는 무기이니라.' '어떠합니까, 구담이시여, 타작타각(他作他覺)입니까?' 부처님께서 바라문에게 고하셨다. '타작타각, 이는 무기이니라.' 바라문이 부처님께 아뢰었다. '어째서 자작자각을 여쭈어도 무기라고 말씀하시고 타작타각을 여쭈어도 무기라고 말씀하십니까? 이는 어찌된 일입니까?' 부처님께서 바라문에게 고하셨다. '자작자각이라면 상견에 떨어지고, 타작타각이라면 단견에 떨어진다. 이런 양 극단을 떠나 있다. 그래서 중도(中道)에 처하여 다음과 같이 설한다. 이것이 있음에 저것이 있고 이것이 생함에 저것이 생한다. 무명을 연(緣)하여 행이 있고 … 그래서 무명이 멸하면 행이 멸한다. … 그래서

---

6 이렇게 4가지 소재 각각에 대해 4구적인 난문을 제기할 경우 총16가지 난문이 되며, 이 가운데 A, B, C 각각의 ③, ④가 빠지면 빠알리經典[*Dīgha Nikāya*), Vol. I, 187~188면 등]의 10난문이 되며, C의 ③, ④만 빠지면 한역『잡아함경』(『大正藏』2권, 245하 등)의 14난문이 된다.

7 『불설전유경(佛說箭喻經)』(『大正藏』1권, 917하~918상)

8 위의 책, 918중.

소멸한다.[9]

이 경문만으로는 질문과 답변의 의미가 명확히 드러나지 않지만, 이와 동일한 문제를 다루는 다른 경문[10]과 비교해 보면 이는 다음과 같이 풀이될 수 있다. 내가 업을 짓고 내가 그 과보를 받는다면 업을 지었던 나와 과보를 받는 내가 동일해야 하기에 무상, 무아의 가르침에 위배된다. 그렇다고 해서 업을 짓는 자와 과보를 받는 자를 다른 사람이라고 본다면 인과응보의 법칙이 무너진다. 이런 딜레마에 대한 물음이 위에서 바라문이 제기하는 '자작자각, 타작타각의 난문'이다. 그러나 고락을 초래하는 업을 스스로 짓고[自作] 그에 대한 고락의 과보를 스스로 받는다[自覺]면 짓는 자와 받는 자가 동일하다는 말이 되어 상견(常見)의 극단에 빠지게 된다. 모든 것이 무상하고 무아이기에 업을 지을 때의 행위자와 그 과보를 받을 때의 감수자가 서로 남남이어야 한다면 남이 지은[他作] 업의 과보를 남이 받는 꼴[他覺]이 되는데 이는 행위자와 감수자가 전혀 다른 사람이라고 보는 단견(斷見)의 극단이 되고 만다. 따라서 '자작자각'이든 '타작타각'이든 모두 옳은 판단이 아니다. 이 세상의 진상은 이렇게 상반된 극단적 판단에 의해 규정되는 것이 아니다. 양 극단을 떠난 중도(中道)로서의 연기가 이 세상의 참모습이다. 즉, '이것이 있음에 저것이 있고 … 이것이 멸함에 저것이 멸한다.'[11]는 연기의 진리, 보다 구체적으로는 '무명을 연하여 행이 있고, 행을 연하여 식이 있고 … 무명이 멸함에 행이 멸하고 행이 멸함에 식이 멸하며 … 생이 멸함에 노사가 멸한다'는 십인연기의 진리가 이 세상의 참모습인 것이다.

삼법인(三法印)에서 보듯이 '제법무아(諸法無我)'는 부처님 가르침의 근간이다. 그런데 무아의 가르침은 '상주불변하는 자아가 있다'는 생각을 비판하기 위해 제시된 것일 뿐이기에 그에 집착할 경우 무기(無記)의 소재가 되어 다시 비판된다.

이와 같이 내가 들었다. 어느 때인가 부처님께서 왕사성 가란타죽원에 머

9 『잡아함경(雜阿含經)』(『大正藏』2, 85하)
10 위의 책, 62상.
11 이는 연기공식(緣起公式)으로 그 전체는 다음과 같다: '이것이 있음에 저것이 있고, 이것이 생함에 저것이 생한다. 이것이 없음에 저것이 없고 이것이 멸함에 저것이 멸한다[此有故彼有 此起故彼起 此無故彼無 此滅故彼滅].'

> 묻고 계실 때 바차 종족의 출가자가 부처님 계신 곳으로 와서 합장한 후 다음과 같이 여쭙고 한 편에 물러나 앉았다: '어떠하옵니까, 구담이시여, 자아가 있습니까?' 그 때에 세존께서는 묵묵히 앉아 답을 하지 않으셨다. 그런 질문을 두세 번 되풀이해도 세존께서는 역시 두세 번 모두 답을 하지 않으셨다. 그 때에 바차 종족의 출가자는 다음과 같이 생각하였다: '내가 세 번 사문 구담에게 물었는데 답을 하지 않는다. 돌아가 버려야겠다.' 그 때에 아난존자는 부처님 뒤에서 부처님께 부채를 부쳐드리고 있었는데, 이를 보고 다음과 같이 부처님께 여쭈었다: '세존이시여 저 바차 종족의 출가자가 세 번이나 물었는데 세존께서는 어째서 답을 하지 않으셨습니까? 이 어찌 저 바차 종족 출가자의 잘못된 사견을 더 늘이는 꼴이 되지 않겠습니까? 저 사람은 자기의 질문에 사문 구담께서 답을 하지 못했다고 떠들 것입니다.' 부처님께서 아난에게 고하셨다. '내가 만일 자아가 있다고 답했다면 그가 원래 갖고 있던 잘못된 사견만 더 키우는 꼴이 되느니라. 만일 무아라고 답했다고 해도 그가 원래 어리석은 자인데 어찌 그 어리석음을 더 키우는 꼴이 되지 않았겠느냐. 앞에서 그는 자아가 있다고 말했었지만 그 다음부터는 단멸론에 빠지게 될 것이니라. 원래 갖고 있던 유아(有我)라는 생각은 상견(常見)이고, 지금 갖는 단멸론은 단견(斷見)이니라. 여래는 양 극단[二邊]을 떠난 중도(中道)에 의거하여 다음과 같이 설하느니라: 이러한 것이 있기에 이러한 것이 있고, 이러한 것이 일어나기에 이러한 것이 생한다. 즉, 무명을 연하여 행이 있고 … 생로병사 우비뇌고가 소멸한다. 부처님께서 이 경을 설하시자 아난존자는 부처님의 말씀을 듣고 기뻐하며 받들어 행하였다.[12]

부처님 당시 우빠니샤드(Upaniṣad)의 철학자들을 포함한 인도의 많은 수행자들은 변치 않는 자아, 몸은 죽어도 죽지 않을 영원한 자아인 아뜨만(ātman)을 발견하기 위해 노력하였다. 성도하기 전의 사문 구담(瞿曇, Gautama) 역시 이를 추구하는 수행자 가운데 하나였다. 그러나 그런 수행을 모두 버린 후 보리수 아래 앉아 정관(靜觀)에 들어간 사문 구담은 그런 아뜨만을 발견하는 것이 아니라, 그 어떤 삼매의 경지에도 그런 아뜨만은 존재하지 않는다[無我: anātman]는 사실을 자각함으로써 마음에 평화[涅槃]를 찾게 되었다.

---

12 『잡아함경(雜阿含經)』(『大正藏』2권, 245중)

무아의 가르침은 이렇게 외도들의 아뜨만 사상을 비판하기 위해 제시된 것이었다. 그런데 이 가르침의 취지를 망각하고 이를 하나의 도그마로 이해하게 되면 허무주의적 단견(斷見)에 빠지고 만다. '자아가 실재한다'고 볼 경우 '무상(無常)의 진상'에 몽매한 상견에 빠지게 되지만, 그와 반대로 무아의 가르침을 '자아가 없다'는 도그마로 간주할 경우 이는 단견에 다름 아니다. 이렇게 동일한 무아의 교설이라고 하더라도 그것이 베풀어지는 상황, 그것을 파악하는 사람의 마음가짐에 따라 '약'이 될 수도 있고 '독'이 될 수도 있다. '비판적 의미의 무아'는 유아(有我)라는 편견의 '독'을 제거하는 '약'과 같은 중도의 교설이지만, '도그마가 된 무아'는 새로운 편견의 '독'으로 유아와 무아를 모두 비판하는 중도의 교설에 의해 극복된다. 초기불전에서 보이는 이런 변증법적 과정은 후대에 등장하는 인도의 중관학이나 중국의 삼론학과 선종 등에 의해 그대로 계승되어 심화, 발전된다.

지금까지 초기불전에서 보이는 '사상적 중도' 가운데 부처님의 침묵, 즉 무기설에서 구현하는 중도의 의미에 대해 고찰해 보았다. 그런데 초기불전에 등장하는 무기설의 공통점 가운데 하나는 침묵 이후에 '연기의 교설'이 이어진다는 점이다. 바로 위에 인용했던 경문에서도 이렇게 유아(有我)와 무아(無我)에 대한 잘못된 집착이 야기하는 양극단의 사고방식, 즉 상견과 단견을 비판한 후 중도의 교설로서 연기(緣起)의 유전문[13]과 환멸문[14]의 가르침이 베풀어지는 것을 볼 수 있다. 또, 앞에 인용했던 가전연을 교화하던 유무중도의 가르침에서도 연기의 교설이 제시된다. 이렇게 난문에 대한 침묵 이후에 연기의 가르침이 제시되는 과정은 다음과 같이 정리된다.

난문(難問) → 무기(無記), 침묵 → 연기설

이런 과정에서 우리가 알 수 있는 교훈은 '부처님의 침묵을 야기한 난문들은 그에 대해 답을 내야하는 문제가 아니라 그런 질문 자체가 잘못 구성된 것'이라는 점이다. '이것이 있음에 저것이 있고 … 이것이 멸함에 저것이 멸한다'는 이 세상의 진상, 연기실상에 대해 무지하여, '이것'이 '저것'과

13 무명을 연하여 행이 있고, 행을 연하여 식이 있고 … 유를 연하여 생이 있고, 생을 연하여 노사가 있다는 방식으로 12연기 지분 각각의 연기적 발생 과정.

14 무명이 멸함에 행이 멸하고, 행이 멸함에 식이 멸하며 … 유가 멸함에 생이 멸하고, 생이 멸함에 노사가 멸한다는 방식으로 12연기 지분 각각이 소멸하는 과정.

별도로 실재하고, '저것' 역시 '이것'과 무관하다고 착각함으로써 ⓐ무엇이 있다[有]든지 무엇이 없다[無]고 생각하고, ⓑ현생과 내생이 이어졌다거나[無邊] 단절되어 있다[有邊]고 생각하며, ⓒ전생이 현생으로 그대로 계속된다[常]거나 전생과 현생이 무관하다[無常]고 생각하고, ⓓ육체와 영혼이 같다[一]거나 육체와 영혼이 다르다[異]고 생각하며, ⓔ여래가 사후(死後)에 존재한다[有]거나 여래가 사후에 존재하지 않는다[無]고 생각하고, ⓕ업을 지은 자[自作]가 그대로 그 과보를 받는다[自覺]거나 '모든 것이 무상하기에 업을 지은 자와 그 과보를 받는 자는 다르다'는 관점 위에서 '남이 짓고[他作] 남이 받는다[他覺]'고 생각하며, ⓖ자아가 존재한다[有我]거나 자아가 존재하지 않는다[無我]고 생각한다. 이 모든 생각들은 '이것'과 '저것'이 별개의 것이라는 분별에 근거한 것이기에 '이것'과 '저것'이 서로 의존한다는 연기(緣起)의 진리, 즉 '이것이 있음에 저것이 있고 … 이것이 멸함에 저것이 멸한다'는 연기실상을 자각함으로써 '해소'되어야 할 문제들이다. 그래서 위에서 보듯이 무기설에서 '난문'에 대한 '침묵' 이후에 항상 '연기의 가르침'이 등장하는 것이다. 아비달마교학에서는 삼독심(三毒心) 중 탐심(貪心, 탐욕)은 부정관(不淨觀)으로 대치(對治)하고, 진심(瞋心, 분노)은 자비관(慈悲觀)으로 대치하며 치심(癡心, 어리석음)은 연기관(緣起觀)으로 대치한다고 가르치는데 이 가운데 치심에 대한 대치법으로 연기관을 제시하는 것은 초기불전의 무기설에서 근거를 둔다.

그리고 초기불전의 무기설에서 첨예하게 표출되었던 이러한 '사상적 중도'의 가르침은, 대승의 시대가 되자 『반야경(般若經)』의 법공(法空) 사상과 결합되어 용수(龍樹 Nāgārjuna: 150~250경)의 중관학(中觀學)을 탄생시키는 것이다.

2) 중관학의 중도

용수의 중관학이 가장 극명하게 표출된 논서가 『중론(中論: Madhyamaka-kārikā)』이다. 『중론』에서는 초기불전의 '사상적 중도'가 치밀한 논리를 통해 구현된다. 『중론』에서 중도(中道, madhyamā pratipad)란 용어가 쓰이는 곳은 제24 「관사제품(觀四諦品: 사성제에 대한 관찰)」 제18게 한 곳 뿐이지만, 『중론』 내 거의 모든 게송이 그 독자(讀者)로 하여금 '사상적 중도'를 체득하도록 하기 위해 작성된 것이라고 볼 수 있다. 먼저 제24장 제18게를 보자.

> 연기인 것 그것을 우리들은 공성(空性)이라고 말한다. 그것[=공성]은 의존된 가명(假名)이며 그것[=공성]이 바로 중도(中道, madhyamā pratipad)이다.[15]

여기서 연기(緣起)와 공성(空性)과 가명(假名)과 중도(中道)가 동일시되고 있는데 구마라습은 이를 다음과 한역한다.

> 衆因緣生法 我說卽是無[空][16] 亦爲是假名 亦是中道義

일반적으로 이러한 구마라습의 한역문에 의거하여 동아시아 불교계에서는 이 게송이 '공성(空性)·가명(假名)·중도(中道)', 즉 '공(空)·가(假)·중(中)'을 설하는 삼제게(三諦偈: 세 가지 진리를 설하는 노래)라고 불려졌으며, 삼론학의 중가(中假)이론, 천태학의 삼제원융관의 근거로 사용되었다. 그런데 『중론』 제24 「관사제품」에서는 연기와 공성에 대한 잘못된 이해를 나무라는 대목에서 이 게송이 등장한다. 제24품 서두에서 소승 아비달마 논사로 보이는 적대자는 다음과 같이 공사상을 비판한다.

> 만일 이 모든 것이 공(空)하다면 발생(udaya)도 없고 소멸도 없다. 그대의 경우 사성제(四聖諦)도 존재하지 않다는 오류에 빠진다.[17]

공의 가르침은 불생불멸, 또는 무생무멸로 표현되기도 한다. 그런데 이것이 생멸을 부정하는 표현이라고 오해한 적대자는, '생멸이 없다면, 사성제도 없는 꼴이 된다'고 공의 가르침을 비난하는 것이다. 즉, 고집멸도의 사성제 가운데 집은 고를 발생시키는 원인이며, 멸은 고의 소멸을 의미한다. 그런데 발생과 소멸이 모두 없다면 집성제와 멸성제가 부정되고, 결국 법보(法寶)인 사성제 전체가 부정되고 만다. 적대자는 이어지는 게송을 통해 '모든 것이 공하다면 법보인 사성제와 승보(僧寶)인 사향사과(四向四果)의 성인[18] 그리고 결국 불보(佛寶)까지 모두 부정하는 꼴이 된다'고 비판하는

15 『중론』24품, 18게송.
16 청목의 주석에 대해서는 무(無)를 공(空)으로 번역한다.
17 『중론』24품, 1게송.
18 대승불전에서는 승보의 범위에 출가 오중인 비구, 비구니, 사미, 사미니, 식차마나를

것이다. 그리고 이런 비판을 반박하는 과정에서 용수는 위의 삼제게를 제시하는 것이다. 이 게송을 해석할 때 일반적으로 연기의 토대 위에서 공성과 가명과 중도를 동치시키지만 용수의 『회쟁론』 마지막 게송에서는 연기와 공성과 중도를 동치시킨다. 이를 보자.

> 공성(空性)과 연기(緣起)와 중도(中道)가 하나의 의미임을 선언하셨던 분, 함께 견줄 이 없는 붓다이신 그 분께 [나는 이제]예배 올립니다.[19]

'모든 것이 공하다'는 것은 모든 존재를 부정하기 위해 발화된 것이 아니라 '모든 것이 연기(緣起)한다'는 것의 다른 표현일 뿐이다. 그리고 이것은 그대로 중도이다. 그러나 『중론』 제24 「관사제품」의 적대자는 '불생불멸'의 가르침을 '생멸'과 대립하는 다른 하나의 극단으로 오해하였다. 그래서 용수는 위의 삼제게를 통해 공성이 '부정의 극단'이 아니라, 중도라는 점을 선언하였던 것이다. 불교에서 사용되는 부정표현은 두 가지 방식으로 이해될 수 있다. 하나는 '부정의 극단으로 잘못 이해'하는 것이고, 다른 하나는 '중도로서 올바로 이해'하는 것이다. 『대품반야경』의 해설서인 용수의 『대지도론(大智度論)』에서는 '무아(無我)'의 가르침을 예로 들어 이런 두 가지 이해를 소개하며 '중도'에 대해 보다 정밀하게 천착한다.

> 질문: 만일 그렇다면 가섭의 물음에 대해 부처님께서 '유아는 하나의 극단이고 무아도 하나의 극단이며 이 두 가지 극단에서 벗어난 것을 중도라고 부른다'고 설하셨는데, 지금은 어째서 '무아가 진실이고 유아는 방편적 교설이다'라고 말하는 것이냐?
>
> 답변: 무아를 설하는 것에 두 가지 종류가 있다. 첫째는 무아의 상을 취해 무아에 집착하는 것이고, 둘째는 자아를 파하지만 무아를 취하지도 않고 집착하지도 않아 무아에서도 자연히 벗어난다. 앞에서 설명하는 것과 같은 무아는 극단(邊)이며, 나중에 설하는 무아는 중도(中道)이다.[20]

모두 포함시키지만 초기불전에서는 사향사과의 성인만을 승보로 간주하였다. 사과(四果)란 예류과, 일래과, 불환과, 아라한과이며 사향이란 이런 각 과 직전의 중간 단계의 성자로 예류향, 일래향, 불환향, 아라한향이라고 부른다.

19 『회쟁론』 제71게.

무아(無我)의 교설에 대해 집착하여 이를 하나의 도그마로 간주할 경우, 무아는 유아(有我)와 대립되는 또다른 극단이 될 뿐이다. 그러나 '자아가 실재한다[有我]'는 생각을 파하기 위해 발화된 무아는 중도의 가르침인 것이다.

이와 반대의 경우도 있다. '이 우주에는 시작도 없고 끝이 없다'는 무시무종(無始無終)이라는 말에 집착할 경우 '무시가 공하다'는 '무시공(無始空)'의 가르침이 제시된다. 그러나 공의 가르침으로 무시(無始: 시작 없음)가 비판되었다고 해서 유시(有始: 시작 있음)가 긍정되는 것은 아니다.

> 질문: 무시(無始)는 진실이기에 파해서는 안 된다. 왜 그런가? 만일 중생과 법에 시작이 있는 것이라면 '극단적 견해'[邊見]에 떨어지고, '무인론(無因論)'에 떨어진다. 이런 허물에서 멀리 벗어나려면 중생과 법에 대해 무시라고 설해야 한다. 그런데 지금 무시공(無始空)의 가르침으로 무시를 파하게 되면 다시 '유시(有始)의 견해'에 떨어지고 만다.
>
> 답변: 지금 무시공의 가르침으로 '무시의 견해(無始見)'를 파하지만 '유시의 견해(有始見)'에 떨어지지는 않는다. 비유하자면 불속에서 사람을 구하려고 그를 깊은 물속으로 몰아가서는 안 되는 것과 같아서 지금 무시를 파하긴 해도 유시로 몰아가서는 안 된다. 이것이 중도(中道)를 행하는 것이다.[21]

『중론』에서 논증하는 공(空) 역시 '사물에 자성이 있다'는 생각을 시정해주기 위한 중도(中道)의 가르침일 뿐 유(有)의 대척점으로 제시되는 공(空)의 극단이 아니다. 제24「관사제품」의 삼제게에서 말하는 중도는 이를 의미한다.

그러나 '공'이나 '무아', '무상' 등과 같은 표현 그 자체만으로는 그것이 '올바른 중도적 이해'인지 아니면 '잘못된 극단적 이해'인지 감별되지 않는다. 그래서 『반야경』의 공사상을 논증하는 용수의 중관사상이 널리 퍼지고 나서 이를 '잘못 이해'한 무리들이 생겨나게 되었고 이런 잘못된 이해를 시정하기 위해 등장한 것이 바로 대승 유식학이다.

---

20 『대지도론(大智度論)』(『大正藏』25권, 253하)
21 위의 책, 291상.

3) 유식학의 중도

앞에서 공에 대한 악취공적 이해, 즉 공견의 폐해를 시정하기 위해 유식학이 탄생하였다고 설명한 바 있다. 최승자(最勝子) 등이 저술한 『유가사지론석(瑜伽師地論釋)』에서는 불교 발생 이후 이렇게 유식학이 출현하기까지의 과정에 대해 다음과 같이 설명한다.

> 부처님께서 열반에 드신 후 마군(魔軍)의 일들이 어지러이 일어나고 갖가지 부파가 경쟁적으로 흥기하였는데 이들 가운데 많은 사람들이 유견(有見)에 집착하였다. 용맹(龍猛=용수)보살이 극희지에 올라가 대승의 무상(無相)과 공(空)의 가르침을 수집하고 『중론』 등을 저술하여 진리의 요체를 철저히 펼쳐서 그들의 유견을 제거하였으며 성(聖) 제바 등 대논사들은 『백론』 등을 저술하여 대승의 이치를 널리 알렸다. 그런데 이로 말미암아 중생들은 다시 공견(空見)에 집착하게 되어서 무착보살께서 초지에 올라 법광(法光)삼매를 증득하고 대신통을 얻어 미륵보살을 만나 이 논서를 전수받았다.[22]

여기서 보듯이 유견(有見)을 제거하기 위해 나타난 것이 중관학의 공사상이라면, 공에 대해 집착하는 공견(空見)을 제거하기 위해 탄생한 것이 유식사상인 것이다. 이런 유견과 공견은 제법에 대한 실재론적 집착과 허무론적 집착으로 풀이되는데, 『성유식론(成唯識論)』이나 『변중변론(辯中邊論)』 등의 유식계통의 문헌에서는 전자를 증익변(增益邊: 과도한 실재론의 극단), 후자를 손감변(損減邊: 과도한 허무론의 극단)이라고 명명한 후 이 두 극단을 벗어난 것이 중도(中道)에 부합하는 유식(唯識)의 가르침이라고 말한다. 『성유식론(成唯識論)』에서는 세친의 『유식삼십송』 제17게를 해설하면서 증익변(增益邊)과 손감변(損減邊)을 떠난 이러한 중도에 대해 다음과 같이 설명한다.

> … 이[= '분별하는 작용']에 의해 집착되는 대상을 '분별된 내용'이라고 부르며 이는 거짓되게 집착된 실아(實我)와 실법(實法)의 자성이다. 이로 인해 '분별하는 작용'이 외경인 것처럼 변하여 가아와 법의 모습을 띈다. [그러나] 실아나 실법에는 자성이 결코 없다. 앞에서 교증(教證)과 이증(理證)

22 『유가사지론석(瑜伽師地論釋)』(『大正藏』30권, 883하)

> 을 통해 자세하게 논파한 바 있기 때문이다. 그러므로 일체에는 모두 오직 식(識)만 존재할 뿐이다. 왜냐하면 허망하게 분별하는 작용이 존재한다는 점은 누구나 인정하는 것이기 때문이다. [또] '오직'이라는 말이 애당초 '식에서 벗어나지 않은 법'을 배제시키는 말이 아니기 때문에 진공(眞空) 등도 역시 존재한다[有]. 이로 말미암아 증익과 손감의 양 극단에서 멀리 벗어나 유식(唯識)의 이치가 성립하여 중도(中道)에 계합된다.[23]

자아나 법이 실재한다고 생각하는 것, 즉 자아나 법에 자성이 있다는 생각은 잘못된 것이다. 우리의 식(識)은 '분별하는 작용'과 '분별된 내용'으로 변화하는데, 이 중 분별된 내용에 속하는 것이 자아와 법이기에 이들은 실재하는 것이 아니다. 그렇다고 해서 아예 아무것도 없는 것도 아니다. 이렇게 허망하게 분별하는 식(識)도 존재하고, 공성(空性)도 존재하기 때문이다. 유식의 가르침에 의거할 경우, '자아나 법'이 실재하지 않는다고 보기에 실재론의 극단에서 벗어나게 되고, '식'과 '공성'은 존재한다고 보기에 허무론의 극단에서 벗어나게 된다. 위에서 말하듯이 증익과 손감을 벗어나 중도에 계합하는 것이다. 『성유식론』의 이어지는 구절에서는 이를 다시 다음과 같이 정리한다.

> 그러므로 유식(唯識)에 대해 깊이 믿고 받아들여야 한다. 아(我)와 법(法)은 있는 것이 아니고 공(空)과 식(識)은 없는 것이 아니다. 있음을 떠나고 없음을 떠나기에 중도(中道)에 계합한다.[24]

이러한 유식중도의 가르침은 삼성설(三性說)에 의해 체계적으로 정리된다. 삼성이란, 낱낱의 법들이 갖고 있는 변계소집성(遍計所執性), 의타기성(依他起性), 원성실성(圓成實性)의 세 가지 자성을 가리키는데, 순서대로 '두루 분별된 자성(parikalpita svabhāva)', '다른 것에 의존한 자성(paratantra svabhāva)', '완전히 성취된 자성(parinişpanna svabhāva)'이라고 번역된다. 이런 세 가지 자성을 위의 중도설에 대비시키면, '실재한다고 착각된 아(我)와 법'은 변계소집성에 해당하고, '아와 법의 진상인 공성'은 원성실성,

23 『성유식론(成唯識論)』(『大正藏』31권, 38하)
24 위의 책, 39중.

'허망분별하는 식(識)'은 의타기성에 해당한다. 이를 위의 인용문에 대입하면 변계소집성은 있는 것이 아니고[非有: 情有理無], 원성실성과 의타기성은 없는 것이 아니라는[非無: 情無理有]는 중도적 조망이 도출된다.[25]

2 중국불교의 중도설

1) 삼론학의 중도설

중국에 불교가 이식된 후 중도에 대해 가장 현란한 논의를 벌였던 교학이 삼론학이다. 어찌 보면 삼론학 전체가 '사상적 중도'를 구현하기 위해 구성된 교학이라고 말할 수 있다. 삼론학에 대한 조망을 얻기 위해 반드시 거쳐야 되는 관문인 '삼론초장(三論初章)'이란 것이 있는데, 이는 삼론학 전체를 일관하는 근본주제를 짤막하게 표현한 문구로, 유와 무에 대한 중도적 조망이 극명하게 표현되어 있다. 이를 인용해 보자.

> 남[他]들의 경우, 유(有)라고 할만한 유가 존재하며 무(無)라고 할만한 무가 존재한다. 유라고 할만한 유가 존재한다. [이런 유는] 무로 말미암지 않기 때문에 유이고, 무라고 할만한 무가 존재한다. [이런 무는] 유로 말미암지 않기 때문에 무이다. 무로 말미암지 않기 때문에 유이다. [이런] 유는 자성을 갖는 유이고, 유로 말미암지 않기 때문에 무이다. [이런] 무는 자성을 갖는 무이다. 자성을 갖는 유는 유이기 때문에 유이며 자성을 갖는 무는 무이기 때문에 무이다. 이런 '유'와 '무'는 '불유불무(不有不無)'를 드러낼 수 없다. 이런 '유'와 '무'는 교문(教門)이 아니다. 그러므로 이(理) 밖에 이(理)의 교(教)가 없다.
>
> 지금 남에 대해 이제(二諦)가 교문임을 밝히겠다. 유라고 할만한 유는 존재하지 않으며 무라고 할만한 무는 존재하지 않는다. 유라고 할만한 유는 존재하지 않는다. [이런 유는] 무로 말미암기 때문에 유이고 무라고 할만한 무가 존재하지 않는다. [이런 무는] 유로 말미암기 때문에 무이다. 무로 말미암기 때문에 유이다. [이런] 유는 자성을 갖지 않는 유이다. 유로 말미암기 때문에 무이다. [이런] 무는 자성을 갖지 않는 무이다. 자성을 갖지 않는 유는 무인 유이고 자성을 갖지 않는 무는 유인 무이다. 무인 유는 유가 아니고 유인

25 『성유식론장중추요(成唯識論掌中樞要)』(『大正藏』43권, 615중)

무는 무가 아니다. 이런 '유'와 '무'는 '불유불무'를 드러낸다. 그러므로 교문이라고 부른다. 이런 까닭에 리 안에 리의 교가 있다. 일가의 초장의 설명방식은 이와 같다. 삼론을 배우는 자는 먼저 이 말을 터득할 필요가 있다.[26]

서두에 쓰인 '남[他]'이란 말은, 승랑(僧朗)의 신삼론 사상이 등장하기 이전에 중국 강남 불교계의 주류였던 성실론사(成實論師)를 가리킨다. 또 유(有)는 속제를 의미하고, 무(無)는 진제를 의미한다. 성실론사의 이제설에서는 진제와 속제, 즉 유와 무가 확연히 구분되어 있었다. 위에서 말하듯이 유라고 할만한 유가 존재하고 무라고 할만한 무가 존재했다. 그러나 삼론학에서는 이런 조망은 옳지 않다고 비판한다. 유가 존재하기 위해서는 무가 필요하다. 또 무가 존재하기 위해서는 유가 필요하다. 유와 무는 연기관계에 있기 때문이다. 따라서 유는 무를 내함한 유이고, 무 역시 유를 내함한 무이다. 유에 대해 확고한 유라고 규정할 수 없고, 무에 대해서도 확고한 무라고 규정할 수 없다. 유는 불유(不有)의 유이고, 무 역시 불무(不無)의 무이다. 그래서 유와 무 모두 불유불무(不有不無)의 중도실상을 드러내는 가르침이 될 수 있는 것이다.

삼론학에서는 이러한 조망에 근거하여 다양한 중도사상을 제시한다. 그 가운데 대표적인 것이 불생불멸, 불상부단, 불일불이, 불래불거의 팔불을 통해 중도를 밝힌 '삼종중도(三種中道) 이론'과, 진제와 속제의 이제를 통해 중도를 밝힌 '단(單)과 복(複)의 중가(中假)이론'이다.[27] 또, 실지혜(實智慧)와 방편지혜(方便智慧)의 관계에서 중도를 밝힌 '지혜중도(智慧中道) 이론', 중도 그 자체가 불성임을 밝히는 '중도불성(中道佛性) 이론' 등이 있다.

그러면 이에 대해 하나하나 소개해 보자.

앞에서 설명한 바 있지만, 삼종중도는 세제중도[= 속제중도]와 진제중도 그리고 이 양자를 종합한 이제합명중도(二諦合明中道)의 '세 가지 중도'를 의미하는데, 세제중도와 진제중도의 경우 이제(二諦) 각각에 대해 중도를 논한 것이란 의미에서 이제각론중도(二諦各論中道)라고 부른다. 그런데 길장의 스승 법랑(法朗)은 이러한 삼종중도를 세 가지 방식으로 가르쳤으며 이를 삼종방언(三種方言)이라고 한다.[28] 제1방언에서 설명하는 삼종중도는

---

26 『이제의(二諦義)』(『大正藏』45권, 89중); 『중관론소(中觀論疏)』(『大正藏』42권, 28상)
27 『대승현론(大乘玄論)』(『大正藏』45권, 19하)
28 삼종방언은 삼종중도를 가르친 상황과 취지에 차이가 있는 것이지, 각각의 방언에서

다음과 같다.

> 생도 아니고 불생도 아닌 것이 바로 중도이고, 생이기도 하고 불생이기도 한 것이 바로 가명이다. 가명으로서의 생에 대해 생이라고 말할 수 없고, 불생이라고 말할 수 없는데 이것이 '세제중도'이다. 가명으로서의 불생에 대해 불생이라고 말할 수 없고 불생이 아니라고 말할 수 없는데 이를 '진제중도'라고 부른다. 이상은 이제각론중도이다. 그런데 세제의 생멸은 무생멸의 생멸이고, 진제의 무생멸은 생멸의 무생멸이다. 그런데 무생멸의 생멸이 어찌 생멸이겠으며, 생멸의 무생멸이 어찌 무생멸이겠는가? 그러므로 생멸도 아니고 무생멸도 아니며 이를 '이제합명중도'라고 부른다.[29]

여기서 세제중도와 진제중도의 이제각론중도를 설명할 때에는 팔불게 중의 '생, 멸, 단, 상, 일, 이, 래, 거'의 팔계(八計: 여덟 가지 분별) 가운데 '생'만을 예로 들었는데, 이제합명중도에 대해 설명할 때에는, '멸'을 추가하여 '생멸'을 예로 들기에 일관성이 결여되어 있다. 또 나중에 제2방언과 제3방언에 대해 설명할 때에도 팔계 가운데 '생멸'만을 예로 든다. 그러나 삼종중도이론이 원래 팔불을 통해 중도를 밝히고자 제창된 것이기에, 그 원래 취지를 되살려 전체를 복원하면 다음과 같이 될 것이다.

> [세제가명: 생멸, 단상, 일이, 내거]
> ① 세제중도: 불생불멸, 불상부단, 불일불이, 불래불거
> [진제가명: 불생불멸, 불상부단, 불일불이, 불래불거]
> ② 진제중도: 비불생 비불멸, 비불상 비부단, 비불일 비불이, 비불래 비불거
> ③ 이제합명중도: 비생멸 비불생멸, 비상단 비불상단, 비일이 비불일이, 비래거 비불래거

이상이 『중론』 귀경게 중의 팔부중도를 소재로 삼아 구현된 삼론학의 삼

삼종중도의 의미 그 자체가 달라지지 않는다. 진제가명을 예로 들면, 제1방언은 정성(定性)의 팔계(八計)를 파하여 팔불을 밝힌 것이고, 제2방언은 가명(假名)의 팔계를 파하여 팔불을 밝힌 것이며, 제3방언은 평도문(平道門)의 입장에서 본래 팔불임을 밝힌 것이라고 각각의 취지가 요약된다(위의 책, 20중).

29 위의 책, 19하.

종중도이론이다.

또, 중도와 관계된 삼론학 이론 중 독특한 것으로 '단과 복의 중가이론'을 들 수 있다. 언어에 의해 표현된 중도와 가명은 그것이 단수로 표현되는지 아니면 복수로 표현되는지 여부에 따라 각각 단가(單假)와 단중(單中), 복가(複假)와 복중(複中)의 네 가지로 분류되는데 이는 다음과 같이 정의된다.

> 단가: 오직[單] 가유(假有)만 설하든지, 오직[單] 가무(假無)만 설하는 것
> 단중: 오직[單] 비유(非有)만 설하든지, 오직[單] 비무(非無)만 설하는 것
> 복가: 가유(假有)와 가무(假無)를 모두[複] 설하는 것
> 복중: 비유(非有)와 비무(非無)를 모두[複] 설하는 것[30]

그리고 이런 규정에 의거하여 설법의 방식을 ①단(單)으로 단과 복을 논하는 경우,[31] ②복(複)으로 단복을 논하는 경우,[32] 그리고 ③세제와 진제의 이제로 단과 복을 논하는 경우[33] 등으로 다양하게 분류한다. 예를 들어 '가명으로서의 유는 유라고 부르지 않는다[假有不名有]'는 교설의 경우 '가유(假有) → 비유(非有)'의 맥락을 갖기에, 위의 정의에 비추어 볼 때 '단가 → 단중' 방식의 교설이다. 그런데 유는 속제를 의미하기에 보다 정확히는 '속제 단가 → 속제 단중'의 교설로 분류된다. 또, 예를 들어 '무도 아니고 무가 아닌 것도 아니지만 가설하여 무라고 한다[非無非不無 假說爲無]'는 교설의 경우, '비무 비비무[= 비유] → 가무' 방식의 교설이고, 여기에 쓰인 무는 진제를 의미하기에 '진제 복중 → 진제 단가'의 교설로 분류된다.

삼론학에서는 지혜와 관련하여 중도를 설하기도 하는데 이를 지혜중도(智慧中道), 또는 이지중도(二智中道)라고 부른다. 『대승현론』에서 말하는 지혜중도는 다음과 같다.

> 셋째, 지혜중도(智慧中道)에 대해 밝힌다. 이른 바 이지중도(二智中道)란 것에 대해 설명해 보자. 이지는 방편혜(方便慧)와 실혜(實慧)인데 이 역시 세

30 위의 책, 20하.
31 위의 책, 19하.
32 위의 책, 20하.
33 위의 책, 21중.

> 가지 중도를 갖추고 있다. ①실의 방편을 어찌 방편이라고 말할 수 있으며 어찌 방편이 아니라고 말할 수 있겠느냐? ②방편의 실을 어찌 실이라고 말할 수 있으며 실이 아니라고 말할 수 있겠느냐? 이것이 이혜각명중도(二慧各明中道)이다. ③실의 방편은 방편이 아니고, 방편의 실은 실이 아니다. 실도 아니고 방편도 아닌 것을 이혜합명중도(二慧合明中道)라고 부른다.[34]

여기서 말하는 실혜란 언어로 표현되기 이전의 절대적 지혜를 의미하고 방편혜는 교화를 위해 언어로 표현된 상대적 지혜를 의미한다. 방편혜가 상대적 지혜이긴 하지만 그것이 발화된 상황에서는 실혜를 그대로 드러내기에 단순한 방편일 수만은 없고, 그와 반대로 그것이 맥락을 벗어나 사용될 경우 실혜와 무관한 도그마로 전락하기에 방편이 아닐 수도 없다. 이것이 세제중도이다. 또, 참다운 지혜인 실혜가 방편으로 나타난 이상 그 절대성을 잃어버리기에 실혜라 할 수 없지만, 실혜가 방편을 통해 교화대상에게 체득되기에 실혜가 아니라고 할 수도 없다. 이것이 진제중도이다. 따라서 실혜를 체득케 하기 위한 방편은 방편이라고만 볼 수 없고 방편으로 나타난 실혜는 실혜라고만 볼 수 없다. 실혜가 실혜가 아니고 방편혜가 방편혜가 아니다. 이것이 이혜합명중도의 조망이다.

이상과 같이 팔불과 이제와 지혜에 대한 독특한 해석을 통해 구현되는 삼론학의 중도는 결국 불성과 동일시된다.

> 중도도 아니고 이변(二邊)도 아니어서 중도와 이변에 머물지 않는다. 중도와 이변이 평등한 것을 거짓되게 이름 붙여 중이라 한다. 만일 이와 같은 중도를 알게 되면 불성을 알게 되고 만일 지금의 이런 불성을 알게 되면 그런 중도를 알게 된다. 만일 중도를 알게 되면 제일의공을 알게 된다. 만일 제일의공을 알게 되면 지혜를 알게 되고 지혜를 알게 되면 『금광명경』에서 말하는 제불의 행처를 알게 된다. 만일 『금광명경』에서 말하는 제불의 행처를 알게 되면 이 경전에서 말하는 광명이 지혜라는 것을 알게 된다. 만일 지혜를 알게 되면 불성을 알게 된다. 만일 불성(佛性)을 알게 되면 열반을 알게 된다.[35]

34 위의 책, 29상.
35 위의 책, 37하.

중도를 알게 되면 불성을 알게 되고, 불성을 알게 되면 열반을 알게 된다. 이런 논의를 거치면서 삼론학의 중도설은 『열반경』의 불성사상, 『법화경』의 일승사상으로 연결된다.

2) 천태학의 중도설

중국적 회통불교인 천태학에서는 부처님의 교설을 오시팔교(五時八教)로 분류한다. 오시란 설법시기에 따라 분류한 것으로 화엄시, 녹원시, 방등시, 반야시, 법화열반시를 말한다. 팔교는 화의사교(化儀四教)와 화법사교(化法四教)로 구성되는데 전자는 그 교화 방식에 따른 분류로 돈교(頓教), 점교(漸教), 비밀교(秘密教), 부정교(不定教)의 넷이고 후자는 그 교화내용에 의거한 분류로 장교(藏教), 통교(通教), 별교(別教), 원교(圓教)의 넷이다. 그리고 이러한 화법사교 중 원교에 천태학의 중도사상이 담겨있다. 『관음현의(觀音玄義)』에서 천태 지의(智顗)는 원교에서 말하는 중도의 의미에 대해 다음과 같이 설명한다.

> 원교란 바르게 중도(中道)를 나타내어 양 극단을 차단한다. 공도 아니며 가(假)도 아니고, 안도 아니고 밖도 아니다. 십법계의 중생을 거울 속의 영상이나 물 속의 달과 같이 관찰하여 안에 있는 것도 아니고 밖에 있는 것도 아니며, 있다고 말할 수도 없고 없다고 말할 수도 없다. 궁극적으로 실재하는 것이 아니지만 삼제(三諦)의 도리가 완연히 갖추어져 있다. 앞에도 없고 뒤에도 없으며 일심 중에 있어서, 하나이지만 셋을 논하고 셋이지만 하나를 논한다. 관하는 지혜가 이미 그러하고 제(諦)의 도리도 또한 그러하여 일제가 그대로 삼제이고 삼제가 그대로 일제이다.[36]

여기서 말하는 삼제란 흔히 삼제게라고 불리는 『중론』 제24「관사제품」 제18게에 기술된 공(空), 가(假), 중(中)을 의미한다. 이 게송을 다시 인용해 보자.

> 연기인 것 그것을 우리들은 공성(空性)이라고 말한다. 그것[공성]은 의존된 가명(假名)이며 그것[공성]이 바로 중도(中道)이다[衆因緣生法 我說即是無[空] 亦爲是假名 亦是中道義].

36 『관음현의(觀音玄義)』(『大正藏』34권, 886중)

천태 지의의 스승 혜문(慧文)은 『중론』의 이 게송을 읽다가 삼제원융(三諦圓融)의 이치를 터득하게 되었고 지의는 이를 천태학의 중심사상으로 완성한다. 지의는 삼제원융에 대해 다음과 같이 설명한다.

> 한 생각의 마음이 일어나는 것, 그대로가 공(空)이고 그대로가 가(假)이고 그대로가 중(中)이라는 것에 대해 설명해 보겠다. 지각기관이든, 지각대상이든 모두 법계이고, 모두 필경 공하며 모두 여래장이며 모두 중도(中道)이다. 어째서 그대로 공인가? 모두 인연에서 발생하고 인연에서 발생한 것은 주체가 없으며 주체가 없기에 공하다. 어째서 그대로 가인가? 주체가 없이 발생하기에 그대로 가이다. 어째서 그대로 중인가? 법성(法性)에서 벗어나지 않는 것은 모두 다 중이다. 마땅히 알지어다. 한 생각은 그대로 공이고 그대로 가이고 그대로 중이다. 모두 필경 공하며 모두 여래장이고 모두 실상이다. 셋이 아니지만 셋이고, 셋이지만 셋이 아니다. 모여 있는 것도 아니고 떨어져 있는 것도 아니며, 모여 있으면서 떨어져 있는 것이다. 모여 있는 것이 아닌 것도 아니고 떨어져 있는 것이 아닌 것도 아니다. 같지도 다르지도 않지만 같기도 하고 다르기도 하다. 비유하자면, 맑은 거울과 같다. 맑다는 비유는 공(空)에 해당하고, 영상의 비유는 가(假)에 해당하며, 거울의 비유는 중(中)에 해당한다. [이 셋이] 모여 있는 것도 아니고 떨어져 있는 것도 아니지만 모여 있음과 떨어져 있음이 확연하다.[37]

우리의 마음에서 일어나는 일체법은 그대로 모두 공성이고, 가명이고, 중도이다. 이런 공성과 가명과 중도는 별개의 것이 아니라, 일심(一心) 또는 일념(一念), 또는 일체법의 세 측면일 뿐이다. 일체법은 인연에서 발생하기에 공(空)하고, 실체가 없기에 가(假)이며, 일체법 그대로 법성에서 벗어난 것이 아니기에 중(中)인 것이다. 이런 공, 가, 중, 삼제의 이법(理法)을 원융삼제(圓融三諦)라고 부른다. 그리고 이런 이법을 관찰하는 수행을 일심삼관(一心三觀)이라고 한다. 천태 지의는 일심삼관에 대해 다음과 같이 설명한다.

> 일체의 모든 가(假)가 다 공하며 공이 그대로 실상임을 체득하는 것을 입공관(入空觀)이라고 부른다. 이런 공을 통달할 때 관이 중도(中道)에 계합하

37 『마하지관(摩訶止觀)』(『大正藏』46권, 9상)

> 여 능히 세간에서 생멸하는 법의 상(相)을 알아서 있는 그대로 보는 것을 입가관(入假觀)이라고 부른다. 이와 같은 공의 지혜가 그대로 중도라서 무이(無二)이고 무별(無別)임을 [아는 것을] 중도관(中道觀)이라고 부른다.[38]

이러한 중도관은 원돈지관(圓頓止觀)에 대한 설명에서 보다 극명하게 제시된다. '원돈'의 '원'이란 장, 통, 별, 원의 화법사교 중 원교(圓敎)를 의미하고, 돈이란 돈, 점, 비밀, 부정의 화의사교 중 돈교(頓敎)를 의미한다. 그 내용도 가장 원만하고[圓] 그에 대한 깨달음 역시 즉각적인[頓] 수행이 원돈지관 수행이다. 지의는 이에 대해 다음과 같이 설명한다.

> 원돈(圓頓)이란 다음과 같다. 처음 실상을 접하여 경계가 만들어질 때 그 자체가 중도(中道)라서 진실하지 않은 것이 없다. 인연을 법계에 묶고 생각을 법계로 모으면, 그 어떤 색(色)도 그 어떤 향(香)도 중도(中道) 아닌 것이 없다. 자기의 세계와 부처의 세계 및 중생의 세계 모두 마찬가지다. 오온과 십이처 모두 그와 같아서 버릴만한 고(苦)가 없고, 무명의 번뇌가 그대로 보리이어서 끊을만한 집(集)이 없으며, 이변(二邊)과 사견(邪見)이 모두 중도이고 정견이어서 닦을만한 도(道)가 없고, 생사가 그대로 열반이어서 증득할 만한 멸(滅)이 없다. 고와 집이 없기에 세간이 없으며, 도와 멸이 없기에 출세간도 없다. 순일한 실상이어서 실상 밖에 다시 별도의 법이 없다. 법성의 고요함을 지(止)라고 부르고 고요하면서 항상 비추는 것을 관(觀)이라고 부른다. 비록 처음과 나중이라고 말을 하지만 둘도 없고 다름도 없다. 이를 원돈지관(圓頓止觀)이라고 부른다.[39]

천태학에서는 대승의 지관수행을 점차지관(漸次止觀)과 부정지관(不定止觀)과 원돈지관의 세 가지로 분류한다. 점차지관이란 마치 사다리를 밟고 오르듯이 낮은 단계에서 깊은 단계로 들어가는 수행이고, 부정지관이란 이런 단계의 전후가 섞여 있는 수행이며, 원돈지관이란 단계를 밟지 않고 즉각적으로 제법실상의 진리를 자각하는 수행이다. 점차지관의 경우 계를 받고 선정을 닦고 욕심을 버리고 자비심을 익히고 보살도로 들어간 후 이변

38 위의 책, 25하.
39 위의 책, 1하~2상.

(二邊)에서 벗어나 상주하는 도를 닦아야 하기에 수행이 단계적이지만, 원돈지관의 경우는 위의 인용문에서 보듯이 '고, 집, 멸, 도랄 것도 없고, 이변(二邊)이나 사견(邪見)이란 것도 없는 제법의 순일한 중도실상'을 고요히 관조할 뿐이다.

Ⅲ. 인접 개념과의 관계 및 현대적 논의

앞에서 논의했듯이 초기불전에서 가르치는 중도는 '실천적 중도'와 '사상적 중도'의 두 종류로 나누어진다. '곰곰이[靜] 생각함[觀]'을 의미하는 선(禪: dhyāna)의 경우, 수정주의(修定主義)적 수행과 고행주의(苦行主義)적 수행의 양극단을 넘어선 '실천적 중도'의 수행이다. 선 수행이란 마음을 고요히 가라앉히고[止] 몸과 마음과 세계에서 일어나는 일들을 '있는 그대로'(yathābhūtam: 如實) 관찰[觀]하는 것이다. 그리고 이렇게 집중[止]과 관찰[觀]이 함께 하는 선 수행을 통해 발견된 것이 바로 '사상적 중도'인 연기(緣起: pratītyasamutpāda)의 이치이다.

연기의 이치가 생명체에게 적용되어 가치론적으로 발현될 경우 인과응보의 모습으로 나타나는데, 누군가가 업을 짓고서 나중에 그에 대한 과보를 겪는 경우, 과거에 업을 지었던 자와 나중에 과보를 받는 자가 완전히 동일할 수는 없다. 심신(心身)을 이루고 있는 모든 것이 무상(無常)하기 때문이다. 그렇다고 해서 양자가 전혀 다른 사람이라고 볼 수도 없다. 상속(相續)하는 심신은 자기동일적이기 때문이다. 이렇게 연기적으로 이루어지는 인과응보의 흐름에서, 원인과 결과는 같지도 않고 다르지도 않으며[不一不異], 이어진 것도 아니고 단절되어 있는 것도 아니다[不常不斷].

연기 중도의 이치는 생명이 없는 존재에 대해서도 적용된다. 촛불이 타오를 때 겉보기에는 계속 동일한 촛불이 존재하는 것으로 보이지만, 엄밀히 보면 매 순간 새로운 촛농을 태우며 새로운 빛을 방사하고 있는 것이다. 시간의 흐름을 찰나로 세분할 때, 앞 찰나에 존재하던 촛불과 다음 찰나에 존재하는 촛불이 동일한 것일 수도 없지만, 그렇다고 전혀 다른 것일 수도 없다[不一不異].

시간적으로 선후관계에 있는 사건뿐만 아니라, 공존하는 사태에 대해서도 중도 연기(緣起)의 조망이 적용된다. 길이가 다른 두 개의 막대기를 비교하면서 하나에 대해서는 '길다'고 판단하고 다른 하나에 대해서는 '짧다'고 판단할 수 있는데, 이렇게 길거나 짧다고 규정된 막대기가 원래 길거나 짧은 것이 아니다. 길다고 생각되었던 막대기도 더 긴 막대기와 비교하면 짧아지고, 짧다고 생각되었던 막대기의 경우도 더 짧은 막대기와 비교하면 길어진다. 어떤 막대기의 길이가 길다거나 짧다는 생각은 그것과 비교대상이 되는 다른 막대기의 길이에 의존하여[緣] 발생한다[起]. 즉, 연기(緣起)하는 것이다. 막대기의 길이는 원래 긴 것도 아니고 짧은 것도 아니다[非長非短]. 막대기의 길이에는 정해진 실체가 없다. 막대기의 길이는 공(空)하다.

이상의 몇 가지 예들을 통해 고찰해 보았듯이, 모든 사태(事態)나 사물은 연기(緣起)한 것이기에, '같다'거나 '다르다'고 규정할 수 없고, '이어졌다'거나 '끊어졌다'고 규정할 수 없으며, '길다'거나 '짧다'고 규정할 수 없다. 이것이 세상만사의 참 모습인 중도(中道: madhyamā pratipad)이다. 막대기의 예에서 보았듯이, 긴 것도 원래 실체가 없고, 짧은 것도 원래 실체가 없다. 이렇게 '실체가 없다'는 조망을 불교 전문용어로 '무자성(無自性: niḥsvabhāva)하다'고 표현하기도 하고 '공(空: śūnya)하다'고 표현하기도 한다. 막대기의 길이가 공함에도 불구하고, 우리는 그에 대해서 '길다'거나 '짧다'고 이름을 붙이는데 이는 모두 '거짓되게 부여된 이름'[假名]일 뿐이다. 연기(緣起)와 공(空)과 무자성(無自性)과 중도(中道)와 가명(假名)은 '모든 존재의 참 모습'[諸法實相]을 표현하는 이명(異名)들이다.

초기불전에서 제시된 '실천적 중도'의 선(禪: dhyāna) 수행은, 지관(止觀: samatha vipassanā)이나 정혜쌍수(定慧雙修)라는 이름으로 남북방의 모든 불교권에서 면면히 계승되어 왔으며, '사상적 중도'인 연기의 가르침은 아비달마교학의 업감연기(業感緣起), 중관학의 팔불중도연기(八不中道緣起), 유식교학의 아뢰야연기(阿賴耶緣起), 화엄학의 법계연기(法界緣起) 등의 사상으로 성숙하고 발전하였다.

현대학자들은 초기불전의 무기설(無記說)에 담긴 '사상적 중도'의 가르침을 서양철학자 임마누엘 칸트(Immanuel Kant)의 '비판철학'과 비교하기도 한다. 앞에서 논의한 바 있지만, 무기(無記: avyākṛta), 즉 부처님의 침묵을 야기한 난문(難問) 가운데 대표적인 것으로, 첫째 세간과 자아의 상(常), 무상(無常)의 문제, 둘째 세간과 자아의 유변(有邊), 무변(無邊)의 문제, 셋째 영혼과 육체의 일(一), 이(異) 여부의 문제, 여래 사후의 유(有), 무(無)의 문제를 들 수 있다. '세간과 자아의 상, 무상의 문제'는 우리의 삶이 전생에서 현생으로 이어진 것인지, 이어지지 않은 것인지에 대한 물음이며, '세간과 자아의 유변, 무변의 문제'는 우리의 삶이 현생에서 끝나는 것인지 아니면 내생으로 이어지는 것인지에 대한 물음이다.[40]

칸트의 『순수이성비판』에서도 네 가지 문제를 예로 들면서 이성의 한계에 대해 논의하는데, 이는 첫째 세계의 시간적 시초와 공간적 한계의 문제, 둘째 세계를 이루고 있는 궁극적 원소의 존재 여부에 대한 문제, 셋째 자유의지에 대한 문제, 넷째 세계에 절대적 필연적 존재자가 있는지에 대한 문제의 네 가지이다. 인간의 이성이 이러한 네 가지 사태에 대해 단안을 내리려고 할 때, 상반된 결론을 갖는 추론이 모두 가능하여 이율배반(二律背反: Antinomy)에 빠지고 만다는 것이다. 칸트가 예로 든 이율배반적 문제와 붓다의 침묵을 야기한 난문(難問)의 소재가 동일하지는 않지만, 두 경우 모두 우리의 '형이상학적 사유'를 비판하고 있다는 점에서 그 취지를 같이 한다.

초기불전에서 무기설을 통해 표출되었던 '사상적 중도'의 비판정신은, 대승불교의 아버지라고 불리는 용수(龍樹)의 중관학(中觀學)으로 재창출되었는데, 중관학에서는 비단 형이상학적인 판단뿐만 아니라, 일상적 판단을 포함하여 우리의 사유가 구성하는 모든 판단에서 모순을 찾아내어 그에 대해 비판한다. ❁

김성철 (동국대)

---

40 『중론』, 제27 관사견품(『大正藏』30권, 36하~37상) 참조.

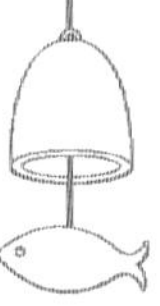

체용

한 體用 영 substance-function, substance-phenomena, essence-function

Ⅰ. 어원적 근거 및 개념 풀이

철학적 개념으로 쓰이는 '체용'은 체(體)와 용(用)의 상호 관계 속에서 규정될 수 있다. 그러나 초기에는 서로간에 아무런 연관성 없이 독립적으로 사용되었다. 먼저 체는 몸, 신체의 의미를 지닌다. 『논어』에서 "사체를 움직이지 않고, 오곡도 분별하지 못한다"[1]라고 하고, 『대학』에서 "마음이 넓어지고 몸도 편안하다"[2]라고 한 귀절에서 살펴볼 수 있다. 이러한 체의 개념은 신체에만 한정되지 않고 마음에도 적용되어 쓰였다. 『맹자』에서 "대체를 따르면 대인이 되고, 소체를 따르면 소인이 된다"[3]라고 하였는데, 소체가 신체의 감각기관이라면 대체는 마음이라고 할 수 있다. 더 나아가 체는 인간 외에도 구체적인 모습을 갖추고 있는 대상의 의미로 확장되어 쓰

1 『論語』, 「微子第十八」
2 『大學』, 六章.
3 『孟子』, 「卷十一 告子上」

였다. 그 대표적인 경우가 『주역』의 "신은 일정한 방소가 없고, 역은 체가 없다"[4]라는 구절이다.

용은 '쓰임, 사용'의 뜻으로 쓰였다. 『시경』에서 "술을 뜰 때 바가지를 써서 먹고 마시네"[5]라고 한 것이나, 『맹자』에서 "그 사람의 현명함을 보고 나서 쓰십시오"[6]라고 한 귀절이 그에 해당된다. 이것들은 모두 사용한다는 의미로 쓰인 것인데, 쓰는 주체와 쓰임을 당하는 객체가 분리되어 있다. 그런데 노자 『도덕경』에서 말하는 용의 의미에는 조금 다른 측면이 있다. "근원으로 되돌아가는 것이 도의 움직임이고, 유약한 것이 도의 쓰임이다."[7] 여기에서는 쓰는 것도 도이고 쓰이게 되는 것도 도이기 때문에, 주체와 객체가 분리되지 않는다. 따라서 이 때의 용은 주체의 기능이나 공용, 혹은 그 주체로 말미암아 나타나는 양태인 속성의 의미를 지녔다고 할 수 있다.

체와 용은 이렇게 서로 독립적으로 쓰이다가 같이 쓰이기 시작한 것은 『순자』부터이다. "만물은 함께 있지만 체를 달리한다. 따라서 정해진 방식은 없지만 사람을 위해 각각의 쓰임이 있다."[8] 여기에서 체는 세상에 존재하는 여러 가지 사물을 뜻한다. 그것들은 각각 다른 모습을 하고 있으므로, 사람들이 그것들을 여러 가지 다른 용도로 사용한다는 뜻이다. 이 인용문에서는 이렇게 한 문장 안에서 체와 용이 함께 쓰였지만, 그것을 철학적 개념이라고 보기는 아직 어렵다. 동한의 위백양은 『주역참동계』에서 "봄과 여름은 내체(內體)에 근거하고, 가을과 겨울은 외용(外用)에 해당한다"고 하였다. 이것은 체용론이 하나의 철학적 개념으로 발전하는 맹아적 모습이라고 할 수 있다.

'체용'이 철학적 개념으로 쓰이기 시작한 것은 왕필(王弼, 226-249)부터이다. 왕필은 『도덕경주』에서 "만물은 귀하다고 하지만 무(無)를 용(用)으로 삼고 있으므로, 무를 버리고서 체(體)가 될 수는 없다. 무를 떠나 체가 되면 그 위대함을 잃게 된다"[9]라고 하였다. 그런데 '무를 용으로 삼는다'고 하면서 또 '무를 버리고 체가 될 수는 없다'고 한 것은 용도 무이고 체도 무라

4 『周易』, 「繫辭傳上」
5 『詩經』, 「大雅·生民之什·公劉」
6 『孟子』, 「卷二 梁惠王下」
7 『道德經』, 四十章
8 『荀子』, 「第十富國」
9 王弼, 『道德經注』

는 말이므로, 서로 다른 해석이 있게 된다. 먼저 여기에서 말하는 체가 이전에 구체적 모습을 가지고 존재하는 형체라고 했던 것과 같은 뜻이라고 해석할 수 있다. 따라서 이 경우 왕필이 말하는 '체용'은 '유체무용(有體無用)'의 의미를 갖는다. 이럴 경우 체용은 본체와 현상이라는 의미를 갖기 어려워진다. 다른 해석은 왕필이 다른 곳에서 "모든 것은 무에 의지하여 용이 된다"[10]라고 하고, 또 "유가 시작되는 것은 무로 근본을 삼는다"[11]고 한 구절에 근거해 해석할 수 있다. 이러한 경우에 무는 체로서 본체의 뜻이 되고 용은 이러한 체에 근거한 유의 의미가 되므로, 체용을 '무체유용(無體有用)'의 의미로 해석할 수 있다. 이렇게 해석하면 왕필에게 본체와 현상에 대한 여러 형태의 사유 구조가 보인다고 할 수 있다. 그리고 '체용'도 본체와 현상이라는 철학적 의미를 가진다고 할 수 있다.

이로써 보면 체와 용은 초기에는 각기 독립적으로 쓰이면서 단순히 몸과 쓰임이라는 뜻으로 쓰였다. 그렇기 때문에 영어권에는 체를 'body', 용을 'use'라고 번역한다. 그리고 왕필에 이르러 실체와 공능, 본체와 현상, 혹은 본질과 작용이라는 철학적 의미로 쓰이게 되었다. 이렇게 쓰일 때는 'substance-function', 'substance-phenomena', 혹은 'essence-function'이라고 번역한다. 이러한 체용 개념은 인도에서 들어온 불교와 융합하고, 또 후대 성리학, 양명학과 결합되어 다양한 의미로 전개된다.

Ⅱ. 역사적 전개 및 텍스트별 용례

1. 중국불교의 체용론

1) 삼론종의 체용론

중국에 불교가 유입되면서 체용 개념은 새로운 전기를 맞게 된다. 불교가 중국으로 도입되는 초기에는 반야계통의 경전들이 중심을 이루었는데, 이 반야계통의 경전들은 공(空) 사상을 핵심으로 한다. 이 공을 이해하는 방식에서 기존의 노장 계통의 현학(玄學) 개념을 이용한 격의불교가 나타났

10 王弼, 『道德經注』 11장.
11 王弼, 『道德經注』 40장.

고, 이러한 격의불교에는 육가칠종이라는 상이한 방식이 있었다. 그런데 서역에서 온 구마라집(鳩摩羅什, 344-413)이 불교 경전들, 특히 용수의 「중론」, 「대지도론」, 「십이문론」 그리고 제바의 『백론』을 번역하면서 인도 공사상의 면모가 점차 밝혀지고, 육가칠종의 학설은 비판받게 되었다. 특히 구마라집의 제자 승조(僧肇, 384-414)가 이 육가칠종을 정면으로 비판하였다. 육가칠종은 본체와 현상이라는 노장현학의 이분법적 논리를 사용하면서 본체를 가치적으로 우위에 둔다는 것이다. 이러한 방식은 진리의 세계인 진제(眞諦)와 세속의 세계인 속제(俗體)를 구분하면서 속제를 부정하는 결과를 초래할 위험이 있다는 것이 승조가 격의불교를 비판한 핵심이다. 즉 본체에 해당하는 무와 현상에 해당하는 유를 구분하면서 본체인 무에 치중하여 공을 이해하게 된다는 것이다. 승조는 이러한 육가칠종의 논리는 참된 것이 아니고, 유와 무의 어느 곳에도 치우치지 않는 중도인 비유비무(非有非無)가 참된 공임을 설파한다. 그리고 자신의 학설을 논증하기 위하여 '체용'이라는 개념을 활용하여 이렇게 말한다. "용(用)이 바로 적(寂)이고, 적이 바로 용이다. 조용(照用)과 적체(寂體)는 하나로 같고, 동일한 근원에서 나와서 이름만 다르다. 또 용이 없는 적이 용을 주관하는 경우는 없다."[12] 이는 우리 마음을 거울에 비유할 때, 비춰주는 조(照)인 용과 거울 자체가 가진 적(寂)인 체가 같다는 말이다. 이것은 마치 고요함이 움직임의 근거가 되고 또 움직임은 고요함의 근거가 되어, 움직임과 고요함이 하나가 되는 것[動靜一如]과 같은 논리이다. 따라서 승조가 말하고자 하는 중도의 공인 비유비무(非有非無)에 체용의 논리를 적용시키면, 결국 '즉용즉체(卽用卽體)'가 된다. 그는 이러한 논리로 유나 무 어느 하나에 집착하는 견해를 깨뜨리려고 한 것이다.

이후 승조의 논리를 바탕으로 하여 진제와 속제라는 이제설(二諦說)에 다양한 방식으로 '체용' 개념을 적용시키려는 노력들이 있었다. 그 대표적인 것이 삼론종이다. 삼론종은 승조에서 길장(吉藏, 549-623)으로 이어지는 계통을 거쳐 완성되고, 그 과정에 고구려의 승랑(僧朗)이 중요한 역할을 하였다. 이들의 논리 가운데 핵심적인 것이 '이제합명중도(二諦合明中道)'설이다. 승랑의 논리를 계승한 길장은 이제합명중도설에 대해 이렇게 설명한다. "지금 비진비속(非眞非俗)으로 이제(二諦)의 체를 삼고 진과 속으로

12 僧肇, 『肇論』, 「般若無知論 卷三」 (『大正藏』 45, 154하)

용을 삼아 리(理)와 교(教)라고 부르고, 또 중(中)과 가(假)라고 부르는 것을 밝히겠다. 중과 가는 명칭을 중시한 것이고, 리와 교는 리와 교가 되는 것을 중시한 것이고, 체와 용은 체와 용이 되는 것을 중시한 것이다. 그러므로 불이(不二)를 체로 삼고, 이(二)를 용으로 삼는다."[13] 여기에서 이제합명중도의 핵심은 진제를 용(用)으로 보고 비진비속을 체(體)로 보는 것이다. 이것은 무와 유를 체와 용이라는 논리를 사용하여 단계적으로 통합·지양하면서 도달한 개념이다. 그 결과 궁극적으로 다르면서도 다르지 않다는 '이이불이(二而不二)'의 결론에 이르게 되었고, 또 이것을 다시 용과 체로 설명하게 된 것이다. 이렇게 복잡한 과정을 거치지만, 이것은 결국 중과 가를 설명하기 위한 것이다. 중은 궁극적 본질을 의미하고, 가는 그것의 작용으로서 언어로 표현될 수 있는 것이다. 즉 궁극적 본질인 중은 언어로 표현될 수 없는 리(理)이고, 반야지(般若智)이고, 체이다. 그리고 그것을 언어로 설명하는 것이 교(教)이고, 방편지(方便智)이고, 용이다. 그런데 이런 것을 설명하는 이제합명중도가 궁극적 진리인 리(理)인가 하는 물음이 제기될 수 있다. 그런데 삼론종에 앞서 있었던 성실종 논사들은 이 이제합명중도를 리(理)라고 보고, 이것을 '약리이제설(約理二諦說)'이라고 하였다. 삼론종에서는 성실종을 비판하면서 자신들의 학설을 '약교이제설(約教二諦說)'이라고 하였다. 궁극적 진리는 어떠한 언어적 설명으로도 불가능한 것이므로, 합명중도이제설도 결국 궁극적 진리를 드러내기 위한 방편에 불과하다는 것이다. 삼론종은 이러한 논리를 통하여 우리의 마음 상태가 어떤 것에도 집착하지 않고 얻어지는 무소득지(無所得智), 또는 앎이 없는 앎[無知之知]을 역설한 것이다.

결국 삼론종의 논리는 인도의 중관 불교와 중국의 현학과의 상호관계에서 태어난 것이라고 할 수 있다. 왕필은 본체가 무이고 현상이 유라고 하면서, 이들에게 체용 관계가 있음을 말하였다. 중관 불교는 진제와 속제가 연기 관계가 있다고 하였다. 승조는 본체와 현상을 무와 유로만 구분하면 무를 가치적으로 더 높이 여기는 경향이 생긴다고 하여, 범주를 좁히려고 하였다. 따라서 본체와 현상을 보는 데 유와 무을 지양시킬 수 있는 상위개념으로서 진제와 속제 개념을 사용하였다. 그러므로 유와 무를 구분하는 것이 속제이자 용이고, 유와 무를 구분하지 않는 것이 진제이자 체라고 하였

13 吉藏, 『二諦義』 卷下 (『大正藏』 45, 108상)

다. 그러나 삼론종은 승조의 학설도 진제 자체를 고정된 원리로 보아 가치적으로 더 높이게 될 가능성이 있다고 여겼다. 그리하여 진제와 속제보다 더 상위 개념인 중과 가 개념을 사용하여 진과 속을 가(假)이자 용(用)으로, 비진비속을 체(體)이자 중(中)으로 본 것이다. 이 또한 리가 아니라 교일 뿐이라고 해서 더 이상의 논리가 필요없다고 한다. 왕필부터 삼론종까지는 체와 용 개념을 사용하여 본체와 현상의 거리를 줄이려는 과정이었다고 볼 수 있다.

2) 『대승기신론』의 체용론

『대승기신론(大乘起信論)』에서는 체용이 아니라 체(體)·상(相)·용(用)의 삼대(三大)를 말하고 있고, 그것들이 각각의 내용을 가지고 있다고 본다. "첫째는 체대(體大)이니, 일체의 법은 진여로서 평등하여 증감하지 않음을 뜻하기 때문이다. 둘째는 상대(相大)이니, 여래장에 한량없는 성공덕(性功德)이 갖추어 있음을 뜻하기 때문이다. 셋째는 용대(用大)이니, 일체의 세간과 출세간의 착한 인과를 잘 내기 때문이다. 일체의 부처가 본래 의거하는 것이고, 일체의 보살이 모두 이 법에 의거하여 여래의 경지에 이른다."[14]

그런데 『대승기신론』에서의 체와 상은 그 근거가 되는 『능가경』에서 말한 성(性)과 상(相)에 해당한다. 체는 『능가경』에서 말하는 불성 진여와 같은 것이고, 불멸하는 것으로서 성과 같은 의미이다. 상은 형태나 특징을 나타내는 것이고, 명(名)이나 분별과 연관된다. 따라서 염상(染相)으로 나타나기 쉽다. 다만 『능가경』에서 말하는 여래장은 성과 상이 다 갖추어진 것이고, 『대승기신론』에서 말하는 여래장은 불생멸과 생멸을 모두 가진 것이다. 그런데 『대승기신론』에서는 본각에 의해 그 염상이 깨끗하게 승화된 지정상(智淨相)과 무한한 공덕상인 부사의업상(不思議業相)을 낼 수 있다고 보기 때문에, 그 점을 강조해서 상대를 성공덕이라고 말한 것으로 볼 수 있다.[15] 용은 『능가경』에서는 찾아볼 수 없다. 따라서 『능가경』에서는 본체와 현상을 불멸하는 성과 생멸하는 상으로 보았다고 할 수 있다. 반면에 중국 현학의 전통적 체용 논리에서 체는 본체라는 내용을 가지고 있고, 용은 현상이라는 내용을 가지고 있다. 일반적으로 상은 현상적 모습을 의미하는

---

14 『大乘起信論』, 「立義分」
15 元曉, 『大乘起信論疏』, 「立義分」

데, 용이라는 개념은 기능[功能]적 의미가 강하기 때문에 용의 개념만 가지고는 상의 의미를 충분히 소화해 내지 못한다. 이러한 이유 때문에 『대승기신론』에서 인도의 『능가경』과 중국의 전통을 종합시키는 과정에서 그 절충안으로 체·용·상 삼대라는 독특한 논리를 사용한 것으로 보인다.

또한 『대승기신론』에서는 성에 해당하는 본각(本覺)과 현상에 해당하는 염상(染相)의 관계를 물과 파도의 관계로 묘사한다. 무명(無明)이라는 바람이 불면 파도가 생기는데 이것이 염상이고, 바람이 잠자면 파도가 없어지는데 이 때의 상이 바로 지정상과 불사의업상이라는 것이다. 그런데 『대승기신론』에서는 이것을 체용 개념으로 설명하지 않고, 성과 상의 관계, 즉 본체인 불성과 현상인 염상의 관계로 본다. 이것은 단순한 논리적 형식이 아니라 어떤 내용을 가진 것이다. 그런데 선종이나 후대 성리학자들은 이 물과 파도의 관계를 체용으로 받아들여 정의한다. 후대로 내려오면서 『대승기신론』에 나타나는 상을 용 개념에 포함시켜 '체용' 범주로 이해하게 된다.

또 하나 고려해 볼 것은 삼론종과의 비교이다. 삼론종에서는 체용을 내용적 측면보다 '다르면서 다르지 않다'는 이이불이(二而不二)의 연기적 논리 형식에 많은 의미를 두었다. 그런데 『대승기신론』에서는 진여문과 생멸문의 관계, 여래장 내에서 불생멸과 생멸의 관계를 '이이불이(二而不二)'로 말하면서도, 체용 관계로 설명하지 않는다. 『대승기신론』에서 말하는 체·상·용은 단순한 논리 형식이 아니라 일정한 내용을 갖는 것이다. 후대에 상이 용에 흡수되어 체와 용이라는 이중 구조로 쓰일 때도, 마찬가지로 체와 용은 내용을 갖는 것으로 변모한다. 특히 체용론을 정리한 웅십력은 바로 성과 상을 체용으로 본다.

3) 천태종과 화엄종의 체용론

천태종을 개창한 지의(智顗, 538-597)는 모든 것이 한 마음에 귀속된다는 '일념삼천(一念三千)'설을 주장한다. 그리고 세계를 구성하는 공(空)·가(假)·중(中)을 일심으로 관한다는 '일심삼관(一心三觀)'설을 제시하였다. 이것은 본체뿐만 아니라 현상도 모두 일념에 귀속된다는 뜻인 동시에, 본체와 현상의 구분을 더 이상 용인하지 않으려는 시도이다. 이러한 논리에서는 악도 당연히 일념 속에 포함되게 된다. 그런데 일념이나 일심에 악이 포함되면 일념이나 일심의 순수성을 보증하기 어려워진다.

그러한 이유로 담연(曇延, 516-588)은 만법이 진여인 것은 불변(不變)으로 말미암기 때문이고 진여가 만법인 것은 수연(隨緣)하기 때문이라고 하여, 『대승기신론』에서 나타나는 진여의 수연을 인정하였다. 『대승기신론』에서 본체와 현상을 물과 파도로 비유했을 때 물 자체에는 파도가 없다는 것으로, 본체는 순수 그 자체라는 것이다. 다만 그것이 파도로 드러났을 때 악이 가능하다고 본다. 담연은 이러한 논리에 체용 개념을 적용시킨다. "삼천이 리(理)에 있으면 똑같이 무명이라고 부른다. 삼천이 과(果)를 성취하면 모두 상락(常樂)이라고 칭한다. 삼천에는 고치는 것이 없으므로, 무명이 바로 명(明)이다. 삼천이 모두 상(常)이므로, '체도 갖추고 있고 용도 갖추고 있다[俱體俱用].'"[16] 삼천에서 무명을 말하지만 삼천의 근본성은 고쳐야 할 결함이 없는 명(明)이며 상락이라는 것이다. 이러한 의미에서 체는 일념이 갖추고 있는 본체인 성(性)이고, 용은 일념이 갖추고 있는 구체적 현상인 상(相)이라기보다는 상락(常樂)이라는 과(果)를 가능하게 하는 작용이라는 의미에 가깝게 된다.

담연의 이러한 논리를 발전시킨 것이 천태종의 산외파이다. 산외파의 시도는 일념을 이상적 본체로 보려는 시도로서, 화엄종과 가까워져 천태종의 원래적 의미를 벗어날 수도 있다. 그 때문에 산외파에 반론을 펴는 산가파(山家波)가 나타나게 되었고, 그 대표자가 지례(知禮, 960-1028)이다. 지례는 담연의 이 구절을 "리가 삼천을 갖추고 있는 것을 체라고 부르고, 변조(變造)가 삼천을 갖추고 있는 것을 용이라고 부른다. 그러므로 '체도 갖추고 있고 용도 갖추고 있다[俱體俱用]'고 한 것이다"[17]라고 하였다. 이 귀절은 일념에는 리(理)뿐만 아니라 변조에 해당하는 사(事)도 모두 갖추어졌다는 말이다. 즉 성(性)뿐만 아니라 상(相)도 일념 안에 갖추어져 있다는 뜻으로 '체도 갖추고 있고 용도 갖추고 있다[俱體俱用]'는 말을 이해한 것이다. 이것은 인간의 내부에 선뿐만 아니라 악도 있음을 재천명하는 것으로 화엄의 성기설(性起說)에 대한 반론이 포함된 것이다. 결국 담연은 용을 작용이라는 의미로 사용하지만, 지례는 용을 상(相)의 의미로 사용한 것이다.

천태종은 인간이 발을 딛고 서있는 바로 지금 여기에 펼쳐져 있는 실상을 탐구의 대상으로 삼았고, 그렇기 때문에 그 실상을 설명하는 데 있어서

16 曇延, 『十不二門』(『大正藏』 46, 703하).
17 知禮, 『十二門指要鈔』(『大正藏』 46, 715중)

본체와 현상의 구분을 허용하지 않으려고 한다. 이것이 인간론에 적용된 것이 성구설(性具說)이다. 그러나 화엄종은 인간의 선한 행위의 발생 근원을 탐구 대상으로 삼았기 때문에, 본체와 현상을 구분한 뒤 그것을 다시 통합시키려고 하였다. 이런 논리가 인간론에 적용된 것이 성기설(性起說)이다. 화엄종의 성기설의 근거가 되는 것은 『대승기승론』에 보이는 진여가 수연(隨緣)한다는 설이다. 인간에게는 진여에 해당하는 본체가 있고, 그 본체의 드러남인 수연에 의하여 여러 가지 다양한 현상의 마음이 있게 된다는 것이다. 화엄종의 지엄(智儼, 600-668)은 이것을 다음과 같이 설명한다. "여래는 여실한 도로 정각을 이룬다. 성(性)은 체이고, 일어난 것이 마음에 현재하는 것뿐이다. 이것이 바로 일어난 상(相)을 만나 실(實)로 들어가는 것이다."[18] 이것은 인간에게 이미 부여되어 있는 성이 있고, 그것에 근거해 일어나는 마음이 현상의 상과 하나가 된다는 뜻이다. 이를 체용 개념과 관련시켜 보면, 법장이 말하는 다음과 같은 의미와 통한다. "바뀌지 않는 것[不改]을 성(性)이라고 하고, 용(用)을 나타내는 것을 기(起)라고 부른다. 이것이 여래의 성기(性起)이다. 또한 진리를 여(如)라고 하고 성(性)이라고 부른다. 용을 나타내는 것을 기(起)라고 하고 래(來)라고 부른다. 즉 여래가 성기이다."[19] 이 귀절은 어떠한 결함도 없는 순수한 그대로의 것이 성(性)이자 체(體)이며, 이것이 저절로 드러나는 것이 기(起)이자 용(用)이라는 말이다. 이러한 논리를 우주론으로 확대하여, 모든 사물이 여래에 의하여 연기관계를 맺고 있다고 보는 것이 법계연기설이다. 법장은 법계연기설을 체용 개념과 연관지어 이렇게 말한다. "사(事)는 비록 완연히 있는 것처럼 보이지만, 항상 존재하는 것은 없다. 그러므로 용이 바로 체가 된다. 이것은 마치 수백 개의 냇물이 모여 하나의 바다로 돌아가는 것과 같다. 리는 비록 일미(一味)이지만 항상 저절로 연을 따른다[隨緣]. 그러므로 체가 바로 용이 된다. 이것은 마치 큰 바다를 들어서 수백 개의 냇물을 밝히는 것과 같다. 리와 사는 상호 융합되어 있으므로, 체와 용이 자재한다. 상입(相入)은 용이 차별적으로 열려지는 것이고, 상즉(相卽)은 체가 항상 일미를 유지하는 것이다. 항상 하나가 되어 있는 것이 체이고, 항상 다르게 되는 것이 용이다."[20] 이것은 현상은 수많은 차별상으로 나타나지만, 그것의 근거인 본체는 하나

---

18 知禮, 『大方廣佛華嚴經』, 「寶王如來性起品第三十二」 (『大正藏』 35, 79중)
19 法藏, 『大方廣佛華嚴經疏』, 「寶王如來性起品第三十二」 (『大正藏』 35, 405상)
20 法藏, 『華嚴經義解百門』, 「體用開合門第九」 (『大正藏』 45, 635상)

라는 의미이다. 그 차별성을 있게 하는 것이 용이고 그 차별상은 동일성을 담지하는 체에 근거하고 있다는 것이 바로 상입상즉(相入相卽)이라는 의미이다. 이러한 체용 이론은 법계연기를 설명하는 십현(十玄)이나 육상원융(六相圓融)설의 논리적 근거가 된다.

4) 현장과 법상종의 체용론

삼론종과 천태종, 화엄종은 중국적 체용론의 논리를 적용시킨 것이다. 그런데 체용에 대응되는 인도적 개념은 현장(玄奘, 600-664)이 번역한 『아비달마대비바사론』에 나타나 있다. "체는 실질로서 항상 존재하고, 더하거나 줄어드는 일이 없다. 단지 작용에 의거해 있다고 하기도 하고 없다고 하기도 한다"[21] 즉 체 자체는 아무런 변화가 없는 것이고, 변화는 단지 용에 의해서만 드러나는 것이다. 여기에서 말하는 체는 'svabhava' 또는 'dravya'에 대응하고, 용은 'caritra'에 대응한다고 할 수 있다. 그런데 이렇게 보는 논리는 체와 용을 인과 관계로 보는 것이 아니다. 즉 "모든 원인은 작용을 결과로 삼는 것이지, 실체를 결과로 삼는 것이 아니라고 나는 말한다. 또 모든 결과는 작용을 원인으로 삼는 것이지, 실체를 원인으로 삼는 것이 아니라고 말한다. 모든 법의 실체가 항상 전변이 없는 것은 인과 관계가 아니기 때문이다."[22] 이러한 설일체유부의 논리는 대승불교에 의해 비판을 받았기 때문에 그대로 수용되었다고 보기 어렵지만, 법상종에서 말하는 무위법과 어느 정도 연관성이 있다고 보여진다.

현장은 인도 유식학을 비교적 정확하게 중국에 전달하는 역할을 하였고, 그 제자들은 그러한 유식학을 법상종이라는 종파로 발전시켰다. 이러한 법상 유식은 무위법에 해당하는 무루종자가 선의 과보만 있고 악의 과보가 없고, 반면에 유위법에 속하는 유루종자는 무기성(無記性)은 물론 현행과 훈습이라는 과정을 통하여 선의 종자의 특성인 선성(善性)과 악의 종자의 특성인 악성(惡性)이라는 삼성(三性)을 가진다고 본다. 그리고 이렇게 성질이 다른 무루종자나 유루종자가 모두 제8 아라야식에 속한다고 한다. 이 때 아라야식과 종자의 관계에 대해서는 다음과 같이 설명한다. "종자와 아라야식, 그리고 그로부터 생겨나는 과는 같은 것도 아니고 다른 것도 아니다.

---

21 『阿毘達磨大毘婆沙論』 卷76, 「結蘊第二中十門納息第四之六」 (『大正藏』 27. 395중)
22 『阿毘達磨大毘婆沙論』 卷21, 「雜蘊第一中智納息第二之十三」 (『大正藏』 27, 105중)

'체용'과 인과법칙의 이치가 그러하기 때문이다."[23] 이것은 유루종자와 아라야식의 관계가 같은 점도 있고 다른 점도 있다는 것을 말한다. 먼저 같다는 것은 '섭용귀체문(攝用歸體門)'의 방식으로 설명한다. 이때 아라야식은 체이고, 종자는 용이 된다. 그리고 유루종자는 결국 아라야식에 포섭되어 저장되는데, 이때 아라야식이 가지고 있는 무루성과 순응하게 된다는 것이다. 이것은 유루종자도 결국 아라야식에 포섭된다는 것을 체용 논리로 설명한 것이다. 그런데 유루종자와 아라야식이 완전히 같지는 않고 다른 점이 있다는 것도 체용 논리로 설명한다. 그것이 '체용별론문(體用別論門)' 또는 '성용별론문(性用別論門)'의 방식이다. 이에 의하면, 아라야식의 체와 종자의 용은 서로 다른 특성을 가진다. 아라야식의 무루종자는 그 자체로 현행이라는 과정을 거치지 않는 절대 청정으로 무위한 것인 반면에, 유루종자는 선, 악, 무기의 삼성를 가졌기 때문에 훈습뿐만 아니라 현행도 하는 것이다.

법상종에서 이러한 논리를 펴는 이유는 수양론과 밀접한 관계가 있다. 법상종에서는 유루종자의 활동이 멈추었을 때 비로소 무루종자가 나타나는 것으로 본다. 그리고 무루종자에 의한 절대적 선인 무루의 선은 유루종자가 가지는 상대적 선악에 대한 기준이 되어야 하므로 서로 구분되어야 하고, 무루의 선은 부동의 성격을 가져야 하는 것이다. 이런 논리에 근거에 법상종에서는 진여가 수연(隨然)하지 않고 응연(凝然)한다고 한다. 즉 진여는 절대 부동으로 활동하지 않는다는 것이다. 이 점에서 진여의 수연을 말한 『대승기신론』의 입장을 계승한 화엄종과 차이가 난다. 사실 화엄종의 논리는 불기(不起)의 체가 용으로서 기(起)한다고 주장하므로, 체와 용이 같다는 '체용일여(體用一如)'의 논리가 가능한 것이다. 반면에 법상종에서는 무위의 체와 유위의 용을 구분하여 체와 용을 이원적으로 분명히 구분한 '체용별론(體用別論)'의 입장을 취한다.

5) 선종의 체용론

불교의 근본 목적은 깨달음이다. 삼론종이나 천태종, 화엄종, 법상종 등은 이 깨달음을 설명하는 데 있어서 형이상학적 논리를 사용하였기 때문에, 그 자체로 매우 복잡한 교학적 특성을 가진다. 선종은 바로 이러한 교학

23 『成唯識論』卷2 (『大正藏』 31, 008상)

적 특성을 지양하고 곧바로 마음의 깨달음의 체험인 수증론(修證論)에 몰입하고자 한 종파이다. 마음 밖에서 부처를 찾는 것이 아니라 마음 안에서 부처를 찾는다는 것이다. 이러한 논리가 체계적으로 정리되기 시작한 것이 혜능(慧能, 638-713)의 『육조단경』이다. 『육조단경』에서는 "세상 모든 것은 자성을 따라 용이 일어나는 것이다"[24]라고 한다. 즉 체에서 용이 일어난다는 '유체기용(由體起用)'을 기본 논리로 삼는다. 여기에서 체는 정(定)의 상태에서 얻어지는 청정한 자성을 보는 것, 즉 견성(見性)을 말한다. 그리고 용은 이러한 견성지(見性知)를 발휘하는 혜(慧)를 말한다. "만약 심의 요체를 알려면, 일체의 선악을 분별하여 사량하지 말라. 그러면 자연히 청정한 심체(心體)로 들어가게 된다. 그 담연한 심체는 항상 고요하지만, 그 묘용(妙用)은 갠지즈강의 모래알처럼 많다."[25] 이 귀절만 보면 체인 정(定)와 용인 혜(慧)가 분리된 것처럼 보이지만, 실제로는 그렇지 않다.

정과 혜는 철저하게 상보적 관계에 있는데, 선종에서는 이것을 체용의 논리로 설명한다. "선지식이여, 나의 이 법문은 정(定)과 혜(慧)로 근본을 삼는다. 어리석게 정과 혜가 다르다고 말하지 말라. 정과 혜는 일체이고, 둘이 아니다. 정은 혜의 체(體)이고, 혜는 정의 용(用)이다. 혜가 발휘되고 있을 때 정은 혜 속에 있고, 정에 들어 있을 때 혜는 정 속에 있다."[26] 이것은 정과 혜가 동등하다는 의미이다. 먼저 정에 든 다음에 혜가 발휘된다거나[先定發慧] 혜가 먼저 있고서 정을 발한다거나[先慧發定] 하여 정과 혜가 서로 다르다는 견해를 배격하는 것이다. 특히 더 강조하는 것은 정에 들어간 다음에 혜가 발휘될 수 있다는 데 대한 비판이다. 그 당시 신수(神秀, 605-706)를 중심으로 한 북종선은 좌선을 위주로 하여 먼저 정에 들고 나서 혜가 있게 된다는 것을 기본 논리로 삼고 있었기 때문이다. 이렇게 『육조단경』에서 정의 체와 혜의 용이 일체이고 밀접한 상보 관계가 있다고 한 것은 바로 북종선에 대한 비판의 의미를 가지고 있다. 그럼에도 불구하고 어디에 비중을 두어야 하는가 하는 문제에 따라 선종도 여러 분파로 분기하게 된다.

이러한 경향은 하택 신회 계열을 계승한 규봉 종밀(宗密, 780-841)이 마조 도일 계통의 홍주종을 비판한 데서 잘 나타난다. 종밀은 홍주종의 핵심

24 『六祖大師法寶壇經』(『大正藏』 48, 360중)
25 『六祖大師法寶壇經』(『大正藏』 48, 360상)
26 『六祖大師法寶壇經』(『大正藏』 48, 352하)

을 "지금 말하고, 동작하며, 탐내고, 성내며, 사랑하고, 참고, 선악을 행하고, 괴로움과 즐거움을 느끼는 것 등이 바로 너의 불성이고, 이것이 본래 부처이다. 이것을 제외하고 또 다른 부처는 없다"[27]라고 한다. 이것은 인간의 행위 작용 전체가 바로 불성이라는 '작용시성(作用是性)'의 뜻이다. 종밀은 이러한 홍주종이 불성의 용만 보고 체를 보지 못하는 오류를 범하고 있다고 비판한다. 예를 들면 물이 배를 띄워 강을 건너게 해주기도 하지만 배를 뒤집는 잘못된 작용도 있다는 것이다. 종밀의 비판은 홍주종에서 심 자체가 바로 불성이라고 천명하여 즉심즉불(卽心卽佛)을 주장하고 평상심이 도라고 한 것에 대한 것이다. 종밀은 용을 두 가지로 구분하여 다음과 같이 말한다. "진심의 본체는 두 가지 작용을 가지고 있다. 첫째는 자성의 본질적 작용이고, 둘째는 인연에 따른 응용이다. 구리거울을 예로 들면, 거울이라는 물건은 자성의 체이고, 개개의 대상이 비추어지는 것은 연(緣)에 따르는 용이다. 마음이 항상 고요한 것이 자성의 체이고, 마음이 항상 아는 것이 자성의 용이다. 따라서 말하고 분별하고 동작하는 것들은 연을 따르는 용이다."[28] 이것은 본체인 진심에 근거한 용과 객관적 상황에 따라가는 용이 서로 구분된다는 것이다. 따라서 본체에 근거한 용이 되기 위해서 본체에 도달할 수 있는 공적한 영지가 있어야 한다고 한다. 종밀의 이러한 입장은 홍주종에 비해 체를 더 강조하는 것이라고 할 수 있다. 이러한 논쟁의 귀착점은 결국 정체(定體)에 더 비중을 두어야 하는가, 아니면 혜용(慧用)에 더 비중을 두어야 하는가의 문제이다.

이후 나타나는 굉지 정각(宏智正覺, 1091-1157) 계통의 묵조선은 정체를 보다 중시하고, 대혜 종고(大慧宗杲, 1089-1163)의 간화선은 혜용을 강조하는 것으로 나타난다. 대혜종고는 이렇게 말한다. "움직이고 머물고 앉거나 눕는 것, 말하고 침묵하고 활동하고 고요한 것들이 담연하지 않은 것이 없다. 또한 생각[想]이 전도되지 않았다면, 생각을 하든지 않든지 모두 청정하다. 청정을 얻었다면 활동할 때 담연의 용(用)이 드러나고, 활동하지 않을 때 담연한 체(體)로 되돌아간다. 체와 용이 비록 다르지만, 담연하다는 점에서는 하나이다."[29] 이 말은 궁극적으로 체와 용이 다르지 않다는 것이다. 이것은 자단 나무를 쪼개 보면, 한 조각 한 조각이 모두 자단 나무인 것과 같

---

27 『禪源諸詮集都序』(『大正藏』 48, 402하)
28 『中華傳心地禪門師資承襲圖』(『續藏經』 110册, 874)
29 『大慧普覺禪師語錄』卷26 (『大正藏』 47, 924하)

다. 그런데 잘못 묵조선을 주장하는 사람들은 지금 눈앞에 있는 것을 실제라고 하지 않고, 좌선하여 마음을 수렴시켜 그 실제를 보려고 한다고 비판한다. 이것은 대혜종고가 선이란 고요한 곳에도 시끄러운 곳에도 있지 않다고 하면서, 이것들을 구별하지 않고 바로 참구의 대상으로 삼아야 한다고 말한 것과 같은 맥락이다. 즉 체와 용이 하나이기 때문에 용은 시장 바닥이나 조용한 선방이나를 막론하고 드러나고, 그 용이 드러나는 바로 그 자리가 공부의 대상이 된다고 말하는 것이다. 결국 선종은 체용 개념을 정과 혜라는 마음에 적용시킨 것이다. 선종의 이러한 논리는 유학, 즉 주자학과 양명학에 많은 영향을 끼쳤다. 특히 대혜종고는 시기적으로 정이천과 주자 사이에 살았던 인물로서, 정이천의 제자들이 상당 부분 그 영향을 받았고, 주자 역시 초기에는 대혜종고의 제자인 개선에게서 공부하였다. 그 후 선불교에 습합된 여러 논리들을 불식시키려는 과정에서 자기 체계를 확립해 나간 것이 바로 성리학이다.

6) 중국 근대의 체용론

중국 근대에서 가장 대표적인 체용론은 '중체서용론(中體西用論)'이라고 할 수 있다. 청 말기에 외국 열강의 침입에 대한 대응책으로서 증국번(曾國藩, 1811-1872), 이홍장(李鴻章, 1823-1901) 등이 주도한 양무(洋務) 운동이 진행되었는데, 이 양무파의 기본사상이 바로 중체서용론이다. 그 내용은 "전통 사상을 중심으로 한 중국의 정신 문명을 근본[體]으로 하고, 과학 기술을 중심으로 한 서양 물질 문명을 응용[用]으로 삼는다"는 것이다. 즉 중국 문화와 서양 문화의 관계를 체용 논리로 규정한 술어이다. 중체서용론의 주장자로 알려진 장지동(張之洞, 1837-1909)은 『권학편』에서 "구학을 본체로 삼고, 신학을 응용으로 삼는다"라고 말한다. 여기에서 구학이란 중학이고, 신학이란 서학이다. 중·서라는 표현 대신에 신·구라는 표현이 가능하다는 점에서 문명의 만남과 시대의 전환이라는 두 가지 계기가 교차하는 중국 근대의 특성을 읽어낼 수 있다. 중체서용론은 서양 학문, 즉 서구의 과학·기술의 연구를 권하고, 동시에 민권론(民權論)의 위험을 경고하여 중국 고대 봉건윤리를 정신적 지주로 삼을 것을 설파한다. 이는 강유위(康有爲, 1858-1927) 등의 개혁운동에 대항하여 청 왕조의 전제정치를 옹호하는 데 목적이 있다.

내용면에서 중체서용론은 아편전쟁 시기까지 소급해볼 수 있다. 임칙서

(林則徐), 위원(魏源) 등이 "오랑캐를 배워서 오랑캐를 제압하자"고 주장한 목적도 중국 전통의 체(體)를 보호하기 위한 것이다. 이러한 의미의 중체서용론은 근대 초기에 서학을 수용하고자 했던 사람들에게 공통적으로 나타나는 사고방식이다. 무술변법 시기 이전까지는 이러한 중체서용론적 주장이 진보적 역할을 수행했다고 할 수 있다. 당시는 중체서용론적 입장의 양무파와 극도의 보수적인 완고파가 대립하고 있었기 때문이다. 그러나 이후 아편전쟁의 패배를 거쳐 무술변법 시기에 서학 수용이 보편화되면서 서학 중 과학기술적인 측면만 강조하는 중체서용론은 한계에 부딪히게 된다. 특히 변법파들이 민권, 의회 개선, 입헌군주제 등을 도입할 것을 주장하면서 역사의 흐름에서 뒤처지게 된다. 이전 완고파 대 양무파의 구도가 양무파 대 변법파의 구도로 바뀌게 되기 때문이다.

중체서용론의 논리인 체용론은 체·용이 분리할 수 없다는 것과 용에 대한 체의 우월성을 전제한 것이다. 따라서 장지동이 『권학편』에서 "중학은 내면적 공부이고, 서학은 외면적 공부이다. 중학은 몸과 마음을 닦는 것이고, 서학은 세상일을 처리하는 것이다"라고 한 말은 중학과 서학의 필요성을 모두 인정하되 서학에 대한 중학의 우위를 유지한다는 특징을 가진다. 이것은 중학과 서학에 대한 왜곡으로 이어져, 중학은 심신 수련만 하는 것으로, 서학은 기술적인 것으로만 국한된다. 장지동의 중체서용론은 표면적으로는 체용이 분리될 수 없다는 속성을 이용하였다. 그러나 내용적으로 연결될 수 없는 대상을 연결시켜서 결국 체용이 갖는 불가분이라는 속성을 근본적으로 깨버렸다는 데 맹점이 있다. 중국 문명과 서양 문명은 자기 나름의 온전한 체용을 갖추고 있는 문명 단위로서, 내학이나 외학 식으로 전달될 수 있는 것이 아니다. 엄복(嚴復, 1854-1921)은 이를 "체·용이라는 것은 하나의 사물을 대상으로 한 말이다. 소의 몸뚱이[體]가 있으면 무거운 것을 지는 용도[用]가 있고, 말의 몸뚱이가 있으면 멀리까지 가는 용도[用]가 있다. 소로 본체를 삼고 말로 용을 삼는다는 이야기는 들어본 적이 없다"라고 비판한다.

이러한 중체서용론은 논리적으로는 절충주의이며, 내용 면에서는 봉건윤리의 옹호로 요약된다. 본질적 변화는 받아들이지 않고 미봉적 변화만 허용하는 것은 절충이며, 또 그가 옹호하고자 하는 것은 중학의 내용인 봉건적 신분 질서이기 때문이다. "변하지 않는 것은 삼강오륜의 윤리, 성인의 진리, 마음을 수련하는 유학 등이고, 변하는 것은 제도, 기계, 공예 등이다."

이 중체서용론은 근대 중국이 서양의 제국주의적 침략에 대항하면서 서양 문명을 받아들이는 최초의 형식이라는 면에서는 의미가 있지만, 유교의 봉건 강상의 옹호와 봉건제를 전제하는 개혁에 국한되어 실패로 돌아가고 만다. 결국 청일전쟁의 실패로 인해 그 한계가 드러나게 되고, 체제개혁까지 주장하는 변법파 담사동(譚嗣同, 1866-1898)의 동도서기론(東道西器論)으로 넘어가게 된다.

7) 현대 신불가의 체용론

웅십력(熊十力, 1885-1968) 철학은 본체론이 철학의 유일한 영역에 해당한다고 할 만큼 본체와 현상의 관계, 즉 체용론을 중심으로 이루어져 있다. 그는 서양철학의 본체·현상이라는 개념이 동양철학의 체·용에 해당하며, 그것이 유식불교에서는 법상(法相), 법성(法性)으로, 유학에서는 형이상(形而上)과 형이하(形而下)로 나타난다고 본다. 이로써 체용의 문제가 동서양을 막론하고 중요한 철학적 문제였음을 알 수 있다는 것이다.[30]

서양철학	불교	유학
현상(우주)	法相	形而下
실체	法性	形而上

그런데 동양철학에서는 원래 현상계 이외에 다른 본체계를 전제하지 않는 데 반해 서양철학에서는 현상계 너머에 초월적인 본체계를 상정한다. 본체와 현상의 분리가 서양철학의 전형적인 경향성으로 나타나는 것이다. 이처럼 본체가 현상을 초월하여 존재하는가, 아니면 현상 속에서 자신을 표현하는가 하는 본체의 상이한 특성은 바로 동서양 철학의 특징을 가름하는 기준이 된다. 그러므로 웅십력도 "유학과 서양 학문의 다른 점은 단지 형이상학 부분일 뿐이다"라고 하였던 것이다. 그는 동양과 서양 철학의 차이점은 형이상학에 있을 뿐이라고 보고, '본체와 현상이 둘이 아니라는[體用不二]' 학설을 제기한다.

웅십력의 체용불이 사상은 구체적으로 서양 형이상학이 본체와 현상을

30 熊十力, 『新唯識論』, 第六章 功能下, 431면.

이분하는 데 대한 비판이라고 할 수 있다. 웅십력은 그것이 바로 동양적 사유 구조와 서양적 사유 구조의 근본적인 차이에 근거한 것이라고 본다. 서양적 사유 구조는 기본적으로 창조주를 인정하는 데서 시작한다. 그리하여 창조주와 피조물 사이에 엄격한 구분이 존재하게 되고, 이것이 철학에서도 본체의 세계와 현상의 세계를 이분하는 것으로 나타나게 된다. 예컨대 플라톤 철학에서 이데아의 세계와 현상 세계, 즉 본체의 세계와 현상의 세계는 서로 연결되지 않고 엄격하게 구분된다. 더욱이 현상 세계 너머에 초월적으로 존재하는 본체 세계를 더욱 가치있는 것으로 본다. 이러한 기조가 기독교로 이어져 초월적 창조주와 결합하게 된다. 이처럼 서양적 사유 구조에서는 완전성, 절대적 기준이 개별적 사물인 현상계의 자신에게 주어지지 않고 초월적인 창조주에 있다고 보기 때문에 외재적이라고 할 수 있고, 항상 외부의 창조주를 향해가는 성향을 지니게 된다. 그리하여 현상계의 만물은 나와는 관련이 없는 객관적인 탐구 대상에 불과한 것이 된다. 피조물에 속하는 인간은 창조주가 가진 완전성, 절대성을 지니고 있지 못하므로, 기본적으로 성악설이 받아들여지게 된다.

반면에 동양적 사유 구조에는 기본적으로 창조주라는 개념이 없다. 따라서 창조주와 피조물 사이의 구분이란 애초에 불가능하고, 창조주에 해당하는 신성, 완전성이 모든 만물에 편재되어 있다고 본다. 이것이 범신론적 자연 이성에 해당하는 태극(太極)이나 리(理)에 해당하며, 이것과 기독교의 초월적 유일신은 정면으로 충돌된다. 그리하여 동양적 사유 구조 속에서는 천과 인간, 만물과 인간이 근원적으로 구분되지 않고 동등한 입장으로 나타난다. 이러한 범신론적 경향성 때문에 동양의 사유 구조는 기본적으로 성선설로 나타나며, 자기 자신 속에서 내재적, 자각적으로 자신의 완전성을 찾으려 한다. 그리하여 불교에서는 부처가, 도가에서는 진인(眞人)이, 유학에서는 성인(聖人)이 되는 것이 궁극적 목적으로 나타나지만, 서양의 기독교에서 예수나 창조주가 되라는 것은 있을 수 없는 일이다. 이것은 바로 체용불이와 체용이분(體用二分)의 차이이다.

웅십력은 체용불이 사상에 근거하여 자신의 철학 체계를 확립하고 이에 근거해 서양에 대한 동양의 우월성을 주장하고자 한다. 즉 웅십력은 체용불이 사상을 통하여 지금 여기에서 우리가 경험하는 이 현실 세계가 본체 세계 그 자체가 나타난 것이라고 봄으로써, 이 현실 세계를 무가치하거나 덜 중요한 것으로 보고 평가절하하는 모든 사고 방식을 부정한다. 이 현실 세계 외에 피안의 또다른 세계는 없으며, 따라서 이 세계 속에서 이루어지는 모든 도덕적 행위는 최대의 가치를 획득하게 된다. 그리하여 도덕적 주체성의 확립이 중요한 과제로 대두하게 된다. 결국 체용불이 사상은 성선론과 그를 통한 현실 긍정의 또다른 표현이라고 할 수 있다. 서양의 물질 문명이 동양을 침범한다고 해도 동양의 바탕은 성선론을 통한 인간 긍정과 현실 긍정에 있으며, 동양은 결국 도덕의 측면에서 서양보다 우월하다는 것이다.

웅십력의 체용불이 사상은 달리 표현하면, 본체는 도라고도 부르고 현상은 물질 우주를 가리키므로, 도와 기가 둘이 아니다[道器不二]. 인간 자신의 근원과 우주의 본원이 둘이 아니므로, 진정한 자신과 우주 본체는 하나를 이룬다[天人不二]. 이것은 커다란 바닷물과 그 바다의 파도가 둘이 아닌 것과 같다. 본체는 두 방향으로 유행(流行)하여 나타나므로, 그렇게 나타난 인간의 마음과 사물도 둘이 아니다[心物不二]. 본체라는 근원에서 볼 때는 자연의 이치와 인간의 욕망도 둘이 아니며[理欲不二], 본체가 유행하는 신비한 변화는 움직임 속에 고요함을, 고요함 속에 움직임을 담고 있으므로 움직임과 고요함도 둘이 아니다[動靜不二]. 본체를 아는 지식과 그에 근거한 행동도 둘이 아니고[知行不二], 지혜와 지식도 둘이 아니다[德慧知識不二]. 그리하여 자신을 완성하는 것과 다른 사람을 완성시키는 것도 서로 다르지 않은 한 가지 일이라는 것[成己成物不二]이다.[31]

웅십력의 체용불이설은 크게 두 가지 목적을 가지고 있다. 하나는 서양사상 중에서도 5.4운동 이후 사상계의 주류로 떠오른 과학주의·실증주의 사조를 비판하는 것이고, 또 다른 하나는 서양의 정통 형이상학에 대한 비판이다. 과학주의·실증주의 사조에 대한 비판은 '과학과 형이상학 논쟁[科玄論爭]'에서 현학파가 과학파를 비판한 내용과 문제 의식을 계승한 것이다. 그리고 웅십력은 서양 형이상학에 대한 비판을 통하여 동양의 전통철학을 현대화하고 재창조하는 작업을 수행하게 된다. 웅십력의 신유식론은 현대 신불가 사상에 해당한다고 할 수 있다. 다른 한편, 웅십력의 이러한 형이상학적 시도를 바탕으로 5.4 운동 시기 이후, 당군의(唐君毅, 1909-1976), 모종삼(牟宗三, 1909-1992)으로 이어지는 현대신유학(現代新儒學)이 형성하게 된다. 이들은 유학 전통에 근원을 두고 그것과 서양 근대 문화를 결합하려 했던 사상가들이다. 이러한 현대신유학은 동양 전통사상을

31 熊十力, 『原儒』, 「序」 2-3면.

근본으로 한다는 점에서 양무운동 이래의 중체서용론의 재현이라고 할 수 있다.

2. 한국불교의 체용론

1) 원효와 견등의 체용론

원효(元曉, 617-686)의 체용론은 『대승기신론 소·별기』에 잘 나타나 있다. 앞에서 설명하였듯이, 『대승기신론』에서 체·상·용 삼대라는 3가지 논리로 세계를 설명하는 것과 체용이라는 2가지 논리로 세계를 설명하는 것이 서로 같을 수는 없다. 그런데 원효에게는 3가지 논리를 2가지로 환원시켜 설명하려는 시도들이 있다. 먼저 "체대(體大)는 진여문에 있고, 상과 용이대는 생멸문에 있다. 생멸문 안에도 자체(自體)가 있지만, 다만 체로 상을 따르기 때문에 따로 말하지 않는다"[32]라고 하였다. 즉 진여문은 절대의 세계로서 어떠한 차별도 허용하지 않는다. 반면에 생멸문은 여러 가지 다양한 차별을 허용하는 세계이고, 또 이 차별을 지양하기도 한다. 원효는 이러한 상과 용에 두 가지 뜻이 있다고 하였다. 첫 번째 뜻은 여래장 중에서 성공덕(性功德)의 상을 나타내는 것이 상대(相大)의 뜻이고, 여래장에서 불가사의한 업용을 내는 것을 용대(用大)라고 한다. 이것은 『대승기신론』 본문에 나와 있는 귀절을 그대로 풀이한 것이다. 두 번째 뜻은 "진여가 만드는 염상(染相)을 상(相)이라고 부르고, 진여가 일으키는 정용(淨用)을 용이라고 부른다"[33]고 한 것이다. 이 때의 상은 반드시 성공덕의 상만 있는 것이 아니라, 염상의 의미가 있다는 것을 의미한다. 즉 진여 자체는 깨끗한 정법(淨法)이지만, 무명의 훈습으로 인하여 염상이 생긴다는 의미이다. 이것은 아라야식 내에 있는 무명업상(無明業相)이 작동하여 능견상(能見相), 경계상(境界相)을 만들어 궁극적으로 번뇌를 일으키게 한다는 것이다. 그러나 그러한 번뇌는 진여의 훈습인 정용(淨用)으로 성공덕의 상을 낼 수 있다. 이렇게 보았을 때 현상을 설명하는 생멸문에서 핵심적인 역할을 하는 것이 상과 용이고, 이것이 본체인 체에 대하여 현상을 의미한다고 할 수 있다. 즉 생멸문에서 상에 의하여 속제가 열리고, 또 용에 의하여 진제로 합하여질

32 『大乘起信論 疏·別記』, 卷一 立義分 疏.

33 『大乘起信論 疏·別記』, 卷一 立義分 疏.

수 있게 된다.

원효는 불생불멸하는 심과 생멸하는 심이 두 개의 체가 되는 것이 아님을 바람과 물로 비유하여 설명한다. 바람의 상[風相]과 물의 습한 상[濕相]은 물이라는 체를 벗어나지 않는다. "이것은 마치 움직이지 않는 바닷물이 바람에 불리어 움직이는 물결을 일으키는 것과 같다. 움직임[動]과 고요함[靜]은 다르지만, 물의 체는 하나이다"[34]라고 한다. 원효는 여기에서 직접 체용 개념을 사용하는 대신에 고요함[靜]과 움직임[動]으로 체와 상을 비유한다. 이것이 후대에 '정체동용(靜體動用)'이라는 체용론의 기본 도식이 되는 것이다. 특히 원효의 『기신론』 사상을 유식 불교와 비교하여 그 특징을 밝히려고 했던 견등(見登)은 비유를 통하여 『기신론』의 특징을 말한다. 견등은 유식불교에서는 팔식에서 마음인 심왕과 마음 작용인 심소를 서로 다른 별체로 보고 있다고 한다. 아라야식내에 서로 다른 수많은 종자들이 있다는 것을 전제하고, 그것으로 인하여 심왕과 심소가 달라진다고 보기 때문이라는 것이다. 그러나 『기신론』에서는 심과 심소들을 별체로 보지 않는다. 팔식에서는 심왕과 심소가 각각 다른 것처럼 보이지만, 실제로는 모두 일심이 흘러나온 것이라고 한다. 무명의 연에 의지하여 일심의 바다가 움직이는 것과 같다는 것이다. "물결이 잠자면 물이라고 부르고, 물이 치솟으면 물결이 되는 것이다. 물과 물결은 서로 다른 것 같지만, 물결과 물은 서로 다르지 않다."[35] 여기에서도 직접 체용이라는 용어를 쓰지 않았지만, 그 내용은 '체용일원(體用一源)'을 뜻한다. 견등은 여기에서 『기신론』은 체용일원을 추구하지만, 법상 유식불교는 체용일원의 의미를 갖고 있지 못하다고 비판한 것이다.

2) 지눌의 체용론

보조 지눌(知訥, 1158-1210)은 선종을 근간으로 하여 교종을 합일시키려고 하였다. 혜능과 그의 제자인 신회, 대혜종고의 선 사상, 그리고 규봉 종밀의 화엄 사상이 지눌 사상의 이론적 기반이 된다. 그는 선종과 화엄종에 쓰이는 다양한 체용론을 자유롭게 구사하면서 독창적인 이론을 수립하였다. 이러한 지눌의 체용론에서 확인할 수 있는 것 중의 하나는 『대승기신

34 『大乘起信論 疏·別記』, 卷一 立義分 疏.
35 『大乘起信論同異略集本』(『韓佛全』 3卷, 697하)

론』에서 물과 물결의 관계를 더 이상 체와 상으로 관계로 보지 않고 바로 체와 용으로 본다는 점이다. 지눌은 체와 용의 관계에 대하여 이렇게 말한다. "체로부터 용이 생기니, 용은 체와 떨어지지 않는다. 체는 용을 발할 수 있으니, 체는 용과 떨어지지 않는다. 물이 습성을 체로 삼으니, 체에 활동이 없는 것과 같다. 물결은 움직이는 것을 상으로 삼으니, 바람이 불기 때문이다. 물의 성질과 물결의 상은 움직이는 것과 움직이지 않는 것이므로, 하나가 아니다. 그러나 물결 외에 물이 없고 물 외에 물결이 없으며, 습성은 하나이므로 서로 다르지 않다. 이러한 종류의 체용은 하나이면서도 서로 다르다는 것을 알 수 있다."[36] 생멸하지 않는 진여를 깨달은 사람은 여러 가지 묘용을 행할 수 있다는 것이다. 그러한 묘용은 생멸하는 것처럼 보이지만, 그것은 진여의 체로부터 생겨난 용이기 때문에 불생멸의 의미를 가지고 있다는 것이다. 이렇게 보면 『대승기신론』에 말하는 체·상의 구조에서 상이 용으로 대치되면서 체용의 구조가 완비되었다고 할 수 있다.

그리고 지눌은 혜능, 신회, 종밀로 이어지는 정(定)과 혜(慧), 그리고 공적영지(空寂靈知)를 계승하여 자신의 독특한 체용론을 구사한다. 정과 혜를 체와 용으로 보면서 이들의 관계가 밀접하다고 보는 것은 혜능의 『육조단경』 이래로 일반적으로 말해져 온 것이다. 그리고 하택 신회와 규봉 종밀은 "지(知)라는 한 글자는 온갖 신묘함의 근원이다"라고 하여 '공적영지' 개념의 중요성을 말해 왔다. 그러나 이들은 이 공적영지를 보통 사람들이 가지고 있는 자성(自性)으로 여기고, 여기에 체용론을 적용시키지 않았다. 그런데 지눌은 이 공적영지에 대해서도 체용론을 적용시킨다. "그 핵심을 말하자면, 자성의 측면에는 체와 용의 두 가지 뜻이 있다. 이전에 말했던 '공적(空寂)'과 '영지(靈知)'가 바로 그것이다. 정(定)은 체이고, 혜(慧)는 용이다. 체에 즉한 용이므로 혜는 정을 떠나지 않고, 용에 즉한 혜이므로 정은 혜를 떠나지 않는다. 정이 곧 혜이므로, 공적하면서도 항상 영지를 갖추고 있다. 혜가 곧 정이므로, 영지의 작용이 있으면서도 항상 공적하다."[37] 지눌이 여기에서 말하는 핵심은 정과 혜가 체용의 관계에 있는 것처럼, 공적과 영지도 체용의 관계가 있다는 것이다. 이러한 주장은 영지, 즉 자신이 곧 부처임을 아는 견성지(見性知)의 지혜가 용이라는 형태로 현실화된다는 것을 강

36 『普照法語』, 「眞心體用一異」, 89면.

37 『修心訣』(『大正藏』 48, 1008상)

조하는 것이다. 체는 용으로 드러나고, 그 용에는 체가 내포되어 있다는 의미이다. "즉체즉용의 공부는 이렇게 한다. 공부를 할 때 참된 본체에 깊숙이 합하여 그 느낌이 한결같이 공적하더라도, 그 안에 영명(靈明)함이 감추어져 있으니 체에 용이 즉해져 있는 것이다. 영명하더라도 그 안에 공적함이 감추어져 있으니, 용에 체가 즉해져 있는 것이다."[38] 공적이라는 본체는 어떠한 차별이나 시비를 허락하지 않는 절대의 세계이다. 지눌의 주장은 이 본체가 영지의 영명성을 통해 현실화된다는 것이다. 현실이라고 하면 거기에는 이미 여러 가지 차별이 있게 되고 시비의 분별이 있는 견문지(見聞知)가 있게 된다. 그러나 영지의 영명성은 체에 즉해져 있는 용이기 때문에, 그러한 견문지에 매몰되지 않고 그 자체로 무분별의 공적함을 항상 유지하고 있게 된다. 이것이 지눌이 보는 참된 지혜이다.

3) 기화의 체용론

함허당 기화(己和, 1376-1433)는 성리학에 의해서 불교가 비판받기 시작하던 시대에 성균관에서 성리학을 공부하다 출가하여 승려가 된 인물이다. 유학에는 원래 본격적인 체용 개념이 없었으나, 불교 흥성기를 거친 이후에 성립한 성리학은 체용을 중심 개념의 일부로 사용하였다. 성리학적 소양을 가진 기화는 조선시대 승려들이 중시하였던 『원각경』이나 『금강경』을 체용 개념을 써서 설명하였기 때문에, 그의 체용론은 성리학적 체용 개념과 대비해 볼 수 있다. "반야영원(般若靈源)은 확 트여 형상이 없고, 텅 비어 있어 머무는 곳이 없다. 공(空)하여 있음이 없고, 맑아서 분별의 지가 없다. 지금 이 『금강경』은 이것을 종으로 삼고 체(體)를 삼는다. 무지하면서도 지가 없는 것이 아니고, 있지 않으면서도 있지 않음이 없고, 머물지 않으면서도 머물지 않음이 없고, 형상이 없으면서도 여러 형상에 장애가 되지 않는다. 이것이 묘유(妙有)가 용(用)이 되는 이유이다."[39] 여기에서 기화가 말하는 '반야영원'은 영원하고 무규정적이며 무한한 작용을 가진 체로 말하는 것이다. 그리고 이것에 근거하여 다양한 현실적 모습이 있게 되는데 이것을 체와 용으로 설명한 것이다. 그는 이러한 반야영원에 실재성에 무게를 둔다. 즉 "이것은 천지보다 앞서 있어 그 시작이 없고, 천지보다 뒤에

---

38 『眞心直說』(『大正藏』 48, 1001하)

39 『金剛般若波羅蜜經 五家解說誼』 卷上, 「曹溪六祖禪師序」 (『韓佛全』 7, 14상)

있어 그 끝이 없다. 이것은 공(空)인가? 유(有)인가? 나는 그 원인을 알 수 없다"[40]라고 말한다. 이러한 '반야영원' 개념은 성리학의 '무극이태극(無極而太極)'에 비견되는 개념이다. 그런데 이들의 본질적인 차이는 '영원(靈源)' 개념에 있다. 기화는 궁극적 체를 마음 자체에서 찾고 있는 반면, 성리학에서 마음은 기에 불과하고 그를 초월해 있는 태극의 리가 궁극적 체라고 보기 때문이다.

기화는 이러한 영원의 체에 용이 일치하는 곳에서 올바른 덕이 생겨나고 그렇지 못한 곳에서 덕이 생겨 날 수 없다고 말한다. "법은 본래 실질이 없으니 유(有)에 머물러서는 안 된다. 법은 본래 공허하지 않으니 무에 머물러서는 안 된다. 유에 머물면 공적한 본체에 어긋나게 되고, 무에 머물면 영명한 본용에 어긋나게 된다. 본체와 본용에 서로 어긋나면, 본성상의 온갖 덕이 나타날 방법이 없게 된다."[41] 이 구절에서 기화는 유에 머물지 않는 본체와 무에 머물지 않는 본용이 어긋나지 않을 때 비로소 온갖 덕이 생겨남을 역설한다. 또 이렇게 본체와 본용이 일치하는 경우는 부처님밖에 없다고 말한다. "초심의 보살이 비추어 본 각(覺)이 체와 용을 다 갖추지 않은 것은 아니다. 다만 체는 정으로 헤아리는 작용에서 벗어나 있고, 용은 범부의 마음속에 숨어 있다. 따라서 초심의 식이 어두워 비추는 것이 체에 미치지 못하고 용을 다할 수 없다. 오직 부처만이 그 체를 철저히 증득하고 그 용을 다 펼칠 수 있다."[42] 즉 일반 사람들은 체와 용을 다 갖추고는 있으나 그것들을 일치시키지 못하였으므로, 꾸준히 노력해야 한다는 것이다. 이 때 특히 체보다 용의 실천에 더욱 힘써야 한다. 이러한 기화의 학설은 끊임없는 수양을 강조하는 조선시대 선불교의 특징이 되었다고 할 수 있다.

---

40 『金剛般若波羅蜜經五家解序說』(『韓佛全』 7卷, 10중)
41 『金剛般若波羅蜜經 五家解說誼』(『韓佛全』 7, 67상)
42 『大方廣圓覺修多羅 了義經說誼卷上』, 「文殊章第一」(『韓佛全』 7卷, 129상)

Ⅲ. 인접 개념과의 관계 및 현대적 논의

1. 인접 개념과의 관계

1) 중국유학의 체용론과 불교

(1) 송대 성리학의 체용론

불교는 번뇌가 대상에 대한 집착에서 비롯된다고 본다. 그리고 그 집착의 대상이 되는 존재는 결국 공(空)이라고 설명하여 대상에 대한 집착을 버릴 것을 권유한다. 반면에 유학인 성리학은 실재하는 대상 세계를 인정하고 그에 기초하여 인륜적 질서를 세우려고 하는 점에서 불교와 차이가 있다. 그러나 본체와 현상을 설명하고 그것을 마음에 적용시키는 과정에서 체용 논리를 사용하는 점에서 유사점이 있다.

먼저 성리학적 체용 개념의 골간은 정이(程頤, 1033-1107)에서 잘 나타난다. "깊이 숨어있는 것은 리(理)이고, 분명히 드러나 있는 것은 상(象)이다. 체와 용은 근원을 같이 하고[體用一源], 드러난 것과 숨은 것은 간격이 없다[顯微無間]."[43] 주자(朱熹, 1130-1200)는 이를 다음과 같이 해석한다. "'체용일원'이란 체가 비록 흔적이 없지만 그 안에 이미 용을 가지고 있다는 것이고, '현미무간'이란 드러난 상 가운데 숨겨진 리가 구비되어 있다는 것이다."[44] 즉 체는 근원적인 본체이고, 용은 모양이 있는 현상으로 드러난 것이다. 그리고 이 체는 아득하여 아무런 조짐이 없는 것[沖漠無朕], 혹은 고요하게 움직임이 없는 것[寂然不動]으로, 용은 온갖 현상들이 빽빽하게 가득 차 있는 것[萬象森然], 혹은 감응하여 통하는 것[感而遂通]으로 설명된다. 주자는 또한 이 체용 개념을 마음에 적용시킨다. "마음은 하나이지만, 체를 가리켜 말하는 것도 있고 용을 가리켜 말하는 것도 있다."[45] 체라는 것은 아득하여 아무런 조짐이 없고 고요하게 움직임이 없는 것이라는 표현에서도 드러나듯, 마음이 아직 밖으로 드러나지 않는 미발(未發)의 상태를 말한다. 용이라는 것은 온갖 현상들이 빽빽하게 가득 차 있고 감응하여 통하는 것이라는 표현에서도 드러나듯, 마음이 밖으로 이미 드러난 이발(已發)의 상태를 말한다.

주자는 이러한 체용 개념을 『중용』의 "희노애락이 아직 밖으로 드러나

---

43 『二程集』, 「易傳序」.

44 『朱子語類』卷67.

45 『近思錄』, 卷一道體.

지 않은 것[未發]을 중(中)이라고 하고, 발하여 모두 중절한 것을 화(和)라고 한다"[46]는 구절의 해석에 적용한다. 이 때의 중(中)이 미발의 체이고, 화(和)가 이발의 용이라는 것이다. 이 구절을 둘러싼 해석의 문제를 '중화(中和)' 문제라고 부른다. 이 중화는 불교의 정(定)과 혜(慧)에 대응하는 개념이라고 할 수 있다. 소철은 불교 이론과 관련지어 이 구절을 다음과 같이 해석하였다. "[혜능이 말한] 선도 생각하지 않고 악도 생각하지 않는다는 것이 중용의 희노애락의 미발이다. 중(中)이라는 것은 불성을 다른 방식으로 말한 것이다. 화(和)라는 것은 육도 만행의 총체적인 이름이다."[47] 이것은 혜능이 무념의 선정 상태에서 자기 진면목이 불성이라는 것을 바로 볼 때[見性] 유무와 선악의 구별이 없다고 한 것, 즉 내면의 깊은 마음에서 모든 경계의 차별상이 사라진 상태가 중(中)이고 그것이 내면에 있는 불성이라고 한 것이다. 화(和)는 정체(定體)를 유지한 상태에서 현상의 모든 세계에 대응하는 혜용(慧用)을 말한다. 소철은 이러한 근거에서 유학과 불교의 도가 궁극적으로 같다고 한 것이다.

주자는 미발과 이발이 모두 의식의 차원인 심체(心體)의 유행(流行)에 속하는 것으로 본다. 미발(未發)은 사려가 아직 싹트지 않고 대상 사물이 다가오지 않은 상태, 즉 심체의 유행 가운데 고요하게 움직임이 없는 상태[寂然不動]를 가리킨다. 반면에 이발(已發)은 구체적 사려가 있고 구체적인 대상 사물과 만나는 상태, 즉 심체가 감응하여 통하는 상태[感而遂通]를 말한다. 주자는 이러한 개념을 또한 중과 화에 적용시킨다. "중(中)이라고 하는 것은 '본성의 덕[性之德]'과 '도의 체[道之體]'를 형용하는 것이다. 천지만물의 리는 해당하지 않은 곳이 없기 때문에, 천하의 큰 근본이라고 한다. 화(和)라고 하는 것은 '정의 바름[情之正]'과 '도의 용[道之用]'을 드러내는 것이다. 옛날이나 지금이나 모든 사람과 사물이 함께 말미암는 것이기 때문에, 천하의 통달한 도라고 한다."[48] 이것은 중과 화를 체와 용 개념으로 설명하는 것이다. 그리고 미발의 중의 상태에 성을, 이발의 화의 상태에 정을 배대시켰다. 주자는 이러한 논리에 의해 심이 미발의 성과 이발의 정을 통합시킨다는 '심통성정(心統性情)'설을 제기하였다. 그 의도는 심에 미발의 상태가 있음을 인정하여 거기에 함양의 공부가 있고, 또 이발의 상태가 있

46 『中庸』, 一章.
47 『三蘇全書』, 「題老子道德經後」.
48 『中庸或問』, 「或問喜怒哀樂」.

음을 인정하여 거기에 성찰의 공부가 있다는 것을 말하고자 함이다. 그리하여 미발의 공부에 편중한 도남학파와 이발의 공부에 치중한 호상학파의 이론을 지양한 것이다.

그런데 겉으로 드러난 구조에서 보면, 주자가 마음이 드러나지 않는 미발을 체로 보고 마음이 밖으로 드러나 활동하는 이발을 용으로 보는 것과 불교에서 마음의 적정한 상태를 정(定)의 체로 보고 그러한 마음을 사용하는 혜(慧)의 용으로 보는 것은 크게 다르지 않아 보인다. 이 점에서 불교의 영향을 부인할 수 없다. 그렇지만 그 내용을 자세히 살펴보면, 적지 않은 차이가 있다. 불교에서 체에 해당하는 불성은 세속적 시비 판단을 뛰어넘는 것이다. 반면에 성리학에서 말하는 성은 바로 시비판단의 기준이자 도덕적 인륜질서인 인의예지(仁義禮智)이다. 따라서 그 체가 용으로 드러나는 내용에 대한 가치부여도 서로 다르게 이루어진다. 또한 주자학에서는 미발의 중 상태를 곧바로 본체인 성과 일치시켜 거기에서 바로 성을 구할 수는 없다고 한다. 그렇게 되면 객관적으로 존재해야 하는 본체를 마음에서만 갑자기 찾는 결과[頓悟]를 초래하기 때문이다. 그 대신에 성리학은 본체를 '격물치지(格物致知)'를 통해서 찾아야 하고, 미발의 상태에서 그 본체를 함양하는 것에 주력해야 한다고 본다. 따라서 주자는 이러한 의미에서 미발 상태에서 중(中)을 구하는 것이 불교의 논리라고 비판하며 중의 상태에 있을 것[在中]을 주장하였다.

(2) 명대 양명학의 체용론

주자학과 양명학은 모두 인의예지라는 유학적 이념을 주 내용으로 한다는 점에서 유학임에 틀림없다. 그럼에도 불구하고 이 양자의 차이는 끊임없이 논란의 대상이 되었다. 주자학에서는 인간에게 본체가 부여된 것은 사실이지만 기에 가려져 있으므로, 반드시 격물치지라는 과정을 통하여 그 본체를 확인해 나가야 한다고 말한다. 반면에 양명학에서 주자가 말하는 격물치지의 과정 없이 곧바로 마음의 내부에서 그 본체를 찾을 수 있다고 본다. 그렇기 때문에 주자학에서는 순수한 리(理)로 말해지는 성(性)과 기(氣)의 요소를 가지고 있는 심(心)을 구분한다. 반면에 양명학에서 심 역시 리라고 하여 심과 성의 구분을 허용하지 않는다. 그래서 주자학에서는 양명학이 심을 성으로 오인하고 있다고 비판하고[認心爲性, 認氣爲理], 양명학에서는 주자학이 심과 성을 쪼개어 합일시키지 못하고 있다고 비판한다.

왕양명(王守仁, 1472-1528)은 이에 대해 이렇게 말한다.

"마음은 동(動)과 정(靜)을 체와 용으로 삼을 수 없다. 동과 정은 시간적 차이이다. 그러나 체에 나아가 말하면, 용은 체에 있다. 용에 나아가 말하면, 체는 용에 있다. 이것이 '체용일원'이라는 것이다."[49]

이 말은 주자학의 '심통성정'설에 대한 비판이다. 주자의 심통성정설은 심이 성과 정을 통합시킨다고 하지만, 바로 정(靜)의 성태에서 체에 해당하는 성(性)을 보고 동(動)의 상태에서 용에 해당하는 정(情)을 살피는 것이다. 그렇기 때문에 성에 대한 공부와 정에 대한 공부가 다르고, 그렇기 때문에 체와 용이 담지하는 내용도 다르다. 반면에 양명학에서는 체가 바로 용이라는 논리[卽體卽用]로 심·성·정을 하나로 통합시키려 하였고, 그것들을 하나로 통합시킬 수 있는 개념으로 양지(良知)설을 도출하였다. 그리고 이 양지에 체용 개념을 적용시킨다.

"미발의 중이 곧 양지이다. 앞과 뒤, 안과 밖의 구별이 없이 혼연히 일체로 되어 있는 것이다. 일의 있음과 없음은 동(動)과 정(靜)으로 나눌 수 있지만, 양지는 일의 있음과 없음으로 구분되지 않는다. 적연(寂然)과 감통(感通)으로 동과 정을 말할 수 있지만, 양지는 적연과 감통으로 나눌 수 없다. 동과 정은 마음이 현상적으로 외물과 만나는 때이다. 마음의 본체는 동과 정으로 구분되지 않는다."[50]

이렇게 양지라는 개념을 사용하게 되면, 미발과 이발, 중과 화, 그리고 거기에 결부된 심·성·정의 구분은 무의미해진다. 왕양명은 후기에 적연과 감통의 구분의 없다는 것을 강조하여 양지를 현실에서 실천해 내는 치양지(致良知)설을 강조하였다.

이후로 양명의 제자들은 우파와 좌파가 나누어지게 되었다. 양명 우파를 대표하는 섭쌍강(聶豹, 1487-1563)은 "한 생각이 아직 일어나지 않은 것이 미발의 중이고, 바로 허적(虛寂)의 체이다. 앞에서 실현하고 지킨다고 했던 것은 바로 이것을 실현하고 이것을 지킨다는 것이다"[51]라고 하였다. 반면에 양명 좌파를 대표하는 왕용계(王畿, 1498-1583)는 "양지는 미발의 중이면

49 『傳習錄』, 卷一.
50 『王陽明全集』, 「語錄」2, 「答陸原靜書」.
51 『雙江聶先生文集』, 卷9, 「答陳履旋給捨」.

서 동시에 발하여 중절하는 화(和)이다. 이것이 성인이 뚫고 들어갔던 궁극적인 첫번째 의미이며, '앞과 뒤, 안과 밖의 구별이 없이 혼연히 일체이다'라고 하였던 것이다.[52]"라고 하였다. 이들의 논리를 불교와 비교해 보면, 섭쌍강은 정체(定體)를 중하게 여긴 묵조선과 유사하고, 왕용계는 정체와 혜용(慧用)의 차이를 인정하지 않아서 결국은 현실에서 혜용을 발휘하는 것을 중시하는 간화선과 유사한 측면이 있다.

2) 한국유학의 체용론과 불교

조선시대 성리학자들 중 체용 개념을 언급하지 않는 학자는 거의 없지만, 체용 개념을 사용해 독특한 이론을 구사한 학자는 퇴계 이황(李滉, 1501-1570)이다. 먼저 서경덕 계통을 계승한 이구는 '심무체용설(心無體用說)'을 주장하였다. 이구 학설의 핵심은 심은 체와 용의 구분이 있는 것처럼 보이나, 심체 자체는 본체의 도리로서 체와 용의 구분이 없다는 것이다. 여기에 대하여 퇴계는 성리학의 여러 학설들을 동원하여 심에 체와 용이 있다는 학설을 제기한다. 즉 미발(未發)의 적연부동(寂然不動)이 심의 체이고, 이발(已發)의 감이수통(感而遂通)이 심의 용이라는 것이다. 그리고 퇴계는 체용에는 형이상학적 도리에 적용되는 체용과 형이하학적인 사물에 적용되는 체용이 구분되어 있다고 말한다. 즉 주자의 말을 인용하여 "형이상학적으로 말하면 아득하여 아무런 조짐이 없는 것이 체이고, 그것이 현상의 사물 사이에서 드러나는 것이 용이 된다. 형이하학적으로 말하면, 사물이 체가 되고 그 리의 발현이 용이 된다"[53]고 한다. 이것은 이구가 체용은 형이하적 사물에 적용되는 것으로서 구체적 형질이 있는 것이 체가 되고, 그것의 쓰임이 용이 된다고 한 것에 대한 비판이다. 즉 퇴계의 견해로는 구체적 형질이 없는 형이상학의 본체에도 체와 용 개념을 적용시킬 수 있게 된다. 이러한 논리는 왕필에서 제기되었던 체용론의 문제를 해소하는 논리이다. 왕필이 말하는 체는 형질이 있는 것인가, 없는 것인가에 대한 논란이 있지만, 퇴계 같은 방식으로 보면 그러한 문제가 해소된다. 즉 형이상적 체계에서 구체적 형질이 없는 것도 체용 개념을 적용할 수 있는 대상이 되면서, 본질과 현상이라는 의미를 가지게 된다. 반면에 형이하적인 체용은 구체적 형질과

52 『龍溪王先生全集』 卷6, 「致知議略」.
53 『退溪先生文集』 卷41, 『心無體用辯』 (『韓國文集總刊』 30, 412하)

그것의 쓰임이라는 뜻을 가지게 된다.

퇴계는 이치에 체용을 적용시킬 수 있는 논리를 확장하여 리(理)에도 체와 용이 있다고까지 말한다. "정의(情意)와 조작(造作)이 없는 것은 이 리(理)의 본연의 체이다. 때에 따라 발현되어 어디에도 이르지 않음이 없는 것은 이 리의 매우 신묘한 용이다. 이전에는 단지 리의 본체가 무위하다는 것만 보았고, 리의 신묘한 용이 드러나 작용한다는 것을 알지 못했다."[54] 이 귀절은 퇴계 철학의 핵심적인 부분에 속하는 것이다. 주자학에서는 일반적으로 리를 무위한 것으로 보고, 정의와 조작이 없다고 한다. 그런데 퇴계는 리에 체용의 개념을 적용하므로, 리는 체의 측면에서 보면 무위하지만 용의 측면에서 보면 무위한 것이 아니라 작용성이 있는 것이 된다. 따라서 리가 어디든지 도달할 수 있다는 '리도(理到)'를 제기하게 된다. 이것이 결국 퇴계가 '이발설(理發說)'을 주장하는 핵심적 근거가 되며, 이후 퇴계학파에서 리가 활물(活物)이라고 주장하는 근거가 된다. 반면에 율곡학파 계통에서는 주자가 리를 정의와 조작이 없는 무위라고 했고 리에 어떠한 활동성도 부여하지 않았다고 하여, 퇴계학을 비판하는 근거가 된다.

퇴계 이외에도 조선 성리학자들은 다양한 체용설을 주장하였고, 그것은 대체로 주자학을 더욱 분석적으로 이해하는 방편으로 적용되었다.

2. 현대적 논의

이상의 내용에서 보면 '체용' 개념은 불교, 도가, 유학을 막론하고 전통철학의 전 영역에서 다양하게 쓰여왔음을 알 수 있다. 이 체용 개념이 인도적인가, 중국적인가, 도교적인가, 불교적인 것인가, 유학적인가 하는 논의들도 그렇게 중요한 문제는 아니라고 보여진다. 이 체용 개념을 통하여 서로 이질적이라고 생각했던 사상이 함께 어울릴 수 있었다는 것이 중요하고, 또 이 개념을 통하여 서로 소통할 수 있는 틈이 만들어졌다는 것이 의미있는 것이다. 이런 뜻에서 승조가 "만물은 같은 곳에서 나와 이름만 달리한다"고 한 노자의 말을 체용 개념을 적용하여 설명한 것은 탁견이라고 할 수 있다. 이 세상 모든 것들은 각각 서로 다른 모습을 하고 있지만, 그 실제는 근원을 같이 하고 있다는 의미이기 때문이다. 생물과 무생물, 사람과 동

---

54 『退溪先生文集』 卷18 「答奇明彦」 (『韓國文集總刊』 29, 466중)

식물, 동양과 서양, 남성과 여성, 한 개인 안에서도 육체와 정신, 정신 안에서도 마음이 고요한 상태와 활동하는 상태, 이 모든 것들은 서로 다르기 때문에 갈등하고 있는 것같지만, 실제로는 하나의 근원으로 귀결될 수 있다는 것이다. 즉 모든 사물의 근원성과 그것에 기초한 다양성은 바로 체와 용 개념으로 설명될 수 있다. 체가 없는 용이 없고, 용이 없는 체가 따로 있을 수 없다[卽體卽用, 卽用卽體]는 논리에 의하면, 다양성과 근원성은 서로 분리되지 않고 동일하다.

현대사회에서 가장 심각한 문제 중의 하나인 생태계의 파괴는 어떤 존재론에 기반한 인식에서 출발하는가? 인간과 다른 생명체는 존재론적으로 서로 다른 근원에 서 있기 때문에 그 다양성도 가치적으로 우열이 있다고 보는 데서 출발한 것이다. 우월한 가치를 가진 존재는 자신보다 열등한 존재를 자기 목적을 달성하기 위해 도구로 사용할 수 있다는 것이다. 인간은 다른 사물을 도구로 삼아 자신의 목적을 달성할 권리를 존재론적으로 가지고 있다는 것이 오늘날 환경 문제의 가장 근본적인 원인이다. 또한 인간 사회 내부에서 벌어지는 인종적 차별, 남녀의 차이, 빈부의 차이, 권력을 가진 자와 그렇지 못한 자와 갈등도 그 연장선에 있다고 할 수 있다. 그리고 이러한 문제들의 근본은 한 개인 자체에 있다고 할 수 있다. 자기 자신의 마음을 스스로 이원화하여 좋은 것과 나쁜 것으로 존재론적으로 질서지우고, 그 미래에 대하여 안절부절 불안해하고 실패한 과거에 대하여 분노하여 마음은 불안정한 상태로 빠지는 것이다. 이러한 마음의 불안성이 외부로 표출되는 것이 결국 외부 대상의 근원성과 다양성을 인정하지 않으려는 것으로 나타난다고 볼 수 있다. 이렇게 보면 불교가 왜 선종으로 귀결되었고, 이 선종은 마음을 문제삼고 '즉체즉용, 즉용즉체'의 논리를 사용하여 마음의 이원적 틈을 없애려고 했는지 이해할 수 있다.

결국 '체용' 개념은 한 개체의 다양성과 근원성을 등가로 보게 하는 철학적, 논리적 개념이다. 현대사회의 문제들을 해결하기 위해서 반드시 필요한 근원적 핵심이라고 할 만하다. 그러나 이것만으로는 큰 의미가 없다. 현대사회의 여러 문제들이 어떤 철학적 논리가 없어서 해결되지 못한 것은 아니기 때문이다. 그 철학적 논리성을 자각의 형태로 자기 자신의 몸에 체화되는 것이 보다 중요하다고 여겨진다. ❀

김제란 (고려대)

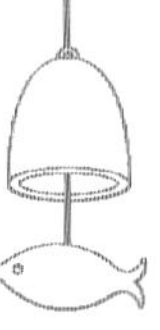

식전변

범 vijñāṇapariṇāma	장 rnam par shes pa'i yong su 'gyur ba	한 識轉變

식전변(識轉變)은 범어 vijñāna-pariṇāma의 한역으로 식(識)의 변화를 의미한다. 식전변은 식(識)과 전변(轉變)을 분리하여 해석할 수도 있으며, 식전변(識轉變)을 통합하여 해석할 수도 있다. 식전변을 식과 전변을 분리하여 해석할 경우에는 식의 여러 가지 의미 가운데 전변과 관계하는 식의 용례를 가려내야 할 것이다. 먼저 식과 전변을 분리하여 해석하고, 다음으로 식전변을 통합하여 해석하고자 한다.

Ⅰ. 식과 전변

1. 식의 의미

식(識)은 범어 vijñāna의 한역으로 여러 가지 의미를 포함하고 있다.

① 초기불교 이래 가장 많이 쓰이고 있는 보편적인 식의 개념은 보고 듣고 냄새 맡고 맛보고 감촉을 느끼는 기관 및 사고력을 매개로 하는 여섯 가지 인식의 기능을 의미한다. 다시 말해 눈[眼]·귀[耳]·코[鼻]·혀[舌]·몸[身]·의식[意]의 여섯 가지 인식기관이 물질[色]·소리[聲]·냄새[香]·맛[味]·접촉[觸]·개념화 된 존재[法]를 인식하는 기능을 의미한다.

초기불교에서는 모든 대상을 인식하는 식의 기능을 육식으로 정형화하고 있지만, 식이 변화한다는 전변의 용어를 쓰고 있지는 않다. 다만 식이 물질에서 묶여서 굴러가고 식이 식에 묶여서 굴러가는 식의 변화의 현상에 대하여만 간략히 기술하고 있을 뿐이다.

② 식은 근경식(根境識)과 어울려서 흔히 사용한다. 인식작용을 일으켜서 그 대상을 취하는[發識取境] 뿌리 역할을 하는 것을 근(根)이라고 하고, 근이 관계하는 대상[所緣]을 경(境)이라고 하며, 근이 대상과 관계하여 인식의 주체 역할을 하는 것[能緣]을 식(識)이라고 한다.

『구사론』 제1권에서 "식은 곧 색·성·향·미·촉이 식이다. 그 식이 의지하게 되는[所依] 다섯 가지의 정색(淨色)은 그 차례와 같이 알아야만 한다. 곧 안 등의 오근(五根)이다"라고 한다. 또한 『구사론』 제10권에서 "근과 경은 식을 일으킬 수 없지만 식이 있으면 근과 경은 서로 의탁하지 않을 수 없다"라고 하여 식이 있어야만 근과 경이 함께 일어나는 세 가지 현상의 화합[三事和合]을 중시하고 있다. 삼사화합식(三事和合識)에서 근경식 의미의 핵심은 식을 매개로 하여 근이 생기고 경이 생긴다고 하는 것이다. 식을 매개로 하여 순환되는 화합의 설은 후에 밝힐 식전변의 종자·현행의 관계와 무관하지 않다.

③ 식은 삼식(三識)과 어울려서 사용되기도 한다. 심식(心識)이 더러워지기고 하고 깨끗해지기도 하기 때문에 식의 기능을 세 가지로 분류한 것이다. 안식(眼識)·이식(耳識)·비식(鼻識)·설식(舌識)·신식(身識)의 육체 앞에서 전초적으로 활동하는 전오식(前五識)과 전오식을 통합하여 분별하는 제육 의식과 대상을 이리저리 재서 분별[思量分別]하는 오염된 말나식(末那識)의 제칠식과 모든 의식활동을 저장하는 아뢰야식(阿賴耶識)의 제팔식의 총 여덟 가지를 모두 식이라고 통칭하기도 하는데, 육체 앞에서 전초적으로 활동하는 전오식(前五識)과 제육식, 제칠식, 제팔식을 세 부류로 나누어서 삼식이라고도 한다.

삼식에 대하여 『능가아발다라보경(楞伽阿跋多羅寶經)』 제1권에서 "간략하게 설하면 세 가지의 식이 있으며 넓게 설하면 여덟 가지의 모습[相]이 있다. 무엇을 세 가지라고 하는가? 진식(眞識)과 현식(現識) 및 분별사식(分別事識)이다"라고 하여 세 가지의 식을 설명하고 있다. 삼식의 근본이 되는 주체[體]에 대해서는 그 동안 여러 주장들이 있어 왔다.

『대승의장(大乘義章)』 제3권 말에서 "제팔 아리야식(阿梨耶識)을 또 진식(眞識)이라고 하고 제칠 아타나식(阿陀那識)을 또 현식(現識)이라고 하며 전육식(前六識)을 분별사식(分別事識)이라고 한다"라고 하고, 식의 기능을 세 가지 분별로 구분하여 전육식·제칠식·제팔식을 설명하고 있다. 첫째 사물의 모습[事相]을 중점적으로 아는 것은 전육식의 기능이며 둘째 헛된 모습[妄相]을 중점적으로 아는 것은 제칠식이며 진실의 자체(自體)를 확연하게 아는 것은 제팔식이라고 한다.

또한 『대승의장』의 제 13권에서는 마음[心]의 세 가지 식의 기능을 삼식으로 나누어서 설명하기도 한다. 대상을 아는 인식[事識]과 헛되게 아는 인식[妄識]과 진실을 아는 인식[眞識]의 삼식을 구분하여 설명하고 있는 것이다. 사물의 대상을 인식하고 통합하는 전육식까지를 사식(事識)이라고 하고, 사량분별하는 헛된 의식인 제 칠식을 망식(妄識)이라고 하며 제팔식을 진식(眞識)이라고 규정하고 있다.

삼식의 의미로서 식의 개념이 쓰이면 제팔 아뢰야식이 진실을 아는 진여의 근본[體]과 같게 되기 때문에 전변의 의미와 결합되기 어렵다고 본다. 전변의 의미는 식과 대상이 계속 순환되면서 관계를 갖는 측면이 강하게 부각되기 때문이다.

④ 식은 십이인연 가운데의 식의 지분[識支]으로 설명된다. 십이인연 가운데의 식의 지분에 해당하는 식은 모태에 의탁할 때의 찰나의 의식을 의미한다.

십이인연 가운데의 식에 대하여 『대비바사론(大毘婆沙論)』 제23권에서는 "상속심(相續心) 및 그를 돕는 짝[助伴]이다"라고 정의하고, 구체적으로 과거에 한 행위[行]와 관계되어[緣] 현재 바로 생명[生]을 받을 때의 최초의 단계[最初位]라고 설명한다. 그러나 식의 근본에 대해서는 역사적으로 다양한 견해가 있어 왔다.

『순정리론(順正理論)』 제25권에서는 "이 단계[位]에는 오식이 생겨날 인연[生緣]을 아직 갖추지 않았기 때문에 이것은 제육의 의식일 뿐이다."라고 하고, 『구사론』 제9권에서는 "육식에 통한다."라고 한다. 한편 경부(經部)

에서는 중유(中有)를 식의 지분[識支]에 포함시키면서 육식에 통한다고 한다. 이에 반해 대승 유가행파(瑜伽行派)에서는 십이인연을 이세일중(二世一重)의 인과로 배대하여, 식·명색 등의 다섯 지분을 소인지(所引支)라고 하며 오직 종자에 국한한다고 하기 때문에 식은 곧 이숙식(異熟識)인 아뢰야식의 종자를 가리킨다고 할 수 있다. 『유가사지론(瑜伽師地論)』 제9권에 "행을 연하기 때문에 식이 생긴다고 할 때, 이 식은 현재[現法]에 원인이 되는 식[因識]이라고 이름한다. 다음 생[後生]의 결과가 되는 식[果識]을 섭수하기 때문이다."라고 설명하기 때문이다.

또한 『성유식론(成唯識論)』 제8권에서는 "소인지는 본식(本識) 안에 있는 친히 미래의 이숙과(異熟果)를 거둘 식 등의 다섯 가지를 낳게 될 종자이다."라고 설명하여, 식의 지분[識支]을 미래의 과보를 낳게 하는 종자로서 설명한다. 후대에 이르면 이 식의 지분은 종자와 전변이 결합하면서 더욱 세분화된다. 『화엄경탐현기(華嚴經探玄記)』 제13권에서도 유식의 논서에서 나타나는 것처럼 능인과 소인의 관계로 설명하고 있다. 즉 식의 지분[識支]은 끌어당겨지는 소인(所引)으로서 본식에 있는 이숙식의 종자이면서 종자를 취하는 것이라고 하고, 끌어당기는 주체인 능인(能引)으로서 5과 종자가 의지하게 되는[所依] 본식을 식의 지분이라고 설명하고 있기 때문이다. 또한 『화엄경탐현기』에서는 유식의 논서에서 밝힌 것과 같이 식지를 현재 작용하는 현행(現行)의 제팔이라고 규정한다.

또한 『대승의장』 제4권에 의하면 "식이란 요별의 뜻이다."라고 정의하고 식의 세 가지 의미에 대하여 기술하고 있다. 첫째는 종자심식(種子心識)이라고 하고, 행을 지은 그 이후이면서 생을 받기 이전의 모든 심식은 업번뇌(業煩惱)로 인하여 훈습을 일으키기 때문에 다음의 결과[後果]를 일으키게 되는 지분을 식의 지분[識支]이라고 설명한다. 뿐만 아니라 무명과 행에 있는 모든 심식(心識)도 식의 지분에 포함시키고 있다. 둘째는 생명 받길 구하는[求生] 심식으로서 중음(中陰)에도 존재하는 것이라고 한다. 셋째는 생명을 받는[受生] 심식을 식의 지분이라고 한다. 생명을 받을[受生] 때, 맨 처음 일념에 대해서는 염오의 마음은 그 부모의 정혈(精血) 등의 현상에 대하여 헛되이 꽃 연못 등의 좋아하는 생각을 일으키는 것일 뿐 음욕을 일으키는 것은 아니라고 설명한다.[1]

1 12인연의 식에 대해서 『雜阿含經』 제 12권·『阿毘達磨發智論』 제 1권·『阿毘達磨大毘婆

십이연기에 식지에 대한 설명 가운데에 식의 종자심식의 기능과 소인지의 종자에 대한 기술은 유식의 식전변설과 관련이 매우 깊다고 할 수 있다.

⑤ 식은 심왕(心王)의 다른 명칭으로 사용되며, 정신작용의 주체인 여섯 가지의 식[六識]과 여덟 가지의 식[八識]을 의미한다. 이 때의 식은 심(心) 또는 심법(心法)이라고 이름한다. 곧 눈 등의 근간의 뿌리[根]를 의지하여 물질[色] 등 대상의 경계[境]를 구별하여 아는 작용으로, 눈 등의 제 식(識)을 의미한다.

『중아함(中阿含)』 제7 「대구치라경(大拘絺羅經)」에 "무엇을 식을 여실하게 아는 것이라고 하는가? 육식이 있으니. 눈·귀·코·혀·몸·의식이다."라고 하며, 『구사론』 등에서도 이와 같이 설명한다.

그러나 『해심밀경(解深密經)』을 비롯한 유식의 경론에서는 육식 이외에 제칠식과 제팔식을 더 추가하고 있다.

『대승의장』 제3의 말에 팔식의 각각이 그 대상을 구별하여 아는[了別] 기능에 대하여 설명하고, 식이라는 용어로 통칭되는 이유에 대하여 자세하게 설명한다. 여덟 가지 식 가운데에 앞의 육식은 확연히 구별의 대상이 다르므로 식이라고 해도 타당하지만, 뒤의 두 가지 즉 제칠식과 제팔식을 식이라고 명칭하는 이유에 대하여 묻는다.

그 대답으로 말나식과 아뢰야식은 육식과 같이 각각의 대상을 확연하게 구별하여 아는 작용은 하지 않지만, 확연하게 구별하여 아는 작용[了別]의 주체이기 때문에, 식이라고 이름을 붙인다고 한다. 그래서 팔식 모두는 확연하게 구별하여 아는 요별의 뜻이 있다고 한다. 다시 말하여 팔식에는 확연하게 대상을 구별하는 아는 요별의 기능이 있다고 하고, 요별의 기능을 하는 팔식을 세 가지 범주로서 묶어서 설명하고 있는 것이다. 첫째는 대상의 모습을 확연히 구별하는 것[事相了別]으로서 전육식을 들고, 둘째는 허망된 모습을 확연히 구별하는 것[妄相了別]으로서 제칠식을 들고, 셋째는 진실한 본래의 근본을 확연히 구별하는 것[眞實自體了別]으로서 제팔식을 들고 있는 것이다. 이는 지론파(地論派)의 주장에 의한 것으로 제팔 아리야식(阿梨耶識)을 진망화합식이 아닌 진실의 식[眞識]이라고 보는 측면이 강

沙論』 제 24권 제 25권·『大智度論』 제 5권·『瑜伽師地論』 제 10권 제 93권·『大乘阿毘達磨集論』 제 3권·『大乘阿毘達磨雜集論』 제 4권·『十地經論』 제 3권 제 8권·『阿毘達磨顯宗論』 제 13권·『俱舍論光記』 제 9권·『瑜伽論記』 제3의 상·『成唯識論述記』 제 8의 本·『唯識論同學鈔』 제 4의 1 제 8의 3·『大乘法相宗名目』 제 1의 하 등에서 기술하고 있다.

하다.

팔식을 모두 심과 심법으로 보고 요별의 특별한 기능을 하는 측면에서 식의 의미를 쓸 경우에는 전변의 용어와 결합하여 쓰이지 않는 것으로 보인다.

『대승입능가경(大乘入楞伽經)』 제9권과 『결정장론(決定藏論)』 상권에서는 팔식 이외의 아마라식(阿摩羅識)을 추가하여 구식을 세우고 있다. 또한 『석마하연론(釋摩訶衍論)』 제2권에서는 아마라식 이외의 일체심식(一切心識)을 추가하여 총 십식을 세우고 있다.[2]

⑥ 식은 초기불교에서는 육식의 의미로만 쓰이고 있지만, 아비달마 이후부터 육식이 점차로 심(心)·의(意)·식(識)으로 세부적으로 분리되어 설명되고 있다.

심은 범어 citta의 한역이며, 의는 범어 manas의 한역이며, 식은 범어 vijñāna의 한역이다. 주체적으로 대상과 관계하는 능연(能緣)의 마음을 세 가지로 분리하여 설명하는 것이다. 『대비바사론(大毘婆沙論)』 제72권에 "여러 계경(契經) 중에 심과 의와 식을 설한다"라고 기술하고 있으며, 『구사론』 제4권에 "심심소(心心所)는 계경의 뜻에 따라서 갖가지 명칭의 특성을 세운다. 지금 이 명칭의 뜻의 차별을 판별하겠다. 게송으로 말하면 심과 의와 식은 근본이 하나이다"라고 하여, 심의식의 합일에 대하여 중시하고 있다. 설일체유부에서는 심·의·식의 명칭은 달라도 그 근본은 하나라고 보고 있는 것이다.

또한 『대비바사론』 제72권에는 심·의·식의 차별과 동일에 대하여 여러 가지 주장을 소개하고 있다. "어떤 주장은 차별이 없으며 심은 곧 의이며 의는 곧 식이다. 이 세 가지는 소리는 달라도 뜻은 다르지 않기 때문이다. …… 다시 어떤 주장은 심·의·식의 세 가지는 또한 차별이 있다고 한다. 명칭이 곧 차별을 의미한다. 심이라고 이름하고, 의라고 이름하고, 식이라고 이름하는 차별이 있기 때문이다. 다음으로 세간적 입장에도 차별이 있다. 과거를 의라고 이름하고, 미래를 심이라고 이름하고, 현재를 식이라고 이름하

2 식의 심왕의 기능에 대해서는 『中阿含』 제 54권 「嗏帝經」·『雜阿含經』 제 36·『大乘入楞伽經』 제 2권·『大毘婆沙論』 제 9권·『雜阿毘曇心論』 제 1권·『瑜伽師地論』 제 63권·『辯中邊論』 중권·『廣百論』『十地經論義記』 제 1권 말·『法華玄義釋籤』 제 5하 제 9상·『成唯識論述記』 제 5말·『成唯識論要義燈』 제 4말·『解深密經疏』 제 3권·『俱舍論光記』 제 4권·『大乘起信論義記』 권 중 본·『十住心論』~ 제 10권 등에서 기술하고 있다.

기 때문이다. 다음으로 시설하는 데에도 차별이 있다. 계(界)에서 심을 시설하고, 처(處)에서 의를 시설하며, 온(蘊)에서 식을 시설하기 때문이다. 다음으로 뜻에도 차별이 있다. 심은 종족(種族)의 뜻이며, 의는 생문(生門)의 뜻이며, 식은 적집(積集)의 뜻이다. …… 더욱 번식시키며 키우는 일[滋長]이 심의 업이며, 생각으로 재는 사량하는[思量] 일은 의의 업이며, 나누고 가르는 분별하는 일은 식의 업이다.

협존자(脇尊者)는 더욱 번식시키며 키우는 일과 나누고 가르는 분별의 일은 심의 업이며, 생각을 재면서 생각을 한쪽으로 하는 사유는 의의 업이며, 분별하고 대상을 완전하게 이해하는[解了] 일은 식의 업이라고 말한다. 이 가운데의 더욱 번식시키고 키우는 자장은 번뇌가 흐르는 유루(有漏)의 심이며, 나누고 가르는 분별하는 일은 번뇌가 흐르지 않는 무루(無漏)의 심이며, 생각을 재는 사량은 번뇌가 흐르는 유루의 의이며, 생각을 한쪽으로 하는 사유하는 일는 번뇌가 흐르지 않는 무루의 의이며, 나누고 가르며 분별하는 일은 번뇌가 흐르는 유루의 식이며, 대상을 완전하게 이해하는 해료는 번뇌가 흐르지 않는 무루의 식이다. 심·의·식의 세 가지는 차별이 있는 것이다"라고 하여 심·의·식의 다양한 해석을 소개하고 있다.

또한 『구사론』 제4권에서는 "모았다가 일어나기[集起] 때문에 심이라고 이름하고, 생각으로 대상을 재기[思量] 때문에 의라고 이름하며, 대상을 확연하게 구별하여 알기[了別] 때문에 식이라고 이름한다. 다시 어떤 사람이 해석하여 말하길 '깨끗하고 깨끗하지 않는 요소[界]의 갖가지 차별 때문에 심이라고 이름하는 것이며, 이것은 곧 다른 것을 의지의 대상[所依止]으로 만들기 때문에 의라고 이름하는 것이며, 의지의 주체[能依止]를 만들기 때문에 식이라고 이름하는 것이다. 그러므로 심·의·식의 세 가지는 밖으로 나타난 것[所詮]에 따라서 이름하는 것이다. 뜻은 달라도 그 근본은 하나다" 라고 하여, 심·의·식의 의미에 대하여 설명하고 있다.

그러나 대승에서는 심·의·식의 근본은 각각 다르다고 본다. 심은 제팔 아뢰야식을, 의는 제칠 말라식을, 식은 전육식을 가리킨다고 본다.

『유가사지론』 제62권에서는 여러 식은 모두 심·의·식이라고 이름할지라도 만약 최고 뛰어난 것에 의거한다면, 아뢰야식을 심이라고 이름한다고 한다. 심이라고 이름할 때에는 야뢰야식의 식은 일체법의 종자를 쌓고 모으기 때문에 매우 뛰어나다고 보는 것이다. 항상 집착하여 받아들이려는[執受] 대상으로 나타난 경계[境]와 항상 관계하고[緣] 감지되지 않는[不可知] 자연세계[器]의 경계와도 관계하기 때문에 단연 뛰어나다고 본다.

말라를 의라고 이름하는 것에 대해서는 항상 나의 존재[我]와 내 것[我所] 및 아만 등을 집착하고 대상을 생각으로 재는 사량을 특징으로 하기 때문이라고 설명한다. 그 밖의 나머지의 육식을 식이라고 이름하는 것에 대해서는 대상이 드러난 경계를 접할 때 바로 대상의 특징을 확연하게 구별하여 아는 요별의 기능을 갖기 때문이라고 한다.

『성유식론』 제5권에서는 이러한 심·의·식에 대하여 모았다가 일어나는 집기(集起)의 뜻을 심이라고 이름하며, 생각으로 재는 사량의 뜻을 의라고 이름하며, 대상을 확연하게 구별하여 아는 요별의 기능을 식이라고 이름한다고 정의한다. 또한 세 가지의 다른 뜻에 대해서도 기술하고 있다.

심·의·식의 세 가지의 뜻은 팔식에 모두에 통하지만, 『유가사지론』에서 밝힌 것과 같이 뛰어남이 드러난 것에 의하여 제팔을 심이라고 이름한다고 하고, 그 근거에 대하여 제법(諸法)의 종자를 모아서는 제법을 일으키기 때문이라고 한다. 또한 제칠식을 의라고 이름하는 이유에 대해서는 장식(藏識) 등을 관계하면서 수시로 생각으로 재는 사량의 기능을 하고, '나의 존재[我]' 등이라고 하기 때문이라고 한다. 나머지 육식을 식이라고 이름하는 이유에 대해서는 여섯 가지의 다른 경계에서 거칠게 작용하면서 쉼 없이 확연하게 구별하여 아는 요별의 기능을 굴리기 때문이라고 한다.

『입능가경(入楞伽經)』의 게송에서도 이와 같이 모아 저장하는 장식을 설명하여 심이라고 이름하며, 생각으로 재는 사량의 기능을 하는 것을 의라고 이름하며, 여러 경계의 모습을 완전하게 구별하여 아는 요별의 기능을 하는 것을 식이라고 이름한다고 기술하고 있다.

또한 『대승기신론(大乘起信論)』에서도 심·의·식을 나누어 설명하고 있다. 중생은 심·의·식의 굴러감에 의지하기 때문에 생멸의 인연에 관계한다고 설명하고, 심·의·식의 기능에 대하여 기술하고 있다. 아리야식(阿梨耶識)에 의하기 때문에 무명이 있다고 하고, 무명의 깨닫지 못함[不覺]이 일어나서 보고 나투고 경계를 취하며 생각[念]을 일으켜서 계속 이어가기 때문에 의라고 한다고 설명한다. 또한 다음으로 의식은 전육식에 영향을 주게 된다고 한다. 즉 상속식(相續識)이 나의 존재[我]와 내것[我所]을 갖가지로 허망하게 집착하고, 대상[事]에 따라서 반연하여 육진(六塵)을 분별하는 것을 의식이라고 이름하며, 분리식이라고 이름하며, 다시 분별사식이라고 이름하는 것이라고 설명한다.

또한『불성론(佛性論)』제3권에서는 심을 육식심(六識心)이라고 하고, 의를 아타나식(阿陀那識)이라고 하며, 식을 아리야식(阿梨耶識)이라고 하여, 유식의 설과 심과 식을 바꾸어 설명하고 있다.[3]

이러한 심의식의 용례와 관계되는 전변설은 경론에 거의 나타나지 않는다. 심·의·식이라고 해도 모두 팔식의 범주에서 벗어나는 것이 아니기 때문에, 전변과 관련이 없다고 볼 수는 없지만, 심의식의 용례로 쓰인 곳에서는 전변의 사상과 결합하지는 않는다. 식전변에서는 식의 유기적인 상호작용을 중심으로 다루고 있기 때문에, 심·의·식의 주관적 기능과 역할을 중심으로 다룬 경론에서는 전변설과 결합시키지 않는다. 다만『대승기신론』에 나타난 심·의·식의 굴림에 의하여 생멸의 인연이 펼쳐진다는 일구는 유식의 발달된 식전변의 내용을 담고 있는 것이라고 볼 수 있다.

⑦ 식은 십식으로도 설명되고 있다.

『석마하연론(釋摩訶衍論)』제2권에 "심을 헤아리면 열 가지가 있다. 무엇을 열 가지라고 하는가? 첫째는 안식심이며 둘째는 이식심이며 셋째는 비식심이며 넷째는 설식심이며 다섯째는 신식심이며 여섯째는 의식심이며 일곱째는 말라식심이며 여덟째는 아리야식심이며 아홉째는 다일식심(多一識心)이며 열째는 일일식심(一一識心)이다. 이와 같은 열 가지 가운데의 처음 아홉 가지의 심은 진리와 관계하지 않는다. 뒤의 한 가지 심은 진리와 관계하여 경계로 삼을 수 있다"라고 한다.

『성유식론』등에서도 팔식에 다일식심과 일일식심의 두 가지를 첨가하여 설명한다. 다일식심을 일체일심식 또는 다일심이라고도 이름하는데, 이는 생멸문이 의지하게 되는 심이며 일체제법을 조작하는 식심을 의미한다. 일일식심은 일심 또는 일심식이라고도 이름하는데, 진여문이 의지하게 되는 심이며, 실상일미(實相一味)의 이치와 부합하는 식심을 의미한다고 기술한다.

열 가지 식에 대해서는『석마하연론』에 자세히 기술되고 있다. 제2권 초

---

3 심의식과 관련된 식에 대해서는『入楞伽經』제 7권·『解深密經』제 2권·『五事毘婆沙論』하권·『攝大乘論』본권 상·『顯揚聖教論』제 1권·『十地經論』제 3권·당역『攝大乘論』제 1권·『唯識二十論』『大乘阿毘達磨雜集論』제 2권·『順正理論』제 10권·『大乘義章』제 3권 말·『俱舍論光記』제 4권·『成唯識論述記』제 5권 말에 등에서 기술하고 있다.

에 열 가지는 일심이라고 이름한다고 하고, 뜻 하나 하나가 일심이 되는 뜻과 일체가 하나로서 일심이 되는 뜻이 있다고 한다. 첫 번째의 일심은 짓는 대상[所作]에 따라서 이름을 세운 것이며, 두 번째의 일심은 짓는 주체[能作]에 따라서 이름을 세운 것이라고 기술하고 있다. 일일식심은 진여문을 만드는 주체[能作]로서 만들어지는[所作] 진여는 평등한 일미이기 때문에 만드는 대상에 의해서 '일(一)'이라고 이름하는 것이며, 만드는 주체의 마음은 또한 곧 하나이기 때문에 일일식심이라고 하는 것이라고 한다. 또한 다일식심은 생멸문을 짓는 주체로서 짓는 대상으로서의 생멸은 차별이 끝없기 때문에 만들어지는 것[所作]에 의해서 '다(多)'라고 이름하며, 만드는 주체의 마음은 하나이기 때문에 다일식심이라고 이름한다고 한다.

『석마하연론』은 청정무구식인 제구식의 암마라(唵摩羅)와 일체일식심을 첨가하여 십식을 세우고 있는 것이다.[4]

이상으로 식과 전변을 분리하였을 경우의 식의 종합적인 의미를 살펴보았다. 식의 의미는 전반적으로 다섯 가지의 감각기관인 오관을 인식하는 작용을 하는 전오식과 오관을 전체적으로 통괄하는 제 육식과 오염된 경계를 집지하여 사량분별하는 제 칠식과 모든 인식기능을 저장하고 정화하는 제 팔식으로 정리할 수 있다. 이 제 팔식의 기능을 더욱 세분화하여 제 구식과 제 십식으로 나누기도 하는 것이다.

초기불교에서는 육식사상으로 후대에 발달된 다식사상을 모두 포함시키고 있었지만, 점차 식의 의미가 구체화되면서 다식사상으로 발전하고 있음을 알 수 있다. 이를 다른 분류 형태로 하면 육식까지를 식이라고 하고, 제 칠식을 의라고 하며, 제 팔식 이상을 심이라고 명칭 붙인 것이며, 인식의 주체가 되는 여덟 가지의 식과 그 이상으로 나눈 모든 식[多識]을 마음의 주체라고 하여 심왕이라 명명한 것이다.

초기불교에서는 육식사상으로 모든 인식의 작용을 통합하고 있지만, 후대에 이르면 식의 의미가 더욱 세분화되면서 열 번째의 식까지 설명하고 있는 것이다. 제팔 아뢰야식에 대한 해석 차이로 즉 진식(眞識)·망식(妄識)·진망화합식(眞妄和合識)으로 보는 차이에 의하여 제팔식이 제구식과 제십식으로 갈라지게 되는 것이다.

---

4 십식의 식에 대해서는 『宗鏡錄』 제 45권 제 56권·『辨顯密二敎論』 상권·『釋摩訶衍論』의 주석서 등에서 기술하고 있다.

또한 식의 의미에서 중요하게 다루어지고 있는 것은 십이연기의 식지(識支)에 대한 것이다. 식지는 윤회의 주체가 되는 의미에서 심왕이면서 제팔 아뢰야식을 의미하고, 일기(一期)의 삶을 표본으로 하면 모태에 태어날 때의 찰라의 의식을 의미한다. 이러한 식이 전변과 결합하면 구체적이면서 다양한 의미를 내포하게 된다.

2. 전변(轉變)의 의미

전변은 크게 두 가지 용어로 쓰인다.

① 전변은 범어로는 pariṇāma라고 표기하며, 서장어로는 yoṅs-su ḥgyur-ba로 표기한다. 전화·변이를 뜻하며, 보통 줄여서 전이(轉異)라고 하며, 간략히 전(轉)이라고도 한다.

『대비바사론』 제39권에서는 전변에 두 가지 즉 자체전변과 작용전변의 의미가 있다고 밝히고 있다. 자체전변에 의거하면 작용하는 모든 것은 전변하지 않는다고 해야 한다고 한다. 그 자체라는 의미는 고쳐거나 바뀌지 않기 때문이다. 작용전변에 의거하면 작용하는 모든 것은 전변한다고 해야 한다고 한다. 법은 미래에 아직 작용하지 않더라도 현재에 이르면 곧 작용하고, 과거에 이르면 작용은 이미 그쳐버리기 때문에 전변함이 있다고 주장한다.

설일체유부에서는 모든 작용하는 존재라고 할 수 있는 제행의 자체는 고쳐지거나 바뀌지 않기 때문에 전변은 없다고 보지만, 그 작용에는 이미 일어났고 아직 일어나지 않음의 차별이 있기 때문에 전변이 있다고 본다.

또한 『대비바사론』 제199권에 사편상론(四遍常論)을 밝히는 가운데에 전변론자의 잘못된 주장을 소개하고 있다. 우유가 변해서 락(酪)이 되고 종자가 변해서 싹이 되며 땔감이 변해서 재가 되는 이러한 예시를 나열하면서, 이러한 경우는 계속되면서도 있기 때문에 그것이 바로 전변의 대상이라고 한다. 저 법이 멸하여 이 법이 생기는 것이 아니라고 보기 때문이다. 모든 법은 자성이 상주한다는 전변외도(pariṇāma-vādin)의 주장을 기술하고, 이 주장은 앞의 자체전변의 뜻에 해당하며, 우유가 변하여 락이 되고 종자가 멸하여 새롭게 락 또는 싹을 낳는 것이 아니라 그 본체의 전변에 지나지 않기 때문에, 모든 법은 자성이 상주한다고 설명하고 있다. 설일체유부는 작용의 전변만을 인정하고 자체의 전변은 인정하지 않기 때문에, 법체항유(法體恒有)를 주장하게 되는 것이다.

대승의 유가행파에 이르면 앞의 1절에서 밝힌 제식(諸識)의 내용을 담은 전변의 뜻을 주장한다. 『성유식론』 제7권에서는 이 제식이란 삼능변(三能變)의 식 및 그 심소라고 정의하고, 이 모든 것은 보는 주체의 입장인 견(見)과 대상으로 현현하는 상(相)의 2분으로 유사한 상태로 변화하는데, 이럴 경우에 전변이라는 이름을 세운다고 한다. 이는 제팔식의 견분과 상분의 2분을 나타낼 때 전변이라고 이름한다는 것이다. 주체적인 입장에서 대상을 취하는 기능을 하는 능취(能取)의 견분과 취해진 대상의 기능을 하는 소취(所取)의 상분은 제팔식이 변한 것[識所變]이라고 밝히면서, 현상으로 비춰지는 모든 것은 식에 의해 만들어진 것에 불과하다는 유식설을 뒤받침하고 있다.[5]

② 전변은 18변화[變]의 하나로 쓰인다. 범어 anyathābhāva-karaṇa의 한역으로, 불보살이 정(定)의 자재력을 사용하여 자유자재로 모든 것을 변질하게 함을 의미한다.

『유가사지론』 제37권에는 전변을 정의하여 불보살이 대상을 위력으로 변화시키는 것이라고 설명하고 있다. 예를 들면 불보살이 선정의 자유자재한 힘에 의하여 땅에 대하여 물의 승해(勝解)를 일으키면, 다른 것이 아닌 실재로 땅이 곧 물로 변질한다고 한다. 물이나 불과 같이 스스로의 성품을 지니고 있는 물질에 대하여 선정의 힘으로 자유자재하게 그 고유의 성품을 다른 성품으로 바꾸는 힘을 전변이라고 설명하고 있는 것이다. 모든 물질적이거나 정신적인 어떤 고유의 특질을 지닌 제법을 신비한 힘에 의하여 의도하는 대로 변화시키는 이러한 전변은 유식불교에서 말하는 식전변의 의미와는 다소 다르다.[6]

---

5 식전변에 대해서는 『大毘婆沙論』 제 21권 제 200권·『俱舍論』 제 4권 제 11권 제 13권·『順正理論』 제 12권 제 35권·『三無性論』 상권·『顯識論』·『俱舍論光記』 제 11권 13권·『成唯識論述記』 제 2권 말과 제 7권 말·『異部宗輪論述記』·『觀心覺夢鈔』 하권에 기술되어 있다.

6 위력에 의한 전변에 대해서는 『法華經玄贊』 제 10권·『瑜伽論記』 제 9의 상·『大乘法相宗名目』 제 2권 하에 기술하고 있다.

Ⅱ. 식전변

1. 초기불교에 나타난 식전변

앞 장에서 식과 전변을 분리하여 각각의 의미를 살펴보았다. 이번 장에서는 유식불교에서 정형화된 식전변의 의미를 역사적인 흐름에서 고찰해 보고자 한다. 유식불교의 식전변의 용어가 정립되기까지 근간이 될 수 있는 의미가 아함으로부터 대승경전에 이르기까지 다양하게 나타나고 있다.

1) 『중아함』의 식전변

『중아함』 164경에서는 식의 전변을 식이 몸이라고 할 수 있는 물질의 색에서 변화를 하는 경우와 식이 총체적인 의식인 식에서 변화를 하는 경우의 두 가지를 들고 있다.

물질의 속성을 갖고 있는 몸[색]에서 식이 변화하는 경우에 대하여 "현자들이여, 색의 물들음에서 벗어나지 못하고 색에 대한 욕심에서 벗어나지 못하고 색에 대한 사랑에서 벗어나지 못하고 색에 대한 갈증에서 벗어나지 못한 비구가 있으면, 그는 색을 얻으려고 하고 색을 구하려고 하며 색을 붙잡으려고 하고 색에 머무르려고 한다. 색은 곧 나이며 색은 나의 소유라고 한다. 색을 얻으려고 하고 색을 붙잡으려고 하고 색에 머무르려고 하고 색은 곧 나이며 색은 나의 소유라고 하고 나서 의식[識]은 물질을 부여잡으며 의식이 물질을 부여잡고 나서 그 색이 변화할 때 색은 색에서 변화하고 의식이 물질에서 변화하고 나면 그에게는 공포법이 생긴다"[7]라고 기술하고 있다.

여기에서 색[色]은 물질과 육체의 전반을 의미하며, 색에 대하여 집착하여 그 색을 나와 나의 소유라고 여기게 되면, 색이 변화하게 될 때에 의식의 식은 색과 함께 구르게 되어서 공포의 개념이 생긴다는 뜻이다.

식이 의식의 식에서 다시 구르는 경우에 대하여 "현자들이여, 더럽게 물든 의식[識]에서 벗어나지 못하고 욕심있는 의식으로부터 벗어나지 못하며 사랑하는 의식에서 벗어나지 못하고 갈증나는 의식에서 벗어나지 못한 비

---

7 『中阿含』 164경 (『대정장』 1권, 695하). "諸賢. 若有比丘不離色染. 不離色欲. 不離色愛. 不離色渴者. 彼欲得色. 求色. 著色. 住色. 色卽是我. 色卽我有. 欲得色. 著色. 住色. 色卽是我色是我有已.. 識捫摸色. 識捫摸色已 變易彼色時. 識轉於色. 識轉於色已. 彼生恐怖法."

구가 있으면, 그는 그 [더럽게 물든] 의식을 얻으려고 하고 의식을 구하려고 하고 의식을 잡으려고 하고 의식에 머무르려고 하며 [더럽게 물든] 의식이 곧 나이며 의식이 나의 소유라고 한다. 그는 [더럽게 물든] 의식을 얻으려고 하며 의식을 구하려고 하고 의식을 잡으려고 하고 의식에 머무르려고 하고 의식은 곧 나이며 의식은 나의 소유라고 하고는 그 의식은 의식을 부여잡고 의식은 의식을 부여잡고 나서 그 의식이 변화할 때 의식은 의식에서 변화하게 되고 의식이 의식에서 변화하고 나면 그에게는 공포법이 생긴다"[8]라고 한다.

여기에서의 의식[識]은 더럽게 오염되어 괴로움을 낳는 마음을 의미하며, 이 오염된 마음인 의식에서 벗어나지 못하면 그 오염된 의식은 계속 그러한 의식의 상태를 얻으려고 하고 구하려고 하며 잡으려고 하고 유지하려고 한다는 것이다. 또한 그 오염된 의식의 마음의 상태를 나와 나의 소유라고 착각하여 그 마음의 상태를 부여잡고서는 그 마음의 상태가 변화할 때에 오염된 마음은 오염된 마음으로 계속 구르면서 변화하여 공포의 개념이 생긴다는 뜻이다.

한역 『중아함』에서는 식전변을 식전(識轉)으로 쓰고 있으며, 여기서의 의미는 의식이 대상 즉 육체나 정신을 접했을 때, 그 육체와 정신에 대한 집착과 욕심에서 벗어나지 못하여, 그 의식의 상태를 계속 키우면서 변화를 겪는 것으로 사용하고 있다.

2) 『잡아함』의 식전변

『잡아함』 266경에서도 의식[識]이 색·수·상·행·식에 계속 굴러서 변화하고 윤회하여, 생·노·병·사에서 벗어나지 못한다고 설명한다.

의식[識]이 색에서 변화함에 대하여 『잡아함』 266경에서 "비구여 어리석은 범부 중생은 여실하게 색을 알지 못하여 색을 모으고 색을 파괴하며 색을 맛보고 색에 대하여 근심하며, 색을 벗어나면서도 길고 긴 기간 동안 윤회하며 색을 따르면서 변화한다. 이와 같이 여실하게 수·상·행·식을 알지 못하여 그 의식을 모으고 의식을 파괴하며 의식을 맛보고 의식에 대하여 근심하며, 의식에서 벗어나면서도 길고 긴 기간 동안 윤회하며 의식을

8 『中阿含』 164경 (『대정장』 1권, 695하-696상). "若有比丘不離識染. 不離識欲. 不離識愛. 不離識渴者. 彼欲得色. 求識. 著識. 住識. 識卽是我. 識是我有已. 識捫摸識. 識捫摸識已. 變易彼識時. 識轉於識. 識轉於識已. 彼生恐怖法."

따르면서 변화한다. 비구들이여 색을 따라서 구르고 수를 따라서 구르며 상을 따라서 구르고 식을 따라서 구르며, 색을 따라서 구르기 때문에 색에서 벗어나지 못하며, 수·상·행·식을 따라서 구르기 때문에 마음에서 벗어나지 못한다. 벗어나기 못하기 때문에 생·노·병·사·우·비·뇌·고에서 벗어나지 못하는 것이다"[9]라고 설하고 있다.

『잡아함』도 식전변을 색이라는 육체에서 변화하는 경우과 수·상·행·식의 정신에서 변화하는 경우의 두 가지로 설명하고 있다.

중생들이 육체를 모으고 육체를 파괴하며 육체를 맛보고 육체에 대하여 근심하며 육체에서 벗어나는 것은 색인 육체에 대하여 진실 그대로의 실상을 알지 못하기 때문이며, 그래서 육체를 집착하고 육체와 이합집산(離合集散)하는 의식을 따라서 변화한다고 본 것이다. 또한 중생들이 정신적인 의식을 모으고 의식을 파괴하며 의식을 맛보고 의식에 대하여 근심하며 의식에서 벗어나는 것은 의식에 대하여 진실 그대로의 실상을 모르기 때문이며, 그래서 오염된 의식의 상태를 집착하고 오염된 의식과 이합집산하는 의식에 따라서 변화하면서 악화(惡化)를 더욱 키운다고 본 것이다. 육체과 그와 동반하는 물질 전반에 끌려 다니며 오염된 의식이라는 마음에 함께 따라다니면서 진실의 마음을 잃게 되어 결국 세세생생 길고 긴 세월 동안 윤회세계에 묶이게 된다는 것이다.

여기에서 '식전'은 의식의 변화를 의미하며, 구체적으로 말하면 오염된 마음이 계속 커 간다는 의미로 사용되고 있다. 『중아함』에서 기술된 것과 같이 어떠한 마음의 상태를 계속 굴려서 악화(惡化)를 빚게 하는 현상으로 설명되고 있다. 또한 『잡아함』에서는 불법을 많이 들은 다문(多聞)의 성제자는 범부 중생과는 반대로 색·수·상·행·식을 진실 그대로의 실상으로 알기 때문에, 색·수·상·행·식을 모으고 파괴하며 맛보고 근심하며 벗어나며 그것에 따라서 구르면서 변화하여도 그것과 서로 상대하자마자 거기에서 벗어난다고 설명한다.[10]

또한 『잡아함』 267경에서도 식전(識轉)에 대하여 설명하고 있다. 이 경

---

9 『雜阿含』 266경 (『대정장』 2권, 69중). "愚夫衆生不如實知色. 色集. 色滅. 色味. 色患. 色離. 長夜輪廻. 順色而轉. 如是不如實知受想行識. 識集. 識滅. 識味. 識患. 識離. 長夜輪廻. 順識而轉. 諸比丘. 隨色轉. 隨受轉. 隨想轉. 隨行轉. 隨識轉. 隨色轉故. 不脫於色. 隨受想行識轉故. 不脫於識. 以不脫故. 不脫生老病死憂悲惱苦."

10 『雜阿含』 266경 (『대정장』 2권, 69중)

에서는 "이와 같이 어리석은 범부 중생은 색에 대한 탐욕에서 벗어나지 못하고 사랑에서 벗어나지 못하고 생각에서 벗어나지 못하고 갈증에서 벗어나지 못하며, 색에 윤회하면서 색을 따라서 변화하면서 구른다. 머무르거나 눕거나 간에 색에서 벗어나지 못하고, 이와 같이 수·상·행·식도 [오염된] 수·상·행·식에 따라서 변화하면서 구른다. 머무르거나 눕거나 간에 식에서 벗어나고 싶으면 비구들이여 마음을 잘 사유하고 관찰하라. 왜냐하면 길고 긴 세월 동안에 마음은 탐욕 때문에 물들고 분노와 어리석음으로 인하여 [더럽게] 물들었기 때문이다. 비구여 마음이 괴롭기 때문에 중생은 괴롭고 마음이 깨끗하기 때문에 중생은 깨끗한 것이다"[11]라고 한다.

여기에서는 색이라는 육체에 대한 탐욕·사랑·생각·갈증에서 벗어나지 못하면, 색은 [계속 굴려서] 윤회하고, 색의 변화에 따라가면서 정신의 작용도 더욱 증가하여 수·상·행·식도 그 각각에 윤회하고, 그 각각의 변화에 마음은 더욱 오염된다고 한다. 이러한 수·상·행·식의 정신적 작용에서 벗어나는 길은 탐·진·치의 마음을 관찰하는 것이라고 한다. 결국 더럽게 오염되어 있는 마음의 상태를 잘 사유하고 관찰하면 색·수·상·행·식은 진실과 바로 계합하기 때문이다.

2. 아비달마(『俱舍論』)에 나타난 식전변

『구사론』의 식전변과 관련되어 나타나는 용어는 상속전변차별(相續轉變差別, saṃtati- pariṇāma-viśeṣa)이다.

이 용어는 『구사론』 가운데 네 곳에서 찾아볼 수 있다. 즉 제4권에 경량부의 종자설의 내용을 소개하면서 "여기에서 무엇을 종자라고 하는가? 명이 색과 함께 하면서 자과(自果)를 낳는 모든 전전하고 이웃하는 공능이며, 이 공능은 상속전변차별에 의한다"[12]라고 기술하고 있다. 『구사론』에서 밝힌 경량부설은 명과 색이 함께 하여 스스로의 결과를 낳게 하는 공능은 상속전변차별에 의한다고 하는 것이다. 또한 『구사론』은 '전변'은 상속하는

---

11 『雜阿含』 267경 (『대정장』 2권, 69하). "如是凡愚衆生. 於色不離貪欲不離愛不離念不離渴. 輪廻於色. 隨色轉. 若住若臥. 不離於色. 如是受想行識. 隨受想行識轉. 若住若臥. 不離於識. 諸比丘. 當善思惟觀察於心. 所以者何. 長夜心爲貪欲使染. 瞋恚愚癡使染故. 比丘. 心惱故衆生惱. 心淨故衆生淨."

12 『俱舍論』 제 4권 (『대정장』 29권, 22하). "此中何法名爲種子. 謂名與色於生自果. 所有展轉隣近功能. 此由相續轉變差別."

가운데의 전후가 다른 성품이라고 하고, '상속'은 과거·현재·미래의 작용으로 나타나는 모든 것[諸行]의 인과의 성품이라고 하고, '차별'은 계속적으로 결과의 공능을 생기게 하는 것이라고 기술한다. 결국 종자의 결과를 낳게 하는 잠재적인 능력이면서 간접적인 역할을 하는 공능은, 과거·현재·미래의 모든 작용의 인과의 성품이 상속하면서 전후가 달라지는 성품이라는 것이다.

『구사론』 제6권에서는 이숙인(異熟因)과 이숙과(異熟果)의 차별을 설명하면서, 이숙과의 바탕은 상속전변차별에 의하여 생긴다고 기술하고 있다.[13] 제13권에서는 무표업의 실유(實有)와 비실유(非實有)에 대한 비바사와 경량부의 논지를 소개하면서, 경량부는 보시에 의한 훈습된 종자의 상속전변차별에 의하여 미래의 많은 결과를 부른다고 기술하고 있다. "보시물을 수용한 여러 받은 사람들의 공덕과 이익에는 차별이 있기 때문에, 후에 보시한 사람의 마음이 비록 연[보시에 대한 마음]을 달리할지라도 앞서 보시한 생각의 훈습과 관계되어서 미세하게 상속하고 점점 변화하여 차별이 생겨서 이것으로 인하여 미래에 많은 결과를 능히 부른다"[14]라고 한다.

즉 보시의 예를 들어서 후에는 마음이 바뀔지라도 앞서 한 보시의 생각은 훈습되어서 보시의 상속전변차별에 의하여 미래의 결과를 부른다고 설명하고 있는 것이다.

또한 『구사론』 제30권에서는 "실제로 무아인데 이미 소멸한 업이 어째서 다시 미래의 결과를 낳는가? 설령 실제로 나[我]가 있다고 하더라도 소멸한 업이 어째서 다시 미래의 결과를 낳는가?"[15]라는 질문에 논주는 "업의 상속전변차별에 의하여 종자와 같이 결과가 생긴다"[16]라고 대답한다.

이와 같이 『구사론』에 의하면 상속전변차별이란, 어떤 업을 행하여 마음에 훈습된 종자가 있으면, 아직 발아되지 않은 씨앗처럼 어떤 일정한 기간 동안의 결과를 낳기까지의 잠재적인 능력을 가진 상태를 갖는다고 한다.

이러한 상속전변차별의 의미를 현대 학자들는 상속·전변·차별로 나누

---

13 전게논서, 33상

14 『俱舍論』 제 13권 (『대정장』 29권, 69중). "由諸受者受用施物功德攝益有差別故. 於後施主心雖異緣而前緣施思所熏習. 微細相續漸漸轉變差別而生. 由此當來能感多果."

15 『俱舍論』 제 30권 (『대정장』 29권, 158하). "若實無我業已滅壞. 云何復能生未來果. 設有實我業已滅壞. 云何復能生未來果."

16 전게논서 (『대정장』 제 29권, 158하). "從業相續轉變差別. 如種生果."

어서 다음과 같이 설명한다.

① 상속(saṃtati): 업의 영향을 지닌 색심, 즉 종자가 찰나의 생멸을 되풀이하면서 존속해 가는 것.
② [상속의]전변(pariṇāma): 종자의 상속이 전후로 찰나 찰나 변화하는 것.
③ [전변의]차별(viśeṣa): 전변의 과정에서 종자가 다음의 찰나에 결과를 낳을 수 있는 특수한 힘[功能]을 갖게 될 경우, 그 결과를 낳기 직전의 전변을 전별차별이라고 한다는 것.[17]

『구사론』에서 상속·차별과 함께 쓰이던 전변은 제행(諸行)의 업이 시간적인 과거·현재·미래를 거치면서 결과를 낳기까지의 잠재적인 세력으로 있는 종자의 상태를 의미하며, 이러한 개념은 경량부의 발아를 앞둔 식물 종자의 현상에서 영향을 받은 것으로 추정된다. 이러한 상속전변차별의 용어는 어떤 논서에서는 전변차별로 쓰이고, 어떤 논서에서는 전변으로 쓰이다가 식전변으로 정형화되어 간다.

3. 대승경전에 나타난 식전변

1) 『화엄경』의 식전변

식전변에 대하여 40권 본 『대방광불화엄경(大方廣佛華嚴經)』의 제9권에 "무엇을 몸 안의 번뇌라고 하는가? 네 가지 인연이 있다. 첫째는 안근이 색경을 받아들였기 때문이며, 둘째는 무시이래로 습기를 집착했기 때문이며, 셋째는 그 식의 자성인 그 본래의 성품 때문이며, 넷째는 색경에 대하여 의도를 내고 희망했기 때문이다. 이 네 가지 인연의 힘 때문에 저장식이 전변한다[何等名爲內身煩惱. 有四因緣. 一爲眼根攝受色境. 二無始取著習氣. 三有彼識自性本性. 四於色作意希望. 由此四種因緣力故. 藏識轉變]."[18]라고 기술하고 있다.

40권 본 『화엄경』에서 기술하고 있는 식전변의 의미는, 번뇌를 벗고 식이

17 平川彰·梶山雄一·高崎直道 편 李萬 역, 강좌대승불교 8 『유식사상』, 166면.
18 『大方廣佛華嚴經』 제 9권 (『대정장』 10권, 704중)

정화되는 측면보다는 오히려 번뇌에 영향을 받아서 아뢰야식인 저장식[藏識]이 계속 구르고 변화되는 측면으로 설명되고 있다.

2) 『대보적경(大寶積經)』의 식전변

『대보적경』 109권에서는 식전변을 식전이(識轉移) 또는 식이사(識移徙)라고 한역하고, 식의 기능에는 전변과 부전변의 두 가지를 모두 갖추고 있다고 기술하고 있다.

『대보적경』 109권에 "다음으로 이 식은 이사하지 않는다. 비유하면 마치 해와 불과 마니보주의 광명이 반드시 보이지는 것과 같다. 다음으로 이 식은 이사한다. 비유하면 마치 땅에 닿게 된 종자가 종자의 상태가 되면 그 종자가 땅 속에 던져져 싹과 줄기와 잎사귀와 열매를 낳아 혹은 희기도 하고 혹은 붉기도 하며 혹은 검기도 하며 각각에 스스로 맛보는 힘이 생겨서 성숙하는 것과 같다. 그리고 그 지계(地界)는 하나의 물과 불과 바람의 요소로 역시 그와 같고 그와 같다. 이 식에는 일법계(一法界)가 있고 모든 식 안에서 몸을 성숙한 연후에 생겨나서 혹은 검거나 희거나 붉은 색이기도 하다. 혹은 본성이 강하기도 하고 혹은 본성이 부드럽기도 하다[復次此識不移徙. 猶如日火摩尼寶等光明. 應如是見. 復次此識移徙. 猶如種子所至方種子. 而彼種子擲置地內. 生牙莖葉花果子. 或白或赤或黑. 各有自味力成熟. 而彼地界是一水火風大亦然. 如是如是. 此識有一法界. 一切識有中成熟身然後生. 或黑或白或赤等色. 或本性剛强. 或本性調柔]."[19]라고 한다.

『대보적경』의 식의 의미는 진망화합식(眞妄和合識)으로 보는 측면이 강하다. 식이 진(眞)의 성품일 때에는 광명의 비유를 드는 것이며, 식이 망(妄)의 성품이어서 종자로서의 기능을 하면 변화하면서 여러 가지 즉 싹과 줄기와 열매를 낳고 또한 각각의 빛깔을 낸다고 보는 것이다. 또한 식에 일법계가 있다고 하는 것은, 종자 안에는 모든 것을 함축하는 것과 같이, 이 식 안에 모든 것이 있다고 보기 때문이다.

3) 『대승밀엄경(大乘密嚴經)』의 식전변

『대승밀엄경』 하권에서는 모든 생각의 현상은 단지 분별심이라고 정의하고, 생각의 명칭과 분별은 본래의 본질[體性]은 다른 것이 아니라고 하고,

19 『大寶積經』 109권 (『대정장』 11권, 611상)

세상의 움직임에 의하여 명칭을 세운 것일 뿐 다 같지 않기 때문에 과거와 미래는 모두 얻을 수 없다고 한다. 그러나 이는 단지 식의 전변에 의한 변화에 불과한 것이라고 게송으로 읊고 있다.

『대승밀엄경』 하권에 "단지 식이 전변한 것이며, 알아야 할 법은 없고 알아야 할 바는 오직 명칭뿐이며 세간은 모두 이와 같네. 명칭으로써 법을 분별하면 법은 명칭으로 지칭할 수 없고 모든 법성도 이와 같아서 분별에 머무르지 않는 것이네[但諸識轉變. 無有所知法. 所知唯是名. 世間悉如是. 以名分別法. 法不稱於名. 諸法性如是. 不住於分別]."[20]라고 한다.

모든 명칭은 식이 변화한 것[轉變]으로 이는 세속적인 분별에 의하여 만들어진 것이며, 분별에 의한 것은 진리 그대로가 드러난 법성과는 다르다고 보는 것이다. 결국 생각을 언어로 흡습한 저장식[阿賴耶識]에 의하여 세상[世間]의 모든 명칭은 성립하는 것일 뿐, 진여의 법성은 아니라고 설명하는 것이다. 변화하지 않는 진여의 법성에 대해서는 『대승밀엄경』은 무분별로 설명하고 있으며, 세상에 난무하는 명칭은 식의 변화에 의한 분별에 불과하다고 설명하고 있다.

『대승밀엄경』에서 의미하는 식전변은 마음이 현상으로 나타난 모든 분별하는 기능을 '식'이라고 하고, 그것에 의한 명칭을 법이라고 분별하는 기능을 '전변'이라고 보고 있는 것이다.

4. 유식논서에 나타난 식전변

일반적으로 식전변의 용어는 유식에서 정형화된다. 『구사론』에 나타난 상속전변차별의 개념은 『대승성업론(大乘成業論)』·『유식이십론(唯識二十論)』·『대승장엄경론(大乘莊嚴經論)』·『유식삼십송석(唯識三十頌釋)』·『중변분별론석소(中邊分別論釋疏)』 등으로 가면서 점차 식전변의 용어로 정형화된다.

『구사론』은 '두 가지 법 즉 심과 유근신이 서로 종자가 된다[彼先代諸軌範師咸言. 二法互爲種子. 二法者. 謂心有根身].'[21]는 경량부의 색심호훈설(色心互熏說)에 영향을 받아서, 색심은 초기불교에서와 같이 오온이라고 본다.

20 『大乘密嚴經』 하권 (『대정장』 16권, 767중)
21 『俱舍論』 제 5권 (『대정장』 제 29권, 25하)

이에 비하여 『대승성업론』에서는 이숙과식(異熟果識)이라고 칭해지는 아뢰야식이 종자를 집지하는 측면에 근거하여, 아뢰야식의 상속전변차별로 대치한다.

『대승성업론』에서는 상속전변차별에 의하여 비로소 종자라고 하는 명칭을 부여받는다고 정의한다. 또한 이 종자는 결과의 개념이 있다고 하고, 항상 생각의 차별적인 작용에 의하여 마음에 훈습되어 상속하면서 공능을 일으키게 하고, 이 공능의 변화의 차별[轉變差別]로 인하여 현재와 미래에 결과의 차별이 생긴다고 한다.[22]

『성업론』은 생각이라는 사(思)의 작용이 일어나면 아뢰야식이라는 마음이 이를 훈습하고 상속하면서 공능이라는 잠재적인 세력을 일으키고, 이 잠재적인 세력[功能]의 변화와 차별에 의하여 현재와 미래의 결과를 낳는다고 설명하고 있는 것이다. 이 경우의 '상속'은 심상속으로 아뢰야식을 의미하는 것이므로, 상속전변 대신 식전변을 쓸 수 있는 근간을 마련한 것이다.

한편 전변차별에서 종자를 함유하여 결과를 낳는 특수한 힘을 공능차별(sāmarthya; śkti- viśeṣa)이라는 이름으로 별도로 술어화 한 것이다.[23] 더욱이 식전변의 개념은 세친의 『유식이십송』과 『유식삼십송』에서 식의 절대적인 기능으로 거론되면서 후대의 『유식삼십송』을 주석한 논사들에 의하여 체계화된다.

1) 『유가사지론(瑜伽師地論)』의 식전변

『유가사지론』 제93권에 "그 현재로부터 과거가 연기하여 모든 것은 생기게 된다는 것은 무엇을 의미하며, 생기게 되지 않음이란 무엇을 의미하는가? 태어나지 않음으로 인하여 청정을 증득하는 것이다. 말하자면 그는 이와 같은 현재 보특가라로 태어나는 데는 먼저의 업으로 인하여 두 가지 결과를 받는 것이다. 첫째는 안의 이숙과를 받는 것이며 둘째는 경계에서 생기는 증상과를 받는 것이다. 그는 바르지 않은 법을 받아들였기 때문에 혹은 과거의 세상[先世]에서 자주 익힌 힘 때문에 두 가지의 결과에 대하여 어리석음을 일으키며, 그는 안의 이숙과에 어리석음이 있기 때문에 현재와 미래의 다음에 있게 될 태어남의 괴로움을 진실 그대로 알지 못한다. 이러

---

22 『大乘成業論』(『대정장』 31권, 783하)

23 平川彰 등 편, 전게서, 168면.

한 현재와 미래의 무명의 더욱 강해진 힘[增上力] 때문에 앞과 같이 모든 것[諸行]을 조작하고 키운다. 이 새로운 업이 스며들며 식을 변화시키기[轉變] 때문에 현법에서 업을 따라서 행한다. 이와 같이 무명을 연하기 때문에 모든 것은 생기게 되는 것이다. 행을 연하기 때문에 식을 변화시키는 것이다"[24]라고 한다.

『유가사지론』에서는 바르지 않은 법을 받아들이고 습관적으로 자주 행한 힘 때문에, 어리석음을 일으키고 이로 인하여 모든 것[諸行]을 만들고 키워서, 이것이 다시 새로운 업이 되어서 식을 변화시키게 된다고 본다. 무명 때문에 모든 것은 생기는 것이며 이 무명을 받아들인 행의 업력 때문에 식은 변화한다[轉變]고 보는 것이다.

2)『대승아비달마잡집론(大乘阿毘達磨雜集論)』의 식전변

『대승아비달마잡집론』 제3권에 제온(諸蘊)의 순서가 있는 이유를 묻고 대답하는 가운데에 제온에 식이 머물고 있다고 대답하고, 앞의 것은 뒤의 것의 의지가 된다고 하면서 그 하나 하나에 대하여 기술하고 있다. 즉 "그 색의 모습 그대로 받아들이기 때문에, 그 받아들인 그대로 확연하게 구별하여 알았기 때문에, 알았던 그대로 사량하기 때문에, 사량하는 그대로 곳곳마다 그와 같이 확연하게 구별하여 알기 때문이다"[25]라고 오온에 차제의 성품에 대하여 기술한다.

그 색의 모습 그대로 받아들이는 작용은 수온의 작용이며, 받아들인 바 그대로 아는 작용은 상온의 작용이며, 알았던 바 그대로 사량하는 작용은 행온의 작용이며, 사량하는 바 그대로 곳곳마다 그와 같이 하는 작용은 식온의 작용을 의미한다.

이 식온의 작용에 대하여 『잡집론』은 "지었던 업에 따라서 여러 경계·이취 가운데에서 식이 변화하기 때문이다"[26]라고 하여, 행온의 업에 따라서

24 『瑜伽師地論』 제 93권 (『대정장』 30권, 828상). "云何名爲從其中際後際緣起諸行得生. 云何不生. 由不生故證得清淨. 謂彼如是於中際. 生補特伽羅. 領受先業所得二果. 一者領受內異熟果. 二者領受境界所生受增上果. 彼由聽聞不正法故. 或由先世串習力故. 於二種果發起愚癡. 彼由於內異熟果中有愚癡故. 不能如實了知當來後有生苦. 由此前際後際無明增上故. 如前造作增長諸行. 由此新業. 熏變識故. 於現法中隨業而行. 如是無明以爲緣故. 諸行得生. 行爲緣故. 令識轉變."

25 『大乘阿毘達磨雜集論』 제 3권 (『대정장』 31권, 704상). "如其色相而領受故. 如所領受而了知故. 如所了知而思作故. 如所思作隨彼彼處而了知故."

경계와 각기 다른 육취 가운데에서 식이 변화하여 나타난다고 본다. 즉 전생에 지었던 업이 저장된 아뢰야식에 의하여 현재의 육식이 각각의 경계에서 그 작용을 하며, 업에 의하여 드러난 육도(六道)의 모습으로 식이 변화하여 그 각각의 도와 결합하고 육도의 허상 그대로 나타난다는 것이다.

결국 『잡집론』은 전변을 전생의 업력에 의하여 육도를 받고, 모습을 받은 대로 그대로 보고 듣고 맡고 맛보고 느끼고 생각하며, 육도의 모습이 허상[假]임에도 불구하고 그 모습대로 식이 변화하여 실상의 모습처럼 착각하는 것이라고 설명하고 있는 것이다.

3) 『유식이십론(唯識二十論)』의 식전변

『유식이십론』[27]의 제 18송에서 "다른 이의 식의 변화[轉變]에 의하여 살해하는 현상의 업이 있으니, 귀신 등의 의지력[意力]으로 다른 이를 죽게 하는 것과 같다[由他識轉變. 有殺害事業. 如鬼等意力. 令他失念等]."[28]라고 하면서 식전변에 대하여 기술하고 있다. 이에 대하여 논에서는 귀신에게 홀리는 현상과 도깨비의 여러 가지 현상과 신통을 갖춘 사람이 다른 사람의 꿈속에 나타나서 갖가지 현상을 보이는 것과, 대가다연나(大迦多衍那)의 의도적인 원의 힘으로 사자나(娑刺拏)왕 등의 꿈에 이상한 현상을 보이는 것과, 아련야(阿練若) 선인의 분노의 힘으로 폐마질달리(吠摩質呾利) 왕의 꿈에 이상한 현상을 보이는 것과 같은 예를 든다. 이러한 것들은 다른 존재의 식을 변화시킨다고 한다.[29]

『유식이십론』에 나타난 식전변의 의미는 특별한 힘이 있는 존재가 다른 유정에게 어떤 변화무쌍하고 신비한 일을 일으키는 것이라고 한다. 게송에서 '살해하는 현상의 업'이 일어나는 것은 다른 유정의 의식에 변화를 일으켰기 때문에, 다른 사람의 목숨을 끊는 일이 생긴다고 본다.

결국 『유식이십론』의 식전변의 의미는 어떤 사람의 원래 있는 정신의 상태를 다른 사람이 특별한 힘을 가해 원래 있던 정신의 상태에 영향을 끼쳐

---

26 『大乘阿毘達磨雜集論』 제 3권 (『대정장』 31권, 704상). "謂隨所作業於諸境界及異趣中識轉變故."

27 현존 『唯識二十論』은 후위(後魏)의 반야유지(般若流支)·진(陳)의 진제(眞諦)·당(唐)의 현장(玄奘)의 세 가지 한역이 남아 있다. 본 논지에서는 당의 현장역을 기본으로 한다. 진제역에서는 전변을 변이(變異)라고 한역한다.

28 『唯識二十論』 (『대정장』 31권, 76하)

29 전계논서, 77면.

서, 이상한 현상을 일으키게 하고 변화하게 하는 것이라고 본다.

이것은 앞에서 밝힌 전변의 두 가지 뜻 가운데에 후자의 경우 즉 **anyathābhāva-karaṇa**의 한역의 의미와 비슷하다고 볼 수 있다. 불보살의 선정의 자재력에 의하여 제법을 자유자재로 변질하게 하는 것과 같기 때문이다.

이 밖에도 세친의 식전변설의 전초적인 역할을 한 『유식이십론』의 관련 문구를 살펴보면 다음과 같다.

① 만약 자상속전변차별에서 여러 유정에게 경계[境]로 현현되는 식이 생기는데 경계의 차별에서 생기는 것이 없다면… …
② 만약 [지옥인의] 여러 가지 업들에 의하여 거기에서 여러 대종(大種)이 생기게 되고 또 그와 같은 전변이 있다고 허락된다면 왜 식[생겨남과 전변]을 허락하지 않는가?
③ 실로 여러 가지 지옥의 업에 의하여 그에 따라서 대종의 생겨남과 전변이 구별된다. 그들 업의 습기(習氣)는 식의 상속에 의지하는 것이지 다른 곳에 의지하지 않는다. 그렇다면 습기가 있는 곳 그 곳에 그 [습기의] 결과인 그러한 식전변이 있다고 왜 허락하지 않는가?

①의 경우는 『구사론』에서 나타나고 있는 상속전변차별에 자(自, sva)가 붙여져 있는 것이 특징적이다. 내용적으로 '스스로의 상속'은 즉 '스스로의 상속인 아뢰야식 중의 종자[習氣]의 전변차별'이 설해져 있는 것이다.[30] 또한 ①의 '경계[境]로 현현되는 식'은 대경을 인식하는 육식의 작용을 의미하므로 구체적인 현실인식의 작용을 포함하는 육식의 작용을 식전변에 포함시키는 중요한 일구로 보인다.

『유식이십론』의 제18송의 식전변은 외계(外界)를 변화시키는 물리적인 힘의 작용의 의미를 담고 있으며, ①②③의 예는 아뢰야식의 종자의 잠재적인 습기의 작용과 현재의 식인 육식의 작용까지를 포함하고 있는 것이다.

이 외계의 전변과 마음의 전변과의 관계는 마음밖에 외계의 사물이 존재한다는 경량부의 설에 맞서서, 세친은 『유식이십론』의 제6송과 제7송에서 오직 식만[唯識]이 있음을 주장한다.

30 平川彰 등 편, 전게서, 169면 참조.

4) 『유식삼십송(唯識三十頌)』의 식전변

식전변의 용어가 정착되는 시점은 『유식삼십송』에서 제식(諸識)의 전변을 게송으로 읊기 시작하면서 비롯된다. 세친의 『유식삼십송』 가운데에 식전변과 관련된 내용은 3게송에서 나타난다.

제1게송에서 "가에 의하여 아와 법을 설하니, 갖가지 상이 전전함이 있네. 그것은 식의 소변에 의하며, 그 능변은 오직 세 가지 뿐이네"[31]라고 한다. 제1송에서는 가설에 의하여 갖가지 모습으로 변화하는 아와 법이 있으며 그 가설에 의한 아와 법은 식이 변한 것이며[所變] 그 변함의 주체 역할[能變]은 세 가지라고 설하고 있는 것이다. 유식사상은 존재하는 것은 오직 식뿐이라는 근본사상을 갖고 있기 때문에, 식 외의 외계 대상의 실재를 인정하지 않는다.

그래서 아와 법을 가설(假說, upacāra)이라고 한 것이며, 임시의 방편에서 실재하지 않는 아와 법을 있다고 한다는 것이다. 가설로서는 존재하지만 실재로는 존재하지 않는 아와 법이 갖가지 모습으로 나타나는 것은 식의 변화[識轉變] 때문인 것이며, 그 전변인 변화는 세 가지 유형이 있다고 삼능변을 기술하고 있는 것이다. 아와 법을 변화하게 하는 주체격인 능변은 초기불교에서는 식이라고 총칭한 것이며, 우리들의 전반적인 정신작용과 마음을 의미한다.

식전변이란 용어가 확립되기 전까지는 일반적으로 식이라고 표현되고 분별의 작용이라고 표현되던 마음의 기능이, 유식의 유가행파에 이르면 앞서 Ⅰ장에서 기술한 바와 같이 모두 여덟 가지의 식으로 건립된다. 초기불교에서는 여섯 가지의 육식으로 인식되어진 것이 유식불교에서는 심층적인 나[我]를 내세우는 말나식과 근원적인 마음으로 세세생생 모두 행위를 담는 아뢰야식을 추가하여 8식 사상을 정형화하고 있는 것이다.

세친은 이러한 여덟 가지의 식을 세 가지의 전변으로 분류한다. 즉 세 가지의 전변은 첫째 이숙으로서 일체종자를 지닌 아뢰야식이며, 둘째 아뢰야식을 소연으로 하여 항상 나라는 존재를 집지하는 말나식이며, 셋째 오관 각각의 대상인 경계와 오관을 통합하여 인식하는 제6 의식이다.

이와 같이 식은 항상 변화한다는 공식을 적용하여, 여덟 가지의 식을 3종

---

31 『唯識三十論頌』(『대정장』 31권, 60상). "由假說我法. 有種種相轉. 彼依識所變. 此能變唯三."

의 변화를 겪는 전변으로 분류하여 정형화한 것이 『유식삼십송』의 성과라고 할 수 있다. 또한 전변을 종자설과 결합시키고 있다. 경량부에서 전변을 식물의 종자의 발아현상에 비유하여 마음의 심층적인 과정으로만 보던 것을, 『대승성업론』에서 이런 종자의 의미를 진전시켜서 육식의 표층적인 작용까지 포함하여 식의 3종 전변으로 발전시켰던 것이다.

더욱이 『유식삼십송』의 제17송에서는 이 식전변을 모든 식의 상의상관(相依相關)으로 변화한다는 공식을 전면에 내세운다. 제17송에 "제식이 전변하니 분별하고 분별되어지네. 이도 저도 모두 없기 때문에 일체는 유식이네"[32]라고 한다. 분별하는 주체와 분별되어지는 대상은 다만 여러 식들의 변화일 뿐이며, 이것은 진정한 현상이 아니고 오직 유식만이 인정된다고 보는 것이다. 유식만을 인정하고 식의 변화[轉變]으로 이루어지는 모든 대상의 외연(外緣)은 인정하지 않는다는 것이다. 또한 분별하는 것을 제식의 전변과 같은 현상으로 보고 있는 것은, 세친의 관점에서 보면, 모든 것은 아뢰야식이라는 일체 종자식의 저장과 현현의 상태에 불과하기 때문이다. 이를 뒤받침 하는 내용이 제18송이다.

제18송에 "일체종자식으로 인하여 이렇게 저렇게 전변하네. 전전력 때문에 이런 저런 분별이 생기네"[33]라고 한다. 범본을 참고하여 해석하면 "일체종자인 식은 실로 이와 같이 전변하네. 상호의 힘으로부터 작용하고 그것에 의하여 분별이 생긴다"고 하는 것이다. 이 게송에서는 일체종자식이라는 아뢰야식에 의하여 모든 식이 변화를 겪게 됨을 설명하는 것이다.

이를 볼 때 세친은 식변화[識轉變]의 주체를 아뢰야식으로 보는 것이며, 이 아뢰야식은 심층적인 마음을 담보하고 저장의 기능을 갖추고 모든 종자를 집지하는 기능이 있다고 보는 것이다.

특히 아뢰야식 안에 있던 종자가 미성숙의 상태에서 성숙된 상태로 변화한 결과가 종자의 작용이 밖으로 드러나며, 즉 현실적이고 표층적인 마음의 활동이 전개된다고 이해한 것이다. 이 종자를 저장하는 아뢰야식이 현재상태의 활약으로 드러남을 소변과 능변의 관계로 본 것이며, 이는 분별과 소분별의 관계와도 같다고 본 것이다. 아뢰야식이 육체[有根身]과 자연[器世間]을 집지한다고 보는 것이 유가행파의 일반적인 생각이다.

---

32 전게논서, 60하. "是諸識轉變. 分別所分別. 由此彼皆無. 故一切唯識."

33 전게논서, 61상. "由一切種識. 如是如是變. 以展轉力故. 彼彼分別生."

또한 모든 행위[業]의 결과인 종자는 아뢰야식이라는 식 안에 저장되어 있으면서 그냥 그대로 유지되는 것이 아니라 새로운 결과를 낳기까지 찰나찰나 성장하고 발전하고 변화해 간다고 본 것이다. 이 찰나찰나 성장하고 발전하고 변화해 가는 종자의 과정을 『유십삼십송』은 전변으로 보았던 것이다.

『구사론』에서 '상속전변차별'이란 용어가 『유십삼십송』에서 '전변'으로 정착화된 것은, 심층적인 심적 과정과 표층적인 심적 과정과의 인과관계 및 양자의 상호적인 인과관계에 근거하여, 마음의 유기적인 활동을 '전변'이라는 단어로 표현하려고 했던 것이다.[34] 그래서 『유식삼십송』 제1송에서 '아와 법은 가(假)로 설해진 것이며, 이는 식의 전변에 의한 것'이라고 한 것이다. 아(我)는 인식의 주체적인 것을 총칭하며, 법은 대상으로 현현한 모든 물질과 기세간을 가리키는 것이다. 이 아와 법은 아뢰야식이란 하나의 식으로 귀환하고, 다시 밖으로 나타나는[顯現] 인과의 상호법칙성을 갖는다.

이를 제18송에서는 아뢰야식이라는 일체종자식의 전변·분별과의 인과의 상호법칙성으로 설하여, 아뢰야식의 전변과 나머지 전식(轉識)의 전변의 순환을 설명하고 있는 것이다.

이는 『성유식론』과 『성유식론술기』에 이르면, 종자생현행(種子生現行)과 현행훈종자(現行熏種子)와 종자생종자(種子生種子)의 사상을 낳게 된다. 이를 도식화하면 다음과 같다.

종자생현행의 과정

아뢰야식 안에서의 전변(종자생종자) ⇄ 전식의 전변(분별하면서 현행)

현행훈종자의 과정

아뢰야식의 종자 안에서도 전변이라는 변화는 계속 일어나고, 이는 분별의 작용이 뜨면 바로 일곱 가지의 전식으로 환원하여 나타나며, 이 현행된 전식은 곧바로 다시 종자로 훈습되어 아뢰야식에 저장된다는 것이다. 이 계속되는 환원의 법칙은 인과의 법칙으로 무시무종으로 계속되는 활동이다.

세친의 전변설은 제17송에서 보이는 것처럼 아뢰야식·말나식·전육식의 모든 식이 전변한다고 본다. 더군다나 식이라고 하더라도 고정적이고 실체

34 平川彰 등 편, 전게서, 180면 참고.

적인 현상으로 있는 것이 아니라, 제1송에서 보이는 것처럼 허상[假]으로 행해진 것일 뿐이고 찰나로 생멸한다고 본다.

또한 제18송에서 보이는 것처럼, 이는 전전력으로 분별을 낳는 환원적이고 끝없는 인(因)에서 과(果)로 과에서 인으로의 상속성을 보인다고 한다. 특히 전변이란 변화의 연속성을 아뢰야식으로의 일원화로 귀결시키고 있는 것이다.

세친은 『구사론』에서 '상속전변차별'이라는 용어를 『유식이십론』에서 '내계의 전변'의 의미로 확대하다가 드디어 『유식삼십송』에 이르러서 아와 법의 가설[제1송]과 분별[제17송]과 일체종자의 전변[제18송]을 기술하면서 '잠재적인 종자에서 현재 드러나는 현행의 과정'까지 아울렀던 것이다.

5) 『유식삼십송(唯識三十頌)』의 주석서에 나타난 전변설

『유식삼십송』에서 펼쳐진 유식의 교의는 10대 논사를 배출할 정도로 지대하였다. 『유식삼십송』에 대한 10대 논사의 주석의 내용을 호법(護法)의 설을 중심으로 정리해 낸 것이 『성유식론』이고, 이는 한역으로 현존한다. 이 밖에도 10대 논사 가운데의 한 사람인 안혜(安慧)의 주석서가 범본으로 현존한다. 호법의 식전변과 안혜의 식전변에 대한 주석을 살펴보면 발달된 식전변 사상의 전개를 알 수 있다. 식전변의 사상에 관건이 되고 있는 『유식삼십송』의 제1송·제17송·제18송에 대한 호법과 안혜의 주석을 살펴보도록 하겠다.

① 제1송에 대한 호법과 안혜의 관점

호법은 『유식삼십송』의 제1게송에서 "가에 의하여 아와 법을 설하니, 갖가지 상이 전전함이 있네. 그것은 식의 소변에 의하며, 그 식의 능변(能變)은 오직 세 가지 뿐이네[35]"라고 한 것에 대하여 구체적으로 해석한다. 세간의 성교로서 아와 법이 있는 것이라고 설하고, 실제 있는 성품이 아닌 단지 임시로[假]로 세운 것이라고 하고, '아'는 주재(主宰)를 의미하고 '법'은 궤지(軌持)를 의미한다고 주석한다.

"그 아와 법의 두 가지는 갖가지의 모습으로 변화함[轉: 전변을 의미함]

---

35 『唯識三十論頌』(『대정장』 31권 60상). "由假說我法. 有種種相轉. 彼依識所變. 此能變唯三."

이 있는데 '아로 전변하는 갖가지 모습'은 유정·명자 등과 예류·일래 등이라고 하고, '법으로 전변하는 갖가지 모습'은 진실·공덕·업 등과 온·처·계 등이라고 하고, '전(轉)'은 연에 따라서 시설하고 달라짐이 있는 것이다."[36] 라고 한다.

『성유식론』에서는 세속에서 존재하고 가설로만 존재하는 '아'는 갖가지 유정 등의 존재를 의미하고, '법'은 진실 등과 온·처·계 등을 의미하지만, 아와 법의 특징은 모두 연에 따라서 항상 변화의 전변이 통용되고 있다고 주석하고 있다.

또한 이러한 가설로만 존재하는 아와 법의 갖가지 모습은 식의 전변에 의한 것이라고 한 게송에 대하여 '식'은 확연하게 구별하여 아는 것[了別]을 의미하지만, 여기에서 '식'은 정(定)과 상응하기 때문에 심소를 포함한다고 하고, '변(變)'은 식체가 2분과 흡사하게 변화한 것이며, 상분(相分)과 견분(見分)은 모두 자증(自證)을 의지하여 일어나며, 그 2분에 의지하여 아와 법을 시설한다[37]고 한다.

또한 『성유식론』에서는 안의 식[內識]이 밖의 경[外境]과 흡사하게 전변하는 것은 아와 법을 분별하는 훈습력 때문이라고 하고, 제식이 생길 때에 아·법과 흡사하게 변하고, 이 아·법의 상은 안의 식 속에 있을지라도 분별에 의지하게 되면 외경과 흡사하게 나타난다고 한다. 그런데도 중생들은 외경과 흡사하게 변화한 아와 법을 연관하여 실아와 실법이라고 잡착한다[38]라고 한다.

즉 식[아뢰야식] 안에 있는 것들이 분별에 의하여 아와 법으로 갈라지면서 외경과 흡사하게 나타난다고 하며, 이것은 하나의 식이 둘로 갈라지면서[분별] 나타나는 현상인데도 중생들은 이를 진실한 나[實我]와 진실한 범주[實法]라고 생각한다는 것이다.

또한 『성유식론』에서는 삼능변의 이숙·사량·요별의 기능을 하는 아뢰야식·말나식·전육식을 능변식이라고 하고, 능변에는 두 가지가 있다고 밝히

---

36 『成唯識論』 제 1권 (『대정장』 31권, 1상). "世間聖教說有我法. 但由假立非實有性. 我謂主宰. 法謂軌持. 彼二俱有種種相轉. 我種種相. 謂有情命者等. 預流一來等. 轉謂隨緣施設有離."

37 전게논서 (『대정장』 제 31권, 1상·하). "識謂了別. 此中識言亦攝心所. 定相應故. 變謂識體轉似二分. 相見俱依自證起故. 依斯二分施設我法."

38 전게논서 (『대정장』 제 31권, 1중). "或復內識轉似外境. 我法分別薰習力故. 諸識生時變似我法. 此我法相雖在內識而由分別似外境現. 諸有情類無始時來. 緣此執爲實我實法."

고 있다. 즉 “첫째는 인능변으로서 제팔식 중에 등류와 이숙의 두 가지 인(因)의 습기를 의미한다. 등류습기는 칠식 중에 선·악·무기에 의하여 훈습하여 생겨서 자라나고, 이숙습기는 육식 중에 유루의 선·악에 의하여 훈습하여 생겨서 자라난다. 둘째는 과능변으로서 앞의 두 가지의 습기력 때문에 육식이 생겨나서 갖가지 상을 나타내는 것을 의미한다. 등류습기를 인연으로 하기 때문에 육식의 체상이 차별적으로 생기는 것을 등류과라고 이름한다. 결과가 원인과 흡사하기 때문이다. 이숙습기를 증상연으로 하여 제팔식을 부르고 업을 끌어당긴 힘에 되돌아 항상 상속하기 때문에 이숙이라는 이름을 세운다. 전육식을 부르고 꽉 찬 업이 되돌아서 이숙으로부터 일어나면 이숙생이라고 이름하지만 사이에 끊어짐[間斷]이 있기 때문에 이숙이라고 이름하지 않는다. 결과는 원인과 다르기 때문에 즉 전이숙(前異熟)과 이숙생(異熟生)을 이숙과라고 이름한다[39]고 한다.

이에 반하여 안혜의 『유식삼십송석』에서 아와 법의 가설은 식의 전변에서만 행해지고 결코 실아에서 또한 제법에서 행해지지 않는다고 한다. 또한 제법과 아는 식의 전변으로부터 시작될 뿐 이 밖에는 존재하지 않는다고 한다. 그래서 일곱 가지 전식에서는 아 등의 망분별한 습기가 증장하고 색 등의 제법을 망분별한 습기가 증장하기 때문에, 아뢰야식으로부터 아 등에서 사현(似現)한 망분별과 색 등의 제법에서 사현한 망분별이 생기는 것이라고 설명한다. 식이 전변한다는 것은 식이 인(因)과 연(緣)에 의하여 생기는 것으로 받아들이고 있다. 즉 전변은 인의 찰나가 멸하고 동시에 과가 인의 찰나와는 다르게 생기는 것이라고 한다. 또한 안혜는 식이 연기한 것을 전변이라고 한다고 정의하고, 그것은 외계의 경(境)이 없고 식만이 경의 행상을 지녀서 낳는다고 설명한다.

안혜는 전변을 인전변과 과전변으로 분류하고 있다. 전변을 인(因)과 과(果)의 2종으로 나누고 있다. 인전변이란 아뢰야식 중에서 이숙습기와 등류습기를 생기게 하여 기르는 것이라고 하고, 과전변이란 이숙습기가 활동해서 전세의 업을 끌어당김이 꽉 찰 때 아뢰야식이 다른 중동분(衆同分)에

39 『成唯識論』 제 2권 (『대정장』 제 31권, 7하). “因能變. 謂第八識中等流異熟. 二因習氣. 等流習氣由七識中善惡無記熏令生長. 異熟習氣由六識中有漏善惡熏令生長. 二果能變. 謂前二種習氣力故. 有八識生現種種相. 等流習氣爲因緣故. 八識體相差別而生. 名等流果果似因故. 異熟習氣爲增上緣感第八識. 酬引業力恒相續故. 立異熟名. 感前六識酬滿業者從異熟起名異熟生. 不名異熟有間斷故. 卽前異熟及異熟生名異熟果. 果異因故.”

서 생기는 것과 등류습기가 활동하므로 전식과 염오의(染汚意)가 아뢰야식에서 생기는 것이라고 설명한다. 선과 악의 전식(轉識)은 아뢰야식 가운데에 이숙습기와 등류습기를 저축하고, 무기의 전식과 염오의(染汚意)는 아뢰야식 가운데에 등류습기만을 저축한다고 한다고 한다.

② 제17송에 대한 호법과 안혜의 관점

제17송에 "제식이 전변하니 분별하고 분별되어지네. 이도 저도 모두 없기 때문에 일체는 유식이네[40]"라고 한 것에 대하여 호법은 『성유식론』에서 다음과 같이 주석한다.

"제식이란 앞에서 설한 바와 같이 삼능변식과 그 심소이며, 모두 능히 견분과 상분의 두 가지 부분과 흡사하게 변화하므로 전변이라는 이름을 세우는 것이다. 능히 상을 취하기 때문에 전변되어진[所變] 견분을 설명하여 분별이라고 이름하는 것이며, 취해진 것[所取]을 보기 때문에 전변되어진 상분을 분별되어진 대상[所分別]이라고 이름한다. 이런 정리에 의하여 그 실아와 실법은 식이 변화한 것[轉變]이며 모두 반드시 있는 것이 아니다. 취하고 취해진 것을 떠나서 다른 것은 없기 때문이다. 두 가지 상을 떠나면 실물은 있지 않기 때문이다. 그러므로 일체의 유위와 무위는 진실이건 거짓이건 간에 모두 식을 벗어나지 않는다"[41]라고 한다.

『성유식론』에서는 제식은 『유식삼십송』의 제2송에서 이미 밝힌 전육식의 요별경식과 제칠식의 사량의식인 말나식과 제팔 이숙식인 아뢰야식을 의미한다고 기술하고, 선정도 포함하기 때문에 그것과 함께 하는 심소라고 정의하고 있다. 또한 전변이라는 용어는 제식이 모든 견분과 상분의 두 가지로 흡사하게 변화하는 것이라고 설명하고, 이 견분과 상분은 분별과 소분별로 대치될 수 있다고 설명하고 있다. 견분은 대상을 취하는 기능을 하는 주체이고 상분은 주체가 대상을 취할 때 취해진 대상이라고 설명하고 있는 것이다.

그러나 이 모든 것은 전육식·말나식·아뢰야식이 변한 견분과 상분을 취

---

40 『唯識三十論頌』(『대정장』 31권 60하). "是諸識轉變. 分別所分別. 由此彼皆無. 故一切唯識."

41 『成唯識論』 제 7권(『대정장』 31권, 38하). "是諸識者. 謂前所說三能變識及彼心所. 皆能變似見相二分. 立轉變名. 所變見分說名分別. 能取相故. 所變相分名所分別. 見所取故. 由此正理彼實我法離識所變皆定非有. 離能所取無別物故. 非有實物離二相故. 是故一切有爲無爲若實若假皆不離識."

하여 실아라고 집착하고 실법이라고 집착하지만, 그것은 반드시 있는 것이 아니라고 한다. 식이 변화한 견분과 상분을 떠나면 실제로 대상이 있지 않기 때문이라고 하는 것이다.

또한 '일체는 유식(唯識)이다.'라고 한 게송에서 '유(唯)'는 식을 떠난 실물이 있고 식을 떠난 심소법 등이 있다는 하는 생각을 차단하기 위함이라고 하고, '전변'이란 여러 가지의 안의 식이 변화[轉變]하여 아와 법의 바깥 경계의 모습과 흡사하게 변화한 것[轉變]이라고 한다. 삼계의 심과 심소는 허망분별을 자성으로 하기 때문에 이 능전변을 분별이라고 이름하고 헛되이 실아와 실법을 집착한 대상이 되기 때문에 이 집착되어진 경계를 소분별이라고 설명한다. 또한 이는 헛되이 실아와 실법의 성품을 집착한 대상이며 이 분별에 의하여 외경과 흡사하게 변화한 허상[假]의 아와 법의 상을 실아와 실법의 성품이라고 분별하는 것[所分別]이라고 한다. 그래서 결코 있는 것이 아니고 오직 식만[唯識]이 있다고 주장한다.[42]

또한 이 모든 것을 유식에 포함시키고 있는 게송을 풀이하면서 '유(唯)'란 식을 떠나지 않는 법만을 오직 차단하지 않았기 때문에 진공(眞空) 등도 또한 성품이 있으므로 증(增)과 감(減)의 2변을 멀리 여의고 유식의 의미를 세워서 중도에 계합한다[43]고 설명하여 식의 중도성을 알리려고 하고 있다.

이 제17송의 게송에 대하여 안혜는 다음과 같이 해석한다.

이 세 가지 전변은 망분별에 지나지 않으며 망분별은 의탁하는 경의 행상을 지닌 삼계에 소속되는 심과 심소라고 한다. 또한 실재하지 않는 삼계에 소속된 심과 심소는 잘못된 분별[妄分別]에 의한 것이라고 한다. 즉 상응법과 짝하는 아뢰야식과 염오의와 전식을 자성으로 하는 세 가지는 잘못된 분별에 의한 것이며, 잘못된 분별에 의하여 그 대상으로 펼쳐지는 기세간·아·오온·십팔계·십이처 즉 색과 성 등의 그 사물은 실재로 존재하는 것[實有]이 아니라고 한다. 모든 식의 소연은 실재하지 않은 것[非實有]으로부터 생긴다고 한다.

그리고 실재하지 않는 것이 식의 소연이라고 하는 것에 대해서는 식(識)

---

42 『成唯識論』 제 7권 (『대정장』 31권, 38하-39상). "唯言爲遮離識實物. 非不離識心所法等. 或轉變者. 謂諸內識轉似我法外境相現. 此能轉變卽名分別. 虛妄分別爲自性故. 謂卽三界心及心所. 此所執境名所分別. 卽所妄執實我法性. 由此分別變似外境假我法相. 彼所分別實我實法決定皆無. 前引教理已廣破故. 是故一切皆唯有識. 虛妄分別有極成故."

43 『成唯識論』 제 7권 (『대정장』 31권, 39상). "唯旣不遮不離識法. 故眞空等亦是有性. 由斯遠離增減二邊. 唯識義成契會中道."

이 환영·신기루·꿈·예상(瞖像) 등 비실유의 소연에 대해서도 생긴다고 하여, 허상을 관계하는 식의 기능으로 그 현상을 설명한다. 그런데도 불구하고 식이 생기는 것에 대해서는 전에 소멸한 그 동류의 식에서 다음의 식이 생기는 것이라고 하고, 이는 외계의 실물이 생기는 것이 아니라고 한다. 환영 등을 예로 들어서 실물이 없어도 식은 생길 수 있다고 증명한다.

③ 제18송에 대한 호법과 안혜의 관점

『유식삼십송』 제18송에 "일체종자식으로 인하여 이렇게 저렇게 전변하네. 전전력 때문에 이런 저런 분별이 생기네[44]"라고 한 것에 대하여 『성유식론』은 다음과 같이 주석한다.

"일체종식은 본식(本識) 중에 자과(自果)를 낳는 공능차별이며 이것은 등류·이숙·사용·증상의 결과를 생기게 하기 때문에 일체종이라고 이름한다. 묶임을 벗어남[離繫]을 제외하는 것은 종자로부터 생기는 것이 아니기 때문이다. 그것[離繫]은 증득할 수는 있어도 종자의 결과는 아니다. 반드시 현재 일어난 도에서 결을 끊고 얻기 때문이다. 전전의 뜻은 있어도 여기서 설한 것과는 관계가 없다. 이것[일체종자식]은 분별을 생기게 하는 종자를 설명하기 때문이다. 이 종자는 식을 본체[體]로 삼기 때문에 식이라는 이름을 세운다. 종자는 식을 떠나서 다른 성품이 없기 때문이다. 종(種)과 식(識)이라는 두 가지 말은 종식이 아님을 가려내는 것이다. 식이면서 종이 아닌 것과 종이면서 식이 아닌 것이 있기 때문이다. 종식이라는 말은 식 속의 종자를 나타낸다. 종식을 지니는 것이 아니다"[45]라고 한다.

『성유식론』은 "이와 같은 종자는 다른 연의 도움을 받는 것에 따라서 변화한다[轉變]라고 하고, 이러한 '전변'에 대하여 생위(生位)로부터 변화하여 숙성시[熟時]에 이르러 많은 종자가 변화하게 된다고 한다. '이렇게 저렇게'라고 하는 것은 일체종은 세 가지의 훈습과 함께 하고, 함께 하지 않는 등의 모든 종식을 포함하는 것이라고 한다. '전전력'이란 8 현식과 그것의 상응과 상견분 등을 의미한다고 하고, 그것은 모두 상호에 도움을 주는 힘

---

44 『唯識三十論頌』(『대정장』 31권, 61상). "由一切種識. 如是如是變. 以展變力故. 彼彼分別生."

45 『成唯識論』 제 7권 (『대정장』 31권, 40상). "一切種識謂本識中能生自果功能差別. 此生等流異熟士用增上果故. 名一切種. 除離繫者. 非種生故. 彼雖可證而非種果. 要現起道斷結得故. 有展轉義非此所說. 此說能生分別種故. 此識爲體故立識名. 種離本識無別性故. 種識二言簡非種識. 有識非種種非識故. 又種識言顯識中種. 非持種識."

을 준다고 한다. 망분별을 자성으로 하기 때문에 현식 등을 종합적으로 분별이라고 이름한다고 한다. 분별의 종류가 많기 때문에 '이런 저런[彼彼]'이라고 하고, 이 게송의 의도를 말하면 외연이 없을지라도 본식 중의 일체종의 전변의 차별이 있기 때문에 그리고 현행의 8종의 식 등의 전전력 때문에 이런 저런[彼彼]의 분별이 생기게 된다고 한다."[46]

제18송에 대하여 안혜는 다음과 같이 주석한다.

식이 일체종자를 지니는 것에 대하여 일체법을 낳는 공능을 따르기 때문이라고 설명하고, 일체종자를 지니는 '식'에 대해서는 아뢰야식이라고 정의하고 있다. 식은 일체종자를 지니는 기능이 있지만, 아무것도 지니지 않는 경우도 있다고 설명하여, 가시적으로 종자로부터의 해탈도 식의 기능으로 설명하고 있다. '전변'에 대해서는 이전의 단계[位]에서 달라지는 것이라고 설명하고 있다. 이런 저런 잘못된 분별이 계속되면서 태어날 능력이 있는 생위(生位)에 이르게 된다고 하고, 서로의 힘에 의해서 전변이 생긴다고 하는 것에 대해서는 안(眼) 등의 식과 아뢰야식의 상호관계로 설명하고 있다.[47] 즉 안 등의 식이 자체의 공능을 증장할 때에 활동하게 되고, 이러한 특수한 공능이 아뢰야식 변화[轉變]의 원인이 되며, 그 아뢰야식의 변화[轉變]가 다시 안 등의 원인이 된다고 설명하여 전변으로 아뢰야식과 전식의 관계를 상호 인과의 관계로 묶고 있다. ❁

강명희 (동국대)

46 『成唯識論』 제 7권(『대정장』 31권, 40상). "此識中種餘緣助故. 卽便如是如是轉變. 謂從生位轉至熟時. 顯變種多重言如是. 謂一切種攝三薰習共不共等種識盡故. 展轉力者. 謂八現識及彼相應相見分等. 彼皆互有相助力故. 卽現識等總名分別. 虛妄分別爲自性故. 分別類多故言彼彼. 此頌意說雖無外緣由本識中有一切種轉變差別及以現行八種識等展轉力故. 彼彼分別而亦得生."

47 안혜의 주석은 '寺本婉雅 역주, 『安慧造唯識三十論疏』 (동경: 소화 52년), 8-11면·97-100면.
宇井伯壽, 『安慧護法唯識三十頌釋論』 (동경: 1952년), 21-22면·110-117면을 참고하였음.

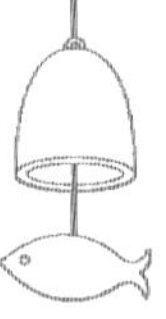

유식무경

범 vijñaptimātra(tā) 장 rnam par rig pa tsam 한 唯識(無境)

I. 어원적 근거 및 개념 풀이

1. 유식무경의 어원

'유식무경(唯識無境)'은 말 그대로 '오직 식(識)만 있을 뿐이고 식을 떠나 별도의 경(境)은 없다'는 뜻이다. 유식은 산스크리트 vijñaptimātra에 해당하며, 그 중 mātra를 '오직'이란 의미의 유(唯)로, vijñapti를 '앎'이란 의미의 식(識)으로 번역한 것이다. 이 둘을 합해 '오직 식일 뿐이다'라는 '유식(唯識)'이 성립한다. vijñapti는 '둘로 나누다'의 vi와 '알게 하다'의 jñapti를 합한 것이다. vijñapti의 어미변형은 '알다'의 동사 vi-√jñā의 사역형 vijñāpayati에서 만들어진 명사형으로 결국 '알게 하는 것'이라는 의미를 가진다. 인식주체인 vijñāna가 자기 자신에게 인식대상인 경을 알게 하는 것이라는 뜻이다. 무경(無境)의 경(境)은 산스크리트로 artha로서 인식대상이라는 의미를 가진다. 현장은 『유식이십론』과 『유식삼십송』과 『성유식론』

에서는 artha를 경(境)으로 번역하였지만 『섭대승론』에서는 의(義)로 번역하였으며, 진제는 『섭대승론』에서 artha를 진(塵)으로 번역하였다. 현장의 역을 따라 유식무경이라고 할 때, 무경이 의미하는 것은 인식대상인 경(境)이 아예 없다는 것이 아니라, 경이란 그 경을 인식하는 식과 독립적으로 존재하는 것이 아니라, 그 식이 변현된 결과로서 존재한다는 것이다.

유식무경은 인도 대승불교에 속하는 유식학파의 관점을 대변해주는 기본개념이다. 유식학파는 인도에서 2세기 이후 쓰여진 『해심밀경』, 『입능가경』 등 유식계 대승경전을 소의경전으로 삼고, 미륵(Maitreiya, 270-350?)의 『유가사지론』, 『중변분별론』, 무착(Asaṇga, 310-390)의 『섭대승론』, 『현양성교론』, 무착의 동생 세친(Vasubandu, 320-400)의 『유식이십론』, 『유식삼십송』 등을 소의론전으로 삼아 형성된 학파이다. 본래 유식학파는 요가를 수행하는 요기들에 의해 형성된 학파로서 유가행파(Yogācāra)라고 부르기도 한다. 대승사상에 있어 공사상에 입각한 중관사상을 공종(空宗)으로 분류할 때, 유식은 현상세계의 존재를 분석했다는 점에서 유종(有宗)으로 분류되기도 한다.

2. 유식무경의 의미

1) 오위법(五位法)의 유식성

『유식이십론』은 유식에 대해 다음과 같이 논한다.

> 대승에서 삼계(三界)는 오직 식(識)뿐이라고 안립한다. 경전에서 삼계는 오직 심(心)일뿐이라고 말하기 때문이다. 심(心)·의(意)·식(識) 및 요별(了別)은 명칭의 차이이다. 여기서 '심'의 의미는 심소(心所)도 겸하며, '오직'은 외부 대상만을 배제하는 것이고, 심소를 배제하는 것은 아니다.[1]

이는 곧 존재하는 것은 심과 그 심의 작용인 심소일 뿐, 심과 독립적으로 심 바깥에 외부대상이 존재하는 것은 아니라는 것이다. 『성유식론』은 유식무경을 좀 더 상세히 풀이한다.

---

1 세친 조, 현장 역, 『유식이십론』(『대정장』 31, 74중). 국역으로는 동국역경원 편, 『한글대장경 성유식론 외』, 430면. "安立大乘, 三界唯識. 以契經說, 三界唯心. 心意識了, 名之差別. 此中說, 心意兼心所. 唯遮外境, 不遣相應"

> 실제로 외적 대상은 존재하지 않고, 오직 내적 식만이 존재하여 외적 대상처럼 나타난다.[2]

오직 내적인 식만이 존재한다는 것이 '유식'이며, 식과 독립적인 외부의 대상은 존재하지 않는다는 것이 '무경'이다. 그러므로 외적 대상은 그 자체로 존재하는 것이 아니라, 내부의 식이 외적인 대상의 모습으로 변현(變現)한 것이라는 설명이 덧붙여져야 '유식무경'이 성립하게 된다.

유식이 일체를 심이라고 강조하는 것은 유식 이전 소승의 한 부파인 설일체유부(說一切有部)가 오위법(五位法) 각각을 실유(實有)로서 주장한 것에 대한 비판이라고 볼 수 있다. 5위법이란 심왕법, 심소법, 색법, 불상응행법, 무위법의 다섯 가지를 말한다. 설일체유부는 일체 존재를 다섯 가지로 분류하고, 그 각각이 상호 독립적인 실재성을 가지는 것으로 주장하였다. 따라서 심법(心法)이란 다섯 가지 중의 하나일 뿐이며, 나머지 것들은 심 바깥에 심과는 다른 존재론적 위상을 갖고 실재하는 것으로 간주된다.

이에 반해 유식은 일체 존재를 그 자체 식 또는 식의 변현으로 간주하여 식 의존적인 것으로 설명한다. 위에서 "심의 의미는 심소도 겸한다"라는 것은 심이 심왕법뿐 아니라 심의 작용으로서의 심소법도 포괄한다는 것을 의미한다. 오직 심 또는 식만이 있고 별도의 "외부의 대상은 존재하지 않는다"는 것은 일상적으로 심과 전혀 다른 방식으로 존재한다고 여겨지는 색법이나 불상응행법 또는 무위법이 실제로는 심 또는 식의 변현에 지나지 않는다는 것을 말하는 것이다. "식만이 존재하여 외부대상처럼 나타난다"는 것이 그것이다. 『성유식론』의 다음 구절은 각각의 오위법이 어떤 의미에서 식을 떠난 것이 아닌가를 간략히 제시한다.

> 유식이라는 말에는 심오한 의미가 있다. 식이라는 말은 전체적으로 모든 유정에게 각기 8식, 6위의 심소, 전변된 상분과 견분, 분위의 차별 및 그것의 공한 이치에서 드러나는 진여가 있음을 나타낸다. 식의 자상이기 때문이고, 식과 상응하기 때문이며, 두 가지가 전변된 것이기 때문이고, 세 가지의 분위이기 때문이며, 네 가지의 참다운 성품이기 때문이다.[3]

---

2 호법 등 조, 현장 역, 『성유식론』(『대정장』 31, 7상). 국역으로는 동국역경원 편, 『한글대장경 성유식론』 65면, "實無外境, 唯有內識, 似外境生"

3 『성유식론』(『대정장』 31, 39하), (국역 294). "唯識言, 有深意趣. 識言總顯, 一切有情,

이는 일체의 존재를 분류한 5위법에 따라 유식을 논하는 것으로서, 심왕법·심소법·색법·불상응행법·무위법이 모두 식을 떠난 것이 아님을 밝히는 것이다. 심왕법은 8식 자체로서 이는 곧 식의 자상이므로 식 이외의 다른 것이 아니며, 심소법은 6종류[遍行, 別境, 善, 煩惱, 隨煩惱, 不定]의 마음 작용으로서 식과 상응하는 것이기에 식을 떠난 것이 아니다. 색법은 심왕과 심소가 전변되어 견분과 상분으로 변현된 것이기에 식을 떠난 것이 아니며, 불상응행법은 심왕, 심소, 색법의 세 가지에 있어 분별하여 가설적으로 설정한 것에 지나지 않으므로 식을 떠난 것이 아니다. 그리고 무위법은 심왕, 심소, 색법, 불상응행법의 네 가지의 참다운 성품인 공한 이치를 뜻하는 것이므로 식을 떠난 것이 아니다. 그러므로 결국 심왕, 심소뿐 아니라 색법, 불상응행법, 무위법도 모두 식을 떠난 존재가 아니기에, 한마디로 일체가 심 내지 식이라는 유심 내지 유식이 성립하는 것이다.

2) 아뢰야식과 식전변

유식에 있어 주된 논점은 어떻게 신체 및 물리적 객관세계에 해당한다고 생각되는 색법(色法)이 심을 떠난 것이 아닌가 하는 것이다. 신체는 안이비설신 오근(五根)이고 객관세계는 다섯 감각기관의 대상인 오경(五境)인데, 오근 오경이 다 색법으로서 우리는 일상적으로 색과 심, 색과 명, 물질과 정신을 서로 다른 별개의 것으로 간주하기 때문이다. 오근으로 존재하는 유정의 신체를 불교는 근(根)을 가진 신체라는 의미에서 '유근신(有根身)'이라고 부르고, 그 유근신이 의지해 사는 세계를 유정을 담고 있는 그릇과 같은 것이라는 의미에서 '기세간(器世間)'이라고 부른다. 우리는 일상적으로 내 몸과 기세간을 객관적인 물질적 존재[색]로 간주하면서, 그것들을 바라보는 나의 마음작용과 구분한다. 그렇게 해서 아와 법, 나와 세계를 각각 별개의 실유 존재로 간주하면서 거기 집착하여 아집과 법집을 일으킨다. 반면에 유식은 우리가 아와 법으로 집착하는 자아와 세계가 어떤 의미에서 식의 변현인가를 밝히는데, 그것이 바로 식전변(vijñanapariṇāma)이다. 유식은 일체의 현상세계를 식의 전변으로 설명하는 것이다. 『유식삼십송』 제17게송은 다음과 같이 말한다.

各有八識, 六位心所, 所變相見, 分位差別, 及彼空理所顯眞如. 識自相故. 識相應故. 二所變故. 三分位故. 四實性故"

> 이 모든 식이 전변하여 분별[견분]과 분별되는 것[상분]이 된다. 이것[실아]과 저것[실법]이 모두 존재하는 것이 아니므로, 따라서 일체는 오직 식일 뿐이다.[4]

자아와 세계는 실아와 실법으로서 실재하는 것이 아니라, 오직 식의 변현으로서, 즉 식의 견분과 상분으로서 존재할 뿐이다. 그렇다면 그와 같이 변현하는 식은 어떤 식(識)인가?

유근신과 기세간의 색법으로 변현할 식은 우리의 일상적인 표층 의식이 아니다. 왜냐하면 표층 의식에 있어서는 의식의 주체로서의 자아와 의식의 대상으로서의 세계가 이미 실재하는 것으로서 전제될 뿐 아니라, 깊은 잠이나 기절 등의 상태에서 표층의식은 중단되어 그 흐름이 끊기므로 연속적인 자아 및 세계의 근거가 될 수 없기 때문이다. 더구나 표층의식은 어느 정도 임의적이고 선택적인데 반해, 유근신과 기세간은 이미 인간에게 운명처럼 주어지며 필연적인 것으로서 다가온다. 따라서 자아와 세계, 유근신과 기세간을 형성할 식은 표층의식보다 더 심층에서 작용하는 식이어야 한다.

연기와 업 그리고 윤회의 원리에 따르면 유근신과 기세간을 형성할 식은 전생의 업력을 간직하여 그 업력에 따라 과보를 낳을 식이 아니면 안된다. 유식은 과보를 낳기까지 업력을 간직하고 있다가 중연(衆緣)이 화합한 적정 시기에 업보를 산출하는 그런 업력의 담지자를 '종자(種子)'라고 부른다. 종자는 의도적 행위인 업에 의해 남겨지는 세력으로서 그 업의 과보를 낳기까지 소멸하지 않고 변화 유지되다가 적정한 시기에 과보를 낳는 것이다. 이와 같이 업력을 담지한 종자들의 흐름을 유식은 '아뢰야식(阿賴耶識)'이라고 부른다. 아뢰야식은 의식보다 더 심층의 식으로서 과거의 업이 남긴 세력이 그 힘을 발휘하기까지 존속하는 종자들의 흐름이다. 이전의 나무가 맺어놓은 열매에서 남겨진 종자가 땅에 떨어져 살아 있다가 적정한 시기에 그 종자의 힘을 발휘하여 새싹으로 자라나고 줄기로 뻗어나 또 다른 나무를 형성하게 되는 것처럼, 아뢰야식은 종자들의 흐름으로서 유지되지만, 그 종자들은 적정한 시기에 자신 안의 업력에 따라 구체화되고 현실화된다. 이를 종자의 현행(現行)이라고 한다. 종자의 흐름으로서의 아뢰야식이 잠재식으로서의 아뢰야식인데 반해, 종자가 구체화되고 현실화된 측

4 세친 조, 현장 역, 『유식삼십송』, 17게송 (『대정장』 31, 61상). "是諸識轉變, 分別所分別. 由此彼皆無, 故一切唯識"

면의 아뢰야식은 현행 아뢰야식이다. 유식은 중생의 유근신과 그 유근신이 의지해 사는 기세간을 아뢰야식의 종자가 구체화되고 현실화된 결과로 간주한다. 이런 의미에서 자아와 세계를 식이 전변한 결과라고 하는 것이다.

유근신을 아뢰야식의 전변결과라고 하는 까닭은 유정이 어떤 근을 갖는 몸으로 태어나는가를 결정하는 것이 바로 업력인데, 그 업력이 곧 아뢰야식 안에 심겨진 종자이기 때문이다. 즉 아뢰야식 내 종자의 업력에 따라 그 아뢰야식이 어떤 종류의 근을 갖춘 유정으로 태어나게 되는지가 결정되는 것이다. 근(根)은 자신을 둘러싼 세계를 감각하고 지각하여 인식할 수 있는 인식능력을 의미한다. 촉각 또는 후각 미각만의 유정으로 태어나는가, 시청각을 가지는 유정으로 태어나는가, 의식 및 천안을 가지는 유정으로 태어나는가 등이 그 유정의 아뢰야식 안에 잠재된 종자의 업력에 따라 결정된다는 것이다. 선업(善業)을 지으면 삼선도(三善道: 천, 수라, 인간계)에 태어난다는 것은 그런 행복한 세계를 지각할 수 있는 근을 갖춘 존재가 된다는 것을 의미하며, 악업을 지으면 삼악도[축생, 아귀, 지옥계]에 태어난다는 것은 그런 고통스런 세계를 지각할 수 있는 근을 갖춘 존재가 된다는 것을 의미한다. 이처럼 유식은 중생의 유근신을 이전 중생이 지은 업이 남긴 업력의 결과, 업력의 직접적 결과인 정보(正報)로 간주한다.

나아가 유식에 따르면 유정이 그 안에 살게되는 세계인 기세간 또한 유정의 근에 상응하는 세계일 뿐이므로 근을 떠난 객관 실재가 아니다. 따라서 기세간도 유정의 유근신과 마찬가지로 유정의 아뢰야식의 종자 안에 담긴 업력의 결과로 간주된다. 각각의 유정은 자신의 업력에 따라 특정한 근[인식능력]을 지닌 유근신을 갖게 되며, 그 결과 그 근에 상응하는 경[인식대상]인 기세간에 살게 되는 것이다. 유정의 유근신이 업력의 직접적 결과인 정보라면, 기세간은 업의 결과이되 정보(正報)의 유근신이 의지하여 살게되는 곳이라는 점에서의 의보(依報)라고 부른다. 결국 보는 눈이 있는 자에게만 세계는 색깔과 모양이 있는 색경(色境)이고, 듣는 귀가 있는 자에게만 세계는 소리가 있는 성경(聲境)이다. 그리고 생각하는 의(意)가 있는 자에게만 세계는 법(法)으로의 질서를 갖춘 일정한 의미체의 법경(法境)이다. 이렇게 중생이 그 안에 살게 되는 기세간도 그 중생 안에 내재된 종자의 발현인 것이다. 유근신은 중생의 개별적인 특수한 업에 따른 과보이며, 기세간은 그 처에 속하는 모든 중생들이 공통적으로 지은 업에 따른 과보이다. 따라서 유식은 공통의 기세간을 형성하는 업을 '공업(共業)'이라고 하고, 각자의 유근신을 결정하는 업을 '불공업(不共業)'이라고 한다.

아뢰야식 안의 종자가 구체화되고 현실화되어 그 업의 보로서 유근신과 기세간을 형성하게 되는 과정을 유식은 식전변의 사분설로 설명한다.

3) 사분설(四分說)

유식은 일반 범부가 식 바깥에 객관적으로 실재한다고 생각하는 물리적 신체 및 대상세계가 실제로는 식의 전변결과일 뿐이라고 주장한다. 물론 그와 같이 신체 및 대상세계로 변현하는 식은 표층적인 의식이 아니라, 그보다 더 심층적인 아뢰야식이다. 아뢰야식 내에 함장되어 있던 종자의 업력이 현실화되고 외화된 결과라고 보는 것이다. 그러므로 유근신과 기세간은 식을 떠난 별개의 실재가 아니라, 식의 전변결과인 식의 산물이다. 이러한 식의 전변과정을 설명하는 것이 사분설이다.

유식은 식의 활동을 대상을 연하는 활동으로 보되 그렇게 연해지는 대상이 실은 식 자체가 그린 영상에 지나지 않는 것으로 간주한다. 식이 대상으로 삼는 경계는 바로 그 식이 그린 영상이 된다. 식은 스스로 상을 그리고 그 상을 자신의 대상으로 인식한다. 이처럼 식이 그린 상을 식의 '상분(相分)'이라고 하고, 그 상분을 대상으로 인식하는 활동을 식의 '견분(見分)'이라고 한다.

> 유루식 자체가 생할 때는 언제나 소연과 능연의 상이 나타난다. … 소연처럼 나타나는 상을 상분이라고 하고, 능연처럼 나타나는 상을 견분이라고 한다.[5]

상분은 대상으로 인식되는 것, 연(緣)해진 것이기에 소연(所緣)이라고도 하고, 그렇게 상분을 연하는 견분을 주관적 활동모습이란 의미에서 행상(行相)이라고도 한다. 식의 상분이란 식에 의해 대상적으로 그려진 상을 말하며, 식의 견분이란 그 식의 대상을 바라보는 주관적 작용을 말한다.

이처럼 능연과 소연 또는 견분과 상분으로 이원화하는 과정이 곧 식의 전변이다. 아뢰야식은 유정의 가장 심층의 식으로서 능동적으로 전변하는 제1 능변식이다. 잠재식으로서의 아뢰야식은 자체 내에 업력의 종자를 함

---

5 『성유식론』(『대정장』 31, 10상). "有漏識, 自體生時, 皆似所緣能緣相現. … 似所緣相, 說名相分. 似能緣相, 說名見分"

장하여 유지하고 있는 종자들의 흐름이다. 종자는 아뢰야식에 의해 붙잡혀 유지되고 있는 잠재적 아뢰야식의 대상이라고 볼 수 있다. 그런데 그 아뢰야식은 자체 내에 함장된 일부 종자들의 업력에 따라 끊임없이 개별적 신체의 유근신과 그 유근신이 의지해 사는 기세간으로 변현하고 있다. 그렇게 변현된 유근신과 기세간은 현행 아뢰야식의 소연상인 상분이 된다. 따라서 유식은 아뢰야식의 상분을 종자와 유근신과 기세간으로 설명한다.

아뢰야식이 상분으로 변현하면 그와 동시에 그 상분을 바라보는 식의 활동이 있게 되는데, 그것이 곧 현행 아뢰야식의 견분이다. 아뢰야식의 상분인 유근신과 기세간을 포착하는 아뢰야식의 견분을 분별적 식의 작용인 '료(了)'라고 한다. 아뢰야식 내 종자의 업력에 따라 상분이 그려지면 다시 그것을 대상으로 요별하는 주관적 활동이 발생한다고 보는 것이다. 이와 같이 『성유식론』에 따르면 아뢰야식의 상분[所緣]은 종자와 유근신과 기세간이며, 아뢰야식의 견분[行相]은 了이다.

> 문: 이 식[아뢰야식]의 행상(行相)과 소연(所緣)은 무엇인가?
> 답: 알기 어렵다고 말한 집수(執受)와 처(處)와 료(了)가 그것이다. 료(了)는 료별(了別)을 뜻하며, 그것이 곧 행상이다. 식이 요별을 행상으로 삼기 때문이다. 처는 처소(處所)를 뜻하는데, 그것이 곧 기세간이다. 유정이 의지하는 처소이기 때문이다. 집수에는 둘이 속한다. 종자와 유근신이 그것이다.[6]

이상과 같은 아뢰야식의 상분과 견분을 도표화하여 정리해보자면 다음과 같다.

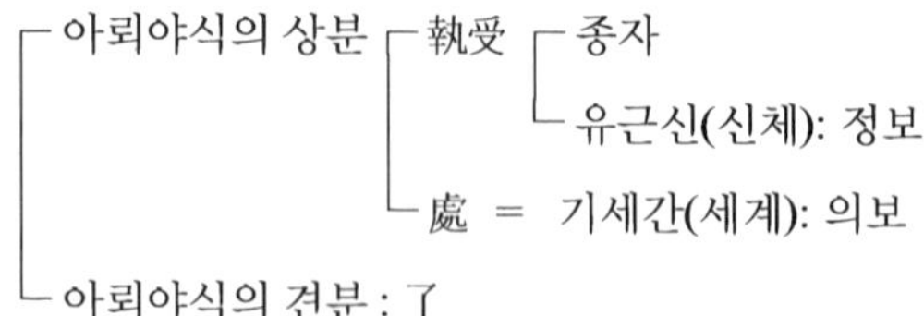

6 『성유식론』(『대정장』 31, 10상). "此識行相所緣云何. 謂不可知執受處了. 了謂了別, 卽是行相. 識以了別 爲行相故. 處謂處所, 卽器世間. 是諸有情所依處故. 執受有二, 謂諸種子, 及有根身"

이와 같이 아뢰야식의 전변은 곧 견분과 상분으로의 이원화이며, 이로써 저것은 세계, 이것은 나, 저것은 나의 신체, 이것은 나의 정신이라고 하는 분별이 가능해진다. 그러나 실제로 그 양자는 서로 분리된 별개의 것이 아니며, 하나의 아뢰야식이 전변하여 나타난 상대적인 한 쌍일 뿐이다.

아뢰야식의 상분으로서 유근신과 기세간이 형성되면, 그것을 대상으로 포착하는 주관적 인식활동이 있게 되는데, 그것이 아뢰야식의 견분으로서 요별작용이다. 그런데 다시 대상[상분]을 의식하는 나[견분]를 인식하게 되면, 그 식의 작용은 대상세계가 아닌 자기 자신을 인식한다는 의미에서, 즉 견상으로 이원화되기 이전의 식 자체의 인식이라는 의미에서 "자증분(自證分)"이라고 부른다. 인식되는 대상이 상분이고 그 대상을 인식하는 것이 견분이라면, 그렇게 대상을 인식하는 나 자신의 인식이 바로 자기인식이라는 의미의 자증분인 것이다. 견분으로서 세계를 볼 때는 세계만이 의식내용으로 주어지지만, 그러면서도 우리는 세계를 보는 나 자신의 의식을 대상의식의 바탕에 배경처럼 갖게 되는데 그것이 바로 자증분이다. 식 자체의 자기의식에 해당한다. 이 자증분을 다시 확증적으로 자각하는 인식작용을 "증자증분(證自證分)"이라고 한다. 증자증분은 우리가 우리 자신의 식인 자증분을 확증적으로 자각할 수 있다는 것을 말해준다. 자신의 식인 자증분을 확증적으로 자각한다는 것은 자아와 세계가 그 자증분으로부터 분화된 견분과 상분이라는 식의 실상, 즉 유식성을 자각하게 된다는 것을 의미한다. 유식성을 자각한다는 것은 자아와 세계가 실아와 실법이 아니라, 식의 변현으로서 임시로 시설된 가아와 가법에 지나지 않는다는 것을 안다는 것이다. 그렇게 앎으로써 아집과 법집을 버리고 해탈에 이르게 된다.

그러나 일반 범부는 식의 실상, 자신의 본성을 그 모습대로 여여하게 자각하지 못한다. 따라서 일체가 식의 변현임에도 불구하고 그것을 실재라고 집착하게 된다. 이러한 식의 본성과 그것을 모르는 중생의 집착 그리고 그 본성을 자각한 해탈의 경지를 유식은 유식 삼성으로서 설명한다.

4) 유식 3성

유식 3성은 의타기성, 변계소집성, 원성실성이다. 의타기성(依他起性)은 어떤 것도 그 자체로 존재하는 것이 아니라, 인연에 따라 다른 것으로부터 생긴다는 것이며, 이러한 의타기성을 모르고 의타기의 결과를 객관적 실유로 간주하여 집착하는 것이 변계소집성(遍計所執性)이고, 의타기성을 알아 변계소집을 떠난 것이 원성실성(圓成實性)이다. 의타기성에 따르면 우리가 아와 법, 나와 세계라고 간주하는 것은 그 자체 실체적인 고립적 개체가 아니라 다른 것들과의 인연관계 안에서 형성된 변현 결과이다. 즉 업의 결과로서 종자가 현실화된 것, 식의 변현 결과라는 것이다. 그런데 이러한 유식성을 모르고 자아와 세계를 그 자체 실재하는 것으로 고집하고 집착하는 것이 변계소집성이다. 자아와 세계가 아뢰야식의 견분과 상분임을 모르고 실아와 실법으로 집착하는 것이다. 그렇다면 이러한 집착과 번뇌는 왜 발생하는가?

현상을 구성하는 아뢰야식의 활동은 우리에게 직접적으로 명료하게 의식되지 않는다. 경계가 그어지지 않은 무한한 전체이기 때문이다. 우리가 존재하는 것으로서 비로소 의식하게 되는 것은 그 활동을 통해 이미 이원화되고 제한된 활동결과물일 뿐이다. 이원화된 결과는 그 제한선을 통해 각각 존재하는 것으로서 의식되지만, 이원화 활동 자체, 마음의 활동 자체는 그것이 경계를 통해 제한되지 않기 때문에, 경계가 없기 때문에, 존재하는 것으로서 포착되지 않는다. 이것이 바로 우리의 우리 자신에 대한 무지, 근본 무명(無明)이다. 우리가 우리 자신의 마음의 활동을 모르기 때문에, 따라서 나와 세계가 마음이 변현한 견분과 상분임을 모르고, 그것을 각기 독립된 실체인 것으로 생각하며 집착하는 것이다. 이러한 변계소집에 따라 아집과 법집이 발생한다.

이 아집과 법집의 주체가 바로 제6의식의 주체인 의(意)다. 의식이란 대상의식이다. 즉 대면해있는 대상을 분별하고 종합하여 개념적으로 인식하는 식이다. 그러한 의식의 대상이 법이고, 의식이 의지하는 근이 곧 의다. 그런 대상의식은 대상을 의식하는 그 순간 그처럼 대상을 의식하는 자로서의 자기 자신에 대한 의식을 가지지 않을 수 없다. 이것이 바로 대상의식의 주체인 意 자신의 자기 의식이다. 이런 의(意)의 자기 의식을 인도에서는 의(意)의 대상의식인 '의식'과 구분하기 위해 그냥 '의(意)'라고 불렀으며, 이것을 중국인은 그대로 음역하여 '말나식'이라고 부른다. 의식이 다섯 가지 감각을 넘어서서 그것들을 종합하는 식이므로 제6식이 되고, 말나식은 제7식, 그리고 아뢰야식은 제8식 된다.

말나식은 아뢰야식이 전변하여 형성한 견분과 상분을 각기 독립된 실체인 아와 법으로 집착하여 그 각각을 상주하는 자아와 상주하는 세계로 간주한다. 이것이 곧 아집과 법집이다. 말나식의 그러한 집착은 말라식이 그 마음 자체의 활동성을 모르기 때문이다. 즉 마음이 자기 자신을 모르기 때문이다. 이처럼 무명이란 바로 자기 자신의 마음에 대한 무지를 의미한다. 요가수행자들이 수행 결과 아뢰야식을 체험한 후 그것을 말하기를 꺼린 것은 아뢰야식의 활동성 자체에 대한 자각이 없는 범부들이 아뢰야식에 대해 아집을 일으킬 것을 염려했기 때문이었다. 즉 아뢰야식을 그 자체로 자각하지 못하고 그것을 오히려 자신의 의식과 동일시한 채, 그것을 자아라고 집착할까봐 경계한 것이다.

아뢰야식의 활동성에 대한 무명으로 인해 자신에 대한 잘못된 생각들을 가지게 되는데, 이것이 바로 아상(我相), 아견(我見) 등이다. 말나식의 아집 법집에 근거하여 다시 의식 차원에서의 분별적이고 개념적인 아집과 법집들이 또 생겨나게 되는데, 이 모든 집착은 결국 마음의 자기 자신에 대한 무지, 무명에서 비롯되는 것이다.

아뢰야식의 이원화:	견분	+	상분
	↑		↑
말나식의 분별:	자아로 간주 = 아집		세계로 간주 = 법집

아뢰야식의 식소변인 견분과 상분을 실유의 자아와 세계로 망분별하여 집착하는 것이 변계소집성이다. 그것들이 아뢰야식의 종자의 현현으로 발생하는 의타기의 산물이라는 것을 모르기 때문에 각각을 실체화하여 집착하는 것이다. 반면 유식성을 자각하여 아집과 법집의 변계소집성을 버리고 자아와 세계를 보면, 일체는 의타기성에 따라 발생하는 것이며, 그 자체로 원만구족한 것이다. 이것이 바로 원성실성이다. 자아와 세계의 실상을 제대로 파악하여 더 이상 그 어느 것에도 집착하고 매이지 않는 마음 상태는 원만구족의 원성실성인 것이다.

유식은 요가수행을 통해 식 내지 마음의 실상을 제대로 자각하여 일체 존재가 식의 변현에 지나지 않는다는 것을 깨닫고자 하는 사상이다. 그리하여 의타기의 세계에서 변계소집성을 버리고 원성실성을 회복하고자 하는 것이다.

Ⅱ. 역사적 용례 및 텍스트적 맥락

유식사상이 어떤 방식으로 확립되어 가는지를 유식경전과 논전을 따라 밝혀보고 나서, 그 외의 경론에 나타나는 유식 내지 유심사상을 살펴본다.

1.『해심밀경』

1) 유식의 발견

오로지 식일 뿐이라는 '유식'의 주장을 유식설이라고 하는데, 이러한 유식설은 요가수행자(Yogācāra)들에 의해 창시되고 계승 발전되었다. Yogācāra를 그대로 유식학파라고 번역하기도 한다. 유식학파의 소의경인『해심밀경』「분별유가품」에서는 유식의 발견을 다음과 같이 설명한다.

> 자씨보살이 석가에게 물어 말하기를 '세존이여, 모든 비바사나 사마디에서 나타나는 영상이 그 마음과 다름이 있다고 말해야 합니까, 없다고 말해야 합니까?' 석가가 자씨보살에게 답하기를 '선남자여, 다름이 없다고 말해야 한다. 왜냐하면 저 **영상은 오직 식일 뿐**이기 때문이다. 선남자여, 나는 식의 소연[대상]은 오직 식이 나타난 것[식의 변현이]라고 설한다'. '세존이여, 만약 그 나타나는 영상이 마음과 다름이 있지 않다면, 어떻게 이 마음이 다시 이 마음을 본단 말입니까?' '선남자여, 그 중에는[마음 자체에 있어서는] 법을 볼 수 있는 법은 없다[자기 자신을 보는 것이 아니다]. 그러나 마음이 일어나면, 그와 같이 영상이 현현한다. 선남자여, 마치 잘 닦아진 청정한 거울의 표면이 본질[대상]을 연하면서 다시 그 본질을 보는[비추는, 상을 그리는] 것에 대해, 내가 영상을 본다고도 말하고 또 본질을 떠나 따로 영상이 있어 현현한다고도 말하는 것과 같다. 이처럼 마음이 일어나면, 마치 [마음과] 다른 것처럼 사마디에 의한 영상이 현현한다.' '세존이여, 만약 모든 유정이 자성에 머무르며 색 등 마음에 의해 나타나는 영상을 연한다면, 이 마음과 다를 것이 없습니까?' '선남자여, 그 또한 다를 것이 없다. 다만 어리석은 범부들이 깨달음이 전도되어 있어, 모든 **영상**에 대해 **그것이 오직 식일 뿐**임을 여실하게 알지 못하고 잘못된 앎을 갖게 된다.'[7]

7 현장 역,『해심밀경』,「分別瑜伽品」(『대정장』16, 698상중). "慈氏菩薩, 復白佛言, 世尊,

비바사나 사마디의 수행 중 마음에 나타나는 영상이 마음과 다른 것인가 아닌가의 물음은 영상이 마음 바깥의 실재가 그린 것인가 아니면 마음이 그린 것인가를 묻는 것이다. 이에 대해 세존은 영상은 바로 마음인 식이 그린 것일 뿐이라고 말한다. 식의 소연은 바로 식이 그린 것이라는 것이다. 사마디에서 나타나는 식의 소연은 식이 그린 영상이다. 그러므로 그것은 오직 식일 뿐이라는 유식이 성립한다.

그런데 그것에 이어 내리는 결론은 일반 범부들이 일상적으로 인식하는 색 등의 대상세계 또한 식이 그린 영상과 다르지 않다는 것이다. '삼매에서 본 영상은 식이 그린 상(像)일 뿐이다'라는 것으로부터 '범부들이 실재라고 고집하는 대상세계도 실은 식이 그린 상일 뿐이다'라는 결론을 내릴 수 있는 것은 일반 범부들이 지각하는 대상세계의 영상이 요가수행자들이 수행을 통해 보게 된 영상과 다를 바가 없기 때문이다. 그러므로 현상세계에 대해서도 그것은 오직 식일 뿐이라는 유식이 성립하는 것이다.

그러나 요가수행자가 사마디에서 본 영상이 어떻게 아무 수행도 하지 않은 일반 범부가 일상에서 보는 영상과 다를 바 없는 것인가? 이는 비유적으로 말하자면 마치 내가 영화를 관람하며 보는 장면이 그 영화 속의 배우들이 보는 장면들과 다를 바가 없는 것과 같다. 우리는 같은 것을 보고 있는 것이다. 다만 영화 속 배우들에게 그 장면은 객관적 실재로 다가오고, 영화를 보는 내게 그 장면은 영상으로 다가올 뿐이다. 영화 속에서 배우는 자신이 보는 것이 영상이라는 사실을 모르고, 나는 그것이 영상이라는 사실을 아는 차이가 있을 뿐이다. 이처럼 수행자가 보는 세계[영상]와 우리가 보는 세계[영상]는 같다. 다만 수행자는 그들이 보는 세계가 자신의 식이 그린 영상이라는 사실을 알고 우리는 그 사실을 모른다는 차이가 있을 뿐이다.

그렇다면 수행이 의미하는 것은 무엇인가? 나의 삶이 한편의 영화처럼 영상으로 바뀌는 것을 경험하자면, 나는 영화 밖으로 나와 영화를 바라보

諸毘鉢舍那, 三摩地所行影像, 彼與此心, 當言有異, 當言無異? 佛告慈氏菩薩, 日善男子. 當言無異. 何以故? 由彼影像, 唯是識故. 善男子. 我說識所緣, 唯識所現故. 世尊. 若彼所行影像, 卽與此心, 無有異者. 云何此心, 還見此心? 善男子. 此中無有少法能見少法. 然卽此心如是生時, 卽有如是, 影像顯現. 善男子. 如依善瑩淸淨鏡面, 以質爲緣, 還見本質. 而謂我今, 見於影像. 及謂離質, 別有所行影像顯現. 如是此心生時, 相似有異. 三摩地所行影像顯現. 世尊, 若諸有情自性而住, 緣色等心所行影像, 彼如此心, 亦無異耶? 善男子. 亦無有異. 而諸愚夫, 由顚倒覺. 於諸影像, 不能如實知唯是識. 作顚倒解"

는 관람자가 되어야 한다. 그러면 영화 속의 세계와 그 세계 속 나까지도 모두 영상으로 바뀐다. 그 때 나는 나 자신을 그런 영상들을 만들어내는 자, 즉 영상을 산출하는 식으로 의식하게 되는 것이다. 요가수행자들의 수행이란 이처럼 자신 안에서 표층 의식보다 더 심층의 식을 자각하는 과정이며, 그렇게 발견된 식을 아뢰야식이라고 부른다.

2) 아뢰야식의 발견

현상세계의 영상을 그리는 식은 마음 표층의 식이 아니라 심층의 식이다. 요가수행자들이 수행 도중 발견한 식은 바로 이 **심층의 미세식**이며, 그들은 이것을 아뢰야식이라고 불렀다. 본래 아뢰야식은 잠재식과 현재식이라는 이중적 구조를 가진다. 우선 아뢰야란 함장하다는 의미의 ālaya를 음역한 것이며, 아뢰야식을 의역하여 장식(藏識)이라고도 한다. 즉 아뢰야식은 이전까지의 업이 남긴 세력인 업력을 갖춘 종자(種子)들을 함장한 식이라는 뜻이다. 업력을 갖춘 종자들은 아뢰야식에 함장된 채 생멸하면서 상속하며 전변하는데, 이러한 종자들의 흐름으로서의 아뢰야식을 '잠재 아뢰야식'이라고 한다. 그 잠재태의 종자가 인연이 닿아 현실태로 구체화되는 것을 차별이라고 하며, 그렇게 차별하여 현재화된 식을 '현행 아뢰야식'이라고 한다.

그런데 요가수행자들이 수행 도중 발견한 식은 바로 **현행식으로서의** 아뢰야식이다. 아뢰야식이 그려놓은 세계의 영상을 의식하는 것을 넘어서서 그런 영상을 그리는 아뢰야식의 활동 자체를 자신의 식으로 자각하게 되었다는 말이다. 그들이 발견한 아뢰야식에 대해 『해심밀경』은 다음과 같이 말한다.

> 아타나식[아뢰야식]은 심히 깊고 섬세하다. 나는 어리석은 범부에게 그것을 드러내어 말하지 않는다. … 범부가 분별해서 그것을 자아라고 집착할까 염려되기 때문이다.[8]

여기서 아뢰야식을 자아로 집착할까봐 두려워 말하려 하지 않는다는 것은 아뢰야식에 대한 자각이 없는 범부가 아뢰야식이 존재한다는 말을 듣고 그

---

8 『해심밀경』, 「勝義諦相品」(『대정장』 16, 692하). "阿陀那識 甚深細, 我於凡愚不開演, … 恐彼分別, 執爲我"

것을 자아로 여겨 아집을 일으킬 것을 경계한다는 말이다. 아뢰야식을 자각하지 못한 범부는 세계와 자아가 아뢰야식의 식소변이라는 것을 모르고 객관적인 실재로 간주하여 객관 세계가 존재한다는 법집과 그 세계 속에 내가 존재한다는 아집을 벗어나지 못한다. 그것이 영상이라는 것을 아는 것, 그것이 자기 자성이 없는 것임을 아는 것이 곧 그것의 공성을 아는 것이다.

공성을 알지 못하는 한, 아집은 결국 현상적인 오온의 자아에 대한 집착이 된다. 오온의 자아는 세계 속의 나이지만, 아뢰야식은 그 세계를 바라보는 세계의 경계로서의 나이다. 그 나는 세계 속에서 찾아질 수 없고 세계 내 존재와 같은 유무의 구별을 넘어서 있는 것이다. 그런 아뢰야식을 자각하지 못한 범부는 자기 자신을 아뢰야식이 아니라, 그 아뢰야식이 그린 현상세계 속의 자아로 여기는 것이다.

그러나 이처럼 아집을 야기하는 위험이 있음에도 불구하고 유식은 아뢰야식을 논하며, 동시에 세계와 자아가 그 식이 그리는 영상이라는 유식성을 강조한다. 유식은 우리 일상 범부가 객관 대상세계라고 간주하는 것이 사실은 아뢰야식이 그린 영상에 지나지 않고, 우리 일상 범부가 그 대상세계 속에서 그 세계와 대면해 있는 나 자신이라고 간주하는 것이 사실은 아뢰야식의 활동 산물이라는 것을 주장한다. 그러한 식의 작용과 식의 영상을 제외하고 따로 존재하는 것이 아니라는 것을 강조하는 것이다. 그것이 곧 오로지 식만 있고 식 바깥의 경은 없다는 유식무경이다.

2. **유식논서** : 『섭대승론』(무착), 『유식이십론』, 『유식삼십송』(세친), 『성유식론』(호법 등)

『섭대승론』은 유식을 체계적으로 설명하는 최초의 논서이다. 여기서는 경이 존재하지 않고 오직 식이 경으로 현현한 것이라는 것을 논한다.

> 모든 식에는 대상[義]이 존재하지 않기 때문에 유식(唯識)이 성립할 수 있다.[9]

---

9 무착 조, 현장 역, 『섭대승론』, 「所知相分」(『대정장』 31, 138하). "此一切識, 無有義故, 得成唯識" 진제는 "모든 식에 있어서는 오직 식량만이 있고 외적인 대상(塵)이 없기 때문에 유식이 성립한다(諸識則 成唯識. 唯有識量, 外塵無所有故)"고 번역했다. 무착 조, 진제 역, 『섭대승론』, 「應知勝相」(『대정장』 31, 119상). 국역은 동국역경원 편, 『한글대장경 섭대승론석 외』, 22면.

나아가 『섭대승론』은 유식을 의타기성, 변계소집성과 원성실성이라는 유식 삼성에 따라 논한다.

> 『아비달마수다라』경에서 불세존께서 법에는 세 가지가 있다고 설하였다. 첫째는 염오의 부분이고, 둘째는 청정의 부분이고, 셋째는 염오와 청정의 부분이다. 무슨 의미에서 세부분을 말씀하셨는가? 의타성 중에서 분별성은 염오의 부분이 되고, 진실성은 청정의 부분이 된다. 의타성은 염오와 청정의 부분이 된다.[10]

『유식이십론』에서도 유식이 논해진다.

> 대승에서 삼계는 오직 식뿐이라고 안립한다. … 내부의 식이 일어날 때에 외부대상으로 사현한다. 현기증이나 눈에 백태가 있는 사람이 머리털이나 파리 등을 보는 것과 같다. 그 속에는 약간이라도 실재적인 대상이 전혀 없다.[11]

여기에서는 유식무경을 증명하기 위해 외부 대상세계 실재론에 대한 비판이 행해진다. 외부 세계의 실재성을 주장하는 외도 승론(勝論)이나 불교 부파 중의 유부와 경량부를 비판하기 위해 색법의 궁극 요소로서의 극미가 실유가 아니고 단지 가유일 뿐임을 논한다. 나아가 『대승아비달마경』에서 이미 논의된 네 가지 지혜에 근거하여 유식무경이 성립한다는 것을 논증한다.

『유식삼십송』에서는 30개의 게송으로 유식무경의 논리가 압축적으로 전개된다. 일체가 식의 전변에 의해 나타나는 모습이고 이름을 따라 가설적으로 칭해진 것일 뿐인데, 그것을 실재하는 실아와 실법으로 여겨 집착하는 것을 경계한 것이다. 그러므로 제1게송은 아와 법은 시설(施設)된 가(假)일 뿐임을 말하고, 그러한 식소변(識所變)의 상(相)을 전개하는 능변식(能變識)을 세 가지로 분석한다.

---

10 무착 조, 진제 역, 『섭대승론』, 「應知勝相」(『대정장』 31, 121). "阿毘達磨修多羅中, 佛世尊說, 法有三種. 一染污分. 二淸淨分. 三染污淸淨分. 依何義說此三分? 於依他性中, 分別性爲染污分. 眞實性爲淸淨分. 依他性爲染污淸淨分"

11 『유식이십론』(『대정장』 31, 74중하). "安立大乘, 三界唯識. … 內識生時, 似外境現. 如有眩翳 見髮蠅等. 此中都無少分實義"

> 가(假)로서 아와 법을 설하니, 갖가지 상들이 생겨난다. 그것들은 식이 전변된 것에 의지하는 것이며, 능변식은 오직 세 가지일 뿐이다.[12]

세 가지 능변식은 제1능변식인 아뢰야식과 제2능변식인 말나식, 그리고 전오식과 제6의식을 포함하는 제3능변식인 육식이다. 『유식삼십송』은 그 각각의 식의 양상과 심소를 열거하고 있다. 게송을 통해 주장하고자 하는 것은 결국 존재하는 것은 오직 식일 뿐이고[유식], 우리가 일상적으로 식 바깥에 객관적으로 실재한다고 여기는 아와 법은 사실은 식의 전변 결과일 뿐 객관적 실유가 아니라는 것[무경]이다. 식이 전변하여 드러난 모습을 능소의 집착에 따라 분별함으로써 아집과 법집이 발생하며, 유식의 도리를 망각하게 된다는 것이다. 일체 현상적 모습이 식의 전변 결과라는 것을 『유식삼십송』 제18게송은 다음과 같이 말한다.

> 일체 종자식이 이러 저러하게 변화하니, 그 전개되는 전변의 세력에 의해 그러한 분별이 일어나게 된다.[13]

식이 전변하여 나타난 식소변으로서의 상을 그러한 상으로, 즉 가(假)로 알지 못하고 그것을 식 바깥의 실유로 생각하여 분별하고 집착하는 것이 문제다. 따라서 『유식삼십송』은 '유식무경'의 논의를 통해 우리의 의식으로 하여금 능소분별에 따르는 대상인식 차원에 머무르지 않고, 그렇게 전변하는 식 자체의 실성을 깨닫는 유식성의 자각에 이르게 하고자 하는 것이다. 『유식삼십송』에서 유식과 유식성의 개념은 다음과 같은 형태로 등장한다.

> 이 모든 식이 전변하여 분별[견분]과 분별되는 것[상분]이 된다. 이것[실아]과 저것[실법]이 모두 존재하는 것이 아니므로, 따라서 일체는 오직 **유식**일 뿐이다.[14]

> 이것은 모든 법의 승의(勝義)이며 또한 진여(眞如)이다. 항상 그와 같이

---

12 『유식삼십송』 제1게송. "由假說我法, 有種種相轉, 彼依識所變, 此能變唯三"
13 『유식삼십송』, 제18게송. "由一切種識, 如是如是變, 以展轉力故, 彼彼分別生"
14 『유식삼십송』, 제17게송. "是諸識轉變 分別所分別, 由此彼皆無, 故一切唯識"

> 존재하는 것이 그 성(性)이기 때문에, 이것이 **유식**의 진실한 성이다.[15]

> 이에 식을 일으켜 **유식성**에 머무르기를 구하지 않는 한, 두[능소의] 집착과 수면을 아직 조복하고 단멸할 수가 없다.[16]

> 현전에 작은 사물이라도 건립하여 그것이 **유식성**이라고 말하면, 그로써는 얻는 바가 있기 때문에 진실로 **유식**에 머무는 것이 아니다.[17]

> 만약 어느 때에 소연[인식대상]에 대해 전혀 지(智)로써 얻는 바가 없다면, 그 때 **유식**에 머무는 것이니, 두[능소의] 집착의 모습을 떠났기 때문이다.[18]

『유식삼십송』에 대한 여러 논사들의 해석 중에서 주로 호법 계통 논사들의 주석서라고 할 수 있는 『성유식론』은 유식의 논리를 상세하고 치밀하게 논의하고 있다. 이 책은 『유식삼십송』에서 간단하게 칭해진 각각의 능변식에 대해 그 전변 과정과 전변 양상 및 심소를 상세하게 분석하며, 유식성에 입각한 수행과정으로서의 유식5위의 수행법도 상술한다. 책 전체를 통해 논증하고자 하는 '유식무경'의 의미를 『성유식론』은 서두에서 다음과 같이 약술한다.

> 어리석은 범부가 계탁한 실아와 실법은 모두 존재하는 것이 아니다. 다만 허망된 생각을 따라 시설된 것이므로 그것을 가(假)라고 말한다. 내부의 식이 전변하여 사현된 가아와 가법은 존재하지만, 그것은 실아와 실법이 아니다. 그러나 그것으로 사현되기 때문에 가라고 설한다. 외부대상은 망정(妄情)을 따라 시설된 것이므로 식처럼 존재하는 것이 아니다. 내적인 식은 반드시 인연을 따라 일어나기 때문에 대상처럼 존재하지 않는 것이 아니다. 그러므로 증익[외계도 유라는 주장]과 감소[내식도 무라는 주장]의 두 가지 집착을 막는다. 외경은 내적 식에 의해 가립된 것이므로 오직 속제에서만 존재하는 것이며, 식은 가립된 외계가 의지하는 자체 존재[事]이므로 승의제에서도

---

15 『유식삼십송』, 제25게송. "此諸法勝義, 亦卽是眞如, 常如其性故, 卽唯識實性"
16 『유식삼십송』, 제26게송. "乃至未起識, 求住唯識性, 於二取隨眠, 猶未能伏滅"
17 『유식삼십송』, 제27게송. "現前立少物, 謂是唯識性, 以有所得故, 非實住唯識"
18 『유식삼십송』, 제28게송. "若時於所緣, 智都無所得. 爾時住唯識, 離二取相故"

역시 존재한다.[19]

그리고 그와 같은 유식성의 깨달음이 결국은 우리의 집착[아집과 법집]과 장애[번뇌장과 소지장]를 극복하게 하고 해탈과 지혜의 증득에 이바지하게 되리라는 것을 설하고 있다.

> 지금 이 논서를 짓는 이유는 두 가지 공[아공과 법공]에 대해 미혹하고 오류가 있는 자로 하여금 바르게 이해하도록 하기 위해서이다. 바르게 이해하도록 하는 것은 두 가지 무거운 장애[번뇌장과 소지장]을 끊게 하기 위해서이다. 아와 법에 집착[아집과 법집]하기 때문에, 두 가지 장애가 함께 일어난다. 두 가지 공을 증득하면, 그 장애도 따라서 끊어진다. 장애를 끊는 것은 두 가지 뛰어난 증과[열반과 보리]를 얻기 위해서이다. 윤회의 생을 계속하게 하는 번뇌장을 끊음으로써 참다운 해탈을 증득한다. 지혜를 장애하는 소지장을 끊음으로서 커다란 깨달음[보리]을 증득할 수 있다.[20]

3. 유식 논서 이외에서의 유식 내지 유심사상

대승의 유식사상은 근본불교에서 심(心)을 중시하는 사상과 그 맥을 함께 한다고 볼 수 있다. 불교는 처음부터 심(心)을 종(宗)으로 삼는 가르침이었다. 집착과 번뇌의 중생으로 머무르는가 깨달음의 부처가 되는가는 마음 하나에 달려있다고 보는 것이다. 『잡아함경』의 다음 구절이 이를 보여준다.

> 마음이 번민하기 때문에 중생이 번민하고, 마음이 깨끗하기 때문에 중생이 깨끗하다.[21]

---

19 『성유식론』, (『대정장』 31, 1중), (국역 17-18면). "愚夫所計 實我實法, 都無所有. 但隨妄情, 而施設故, 說之謂假. 內識所變, 似我似法, 雖有而非實我法性. 然似彼現, 故說爲假. 外境隨情而施設故, 非有如識. 內識必依因緣生故, 非無如境. 由此便遮, 增減二執. 境依內識而假立故, 唯世俗有. 識是假境所依事故, 亦勝義有"

20 『성유식론』(『대정장』 31, 1상) (국역 12-13면). "今造此論, 爲於二空, 有迷謬者, 生正解故. 生解爲斷二重障故. 由我法執, 二障具生. 若證二空, 彼障隨斷. 斷障爲得二勝果故. 由斷續生煩惱障故, 證眞解脫. 由斷碍解所知障故, 得大菩提"

21 『잡아함경』, 권10, 267경 (『대정장』 2, 69하). "心惱故衆生惱, 心淨故衆生淨"

근본불교에서 마음을 중시하는 중심(重心)사상은 대승에 이르러 유심(唯心)으로 발전한다. 유식 이외에도 대승에 있어 유심은 기본 사조라고 볼 수 있다. 『화엄경』에 나타난 대승 화엄은 불교의 유심적 경향을 잘 보여준다. "삼계는 모두 일심일 뿐이며, 마음 이외의 다른 법이 없다"는 것이나 "마음은 화가와 같아 여러 종류의 그림을 그린다" 또는 "삼계는 허망하며 모두 일심이 그린 것일 뿐이다"라는 『화엄경』의 구절들은 유심사상을 반영하며, 그 점에서 유식과 상통한다. 화엄종에서도 현상세계의 일체는 모두 마음이 그린 그림으로, 일심에 의해 형성된 마음의 산물로 간주되는 것이다. 화엄의 중중무진의 연기세계는 심(心)에 의해 형성되는 것으로서 유식무경의 정신과 상통하는 것이다.

『법화경』에 나타난 대승 천태도 유심적 경향을 보여준다. 천태사상을 정리한 지의의 『육묘법문』에서는 "일체는 모두 그림자처럼 나타난다. 안도 없고 밖도 없으며, 동일한 것도 아니고 다른 것도 아니다"[22], "무엇이 제법의 근원인가? 중생심이 그것이다. 일체 만법은 마음으로 말미암아 일어나는 것이다"[23]라고 하여 유심사상을 보여준다. 삼천대천세계가 모두 일념에 포함되어 있다는 천태의 일념삼천(一念三千)과 일심삼관(一心三觀)도 유식무경의 사상과 상통하는 것이라고 볼 수 있다.

여래장사상으로 분류되는 『대승기신론』도 일체 존재를 심에 의해 형성된 가(假)로 간주한다. 우리가 대상세계로 분별하여 인식하는 것이 모두 마음의 작용인 망념에 의해 형성된 가(假)라는 것이다. 일체의 언설과 명언을 떠난다면, 오직 무차별의 일심과 진여만이 남겨진다고 보는 것이다.

> 심진여는 일법계의 대총상이며 법문의 체이다. 이른바 심성은 불생불멸인데, 일체 제법이 오직 망념에 의해 차별이 있게 된다. 만약 망념을 떠난다면, 일체의 경계의 모습이 없게 될 것이다. 그러므로 일체법은 본래 언설상을 떠나고 명자상을 떠나며 심연상을 떠난 것이기에 결국 평등하며 변이가 없고 파괴될 수도 없다. 이는 오직 일심일 뿐이며, 진여라고 이름한다.[24]

---

22 지의, 『육묘법문』(『대정장』 46, 554)

23 지의, 『육묘법문』(『대정장』 46, 663하)

24 마명 조, 진제 역, 『대승기신론』(『대정장』 32, 574). "心眞如者, 卽是一法界大總相法門體. 所謂心性, 不生不滅. 一切諸法, 唯依妄念, 而有差別. 若離妄念, 則無一切境界之相. 是故一切法, 從本已來, 離言說相, 離名字相, 離心緣相, 畢竟平等, 無有變異, 不可破壞. 唯是一心, 故名眞如"

이렇게 보면『기신론』도 일심 내지 진여에 의해 차별적 현상세계의 성립을 주장하는 유식무경의 유식사상에 포함된다고 볼 수 있다.

Ⅲ. 유식무경에 대한 철학적 논변

유식성의 직접적 깨달음은 진여를 아는 지혜인 진여지각(眞如智覺)이며, 이는 수행을 통해 얻어지는 정관(定觀)의 지혜(智慧)이다. 정관은 현량(現量)에 속한다. 그러나 또 다른 한편으로 유식은 추론적 사유인 비량(比量)을 통해서도 유식성에 대한 인식이 가능하다고 본다.

> 문: 만약 사람이 아직 진여지각을 얻지 못했다면, 유식에 대해 어떻게 그런 추리적 지혜[比智]를 일으킬 수 있겠는가?
>
> 답: 성스러운 가르침에 의해서 또는 참된 이치에 의해 그런 추리적 앎이 가능하다.[25]

유식성을 논증하는 방식 중 성교(聖教)에 근거하는 것을 교증(教證)이라고 하고 참된 이치에 근거하는 것은 리증(理證)이라고 한다. 유식의 논서들은 교증으로서 "삼계가 오직 유식일 뿐이다"라는『십지경』의 구절과 앞서 인용한 바 있는 "영상이 심과 다르지 않다"라는『해심밀경』의 구절을 인용한다. 그리고 리증(理證)으로서 식의 심층구조에 대한 분석 이외에 일반 범부의 의식 차원에서 유식에 대해 제기 가능한 반론과 그에 대한 유식적 답을 제시한다. 이하에서는 유식이 성립하기 어렵다는 9가지 난점에 답하는 유식의 리증(理證)을 살펴본다.

1. 유식소인난(唯識所因難): 어떤 현상을 보고 유식을 알 수 있는가?

이에 대해서『성유식론』은 다음 4가지 지혜에 근거해서 '유식'을 알 수 있다고 논한다.[26]

25『섭대승론』(『대정장』31, 118중) (국역 20면). "若人未得, 眞如智覺, 於唯識中, 云何得起比智? 由聖教及眞理, 可得比度"

26『성유식론』, 제7권 (『대정장』31, 39상) (국역 287면) 이하 참조. 이는『대승아비달마

① 상위식상지(相違識相智): 서로 다른 식의 양상을 아는 지혜이다. "한 장소에 대해 아귀, 사람, 천인 등이 업의 차이에 따라 보는 것이 각기 다른 것을 말한다. 만일 대상이 참으로 존재한다면, 어떻게 이런 일이 있을 수 있겠는가?" 일수사상(一水四相)이 말하듯 물이 아귀에게는 고름으로, 사람에게는 깨끗한 음료로, 천인에게는 보석으로, 물고기에게는 길이나 거처지로 보인다는 것을 뜻한다. 각 부류의 유정이 공업(共業)에 따라 유사한 근(根)을 갖고 태어나며 그 근에 상응하는 기세간을 형성하여 살게 된다는 것이다.

② 무소연식현가득지(無所緣識現可得智): 존재하지 않는 것을 인식대상으로 삼는 식을 아는 지혜이다. "과거와 미래, 꿈속의 대상, 영상 등 실유가 아닌 대상을 반연하는 경우이다. 식은 있어도 대상이 없는 경우이다." 그러므로 유식을 논할 때, 꿈의 비유가 잘 등장한다.

③ 응리공용무전도지(應離功用無轉倒智): 스스로 전도되지 않아야 함을 아는 지혜이다. "어리석은 범부가 실재 대상을 얻는 것이라면, 그는 전도된 것이 아닌 것이 되고, 그러면 수행의 작용이 없이도 해탈이 가능하다는 말이 된다." 수행 없이는 전도되지 않은 지혜를 얻을 수 없다는 것을 말한다. 즉 수행을 해서만 해탈을 얻는 것이라면, 수행하기 전 범부는 실재를 제대로 안 것이 아니며, 전도됨이 있다는 것이다.

④ 수삼지전지(隨三智轉智): 다음 세 가지 경우를 보면 대상이 실재하지 않음을 알 수 있다. ① 마음의 자재를 증득한 자[8지 이상의 보살]는 욕구에 따라 땅 등을 변화시킬 수 있다. ② 선정을 증득하여 법관을 닦는 자는 한 대상을 관찰할 때에 갖가지 모습이 현전한다. ③ 무분별지를 일으킬 때에는 모든 대상 모습이 다 현전하지 않는다. 만일 대상이 실재하는 것이라면, 이상의 세 가지 일은 일어날 수 없는 일이겠지만, 실제 수행을 통해 이런 일들이 일어난다는 것이다.

2. 세사괴종난(世事乖宗難): 처결정(處決定), 시결정(時決定), 상속부결정(相續不決定), 작용(作用)의 사사(四事)가 성립하기 힘들지 않는가?

유식무경이 성립할 경우 제기될 수 있는 반론을 『유식이십론』은 다음과

경』에서 논의된 네가지 지혜이며, 『섭대승론』, 상권, 「應知勝相」에서도 유식을 논증하는 네 가지 菩薩智로서 제시하고 있다. 무착 조, 진제 역, 『섭대승론』(『대정장』 31, 119상중), (국역 23면) 참조.

같이 정리한다.

> 만약 식만 있을 뿐이고 실재하는 경이 없다면, 장소와 시간이 결정되어 있는 것, 상속이 결정되어 있지 않은 것, 작용이 있는 것은 마땅히 성립하지 않아야 하지 않겠는가?[27]

이 반문에 대해 『유식이십론』은 다음과 같은 방식으로 답한다.

① 처결정, ② 시결정은 우리의 현상세계에 있어 유정이 인식하는 대상은 특정 시간, 특정 장소에서만 발견되는 것이지 모든 시간에 모든 곳에서 발견되는 것은 아니라는 것을 뜻한다. 대상이 있는 곳과 있는 시간이 결정되어 있다는 말이다. 이는 대상이 바로 그 시간 그 장소에 객관적으로 실재하기 때문이 아니겠는가? 만일 유식이 주장하듯 경이 실재하는 것이 아니라면, 경이 특정 시간, 특정 장소에서만 발견된다는 것은 성립하지 않는다는 것이다.

이에 대해 유식은 꿈에서도 우리는 특정 시간, 특정 장소에서 어떤 대상을 보게 되지 모든 시간에 모든 곳에서 그 대상을 보는 것은 아니라고 말한다. 그러나 그렇다고 해서 꿈에서 본 그 대상을 실재하는 것이라고 주장할 수 없다. 꿈에서처럼 대상이 실재하지 않아도 처결정과 시결정이 있을 수 있듯이, 우리가 인식하는 세계도 세계를 인식하는 식과 독립적으로 객관적으로 실재하는 것은 아니라는 것이다. 그러므로 식을 떠나 실재하는 경이 없어도 처시결정이 성립한다는 것이다.

③ 상속부결정이란 식상속의 유정이 어떤 대상을 인식할 때, 그 인식이 바로 그 유정 일 개인에게만 정해지고 제한되어 있는 것이 아니라, 많은 상속의 유정들이 공통적으로 그 대상을 인식한다는 것이다. 이는 대상이 유정의 식으로부터 변현한 것이 아니라, 유정과 독립적으로 실재하기 때문이 아니겠는가? 그렇기에 많은 유정들이 동시에 동일한 방식으로 그 대상을 인식할 수 있는 것이 아닌가? 만일 유식이 주장하듯 식이 실재하는 것이 아니라면, 불특정한 많은 유정들이 동시에 대상을 인식한다는 것은 성립하지 않으리라는 것이다.

이에 대해 유식은 유정이 같은 업인 공업(共業)을 지을 경우 같은 방식으로 식이 변현하여 그 인식이 같을 수 있음을 말한다. 물에 대해 인간은 그것

27 『유식이십론』(『대정장』 31, 74하). "若識無實境, 則處時決定, 相續不決定, 作用不應成"

을 깨끗한 물로 보지만, 아귀는 고름으로 보는 것은 인간의 업과 아귀의 업이 서로 다르기 때문이며, 인간들끼리 또는 아귀들끼리는 같은 종류의 업이기에 같은 방식으로 전변된 대상을 인식하기 때문이다. 그러므로 비록 식을 떠나 실재하는 대상이 없어도 공업을 지닌 유정이 공동의 대상세계를 인식하는 것은 문제가 없다는 것이다.

④ 작용이란 대상세계가 실재하기 때문에 유정에 대해 그 작용력이 있다는 것이다. 만일 유식이 주장하듯 대상세계가 실재하는 것이 아니라면, 그것은 유정에 대해 아무런 작용력도 발휘하지 않을거라는 것이다. 이에 반해 유식은 유정이 꾸는 꿈은 그것이 실재하는 것이 아님에도 불구하고 작용력을 갖는다는 것을 말한다. 악몽을 꾸며 땀을 흘린다거나 몽정을 꾸면서 정혈을 흘리는 경우 등이 그것이다. 그러므로 식 너머에 실재하는 경이 없어도 작용이 성립하지 않는 것은 아니라는 것이다.

3. 성교상위난(聖教相違難): 석가가 설한 12처설에도 위배되지 않는가?[28]

석가는 일체 존재를 6근 6경의 12처로 논하였다. 그중 안이비설신 5근과 색성향미촉 5경은 색법에 속한다. 일체 존재를 의근 법경과 5근 5경으로 범주화했다는 것은 석가도 색법을 심 독립적 실재로 인정하였다는 것을 뜻하지 않는가? 5근과 5경을 포괄하는 색법은 사대 또는 극미소조의 물리적 대상을 뜻한다.

유식은 색법의 실유성을 부정하기 위해 극미가 실재가 아니라는 것을 상론한다. 극미는 물리적 사물인 제소유색을 분석했을 때 도달되는 더 이상 분할될 수 없는 최소한의 것을 칭하는 것이다. 유식은 극미가 실재하지 않는다는 것을 다음과 같이 논한다. 극미는 방분[부분]이 없거나 방분이 있거나 둘 중 하나인데, 어느 경우도 극미로서 성립하지 않는다는 것이다. 방분이 없다면, 어떻게 그런 것이 모여서 그림자와 장애를 만드는 물리적 사물이 성립할 수 있겠는가? 만일 방분이 있다면, 부분이 있어 분할 가능할 테니, 어떻게 그것을 극미라고 할 수 있겠는가? 그러므로 극미는 실유로 존재하는 것이 아니다. 색법이란 극미가 모여서 된 것이 아니다. 극미는 가설적으로 설정된 것에 지나지 않는다는 것이며, 색 등의 오경은 식의 전변 결과

28 이하 계속되는 반문과 대답들은 『성유식론』, 제7권, (『대정장』 31, 39하) 이하 참조.

로서 식을 떠나 있는 것이 아니라는 것이다.

마찬가지로 오근도 인식 현상에 대해 그런 인식을 하는 능력으로서 설정되는 것일 뿐이므로 식을 떠난 실재가 아니다. "식을 떠나 안근 등과 색경 등은 근으로서든 경으로서든 모두 성립될 수 없다. 그러므로 유식이 성립한다."

4. 유식성공난(唯識成空難): 유식성도 또한 공이 아닌가?

식의 대상이 실재하는 것이 아니라는 점에서 공이라면, 그렇게 아는 유식성 또한 공이 아닌가? 유식성도 또한 비실재인데, 왜 유식을 주장하는가? 이에 대해 유식은 비실재 내지 공의 주장은 그것에 대한 계탁과 집착[변계소집]이 있을 경우에 성립하는 것이라고 주장한다. 집착을 떠나 실상을 보게 하기 위해 공을 말하는 것인데, 만일 이 공에 다시 집착한다면 공공이 성립한다. 그러나 실상 자체를 공으로 볼 뿐이고 그 이상의 집착이 없다면, 그것을 다시 공이라고 말할 필요는 없는 것이다.

5. 색상비심난(色相非心難): 색의 모습은 심과 다르지 않는가?

색법이 식의 전변이라면, 식이 어떻게 색으로 변현한단 말인가? 이것을 설명하는 것이 유식의 식전변설이다. 유식은 이를 "명언훈습세력에 의해 일어나기 때문"이라고 말한다. 명언훈습이란 명언종자를 뜻하는 것이며, 명언종자 중의 색종자는 신체나 대상세계 등 색법의 형태로 변현된다는 것이다.

6. 현량위종난(現量爲宗難): 외부세계는 현량으로 인식되는데 어떻게 그 실유성을 부정하는가?

불교도 인식방식을 현량과 비량으로 인정한다. 현량은 직접 인식한다는 것이다. 현량으로 인식된 것은 그 자체로 확실하게 아는 것이 된다. 따라서 우리가 색 등의 외부세계를 현량으로 인식한다면, 외부세계가 실재한다는 것을 말해주는 것이 아닌가? 이에 대해 유식은 외부세계를 현량으로 인식한다는 것을 부정한다. "현량으로 알 때는 집착해서 외부대상으로 삼는 것이 아니다. 이후 의식이 분별하여 망령되게 외부대상이라는 생각을 일으킨다"는 것이다. 감각은 현량이며, 감각대상은 실재한다. 그러나 내외분별과 집착은 감각에서가 아니라 제6의식에서 일어난다. 그러므로 현량으로 포착되는 5경 자체의 실재성을 부정하는 것이 아니라, 그 5경을 식 바깥의 객관실재라고 사량 분별하는 제6의식의 작용에 대해 그렇게 분별 집착된 외부실재가 존재하지 않는다고 말하는 것일 뿐이다.

7. 몽각상위난(夢覺相違難): 세계가 꿈처럼 식일 뿐이라면, 왜 깨어서도 그것을 알지 못하는가?

만약 깨어있을 때의 대상세계가 모두 꿈속의 대상처럼 식을 떠나 있는 것이 아니라면, 꿈에서 깨어나면 그것이 오직 마음뿐이라는 것을 알게 되는데, 왜 대상세계에 대해서는 그것이 마음뿐이라는 것을 알지 못하는가? 우리의 대상세계가 꿈과 같다는 것을 우리가 알지 못하는 것은 우리가 아직 꿈에서 깨어나는 깨달음을 갖지 못하기 때문이라고 유식은 논한다. 마치 잠의 꿈속에서는 그것이 꿈임을 알지 못하듯이, 수행을 통한 깨달음에 이르지 못하는 한, 아직 미망의 잠을 깬 것이 아니므로 이것이 꿈이라는 것을 알지 못한다는 것이다. "아직 참다운 깨달음이 아닌 지위에서는 스스로 알 수 없다. 참다운 깨달음에 이르렀을 때에 능히 따라서 깨닫는다. 참다운 깨달음을 얻지 못한 때에는 항상 꿈속에 머물러 있는 것과 같으므로, 석가께서는 생사의 긴 밤중이라고 말씀하신 것이다. 그러므로 아직 색경(色境) 등은 오직 식뿐이라는 것을 알지 못한다."

8. 외취타심난(外取他心難): 타인의 마음은 인식의 대상이지 않는가?

유식은 식 바깥에 실재하는 경을 인정하지 않지만, 타인의 마음은 식 바깥에 실재하면서도 식의 대상이 되는 것이 아닌가? 그러므로 식 바깥에 실재하는 경을 인정하고 있는 것이 아닌가? 이에 대해 유식은 타인의 마음이 식의 대상이 되는 것을 부정하지 않는다고 강조한다. 유식은 대상에 대해 친소연과 소소연을 구분한다. 마음이 직접 인식대상으로 삼는 것이 친소연[식의 변현인 상분]이고, 간접적으로 알게 되는 것이 소소연[본질]인데, 유식이 식 독립적인 실재성을 부정하는 것은 친소연이고, 타인의 마음처럼 그 존재를 인정하는 경은 친소연이 아니고 소소연이라는 것이다.

9. 이경비유난(異境非唯難): 타인의 마음처럼 실재하는 경이 있다면, 유식무경이 아니지 않는가?

타인의 마음이 식의 경이되 그 자체로 실재하는 것이라면, 식외무경이라고 말할 수 없지 않는가? 이에 대해 유식은 타인의 마음 역시 식(識)이라는 것을 강조한다. 유식은 오직 나만의 식이 존재한다는 유아론(唯我論)이 아니라, 무수한 유정의 식이 존재한다는 것을 인정한다. "오직 한 사람의 식뿐이라면, 어떻게 시방에 범부와 성인, 존과 비, 인과 과 등의 차이가 있겠는가? 누가 누구를 위해 법을 설하고 무슨 법을 어떻게 구하겠는가?"라고 말한다. 유식이 강조하는 것은 실재하는 것은 오직 식들일 뿐이라는 것이다. 그 외의 식의 작용[심소], 식의 대상[상분], 식의 분위의 차별[불상응행], 식의 공성[진여] 등이 모두 식을 떠난 것이 아니기 때문이다.

Ⅳ. 현대적 논의 및 그 의미

1. 구유식과 신유식의 구분: 경식구민(境識俱泯)과 유식무경(唯識無境)의 구분

유식설에 대해 근대적인 논의를 시작한 학자는 일본의 우정백수(1882-1963)이다. 그는 「유식의 원어에 대하여」(1916)에서 유식의 원어가 Vijñaptimātratā이라는 것을 밝히고, 「역사적 인물로서의 미륵 및 무착의 저술」(1921)에서 용수 이후 인도의 대승불교에서 미륵, 무착, 세친으로 이어지는 유식의 흐름을 정리하였다. 나아가 『섭대승론연구』(1932)에서는 중국 유식에 있어 진제 구역의 유식설이 무착 세친의 진의를 전한 것이며, 현장의 신역은 변화된 새로운 학설이라고 논함으로써, 진제역의 구유식과 현장역의 신유식이 서로 다른 논리라는 것을 밝혔다.

그러한 구별은 인도에서 세친의 『유식삼십송』을 해석하는 과정에서 10대 논사들 간의 의견 차이로 인해 빚어진 전기의 무상유식학파와 후기의 유상유식학파의 차이를 반영하는 것이기도 하다. 즉 6세기 경 인도에서 안혜는 식과 경의 허망성을 강조하여 '경식구민(境識俱泯)'의 무상유식(無相唯識)을 주장하였으며, 호법은 변현된 경의 허망성에 대해 변현하는 식은 인정하는 '유식무경(唯識無境)'의 유상유식(有相唯識)을 주장하였다. 중국의 섭론종은 진제 역의 『섭대승론』을 근거로 안혜의 무상유식을 이은 것이라면, 법상종

은 현장 역의 『성유식론』을 근거로 하여 호법의 유상유식을 이은 것이다.

유식 안에서 구유식과 신유식, 무상유식과 유상유식의 차이 및 그러한 차이가 함축하는 인식론적 형이상학적 의미가 무엇인지에 관해서는 보다 상세한 현대적인 논의가 필요하다.

2. 관념론과 실재론 논의: 불교인식론, 불교심리학 논의

물리적인 존재로 여겨지는 인간의 신체나 현상세계에 대해 그것이 우리의 식 너머의 객관적 실재인지 아니면 우리의 식에 대해서만 그런 것으로서 존재하는 관념적인 것인지의 물음은 현대에도 그 논의가 끊이지 않는 철학의 핵심물음이다. 이것은 물리적 존재로 여겨지는 색법과 심리적 존재로 여겨지는 심법 간에 어떤 상관관계가 성립하는가 라는 심리철학 내지 형이상학의 물음이기도 하다.

불교에서 색법과 심법을 상호독립적인 것으로 간주하는 것이 설일체유부의 관점이었다면, 유식은 그렇게 대립되는 색법과 심법을 현상적 차원에서의 분별로 간주하며, 그 둘 다를 근거짓는 심층의 식인 아뢰야식에 입각하여 일체 존재를 식 내지 심의 변현으로 간주한다. 따라서 식이나 심 바깥에 그 자체로 존재하는 객관적 실체의 실유성을 인정하지 않는 것이다. 현상적인 심리적 자아뿐 아니라, 현상적인 객관 세계로 간주되는 유근신과 기세간 등 물리적 존재도 아뢰야식 안에 함장된 종자의 발현으로 보는 것이다.

그러면서 유식은 물리적 색법으로 변현하는 종자와 심리적 활동으로 변현하는 종자를 색종자와 심종자로서 구분한다. 즉 아뢰야식 내의 종자의 현행화는 그것이 견분과 상분으로 이원화하는 것인데, 여기서 상분은 나의 신체와 그 신체가 의지하여 사는 기세간이며, 견분은 그 신체적 나와 그 신체를 포괄하는 세계를 대상으로 인식하는 자아의식을 의미한다. 따라서 유식은 상분으로 화하는 종자를 신체 및 물리적 세계를 형성한다는 의미에서 색종자로 부르고, 요별의 견분으로 화하는 종자를 심리적 자아를 형성한다는 의미에서 심종자라고 부른다. 그렇게 함으로써 유식은 종자와 현행의 관계에 있어 색심호훈설을 주장한 경량부와 달리 색종자는 오직 색법으로만 현행화되고, 심종자는 심법으로만 현행화된다고 주장한다. 그러나 심종자이든 색종자이든 다 아뢰야식에 훈습되는 종자의 현현이란 점에서 현상적 자아[아]나 세계[법]를 모두 식의 변현으로 간주하는 것이다. ❀

한자경 (이화여대)

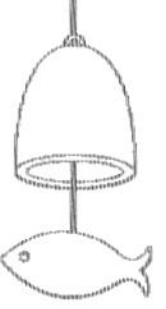

정토

범 sukhāvatī[sukhāmatī, sudhāmatī] 장 bde-ba-can
한 極樂[淨土, 樂有, 安樂, 樂無量, 有甘露, 安養] 영 the Pure Land, Paradise, the Buddhist Elysiam, the Western Paradise, the heaven of Buddha Amitābha

Ⅰ. 어원적 근거 및 개념 풀이

정토교는 정토경전[1]에 설해진 교설을 바탕으로 인도의 용수(龍樹), 무착(無着), 세친(世親), 중국의 혜원(慧遠), 담란(曇鸞), 도작(道綽), 선도(善導), 신라의 원효(元曉), 경흥(憬興), 일본의 법연(法然), 친란(親鸞) 등에 의해서 전개된 사상이다.

정토 교의는 아미타불의 본원력(本願力)에 의해서 정토에 왕생(往生)하

1 대승경전(약 650부) 중 200여부가 해당되며, 일반적으로『阿彌陀經』·『無量壽經』·『觀無量壽經』을『정토삼부경(淨土三部經)』이라 부른다. 이 셋은 각각 소경(小經)·대경(大經)·관경(觀經)으로 약칭된다. 그러나『정토삼부경』이라는 명칭은 인도나 중국에는 없으며, 일본 정토교의 개조 법연(法然, 1133-1212)이 위의 세 경을 처음으로『정토삼부경』이라 부른 후부터 일반화 되었다.

여 불퇴전(不退轉)의 경지에 이름을 목적으로 한다. 초기불교에서 대승불교에 이르는 여러 가지 불교사상의 한결같은 입장은 법에 의지하고 자신에 의지하라는 철저한 이성주의적 정신이었다. 그런데 정토사상에서는 자신의 힘보다는 아미타불[2]의 본원력을 절대적으로 강조하고 있다. 정토사상의 본원력 구제설은 유신론적 종교의 영향을 받아 성립했다는 학설도 있으나, 정토교의 정토교다운 특색은 바로 이러한 타력교적인 점에 있다.

정토교의 발생에는 현실사회에서 흔히 마주치는 극한 상황과 말법시대의 범부의식이 주된 사상적 동기가 된다. 정토교가 애초에 극한 상황에 처하여 자신의 힘으로는 깨달음을 실현할 수 없는 나약하고 죄장(罪障)이 두터운 범부를 의식하고 그런 의식 위에서 싹터 그 싹이 대승불교의 풍토 속에서 독특한 결실을 보게 된 것임을 말해 주고 있다.

정토교리를 구성하고 있는 중요한 개념의 하나는 말할 필요도 없이 '정토(淨土)'인데 글자 그대로 그것은 부정잡예(不淨雜穢)가 사라진 청정한 부처님의 국토를 가리키고 있다. 즐거움이 충만한 땅이라고 해서 극락세계(極樂世界)라고도 불린다.

1. 어원 및 개념

일반적으로 정토(淨土)라 하면 아미타불의 국토인 서방극락세계(西方極樂世界)를 의미한다. 정토는 중국불교에서 성립된 말이기에 인도어 명칭이 없다. 처음에는 아미타불의 극락만을 가리키는 말이 아니라 보다 일반적인 제불의 정토를 뜻하였다. 인도에서 발생한 정토사상이 중국에 전래됨에 따라 정토계 경전이 번역되고 많은 중국 정토학자들의 연구하여 중국화 되었다. 이 과정에서 일반적이고 보편적인 의미를 담고 있던 '정토'가 아미타불의 극락으로 일원화하게 되었고, '정토=극락'의 등식도 확립되었다. 보다 효과적인 이해를 위하여, 먼저 극락의 어원과 일반적인 개념, 정토 경전에 설해지는 극락의 성립과 장엄 등을 살펴보겠다. 다음 장에서, 제불의 정토가 아미타불의 정토로 일원화하는 과정을 통하여 '정토=극락'의 등식을 명확하게 이해하게 될 것이다.

---

2 ① 본원성취의 부처님 ② 광명섭취의 부처님[광명으로 일체중생 구제] ③ 수명무량의 부처님 ④ 래영인접의 부처님[오는 것을 맞아들여 잘 알게 하는 부처님]

2. 극락의 어원

산스크리트본 『아미타경(阿彌陀經)』, 『무량수경(無量壽經)』[3]에서는 아미타불의 본원이 성취되어 건립된 불국토를 극락이라 한다. sukhāvatī(樂有, 安樂), sukhāmatī(樂無量, 極樂), sudhāmatī(有甘露, 安養)로 기록한다. 서장어로는 bde-ba-can이다.[4] 중국에서는 소가박제(蘇訶縛帝)·수가마제(須訶摩提)·수마제(須摩提)·수가제(須訶提)라 음역하고, 안락(安樂)·극락(極樂)·안양(安養)·안온(安穩)·묘락(妙樂)·일체락(一切樂)·낙무량(樂無量)·낙유(樂有)·낙방(樂邦)이라 번역한다. 극락세계(極樂世界)·극락정토(極樂淨土)·극락국토(極樂國土)·무량수불토(無量壽佛土)·무량광명토(無量光明土)·무량청정토(無量淸淨土)라고도 부른다.[5] 영어로는 'the Pure Land', 'Paradise', 'the Buddhist Elysiam', 'the Western Paradise, the heaven of Buddha Amitābha' 등으로 번역한다.

중국에서 역경초기에는 여러 번역어로 혼재되어 사용하던 것이 극락으로 통일되어 간다. 아미타불의 전신(前身)인 법장비구(法藏比丘)의 이상을 실현한 국토를 극락으로 번역한 것은 구마라집이 『아미타경』에서 사용한 것[6]이 처음이며, 『관무량수경(觀無量壽經)』에서도 극락[7]을 사용한다. 강승개(康僧鎧) 번역의 『무량수경』에는 극락이라는 용어는 전혀 없고 안락[8] 혹은 안양[9]을 사용한다. 경전번역사에서 보면 안양은 시대가 흐를수록 점차 쓰이지 않고, 안락과 극락이 비슷하게 병행되어 왔으나, 현장(玄奘, 602-

---

3 현재 남아 있는 산스크리트본에 의하면 이 『아미타경』 『무량수경』의 이름은 둘 다 『Sukhāvatīvyūha(극락의 장엄)』이라 되어 있고, 티벳역의 경명은 『聲無量光莊嚴이라 부르는 대승경』이라 되어 있으며, 편의상 大·小로 구별한다.

4 望月信亨(編), 『望月佛教大辭典』, 第二卷, 1157면.

5 中村元, 『佛教語大辭典』, 414-415면.

6 『阿彌陀經』 (『大正藏』 12권 346하): 여기서부터 10만억의 불국토를 지나 한 세계가 있으니, 이름하여 **극락**이라 한다. 이 국토에는 부처님이 계시는데 아미타라 칭한다. … 그 나라를 어떠한 연유로 극락이라고 하는가? 그 나라의 중생은 많은 고통도 없으며 오직 모든 즐거움만을 받기 때문에 극락이라고 이름 한다[從是西方過十萬億佛土 有世界名日**極樂** 其土有佛號阿彌陀 今現在說法 舍利弗 彼土何故名爲**極樂** 其國衆生無有衆苦 但受諸樂故名極樂].

7 『觀無量壽經』 (『大正藏 12권, 341중). "我今樂生**極樂**世界阿彌陀佛所."

8 『無量壽經』 (『大正藏』 12권, 270상). "法藏菩薩 爲已成佛而取滅度 爲未成佛 爲今現在 佛告阿難 法藏菩薩 今已成佛現在西方 去此十萬億刹 其佛世界名日安樂."

9 『無量壽經』 (『大正藏』 12권, 274중). "努力自求之 必得超絶去 往生**安養**國 橫截五惡趣 惡趣自然閉."

664)이 극락을 사용한 이래로 극락이 대표적인 용어로 자리 잡았다.

3. 극락의 개념

아미타불의 극락은 어떤 곳인가? 왕위를 버리고 출가한 법장비구가 48원을 성취해서 깨달음을 얻어 아미타불이 되어가는 과정을 통해, 초기 불교경전에서는 볼 수 없는 타력신앙이 구체화된다. 정토경전에서는 아미타불을 신앙의 대상으로 삼아, 모든 중생은 구제를 받을 수 있음을 설한다. 아미타불이 지금도 계시어 항상 설법하는 극락정토는 모든 일이 구족하여 즐거움만 있고 괴로움은 전혀 없는 자유롭고 안락한 이상향이다.

석가모니의 깨달음은 무명(無明)의 인간에게는 필연적으로 생로병사를 고통으로 삼는 생존이 있기 때문에 이 무명을 없애면 생사해탈이 가능하다는 것을 자각시키는 데 있다. 그런데 무명은 워낙 고질적인 것이어서 인간이 쉽게 벗어날 수 없다. 그래서 아미타불의 원력(願力)에 의지하라고 한다. 아미타불의 구원이라는 것도 아미타불을 믿고 그 힘으로 무명의 중생을 명(明)으로 바꾸어 어리석음으로 인해 생사를 벗어나게 하는 것이다.

진리를 깨달아 부처가 되는 것, 다른 말로 바꾸면 진리[法]와 인간[人]과의 대결이 일반 불교의 입장이다. 그러나 무명으로 덮인 어리석은 인간이 직접 진리와 대결하는 것은 너무나 어렵고 힘들다. 그래서 『무량수경』에서는 이 진리와 인간 사이에 아미타불의 정토라는 것을 개입하고 있다. 다시 말하면 『무량수경』에서는 아미타불이 되어 자신이 건립한 정토를 중생을 위해 제공함으로써, 진리와 인간의 대결을 보다 쉽게 해 준다. 정토교에서는 진리와 인간이 직접 대결하지 않는 것이 아니라, 대결하는 장소를 정토에서 구하며, 정토에 왕생한 후에 그곳에서 진리와 대결한다. 그리고 그 정토는 진리와 인간의 대결에서 인간에게 절대적으로 유리하며, 진리를 깨닫거나 보살행을 닦는 것도 아무런 장애를 받지 않을 뿐 아니라, 부처님의 가피(加被)가 있는 곳이기에 왕생자(往生者)에게 '왕생=성불'을 약속하는 곳이기도 하다. 이런 이유로 아미타불이 중생들의 열렬한 신앙대상이 되었으며, '정토=극락'의 관념이 자연스럽게 요구되었고, 극락정토에 왕생하기를 간절히 바라게 된 것이다.

Ⅱ. 아미타불의 출현과 극락정토의 장엄

1. 48대원

정토사상에서 본원(本願)은 극락정토의 성립에만 한정되는 것이 아니라 전반에 걸쳐 대단히 중요하다. 그것은 아미타불의 본체를 형성하고 있는 것이기 때문이다. 본원의 원어는 pūrva-praṇidhāna이다. pūrva는 '이전의' '예전의'라는 뜻이고, praṇidhāna는 '반드시 이루어야 하겠다는 마음가짐'으로 의역할 만하다. 한역으로 서(誓) 원(願), 서원(誓願)으로 옮겨져서 사용된다.

대승불교의 '서원'은 크게 둘로 나누어 고찰하는 것이 일반적이다. 하나는 일반적인 총원(總願)이고 다른 하나는 특수한 별원(別願)이다. 여기서 별원은 특정의 보살에 의해 세워진 서원을 말한다. 『아축불국경』에 나오는 아축보살의 11원, 『묘법연화경』「보문품」에 나오는 관음보살의 서원 등을 들 수 있다. 『무량수경』의 법장비구의 서원도 여기에 속하는 것이다.

『무량수경』의 본원은, 서원 그 자체가 아미타불의 본질이다. 법장비구가 5겁이라는 긴 세월 동안 걸쳐서 사유해 세자재왕여래(世自在王如來) 및 그 외의 제불들 앞에서 정토 건립을 서원한다. 이때의 세자재왕여래 등은 법장의 서원에 대하여 증명하고 보증하는 역할을 한다. 이러한 서원을 하게 된 근본이유는 다 알다시피 일체중생을 제도하고 최상최승의 무상정등각을 성취하고 무비일등(無比一等)의 국토를 건설하려는 까닭이었다. 이러한 일을 완결하고 성불한 것이 아미타불이다.

그런데 이러한 아미타불의 서원은 다른 대승경전의 서원과 확연하게 구별된다. 여타의 대승경전에서 보이는 서원은 단순히 중생을 구제하겠다는 서원으로서, 구제의 구체적인 방법은 다소 방관자적이다. 즉 중생 스스로의 분발·노력에 맡겨두는 것이다. 이에 비해 아미타불의 본원은 중생을 구제하되 그 구제받을 중생이 자신의 모든 노력과 비원(悲願)을 아미타불에게 맡기게 한다. 그런 뒤 아미타불 스스로의 구원 속에서 덩달아 중생들도 구제되도록 하고 있는 것이다.

'보살의 수행과정'에 대해 직접적인 영향을 준 것으로 생각되는 『대품반야경』「몽행품」[10]을 살펴보면, 육바라밀을 성취할 때 중생이 겪는 유무형의 고난을 해소시켜줄 수 있다고 확신하고 원을 세운다. 다른 대승경전에 비해 많이 구체화되긴 했지만, 『무량수경』에 비하면 다소 추상적이고 관념적이다. 따라서 『무량수경』은 일체중생이 성불할 수 있음을 절실하게 설명하면서도 결코 교리 전개에 치중하지 않고 있다. 교리전개라는 여타의 대승경전의 방법을 통하지 않고 '원'을 통해서 성불하는 길을 연 것이다. 치밀한 교리전개 속에 중생들을 인도하여 깨달음의 길을 개척하지 않고, 아미타불의 큰 본원 속에 중생들을 실어서 깨달음의 길을 쉽게 보여주는 방법이라 할 수 있다.

이처럼 본원은 아미타불의 처음이자 끝이다. 본원으로 말미암아 성불과 정토를 이루었고 이제 다시 그 본원을 통하여 중생구제를 앞당기고 있는 것이다. 법장비구의 48원은 다음과 같다.

1. 만약 제가 부처가 되어도, 그 나라에 지옥, 아귀, 축생이 있다면 저는 부처가 되지 않겠습니다.
2. 만약 제가 부처가 되어도, 그 나라의 중생들이 수명이 다한 뒤에 다시 삼악도(三惡道)에 떨어진다면 저는 부처가 되지 않겠습니다.
3. 만약 제가 부처가 되어도, 그 나라의 중생들이 진금색(眞金色)이 되지 않으면 저는 부처가 되지 않겠습니다.
4. 만약 제가 부처가 되어도, 그 나라 중생의 모양이 같지 않아 잘나고 못난이가 있다면 저는 부처가 되지 않겠습니다.
5. 만약 제가 부처가 되어도, 그 나라 중생들이 숙명통(宿命通)을 알지 못해 천백억 나유타의 옛 일을 알지 못하면 저는 부처가 되지 않겠습니다.
6. 만약 제가 부처가 되어도, 그 나라 중생들이 천안통(天眼通)을 얻지 못해 백천 나유타 모든 세계를 볼 수 없다면 저는 부처가 되지 않겠습니다.
7. 만약 제가 부처가 되어도, 그 나라 중생들이 천이통(天耳通)을 얻지 못해 백천 나유타의 여러 부처님들이 말씀하신 바를 모두 듣고 지녀 실천할 수 없다면 저는 부처가 되지 않겠습니다.
8. 만약 제가 부처가 되어서도, 그 나라 중생들이 견타심지통[他心通]을 얻지 못해 백천억 나유타 모든 부처님 국토 가운데 중생의 마음을 알지 못한다면 저는 부처가 되지 않겠습니다.
9. 만약 제가 부처가 되어서도, 그 나라 가운데 중생들이 신족통(神足通)을

10 『大品般若經』 17(『大正藏』 8권, 347상-349중)

얻지 못해 일념 사이에 백천억 나유타의 모든 불국토를 지나가지 못한다면 저는 부처가 되지 않겠습니다.

10. 만약 제가 부처가 되어서도, 그 나라 중생들이 자신의 몸에 집착하는 생각을 낸다면 저는 부처가 되지 않겠습니다.
11. 만약 제가 부처가 되어서도, 그 나라 가운데 중생들이 정정취[正定聚]에 머물지 못해 열반에 이르지 못한다면 저는 부처가 되지 않겠습니다.
12. 만약 제가 부처가 되어서도, 한 없는 광명으로 백천 나유타의 모든 불국토를 비출 수 없다면 저는 부처가 되지 않겠습니다.
13. 만약 제가 부처가 되어서도, 수명에 한계가 있어 백천억 나유타겁에 이르지 못하면 저는 부처가 되지 않겠습니다.
14. 만약 제가 부처가 되어서도, 그 나라 가운데 성문(聲聞)들의 수효가 한량이 있어서, 삼천대천세계의 성문, 연각(緣覺)들이 백천겁 동안 세어서 그 수효를 알 수 있다면 저는 부처가 되지 않겠습니다.
15. 만약 제가 부처가 된다면, 그 나라의 중생들의 수명이 능히 한량이 없으리라. 다만, 중생제도의 서원에 따라 수명을 길게 짧게 자유로이 함을 제외하고, 만약 이렇게 되지 않는다면 저는 부처가 되지 않겠습니다.
16. 만약 제가 부처가 되어서도, 그 나라의 중생들이 나쁜 이름을 듣는다면 저는 부처가 되지 않겠습니다.
17. 만약 제가 부처가 되어서도, 시방세계에 헤아릴 수 없는 모든 부처님들이 저의 이름[아미타불]을 찬탄하지 않는다면 저는 부처가 되지 않겠습니다.
18. 만약 제가 부처가 되어서도, 시방의 중생들이 지극한 마음으로 믿고 원해 저의 나라에 태어나려고 십념을 해도, 태어날 수 없다면 저는 부처가 되지 않겠습니다. 오역죄인이나 정법을 비방하는 사람들은 제외합니다.
19. 만약 제가 부처가 되어서도, 시방세계 중생이 보리심(菩提心)을 일으켜서 모든 공덕을 닦고, 지극한 마음으로 발원해서 임종시에 저의 국토에 태어나고자 원할 때, 대중에게 둘러 싸여 그 사람 앞에 나타나지 못한다면 저는 부처가 되지 않겠습니다.
20. 만약 제가 부처가 되어서도 시방세계의 중생들이, 저의 이름[아미타불]을 듣고 저의 국토를 생각하며 모든 공덕의 근본을 심고 지극한 마음으로 회향해서, 저의 국토에 태어나려고 하나 성취하지 못한다면 저는 부처가 되지 않겠습니다.

21. 만약 제가 부처가 되어서도, 그 나라 중생들이 모두 32상을 원만하게 이루지 못한다면 저는 부처가 되지 않겠습니다.
22. 만약 제가 부처가 되어서도, 다른 불국토의 모든 보살들이 저의 국토에 태어나면 반드시 일생보처(一生補處)에 이르게 될 것입니다. 그들이 서원을 따라 자유로이 변하여 중생을 위해서 큰 서원을 세워 공덕을 쌓아 모든 중생을 제도하고, 모든 불국토에 다니면서 보살의 행을 닦으며, 시방세계의 모든 부처님께 공양하고, 항하의 모래와 같이 무량한 중생들을 제도하며 위없이 바르고 참된 도를 세우게 하는 이를 제외합니다. 차례 차례의 모든 지위의 행을 초월해 바로 보현보살의 덕을 닦게 할 것입니다. 만약 그렇게 하지 못한다면 저는 부처가 되지 않겠습니다.
23. 만약 제가 부처가 되어서도, 그 나라 보살들이 부처님의 신통력을 입고 모든 부처님께 한끼의 공양을 올리는 사이에 두루 헤아릴 수 없는 나유타의 모든 불국토에 이를 수 없다면 저는 부처가 되지 않겠습니다.
24. 만약 제가 부처가 되어서도, 그 나라 보살들이 모든 부처님 앞에서 그 공덕의 근본을 나타내기를 원함에 요구하는 공양물을 뜻대로 갖추지 못한다면 저는 부처가 되지 않겠습니다.
25. 만약 제가 부처가 되어서도, 그 나라의 보살들이 모든 지혜를 연설할 수 없다면 저는 부처가 되지 않겠습니다.
26. 만약 제가 부처가 되어서도, 그 나라 가운데 보살들이 천상의 금강역사(金剛力士)와 같은 나라연신(那羅延身)을 얻지 못한다면 저는 부처가 되지 않겠습니다.
27. 만약 제가 부처가 된다면, 그 나라 중생들과 모든 물건은 맑고 찬란하게 빛나며 빼어나고, 지극히 미묘함을 궁구하여 능히 다 헤아릴 수 없습니다. 그것을 모든 중생이나 천안통을 얻은 이가 능히 명료하게 그 이름과 수효를 가질 수 없다면 저는 부처가 되지 않겠습니다.
28. 만약 제가 부처가 되어서도, 그 나라 보살들을 비롯하여 공덕이 적은 이들까지도, 그 도량의 나무가 한없이 빛나고 높이가 4백만 리나 됨을 알지 못하고 보지 못한다면 저는 부처가 되지 않겠습니다.
29. 만약 제가 부처가 되어서도, 그 나라 보살들이 경과 법을 받아 읽고 외우며 내용을 설명하는, 변재지혜를 얻지 못한다면 저는 부처가 되지 않겠습니다.
30. 만약 제가 부처가 되어서도, 그 나라 가운데 보살들의 지혜와 변재가 한

량이 있다면 저는 부처가 되지 않겠습니다.

31. 만약 제가 부처가 된다면, 그 불국토는 한없이 청정하여 시방세계에서도 헤아릴 수 없고, 가히 생각할 수 없는 모든 부처님 세계를 다 비춰 보는 것이 밝은 거울로 얼굴을 비춰 보는 것과 같게 하겠습니다. 만약 그렇지 못하다면 저는 부처가 되지 않겠습니다.

32. 만약 제가 부처가 된다면, 땅으로부터 위로 허공에 이르기 까지 궁전, 누각, 흐르는 물, 꽃, 나무 등 나라 안에 있는 모든 만물이 헤아릴 수 없는 보배, 백천 가지의 향기로 이루어지고, 장엄하고 기묘함이 모든 인간계나 천상계에서는 비교될 수 없으며, 그 향기는 널리 시방세계에 퍼지게 하며, 보살들은 모든 부처님의 행을 닦게 하겠습니다. 만약 이와 같이 되지 못한다면 저는 부처가 되지 않겠습니다.

33. 만약 제가 부처가 된다면, 시방세계의 헤아릴 수 없이 많은 모든 부처님의 세계의 중생들이 저의 광명을 입어, 그들의 몸에 접촉한 이들은 몸과 마음이 부드러워 인간과 천상을 초월하리니, 만약 그렇지 못하다면 저는 부처가 되지 않겠습니다.

34. 만약 제가 부처가 되어서도, 헤아릴 수 없이 많은 시방의 모든 부처님 세계의 중생들이 저의 이름을 듣고 보살의 무생법인(無生法忍)과 여러 가지 깊은 지혜 공덕인 다라니 법문을 얻지 못한다면 저는 부처가 되지 않겠습니다.

35. 만약 제가 부처가 되어서도, 시방세계의 헤아릴 수 없이 많은 모든 부처님의 세계의 여인들이 저의 이름을 듣고 환희심을 내어 믿고 원해서 보리심을 일으켜 여자의 몸을 싫어한 사람이 목숨이 마친 후 다시 여인이 된다면, 저는 부처가 되지 않겠습니다.

36. 만약 제가 부처가 된다면, 시방세계의 헤아릴 수 없고 불가사의한 모든 부처님 세계의 보살들이 저의 이름[아미타불]을 듣고 목숨을 마친 후 청정한 수행을 해서 부처님이 되게 하겠습니다. 만약 그렇게 하지 못한다면 저는 부처가 되지 않겠습니다.

37. 만약 제가 부처가 된다면, 시방세계의 헤아릴 수 없고 불가사의한 모든 부처님 세계에 있는 모든 중생들이 저의 이름을 듣고 오체를 투지하여 환희심으로 믿고 원하여 보살행을 닦을 때, 모든 천인이나 사람들이 공경하지 않는 사람이 없게 하겠습니다. 만약 그렇게 되지 않는다면 저는 부처가 되지 않겠습니다.

38. 만약 제가 부처가 된다면, 그 나라 가운데 중생들이 옷을 얻으려 하면 생각하는 대로 바로 생기며 부처님이 찬탄한 바와 같은 법다운 묘한 의복이 몸에 입혀지는 것과 같으리니, 만약 바느질이나 다듬이질이나 더러워 세탁할 필요가 있다면 저는 부처가 되지 않겠습니다.
39. 만약 제가 부처가 되어서도, 그 나라 중생들이 누리는 상쾌한 즐거움이, 모든 번뇌가 없는 비구처럼 되지 않으면 저는 부처가 되지 않겠습니다.
40. 만약 제가 부처가 되면, 그 나라 보살들이 뜻에 따라 시방세계에 있는 한없이 많은 엄숙하고 깨끗한 불국토를 보고자 하면 원한 바와 같이 되며, 보배 나무에서 낱낱이 비춰보는 것이 거울로 그의 얼굴을 보는 것과 같게 하고 싶습니다. 만약 이렇게 되지 않는다면 저는 부처가 되지 않겠습니다.
41. 만약 제가 부처가 되어서도, 다른 국토의 모든 보살들이 저의 이름을 듣고 부처님이 될 때까지 온 몸에 부족한 점이 있어 구족하지 못한다면 저는 부처가 되지 않겠습니다.
42. 만약 제가 부처가 된다면, 다른 국토의 모든 보살들이 저의 이름을 듣고, 다 청정해탈삼매를 얻을 것이며, 이 삼매에 머물러서 한 생각 동안에 헤아릴 수 없는 불가사의한 모든 부처님을 공양하고 삼매를 잃지 않게 하리니, 만약 그렇게 되지 않으면, 저는 부처가 되지 않겠습니다.
43. 만약 제가 부처가 된다면, 다른 국토의 모든 보살들이 저의 이름을 듣고 목숨을 마친 후 존귀한 집에 태어나리니, 만약 그렇게 되지 않는다면 저는 부처가 되지 않겠습니다.
44. 만약 제가 부처가 된다면, 다른 국토의 모든 보살들이 저의 이름을 듣고 기뻐하여 보살의 행을 닦고 공덕의 근원을 구족하리니, 만약 그렇게 되지 않는다면 저는 부처가 되지 않겠습니다.
45. 만약 제가 부처가 된다면, 다른 국토의 모든 보살들이 저의 이름을 듣고 모든 부처님을 두루 뵈올 수 있는 삼매를 얻을 것이며 이 삼매에 머물러서 성불할 때까지 언제나 헤아릴 수 없는 불가사의한 모든 부처님을 뵈오리니 , 만약 그렇게 되지 않으면 저는 부처가 되지 않겠습니다.
46. 만약 제가 부처가 된다면, 그 나라 가운데 보살들은 그가 원하는 뜻에 따라 듣고자 하는 법문은 저절로 듣게 되리니, 만약 그렇게 되지 않는다면 저는 부처가 되지 않겠습니다.
47. 만약 제가 부처가 되어서도, 다른 국토의 모든 보살들이 저의 이름을 듣

고 곧 불퇴전에 이를 수 없다면 저는 부처가 되지 않겠습니다.

48. 만약 제가 부처가 되어서도, 다른 국토의 모든 보살들이 저의 이름을 듣고 곧, 설법을 듣고 깨닫는 음향인(音響忍)과 진리에 수순하는 유순인(柔順忍)과 나지도 죽지도 않는 도리를 깨닫는 무생법인(無生法忍)을 성취하지 못하고, 모든 불법에서 물러나지 않는 불퇴전의 자리를 얻을 수 없다면, 저는 부처가 되지 않겠습니다.[11]

법장비구는 세자재왕 부처님 앞에서 범천과 마왕과 용신 등의 팔부대중과 그 밖에 많은 대중들이 지켜보는 가운데 이러한 48가지 대원을 세우고 한결같이 뜻을 오로지 하여 불국정토를 건설하고자 굳은 결심을 하였다. 그런데 그가 세우려 한 불국토는 한없이 넓고 청정미묘하여 비할 데가 없으며, 또한 그 나라는 영원불멸하여 모든 것이 변하지 않고 쇠미하지 않는 극락의 정토이니, 법장비구는 이러한 청정하고 장엄한 정토를 세우기 위하여 오랫동안 불가사의한 영겁의 세월을 두고 보살의 헤아릴 수 없는 수행공덕을 쌓았다.[12]

2. 아미타불의 출현과 극락장엄

1) 아미타불의 출현

『무량수경』에서는 극락세계가 실재함을 밝히기 위해, 48대원 및 법장보살의 성불과 정토의 장엄에 대하여 설하고 있다.

아난이 부처님께 여쭈었다. "법장보살은 이미 성불하시어 영원히 안온한 열반의 경계에 드셨습니까? 그렇지 않으면 아직 성불하지 못하셨습니까? 혹은 성불하시어 현재 계시옵니까?"

부처님께서 아난에게 말씀하셨다. "법장보살은 이미 성불하여 서쪽 나라에 계시는데, 그 부처님의 이름을 '아미타불' 혹은 '무량수불'이라 하며, 그 나라는 10만 억의 국토를 지난 먼 곳으로서 안락(극락) 세계라 하느니라."

아난이 다시 여쭈었다. "세존이시여, 그 부처님께서 성불하신 지는 얼마나 되옵니까?"

---

11 『無量壽經』 상(『大正藏』 12권, 267하-269중)

12 『無量壽經』 상(『大正藏』 12권, 269하)

> 부처님께서 말씀하셨다. "그 부처님이 성불하신 이래 벌써 10겁(劫)이 지났느니라."[13]

이렇게 해서 법장비구는 드디어 아미타불이 되었으며, 동시에 공덕과 장엄이 원만히 갖추어진 불국토를 건설하였다. 아미타불은 이미 성불하신 지 10겁이 지났으며, 현재 서쪽으로 10만 억 국토를 지난 곳에 있는 극락이라 불리는 세계에 머물러 현재도 설법하고 계신다고 한다.

일반적으로 아미타불을 현재불이라 하는 이유는, 법장비구가 성불해서도 열반에 들지 않는 부처님 즉 수명이 무량한 '무량수부처님'이 되었기 때문에 여기서 '현재'라는 말은 영원 속의 현재를 의미하는 것이다. 또한 10겁도 숫자의 개념을 초월해서 한없는 먼 과거에 이미 성불해서 현재에 이른다는 것을 말한다. 결국 아미타불은 과거·현재·미래를 포함한 영원한 시간 속의 현재에 머무시면서 중생을 구제하기 위해 설법하는 '영원 속의 현재불'이다. 아미타불을 무량광불이라 부르는 이유는 다음과 같다.

> 부처님께서 다시 아난에게 말씀하셨다. "무량수불의 위신력과 광명은 가장 높고 뛰어나서 모든 부처님의 광명이 능히 미치지 못하며 또한, 아미타불의 광명은 백천 부처님의 세계를 비추시느니라. 중요한 것을 취해 말하면 곧 동쪽으로 한량없는 부처님 국토를 비추고 남쪽, 서쪽, 북쪽, 위 아래도 이와 같으니라.
>
> 혹은 부처님의 광명이 일곱 자를 비추고, 혹은 일 유순, 이, 삼, 사, 오 유순을 비추는데 이와 같이 점점 더해서 한 부처님 세계를 비추시니라. 그렇기 때문에 무량수불을 달리 12광불(光佛)이라 이름하여 무량광불(無量光佛)·무변광불(無邊光佛)·무애광불(無碍光佛)·무대광불(無對光佛)·염왕광불(燄王光佛)·청정광불(淸淨光佛)·환희광불(歡喜光佛)·지혜광불(智慧光佛)·부단광불(不斷光佛)·난사광불(難思光佛)·무칭광불(無稱光佛)·초일월광불(超日月光佛)이라 찬탄하느니라.
>
> 그런데 중생들이 있어 이 광명을 만난 사람은 삼구(三垢)가 소멸되고 몸과 마음이 부드럽고 상냥하며 기쁨이 넘치고 착한 마음이 우러난다. 만약 삼도의 고통 속에서 이 광명을 보면 모두 휴식을 얻어 괴로워하지 않고 목

13 『無量壽經』 상(『大正藏』 12권, 270상)

숨이 마친 뒤에 모두 해탈을 얻는다.

무량수불의 광명은 찬란하여 시방세계를 비추고 그 명성이 모든 부처님의 국토에 들리지 않는 곳이 없다. 다만, 나만이 그 광명을 찬탄한 것이 아니고 일체 모든 부처님, 성문, 연각, 모든 보살들이 다 함께 한결같이 찬탄하느니라. 만약 중생이 그 광명의 위신력과 공덕을 듣고 밤낮으로 찬탄하는 데 지극한 마음이 끊어지지 않으면 원하는 뜻에 따라서 그 국토에 태어나게 되며, 모든 보살 성문 대중들이 그를 위하여, 찬탄하고 그 공덕을 칭찬할 것이며, 그런 후 장차 불도를 얻을 때에는 널리 시방세계의 모든 부처님과 보살들이 지금과 같이 그 광명을 찬탄할 것이니라." 또 부처님께서 말씀하셨다. "내가 무량수불의 광명과 위신력이 위대하고 미묘함을 밤과 낮 일 겁 동안 설해도 오히려 다 할 수가 없다."[14]

위의 경문은 법장비구의 48 대원 가운데 '광명무량의 원'이 성취되었음을 나타내는 것이다. 또한 아미타불은 수명이 무량하며 극락정토에 있는 성중들도 마찬가지로 수명이 무량함을 설하고 있는데, '수명무량의 원'이 성취되었음을 알 수 있다.

부처님께서 아난에게 말씀하셨다. "무량수불의 수명은 길어서 가히 헤아릴 수가 없는데 네가 어찌 알겠는가? 가령 시방세계의 한량없는 중생들이 사람의 몸을 얻어 모두 성문, 연각을 이루어서 다 함께 모여 고요한 마음으로 그들의 지혜를 모아 백천 만 겁 동안 그 수명을 계산하고 세어 보아도 그 한계를 다 알 수가 없다. 또 그 세계의 성문 보살 천인들의 수명도 이와 같아서 계산이나 비유로도 능히 알 수가 없다. 또 성문과 보살의 수는 가히 헤아리기 어려워서 셀 수 없느니라. 신통과 지혜를 통달하여 그 위력이 자재하고 능히 손바닥 위에 일체 세계를 올려 놓을 수 있느니라."

부처님께서 아난에게 다시 말씀하셨다. "저 부처님의 처음 법회 때 모인 성문들의 수를 가히 헤아릴 수 없고 보살 또한 그러하며, 지금 대목건련 같은 이들이 백천만억 무량무수가 있어 아승지 나유타 겁 동안 내지 목숨이 마칠 때까지 계속 헤아려도 많고 적은 수를 알 수가 없다. 비유하면 큰 바다가 깊고 넓어 한량이 없는데 만약 사람이 하나의 머리털을 백 개로 쪼개어

14 『無量壽經』 상(『大正藏』 12권, 270상-중)

서 그 하나의 터럭을 가지고 한 번 적시는 것과 같다. 너의 뜻은 어떠하냐. 그 적신 물과 저 큰 바다 중에 어느 것이 많으냐?"

아난이 부처님께 대답하여 사뢰었다. "저 적신 물을 큰 바다에 비교함에 많고 적음을 어찌 계산이나 말로써 비유하며 능히 알 수가 있겠습니까?"

부처님께서 아난에게 말씀하셨다. "목련존자와 같은 이들이 백천 만억 나유타 동안 저 처음 법회에 모인 성문, 연각을 헤아려서 아는 수는 오히려 한 방울의 물과 같고, 그 알지 못하는 것은 큰 바다 물과 같다."[15]

2) 극락정토의 장엄

『무량수경』 상권에서는 아미타불의 성불에 관한 이야기가 끝나면서 마지막으로 아미타불의 48원이라는 서원의 설계도로 건립한 서방정토의 모습을 상세히 설명[16]한다. 『아미타경』에서는 극락세계를 보다 간략하게 묘사하는데 다음과 같다.

그 때 부처님께서 장로 사리불에게 말씀하셨다. "…사리불이여, 그 나라를 어떤 이유로 극락이라 이름하는가 하면 그 나라의 중생들은 아무런 괴로움이 없고 다만 여러 가지 즐거움만 받기 때문에 극락이라 이름 하느니라.

사리불이여, 또한 극락국토에는 일곱 겹의 난간과 일곱 겹의 그물이 있는 칠중(七重)으로 된 가로수가 있는데 네 가지 보배로 이루어져, 온 나라에 두루하는 까닭에 그 나라를 극락이라 이름 하느니라.

사리불이여, 또 극락국토에는 칠보로 된 연못이 있는데 그 가운데는 여덟 가지 공덕이 있는 물로 가득하며, 연못 바닥에는 순수한 금모래가 땅에 깔려 있고, 사방에 있는 계단은 금·은·유리·파려 등으로 이루어져 있느니라. 위에는 누각이 있는데, 금·은·유리·파려·자거·산호·마노로써 장식되어 있느니라. 연못 가운데 큰 것은 수레 바퀴만한데, 푸른 꽃에서는 푸른 광채가 나고 누런 꽃에서는 누런 광채가 나며, 붉은 꽃에서는 붉은 광채가 나고, 흰 꽃에서는 흰 광채가 나는데 미묘하고 향기로우니라. 사리불이여, 극락국토는 이와 같은 공덕장엄으로 이루어져 있느니라.

사리불이여, 저 국토에는 항상 하늘에서 음악이 울려 퍼지고, 황금으로 된

15 『無量壽經』 상(『大正藏』 12권, 270중-하)
16 『無量壽經』 상(『大正藏』12권, 270하-271중)

땅 위에는 밤낮 여섯 때에 만다라 꽃이 휘날리느니라. 그 나라 중생들은 항상 새벽마다 여러 가지 아름다운 꽃을 바구니에 담아 가지고 다른 세계의 십만 억 부처님께 공양하고 곧 식사 전에 본국에 돌아와서 식사를 마치고 산책을 하느니라. 사리불이여, 극락세계는 이와 같은 공덕장엄으로 이루어졌느니라.

사리불이여, 저 나라에는 항상 여러 가지 아름다운 빛깔의 새들이 있는데, 백조, 공작, 앵무새, 사리, 가릉빈가, 공명새 등 여러 가지 새들이 밤낮의 여섯 때에 우아한 소리를 내느니라. 이 소리는 오근(五根), 오력(五力), 칠보리분(七菩提分), 팔성도분(八聖道分) 등, 이와 같은 법을 설하고 있느니라. 그 나라의 중생들은 이 소리를 듣고 나서 모든 부처님을 생각하고, 불법을 생각하며, 불제자들을 생각하느니라. 사리불이여, 그 부처님의 나라에는 삼악도라는 이름도 없는데, 삼악도가 실제로 있겠는가! 이 모든 여러 새들은 모두 아미타불께서 법음을 널리 베풀고자 화현으로 나타낸 것이니라.

사리불이여, 저 불국토에는 미풍이 불어 모든 보배 나무 및 보배 그물을 움직이면 미묘한 소리를 내느니라. 비유하면, 백천 가지 음악을 동시에 울리는 것과 같으니라. 이 소리를 들은 사람들은 모두 자연히 부처님을 생각하고 불법을 생각하며 불제자들을 생각할 마음을 내느니라. 사리불이여, 그 부처님의 국토에는 이와 같은 공덕장엄으로 이루어졌느니라.

사리불이여, 그대 생각에 저 극락세계의 부처님을 어찌하여 아미타불이라고 부르는지 아느냐? 사리불아, 저 부처님의 광명은 한량이 없어 시방세계의 모든 나라를 두루 비추어도 걸림이 없기 때문에 아미타불이라 하고, 또한 그 부처님의 수명과 그 나라 사람들의 수명이 한량이 없고 끝이 없는 아승지 겁이기 때문에 아미타불이라 이름 하느니라. 사리불이여, 아미타불께서 성불하신 지는 이미 10겁의 세월이 지났느니라.

사리불이여, 저 부처님께서는 헤아릴 수 없이 많은 성문 제자가 있는데 모두 아라한들이다. 이들은 산수와 비유로써 알 수 없느니라. 또 모든 보살들도 이와 같으니라. 사리불이여, 저 부처님의 나라에는 이와 같은 공덕 장엄으로 이루어졌느니라.

또 사리불이여, 극락국토에 태어난 중생들은 모두 아비발치[不退轉]이며, 그 가운데 많은 중생들이 일생보처에 오른 이들로, 그 수효는 매우 많아 셈으로도 능히 알 수 없어 무량무변 아승지 겁이라 말할 뿐이니라."[17]

---

17 『阿彌陀經』(『大正藏 12권, 346하-347중)

위 경문에서는 의정이보(依正二報)[18]로 나누어 정토의 장엄을 설명하고 있다. 아미타불의 서방정토를 이렇게 극락 혹은 안락이라 부르는 이유는, 그곳의 중생들은 고통이 없고 즐거움만 있으며, 또한 그곳은 갖가지 보배로 장식되어 있기 때문이라 한다. 즉 물질적이든 정신적이든 즐거움만 있는 곳이기에 즐거울 '낙(樂)'자를 붙여 안락 혹은 극락이라 한 것이다.

『무량수경』, 『아미타경』의 극락세계는 진귀한 보배로 뒤덮인 인간의 상상을 초월하는 아름다운 곳이라는 것을 먼저 느낄 수 있다. 그러나 극락정토는 우리가 생각하는 세속적인 환락이나 영요(榮耀)의 즐거움이 있는 곳이 아니라 성스러운 깨달음을 열 수 있는 청정한 도량이다. 고대 인도인들은 인간의 욕망의 더러움에서 벗어나, 인간의 능력을 초월한 아름다움으로 정신적인 청정함을 표현하려고 노력했으며, 그 결과 극락세계가 출현하였다. 경전에서 극락을 감각적으로 아름답고 쾌적한 나라라고 설명한 것은 어디까지나 청정함을 나타내기 위해 상징적으로 묘사한 것에 불과하다.

3. '정토'라는 번역어의 성립

'정토'라는 용어가 중국불교에서 성립된 말이기 때문에 처음에는 아미타불의 '극락'을 가리키는 용어가 아니었다. 인도에서 성립된 세친(世親)의 『정토론(淨土論: 往生論이라고도 불린다)』은 정식명칭이 『무량수경우파제사원생게(無量壽經優波提舍願生偈)』로 되어 있다. 『개원석교록(開元釋敎錄)』 권6에는 『무량수경론(無量壽經論)』이라 하고, 『역대삼보기(歷代三寶紀)』 권9에는 『무량수우파제사경론(無量壽優波提舍經論)』이라 한다. 이 논서는 어떻게 불리든 천친이 『무량수경』을 주석한 것인데, 도작(道綽, 562-645) 등 후세 사람들이 『정토론(淨土論)』 혹은 『왕생론(往生論)』이라고 약칭해 불렀다. 그러므로 이 논서를 『정토론』이라고 부르는 것은 중국불교에서 '정토'라는 번역어가 성립하는 것과는 관계가 없다.[19]

'정토'라는 번역어는 라집(羅什, 343-413)이 번역한 경론에서 많이 발견

18 정토삼부경에 설해지는 극락정토의 의보장엄은 보행수장엄(寶行樹莊嚴), 지각연화장엄(池閣蓮華莊嚴), 금지락장엄(金地樂莊嚴), 화조풍수장엄(化鳥風樹莊嚴)이고, 정보는 교주인 아미타불과 정토의 성중(聖衆)을 밝히고 있다.

19 "세존이시여, 저는 일심으로 모든 시방의 無碍光如來께 귀명하여, 안락국에 태어나기를 원하옵니다"(『大正藏 26권, 230하) 『정토론』 처음에 나오는 이 유명한 게송뿐만 아니라, 논 전체에서 '安樂'이라 표현한다.

되므로, 아마 라집에 의해 번역어로서 '정토'라는 역어가 확립되었을 것이다. 라집 이전의 저명한 역경가인 안세고(安世高), 지루가참(支婁迦讖), 축법호(竺法護) 등이 번역한 경론에는 '정토'라는 역어가 보이지 않는다. 그러나 라집 번역의 용례를 보면 '정토'란 '제불(諸佛)의 정토'를 가리키며, 아미타불의 '극락'을 의미하고 있는 것은 아니다.

라집의 역경 중에서 '정토'라는 역어가 있는 유명한 경전은 『유마힐소설경(維摩詰所說經)』이다. 「불국품(佛國品)」에,

> 장자(長者)의 아들 보적이 부처님께 아뢰었다. "…바라옵건대 여러 보살이 정토로 나아가기 위해 닦는 수행을 설하여 주십시오."
>
> … 부처님은 말씀하셨다. "보적아, 마땅히 알아야 한다. ①직심(直心)이 곧 보살정토(菩薩淨土)이다. 보살이 성불할 때 아첨하지 않는 소박한 중생이 그 나라에 와서 태어난다. ②심심(深心)이 곧 보살정토이다. 보살이 성불할 때 공덕을 갖춘 중생이 태어난다. ③보리심(菩提心)이 곧 보살정토이다. 보살이 성불할 때, 대승의 중생들이 그 나라에 와서 태어난다. ④보시(布施)가 곧 보살정토이다. 보살이 성불할 때, 모든 것에 집착하지 않고 버릴 줄 아는 중생이 그 나라에 와서 태어난다. ⑤지계(持戒)가 곧 보살정토이다. 보살이 성불할 때, 십선도(十善道)를 닦겠다는 소원을 만족시킨 중생이 그 나라에 와서 태어난다. ⑥인욕(忍辱)이 곧 보살정토이다. 보살이 성불할 때, 삼십이상(三十二相)으로 장엄한 중생이 그 나라에 와서 태어난다. ⑦정진(精進)이 곧 보살정토이다. 보살이 성불할 때, 부지런히 일체 공덕을 닦는 중생들이 그 나라에 와서 태어난다. ⑧선정(禪定)이 곧 보살정토이다. 보살이 성불할 때, 마음을 한군데 모아 어지럽지 아니한 중생이 그 나라에 와서 태어난다. ⑨지혜(智慧)가 곧 보살정토이다. 보살이 성불할 때, 올바른 마음을 가다듬은 중생이 그 나라에 와서 태어난다. ⑩사무량심(四無量心)이 곧 보살정토이다. 보살이 성불할 때, 자비희사(慈悲喜捨)를 성취한 중생이 그 나라에 와서 태어난다. ⑪사섭법(四攝法)이 곧 보살정토이다. 보살이 성불할 때, 해탈을 얻은 중생이 그 나라에 와서 태어난다. ⑫방편(方便)이 곧 보살정토이다. 보살이 성불할 때, 모든 일에 있어서 방편이 무애(無碍)하게 된 중생이 그 나라에 와서 태어난다. ⑬삼십칠도품(三十七道品)이 곧 보살정토이다. 보살이 성불할 때, 사념처(四念處)·사정근(四正勤)·사신족(四神足)·오근(五根)·오력(五力)·칠각지(七覺支)·팔정도(八正道)를 닦은 중생이 그 나라에 와서 태어

난다. ⑭회향심(迴向心)이 곧 보살정토이다. 보살이 성불할 때, 온갖 공덕이 구족된 나라를 얻게 된다. ⑮팔난(八難)을 제거하는 것이 곧 보살정토이다. 보살이 성불할 때, 부처님 말씀을 듣는 데 장애가 되는 여덟 가지 난과 삼악도(三惡道)가 없게 된다. ⑯스스로 계행(戒行)을 간직하고, 다른 사람의 잘못을 비방하지 않는 것이 곧 보살정토이다. 보살이 성불할 때, 국토에 범죄를 저지를 사람이 없느니라. ⑰십선(十善)을 닦는 것이 곧 보살정토이다. 보살이 성불할 때, 단명하거나, 횡사하지 않으며, 큰 부자가 되며, 행실이 청정하고, 말은 언제나 정성스러운 말만 하며, 권속(眷屬)이 헤어지지 않으며, 다툼을 잘 화해시키며, 말을 했다 하면 유익한 말만 하고, 시기·질투하는 일이 없으며, 화내지 않는 정견(正見)의 중생이 그 나라에 와서 태어난다.… 그러므로 보적아, 만약에 보살이 정토를 얻고자 하면, 마땅히 마음을 맑고 깨끗하게 하라. 그 마음이 맑아짐에 따라 불국토가 맑아지는 것이다[若菩薩欲得淨土 當淨其心 隨其心淨則佛土淨]."[20]

라고 설하고 있다. 이 경문은 이후 중국불교계에 '정토'라는 말을 일약 유명하게 만들었다. 특히 정토교가에 준 영향은 막대하며, 담란(曇鸞, 476-542)도 『정토론주(淨土論註)』[21]에 이 부분을 인용하고 있다. 라집 이전의 번역인 지겸의 『유마힐경』에서는 '불국청정(佛國淸淨)'이라든가 '불국득도(佛國得道)' 등으로 번역될 뿐, '정토'라는 역어가 보이지 않는다. 위 인용문의 마지막 문장도 "보살은 마음[意]의 청정함으로써 불국을 청정하게 할 수 있다[菩薩以意淨故 得佛國淨]."[22]고 번역하였다.

또 『묘법연화경(妙法蓮華經)』「수량품(壽量品)」에서는 석가모니부처가 구원실성의 본불(本佛)임을 밝히고 그 수명은 무량아승지겁 동안 상주불변이라고 설하고 있다. 여기서는 영취산을 훼손되지 않는 정토, 삼재(三災)에도 부서지지 않는 정토[23]라고 묘사하고 있는데, 이것이 후에 석가의 '영산정토(靈山淨土)'라고 불리게 되고 중요한 정토의 개념이 되었다. 라집이 '정토'라고 번역한 이 부분은 범문 『법화경』에는 **kṣetra**(국토)로, 축법호(竺法護)가 번역한 『정법화경(正法華經)』에는 '불토(佛土)'로 기술하고 있다.

---

20 『維摩詰所說經』 상(『大正藏』 14권, 538상-하)
21 『無量壽經優波提舍願生偈註』 상(『大正藏』 40권, 829상)
22 『維摩詰說經』 상(『大正藏』 14권, 520중)
23 『妙法蓮華經』 6(『大正藏』 9권, 43하)

'정토'라는 번역어는 라집의 창작이라고 볼 수 있는데, 그 이후의 불교에서 중요한 교리용어가 되었다. 그러나 라집이 표현하려고 했던 정토는 석가의 정토이고 또 보살의 정토이다. 제불의 정토이지 아미타불의 극락을 정토라고 부르는 입장은 전혀 아니었다. 따라서 당대에 도작·선도에 의해 정토교가 독립 대성되기 이전에는 '정토'라는 의미가 당연히 제불의 정토에 기초로 하고 있었다. 라집이 번역한 『아미타경』에는 '정토'라는 역어가 한번도 나오지 않는다. 만일 라집이 극락을 정토라고 표현하고자 생각했다면 『아미타경』 중에 '정토'라는 역어를 삽입하는 것은 라집의 학문적 능력으로 보아 그다지 어렵지 않은 일이었을 것이다. 그렇게 하지 않았다는 것은 극락을 정토라고 표현할 의도가 없었다는 것이 확실하다. 이는 『아미타경』의 이역(異譯)인 현장(玄奘)이 역출한 『칭찬정토불섭수경(稱讚淨土佛攝受經)』과 대조하여 보면 더욱 명백하다. 『아미타경』의 범본이나 티벳역에도 현장이 한역한 '정토'에 해당하는 말이 발견되지 않는다. 그러므로 한역 『칭찬정토불섭수경』의 '정토'라는 말은 번역자인 현장이 첨가한 것이라고 보여진다. 현장은 극락을 정토라고 이해하고, 적극적으로 표현하고 있다.

Ⅲ. 정토의 전개사

1. 제불(諸佛)의 정토와 극락정토

1) 제불의 정토

대승불교 운동이 일어나기 전, 초기불교 시대나 부파불교 시대에는 원칙적으로 석가모니불 이외의 부처님은 인정하지 않았다. 그러나 대승불교가 일어나면서 석가모니가 깨달은 법, 즉 진리는 석가모니가 이 세상에 출현했던 출현하지 않았던 지에 상관없이 아득한 옛날부터 존속하였으며 또한 미래에도 영원히 존속할 것이라는 법의 영원성과 이 법[진리]을 깨달으면 누구나 부처가 된다는 불(佛)의 보편성이 구체화되어, 과거·현재·미래는 물론 시방세계의 수많은 국토에 무수한 부처님이 존재한다고 하는 다불(多佛)사상이 생겨났다. 이와 함께 부처님의 종류에도 법신(法身)·보신(報身)·응신(應身, 化身) 등과 같은 여러 종류의 부처님이 있다는 불신(佛身)사상이 발달함에 따라 그 각자의 부처님들이 교화하는 영역을 불국토, 곧 정토(淨

土)[24]라 부르게 되었다. 이 관념은 결코 정토경전 특유의 관념이 아니라, 초기 대승불교 일반에 공통적으로 통하는 것이었다. 다만 분명한 것은 정토경전에 설하는 정토(=극락)의 관념이 다른 대승경전의 관념보다 자세하고 구체적으로 정토를 설하고 있다는 점이 다른 것이라 하겠다. 그것은 대승경전 중에서 불국토의 광경을 설할 경우 서방극락국토와 같다고 하고 있음에서 그와 같은 사실을 알 수 있다.

대승불교의 정토는 '청정해진 국토'라는 의미이며 그것은 '국토를 청정하게 함'이라는 것에 의해 실현된 국토이다. '국토를 청정하게 함'이란 국토를 형태 짓고 있는 모든 것을 청정하게 한다는 것이며 바꾸어 말하면 살아 있는 자를 청정하게 하여 완전하게 한다는 것이다. 대승보살은 일체중생이 부처가 되도록 원하며 실천하려는 목표 그 자체이다. 따라서 불과(佛果)를 목표로 하는 것이며 거기에 실현된 '정토'란 부처님의 깨달음의 세계를 나타내는 것이다.

정토는 모든 부처님이 중생구제를 위해 맑고 깨끗한 국토를 건립하겠다는 서원(誓願)을 세워 영겁의 세월에 걸쳐 수행한 결과 실현한 불국토를 말하는데, 서원의 내용에 따라 그 모습이 각각 다르지만 대체로 크게 두 종류[25]로 나눌 수 있다.

첫째, 고뇌로 가득 찬 극한 상황의 이 사바세계를 떠나 사후에는 보다 나은 세계에 태어나기를 원하는 아미타불(阿彌陀佛)의 서방극락국토(西方極樂世界)·아촉불(阿閦佛)의 동방묘희세계(東方妙喜世界)[26]·약사불(藥師佛)의 동방유리광세계(東方瑠璃光世界)[27] 등을 말한다.

---

24 '맑고 깨끗한 국토'를 뜻하며, 깨달은 자인 부처나 깨닫기 위해 수행하는 보살이 사는 세계로서, 맑고 깨끗하기 때문에 어떠한 고통이나 괴로움도 없이 영원히 평안하고 안락하다. 불교에서는 현재 우리가 살고 있는 이 세계를 고통과 번뇌로 가득 찬 더러운 곳이라고 하여 예토(穢土)라고 부르고, 언젠가는 이 예토를 벗어나 영원히 안락하고 청정한 세계인 정토에 태어나기를 바란다. 이런 이유로 정토는 어느 사이엔가 인간이 원하는 가장 이상적인 세계로 자리 잡았다.

25 네 가지로 세밀하게 분류하기도 한다, ① 他方淨土說(阿彌陀佛의 西方極樂世界, 阿閦佛의 東方妙喜世界, 藥師佛의 東方瑠璃光世界, 彌勒菩薩의 兜率淨土) ② 靈場淨土說(觀世音菩薩의 補陀落淨土, 釋迦如來의 靈山淨土) ③ 唯心淨土說(『維摩經』, 여러 唯識論에 설해지는 淨土 ④ 汎神論的 淨土說(『華嚴經』과 『梵網經』에 설해지는 蓮華藏世界). 坪井俊映, 한보광譯, 『淨土教槪論』, 22-42면 참조.

26 『아촉불국경』, 『도행반야경』, 『유마힐소설경』, 『법화경』 등 광범위하게 설해지며, 제불 신앙 중 가장 오래 되었다. 아촉불이란 無瞋恚, 화내지 않는 부처님이라는 의미이다.

둘째, 불교 본래의 입장에서 자력 수행으로 깨달음을 얻는 것이 그 목적으로서, 특히 대승의 보살에게는 자신의 수행을 위한 자리(自利) 정신뿐만 아니라 남을 돕는 이타(利他)의 정신도 요구된다. 이런 점에서 보면 정토란, 결코 서방에 있는 아미타불의 극락국토나 동방에 있는 아촉불의 묘희세계와 같이 외부세계에서 찾는 것이 아니라, 이 현실 속에서 대승의 수행자가 스스로 쌓아 올려 만들어 가야 하는 것이므로 이 현실은 떠나서는 정토란 있을 수 없다. 이런 사고방식에서 나온 것이 마음이 깨끗해지면 국토도 깨끗해지고 부처의 눈으로 보면 사바세계도 정토가 된다는 유심정토설(唯心淨土說)이다. 『반야경』·『유마경(維摩經)』의 불국토사상(佛國土思想)이나 『화엄경(華嚴經)』의 연화장세계(蓮華藏世界)[28], 『법화경(法華經)』의 구원실성(久遠實成) 석가불의 영산정토(靈山淨土)[29], 『대승밀엄경(大乘密嚴經)』의 밀엄정토(密嚴淨土) 등이다.

그러나 이 두 종류의 정토는 둘이면서 하나가 되지 않으면 안 된다. 불교의 진리는 중생의 근기에 따라 방편으로 여러 가지를 설할 수 있지만 궁극적으로는 하나로 귀결되지 않으면 안되기 때문이다.

한편, 성불하지 않은 채로 이상적인 정토를 건립하고 있는 미륵보살(彌勒菩薩)의 도솔천(兜率天)이나 관세음보살(觀世音菩薩)의 보타락세계(補陀落世界)도 엄밀하게 불국토는 아니지만 신앙의 대상이 되고 있다. 그러나 아미타신앙의 유행과 함께 정토와 극락의 개념이 일원화 되어, 오늘날 일반적으로 '정토'라 하면 아미타불의 '극락정토'를 가리킨다.

2) 『대품반야경』의 정불국토(淨佛國土)

『반야경』에서 말하는 정토는 정불국토의 약칭이고 정토교 경전에서 말하는 정토는 극락정토의 약칭이라는 사실에 주목해야 한다. 『대반야경』 등

---

27 주로 현세를 관장한다. 중병에 걸려 죽음에 임박했을 때, 이 여래를 예배하고 『약사유리광경』, 『약사여래본원경』을 독송하면 의식이 회복되어 목숨을 구할 수 있다고 한다.

28 비로자나여래의 정토라는 것으로 전 우주가 연화에 쌓여 있는 정토라고 본다.

29 『妙法蓮華經』「如來壽量品」(『大正藏』 9권, 43상): 중생을 제도하기 위해 방편으로 열반을 보이신 것으로 실제 滅度하지 않았다. 영원히 영축산에 머물러 설법하신다. …석가세존은 아승지겁이 지나도 항상 영축산 및 그 부근의 여러 곳에 머물며, 중생은 겁이 지나 큰 불에 타더라도 그 때 나의 국토는 안온하여 天人이 영구히 충만할 것이다. 園林諸堂閣 및 여러 가지의 보배 장엄이 있으며 寶樹花果가 많아 중생의 遊樂하는 곳이 되리라.

에 나오는 정불국토(pariśuddhi, viśuddhivibhutva)의 범어는 정토경전에 설해져 있는 극락정토(sukhāvatī)와는 다른 어원을 갖고 있다. 정토교 경전에서 말하는 극락정토와 『반야경』에서 설하는 정불국토는 원래 기원을 달리하는 것이다.

'정불국토 성취중생(淨佛國土 成就衆生)'이라는 어구는 『유마힐소설경(維摩詰所說經)』[30] 뿐만 아니라 『대품반야경(大品般若經)』[31]과 그 이설에 무수히 보이는 것이다. 보살은 국토를 정화하여 청정한 이상 불국토를 건설한다는 의미로, 스스로 정각을 성취하였을 때는 중생을 이 청정한 불국토에 구제하기 위하여 중생을 교화·지도한다는 의미를 지니고 있다. 즉 보살의 불국토 건설이라는 자리행과 중생을 불국토에 구제하기 위하여 교화활동을 한다고 하는 이타행을 동시에 포섭하는 것이다.

그런데 여기서 보살이 불국토를 정화한다고 하는 것은 공(空)의 실천에 있는 것임을 명심할 필요가 있다. 왜냐하면 청정이란 말은 본래 공과 같은 의미로 받아들일 수 있기 때문이다. 『대품반야경』「탄정품(歎淨品)」에 다음과 같이 설한다.

> 사리불이 말하기를, "세존이시여 색·수·상·행·식에 앎이 없어서 이 깨끗함이 청정합니까?" 부처님께서 말씀하셨다. "궁극적으로 깨끗한 까닭이다." 다시 사리불이 아뢰었다. "어찌하여 색·수·상·행·식에 앎이 없어서 이 깨끗함이 청정합니까?" 부처님께서 말씀하셨다. "색·수·상·행·식의 자성이 공한 까닭에 앎이 없는 것이다. 그리하여 이 깨끗함을 청정하다고 한다."[32]

여기서 색·수·상·행·식이 본래 청정하다는 것은 곧 공이라는 것이다. 공은 본래 모든 번뇌의 더러움을 떠나서 있으므로 청정한 것이다. 따라서 공의 실천이란 보살이 실천해 가는 대상을 모두 청정화해 나가는 것에 지나지 않는다. 왜냐하면 번뇌의 오염과 그것이 청정하게 되어진 것과는 대칭적 관계를 이루기 때문에 만약 보살이 스스로를 실천의 대상으로 한다면 보살 스스로가 청정하게 되는 것이고, 만약 중생들과 속해있는 환경을 대상으로

---

30 『維摩詰所說經』 하(『大正藏』 14권, 554상)

31 『大品般若經』(『大正藏』 8권, 247중·299하·300중·330상·338하·348상·354중·371중·374상·378중·380상… 등등)

32 『大品般若經』 12(『大正藏』 8권, 307상)

한다면 불국토를 정화한다[淨佛國土]고 말할 수 있다.

정불국토에 관한 관념은 팔천송 반야에는 보이지 않고 이만오천송 반야에 이르러 나타난다. 즉 보살이 정토를 건립한다는 이론은 팔천송 반야에 설해진 '공'을 '청정'의 개념으로 계승 발전시키면서 '보살의 수행담'으로 귀결시켰다.

또한 「정토품(淨土品)」에 이렇게 설한다.

> 수보리가 부처님께 아뢰었다. "세존이시여, 어떻게 보살마하살은 불국토를 정화하는 것입니까?" 부처님께서 말씀하셨다. "보살이 초발의 때부터 줄곧 스스로 몸[身]의 거친 업을 없애고 말[口]의 거친 업을 없애고 뜻[意]의 거친 업을 없애고, 또한 타인의 몸과 말과 뜻의 거친 업을 정화하는 것이다." "세존이시여, 무엇을 보살마하살의 몸의 거친 업·말의 거친 업·뜻의 거친 업이라고 합니까?" 부처님께서 수보리에게 말씀하셨다. "선하지 않은 업인 살생 내지 사견을 보살마하살의 몸과 말과 뜻의 거친 업이라 이름한다."[33]

보살이 불국토를 정화한다는 것은 거친 업을 제거하는 것이며, 그 거친 업이란 10불선(不善)이라는 것이다. 결국 그 국토에 사는 중생들의 개개의 업[不共業]을 청정하게 함에 그치지 않고 그 국토의 사회적인 업, 즉 공업(共業)의 청정도 예상하게 된다. 경전에서는 공업의 청정에 대해서는 설하고 있지 않으나, 사람들의 악업을 제거함이 국토를 청정하게 하는 것을 통하여 개인의 구제에 그치지 않고 사회전체의 구제까지 확대될 수 있다. 이는 정토교의 극락국토 건설에 있어서도 같은 것이라 하겠다.

그런데 불국토를 건설하는 보살은 여러 가지 서원을 세운다. 『대품반야경』 「정토품」에서는 보살이 언제나 자기 정토를 칠보로서 장엄하는 서원, 모든 백미(百味)의 음식을 얻는 서원, 천의 오욕(五欲)과 같이 자유로운 마음을 얻는 서원, 사선(四禪) 내지 37도품을 얻는 서원 등을 서술[34]하고 있다. 뿐만 아니라 같은 경, 「몽행품(夢行品)」에는 보살이 29가지 서원[35]을 세우고 있다.

정불국토를 건설하는 보살의 특징은 이들이 보살위에 들어 5신통을 자

---

33 『大品般若經』 26(『大正藏』 8권, 408중)
34 『大品般若經』 26(『大正藏』 8권, 408 하-409중)
35 『大品般若經』 17(『大正藏』 8권, 347 상-349중)

재로 써서 이타행을 행하는 것이다. 보살위에 들어가 아유월치지(阿惟越致地)를 얻고, 나아가 보살의 신통을 구족하여 한 부처님 국토에서 다른 부처님 국토에 이르기까지 노닐면서 중생의 이익을 성취하고, 여러 부처님을 공경하고 존중하고 찬탄하여 부처님의 국토를 정화하고 여러 부처님을 뵙고 공양한다.[36] 불퇴전위를 증득한 이후의 보살은 육신의 보살에서 법신의 보살로 변하여 태어남을 말하는 것이다. 보살은 공의 실천에 의하여 국토를 정화하고 정토를 건설하여 자유자재로 중생을 교화 구제하고 스스로 정토에 왕생케 한다는 것이다. 이처럼 보살은 왕성한 활약을 하지만 자신은 조금도 오염에 들지 않고 피곤함을 모른다. 오히려 즐기면서 수행하는데, 생사에 얽매인 신체를 가진 범부보살이 아니라 불생불멸의 법성을 증득한 대보살이다.

반야경 계통과 정토경 계통에서 정토의 어원이 서로 다른 것은, 일차적으로 『반야경』은 법(法)을 중시하고 정토교 경전은 신앙을 중시[佛을 중시]하는 데에 기인하는 것이라고 하겠다. 이들 양 경전의 구조상에서 보면 『반야경』은 정불국토의 건설의 과정에 중점이 주어져 보살대사라고 하는 위대한 보살들을 정점으로 하는 보살의 수행력이 강조되나, 이들 보살의 수행력에 의하여 건설된 정토의 모습은 소략한 편이다. 이에 비하여 『무량수경』 등에서는 법장보살이 극락정토를 건설하는 과정은 이미 있었던 것으로 소략하게 설하고 있는 반면에 법장보살의 수행력에 의하여 건설된 극락정토의 장엄에 대해서는 구체적으로 설하고 있다. 그것은 아미타불에 의하여 범부중생이 구제되는 사실, 왕생의 행과 그 과보를 밝히고 있는 것이다.

3) 『무량수경』의 극락정토

『무량수경』의 극락정토는 우선 부처님의 세계로 설해진다. 경문에서 분명하게 밝혔듯이, '불불상념(佛佛相念)의 세계'[37]이고 '유불독명료(唯佛獨明了)의 세계'[38]인 곳이다. 즉 이 때의 극락은 붓다만이 향유하는 세계[自受用

---

36 『大品般若經』 2권 「三假品」 (『大正藏』 8권, 231 하)

37 『無量壽經』 상(『大正藏』 12권, 266하): 부처님과 부처님만이 서로 상통하는, 서로 생각하는 세계이다.

38 『無量壽經』 상(『大正藏』 12권, 273중): 오직 부처님만이 홀로 명확히 파악하게 되는 세계이다.

土]로서, 우리들 범부가 향유할 수 있는[他受用應化土]의 세계가 아니다.

그러나 극락정토는 태생적으로 법장비구가 서원을 성취한 결과 아미타불이 되어 장엄된 정토이다. 아미타불도 정토도 법장의 서원을 근거로 하고 있다. 법장의 서원은 세자재왕여래의 지혜 위에서 5겁의 사유를 거쳐서 얻은 극히 농축된 새로운 깨달음에의 방법론이다. 따라서 우리는 극락정토를 더 이상 부처님만의 세계로 둘 수는 없다. 무언가 서원에 상응하는 중생·범부적인 차원의 세계로 드러낼 수 있어야 한다.

그러한 문제성 속에서 극락의 '장엄'이 주목된다. 극락의 화려한 장엄은 그 모습이 일체중생의 마음의 눈을 개안시키기 위해 상상을 뛰어넘는 이상국토로서 묘사한 것을 말한다. 이러한 장엄은 아미타불 신앙을 깊게 함과 동시에 법장이 걸어온 보살도를 장려하는 의미도 담고 있다. 그것이 극락정토의 전개가 진공묘유(眞空妙有)라고 말해지는 까닭이다. 석가모니 부처님께서 깨달은 바, 진리를 어떻게 일체중생에게 알게 할까. 그리고 성불하도록 할까라는 큰 문제를 취급하고, 원(願)이라는 방법론을 해결책으로 제시하여 일체중생을 제도하고자 하는 입장을 분명히 보여주는 것이 『무량수경』이다.

극락정토의 장엄은 일체중생에게 안락을 가지게 하는 것에 그 주안점이 있다. 그리하여 서원을 근거로 극락에 왕생하는 자는 불교의 깊은 교리적 지식이 없더라도 지혜를 풍부히 지닌 자와 똑같이 성불할 수 있게끔 배려하고 있는 것이다. 요컨대 깨달음에의 자신과 용기를 촉구한다. 원이 지극하면 이루어지니 걱정하지 말라고 다독거리는 것이다. 부처님께서 깨달으신 진리는 어렵다. 보통 중생의 지혜로는 너무 어렵다. 그러한 깨달음의 세계를 불국토[정토]의 장엄이라는 방식으로 현실화시킨 것이다. 그리하여 어떤 중생도 원을 세워 그곳에 태어나면 보고 듣고 느낌으로써, 깨달음을 얻는 것이 용이하도록 하고 있다.

극락정토는 부유·번영·평온·풍요하고 청정안온하고 광대무비하며, 오직 안락만이 있고 괴로움이 없는 곳이라고 묘사된다. 불고불락(不苦不樂)의 느낌조차도 없다고 한다. 국토의 대지에는 여러 가지 보석이 쌓여져 있다고 한다. 이 모든 표현은 단순한 현실에 입각한 묘사가 아니라 깨달음의 세계에 대한 상징적인 표현으로 읽어야 할 것이다.

2. '정토=서방극락'의 전개

중국에서 성립된 '정토종'의 경우에는 '정토'라는 개념의 성립이 전제가 되고 있다. 그렇다면 '정토'라는 개념은 언제 어떻게 하여 성립된 것일까. 『무량수경(無量壽經)』이나 『관무량수경(觀無量壽經)』 『아미타경(阿彌陀經)』 등에는 '극락'을 정토라고 기술하고 있는 문장이 없다. '정토'라는 말은 한역된 말로 중국불교에 들어와서 성립된 용어이다. 중국불교의 담란(曇鸞)이나 도작(道綽) 등의 노력에 의해 아미타불의 '극락=정토'라는 교리가 성립되어 있었기 때문이다.

정토경전에 설하는 아미타불의 국토[극락]는 결코 정토경전 특유의 관념이 아니라, 초기 대승불교 일반에 공통적으로 통하는 관념이다. 다만 분명한 것은 정토경전에 설하는 극락의 관념이 다른 대승경전의 관념보다 자세하고 구체적으로 정토를 설하고 있다는 점이 다르다. 그것은 대승경전 중에서 불국토의 광경을 설할 경우 서방극락세계와 같다고 하고 있음에서 더욱 분명해진다. 즉 대승불교의 불국토 관념을 정토경전이 보다 구상적이며 유형적으로 전개시켜 나간 것이라 이해할 수 있다.

1) 인도 정토사상 속의 '극락'

여러 부처님의 국토를 보편적으로 '정토(淨土)'라 번역할 수 있었던 이유는 모두 '청정함'을 갖추기 때문이다. 서방극락을 설하는 경전 속에 극락의 성격을 청정함으로 규정하고 있지 않다면, 정토=극락이라는 개념이 성립될 수 없다.

그런데 극락의 장엄을 직접적으로 묘사하는 『아미타경』, 『무량수경』의 경문에는 감각적으로 아름답고 쾌적하다고 표현하고 있지, 그 자체의 청정성에 관해서는 명확한 언급이 없다. 물론 이 모든 표현은 단순한 현실에 입각한 묘사가 아니라 깨달음의 세계에 대한 상징적인 표현으로 읽어야 할 것이다. 하지만 극락정토는 법장비구가 서원을 성취한 결과 아미타불이 되어 장엄된 정토이다. 『무량수경』에서는 법장비구의 원과 행이 청정하다[39]고 분명히 밝히고 있다. 논리적으로 원과 행이 청정하다면, 비록 직접적인 언급이 없다 해도 아미타불과 극락은 당연히 청정하다.

39 『無量壽經』 상(『大正藏』 12권, 267하)

인도의 세친(世親, 320-400경)도 『무량수경』을 주석한 『정토론(혹은 왕생론)』에서, 극락이 감각적으로만 비춰지지 않고, 청정한 세계로 인식될 수 있도록 하였다. 이 전적은 한역으로 24행 96구절의 게송과 3천자 정도의 산문으로 이루어졌다. 게송의 대부분은 불국토장엄, 아미타불장엄, 보살장엄의 3장엄을 설한다. 산문부분에서는 게송의 의미를 하나하나 해석하고 있는데, 정토에 왕생하기 위한 실천방법으로 ①예배문(禮拜門), ②찬탄문(讚歎門), ③작원문(作願門) ④관찰문(觀察門) ⑤회향문(廻向門)의 오념문(五念門)을 설한다. 관찰문(觀察門)에 의하면 안락국을 17종의 기세간 청정과 12종의 중생세간청정[8종의 아미타불청정, 4종의 보살성중청정]에 의해 '극락'을 관해야 한다[40]고 설한다.

오념문의 중심부분은 작원문과 관찰문인데, 그 중심에는 '지(止)'와 '관(觀)'을 닦아 왕생의 업으로 삼는 것에 있다. 이 지관의 수행이 바로 유가행이므로 오념문의 체계는 유가유식 사상을 배경으로 성립되었다고 추정한다. 전체적으로 세친이 설하는 정토는 여래의 내식(內識)에서 변해 나타난 것으로서 청정하고 자유로운 유식지(唯識智)를 체로 삼고 있다. 이는 극락을 기세간과 불·보살의 중생세간으로부터 성립하는데, 유식의 전식득지, 즉 정신적인 순화의 과정을 통해 증명했다고 볼 수 있다. 『무량수경』에서 법장보살의 원·행이라는 인(因)이 청정하다고 설했다면, 『정토론』에서는 진일보하여 극락이라는 과(果)도 청정하다고 논증하고 있다. 이미 청정성이 정토의 본질이라면 세친에 의해 '정토=극락'이라는 근본적인 작업이 수행되었다고 볼 수 있다.

2) '정토=극락'의 일원화는 중국정토교가의 노력

앞서 밝혔듯이, 중국불교에서 중요한 교리용어가 된 '정토'는 라집이 경전 번역어로 창작함에 따라 널리 사용되게 되었다.

남북조 시대의 불교교학 발전에 힘입어 '정토'는 교리 전개에 중요한 용어가 되었고, 여러 가지 제불정토 사상이 구축되었다. 당시 중국 불교도의 신앙형태는 대부분 삼세인과응보, 윤회전생을 믿으며 사후에 정토천당에 태어날 것을 희구하는 것으로 구체화되었다. 대개의 경우 정토의 성격이나 그 방위 등에 관해서도 명확한 인식이 부족한, 막연히 사후에 불·보살이 계

40 『淨土論』(『大正藏』 26권, 232중)

시는 불국토에 태어나고 싶다는 단순희구에 지나지 않았다.

그러면서 대규모의 국가적 역경사업과 학자들의 노력으로, 일반 불교도들은 경전의 설명에 의해 차차 교육되어 갔다. 미타와 미륵의 정토왕생에 관한 각각의 전문적인 경전의 번역이 거듭되어 그 특이한 교설이 알려짐과 동시에 두 부처의 정토에 대한 신앙은 점차 다른 제불 정토신앙을 압도하게 되었다.

남북조 시대에는 대체적으로 '미타정토'와 '미륵정토'가 서로 경쟁적으로 행해졌지만 아직 양자 간의 대립의식이 심하지 않아, 미륵불상을 조성하고 서방아미타정토를 기원하기도 하였다. 그러나 남북조 말기에는 적극적인 불전연구에 의해 대립하게 되고, 수에서 당 초기에 걸쳐 논쟁이 활발해 졌다. 이러한 논쟁은 대체로 미타정토 쪽의 승리로 기울게 되자, 미타정토교의 활발한 교세확장이 이루어지고, '정토교'라는 명칭을 독점하기에 이르렀고, 정토=극락의 일원화가 가능하게 되었다.

북위 담란(476-542)의 『정토론주』 첫머리에 『십주비바사론』 「이행품」의 구절을 인용하여 보살의 불퇴(不退)에 이르는데도 난행도(難行道)와 이행도(易行道)가 있다고 밝힌다. 이행도를 설명하면서 '정토에 태어나고자 원한다'고 하였다.[41] 이 정토는 아미타불의 극락을 가리키는 것이라고 이해할 수 있다. 극락 대신에 정토를 사용했고, 『십주비바사론』의 해당 부분[42]에는 '정토'라는 표현이 전혀 사용되지 않기에 이것은 담란의 이해를 나타내는 것이다. 담란은 『정토론』에 '안락국'이나 '안락세계'로 표현되어 있는 것을 '안락정토'라고 표현하여[43] 안락국이 정토인 것을 철저히 인식시키고 있다.

위와 같은 담란의 인식이 도작에게 이어져, 『안락집』에 나오는 '정토의 법문'은 아미타불의 교리를 의미한다. 이 밖에도 『안락집』에는 '정토'라는 말이 많이 나오는데[44] 그것들은 모두 아미타불의 '극락'을 나타낸다. 즉 라집에 의해 불교일반의 용어로서 지어진 '정토'라는 말이 담란이나 도작에 의해 아미타불의 극락을 지칭하는 용어로 전용되어 '정토의 법문'이 조직되었다.

41 『淨土論註』 상(『大正藏』 40권, 826중)
42 『십주비바사론』 5(『大正藏』 26, 41중)
43 『淨土論註』 상(『大正藏』 40권, 826중-하, 828하)
44 『安樂集』 상(『大正藏』 47권, 7중-하, 9하, 10상 등등)

3) 정토와 인접 개념

정토사상은 법장비구의 본원에서 출발한다. 본원은 아미타불의 처음이자 끝이다. 본원으로 말미암아 성불과 정토를 이루었고 이제 다시 그 본원을 통하여 중생구제를 앞당기고 있는 것이다.

아미타불의 원어는 인도에서는 '무량한 수명을 가진 자[無量壽]'라는 뜻의 아미타유스(Amitāyus)와 '무한한 광명을 가진 자[無量光]'라는 뜻의 아미타바(Amitābha)라는 두 개의 범어로 표기할 뿐 '아미타'에 상당하는 어원은 발견되지 않았다. '아미타유스'와 '아미타바'가 중국에 전해지자 중국 사람들은 두 단어를 다 같이 '아미타'라 번역했으며, 이에 아미타불이라는 용어가 생겼다. 밀교(密敎)에서는 아마타붓다[Amita-Buddha 감로왕불]의 이름 등이 있으나, 보편적으로 아미타불이나 무량수불(無量壽佛)로 불리워지고 있다.

무량수불이든 무량광불이든 인도에서 두 개의 이름을 가진 부처님이 설해진 것은 정토경전이 처음이다. 정토경전이 한 부처님을 두 개의 다른 이름으로 부른 것은, 원래는 이 두 부처님의 명호가 독립적으로 설해졌지만 점차 서로 결합하여 동일시하게 되었을 것으로 추정한다. 동일시하게 된 이유는 여러 가지로 생각할 수 있지만, 근본적으로는 양자의 기원이 같기 때문이라고 본다. 또한 불타관의 변천에서도 그 원인을 찾아 볼 수 있다. 원시불교 경전 속에 이미 석가세존의 수명의 영원성에 대한 관심이 드러나 있고, 부처님의 경명의 결합에 대한 자료도 여러 가지로 발견되고 있다. 뿐만 아니라 사상적으로 『묘법연화경』에 설해지는 여래의 구원실성과 수명무량을 이어 받았고, 『화엄경』의 불타관을 이어 받아, 두 가지 명호를 갖게 되었다고 볼 수 있다.

『아미타경』에도 그 수명이 무량하므로 무량수불이요 광명이 무량하므로 무량광불이라 하였으니, 그 무량한 수명은 영원한 시간과 자비를 상징하고, 무량한 광명은 무한한 공간과 지혜를 상징하므로, 자비와 지혜를 원만히 갖춘 영원한 진여자성(眞如自性)이 아미타불임을 의미하였다.

그리고 밀교에서는 법신·보신·화신의 3신을 포섭한 부처님이 아미타불이라 하였고, 선종과 화엄종에서는 자성미타(自性彌陀)·유심정토(唯心淨土)라 하여 일체 만법을 원만히 갖춘 참성품인 마음이 바로 아미타불이며 극락세계 또한 청정한 마음 위에 이루어지는 장엄한 경계임을 밝히고 있다.

이와 같이 그 경우에 따라 여러 가지로 해석되고 있으나, 비유와 상징을 떠난 근본 뜻을 생각한다면 시간·공간을 초월한 영원한 진여자성(眞如自性)으로서, 영겁(永劫)을 통하여 끊임없이 10법계의 의보와 정보를 성기(性起)하는 우주 자체의 인격(人格)이 바로 아미타불임을 알 수 있을 것이다.

아미타불의 서원에 상응하기 위해서는 최소한의 요건이 요구되는데, 그것은 '믿음[信]'과 '염불(念佛)'이고, 이에 의해 극락정토에 왕생할 수 있다. 정토에 왕생하기를 원하는 자에게 염불은 언제나 믿음에 의해 유지되어야 한다. 단지 부처님을 염(念)한다고 해서 끝나는 것이 아니라 염하는 마음의 자세가 믿음에 의해 견고해진 자라고 인정되어야 한다. 그래서 믿음은 염불에 왕생의 바탕을 부여하게 되는 것이다. 우리가 아미타불의 본원력과 극락정토를 온전하게 믿으며, 왕생의 행으로써 지극히 염불을 하면 정토에 왕생할 수 있게 된다. 정토에 왕생한 자는 누구든지 부처님과 같이 일체지(一切智)를 얻게 된다.

정토교학에서는 깨달음의 세계는 불가사의해서 단순한 사유의 속성을 지니는 중생의 지식으로 파악하기는 불가능하다고 보고 있다. 접근조차 할 수 없는 불지(佛智)를 증득하기 위해서는 청정한 믿음으로 정토에 왕생할 때에만 증득의 가능성도 열린다고 보고 있다. ❁

김주경 (동국대)

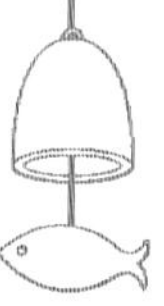

일체

범 sarva 빠 sabba 장 thams-cad 한 一切 영 whole, entire, all, every

Ⅰ. 어원적 근거 및 개념 풀이

1. 원어 및 의미

일체(一切)는 범어 'sarva', 빠알리어 'sabba'의 한역(漢譯)이며 음역(音譯)으로는 '살바(薩婆)'이다. 서장어로는 'thams-cad', 영어로는 'whole, entire, all, every' 등으로 번역된다. 범어 'sarva'는 형용사로 사용될 때는 '모든'의 의미로 명사를 수식하며, 명사로 사용될 때는 '모든 것'을 의미한다.

근본불교에서 일체라는 개념은 크게 세 가지 형태로 사용된다. 첫째, 어떤 명사를 수식하는 형용사로 사용된다. '일체색(一切色)', '일체중생(一切衆生)' 등과 같이 일체가 형용사로서 색(色)이나 중생(衆生)과 같은 명사를 수식할 때는 수식하는 사물이나 현상 전부를 가리킨다. 둘째, 다수의 사물을 거론한 후에 그것들 전체를 지시하는 지시대명사로 사용된다. 이 경우에도 일체는 지시하는 사물이나 현상 전체를 가리킨다. 셋째, 다른 명사와 무관하게 추상명사로 사용된다. '일체'라는 개념이 다른 명사를 수식하거나 지시하지 않고, 추상명사로 사용될 때에는 '모든 것'이라는 문법적인 의미 이외에 특수한 형이상학적 의미를 갖는다.

2. 일체의 형이상학적 의미

일체, 즉 'sarva'가 형이상학적 의미로 사용되기 시작한 것은 불교 이전의 우파니샤드 철학에서부터라고 생각된다. 『찬도기야 우파니샤드(*Chāndogya Upaniṣad*)』에서 'sarva'는 다음과 같이 이야기된다.

> 실로 이 일체(sarva)는 브라흐만(Brahman)이다. 일체는 브라흐만에서 생겨나, 브라흐만으로 돌아가며, 그 안에서 움직인다(sarvam khalv idaṃ brahma, tajjalān iti).[1]

여기에서 'sarva', 즉 일체는 단순히 세상의 모든 것을 의미하는 것이 아니라 이 세상 모든 것의 근원을 의미한다. 우파니샤드 철학에서는 브라흐만을 세계의 근원으로 보기 때문에 일체는 브라흐만이라고 이야기한 것이다. 이와 같이 우파니샤드 철학에서 일체는 이 세상 모든 것의 근원이 되는 형이상학적 실체인 브라흐만를 의미한다.

근본불교에서도 일체는 세계의 근원을 의미하는 개념으로 사용된다. 『잡아함경』에서 붓다는 바라문교도와 다음과 같은 대화를 나눈다.

> 그때 생문(生聞)이라고 하는 바라문이 부처님 계신 곳에 찾아와 서로 안부를 묻고 나서 한쪽으로 물러나 앉아 부처님에게 물었다.
>
> "구담(瞿曇)이여, 일체(一切)는 무엇입니까?"
>
> 부처님께서 바라문에게 대답했다.
>
> "일체(一切)란 십이입처(十二入處)를 말한다. 안(眼)과 색(色), 이(耳)와 성(聲), 비(鼻)와 향(香), 설(舌)과 미(味), 신(身)과 촉(觸), 의(意)와 법(法), 이것을 일체(一切)라고 부른다."[2]

---

1 Radhakrishnan, *The Principal Upaniṣads,* London: George Allen & Unwin, 1968, 391면.

2 『雜阿含經』13 (『大正藏』2권, 91상)

이 경에서 생문 바라문이 묻고있는 일체는 세상의 모든 존재가 아니라 모든 존재의 근원이다. 생문 바라문은 바라문교의 우파니샤드에서는 모든 존재의 근원을 브라흐만이라고 하는데, 불교에서는 어떤 것을 근원으로 보는가를 물은 것이다. 이에 대한 붓다의 대답이 십이입처다.

세계의 근원, 즉 일체를 십이입처라고 주장하는 붓다의 이야기는 불교가 당시의 다른 철학들과 근본적으로 다른 세계관을 가지고 있음을 보여준다. 붓다 당시의 인도 사상계에서는 세계의 근원이 되는 실체, 즉 일체에 대하여 다양한 이론이 대립하고 있었다. 정통 바라문교의 우파니샤드 철학자들은 브라흐만을 근본 실체라고 주장했고, 유물론자들은 지(地), 수(水), 화(火), 풍(風)과 같은 물질적 요소를 근본 실체라고 주장했으며, 자이나교에서는 정신적 실체인 지와(jīva)와 물질적 실체인 뿌드갈라(pudgala), 공간(ākāśa), 다르마(dharma), 아다르마(adharma) 등을 실체라고 주장했다.

이들은 서로 다른 주장을 하고 있지만 불변의 실체를 세계의 근원으로 상정하고 있다는 점에서는 일치한다. 다양하게 변화하는 현상세계의 이면에 불변하는 실체가 존재한다는 생각에서 우파니샤드 철학자들은 단일한 실체인 브라흐만이 현실 세계의 다양한 존재로 전변(轉變)했다는 전변설(轉變說)을 주장했고, 이를 부정한 새로운 사상가들은 다양한 실체들의 이합집산(離合集散)으로 현상 세계를 설명하는 적취설(積聚說)을 주장했던 것이다.

그러나 붓다는 어떤 불변의 실체도 인정하지 않고 연기설(緣起說)을 주장했다. 붓다가 일체는 십이입처라고 이야기한 것은 어떤 불변의 실체를 상정하여 세계를 설명하려는 당시의 사상가들과 근본적으로 다른 불교의 연기설적 입장을 표현한 것이다. 연기설은 모든 존재현상이 상호의존의 관계에서 나타난 것이기 때문에 어떤 불변의 실체도 존재하지 않는다는 입장이다. 이러한 연기설의 입장에서 볼 때 세계가 연기하는 근원이 십이입처이다.

3. 근본불교에서 일체 : 십이입처

십이입처는 연기설의 입장에서 세계를 설명할 때 세계가 연기하는 근원이 된다. 그러나 아비달마불교 이래로 십이입처는 오온(五蘊), 십팔계(十八界)와 함께 일체법(一切法)을 분류하는 세 가지 범주, 즉 삼과(三科)의 하나로 이해되어 왔다. 이와 같이 오온(五蘊), 십이입처(十二入處), 십팔계(十八界)는 일체법을 분류하는 범주로 이해됨으로써 십이입처는 육근(六根)과 육경(六境)을 의미하고, 십팔계는 육근(六根)·육경(六境)·육식(六識)을 의미하며, 오온은 색법(色法)과 심법(心法)을 의미한다는 것이 통설로 되어 있다.

십이입처에 대한 이와 같은 이해는 불교 교리의 해석에 중대한 문제를 안고 있다. 십이연기설(十二緣起說)에 의하면 육입처는 무명(無明)에서 연기한 것이며, 무명이 사라지면 행(行), 식(識), 명색(名色), 육입처(六入處)가 차례로 사라진다고 한다. 만약 육입처가 육근을 의미한다면 무명이 사라지면 육근도 사라질 것이다. 그렇다면 무명을 멸진한 아라한은 육근이 사라져 지각활동을 할 수가 없을 것이다. 그러나 근본불교에서 육근은 무명에서 연기한 것이 아니라 수명(壽命)에 의지하여 작용하는 것으로 이야기된다.『맛지마 니까야(*Majjhima-Nikāya*)』의「마하웰라디숫땀(Mahâvedallasuttaṃ)」은 육근과 육입처가 결코 동일한 의미일 수 없음을 보여 준다.

> 존자여, 이들 오근(五根), 즉 안근(眼根), 이근(耳根), 비근(鼻根), 설근(舌根), 신근(身根)은 서로 다른 다양한 경계(境界, visaya)와 행처(行處, gocara: 활동영역)가 있어서 다른 것의 활동영역(gocaravisaya)을 인지하지(paccanubhoti) 못하오. 이와 같이 다른 것의 활동영역을 인지(認知)하지 못하는, 서로 다른 활동영역을 갖는 오근(五根)의 의지처는 무엇이며, 그들의 (모든) 활동영역을 인지하는 것은 무엇인가? ……
>
> 존자여, 이들 오근(五根)의 의지처는 의(意, mano)이며, 의(意)가 그들의 활동영역을 인지하오.
>
> 존자여, 이들 오근(五根), 즉 안근(眼根), 이근(耳根), 비근(鼻根), 설근(舌根), 신근(身根)은 무엇에 의지하여(paṭicca) 머무는가?
>
> 존자여, 이들 오근(五根)은 수명(壽命, āyu)에 의지하여 머무오.
>
> 존자여, 수명(壽命)은 무엇에 의지하여 머무는가?
>
> 존자여, 수명(壽命)은 열(熱, usmā)에 의지하여 머무오.
>
> 존자여, 열(熱)은 무엇에 의지하여 머무는가?
>
> 존자여, 열(熱)은 수명(壽命)에 의지하여 머무오.[3]

3 *Majjhima-Nikāya,* vol.1, 295면.

이 경은 안(眼)·이(耳)·비(鼻)·설(舌)·신(身), 즉 오근(五根)의 지각활동이 의근(意根)에 의지하여 지속되며, 이들 지각활동은 수명이 계속되는 한 지속된다는 것을 이야기하고 있다. 무명에서 연기한 육입처와는 달리 육근은 수명에 의지하여 지속된다는 것이다. 따라서 육근은 멸진정(滅盡定)에 들어도 사라지지 않고 생명활동이 끝나야 사라진다[死者壽命滅訖 溫暖已去 諸根敗壞 比丘入滅盡定者 壽不滅訖 暖亦不去 諸根不敗壞].[4] 이와 같이 육입처와 육근은 동일한 것이 아니다. 따라서 십이입처의 육내입처(六內入處)와 육외입처(六外入處)는 육근과 육경과는 다른 의미의 개념이다.

십이입처뿐만 아니라 오온(五蘊)과 십팔계(十八界)도 일체법의 분류체계가 아니라 십이입처에서 연기한 것들이다. 『잡아함경』에서는 십이입처에서 십팔계와 오온이 연기하는 과정을 다음과 같이 설명하고 있다.

> 안(眼)과 색(色)을 인연으로 안식(眼識)이 생긴다. 이들 셋의 화합이 촉(觸)이다. 촉에서 수(受), 상(想), 사(思)가 함께 생긴다. 이 네 가지 무색음(無色陰) 그리고 안(眼)과 색(色)을 사람이라고 부르며, 이들 법에서 사람이라는 생각을 한다.[5]

이 경은 십이입처에서 육식(六識)이 연기하여 십팔계가 형성되며, 십팔계에서 촉이 발생하여, 수(受), 상(想), 사(思)가 연기함으로써 오온이 성립한다는 것을 보여준다. 이 경뿐만 아니라 근본불교에서 오온의 성립을 설명할 때는 항상 십이입처가 출발점이 된다. 즉 십이입처는 항상 세간의 모든 법이 연기하는 근원으로 설해지고 있는 것이다. 이렇게 십이입처는 세간의 모든 법이 연기하는 근원이 되기 때문에 연기설의 입장에서 일체라고 부른다.

4. 근본불교의 세계관

어떤 객관적 실체를 상정하여 세계를 설명하는 전변설이나 적취설과는 달리 연기설에서는 세계를 그것을 인식하는 주관과 별개의 독립된 객관적

---

4 『中阿含經』58 「大拘絺羅經」(『大正藏』1권, 791하)
5 『雜阿含經』13 (『大正藏』2권, 87하)

존재로 보지 않는다. 일체를 십이입처라고 한 것은 이러한 불교의 세계관을 이야기한 것이다. 『쌍윳따 니까야(*Saṃyutta-Nikāya*)』「로까까마구나(Lokakāmaguṇa)」에서는 불교의 세계관을 다음과 같이 이야기하고 있다.

> "비구들이여, 나는 세계의 끝에 감으로써 (세계를) 알게 되고, 보게 되고, 도달하게 된다고 말하지 않는다. 나는 또한 세계의 끝에 도달하지 않고서 괴로움의 소멸이 있다고 말하지도 않는다."
>
> 이와 같이 말씀하시고 나서 승원으로 들어가셨다. (중략)
>
> 그때 여러 비구들은 존자 아난다(Ānanda)가 있는 곳으로 가서 인사를 나누고 …… 아난다에게 그 의미를 자세히 설명해 줄 것을 요청했다.
>
> 그때 아난다는 여러 비구들에게 이야기했다.
>
> "이제 이야기할 것이니 새겨듣고 잘 생각해 보십시오." (중략)
>
> "벗들이여, 세상에 세계라는 관념(lokasaññī)이 있게 하고, 세계라는 생각(lokamānī)이 있게 하는 것, 그것을 성자의 율법에서는 세계라고 부릅니다. 벗들이여, 그렇다면 무엇에 의해서 세상에 세계라는 관념이 있고, 세계라는 생각이 있을까요? 벗들이여, 안(眼, cakkhu)에 의해서 세상에 세계라는 관념이 있고, 세계라는 생각이 있습니다. 이(耳, sota)에 의해서…, 비(鼻, ghāna)에 의해서, 설(舌, jivhā)에 의해서, 신(身, kāya)에 의해서, 의(意, mana)에 의해서 세상에 세계라는 관념이 있고, 세계라는 생각이 있습니다. 벗들이여, 세상에 세계라는 관념이 있게 하고, 세계라는 생각이 있게 하는 것, 그것을 성자의 율법에서는 세계라고 부릅니다."[6]

근본불교에서는 세계를 우리의 인식과 별개의 객관적 실체로 보지 않는다. 세계는 시공(時空) 속에 존재하는 사물이 아니라 우리의 지각을 통해 인식된 것이다. 우리가 세계에 대하여 가질 수 있는 모든 관념과 생각은 지각을 통해 이루어진다. 따라서 지각을 떠나서 세계를 이야기하는 것은 무의미하다. 이러한 세계관에서 볼 때 세계의 끝은 우리의 지각이다. 붓다가 "세계의 끝에 감으로써 [세계를] 알게 되고, 보게 되고, 도달하게 된다고 말하지 않는다"고 할 때의 세계는 시공(時空) 속의 세계를 의미한다. 그리고 "세계의 끝에 도달하지 않고서 괴로움의 소멸이 있다고 말하지도 않는다"

6 *Saṃyutta-Nikāya,* vol. 4, 93-95면.

고 할 때의 세계는 지각을 통해 이루어진 세계를 의미한다. 붓다는 시간적으로나 공간적으로 세계의 끝에 도달하려는 것은 무의미하며, 세계는 우리의 지각을 통해 형성된다는 것을 이야기한 것이다.

이 경에서 이야기하는 안(眼)·이(耳)·비(鼻)·설(舌)·신(身)·의(意)는 우리의 몸에 있는 감각기관을 의미하는 것이 아니다. 초기 우파니샤드의 하나인 『브리하드-아란야까 우파니샤드(*Bṛhad-âraṇyaka Upaniṣad*)』는 안(眼)·이(耳)·비(鼻)·설(舌)·신(身)·의(意)가 붓다 당시의 사상계에서 단순히 감각기관을 의미하지 않았음을 보여준다.

> 숨쉬기 때문에 '숨'(prāṇa)이라고 불리고, 말하기 때문에 '목소리'(vāk), 보기 때문에 '눈'(cakṣu), 듣기 때문에 '귀'(śrotram), 생각하기 때문에 '마음'(mana)이라고 불린다. 이 모든 것은 그의 활동에 대한 이름들일 뿐이다.[7]

『우파니샤드』에서 안(眼, cakṣu)은 감각기관을 의미하는 것이 아니라 지각활동에 대한 이름이다. '아트만'(ātman)이 볼 때 그 '아트만의 보는 작용'을 안(眼)이라고 부른다. 이와 같이 안(眼)·이(耳)·비(鼻)·설(舌)·신(身)·의(意)는 감각기관이 아니라 지각활동을 의미한다. 『쌍윳따 니까야』에서 아난다는 지각활동을 통해서 우리에게 세계라는 관념과 생각이 나타난다는 것을 이야기한 것이다.

우리가 우리의 인식과 상관없이 외부에 존재한다고 믿고 있는 세계는 지각활동을 통해 형성된 관념(觀念)이며 사고(思考)이다. 그러나 중생들은 이러한 사실을 알지 못하고, 볼 때 몸 속에 있는 보는 자가 눈을 통해서 외부의 세계에 있는 사물을 본다고 생각한다. 이것이 중생들의 세계이다. 중생들은 자신들의 지각활동을 통해 연기한 세계의 실상을 알지 못하고, 몸 안에는 인식하는 존재인 의식이 있고, 몸 밖에는 이름과 형태를 지닌 사물들이 있다고 생각한다. 이러한 생각에서 중생들의 괴로운 세계가 연기한다는 것을 『잡아함경』은 다음과 같이 이야기한다.

> 어리석고 배우지 못한 범부는 무명(無明)에 가리우고 애연(愛緣)에 묶이

---

7 S. Radhakrishnan, *The Principal Upaniṣads,* ed. London: George Allen and Unwin Ltd, 1968, 166면.

어 이 식(識)을 얻으면 이와 같이 분별하나니 자신의 내부에 식(識)이 있고, 외부에 명색(名色)이 있다고 분별한다. 이 두 인연으로 촉(觸)이 생긴다. 이 육촉입(六觸入)에 접촉된 어리석고 배우지 못한 범부는 고락(苦樂)의 감정을 느낌으로써 갖가지 (괴로움을) 일으킨다.[8]

이와 같이 인식하는 의식과 인식되는 대상이 개별적으로 존재한다는 생각으로 살아가는 중생들에게 생로병사의 괴로움이 연기한다. 이것이 무명에서 연기한 괴로운 중생의 세계이며 십이입처는 이러한 중생의 세계가 연기하는 근원이다.

5. 십이입처의 의미

'입처(入處)'는 범어 'āyatana'의 한역(漢譯)이다. 'āyatana'는 '도달하다, 들어가다, 거주하다'의 의미를 지닌 동사 'ā-yat'에서 파생된 중성 추상명사로서 축어적으로는 '들어간 곳'의 의미이며, '자리, 장소, 집, 거처'의 의미를 지닌다. 한역(漢譯)에서는 입처(入處) 이외에도 입(入), 처(處) 등으로 번역되는데, 모두가 원어의 의미에 충실한 번역이다.

'āyatana'는 『우파니샤드』에서 '브라흐만이 머무는 자리'의 의미로 사용된다. 『찬도갸 우파니샤드(*Chāndogya Upaniṣad*)』에서는 브라흐만의 네 번째 부분으로 숨(prāṇa), 눈(眼, cakṣu), 귀(耳, śrotra), 마음(manas)을 이야기하고 이들을 브라흐만이 머무는 자리(āyatanavat)의 이름이라고 한다.[9]

십이입처의 입처(āyatana)도 『우파니샤드』에서 이야기하는 'āyatana'와 마찬가지로 무엇인가가 '머무는 곳'이라는 의미를 지닌다. 근본불교에서 식(識)은 우리의 내부에 존재하는 자아가 아니라 십이입처에서 연기한 것이다. 즉 안(眼)과 색(色)을 인연으로 안식(眼識)이 발생하고, 의(意)와 법(法)을 인연으로 의식(意識)이 발생한다. 그런데 중생들은 이렇게 식(識)이 발생하면 그 식이 자신의 몸 속에 존재하면서 사물을 인식한다고 착각하고 있다. 육입처는 이렇게 중생들이 식이 연기한다는 사실을 알지 못하고 보거나 들을 때 식이 눈이나 귀에 들어와 머물면서 보고 듣는다고 생각하는

---

8 『雜阿含經』12 (『大正藏』2권, 83하)

9 *The Prinspal Upaniṣads*, 411면.

착각을 의미한다. 육입처는 중생들이 지각할 때 '지각하는 의식이 머무는 곳'으로 생각하고 있는 여섯 가지 장소를 의미하는 것이다.

이와 같이 육입처는 '지각하는 의식이 머무는 여섯 가지 장소'라고 생각하는 중생들의 망상(妄想)이다. 『잡아함경』에서는 이러한 육입처가 오온의 인(因)을 성찰한 결과 드러난 것이라고 이야기한다.

> "만약 어떤 비구가 이 좌중에서 '어떻게 알고 어떻게 보아야 빨리 번뇌[漏]를 다하게 될까?'라고 생각한다면 나는 이미 그것에 대하여 설법한 바가 있다. 마땅히 여러 가지 음(陰)을 잘 관찰하여야 한다. 사념처(四念處), 사정단(四正斷), 사여의족(四如意足), 오근(五根), 오력(五力), 칠각분(七覺分), 팔상도분(八聖道分)이 오음(五陰)을 잘 관찰하는 길이다. (중략)
>
> 어리석은 범부는 색(色)을 자기라고 보나니 만약 자기라고 본다면 이것을 행(行)이라고 부른다. 저 행(行)은 무엇이 인(因)이고, 무엇이 집기(集起)한 것이고, 무엇이 낳은 것이고, 무엇이 발전한 것인가? 무명촉(無明觸)이 애(愛)를 낳고, 애(愛)를 연(緣)으로 하여 저 행(行)이 일어나는 것이다.
>
> 저 애(愛)는 무엇이 인(因)이고, 무엇이 집기(集起)한 것이고, 무엇이 낳은 것이고, 무엇이 발전한 것인가? 저 애(愛)는 수(受)가 인(因)이고, 수(受)가 집기(集起)한 것이고, 수(受)가 낳은 것이고, 수(受)가 발전한 것이다.
>
> 저 수(受)는 무엇이 인(因)이고, 무엇이 집기(集起)한 것이고, 무엇이 낳은 것이고, 무엇이 발전한 것인가? 저 수(受)는 촉(觸)이 인(因)이고, 촉(觸)이 집기(集起)한 것이고, 촉(觸)이 낳은 것이고, 촉(觸)이 발전한 것이다.
>
> 저 촉(觸)은 무엇이 인(因)이고, 무엇이 집기(集起)한 것이고, 무엇이 낳은 것이고, 무엇이 발전한 것인가? 저 촉(觸)은 육입처(六入處)가 인(因)이고, 육입처(六入處)가 집기(集起)한 것이고, 육입처(六入處)가 낳은 것이고, 육입처(六入處)가 발전한 것이다.
>
> 저 육입처(六入處)는 무상(無常)하고 유위(有爲)이며 마음에서 연기한 법(法)이다. 저 촉(觸)이나 수(受)나 애(愛)나 행(行)도 무상(無常)하고 유위(有爲)이며 마음에서 연기한 법(法)이다."[10]

이 경에서 보여주듯이 육입처는 오온을 관찰한 결과 오온의 근원으로 드

---

10 『雜阿含經』2 (『大正藏』2권, 14상)

러난 의식이다. 오온은 중생들이 자아라고 집착하고 있는 것이다. 이들 오온의 실상을 살펴보면 중생들이 자아로 집착하고 있는 오온은 무명촉(無明觸)에서 비롯된 갈애(渴愛)가 원인이 되며, 갈애의 원인은 육입처라는 것이다. 이러한 육입처를 이 경에서 감각기관이라고 설명하지 않고 '마음에서 연기한 법(法)'이라고 설명하고 있는 것은 그것이 중생들의 망상임을 보여준다.

붓다는 중생들이 '자아가 머물고 있는 장소'라고 생각하고 있는 육입처에 대하여 무상하고 무아(無我)임을 바르게 관찰해야 한다고 강조한다. 즉 중생들이 불변의 자아가 머물고 있는 장소라고 생각하고 있는 육입처는 무상하게 연기하는 망상이며, 그곳에 존재하는 자아는 없다는 것이다.

육입처에 영속성을 지닌 자아가 없다면 인식의 주체, 즉 자아는 무엇인가? 불교의 무아설의 영향을 받아 자아 없이 인지가 발생한다는 인지이론을 주장하는 인지과학자인 바렐라(Francisco J. Varela)는 다음과 같이 말한다.

> 인간의 역사를 통틀어 나타나는 반성적 사고의 전통 -철학, 과학, 정신분석, 종교, 명상- 은 자아에 대한 소박한 견해에 도전해 왔다. 어떤 전통에서도 경험의 세계 내에서 독립적이며 영속적인 고유한 자아가 발견되었다는 주장이 존재한 적이 없다. 데이비드 흄(David Hume)의 유명한 구절을 인용하면서 이 점을 분명히 하여 보자. "내 개인적인 입장에서 보자면 내가 나 자신이라고 부르는 것에 가장 가깝게 갈 때 나는 항상 뜨거움 또는 차가움, 빛 또는 어두움, 사랑 또는 미움, 고통 또는 기쁨의 이러한 지각을 더듬어 가고 있을 뿐이다. 나는 이러한 지각없이 나 자신을 포착한 적이 없으며, 이러한 지각 이외에는 아무 것도 관찰한 것이 없다." 이러한 통찰은 자아에 대한 우리의 지속적인 확신과 정면으로 대립하고 있다.[11]

붓다가 중생들이 자아로 집착하는 오온의 근거를 육입처라고 이야기하는 것과 흄의 이야기는 너무도 유사하다. 우리는 항상 무엇인가를 보고, 듣고, 냄새맡고, 맛보고, 촉감을 느끼고, 생각한다. 이런 행위를 할 때 우리는

---

11 바렐라·톰슨·로쉬 공저, 석봉래 옮김, 『인지과학의 철학적 이해(*The Embodied Mind: Cognitive Science and Human Experience*)』(서울: 도서출판 옥토, 1997), 116면.

그 행위의 중심에 자아가 있다고 믿고 있다. 그러나 흄의 이야기와 같이 우리가 자아를 찾아보면 우리에게 관찰되는 것은 지각하는 자아가 아니라 지각일 뿐이다. 그 지각은 나타나면 사라지고, 항상 변화한다. 이 점을 『잡아함경』에서는 다음과 같이 이야기한다.

> 안(眼)은 생길 때 오는 곳이 없고, 사라질 때 가는 곳이 없다. 이와 같이 안(眼)은 실체가 없이 생기며 생겨서는 남음 없이 사라진다. 업보(業報)는 있으나 작자(作者)는 없다.[12]

이 경은 우리의 지각을 면밀히 관찰할 때 관찰되는 것은 지각하는 존재[作者]가 아니라 지각활동[業報]뿐임을 이야기한 것이다. 바렐라는 다음과 같이 말한다.

> 데까르트는 너무 빨리 중단하였다. 그의 "나는 생각한다. 그러므로 존재한다"는 생각하는 존재인 "나"의 본성을 다루지 않은 채 그냥 내버려두고 있다. 참으로 데까르트는 "나"는 근본적으로 사고하는 존재라고 하였다. 그러나 여기서 그는 너무도 멀리 갔다. "나는 존재한다"는 것에서 얻을 수 있는 유일한 확실성은 내가 생각한다는 것이다. 만일 데까르트가 충분히 엄밀하고, 주의 깊고, 세심했다면 그는 나는 생각하는 **존재**(res cogitanos)라는 결론으로 비약하지는 않았을 것이다. 오히려 그는 마음 그 자체의 **과정**에 주의를 집중했을 것이다.[13]

『우파니샤드』에서는 데까르트처럼 본다는 사실에서 보는 존재가 있다는 결론에 도달했다. 그러나 붓다는 '보는 존재'로 비약하지 않고 본다는 사실이 나타나고 있는 마음의 과정을 면밀히 관찰했다. '보는 자'라는 의식은 볼 때 나타난다. 그러나 보지 않을 때는 '보는 자'라는 의식은 사라진다. 만약 '보는 자'가 있어서 본다면 볼 때는 어디에선가 눈으로 왔다가 보지 않을 때는 다른 곳으로 가야한다. 과연 '보는 자'가 활동하지 않을 때 숨어있는 곳이 있는가? 만약 '보는 자'가 숨어 있는 곳이 없다면 '보는 자'가 존재

12 『雜阿含經』13 (『大正藏』2권, 92하)
13 바렐라·톰슨·로쉬 공저, 앞의 책, 119면.

하고 있다고 할 수 없다. '보는 자'는 실체가 없이 조건에 의해 생겼다가 사라지는 의식 현상, 즉 연기한 법이다. '업보(業報)는 있으나 작자(作者)는 없다'는 말은 '보는 작용'은 있지만 '보는 자'는 없다는 말이다.

이와 같이 대상을 지각하는 실체로서의 자아는 존재하지 않지만 중생들은 지각활동을 하면서 외부에는 지각되는 대상이 실재하고, 내부에는 대상을 지각하는 자아가 실재한다고 믿고 있다. 십이입처는 이와 같이 중생들이 무아의 실상(實相)을 알지 못하고 지각활동을 하면서 내부에는 지각하는 자아가 있고, 외부에는 지각되는 대상이 있다고 생각하는 망념(妄念)이다. 즉 내부에 존재하는 자아가 보고, 듣는 인지활동을 한다고 생각하는 망념이 안·이·비·설·신·의 육내입처(六內入處)이고, 외부에 존재하는 대상이 형태나 소리 등을 통해 인지된다고 생각하는 망념이 색·성·향·미·촉·법 육외입처(六外入處)이며 이들을 십이입처라고 부른 것이다. 이와 같이 십이입처는 무지한 중생들이 일으킨 망념이며, 이러한 망념이 중생들의 세계의 근원이 된다는 의미에서 붓다는 십이입처를 일체라고 이야기한 것이다.

Ⅱ. 역사적 전개 및 텍스트별 용례

'일체'는 대체로 형용사나 지시대명사로서 특별한 의미 없이 '모든'의 의미로 사용되며, 어떤 명사라도 수식하거나 지시할 수 있기 때문에 용례는 수없이 많다. 따라서 여기에서는 추상명사로 사용되는 용례와 이와 연관하여 중요한 의미로 사용되는 용례만을 소개하기로 한다.

전술한 바와 같이 근본불교에서는 일체가 추상명사로 사용될 때는 '세계의 근원'이라는 의미를 지닌다. 이러한 의미와 이에 연관된 용례는 근본경전 가운데 『잡아함경』과 『쌍윳따 니까야』에서 주로 발견되며, 아비달마불교 이후에는 '모든 것', 또는 '일체법(一切法)'의 의미로만 사용될 뿐 '세계의 근원'이라는 의미의 용례는 나타나지 않는다.

1. 근본불교에서 일체

1) 『잡아함경』에서 일체

『잡아함경』 권13의 (319경), (320경), (321경)은 붓다와 바라문 사상가의 대화를 통해 일체의 의미를 보여주는 매우 중요한 경이다. 먼저 이들 경의 내용을 살펴보기로 한다.

(319경)

이와 같이 나는 들었다. 한때 부처님께서 사위국 기수급고독원에 계시었다. 그때 생문(生聞)이라는 바라문이 있어 부처님 계신 곳으로 찾아와 함께 인사를 나누고 자리에서 물러나 한쪽에 앉은 후에 부처님에게 물었다.

"구담(瞿曇)이시여, '일체(一切)'라고 할 때, [당신은] 어떤 것을 일체라고 이야기합니까?"

부처님께서 바라문에게 말했다.

"나는 일체(一切)는 입이입처(十二入處)라고 말한다. 안(眼)과 색(色), 이(耳)와 성(聲), 비(鼻)와 향(香), 설(舌)과 미(味), 신(身)과 촉(觸), 의(意)와 법(法), 이것을 일체(一切)라고 부른다. 만약 '이것은 일체가 아니다. 나는 사문 구담이 말한 일체를 버리고 다른 일체를 주장한다.'고 한다면 그러한 주장은 단지 언설(言說)만 있을 뿐이어서, 의문이 있어도 알 수 없고 의혹만 늘어날 것이다. 왜냐하면 그 주장은 우리가 인식할 수 있는 것이 아니기 때문이다. 그때 생문 바라문은 부처님의 말씀을 듣고 기뻐하며 받들었다.[14]

(320경)

"구담이시여, '일체유(一切有)'라고 할 때, [당신은] 어떤 것을 일체유(一切有)라고 이야기합니까?" 부처님께서 생문 바라문에게 말했다.

"내가 이제 그대에게 묻겠으니 그대의 생각대로 나에게 대답하라. 바라문이여, 어떻게 생각하는가? 안(眼)은 있는가 없는가?"

[바라문이] 대답했다. "사문 구담이시여, 그것은 있습니다."

"색(色)은 있는가 없는가?"

[바라문이] 대답했다. "사문 구담이시여, 그것은 있습니다."

"바라문이여, 색(色)이 있고, 안식(眼識)이 있고, 안촉(眼觸)을 인연으로 생긴 괴롭거나, 즐겁거나, 괴롭지도 즐겁지도 않은 느낌(受)은 있는가 없는가?"

[바라문이] 대답했다. "사문 구담이시여, 그것은 있습니다."[15]

14 『雜阿含經』13 (『大正藏』 2권, 91상중)

(321경)

"사문 구담이시여, '일체법(一切法)'이라고 할 때, 어떤 것이 일체법입니까?"

부처님께서 바라문에게 말했다.

"안(眼)과 색(色), 안식(眼識), 안촉(眼觸) 그리고 안촉(眼觸)을 인연으로 생긴 괴롭거나, 즐겁거나, 괴롭지도 즐겁지도 않은 느낌(受), 이(耳), 비(鼻), 설(舌), 신(身), 의(意)와 법(法), 의식(意識), 의촉(意觸), 의촉(意觸)을 인연으로 생긴 괴롭거나, 즐겁거나, 괴롭지도 즐겁지도 않은 느낌[受], 이들을 일체법이라고 부른다.[16]

생문(生聞) 바라문은 (319경)에서 "일체는 무엇인가?"를 묻고, (320경)에서 "일체유(一切有)는 무엇인가?"를 물은 다음, (321경)에서는 "일체법(一切法)은 무엇인가?"를 묻는다. 이러한 세 가지 질문은 상호간에 긴밀한 연관이 있다. 먼저 "일체는 무엇인가?"라는 질문은 '불교에서는 세계의 근원을 무엇이라고 보는가?'라는 물음이며, 이에 대한 붓다의 대답은 십이입처이다. 이 대답에 이어 묻는 "일체유는 무엇인가?"라는 질문은 일체가 십이입처라면 '십이입처로부터 나온 존재는 무엇인가?'를 물은 것이다.

바라문은 물질이나 정신과 같은 구체적인 존재를 답변으로 기대하고 있었을 것이다. 그러나 붓다는 존재의 종류를 이야기하지 않고 바라문에게 반문한다. 붓다의 반문은 불교의 존재론적 입장을 보여준다. 붓다는 바라문에게 "보는 것(眼)이 있느냐 없느냐? 보이는 것(色)이 있느냐 없느냐?"라고 반문하여 "있다"라는 답을 유도한다. 붓다는 이러한 반문을 통해 객관적 실체로서의 존재를 부정하고, "존재란 우리가 '있다'고 생각하는 것"임을 깨닫도록 하고 있다. 우리는 외부에 실재하는 존재를 인식하는 것이 아니라 지각을 통해 '있다'는 생각을 하고 있을 뿐이라는 것이다.

붓다는 인식되는 대상을 외부에 실재하는 존재라고 보지 않았다. 왜냐하면 우리에게 인식되는 대상은 그 자체로서 실재하는 실체가 아니라 우리의 지각에 의지하여 연기한 것이기 때문이다. 이 세계는 실체들이 존재하고 있는 공간이 아니다. 우리에게 '있다'고 생각되는 모든 것, 즉 세계는 십이입처에서 연기한 것이다. 따라서 이 세계에는 무엇이 존재하고 있는가를

15 『雜阿含經』13 (『大正藏』2권, 91중)
16 『雜阿含經』13 (『大正藏』2권, 91중)

묻는 것은 올바른 질문이 아니다. (321경)에서 생문 바라문이 "일체법은 어떤 것인가?"를 물은 것은 "무엇이 존재하는가?"를 물었던 자신의 질문이 잘못된 것임을 깨달았기 때문이다.

붓다는 실체적 존재를 부정하기 때문에 외재적 실체성을 전제로 하는 '존재(bhāva)'나 '유(atthitā)'라는 개념을 사용하지 않고 연기한 것을 법(法, dharma)이라고 불렀다. 법(法), 즉 'dharma'는 동일한 조건에서는 동일한 현상을 일으키는 법칙을 의미한다. 조건에 의지하여 연기하는 세계는 이러한 법칙이 실현된 것이다. 따라서 붓다는 존재라는 개념 대신에 법(法)이라는 개념으로 이 세계를 설명했다. 생문 바라문은 이러한 붓다의 입장을 이해했기 때문에 "일체법은 어떤 것인가?"라고 다시 물었고, 이에 대해서 붓다는 십이입처와 십이입처를 의지하여 연기하는 모든 현상을 '법'이라고 이야기한 것이다.

2) 『쌍윳따 니까야』에서 일체

『쌍윳따 니까야』의 「쌀아야따나-쌍윳땀」(Saḷāyatana-Saṃyuttam)에는 일체에 관련된 경을 모아놓은 「일체품(一切品)」(sabba-vaggga)과 「생법품(生法品」(Jātidhamma-vagga) 그리고 「무상품(無常品)」(Anicca-vagga)이 있다. 그런데 「생법품」과 「무상품」의 내용은 「일체품」에서 언급한 내용에서 크게 벗어난 것이 없으므로, 여기에서는 「일체품」을 통해 '일체'의 용례와 의미를 살펴보기로 한다. 「일체품」에는 ① 일체(sabba), ② 버림(pahāna)<1>, ③ 버림(pahāna)<2>, ④ 두루 앎(parijānāna)<1>, ⑤ 두루 앎(parijānāna)<2>, ⑥ 불타고 있는(āditta), ⑦ 암흑(andhabhūta), ⑧ 적절한(sāruppa), ⑨ 적합한(sappāya)<1>, ⑩ 적합한(sappāya) 등 10개의 경이 있다. 각 경의 내용을 살펴보면 아래와 같다.

> ① 일체(sabba)
>
> 비구들이여, 일체에 대하여 이야기하리니 잘 듣도록 하라.
>
> 비구들이여, 무엇이 일체인가? 비구들이여, 안(眼, cakkhuṃ)과 색(色, rūpā), 이(耳, sotaṃ)와 성(聲, saddā), 비(鼻, ghānaṃ)와 향(香, gandhā), 설(舌, jivhā)과 미(味, rasā), 신(身, kāyo)과 촉(觸, phoṭṭabbā), 의(意, mano)와 법(法, dhammā), 이것을 일체라고 부른다.[17]

17 *Saṃyutta-Nikāya,* vol. 4, 15면.

이 경에서는 일체는 안(眼)·이(耳)·비(鼻)·설(舌)·신(身)·의(意)와 색(色)·성(聲)·향(香)·미(味)·촉(觸)·법(法)이라고 이야기할 뿐 이들을 입처(āyatana)라고 이야기하지는 않는다. 그러나 이 경이 「육입처품(saḷāyatana-vagga)」 속에 있기 때문에 십이입처을 의미한다고 할 수 있으며, 앞에 인용한 『잡아함경』과 동일하게 세계의 근원을 의미하는 용례이다.

> ② 버림(pahāna)<1>
>
> 비구들이여, 일체를 버리는(sabbappahānāya) 법을 이야기하리니 잘 듣도록 하라.
>
> 비구들이여, 어떤 것이 일체를 버리는 법인가?
>
> 비구들이여, 안(眼, cakkhuṃ)을 버려야 한다. 색(色, rūpā)을 버려야 한다. 안식(眼識, cakkhuviññāṇam)을 버려야 한다. 안촉(眼觸, cakkhusamphasso)을 버려야 한다. 안촉을 의지하여 발생하는 즐겁거나 괴롭거나 괴롭지도 즐겁지도 않은 느낌[受, vedayita]을 버려야 한다.[18]

이 경에서는 '일체(sabba)가 '버림'의 의미를 지닌 중성 추상명사 'pahāna'의 여격(與格)과 결합하여 의미상 'pahāna'의 목적어로 사용되고 있다. 여기에서 일체는 '버려야 할 모든 것'의 의미로서 십이입처와 십이입처에서 연기한 육식(六識), 육촉(六觸), 육수(六受)이다.

> ③ 버림(pahāna)<2>
>
> 비구들이여, 일체를 바르게 알고, 두루 알아서 버리는(sabbam abhiññā pariññā pahānāya) 법을 이야기하리니 잘 듣도록 하라.
>
> 어떤 것이 일체를 바르게 알고, 두루 알아서 버리는 법인가?
>
> 비구들이여, 안(眼, cakkhuṃ)을 바르게 알고, 두루 알아서 버려야 한다. 색(色, rūpā)을 바르게 알고 두루 알아서 버려야 한다. 안식(眼識, cakkhuviññāṇam)을 바르게 알고, 두루 알아서 버려야 한다. 안촉(眼觸, cakkhusamphasso)을 바르게 알고 두루 알아서 버려야 한다. 안촉을 의지하여 발생하는 즐겁거나 괴롭거나 괴롭지도 즐겁지도 않은 느낌을 바르게 알고 두루 알아서 버려야 한다.[19]

18 *Saṃyutta-Nikāya,* vol. 4, 15-16면.

19 *Saṃyutta-Nikāya,* vol. 4, 16면.

이 경에서는 '일체'가 독립적으로 사용되어 바른 앎[正知, abhiññā], 두루 앎(pariññā), 버림(pahāna)의 의미상 목적어가 되고 있으며, 일체가 지시하는 내용은 앞의 경과 동일하다.

④ 두루 앎(parijānāna)<1>과 ⑤ 두루 앎(parijānāna)<2>는 ③ 버림(pahāna)<2>와 용법이나 의미에 큰 차이가 없다.

⑥ 불타고 있는(ādittam)

비구들이여, 일체는 불타고 있다.

어찌하여 일체는 불타고 있는가?

비구들이여, 안(眼)이 불타고 있고, 색(色)이 불타고 있고, 안식(眼識)이 불타고 있고, 안촉(眼觸)을 의지하여 발생하는 즐겁거나 괴롭거나 괴롭지도 즐겁지도 않은 느낌이 불타고 있다.

무엇에 의해 불타고 있는가? 탐욕의 불(rāgaggi)에 의해, 성냄의 불(dosaggi)에 의해, 어리석음의 불(mohaggi)에 의해 불타고 있다.[20]

⑦ 암흑(andhabhūtam)

비구들이여, 일체는 암흑이다.

어찌하여 일체는 암흑인가?

비구들이여, 안(眼)이 암흑이고, 색(色)이 암흑이고, ……[21]

위의 두 경에서 일체는 주어로 사용되며, 십이입처와 십이입처에서 연기한 것들이 괴로움이라는 것을 은유적으로 표현한 것이다. 즉 자아와 세계가 개별적인 실체로 존재한다는 중생들의 망상에서 벌어진 중생의 세계는 탐진치의 불길에 휩싸여 있는 상태로서, 진실이 가려진 암흑의 상태라는 의미이다.

⑧ 적절한(Sāruppa)

비구들이여, 일체의 망상을 제거하기에 적절한 방법(sabbamaññitasamugghāta sāruppā paṭipaā)이란 어떤 것인가?

---

20 *Saṃyutta-Nikāya,* vol. 4, 19면.

21 *Saṃyutta-Nikāya,* vol. 4, 20-21면.

> 비구들이여, 비구가 안(眼)을 [나라고] 생각하지 않고, 안(眼)에 [내가 있다고] 생각하지 않고, 안(眼)으로 인하여 [내가 있다고] 생각하지 않고, 안(眼)은 나의 것이라고 생각하지 않는 것이다. … 안촉(眼觸)을 의지하여 발생하는 즐겁거나 괴롭거나 괴롭지도 즐겁지도 않은 느낌, 그것을 [나라고] 생각하지 않고, 그것에 [내가 있다고] 생각하지 않고, 그것으로 인하여 [내가 있다고] 생각하지 않고, 그것은 나의 것이라고 생각하지 않는 것이다.[22]

이 경은 중생들이 십이입처와 십이입처에서 연기한 법에서 자아라는 망상을 일으키고 있음을 보여준다. ⑨ 적합한(sappāya)<1>과 ⑩ 적합한(sappāya)<2>도 비슷한 내용이다.

이상에서 살펴본 '일체품'의 내용을 요약하면 ① 일체(sabba)는 괴로운 중생들의 세계는 십이입처가 근원이라는 것을 이야기한 것이고, ② 버림(pahāna)<1>과 ③ 버림(pahāna)<2> 그리고 ④ 두루 앎(parijānāna)<1>과 ⑤ 두루 앎(parijānāna)<2>는 십이입처와 십이입처에서 연기한 법은 그것의 실상을 알아서 집착하지 말고 버려야 한다고 이야기한 것이다. ⑥ 불타고 있는(ādittam)과 ⑦ 암흑(andhabhūtam)은 버려야 하는 이유를 이야기한 것이고, ⑧ 적절한(sāruppa)과 ⑨ 적합한(sappāya)<1>, ⑩ 적합한(sappāya)<2>는 버리는 방법을 이야기한 것이다.

이 경들의 용례를 『잡아함경』의 용례와 비교해 보면, ① 일체(sabba)에서의 '일체'는 (319경)의 '일체'와 같은 의미이고, 나머지 경들에서 이야기하는 '일체'는 (321경)의 '일체법'에 해당한다. 이와 같이 근본불교에서 '일체'는 항상 십이입처와 십이입처에서 연기한 법을 의미한다.

2. 아비달마불교에서 일체

아비달마불교에서는 '일체'를 '일체의 존재' 즉 '일체유(一切有)'로 해석하며, '일체법(一切法)'과 동일시한다. 여기에서는 설일체유부(說一切有部)와 상좌부(上座部)의 논서를 중심으로 용례를 살펴보기로 한다.

---

22 *Saṃyutta-Nikāya,* vol. 4, 22면.

1) 설일체유부에서 일체

설일체유부에서는 붓다는 '일체법'을 깨달았기 때문에 붓다라고 불린다고 주장한다.

> 부처님의 무학법(無學法)이 보리(菩提)이며 진지(盡智) 무생지(無生智)라고 한다. 살타(薩埵, 有情)가 이 지(智)를 구하기 때문에 보리살타(菩提薩埵)라고 부르며, 이 보리(菩提)를 얻어 일체법(一切法)을 깨달았기 때문에 불(佛)이라고 부른다.[23]

붓다의 깨달음의 내용을 '일체법'이라고 보았기 때문에 붓다가 설한 법은 모두 실유(實有)하는 존재라고 생각했다. 설일체유부의 실유사상(實有思想)은 붓다의 깨달음의 내용을 '일체법'으로 보고, 붓다가 깨달아 가르친 '일체의 실유가 곧 일체법'이라는 인식에서 비롯된 것이다. 따라서 붓다가 중생들의 세계가 연기하는 근원이라는 의미에서 일체라고 불렀던 십이입처를 설일체유부에서는 독자적인 특성[自相]을 지닌 실유(實有)로 이해한다.

> 일체(一切)란 십이입(十二入)을 말한다. 저 모든 입(入)은 자상(自相)을 지니고 있고 다른 일체의 상(相)은 지니지 않는다.[24]

『구사론』에서는 보다 구체적으로 십이입처를 '일체유(一切有)'라고 이야기한다.

> 그러므로 설일체유부(說一切有部)에서 과거와 미래가 실유(實有)한다는 주장은 부처님의 가르침 가운데서는 옳은 주장이 되지 못한다. 만약 옳은 주장이 되고자 한다면 일체유(一切有)는 계경(契經)에서 이야기한 것과 같은 주장이어야 할 것이다. 경(經)에서는 어떻게 이야기하고 있는가?
>
> 계경(契經)에서 "범지(梵志)여, 일체유(一切有)는 오직 십이처(十二處) 뿐이다"라고 하신 말씀과 같다. 또는 오직 삼세(三世)에 있는 것만을 있다고

---

23 『雜阿毘曇心論』11 (『大正藏』28권, 961하)

24 『雜阿毘曇心論』11 (『大正藏』28권, 963상)

말씀하시었다.[25]

일체법의 실유를 주장하는 것은 붓다의 가르침에 어긋난다는 비판에 대하여 『구사론』에서 인증(引證)한 불경은 붓다와 생문 바라문의 대화를 담고 있는 『잡아함경』(319경)이라고 생각된다. (319경)에서 "일체(一切)는 십이입처(十二入處)다"라고 이야기한 것을 『구사론』에서는 "일체유(一切有)는 오직 십이처(十二處) 뿐이다"라고 인용하고 있다. 이것은 설일체유부에서 '일체'와 '일체유'를 동일시하고 있음을 보여준다. 아비달마불교에서는 '일체'를 '일체의 존재'의 의미로 이해하고 있는 것이다.

이와 같이 설일체유부에서는 붓다가 깨달아 가르친 것을 세상에 실유하는 일체의 존재, 즉 '일체법'이라고 생각했기 때문에 연기하는 중생들의 세계를 설명하는 교리인 십이입처, 십팔계, 오온 등을 실유하는 일체법의 범주로 이해하였다. 『잡아비담심론』에서는 이들에 대하여 다음과 같이 이야기한다.

> 문: 십팔계(十八界)와 십이처입(十二入處)와 오온(五蘊)은 어떤 차별이 있는가?
>
> 답: 십팔계(十八界)는 일체법(一切法)을 이야기한 것이다. 그 일체법(一切法)은 곧 십이입처(十二入處)이다. 세 가지 무위법(無爲法)을 제외한 나머지를 이야기한 것이 오온(五蘊)이다.……
>
> 문: 일체법을 이야기한 것이 십팔계(十八界)이고, 십팔계(十八界)가 곧 십이입처(十二入處)이며, 세 가지 무위법(無爲法)을 제외하고 이야기한 것이 오온(五蘊)이라면 무엇 때문에 세존(世尊)은 세 가지로 이야기하셨는가?
>
> 답: 석가모니께서 중생들의 욕구와 이해력과 근기(根機)가 같지 않고, 성품과 행(行)과 어리석음의 차별이 있음을 살펴보셨기 때문에 오온(五蘊)과 십팔계(十八界)와 십이입처(十二入處)를 이야기하셨다. 중생들은 세 가지 욕구와 이해력이 있으니 자세한 것, 간략한 것, 그 중간이다. 자세한 것을 원하는 자들을 위하여 십팔계(十八界)를 이야기하셨고, 중간을 원하는 자들을 위하여 십이입처(十二入處)를 이야기했으며, 간략한 것을 원하는 자들을 위하여 오온(五蘊)을 이야기하셨다.[26]

25 『阿毘達磨俱舍論』20 (『大正藏』29권, 106상)

십이입처, 십팔계, 오온은 모두 일체법을 이야기한 것으로서 근본적으로는 차이가 없지만 중생들의 욕구와 능력에 차이가 있기 때문에 붓다가 그들의 능력에 따라 다르게 이야기했다는 것이다. 이와 같이 붓다의 깨달음과 설법은 모두 일체법에 관한 것이라고 생각했기 때문에 설일체유부에서는 '일체법'을 범주적으로 분류하여 해석하는 일에 주력하였다. 『구사론』에서는 다음과 같이 일체법을 유루법(有漏法)과 무루법(無漏法) 두 가지로 분류하기도 하고 색법(色法)·심법(心法)·심소법(心所法)·심불상응행법(心不相應行法)·무위법(無爲法) 다섯 가지로 분류하기도 한다.

> 일체법(一切法)을 이야기하면 간략하게 두 가지가 있나니 유루(有漏)와 무루(無漏)이다. 유루법(有漏法)은 어떤 것인가? 도제(道諦)를 제외한 나머지 유위법(有爲法)을 말한다.…… 무루(無漏)란 어떤 것인가? 도성제(道聖諦)와 세 가지 무위법(無爲法)을 말한다. 세 가지는 어떤 것인가? 허공(虛空)과 두 가지 멸(滅)이다. 두 가지 멸(滅)은 어떤 것인가? 택멸(擇滅)과 비택멸(非擇滅)이다.[27]

> 일체법(一切法)은 간략하게 다섯 가지가 있다. 일(一)은 색법(色法)이고, 이(二)는 심법(心法)이며, 삼(三)은 심소법(心所法)이고, 사(四)는 심불상응행법(心不相應行法)이며, 오(五)는 무위법(無爲法)이다.[28]

2) 상좌부(上座部)에서 일체

붓다고사(Buddhaghosa)는 『싸라타-빠까씨니(*Sāratttha-ppakāsinī*)』에서 『쌍윳따 니까야』의 「일체품」을 주석하면서 일체에는 다음과 같이 네 종류가 있다고 이야기한다.

> ① 모든 것을 의미하는 일체(sabba-sabbaṃ)
>
> "이 세상에서 그[여래]가 볼 수 없는 것은 어떤 것도 없다. 그리고 인식할 수 없는 것도, 알 수 없는 것도 없다. 여래(如來)는 보안(普眼, samanta-cakkh)이 있기 때문에 알아야 할 일체(sabbaṃ)를 요지(了知)한다."

---

26 『雜阿毘曇心論』1 (『大正藏』28권, 874상)
27 『阿毘達磨俱舍論』1 (『大正藏』29권, 1하)
28 『阿毘達磨俱舍論』4 (『大正藏』29권, 18중)

여기에서 이야기하는 일체는 모든 것을 의미하는 일체(sabba-sabbaṃ)다.

② 입처(入處)를 의미하는 일체(āyatana-sabbaṃ)

"비구들이여, 내가 일체에 관하여 설하겠다. 잘 들어보아라."

여기에서 이야기하는 일체는 입처(入處)를 의미하는 일체(āyatana-sabbaṃ)다.

③유신(有身)을 의미하는 일체(sakkāya-sabbaṃ)

"비구들이여, 내가 일체의 법의 근본에 대한 법문(sabba-dhamma-mūla-pariyāyaṃ)을 설하겠다."

여기에서 이야기하는 일체는 유신(有身)을 의미하는 일체(sakkāya-sabbaṃ)다.

④ 범위를 의미하는 일체(padesa-sabbaṃ)

"장자여, 선정(禪定, samannāhāra)에서 생긴, 선정에 상응하는 의식계(mano-viññāṇa-dhātū), 즉 심(心, cittaṃ), 의(意, mano), 의도(意圖, mānasaṃ) 등의 일체의 법에(sabba-dhammesu)"

여기에서의 일체는 범위를 의미하는 일체(padesa-sabbaṃ)다.

이와 같이 여섯 가지 한정된 대상(chal-ārammaṇa-mattaṃ)은 범위를 의미하는 일체(padesa-sabbaṃ)이고, 삼계(三界)의 법(te-bhūmaka-dhammā)은 유신(有身)을 의미하는 일체(sakkāya-sabbaṃ)이며, 사계(四界)의 법(catu-bhūmaka-dhammā)은 입처(入處)를 의미하는 일체(āyatana-sabbaṃ)이고, 알아야 할 모든 것은 모든 것을 의미하는 일체(sabba-sabbaṃ)다. 범위를 의미하는 일체는 유신을 의미하는 일체에 미치지 못하고, 유신을 의미하는 일체는 입처를 의미하는 일체에 미치지 못하며, 입처를 의미하는 일체는 모든 것을 의미하는 일체에 미치지 못한다. 왜냐하면 이와 같은 법이 일체지지(一切智智, sabbaññuta-ñāṇa)의 대상이 아니라는 것은 있을 수 없기 때문이다. 이 [일체품의] 경전들은 입처를 의미하는 일체에 상응한다.[29]

붓다고사는 일체를 존재의 범주의 의미로 보고, 크기에 따라 네 가지 범주가 있음을 이야기한 것이다. 여래의 일체지지(一切智智)에 의하여 알려지는 것이 가장 큰 범주로서 '모든 것을 의미하는 일체(abba-sabbaṃ)'이고, 다음으로 큰 범주가 십이입처에 속하는 것들로서 '입처를 의미하는 일체'

29 Buddhaghosa, *Sārattha-ppakāsinī,* P.T.S, 1977, vol.2, 357면.

이며, 자아에 대한 집착을 지닌 중생들의 세계, 즉 삼계(三界)의 모든 것이 '유신(有身)을 의미하는 일체'이고, 개개의 중생들의 의식상태에 상응하는 법이 '범위를 의미하는 일체'이다. 이와 같이 상좌부에서도 일체는 모든 존재를 의미하며, 여래는 존재하는 모든 것을 빠짐없이 아는 지혜를 지녔다는 의미에서 여래의 지혜를 일체지지(一切智智, sabbaññuta-ñāṇa)라고 부른다.

Ⅲ. 인접 개념과의 관계 및 현대적 논의

1. 인접 개념과의 관계

십이입처는 중생들의 세계가 연기하는 근원이라는 의미에서 일체라고 불린다. 그런데 아비달마불교 이래로 일체가 '일체의 존재'라는 의미로 해석됨으로써 십이입처는 육근(六根)과 육경(六境)을 의미하는 것으로 오해되고 있다. 이러한 오해에서 벗어나기 위해서 육근의 의미와 육입처와 육근의 관계를 살펴보기로 한다.

1) 육근의 의미

근본불교에서 육근은 지각을 설명하는데 사용되는 개념이 아니라 수행체계 속에서 이야기되는 개념이다. 따라서 육근의 의미는 육근이라는 개념이 근본불교의 수행체계 속에서 어떤 의미로 사용되고 있는지를 살펴보기로 한다.

육근은『아함경』과『니까야』에서 수호(守護)해야 한다고 하는데,『중아함경』「산수목건련경(算數目揵連經)」에서 육근의 수호는 처음 수행을 시작한 비구가 거쳐야 할 수행의 단계 가운데 하나로서 다음과 같이 이야기된다.

(1) 신구의(身口意) 삼업(三業)이 청정한 생활을 할 것.[身口意護命淸淨]
(2) 자신의 심수심법(身受心法)을 여실하게 관할 것.[觀內身如身至觀覺心法如法]
(3) 자신의 심수심법(身受心法)을 여실하게 관하고 욕상응념(欲相應念)을 일으키지 말 것.[觀內身如身莫念欲相應念]

(4) 육근(六根)을 수호(守護)하여 항상 막을 것.[守護諸根常念閉塞]
(5) 출입(出入)할 때 자신의 몸가짐을 잘 살피고, 일상생활을 잘 살필 것. [正知出入善觀分別]
(6) 홀로 외딴 곳에 머물면서 선정(禪定)을 닦아 사선(四禪)을 성취할 것. [獨住遠離無事處][30]

『중아함경』「상적유경(象跡喩經)」에서도 육근의 수호가 수행의 단계 속에서 이야기되는데 그 순서는 다음과 같다.

(1) 십선계(十善戒)를 잘 지켜 계취(戒聚)를 성취한다.[成就此聖戒聚]
(2) 육근(六根)을 수호하여 항상 막는다.[守護諸根常念閉塞]
(3) 출입할 때 자신의 몸가짐을 잘 살피고, 일상생활을 잘 살핀다.[正知出入善觀分別]
(4) 홀로 외딴 곳에 머물면서 선정(禪定)을 닦아 사선(四禪)을 성취한다. [獨住遠離無事處][31]

그런데 「산수목건련경」에서 이야기하고 있는 사념처(四念處)의 수행이 「상적유경」에는 보이지 않는다. 여기에서 육근의 수호는 사념처와 관련되어 있음을 알 수 있다. 육근의 수호란 지각활동을 할 때 대상에 의해 감정의 동요를 일으키지 않고 마음을 집중하는 것을 말한다. 이러한 육근의 수호는 사념처의 수행이라는 것을 『잡아함경』에서 다음과 같이 이야기한다.

> 그대를 위하여 문(門)을 수호(守護)하는 것에 대하여 이야기하리라. 다문성제자(多聞聖弟子)는 눈(眼)으로 색(色)을 보고서 마음에 드는 색(色)에 집착하는 마음을 내지 않고, 마음에 들지 않는 색(色)에 싫어하는 생각을 내지 않고, 항상 그 마음을 모아서 신념처(身念處)에 머물면서 무량한 심해탈(心解脫)과 혜해탈(慧解脫)을 여실하게 알아 그에게 일어난 악불선법(惡不善法)을 남음이 없이 적멸(寂滅)한다.[32]

30 『中阿含經』35 (『大正藏』1권, 652중하)
31 『中阿含經』36 (『大正藏』1권, 657하)
32 『雜阿含經』9 (『大正藏』2권, 64상중)

육근의 수호는 사념처에 마음을 집중하여 정념(正念)의 상태를 떠나지 않고 지각활동을 하는 것을 의미한다. 「산수목건련경」에서는 사념처의 수행을 여러 단계로 나누어 구체적으로 이야기하고 있고, 「상적유경」에서는 이러한 사념처의 수행을 육근의 수호로 이야기하고 있음을 알 수 있다. 이와 같이 육근의 수호가 사념처를 의미한다면 육근을 감각기관이나 감각기능으로 해석하는 것은 바람직하지 않다. 육근의 수호를 보다 구체적으로 설명하고 있는 『맛지마 니까야』의 「가나까목갈라나숫땀(Gaṇakamoggallānasuttaṃ)」을 살펴보자.

> 근(根)들에서(indriyesu) 문(門, dvāra)을 지키라. 눈으로 색(色)을 보고 나서 겉모습(相, nimitta)에 사로잡히지 말고 부수적인 모습[別相, anubyañjana]에 사로잡히지 말라. 왜냐하면 이 안근(眼根, cakkhundriya)을 억제하지 않고 살아가면 탐애(貪愛)나 근심과 같은 사악(邪惡)하고 불선(不善)한 법(法)들이 흘러들기 때문에, 그것을[불선한 법이 흘러드는 것을] 막기 위하여, 마땅히 안근(眼根)을 지켜야 하고, 안근(眼根)의 억제를 실천해야 한다.[33]

『니까야』에서 '근(根)들에서(indriyesu, indriya'의 복수처격) 문(門)을 지키라'는 것이 『아함경』에서는 '제근을 수호하라(守護諸根)'로 번역되어 있음을 알 수 있다. 『아함경』에 의하면 육근은 수호의 대상이 된다. 그러나 『니까야』에 의하면 육근은 처격(處格)으로 사용되고 있으므로 육근은 장소나 시기 또는 어떤 행위가 벌어지고 있는 상황을 의미한다. 그리고 수호의 대상은 문(門)이다. 따라서 『니까야』의 의미로 해석한다면 육근은 '인지활동' 또는 '지각활동'이라고 해석하는 것이 좋다. 이런 의미로 해석하면 '근(根)들에서 문을 지키라'는 말은 '지각활동을 할 때 마음에 나쁜 생각이 흘러 들어오지 않도록 주의하라'는 의미가 된다.

2) 육입처와 육근의 관계

육입처와 육근은 서로 다른 개념이지만 이들은 깊은 연관을 맺고 있다. 전술한 바와 같이 지각활동을 할 때 지각활동과 그에 따라 발생하는 의식, 즉 '업보(業報)'는 있으나 지각활동을 하는 자아, 즉 '작자(作者)'는 없다. 그

---

33 *Majjhima-Nikāya*. vol. 3, 2면. 이 경은 『中阿含經』「算數目揵連經」에 상응한다.

러나 중생들은 지각활동의 주체인 자아가 존재한다고 생각한다. 중생들이 자아라고 생각하는 것은 지각활동을 하면서 지각활동에서 생긴 의식을 자아로 취하여 집착한 것이다. 우리의 지각활동, 즉 육근에는 인지의 주체로서의 자아가 없음에도 불구하고 무명에 뒤덮인 중생들은 인지활동의 주체인 자아가 있다고 생각하는데, 이렇게 중생들에 의해 허구적으로 계탁(計度)된 인지의 주체로서의 자아가 머무는 곳이 육입처인 것이다. 이것을 『잡아함경』은 다음과 같이 이야기하고 있다.

> 안(眼)에는 인(因)이 있고, 연(緣)이 있고, 속박(縛)이 있다. 어떤 것이 안(眼)의 인(因)이 되고, 연(緣)이 되고, 박(縛)이 되는가? 안(眼)은 업(業)이 인(因)이 되고, 연(緣)이 되고, 박(縛)이 된다.
>
> 업(業)에는 인(因)이 있고, 연(緣)이 있고, 박(縛)이 있다. 어떤 것이 업(業)의 인(因)이 되고, 연(緣)이 되고, 박(縛)이 되는가? 업(業)은 애(愛)가 인(因)이 되고, 연(緣)이 되고, 박(縛)이 된다.
>
> 애(愛)에는 인(因)이 있고, 연(緣)이 있고, 박(縛)이 있다. 어떤 것이 애(愛)의 인(因)이 되고, 연(緣)이 되고, 박(縛)이 되는가? 애(愛)는 무명(無明)이 인(因)이 되고, 연(緣)이 되고, 박(縛)이 된다.
>
> 무명(無明)에는 인(因)이 있고, 연(緣)이 있고, 박(縛)이 있다. 어떤 것이 무명(無明)의 인(因)이 되고, 연(緣)이 되고, 박(縛)이 되는가? 무명(無明)은 부정사유(不正思惟)가 인(因)이 되고, 연(緣)이 되고, 박(縛)이 된다.
>
> 부정사유(不正思惟)에는 인(因)이 있고, 연(緣)이 있고, 박(縛)이 있다. 어떤 것이 부정사유(不正思惟)의 인(因)이 되고, 연(緣)이 되고, 박(縛)이 되는가? 안(眼)과 색(色)을 연(緣)하여 생긴 정사유(正思惟)가 어리석음(癡)을 낳는다.
>
> 안(眼)과 색(色)을 연(緣)하여 부정사유(不正思惟)가 생기고 어리석음(癡)을 낳는다. 그 어리석음이 무명(無明)이다. 어리석음으로 추구하는 욕(欲)을 애(愛)라고 한다. 애(愛)가 짓는 행위를 업(業)이라고 한다.[34]

육입처가 무상함을 관찰하는 것이 정사유(正思惟)이다. 중생들은 육입처에 대하여 정사유하여 무상함을 관찰함으로써 육입처에 대한 욕탐을 끊음으로써 마음이 바르게 해탈할 수 있다.[35] 그런데 정사유하지 못하는 어리석

34 『雜阿含經』13 (『大正藏』2권, 92중하)

음에서 욕탐을 일으켜 업을 짓기 때문에 육입처가 나타난다는 것이 이 경의 내용이다.

육근의 수호는 육입처의 무상함을 관찰함으로써 이루어진다. 인지활동[六根]을 할 때 인지의 주체(六入處)가 무상(無常)하고 무아(無我)라고 생각하여[正思惟] 욕탐을 일으키지 않는 것이 육근의 수호이다. 부정사유(不正思惟)는 인지활동[六根]을 할 때 인지의 주체[六入處]가 무상하고 무아라고 사유하지 못하는 것을 의미한다. 이러한 어리석음[無明]에서 욕탐을 일으켜[愛] 그 욕탐을 만족시키기 위한 업을 짓고, 그 결과 업을 짓는 업의 주체, 즉 자아로 취해진 것이 육입처인 것이다.

이와 같이 육근은 인지활동을 하며 살아가는 우리의 삶을 의미하고 육입처는 이러한 삶의 실상을 여실하게 알지 못하고 욕탐을 일으켜 인지활동의 주체로 취하고 있는 자아라고 할 수 있다. 이러한 자아, 즉 육입처는 헛된 망념이기 때문에 멸진(滅盡)해야 하지만 육근은 우리의 삶을 의미하기 때문에 바른 삶이 되도록 수호(守護)해야 한다. 즉 육근의 수호를 통해 망념인 육입처를 멸진하고 무아의 삶을 이루어야 하는 것이다. 이것이 연기설(緣起說)의 유전문(流轉門)과 환멸문(還滅門)이다. 무명(無明)에서 육입처가 연기하여 생사(生死)에 유전(流轉)한다는 것이 유전문이고, 육근을 수호하여 무명과 무명에서 연기한 육입처를 멸하는 것이 환멸문인 것이다. 육입처와 육근은 이렇게 연기설의 유전문과 환멸문의 관계에 있다.

2. 현대적 논의

아비달마불교 이래로 현재에 이르기까지 '일체'는 '일체의 존재'를 의미하는 것으로 이해되어 왔다. 기존의 불교사전들은 이러한 이해를 그대로 보여줄 뿐 일체에 대하여 특별한 의미를 부여하지 않고 있다.

예를 들면 동국역경원에서 간행한 운허 용하의 『불교사전』에서는 일체에 대하여 "만물의 전체. 곧 온갖 것·모든 것·원통의 뜻. 2종이 있다. 사물의 전체를 말할 때의 일체[全分의 一切]와 제한된 범위의 전부를 말하는 일체[少分의 一切]"로 설명한다. 나까무라 하지메(中村 元)의 『불교어대사전』에서는 『불교사전』에서 설명한 내용 이외에 두번째 의미로 "일체(一切)의

35 『雜阿含經』8 (『大正藏』 2권, 49중)

법(法) 즉 오온(五蘊)·십이처(十二處)·십팔계(十八界)라고 하는 경우처럼, 각각의 보는 입장에서의 법(法)의 체계(體系)를 말한다"고 설명한다. 여타의 사전들의 설명도 이와 크게 다르지 않다. 이러한 사전적 설명은 일체에 대한 상식적인 이해로서, 붓다고사의 '모든 것을 의미하는 일체(sabba-sabbaṃ)'를 전분(全分)의 일체(一切)라고 하고, 나머지 세 가지 일체를 소분(少分)의 일체(一切)라고 한 것으로서 종래의 해석을 비판 없이 따른 것이며, 일체(一切)를 일체법(一切法)과 동일시한 아비달마불교의 견해를 답습한 것이다.

대부분의 현대의 학자들도 '일체'라는 개념에 대하여 '모든', 또는 '일체법(一切法)'의 의미로 이해할 뿐 논의의 대상으로 삼지 않는다. 그러나 일체를 의미하는 십이입처와 육입처에 대해서는 종래와 다른 현대의 해석이 몇 가지 있다.

일본의 와쓰지 데쓰로(和辻哲郎)는 육입처를 여섯 개의 감각기관이라고 보는 종래의 해석에 대하여, 입처(入處)의 원어 'āyatana'의 의미나 용례에 감각기관의 의미를 찾아볼 수 없음에도 불구하고 반성 없이 감각기관으로 생각한 것은 옳지 않다고 비판한다. 그는 육입처를 '여섯 개의 영역'이라고 해석한다. 입처(入處)는 '개개의 것을 넣어 포괄하는 영역', 즉 개개의 것을 넣어 포괄한다는 보편성의 의미를 강조한 것으로서, 안입처(眼入處)의 경우는 개개의 '보는 것'에 대하여 '보는 것 일반'이 보는 영역을 의미한다는 것이다.[36]

와쓰지 데쓰로는 종래의 해석에서 벗어나 육입처를 감각기관으로 해석하는 오류를 지적하고 있지만, 육입처가 일체법을 분류하는 범주체계라는 견해는 그대로 따른다. 그는 육입처가 일체법의 범주체계임을 다음과 같이 이야기한다.

> …… 우리들은 '안이비설신의'의 6가지 영역을 근본범주로 하는 하나의 체계가 오온의 체계에 대립되어 존재한다는 사실을 인정해야 한다. '색성향미촉법'은 위의 근본범주를 근거로 하여 거기서 생겨날 수 있는 것이다.
>
> 본래부터 색 또는 법은 '볼 수 있는 것 일반', '들을 수 있는 것 일반', '냄새맡을 수 있는 것 일반', '맛볼 수 있는 것 일반', '만질 수 있는 것 일반', '생

36 和辻哲郎, 『原始佛教の 實踐哲學』(東京:岩波書店, 昭和 45), 151-155면 참조.

> 각할 수 있는 것 일반'으로서 여섯 가지 법이다. 감각적 및 비감각적인 일체의 존재는 법이다.[37]

그는 육입처를 오온과 대립되는 초기에 형성된 일체법의 근본범주로 보고, 후기에 육입처를 근거로 색성향미촉법(色聲香味觸法)이 첨가되어 십이입처가 되었다고 생각했다. 그가 말하는 '개개의 존재하는 것 일반'이란 범주를 의미한다. 그는 육입처가 범주체계라는 것을 염두에 두고 육입처를 이해하고 있는 것이다. 즉, 육입처가 일체존재의 범주체계가 되려면 감각기관으로 해석되어서는 안 된다는 생각에서 입처를 '개개의 것을 넣어서 포괄하는 영역'으로 해석한 것이다.

고익진은 십이입처를 삼과분류법(三科分類法) 가운데 가장 기초적인 것이라고 본다. 그리고 십이입처는 이 세상에 있는 일체를 포섭하기 때문에 "일체는 십이입처"라고 한다고 본다. 그는 입처(入處)로 한역된 범어 'āyatana'의 의미를 '들어간다'라는 의미에서 '장소'라는 의미를 갖게 되었다고 보고, '일체는 십이입처'라고 한 것은 '일체는 십이(十二)에 들어간다, 분류된다 포섭된다'는 의미라고 해석한다.[38] 이와 같이 그의 견해는 십이입처를 일체존재의 분류법으로 본다는 점은 종래의 해석과 다름이 없다. 하지만 십이입처를 다음과 같이 일종의 연기설로 본 점에서 주목된다.

> 이것은 무엇보다도 먼저 육내입처(六內入處)가 주(主)가 되어 존재하고, 외입처(外入處)는 뒤에 그에 의해서 존재하게 됨을 나타내고 있다.
>
> 십이처(十二處)를 이루고 있는 내·외입처(內·外入處)가 이런 관계를 갖고 있다면, 이것은 "차유고피유(此有故彼有)"의 관계라고 할 수 있다. 내입처(內入處)가 존재함로써 외입처(外入處)가 존재하기 때문이다. ……
>
> 이러한 십이처(十二處)의 내·외(內·外)관계는 매우 소박하긴 하지만 일종의 연기설(緣起說)이라고 말할 수 있다.
>
> 여기에서 우리는 연기(緣起)의 시원적(始原的)인 것을 본다. 연기(緣起)는 현실미계(現實迷界)가 중생(衆生)의 미혹(迷惑)으로부터 어떻게 일어나는가를 보여주는 법문인데, 십이처(十二處)[世間]는 곧 현실미계(現實迷界)이며,

37 和辻哲郎, 안승준 옮김, 『원시불교의 실천철학』(서울: 불교시대사, 1993), 155면.
38 고익진, 「阿含法相의 體系性 研究」(동국대학교 대학원 석사학위청구논문), 1971, 19-21면 참조.

> 그러한 미계(迷界)를 성립시킨 주관적(主觀的)인 내입처는 무명(無明)이 중생(衆生)의 주관적인 망정(妄情)인 것과 일맥상통한 것이다. 일체(一切)를 분류하는 기준은 얼마든지 있을 수 있는데, 그것을 제일 먼저 십이처(十二處)로 분류한 것은 여기에서부터 연기설(緣起說)의 기초가 닦여지고 있다고 보지 않을 수 없다.[39]

이와 같이 십이입처에 대한 고익진의 해석은 종래의 해석을 따르고 있지만 십이입처가 연기설의 기초가 된다는 것을 밝혀낸 점에서 큰 의의가 있다고 생각된다. ❁

이중표 (전남대)

39 위의 논문, 22-23면.

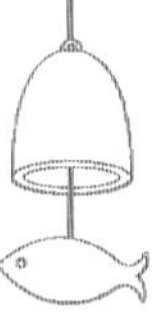

삼제원융

한 三諦圓融[圓融三諦]

Ⅰ. 어원적 근거와 개념 풀이

1. 어원적 근거

천태사상의 특색을 가장 잘 나타내는 것은, 원융삼제(圓融三諦)이다. 천태대사 지의(智顗)는 삼대부(三大部)를 비롯하여 그 이후의 『유마경소』에 이르기까지 원융삼제를 설하고 그것을 가지고 천태사상의 최고원리라 강조하고 있다.[1] 삼제란 공(空)·가(假)·중(中)의 삼제로서 『사교의(四教義)』 2에

1 지의는 『법화현의(法華玄義)』 1상에서 "격력삼제(隔歷三諦)라면 추법(麤法)이고, 원융삼제라면 묘법(妙法)이다"고 하여 원융삼제를 밝히면서, 본격적인 설명은, 『법화현의』의 십묘(十妙) 가운데 경묘(境妙)단에서 하고 있다. 실상(實相) 그 자체는 일체의 명상(名相)을 초월하고 있는 것으로서 원융삼제는 실상의 한 표현에 지나지 않는다. 실상 자체는 원융삼제뿐만 아니라 경묘(境妙)에서 서술한 육경(六境)을 비롯하여 다른 원리에 의해서도 표현되는 것이다. 그러므로 지의는 원융삼제를 가지고 유일한 실상원리라고 주장하는 것은 아니다. 삼제원리도 방편적인 성격을 지니고 있는 한, 실

"삼제의 명의(名義)는 구체적으로는 『영락경(瓔珞經)』과 『인왕경(仁王經)』에서 나온다"고 하는 것과 같이, 『인왕반야경(仁王般若經)』「이제품(二諦品)」의 공제(空諦)·색제(色諦)·심제(心諦) 및 『보살영락본업경(菩薩瓔珞本業經)』의 「불모품(佛母品)」 및 「인과품(因果品)」의 유제(有諦)·무제(無諦)·중도제일의제(中道第一諦)에 의거하여 공·가·중 삼제의 원융상즉원리를 조직한 것이다. 이러한 두 경전 이외에 『중론(中論)』의 「사제품(四諦品)」의 "인연소생법(衆因緣生法), 아설즉시공(我說卽是空), 역위시가명(亦爲是假名), 역시중도의(亦是中道義)"의 게송도 중요한 근거로 되어 있다. 이외에도 지의 삼제설의 성립배경을 보면, 양대(梁代)에는 23가(家)의 이제(二諦)에 대한 논의가 있었고 이제(二諦) 이외에 새로이 중도(中道)를 제일의제(第一義諦)라고 하는 분위기가 생겨서 삼제설이 제창된 것이라고 한다. 예를 들면 양무제 때 소명(昭明)태자가 삼제설을 제창한 흔적이 있고, 또 정영혜원(淨影慧遠)도 『대승의장(大乘義章)』 10의 「지관사의팔문분별(止觀捨義八門分別)」에서 삼제를 언급하고 있다. 이러한 삼제설에 기반하여 지의의 원융삼제설이 나온 것이라고도 할 수 있다.

지의에 의하면 『인왕경』과 『영락경』의 삼제설은 별교(別敎)적인 격력삼제(隔歷三諦)를 설한 것에 지나지 않고 그것을 그대로 원교(圓敎)의 실상원리로 할 수는 없다고 한다. 격력삼제란 공(空)·가(假)·중(中)이 각각 별개의 원리로 구별되는 경우를 말한다. 중(中)의 원리에 도달하기 위해서는 공·가의 원리를 경과하지 않으면 안 되지만, 일단 중의 원리에 도달하면 공·가의 원리마저도 버려야 한다. 그런데 원융삼제(圓融三諦)에서는 삼제(三諦)가 각각 다른 이제(二諦)를 본래 갖추고[本具] 있다는 것으로서, 삼제는 항상 즉공즉가즉중(卽空卽假卽中)이고 일체(一體)라고 하는 것이다. 이 원융사상은 결국 지의에 의해 『법화경(法華經)』의 개회(開會)원리와 연결되면서 완성된다. 인도 및 중국의 불교사상에서는 실상원리로 진속이제설(眞俗二諦說)이 행해졌는데, 삼제설도 서술한 바와 같이 남북조 이후 학계의 관심을 끌었지만 아직 조직적인 학설로는 이루어지지 않았다. 위에서 인용한 『중

상의 유일한 원리라고 할 것은 물론 아니다. 그러므로 위에서 인용한 육경(六境)의 생기(生起)를 논하는 문에 "삼제는 오히려 방편을 대동한다"고 하고, 『마하지관(摩訶止觀)』 3상에서는 삼제(三諦)를 가지고 대비(大悲)의 방편(方便)이라 밝히고 있다. 그러므로 지의가 삼제만을 주장한 것만은 아니다. 그렇지만 지의가 원융삼제를 가지고 원교(圓敎)의 실상원리로 대표하는 것은 말할 것도 없다.

론』의 게송을 삼제설로 본 이는 지의 뿐이고, 그때까지는 오로지 이제설의 입장에서 해석한 것이다. 그러므로 천태의 원융삼제사상은 실상론사상(史上) 하나의 신기원을 이룩하였다고 할 수 있다.

원융삼제의 조직에 의해 『법화경』의 제법실상(諸法實相)이 확고한 이론적 근거를 얻기에 이르렀다. 원융삼제는, 제법이 즉공즉가즉중(卽空卽假卽中)으로서 단유(單有)도 단공(但空)도 아니라고 하는데, 특히 제법을 떠나 실상을 구하지 말라는 『법화경』의 현실주의적인 묘유(妙有)사상에 이론적 근거를 두기 때문이다. 원융삼제는 묘유의 실상원리로서 현실계를 적극적으로 긍정하는 원리이다. 그러므로 어떤 의미에서는 구체적인 실재론적 원리라고 할 수 있다. 물론 이 구체적인 실재론은 세속적인 세간긍정의 실재론이 아니라 공관(空觀)에서 세간을 초월하고 가관(假觀)에서 세간을 내재하는 내재즉초월(內在卽超越)의 중도(中道)적인 세계관이다. 그러므로 원융삼제는 결코 수미양단(首末兩端)의 사상이 아니라 세간(世間)의 속박으로부터 자유로우면서도 세간을 정화하는 보살행의 제관(諦觀)이다. 원융삼제는 일경삼제(一境三諦)라고도 하고, 불차제삼제(不次第三諦)라고도 하며, 부종불횡삼제(不縱不橫三諦)라고도 하고, 부사의삼제(不思議三諦)라고도 한다. 원교묘지(圓敎妙智)의 대경(對境)이기 때문에 이처럼 정지(精止)적인 이법(理法)의 명칭을 받는 것인데, 이것을 관찰하는 주체 측의 활동이 일심삼관(一心三觀)이다. 삼관(三觀)이 공관(空觀)에서 가관(假觀)으로, 가관(假觀)에서 중관(中觀)으로 단계적으로 행하는 경우를 차제삼관(次第三觀)이라 하고, 그 소관(所觀)의 대경(對境)을 격력삼제(隔歷三諦)라고 한다. 천태의 일심삼관(一心三觀)은 이러한 삼관을 일심의 삼면으로 동시에 이루는 것이다. 그것은 법화삼매(法華三昧)에 들어갈 때 묘지(妙智)가 작용하여 제법이 본래공(本來空)함을 알면서 제법의 세계를 떠나 실상의 세계가 존재할 수 없음을 아는 것으로서, 이 제법세계를 정화하는 적극적인 지혜인데 엄밀하게는 이론적으로 설명할 수 없는 것이다. 그래서 단지 부사의삼제(不思議三諦)라든가 부사의삼관(不思議三觀)이라고 할 뿐이다. 법화원교(法華圓敎)에서는 번뇌의 의식이나 행위를 그대로 진여(眞如)나 불성(佛性)의 활동이라고 설한다. 여러 가지 파도의 현상을 본체에 환원하여 수파만파가 물의 본체에서는 하나라고 설하는 것이 과지(果地)의 융통(融通)이다. 이것에 대하여 천파만파의 구체적인 현실태를 떠나 해수(海水)라 고찰하는 것을 추상적인 사상이고, 파상즉수체(波相卽水體)이자 수체즉파상(水體卽波相)이라

하는 것이 천태의 입장이다. 원융삼제는 바로 이러한 구체적 실상론의 원리로 설정한 것이다.

2. 개념 풀이

제법실상(諸法實相)이라 함은 현재 그대로가 참된 진리의 모습이라고 하는 것이다. 달리 말하면 만물에 절대의 가치를 인정하는 제법즉실상(諸法卽實相)은 철저한 현상즉실재론(現象卽實在論)으로서 이것을 구체적으로 표시한 것이 바로 천태의 핵심사상인 삼제원융(三諦圓融) 또는 원융삼제(圓融三諦)이다. 원융삼제란 원융(圓融)의 삼제, 불차제(不次第)의 삼제, 일제(一諦)의 삼제라고도 한다. 원융이란 원만융즉(圓滿融卽)한 것으로서 존재하는 것은 단순히 개별적 존재가 아니라 전체의 부분으로서 존재하고 보편의 특수로 존재하는 것인데, 모든 상호관계 상의상자(相依相資) 즉 도움을 받으면서 도움을 주는 관계를 가지고 존재하는 것을 원융이라고 하는 것이다. 즉 전체적일즉개별적다(全體的一卽個別的多)·일즉다(一卽多)·보편즉특수(普遍卽特殊)의 관계에 의해 존재하고 있는 것을 원만상즉(圓滿相卽)이라고 한다. 즉 공가중의 진리가 각각 존재하는 것이 아니라 원만융즉하고 있는 것을 원융삼제라고 하는 것이다.

지의에 의하면 우주만물은 결국 공가중(空假中)의 세 진리로 돌아갈 것이고 불교의 주안은 이 세 진리를 명확하게 하는 것이다. 그 진리는 소극적 부정의 논리에 의하여 표현되는 평등의 원리인 공제(空諦)와, 적극적 긍정의 논리에 의하여 표현되는 차별의 원리인 가제(假諦)와, 또 부정과 긍정과의 양극이 결국은 불이일체(不二一體)라는 차별즉평등(差別卽平等)의 원리인 중제(中諦)의 세 측면이 있는 것이므로 불교 교리는 이 세 가지 진리를 나타내는 것이라고 한다. 이를 도시하면 다음과 같다.

因緣所生法	我說卽是空 － 空諦 － 消極的 否定 － 平　等
	亦名爲假名 － 假諦 － 積極的 肯定 － 差　別
	亦是中道義 － 中諦 － 兩極不二 － 差別卽平等

이런 공(空)·가(假)·중(中)의 삼제(三諦)는 장(藏)·통(通)·별(別)·원(圓)의 사교(四敎)와의 관계에서 다양한 형태가 이루어진다. 교리에는 네 단계 즉

장·통·별·원으로 이루어진 사교(四敎)가 있어서 세 가지 진리를 표현하는 방법이 다르다. 사교 중에서 장교(藏敎)는 공제(空諦)와 가제(假諦)와의 표면을 설하고, 통교(通敎)는 공제만 철저하게 논하고 가제를 조금 논하며, 별교(別敎)는 삼제 전부를 설하였으나 삼제가 각각 고립적으로서 특히 공가(空假)와 중제(中諦) 간에는 깊은 간격이 있다고 하기 때문에 이것을 격력불융(隔歷不融)의 삼제라 하고 또 이 진리를 인식하는 데도 먼저 공제(空諦)를 얻고 다음 가제(假諦)에 도달하며 최후로 중제(中諦)에 이른다고 하는 순서를 정하기 때문에 차제삼제(次第三諦)라고 한다. 그런데 원교(圓敎)에서는 공·가·중 삼제가 유기적인 연락을 가지고 상호불리의 관계가 있어서 공제 중에 가(假)와 중(中)을 수납하고, 가제 중에 공(空)과 중(中을) 섭입하며, 중제 중에 공(空과) 가(假를) 포함한다. 공제는 단순한 부정의 진리가 아니고 그 중에 긍정의 진리와 두 극단이 다르지 않다는 진리를 포함하고 있기 때문에 공제가 결국 공·가·중 삼제를 표현하고, 가제와 중제도 이와 같은 삼제를 포함하고 삼제가 서로 갖추어지고 서로 원융하며[互具互融] 서로 즉하고 원융하다[相卽圓融]고 설하기 때문에 이것을 원융삼제(圓融三諦)라 한다. 따라서 이것을 인식하는 데도 전후 순서가 없기 때문에 불차제삼제(不次第三諦)라 하고, 소위 부종불횡(不縱不橫)이라고 하는 것이다. 이것을 도시하면 다음과 같다.

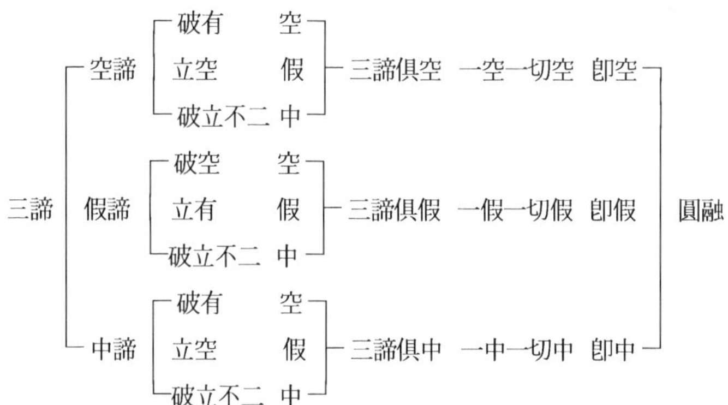

먼저 공제(空諦)에서 공(空)이라고 하면 유(有)를 부정하는 것이 본령이기 때문에 유를 깨뜨리는[破有] 의미가 있다. 그런데 유를 부정하는 것은 공을 긍정하는 것이기 때문에 공을 세우는[立空] 의미가 있다. 그리고 유를 부

정함과 동시에 공을 긍정하고 부정과 긍정이 동시에 성립하는 것은 결국은 파유(破有)와 입공(立空)이 모순되지 않고 동시(同時)·동존(同存)하여 다르지 않은 것이며 동일물의 양면이라고 할 만한 것이기 때문에 공제 중에 깨뜨리는 것과 세우는 것은 다르지 않다[破立不二]는 취지가 갖추어져 있다. 이와 같이 파유(破有)·입공(立空)·파립불이(破立不二)의 세 가지 뜻이 완비되어야 공제가 활성화되는 것이고, 만일 단순한 유를 깨뜨리는[破有] 일면뿐이라면 추상적인 진리이고 활성 있는 구체적인 동작은 아닌 것이다. 그리고 유를 깨뜨리는 것[破有]은 부정의 작용에 의하여 공제를 표면에 나타내고, 공을 세우는 것[立空]은 긍정의 작용에 의하여 중제(中諦)의 이치를 나타내기 때문에 하나의 공제 중에도 공·가·중 삼제의 진리가 완비되고 원융(圓融)되어 있는 것이다. 이와 같이 가제(假諦) 중에서도 중제(中諦) 중에도 각각 삼제(三諦)의 이치를 갖추고 있기 때문에 삼제 각각이 삼제를 구족하여 소위 원융무애(圓融無碍)를 표시하게 되는 것이다. 따라서 또 삼제에 포함하기 때문에 공(空)을 갖추고[俱空]·가(假)를 갖추며[俱假]·중을 갖추는[俱中] 것이며 동시에 또 공 가운데에 다른 이제(二諦)의 공을 포함하고 있기 때문에 하나의 공이 바로 일체공이고[一空一切空] 하나의 가가 바로 일체가이며[一假一切假] 하나의 중이 바로 일체중이라[一中一切中] 하는 것이다. 그리고 또 공·가·중 서로가 상즉(相卽)하기 때문에 즉공즉가즉중(卽空卽假卽中)이라고 할 수 있는 것이다.

이와 같은 원융삼제(圓融三諦)의 진리는 추상적인 논리만이 아니고 세계 인생의 사사물물은 전부 원융삼제의 이치를 구족하므로 만물이 모두 공이고 가이며 중이다. 우리들이 경험하는 일체법은 전부가 원융삼제의 진리이기 때문에 이것을 일경삼제(一境三諦)라고 한다. 우리들이 꽃을 볼 때에 꽃에 삼제의 진리를 인식하고 소리를 들을 때에 소리에 삼제의 묘리(妙理)를 얻는다면 세계 인생은 전부가 진여(眞如)의 나타남이 되고 보고 듣는 모든 지혜와 경계가 모두 절대 무한의 가치를 지니게 되는 것이며 제법실상(諸法實相)의 묘리가 드러나게 되는 것이다.

Ⅱ. 역사적 용례와 텍스트별 용례

1. 삼제설의 성립

1) 용수(龍樹)『중론(中論)』의 삼제게(三諦偈)

인도에는 처음에 유(有)와 무(無)라는 이제(二諦)의 고찰방법밖에 없었는데 후대에 유와 무를 종합통일한 중(中)의 사상이 나타나게 된 것이다.[2] 이 유·무·중의 고찰방법을 근저로 하여 절대적 입장에서 관찰하여 공(空)·가(假)·중(中)의 삼제(三諦)사상을 대성한 것이 천태의 원융삼제(圓融三諦)사상이다. 지의는 이 사상의 근거를『인왕반야경(仁王般若經)』과『본업영락경(本業瓔珞經)』에서 구하고 다시 용수의 저작인『중론(中論)』의 사구게문에 기초하여 원융삼제사상을 수립한 것이다. 즉『인왕반야경』「이제품(二諦品)」과『본업영락경』「현성학관품(賢聖學觀品)」에는 공·가·중의 삼제가 설해져 있으며『중론』「사제품(四諦品)」에서 설한 사구게문에는 "인연소생법(因緣所生法), 아설즉시공(我說卽是空), 역명위가명(亦名爲假名), 역시중도의(亦是中道義)"라고 하는데, 이 문에 기초하여 삼제사상이 수립된 것이다.[3] 지의는『중론』의 게문을 조금 바꿔 원융삼제사상의 근거로 한 것이다. 즉 인연소생법(因緣所生法)은 내가 설한 것으로서 즉 공이라 하고 다시 이

2 중도사상은 불교를 관통하는 근본이념으로서 불타의 초전법륜(初轉法輪)도 중도(中道)의 宣示였다. 불타 당시에 존재한 쾌락주의도 고행주의도 깨달음에 이르는 도가 아니며 불고불락의 중도야말로 불타의 전 생애를 일관한 생활원리임과 동시에 불타 당시의 이대사조에 대한 비판정신이었다. 원시불전 중에서는 이 중도가 비상비단(非常非斷)의 중도 또는 비유비무(非有非無)의 중도라고 해석되었다. 그것이 대승불전으로 오면 용수의『中論』처럼 중도의 이념을 강조하여 팔부즉중도(八不卽中道)라 하는데, 공(空)이 즉 중도(中道)로서 공(空) 또는 무(無)를 가지고 중도의 이념을 표현하고 있다.「사제품」의 "중인연생법(衆因緣生法) 아설즉시무(我說卽是無)[=공(空)] 역위시가명(亦爲是假名) 역시중도의(亦是中道義)"와 같은 것은 천태에서는 삼제사상의 근거를 이루는 삼제게로 보지만, 용수 자신의 입장에서는 공이 그대로 가명(假名)이고 중도(中道)라고 하는 것이다. 이처럼『중론』에서는 중도가 극히 소극적으로 설해지나,『대지도론(大智度論)』에 이르면 "아(我)도 일변(一邊), 무아(無我)도 일변, 이 이변(二邊)을 여읜 것을 중도라고 한다"(『대정장(大正藏)』25권, 247하)고 하고, 유무(有無)의 이변을 여원 제법실상(諸法實相)이야말로 중도라고 아주 적극적으로 나타내고 있다. 그럼에도 용수의 중도는 공유(空有)의 변집(邊執)을 불식시키기 위한 표현으로서 공 이외에 중도라는 제삼의 입장은 있지 않았던 것이다.

3 이에 대해서는 김성철교수의『中觀思想』(서울: 민족사, 2006)에서 상세하게 설명하고 있으므로, 이를 가지고 밝히도록 하겠다.

름하여 가명(假名)이라 하고 다시 이름하여 중도의(中道義)라 한다고 읽은 것이다. 이렇게 하여 상대적인 입장의 공·가·중의 삼제사상이 절대적인 입장의 삼제사상으로 바뀌게 된다. 이것이 소위 즉공즉가즉중(卽空卽假卽中)으로서 원융상즉(圓融相卽)·삼제일제(三諦一諦)의 사상이다. 『중론』 24장의 삼제게(三諦偈)에서는 연기(緣起)와 공성(空性)과 중도(中道)에 대해 다음과 같이 노래한다. "연기(緣起)인 것 그것을 우리는 공성(空性)이라고 말한다. 그것은 의존된 가명(假名)이며 그것은 실로 중(中)의 실천[中道]이다. [yaḥ pratītyasamutpādaḥ śūnyatāṃ tāṃ pracakṣmahe/ sā prajñaptir upādāya pratīpatsaiva madhyamā]" 이 게송에서는 연기(緣起)와 공성(空性)과 가명(假名)과 중도(中道)라는 네 가지 술어가 사용되지만 공성과 가명과 중도만 가리켜 삼제게(三諦偈)라고 한다. 지의(538~597)는 공성과 가명과 중도를 삼제(三諦)라고 부르면서 삼제원융(三諦圓融)이란 진리를 창출해 내었다. 그런데 이 게송에서 용수가 원래 말하고자 한 것은 공성과 가명과 중도의 일치가 아니라 가명을 연기로 대체한 연기와 공성과 중도의 일치이다. 이는 『회쟁론』 말미에 다음과 같은 게송에서 확인된다. "공성(空性)과 연기(緣起)와 중도(中道)가 하나의 의미임을 선언하셨던 분, 함께 견줄 이 없는 붓다이신 그 분께 예배 올립니다"[『회쟁론(廻爭論)』 제71게] 여기서 가명(假名)이라는 술어는 사용되지 않는다.[4]

---

4 『중론』 주석서인 짠드라끼르띠의 『쁘라산나빠다』에서는 제24 「관사제품(觀四諦品)」의 삼제게에 대해 다음과 같이 해석한다. "또, 이렇게 자성(自性)이 공성(空性)인 것은 '의존된 가명(假名)'이다. 바로 그것이야말로 '의존된 가명인 공성'이라는 점이 확립된다. 바퀴 등 수레의 구성요소에 의존하여 수레가 가명된다. 그런 경우 자기의 구성요소에 의존된 가명은 자성으로서 불생(不生)이며 자성으로서 불생인 것은 공성이다. 자성으로서의 불생을 특징으로 하는 공성은 중(中)의 실천임이 확립된다. 왜냐하면 자성으로서의 불생인 것에는 존재성이 없기 때문이다. 또 자성으로서의 불생인 것에는 소멸이 없기 때문에 비존재성도 없다. 이렇게 있음과 없음의 두 가지 극단을 벗어나기 때문에 모든 것의 자성적 불생을 특징으로 하는 공성을 중의 실천 즉 중도(中道)라고 말한다. 이와 같이 연기(緣起)라는 말은 공성, 의존된 가명, 중의 실천이라는 독특한 의미들을 갖는다" yā ceyaṃ svabhāvaśūnyatā sā prajñaptir upādāya / saiva śūnyatā upādāya prajñaptir iti vyavasthāpyate / cykrādīnyupādāya rathāṅgāni rathaḥ prajñapyate / tasya yā svāṅgānyupādāya prajñaptiḥ sā svabhāvenānutpattiḥ / yā ca svabhāve{na}anutpattiḥ sā śūnyatā / saiva svabhāvānutpattilakṣaṇā śūnyatā madhyamā pratipad iti vyavasthāpyate / yasya hi svabhāvenānutpattis tasyāstitvābhāvaḥ / svabhāvāna cānutpannasya vigamābhāvān nāstitvābhāva iti / ato bhāvābhāvāntadvayarahitatvāt sarvasvabhāvānutpattilakṣaṇā śūnyatā madhyamā pratipan madhyamomārga ity ucyate / tad evaṃ pratītyasamutpādasyaivaitā viśeṣasaṃjñāḥ śūnyatā upādāya prajñaptir madhyamā pratipad iti //: Prasanapadā

그런데 구마라집이 한역한 『중론』의 『청목소(靑目疏)』를 검토해 보면, '의존된 가명(prajñaptir upādāya)'이라는 말에서 '가명(prajñapti)'은 '공성(空性)'을 가리키는 말이며 '의존된(upādāya)'은 '공성의 방편적 성격'을 의미한다. 삼제게에 대한 라집의 한역문을 보면 다음과 같다. '여러 가지 인연에서 발생한 법을 나는 무(無)라고 말한다. 또 가명(假名)이라고도 하고 또 중도의(中道義)라고도 한다.[衆因緣生法 我說卽是無 亦爲是假名 亦是中道義]' 여기서 산스크리트 원문의 공성(空性)을 무(無)로 번역하고 있다. 그런데 이 한역문은 산스크리트 원문과 많은 점에서 차이가 난다. 앞서 인용했던 산스크리트문에서는 연기(緣起)와 공성(空性)과 의존된 가명(假名)과 중(中)의 실천[中道]을 같은 것으로 하고 있는데,[5] 여기서는 연기한 법(法)과 공(空)[無]과 가명과 중도의(中道義)를 같은 것으로 두고 있다. 구마라집본과 비교하면서 『청목소』를 풀이해 보면 '의존된 가명'의 의미가 명확히 드러난다.

"여러 가지 인연에서 발생한 법(法)을 나는 공(空)이라고 말한다. 왜 그런가. 여러 가지 조건이 갖추어져 화합할 때 사물이 발생하는데, 이런 사물은 여러 가지 인연에 속하기 때문에 그 자성(自性)이 없으며 자성이 없기 때문에 공하다. 공도 역시 공하다. 다만 중생을 인도하기 위해서 가명(假名)으로 설한 것이다. 유(有)와 무(無)의 양극단에서 벗어나기에 중도(中道)라고 명명한다. 이런 존재에는 자성이 없기에 있다고 말할 수 없고 공도 없기에 없

[Louis de la Vallée Poussin, Mūlamadhyamakakārikās(Mādhyamikasūtras) de Nāgārjuna avec la Prasanapadā commentaire de Candrakīrti, Bibliotheca Buddhica Ⅳ, St. Pétersbourg, 1903-1913], 504면. 수레, 그 자체는 실재하지 않지만 바퀴, 굴대 등 그 구성요소가 모임으로써 수레라는 이름이 거짓으로 부여(假名)된다. 수레는 이렇게 자성을 갖지 않기에 발생하는 것도 아니며 발생하지 않는 것은 그 자성이 공하고 그 자성이 공한 것은 있는 것도 아니고 없는 것도 아니기에 중도라는 것이다. 여기서 혼란이 발생한다. 앞서 인용한 삼제게에서는 공성이라는 말이 의존된 가명이라고 하는데 짠드라끼르띠는 수레와 같은 사물의 이름을 '의존된 가명(假名)'이라고 해석하는 것이다.

5 구마라집이 사용한 한문용어들을 산스크리트로 복원하여 양자를 비교하면 다음과 같다. pratītyasamutpāda(연기) → pratītyasamutpanna dharma(연기한 법), śūnyatā(공성) → śūnya(공, 무), prajñaptir upādāya(의존된 가명) → prajñapti(가명), madhyamā pratipad(중도) → madhyamāpratipadasya artha(中道義). 어느 한 술어만 변화시킨 것이 아니라 네 가지 술어를 모두 바꿔 쓰고 있다. 산스크리트 원문에서는 추상적 원리로 사용하였는데, 구마라집은 이를 구체적인 것으로 쓰고 있다. 원리에 대한 게송을 법에 대한 게송으로 의역한 것이다.

다고 말할 수도 없다.[6]

앞서 인용했던 짠드라끼르띠의 주석에서는 '의존된 가명'이 '수레'를 가리키는 것으로 되어 있었지만 여기서는 '가명(假名)'이 가리키는 것은 '공(空)'이다. 이 『청목소』의 풀이는 의존된 가명(假名)을 공성(空性)과 하나로 하는 산스크리트 원문의 의미와도 그대로 부합된다. 그리고 중생을 인도하기 위해서 라는 설명에 의거할 때, '의존된' 이란 말은 '중생의 착각에 의존하여 설해지는'이라는 의미로 풀이할 수 있으며, 이는 공성의 방편적 성격을 나타내는 어구로 볼 수 있다. 이러한 점에서 삼제게를 다시 기술하면 다음과 같다.

> "연기(緣起)인 것 그것을 우리들은 공성(空性)이라고 말한다. 그것[공성]은 [사물에 자성이 있다고 생각하는 중생의 착각에] 의존된 가명(假名)이며, 그것[공성]은 실로 [유견(有見)이나 상견(常見)과 같은 치우친 생각을 시정해주는] 중(中)의 실천이다"

이런 원의(原意)를 구마라집은, "인연소생법(衆因緣生法) 아설즉시공(我說卽是無) 역위시가명(亦爲是假名) 역시중도의(亦是中道義)"라고 번역하였다. 이 번역이 옳던 그르든 간에 이 번역문에 기초하여 중국의 삼제사상은 전개되고 있다. '인연소생법(因緣所生法)'이란 모든 존재하는 것은 인연에 의해 만들어진 것이다. 즉 여러 필수조건이 도움을 받으면서 도움을 주는 관계에 의해 만들어 낸 것으로서 소위 연기의 존재라고 하는 것이다. 다음에 '아설즉시공(我說卽是空)'이란 그러한 연에 의해 일어나고 연에 의해 멸해가는 것이기에 이것을 공(空)이라고 설하는 것이다. 다음에 '역명위가명(亦名爲假名)'이란 만물만상이 현재 특정한 모습을 가지고 존재하고 있으므로 그것에 명칭이 붙여진 것이다. 그러나 그것은 실유(實有)라고 하는 것이 아니라 가유(假有)라고 하는 것이며, 가(假)의 존재와 가설 위에 명칭이 주어진 것이므로 가명이라고 하는 것이다. 다음에 '역명중도의(亦名中道義)'라고 하는 것은 인연소생의 존재는 공(空)이라고도 하거나 또한 가(假)라고

---

6 『中論』, 『青目疏』, (『大正藏』 30권, 33중). "衆因緣生法 我說卽是空 何以故 衆緣具足 和合而物生 是物屬衆因緣故無自性 無自性故空 空亦復空 但爲引導衆生故 以假名說 離有無二邊故名爲中道 是法無性故不得言有 亦無空故不得言無"

도 한다. 즉 공(空)으로서 가(假), 가(假)로서 공(空)의 존재를 중도(中道)라고 하는 뜻이다. 따라서 공(空)이라 하는 것도 인연소생의 존재이며, 가(假)라 하는 것도 인연소생의 존재이며, 중(中)이라 하는 것도 인연소생의 존재이므로 동일 인연소생(因緣所生)의 존재를 공(空)이라 하고 가(假)라고도 하며 중(中)이라고도 하는 것으로서, 공·가·중이라고 하는 것은 동일 연기의 존재이다. 연기의 존재 즉 법이라 하는 것은 절대인 것인데, 어떠한 표현형식을 사용해도 표현할 수 없는 것이다. 그래도 이것을 굳이 표현하고자 한다면 무표현적 표현에 의하지 않으면 안 된다. 즉 상징을 통하여 표현하지 않으면 표현할 수 없는 것이다. 그래서 이러한 입장에서 인연소생법(因緣所生法)을 공이라고도 하고 가라고도 하며 중이라고도 하는 것이다. 따라서 이 경우 공·가·중은 상대적인 개념에서 고찰한 공·가·중이 아니라 절대 그 자체를 공(空)이라고도 하고 가(假)라고도 하며 중(中)이라고도 이름한 것이다. 그렇다면 원융삼제(圓融三諦)는 별교(別教)의 차제삼제(次第三諦)와 같이 공(空)에 대한 가(假), 공가(空假)에 대한 중(中)을 설명한 것이 아니고 절대의 공·가·중, 원융삼제(圓融三諦)의 원리에 기초한 공·가·중의 삼제를 설명한 것이다. 원융삼제는 일(一)에 즉한 삼(三), 삼에 즉한 일로서 삼제즉일제(三諦卽一諦)이며, 모든 존재하는 것을 가리켜 공(空)이고 가(假)이며 중(中)이라 하는 것으로서, 단순한 공(空)·가(假)·중(中)은 아니다. 공(空)에 가(假)·중(中)이 포섭되어 있고 가(假)에 공(空)·중(中)이 포섭되어 있으며 중(中)에 가(假)·공(空)이 포섭되어 있어서, 삼제(三諦) 각각에 삼제를 갖추고 원융상관(圓融相關)인 절대적인 삼제를 설명하는 것이다.

2) 『인왕경』·『영락경』의 삼제설(三諦說)

(1) 『인왕경』의 삼제설

『인왕경(仁王經)』은 삼제설이 최초로 나타나는 경전이다.[7] 그런데 『인왕경』은 인도에서 성립한 경전이 아니라 서력 452-515년 중에 중국에서 성립한 경전이다. 불교의 입장에서 호국사상을 강조하는 동시에 도교(道教)에의 대항의식이 보이기에 이 경의 사상은 차라리 남북조 중기의 중국사상으로 이해해야 할 것이다. 이런 입장에서 『인왕경』에 삼제사상이 제창되기에

7 『인왕경』과 『영락경』의 삼제설에 대해서는 佐藤哲英의 『天台大師の研究』(百華苑, 1961)에 의해 연구되어 있으므로, 이에 의해 정리하고자 한다.

이른 과정을 밝히면, 이 경의 제3「보살교화품(菩薩教化品)」의 게송에는 '무연무상제삼제(無緣無相第三諦)'·'인심무이삼제중(忍心無二三諦中)'·'승혜삼제자달명(勝慧三諦自達明)'·'삼제현전대지광(三諦現前大智光)'·'어제삼제상적연(於第三諦常寂然)'라 하여 누누히 '삼제(三諦)' 또는 '제삼제(第三諦)'라는 용어가 보인다. 그런데 이 품에서는 삼제에 대한 설명은 보이지 않지만 삼제에 대해서 제4「이제품(二諦品)」에서는[8] 공제(空諦)·색제(色諦)·심제(心諦)의 삼제를 가지고 일체법을 포섭한다고 기술하고 있다. 또 제7「수지품(受持品)」에서는, "세제삼매(世諦三昧), 진제삼매(眞諦三昧), 제일의제삼매(第一義諦三昧), 이 삼제삼매(三諦三昧)는 일체삼매왕삼매(一切三昧王三昧)이다"[9]고 하여 세제(世諦)·진제(眞諦)·제일의제(第一義諦)의 삼제(三諦)삼매설(三昧說)이 보인다. 이 경문들이야말로 천태 삼제사상의 기원으로 될 귀중한 증문이다. 그런데 여기서「이제품(二諦品)」의 설상(說相)을 보면, 파사익왕은, 불타에 대하여 이제의 관계를 "제일의제(第一義諦) 중에 세제가 있습니까 없습니까? 만약 없다고 한다면 지(智)는 둘로 되기에 안되고, 만약 있다고 한다면 지(智)는 하나로 되기에 안됩니다. 일이(一二)의 뜻은 그 일이 어떤 것인가요?"[10]라고 묻자, 불타는 '칠불게(七佛偈)'를 설한다. 그리하여 이제(二諦)에 관한 문제를 중심으로 불타와 대왕 사이의 문답이 되풀이 되고 있는데, 이 이제(二諦)의 문제를 해결하는 관건으로 삼제설이 서술되었던 것이다.[11]

또한 양(梁)의 삼대법사라 불리우는 개선사 지장(開善寺 智藏), 장엄사 승민(莊嚴寺 僧旻), 광택사 법운(光宅寺 法雲)을 중심으로 하는 양대(梁代) 학자 사이에 독자적인 이제설(二諦說)이 제창되었다는 것은 가상길장(嘉祥吉

8 『仁王經』「二諦品」(『大正藏』 8권, 829중)
9 『仁王經』「受持品」(『大正藏』 8권, 833중)
10 『仁王經』「二諦品」(『大正藏』 8권, 829상)
11 이제(二諦)사상은 부파불교시대에서 대중부(大衆部) 말파인 설가부(說假部)에서 나온 것으로서 서력 1, 2 세기에 이르면 유부(有部)의 학자사이에서도 또한 대승학도 사이에서도 취급되어 인도불교 각파 사이의 공통 문제로 논구되었지만, 아직 하나의 학설로서는 이르지 않았던 것 같다. 그런데 중국불교에서는 구마라집이 경론을 번역한 이래로, 구마라집 문하에서 논구되게 되었다. 특히 訶梨跋摩(하리발마)의 『성실론(成實論)』에서는 정리된 이제설(二諦說)이 보이는데 남북조시대에 『성실론』이 강구(講究)되면서, 이제설이 중요한 논목으로 되었던 것이다. 양초(梁初)에는 이제설이 신멸론(神滅論)과 함께 불교학계의 중요문제로서 양(梁)의 궁정에서 소명(昭明)태자를 중심으로 논의되었다는 것은 광홍명집(廣弘明集) 제21권에 보이는 양조(梁朝) 23가(家)의 이제설에 의해서도 알 수 있다.

藏), 균정(均正) 등이 전하는 것이기에 『인왕경(仁王經)』 성립시대에도 이미 이제(二諦)에 관한 논의가 상당히 행해진 것은 틀림없다. 이러한 분위기가 이 경전 위에 반영되었는데, 「이제품」이 설해지면서 이제의 일이(一二)에 관한 학계의 논의에 대하여 불설(佛說)로 가탁시켜 해결방안으로 제시한 것이 삼제설인 것이다.

그래서 『인왕경』에 보이는 이제의 개념은 「보살교화품(菩薩教化品)」에 의하면 "중생이란 세제의 이름이니, 있건 없건 간에 단지 중생의 억념을 내므로 세제(世諦)라고 한다"고 하는 것처럼 세제(世諦)는 세간적인 유무(有無)의 견해를 말하고, 제일의제(第一義諦)에 대해서는 "제일은 둘이 아니니 교화도 아니고 교화 아닌 것도 아닌 것으로서 상(相)도 아니고 상(相)이 없는 것도 아니니 온 바도 없고 간 바도 없다"라는 소극적 설명과, "제일의제는 항상 안온하여 궁극적으로 성품에 다하니 묘한 지혜만 남는다"이라는 적극적 설명이 보이는데, 결국 절대적 진리를 가리키는 것이다. 이제(二諦)를 유무의 세간적 상대적인 진리인 세제와 출세간적 절대적인 진리인 제일의제(第一義諦)로 보는 고찰방법은 『대품반야경(大品般若經)』의 「도수품(道樹品)」에[12] 기초하고 있다. 즉 『대품반야경』에서는 불타와 수보리와의 문답으로 세제와 제일의제의 공통점과 차이점 [一異]이 논해지고 있는데, 『인왕경』 작자는 이 『대품반야』의 경문을 이끌어 「이제품」에서 부처와 파사익왕의 문답으로 바꾸어 이제(二諦)의 공통점과 차이점[一二]에 관한 논의로 바꾼 것이다. 그런데 『대품반야』에서는 "세제의 여(如)는 바로 제일의제의 여(如)"라기에 이제는 다르지 않다고 한 이제상즉(二諦相卽)의 입장에서 문제를 해결하는 것에 대하여 『인왕경』에서는 이 상즉(相卽)을 문제로 하지 않는 점이 주의를 요한다. 『대품반야경』의 「도수품」의 경문에 기초하여 이제설(二諦說)을 세운 이는 구마라집 문하의 승조(僧肇, 384-414)이다. 『조론(肇論)』에서는 "진제(眞諦)란 어떤 것이냐. 열반도가 이것이다. 속제란 어떤 것이냐. 유무법(有無法)이 이것이다"[13]고 하므로 유무(有無)의 이법(二法)을 속제로 하고 "유무 밖에 묘도(妙道)가 있으니, 비유비무(非有非無) 이것을 열반(涅槃)이라 한다"고 하므로 유무를 뛰어넘은 열반의 묘도를 진제로 한다. 승조는 이 이제설을 가지고 중국사상을 비판하고, 노장(老莊)의 허무(虛

12 『大品般若經』「道樹品」(『大正藏』 8권, 378하)
13 『肇論』(『大正藏』 45권, 159상)

無)사상과 불교의 열반사상의 우열을 가리고자 한 것이다. 그는 『대품반야경』「도수품」의 "세제를 가지고 중생은 유(有)나 무(無)를 나타낼 뿐 제일의제(第一義諦)를 나타내지는 않았다"는 경문에 착안하여 중국사상에서 말하는 유무(有無)는 모두 세속제에 지나지 않고 유무(有無)를 초월한 비유비무(非有非無)인 제일의제야말로 불교 열반의 묘도라고 하였다. 그리하여 승조의 이제설은 대외사상의 비판에 초점을 맞추고, 『대품반야』와 같이 이제(二諦)의 상즉(相卽)을 문제로 하지 않고 오히려 유무의 세제보다는 비유비무의 제일의제가 보다 중요한 것만을 강조한 것이다. 그런데 세제와 제일의제를 세간적 진리와 출세간적 진리로 나누는 약리이제설(約理二諦說)에서는 이제의 상호 관계가 어려운 점이 된다. 이제를 하나로 보는가 아니면 둘로 보는가가 문제로 되는데, 『인왕경』에서는 이 문제가 「이제품」의 중심테마로 되는 것이다. 그런데 『대품반야』와 같이 이제상즉(二諦相卽)의 면에서 이 문제를 해결하지 않고 「이제품」에서는 이제의 독자적인 고찰방법을 강구하여 삼제설(三諦說)을 도출하기에 이른다. 『인왕경』의 「보살교화품(菩薩敎化品)」에서는 세제란 유무의 세간적 진리이고 제일의제란 출세간적 진리라 하는데, 「이제품」의 칠불게(七佛偈)에 의하면 "유무는 본래 둘이니 비유하면 소의 두 뿔과 같다. 비추어 해석해 보면 둘이 아니지만 이제는 항상 즉(卽)하지 않다"라 하고 "이해하면 항상 하나이지만 제(諦)에서는 항상 둘이니 통달하면 이것은 둘이 없어 참되게 제일의(第一義)에 들어갈 수 있다"라 하여 소의 두 뿔과 같이 유무(有無)의 견해를 항상 즉(卽)하지 않는 이제라 부르고 이 둘이 즉 무이(無二)라고 통달하면 제일의제로 들어간다고 하고, 또 "제일의제 중에서 항상 이제를 밝혀 중생을 교화한다"고 하므로 여기서 「보살교화품」의 이제의 고찰방법과 「이제품」의 고찰방법은 차이를 가지고 일이(一二)를 보는 속유(俗有)와 일이(一二)를 보지 않는 진무(眞無)를 이제로 하고 이 밖에도 하나도 보고 둘도 보는 것이 즉 하나도 보지 않는 것이고 둘도 보지 않는 것[見一見二卽不見一不見二]이라는 입장을 제일의제로 하여 이제 이외에 제삼제(第三諦)를 도출한 것이다. 이 관계를 도시하면 다음과 같다.

<table>
<tr><td rowspan="3">「菩薩教化品」의 二諦說</td><td rowspan="3">二諦</td><td rowspan="2">世諦</td><td>有</td><td>一二를 보는 俗有諦</td><td rowspan="2">二諦</td><td>世諦</td><td rowspan="3">三諦</td><td rowspan="3">「二諦品」·「受持品」의 三諦說</td></tr>
<tr><td>無</td><td>一二를 보지 않는 眞無諦</td><td>眞諦</td></tr>
<tr><td colspan="2">第一義諦</td><td>見一見二卽不見一不見二의 諦</td><td colspan="2">第一義諦</td></tr>
</table>

『인왕경(仁王經)』에서는 "삼제(三諦)를 가지고 일체(一切)를 포섭하니, 공제(空諦)와 색제(色諦)와 심제(心諦)라고 한다"고 하는 삼제설이 나타난다. 그런데 공제와 색제와 심제라는 말이 삼제의 용어로는 부적당하기에 「수지품(受持品)」에서는 앞서 인용한 삼제삼매(三諦三昧)의 용어를 가지고 세제(世諦)·진제(眞諦)·제일의제(第一義諦)로 바꾼 것이다.

이와 같은 과정을 거쳐서 이제설(二諦說)에서 삼제설(三諦說)이 도출된 것으로서 이제(二諦)의 일이(一二)에 관한 문제는 삼제(三諦)를 세워서 해결하기에 이르렀다. 그런데 『인왕경』에서는 삼제설을 세울 때, 용어상 과오를 범하였다. 즉 삼제삼매(三諦三昧)의 용어로 세제·진제·제일의제라는 명목을 쓰는데, 세제의 원어가 'loka satya'라든지 'loka saṁvṛti satya'라고 해야 좋을 듯한데, 진제와 제일의제는 모두 '최고의 도리'·'제일의 진리'·'수승한 의리(義理)'를 나타내는 'paramārtha satya'의 역어(譯語)이므로 진제와 제일의제란 두 개로 나눌 수 있는 것은 아니다. 그렇다고 해도 공제와 색제와 심제의 용어가 삼제(三諦)의 용어로 부적당한 것은 말할 것도 없다. 따라서 수정을 가하지 않으면 안 되게 되었기에 그 방법으로 다음과 같은 세 개의 수단이 쓰이게 되었다. 즉 첫째는 『인왕경』의 경문에서 삼제설을 말살하는 방법이고, 둘째는 삼제설을 버리고 일제설(一諦說)을 세우는 방법이며, 셋째는 삼제의 용어를 바꾸어 삼제설을 발전시키는 방법이다. 첫째 방법은 불공삼장(不空三藏)의 소위 『인왕경』을 중역(重譯)할 때 채택된 것으로서 삼제의 문을 경문에서 제외시키고 있다. 다음으로 둘째의 방법은 『범망경(梵網經)』에 의해 채택된 것으로서 『범망경』은 『인왕경』의 영향을 받으면서 그 삼제설을 버리고 오히려 일제설을 강조하는 것이다. 그리고 셋째 방법은 『영락경(瓔珞經)』에서 채용한 것으로서 삼제의 용어를 바꾸어 유제(有諦)·무제(無諦)·중도제일의제(中道第一義諦)로하여 중도사상을 매개시키므로써 삼제사상을 발전시킨 것이다.

(2)『영락경』의 삼제설

『인왕경』에 이어 삼제설이 나타나는『영락경』도『인왕경』과 같이 인도 성립의 경전이 아니라 서역 5세기 후반에 중국에서 성립한 것이라고 한다면 거기에 나타난 삼제삼관사상도 인도사상이 아니라 중국사상이라고 보지 않으면 안된다.[14] 우선『영락경』의 삼제설은「불도품(佛母品)」과「인과품(因果品)」의 두 군데서 보인다.「불모품」의 경문을 비롯해[15]「인과품」에는 십반야바라밀(十般若波羅蜜)의 하나하나에 삼연(三緣)이 있는 것을 서술하는 가운데 제6 반야바라밀(般若(慧)波羅蜜)의 삼연(三緣)에 대해서 "혜(慧)에는 세 연(緣)이 있으니, 첫째는 유제(有諦) 둘째는 무제(無諦) 셋째는 중도제일의제(中道第一義諦)이다"[16]라고 하듯이 유제·무제·중도제일의제의 삼제설이 서술되고 있다. 또「현성학관품(賢聖學觀品)」중 십육제(十六諦)의 처음에도 이 삼제의 명칭이 보이고 있는데, 이 경전의「불모품」에서는 이 삼제를 일체제불보살의 지모(智母)라 하여 삼제(三諦)야말로 불(佛)로 하여금 불(佛)이게끔 하는 원리로 된다. 그런데『영락경』에서는『인왕경』의 삼제설을 계승하기에 이르러 공제(空諦)·색제(色諦)·심제(心諦)도 세제(世諦)·진제(眞諦)·제일의제(第一義諦)도 삼제사상을 나타내는 용어로는 부적당하기에 이것을 바꾸어 유제(有諦)·무제(無諦)·중도제일의제(中道第一義諦)로 한 것이다. 이 유제·무제·중도제일의제의 용어를 볼 때 세속제를 유무(有無)의 이제(二諦)로 나누고 제일의제에 중도의 두 글자를 놓아 제삼제로 한 것은 분명하다. 세속제 가운데 유무의 이법(二法)이라 하는 고찰은『대품반야경』이나『조론』에서 선구를 구할 수 있고, 또한 직접적으로는『인왕경』「이제품」의 "있거나 없거나 한 것은 세제이다[若有若無者卽世諦也]"라는 문에서 구할 수 있다. 또한 중도제일의제란 용어는『범망경(梵網經)』권상의 "공조(空照)·유조(有照)·제일중도의제조(第一中道義諦照)"[17]라 하는 곳에서 구할 수 있다.

그러나『범망경』에서는 불퇴심(不退心)을 해석하면서 제일중도(第一中道)라고 하고, 또 제일중도의제(第一中道義諦)라고도 하지만 이 용어들이

14『瓔珞經』의 성립에 관한 연구는 佐藤哲英의 위 책에서 상세하게 논구되어 있다. 이에 의해 정리하고자 한다.

15『瓔珞經』「불모품」(『大正藏』24권, 1018중)

16『瓔珞經』「인과품」(『大正藏』24권, 1019중)

17『梵網經』卷上(『大正藏』24권, 998중.

부자연스럽기에 『영락경』에서는 이것을 중도제일의제(中道第一義諦)로 바꾸고 「인과품(因果品)」에서는 반야바라밀(般若波羅蜜)의 혜(慧)에 삼연(三緣)이 있다고 하는 하면서 "일조유제(一照有諦) 이무제(二無諦) 삼중도제일의제(三中道第一義諦)"라고 한 것은 아닐까라고 추측하고 있다. 『범망경』의 경문에도 경(境)을 밝히는 지(智)에 삼조(三照)가 있다고 하는 경문이 있으므로 『영락경』 「인과품」의 반야(般若)의 혜(慧)에 삼연(三緣)이 있다는 경문과는 사상적으로 밀접한 관련을 가지고 있고, 또 중도사상도 『범망경』에서는 자주 설해지는 것으로서 『영락경』에서는 『인왕경』의 삼제(三諦)를 바꿀 때 『범망경』의 경문을 참조한 것은 아닌가 생각된다. 그렇지만 『인왕경』·『범망경』·『영락경』의 세 경전은 일련의 경전군으로서 상호간에 밀접한 사상적 관련을 가지면서도 『범망경』에서는 『인왕경』의 삼제설을 계승하고자 하는 태도를 보이지 않고 오히려 일제(一諦)나 일관(一觀)의 사상을 강조하고 있다. 예를 들면 제(諦)에 대해서도 '중도제일(中道第一)'·'일제중도(一諦中道)'라든가 '묘지적멸일제(妙智寂滅一諦)'라든가 '평등일제(平等一諦)'라든가 '고공무상무아일제지음(苦空無常無我一諦之音)'이라고 하는 일제(一諦)를 주장하고 관(觀)에 대해서도 '평등일관심(平等一觀心)'이라든가 '무루중도일관(無漏中道一觀)'이라는 일관(一觀)을 설하고 그 외에도 일도(一道)·일조(一照)·일승(一乘)·일공(一空)·일지(一智) 등의 일(一)사상을 가지고 일관하고 있다. 이 『범망경』의 '일(一)'사상에 대하여 『영락경』에서는 오히려 '삼(三)'의 사상을 강조하고 「인과품」에서는 십반야바라밀을 설하는데 삼시(三施)·삼계(三戒)·삼인(三忍)·삼정진(三精進)·삼선(三禪)·삼혜(三慧)·삼원(三願)·삼방편(三方便)·삼력(三力)·삼지(三智)와 십바라밀(十波羅蜜)의 하나하나에 삼연(三緣)이 있는 것을 서술하고 있는데, 『영락경』에서는 이러한 '삼(三)'의 사상에 깊은 관심을 둔 것으로서 『인왕경』의 삼제설을 계승하면서 오히려 이것을 확충하여 삼제삼관사상을 천명한 것인데, 일제일관(一諦一觀)사상에 선 『범망경』과 삼제삼관사상을 표방하는 『영락경』과는 분명히 대립적인 입장에 있는 것이라 할 수 있다. 거기서 중도사상을 매개로 하는 사상적 전개가 존재하는 것을 잃어버려서는 안 될 것이다.

그런데 『대반열반경(大般涅槃經)』을 보면, "내가 있다고 설하고 내가 없다고 설한다. 이것을 중도라고 한다"[18], "유무(有無)를 합하기에 이것은 중

18 『大般涅槃經』(『大正藏』 12권, 647상)

도(中道)이다"[19], "중도란 즉 부처라고 한다"[20]라고 적극적으로 나타나고, 중도가 부처로 하여금 부처이게끔 하는 원리로 되기에 이른 것이다. 이와 같은 중도의 적극적인 의미가 인정될 때, 유무를 종합하면서 게다가 이것을 초월한 제삼의 입장으로 중도가 고찰되지 않으면 안 되는 것이 『열반경』에서는 이것을 제삼제라고 이름하지 않고 일실제(一實諦)라고 하는 이름으로 귀일한 것이다. 이 『열반경』의 일실제의 입장을 계승하여 일제일관(一諦一觀)설을 강조한 것이 『범망경』으로서 앞서 인용한 중도제일(中道第一)·일제중도(一諦中道)·중도일관(中道一觀)·제일중도의제(第一中道義諦)등의 용어는 그 사이의 소식을 전하는 것인데, 이러한 이제(二諦)에서 일제(一諦)로 모으는 것이 아니라 오히려 유무의 이제 이상으로 제삼제의 존재를 인정하고 이것을 중도제일의제라고 부르고 『인왕경』의 용어적 불비를 메꾸면서 당당하게 삼제사상을 강조하고 삼제야말로 부처를 부처이게끔 하는 불모(佛母)라고 인정한 것이 『영락경』인 것이다. 『영락경』의 삼제사상에서는 『인왕경』에는 보이지 않던 중도사상이 합해지고 중도사상을 매개로하여 이제에서 삼제로 확충적인 전개를 하였던 것인데 『영락경』의 삼제설이 나오기 위해서는 그 전제로 이제설과 중도설이 결합된 것이라 고찰된다. 그러나 용수에게서는 아직 보이지 않고 점차 하리발마(訶梨跋摩)의 『성실론(成實論)』 제10권에 "제일의제(第一義諦)이기에 무(無)라고 설하고 세제(世諦)이기에 유(有)라고 설한다. 이변(二邊)을 버리는 것을 중도(中道)를 행한다고 한다"[21]라고 하는 것이 오래된 것으로서는 유일한 문헌이 아닌가 한다.

2. 삼제원융의 성립

삼제삼관의 사상이 인도사상이 아니라 중국사상이라는 이유는 용수보살의 전 저작에 그 명문(明文)이 없는 점과, 용수(龍樹) - 혜문(慧文) - 혜사(慧思) - 지의(智顗)의 원류천태의 전승(傳承)이 일심삼관(一心三觀)의 적전(的傳)이 아닌 점 및 삼제삼관(三諦三觀)의 명칭이 보이는 『인왕경』과 『영락경』은 인도성립이 아니라 서력 5세기 후반에 중국에서 성립하였다는 점이

19 『大般涅槃經』(『大正藏』 12권, 819중)
20 『大般涅槃經』(『大正藏』 12권, 768하)
21 『成實論』 제10권(『大正藏』 32권, 316하)

다.[22] 게다가 이 삼제삼관의 기원이 남북조 중기(452-515)에 성립한『인왕경』과『영락경』이라고 한다면 불과 백년 사이에 남악혜사(南嶽惠思, 515-577)나 지의(538-597)에 의해 삼제삼관이 수용되고 중국불교철학의 최고봉에 서게 된 것이다. 삼제삼관(三諦三觀)의 사상은 남북조시대에『인왕경』과『영락경』에 의해 제시되었는데, 당초에는 이것에 주의를 기울인 이는 거의 없었다고 한다. 겨우 동양대사 부흡(東陽大士 傅翕, 497-569)에게 삼관일심(三觀一心)과 사운추검(四運推檢)의 설이 있을 뿐이나 남악혜사의 저작에는『영락경』의 삼제삼관(三諦三觀)에 관심을 가진 흔적이 보인다. 또한 그 사이에 정영혜원(淨影慧遠, 523-592)을 지나쳐서는 안 될 것이다.[23]

---

22 천태지의(天台智顗)의 삼제삼관(三諦三觀)의 연구는 佐藤哲英의 天台大師の硏究(百華苑, 1961)에 의해 종합적으로 연구되었으므로 이에 의해 정리하고자 한다. 승우(僧祐)의『출삼장기집(出三藏記集)』에 그 경명(經名)이 보이는 것에 의해『인왕경』과『영락경』이 역자불명의 경전으로 양초(梁初)의 천감(天監)14년(515)에 존재했다는 점과, 양무제(梁武帝)의 주해대품서(注解大品序)에 의해『인왕경』이 그때 의경(疑經)이었다는 것을 알 수 있었으므로, 양대(梁代)에는 이 경전이 중국에서 성립된 위경(僞經)이라는 사실이 일반에 알려졌기에 식자 간에는 전혀 주의를 끌지 못했을 것이라고 한다. 그런데『인왕경』은 국토안온(國土安穩), 국가융창(國家隆昌)의 도(道)가 반야바라밀의 증득과 관련한다는 인왕호국의 사상을 강조한 경전이므로 진대(陳代, 557-589)로 되어 궁실과 불교와의 관계가 밀접하게 되면 인왕회(仁王會)가 국가적 행사로 개최되게 되고 지덕(至德)3년(585)에는 지의가 초대되어 태극전에서 강의하고 다음해 지덕(至德)4년(586)에는 광택사(光宅寺)에서『인왕경』을 강의할 때에도 진소주(陳少主)가 행차하여 사신대시(捨身大施)를 행했다고 한다. 그 때 북지에서도 북주(北周)의 폐불(廢佛) 뒤에 수문제(隋文帝)에 의해 다시 불교치국정책이 추진되었기에 이러한 시대의 여파에 편승하여『인왕경』이 채택된 것이라 고찰하고 있다.

23 정영혜원(淨影慧遠, 523-592)이 제일 먼저『인왕경』의 주소(註疏)를 지었던 것은 수 개황(隋開皇) 19년(599)이다. 서사(書寫)의 돈황출토『인왕경소(仁王經疏)』(『大正藏』 85권 所收本)가 분명히 정영(淨影)의 주소의 잔결본(殘缺本)이라는 것에 의해 입증된다. 그런데 혜원(慧遠)이『인왕경』의 삼제설에 대하여 어느 정도의 관심을 지녔던가는 그『인왕경소』가 최초의 현담(玄談) 부분밖에 현존하지 않고 수문해석(隨文解釋)의 부분이 빠져있기에 볼 수 없다. 그렇지만 혜원(慧遠)의『대승의장(大乘義章)』제10권의「지관사의(止觀捨義)」하(下)에는, "삼제(三諦)라고 하는 것은 첫째 세제(世諦)로서 법유상(法有相)이라 하고 둘째 제일의제(第一義諦)는 법무상(法無相)이라 하며 셋째 일실제(一實諦)는 법비유비무상(法非有非無相)이다"(『大正藏』 44권, 668하)고 하고, 또「삼혜의(三慧義)」하(下)에는, "의법(義法) 가운데 세 가지가 있으니 첫째는 세제(世諦) 둘째는 제일의제(第一義諦) 셋째는 실제(實諦)이다"(『大正藏』 44권, 668중)고 하여, 세제(世諦)·제일의제(第一義諦)·일실제(一實諦)의 삼제(三諦)를 유상(有相)·무상(無相)·비유비무상(非有非無相)에 배대하거나 혹은 문(聞)·사(思)·수(修)의 삼혜(三慧)에 배대하고 있다. 또 그 삼관(三觀)에 대해서도「지관사의(止觀捨義)」하(下)에도 삼관(三觀)과 삼지(三智)와 삼제(三諦)와의 관계를 말하고 있는데(『大正藏』 44권, 666하), 혜원의 삼제삼관(三諦三觀)설은『인왕경』이나『영락경』에 기초한 것이 아니라 혜원 자신이 말하는 것처럼『열반경』「성행품」에 나오는 세제·제일의제의 이제와

(1) 지의(智顗)의 삼제원융(三諦圓融)

삼제삼관의 기원이 남북조 중기(452-515)에 성립한 『인왕경』과 『영락경』이라고 한다면, 불과 백년 사이에 천태지의(538-597)에 의해 삼제삼관이 수용되고 중국불교철학의 최고봉에 서게 된 것이다. 지의교학에서 가장 조직적으로 서술되어 있는 삼제설 즉 오종삼제설(五種三諦說)을 칠종이제설(七種二諦說)과 관련해 보면, 지의는 오종삼제설을 제시하기 이전에도 삼제를 설하였다. 우선 지의의 대표적인 전기 저작인 『차제선문(次第禪門)』 권1하(下)를 보면,[24] 이변(二邊)에 소섭(所攝)되지 않는 중도가 설해지고, 또[25] 심성공(心性空)이 설해지고 있다. 따라서 정리된 삼제설은 보이지 않으나 형계담연 교학에서 보이는 것처럼 심성공을 강조하는 점은 주목해야 할 점이다. 다음으로 『방등삼매행법(方等三昧行法)』에서는[26] 현법락주선(現法樂住禪)에서 중도제일의제삼매(中道第一義諦三昧)를 포섭하고 출생삼매선(出生三昧禪)에서 진제삼매(眞諦三昧)를 포섭하는데, 이익중생선(利益衆生禪)에서는 포섭하는 삼매(三昧)가 어떤 것인지는 분명하지 않으나 앞뒤 삼매로 추측해 볼 때 세제삼매(世諦三昧)가 아닌가 생각된다. 만약 세제삼매라고 한다면 이 『방등삼매행법』에는 진제(眞諦)·세제(世諦)·중도제일의제(中道第一義諦)의 삼제(三諦)가 설해진 것으로 된다. 이익중생선(利益衆生禪)에 포섭된 삼매를 아직 속제(俗諦)라고 풀지 않고 세제라고 해석한 것은 『인왕경』에 "세제삼매(世諦三昧) 진제삼매(眞諦三昧) 제일의제삼매(第一義諦三昧), 이 삼제삼매(此三諦三昧)가 일체삼매왕삼매(一切三昧王三昧)이다"[27]라고 한 설(說)을 지의는 『방등삼매행법』에서 인용하였다고 고찰되기 때문이다.

그 외 전기 저작이라 추정되는 지의의 저작에는 삼제가 보이지 않으나, 이후에 후기저작에는 다음과 같은 삼제의 내용이 보인다.[28] 먼저 『법화문

일실제를 결합하여 삼제라고 부르는 것이다.

24 智顗, 『次第禪門』 1下 (『大正藏』 46권, 481하)

25 智顗, 『次第禪門』 2 (『大正藏』 46권, 486중)

26 智顗, 『方等三昧行法』 (『大正藏』 46권, 947중)

27 『仁王經』「受持品」(『大正藏』 8권, 833중)

28 지의(智顗)는 후기에 이르러 소위 천태삼대부를 강설하였는데, 그 순서는 우선 『법화문구(法華文句)』를 587년에 강설하고, 다음으로 『법화현의(法華玄義)』를 593년, 『마하지관(摩訶止觀)』을 594년에 강설하였다고 한다. 계속해서 지의는 그 만년기에 『대본사교의(大本四教義)』·『유마경문소(維摩經文疏)』 등을 내고 있는데, 전자는 595년, 후자는 597년에 나타났다고 고찰된다.

구(法華文句)』에서는 권1상(上)에 "만약 삼제(三諦)를 거친다면, 이치를 구하기에 걸사(乞士)라고 한다"[29]라 하여 삼제의 용어가 나오는데, 그 내용이 어떤 것인가는 분명치 않다. 그리고 『법화문구』 권2상(上)에서는, "공관은 진제에서 듣고[空觀聞於眞諦] 가관은 속제에서 듣고[假觀聞於俗諦] 중관은 중도제일의제에서 널리 듣는다[中觀普聞中道第一義諦]"[30]라고 하여 진제(眞諦)·속제(俗諦)·중도제일의제(中道第一義諦)라는 명칭이 나올 뿐, 공제(空諦)·가제(假諦)·중제(中諦)는 설해지지 않는다. 또 같은 『법화문구』 권2하(下)에서는, "삼제(三諦)로부터 삼지(三智)를 내고 제(諦)는 즉(卽) 천(天)이고 지(智)는 즉(卽) 자(子)이다"[31]라 하여 삼제와 삼지(三智)와의 관계가 나타나고 있지만 이 경우에도 삼제의 내용은 분명치 않다. 『법화문구』 권3하(下)에서는 "만약 이 경계에 미혹하면 육계상성(六界相性)이 있으니 이름하여 세제(世諦)라 하고 만약 이 경계를 깨달으면 곧 이승상성(二乘相性)이 있으니 이름하여 진제(眞諦)라고 하며, 이 미혹도 아니고 이해도 아닌 것[非迷非解]에 달하면 곧 보살불계성상(菩薩佛界性相)이 있으니 이름하여 중도제일의제(中道第一義諦)라고 한다"[32]라 하여 세제·진제·중도제일의제가 설해져 있다. 그리고 『법화문구』 권4상(上)에는 "공가중심(空假中心)은 즉 셋이면서 하나이고 하나이면서 셋이니 이름하여 깨달았다고 하며, 공가중심이 공가중(空假中)이 아니나 공가중(空假中)을 똑같이 비추는 것을 들어갔다고 하는데 이것을 일심삼관(一心三觀)이라 한다. 개시오입(開示悟入)의 차이에 따라 나눈 것이다"[33]라고 설해져 있다.

그러던 것이 진대(陳代)로 되면 지의는 와관사시기에 강설한 『차제선문(次第禪門)』이나 그 이후에 설해진 『육묘법문(六妙法門)』에는 『영락경』의 삼관설에 관심을 보이고 있다. 천태산수행기로 되면 삼관설에 대한 관심이 깊어지고 『소지관(小止觀)』에서는 삼관설이 형태를 거의 정비해 설해지고 있으나 아직 별교(別敎)적인 격력차제(隔歷次第)의 삼관에 지나지 않는다. 천태산수행기에는 천태교관(天台敎觀)을 대성키 위한 준비기이고 태동기로서 삼관(三觀)도 사교(四敎)도 거의 형태를 이루게 되지만 지의는 전기에

29 智顗, 『法華文句』 1上 (『大正藏』 34권, 6하)
30 智顗, 『法華文句』 2上 (『大正藏』 34권, 22하)
31 智顗, 『法華文句』 2下 (『大正藏』 34권, 24상)
32 智顗, 『法華文句』 3下 (『大正藏』 34권, 43하)
33 智顗, 『法華文句』 4上 (『大正藏』 34권, 51하)

삼제설에 대해서는 전혀 관심을 보이지 않고 있다. 그러나 후반기에 들면 천태교관의 중심교의가 거의 다 나오고 있는 가운데 『법화문구』의 강설(587) 때에는 삼제설은 아직 완성되지 않고 단편적인 자료밖에 보이지 않는다. 비록 『법화문구』에 겨우 두서너 번 용례에 불과하나, 『법화문구』권2의 하(下)에 「서품(序品)」의 다라니를 해석하는 가운데 "공관은 진제(眞諦)에서 듣고 가관은 속제(俗諦)에서 들으며 중관은 널리 중도제일의제(中道第一義諦)에서 듣는다"[34]고 하며, 같은 권 3의 하(下)에는 「방편품(方便品)」 십여(十如)의 경문을 해석하는 가운데 "이 경계에 미혹하면 곧 육계상성(六界相性)이 있으니 세제(世諦)라 하고 이 경계를 풀어내면 곧 이승상성(二乘相性)이 있으니 진제(眞諦)라 하며, 이 미혹하지도 않고 풀어내지도 않는 것에 달하면 보살불계성상(菩薩佛界性相)이 있으니 중도제일의제(中道第一義諦)라고 한다"[35]고 한다. 이 삼제설은 『법화문구』의 십여석(十如釋)에서 (1) 십법계(十法界) (2) 불법계(佛法界) (3) 이합(離合) (4) 위(位)의 사석(四釋)의 네 번째 이하에 보이는데 『법화현의(法華玄義)』 2의 하(下)[36]에서 십여(十如)의 삼전독(三轉讀)에 의한 공가중(空假中)의 삼제(三諦)에 기초한 묘석(妙釋)이 충분히 나타나지 않는다. 게다가 『법화문구』에 삼제의 용어는 『인왕경』의 삼제삼매(三諦三昧)에 보이는 '세제(世諦)·진제(眞諦)·제일의제(第一義諦)'의 계통에 속하고 때로는 '진제(眞諦)·속제(俗諦)·중도제일의제(中道第一義諦)' 또는 '진제(眞諦)·속제(俗諦)·중제(中諦)'의 용어도 있다. 이러한 삼제(三諦)의 용례는 『마하지관(摩訶止觀)』이나 『유마경문소(維摩經文疏)』 등의 후기저작에도 보인다. 그런데 『법화현의』 2권의 하(下)에서는 경묘(境妙)의 칠과(七科)의 다섯째에서 삼제(三諦)를 설명하여, "유제(有諦) 무제(無諦) 중도제일의제(中道第一義諦)"[37]라고 한다.

다음으로 『법화현의(法華玄義)』로 되면 권1상(上)에 "만약 격력삼제라면 추법이고 원융삼제라면 묘법이다[若隔歷三諦麤法也 圓融三諦妙法也]"[38]라 설하여 별교와 원교는 삼제의 상위가 설해지지만, 이 단에서는 삼제의 설명은 없다. 또 같은 권1상(上)에[39] 속제(俗諦)·진제(眞諦)·중제(中諦)라 하는

34 智顗, 『法華文句』 2下 「서품(序品)」(『大正藏』 34권, 22하)
35 智顗, 『法華文句』 3下 「方便品」(『大正藏』 34권, 43하)
36 智顗, 『法華玄義』 2下(『大正藏』 33권, 693하)
37 智顗, 『法華玄義』 2下(『大正藏』 33권, 704하)
38 智顗, 『法華玄義』 1上 (『大正藏』 33권, 682상)

용례가 있다. 『법화현의』에 이르러서 별교와 원교의 상위를 명시하는 것은 분명하다. 『법화현의』 권2하(下)에서는 십여경(十如境)·인연경(因緣境)·사제경(四諦境)·삼제경(三諦境)·일제경(一諦境)·무제(無諦), 소위 육경(六境)을 밝히고 있는데, 거기에[40] 삼제는 오히려 방편(方便)을 띈다는 뜻인데, 이 입장에서 보면 일실제(一實諦), 또는 무제(無諦)를 밝히는 것에 그 궁극적인 목적이 있다고 생각된다. 이 육경을 밝히는 단에 오종삼제(五種三諦)·칠종이제(七種二諦)가 서술되어 있는데, 이 단 말미 즉 권3상(上)에[41] 유(有)는 속제, 무(無)는 진제라고 설해져 있고 또 일실제와 무제가 서술되고 있다. 이 경우 무제란 적멸상(寂滅相)인 것이 분명하다. 지의는 『법화현의』에서 이 적멸상(寂滅相)을 궁극의 목적으로 하는 것을 알 수 있다. 『법화현의』 권4상(上)에는 진제삼매(眞諦三昧)·속제삼매(俗諦三昧)·중도왕삼매(中道王三昧)라는 용어가 있는데[42] 권4하(下)에도 같은 진제삼매·속제삼매·중도왕삼매의 삼제삼매(三諦三昧)가 설해져 있다.[43] 또한 권6하(下)에서도 삼제삼매가 설해지고 있다.[44] 삼제삼매가 이처럼 설해지지만 삼제삼매가 공(空)·가(假)·중(中)으로 불리어진 예는 없다. 권5하에는 삼법묘(三法妙)가 설해지는데, 삼법(三法)이란 삼궤(三軌)라 서술되고 이어서,[45] 문중(文中)의 삼제가 삼(三)이면서 일(一)이고 일이면서 삼인 것을 나타내는 이자천목(伊字天目)의 비유가 나오므로 제일의제(第一義諦)·제일의공(第一義空)·여래장(如來藏)은 삼제와 같은 뜻이다. 또 권6상(上)에서는, 이미 권3상(上)에서 설한 바와 같이 "유는 속제, 무는 진제인 것을"[46] 서술하면서 그 유와 무의 불이(不二)를 또 진제라고 한다. 이 경우 무의 진제와 불이의 진제와의 상위(相違)가 분명치 않지만 불이의 진제인 경우 중도제일의제(中道第一義諦)를 가리키는 것이나, 혼란이 생기는 것은 확실하다. 생각컨데 속(俗)은 유(有), 진(眞)은 무(無)라고 지의가 설하는 것은 『인왕경』에 설해진 세제·진제·제일의제와, 『영락경』에 설해진 유제(有諦)·무제(無諦)·중도제일의제(中道第一

39 智顗, 『法華玄義』 1上 (『大正藏』 33권, 684하)
40 智顗, 『法華玄義』 2下 (『大正藏』 33권, 698중)
41 智顗, 『法華玄義』 3上 (『大正藏』 33권, 707상)
42 智顗, 『法華玄義』 4上 (『大正藏』 33권, 722상)
43 智顗, 『法華玄義』 4下 (『大正藏』 33권, 725하)
44 智顗, 『法華玄義』 6下 (『大正藏』 33권, 758중)
45 智顗, 『法華玄義』 5下 (『大正藏』 33권, 741중)
46 智顗, 『法華玄義』 5하 (『大正藏』 33권, 746중)

義諦)를 동일시하는 것이 아닌가라고 고찰된다. 즉 지의는 전기 저작에서 『인왕경』의 속제[世諦]·진제·중도제일의제를 설하고 있지만, 『법화현의』에서는 오종삼제(五種三諦)에서[47] 유제(有諦)·무제(無諦)·중도제일의제(中道第一義諦)의 삼제를 밝히고 있다. 즉 『법화현의』 권2의 하(下)에서는 화법사교(化法四教)에 삼피접(三被接)을 배대한 칠종이제(七種二諦)를 설하는 가운데 오종(五種)의 이제에서는 중도(中道)를 논한다. 오종삼제(五種三諦)를 들면 (1) 별입통(別入通)의 삼제(三諦), (2) 원입통(圓入通)의 삼제, (3) 별(別)의 삼제, (4) 원입별(圓入別)의 삼제, (5) 원(圓)의 삼제이다. 그런데 이 오종의 삼제에 대해서는 거의 설명이 없다. 제5의 원의 삼제에 대해서도 "원삼제(圓三諦)란 중도가 구족할 뿐만 아니라 불법진속도 그러하다. 삼제원융(三諦圓融)이니 일이 삼이며 삼이 일이다. 지관에서 설하는 것과 같다"[48]라고 하면서 삼제에 대한 상세한 설명을 『마하지관』에 미루고 있다. 그런데 현존하는 현행의 『마하지관』에는 삼제에 대한 서술이 없는 것은 아니지만 원삼제(圓三諦)의 대해서는 상세한 설명이 없기에 이 또한 지의에게서 형성된 삼제설이 분명하게 보이지 않는다.[49]

---

47 智顗, 『法華玄義』 2하 (『大正藏』 33권, 704하)

48 智顗, 『法華玄義』 2하 『大正藏』 33권, 705상.

49 『법화현의(法華玄義)』에 의하면 삼제사상은 여러 경전에 그 뜻이 있다. 『법화경(法華經)』에도 그 뜻이 있는데 「수량품(壽量品)」에 "삼계(三界)에서 삼계(三界)를 보는 것이 같지 않으니, 같은 것도 아니고 다른 것도 아니다"라는 경문에 착안하여 비여비이(非如非異)는 중도(中道), 여(如)는 진(眞), 이(異)는 속(俗)이라 한다. 이것은 『법화경』의 근본원리인 제법실상에는 즉공즉가즉중(卽空卽假卽中)의 원융삼제의 이치가 갖추어져 있는 것을 경문과 관련하여 서술한 것이다. 그런데 『대본사교의(大本四教義)』 2권에는 우선 화법사교(化法四教)와 삼제(三諦)와의 관계를 논하여 장통이교(藏通二教)는 단지 이제리(二諦理)를 드러내는데 지나지 않지만 별교(別教)는 따로 삼제리(三諦理)를 밝히고 원교는 원만하게 삼제리를 드러내고 있다. 다음으로 경전과 삼제와의 관계를 논하면, 아함을 제외한 화엄·방등·반야·법화·열반은 모두 삼제를 드러내는데, 여기서 별상삼제(別相三諦)와 일심삼제(一心三諦)의 용어가 보인다. 별상삼제가 별교의 삼제를 가리키고 일심삼제가 원교(圓教)의 삼제를 가리키는 것은 말할 것도 없지만 일반적으로 별원이교(別圓二教)의 삼제의 요례로서는 『법화현의』1의 상(上)에, "분별하면, 단지 법은 추와 묘가 있으니, 격력삼제라면 추법이고 원융삼제라면 묘법이다 [分別者 但法有麤妙 若隔歷三諦 麤法也 圓融三諦 妙法也.]"(『大正藏』 33권, 682하.)라고 하여, 격력삼제(隔歷三諦), 원융삼제(圓融三諦)의 용어가 다수 쓰이고 있다. 즉 별교의 삼제는 공가중(空假中)을 격력(隔歷)하는 격력삼제로서 별상삼제(別相三諦)이지만 원교의 삼제는 삼제의 하나하나가 상즉하여 즉공즉가즉중하므로 원융삼제(圓融三諦)라고도 하고 또 일심삼제(一心三諦)라고도 한다. 그러나 지의의 전 저작에는 즉공즉가즉중의 어구가 산견되고, 즉공가중삼제(卽空假中三諦)의 리(理)라고 하는 사례는 접할 수 있지만 아직 공제(空諦)·가제(假諦)·중제(中諦)의 용례는 볼 수

이어서 『마하지관』에는 다음과 같은 삼제가 설해지고 있다. 즉 『법화현의』와 같이 진제삼매·속제삼매가 설해져 있고[50] 또 속제·진제·중도가 설해지고 있다.[51] 그리고 이 진제·속제·중도제일의제를 설명한 서술이 권5상(上)에 있다.[52] 지의는 이 서술을 끝내고 소위 총공관(總空觀)·총가관(總假觀)·총중관(總中觀)을 설하는데, 그 앞 단의 서술에서는 속제와 진제와 중도제일의제가 부사의삼제(不思議三諦)로 불리어지고 있다. 그런데 이 부사의삼제를 설하면서 지의는 "일법일체법(一法一切法)이라면 인연소생법(因緣所生法)으로서 가명가관(假名假觀)이요, 만약 일체법즉일법(一切法卽一法)이라면 아설즉시공(我說卽是空)으로서 공관(空觀)이며, 만약 비일비일체(非一非一切)이라면 중도관(中道觀)이다"[53]고 설하고 있다. 공관(空觀)·가관(假觀)·중관(中觀)을 설할 때 그 관법(觀法)의 대경(對境)인 제리(諦理)는 공제·가제·중제라 생각되는데도, 속제·진제·중도제일의제만을 내세우고 있다. 그런데, "인연소생법(因緣所生法) 즉공즉가즉중(卽空卽假卽中) 부사의삼제(不思議三諦)"[54]라 설해진 서술을 볼 때, 이미 서술한 『법화문구』와 마찬가지로 그 제리(諦理)는 공제·가제·중제라고도 생각된다. 그러나 좌등(佐藤)의 설술과 같이 적어도 지의는 공제·가제·중제로 서술치 않고 있다.

후기의 저작인 『대본사교의(大本四教義)』에는 다음과 같은 삼제가 설해지기에 이른다. 즉 우선 『법화현의』의 서술과 같이 권2에서는[55] 유제(有諦)·무제(無諦)·중도제일의제(中道第一義諦)를 들고 계속해서 이것을 해석하고 있는데,[56] 이 문에 의해 유제와 속제와 세제는 같은 뜻이고 무제와 진제와 제일의제는 같은 뜻이며 그리고 중도제일의제와 일실제(一實諦)와 허공(虛空)과 불성(佛性)과 여여(如如)와 여래장(如來藏)은 마찬가지 뜻임이 분명하다. 다음 중(中)은 불이(不二)의 뜻임이 나타나 있다. 『대본사교의』에 이르러 『인왕경』과 『영락경』의 삼제설을 같은 뜻으로 하는 것이 명시되

없다. 지의는 능관(能觀)인 삼관(三觀)을 공관(空觀)·가관(假觀)·중관(中觀)이라 부르면서도 소관리(所觀理)인 삼제를 공제·가제·중제라고 부르는 예는 한 군데도 보이지 않는 것은 주의해야 할 점이다.

50 智顗, 『摩訶止觀』 4상 (『大正藏』 46권, 41하)
51 智顗, 『摩訶止觀』 4하 (『大正藏』 46권, 46하-47중하)
52 智顗, 『摩訶止觀』 5상 (『大正藏』 46권, 55중)
53 智顗, 『摩訶止觀』 5상 (『大正藏』 46권, 55중)
54 智顗, 『摩訶止觀』 6하 (『大正藏』 46권, 84중)
55 智顗, 『大本四教義』 2 (『大正藏』 46권, 727하)
56 智顗, 『大本四教義』 2 (『大正藏』 46권, 727하)

었다. 그런데 『인왕경』에 소개된 공제(空諦)·색제(色諦)·심제(心諦)와의 동이(同異)는 논하지 않고 있다.[57] 그리고 또 『대본사교의』의 문(文)에서 주의해야 할 점은 소위 『중론(中論)』의 사구게(四句偈)와 진제(眞諦)·속제(俗諦)·중도제일의제(中道第一義諦)의 삼제가 결합되어 있는 점이다. 즉 권2에, "중론게에서 이르기를 인연소생법(因緣所生法)과 아설즉시공(我說卽是空)은 진제(眞諦)를 드러낸 것이고, 역명위가명(亦名爲假名)은 속제를 드러낸 것이며, 역시중도의(亦是中道義)는 중도제일의제를 드러낸 것이니, 이 게송은 마하연에서 밝힌 삼제의 이치를 드러낸 것이다"[58]라고 설한 것은, 진제·속제·중도제일의제의 삼제를 즉공(卽空)·즉가(卽假)·즉중(卽中)의 관법(觀法)의, 각각의 대경(對境)으로 세운 것이다. 그러나 그 대경이 공제·가제·중제라는 용어로는 나타나 있지 않다. 이 『중론』의 사구게를 지의가 처음으로 쓴 것은 『소지관(小止觀)』이다. 이 문헌은 천태산수행기(575-585)에 들어서면서부터이다. 다음으로 587년에 강설된 『법화문구』와 그 이후의 문헌에서는 자주 인용되고 있다.[59] 그런데 『소지관』 이전에 이미 『영락경』 등의 삼관(三觀)사상을 받아들인 지의는, 그 초기에 이미 삼관사상과 직접 결합된 진(眞)·속(俗)·중(中)의 삼제를 고찰하였다.

지의는 『유마경문소』에서 속제삼매·진제삼매·중도제일의제삼매를 설하고 있는데, 유의해야 할 점은 삼제공리(三諦空理)가 설해진 점이다.[60] 즉 『문소』 권23에, "속제생공(俗諦生空) 진제법공(眞諦法空) 중도제일의제평등공(中道第一義諦平等空)"[61]이라 하여, 진·속·중의 삼제가 각각 생공(生空)·법공(法空)·평등공(平等空)에 해당되고 있는 것이다. 또 같은 권23에 중도(中道)의 성(性)은 스스로 이 공(空)이라 설하고 있다.[62] 또한 같은 권23에는 삼제공(三諦空)을 설하고 있다.[63] 그리고 『문소』에서 지의는 『유마경(維摩經)』의 무주본(無住本)을 해석하면서 무주본으로 부터 일체법(一切法)이 세워진 것을 역설하고 있다.[64] 삼제공을 설하고 무주본을 설하는 것은 양자

57 『仁王經』「二諦品」(『大正藏』 8권, 829중)
58 智顗, 『大本四教義』 2 (『大正藏』 46권, 728상)
59 智顗, 『小止觀』 (『大正藏』 46권, 472하)
60 智顗, 『維摩經文疏』 23 (『卍續藏』 28권, 273중)
61 智顗, 『維摩經文疏』 23 (『卍續藏』 28권, 267중)
62 智顗, 『維摩經文疏』 23 (『卍續藏』 28권, 270중)
63 智顗, 『維摩經文疏』 23 (『卍續藏』 28권, 274중)
64 智顗, 『維摩經文疏』 23 (『卍續藏』 28권, 182중)

간에 밀접한 관계가 있는 것이라고 생각되고 무주본을 즉 삼제공이라 고찰하는 것은 아닐까 라고 생각된다. 이 점 확실한 논거를 얻을 수 없지만 지의가 『유마경문소』에서 삼제공을 설명한 것은 흥미있는 문제이고 이것이 지의가 주장한 무제(無諦)와 직접 관계있는 것으로 추측된다.

여기서 특기해야 할 것은 지의의 전 저작에는 즉공즉가즉중(卽空卽假卽中)의 어구가 산견되지만 공관(空觀)·가관(假觀)·중관(中觀)이라 하면서도 공제(空諦)·가제(假諦)·중제(中諦)라는 용례는 한 번도 보이지 않는다는 점이다. 후기로 되면 화법사교판(化法四敎判)이 확립되어 『영락경』 52위설을 가지고 별교(別敎)와 원교(圓敎)의 행위설을 구성하는 것처럼 『영락경』의 삼제삼관설(三諦三觀說)을 채택하여 별교(別敎)의 격력삼제(隔歷三諦), 차제삼관(次第三觀)을 나타냄과 동시에 원교(圓敎)의 원융삼제(圓融三諦), 일심삼관(一心三觀)을 설하여 천태교관(天台敎觀)의 교관이문(敎觀二門)을 특색짓고 있다.

(2) 담연(湛然)의 삼제원융(三諦圓融)

형계담연의 교학에는[65] 진제(眞諦)·속제(俗諦)·중도제일의제(中道第一義諦)를 가지고 삼제(三諦)를 설한 경우가 있다. 즉 『지관보행(止觀輔行)』 권1의 2에 "문(文)은 즉 속(俗)이고 비문(非文)은 즉 진(眞)이며 쌍비(雙非)는 즉 제일의제(雙非卽是第一義諦)이다"[66]라고 설해져 있다. 또한 『지관보행』 권1의 4에는 "또 사연(四緣)은 제법의 근본이 되고 관별(觀別)을 따르기에 공가중(空假中)을 이룬다"[67]고 하는 경우가 있다. 이것은 공제(空諦)·가제(假諦)·중제(中諦)를 가지고 설해진 공(空)·가(假)·중(中)이다. 『지관보행(止觀輔行)』 권5의 3에서[68] 형계담연은 삼제(三諦)는 무형(無形)이라고 주장한다. 이 문중에 차가법즉공즉중(此假法卽空卽中)이라는 문이 있는데, 이 즉공론(卽空論)은 소위 관법(觀法)으로 설해졌다고 생각된다. 또 같은 권 5의 3에는 "내달이구즉공즉중(乃達理具卽空卽中)"[69]라고 하여 즉공즉중(卽空卽

---

65 형계담연의 삼제사상에 대해서는 日比宣正의 『唐代天台學硏究』((東京: 山喜房佛書林, 1975)에서 상세하게 연구되어 있으므로 이에 의해 정리하고자 한다.

66 湛然, 『止觀輔行』 1-2 (『大正藏』 46권, 159하)

67 湛然, 『止觀輔行』 1-4 (『大正藏』 46권, 166상)

68 湛然, 『止觀輔行』 5-3 (『大正藏』 46권, 293중)

69 湛然, 『止觀輔行』 5-3 (『大正藏』 46권, 297상)

中)의 관법이 설해져 있다. 『지관보행』 권1의 4에는 "법성공중(法性空中)"[70] 이라고 설하는 경우도 있다. 이 '법성공중'은 '법성(法性)인 공 가운데'라고 읽을 가능성도 있지만, 이 경우 '공(空)'·'중(中)'은 즉공즉중의 관법(觀法)의 대경(對境)으로 파악된다. 같은 예가 권5의 2에 "성공중이구십법계(性空中而具十法界)"[71]라고 있는데, 이 경우 '공(空)·중(中)'도 앞 인용과 같이 즉공즉중(卽空卽中)의 관법의 대경(對境)으로 설해진 것이다. 『지관보행』 권5의 5에[72] 설해진 경우도 또한 공·중을 법성(法性)으로 보는 서술이다. 『마하지관』 권5상(上)에는 "인연생법즉공즉중(因緣生法卽空卽中)"[73]이라 설하고 또 같은 권에, "연생즉공즉중(緣生卽空卽中)"[74]이라 서술되는 경우가 있다. 양 논거와 함께 즉공즉중이라 하는 것이고 관법으로 설해진 것이라 생각되는데, 어떤 것이든지 이러한 논거가 있는 한 즉공즉중이라 설하는 것은 적어도 형계담연의 독자적인 사색이라고는 할 수 없다. 그렇지만 지의교학에서도 이러한 관법을 설한 예는 드물다. 앞서 인용한 『지관보행』 권5의 5문은 앞서 인용한 『마하지관』 권5의 하(下)문의 주석으로 설해진 것이다. 또 『강의(講義)』에서는 『지관보행』의 문을 주석하여, "즉사이리(卽事而理)를 나타냄으로써 뜻은 스스로 묘가(妙假)를 이룬다"[75]고 하는데, 이 문에 의하면 사(事)란 가(假), 이(理)는 공(空)·중(中)을 가리키는 것이 분명하다.[76] 이것은 『마하지관』의 문(文)에 대한 형계담연의 해석인데, 앞 인용문을 보면, 법성(法性)과 폐(蔽)와 무애(無碍)가 논해져 있다. 이것을 주석하여 형계담연은, 『지관보행』 권2의 4에서[77] 이사무애(理事無礙)를 논하고 있다. 이 경우 그

70 湛然, 『止觀輔行』 1-4 (『大正藏』 46권, 169상)
71 湛然, 『止觀輔行』 5-2 (『大正藏』 46권, 288하)
72 湛然, 『止觀輔行』 5-5 (『大正藏』 46권, 311하)
73 湛然, 『摩訶止觀』 5下 (『大正藏』 46권, 61상)
74 湛然, 『摩訶止觀』 5下 (『大正藏』 46권, 61상)
75 『止觀輔行講義』 (佛教大系, 摩訶止觀 第三, 430면)
76 송대 종의(從義)[경력(慶曆)2년-원우(元祐)6년, 1042-1091]는 『지관의례(止觀義例)』를 주석하여 『지관의례찬요』 6권을 지었고, 송대 처원(處元)[1102-1106 중 在世]은 종의(從義)의 『찬요(纂要)』를 반박하여 『지관의례수석(止觀義例隨釋)』 6권을 지었다. 즉 『의례(義例)』를 둘러싸고 다음과 같은 논쟁이 있었다. 즉 『지관의례』에 삼천즉공즉중(三千卽空卽中)이라 하는데, 이 해석에 대하여 종의(從義)는, 즉공즉중리에 갖추어져 있는 것이 삼천(三千)의 묘가(妙假)라고 한다. 바꿔 말하면 삼천(三千)의 묘가(妙假)를 즉공즉중이라 관할 때 삼관(三觀)이 갖추게 된다. 이어서 또 문답이 일어나고 있다. 즉 사명(四明)은, 삼제(三諦)에 모두 삼천(三千)이 있다는 설을 비판하여 삼천(三千)은 가(假)에만 갖춰진 것이라 하였다. 이 설에 대하여 처원(處元)은, 삼천즉삼제(三千卽三諦)인데 단지 가제만이 삼천(三千)을 갖추는 것은 잘못이라고 하였다.

이(理)란 법성이 된다. 그리고 그 법성은 무성(無性)이고 성공(性空)이다. 또한 그 성공의 성(性)은 법(法)이므로 거기서 상공(相空)이 있는 것으로 된다.

『현의석첨(玄義釋籤)』에는 권9에[78] 중·공의 이제(二諦)는 천연리(天然理)이고 소관(所觀)이라고 되어 있다. 『현의석첨』 권14에도 소위 십불이문(十不二門)의 제5 염정불이문(染淨不二門)의 일단에[79] 삼천의 가(假)에 대하여 공중의 이제는 이(理)라고 한다. 또한 『현의석첨』 권14에[80] "삼법(三法)"이라 하고, 같은 책 권14나,[81] 권4에도[82] 설해져 있다. 이 경우는 삼법불합산(三法不合散)으로서 삼천의 가(假)에 대하여 공·중의 이(理)를 설한 입장과는 다른 것이다. 『현의석첨』 권12와[83] 권14의 십불이문(十不二門)의 제삼수성불이문(第三修性不二門)에[84] 셋 각각에 셋을 갖추어져 아홉을 이룬다고 하는 교의는, 매우 흥미로운 것이지만 이 고찰은 『마하지관』에서 지의가 설한 총공관(總空觀) 총가관(總假觀) 총중관(總中觀)의 이론을 기초로 전개한 것이다. 『문구기(文句記)』 10상(上)은[85] 『현의석첨』의 수성불이문(修性不二門)에 의한 것이다. 그런데 지례(知禮)는 『십불이문지요초(十不二門指要鈔)』 권하에서 수성불이문(修性不二門)을 주석하면서,[86] 각삼(各三)은 원교(圓教)이고, 수이성일(修二性一)은 별교(別教)를 겸한다고 한다. 즉 합(合)에 대한 이(離)의 입장을 원교(圓教)라고 논하는 것인데, 『마하지관』의 설이 감안된 것이라고 생각된다.

형계담연의 삼제사상을 나타내는 저작 가운데[87] 『법화문구기(法華文句記)』 권5하에[88] 삼제리(三諦理)를 들고 있는데, 이 이(理)란 관(觀)의 대경(對境)의 의미로 설한 것이다. 이 삼제가 공가중인지 진속중(眞俗中)인지는

---

77 湛然, 『止觀輔行』 2-4 (『大正藏』 46권, 208상)
78 湛然, 『玄義釋籤』 9 (『大正藏』 33권, 882하)
79 湛然, 『玄義釋籤』 14 (『大正藏』 33권, 919상)
80 湛然, 『玄義釋籤』 14 (『大正藏』 33권, 920상)
81 湛然, 『玄義釋籤』 14 (『大正藏』 33권, 918상)
82 湛然, 『玄義釋籤』 4 (『大正藏』 33권, 840하)
83 湛然, 『玄義釋籤』 12 (『大正藏』 33권, 901상)
84 湛然, 『玄義釋籤』 14 (『大正藏』 33권, 918하)
85 湛然, 『文句記』 10상 (『大正藏』 34권, 340상)
86 知禮, 『十不二門指要鈔』 하 (『大正藏』 46권, 714상)
87 제4기에 속하는 저작으로는 『法華五百問論』·『法華文句記』·『維摩經疏』 그리고 『金錍論』이 있다. 이 가운데 『法華五百問論』은 규기(窺基)의 『法華玄贊』에 대한 파척(破斥)의 책이기에 삼제삼관(三諦三觀)의 사상은 나타나지 않는다.
88 湛然, 『文句記』 5상 (『大正藏』 34권, 237중)

분명하지 않지만, 다른 형계담연의 서술에서 유추하면 전자가 아닌가 생각된다. 이 형계담연의 문(文)은 지의의 『법화문구』 권4상의[89] 주석이기에 지의의 교학에 이미 나타난 것이다. 그리고 『법화문구기』 권4상에[90] 보이는 것은 형계담연의 저작 중에서 공(空)·중(中)을 이(理)로 하고 가(假)를 사(事)로 하는 것이다. 전술에서는 관의 대상으로 삼제를 이(理)로 설하는 서술을 들었다. 이 인용문에서는 십계(十界)는 사(事)이고 그 십계(十界)의 사(事)를 성립시키는 것이 공(空)·중(中)의 이(理)라고 보는 것이다. 또한 같은 『문구기(文句記)』에서 권10중[91]과 또 권10하[92]에서도 공·중을 이(理)로 보고 가(假)를 사(事)로 보고 있다.

3. 원융삼제의 전개

(1) 제관(諦觀)의 삼제원융

고려 제관의 『천태사교의(天台四敎儀)』에는 원융삼제의 뜻이 원교의 행위 가운데 첫 계위인 오품위(五品位)에서 다음과 같이 설명되어 있다.

> "먼저 오품위(五品位)라고 하는 것은, 첫째 수희품(隨喜品)이다. 경에 이르기를, "이 경을 듣더라도 비방하지 않고 따라 기뻐하는 마음을 일으킨다"고 한다. [문] 어떤 법에 따라 기뻐하는가? [답] 묘법(妙法)이다. 묘법이란 바로 이 마음이다. 묘심(妙心)이 체(體)를 갖췄으므로 여의주와 같다. 마음과 부처와 중생이 차별이 없으므로 이 마음이 곧 공이며 곧 가이며 곧 중이다[此心卽空卽假卽中]. 영원한 경계는 모습이 없고 영원한 지혜는 인연하지 않는다. 인연하지 않으면서 인연하므로 삼관(三觀)이 아닌 것이 없고 모습이 없으면서 있으므로 삼제가 완연하다. 첫 마음에 이것을 알고 스스로도 기뻐하고 남도 기쁘게 하므로 이것을 수희라고 한다. 안으로 삼관으로 삼제의 경계를 관하고 밖으로는 다섯 가지 뉘우침[五悔]으로 정진을 부지런히 더하여 이해를 돕는다."[93]

---

89 智顗, 『法華文句』 4상 (『大正藏』 34권, 51하)

90 湛然, 『文句記』 4상 (『大正藏』 34권, 216상)

91 湛然, 『文句記』 10중 (『大正藏』 34권, 344상)

92 湛然, 『文句記』 10하 (『大正藏』 34권, 357중)

93 諦觀, 『天台四敎儀』 (『韓佛全』 4권, 524하-525상). "初五品位者. 一隨喜品. 經云: 若聞是經, 而不毁訾, 起隨喜心. 問: 隨喜何法? 答: 妙法. 妙法者, 卽是心也. 妙心體具. 如如意珠. 心

이 마음이 곧 공이며 곧 가이며 곧 중이라 하여 원융삼제를 풀고 있다. 이어서 원교의 목표라고 할 수 있는 십주위(十住位)를 설명하는 가운데 원융삼제에 대해서 상세하게 풀고 있다.[94] 또한 십승관법(十乘觀法) 중 관부사의경(觀不思議境)에서는 다음과 같이 즉공즉가즉중에 대해 설명하고 있다. “첫째는 불가사의한 경계를 관하는 것이다. 말하자면 한 마음을 관찰하는데, 삼천의 내면과 외형 및 백계와 천여가 갖추어져 부족함이 없고 이 경계에 즉하여 즉공·즉가·즉중인데 다시 앞뒤가 없고 광대하고 원만하여 종횡으로 자재한 것이다. 그러므로 『법화경』에 이르기를 ‘그 수레는 높고 넓다’고 한 것이다.”[95] 간략하지만 즉공·즉가·즉중으로 삼제원융를 풀어내고 있다. 그럼에도 삼제를 공제, 가제, 중제라고 하지 않는 점은 유의할 만하다.

(2) 무기(無寄)의 원융삼제

제관법사의 『천태사교의』에 의거하여 석존의 일대기를 다룬 고려 무기(無寄)의 『석가여래행적송(釋迦如來行蹟頌)』에서는, 원융삼제에 대해 『법화현의』를 인용하여 다음과 같이 설명하고 있다.

그러므로 우리 천대지자대사는 『묘법연화경현의(妙法蓮華經玄義)』에서 경이란 한 글자를 이렇게 해석하였다. 다 육진(六塵)으로써 경을 삼는다. 예컨대 한 검은 먹의 색이 무량한 교·무량한 수행·무량한 이치를 설명하는 것과 같다. 만일 글자는 글자가 아니요, 글자 아님은 글자 아님도 아니라고 알아 두 극단의 전도됨이 없다면 ‘깨끗함[淨]’이라 한다. 깨끗하면 업이 없으니 ‘아(我)’라 하고, ‘아(我)’이면 괴로움이 없으니 ‘즐거움[樂]’이라 하며,

---

佛及衆生是三無差別. 此心卽空卽假卽中. 常境無相; 常智無緣. 無緣而緣, 無非三觀; 無相而相, 三諦宛然. 初心知此, 慶己慶人, 故名隨喜. 內以三觀, 觀三諦境. 外以五悔, 勤加精進, 助成理解”

94 諦觀, 『天台四教儀』 (『韓佛全』 4권, 526상). “初入初住, 斷一品無明, 證一分三德. 謂: 解脫·般若·法身, 此之三德, 不縱不橫, 如世伊三點, 若天主三目. 現身百界, 八相成道, 廣濟群生. 華嚴經云: 初發心時, 便成正覺, 所有慧身, 不由他悟, 清淨妙法身, 湛然應一切. 解曰: 初發心者, 初住名也, 便成正覺者, 成八相佛也, 是分證果卽此教眞因. 謂: 成妙覺, 謬之甚矣. 若如是者, 二住已去, 諸位徒施. 若言重說者, 佛有煩重之咎. 雖有位位, 各攝諸位之言. 又云: 發心究竟二不別, 須知攝之所有, 細識不二之旨. 龍女便成正覺, 諸聲聞人受當來成佛記莂, 皆是此位, 成佛之相. 慧身, 卽般若德, 了因性開發. 妙法身, 卽法身德, 正因性開發. 應一切, 卽解脫德, 卽緣因性開發. 如此三身, 發得本有, 故言不由他悟. 中觀現前, 開佛眼, 成一切種智, 行五百由旬, 到寶所, 初居實報無障閡土, 念不退位”

95 諦觀, 『天台四教儀』 (『韓佛全』 4권, 527중)

괴로움이 없으면 생사가 없으니 '항상함[常]'이라 한다. 왜냐하면 글자는 속제요, 글자 아님은 진제이며, 글자도 아니며 글자 아님도 아님은 일실제(一實諦)이므로 일제는 즉 삼제요, 삼제는 즉 일제이기 때문이다. 이와 같이 글자를 해석하면 손에 책을 잡지 않고도 항상 이 경을 읽으며, 소리내지 않고도 모든 경론을 두루 구송한다. 부처님이 세상에 나오지 않은 때라도 항상 범음을 듣고, 마음으로는 사유하지 않고도 두루 법계를 비춘다. 그러므로 검은색의 글자는 모든 법의 근본임을 알아야 한다. 청황적백도 이와 같다. 이는 색으로써 경을 삼은 것이니 성향미촉법(聲香味觸法)도 이와 같다.[96]

여기에서 삼제를 속제, 진제, 일실제라 하는 것에 유의해야 할 것이다. 게다가 일제는 곧 삼제이고 삼제는 곧 일제라는 원융삼제를 풀어낸 것도 원의에 충실한 것이라 할 수 있다. 이어서 『관심송경법(觀心誦經法)』을 인용하는 가운데 원융삼제에 대해 설명하고 있다. "이것을 부사의하고 미묘한 삼관(三觀)이라 한다. 과거·현재·미래의 모든 부처님은 모두 이 관으로부터 생겨나지 않음이 없다. 진실로 문장이나 귀절마다 다 삼덕이 감추어져 있음을 요달하고 독송하여 마음에 훈습되면 심성에 갖추어진 원융삼제가 그 가운데 훈습되어 일어나니 어찌 문장을 떠나 이치를 깨달을 수 있겠는가?"라고 하였다.[97] 『석가여래행적송』에서는 작자의 선교관을 피력하기 위해 '원융삼제'라는 용어를 쓰고 있다. 우리나라에서는 원융삼제의 용례는 별로 찾아볼 수 없으나 그럼에도 정확하게 썼다는 점은 높이 평가할 만하다.

Ⅲ. 원융삼제에 관한 논의

1. 일즉일체(一卽一切)와 사사무애(事事無碍)

지의에게 일즉일체(一卽一切)라는 용어는 이미 전기저작인 『차제선문(次

96 無奇, 『釋迦如來行蹟頌』 (『韓佛全』 6권, 507중)
97 無奇, 『釋迦如來行蹟頌』 (『韓佛全』 6권, 507하)

第禪門)』·『법화삼매참의(法華三昧懺儀)』·『육묘법문(六妙法門)』 등에 많이 설해져 있다. 우선, 『차제선문』 권1상에서는 다음과 같은 일즉일체의가 드러나 있다. 즉, "사심(四心)이 일체심(一切心)을 포섭하니 일체심(一切心)이 일심(一心)이다."[98]라고 한다. 여기서는 일즉일체의가 일체심과 일심의 관계에서 서술되고 있다. 이어서 같은 『차제선문』의 권10에서는, "색 가운데 하나하나가 서로 상입(相入)하여 서로 전혀 방해하지 않는다.[色中一一互得相入 無相妨閡]"[99]고 한다. 지의의 교학에서 '상입(相入)'이라는 용어가 나오는 경우는 아주 드물지만, 『법화현의』 권3상에는 "불공(不空)은 즉 여래장(如來藏)으로서 장(藏)과 공(空)은 합하기에 상입(相入)이라고 한다"[100]고 하는 단이 있다. 『차제선문』 권10에서 인용한 서술은 특별히 주의할 점이다. 왜냐하면 이 서술은 지의 이후에 나온 화엄교학에 의해 주장되는 사사무애(事事無碍)사상과 합치되기 때문이다. 따라서 지의의 저술에서 '상입(相入)'이란 용어가 나오는 것이 『차제선문』 뿐이라면 후세의 누가 부가한 문이라고도 볼 수 있지만, 이외에도 나오고 게다가 지의의 교학에는 이미 사사무애적인 사고가 있다는 것이 그 외 서술에서도 입증되기 때문에 『차제선문』에 그런 기사가 있어도 전혀 부자연스럽지 않다. 사사(事事)가 상즉상입(相卽相入)하여 원융하다는 기사가 이미 지의의 초기 저작에 있다는 것을 망각해서는 안 된다.

그리고 『육묘법문』[101]에서는 일심과 일체심, 일법과 일체법, 및 일진(一塵)과 일체시방세계(一切十方世界)의 제불(諸佛)이라 하여 일즉일체가 설해져 있다. 또한 『법화삼매참의』에도 "일체심이 모두 일심[一切心悉是一心]"이란 서술이 있다.[102] 이어서 『법화문구』 권1하[103]에 일체일체의(一卽一切義)가 일혜일체혜(一慧一切慧) 내지 비일혜비일체혜(非一慧非一切慧)라고 설해지기에 이른다. 또한 같은 책 권8하에는 "일개(一鎧)가 일체개(一切鎧)로서 원교개(圓教鎧)라고 한다"[104]고 설하고, 다시 같은 책 권10상에는 "또 다시 일심 가운데 십법계를 갖추고 있고 [復次一心中具十法界] 하나하나 법

98 智顗, 『次第禪門』 1상 (『大正藏』 46권, 476중)
99 智顗, 『次第禪門』 10 (『大正藏』 46권, 545상)
100 智顗, 『法華玄義』 3상 (『大正藏』 33권, 706하)
101 智顗, 『六妙法門』 (『大正藏』 46권, 554상)
102 智顗, 『法華三昧懺儀』 (『大正藏』 46권, 950상)
103 智顗, 『法華文句』 1하 (『大正藏』 34권, 13중)
104 智顗, 『法華文句』 8하 (『大正藏』 34권, 118상)

계에 십여(十如)가 있으니 즉 일백(一百)을 이룬다"[105]고 설해져 있다. 이 십계호구(十界互具)란 일즉일체의(一卽一切義)에 기초한 것이다.

『법화현의』에서는 권4하에 "즉일이삼(卽一而三) 즉삼이일(卽三而一) 일공일체공(一空一切空) 일가일체가(一假一切假) 일중일체중(一中一切中)"[106]이라 설하고, 권6상에는, "하나를 닦는 가운데 무량하고 무량한 가운데 [修一中無量無量中]"[107] 등이라고 설해져 있다. 또 『마하지관』에서는 권5상에서[108] 설하고 있는 것은 『법화문구』에, 일혜일체혜(一慧一切慧), 일체혜일혜(一切慧一慧), 비일혜비일체혜(非一慧非一切慧)라고 설한 일즉일체의(一卽一切義)가, 속제(俗諦)·진제(眞諦)·중도제일의제(中道第一義諦)라고 하는 것이다. 이것은 삼제와 일즉일체의와의 관련을 설명한 것이다. 여기서 지의가 설한 일즉일체는 후세 법장(法藏)이 주장한 사사무애적인 것인가, 이사무애적인 것인가를 생각할 필요가 있다. 그것은 『유마경문소』에서와 같이 사사무애적인 것에 서있다고 고찰된다.[109] 예를 들면 지의는 『마하지관』에서 일념(一念)에 삼천(三千)을 갖춘다는 것을 설하였다. 그것은 그 설명이 일심과 일체심과의 관계, 즉 일즉일체에 의해 이루어졌으나 일즉일체가 어떻게 성립하였는가는 설명하지 않고 있다. 그 단에서는 이어서 삼천법(三千法)을 구하여 위해 사구분별(四句分別)을 시도하고 있다. 거기서 지의는 무자성공(無自性空)을 설하고 있지만 그것이 일즉일체를 이론적으로 성립시키기 위한 이체(理體)임은 설명하지 않고 있다. 그러나 지의는 만년 『유마경문소』를 서술함에 있어서 일즉일체를 무장애토의 설이라 하고 상적광토(常寂光土)의 설로 공을 설하였지만 이것이 사사무애적인 사고를 이론적으로 구한 하나의 시도인지는 알 수 없다. 그런데 지의는 『화엄경』을 자주 인용하는데 예를 들면 『육십화엄경(六十華嚴經)』 「제일세간정안품(第一世間淨眼品)」에서 "일지(一地)에 머물러 널리 일체제지(一切諸地)의 공덕을 섭(攝)한다"[110]고 하든가 아니면 「제사노사나불품(第四盧遮那佛品)」에, "일국토(一國土)를 가지고 시방(十方)에 두루하고 일(一)로 들어가"[111]라든가 또는

105 智顗, 『法華文句』 10상 (『大正藏』 34권, 139하)
106 智顗, 『法華玄義』 4하 (『大正藏』 33권, 725하)
107 智顗, 『法華玄義』 6상 (『大正藏』 33권, 751상)
108 智顗, 『摩訶止觀』 5상 (『大正藏』 46권, 55중)
109 智顗, 『維摩經文疏』 18 (『卍續藏』 28권, 188상)
110 『舊華嚴經』 「第一世間淨眼品」 (『大正藏』 9권, 395중)
111 『舊華嚴經』 「第四盧遮那佛品」 (『大正藏』 9권, 414중)

「제구초발심보살공덕품(第九初發心菩薩功德品)」에 일체중(一切中)에 일(一)을 알고 일중에서 일체를 안다[112]고 하는 등을 인용하고 있다. 이런 용례는 바로 지의의 사사무애적 사고를 입증하는 구체적인 실례라고 할 수 있다.

2. 일즉일체(一卽一切)와 원융무애(圓融無碍)

지의가 그 초기에 강술한 『차제선문』·『법화삼매참의』·『육묘법문』에 이미 일즉일체의 뜻이 담겨져 있는 것은 이미 서술한 바와 같다. 이러한 저술에서 설해져 있는 삼관 혹은 삼제는 『영락경』이나 『인왕경』에 의한 것이다. 즉 삼관은 종가입공관(從假入空觀)·종공입가관(從空入假觀)·중도제일의관(中道第一義諦觀)이고 삼제는 진제·속제·중도제일의제(中道第一義諦)이다. 그리고 이러한 삼관 또는 삼제는, 예를 들면 『소지관(小止觀)』에 "경에서, 앞 이관(二觀)을 방편도(方便道)로 하고 이 이공관(二空觀)으로써 중도제일의관(中道第一義觀)에 들어간다고 한다"[113]라고 설하는 것과 같이, 전이관(前二觀)을 방편도(方便道)로 하여 중도제일의관에 들어간다고 하는 것이다. 그리고 삼제도 그 관법과 같이 차제적인 것이라 생각된다. 지의가 『영락경』·『인왕경』에 의한 삼제 또는 삼관을 설했어도 일즉일체의를 적극적으로 논하지는 않고 있다. 즉 전술한 바와 같이, '일체심이 모두 일심'이라 설하거나 또한 '하나의 미진 가운데 일체시방세계 제불범성 색심수량법문을 통달한다.[於一微震中, 通達一切十方世界, 諸佛凡聖, 色心數量法門]'고 설해도 이것을 본격적으로 설명하지 않았던 것이다. 그러나 이러한 것이 전기 저작에서는 전혀 없었다고 하면 안 된다. 그렇다면 지의는 어느 곳에서 이 일즉일체의를 본격적으로 설명하는 것일까. 지의는 이 생각을 『법화문구』 권10상에, "일심 가운데 십법계를 갖추고 있으니 하나하나의 법계가 십여로서 곧 백을 이룬다"[114]고 설명하는 곳에서, 논증하고 있다. 지의는 또 『마하지관』에서도 삼관에 의해 논하였다. 즉, "일공일체공(一空一切空)은 가와 중에도 공이 없는 경우는 없으니[一空一切空無假中而不空] 총공관(總空觀)이고, 일가일체가(一假一切假)는 공과 중에도 가가 없는 경우는 없으니[一假一切假無空中而不假] 총가관(總假觀)이며, 일중일체중(一中一切中)은 공과 가

112 『舊華嚴經』「第九初發心菩薩功德品」(『大正藏』 9권, 450하)

113 智顗, 『小止觀』(『大正藏』 46권, 472하)

114 智顗, 『法華文句』 10상 (『大正藏』 34권, 139하)

에도 중이 없는 경우는 없으니[無空假而不中] 총중관(總中觀)이다"[115]고 한다. 이 문장은 말할 것도 없이 총공관 총가관 총중광을 서술한 것이다. 즉 일공(一空)을 통일(統一)한 경우 일체공은 이 일공에 통일되고 가와 중도 물론 이 일공에 통일된다. 일가를 통일한 경우 다른 일체가는 물론 공과 중도 이것에 통일된다. 또한 중을 통일(統一)한 경우 일체중은 물론 공과 가도 이것에 통일된다고 설하는 것이다. 이 총공관 총가관 총중광의 태도는 『마하지관』이 강설되기 이전 이미 『법화현의』 권4하에서 "일공일체공(一空一切空) 일가일체가(一假一切假) 일중일체중(一中一切中)[116]이라 하여 밝히고 있다. 그러나 이 단에서는 일즉일체를 논할 뿐 이 의미가 기본적으로 어떤 것인가는 논하지 않는다. 이것은 앞서 인용한 『마하지관』의 문장이 지의가 일즉일체의 원융논리를 적극적으로 설명한 문장으로 주의해야 할 점이다. 즉 일즉일체를 설명하기 위해 원융삼제가 마련된 것이다.

지의가 『법화현의』에서 일공일체공 내지 일중일체중을 설할 때 그것이 일공일체공이고 내지 일중일체중이라는 이유는 삼즉일(三卽一) 일즉삼(一卽三)이란 것이다. 즉 그 단을 구체적으로 인용하면, "즉일이삼(卽一而三) 즉삼이일(卽三而一) 일공일체공(一空一切空) 일가일체가(一假一切假) 일중일체중(一中一切中) 고명여래행(故名如來行)"[117]이라고 한다. 지의가 『법화현의』를 강설한 것은 적어도 지의가 『마하지관』을 강설하기 이전이다. 그래서 앞 인용문은 '즉일이삼 즉삼이일이므로 일공일체공 내지 일중일체중이 성립한다'는 의미로 고찰된다. 이 '즉삼이일 즉일이삼'을 바꾸면 '삼즉일 일즉삼'이 성립되니, 이미 『법화문구』를 강설할 때에 있었다고 고찰된다. 즉 권4상에 "공가중심(空假中心) 즉삼이일(卽三而一) 즉일이삼(卽一而三)"[118]이란 것이 바로 그것이다.

지의는 일즉일체의 원융논리에 대해 큰 관심을 가졌다. 그것은 지의가 그 저작 모두에서 이것을 셀 수 없이 인용하는 것에 의해 알 수 있다. 그렇지만 왜 일즉일체가 논리적으로 성립하는 것인가에 대해서는 끝내 설명하지 않고 있다. 특히 화엄학에서 법장의 설명과 비교할 때 지의의 사고가 이론적으로는 거의 심화되어 있지 않다고도 할 수 있다. 그렇지만 지의가 일즉일

115 智顗, 『摩訶止觀』 5상 (『大正藏』 46권, 55중)
116 智顗, 『法華玄義』 4하 (『大正藏』 33권, 725하)
117 智顗, 『法華玄義』 4하 (『大正藏』 33권, 725하)
118 智顗, 『法華文句』 4상 (『大正藏』 34권, 51하)

체의에 특별한 주의를 갖고 이것을 자기의 교학형성을 위해 적극적으로 취입한 것을 고찰할 때, 지의는 주체적으로 이 원융논리를 체득한 것이고, 이것을 이후에 법장이 이론화하였다고 할 수 있을 것이다. 지의의 일즉일체의에 관한 서술은 후세 법장(法藏)이 주장하는 사사무애적인 것이다. 이것은 지의가 초기저작인 『차제선문』에 "색 가운데 하나하나가 서로 상입하니 서로 방해하지 않는다.[色中一一, 互得相入, 無相妨碍]"[119]고 설하고, 혹은 『유마경문소』에 "일체법이 색에 나아가니 즉 색 가운데 십법계법이 갖추어져 있다.[一切法趣色卽是色中具足十法界法]"[120]고 설하는 것을 보면, 지의는 사(事)와 사(事)의 호융(互融)을 말한 것이라고 생각된다. 이러한 서술에서 지의는 단지 단순한 심(心)에 삼천을 갖춘다고 서술하는 것만이 목적이었던 것이 아니라 색구삼천(色具三千)도 또한 주장하였다. 일색(一色)에 일체를 갖춘다는 것도 설한 것이다. 이러한 점에서 지의는 원융무애설을 전개한 것은 틀림없고 또한 중국적 사사무애의 선구를 이룬다고 할 수 있을 것이다.

3. 반야공과 실상공

지의의 교학은 용수(龍樹)의 『대지도론』에 기초하고 혜사(慧思)의 사상적 영향을 다분히 받았기에 소위 반야(般若)로 세운 법문이라 할 수 있다. 따라서 지의의 교학은 반야공(般若空)의 사상에 서서 제법실상(諸法實相)을 적극적으로 설명하고 있다. 『중론』의 부정적인 입장과 다르고 이것을 긍정적으로 나타내고자 한 『대지도론』의 입장을 발휘한 것이다. 즉 지의는 『마하지관』의 일념삼천 단에서 부정(否定)의 사구(四句)를 설하고 난 다음에 긍정의 사구를 설하고 있다. 따라서 지의가 공을 설해도 그것은 『중론』에서와 같이 부정적인 것만은 아니다. 지의는 『차제선문』 권6에서[121] 제법실상의 지(智)를 설하고, 『법화삼매참의』에서는 권10 '명좌선실상정관방법(明坐禪實相正觀方法)'의 단에서[122] 공과 무상을 동의어로 하고 있기에 지의는 초기에도 실상을 공이라 했음을 알 수 있다. 다음 지의는 『법화현의』를 강설할 때 "바로 진실을 나타내기 위해서는 무제(無諦)가 아니고서는 안 된다"고 하는데,[123] 이 무제(無諦)는 공이라고 할 수 있다. 이후에 지의는 『유

---

119 智顗, 『次第禪門』 10 (『大正藏』 46권, 545상)
120 智顗, 『維摩經文疏』 18 (『卍續藏』 28권, 188상)
121 智顗, 『次第禪門』 6 (『大正藏』 46권, 524상)
122 智顗, 『法華三昧懺儀』 (『大正藏』 46권, 954상)

마경문소』에서 상적광토(常寂光土)를 설명하고 있는데,[124] 상적광토란 진여법계(眞如法界)이고 법신의 거처이기에 이 상적광토가 구경토(究竟土)가 되는 것으로서, 권20[125]에는 상적광토가 공이고 무소유임을 논하고 있다. 이 문은 『유마경』에, "유마힐거사가 말씀하기를, 모든 불국토 역시 모두 공하다.[維摩詰言諸佛國土亦復皆空]"라고 설해진 경문의 주석이다. 따라서 지의의 교학에서 공사상은 그 초기부터 후기까지 일관하는 것이다. 일즉일체의를 실보토(實報土)의 설이라 하는 것과 이 공이 지의 교학의 근저이다. 여기서 특히 주의해야 할 것은 전술한 삼제는 방편을 가진 것이고 무제가 진실이라고 하는 기술이다. 말하자면 공이 진실이고 삼제는 방편이라고 하는 것이다. 그리고 『유마경문소』에 "속제생공(俗諦生空) 진제법공(眞諦法空) 중도제일의제평등법공(中道第一義諦平等空)"[126]이라 하고, 또, "이 삼제공리(三諦空理)를 설하여 중생으로 하여금 이 삼제공(三諦空)을 깨달아 제일의비밀장중(第一義秘密藏中)에 들어가도록 한다"[127]라 하고 또, "위에서 삼제가 모두 공이라 밝힌 바와 같이, 또 정명에서 이르기를, 무주본(無住本)으로부터 일체법(一切法)이 세워진다"[128]라고 한다. 이 일련의 서술에서 지의는 그 만년에 속제·진제·중도제일의제의 삼제를 세우고 그것은 모두 공이라고 한 것이다. 이 삼제공을 알므로 제일의비밀장에 들어간다고 하는 것이다. 그렇다고 한다면 지의는 공을 기반으로 하여 건립하고는 다시 공이라 하여 원융삼제를 밝힌 것이다. ❁

지창규 (동국대)

123 智顗, 『法華玄義』 2하 (『大正藏』 33권, 698중)
124 智顗, 『維摩經文疏』 1 (『卍續藏』 27권, 866상)
125 智顗, 『維摩經文疏』 20 (『卍續藏』 28권, 220상)
126 智顗, 『維摩經文疏』 23 (『卍續藏』 28권, 134우 하단)
127 智顗, 『維摩經文疏』 23 (『卍續藏』 28권, 37우 하단)
128 智顗, 『維摩經文疏』 23 (『卍續藏』 28권, 141右상)

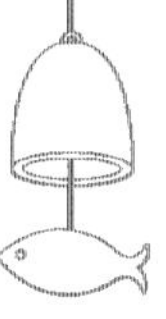

무상

범 anitya 빠 anicca 장 mi rtag pa 한 無常 영 impermanent, inconsistent, transitory

무상은 모든 존재의 3가지 특성인 삼법인(三法印) 혹은 사법인(四法印)의 근간이 되는 제행무상(諸行無常)을 간략히 표현한 말이다. 제행(諸行)은 모든 현상을 뜻한다. 생멸 변화하는 물심(物心) 현상이다. 현상계를 구성하는 일체 사물과 인간의 몸과 마음은 끊임없이 변하여 간다. 인간을 포함한 생명체들은 생노병사(生老病死)의 굴레 속에서 변하여 가고, 해와 달, 나무나 돌 등 삼라만상은 생주괴공(成住壞空)의 법칙성 속에서 생멸을 반복하며 시시각각 변해 간다. 또한 이러한 외적 변화를 인식하는 마음도 한시도 머물지 않고 생주이멸(生住異滅)한다. 모든 존재의 변화 현상을 포괄적으로 제행무상이라고 표현한 것이다.

I. 어원적 근거 및 개념 풀이

무상은 빠알리어 anicca와 범어 anitya를 번역한 말이며 서장어로는 mi

rtag pa이다. 범어 anitya는 형용사와 중성명사 등으로 사용된다. 빠알리어도 마찬가지이다. 중국에서는 anitya를 無常 혹은 非常으로 번역했으며 우리말로는 '덧없는, 항상하지 않는, 끊임없이 변화하는'의 뜻이다. 영어로는 'impermanent, inconsistent, transitory' 등으로 번역된다.

인도의 문법가들은 범어 anitya를 부정 접두어 a와 '영원한'을 의미하는 nitya의 합성어로 간주한다. 하지만 남방상좌부 계통의 논서에서는 다음 2가지로 위의 합성어를 분석한다. 『청정도론(Visuddhimagga)』의 주석서인 『빠라마타만쥬사(Parama tthamañjusā)』는 위와 마찬가지로 '영원하지 않은' 의미의 a+nicca (*na niccan ti aniccaṃ*)로 분석한다. 이에 반하여 『아비담마타상가하(Abhidhammatthasaṅgaha)』의 주석서인 『위바이니띠까(Vibhāvinī-ṭīkā)』는 모음 앞에 붙는 부정접두어 an과 '가다'의 뜻인 동사원형 i 의 합성어로 본다. 즉, '더 이상 갈 수 없는'(*...na iccaṃ anupagantabban ti aniccaṃ*)의 뜻이다.[1] '계속되지 않은, 영원하지 않은'의 뜻은 마찬가지이지만 어원을 i (가다)라는 동사로 보는 것이 다른 점이다.

제행(諸行 sarva saṃskāra)에서, '제'(諸, sarva)는 '일체' 또는 '모든'의 뜻이다. 그리고 행(行 saṃskāra)은 '함께'라는 의미의 접두사 sam과 '하다, 만들다'라는 의미의 동사 kṛ가 합성되어 이루어진 것으로서, '만들어진 것[爲作]'이라는 말이다. 따라서 제행이란 '일체의 만들어진 것', 다시 말하면, 물질적 정신적인 모든 현상을 가리킨다. 현대적인 표현으로는 '모든 존재'라고 할 수 있다.

즉, 모든 것이 변하지 않는 것 같지만 항상 변해가고 있는 것이 제행무상이다. 따라서 만물의 특성은 무상이며, 현상계를 구성하는 것들은 찰나 생멸하므로 고정불변의 것이 없다. 모든 물질의 절대적 정지 상태는 이 세상 어디에도 없다. 육안으로는 변하지 않는 것처럼 보이지만 실제로는 한시도 쉬지 않고 운동하고 있는 것이다. 이런 객체적 대상뿐만 아니라 인식 주체인 마음도 끊임없이 변화하고 있다. 정신의 세계와 물질의 세계는 무상이라는 대법칙성 속에서 한시도 머물지 않고 움직이고 있는 것이다. 이것이 제행무상의 개념이다.

---

1 Malalasekkera, G.P. *Encyclopaedia of Buddhism,* Vol. I Fascicle 4, *anicca,* 657면에서 재인용.

Ⅱ. 역사적 전개 및 용례

1. 초기불교에서의 무상

삼법인은 초기경전에는 주로 제행무상(諸行無常), 일체개고(一切皆苦), 제법무아(諸法無我)의 형식으로 나타나지만, 일체개고 대신 열반적정(涅槃寂靜)을 넣어서 제행무상, 제법무아, 열반적정의 형식을 취하기도 한다. 어떤 형식을 취하던 제행무상은 항상 포함된다. 무상이 어떤 맥락에서 설해지는가를 알기 위해서 초기경전에 자주 나타나는 무상·고·무아에 관한 부분을 직접 살펴보자.

> "비구들이여, 내가 물을테니 아는 대로 대답해 보라. 육체(色)란 영원히 변하지 않는 것인가, 시시각각 변해서 무상한 것인가?" "무상한 것입니다." "무상한 것이라면 즐거운 것인가 괴로운 것인가?" "괴로운 것입니다." "육체가 무상하고 괴로운 것이라면 '그것은 나의 것(我所)이며, 나(我)이며, 나의 본체(我體)이다'라고 생각하는 것이 옳은가 그른가?" "옳지 않습니다. 그것은 나가 아닙니다[無我]." "그러면 정신의 세계인 감수(受)와 개념(想), 그리고 의지(行)와 인식(識)은 어떠한가?" "그것 역시 영원한 것이 아니며, 즐거운 것이 아니며, 나의 것도 나의 본체도 아닙니다." "참으로 그러하다. 그렇게 관찰하는 것이 옳다....."[2]

초기경전을 읽다 보면 오온의 무상함, 괴로움, 그리고 무실체성을 반복해서 강조했음을 발견하게 된다. 위의 경에서도 오온은 무상한 것이며 괴로운 것이며 따라서 실체적 자아는 없다는 것을 확인시켜 주고 있다. 초기경전의 무상에 관한 언급은 짧은 인생이므로 부질없는 일에 시간낭비하지 말고 부지런히 정진하라는 경훈의 의미로 나타나는 곳이 있다. 『숫따니빠따』의 여러 게송[3]에는 언젠가 늙어 죽어야 하는 존재임을 강조한다. "아, 짧기도 하여라. 사람의 목숨이여! 백 살도 못 살고 죽는구나. 설사 그보다 오래 산들, 결국은 늙어서 죽을 것을!"[4] 『법구경』에도 역시 인생의 덧없음을

2 『雜阿含經』2(『大正藏』2권, 7하)

3 Sn 574-593, 804-813.

4 Sn 804.

게송[5]으로 읊고 있다. "몸이 물거품처럼 허무하고 마음이 아지랑이처럼 실체 없음을 깨닫는다면 그는 능히 꽃대 같은 감각적 쾌락의 화살을 꺾으리니 죽음의 왕도 그를 보지 못한다."[6] 또한 『유행경(遊行經)』의 "모든 행은 실로 무상하다. 너희들은 방일하지 말고 정진하라"[7]는 붓다가 남긴 최후의 유훈으로 수행자들에게 발심수행을 권유한 경구이다.

초기경전에 나타난 무상의 이해는 정치(精緻)한 논리적 분석이나 논의를 통해서 이루어지는 것이 아니라 물심(物心)의 경험적 현상에 대한 관찰을 통해서 얻어진다. 인간과 인간을 둘러싼 물리적 환경에 대한 분류를 오온(五蘊), 십이처(十二處) 등으로 하여 그것들의 특성을 정리하여 경험토록 한다. 『상응부 경전(Saṃyutta -nikāya)』[8]에는 오온은 무상하며, 조건화되어 있고(saṅkhata), 연기적으로 생성된다고 되어있다. 같은 경전에는 조건화되어 있다는 말을 좀 더 구체화 하여 생성, 지속, 소멸의 현상을 언급한다.

> 아난다여, 몸, 느낌, 개념, 의지 그리고 분별의식의 생성(uppāda)이 분명하며, 소멸(vaya)이 분명하며, 지속의 변화(ṭhitassa aññathatta)가 분명하다.[9]

나아가 『증지부 경전(Aṅguttara-nikāya)』에는 유위법의 3가지 특상으로 명기하며 다음과 같이 기술하고 있다.

> 비구들이여, 유위의 3가지 특상(tīni saṅkhatassa saṅkhata lakkhaṇāni)이 있다. 무엇이 3가지인가? 생성이 분명하며, 소멸이 분명하며, 지속의 변화가 분명하다.[10]

이 경구는 부파불교의 아비다르마 교학체계에서 유위법의 삼상설(三相說) 혹은 사상설(四相說)과 찰나설의 경전적 준거로 사용된다. 이와 함께 제

---

5 Dh 41, 46-48, 151-152.
6 Dh 46.
7 『遊行經』(『大正藏』1권, 30중)
8 S III 24-25면.
9 S III 38면.
10 A I 152면.

행무상과 관련된 초기경전 중에서 존재의 법칙을 체계적으로 분류할 수 있는 근거를 제공했다고 볼 수 있다.

2. 아비달마불교에서의 무상

위에서 살펴보았듯이 초기경전에서는 무상을 다양한 입장에서 조명하고 있지만 찰나설이나 달마[法] 이론처럼 정치한 이론적 체계를 갖추고 있지는 않다. 초기경전은 무상을 이론 확립을 위한 분석의 대상으로 보지 않고 덧없는 현상을 직접 체험하는 수행의 대상으로 파악하였다. 즉 실천수행을 통해 어떻게 해탈 열반에 이를 수 있는가에 초점이 맞추어져 있다.

이에 대해 아비달마불교에서는 무상을 현상적이고 체험적인 것으로 파악하기 보다는 무상을 좀 더 논리적으로 논증하기 위하여 변화하는 현상의 시간적 순서에 따라 생주이멸(生住異滅)로 분석하였다. 나아가 찰나적 관점에서 제행무상을 이론적으로 주장하고자 달마 이론체계를 확립하게 된다.

먼저 『잡아함경』에 소개되어 있는 다음의 게송을 살펴보자.

> 제행은 참으로 상주하지 않으니,
> 생멸을 그 본성으로 하기 때문이다.
> 생기하는 것은 필히 소멸하니,
> 생멸이 없는 것, 이것이 즐거움이다.[11]

이 게송은 아비달마교학에서 유위와 무위의 달마 분석의 토대가 되었다. 앞의 2구가 유위, 뒤의 2구는 무위를 나타낸다. 대승불교의 『열반경』에서도 위와 비슷한 무상게송이 나타나고 이에 대한 대승불교적 해석이 시도되게 된다. 이에 대해서는 대승불교에서의 무상을 논할 때 소개하기로 하고 먼저 초기경전의 실천적 입장에서 다루어진 무상의 개념이 아비달마 분석의 관점에서 어떻게 정밀하게 이론화되고 현학적인 성격이 강화되었는지를 살펴보자.

위의 게송에 나타난 제행무상의 인식이 『구사론』에서는 "일체의 유위는 유찰나(有刹那)이다"[12]라고 하여 설일체유부의 찰나멸 사상을 체계화 했다.

---

11 『雜阿含經』22(『大正藏』2권, 153하)

특히 이 찰나멸의 사상은 유부 아비달마의 철학적 세계관의 기본 전제가 되었다. '찰나'는 시간의 극소 단위로서 순간을 의미하지만, 『구사론』에서는 이를 "체(體)를 얻을 사이 없이[無間] 멸하는 것"[13]이라고 정의한다. 이처럼 찰나를 갖는 법을 '유찰나'라 하며, 유찰나의 유위법을 찰나멸로 파악한다. 『구사론』의 다음의 구절에 이런 입장이 잘 표현되어 있다.

> 온갖 유위법은 모두 유찰나이지만 그 이치는 지극히 잘 성립하니 후찰나에 반드시 멸진(滅盡)하기 때문으로, 말하자면 유위법의 소멸은 원인에 근거하지 않는 것이다.[14]

유위법의 찰나멸 이론과 삼세실유 법체항유(三世實有 法體恒有)의 달마 이론이 연결되어 있는 점이 유부 아바달마의 철학적 세계관의 기본적인 특징이다. 유부의 논사들은 만물은 항상성이 없다는 제행무상의 도리를 정밀하게 추구하다보니 법(dharma)이 찰나찰나 생성 소멸된다는 전제를 하게 되었다. 하지만 법체, 즉 드라비아(dravya)는 과거, 현재, 미래에 걸쳐 항존한다는 입장을 취하게 되었다. 이들은 법체항유이므로 제행무상이 성립될 수 있다고 생각한다.[15] 그러나 이런 유부의 입장은 다른 부파들로부터 직접적인 비판을 받았다. 대승불교에서의 무상을 서술할 때 언급하겠지만, 특히 『중론』에서는 법체항유설은 무상설과 모순되며 드라비아라고 하는 실체를 인정하는 것이므로 무아설과도 배치되는 비불교적인 견해라고 지적하고 있다.

남방상좌부에서도 위와 같은 유부의 입장을 온전히 받아들이지 않는다. 삼세실유설에 대해서는 『논사(論事 Kathāvatthu)』에서 비판하고 있지만[16] 이들도 무상설은 찰나멸의 관점에서 분석하였다. 그러나 유부의 찰나설과 본질적인 차이가 있다.[17] 유부에서는 물질 찰나와 마음 찰나의 시간적 길이

12 『俱舍論』13(『大正藏』29권, 67하)
13 위의 책과 같음.
14 앞의 책과 같음.
15 권오민, 『아비달마불교』 (서울: 민족사, 2003), 96-106면 참조.
16 Kv XXII.8, 620면
17 상좌부 찰나설의 문헌사적 기원과 발전에 대한 논문 참조(Wan Doo Kim[미산], *The Theravadin Doctrine of Momentariness-A Survey of its Origins and Development,* D. Phil Thesis, Oxford University, 1999)

를 구분하지 않지만 상좌부에서는 물질 찰나는 마음 찰나 보다 17찰나 정도 시간적으로 길다고 생각한다. 즉, 현상적으로 물질이 찰나로 변하는 속도와 정신이 찰나로 변하며 그것을 인식하는 속도는 다르다고 보는 것이다. 한번 변하는 물질 찰나를 인식하려면 마음은 17찰나 생주멸(生住滅)해야 한다고 보는 것이다. 다시 말하면, 물질과 마음이 변하는 속도는 1:17이라고 한다. 상좌부에서도 이처럼 무상설을 면밀하게 분석하여 심식현상을 설명하는 논리적 도구로 활용하고 있다.[18]

3. 대승불교에서의 무상

대승불교에서는 무상에 대한 초기불전의 기본적인 인식을 계승하면서도 아비달마불교의 무상에 대한 이론적 해석은 전적으로 배제하고 대승불교 특유의 사상체계 속에서 무상에 대한 인식을 다르게 하고 있다. 특히 무상의 실천적인 측면이 강조되어 발심수행의 시발점으로 활용되고 있음을 알 수 있다. 중관, 유식, 티벳불교, 선불교에서의 무상에 대한 이해를 알아본다.

1) 중관에서의 무상

위에서 살펴본대로 설일체유부의 아비달마사상은 '삼세실유 법체항유'

18 상좌부의 찰나설은 약 1-2세기경『위방가(Vibhaṅga)』등의 주석서에 나타나기 시작하여 12세기 경에 쓰여진『아비담마타상가하(Abhidhammatthasaṅgaha)』에 이르러 심식설의 근거가 되는 이론으로 정착된다. 설일체유부나 경량부의 찰나설은 훗날 인도의 인명논리와 유식설의 이론적 기초를 마련해 주는데 반하여 상좌부의 찰나설은 인지 심리학적인 성향을 띠며 독자적으로 발전했다. 예를 들면, 다른 부파들은 외계의 물질과 정신 현상이 변화는 양상은 생·주·이·멸(生·住·異·滅)로 1:1의 속도를 유지하며 찰나찰나 변한다고 본다. 1찰나는 시간의 최소단위인데 현대의 시간단위로 환산하면 약 0.013초(=1/75초)이며 모든 물심현상은 같은 속도로 변한다고 보았다. 그러나 상좌부는 외계의 물질과 그것을 인식하는 마음은 근본적으로 다른 양상으로 변하는데 물질은 마음보다 느린 템포의 변화가 진행된다고 보았다. 지혜의 눈으로 관찰할 수 있는 감각정보의 최소 물질단위를 깔라빠(kalāpa)라고 하며 물체를 구성하고 있는 하나의 깔라빠가 1찰나 생성, 지속, 소멸할 때, 마음은 생·주·멸을 17찰나 동안 반복한다. 즉 마음찰나와 물질찰나의 변화 속도비율은 1:17이며, 17찰나가 외부에서 들어온 물질감각정보를 정확하게 인지하는 인식 정보처리(cognitive process)의 기본 시간단위이다. 현대의 단위로 환산하면 바깥 사물을 인식하는데 걸리는 물리적 시간은 약 0.2초의 시간이 걸린다고 할 수 있다. 위와 같은 상좌부의 찰나설은 심식설과 밀접한 관계가 있으며 찰나설은 심식설의 기초가 되었다. 또한 이 찰나설은 초기불교의 무상설에 바탕을 두고 있다.

라는 말로 대표되듯이, '존재를 구성하는 모든 기본적인 요소[法]는 실재한다'는 입장이다. 물론 이들은 제행무상의 원리에 따라 찰나멸한다. 이 입장에서는 자아를 여러 요소들의 인연에 따른 구성물이라고 보고서 단일하고 독립적인 존재로서의 자아의 실재를 부정하지만, 자아와 사물의 구성요소인 법의 존재는 인정하고 있으므로 마음 바깥에 대상의 존재를 인정하고 있는 것이다. 이런 유부의 입장에 대하여『반야경』에 입각한 중관학파는 아비달마의 이러한 법실재론(法實在論)을 비판하며 법무자성설(法無自性說)을 주창하고, 연기법(緣起法) → 무자성(無自性) → 공(空)의 논리를 확립했다.[19]

나가르주나는『중론』에서 일체의 모든 존재는 원인과 조건에 의하여 생겨났기 때문에 다른 것에 의존하는 복합적인 존재이고 무상(無常)한 것으로 여기에 영원불변한 실체는 있을 수 없으며 따라서 무아(無我)이며 공(空)이라고 논설하고 있다.[20] 영원불변하며 단일한 실체론에 대해 나가르주나는 이 같은 본체는 개념이나 말을 실체화한 것에 지나지 않으며 허구나 희론에 불과하다고 비판하였다.[21]

유부의 주장대로 우리가 경험하는 현상세계만이 무상한 것이고, 그런 현상을 구성하는 기본요소인 법체는 항존하는 실체라고 할만 것은 없다고 나가르주나는『중론』에서 주장한다. 즉 일체가 공이므로 연속적으로 이어지는 현상 너머에 찰나적으로 생하고 멸하는 무엇인가가 있다고 말할 수 없다. "생하는 것도 없고 멸하는 것도 없다[不生亦不滅]."[22] 또한 그는 존재의 변화 양상인 생(生), 주(住), 멸(滅)의 삼상(三相)에 대하여 언급하면서 삼상의 실체는 있을 수 없으며, 유위의 존재뿐만 아니라 무위의 존재까지도 실재하지 않음을 설파하고 있다.

> 생·주·멸의 삼상은 마치 환(幻)이나 꿈과 같으며,
> 실재하지 않는 간다르바의 성과 같다.[23]

19 권오민,『인도철학과 불교』(서울: 민족사, 2004), 268면.
20『中論』「관사제품」19게(『大正藏』30권, 33중)
21『中論』「관여래품」15게(『大正藏』30권, 30하-30상)
22『中論』(『大正藏』30권, 1중)
23『中論』,「관삼상품」34게(『大正藏』30권, 12상)

이와 같은 『중론』의 무상법의 특징에 대한 이해는 『반야경』[24]에 근거하고 있다고 볼 수 있다. 또한 『금강경』의 끝부분에 나오는 유명한 사구게(四句偈)에는 유위법에 대한 비유가 더 구체적으로 나열되어 있음을 알 수 있다.

> 일체의 유위의 법은 꿈, 허깨비, 거품, 그림자 같고,
> 이슬과 같고 번개 같은 것,
> 응당 이같이 보아야 하리라.[25]

『유마경』에서도 유사한 비유들이 발견된다. 문병하러 온 대중들의 "몸을 잘 보살피라"는 말에 유마는 이 몸의 무상성을 10가지 비유[26]를 통해서 설하고 있음을 볼 수 있다.

『대지도론』[27]에는 "무상에 2종이 있으니, 첫째는 념념(念念)에 멸함이니, 모든 유위법은 일념에 머무름에 지나지 않는다. 둘째는 상속하는 법도 무너지고 마는 것이니 이것을 무상이라 한다. 사람의 목숨이 다하는 것과 같고, 초목이 불에 타는 것과 같으며, 물이 끓어 없어지는 것과 같다"라고 하였다.[28]

2) 유식에서의 무상

유식사상도 기본적으로는 중관파와 같은 선상에 있다. 유식사상은 연기법 곧 현상적인 존재를 '활동적인 식'과 '식에 의해 개념적으로 인식된 것'의 두 가지로 분류하고, 후자를 부정함으로써 법무자성(法無自性), 즉 법무아(法無我)를 논증하고자 한다. 법무아를 논증함에 있어서 제행무상의 원

---

24 *Aṣṭasāhasrikā Prajñāpāramitā with Haribhadra's Commemtary called Aloka* ed. P. L. Vaidya (The Mithila Institute of Post-Graduate studies and Research in Sanskrit Learning, 1960), 20면.

25 『金剛經』(『大正藏』8권, 752중). 『금강경』의 각종 판본에 비유의 가짓수가 다름에 대한 논의에 대해서 김윤수, 『반야심경·금강경 읽기』 (서울: 마고북스, 2005), 521-524면 참조.

26 『유마경』475(『大正藏』14권, 539중). 무상에 대한 10가지 비유-취말(聚沫), 포(泡), 염(炎), 파초(芭蕉), 환(幻), 몽(夢), 영(影), 향(響), 부운(浮雲), 전(電).

27 『大智度論』43(『大正藏』25권, 372중)

28 가산 이지관, 『伽山 佛教大辭林』 권6 (서울: 가산불교문화연구원, 2004), 971면에서 재인용.

칙에 입각해 찰나찰나 변하는 가(假)의 현상이 가(假)의 현상으로 이어진다고 주장한다. 각 순간의 현상은 그 현상을 떠받치는 실체에 기반한 것이 아니라, 이전 찰나의 현상에 의거하여 생하고 또 그 다음 찰나의 현상을 낳으면서 멸하는 것이다. 이렇게 해서 실체 없이 현상이 현상으로 이어지게 된다. 즉, 현상 너머에 따로 존재하는 실재란 따로 있지 않지만 무상한 현상이 찰나찰나 상속하고 있음을 유식논사들은 강조하고 있다. 이들의 무상에 대한 해석은 경전 도처에서 강조하고 있는 몸과 마음의 허망함에 대한 말씀에 근거하고 있음을 알 수 있다. 대승의 『대반열반경(大般涅槃經)』 40권본에서도 위에서 언급한 『유마경(維摩經)』에서처럼 몸의 무상함을 비유를 통해서 표현하고 있다. "이 몸은 무상하여 순간순간 머물지 아니함[無常念念不住]이, 마치 번개불이나 세찬 물결이나 아지랑이와 같다."[29] 또한 같은 경 36권본에서는 무상관에 대한 자세한 기술을 하고 나서 "일체의 색법과 비색법이 모두 무상함[一切色法非色法 悉是無常]을 알아야 한다"[30]고 기술하고 있다.

무상성을 유식학파의 입장에서 가장 철저히 논증하고 있는 것이 아상가(Asaṅga 無着)의 『현양성교론(顯揚聖教論)』이다. 이 책의 「성무상품(成無常品)」 제4[31]에서는 무상성(無常性 anityatā)에 대한 6가지 혹은 8가지 분류[32]를 소개하고 있다.

무상의 6가지 분류

① 무성무상(無性無常): 존재 자체의 실체가 없으므로 무상함.

② 실괴무상(失壞無常): 조건에 의해서 형성된 것은 괴멸하므로 무상함.

③ 전이무상(轉異無常): 어떤 실체가 있어 변이되는 것이 아니라 순간순간 대체되는 변화에 대한 무상으로 15가지 양상의 전이가 있으며 8가지 전이를 위한 조건이 있음.

④ 별리무상(別離無常): 헤어짐과 떠남에 대한 무상함.

---

29 『大般涅槃經』1(『大正藏』12권, 367중)

30 『大般涅槃經』34(『大正藏』12권, 863중)

31 『현양성교론(顯揚聖教論)』「성무상품(成無常品)」 제4에 대한 영어번역과 주석은 Rospatt, Alexander von, *The Buddhist Doctrine of Momentariness: A Survey of the Origins and Early Phase of this Doctrine up to Vasubandhu,* (Stuttgart: Steiner, 1995), 219-248면 참조.

32 『顯揚聖教論』22(『大正藏』31권, 548상)

⑤ 득무상(得無常): 현재 여기서 바로 인식하게 되는 무상함.
⑥ 당유무상(當有無常): 미래에 필연적으로 인식하게 되는 무상함.

무상의 8가지 분류
① 찰나문(剎那門): 조건화된 현상은 찰나찰나 생멸함.
② 상속문(相續門): 찰나적 현상이 끊임없이 상속됨.
③ 병문(病門): 병듦.
④ 노문(老門): 늙음.
⑤ 사문(死門): 죽음.
⑥ 심문(心門): 찰나찰나 생멸하는 마음현상.
⑦ 기문(器門): 기세간의 삼라만상이 생주괴공하는 현상.
⑧ 수용문(受容門): 아무리 즐거운 것(bhoga)도 언젠가 사라지기 마련임.

위와 같이 다양한 종류의 무상성이 삼계(三界)에 모두 적용 되는 것은 아니라고 『현양성교론(顯揚聖敎論)』은 밝히고 있다. 물론 인간이 살고 있는 욕계(欲界)에는 예외 없이 모두 적용되지만 색계(色界)에서는 다음 3가지, 즉, 병문, 노문, 수용문은 적용되지 않는다. 또한 색계에는 3가지 전이, 즉, 촉(觸), 염(染), 사(死)만 적용된다. 무색계(無色界)의 경우 기문만 제외하고 색계의 경우와 동일하다고 한다.[33]

『변중변논(辯中邊論)』[34]에서도 삼성(三性)을 잡아서 무상을 구별하였으니, 변계소집성(遍計所執性)은 그 체(體)를 도무지 찾을 수 없으니 무성무상(無性無常)이라 하고, 의타(依他)의 모든 법이 인연으로 발생하고 소멸하니 생멸무상 또는 기진무상(起盡無常)이라 하며, 원성실성(圓性實性)도 그 위(位)가 거듭하여 변하기 때문에 구정무상(垢淨無常)이다. 따라서 유위제법(有爲諸法)과 함께 원성실법(圓性實法)도 무상의 뜻을 갖는다고 본 것이다.[35]

3) 티벳불교에서의 무상

티벳불교에서도 중관과 유식사상의 무상에 대한 이해를 바탕으로 하고

33 『顯揚聖敎論』22(『大正藏』31권, 548하)
34 『辯中邊論』中(『大正藏』31권, 468하-469상)
35 가산 이지관, 『伽山 佛敎大辭林』 권6 (서울: 가산불교문화연구원, 2004), 971-972면에서 재인용.

있다. 중복을 피하기 위하여, 여기서는 티벳불교 수행지침서의 백미로 알려져 있는 총카파의 『람림체모』(줄여서 『람림』), 즉 『보리도차제대론(菩提道次第大論)』에 나오는 무상에 대한 가르침을 소개하고자 한다. 무상에 대한 철저한 인식을 강조하는 것은 하사부(下士夫), 중사부(中士夫), 상사부(上士夫) 중에서 하사부의 가르침에서 찾아볼 수 있다. 과거의 잘못된 습관을 떨쳐버리고 큰 정진과 법다운 수행을 할 수 있으려면 몸과 생명이 오랫동안 유지될 것이라는 희망에 속지 말아야 한다. 이것으로 인하여 탐착, 혐오, 무지의 모든 크고 작은 번뇌들이 시작되어 수행을 방해하게 된다. 그래서 하사부 수행의 첫 단계에서는 언제 죽음이 닥쳐올지 모른다는 긴박한 마음을 일으키는 것이다. 즉, 죽음에 대한 인식을 분명히 하여 철저히 무상을 체험하는 것이다. 이것이 수행단계의 첫 목표이다. 『람림』은 죽음은 언제 어디에서 꼭 오고야마는 것임을 다음과 같이 『무상집』을 인용하여 보여주고 있다.

> 어디에 살든지 죽음 탓에 불안하네.
> 죽음이 서리지 않은 땅은 없나니
> 공중에도 없고 바다에도 없으며
> 산속의 틈새에도 없느니라.[36]

또한 『람림』은 세월 무상함에 대해서도 밤과 낮이 끊임없이 줄어들고 있음을 알아 수행에 힘쓸 것을 『입보리행론(入菩提行論)』을 인용하여 권면하고 있다.

> 밤과 낮은 멈출 때가 없고
> 이 목숨은 늘 짧아만 지네.
> 짧아져도 보탤 수 없으니
> 내 어찌 죽지 않을소냐.[37]

『대유희경(大遊戲經)』도 역시 비유를 통해 무상을 묘사하고 있다.

---

36 총카파 지음, 청전 옮김, 『깨달음에 이르는 길, 람림』 (서울: 지영사, 2005), 158면.
37 앞의 책, 160면.

삼유(三有)의 무상은 가을 하늘의 구름 같고
중생의 생사는 연극을 보는 것과 같네.
중생의 목숨을 마침은 하늘의 번개와 같고
가파른 산에서 내리는 폭포수처럼 빨리도 흐르네.[38]

『람림』은 위와 같이 죽음과 관련된 다양한 언구들을 경장과 논장에서 발췌하여 수행을 처음 시작한 초심자들이 숙지할 수 있도록 하고 있다. 특히 죽음을 생각하지 않아서 생기는 손실과 죽음을 생각하므로 생기는 이득을 열거하여 발심을 유도하고 있다. 나아가 죽음의 실제를 생각하도록 하는데 언제 죽을지 모르며 죽을 때 수행 외에는 아무것도 도움이 되지 않음을 사유하도록 한다. 이렇게 하여 죽음의 상태를 직접 관상하도록 유도한다. 다음 단계에는 죽은 뒤에 고통스런 세계에 태어났을 때 고통을 관상하도록 한다. 즉, 각종 지옥의 고통을 상상하고, 굶주린 아귀들의 고통과 추위와 더위에 시달리는 축생들의 고통을 상상하게 한다. 티벳불교에서는 이런 방식으로 무상에 대한 다양한 체험을 하도록 하여 초심자들이 발심수행 할 수 있도록 동기를 부여하는데 무상의 교설을 적극 활용하고 있음을 알 수 있다.[39]

4) 선불교에서의 무상

선가(禪家)에서도 무상은 발심수행의 맥락에서 매우 강조된다. 발심이란 발보리심(發菩提心)의 약칭으로 위없는 깨달음[無上菩提]을 구하는 마음이다. 생로병사의 고통에서 벗어나 안심입명(安心立命)의 자리에 들어 영원한 행복을 모든 중생과 나누겠다는 원력이다. 발심한 수행자는 생사문제의 해결에 대한 간절함이 있어야 한다. 즉 생사심을 해결하겠다는 굳은 마음을 내야 한다. 생사심이란 나의 생사가 무상신속(無常迅速)하여 목전에 달려있다고 느끼고 다급하고 절박한 마음을 말하는데, 이 생사심이 바로 발심의 주체가 되는 것이다. 옛 조사들의 기연을 보면 대다수가 무상을 절감하고 발심출가 했거나, 혹은 출가한 이후라도 문득 무상이 신속함을 통감하고 참선으로 전향하여 생사를 영단할 것을 재발심한 경우가 있다.[40] 『대혜어록』에는 무상신속에 대해서 이렇게 말한다.

38 앞의 책, 161면.
39 초펠 편역, 『티벳 스승들에게 길을 묻는다면』 (서울: 하늘호수, 2005), 24-26면.
40 월암, 『간화정로, 간화선을 말한다』 (부산: 현대북스, 2006), 349면.

> 내가 백년 후 죽을 때 어디로 향해 가는가? 마음 또한 어둡고 어두워서 갈 곳을 모른다. 이와 같이 갈 곳을 모르니 이것이 죽음의 문제가 크다는 것이다. 이를 일러 무상이 신속한데 생사의 일이 크다[生死事大]는 것이다.[41]

생명의 시작과 끝은 있는가? 태어남은 어디로부터 오는 것이며[生從何處來] 죽음은 어디로 향해 가는가[死向何處去]? 이 문제는 불교가 설하고 있는 핵심과제이며, 인간 삶의 이치와 우주의 이법에 대한 근원적인 문제의식이기도 하다. 이 근원적인 문제의식이 바로 "무상신속 생사사대"라는 말로 표현되었다. 고봉의 설법도 이와 비슷하다.

> 태어남과 죽음은 삶의 큰일이며 세월의 흐름은 빠르다. 태어나되 어디에서 오는지를 알지 못함을 삶의 큰일이라 하고, 죽음에 이르되 어디로 가는지를 알지 못함을 죽음의 큰일이라 한다.[42]

중국 선사들의 어록뿐만 아니라 신라시대 부설거사의 사부시(四浮詩)에도 무상신속과 부귀영화에 탐착하는 삶이 얼마나 허망하며 무상한 지를 잘 표현하고 있다.

> 처자와 권속들이 삼대같이 널려 있고 금은과 옥백 보물 구산(邱山)같이 쌓였어도 죽음에 다다라서 내 한 몸만 홀로 가니 이것도 생각하면 허망할사 뜬 일일세.[43]

뜬구름 같이 허무한 인생을 노래한 사부시와 함께 수선납자들이 늘 애송하는 경허의 『참선곡』에서도 인생의 무상함에 대해 다음과 같이 읊고 있다.

> 홀연히 생각하니 모두 꿈속의 일[都是夢中]이로다.
> 천만고 영웅호걸 북망산의 무덤이요,
> 부귀문장 쓸데없다 황천객을 면할소냐.

---

41 대혜, 『大慧語錄』 권16(『大正藏』47권, 878하)

42 고봉, 『高峰和尙禪要』(서울: 조계종 교재편찬위원회, 대한불교조계종 교육원, 1999), 51면.

43 일타 엮음, 『법공양문』(서울: 효림, 1994), 27면.

> 오호라! 나의 몸이 풀끝에 이슬이요,
> 바람 앞의 등불이라.[44]

세상사 모두가 한낱 꿈속의 일이라고 보고 빨리 꿈속에서 깨어나고자 발심하는 것이다. 경허가 거듭 말하기를 "사람 되어 못 닦으면 다시 공부 어려우니, 나도 어서 닦아보세"라고 하여 발심수행으로 나아갈 것을 권고하고 있다. 서울 안양암에 오래 머물렀던 한말의 성월도 다음과 같이 『무상권발문(無常勸發文)』을 지어 염불 참선할 것을 권유한다.

> 아무리 생각하여도 무상하외다. 친속과 벗이 많은 들 쓸데있소? 슬프고 가련하다. 죽음에 노소와 귀천이 없고 선악(善惡)과 보응(報應)이 분명하니 … 해태심(懈怠心)도 내지 말고, 주야장천에 간단(間斷)없이 공부만 하시오. 생사대해(生死大海) 건너기는 염불 참선밖에 없습니다.[45]

현대의 선승 성철도 수선납자들이 지켜야 할 『납자십계(衲子十戒)』 중에서 늘 무상함을 생각하여 방일치 않음을 첫 번째 계로 서술하고 있다.

> 무상: 조각달이 비치는 소삽(蕭颯)한 수풀 속에 몇 개의 백골들은 흩어져 있네. 옛날의 잘난 모습 어디에 두고 덧없이 삼악도의 괴로움만 더해 가나?[46]

이처럼 무상설에 대한 선가의 태도는 아주 실질적이고 직접적이다. 천년 만년 살 것인 양 탐착과 혐오의 삶을 살아갈 것이 아니라 사람의 생명은 호흡에 달려 있음을 알아 긴박하고 간절한 마음으로 정진할 것을 권유하는데 무상설을 적극적으로 활용하고 있음을 알 수 있다.

Ⅲ. 무상과 연관된 주요 교설

무상의 교설은 불교의 다양한 교설과의 연관성 속에서 살펴보아야 한다.

---

44 앞의 책, 99면.
45 앞의 책, 19-20면.
46 앞의 책, 72면.

무상과 연관된 개념들은 무아(無我), 고(苦), 연기(緣起), 연생법(緣生法), 그리고 공(空) 등이다.

이 글의 서두에서 무상은 삼법인 혹은 사법인 중의 하나임을 언급하였다. 무상과 긴밀한 짝을 이루며 존재의 속성을 나타내는 것은 무아이다. 무상한 모든 법은 자기동일성을 갖는 실체가 있을 수 없고, 따라서 '나'라는 것이 자기동일적인 존재를 의미하는 것일진대 그러한 '나'라는 것은 없다는 것이다. 그래서 모든 법에는 자아가 없으므로 제법무아(諸法無我)이다. 유위법의 또 다른 특징은 형성된 모든 것은 괴로움[行苦]이라는 것이다. 즉, 일체개고(一切皆苦)이다. 형성된 법은 실재가 아닌 변화하는 것인데 변치 않는 존재로 집착하는데서 생기는 갈등이 괴로움이다. 무상한 법을 붙잡아 존재로 포착하여도 그와 같이 형성된 모든 것은 존재로서 존속할 수 없는 무상한 것이고, 이 무상한 것을 존재로 형성하고자 하는 노력이나 그렇게 해서 형성된 것은 모두 본질적으로 괴로울 수밖에 없다는 것을 의미한다. 나아가 더 깊이 사유해보면 모든 것은 연기에 의하여 생성된 결과이며, 이 결과는 그것이 물질적인 것이든 정신적인 것이든 존재가 아니라 변화의 속성을 가지고 변화하고 있는 현상일 뿐이며, 그 점은 그 결과를 조건지우고 있는 원인의 경우도 마찬가지라고 할 수 있다. 『잡아함경』의 「유아경」에서 연기를 "이 사건이 있으므로 이 사건이 있고, 이 사건이 일어나므로 이 사건이 일어난다[是事有故是事有 是事起故是事起]"[47]라고 표현하기도 하는데 바로 이런 의미를 나타내고자 하는 것으로 이해된다. 연기의 관점에서 보면 존재의 무상함은 당연한 것이며 이는 연기에 의해서 생성된 법[緣起所生法]이므로 연생법(緣生法)이라 한다. 이에 대해 『중아함경』의 「설처경(說處經)」에서 다음과 같이 연기의 특징을 설하고 있다.

> 이 인연으로 일어남[因緣生]과 인연으로 일어난 법[因緣起法]은 무상하고 괴로움이고 공(空)하며 비아(非我)임을 생각하고 헤아리며 잘 관찰하고 분별하라.[48]

주목해서 보아야 할 점은 초기경전에도 공이라는 용어를 무상과 연생법

47 『雜阿含經』34(『大正藏』2권, 245중)
48 『中阿含經』86(『大正藏』1권,565하)

의 맥락에서 사용하고 있다는 것이다. 『잡아함경』에는 "공에 상응하는 연기에 수순하는 법",[49] 그리고 『숫따니빠따』에도 "모가라자여, 항상 마음챙김을 함으로써 실체를 고집하는 편견을 버리고 세상을 공(suññata)으로 관찰하십시요"라고 하지만 공에 대한 구체적인 정의는 대승불교시대에 용수의 『중론』에 의해 이루어진다고 할 수 있다.

> 일찍이 어떠한 하나의 법도
> 인연 따라 생기지 않음이 없으니,
> 이러한 까닭에 일체법 중에
> 공하지 않은 것 하나도 없네.[50]

무상과 공의 관계는 무상과 무아의 관계와 같다고 할 수 있다. 공이란 모든 존재는 시간적으로나 공간적으로 각자의 불변적 속성과 독립된 실체가 없음을 뜻한다. 다시 말하면, 스스로 독립하여 존재할 수 있는 성품[自性]이 없는 무자성(無自性)이라는 말이다. 하지만 이는 전혀 없다는 뜻의 무(無)나 단멸(斷滅)을 뜻하지는 않는다. 또한 모든 것은 결국 덧없이 사라지므로 허무하다는 감상적인 태도와는 구별되어야 한다. 일체개공(一切皆空)이라는 명제는 공이 모든 현상의 배후에서 그것을 주제하는 변하지 않는 실체나 본질이라고 오해해서도 안 되며, 단순한 부정을 통한 허무감을 부추기는 염세적 세계관을 고취시키기 위한 교설이라고 이해해서는 안 된다. 오히려 존재의 무실체성을 자각하여 그에 대한 집착을 벗어나게 하는 개념임을 알아야 한다는 것이다. 무상에 대한 자각도 역시 존재의 단순한 부정이 아닌 존재에 대한 부질없는 탐착에서 자유롭게 해준다는 점에서 일맥상통하는 점이 있다고 볼 수 있다.

이처럼 무상설은 연기법과 연생법이라는 큰 틀에서 볼 수 있고 고·무아·공의 교설과의 밀접한 관계가 있음을 살펴보았다. 이 밖에도 앞에서 언급했듯이 대승불교에서 발달한 인명학(因明學)의 근간이 되는 삼상설(三相說)과 찰나설(刹那說)도 무상설을 근거로 성립되었음을 알 수 있다.

끝으로 위에서 살펴본 무상에 대한 교설이 첨단 과학문명시대를 살아가

---

49 『雜阿含經』47(『大正藏』2권,345중)
50 『中論』24「관사제품」(『大正藏』30권, 33중)

는 우리들에게 어떤 의미가 있으며 현대인의 삶 속에서 이 교설의 실천적 의미가 무엇인지를 알아본다.

Ⅳ. 무상의 현대적 의미

붓다는 무상·고·무아의 3법인 교설을 통해 무엇을 가르치려 했을까? 이 무상설의 실천적 의미는 무엇일까? 일체의 삼라만상이 끊임없이 변해가며, 모든 것은 무상하다는 것은 누구나 다 잘 알고 있다. 현대적으로 풀어보면, 아무리 작은 미립자의 물질이라고 하더라도 끊임없이 변화하는 에너지에 불과하며, 원자로부터 천체 우주에 이르기까지 물리·화학적으로 찰나찰나 변화하지 않는 것은 아무 것도 없다는 것을 자연과학도들은 너무 잘 알고 있다. 생태철학이나 일반시스템 철학에서는 인과관계를 상호적인 관점에서 본다. 이는 '모든 것은 변화하는 과정 속에 있다'는 가정에 기초하고 있다. 폰 베르탈란피(Von Bertalanffy)는 일반 시스템이론이 "모든 것은 변화를 피할 수 없고, 변화는 모든 곳에서 일어난다는 것을 인식하고 있음"[51]을 강조한다. 우주는 사물들로 이루어진 것이 아니라 흐름(flow)과 관계(relationships)로 이루어진 것으로 간주된다. 존속하는 것은 이러한 관계맺고 있는 패턴들이지 지속하는 어떤 물건(staff)이 아니다. 따라서 래즐로 에르빈(Laszlo Ervin)은 일반시스템이론의 형이상학적인 함축을 도출하면서 시간과 변화를 넘어선 어떤 본질도 가정하지 않았다. 그에게 "플라톤 철학의 이데아(ideas)나 화이트헤드 철학의 영원한 대상(eternal objects)은 불필요한 것으로 거부된다."[52] 오히려 헤라클레이토스의 "만물은 유전한다"라는 인식과 관련이 있다. 폰 베르탈란피는 헤라클레이토스와 시스템적 관점을 비교하면서 "[사물의] 구조는 작용의 결과이며, 유기체는 수정보다는 불꽃을 닮았다"[53]고 말한다. 시스템은 내용이 끊임없이 변화함에도

---

51 Bertalanffy, Ludwig von, *General Systems-An Overview,* Gray William 외편, *General Systems Theory and Psychiatry,* (Boston: Little, Brown & Co., 1969) 20면에서 재인용.

52 Laszlo, *Introduction to Systems Philosophy,* (New York: Harper Torchbook, 1973) 294면.

53 Bertalanffy, Ludwig von, *Perspectives on Systems Theory,* (New York: Goeorge Braziller, 1975), 130면.

불구하고 형체를 유지하는 패턴으로서 하나의 불꽃과 비슷하다는 말이다. 불꽃이 타는 까닭은 환경과 끊임없이 상호작용하기 때문이며, 연소과정에서 정지되지 않고 움직이기 때문에 연소된다고 한다. 이처럼 모든 것이 시스템적 관계 속에서 변화하는 것을 무상성이라 할 수 있는 것이다.[54]

이러한 무상의 원칙이 현대과학의 발달로 더욱 확실하게 증명되기는 하지만, 붓다는 우리들에게 어떤 과학적인 지식을 주기 위해서 무상관을 가르친 것은 아니다. 우리 인간이 당연히 누려야 할 참다운 삶, 가치 있는 삶, 영원한 삶을 얻게 하기 위한 실천적인 의미로 무상의 참뜻을 말한 것이다. 인간은 기쁠 때보다 슬플 때 인생에 대해서 진지하게 사색하게 된다. 어느 날 갑자기 진정으로 사랑하던 사람이 죽었거나, 말기 암환자가 되어 죽을 날을 받아 놓았거나, 아니면 자신이 불의의 교통사고로 불구의 몸이 되었을 때 저 마음 깊은 곳에서부터 인생에 대한 무상함을 뼈저리게 경험하게 된다. 우리는 다 언젠가 죽는다. 나이 순서대로 죽는 것도 아니며, 재산이 없는 순서대로 죽는 것도 아니다. 지식이 없는 순서대로 죽는 것도 역시 아니다. 누구나 갑자기 죽을 수 있으며 불의의 사고를 당할 수 있다. 이처럼 무상함에 대해서 깊은 사색을 하면 할수록 하루를 살더라도 의미있고 가치있는 삶을 살 수 있다는 것이 무상설을 현대적으로 이해하는 것이라 생각한다.

무상설의 현대적 의미를 논함에 있어 반듯이 언급해야하는 것이 있다. 무상설을 소극적이며 부정적인 현실관으로 오해하여 불교를 염세적 종교로 폄하하는 것이다. 무상설을 피상적으로 이해하는 경우 무상의 긍정적인 면 보다는 부정적인 면을 더 강조하게 된다. 그러나 사실상 인생은 좋은 쪽에서 나쁜 쪽으로의 변화만 있는 것이 아니라, 그 반대의 경우도 얼마든지 있다. 지금 현재 소외되어 불행한 삶을 살아간다 할지라도 희망을 가지고 사노라면 복된 삶을 맞이할 수 있는 것도 모든 현상을 끊임없이 변하기에 가능한 것이다. 로또복권이 당첨되는 그런 극단적인 역전의 삶이 꼭 아니더라도, 얼마든지 박복이 유복으로, 불행이 행복으로, 병약함이 건강함으로 역전될 수 있다. 한 때 바람피던 남편이나 아내가 가정에 충실한 부모로 변할 수 있는 것도, 청소년들이 한 때 탈선하여 방황하다가도 마음잡고 공부에 열중하여 사회의 훌륭한 역군이 될 수 있는 것도 역시 바로 이 무상이

54 조애너 메이시 저, 이중표 역, 『불교와 일반시스템 이론』(서울: 불교시대사, 2004), 180-188면에서 재인용, 상세한 내용은 제3부 「상호인과율의 여러 차원」 참조.

라는 변화의 원리 때문인 것이다. 이처럼 무상의 긍정적인 면에 대한 관찰은 무상설이 염세적인 현실관이 아니라 희망과 기쁨의 현실관일 뿐만 아니라 존재의 실상을 여실히 보여주는 진리관이라는 사실을 올바르게 이해하도록 해준다.[55] ❁

현광미산 (중앙승가대)

55 대한불교조계종 포교원, 『불교의 이해와 신행』(서울: 조계종출판사, 2004), '무상의 실천적 의미'(53-55면)참조.

십현연기

한 十玄緣起

Ⅰ. 어원적 근거 및 개념 풀이

1. 어원적 근거

십현연기설은 중국 화엄사상의 핵심을 이루는 법계연기(法界緣起)를 설명하는 중요한 내용으로 육상원융설(六相圓融說)과 함께 십현육상(十玄六相)으로 병칭된다. 우주 일체 현상계의 사사물물 즉 존재하고 있는[緣起] 모든 것들[諸法]은 현상적으로는 천차만별로 서로 다르지만 본질적인 면에서는 철저하게 평등하다. 모든 존재들은 서로 즉하고 서로 입하여[相卽相入] 걸림이 없이 원융하게[圓融無碍] 서로 의지하여 이루어진다. 서로 다름은 있지만 높고 낮은 구별이나 주와 객의 관계처럼 구별이 있지 않고 절대 평등하다. 그리고 존재하는 모든 것들은 서로서로 거듭되는 연관 관계 속에서 서로 의존하며 존재하고 있다. 상입이란 주어진 하나의 대상 내에서 여러 차원의 다양한 사건들이 함께 일어나는 모습이며 상즉이란 존재와 비존재, 생사와 열반, 유위법과 무위법 등과 같은 정반대의 실재물들이 융섭됨으로써 실현된, 차별이 없이 모든 것을 포용하는 상태이다. 이렇게 완전 융섭하는 차원은 인간에 의해 그릇 상상된 자성의 결정적이고 고정적인 성향인 걸림의 제거에 의해 열리게 된다. 그러므로 걸림 없음[無碍]이란 자성의 울타리가 제거된 것이다.[1] 이와 같은 절대 평등의 관점에서 존재하는 제법을 보려는 것이 법계연기이다.

법계연기는 이무애 사무애 이사무애 사사무애의 사법계로 설명되며, 그 구극의 경지인 사사무애를 구체적으로 설명하는 것이 십현설이다. 십중의 심오한 교리라는 의미인 십현문(十玄門) 또는 십문현(十門玄)이라고도 말하며 십현연기무애법문이라고도 한다. 십현이란 원만하여 다 갖추었음을 상징하는 가득 찬 수인 열 개의 깊은 이치를 갖는 문을 말하며 이를 통해 화엄일승이 밝힌 법계연기의 큰 뜻이 드러난다는 뜻이다. 십현설은 동시구족상응문 등 열 가지 문에 각각 열 가지 뜻이 갖추어져 있어 백문이 되고, 다시 백문이 서로가 서로에게 들어감을 보여 법계연기의 겹치고 겹쳐 다함없음을 드러낸다. 중국 화엄종의 이론적 정초자 지엄(智儼)이 처음 제창한 이래 중국 화엄사상을 집대성한 법장(法藏)이 지엄과 그 문하에서 수학한 의상(義相)의 견해를 참조하여 체계화하였고, 이후 혜원(慧苑)과 이통현(李通玄)과 징관(澄觀) 등 화엄 조사들도 이에 관한 견해를 피력하였다.

십현연기설은 지엄의 『수현기(搜玄記)』, 의상의 『일승법계도(一乘法界圖)』, 법장의 『화엄오교장(華嚴五敎章)』·『화엄문의강목(華嚴文義綱目)』·『화엄금사자장(華嚴金獅子章)』·『탐현기(探玄記)』, 혜원의 『간정기(刊定記)』, 징관의 『화엄경소(華嚴經疏)』·『화엄경수소연의초(華嚴經隨疏演義鈔)』·『화엄현담(華嚴玄談)』·『화엄약책(華嚴略策)』·『법계현경(法界玄鏡)』, 종밀의 『원각경대소(圓覺經大疏)』·『선원제전집도서(禪源諸詮集都序)』·『주화엄법계관문(注華嚴法界觀門)』, 연수의 『종경록(宗鏡錄)』 등에 나타나 있고, 저자에 대해 이견이 많은 『일승십현문(一乘十玄門)』은 전적으로 십현연기설을 설하고 있는 책이다. 지엄과 법장 사이에는 견해의 차이가 있고, 다른 조사들도 다소 다른 견해를 보이고 있어 시대적 변화에 따른 견해의 차이에 주목해야 한다.

지엄은 『수현기』에서 처음으로 십현설을 제창하였는데 이 십문은 ① 동

1 까르마 츠앙 지음, 이찬수 옮김, 『華嚴哲學』(서울: 경서원, 1990), 제2장, 211~216면.

시에 모두 갖추어 상응하는 원리[同時具足相應門] ② 인드라 그물 같이 서로 비추는 원리[因陀羅網境界門] ③ 숨음과 드러남이 은밀히 성립되는 원리[秘密隱顯俱成門] ④ 미세한 것들이 서로 받아들여 세워지는 원리[微細相容安立門] ⑤ 십세가 하나가 되나 다르게 이루어지는 원리[十世隔法異成門] ⑥ 온갖 가르침의 순일하고 잡다한 덕을 모두 갖춘 원리[諸藏純雜具德門] ⑦ 하나와 여럿이 서로 받아들이면서도 같지 않은 원리[一多相容不同門] ⑧ 온갖 법이 서로 하나 되어 자재한 원리[諸法相卽自在門] ⑨ 오직 마음이 굴러 잘 이루는 원리[唯心廻轉善成門] ⑩ 사법에 의탁하여 법을 드러내고 앎을 내는 원리[託事顯法生解門]로서 이를 십문현(十門玄)이라 불렀다.

그런데 그의 제자로 화엄사상을 집대성한 법장은 『탐현기』에서 ① 동시에 모두 갖추어 상응하는 원리[同時具足相應門] ② 넓고 좁음이 자재하여 걸림이 없는 원리[廣狹自在無礙門] ③ 하나와 여럿이 서로 받아들이면서도 같지 않은 원리[一多相容不同門] ④ 온갖 법이 서로 하나 되어 자재한 원리[諸法相卽自在門] ⑤ 숨음과 드러남이 은밀히 성립되는 원리[隱密顯了俱成門] ⑥ 미세한 것들이 서로 받아들여 세워지는 원리[微細相容安立門] ⑦ 인드라 그물 같이 서로 비추는 원리[因陀羅網法界門] ⑧ 사법에 의탁하여 법을 드러내고 앎을 내는 원리[託事顯法生解門] ⑨ 십세가 하나가 되나 다르게 이루어지는 원리[十世隔法異成門] ⑩ 주체와 객체가 원융하게 밝아 덕을 갖춘 원리[主伴圓明具德門]의 십문을 들었다.

① 동시에 모두 갖추어 상응하는 원리는 시간적인 관점에서 일체 존재의 원융무애를 말하는 것이고, ② 넓고 좁음이 자재하여 걸림이 없는 원리는 연기하고 있는 법의 순수한 것과 뒤섞인 것이 나름의 자리에 위치하고 있음을 말하며, ③ 하나와 여럿이 서로 받아들이면서도 같지 않은 원리는 전체와 하나가 걸림이 없이 자재하면서 제나름의 개성으로 본래의 면목을 보유하고 본분에 위치하면서 개성과 전체가 혼란되지 않음을 말하며, ④ 온갖 법이 서로 하나 되어 자재한 원리는 하나에 일체법을 통섭하는 것을 말하며, ⑤ 숨음과 드러남이 은밀히 성립되는 원리는 숨은 것과 드러난 것의 양측면을 모두 바라봄을 말하며, ⑥ 미세한 것들이 서로 받아들여 세워지는 원리는 모든 법의 크고 작음을 바꾸지 않고 한 문 안에 동시에 드러남을 말하며, ⑦ 인드라 그물 같이 서로 비추는 원리는 존재가 서로 거듭되어 끝이 없음이 인드라의 그물처럼 첩첩이 비춤을 말하며, ⑧ 사법에 의탁하여 법을 드러내고 앎을 내는 원리는 일체법이 서로 거듭되어 끝이 없어 현상의 사

법에 의탁하여 다함 없는 법문을 드러냄을 말하며, ⑨ 십세가 하나가 되나 다르게 이루어지는 원리는 시간적으로 과거 현재 미래 전부가 비추어 나타나 연기를 이룸을 말하며, ⑩ 주체와 객체가 원융하게 밝아 덕을 갖춘 원리는 현상을 이루는 존재는 단독으로 일어나지 않고 다른 것에 의지해 일어남을 말한다.

십현설은 화엄철학의 핵심 사상인 법계연기의 내용을 이룬다. 현실에 존재하고 있는 유한한 개체 속에 무한한 이성이 두루 존재하여 개체 속에 일체가 내재한다. 법계연기는 공간과 시간의 양면에 걸쳐 현실에 존재하고 있는 사물의 존재 방식을 설명하려는 것으로, 공사상을 근거로 개체가 서로 의존하고 서로 관계하는 자유로운 관계성의 존재 방식을 밝힌다.

Ⅱ. 역사적 전개 및 텍스트별 용례

1. 역사적 전개

1) 『일승십현문』의 십현설

지엄(智儼, 602~668)은 『화엄경』을 해석한 『수현기』에서 처음으로 십현설을 제창하였다. 지엄은 『수현기』에서 화엄경에 대한 총론에 해당하는 서술을 마치고 경의 뜻을 5분과로 나누어 설명했는데, 그 다섯 번째인 문장에 따라 풀이함[隨文解釋]의 두 번째인 밝히는 뜻으로 분제를 나눔[約所詮義明其分齊]에서 십문(十門)을 들어 풀이하였다. 이는 ① 동시에 모두 갖추어 상응하는 원리[同時具足相應門] ② 인드라 그물 같이 서로 비추는 원리[因陀羅網境界門] ③ 숨음과 드러남이 은밀히 성립되는 원리[秘密隱顯俱成門] ④ 미세한 것들이 서로 받아들여 세워지는 원리[微細相容安立門] ⑤ 십세가 하나가 되나 다르게 이루어지는 원리[十世隔法異成門] ⑥ 온갖 가르침의 순일하고 잡다한 덕을 모두 갖춘 원리[諸藏純雜具德門] ⑦ 하나와 여럿이 서로 받아들이면서도 같지 않은 원리[一多相容不同門] ⑧ 온갖 법이 서로 하나 되어 자재한 원리[諸法相卽自在門] ⑨ 오직 마음이 굴러 잘 이루는 원리[唯心廻轉善成門] ⑩ 사법에 의탁하여 법을 드러내고 앎을 내는 원리[託事顯法生解門]로서 지엄은 이를 십문현(十門玄)이라 불렀다. 지엄은 이들 십문에 각각 ㉠ 교의(敎義) ㉡ 이사(理事) ㉢ 해행(解行) ㉣ 인과(因果) ㉤ 인법(人法) ㉥ 분제경위(分齊境位) ⓢ 사제법지(師弟法智) ⓞ 주반의정(主伴依正) ⓙ 역순체용자재(逆順體用自在) ⓒ 수생근욕시현(隨生根欲示現)의 열 가지 의미가 갖추어져 있다고 하였다.[2] 그러나 『수현기』에는 이 십문에 대해서 더 이상 자세한 설명은 없다. 다만 문장 끝에 교의가 이와 상응하면 일승원교 및 돈교의 법문이고, 교의가 이와 상응하기는 하나 완전히 갖추어지지 않았으면 삼승점교에 포섭된다는 교판적 구분을 서술하고 있다.

지엄에게 수학한 의상(義相, 625~702)은 『일승법계도』에서 『수현기』와 크게 다르지 않는 십현문에 대한 견해를 밝혔다. 즉 의상은 지엄의 기술을 그대로 활용하여 동시구족상응문 이하 탁사현법생해문까지 십문을 들고, 교의분제가 이와 상응하는 것은 일승원교와 돈교에 해당하고 이와 상응하나 다 갖추지 못한 것은 삼승점교라고 하여 일승과 삼승의 구분을 이 십문에 의해서 알 수 있다고 하였다.[3] 다만 의상은 십문마다 갖추고 있는 세부 내용을 인법 이사 교의 해행 인과의 다섯 가지만 들어 지엄이 든 열 가지 중에서 절반만 제시하였다. 의상은 이처럼 십문을 구족한 원교는 『화엄경』에서 설한 것과 같으며, 그 나머지 뜻은 경·논·소초·공목·문답 등과 같다고 하여 그의 화엄사상의 기반이 지엄의 화엄교학에 있음을 밝혔다. 그리고 의상은 수십전법에서 독자적인 체계적 견해를 제시하였다. 의상은 연기법을 실상다라니법이라 부르고, 그것을 관찰하기 위해서는 먼저 수십전법(數十錢法)을 깨달아야 한다고 하여 중문(中門)과 즉문(卽門)의 오고감[來去]의 뜻으로 설명하면서 인연과 연기를 설명하였다. 의상의 『일승법계도』는 문의(文意)를 풀이한 후반부의 해석 대부분을 수전법에 비유한 중문과 즉문의 원리 설명에 두고 있어, 수전법에 바탕한 중즉문의 연기법 체계가 의상 화엄사상의 중요한 비중을 차지함을 알 수 있다.

십현설에 대한 상세히 서술한 『일승십현문』은 두순의 설을 계승하여 지엄이 지었다는 것이 전통설이지만,[4] 그냥 지엄이 지었다는 견해나[5] 지엄 이

---

2 智儼, 『搜玄記』 권1상(『大正藏』 35권, 15상~중)

3 義相, 『一乘法界圖』(『韓佛全』 2권, 8상~중)

4 高峰了州, 『華嚴思想史』(京都: 百華苑, 1942), 제12장 제2·3·4절, 158~175면; 結城令聞, 「華嚴の初祖杜順と法界觀門の著者との問題」 『印度學佛教學研究』 18-1, 印度學佛教學研究會, 1969, 32~38면; 木村清孝, 『初期中國華嚴思想の研究』(東京: 春秋社, 1977), 제5장 제4절, 546면.

5 鈴木宗忠, 『原始華嚴哲學の研究』(東京: 大東出版社, 1934), 67~77면; 織田顯祐, 「華嚴一乘思想の成立史的研究」 『華嚴學研究』 2, 1988, 166면.

후의 저술이라는 견해[6] 등 저자에 대한 논란이 많다. 문체나 내용 그리고 인용 관계 등에서 문제점이 있다는 것이다. 징관은 『법계현경』에서 두순의 『법계관문』을 해설하면서 주변함용관의 해설을 마치고 십현도 거기에서 나왔다고 하여 십현사상의 연원이 두순에 있음을 말하였고, 종밀은 『원각경대소』에서 지엄이 두순화상에게 받았다고 하여 두순의 창설이라고 하였다.[7] 고려 초에 균여(均如)는 당시 『십현문』에 2가지 유통본이 있었음을 소개하였다. 하나는 지상십현장(至上十玄章)이라 전해지는 것으로 지엄의 저술로 인정되는 것이고, 다른 하나는 십현장과 육상장(六相章)·법계연기장(法界緣起章)·융회장(融會章)의 4가지를 한데 묶은 것이었다. 그런데 합책본 속의 십현장에는 신역 80화엄의 게송이 인용되어 있어 신역 『화엄경』을 보지 못한 지엄의 저술이 될 수 없다고 하여 저자에 이견을 보였다.[8]

고익진(高翊晋)은 십현설의 수십전법(數十錢法)이 지엄의 다른 저술에는 보이지 않고 일찍이 균여나 의천의 『신편제종교장총록』(1090)에서 지엄 찬술에 의문을 가졌다는 것을 이유로 들어 지엄 찬술에 의문을 가졌다. 지엄은 『수현기』에 일과 다의 연기 관계에서 중(中)과 즉(卽)의 차이점을 밝히고 그 일다 관계를 즉사(卽事)와 이사(異事)의 측면에서 말할 수 있다고 하였고, 의상은 이를 계승하여 『일승법계도』에서 연기다라니법을 깨치기 위한 법문으로 발전시켜 처음으로 체제를 갖추었고, 법장은 『오교장』에서 의상의 설을 그대로 인용하였으며, 『일승십현문』은 『수현기』와 『일승법계도』와 『오교장』에서 수십전법의 근원적인 요소들을 추출하여 두순설 지엄찬으로 가탁했다는 것이다.[9] 이시이 고세이(石井公成)는 지엄의 다른 저작보다 지론종의 전통설이 강하게 남아 있고 지엄의 만년의 사상이 보이며 법장의 『오교장』에 가까운 발달된 주장이 보인다는 점에서, 지론종의 전통을 바탕에 두고 동산법문의 동향에도 관심을 가졌던 어떤 인물이 지엄의 만년의 강의를 필록하여 책으로 만든 것이 아닐까 추정하였다. 그리고 이 책의 인용이 지엄보다 조금 후대인 8세기 후반에 한정되는 점에서 편찬자

6 石井教道, 『華嚴教學成立史』(京都: 平樂寺書店, 1964), 제4장 제1절, 396~397면; 鎌田茂雄, 「一乘法界圖の思想史的意義」 『新羅義湘の華嚴思想』, 大韓傳統佛教硏究院, 1980, 66~67면; 吉津宜榮, 『華嚴一乘思想の硏究』(東京: 大東出版社, 1991), 제1장 제2절, 31~37면.
7 鶴譚, 『화엄종관행문』(서울: 조계종출판사, 2001), 제3장, 225면.
8 均如, 『釋華嚴教分記圓通鈔』 권8(『韓佛全』 4-449중)
9 高翊晋, 『韓國古代佛教思想史』(서울: 동국대출판부, 1989), 제4장 제4절, 292~298면.

가 유명한 사람이 아니거나 혹은 이름이 알려지지 않아서 두순의 신격화 경향 가운데서 두순이 설하고 지엄이 기록하였다는 형태로 찬자가 전승된 것으로 추측하였다.[10] 기무라 기요타카(木村淸孝)는 『일승십현문』이 일본의 『화엄종장소병인명록』(914)이나 『동역전등목록』(1094)과 같은 불전 목록과 의천의 목록에 공통적으로 수록되었음을 중시하고 두순의 견해가 어느 정도 계승되었느냐는 문제는 있지만 지엄 찬술로 보아도 좋다고 추정하였다.[11] 『일승십현문』의 사상은 두순-지엄의 계보에서 확정된 구극적인 연기의 양태를 분명히 하는 법계연기설이 대승 제 경론의 사상과 지론학 등의 성과를 선택적으로 섭취하여 형성되었음을 보여주기 때문이라는 것이다.[12] 다만 『일승십현문』에 나오는 것과 같은 십문이 『수현기』에 나타나지만 그에 대한 설명은 없기 때문에 『일승십현문』이 지엄의 찬술이라고 확정할 수는 없다고 하였다. 그러나 이미 지엄이 젊었을 때부터 십현문을 이론적 지주로서 가지고 있었다는 것은 분명하며, 현재의 『일승십현문』이 갖가지 형태로 다른 사람에 의해 수정되었다고 하더라도 그 기본적인 발상은 지엄으로부터 기인한 것이라고 보아도 된다고 하였다. 『일승십현문』에 보이는 수의 비유를 통한 연기의 설명도 지엄의 제자인 의상의 『일승법계도』에 자세히 논의되어 있는 것으로 보아 지엄도 그 비유를 어느 정도 실제로 사용하고 있었다고 생각된다는 것이다.[13] 요시즈 요시히데(吉津宜榮)는 지엄의 저작에는 공통적으로 동별 이교의 입장이 관철되어 있는데 『일승십현문』에는 이것이 존재하지 않고 일승우위설이 흐르고 있다는 것과, 『수현기』의 법계연기설과 달리 『일승십현문』은 법계연기의 내용을 법장의 『오교장』에 많이 의지하고 있다는 두 가지 점을 들어 지엄 진찬에 의문을 표시하고, 『일승십현문』은 법장 이후 법장의 영향 아래 있으면서 법장의 별교일승과는 전혀 이질적인 화엄일승주의자의 손에 의해 8세기 중반까지의 시기에 이루어진 것으로 추정하였다.[14]

『일승십현문』에서는 일승의 연기 자체가 진리 그 자체라고 하는 의미를 밝히는데, 대승과 이승의 연기와 같지 않다고 한다. 화엄종의 취지는 하나

10 石井公成, 『華嚴思想の硏究』(東京: 春秋社, 1996), 제2장 제3절, 140~169면.
11 木村淸孝, 『中國初期華嚴思想の硏究』(東京: 春秋社, 1977), 제2편 제2장 제4절, 401~402면.
12 木村淸孝, 『中國初期華嚴思想の硏究』, 제2편 제6장 제3절, 545~546면.
13 木村淸孝, 『中國華嚴思想史』(京都: 平樂寺書店, 1992), 제4장 제2절, 94~100면.
14 吉津宜榮, 『華嚴一乘思想の硏究』(東京: 大東出版社, 1991), 제1장 제2절, 31~37면.

가 그대로 일체이고 모든 법은 동일하다는 것이다.

『화엄경』의 종지로 법계연기를 밝히면 진리 그 자체의 인(因)과 과(果)에 지나지 않는다. 인이라는 것은 바른 수단에 의해 수행을 거듭하여 그 궁극에 도달하는 지위가 완성되는 것이니 보현보살의 지위가 이것이다. 과라는 것은 진리 그 자체가 궁극에 이르러 고요해진 완전한 깨달음이니 시불의 경계로서 하나가 그대로 일체이다.[15] 이 법계연기는 보현보살의 실천인 인(因)과, 시불의 경계인 과(果)에 의해 드러나는 것으로, 진실 그 자체에 근거하는 연기 본연의 모습을 의미한다.

이어 자체의 상으로 법계연기를 밝히는데 십수(十數)의 비유로 설명하는 부분[擧譬辨成於法]과 법으로 이치를 회통하는[辨法會通於理] 두 부분으로 나누어 서술하였다. 십수 비유에는 이체문(異體門)과 동체문(同體門)을 두고, 이체문과 동체문은 다시 각각 중문(中門)과 즉문(卽門)으로 나누어 서술하였다. 법으로 이치를 회통하는 부분에서는 ① 동시에 모두 갖추어 상응하는 원리[동시구족상응문] ② 인드라 그물 같이 서로 비추는 원리[인다라망경계문] ③ 숨음과 드러남이 은밀히 성립되는 원리[비밀은현구성문] ④ 미세한 것들이 서로 받아들여 세워지는 원리[미세상용안립문] ⑤ 십세가 하나가 되나 다르게 이루어지는 원리[십세격법이성문] ⑥ 온갖 가르침의 순일하고 잡다한 덕을 모두 갖춘 원리[제장순잡구덕문] ⑦ 하나와 여럿이 서로 받아들이면서도 같지 않은 원리[일다상용부동문] ⑧ 온갖 법이 서로 하나 되어 자재한 원리[제법상즉자재문] ⑨ 오직 마음이 굴러 잘 이루는 원리[유심회전선성문] ⑩ 사법에 의탁하여 법을 드러내고 앎을 내는 원리[탁사현법생해문]의 십문을 들어 설명하였는데, 이는 지엄이 『수현기』에서 제시한 것과 이름과 순서가 똑같다. 그리고 이들 십문이 각각 구족하고 있는 ㉠ 교의 이하 열 가지의 의미도 같은데 ㉡ 사제법지가 법지사제로, ㉢ 역순체용자재가 역순체용으로, ㉣ 수생근욕시현이 수생근욕성(隨生根欲性)으로 표현만 다소 달라졌을 뿐이다. 『일승십현문』에는 십의와 십문이 상세하게 설명되어 있다.[16]

① 동시에 모두 갖추어 상응하는 원리[동시구족상응문]는 교의 이사 등 십의가 동시에 실현되는 것을 밝힌다. 이는 연기 그 자체에 갖추어진 진실

15 『一乘十玄門』(『大正藏』45권, 514상~중)
16 『一乘十玄門』(『大正藏』45권, 515중~518하)

한 덕으로서 진리에 뿌리를 두고 있는 해인삼매의 힘에 의지하기 때문이다. 이것은 수단으로서의 수행에 의해 형성된 것은 아니기 때문에 동시적인 것이다. 구체적인 예로서 십의 가운데 인과의 동시성이 논증된다. 이 과정에서 『대품반야경』의 보리 사상, 『열반경』의 불성의 인과적 파악, 『십지경론』의 인과론 등이 인용되었는데,[17] 이는 법계연기 사상이 『화엄경』 사상을 기초로 다른 경전의 사상도 수용하고 있음을 보여준다.

② 인드라 그물 같이 서로 비추는 원리[인다라망경계문]는 인드라망 즉 제석천 궁전의 그물의 비유에 의해서 하나의 티끌에 전세계가 나타남을 밝힌다. 그러나 이 그물의 모습에 대한 설명은 충분하지 않고 단지 많은 거울이 서로 비출 때 중중무진으로 서로의 그림자를 비춰내는 것과 같다고 서술될 뿐이다.

③ 숨음과 드러남이 은밀히 성립되는 원리[비밀은현구성문]는 궁극의 입장에서 모든 진실의 교설 및 성도의 과정이 동시에 은현자재하게 성립하는 것을 나타낸다. 곧 일즉십의 경우에는 1이 현(顯)에, 2부터 10까지가 은(隱)에 해당된다. 그리고 이 은현의 본체에는 전후가 없기 때문에 비밀이라고 말한다.

④ 미세한 것들이 서로 받아들여 세워지는 원리[미세상용안립문]는 연기의 본질적인 작용이 무애자재한 것을 근거로 하여, 작은 것과 큰 것이 서로 포섭하고 있고, 각각 안정되어 있다는 것을 밝힌다.

⑤ 십세가 하나가 되나 다르게 이루어지는 원리[십세격법이성문]는 법계연기의 시간적 측면을 밝힌다. 『화엄경』의 「이세간품」의 십종설삼세(十種說三世) 사상과 십종입겁(十種入劫) 사상, 「초발심보살공덕품」의 시간상즉(時間相卽) 사상 등에 의해 과거설과거·과거설미래·과거설현재·현재설현재·현재설미래·현재설과거·미래설미래·미래설과거·미래설현재의 9세와 이들을 삼세즉일념의 관점으로부터 종합한 1세를 더하여 10세로 만들고, 그들이 상입 상즉하고 선후·장단의 모습을 잃지 않음을 서술하였다. 9세에 새롭게 1세를 더하여 10세로 한 점이나 십세가 일체이면서 개별적이라는 근거로서 연기의 힘을 들고 있다는 점은 『화엄경』에서 화엄교학으로 전개되는 모습을 보여준다.

⑥ 온갖 가르침의 순일하고 잡다한 덕을 모두 갖춘 원리[제장순잡구덕

17 木村清孝, 『中國初期華嚴思想の研究』, 제2편 제6장 제3절, 536면.

문]는 육바라밀의 실천이라는 측면에서 법계연기의 세계를 설한다. 보시의 경우 일체법이 모두 보시라고 부를 수 있는 측면이 순(純), 이 보시에 나머지 다섯 가지 보살의 실천이 모두 갖추어져 있다고 보는 측면이 잡(雜), 순과 잡이 서로 방해하지 않는다는 점을 구덕(具德)이라고 부른다.

⑦ 하나와 여럿이 서로 받아들이면서도 같지 않은 원리[일다상용부동문]는 연기 자체의 작용에 의해 하나[一]가 여럿[多]에 들어가고 여럿이 하나에 들어가면서도 그 본체에 전후가 없지만 각각 그 특징을 잃지 않는다는 점을 밝힌다.

⑧ 온갖 법이 서로 하나 되어 자재한 원리[제법상즉자재문]는 십현문 가운데서 가장 자세하게 논의되었다. 삼종세간[智正覺, 器, 衆生]의 원융무애에 초점을 맞춰, 제법이 인과성을 가지고 상즉 상입함을 밝힌다. 주목할 만한 점은 지엄의 사유가 오로지 초발심시변정각(初發心時便正覺)과 일념성불(一念成佛)의 해명에 집중된 점이다. 이 문은 실천 세계의 진상을 명백히 하려고 의도한 것이다.

⑨ 오직 마음이 굴러 잘 이루는 원리[유심회전선성문]는 유심론에 바탕하여 형이상학적으로 법계연기의 세계를 밝힌 것이다. 법계연기의 세계는 포괄적으로 표현하면 여래장=진심의 세계라고 하는데, 이 견해는 기본적으로 지론학파 사상을 수용한 것이다.

⑩ 사법에 의탁하여 법을 드러내고 앎을 내는 원리[탁사현법생해문]는 『화엄경』에 설해진 금색세계와 미륵보살의 누관(樓觀)을 실례로 법계연기의 모습을 밝힌 것이다. 『화엄경』에 보이는 서사적 묘사는 모두 깊은 실천적 의의와 주체적 진실을 나타내고 있는 것을 말하고 있다. 이처럼 『일승십현문』에 나타난 법계연기설은 아직 충분히 성숙된 것은 아니지만 그것이 대승 제 경론의 사상과 지론학과 같은 중국불교의 여러 성과를 선택적으로 섭취하면서 형성된 대단히 체계적인 교설임에는 틀림없다.[18]

2) 법장의 십현설

화엄사상을 집대성한 법장(法藏, 643~712)은 십현설을 완성하였다. 법장의 십현설은 『화엄오교장』과 『탐현기』로 크게 구분된다. 법장은 『화엄오교장』에서 열 가지로 화엄의 뜻을 해설하였는데 그중 열 번째가 의리분제

18 木村清孝, 『中國華嚴思想史』, 제4장 제2절, 100면.

(義理分齊)이다. 여기에 4부문이 있으니 ⓐ 삼성동이의(三性同異義) ⓑ 연기인문육의법(緣起因門六義法) ⓒ 십현연기무애법(十玄緣起無礙法) ⓓ 육상원융의(六相圓融義)인데, 법장 화엄사상의 대강이 여기에 집약되어 있다. 법장의 십현설은 지엄의 육의와 육상 사상을 원형으로 의상의 수십전설과 『일승십현문』의 십현문을 이어받아 더욱 정밀화하고 조직화한 것이다. 『오교장』에는 십문을 ① 동시에 모두 갖추어 상응하는 원리[동시구족상응문] ② 하나와 여럿이 서로 받아들이면서도 같지 않은 원리[일다상용부동문] ③ 온갖 법이 서로 하나 되어 자재한 원리[제법상즉자재문] ④ 인드라 그물 같이 서로 비추는 원리[인다라망경계문] ⑤ 미세한 것들이 서로 받아들여 세워지는 원리[미세상용안립문] ⑥ 숨음과 드러남이 은밀히 성립되는 원리[비밀은현구성문] ⑦ 온갖 가르침의 순일하고 잡다한 덕을 모두 갖춘 원리[제장순잡구덕문] ⑧ 십세가 하나가 되나 다르게 이루어지는 원리[십세격법이성문] ⑨ 오직 마음이 굴러 잘 이루는 원리[유심회전선성문] ⑩ 사법에 의탁하여 법을 드러내고 앎을 내는 원리[탁사현법생해문]로 제시하였다.[19] 『일승십현문』과 명칭은 동일하나 순서가 다르다. 『화엄문의강목』이나 『금사자장』에도 십현이 나오는데, 명칭은 같지만 순서는 세 책이 모두 다르다. 이는 총격인 ① 동시에 모두 갖추어 상응하는 원리[동시구족상응문] 이외에는 일정한 순서가 정해지지 않았음을 말해준다.

법장은 십현연기무애의를 설명하는 서두에서 법계연기는 자재하여 다함이 없는데 간략히 간추리면 하나는 구경과증(究竟果證)의 뜻을 밝히는 것이니 곧 시불 자체의 경계로서 원융자재하여 일즉일체요 일체즉일이라 과분(果分) 불가설인 것이요, 또 하나는 연에 따라 인에 대해 교의를 밝히는 것이니 곧 보현의 경계로서 이는 인분(因分) 가설인 것이라고 하였다. 법장은 보현의 경계로서의 법계연기를 시설하고 십현문을 과를 예상한 인연의 세계로 본 것이다. 비유로써 나타내는 것은 십전을 세는[數十錢] 법인데, 십을 설하는 까닭은 완전무결한 수에 대응시켜 중중무진을 나타내려고 하기 때문이다. 이 중에 두 가지가 있으니 이체(異體)와 동체(同體)이다. 하나를 중심으로 고찰할 때 동체가 성립하고, 다른 모든 것과의 의존관계에서 현상의 세계를 볼 때 이체가 성립한다. 동체 이체 각각마다 두 가지가 있으니 상즉(相卽)과 상입(相入)이다. 이 두 가지 법문이 있는 까닭은 연기법에는

19 法藏, 『華嚴一乘敎義分齊章』 권4(『大正藏』45권, 504하~507하)

모두 다 두 가지 뜻이 있기 때문이다. 하나는 공(空) 및 유(有)의 뜻으로서 이는 그 자체의 입장에서 본 것이고, 둘째는 작용력[有力] 및 작용력이 없음[無力]의 뜻으로서 이는 그 작용력과 작용의 입장에서 바라본 것이다. 처음의 뜻에 연유하는 까닭으로 상즉할 수가 있으며, 나중의 뜻에 연유되는 까닭으로 상입할 수 있다. 이를 구조화하면 1) 과분불가설과 2) 인분가설로 나뉘고, 2)는 ⑴ 수십전 비유와 ⑵ 법에 관해 십현을 널리 설함으로 나뉘며 ⑴은 다시 ① 이체문과 ② 동체문으로 나뉘고 이들은 각각 ㉠ 상입문과 ㉡ 상즉문으로 나뉘며, ⑵는 십의를 설명하는 입의문과 십현을 말하는 해석문으로 다시 나뉜다. 수십전의 비유 근거로 든 공과 유, 대연(待緣)과 부대연(不待緣) 및 유력과 무력은 법장이 십현연기의 설명에 앞서 삼성동이의와 연기인문육의법에서 해설한 것들로서 이들은 결과적으로 십현연기의 수십전 비유를 설명하는 바탕이 되었다. 이를 통해 법장이 『오교장』에서 제시한 의리분제의 중심이 십현연기설에 있음을 알 수 있다. 이 중 가장 상세하게 설명한 ③ 온갖 법이 서로 하나 되어 자재한 원리[제법상즉자재문]에서 법장은 십신(十信)의 종심(終心)이 곧 부처를 이룬다는 것이 이것이다고 결론을 맺었다. 이것이 법장의 성불론의 특징인 신만성불(信滿成佛)이다. 그리고 마지막에서 일승은 일념(一念)에서 일체의 가르침과 그 의미, 진리와 사상, 원인과 결과 등 일체의 법문을 섭수하여 성불하고 동시에 일체의 중생이 다 부처를 이룬다는 일념성불(一念成佛)을 설하였다.

『일승십현문』과 『오교장』의 ⑨ 오직 마음이 굴러 잘 이루는 원리[유심회전선성문] 양자간에는 내용의 차이가 있다. 『일승십현문』에서는 이를 마음에 의거하여 설한다고 규정하고, 유심회전이라는 것은 이전 교(敎)·의(義) 등의 십문이 모두 부처의 본성인 청정한 진심에 의해 세워지는 것이며 선하게 되는 것도 악하게 되는 것도 모두 마음이 전변하여 생기므로 회전선성(廻轉善成)이라고 한다고 하였다. 마음 이외에 그와 구별되는 대상은 존재하지 않으므로 유심이라고 한다. 만약 마음이 전변하는 방향이 바르면 열반이고 그 방향이 반대이면 생사이다. 생사와 열반 어느 쪽도 마음을 벗어나지 않는다. 그러므로 본성이 고정적으로 청정하다고 하는 주장도, 부정하다는 주장도 불가능하다. 불성은 청정하지도 않으며 부정하지도 않으며, 정도 부정도 모두 마음의 모습일 뿐이다. 그러므로 마음을 떠난 별도의 존재는 없다고 한다.[20] 『일승십현문』에서는 유심을 절대적인 실천적 주체성이라고 할 수 있다고 그 의미를 해석하고, 이를 완성하는 것으로서 세계의 선과 악, 정과 부정이라는 두 모습의 본질을 제시한 것이다. 이에 대해 법장은 『오교장』에서 유심회전선성문에 대해 교(敎)·의(義), 이(理)·사(事) 등의 여러 의의는 모두 단지 하나의 근본적 진실[如來藏]이 전변한 것이며 그것은 다만 진실의 그것의 생기[性起]인 궁극의 본질에 갖추어진 작용이라고 하였다. 때문에 진리가 연을 따라 현상의 세계를 성립시킨다고 하는 삼승의 입장에서 설하는 진여수연(眞如隨緣)과는 명확하게 다르며 그렇기 때문에 이 일심도 또한 말로 다할 수 없는 무진한 십종의 덕을 갖추고 있다는 것이다. 일심은 이와 같이 자재하여 다함이 없는 갖가지 덕을 갖추고 있다. 교·의, 이·사 등은 모두가 마음의 자재한 작용이며, 이 밖에는 아무 것도 없기 때문에 유심회전으로 이름한다고 하였다.[21] 법장은 유심의 심을 지엄과 마찬가지로 여래장으로 규정하면서도 이를 철저히 진실의 측면, 부처의 측면으로 끌어들여 해석하였다. 『일승십현문』에서는 근본적으로 실재하는 실천 주체의 심이었던 유심이 『오교장』에서는 부처라는 궁극자의 마음으로 현성하는 진실로서의 유심으로 변화된 것이다.[22]

그런데 법장은 『오교장』 이후 『화엄경지귀(華嚴經旨歸)』에서 십무애(十無碍)를 서술하여 십현설의 수정을 시도하였다. 십무애는 ① 성상무애(性相無碍) ② 광협(廣狹)무애 ③ 일다무애 ④ 상입(相入)무애 ⑤ 상시(相是)무애 ⑥ 은현무애 ⑦ 미세무애 ⑧ 제망무애 ⑨ 십세무애 ⑩ 주반(主伴)무애이다.[23] 이중 ③부터 ⑨까지는 『오교장』의 십현과 관련되며, ①②에는 두순의 『법계관문』의 영향이 드러난다.[24] 이 『화엄경지귀』의 십무애는 ⑧ 탁사현법생해문을 제외하고는 거의 그대로 『탐현기』의 십현으로 전개될 수 있는 면모를 가졌다. 이 탁사현법생해문은 앞서 『오교장』에도 있던 것이다. 『일승십현문』과 『오교장』에 있던 유심회전선성문이 제외된 것이 주목된다. 법장은 만년의 저작인 『탐현기』에서 십문의 명칭과 순서를 일부 바꾸고 한 장의 연화 잎을 예로 들어 설명하였다.[25] 여기서는 ① 동시에 모두 갖추어 상응하는 원리[同時具足相應門] ② 넓고 좁음이 자재하여 걸림이 없는 원리[廣狹自

20 『一乘十玄門』(『大正藏』45권, 518중)
21 法藏, 『華嚴一乘敎義分齊章』 권4(『大正藏』45권, 507상)
22 木村清孝, 『中國華嚴思想史』, 제5장 제5절, 149~150면.
23 法藏, 『華嚴經旨歸』(『大正藏』45권, 594상~하)
24 吉津宜榮, 「法藏の法界緣起說の形成と變容」 『平川彰博士古稀記念論集 佛敎思想の諸問題』(東京: 春秋社, 1985), 276~277면.
25 法藏, 『探玄記』 권1(『大正藏』35권, 123상~124상)

在無礙門] ③ 하나와 여럿이 서로 받아들이면서도 같지 않은 원리[一多相容不同門] ④ 온갖 법이 서로 하나 되어 자재한 원리[諸法相卽自在門] ⑤ 숨음과 드러남이 은밀히 성립되는 원리[隱密顯了俱成門] ⑥ 미세한 것들이 서로 받아들여 세워지는 원리[微細相容安立門] ⑦ 인드라 그물 같이 서로 비추는 원리[因陀羅網法界門] ⑧ 사법에 의탁하여 법을 드러내고 앎을 내는 원리[託事顯法生解門] ⑨ 십세가 하나가 되나 다르게 이루어지는 원리[十世隔法異成門] ⑩ 주체와 객체가 원융하게 밝아 덕을 갖춘 원리[主伴圓明具德門]의 십문을 들었다. 순서도 많이 바뀌었지만 명칭이 『오교장』의 ⑦ 온갖 가르침의 순일하고 잡다한 덕을 모두 갖춘 원리[諸藏純雜具德門]와 ⑨ 오직 마음이 굴러 잘 이루는 원리[唯心廻轉善成門]가 『탐현기』에서 ② 넓고 좁음이 자재하여 걸림이 없는 원리[廣狹自在無礙門]와 ⑩ 주체와 객체가 원융하게 밝아 덕을 갖춘 원리[主伴圓明具德門]으로 바뀐 것이 주목된다. 이에 따라 『오교장』에 나오는 십현설을 고십현(古十玄)이라 하고 『탐현기』에 나오는 십현설을 신십현(新十玄)이라 한다. 이 명칭의 변화에 대해 징관은 일행을 순(純)으로 하고 만행을 잡(雜)으로 보면 사사무애가 되지만 만약 일리를 순으로 하고 만행을 잡으로 보면 이사무애의 뜻이 되어 이사무애법계에 위배될 우려가 있기 때문에 고친 것이라고 해석하였다.[26] 법장은 여래장 자성청정심을 주로 한 기신론적인 사상을 벗어나 과상현(果上現)의 법문에 투철한 절대적인 입장에서 현실의 사법이 모두 절대의 개체가 되고 이 현실의 개체를 제외하고 진리는 있을 수 없다는 현상절대론의 사상에서 여래장심을 부정하고 십현문에서 유심회전선성문도 제외하였던 것이다.[27] 이는 법장이 『탐현기』에서 십현문을 세울 때 여래장연기설의 입장을 완전히 떠나려 하고 있음을 시사한다.

법장은 『탐현기』에서는 십현을 연꽃의 비유를 들어 설명하였다. ① 동시에 모두 갖추어 상응하는 원리[同時具足相應門]는 무진의 뜻을 나타내는 십의가 동시에 상응하여 하나의 연기를 이룸을 말한다. 전후와 처음과 끝의 차별이 없고 일체를 구족하여 자재롭게 어울리면서도 뒤섞이지 않고 연기의 세계를 이루는 것으로 이는 해인삼매에 의하여 동시에 드러나 성립된다. 근원적인 해인삼매의 작용에 의해 진실한 연기의 동시성을 밝히

26 澄觀, 『華嚴經隨疏演義鈔』 권10(『大正藏』35권, 75중)
27 鎌田茂雄, 『中國華嚴思想史の硏究』(東京: 東京大學出版會, 1965), 제6장 제4절, 550~553면.

는 십현의 총설이다. 연꽃의 비유는 연꽃이 우리에게 알음알이를 내게 함이다. ② 넓고 좁음이 자재하여 걸림이 없는 원리[廣狹自在無礙門]는 모든 존재들 간에 한계가 없는 넓은 것과 한계가 있는 좁은 것이 자재하여 걸림이 없어서 법계에 두루하면서도 본분의 지위를 잃지 않음을 말한다. 연꽃잎이 널리 법계에 두루 가득하되 본자리를 무너뜨리지 않아 넓고 좁음이 자재하여 막힘도 걸림도 없다. ③ 하나와 여럿이 서로 받아들이면서도 같지 않은 원리[一多相容不同門]는 하나가 여럿에 들고 여럿이 하나에 들어 걸림이 없이 자재한 상입의 관점에서 법계의 만유가 무진연기함을 밝힌 것이다. 꽃잎이 자기 자신을 펼쳐서 널리 모든 법계 속에 넣고 모든 것을 받아들여 자기 속에 넣게 한다. ④ 온갖 법이 서로 하나 되어 자재한 원리[諸法相卽自在門]는 일체 제법이 일즉일체 일체즉일로서 원융하여 자재로이 어떤 장애도 없이 성립하여 어떤 것도 스스로 구족하여 일체법을 완전히 포함하고 있고, 포함된 일체도 상호간에 서로 작용하여 거듭되어 다함이 없음을 말한다. 한 꽃잎이 자기를 닫아 다른 이와 같게 할 때는 온몸이 곧 모든 법이 되고 다른 것을 받아들여 자기의 온전함과 같게 하면 곧 모든 법이 자기 몸이 된다. ⑤ 숨음과 드러남이 은밀히 성립되는 원리[隱密顯了俱成門]는 법계연기의 양상을 숨는 것과 드러나는 것이 동시에 성립되는 것을 설명하여 이것이 성립하면 저것도 성립하기 때문에 서로 성립함을 말한다. 꽃이 이것저것을 받아들일 때 하나는 드러나고 여럿은 숨으며 일체가 꽃을 받아들일 때 하나는 숨고 여럿은 드러난다. ⑥ 미세한 것들이 서로 받아들여 세워지는 원리[微細相容安立門]는 일념 중에 시종 동시 전후 역순 등 일체법문을 갖추어 일념 속에서 확연하고 동시적이며 가지런하고 명료하게 드러남을 말한다. 꽃잎 가운데 미세한 세계 등의 모든 법이 환하게 밝아 가지런히 나타난다. ⑦ 인드라 그물 같이 서로 비추는 원리[因陀羅網法界門]는 인드라 그물의 비유에 의해 법계연기의 무진함을 밝힌 것이다. 꽃잎의 하나하나마다 작은 먼지 가운데 각각 합하여 끝없는 세계[찰해]를 나타내고 찰해 가운데 또 작은 먼지가 있고 모든 먼지 속에 다시 찰해가 있어 중중하여 다할 수가 없다. ⑧ 사법에 의탁하여 법을 드러내고 앎을 내는 원리[託事顯法生解門]는 연기의 모든 법이 그대로 설할 수 없고 불가사의한 법계 법문임을 밝힌 것으로 각각 다른 사항에 의하여 이사 등의 일체 법문을 나타냄을 말한다. 꽃잎을 보면 곧 다함이 없는 법계를 보는 것으로 여기에 의지하여 따로 나타나는 것이 없다. ⑨ 십세가 하나가 되나 다르게 이루어지는 원리[十世隔法異成門]는 제법의 뜻이 과거 현재 미래 삼세가 서로 상응하여 생성되고 이를 총괄하는 십세가 되어 개별성을 갖추면서 동시에 현현하여 연기를 이루기 때문에 서로 즉응한다는 시간적 측면을 말한다. 이 한 꽃은 이미 갖추어 일체의 처소에 두루하고 또다시 일체의 시간을 받아들인다. ⑩ 주체와 객체가 원융하게 밝아 덕을 갖춘 원리[主伴圓明具德門]는 주체와 객체가 서로 주가 되고 객이 되어 조화롭게 더불어 모든 덕을 갖추었음을 말한다. 홀로 일어남이 없고 반드시 권속을 따라서 생기니 꽃에 세계해의 작은 먼지처럼 많은 연꽃이 있어 그것을 권속으로 삼는다.

십현문에 갖추어진 십문은 동일한 연기의 여러 단면이라 할 수 있는데, 법장은 지엄과 거의 유사한 ㉠ 교의(敎義) ㉡ 이사(理事) ㉢ 경지(境智) ㉣ 행위(行位) ㉤ 인과(因果) ㉥ 의정(依正) ㉦ 체용(體用) ㉧ 인법(人法) ㉨ 역순(逆順) ㉩ 응감(應感)의 각각에 대비되는 십의를 갖추고 있다고 하였다. ㉠ 가르침과 뜻은 무진한 언교와 소전의 뜻이며, ㉡ 진리와 현상은 연기의 현상과 의지한 바의 진리이며, ㉢ 대상과 지혜는 보이는 바 진속의 미묘한 경계와 보는 보현보살의 큰 지혜이며, ㉣ 실천과 지위는 보현보살의 실천행의 바다와 보살의 오위가 서로 거둠이며, ㉤ 원인과 결과는 보조적인 요인[了因] 과 직접적인 요인[生因] 등의 원인과 여래의 지덕 등의 결과이며, ㉥ 의보와 정보는 연화장세계와 나무 등의 끝없는 이류의 모든 세계와 불보살들의 법계에 가득한 몸의 구름을 나타내어 걸림이 없음이며, ㉦ 본체와 작용은 경 가운데 한 법을 제기하면 안으로는 진리의 성품이 같고 밖으로는 중생의 근기에 응하여 한 법도 본체와 작용을 갖추지 않음이 없음이며, ㉧ 사람과 법은 불보살과 스승과 제자들의 사람과 법계를 설하는 법문의 바다를 나타냄이며, ㉨ 역경계와 순경계는 형벌을 주어 악인을 다스리는 법문과 보시와 지계를 드러내 순리대로 바르게 닦음이며, ㉩ 응하고 느낌은 중생의 근기와 바람으로 부름이 여러 갈래이므로 부처가 따라 나투는 것이 끝이 없음을 말한다.[28] 이 십의는 『탐현기』에 앞서 『화엄경지귀』에서 제시된 것이 그대로 계승된 것이다. 십의 중에서 ㉩ 응감이 『화엄경지귀』 이후 새롭게 제시되었는데, 이는 중생의 근기를 느끼고 여래가 이에 부응한다고 하는 감응의 세계가 십현문에 의해 가능하다는 것을 강조한 것이다.[29]

28 法藏, 『華嚴經旨歸』(『大正藏』45권, 594상)

법장은 『화엄경지귀』나 『탐현기』에서 십현문의 설명을 연꽃에 비유한 것처럼 십의 역시 연꽃에 비유하여 설명하였다. ㉠ 연꽃 잎이 드러나 앎을 내게 한 것은 가르침[教]이고, 이렇게 표현된 것은 뜻[義]이다. ㉡ 꽃 모양[相]은 사(事)이고 꽃 바탕[體]은 이(理)이다. ㉢ 꽃은 살피는 바[所觀]이자 또한 능히 살핌[能觀]이기도 하다. ㉣ 꽃이 행이자 지위[位]임은 행하는 사법[行事]으로서의 꽃이 지위를 맺어 이루기 때문이다. ㉤ 꽃이 원인이자 결과임은 원인인 사로서의 꽃이 열매를 잡아 이루기 때문이다. ㉥ 꽃받침은 의지처[所依]로서 능히 의지하는 정보[正]를 들이기 때문이다. ㉦ 꽃 바탕[體]은 진리[眞]와 같고 꽃의 작용[用]은 근기에 응하기 때문이다. ㉧ 한 꽃잎을 온전히 잡아 사람으로 삼으면 항상 법이 되기 때문이다. ㉨ 꽃의 거스름이란 외도법과 같고 꽃의 따름이란 열 가지 바라밀이기 때문이다. ㉩ 꽃은 뭇 근기에 응해 나가되 또한 능히 감득할 수 있기 때문이다. 하나의 꽃이라는 사(事)가 그런 것처럼 나머지 온갖 사도 모두 이에 따라 생각해보면 알 수 있다. 사법(事法)이 그렇다면 나머지 교의 등 모든 것도 그렇다. 연꽃이라는 한 사법이 열 가지 상대하는 뜻을 모두 갖추듯 온갖 사법도 또한 열 가지 뜻을 갖추고 한 사법과 마찬가지로 가르침과 뜻 등에서도 또한 서로 열 가지 뜻을 갖추어 보인다.[30] 곧 열 가지 상대하는 뜻[十對]이 일시에 갖추어져 서로 응해 하나의 연기를 이루니, 한 연꽃잎이 자신을 표현하는 형식이 바로 연꽃이 담고 있는 자기 내용이 되므로 연꽃은 표현 형식으로서 가르침과 내용으로서의 뜻과 이치를 갖춘 것이다. 그런데 자기 표현의 형식이 없이는 내용도 드러낼 수 없고 내용이 없이는 형식이 이루어질 수 없으므로 가르침과 뜻은 서로 하나의 연기를 이룬다.[31] 이 십현문은 사물과 사상(事象) 및 추상적 개념 등의 일체 현상적 존재가 그 자체로서 완전하며 자유롭고, 다른 개개의 존재 및 세계 전체와 걸림이 없는 일체임을 밝히려는 것이다.[32]

법장은 『화엄경지귀』에서 십무애를 경이 나타낸 법[經義]을 드러낸다는 항목에서 설명하고, 다음 경이 설한 의미[經意]를 해석한다는 항목에서는 ① 제법에 정해진 상이 없음을 밝히기 위해서 ② 유심을 나타낸 까닭에 ③ 환사(幻事)와 같은 까닭에 부터 ④ 몽현(夢現)과 같은 까닭에 ⑤ 뛰어난 신통

29 吉津宜榮, 『華嚴一乘思想の硏究』, 제5장 제4절, 406~412면.

30 法藏, 『探玄記』 권1(『大正藏』35권, 123상)

31 학담, 『화엄오교장』(서울: 조계종출판사, 2001), 제10장 제3절, 581~585면.

32 木村淸孝, 『中國華嚴思想史』, 제5장 제5절, 155면.

력인 까닭에 ⑥ 깊은 삼매의 작용인 까닭에 ⑦ 해탈의 힘인 까닭에 ⑧ 인(因)이 무한인 까닭에 ⑨ 연기상유인 까닭에 ⑩ 법성융통인 까닭에의 십종을 제법상이 혼융무애한 이유로서 제시하였다. 그 중 ⑨ 연기가 서로 말미암음[緣起相由]에서 법장은 『오교장』의 십전의 비유에서 보였던 동체 이체를 논의하고, 십무애가 이들의 상즉상입으로부터 나왔음을 말하였다. 그리고 ⑩ 법성이 융통함[法性融通]에서는 두순의 『법계관문(法界觀門)』을 원용하였다.[33] 『탐현기』에서는 『화엄경지귀』의 사상을 수정하여 무애의 이유로 ① 연기가 서로 말미암은[緣起相由]인 까닭에 ② 법성이 융통한[法性融通]인 까닭에 ③ 각각 유심(唯心)을 나타내는 까닭에 ④ 여환불실(如幻不實)인 까닭에 ⑤ 크고 작음을 정하지 않는 까닭에 ⑥ 한정할 수 없는 인(因)을 낳는 까닭에 ⑦ 과덕원극(果德圓極)인 까닭에 ⑧ 승통자재(勝通自在)인 까닭에 ⑨ 삼매의 대용(大用)인 까닭에 ⑩ 난사해탈(難思解脫)인 까닭에의 열 가지를 들고 있다.[34] 이중에 ① 연기가 서로 말미암은 까닭에 만이 실재로 논해지며, 다른 부분은 『화엄경지귀』로 미루고 있다. 연기가 서로 말미암음[緣起相由]은 ㉠ 제법각이의(諸法各異義) ㉡ 호편상자의(互遍相資義) ㉢ 구존무애의(俱存無碍義) ㉣ 이문상입의(異門相入義) ㉤ 이체상즉의(異體相卽義) ㉥ 체용쌍융의(體用雙融義) ㉦ 동체상입의(同體相入義) ㉧ 동체상즉의(同體相卽義) ㉨ 구융무애의(俱融無碍義) ㉩ 동이원비의(同異圓備義)의 십의로 이루어진다. ㉠㉡㉢은 연기의 본법을 총체적으로 밝힌 것이며, ㉣㉤㉥은 이체문, ㉦㉧㉨은 동체문의 의리를 밝힌 것이고, ㉩은 이 세 문에서 의리를 밝힌 것이다. 이 십의는 『오교장』의 십전의 비유로부터 『화엄경지귀』의 경의(經意) 십인(十因)의 연기상유를 거쳐 『탐현기』의 이 설명에 이르러 완성된 것이다. 이는 『탐현기』에서 법장이 연기상유에 화엄사상의 가장 중심적인 의의를 두고 있었음을 추측케 한다. 그리고 그 연기상유의 설명에는 『오교장』에서 삼성(三性)과 육의(六義)를 바탕으로 하여 전개된 동체와 이체의 상즉 상입이 그대로 들어 있음을 볼 수 있다. 법장은 『오교장』에서 인과 이문을 확연히 구분하여 보현의 인분으로서의 십현문을 설하고 십전의 비유를 통해 설명하였고, 『화엄경지귀』에서는 십전의 비유가 없어지고 그 십현을 성립시키는 원인을 십종으로 제시하였으며, 『탐현기』에서는 종래의 상대적인 연기

---

33 吉津宜榮, 『華嚴禪の思想史的研究』(東京: 大東出版社, 1985), 제1장 제6절, 128면.
34 法藏, 『探玄記』 권1(『大正藏』35권, 123상~124상)

문에 『법계관문』에 의한 법성문이라는 절대적인 면을 원용하여 연기상유와 법성융통 이 두 문을 법계연기의 세계를 보이는 원인으로 중시하여 삼승적인 유심회전선성문을 제외하고 순수한 별교일승(別教一乘)으로서의 내용을 고양하였던 것이다.[35]

원효와 법장을 중심으로 화엄사상을 정리한 표원(表員)은 『화엄경문의요결문답』에서 십현연기설을 탐현의(探玄義)와 보법의(普法義)에 걸쳐 법장과 원효의 견해를 인용하여 비교 설명하였다. 교의의 바다가 지극히 깊어 정으로 나타내는 것을 뛰어 넘어 불가사의하므로 현(玄)이라 하고 드러나 뜻을 미루어 고찰하기 때문에 탐(探)이라 한다고 전제한 표원은 그 깊은 교의를 법장이 든 십문을 들어 대강을 살펴본다는 취지에서 십현문을 하나하나 설명하였다. 표원은 『탐현기』를 인용하여 십문의 뜻은 동일 연기로서 무애원융하여 하나의 문에 따라 일체가 갖추어지는 것이며, 나머지 9문도 각기 십대를 갖추고 있으나 단지 따르는 문만 다를 뿐이어서 하나의 문 가운데 각기 백천의 문이 있다는 말로서 끝을 맺었다.[36] 표원은 이에 이어 보법의(普法義)를 설명하였는데, 보법이란 일체법이 상입 상시함을 말하는 것으로 원효가 일체 세계가 한 티끌에 들어가고 한 티끌이 일체 세계에 들어감과 같으며 삼세 제겁이 일찰나에 들어가고 일찰나가 삼세 제겁에 들어가며 일이 곧 일체가 되고 일체가 곧 일인 이 넓고도 넓은 것을 이름한 것이라고 한 부분을 인용하였다. 이는 원효가 『화엄경소』 서문에서 설한 것으로서, 표원은 원효의 보법을 법장의 십현설과 동등하게 이해한 것이다. 그래서 표원은 이어서 이 무애의 근거로 법장의 연기상유와 법성융통 등 십종인을 들고 이에 비길 수 있는 원효의 십종인으로서 ① 일과 일체가 서로 거울과 그림자가 되어 비치는 것이 인드라망과 같기 때문에[一與一切互爲鏡影如帝網故] ② 일과 일체가 서로 연이 모인 것이 돈을 세는 것과 같기 때문에[一如一切更互緣集如錢數故] ③ 모든 것은 오로지 식으로서 꿈의 경계와 같기 때문에[皆唯是識如夢境故] ④ 모든 것은 실체가 없어 허깨비와 같기 때문에[皆非實有如幻事故] ⑤ 같고 다른 상이 일체에 통하기 때문에[同相異通一切故] ⑥ 지극히 크고 지극히 작음이 같아서 한가지이기 때문에[至大至少齊一量故] ⑦ 법성의 연기는 본성을 떠나 있기 때문에[法性緣起離性故] ⑧

35 吉津宜榮, 『華嚴一乘思想の硏究』, 제5장 제4절, 404~410면.

36 表員, 『華嚴經文義要決問答』 권2(『韓佛全』2권, 363중~366상)

일심의 법체는 동일하지도 다르지도 않기 때문에[一心法體非一異故] ⑨ 무애법계는 극단도 중도도 없기 때문에[無碍法界無邊中故] ⑩ 법계는 존재 그대로여서 장애도 없고 걸림도 없기 때문에[法界法爾無障無碍故]을 들었다. 그리고 그 중에서 공통적인 대소를 들어 법장의 첫째 항목인 크고 작음이 정해져 있지 않기 때문에[大少無定故]와 원효의 여섯째 항목을 상호 비교하였다.[37]

3. 법장 이후의 십현설

이통현(李通玄, 635~730)은 법장과는 다른 독자적인 화엄사상을 펴서 교판론에서 법장의 별교일승에 의거하지 않고 지엄의 동별 이교에 가까운 주장을 하거나 삼성원융관의 실천체계를 제시하였다. 이통현은 육상과 십현을 대응하여 말하면서 육상쪽에 중심을 두고 십현은 이의 보설로서 나타나는 경향이 짙다. 이는 법장의 화엄교학에 대한 이통현의 주체적인 수용 방식을 나타내는 것이다. 이통현이 제시한 십현문도 명칭이나 순서가 일정하지 않다. 『결의론』에서는 ① 동시구족상응문 ② 일다상용부동문 ③ 제법상즉자재문 ④ 천제망영상중중호참무애문(天帝網影像重重互參無礙門) ⑤ 미세상용안립문 ⑥ 비밀은현구덕문 ⑦ 제연화장순잡구함무장문(諸蓮華藏純雜俱含無障門) ⑧ 삼세원융호참상입문(三世圓融互參相入門) ⑨ 유지동별자재문(唯智同別自在門) ⑩ 탁사표법생해문(託事表法生解門)을 제시하였다.[38] 이통현은 『화엄경』에 이 십사가 설해져 있고 전체로서 무진의 상태를 분명하게 하고 있으니 지혜에 의해 관찰하여 알아야 할 것이라고 하였다. 『신화엄경론』에서는 일승의 진실세계[法界]를 보아도 거기에는 진리[理]와 사상[事]이 하나를 이루고 있으며 하나의 미진(微塵) 가운데 여러 부처와 국토와 인천(人天)이 동거하고 있고 신체와 모혈이 그림자처럼 서로 드나들고 있어서, 진실의 수행을 행하는 것은 이를 여실히 알아야 하며 방편적인 가르침에 만족해서는 안 된다고 하였다. 반드시 ① 동시구족상응문 ② 일다상용부동문 ③ 제법상즉자재문 ④ 인다라망경계문 ⑤ 미세상용안립문 ⑥ 비밀은현구성문 ⑦ 십세격별이성문 ⑧ 주반교참무애문 ⑨ 탁사현법생해문 ⑩

---

37 表員, 『華嚴經文義要決問答』 권2(『韓佛全』2권, 366상~중)
高翊晋, 『韓國古代佛敎思想史』, 제4장 제2절, 242~243면.

38 李通玄, 『略釋新華嚴經修行次第決疑論』 1하(『大正藏』36권, 1018중~하)

유심회전선성문에 의하지 않으면 안 된다는 것이다. 왜냐하면 이 십현문으로 수행하면 진리가 이에 순응하기 때문이라고 하였다.[39] 전반적으로 보아 이통현의 십현에의 언급은 비교적 적기 때문에 충분한 논의가 어렵다. 이통현에게 십현문은 진리와 사상의 일체성[理事同參]이 근본적으로 파악되고 있다. 십현문 각각의 명칭과 순서는 대개 법장의 『화엄오교장』에 가깝다. 그러나 어떤 것은 일부 고쳐져 있고 특히 『신화엄경론』의 ⑧ 주체와 객체가 서로 마주하여 걸림이 없는 원리[主伴交參無礙門]는 『탐현기』 ⑩ 주반원명구덕문을 개변하여 도입한 것으로 생각된다. 이는 이통현이 화엄교학의 전통을 절대시하지 않았음을 말해 준다. 이통현은 『80화엄』을 주석하고 그것을 다시 해설하는 가운데 그때그때 나타나는 체험적 사유를 십현이라는 화엄교학적인 틀 안에 맞춘 것으로 생각된다. 이통현의 사상은 결코 교리적으로 고정되지 않고 유연한 움직임을 가졌다. 이통현의 십현사상에서 주목할 또 한 가지는 『결의론』의 ⑨ 오직 지혜가 같고 다름이 자재한 원리[唯智同別自在門]이다. 지(智)는 그의 사상의 근간을 이룬다. 유지동별자재문은 그러한 지에의 관점이 십현문 가운데 들어있음을 나타내는 것이다. 『일승십현문』 등에는 탁사현법생해문이 지에 의거하여 설한다고 되어 있다. 법에 의거한다 라고 하는 십현의 전체의 본래 방향에서는 오히려 이런 설정방식이 적절한 것처럼 생각된다. 그러나 이통현의 지에 대한 견해를 고려하면 유지동별자재문이 십현문의 하나가 되는 것이 반드시 부적절하다고는 할 수 없다. 그것은 지의 주체적 추구와 선양이 이통현의 최대의 안목이었음을 반영하기 때문이다.[40]

법장의 제자인 혜원(慧苑, 673~743)은 독자적인 2종의 십현설을 전개하였다. 혜원은 『간정기(刊定記)』에서 사사무애법계종의 의(義)의 분제를 체사(體事)와 덕상(德相)과 업용(業用)의 셋으로 나누어 해설하였는데, 체사에서 색(色)·심(心)·시(時)·처(處)·신(身)·방(方)·교(教)·의(義)·행(行)·위(位)의 십법(十法)을 들고 하나하나 설명하였다. 이는 법장의 십의(十義)에 대응하는 것인데, 이 중에 법장과 공통되는 것은 교의와 행위뿐이다. 역순이나 감응 등 종교성이 강한 것은 물론 지엄 이래 이어온 이사나 인과나 인법 등이 없다. 혜원은 극히 기본적인 것을 소의로서 인정한 것이다. 이들 십법에

39 李通玄, 『新華嚴經論』 권12(『大正藏』36권, 795하)
40 木村清孝, 『中國華嚴思想史』, 제6장 제4절, 195~196면.

의해 2종의 십현이 이루어진다. 하나는 순정무루(純淨無漏)한 덕상(德相)의 십현으로 ① 동시구족상응덕(同時具足相應德) ② 상즉덕(相卽德) ③ 상재덕(相在德) ④ 은현덕(隱顯德) ⑤ 주반덕(主伴德) ⑥ 동체성즉덕(同體性卽德) ⑦ 구족무진덕(具足無盡德) ⑧ 순잡덕(純雜德) ⑨ 미세덕(微細德) ⑩ 여인다라망덕(如因陀羅網德)이다. 또 하나는 누(漏)와 무루(無漏)에 통하는 업용(業用)의 십현으로 ① 동시구족상응용(同時具足相應用) ② 상즉용(相卽用) ③ 상재용(相在用) ④ 상입용(相入用) ⑤ 상작용(相作用) ⑥ 순잡용(純雜用) ⑦ 은현용(隱顯用) ⑧ 주반용(主伴用) ⑨ 미세용(微細用) ⑩ 여인다라망용(如因陀羅網用)이다. 혜원은 덕상이란 불보살이 초발심 이후 수행하는 것마다 하나하나가 모두 법성과 상응하여 항상 제법을 관할 때 동류 이류, 동체 이체, 염정이 차별되나 그 본성은 하나로서 무성이기 때문에 성상무애하고 상은 성을 따라 융통하여 무장애하다고 하였다. 진여는 이미 항하사겁을 거친 덕을 갖추었고 진(眞)이 일어나는 바의 사(事)의 덕량도 역시 그렇기 때문에 사와 덕은 함께 무성이다. 그리고 업용이란 불보살은 무애법계의 상응삼매와 통명 해탈 다라니 등의 용을 성취하여 앞의 체사에 대응하여 전변이 자재로운 것을 말하며 여기서 전변하는 경지는 염정(染淨)에 두루 통한다고 하였다. 십현에 대해 혜원은 동시구족상응덕은 심법의 체사에 의해 동류 이류 가운데 일다 대소 장단과 지위의 상하 등 다양한 차별이 있어도 일체가 일법 중에 동시에 구족한다고 하는 등 구체적으로 설명하고 『화엄경』 구절을 예로 들었다.[41] 이 중 덕상의 십현이 법장의 십현에 해당하는 것인데, 혜원은 과분과 인분은 나누면서도 가설 불가설은 분별하지 않고 일체를 가설이라고 보았다. 그리고 업용의 십현은 삼매나 신통력을 성취한 데서 연유하며 그 힘에 의해 일체중생 앞에 먼저 색심 등의 체사와 함께 응현하므로 중생의 근기에 따라 염정에 두루 통한다고 하였다. 혜원은 덕상에 의해 과의 체를 드러내고 업용에 의해 과의 용을 드러내, 그 인은 어느 것도 진여법성에 합치한 수행이라고 하는 단순한 구조를 보임으로써 법장의 십현과는 다른 전개를 보였던 것이다.[42] 특히 업용의 십현은 상입 상작과 같은 불보살의 교화작용의 적극성을 나타내는 요소가 들어가 있는 것이 특징으로서 일체중생과 국토에 응현하는 업용의 깊이가 주목된다.[43]

41 慧苑, 『續華嚴經略疏刊定記』 권1(『續藏經』5권, 21좌~24좌)
42 吉津宜榮, 『華嚴一乘思想の研究』, 제5장 제4절, 412~414면.
43 吉津宜榮, 『華嚴禪の思想史的研究』, 제2장 제1절, 160~164면.

혜원을 비판하고 법장의 계승을 주창한 징관(澄觀, 738~839)은 사법계설의 사사무애법계 내용을 설하면서 십현설을 말하였다. 징관은 혜원의 십현설이 법계연기의 일다 교철(交徹)의 세계가 미은(微隱)이 되어버렸다고 비판하였다. 징관은 이러한 혜원 교학의 단점을 비판하며 법장의 십현문을 전적으로 계승하여 체계화한 사법계설을 완성함으로써 당시 신불교로 힘을 얻어가던 선종에 대한 대응의 의도도 드러냈다.[44] 징관은 『화엄경소』에서 『화엄경』의 뜻을 해석하는 10문 중 제3 의리분제(義理分齊)에서 원융구덕한 무진의 세계를 표현하는 별교일승을 드러내기 위해 4문을 세웠는데 이는 ① 소의체사(所依體事) ② 섭귀진실(攝歸眞實) ③ 창기무애(彰其無碍) ④ 주변함용(周遍含容)이다. 이 4문에 각각 십문이 있어 무진을 나타내니 4문은 각각 사법계·이법계·이사무애법계·사사무애법계에 해당한다. 이 중 ① 소의체사 곧 사법계(事法界)에는 ㉠ 교의 ㉡ 이사 ㉢ 경지 ㉣ 행위 ㉤ 인과 ㉥ 의정 ㉦ 체용 ㉧ 인법 ㉨ 역순 ㉩ 감응의 법장의 십의를 배당하였는데 다만 ⑩ 응감이 감응으로 바뀌었을 뿐이다. ② 섭귀진실 곧 이법계(理法界)에는 두순의 『법계관문』의 진공관을, ③ 창기무애 곧 이사무애법계(理事無碍法界)에는 『법계관문』의 이사무애관의 십문을 그대로 들었다. ④ 주변함용 곧 사사무애법계(事事無碍法界)에는 명칭은 『법계관문』의 주변함용관을 쓰면서도 법장의 『탐현기』에 따른 신십현에 의하여 설명하여 ① 동시에 모두 갖추어 상응하는 원리[同時具足相應門] ② 넓고 좁음이 자재하여 걸림이 없는 원리[廣狭自在無礙門] ③ 하나와 여럿이 서로 받아들이면서도 같지 않은 원리[一多相容不同門] ④ 온갖 법이 서로 하나 되어 자재한 원리[諸法相卽自在門] ⑤ 숨음과 드러남이 은밀히 성립되는 원리[秘密隱顯俱成門] ⑥ 미세한 것들이 서로 받아들여 세워지는 원리[微細相容安立門] ⑦ 인드라 그물 같이 서로 비추는 원리[因陀羅網境界門] ⑧ 사법에 의탁하여 법을 드러내고 앎을 내는 원리[託事顯法生解門] ⑨ 십세가 하나가 되나 다르게 이루어지는 원리[十世隔法異成門] ⑩ 주체와 객체가 원융하게 밝아 덕을 갖춘 원리[主伴圓明具德門]를 들고 이 십문은 동일한 연기로 무애원융함을 보이는 것으로서 한 문에 따라 일체가 갖추어 있다고 하였다.[45] 『화엄경소』의 십현문은 법장의 신십현을 그대로 옮겼는데 다만 ⑤ 비밀은현구성문은 비밀현료구성문, ⑦ 인다라망경계문은 인다라망법계문과 표현만 일부 다를 뿐이다. 그리고

44 吉津宜榮, 「澄觀の華嚴教學と杜順の法界觀門」 『駒澤大學研究紀要』 38, 1980, 156~157면.
45 澄觀, 『大方廣佛華嚴經疏』 권2(『大正藏』35권, 514~515)

법장의 『탐현기』에 제시된 연꽃의 비유도 그대로 따랐다.[46] 『화엄경소』에서는 십현문의 명칭만 제시하였으나 『화엄경수소연의초』에서는 명칭도 하나가 다르고 순서를 바꿔 ① 제법상즉자재문 ② 광협자재무애문 ③ 미세상용안립문 ④ 동시구족상응문 ⑤ 일다상용부동문 ⑥ 비밀은현구성문 ⑦ 인다라망경계문 ⑧ 십세격법이성문 ⑨ 탁사현법생해문 ⑩ 제장순잡구덕문을 설명을 덧붙여 제시하였다. ⑩ 제장순잡구덕문이 주반원명구덕문 대신 들어갔는데 이는 지엄에게 있던 것이라고 덧붙이고 있다.[47] 『법계관문』에서는 ① 이여사(理如事) ② 사여리(事如理) ③ 사함이사(事含理事) ④ 통국무애(通局無碍) ⑤ 광협무애(廣狹無碍) ⑥ 변용(遍容) ⑦ 섭입(攝入) ⑧ 교섭(交涉) ⑨ 상재(相在) ⑩ 부융(溥融)의 십문을 들고 이 십문을 가지고 일체법에 들어가면 바로 십현의 뜻을 이룬다고 하였다. 이 『법계관문』과 신십현의 관계는 ③이 미세상용안립문, ④가 제법상즉자재문, ⑤가 광협자재무애문, ⑥은 상즉문과 광협문, ⑦이 상즉상입문, ⑧이 비밀은현구성문, ⑨가 인다라망경계문, ⑩이 동시구족상응문, ①②③은 제장순잡구덕문이며, 열을 따라 한 문을 머리로 삼으면 주반문, 때 가운데 나타나면 십세문, 모든 법이 다 그러하므로 탁사문의 뜻이 있게 된다고 하였다.[48] 그리고 『화엄약책』에서는 『화엄경소』와 같은 십문을 들고 각각 ① 동시구족상응문은 대해의 물 한 방울로 백 강의 맛을 아는 것처럼, ②는 한 자 짜리 거울로 천리를 비추어 보는 것처럼, ③은 한 방에 천 개의 등이 불빛이 서로서로 비추는 것처럼, ④는 금과 금빛깔이 서로 떨어져 있지 않은 것처럼, ⑤는 맑은 하늘에 조각달이 밝음과 어둠을 함께 하는 것처럼, ⑥은 유리병 속에 겨자가 가득 담긴 것처럼, ⑦은 두 개의 거울이 서로 비추어 끝없이 상을 만드는 것처럼, ⑧은 서 있는 상의 세운 팔이 눈에 닿으면 모두 도인 것처럼, ⑨는 하룻밤 꿈에 백년을 지낸 것처럼, ⑩은 북두칠성이 있는 곳에 다른 뭇 별들이 함께 있는 것처럼 이라는 간략한 비유를 들었다.[49] 징관의 십현설은 사법계설의 사사무애법계를 해명하기 위한 것이었고, 사법계설은 법장의 십현설과 두순의 『법계관문』을 결합하여 성립된 것이었다.[50] 징관은 법장이 연기상유를 중심으로 하고 법성융통을 보조로 삼았던 데 비해 법성융통을 주로 하고 연기문을 보조로

46 澄觀, 『大方廣佛華嚴經疏』 권2(『大正藏』35권, 514~515)
47 澄觀, 『大方廣佛華嚴經隨疏演義鈔』 권1~2(『大正藏』36권, 9상~10하)
48 澄觀, 『華嚴法界玄鏡』 권하(『大正藏』45권, 683상)
49 澄觀, 『大華嚴經略策』(『大正藏』36권, 707중)
50 戒環, 『中國華嚴思想史硏究』(서울: 불광출판부, 1996), 제6장 제3절, 379~380면.

삼아 다른 관점을 보였고, 『법계현경(法界玄鏡)』에서는 십현문의 전거를 『법계관문』의 주변함용관에서 찾았다. 징관은 사법계 특히 사사무애법계를 잘 체득하면 성불한다고 보았기 때문에 법장처럼 신만성불(信滿成佛)을 십현문의 주제로 하지 않고, 『법계관문』을 원용하여 법장의 십현문의 내용을 자신이 생각하는 사사무애법계를 장엄하는 하나의 지주로 자리잡도록 했던 것이다.[51]

십현설 비교표

*원 안의 숫자는 제시 순서를 가리킴
*고십현은 수현기, 신십현은 탐현기 명칭과 대조 비교함

고십현				신십현			
지엄	의상		법장	법장	이통현	혜원	징관
수현기	법계도	십현문	오교장	탐현기	신화엄경론	간정기(덕/용)	화엄경소
①동시구족상응문	①	①	①	①동시구족상응문	①	①동시구족상응 ①	①
②인다라망경계문	②	②	④	②광협자재무애문	⑩유심회전선성	⑧순잡 ⑥	②
③비밀은현구성문	③	③	⑥	③일다상용부동문	②	③상재 ④상입 ③	③
④미세상용안립문	④	④	⑤	④제법상즉자재문	③	②상즉 ②	④
⑤십세격법이성문	⑤	⑤	⑧	⑤비밀현료구성문	⑥은현	④은현 ⑦	⑤은현
⑥제장순잡구덕문	⑥	⑥	⑦	⑥미세상용안립문	⑤	⑨미세 ⑨	⑥
⑦일다상용부동문	⑦	⑦	②	⑦인다라망법계문	④경계	⑩인다라망 ⑩	⑦경계
⑧제법상즉자재문	⑧	⑧	③	⑧탁사현법생해문	⑨		⑧
⑨유심회전선성문	⑨	⑨	⑨	⑨십세격법이성문	⑦격별		⑨
⑩탁사현법생해문	⑩	⑩	⑩	⑩주반원명구덕문	⑧주반교참무애	⑤주반 ⑧	⑩
						⑥동체성즉 ⑤상작 ⑦구족무진	

징관을 계승한 종밀(宗密, 780~841)은 『원각경대소』에서 경 제목을 설명하는 중에 십현문을 들었는데, 십현문은 두순에게서 받아 지엄이 해석한 것이라 하며 먼저 『수현기』나 『일승십현문』에 들었던 십현을 명칭과 순서 그대로 서술하였다. 그리고 법장이 광협무애자재문과 주반원명구덕문을 새로 만들었다고 하고는 이 십현은 덕상과 업용에 통하여 지녀서 잃지 않

51 吉津宜榮, 『華嚴一乘思想の硏究』, 제5장 제4절, 414~415면.

으면 덕상에 해당하는 것이고 응하여 연하면 업용에 해당한다고 하고 이후 법장의 해석과 연꽃 비유 등을 더 소개하였다.[52] 종밀은 지엄과 법장과 혜원을 모두 언급한 셈이다. 종밀은 『선원제전집도서』에서는 돈교와 점교를 말하면서 돈교의 화의돈(化儀頓)이 화엄 원돈교(圓頓敎)임을 말하고, 그 설하는 바는 제법이 일심이요 일심이 제법인 성상원융 일다자재한 것으로서 상입상즉하고 무애용융하여 십현문을 구족하여 중중무진함을 무장애법계(無障碍法界)라 이름한다고 간략히 언급하였다.[53] 그리고 두순의 『법계관문』을 해석한 징관의 『법계현경』을 이어 종밀은 『주화엄법계관문』에서 사사무애가 주변함용관임을 들고 『법계현경』과 같이 ①이여사(理如事) ② 사여리(事如理) 이하 ⑩부융(溥融)무애에 이르는 십문에 대해 상세하게 해석하였다.[54]

교선일치의 관점에서 제 종지를 체계화한 법안종의 연수(延壽, 904~975)는 『종경록(宗鏡錄)』에서 연기의 자재한 법문은 모두 이치대로의 진실한 덕을 말한 모두가 연기의 체성이 되고 저마다 진여의 자리에 머무른다고 하며 이 무애법문을 화엄에서는 십무애가 있다 하여 성상무애 이하 주반무애까지를 간략히 소개하였다. 그리고 종경(宗經) 안에는 하나의 법과 하나의 미진이 있되 모두가 저마다 이 열 가지 무애문을 갖추고 있다고 하였다. 십현문을 징관의 『수소연의초』에 따라 하나하나 매우 상세히 설명하고 경전도 인용하며 해석하였는데, 특히 ⑦인다라망경계문은 장문으로 상세하게 설명하였다. 이에 대한 부가 설명으로 연수는 십현문을 세우는 이유에 대해 본래 이는 한마음이요 진여묘성의 무진한 이치로서 체와 용, 나아감과 물러남[卷舒], 성과 상, 상즉과 상입, 이와 사로 인하여 연성에 의지하여 지님을 감싸고 두루하는 것이라 하였다. 연수는 이 뜻이 여러 가지이나 간략한 것은 육상이고 넓은 것은 십현이라 하였다. 그리고 이는 제불보살의 덕상과 업용이어서 일행(一行) 일법(一法)이 모두 십현을 갖추어 모두 종경의 가운데에 들면 일심무진의 뜻이 된다고 하였다. 이어 징관의 『수소연의초』의 십현문과 혜원의 『간정기』의 덕상과 업용의 십현을 간략히 소개하고, 한 법도 무변한 성덕과 진여묘용을 갖추지 않은 것이 없다고 하였다. 나아가 연수는 이 십현문은 명언(名言)의 길이 끊어지고 지혜에 따라 널리

52 宗密, 『圓覺經大疏』 권4상(『續藏經』14권, 284좌~285우)
53 宗密, 『禪源諸詮集都序』 권하1(『大正藏』48권, 407하)
54 宗密, 『注華嚴法界觀門』(『大正藏』45권, 691상~692중)

펴고 넓은 견문으로 증득해야만 비로소 아는 것이지 정리로써 아는 바가 아님을 강조하고, 직접 증득하면 곳곳마다 법계에 들어가고 생각생각마다 비로자나를 보는 것이라고 수행 증득의 중요성으로 마무리하였다.[55] 『종경록』에서는 또 증득하여 분명한 경지는 빛과 빛이 서로 들어가고 그림자와 그림자가 서로 포함하는 것이 십현문의 중중무진과 같다 하며 지엄의 십현문을 들어 설명하기도 하였다.[56]

Ⅲ. 인접 개념과의 관계 및 현대적 논의

1. 인접 개념과의 관계

십현설은 의상의 수십전법(數十錢法)설과 연관을 갖는다. 의상은 연기법을 실상다라니법이라 부르고, 그것을 관찰하기 위해서는 먼저 수십전법을 깨달아야 한다고 하였다. 따라서 의상이 파악한 수십전법은 십현설로 조직화된 연기법을 설명하는 다른 틀이다. 수십전법이란 1전 2전 내지 10전을 세는 것을 말하는데, 10을 든 것은 화엄에 두루 등장하는 원융무량함을 드러내기 위한 것이다. 이 수십전설 중에서 의상은 일문 중에 십문이 다 포용되는지 그렇지 않은지의 진부진(盡不盡)을 설명하였다. 그것은 다하기도 하고 다하지 않기도 한데 하나의 사법[一事]으로서 하나와 여럿[一多]를 말하면 다함이고 다른 사법[異事]으로서 하나와 여럿을 말하면 다하지 않음이라 하였다. 이 하나의 사법과 다른 사법은 지엄의 즉사(卽事) 이사(異事)에 대응하는 것인데, 법장도 이 『법계도』설을 그대로 수용하고 있다.[57] 의상은 수십전유를 중문(中門)과 즉문(卽門)의 오고감[來去]의 뜻으로 설명하면서 인연과 연기를 설명하였다. 오고간다는 것은 자신의 자리는 움직이지 않으면서 항상 오고감을 말하며 이는 연에 따른 것으로서 곧 연기의 뜻이다. 이 연과 연기는 그 뜻이 같기도 하고 다르기도 하다. 다른 뜻으로 보면 인연은 세속의 차별에 따른 것으로 인연이 서로를 기다려 무자성의 뜻을 드러내는 세속제[俗諦]의 체이고, 연기는 본성의 무분별함에 따른 것으로

55 延壽, 『宗鏡錄』 권28(『大正藏』48권, 572하~580상)
56 延壽, 『宗鏡錄』 권38(『大正藏』48권, 641상)
57 法藏, 『華嚴一乘敎義分齊章』 권4(『大正藏』 45권, 503하)

상즉하고 상융하여 평등의 뜻을 드러내는 제일의제[眞諦]이다. 속제는 무자성이기 때문에 제일의제를 따른다. 인연과 연기가 같은 뜻이라는 것은 용수가 말한 것처럼 인연소생법의 도리는 공이고 중도이기 때문이라고 설명한다. 원효는 이 수십전의 비유에 대해 『보법기(普法記)』와 『화엄경종요(華嚴經宗要)』에서 지엄이 설한 뜻을 의상이 언사로 전해온 것이라 하여 이 학설을 수용하였다.[58] 의상의 수십전설은 연기법의 독자적인 체계를 앞서 강조한 것이었다.

십현설은 육상설과 아울러 비교 거론된다. 화엄교학에서 본질과 현상의 관계에 초점을 맞춘 종축의 연기사상이 삼성이고, 현상적인 존재 그 자체의 무애한 연기성을 밝히는 횡축의 것이 육상설이며, 종축 횡축 쌍방에 의해 체계화한 것이 십현설이라는 견해가 있다.[59] 또 십현설은 만법상관의 형태를 밝히는 것이고 육상은 원융의 뜻을 설명하는 범주라고 보기도 한다.[60] 그리고 십현설은 일과 다, 전체[全]와 부분[分]의 무애를 설하는 항포문(行布門)이고 육상설은 전과 분, 일과 다의 원융을 설하는 원융문(圓融門)이라고 하기도 한다.[61] 원융문과 항포문이 융회귀일하는 곳에 원융무진의 법계상이 열린다는 것이다. 그런가 하면 십현설은 연기의 부분적 해명, 육상설은 전체적 해명으로 보기도 하고,[62] 십현설이 화엄 법계연기설을 말하는 무진연기의 모양이라면 육상설은 무진연기의 원리라고 해석하기도 한다.[63]

십현문이 무엇으로 인해 원융한 지를 말하는 것이 육상이라고 할 수 있다. 여섯 가지 모습[六相]이란 총상(總相)·별상(別相)·동상(同相)·이상(異相)·성상(成相)·괴상(壞相)이다. 온갖 법이 이 여섯 가지 모습을 갖추지 않음이 없이 서로 융통하고 서로 하나되어 걸림이 없으므로 여섯 가지 모습이 원융하다[六相圓融]고 한다. 육상의 원융한 모습을 온갖 법에 통함으로 보면 십현문의 사법과 사법이 걸림이 없는 법문도 육상원융의 가르침의 문으로 말미암아 이루어진다. 그런데 십현문의 연기를 깨달아 가는 수행문에

58 均如, 『一乘法界圖圓通記』 권하(『韓佛全』 4권, 25상); 均如, 『教分記圓通抄』 권8(『韓佛全』 4권, 448하)

59 木村淸孝 저, 章輝玉 옮김, 『中國佛教思想史』(서울: 경서원, 1989), 제2장 제4절, 102~103면.

60 石井教道, 『華嚴教學成立史』, 제4장 제1절, 406면.

61 金芿石, 『華嚴學概論』(서울: 법륜사, 1974), 제4편 제7장, 212~213면.

62 金東華, 『佛教學概論』(서울: 白映社, 1954), 제4장 제3절, 272면.

63 黃晟起, 『佛教學概論』(서울: 황금출판사, 1946), 제2편 제2장 제4절, 114~116면.

서 육상원융의 뜻을 보면 육상원융이란 보살의 온갖 보현의 인행이 진리 그대로의 지혜에 들어가기 때문에 하나의 행이 곧 온갖 행이 됨을 나타낸다.[64] 법장은 『화엄오교장』에서 의리분제 제4에 육상원융의를 세워 설명하였다. 총상이란 일(一)이 다(多)의 덕을 포함하기 때문이다. 별상이란 그들 다의 덕이 일체는 아니기 때문이다. 또한 각각의 것으로서 전체에 의존하고 그 전체를 채우기 때문이다. 동상이란 다의 의미가 서로 위배되지 않고 함께 하나의 전체를 만들기 때문이다. 이상이란 다의 의미를 대비하면 각기 다르기 때문이다. 성상이란 이들 여러 가지 의미가 서로 관계하여 성립하기 때문이다. 괴상이란 여러 가지 의미가 각자 자신의 상태에 머물러 변동하지 않기 때문이다 라고 해설한다. 그리고 이 가르침을 보이는 이유는 일승원교의 법계연기의 무진원융 자재상즉 무애용융 내지 인다라무궁의 이사 등 진실의 상태를 밝히기 위한 것이라고 하며, 구체적으로 집의 예를 들어 설명하였다. 곧 총상은 집 바로 그것, 별상은 기둥 등의 재료가 각각인 것, 동상은 이들 재료가 협동하여 집을 만드는 것, 이상은 그럼에도 그들 각각은 자신의 모습을 변치 않고 서로 구별이 있는 것, 성상은 그들 재료에 의해 집이라고 하는 의미가 성립하는 것, 괴상은 그들 재료가 자신의 상태를 지키고 근본적으로는 어떤 작용도 하지 않는 것에 비유된다.[65] 육상 사상은 기본적으로 전체와 개별 사이의 다르지도 않고 하나이지도 않은[不異不一] 유기적인 관계를 분석하여 제시한 것이다.[66]

이통현은 육상을 십현과 대응하는 형태로 언급하곤 했는데, 그 경우 육상이 중심적인 위치를 차지하고 십현은 육상을 보충하는 의미가 강하다. 그런데 이통현은 무엇보다도 육상은 육상이지 않으면 안 되며 십현은 십현이지 않으면 안 된다고 본다. 육상은 각각 여섯을 갖추고, 서로가 순일(純一)하게도 되며, 융합도 한다. 어느 것 하나도 버릴 수는 없다. 십중의 심오한 교리[十玄]도 마찬가지다.[67] 이와 같은 기본 인식에서 『결의론』에서는 그 본래의 의미를 다시 부연하였다. 예를 들면 이 초지 가운데서 보인 육상의 의미는 초지에서 십지의 의미나 여래의 의미를 전부 포섭하는 것이므로 전체적으로 그들의 동일성과 차별성을 이해하지 않으면 안 된다. 일국토라

64 학담, 『화엄오교장』, 제10장 제4절, 662면.
65 法藏, 『華嚴一乘教義分齊章』 권4(『大正藏』45권, 507하)
66 木村清孝, 『中國華嚴思想史』, 제6장 제4절, 190면.
67 李通玄, 『新華嚴經論』 권5(『大正藏』36권, 749하)

고 하는 것에도 일체의 국토가 일국토 안에 들어가 있고 이는 제석천의 그물의 구슬과 구슬의 경우와 같이 자재하여 어떠한 방해도 없다. 육상의 뜻은 모든 존재를 포섭하여 취하는 것이고 모든 존재에는 모두 육의가 있다. 제석천의 궁전의 그물구슬의 보주는 맑은 빛을 내며 서로서로 완전하게 비춘다. 하나하나의 보주에는 그림자가 겹겹으로 중복되어 비추어서 끝이 없다. 일체의 경계는 모두 그림자와 같은 것이고, 본래 교섭하고 비추어 방해하는 것이 없다. 십지 수행에서 지혜의 작용이 하나 하나 개별적으로 수승하게 있는 것을 별이라 하고, 근본지를 떠나지 않고 또한 고금에 걸쳐 무시간적이며 원래 하나의 범주[一際]인 것을 총이라 한다. 마음에 기초한 수행으로서의 일체 경계가 그 자체로 작위가 없는 것을 동이라 한다. 각자의 지위에서 업의 장애를 정화하고 지혜의 뛰어난 작용이 점점 번성하게 되는 것을 성이라 하고, 십지 각 지위의 수행에서 수행하는 것도 행하는 것도 완성하는 것도 보리 열반 등의 것도 실현됨이 없는 것을 괴라 한다. 또 사람의 신체를 예로 들면 안·이·비·설·신·수족·지절이 함께 하나의 몸을 만들고 있음을 총상이라 하고, 그것들은 오직 하나의 마음에 따라 움직이지만 그 작용은 다르다는 것을 별상이라 한다. 그것들이 모두 불, 바람 등의 네 가지 원소에 의해 만들어져 있는 것을 동상이라 하고, 감각과 의식을 관리하는 기관[六根]의 각기 작용이 다른 것을 이상이라 한다. 업에 의해 신체가 만들어져 있는 것을 성상이라 하고, 일체의 존재가 제 조건에 의해 존재하지만 어느 것에도 주인이 없고 작자도 없이 모두 허공같이 있는 것을 괴상이라 한다. 육상의 교설은 일체의 존재에 통한다. 모두 이 6개의 존재방식을 갖추고 있기 때문이다. 진실을 파지하는 것[摠持]을 배우고 지혜에 의지하여 관찰해야 알 수 있다. 십현문도 그 의미는 이와 같다.[68] 이처럼 이통현의 육상과 십현 사상은 육상문이 중심적이다. 육상의 인다라망의 예로 실천과 존재 모두에 통함을 논하고, 이 비유를 육상의 내용과 밀접한 것으로서 선호하여 무량보편주무애총별동이성괴자재인다라망문(無量普遍周無礙總別同異成壞自在因陀羅網門)이라는 용어도 만들었다.[69] 그리고 그 해명이 현실의 인간에 밀착된 실천적 시야를 짙게 반영하고 있다. 그래서 십지 수행에 관한 육상이 제시되고 신체의 예를 들어 설하는 것으로까지 나아간다.[70]

68 李通玄, 『略釋新華嚴經修行次第決疑論』 1하(『大正藏』36권, 1018중~하)
69 李通玄, 『新華嚴經論』 권31(『大正藏』36권, 932중)
70 李通玄, 『新華嚴經論』 권24(『大正藏』36권, 886상)

2. 현대적 논의

십현과 육상은 법계연기를 설명하는 두 축이다. 십현과 육상의 이해에는 법장이 파악한 것처럼 체의 공유에서 오는 상즉, 역용(力用)의 유무에서 오는 상입, 연의 대연 부대연, 상유 불상유에서 오는 동체 이체를 잘 체득해야 한다는 관점도 고려해야 하고, 이통현이 이해한 것처럼 십현에 앞서 육상을 먼저 설명하며 모든 교설에 통한다고 보는 관점도 살펴야 한다. 무엇보다 구절의 이해에 그치면 화엄무진의 교의는 거울 속의 꽃과 같고 물 속의 달과 같아서 실상에 접근할 수 없다. 오직 체득해야 할 뿐이다.[71]

십현설은 현실에 존재하고 있는 유한한 개체 속에 무한한 이성이 두루 존재하여 개체 속에 일체가 내재함을 말하는 화엄철학의 핵심인 법계연기의 내용을 이룬다. 현실에 존재하는 것이 어디에서 생겼는가 또는 어떻게 생겼는가를 문제삼지 않고 현실세계의 개체의 존재 방식을 문제로 한다는 점에서 이는 존재론이라 할 수 있다. 십현설의 법계연기는 현실에 존재하는 사물과 마음의 모든 개체가 독존성을 지키면서도 서로 융화된다는 상호원융을 설한다. 개체의 독자성을 살리면서 동시에 개체간의 공존 융화를 지향하는 십현설의 법계연기는 다양한 모든 존재의 공존을 인정함으로써 대립과 항쟁이 아니라 융화와 연대를 향해 나아가는 사상이라는 의의를 갖는다. ❁

정병삼 (숙명여대)

71 金芿石, 『華嚴學槪論』, 제4편 제7장, 213면.

우리말 불교개념 사전

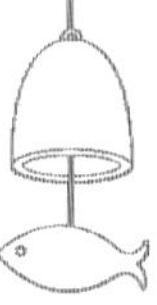

육상원융

한 六相圓融 영 Complete combination in the six characteristics found in everything

Ⅰ. 어원적 근거 및 개념 풀이

1. 어원적 근거

육상원융(六相圓融)에서 육상은 총상(總相)·별상(別相)·동상(同相)·이상(異相)·성상(成相)·괴상(壞相) 등의 여섯 가지의 모습이란 뜻으로, 영어로는 'The six characteristics found in everything'이라 한다.

원융은 원만융통하여 서로 장애됨이 없다는 뜻으로, 각각의 사물이 모두 본래 지니고 있는 속성을 그대로 지키면서도 원융하여 흐트러짐이 없이 원만하게 하나의 체를 이루기도 하고 또 서로 융섭하여 조금도 모순됨이 없이 균형을 이루는 것을 말한다. 산스크리트로는 'paripūrṇa'인데, 완전히 채워진, 완전한 혹은, 만족한 전체라는 의미를 지니며, 빠알리어로는 'pāripūrī'로, 성취, 완성이라는 의미를 지닌다. 티벳어로는 'yoṅssu rdsogs pa'라 하며, 영어로는 'Complete combination'이라 한다. 이러한 의미의 두 단어가 합쳐진 육상원융은 육상이 서로 원만하게 융섭하여 서로 간에 장애됨이 없는 것을 뜻하며, 이것은 중국어로 'liu siang yuan rong' 또는 'liu xiang yuan rong(六相圓融)'이라 표기한다. 또한 육상원융은 육상연기(六相緣起)라고도 하는데, 이는 총별(總別)·동이(同異)·성괴(成壞)라는 세 쌍의 대립되는 여섯 가지 개념들이 서로 원융무애한 관계에 놓여, 하나하나마다 다른 다섯이 포함되면서도 여섯이 나름대로의 모습을 잃지 않음으로써 법계연기가 성립한다.

2. 개념 풀이

법장의 『화엄오교장(華嚴五教章)』에서는 이것을 '집'에 비유하여 해설하고 있는데, 첫 번째 보편성[총상]은 전체로서의 집에, 두 번째 특수성[별상]은 집의 각 부분인 기둥이나 창문 등에 배대하고 있다.

이와 같이 보편성[총상]은 전체적 통일, 특수성[별상]은 수많은 차이를 가리키는데, 여기서는 보편성[총상]을 '하나에 많은 덕을 포함한다'고 서술하고 있다. 이는 하나가 축이 되어 여럿을 포괄하고 있다는 뜻이다. 집을 보편성[총상]으로 보면 그 집을 구성하고 있는 기둥·서까래·기와·돌 등은 특수성[별상]이 된다. 차별적 현실의 입장에 서면 일체가 특수성[별상]으로 보이고, 통일된 하나로서의 전체적 입장에서 보면 일체가 한꺼번에 보편성[총상]으로 드러난다. 인간도 전체라는 한 덩어리로 보면 총상이고 귀·코·눈 등의 각 부분에 포인트를 맞추어 보면 특수성[별상]이 된다. 그러나 이 둘은 서로 떨어질 수 없다. 그래서 원융인 것이다.

세 번째 동일성[동상]은 인체로 예를 들면, 사람의 몸을 구성하고 있는 코·눈·손·발이 함께 인체구성을 이루고 있음을 뜻한다. 여러 의미가 서로 어긋나거나 틀리지 않아 함께 하나라는 전체를 이루기 때문이다. 서로 차이가 있는 여러 가지 물건이라 하더라도 하나로서의 전체를 구성하고 있다는 점에서 동일성[동상]이다.

이에 반해 차별 변이의 면에서 보면 네 번째인 차이성[이상]이 된다. 다시 말해 집을 이루는 기둥이나 기와·서까래·창 등을 각각의 면에서 차별화하여 살펴보면 다르게 보이므로 차이성[이상]인 것이다.

다섯 번째 통합성[성상]은 서로 다른 재료들이 각각의 기능과 인연으로 한 채의 집을 이루는 데서 붙여진 명칭이다.

이와 달리 기둥은 기둥, 서까래는 서까래, 기와는 기와라는 특성을 고집해서 본래의 자리에 머물자 한다면 합칠 방도가 없으므로 '집'은 이루어지지 않는다. 이것이 여섯 번째 해체성[괴상]이다. 그래서 이를 '제의(諸義)가 각각 자법(自法)에 머물러 옮기지 않는다.'고도 표현한다. 존재하고 있는 것의 본래의 자리[本分]·맡은 자리[分位] 또는 개체의 입장 등 각각의 입장에서 현상을 보고 처리하는 것이 해체성[괴상]이다.

이와 같이 보면 육상은 보편성[총상]·동일성[동상]·통합성[성상]의 세 가지 상과 특수성[별상]·차이성[이상]·해체성[괴상]의 세 가지 상의 두 부류로 나뉘어져 각각의 공통된 관점에서 사물이 파악되는 것이며, 또한 총별·동이·성괴라는 반대개념과 대립개념으로 사물을 설명하는 것이 육상원융이라 설명할 수 있다.[1]

한편 의상(義湘)의『일승법계도(一乘法界圖)』에서는 육상 가운데 먼저 총상에 근본인(根本印)을 배대하고 별상에 나머지 굴곡들을 별상이라 하고 있는데, 별상이 인(印)에 의지하여 인을 원만하게 하기 때문이다. 즉 4면 4각 54각 등의 굴곡들이 근본인에 의지하여 있고, 그 굴곡들에 의하여 인(印)이 원만히 이루어진다는 것이다.

그리고 이어서 "동상(同相)이란 인(印)에 드는 까닭이니, 이른바 굴곡은 다르지만 같은 인이기 때문이다. 이상(異相)이란 증상하는 까닭이니, 이른바 제일(第一) 제이(第二) 등 굴곡이 별도로 늘어나기 때문이다. 성상(成相)이란 간략히 설하는 까닭이니, 이른바 인(印)을 이루기 때문이다. 괴상(壞相)이란 널리 설하는 까닭이니, 이른바 번다하게 도는 굴곡이 각기 자체로 본래 짓지 않기 때문에 일체의 연생법(緣生法)이 육상으로 이루어지지 않음이 없는 것이다"[2]라고 설명하고 있다.

또한 의상은 총상의 뜻은 원교(圓敎)에 해당하며, 별상의 뜻은 삼승교(三乘敎)에 해당한다고 본다. 그리고 총상·별상·성상·괴상 등은 상호간에 부즉불리(不卽不離)하고 불일불이(不一不二)하여 항상 중도(中道)에 있다고 보는데, 이는 의상의 독자적 해석이라 할 수 있다.

요컨대 하나의 사물을 하나의 유기체로 보아 그 전체와 부분의 관계를 갖가지로 고찰한 것이 바로 육상설이라고 하는 것이다. 게다가 연기의 제

1 鎌田茂雄,『화엄의 사상』, 한형조 (서울 : 고려원, 1989), 124~125면.
2 義湘,『화엄일승법계도』(『韓佛全』2권, 1하)

법 하나하나가 이 육상이 지니고 있는 뜻을 충분히 갖추고 있기 때문에 제법 하나하나가 원융상즉(圓融相卽)하고 무진무애(無盡無碍)하며, 또한 육상의 하나하나가 서로 융즉하기 때문에 법계는 하나의 커다란 상관관계를 지니고 있다고 해도 과언이 아니다. 그러나 한편으로 육상원융은 법계무애의 연원을 나타내는 것이기 때문에 방편설이라고도 말해지며, 나아가 육상방편으로 융섭한다는 뜻에서는 사사무애, 중중무진의 법계연기를 이룬다고도 설해진다.[3]

이와 같은 육상원융설은 사법계관의 궁극인 사사무애법계의 모습을 다방면으로 설명하는 십현연기무애법관(十玄緣起無碍法觀)과 함께 중국 화엄종의 근본적 교리가 되어, 예로부터 십현육상이라는 식으로 명칭하며 화엄교학의 대표적인 교설로 자리잡게 되었다.

이 가운데 십현(十玄)이 시간·공간·사실 등 기본적인 여러 관점에서 사사무애를 해명하는 것이라 한다면, 육상은 사법(事法)을 전체와 부분의 관계로 묶고 사사무애 그 자체의 기초적인 의미를 보완적인 설명으로 탐구하는 것이라고 할 수 있을 것이다.[4] 왜냐하면 이는 연기법의 보편필연의 의미를 구체적 사상(事相) 내에서 해명하고, 그럼으로써 연기상유(緣起相由)를 근거로 하는 사사무애의 이유를 전체와 부분의 연관 위에서 해석적으로 규명하여 『화엄경』에서 설하는 무진연기의 세계를 변증법적으로 체계를 세웠던 것이라고 보기 때문이다.[5]

Ⅱ. 역사적 전개와 텍스트별 용례

1. 역사적 전개

육상원융은 십현연기와 함께 법계연기의 모습을 나타낸 것이다. 즉 무진연기의 실상을 보여주는 것이 십현연기와 육상원융이다. 그런데 십현문이 각각 단독으로 제법의 무진연기를 밝히고 있는 것이라 한다면, 세 가지의

3 宇井伯壽, 『불교범론』(동경 : 岩波書店, 1963), 758면.
4 龜川教信, 『화엄학』(경도 : 百華苑, 1949), 231면.
5 계환 옮김, 高峰了州 著, 『화엄사상사』(서울 : 보림사, 1988), 194면; 坂本幸男, 「法界緣起の歷史的形成」(宮本正尊 編, 『佛教の根本眞理』(동경 : 삼성당, 1957), 932면.

반대적인 개념을 가지고 성립하고 있는 육상은 연기 전반에 걸쳐 종합적으로 제법의 무애무진함을 설명하고 있는 것이라 하겠다.

육상은 『화엄경』에 나오는 명칭이다. 『육십화엄』에서는 "총상·별상·유상·무상·유성·유괴(總相別相有相無相有成有壞)"[6]로 되어있고, 『팔십화엄』에는 "총상·별상·동상·이상·성상·괴상(總相別相同相異相成相壞相)"[7]이라 하여 『팔십화엄』에서 보다 더 명확하게 열거되어 있으나, 그 명칭만 있고 설명은 없다.

세친(世親)은 아마도 이 교설의 영향을 받은 것으로 여겨지지만[8], 『십지경론(十地經論)』에서 "일체의 설한 바 십구(十句) 가운데 모두 여섯 종류의 차별상문(差別相門)이 있다.[9]"고 육상을 설명하고 있다. 『화엄경』과 『십지경』에서는 십지보살의 바라밀행을 통한 중생심의 증장과 관련된 육상의 이름은 보이나, 육상의 의미를 밝히고 있지는 않다. 따라서 세친이 『십지경론』[10]에서 『십지경』의 육상에 대해 보살행의 방편으로 해석함으로써 비로소 육상의 의미가 부각된 것이다. 즉 초지(初地)의 십대원(十大願) 중에서 네 번째 서원을 논함에 있어, 우선 '마음이 증장함'을 핵심으로 내세우며 마음을 증장하게 하는 보살행 가운데 보편성[총상] 내지 해체성[괴상]을 방편행으로 규정하고 있는 것이다. 이 점은 육상이 화엄교학에 있어서 육상원융의(六相圓融義)로 발전하게 되는 시원이 된다.

그런데 문제는 '사(事)'에는 이 범주가 적용되지 않았다는 것이다. 이를 해결한 이가 정영사(淨影寺) 혜원이다. 즉 『대승의장(大乘義章)[11]』에서 '체(體)'의 뜻에 환원하여 보면 하나하나의 사상(事象)이 모두 무량한 육상문을 구비하고 있다고 하며 온갖 사법(事法)에도 그 체성에 근거하여 확대 적용시켰다. 육상이 일체법의 사상(事相)에는 구족되지 못하나, 그 체성에 따라 한량없는 육상문을 갖춘다고 역설한 것이다.

그러므로 『화엄경』에 연원한 육상설이 보살행의 방편으로 이해되고, 이어서 일체 사법에도 그 체성에 있어서는 육상문이 두루 갖추어진다는 논리

6 『육십화엄』23 (『大正藏』 9권, 545중)
7 『팔십화엄』34 (『大正藏』 10권, 181하)
8 湯次了榮, 『화엄대계』 (동경 : 국서간행회, 1975), 512~523면.
9 『십지경론』1 (『大正藏』26권, 124하~125상)
10 상동, 3 (상동, 139상-중)
11 『대승의장』3 (『大正藏』 44권, 524상)

가 성립되기에 이른다. 그리고 혜원에게서 많은 영향을 받은 지엄은 이러한 육상설이 체계화되는 과정에서 처음으로 육상에 순리(順理)와 순사(順事) 두 가지의 뜻을 설명하고, 사상(事象) 그 자체에 육상을 적용하는 타당성을 주장하여 육상설의 개념이 명료하게 드러나는 계기를 마련하게 된다.

그 후 법장에 이르러 『화엄오교장(華嚴五教章)』에서 육상의 뜻을 밝히고 집과 금사자상의 비유로 더욱 그 의미를 자세히 설명하여 지엄의 육상원융의 사상을 교학적으로 체계화시키게 된다.[12] 한편 법장과 함께 지엄 문하였던 신라의 의상도 교리적으로 육상설을 체계화시켜 그 의미를 드러내며 『화엄일승법계도(華嚴一乘法界圖)』의 합시일인(合詩一印)을 만들어냈던 것이다. 또한 이통현과 징관 등 화엄조사들에 의해 육상론이 전개되어감에 따라 육상설이 화엄교학에서 주요한 비중을 차지하게 되었다. 이상은 육상원융설이 체계화되는 과정을 개략적으로 살핀 것이다.

2. 텍스트별 용례

1) 『화엄경』에 보이는 육상

육상의 명칭이 처음 보이는 문헌은 『육십화엄』으로 초지(初地) 열 가지 큰 원[十大願]가운데 네 번째인 수행의 서원[修行願]을 설하는 부분에서 보이고 있다. 그러나 "총상(總相)·별상(別相)·유상(有相)·무상(無相)·유성(有成)·유괴(有壞)의 모든 보살이 행하는 바 모든 지도와 모든 바라밀본행으로 일체를 교화해서 그들로 하여금 받아 행하여 마음이 증장을 얻도록 한다"[13]고 한 대목에서 보이듯이, 아직 육상의 명칭이 온전히 갖추어져 있지 않음을 알 수 있다.

법장은 이 유상·무상이라는 명칭에 대해 『탐현기(探玄記)』[14]에서 "별류(別類)에 각각 총(總)을 거느림으로 유(有)라 이름하니 동(同)이고, 또한 각각 서로 무(無)이므로 무(無)라 이름하니 별(別)이다. 그러므로 서로 틀리지 않는다"고 주석하고 있다.

이어서 육상의 갖추어진 명칭이 보이는 것은 『팔십화엄』[15]이다. 그러나

12 계환, 『중국화엄사상사연구』 (서울 : 불광출판사, 1996), 193~195면.
13 『육십화엄』23 (『大正藏』 9권, 545중)
14 『탐현기』11 (『大正藏』 35권, 308상)
15 『팔십화엄』34 (『大正藏』 10권, 181하)

명칭만 있을 뿐 자세한 설명은 없는 것은 위에서 살펴본 대로이다.

2) 세친(世親)의 육상

세친(320-400년경; 400-480년경)은 보편성[총상] 내지 해체성[괴상]의 경문에 주목하고, 육상을 십입(十入)에 적용하여 논하고 있다.[16] 이는 보살이 지혜의 지(地)에 들어가는 근본입과 구입(九入)을 육상으로 설명한 것이다. 즉 『십지경』의 설명방식을 『십지경론』에서 환원시켜 개념규정을 명료하게 한 것이라 하겠다.

따라서 『십지경론』에서 육상은 경구(經句)에 갖추어진 행상(行相)이기 때문에 경구의 해석으로 적용되어야만 하는 것이고, 오온(五蘊)·십이처(十二處)·십팔계(十八界)라는 사법(事法) 그 자체에 적용되어서는 안 된다[除事]고 서술한 것이다.[17]

3) 정영사 혜원(慧遠)의 육상

정영사 혜원(523~592)에 이르면 육상설을 육상이라는 방편으로 해석한 것은 세친과 같으나, 그 미치는 범위는 사(事)까지도 포함하여 융통함을 밝히고 있다.[18] 즉 혜원은 육상을 『십지경론』에서처럼 보살행의 방편으로 볼 뿐 아니라, 보살행이라는 실천적 문제에 한정시키지 않고 온갖 사법(事法)에도 또한 그 체성에 근거하여 확대 적용시키고 있다. 이는 육상이 일체법의 사상에는 구족하지 못하나, 그 체성에 따른다면 한량없는 육상문을 갖출 수 있다고 역설한 것이다.

또한 혜원은 『십지경론의기(十地經論義記)』[19]에서 육상은 십구(十句)에서 설한 보살행을 이루는 제법에 통재된다고 하는 해석과 함께 제법의 사상(事相)에서가 아닌 체성(體性)에서 이(理)로 통찰되어야만 하는 것이라고 설명하고 있다.

이는 육상을 제사(除事)의 의미를 이체(理體)에서 설하는 것으로 한정하여 제법 중에 이(理)로만 보던 것을 사법(事法)의 체성에서까지 존재론적인 관점에서 통찰하려고 하는 가능성을 여는 것이다.[20]

---

16 『십지경론』1 (『大正藏』 26권, 124하~125상)
17 伊藤瑞叡, 『華嚴菩薩道の基礎的研究』 (경도 : 평락사서점, 1988), 665면.
18 혜원 『대승의장』3 (『大正藏』 44권, 524상)
19 혜원, 『십지경론의기』 (『續藏經』 71권, 335, 우상)

그리고 혜원은 이 육상을 처음으로 삼승의 뜻에 의거하여 초지의 견도위와 초지 이전과 초지 이후 수도위와 구경위로 나누었으며, 이를 풀이하여 '오직 지혜의 지위에 들어가도록 함'으로써 보편성[총상]을 삼고, 초지 이전 견도위·수도위·구경위의 뜻으로 특수성[별상]을 삼았다.[21]

4) 지엄(智儼)의 육상

중국 화엄종 제2조인 지엄(602~668)은 이러한 육상의 뜻을 깊이 연찬하여 『수현기(搜玄記)』, 『공목장(孔目章)』, 『오십요문답(五十要問答)』에서 더욱 구체적으로 밝혔다.

즉 지엄은 『수현기』[22]에서 육상에 대하여 순리(順理)와 순사(順事)의 두 뜻이 있다고 보고, 뜻을 요약하여 분별하면 순리의 뜻이 현명(顯明)해지고 순사의 뜻이 은미(隱微)해진다고 하기 때문에 리(理)가 모습을 드러낸 현상을 취한 사(事)에서는 통찰될 수 있다고 한다. 즉 육상에 대한 어의상의 개념은 혜원의 설과 거의 가깝지만, 통합성[성상]이 지닌 이론적인 지평에서의 략(略)이나 약설(略說)보다는 '인과인 이사(理事)를 이룬다'는 존재론적인 이해를 강조하고, '칭법계(稱法界)이기 때문에 사(事)를 좇아서 이루어진다'는 점에서의 연기의 상(相)으로서 해석하고 있다.

따라서 보편성[총상]은 소성(所成)의 과법(果法)이고 특수성[별상]은 능성(能成)의 진수(塵數)의 연(緣)이라고 한다. 그래서 일다연기(一多緣起)한 오묘한 이치[理妙]에서 통찰하고, 총별이상의 상즉을 예상하면서 사상(事相) 내에서도 육상원융의를 인식하고 있었다고 해석되어진다. 즉 지엄에 의하여 육상이 사법(事法)으로서의 적용과 존재론적인 해석이 완전하게 되었던 것이다.[23]

요컨대 지엄은 육상을 육현에 들어가는 관문의 열쇠로 삼고 수전(數錢)의 비유로써 사상적(事相的) 설명에 의해 세속의 법이 그대로 중도실상임을 드러내었다고 할 수 있다. 그렇지만 육상의 조직적 해석은 육상장(六相章)이 현존하지 않는 한 충분히 밝힐 수 없으며, 혹은 총·별의 이상(二相)으

20 日野泰道, 「華嚴に於ける六相說の思想史的考察」, 『大谷學報』33-2 (京都: 大谷學校, 1987), 37면.

21 혜원, 『십지경론의기』 (『續藏經』 71권, 338면, 좌하)

22 지엄, 『수현기』 3하 (『대정장』 35권, 66 중)

23 伊藤, 앞의 주17) 전게서, 666면.

로 설해지기도 했으나 육상성립의 이론적 의미가 분명치 않다.[24]

이와 같이 지엄의 순리순사(順理順事)설을 비롯하여 화엄가들은 육상의 범주에 사법을 제외시키지 않은 혜원의 설에 입각하여 세친의 의견을 수렴하고 있다. 그리고 행이나 사의 체의(體義)에서 더 나아가 이사무애와 사사무애법계 등, 육상방편이 일체에 미치지 않은 곳이 없는 육상원융의 세계를 열고 있다. 그리하여 혜원이 중시하였듯이, 후대 중중무진의 육상원융은 화엄교학의 핵심사상으로 굳혀지게 되었던 것이다.

그러면 육상원융에 대한 기존의 설들을 종합하여 상즉상입하고 원융무애한 제법의 '상(相)'을 파악하기 위하여 육상의 범주로써 이론적 체계를 확립한 법장의 육상설은 어떠한가.

5) 법장(法藏)의 육상

제3조인 법장(643~712)은 『탐현기(探玄記)』와 『화엄오교장(華嚴五教章)』에서 스승 지엄의 뜻을 체계적으로 확립하였다. 육상의 명칭에 대해 법장은 『화엄오교장』[25]에서, "총상이란 하나의 집에 많은 덕이 있는 까닭이고 별상이란 많은 덕이 하나가 아니기 때문에 별상은 총상에 의지하여 총상을 이루기 때문이다. 동상이란 많은 뜻이 서로 다르지 않으면서 한결같이 하나의 총상을 이루기 때문이다. 이상이란 많은 뜻이 서로를 견주면서도 각각 다른 까닭이고 성상이란 이것이 연기로 인해 이루어지기 때문이다. 괴상이란 모든 뜻이 각기 스스로의 법에 주하여 이동하지 않기 때문이다"고 설명하고 있다.

즉 '보편성[總相]'이란 하나가 많은 성질들을 포함한다는 것이다. '특수성[別相]'이란 많은 성질들이 동일하지 않다는 것이다. 왜냐하면 보편적인 것은 반드시 많은 유사하지 않은 특수자들로 구성되기 때문이다. '동일성[同相]'이란 우주를 구성하는 많은 부분들이 다르지 않다는 것이다. 왜냐하면 그것들은 하나의 보편자를 구성하는데 동일하기 때문이다. '차이성[異相]'이란 요소가 어떤 다른 요소의 표준에서 볼 때 다르다는 것을 의미한다. '통합성[成相]'이란 상호의존적 생성[緣起]의 총체성이 이러한 요소들의 조합의 결과로 구성됨을 의미한다. '해체성[壞相]'이란 각 요소가 그 자신의

24 계환 역, 앞의 주5) 전게서, 194면.

25 법장, 『화엄오교장』 4 (『大正藏』 45권, 507하) ; 『탐현기』 3 (『대정장』 35권, 148하-149상)

특성들을 가진 개별자로서 존재한 그대로 남아 있으면서도 그 자신의 본성에서 혼란되지 않는 것이라는 해석이다.

이어서 법장은 이것을 옥사[집]의 예를 인용하여 문답형식의 해설로 자세히 설명하고 있는데, 그는 문답을 통한 해석[問答解釋][26]에서, 연기법은 모든 상황에 관한 법이지만 이러한 것을 조건들에 의해 구성된 집의 비유로써 논의하고 있다.

먼저 무엇이 보편성[總相]인가를 묻고 그에 대한 대답으로 서까래가 집이라고 한다. 왜냐하면 서까래가 완전히 홀로 건물을 만들기 때문이다. 만약 서까래를 제거한다면 건물은 형성되지 않기 때문에 건물이 없다는 것이다. 그러나 서까래만으로 건물이 된다고 할 때, 지붕이나 기와 또는 다른 것들이 없이 어떻게 그것이 완전히 집이 될 수 있는가라는 의문에는 기와들과 그러한 것들이 없다면, 이미 서까래는 서까래가 아니고, 그것은 집이 되지 못한다는 것이다. 서까래가 아닌 것은 집을 만들지 못하는 서까래이며, 서까래가 집을 만든다고 할 때는, 집을 만드는 참된 서까래의 능력을 말하고 있다는 대답이다.

법장은 여기서 서까래와 집의 동일성, 부분과 전체 또는 특수자와 보편자의 동일성을 주장하고 있음을 명확히 밝혀주고 있다 하겠다.

둘째는 특수성[別相]이다. 서까래와 같은 모든 조건들은 전체에서의 부분들이다. 만약 그것들이 부분이 아니라면 그것들은 전체를 형성할 수 없다. 부분들이 없다면 전체가 있을 수 없기 때문이다. 이러한 것이 의미하는 것은 본질적으로 전체는 부분으로 구성되어 있으며, 그래서 부분들이 없다면 전체는 성립할 수 없다는 것이다. 그러므로 부분들은 전체를 통해서 부분이 된다.

셋째는 동일성[同相]이다. 서까래와 같은 다양한 조건들이 모여서 집을 만드는 것이다. 그것들은 조건들로서 차이가 없기 때문에 모두 '집의 조건들'이라고 불린다. 이것을 동일성이라 하는데 조건들은 모두 그것들이 창조한 집이라는 맥락에서 동일한 조건이기 때문이다.

보편성은 전체로서 전체와 부분 사이의 관계성을 언급하고, 부분이 전체에 포함됨으로써 보편화되는 상황을 언급하는 것이고, 동일성은 반대로 부분과 어떤 다른 부분과의 관계성을 강조한다. 특히 동일성은 어떤 부분은

---

26 법장, 『화엄오교장』 4 (『大正藏』 45권, 507하~508하)

전체의 조건들이라는 측면에서 다른 부분과 서로 바꿀 수 있다는 사실을 강조한다. 왜냐하면 전체와 부분은 상호의존적이며 존재의 총체성을 위한 조건들이라는 의미에서 동일하기 때문이다.

넷째는 차이성[異相]이다. 서까래와 같은 다양한 조건들이 그것들 자신의 개별적 종차 때문에 서로 다르다는 것이다. 여기서 법장은 명료하게 사물들이 서로 다르기 때문에 동일하다고 말함으로써 동일성을 사물들 사이의 차이성을 제거하는 것으로 이해하는 그릇된 견해를 논파하고 있다.

다섯째는 통합성[成相]이다. 집이란 이러한 다양한 조건들의 결과로 형성되기 때문에, 서까래와 다른 부분들은 조건이 된다. 그렇지 않다면, 두 개[즉, 형성하는 조건들이나 형성된 결과] 중 어떤 것도 존재하지 않게 된다. 바로 그것들이 사실상 집을 형성하기 때문에 통합성이라는 것이다.

여섯째는 해체성[壞相]이다. 각자의 서까래와 같은 다양한 조건들은 그 자신의 분리된 특성[즉, svadharma]을 가지고 있기 때문에 문자 그대로 건물을 형성하지 못한다.

다시 말하면 보편성은 하나의 집이고 특수성은 다양한 조건들로 구성되어 있고, 동일성은 전체의 조건들로 부분들의 무차이성이다. 차이성은 각각의 기준에서 볼 때 다양한 조건들의 차이이고, 통합성은 다양한 조건들이 결과를 만든 것이며, 해체성은 각 조건이 그 자신의 특성을 보존한다는 것이다.

그리고 법장은 마지막을 지엄의 육상송(六相頌)[27]으로 요약하고 있다. 즉 일(一)이 다(多)를 갖춘 것이 보편성(총상)이고 다(多)가 일(一)이 아닌 것이 특수성[별상]이다. 다(多)인 종류가 저절로 하나가 되어 동일성[동상]을 만들어 내고 각자가 본체를 달리하여 차이성[이상]을 나타낸다. 일과 다의 연기에서 도리는 미묘하게 성립하고 해체성[괴상]은 스스로의 모습을 지켜 항상 작용하지 않는다. 이것은 다만 지혜의 경계여서 사물의 지식으로는 미치지 못한다. 이러한 방편에 의해 일승을 터득한다는 것이다.[28]

이와 같이 육상은 법장에 이르러, 비로소 『화엄오교장』 등에서 십현과

---

27 법장, 『화엄오교장』 4 (『大正藏』 45권, 508하-509상). 또한 이 六相頌에 대해서는 師僧의 『復古記』3하(『續藏經』103, 287우상)에서는 '文類云 六相頌 終南山儼尊者 述義分齊中承用 賢首自云 具錄和尙微言 勒成義記'라는 기사가 있고, 의천의 『원종문류』를 인용하여 지엄의 저작이지만 이것을 법장이 답습하였다고 한다.

28 계환, 앞의 주12) 전게서, 194~195면.

함께 연결시킴으로써 연성(緣成)이라는 통합성[성상]의 관점에서 총별상 즉 법성연기를 밝히는 육상원융으로 자리매김하게 된다. 즉 사법사상(事法事相) 내에 연기법의 보편필연의 의미를 해명하는 육상연기의 가르침으로써 사사무애·중중무진을 드러내는 것으로 해석된다. 즉 육상의는 『화엄경의해백문(華嚴經義海百門)』[29]에서 "일체의 제법은 모두 이 육상을 갖춘다"고 서술되는 것과 같이, 사법(事法)에까지 완전하게 적용된 존재론적인 의미를 포함하기에 이른다.

6) 의상(義湘)의 육상

의상(625~702)은 『일승법계도』[30]에서 육상 가운데 먼저 총상을 근본인으로 삼고 나머지 굴곡들은 별상이라 하여, 별이 인(印)에 의지하여 인을 원만하게 하기 때문이라 하고 있다. 그리고 육상에 대하여 네 가지 문을 모두 일승으로 삼고서 모두를 보편성[총상]으로 풀이하였는데, 이는 일승에서 "초발심보살의 바른 지혜에 머무는 것[초발심주]이 곧 바른 깨달음을 이루는 것"[31]이라는 뜻으로 풀이한 것이다. 다시 말해 의상 또한 초지의 한 생각으로 근본임을 세우고 있음을 가리키는 것이다.

또한 의상은 육상에 대하여 '의(義)의 분제(分齊)를 세우고, 법(法)의 분제(分齊)를 나타내는 것'으로 보고 있다. 특히 총별이상이 주반상자상성(主伴相資相成)임을 분명히 밝힌다고 해석하는 것은 총별을 소성(所成)과 능성(能成)의 상즉이라 본 지엄의 설을 계승한 것으로 보인다. 또 "일체의 연생법(緣生法)은 육상으로 이루어지지 않음이 없다"[32]고 함으로써 사법(事法)의 연성(緣成)을 설명하고 있는 듯한 것은 지엄이 말하는 순사(順事)의 입장을 계승한 것이다.

또한 『법계도기총수록』[33]에서는, 육상이 각각 차별하여 하나가 아니면서도 보편성[총상]과 특수성[별상]이 다르지 아니하고 동일성[동상]과 차이성[이상], 통합성[성상]과 해체성[괴상]이 서로 다르지 않다고 한다. 또 보편성[총상]과 동일성[동상]과 통합성[성상]이 같은 세계이고, 특수성[별

29 법장, 『화엄경의해백문』(『大正藏』 45권, 632중)
30 의상, 『화엄일승법계도』(『韓佛全』 2권, 1하-2상)
31 상동, (상동, 2중~하)
32 상동, (상동, 1하~2상)
33 『화엄법계도기총수록』 상 2 (『韓佛全』 6권, 797중-798상)

상]과 차이성[이상]과 해체성[괴상]이 일체라고 말하고 있다. 이는 육상이 모두 무애원융함을 보이는 것이라 하겠다.

이처럼 의상의 육상설은 세친의 육상방편설을 따르고 있지만, 세친이나 기존의 다른 육상설과는 현격한 차이가 있음을 알 수 있다. 즉 의상이 세친의 육상방편설을 차용한 것은 법성가의 덕용인 중도를 드러내기 위한 것으로, 일체 연생법이 모두 육상으로 되어있고 칠처팔회 삼십사품의 『화엄경』도 오직 일념에 있다는 것을 드러내고자 한 것이다.[34]

7) 이통현(李通玄)과 징관(澄觀)의 육상

한편, 이통현(635-730)은 『신화엄경론(新華嚴經論)』[35]에서 육상에 대해서 융통의 도리를 밝히고 일체법의 자재무애(自在無礙)를 깨닫는 것이라고 본다. 그리하여 자연스럽게 만법(萬法), 특히 사법(事法)에 적용하고 있는데 그것은 지엄과 법장의 이해와도 통하는 것이다.

그리고 화엄종 제4조 징관(738~839)도 『화엄경소(華嚴經疏)』[36] 및 『화엄경수소연의초(華嚴經隨疏演義鈔)』[37]에서 십불(十佛)이나 일불(一佛)이 별분(別分)하여 십(十)이 되고, 십불의 처음 무착불을 총불(總佛)이라면 나머지 구불(九佛)은 별불(別佛)이라고 하여, 불덕(佛德)이 무진함을 육상원융의 개념으로 나타내 보이고 있다.

이상으로 육상에 대한 어구 해석 및 개념과 역사적으로 어떻게 해석되고 전개되어 왔는가를 살펴보았다. 요컨대 육상은 『화엄경』 속에 있는 명칭이며, 이를 사용하여 철학적인 논의를 전개한 것이 세친의 『십지경론』의 학설이다. 또한 이 『십지경론』의 설을 수용하여 육상설의 형식으로 만드는데 큰 역할을 한 이는 지론종 남도파의 정영사 혜원이었다. 이 혜원의 학설을 더욱 발전시킨 이는 지엄이며, 법장에 이르러 완전히 체계화 되었던 것이다.

다시 말하면 육상은 연기법의 보편·필연의 의미를 구체적인 사상(事相)에서 밝힌 것으로, 법장의 육상론은 이론적 구성과 사상적(事相的) 입장에 의하여, 세친의 방편설을 사사무애적 입장에서 성립시킨 것이라 할 수 있

34 전호련, 「화엄육상설연구」 (『불교학보』 제31집, 불교문화연구원, 1994) 190면.

35 이통현, 『신화엄경론』 (『大正藏』 36권, 773하-774하)

36 징관, 『화엄경소』53 (『大正藏』 35권, 904중)

37 징관, 『화엄경수소연의초』28 (『大正藏』 36권, 213상)

다.[38]

또한 이 육상원융은 화엄 법계연기의 진상을 설명하려는 것이지만 이 사상의 배경에는 실천적 요구가 내재되어 있다. 그것은 '초발심을 한 때에 바로 정각을 이루다'[39]라든가 '일행(一行)이 일체행', '일단(一斷)이 일체단'이라는 수행론을 떠나 화엄의 지극한 경지는 꿈꾸어질 수 없기 때문이다. 화엄 역시 종교적 실천의 논리화라는 사실은 당연한 것이며, 바로 이 때문에 육상설은 선종에 유입되어 법안종(法眼宗)의 육상설을 낳기도 하였다.[40]

이렇게 육상은 인식의 형식에서 인식의 내용으로써의 대응을 매개로 하여 존재의 논리로 변용되었다고 할 수 있다. 그것은 인도불교에 원천하는 것이지만, 중국불교에 어떻게 수용 전개되고 있는가를 보여주는 하나의 예로써 흥미로운 것이다.

또한 육상설은 지식론적인 면에서 주목해 본다면 서양의 형식논리학에서 사고작용의 본질적인 형식의 하나로 삼는 개념작용, 즉 표상[관념]에서 비교·추상·총괄·명명(命名)의 과정을 거쳐 완성되는 개념의 구성이나 판명후의 명석한 개념을 얻기 위해 필요로 하는 내구(內句)와 외연(外延)의 확정방법에 비교 대응할 수 있는 성격을 가진 것으로서 자리매김하는 것이 가능할 지도 모른다.[41]

Ⅲ. 인접 개념과의 관계 및 현대적 논의

1. 인접 개념과의 관계

화엄의 육상원융과 연관지어 살펴볼 수 있는 개념들로는 십현문(十玄門), 체의(體義), 체상용(體相用), 이문(二門), 그리고 육상설의 원인으로써 설명되어 있는 인문육의(因門六義) 등을 들 수 있는데, 여기서는 이러한 개념들과의 관계성들에 대하여 간략히 살펴보자.

중중무진(重重無盡)하게 전개하는 상즉상입(相卽相入)의 법계를 열 가지

38 계환 역, 앞의 주5) 전게서, 194~195면.
39 『육십화엄』 8 「梵行品」 '初發心時便成正覺' (『大正藏』 9권, 449하)
40 한형조 역, 앞의 주1) 전게서, 125~126면.
41 伊藤, 앞의 주17) 전게서, 667면.

시점에서 원융무애한 의리를 나타내는 것이 '십현연기무애법문의(十玄緣起無碍法門義)'라고 한다면, 원융무애한 이유를 여섯 가지 시점에서 설명한 것이 '육상원융'이다. 동시에 화엄교학의 결론이기도 하다.

따라서 하나를 깊이 파고들면, 그 하나에 포함되어 있는 일체가 보이고 그 일체 속의 하나를 재차 밝혀 가면 그 하나 속에서 한층 더 일체가 분명해 진다.

이와 마찬가지로 상입상즉이라는 관계에서 무진연기(無盡緣起)를 보면 생각도 할 수 없는 여러 가지 가능성과의 연관 속에서 하나의 사상(事象)이 연기하고 있다. 그러므로 어떠한 것으로도 변화할 수 있는 상황아래 그 하나가 그 자체로 성립하고 있다는 것이다. 우리들은 하나의 사상(事象)을 보면 아무래도 그것에 구애된다. 그러나 한 가지 일의 일면밖에 보지 않는다면 실은 그것의 본연의 모습을 잃어버리게 될 것이다. 진실로 있는 것은 단순히 한 가지 일[一事]이 아니라 무한히 확대되는 한 가지 일[一事]이다. 그것이 십현연기(十玄緣起)에 의해 밝히고자 한 사물의 모습인 것이다.[42]

그러면 여섯 가지 모습이 십현문과 어떠한 관계인지를 서로 짝지어 보면[43] 다음과 같다.

곧 십현의 첫 문인 동시구족상응문(同時具足相應門)으로 보편성[총상]을 삼으면, 그 나머지 아홉 문은 특수성[별상]이 된다. 다시 십현문을 자세히 나누어 여섯 가지 모습과 짝지으면 동시구족상응문은 보편성이 되고, 일다상용부동문(一多相容不同門)·제법상즉자재문(諸法相卽自在門)·인다라망경계문(因陀羅網境界門)·미세상용안립문(微細相容安立門) 등 네 가지 문은 특수성[별상]과 동일성[동상]이 되며, 비밀은현구성문(秘密隱顯俱成門)·십세격법이성문(十世隔法異成門)·탁사현법생해문(託事顯法生解門) 등 세 가지 문은 차이성[이상]이 되며, 비밀은현구성문·제장순잡구덕문(諸藏純雜具德門)·유심회전선성문(唯心廻轉善成門) 등 세 문은 통합성[성상]이 되며, 비밀은현구성문·제장순잡구덕문·탁사현법생해문 등 세 문은 해체성[괴상]이 된다.

십현문에는 서로 들어감[入門] 또는 서로 하나됨[卽門]의 뜻과 육상의 뜻이 있는데, 이들은 모두 연기의문(緣起義門)에 해당한다. 그렇다면, 이 둘에

42 계환, 「법장의 교상즉관법에 대하여」, 『한국불교학』 제18집(서울: 한국불교학회, 1993), 219면.

43 鳳潭, 『화엄오교장광진초』 (『大正藏』 73권, 458상~472하)

는 어떤 차별이 있는가. 육상은 넓은 뜻이 되고, 들어가고 하나 됨은 좁은 뜻이 되니, 균여의 『화엄교분기원통초(華嚴敎分記圓通鈔)』[44]에서는 "여섯 가지 모습은 넓음이 되고, 들어가고 하나 됨은 좁음이다. 곧 여섯 가지 모습으로 뒤의 세 가지 관을 따라보면 동상·이상은 인연관이고 성상·괴상은 연기관이다. 만약 서로 들어감과 하나 됨에 배대하면, 서로 들어감은 인연관이고 서로 하나 됨은 연기관이므로 서로 들어감과 하나 됨이 좁은 것이다"라고 한다.

여기서 보면 십현과 육상은 연기가 겹쳐지고 겹쳐져 다함이 없음[重重無盡]과 법상(法相)이 융통하여 숨고 숨음[融通隱隱]의 뜻을 함께 보여주는 법문이 되는 것이니, 여섯 가지 모습은 다시 십현연기의 자기모습으로 드러나는 것이다.

따라서 구체적으로 있는 것을 현(顯)이라고 하면, 그 배경에 감춰져 있는 것은 은(隱)이 된다. 그러나 감춰져 있는 것을 가능성으로 파악하는 것은 너무나도 표층적 이해이다. 그것이 단순히 사실에서 없다는 측면으로만 보지 않고 그것들 또한 구체적인 하나하나의 사실로 존재한다는 점까지 시야를 확대하지 않으면 안된다. 그것이 현재 바로 보이지 않는 경우라도 그 작용이 숨겨져 있는 것에 지나지 않음을 알아야 한다. 즉 숨겨져 있는 것과 나타나 있는 것의 동시적 성립이다.

그러므로 십현연기의 입장에서 보면 사물은 상즉상입으로써 무한한 확대 속에 있게 된다. 구체적인 어떤 '사(事)'로서의 현실을 철저하게 파고들어 숨겨져 있는 것을 찾아내는 것이다. 그 의미에서의 은(隱)과 현(顯)의 관계는 전체와 부분 등에서도 전개된다. 육상원융의 논점이 바로 그것이다.

다시 말하면 방편론인 동시에 또한 법계연기의 원융론이고 화엄행자의 심중에 교의 등의 십의(十義)가 십현(十玄)으로 나타나는 것이다. 십현의 초문은 보편성[총상], 나머지 구문(九門)은 특수성[별상]이고, 덧붙여 이 구문(九門)에 사상(四相)이 나타나 십현육상이 동시에 일어나고 서로 떨어지지 않게 되는 것이다. 육상이 원융하므로 중생이 번뇌를 끊으니 하나를 끊음이 온갖 것을 끊음이 되고[一斷一切斷], 닦아 얻음에 한 가지 행이 온갖 행이 된다[一行一切行].

그리고 과덕(果德)을 이룸에 있어 하나를 이룸이 온갖 덕의 이룸이 되고

44 균여, 『화엄교분기원통초』 9 (『韓佛全』 4권, 493중)

[一成一切成], 진리의 성품에 있어서도 하나가 드러남에 온갖 진리의 드러남[一顯一切顯]이 되므로 중생에게 있어 해탈의 실천은 법계 자체에서 법계를 얻음 없이 얻게 되는 법계 자체인 행이 되는 것이다.

또한 원융·항포의 보편성과 차별성을 완전하게 갖추고, 초문(初門)을 얻으면 후문(後門)을 얻고, 초위(初位)를 얻으면 후위(後位)를 얻고, 초발심 때 바로 정각을 이루며, 신위(信位)의 만심(滿心)에 구경묘각의 극과를 얻는 것이다.

이와 같이 법계연기가 육상용융(六相溶融)하고 인과동시(因果同時)일 뿐만 아니라, 상즉자재(相卽自在)이다. 불과(佛果)에서 초위(初位)에 향하는 역(逆)과 하위(下位)에서 상위(上位)로 향하는 순(順), 또는 역화(逆化)와 순화(順化)를 구족하는 데 연유한 것이지만, 인(因)이 바로 보현의 해행과 증입이고, 과(果)는 바로 십불(十佛)의 경계이며 소현무궁(所顯無窮)이다. 따라서 육상원융은 오직 지혜의 경계이고 사식(事識) 그 자체는 아니라고 하지 않으면 안 된다. 육상원융의 뜻은 결국 십현연기의 실상을 열어 해탈 법계에 들게 하는 데 그 뜻이 있다고 하겠다.

또 만약 육상을 모습 자체와 뜻[體義]으로 분별해 보면, 보편성[총상]과 특수성[별상]의 한 쌍은 바탕에 대응되고, 동일성[동상]과 차이성[이상], 통합성[성상]과 해체성[괴상]의 두 쌍은 속성에 대응된다. 이 가운데 동일성과 차이성의 한 쌍은 뜻의 문 가운데 모습[義相]에 대응되고, 통합성과 해체성의 한 쌍은 뜻의 문 가운데 작용[義用]에 대응된다.

그리하여 이 육상의 관계를 연기의 바탕[體]과 모습[相], 작용[用]의 셋으로 나누어 보면, 보편성[총상]과 특수성[별상]은 연기의 체덕(體德)에 해당하고, 동일성[동상]과 차이성[이상]은 연기의 의상(義相)에 해당하며, 통합성[성상]과 해체성[괴상]은 연기의 의용(義用)에 해당한다.

또한 보편성과 동일성과 통합성은 원융문(圓融門), 특수성과 차이성과 해체성은 항포문(行布門)이기 때문에, 육상은 체상용의 셋에 원융·항포를 더한 것이다. 원융문은 평등성과 보편성의 의미로, 개체의 보편성의 움직임을 나타내는 것이며 보살의 계위가 초후상즉(初後相卽)하는 것을 말한다. 항포문은 차별성의 의미로, 개체에 존재하는 차별을 드러내는 것이며 계위가 초후차제(初後次第)하는 것을 말한다.

그러나 이 원융문과 항포문은 동시에 존재하면서도 서로 장애가 없다. 원융이 곧 항포이며 항포가 곧 원융인 것이다. 즉 원융문이 차별 속의 평등이어서 달리 펼쳐지는 문에 걸리지 않고, 항포문 역시 평등 속의 차별이어서 두루 융통하는 문에 걸리지 않아 서로 하나가 되고 서로 들어가므로[相卽相入], 세 가지로 서로 짝을 이룸 가운데 보편성[총상]과 특수성[별상] 등의 모순은 서로가 서로를 이루어 주는 모순으로서 모순을 이루면서도 같음이 있다.

이와 같이 여섯 가지 모습이 두루 융통하여 걸림이 없으므로 온갖 법이 두렷이 융통하여 무애자재하고, 걸림이 없이 서로 하나가 되고 함께 들어가는 것이다. 그래서 육상원융이며 이처럼 화엄의 세계에서 일체법은 상즉상융이다. 즉 원융·항포는 정연기(淨緣起)에 대하여 말하고, 평등·차별은 염정(染淨)에 통하는 것이지만, 체(體)에 있어서는 불이(不二)인 것이다.

마지막으로 육상은 원인이 되는 문인 여섯 가지 뜻[因門六義]과도 관련지어 설명되기도 한다. 이 여섯 가지 뜻을 융통하게 모아 하나의 원인[一因]을 삼는 것이 보편성[총상]이며, 이 일인(一因)을 열어 여섯 가지 뜻[六義]을 개별적으로 헤아리는 것이 특수성[별상]이다. 그리고 여섯 가지 뜻이 모두 같이 하나의 원인의 뜻이 되는 것이 동일성[동상]이며, 여섯 뜻이 각각 차별된 자체의 모습을 지니고 있는 것이 차이성[이상]이다. 다시 여섯 가지 뜻이 고립된 자기 모습을 버리고 전체로서의 하나의 원인의 자격을 이루는 것이 통합성[성상]이며, 여섯 가지의 뜻이 각각 자체의 모습을 지키는 것이 해체성[괴상]이다. 따라서 육상의 방편에 의하여 여섯 가지 뜻의 융섭을 논할 수 있는 것이다.[45]

요컨대 육상은 총별·동의·성괴라는 세 개의 세트 개념이다. 이것이 서로 원융무애한 관계로 하나에 다른 오상(五相)이 포함되고, 더구나 육상이 제각각의 분(分)을 지킴으로써 법계연기가 성립한다는 것이다.

2. 현대적 논의

오늘날 현대사회는 생존을 위한 경쟁이 심화됨에 따라 인간과 인간, 인간과 사회, 인간과 자연과의 균형이 깨지고 그 관계 역시 파괴되고 있다. 현대사회에서 인간의 의지와 주체성의 상실은 인간내면의 존엄성과 인격존중에 대한 의식을 무력화시키고 생명의 존엄성에 대한 무감각화를 부추기

45 宇井, 앞의 주2) 759면.

는 결과를 낳았다. 또한 산업화·정보화 사회로의 발달은 인간의 획일화와 고립화를 초래하며 인간의 소외 현상을 심화시켰다. 여기에 인터넷 게임 등 사이버 세계의 중독에 의한 현실과 가상현실에 대한 무감각성은 비현실적인 현상들의 표출로 인한 사회문제로 대두되고 있으며, 자연환경의 파괴로 인한 생태계의 붕괴와 환경오염 등의 문제는 더욱 가중되고 있는 실정이다.

현대사회가 안고 있는 이와 같은 근본적인 문제들의 심각성 대하여, '인간과 사회와의 관계'에서는 서구적인 가치관의 수용과정에서 나타난 개인주의로 인한 가족의 붕괴, 더 나아가 사회와의 관계 속에서 나타나는 부작용의 측면에서 논하고, '인간과 자연과의 관계'에서는 환경오염과 생태계가 파괴되고 있는 현 실태를 거론한 후, 이를 극복하기 위한 방법으로써의 불교의 화엄사상, 그 중에서도 육상원융의 원리와 관련지어 모색해보고자 한다.

먼저, 인간과 사회와의 관계에서 나타난 문제에 대한 대안을 화엄의 육상원융설의 입장에서 찾아보려고 한다.

오늘날 고도의 산업화, 정보화된 사회에서는 사회적 역할이 전문적이고 세분화되어 개인의 능력만이 중시되고 공동체로서의 가족은 경시되어 가족구성원의 전인격적인 대우를 등한시하고 있다. 서구적인 가치관이 우리의 의식 속에 자리 잡아감에 따라 공동체에 기반을 둔 개인주의가 자기중심의 이기주의적 사고로 변질되고, 한 개인을 가족의 구성원으로서가 아닌 개인 그 자체로 인식하면서 기존의 가족 간의 결속력이 약화되고 가족구성원 속에서 개인의 역할이 불분명하게 되었다.

그 결과, 사회를 구성하는 가장 기본단위인 가족에 대한 전통적 가치관은 오늘날 급속도로 붕괴되었고, 이로 인해 갖가지 사회문제가 발생하였으며, 시대흐름의 변화에 따른 새로운 가족윤리가 정립되지 않은 상태에서 겪게 되는 혼란은 더욱 커져가고 있다. 따라서 현재 상호의존적이고 순환적이어야 할 구성원과 구성원 간의 기존 관계가 무너진 가족의 형태를 쉽게 찾아 볼 수 있게 되었다.

사회적인 측면에서 보더라도 자기중심적 사고와 행위는 사물의 본래 모습에 대한 판단을 흐리게 하고, 인간은 타인과 함께 공존한다는 사실도 묵과하게 만든다. 이렇듯 인간의 이기심에 의해 표출된 행위는 타인은 물론 타인을 떠나서는 존재할 수 없는 자기 자신도 해치는 결과를 가져오게 한다. 이는 인간의 지적 산물인 과학이 낳은 여러 가지 제도와 기계화가 빚어낸 비인간화 현상이라고도 할 수 있다.

나와 남으로 분리하는 이원적 가치관은 개인의 이익만을 추구하는 것을 최고의 가치로 여겨 삶의 궁극적 목적을 자신의 욕망 충족을 극대화시키는데 두게 된다. 또한 이런 가치관을 가진 인간은 그가 속한 산업집단이 제일이면 된다는 집단이기주의를 가져오게 되고, 이와 같은 가치관의 심화는 결국 물질주의적 문화의 팽배, 인간관계의 악화라는 사회문제를 동반하기 마련이다.

요컨대 현대 산업사회에는 개체 중심적 사회관이 확산되어 있다. 개체 중심적 사회관은 사회를 개인들의 총합으로 인식하며, 개성을 갖고 있는 개인을 실체로 간주한다. 이러한 사회관에 입각하면 개인들의 욕망을 충족시킬 수 있는 충족적 사회의 건설이 가장 중요한 사회 목표가 된다. 이러한 사회에서 개체와 전체는 근원적으로 분리되고 상호 반목하는 관계로 인식하는 이원적 가치관을 바탕으로 하게 된다.

이를 타파하기 위해서는 나와 남이 하나라는 의식이 마련되어야 하며, 이를 위한 인간성 회복의 원리로써 여기서는 화엄사상의 원융관을 제시하려고 한다.

화엄의 육상원융적 가치관은 부분과 전체간의 밀접한 상호 연관성을 강조할 뿐만 아니라, 일(一)과 다(多), 개체와 전체, 인간과 사회는 서로를 내포하는 근원적이고 보편성을 지닌 통일체라는 것을 환기시킨다. 모든 개체는 자신의 독자성과 자율성을 갖고 있으면서, 동시에 전체를 내포하고 있다. 그래서 개체성에 대한 통찰은 바로 전체에 대한 통찰로부터 가능하다. 이러한 인식의 바탕 위에서 바로 우리들 각자 속에 내재해 있는 자신을 깨달을 수 있는 존재론적 근거가 생겨나게 된다.[46]

다시 말해서 육상원융적 가치관은 개체와 전체간의 근원적 통일성과 차별성에 대한 인식을 바탕에 둔다는 것이다. 또한 시간과 공간을 넘어서 모두가 '하나임'을 전제로 하므로, 개체와 전체 간의 모순이나 반목이 없는 조화로운 사회를 추구한다고 할 수 있다.

가족단위에서도 마찬가지이다. 바람직한 가족이란 융통성을 바탕으로 진실한 상호작용이 이루어지며, 가족구성원 상호간에 의사소통이 원활하

---

46 안형관 외, 「화엄불교의 육상원융과 기능적 가족」, 『한국동서정신과학회지』 4(서울: 한국동서정신과학회, 2001) 참조.

고, 경험의 개방과 공유가 가능하며, 분화가 이루어지고, 위계질서와 경계가 명확하여야 한다.

화엄불교의 육상원융 원리가 이를 가능케 할 수 있다. 즉 육상원융은 전체와 부분의 조화로운 관계를 잘 설명하고 있다. 어떤 것도 홀로 고립적으로 존재하지 않으며 조화로운 관계형성의 작용력을 내포하게 되는데, 이는 각 부분이 전체를 위한 원인이자 결과로서 상호작용의 중요성을 나타내기 때문이다. 여섯 가지의 양상이 융섭하여 서로 모순되거나 방해함이 없이 조화를 이룬다는 육상원융의 원리를 가족에 적용하게 되면 가족과 가족구성원이 조화를 이루도록 하는 원리가 되는 것이다. 가족구성원 개개인의 자유와 인격이 보다 이상적으로 실현된다면 가족의 공동체에서도 최선의 상태가 이루어질 것이다. 화엄사상의 육상원융설을 실천적인 면에서 풀어본다면 다중인과(多重因果)로서의 가족, 가족구성원과 가족의 관계를 종합적으로 보는 안목을 키울 수 있을 것이다.

이와 같이 육상원융의 원리는 현대사회가 직면하고 있는 위기로부터 벗어날 수 있는 중요한 대안이 될 수 있는 것이다. 최근 지나친 개인주의에 대한 반성으로 공동체주의에 대한 논의가 확산되고 있지만, 오늘의 현실은 과거의 집단주의적 사회로의 회귀가 곤란할 뿐만 아니라 이치상으로도 바람직하지 않다. 육상원융적 가치관은 개체와 전체, 개인과 집단, 인간과 사회간의 조화의 가능성을 보여준다는 점에서 개인주의와 공동체주의 간의 오랜 대립을 해소시킬 수 있을 것이다.

다음으로, 오늘날 인간과 자연과의 관계에서 나타나는 문제를 서술하고, 이에 대해 육상원융설이 어떻게 해법이 될 수 있는가를 논해 보기로 하겠다.

우리가 사는 세계는 여러 원소와 물질들이 융섭되어 생명체인 식물을 형성하고, 그 식물이 동물이나 인간을 형성케 하여 그 생명을 유지시켜 준다. 이런 형성과정을 통해서 물질- 식물의 생명- 동물의 생명은 개별성과 보편성의 관계를 지니면서 하나의 큰 전체를 이루게 된다.

자연의 구성요소인 광물, 식물, 동물 등 개별적인 존재자들은 서로 유기적으로 결합해서 자연이라는 전체를 형성한다. 인간사회도 개인들이 모여 사회라는 전체 곧 보편성을 이룬다. 나아가 자연과 인간의 관계도 동일하다. 자연과 인간을 떼어서 생각하면 각각은 개별적 존재이지만 자연에 속한 인간은 자연 안에 있는 개별적 자연으로도 볼 수 있다. 이와 같이 개별성과 보편성은 뗄 수 없는 관계를 갖고 있다. 이처럼 우리가 사는 이 세계는 인간만이 생존하는 곳이 아니라 모든 생명이 더불어 사는 공간이라 할 수 있다. 따라서 우리는 더 이상 생명 파괴적이 아닌 생명친화적인 가치관을 지닌 인간이 되어야 하고, 더 나아가 모든 생명의 권리를 존중할 줄 알아야 한다. 우리는 자연의 일부이고 자연의 지배자가 아닌 관리자로서 모든 생물과 무생물의 존재가치를 인정하고 자연세계와 상호보완적 관계를 갖고 있는 유기체로 인식하여 자연과 동화되는 삶을 추구해야 한다.

그러나 경제 성장과 아울러 근대화·산업화 과정을 거치면서 인간과 자연 사이에는 균형이 깨지게 되었고, 이 때문에 갖가지 문제가 발생하게 되었으며, 이로 인해 오히려 인간의 생명마저 위협받는 상황이 되었다. 즉 인간의 이기심에 의한 동식물의 무자비한 포획, 먹이사슬 파괴에 의한 멸종 및 변종의 출현 등에 의한 생태계 파괴, 오존층 파괴로 인한 지구의 온난화에 따른 갖가지 이상 현상, 환경오염 등이 그것이다. 위기의 원인은 정치·경제·사회·문화적 차원의 문제와 관련되어 구조화되어 있으며, 인간의 사고와 욕망으로부터 기술·생산력·생산관계·커뮤니케이션·생활양식에 이르기까지 인간의 삶과 사회가 복합적으로 얽혀져 나타나게 된다. 이러한 위기를 극복하는 길은 우리가 자연과 조화를 이루려고 노력하는 우리의 삶의 태도에 달렸다고 할 수 있다. 경제 성장 제일주의에 대한 본질적인 반성과, 더 나아가서는 서구 산업 문명이 기초하고 있는 이기주의, 이원론적 가치관, 기계론적 세계관의 극복이 문제 해결의 중심에 있는 것이다.

다시 말하면 우리의 윤리의식을 전환시킬 필요가 있는 것이다. 우리 인간은 분명히 동물이나 식물보다는 어느 일면에서는 우위를 차지한다. 그러나 사실상 자연의 한 구성원이기도 한 인간은 그들이 없으면 상위적 개념의 존재인 인간으로서 존재할 수 없게 된다. 이런 의미에서 우리는 모든 생명체가 지니고 있는 고유의 가치를 존중하면서 인간과 자연사이의 유기적인 상호연관성을 유지해 가면서 새로운 균형과 조화를 모색해야만 한다. 이미 위험수위를 넘어선 환경파괴와 인간의 횡포로 인한 이러한 위기상황을 극복하기 위해서는 불교적 가치관, 즉 화엄적 가치관의 성립이 시급하다 할 것이다.

화엄의 세계는 하나의 부분이 전체를 반영하고 전체 안에서의 부분 부분은 융섭하여 서로가 서로를 방해함이 없이 균형과 조화를 이루고 있는 세계이다. 이러한 화엄세계의 육상원융적 특성을 잘 활용한다면 인간과 자연이 각각 역할을 다하면서도 유기적인 관계 속에서 조화를 추구할 수 있는 지표가 마련될 것이다.

이상으로 오늘날 인간과 가족, 나아가 사회와의 관계 속에서, 그리고 인간과 자연의 관계에서 발생된 폐단을 되짚어 보고, 이를 극복하기 위한 한 방법으로 불교의 화엄사상 가운데 '육상원융적인 가치관의 확립'이라는 데에 초점을 맞추어 서술해 보았다.

화엄사상에서 육상원융은 다수의 개별적 존재들로 구성된 하나의 커다란 전체, 그것이 한 인간의 경우건 한 집안이건 한 사회건 한 단체건 한 국가나 민족이건 인류 전체건 또는 이 우주 전체건 그것이 무엇이든지 간에 전체는 시간적으로나 공간적으로나 끊임없이 연기하는 것이며, 그러한 무애무진한 연기에 필연적으로 있게 마련인 원리를 의미한다.

이는 곧 하나의 전체는 통일적, 유기적 화합체라는 것을 전제로 한다. 총·동·성이라는 3상은 그 보편성, 유기적 동일성, 통합성을 지닌 형태들이고, 별·이·괴라는 3상은 각각 위의 3상에 대응하는 것으로 그 모든 구성분자들이 갖는 특수성, 차이성, 해체성을 지닌 형태들이다.

육상원융은 이 양 그룹간의 각기 상응하는 모습들 사이에 상즉상입의 관계가 이루어져 서로 간에 손상을 입히거나 혼란을 야기하는 일없이 조화롭게 질서가 유지되도록 유도하는 것이다. 또한 현대인의 의식 속에 깊이 침투되어 있는 개인주의적 사고방식이 극복되어야 할 사고방식임을 깨닫고, 사람이 모여 사는 사회라는 전체를 이루는 필수조건인 개개인 또는 개개의 구성분자들이 어떤 종류의 소외됨도 없이 완전히 존중받아야 할 존재임을 인식하게 한다. 어떤 것도 홀로 고립적으로 존재하지 않으며, 각 부분은 전체를 위한 원인이자 결과로서 상호작용의 중요성을 나타내고 있다.[47]

이와 같이 육상원융은 화엄법계 무진연기의 실상을 보여주는 것으로 전체와 부분의 조화로운 관계를 잘 설명하고 있다. 이는 가족을 이루는 구성원 개개인과 전체로서의 가족은 물론 한 인간 내에서도 몸의 한 부분과 전체로서의 몸, 그리고 더 나아가 사회, 자연 등의 관계에서도 똑같이 적용되는 것이다.

인간과 자아, 인간과 인간, 인간과 자연, 사회와 자연 등의 관계가 서로 고립되거나 대립 혹은 상극하는 정복-피정복의 관계가 아니라 커다란 전체로서의 하나이며 개체적 차별성 속에서도 서로 연대하고 공생하며 순환하

47 이재욱 외(外) 「화엄불교의 육상원융사상과 노인의 가족치료」, 『한국동서정신과학회지』 6, 서울: 한국동서정신과학회, 2003)

고 조화를 이루는 관계라는 것이다.

따라서 육상원융의 교리는 인간과 인간, 인간과 사회, 인간과 자연의 근원적임을 자각함으로써, 모든 대립물들은 대립을 떠나 서로 융섭하여 조화로운 삶을 영위해 갈 수 있는 가치관 형성의 바탕을 제공할 것이다. 그래서 현대사회에 나타난 모든 폐단을 개선하고 극복하는 데에 한 몫을 담당하리라 생각된다.

그렇다면 이러한 육상원융의 교리를 일상생활에서 가장 쉽게 실천할 수 있는 방법으로는 구체적으로 무엇이 있을까? 그것은 바로 '동체대비(同體大悲)'사상일 것이다. 우리가 사는 세상에서 인간을 포함한 모든 생물들이 자기 자신과 같다는 이 생각이야말로 현대와 같이 각박한 상황에서 참다운 종교적인 규범이 될 것이라고 생각된다.

이것은 인간세계에서 개인과 개인, 사회와 사회의 관계에서만 그런 것이 아니라, 인간과 자연과의 관계, 그리고 자연 세계 내에서의 생물과 무생물, 사물과 사물들 간의 관계에서도 마찬가지이다. 그 어느 것도 상대를 의지하지 않고 존재하는 것은 없기 때문이다.

화엄은 동일성과 상호의존성의 세계에 대한 파악에서 결코 신비적이지 않다. 이러한 관점은 그들 자신을 초월했던 사람들에 의해서만 파악되지만 그러한 초월은 세계 그 자체의 초월을 포함하지 않는다.

자기초월의 노력은, 구체적인 사물의 세계에 이전보다 훨씬 더 깊이 수평적으로 몰입하며 자기중심주의와 자만, 망상들은 이러한 자기초월의 노력에 의해 소멸된다. 그러한 견해는 사물들을 무가치하다고 추방하기보다 일상적이고 상식적이며 심지어 두렵고 메스꺼운 것까지도 궁극적 가치의 영역으로 회복시킨다.

그리하여 화엄의 견해는 손실과 이득 모두를 가진다. 손실은 파괴되는 자아의 손실이고 그것은 사물들로 하여금 있는 그대로 두지 않을 것이다. 이득은 모든 것을 오묘하고 좋게 보도록 하는 새로운 능력이다. 그 세계는 선(善)의 영역이며 동시에 질병 그리고 죽음이 있는 세계이다. 손실과 이익은 하나이고 동일한 것이며 마치 저울의 한쪽이 내려갈 때 다른 한쪽이 올라가는 것과 같다. ❀

장계환 (동국대)

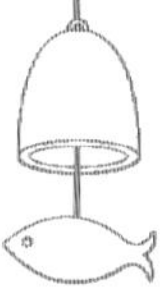

연기인문육의법

한 緣起因門六義法 영 The six meanings of direct inner cause of conditioned arising

Ⅰ. 어원적 근거 및 개념 풀이

1. 어원적 근거

연기인문육의법(緣起因門六義法)은 중국 화엄종 법장(法藏, 643~712)의 저서인 『화엄오교장(華嚴五敎章)』 가운데 한 절의 명칭으로 등장한다. 따라서 이 개념에 직접적으로 해당하는 범어나 빠알리어는 확인되지 않는다. 어의적으로 연기인문육의법이라는 명칭은 '연기라는 사태를 가능하게 하는 직접 원인의 여섯 가지 의미에 관한 교설' 정도로 풀이할 수 있을 것이다.

법장은 『화엄오교장』의 「의리분제장(義理分齊章)」에서 중국 화엄종의 연기론(緣起論)으로 알려진 법계연기론(法界緣起論)의 원리와 특징을 설명하기 위해, 삼성동이의(三性同異義), 십현연기무애법(十玄緣起無碍法), 육상원융의(六相圓融義) 등의 교설과 함께 이 연기인문육의법을 동원한다.[1] 이 가운데 연기인문육의법은 특히 법계연기 즉 세계의 생성과 소멸이라는 사태가 성립하기 위한 원리적 내지 구조적 측면을 설명하기 위해 동원된 교설이며, 연기를 가능하게 하는 직접 원인[因]에 여섯 가지 의미가 있다는 이론이다.

인(因)에 여섯 가지 의미를 상정하는 이러한 연기 분석의 이론은 법장의 스승인 지엄(智儼, 602~668)에 의해 이미 제창되고 있다. 원래 불교에서는 우리의 마음 작용이나 행위 또는 외적 존재는 모두 일종의 원인-조건-결과라는 관계 속에서 생성하거나 소멸한다고 본다. 일정한 원인과 조건에 의한 세계의 생성과 소멸이라는 사태를 불교에서는 연기(緣起, pratītyasamutpāda, paṭiccasamuppāda)라는 개념으로 표현한다. 한편 세계의 생성과 소멸을 가능하게 하는 원인과 조건은 엄밀하게는 직접적·내적 원인으로서의 인(因)과 간접적·외적 조건으로서의 연(緣)으로 구분할 수 있다. 여기서 인과 연의 관계에 대한 논의가 등장하며, 특히 중국의 지엄은 이 문제에 주목해 그것들이 어떠한 상호관계를 통해 결과[果]를 발생시키는가를 분석한다.

> 인연(因緣)에 의해 존재와 현상[法]이 발생한다는 도리[理]란 인에 과를 결정하는 작용이 있고 연에 과를 발생시키는 능력이 있어 비로소 법이 발생할 수 있다는 것이다. 만약 단지 인의 힘만 있고 연에 과를 발생시키는 능력이 없다면 인의 여섯 가지 의미[六義]는 성립하지 않는다.[2]

즉 인을 과와의 관계에서 파악하는 일반적 관점과 달리, 지엄은 인을 연과의 관계에서 파악하고 그러한 관점에서 인이 갖는 의미를 분석하는 것이다.[3] 지엄의 이러한 작업은 제자인 법장에게 계승되어 보다 체계적이고 섬세하게 정리된다. 이들의 작업은 존재와 현상의 생성·소멸이라는 연기적 사태의 내적 구조에 대한 확장된 이해를 제시하는 것으로서 사상사적으로 연기론의 새로운 전개를 의미한다.

2. 개념 풀이

법장에 의하면 모든 연기적 사태의 배후에 각각 일정한 인과 연을 상정

1 法藏, 『華嚴五教章』(『大正藏』 45권, 499상~509상)
2 智儼, 『華嚴經搜玄記』(『大正藏』 35권, 66상)
3 智儼, 『華嚴經搜玄記』(『大正藏』 35권, 66상~중)

할 때, 인에 주목해 보면 일체의 인은 그것이 인이라는 이름으로 불리는 이상 본체에 있어서는 하나이다. 그러나 인은 연과의 관계에서 보면 의미상 다음의 여섯 가지로 분류된다.[4]

① 공유력부대연(空有力不待緣) : 자성(自性)이 공하고, 결과를 발생시키는 힘이 있으며, 외적 조건인 연을 필요로 하지 않는 경우
② 공유력대연(空有力待緣) : 자성이 공하고, 결과를 발생시키는 힘이 있으며, 외적 조건인 연을 필요로 하는 경우
③ 공무력대연(空無力待緣) : 자성이 공하고, 결과를 발생시키는 힘이 없으며, 외적 조건인 연을 필요로 하는 경우
④ 유유력부대연(有有力不待緣) : 자성이 있고, 결과를 발생시키는 힘이 있으며, 외적 조건인 연을 필요로 하지 않는 경우
⑤ 유유력대연(有有力待緣) : 자성이 있고, 결과를 발생시키는 힘이 있으며, 외적 조건인 연을 필요로 하는 경우
⑥ 유무력대연(有無力待緣) : 자성이 있고, 결과를 발생시키는 힘이 없으며, 외적 조건인 연을 필요로 하는 경우

그렇다면 이와 같은 인의 여섯 가지 의미는 어떻게 성립하는 것일까? 모든 존재와 현상의 생성·소멸이라는 연기적 사태는 인과 연의 상호작용을 통해 전개된다. 한편 인과 연을 각각 독립적인 것으로 보는가, 또는 인 안에 연이, 그리고 연 안에 인이 이미 내재되어 있는 것으로 보는가라는 인식론적 관점의 차이[5]에 따라 연기적 사태의 성립에 필요한 인과 연의 관계는 몇 가지로 정리된다.

먼저 인과 연을 각각 독립적인 것으로 볼 경우 연기적 사태가 성립하기 위한 둘의 관계는 인이 연을 돕거나 연이 인을 돕는 경우이다. 이때 인이 연을 돕는다는 것은 거꾸로 말해 연이 인을 필요로 한다는 것[待因]이며, 연이 인을 돕는다는 것은 거꾸로 말해 인이 연을 필요로 한다는 것[待緣]이다. 다음으로 인 안에 연이, 그리고 연 안에 인이 이미 내재되어 있는 것으로 볼 경우, 인은 이미 자신 안에 연을 갖추고 있으므로 바깥의 연을 따로 필요로

4 法藏, 『華嚴五教章』(『大正藏』 45권, 502상)
5 화엄학에서는 전자의 관점을 이체문(異體門), 후자의 관점을 동체문(同體門)이라고 한다.

하지 않게 되며[不待緣], 연 역시 이미 자신 안에 인을 갖추고 있으므로 바깥의 인을 따로 필요로 하지 않게 된다[不待因]. 따라서 인을 중심으로 해서 보면, 연을 필요로 하는 경우[待緣]와 연을 필요로 하지 않는 경우[不待緣]의 두 가지가 성립하는 것이다.

한편 인과 연의 상호작용에 의해 연기적 사태가 전개된다고 할 경우, 이때 인은 스스로 결과를 발생시키는 힘을 갖는 경우[有力]와 갖지 않는 경우[無力]가 예상된다. 이 유력과 무력의 의미를 위의 대연과 부대연의 의미와 조합하면 다음의 네 가지 의미를 갖는 인이 성립한다. 즉 ① 인유력부대연(因有力不待緣), ② 인유력대연(因有力待緣), ③ 인무력대연(因無力待緣), ④ 인무력부대연(因無力不待緣)이 그것이다. 다만 ④는 인 스스로 결과를 발생시킬 힘을 갖지 못하면서 동시에 연의 도움도 받지 못하는 경우이므로 이때 연기적 사태는 발생하지 않는다. 연기적 사태의 발생으로 이어지지 못하는 인, 다시 말해 스스로의 힘으로거나 혹은 연의 도움을 빌어서거나, 또는 연과 공동으로거나 해서도 그 어떤 결과를 발생시키지 못할 때 그것은 인으로서의 의미를 갖지 못한다. 따라서 ④의 경우 인은 인으로서 의미를 갖지 못하므로 결국 연기적 사태를 유발하는 데 있어서 의미를 갖는 인은 세 가지 경우가 된다.[6]

아울러 인은 본체[體]의 측면에서 보면 그 본체가 둘일 수 없고 오직 하나이지만, 의미[義]의 측면에서 보면 존재성[有]과 비존재성[空]의 두 의미를 동시에 갖는 것으로 볼 수밖에 없다. 만약 인이 불변의 독립적 본질을 갖는 것으로서 존재[有]한다면 상대를 받아들일 수 없을 것이며, 거꾸로 아무런 내용을 갖지 않는 완전한 비존재[空]라면 상대에게 영향을 줄 수 없기 때문이다. 이 공과 유의 의미를 다시 위의 ①, ②, ③ 세 가지 의미와 조합하면 결국 인은 공유력부대연(空有力不待緣), 공유력대연(空有力待緣), 공무력대연(空無力待緣), 유유력부대연(有有力不待緣), 유유력대연(有有力待緣), 유무력대연(有無力待緣)의 의미를 갖는 여섯 가지로 분류된다.[7] 즉 연기적 사태를 발생시키는 인으로 우리가 상정할 수 있는 것은 이들 각각의 의미를 갖는 여섯 가지가 전부이며, 인을 중심으로 보면 세계는 이 여섯 가지에 의해 생성·소멸한다고 할 수 있다.

---

6 法藏, 『華嚴五教章』(『大正藏』 45권, 502상중)
7 法藏, 『華嚴五教章』(『大正藏』 45권, 502중)

이상의 설명을 도표로 정리하면 다음과 같다.

因·緣 / 六義	因				緣	
	空	○ 有力 × 無力	有	○ 有力 × 無力	○ 待	× 不待
① 空有力不待緣	○				×	
② 空有力待緣	○				○	
③ 空無力待緣	×				○	
④ 有有力不待緣			○		×	
⑤ 有有力待緣			○		○	
⑥ 有無力待緣			×		○	

인에 대해 중국 화엄사상가들이 관심을 기울인 배경에는 불교의 실천적 파악이라는 그들의 태도가 있다. 인과 과의 의미 및 둘의 관계에 대한 법장의 이해는 그들의 태도를 단적으로 보여준다.

> 이 일승 교설의 내용은 두 종류로 나누어진다. 하나는 별교(別教)이고 다른 하나는 동교(同教)이다. 우선 별교 안에는 또 두 가지가 있다. 첫째는 진리 그 자체로서의 과(果)의 영역[性海果分]이며, 이에 대해서는 언어로 설하는 것이 불가능하다. 왜냐하면 가르침과 상응하지 않기 때문이다. 즉 그것은 열 부처님[十佛] 자신의 경계이다. 따라서 『십지경론(十地經論)』에 '인의 영역은 설할 수 있으나 과의 영역은 설할 수 없다'라는 것은 이를 두고 한 말이다. 둘째는 연기로서의 인의 영역이며, 즉 보현의 경계이다. 이 두 영역은 둘이 아니어서[無二] 서로가 그대로 완전히 상대를 받아들이며, 이는 마치 파도와 물의 관계와 같다.[8]

여기서 인은 부처의 깨달음의 경계인 과에 대비되어 실천론적 관점에서 생사윤회의 경계로 파악된다. 그런데 깨달음의 경계로서 과가 우리의 개념적 접근을 불허하는 영역이라고 한다면 결국 우리에게는 인으로서의 연기

8 法藏, 『華嚴五教章』(『大正藏』 45권, 477상). 법장의 인과론(因果論)에 대해서는 기무라 기요타카 지음, 정병삼 외 역, 『중국화엄사상사』(서울: 민족사, 2005), 144~156면 참조.

의 세계가 남는다. 즉 이 세계를 어떻게 인식하고 초극할 것인가, 그리하여 어떻게 과의 세계에 들어갈 것인가라는 실천의 문제가 남는 것이다. 이처럼 화엄사상가들에게는 연기로서의 인의 영역을 규명하는 것이 최대의 관건이었으며, 인에 대한 관심은 이러한 배경에서 출발한다.

Ⅱ. 역사적 전개 및 텍스트별 용례

연기라는 사태가 발생하는 직접적 조건으로서의 인에 주목해서 그것에 여섯 가지 의미를 상정하는 해석은 법장의 스승인 지엄에 의해 이미 제창되고 있다. 즉 지엄은 그의 저서 『대방광불화엄경수현분제통지방궤(大方廣佛華嚴經搜玄分齊通智方軌)』(이하 『화엄경수현기』)와 『화엄오십요문답(華嚴五十要問答)』에서 연기인문육의를 제시하고 있는 것이다.

『화엄경수현기』는 '인에는 과를 결정하는 작용이 있고 연에는 과를 발생시키는 능력이 있다. 만약 단지 인의 힘만 있고 연에 과를 발생시키는 능력이 없다면 인의 여섯 가지 의미는 성립하지 않는다.'라고 하여, 인의 여섯 가지 의미로 ① 공유력부대외연(空有力不待外緣), ② 공유력대연(空有力待緣), ③ 유무력대연(有無力待緣), ④ 유유력부대연(有有力不待緣), ⑤ 공무력대연(空無力待緣), ⑥ 유유력대연(有有力待緣)을 제시한다.

> 무엇을 여섯 가지 의미라 하는가? 첫째는 순간순간 소멸함[念念滅]이며, 이 소멸함은 공유력부대외연(空有力不待外緣)이다. 그 까닭은 [인이] 힘이 있어 연을 기다리지 않고 인의 본체가 연의 일에 대응하지 않으면서 스스로 변하여 움직임을 이루기 때문이다. 둘째는 함께 함[俱有]이며, 이는 공유력대연(空有力待緣)이다. 그 까닭은 [인이] 외연을 얻어 오직 본체의 공성을 드러냄으로써 함께 힘의 작용을 이루기 때문이다. 셋째는 끝까지 수반함[隨逐至治際]이며, 이는 유무력대연(有無力待緣)이다. 그 까닭은 다른 것을 따르기 때문에 능히 연을 거스를 수 없으며, 그러므로 무력이기 때문이다. 넷째는 결정함[俱有]이며, 이는 유유력부대연(有有力不待緣)이다. 그 까닭은 외연이 이르지 않으며, [인이] 본성을 바꾸지 않고 스스로[의 결과를] 이루기 때문이다. 다섯째는 인연을 기다림[觀因緣]이며, 이는 공무력대연(空無力待緣)이다. 그 까닭은 [인이] 외연을 기다림으로, 오직 친인이 유가 아니어서

능히 과를 발생하는 힘이 없음을 드러내기 때문이다. 여섯째는 스스로의 결과를 이끌어 드러냄[如引顯自果]이며, 이는 유유력대연(有有力待緣)이다. 그 까닭은 [인이] 외연을 얻을 때, 오직 스스로의 인은 스스로의 과를 얻음을 드러내기 때문이다.[9]

『화엄경수현기』의 이러한 논의는 『화엄오십요문답』에 거의 그대로 계승된다. 즉 『화엄오십요문답』은 인의 여섯 가지 의미로 ① 공유력부대연(空有力不待緣), ② 유유력부대연(有有力不待緣), ③ 유유력대연(有有力待緣), ④ 무무력대연(無無力待緣), ⑤ 유무력대연(有無力待緣), ⑥ 무유력대연(無有力待緣)을 든다.

모든 인은 다음 여섯 종류의 의미[가운데 하나]를 갖는다. 첫째는 공유력부대연(空有力不待緣)으로 순간순간 소멸하기[念念滅] 때문이다. 둘째는 유유력부대연(有有力不待緣)으로 결정하기[決定] 때문이다. 셋째는 유유력대연(有有力待緣)으로 스스로의 결과를 이끌어 드러내기[如引顯自果] 때문이다. 넷째는 무무력대연(無無力待緣)으로 인연을 기다리기[觀因緣] 때문이다. 다섯째는 유무력대연(有無力待緣)으로 끝가지 수반하기[隨逐至治際] 때문이다. 여섯째는 무유력대연(無有力待緣)으로 함께 하는 힘이 있기[俱有力] 때문이다.[10]

『화엄경수현기』와 『화엄오십요문답』의 내용을 비교해 보면 무(無)를 공(空)으로 표현하고 있거나 나열의 순서가 약간 바뀌어 있을 뿐 내용에서 주목할 만한 변화는 없다. 다만 『화엄경수현기』의 설명이 약간 상세할 뿐이다.

한편 법장은 기본적으로는 스승인 지엄을 거의 그대로 계승하면서도 체계적이고 섬세하게 논의를 전개한다. 그는 『화엄오교장』의 「의리분제장」에서 이 문제와 관련해 '연기인문육의법'이라는 하나의 절을 따로 세워서 석상(釋相), 건립(建立), 구수(句數), 개합(開合), 융섭(融攝), 약교(約教)의 관점에서 설명하는 것이다.

---

9 智儼, 『華嚴經搜玄記』(『大正藏』 35권, 66상중)
10 智儼, 『華嚴五十要問答』(『大正藏』 45권, 531중)

먼저 「석상」의 항에서 법장은 인의 여섯 가지 의미로 ① 공유력부대연(空有力不待緣), ② 공유력대연(空有力待緣), ③ 공무력대연(空無力待緣), ④ 유유력부대연(有有力不待緣), ⑤ 유유력대연(有有力待緣), ⑥ 유무력대연(有無力待緣)을 들고, 이어서 각각의 의미에 대해 다음과 같이 설명한다.

> ① 공유력부대연(空有力不待緣)은 존재하는 것이 매순간 소멸한다[刹那滅]라는 의미다. 왜냐하면 매순간 소멸한다는 것에 의하므로 고유의 본성을 갖지 않는다[無自性]는 의미가 드러나며, 이것이 '공이다(空)'라는 말의 의미다. 이 소멸에 의하므로 결과로서의 존재[果法]가 발생할 수 있으며, 이것이 '힘이 있다[有力]'라는 말의 의미다. 그러나 이 소멸은 연의 힘에 의하는 것이 아니므로 '연을 기다리지 않는다[不待緣]'라고 말한다.
>
> ② 공유력대연(空有力待緣)은 인과 과가 함께 있다[俱有]라는 의미다. 왜냐하면 인과 과가 함께 있다는 의미에 의하므로 비로소 존재한다는 것이며, 이는 인이 그 자체로서는 존재하지 않는다는 의미를 드러내며, 이것이 '공이다(空)'라는 말의 의미다. 함께 있기 때문에 존재로서 성립할 수 있으며, 이것이 '힘이 있다[有力]'라는 말의 의미다. 함께 있기 때문에 인은 혼자가 아니며, 이것이 '연을 기다린다[待緣]'라는 말의 의미다.
>
> ③ 공무력대연(空無力待緣)은 여러 연을 기다린다[待衆緣]라는 의미다. 왜냐하면 고유의 본성을 갖지 않는다[無自性]는 것에 근거하기 때문이며, 이것이 '공(空)이다'라는 말의 의미다. 인은 그 자체로는 결과를 발생하지 않고 연에 의해 발생하므로, 이것이 '힘이 없다[無力]'라는 말의 의미다. 이 뜻에 의하기 때문이며, 따라서 '연을 기다린다[待緣]'라고 한다.
>
> ④ 유유력부대연(有有力不待緣)은 그 본질이 정해져 있다[決定]라는 의미다. 왜냐하면 인은 스스로의 종류를 바꾸지 않기 때문이며, 이것이 '존재한다[有]'라는 말의 의미다. 능히 스스로는 변하지 않으면서 결과를 발생하기 때문에 이것이 '힘이 있다[有力]'라는 말의 의미다. 그러나 이렇게 변하지 않는 것이 연의 힘에 의하는 것이 아니므로, 이를 '연을 기다리지 않는다[不待緣]'라고 한다.
>
> ⑤ 유유력대연(有有力待緣)은 각각의 인이 스스로의 결과를 이끈다[引自

果]라는 의미다. 왜냐하면 스스로의 결과를 이끌어 드러내기 때문에 이것이 '존재한다[有]'라는 말의 의미다. 비록 연을 기다려서 비로소 결과를 발생하지만 연의 결과를 발생하지는 않는다. 이것은 '힘이 있다[有力]'는 말의 의미다. 또 이것에 의하므로 '연을 기다린다[待緣]'라고 한다.

⑥ 유무력대연(有無力待緣)은 항상 다른 연을 따른다[恒隨轉]라는 의미다. 왜냐하면 다른 것을 따르기 때문에 존재하지 않을 수 없다[有]. 연을 거스를 수 없기 때문에 힘의 작용이 없다[無力]. 또 이것에 의하므로 '연을 기다린다[待緣]'라고 한다.[11]

연기인문육의에 대한 기본적인 설명은 여기에서 충분히 드러나 있으며, 이하의 항은 이에 대한 부연 설명이라고 할 수 있다.

다음으로 「건립」의 항에서는 ① 다섯이나 일곱이 아니고 왜 여섯 가지 의미인가, ② 여기서 말하는 연은 어떤 연인가, ③ 연에도 여섯 가지 의미가 있는가, ④ 과에도 여섯 가지 의미가 있는가 등의 관점에서 설명한다. 이에 대해 법장은 ① 공과 유, 유력과 무력, 대연과 부대연이라는 관점에서 이들을 조합했을 때 인은 여섯 가지 의미로 정리되며, ② 연은 등무간연(等無間緣), 소연연(所緣緣), 증상연(增上緣)의 셋이며, ③ 증상연은 자신의 과와 관련시켜서 본다면 이때 증상연은 직접적인 [親因]에 포섭되기 때문에 여섯 가지 의미를 갖게 되며, ④ 과가 만약 다른 것의 인이 될 경우에는 여섯 가지 의미를 갖게 된다고 말한다.

두 번째로 건립에 대해 논한다. 묻는다. 왜 꼭 여섯 가지 의미로 말하며 일곱 가지로 늘리거나 다섯 가지로 줄이지 않는가? 답한다. 인 그 자체[正因]를 연에 대응시키면 오직 세 가지 뜻이 있다. 첫째는 인유력부대연(因有力不待緣)으로 [인은] 완전히 과를 발생시킬 수 있기 때문이며, 연의 힘[緣力]을 보태지 않기 때문이다. 둘째는 인유력대연(因有力待緣)으로 [인과 연은] 서로 도와서 촉발하기 때문이다. 셋째는 인무력대연(因無力待緣)으로 [인은] 전혀 작용하지 않고 인은 연으로 돌아가기 때문이다. 또 이상의 인의 세 가지 의미 안에는 각각 두 가지 의미가 있다. 즉 공(空)의 의미와 유(有)의 의미

11 法藏, 『華嚴五教章』(『大正藏』 45권, 502상)

가 그것이다. 다시 이 둘에 각각 세 가지 의미가 있으므로 합하여 오직 여섯 가지가 있게 된다. 그러므로 늘리거나 줄이지 않는다.

묻는다. 왜 네 번째 구로 무력부대연(無力不待緣)을 세우지 않는가?

답한다. 그것은 인으로서의 의미가 없기 때문에 세우지 않는다. 잘 생각해보면 알 수 있을 것이다.

묻는다. 연을 기다린다는 것[待緣]은 어떠한 연을 기다린다는 것인가?

답한다. 인 자체를 제외한 증상연(增上緣) 등 세 가지 연이며, 인 스스로의 여섯 가지 의미가 다시 서로를 기다린다는 것을 의미하지는 않는다.

묻는다. 인을 연에 대비하면 여섯 가지 의미가 있다는 것은 알겠는데, 연은 인에 대비해도 여섯 가지 의미가 있는지는 모르겠다.

답한다. 여기에는 두 가지 의미가 있다. 증상연을 자신의 증상과에 대비시키면 여섯 가지 의미가 있다고 할 수 있다. 왜냐하면 이때 증상연은 직접적인 인[親因]에 포섭되기 때문이다. 그러나 다른 과(果)에 대비시키면 소원한 연[疏緣]이 되기 때문에 여섯 가지를 갖추지 못한다. 직접적인 인을 다른 과에 대비시켜도 마찬가지다.

묻는다. 과에도 여섯 가지 의미가 있는가?

답한다. 과에는 오직 공과 유 두 가지 의미만 있다. 즉 다른 것으로부터 발생하여, 그 자신에게는 본체[體]가 없기 때문에 이것은 공의 의미다. 또 인을 바꾸어 어떤 결과를 발생시키기 때문에 이것은 유의 의미다. 만약 서로가 인이 되고 과가 된다라는 것에 초점을 맞추어 말한다면 이 하나의 법이 다른 것의 인이 될 때는 이 여섯 가지 의미를 갖춘다. 그러나 다른 것에 대해 그 과가 될 때는 곧 두 가지 의미만 있다. 그러므로 여섯 가지 의미는 오직 인에만 있다.

묻는다. 만약 그렇다면 현행(現行)이 종자의 원인이 된다는 것인데, 어떻게 [현행에] 여섯 가지 의미가 있을 수 있겠는가?

답한다. [종자와 현행의 관계에서] 연으로서의 의미가 어느 쪽이 강한가라는 관점에서 보면 [현행에는] 여섯 가지 의미를 갖추지 못한다. 『성유식론』에서 '종자에 여섯 가지 의미가 있다'고 말한 것과 같다. 이것은 초교(初教)의 입장에서 말한 것이다. 만약 심오한 연기의 의미에 의거해서 말한다면 모두 여섯 가지 의미를 갖추고 있다. 이것은 종교(終教)의 입장에서 말한 것이다. 이 종교의 입장에서는 제6식과 제7식 등에도 여래장이 연을 따른다라는 의미가 있으며, 그것과 따로 자성이 있는 것이 아니므로 제6식과 제7식도 또한 근본의 아뢰야식이 갖는 여섯 가지 의미를 갖추고 있다고 할 수 있다. 잘 생각해 보면 알 수 있을 것이다.[12]

다음으로 「구수」의 항에서는 인은 본체와 작용의 면에서 각각 사구(四句)가 성립함을 말한다. 즉 본체의 면에서는 유(有), 무(無), 역유역무(亦有亦無), 비유비무(非有非無)의 사구로 구분하고, 작용의 면에서는 부자생(不自生), 불타생(不他生), 불공생(不共生), 비무인생(非無因生)의 사구로 구분한다. 이어서 연기인문의 육의와 팔불(八不)의 범주의 차이에 대해 팔불은 부정·억제의 입장이고 육의는 긍정·선양의 입장에 서있다고 설명한다.

세 번째는 구수로써 헤아려 보임에는 두 가지 종류가 있다. 첫 번째는 본체의 측면을 문제로 한 것[約體]이고, 두 번째는 작용의 측면을 문제로 한 것[約用]이다. 먼저 본체의 유무를 문제로 할 경우 사구(四句)가 있다. 첫 번째는 유로서, 즉 본질이 결정되어 있다[決定]는 의미다. 두 번째는 무(無)로서, 즉 매 순간 소멸한다[刹那滅]는 의미다. 세 번째는 역유역무(亦有亦無)로서, 즉 스스로 과를 이끈다는[引自果] 의미와 과와 함께 있다[俱有]는 의미를 합해 이들이 둘이 아니라는 것이 이것이다. 네 번째는 비유비무(非有非無)로서, 즉 항상 다른 연에 따라 간다[恒隨轉]는 의미와 많은 연을 기다린다[待衆緣]는 의미를 합해 이들이 둘이 아니라는 것이 이것이다.

용에 있어서도 사구가 있다. 항상 다른 연에 따라 간다는 의미와 많은 연을 기다린다라는 의미를 합해서 이들이 둘이 아니기 때문에 사물은 자신으로부터 생겨나는 것[自生]이 아니다. 매 순간 소멸한다는 의미와 본질이 결정되어 있다는 의미를 합해 이들이 둘이 아니기 때문에 다른 것으로부터 발생하는 것[他生]이 아니다. 과와 함께 있다는 의미와 그 자신의 과를 이끈다는 의미를 합해 이들이 둘이 아니기 때문에 그 자신과 다른 것의 둘로부터 발생하는 것[共生]이 아니다. 위의 3구(三句)를 합해서 여섯 가지 의미가 되기 때문에 인의 의미[因義]가 비로소 성립하므로 인(因) 없이 발생하는 것[無因生]이 아니다.

이것이 곧 이 육의에 있어서 인도 연도 [각자의 실체성은] 완전히 빼앗김으로써 연기의 뛰어난 공덕을 드러낸다는 것이다. 그러므로 『십지경론(十地

12 法藏, 『華嚴五教章』(『大正藏』 45권, 502상중)

> 經論)』에서는 '인으로부터는 발생하지 않는다. 연으로부터 발생하기 때문에. 연으로부터는 발생하지 않는다. 그 자신의 인으로부터 발생하기 때문에. 이 둘로부터는 발생하지 않는다. 그렇게 알고 있는 사람은 없기 때문이며, 또 인도 연도 과를 발생하는 순간에 머무는[住] 일은 없기 때문에. 무인이 아니다. 연을 따라서 존재하기 때문에.'라고 말한다. 또 『대승아비달마잡집론(大乘阿毘達磨雜集論)』에서는 '스스로의 종이 존재하기 때문에 남을 따르지 않는다. 많은 연을 기다리기 때문에 스스로 작용하는 것은 아니다. 작용이 없기 때문에 나와 남 그 어느 것으로부터도 발생하는 것이 아니다. 공능이 있기 때문에 인이 없는 것은 아니다.'라고 말한다.
>
> 묻는다. 이 육의(六義)와 팔불(八不)의 범주의 차이는 무엇인가?
>
> 답한다. 팔불은 부정·억지의 입장에 서며, 육의는 긍정·선양의 입장에 서 있다. 또한 팔불은 허망한 뜻[情]을 돌이킴으로써 도리[理]가 스스로 드러나는 것을 기준으로 하였고, 육의는 도리[理]를 드러냄으로써 허망한 뜻[情]이 스스로 없어지는 것에 의거한다. 이런 차이가 있을 뿐이다.[13]

다음으로 「개합」의 항에서는 본체[體]에 있어서는 인은 하나이지만 그 의미[義]에 있어서는 공과 유 둘이며, 작용[用]에 있어서는 유력부대연(有力不待緣), 유력대연(有力待緣), 무력대연(無力待緣)의 셋이라고 한다. 또한 공과 유의 두 의미와 유력부대연, 유력대연, 무력대연의 세 작용을 조합하면 여섯 가지가 되는 것을 비롯해, 인은 9, 12, 18, 36 등으로도 다양하게 나누어진다고 설명한다.

> 네 번째로 개합에 대해 논한다. 만일 본체[體]를 기준으로 하면 [인은] 오직 하나일 뿐이다. 인에는 두 개의 본체가 없기 때문이다. 만일 의미[義]를 기준으로 하면 둘로 나누어지며 공과 유가 그것이다. 고유의 본성이 없기 때문이며, 연기의 모습으로 드러나기 때문이다. 만일 작용[用]을 기준으로 하면 세 가지로 나누어지는데, 첫 번째는 유력부대연(有力不待緣)이고, 두 번째는 유력대연(有力待緣)이며, 세 번째는 무력대연(無力待緣)이다. 첫 번째 것은 완전히 힘이 있음[全有力]이고, 마지막 것은 완전히 힘이 없음[全無力]이며, 가운데 것은 힘이 있기도 하고 없기도 하다[亦有力亦無力]는 것이

---

13 法藏, 『華嚴五教章』(『大正藏』 45권, 502중)

다. 네 번째 구인 무력부대연(無力不待緣)은 인이 아니기 때문에 논하지 않는다. 그러므로 오직 세 가지 구가 있을 뿐이다.

혹은 여섯 가지로 나누어진다. 즉 3구를 열어서 [공과 유] 둘에 대응시켰기 때문이며, 이는 앞에서 밝힌 것과 같다.

혹은 아홉 가지로 나누어진다. 위의 세 가지 의미는 다시 각각이 모두 세 가지 의미를 갖추고 있기 때문이다. 왜 그런가 하면 만약 유력이 아니라면 곧 무력이라는 것도 없으므로 어떤 것에도 세 가지 의미를 갖추며, 따라서 아홉 가지가 있게 되는 것이다.

혹은 열두 가지로 나누어진다. 위의 육의에서 공과 유의 두 문은 서로 떨어지지 않기 때문이다. 공을 따르면 곧 유고 유를 따르면 곧 공이어서, 유공(有空)에 여섯 가지가 있고 공유(空有)에도 또한 여섯 가지가 있기 때문에 열두 가지가 있게 되는 것이다.

혹은 열여덟 가지로 나누어진다. 위의 육의에서 그 하나하나가 모두 다음의 세 가지의 의미를 갖기 때문이다. 첫 번째는 본체의 유무이고, 두 번째는 작용력의 유무이며, 세 번째는 연의 측면으로부터의 대연과 부대연이다. 이 셋에 여섯을 곱하면 열여덟이 되는 것이다.

혹은 서른여섯 가지로 나누어진다. 위의 육의에서 그 하나하나가 모두 여섯 가지 의미를 갖추고 있기 때문이다. 왜 그런가 하면 만약 그 가운데 하나가 결여되면 나머지도 모두 없어지게 되기 때문이다. 나머지의 경우에 대해서는 잘 생각해서 이것에 따르라.[14]

다음으로 「융섭」의 항에서는 먼저 연기인문의 육의는 육상(六相)에 의해 융합·포섭됨을 말한다. 즉 육의를 융합해서 하나의 인으로 하는 것이 총상(總相)이며, 하나의 인을 나누어 육의로 한 것이 별상(別相)이며, 육의 하나하나가 모두 인으로 불리는 것이 동상(同相)이며, 육의 각각이 파괴되지 않는 모습이 이상(異相)이며, 육의에 의해서 인 등이 성립할 수 있는 것이 성상(成相)이고, 육의가 각각 자신의 의미에 머무르는 것이 괴상(壞相)이라는 것이다. 이어서 육의와 육상의 범주의 차이에 대해 육의는 연기의 본체에 의거하고 육상은 연기의 의미 내용에 의거해서 세워진다고 한다.

14 法藏, 『華嚴五教章』(『大正藏』 45권, 502하)

다섯 번째로 융섭에 대해 논한다. 그런데 이 육의는 육상(六相)에 의해 융합·포섭된다. 즉 육의를 융섭해서 하나의 인으로 하는 것이 총상(總相)이며, 하나의 인을 나누어 육의로 한 것이 별상(別相)이다. 육의 하나하나가 모두 인으로 불리는 것이 동상(同相)이며, 육의 각각이 파괴되지 않는 모습을 이상(異相)이라고 이름 한다. 이 육의로 말미암아 인 등이 성립할 수 있는 것이 성상(成相)이며, 육의가 각각 자신의 의미에 머무는 것이 괴상(壞相)이다.

묻는다. 육상과 육의 둘의 범주의 차이는 어떠한가?

답한다. 육의는 연기의 본체[自體]에 의거하고, 육상은 연기의 의미 내용[義門]에 의거해서 세워진다. 연기의 본체를 그 의미 내용에 포함시키면 거기에 차별이 발생한다. 만약 육의를 사구에 포함시키면 제거·부정의 논리에 따르기 때문에 삼승의 입장에 순응하는 것이 된다. 육상에 포함시키면 그 자신의 공덕을 드러내므로 일승의 입장에 순응하게 된다. 그러므로 사구와 육상은 모두 법에 들어가는 방편이다.[15]

마지막으로 「약교」의 항에서는 연기인문의 육의는 교판적 관점에서 볼 때 일승(一乘)의 궁극적 교설로서, 소승의 가르침에서는 육의에 관한 명칭과 의미가 보이지 않고, 삼승에서는 아뢰야식이나 여래장의 내용에 불완전하지만 육의의 명칭과 의미가 설해진다. 이에 반해 일승의 가르침에서는 보현보살의 실천이라는 완전한 인[圓因]을 밝히는 가운데에 중심이 되는 것[主]과 수반되는 것[伴]이 충분히 갖추어져서[具足] 완벽한 형태로 제시되며, 여기에서 다함없는 연기[無盡緣起]는 비로소 극에 이른다[究竟]고 한다. 또 연기인문의 육의에는 공과 유의 두 의미에 의해 상즉(相卽)의 가르침이 있고, 유력과 무력의 두 의미에 의해 상입(相入)의 가르침이 있으며, 대연과 부대연의 두 의미에 의해 동체(同體)·이체(異體)의 가르침의 일면이 있다고 한다.

여섯 번째는 가르침[敎]을 기준으로 하여 판별한다. 만약 소승의 가르침에서라면 법에 대한 집착의 원인[法執因]이기 때문에 이 육의라는 명칭과 의미는 모두 없다. 만약 삼승의 아뢰야식이나 여래장이라는 법 그 자체의 무아의 원인[法無我因]을 설하는 가운데에서라면 육의라는 명칭과 의미가

15 法藏, 『華嚴五敎章』(『大正藏』 45권, 502하~503상)

있기는 하나 아직 중심이 되는 것[主]과 수반되는 것[伴]이 갖추어지지 않았다. 만약 일승의 보현보살의 실천이라는 완전한 인[普賢圓因]을 밝히는 가운데에서라면 육의는 중심이 되는 것과 수반하는 것을 충분히 갖추어 다함없는 연기가 비로소 극에 이른다. 또 공과 유의 두 의미에 의해 상즉(相卽)의 가르침이 있고, 유력과 무력의 두 의미에 의해 상입(相入)의 가르침이 있으며, 대연과 부대연의 두 의미에 의해 동체(同體)·이체(異體)의 가르침의 일면이 있다. 이러한 의미 내용[義門]이 있음으로 말미암아 하나의 털구멍에 바다와 같이 큰 국토를 담는다는 것과 같은 일이 있을 수 있다. 생각해 보면 이해할 수 있을 것이다.[16]

이상에서 알 수 있는 것처럼 인의 여섯 가지 명칭과 의미는 지엄에 의해 확립되었으며, 법장은 이를 계승하여 『화엄오교장』에서 체계적으로 설명하고 있는 것이다. 참고로 지엄의 『화엄경수현기』와 『화엄오십요문답』 및 법장의 『화엄오교장』에 제시된 인의 여섯 가지 의미를 도표로 정리하면 다음과 같다.

『화엄경수현기』의 육의	『화엄오십요문답』의 육의	『화엄오교장』의 육의
①空有力不待外緣 - 念念滅	①空有力不待緣 - 念念滅	①空有力不待緣 - 刹那滅
②空有力待緣 - 俱有	②有有力不待緣 - 決定	②空有力待緣 - 俱有
③有無力待緣 - 隨逐至治際	③有有力待緣 - 如引顯自果	③空無力待緣 - 待衆緣
④有有力不待緣 - 決定	④無無力待緣 - 觀因緣	④有有力不待緣 - 決定
⑤空無力待緣 - 觀因緣	⑤有無力待緣 - 隨逐至治際	⑤有有力待緣 - 引自果
⑥有有力待緣 - 如引顯自果	⑥無有力待緣 - 俱有力	⑥有無力待緣 - 恒隨轉

한편 위의 문헌들 가운데 후대 사람들에 의해 연구가 이루어져 온전한 형태로 주석서가 남아있는 것은 법장의 『화엄오교장』뿐이다. 따라서 여기서는 『화엄오교장』의 주석서들을 중심으로 연기인문육의법에 대한 법장 이후의 논의를 살펴보도록 한다.

『화엄오교장』에 대한 주석서는 중국과 한국, 일본에서 다수 저술되었다. 중국에서는 당말(唐末) 전란으로 소실된 화엄학의 문헌들이 송대(宋代)에

16 法藏, 『華嚴五教章』(『大正藏』 45권, 503상)

이르러 고려로부터 역수입되자 활발한 연구가 이루어졌다. 그 대표적인 인물이 송대 화엄학의 4대가로 불리는 도정(道亭), 관복(觀復), 사회(師會), 희적(希迪)이며, 이들은 차례로 『화엄오교장의원소(華嚴五教章義苑疏)』, 『화엄오교장절신기(華嚴五教章折薪記)』, 『화엄오교장복고기(華嚴五教章復古記)』, 『화엄오교장집성기(華嚴五教章集成記)』를 남겼다. 우리나라에서는 고려의 균여(均如, 923~973)가 『석화엄교분기원통초(釋華嚴教分記圓通鈔)』 10권을 남겼다. 『화엄오교장』에 대한 주석서는 일본에서 다수 저술되었다. 대표적인 것으로는 수령(壽靈)의 『화엄오교장지사(華嚴五教章指事)』 6권, 응연(凝然)의 『화엄오교장통로기(華嚴五教章通路記) 52권, 심승(審乘)의 『화엄오교장문답초(華嚴五教章問答抄)』 15권, 봉담(鳳潭)의 『화엄오교장광진초(華嚴五教章匡眞鈔)』 10권, 보적(普寂)의 『화엄오교장연비초(華嚴五教章衍秘鈔)』 5권 등이 있다.

이 가운데 8세기 중엽 일본 나라(奈良) 시대에 저술된 수령의 『화엄오교장지사』는 현존하는 가장 오래된 주석서로서의 권위를 지니고 있으며, 균여의 『석화엄교분기원통초』는 내용의 풍부함과 깊이에서 주목되는 문헌이다. 따라서 여기서는 이 두 문헌을 중심으로 살펴보도록 한다.

먼저 수령의 『화엄오교장지사』는 연기인문육의법이 논의되게 된 이유와 '연기인문육의'의 어의적 해석에 대해 다음과 같이 말한다.

> 두 번째로, '연기인문육의법'이란 위에서 이미 비록 연기의 과의 측면(果門)으로서의 삼성(三性)의 같음과 다름[同異]의 의미에 대해서는 밝혔지만, 연기의 인의 측면[因門]으로서의 종자(種子)의 여섯 가지 의미[六義]에 대해서는 아직 밝히지 않았다. 따라서 일부러 두 번째로 이 내용이 오는 것이다. 연기(緣起)는 발생된 대상[所生]이며 인문(因門)은 발생시키는 주체[能生]다. '연기의 인문'으로 읽으면 즉 의주석(依主釋)이다. 또 '연기 즉 인문'으로 읽으면 지업석(持業釋)이다. …… 또 육의(六義)는 다시 서로 말미암아 일어나기[由起] 때문에 '연기인문육의'라고 부른다.[17]

이어서 수령은 『화엄오교장』에서 충분하게 설명이 이루어지지 않은 것으로 판단된 몇 가지 내용이나 개념들에 대해 설명을 시도한다. 수령이 여

17 壽靈, 『華嚴五教章指事』(『大正藏』 72권, 234중)

기서 문제 삼고 있는 사항들을 정리하면 다음과 같다.

먼저 「석상」의 항에서는 모든 인이 모두 여섯 가지 의미를 갖는다는 것은 무엇을 의미하는가, 인의 여섯 가지 의미가 『섭대승론』 등의 종자의 여섯 가지 의미와 순서가 다른 이유는 무엇인가, 찰나멸, 구유, 항수전 등 종자의 여섯 가지 의미는 무엇인가 등의 사항에 대해 자문자답의 형태로 설명한다.

「건립」의 항에서는 『유가사지론』 권5 등에서는 인의 일곱 가지 특징[七相]을 말하기도 하는데 왜 여기서는 여섯 가지로 한정하는가, 왜 연에 등무간연, 소연연, 증상연의 셋을 말하는가, 증상연은 자신의 과와 관련시켜서 본다면 직접적인 원인[親因]에 포섭되기 때문에 여섯 가지 의미를 갖게 된다고 하는데 이것은 무슨 의미인가, [종자와 현행의 관계에서] 연으로서의 의미가 어느 쪽이 강한가라는 관점에서 보면 현행은 여섯 가지 의미를 갖추지 못한다는 말은 무슨 의미인가 등에 대해 설명한다.

「구수」의 항에서는 『십지경론(十地經論)』의 '인으로부터는 발생하지 않는다. 연으로부터 발생하기 때문에. 연으로부터는 발생하지 않는다. 그 자신의 인으로부터 발생하기 때문에. 이 둘로부터는 발생하지 않는다. 그렇게 알고 있는 사람은 없기 때문이며, 또 인도 연도 과를 발생하는 순간에 머무는[住] 일은 없기 때문에. 인이 없는 것은 아니다. 연을 따라서 존재하기 때문에'라는 말과 『대승아비달마잡집론(大乘阿毘達磨雜集論)』의 '스스로의 종이 존재하기 때문에 다른 것을 따르지 않는다. 많은 연을 기다리기 때문에 스스로 작용하는 것은 아니다. 작용이 없기 때문에 나와 남 그 어느 것으로부터도 발생하는 것이 아니다. 공능이 있기 때문에 인이 없는 것은 아니다'라는 말의 의미는 무엇인가, 육의와 팔불의 범주의 차이는 무엇인가 등에 대해 부연 설명한다.

「융섭」의 항에서는 '여섯 가지 의미 각각이 파괴되지 않는 모습을 이상(異相)이라고 이름한다'라는 말의 의미와 '여섯 가지 의미는 연기의 본체[自體]에 의거하고, 육상은 연기의 의미 내용[義門]에 의거해서 세워진다'라는 말의 의미에 대해 설명한다.

「약교」의 항에서는 '또 공과 유의 의미가 있기 때문에 상즉(相卽)한다는 가르침의 일면이 있다', '유력과 무력의 의미가 있기 때문에 상입(相入)한다는 가르침의 일면이 있다', '대연과 부대연의 두 의미가 있기 때문에 동체와 이체라는 가르침의 일면이 있다'라는 말의 의미에 대해 부연 설명한다.

이상에서 본 것처럼 수령이 여기서 문제 삼고 있는 사항들은 대부분『화엄오교장』에서 논의되고 있는 내용에 한정되고 있다. 이러한 사항들에 대한 수령의 설명 역시 보충 설명의 차원에서 관련된 경론의 내용 등을 논거로 주석이 가해질 뿐, 특별히 새로운 사상적 발전은 보이지는 않는다.

다음으로 고려 균여의『석화엄교분기원통초』는 전체적인 구성과 내용, 설명 방식 등에서『화엄오교장』에 대한 명실상부한 주석서로서의 면모를 갖추고 있다. 균여는 이 책에서『화엄오교장』본문을 모두 항목별로 분류해서 제시하고, 다시 이 내용 각각에 대해 목차를 세워 상세하게 해설한다. 특히 그는 연기인문육의법과 관련된 내용을 주석함에 있어 일관되게 교판론의 관점에서 접근하여, 모든 내용을 오교(五教)에 배대하여 해석한다. 또 각 사항들에 대해서는 기존의 화엄 사상가들은 물론 유식학의 다양한 문헌들을 동원하여 상세하게 설명하고 있어서 이 문헌은 유식 문헌과 사상에 대한 균여의 해박함을 확인할 수 있는 것으로서도 주목된다. 균여의 주석의 특징을 보여주는 사례를 한두 가지 간략히 소개하면 다음과 같다.

「석상」의 항에서 균여는 목차를 세워, ① 연기인문육의법이라는 주제가 논의 되게 된 이유[來義]에 대해,「삼성동이의(三性同異義)」를 논하는 앞의 절을 통해 변계소집성(偏計所執性)은 공무법(空無法)을 밝히고 의타기성(依他起性)은 인연소생법(因緣所生法)을 밝히는 것임을 알았지만, 이 인연소생법 등이 몇 가지 인연에 의해 발생하게 되는가에 대해서는 아직 명확하지 않으므로 이 내용이 논의된다고 말한다. 또 ② 연기인문육의법에 대한 중심적인 의미[大義]에 대해서는 주로 자문자답의 형태로 설명이 진행된다. 중심적인 내용을 정리하면 다음과 같다. 종자의 육의는 오교(五教) 가운데 소승과 돈교의 관점에서는 논하지 않으며 나머지 셋, 즉 대승시교(大乘始教)와 종교(終教), 원교(圓教)의 관점에서 논한다. 이때 대승시교의 경우는 백법(百法) 가운데에서 이십사불상응법(二十四不相應法)과 육무위법(六無爲法)을 뺀 칠십법이 대상이 되며, 종교의 경우는 갠지스강의 모래알 수만큼의 법이 대상이 되며, 원교의 경우는 무수한 티끌 수만큼의 법이 대상이 된다고 말한다. 또 ③『화엄오교장』원문에 대한 해석[隨文釋]에서 균여는 존재[法]에 대한 유식학의 관점과 종자육의설의 내용, 종자의 육의설과 연기인문의 육의설의 관계 등에 대해 화엄과 유식의 다양한 사상가와 문헌들을 근거로 설명을 시도한다. 이와 같은 방식으로 균여는「건립」,「구수」,「개합」,「융섭」,「약교」의 항에 대해서도 해석을 시도한다.

Ⅲ. 인접 개념과의 관계 및 현대적 논의

1. 인접 개념과의 관계

연기인문육의설의 성립은 『섭대승론』, 『성유식론』 등 유식·법상종의 문헌을 중심으로 제시된 종자육의설(種子六義說)과 밀접하게 관련된다. 이는 위에서 본 것처럼 지엄이 인의 여섯 가지 의미 각각을 설명하면서 ① 염념멸(念念滅), ② 구유(俱有), ③ 수축지치제(隨逐至治際), ④ 결정(決定), ⑤ 관인연(觀因緣), ⑥ 여인현자과(如引顯自果)를 원용하고 있으며, 법장 역시 ① 찰나멸(刹那滅), ② 구유(俱有), ③ 대중연(待衆緣), ④ 결정(決定), ⑤ 인자과(引自果), ⑥ 항수전(恒隨轉)을 원용하고 있는 사실에서도 확인된다. 즉 지엄과 법장이 각각 원용하고 있는 ①~⑥은 유식·법상종에서 종자의 여섯 가지 의미[種子六義說]로 제시된 것이다. 여기서 명칭이 약간 다른 것은 지엄과 법장이 각각 진제(眞諦) 역 『섭대승론』과 현장(玄奘) 역 『섭대승론본(攝大乘論本)』을 참조하고 있기 때문이다.

연기인문육의설을 제창한 지엄은 일찍이 법상(法常, 567~645)에게서 『섭대승론』을 배웠다고 한다.[18] 그는 또 무성(無性)의 『섭대승론석(攝大乘論釋)』을 애독한 것으로 알려져 있으며, 이 책을 주석하여 『무성석섭론소(無性釋攝論疏)』를 저술하고 있다.[19] 이러한 점에서 지엄은 한편으로는 섭론학자라고 불릴만한 식견을 갖춘 것으로 볼 수 있으며, 그가 유식의 종자육의설을 원용하여 연기인문육의설을 정리한 배경에는 그의 이러한 사상적 토대가 있었기 때문이다.

지엄과 법장이 세계의 생성과 소멸, 즉 연기의 문제를 고찰하는 데에 있어 유식학의 종자육의설에 주목한 것은 어쩌면 자연스러운 것일 수 있다. 왜냐하면 일반적으로 유식학에서 종자는 현행(現行)과의 관계에서 인으로 설정되어 현상 세계 전개의 원인으로 상정되기 때문이다. 또 『성유식론(成唯識論)』은 종자와 아뢰야식(阿賴耶識)의 관계에서 종자를 인(因)으로 해석하고 아뢰야식을 과(果)로 해석하여, 종자를 현상 세계 전개의 원인으로 인정하기도 한다. 즉 『성유식론』 권2에 의하면 아뢰야식은 체(體)이고 종자는

18 法藏集, 『華嚴經傳記』(『大正藏』 51권, 163하)

19 義天錄, 『新編諸宗教藏總錄』(『大正藏』 55권, 1176중)

용(用), 또는 아뢰야식은 과이고 종자는 인으로 둘은 불일불이(不一不異)의 관계로 설명되는 것이다.[20]

아울러 세계 전개의 인으로서 종자는 『성유식론』에 의하면 다음의 여섯 가지 조건을 갖추지 않으면 안 되며, 이것이 소위 종자육의설이다.[21]

① 찰나멸(刹那滅): 상주불변하는 것이 아니라 찰나 찰나 생멸 변화할 것
② 과구유(果俱有): 종자로부터 발생한 결과[現行]와 떨어지지 않고 동시에 존재할 것
③ 항수전(恒隨轉): 항상 끊임없이 상속할 것
④ 성결정(性決定): 선인에서 선과가 발생하는 것과 같이 종자로부터 발생한 결과는 그 성질이 결정되어 있을 것
⑤ 대중연(待衆緣): 여러 연이 화합하는 것을 기다려서 비로소 결과를 발생할 것
⑥ 인자과(引自果): 색과 심 등은 각각 스스로의 결과를 따로 이끌어 낼 것

유식·법상종에 의하면 종자는 아뢰야식 안에 존재한다. 그리고 종자는 모든 물질적·정신적 존재를 발생하는 특별한 힘으로 여기에서 모든 존재가 발생하며, 발생한 존재들은 다시 아뢰야식에 인상을 주어 종자를 형성해 상속하는 것으로 알려진다. 지엄 등은 바로 이 유식·법상종에서 설하는 아뢰야식과 종자의 관계에서 모든 존재와 현상을 발생하게 하는 힘으로서 종자가 갖는 의미에 주목하여 연기인문육의법이라는 새로운 이론을 정립하고 있는 것이다.

---

20 護法等菩薩造, 『成唯識論』(『大正藏』 31권, 8상)

21 護法等菩薩造, 『成唯識論』(『大正藏』 31권, 9중) 한편 지엄이 참조했을 것으로 판단되는 世親菩薩釋, 眞諦譯, 『攝大乘論釋』은 종자의 육의로 ① 염념멸(念念滅), ② 구유(俱有), ③ 수축지치제(隨逐至治際), ④ 결정(決定), ⑤ 관인연(觀因緣), ⑥ 여인현자과(如引顯自果)를 제시하며, 이들 각각의 의미에 대해 다음과 같이 설명한다. ① 염념멸이란 인 또는 과로서의 종자 그 자체가 찰나 찰나 소멸한다는 것이며, ② 구유란 종자가 항상 과와 함께 현재에 있다는 것이며, ③ 수축지치제란 종자가 금강심(金剛心)에 의거하는 실천이 완성될 때까지 존재해서 계속 작용한다는 것이며, ④ 결정이란 종자의 인과관계는 결정되어 있어서 일정한 인으로부터는 반드시 일정한 과밖에 발생하지 않는다는 것이며, ⑤ 관인연이란 종자는 모든 때에 과를 발생하는 것이 아니라 다른 인연을 기다림으로써 그것에 합당한 과를 발생한다는 것이며, ⑥ 여인현자과란 일정한 종자는 반드시 그 자신의 과를 발생하게 하는 작용을 갖고 있다는 것이다.(『大正藏』 31권, 165하~166상) 참조.

이렇게 볼 때 화엄 사상가들이 연기의 직접 원인을 추구하여 여기에 여섯 가지 의미를 상정하게 된 것은 직접적으로는 유식학의 종자육의설에서 그 계기와 발상을 얻었음을 알 수 있다. 이는 동시에 연기인문육의법이 종자육의설의 새로운 전개라는 것을 의미하며, 사상사적으로 연기론의 지평을 확장한 것으로 평가할 수 있다. 아울러 이러한 이해가 기본적으로 공사상을 전제로 하고 있음은 말할 필요도 없다.

2. 현대적 논의

연기인문육의법과 종자육의설은 세계의 생성과 소멸이라는 연기적 사태의 원인에 대한 분석을 내용으로 한다는 점에서 보면 유사성을 갖는다. 그러나 엄밀히 살펴보면 두 이론은 의미상의 차이가 발견된다. 먼저 화엄종의 연기인문육의법은 논의의 중심이 인과 연의 관계에 있다. 즉 세계의 생성과 소멸이라는 현상적 결과로서의 연기적 사태를 가능하게 하는 것으로서 직접적·내적 원인으로서의 인(因)과 간접적·외적 조건으로서의 연(緣)으로 구분할 경우, 그 연기적 사태에 관여하는 인의 성격을 연과의 관계에서 규정한 것이 연기인문육의법이다. 이때 무수한 연기적 사태에 관여하는 인은 분류해 보면 결국 여섯 가지 경우로 정리된다는 것이며, 따라서 세계는 인의 여섯 가지 작동 방식에 의해 전개된다.

반면 유식·법상종의 종자육의설은 논의의 중심이 인과 과의 관계에 있다. 즉 세계의 생성과 소멸이라는 연기적 사태를 가능하게 하는 종자로서의 인과 현행으로서의 과의 관계에서 인의 성격을 규정한 것이 종자육의설이다. 아울러 이때 종자는 엄밀하게는 단순히 인으로서의 의미뿐만 아니라 과로서의 의미를 동시에 갖는 것으로 알려진다.

또한 다양한 연기적 사태의 배후에는 인의 의미를 갖는 요인이 존재한다고 할 때, 그것들이 모두 인의 이름으로 불린다는 점에서는 하나이지만 내용적으로는 다양한 차별성이 상정되며, 최종적으로는 여섯 가지로 분류된다는 것이 연기인문육의법이다. 반면 세계 전개의 인으로서 종자를 상정할 때, 종자가 종자로서의 의미를 갖기 위해서는 반드시 여섯 가지 의미를 모두 갖추어야 한다는 것이 종자육의설이며, 모든 연기적 사태의 배후에는 이러한 조건을 갖춘 종자가 인으로서 존재한다는 것이다.

이상과 같은 의미상의 차이에도 불구하고 지엄과 법장은 유식·법상종의 종자육의설을 원용하여 연기인문육의법을 제창하며, 구체적으로는 인의 여섯 가지 의미 각각을 종자의 여섯 가지 의미 각각에 대응시키고 있다. 이들 각각의 대응관계에 대해서는 법장에 이르러 보다 자세하게 설명되고 있지만, 이들이 실제 내용적으로 충분히 대응하는가의 문제 역시 반드시 명료하다고는 할 수 없다. 이들의 대응관계는 필연적인 것이라기보다는 상당 부분 자의적 해석에 근거해 설정되고 있다고 판단되는 것이다.

이러한 섬세한 의미상의 차이에도 불구하고 지엄과 법장이 두 사상을 대응시킨 것은 그들이 종자가 갖는 인으로서의 의미와 그것의 내용에 주목했기 때문이다. 그들은 유식의 종자가 갖는 과로서의 의미를 떼어내 버리고 그것을 인 일반으로 간주한 위에, 그 인의 관점에서 연기적 사태의 내부를 들여다보고 있는 것이다. 이러한 사실은 그들이 유식·법상종의 종자설을 중심으로 연기를 파악하고 있음을 보여준다.

연기인문육의법은 동아시아불교의 존재론에서 이처럼 논리적이고 분석적인 논의가 흔치 않다는 점에서도 특히 주목된다. 이 이론은 세계의 생성과 소멸, 즉 연기에 대한 정치한 분석의 산물로서 존재론적 의미가 강하며, 이를 통해 세계 전개의 내적·구조적 원리를 밝히고자 한다. 이 이론은 세계에 대한 직관적이고 초월적인 접근을 넘어 매우 논리적이고 분석적인 해석을 시도하고 있다. 이러한 시도는 동아시아불교의 일반적 태도와는 성격을 달리하는 것으로 오히려 종교적이라기보다는 매우 철학적인 접근이라 할 수 있는 것이다.

또한 연기인문육의법은 초기 중국화엄의 연기론이 유식학에 크게 기대고 있다는 사실을 보여준다. 유심론적 세계관 등을 특징으로 하는 유식과 화엄의 사상적 친연성은 중국을 비롯한 동아시아불교권의 화엄관련 문헌에서 널리 확인되고 있다. 연기론과 관련해 유식과 화엄이라는 두 사상체계 사이의 이론적 교섭을 직접적으로 보여주는 구체적 사례로서 연기인문육의법은 매우 주목된다.

연기인문육의법이 갖는 현대적 의미와 관련한 논의는 연기인문육의법이 내용상 연기론의 범주에 속하는 것이므로, 기본적으로 연기론의 현대적 의미와 동일한 맥락에서 이루어질 수 있을 것이다. 연기론의 현대적 의미와 관련한 논의는 다양한 관점에서 전개될 수 있을 것이나, 연기론이 함의하는 일종의 관계론적, 탈형이상학적, 다원적 세계관은 다양한 주장과 가치가 첨예하게 대립하는 현대사회에서 긍정적 의미를 가질 수도 있을 것이다. ❀

조윤호 (전남대)

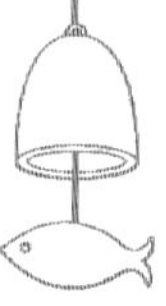

수십전유

한 數十錢喻 영 parable of counting to ten Coins

Ⅰ. 어원적 근거 및 개념 풀이

1. 어원적 근거

수십전유(數十錢喻)란 '동전 열 개를 세는 비유'라는 뜻으로, 화엄법계를 설명하기 위하여 화엄가들이 사용한 비유이다.[1] 수십전유는 세상 사람들이 익히 아는 동전 세는 법으로써 이름과 모양을 떠난 법을 깨닫게 하는 것을 그 목적으로 한다. 수십전유는 수십전법(數十錢法)·수전법(數錢法)·십전유(十錢喻)·수전문(數錢門)·수법(數法)의 비유·십수(十數)의 비유 등 다양한 명칭이 있으며, 일반적으로 '수십전유'라 통칭한다. 수십전유에서 '수(數)'는 수량이며, 일(一)에서 십(十) 등에 이르는 것이다. 동전[錢]이란 재화로

1 全海住, 「華嚴敎學의 數十錢喻에 대한 고찰 - 智儼과 義湘說을 중심으로-」, 『明星스님 古稀紀念 佛敎學論文集』(청도: 雲門僧伽大學出版部, 2000), 924면.

서 개원보(開元寶) 등을 말한다. 유(喩)란 비유인데, 법의 서로 비슷한 점을 견주는 것을 말하며, 걸림 없는 연기 법계를 체(體)로 삼는다.[2] 수십전유에서는 '일'과 '십'이라는 숫자를 매개로 하여 중(中)·즉(卽)의 연기를 밝힌다. 처음의 '일'은 근본수로서 중시되며, '십'은 원만수로서 다함없고 한량없음을 나타낸다. 이 '일'과 '십'은 연기하여 제 성품이 없는 '일'과 '십'이기 때문에 '일'로 말미암아 '십'이 있고 '십'으로 말미암아 '일'이 있는 무이(無二)의 관계에 있다. 수십전유는『화엄경』에 그 연원을 두고 있으며, 중국 화엄종 제2조인 지엄(智儼, 602-668)이 처음으로 사용하였고, 신라에서는 의상(義湘, 625-702)과 원효(元曉, 617-686)가, 당나라에서는 법장(法藏, 643-712)과 징관(澄觀, 738-839)이 유통시켰다.[3] 지엄의 수법설은 수십전유의 원형이라고 할 수 있는데, 의상은 스승인 지엄의 수법설에 동전의 비유를 적용하여 수십전법으로 발전시켰고, 법장의 수십전유에도 영향을 주었다. 의상이 수십전법을 창안한 목적은 연기실상다라니법(緣起實相陀羅尼法)을 관하기 위해서였으며, 또한 원효는 보법(普法)의 뜻을 담기 위해서, 그리고 법장은 대연기다라니법(大緣起陀羅尼法)을 나타내기 위해 수십전유를 사용하였다고 전한다.[4] 이러한 수십전유설 가운데 대표적인 것이 의상의 수십전법과 법장의 수십전유이다. 법장 수십전유의 연성(緣成) 구조는 대체로 의상의 수십전법과 동일하지만, 용어 사용이나 설명방식에 있어서는 차이가 있다. 예를 들어 '일'과 '십' 사이를 세는 방식에 있어서, 의상은 중문에서는 향상래(向上來)·향하거(向下去)라 하고 즉문에서는 향상거(向上去)·향하래(向下來)라고 하였는데, 법장은 의상과 달리 동체와 이체를 설정하고 이체문의 상입에서는 향상수(向上數)·향하수(向下數)라 하고 상즉에서는 의상과 동일하게 향상거·향하래라고 하였다. 설명 방식에 있어서도 의상은 그의 수십전법에서 용수(龍樹)의 중도설을 인용하여 무자성의 연기실상을 드러내고자 하였고, 법장은 유식설을 참고하여 수십전의 비유로써 중중무진의 법계연기를 나타내고자 하였다. 이처럼 용어나 설명방식은 제사(諸師)마다 다르지만, 하나로서의 '일'과 전체로서의 '십'이 둘이 아닌 일승의 화엄법계를 말하고자 했다는 점에서는 공통된다.

2 表員,『華嚴經文義要決問答』(『한불전』 2권, 358상)
3 균여,『일승법계도원통기』(『한불전』 4권, 25상)
4 표원,『화엄경문의요결문답』(『한불전』 2권, 358중)

Ⅱ. 역사적 전개 및 텍스트별 용례

1. 역사적 전개

『화엄경』에서 수십전유와 직접적인 연관이 있는 경문은 60권『화엄경』「야마천궁보살설게품(夜摩天宮菩薩說偈品)」의 "모든 법은 차별된 모습이 있지 않고 수법(數法)의 십은 하나씩 더하여 무량(無量)에 이르지만 모두 다 본수이며 지혜로 차별될 뿐이다"[5]라고 한 것과, 「여래광명각품(如來光明覺品)」의 "하나 가운데서 무량[6]을 이해하고 무량 가운데서 하나를 이해한다. 전전(展轉)하여 생(生)한 것은 실체가 아니니 현명한 자에게는 두려울 것이 없다"[7]라는 내용이다. 이러한 60권『화엄경』의 수법에 관한 경문에 의거하여 지엄은 일다(一多)의 수법설(數法說)을 창출하였으며, 이 수법설에 기초하여 화엄의 수십전유가 논해졌다. 수십전유가 보이는 현존 문헌은 지엄의『수현기』와 지엄 가탁(假託)의『일승십현문(一乘十玄門)』·의상의『일승법계도』·법장의『화엄오교장(華嚴五教章)』·표원(表員)의『화엄경문의요결문답(華嚴經文義要決問答)』 등이다. 이 외에도 찬자 미상의『법계도기총수록(法界圖記叢髓錄)』과 균여(均如, 923~973)의『일승법계도원통기(一乘法界圖圓通記)』·『십구장원통기(十句章圓通記)』·『석화엄교분기원통초(釋華嚴教分記圓通鈔)』·『석화엄지귀장원통초(釋華嚴旨歸章圓通鈔)』·『화엄경삼보장원통기(華嚴經三寶章圓通記)』에 수십전유와 관련되는 내용이 있다. 이 중에서 동전 비유가 나오는 대표적인 문헌은『일승법계도』와『화엄오교장』이다.『화엄오교장』의 수십전유는『일승법계도』의 영향을 받은 것이며,『일승십현문』[8]의 수십전유는『화엄오교장』의 수십전유와 유사하다.『일승십현문』의 수십전유도 의상의 수십전법에 영향을 받은 것으로 보이는데, 그 이유는 이들 두 문헌이『일승법계도』보다 뒤에 성립되었을 뿐만 아니라 본받은 자취를 뚜렷이 보이고 있기 때문이다.[9]『일승십현문』에서는 십수(十

5 『대정장』 9권, 465상.
6 80권『화엄경』「광명각품」(『대정장』 10권, 65상)에는 '무량(無量)'이란 말 대신 '다(多)'로 되어 있다.
7 『대정장』 9권, 423상.
8 『일승십현문』은 중국 화엄종 제1조 杜順의 학설을 계승하여 智儼이 지은 것으로 되어 있으나, 그 저자에 대해서는 異說이 있다.
9 高翊晋,『韓國古代佛教思想史』(서울: 동대출판부, 1989), 297면 참조.

數)를 비유로 들어 연기를 밝히면서 『화엄오교장』에서처럼 이체와 동체로 나누어서 설명한다. 『일승십현문』과 『화엄오교장』의 수십전유는 의상의 수십전법에 비해 확장된 형태이며, 의상의 수십전법에는 동체·이체의 구분이 없는 것으로 미루어 의상의 수십전법이 더 앞선 형태로 보인다. 의상의 수십전법은 원효에게도 전해졌으며, 원효는 이것을 그의 『화엄종요(華嚴宗要)』 및 『보법기(普法記)』에 인용했다. 원효는 『화엄경소』·『화엄종요』·『보법기』 등 화엄에 관한 여러 저술을 지었으나, 현존하는 것은 『화엄경소』의 서문과 「여래광명각품」에 대한 해석 부분이다. 『화엄종요』나 『보법기』는 그 일부가 균여의 저술에 인용되어 전하는데, 남아 있는 단편들을 통해 수십전유의 전승과 유통에 대해 대략 살펴볼 수 있다. 『화엄종요』에 "수전문(數錢門)은 지엄 법사가 처음 사용하였다고 하는데 도리에 맞으므로 이를 취한다"는 기록이 있고, 『보법기』에는 "수전법은 지엄 법사의 설인데 의상 법사가 전한 것이다. 이것은 뜻을 헤아려 보니 도리에 맞으므로 기술한다"[10]라는 내용이 있는 것으로 보아, 원효가 의상으로부터 수전법을 배웠으며 수십전유에 대해 인정하고 있었음을 알 수 있다. 또 원효는 상입(相入)·상시(相是)의 보법(普法) 10인(因) 중 제2인을 "하나와 일체가 서로 연(緣)하여 모임이 되니 동전수와 같은 까닭이다"라고 하여 동전 비유를 언급하였다.[11] 그는 『화엄경소』의 「여래광명각품」을 해설하면서 상입에 대해, 일(一)과 다(多)가 걸림 없는 문으로 두려울 바 없음을 얻는다고 하고, 일체법이 한 법에 들어가는 까닭에 하나 가운데 무량을 알고 한 법이 일체 법에 들어가는 까닭에 무량 가운데 하나를 알며, 능히 상입할 수 있는 까닭은 전전(展轉)하여 서로 거울의 그림자가 되어 생하고 실제로 생한 것이 아니므로 걸림이 없다[12]고 하였다. 의상과 원효의 수십전법은 일본에 전해져 일본 화엄 관련 문헌 속에 인용되기도 하였는데, 일본 심승(審乘)의 『화엄오교장문답초(華嚴五敎章問答抄)』에 『일승법계도』의 내용이 언급되어 있고[13], 수영(壽靈)의 『화엄오교장지사(華嚴五敎章指事)』에는 원효의 수십전유가 인

---

10 균여, 『일승법계도원통기』(『한불전』 4권, 25상)

11 표원, 『화엄경문의요결문답』 권2 「普法義」(『한불전』 2권, 366중) ; 全海住, 「法藏의 數十錢喩에 대한 考察」, 『한국불교학』 제27집(서울: 한국불교학회, 2000), 97면 참조.

12 『한불전』 1권, 496중 ; 전해주, 「법장의 수십전유에 대한 고찰」, 『한국불교학』 제27집, 98면 각주 (2)번 참조.

13 『대정장』 72권, 664.

용되어 전한다.[14]

신라의 표원도 원효의 수십전유를 인용하고 있다. 표원은 수십전유에 대해 동체와 이체로 나누고, 이체문에서의 상입을 '동전 열 개의 비유'를 들어서 설명한다. 표원은 대체로 법장의 『화엄오교장』을 인용하고 이에 의거하여 설명하고 있으나, 향상·향하와 내거(來去)의 표현에 차이가 있다. 즉 『화엄오교장』에서는 이체문의 상입인 경우에는 향상수·향하수로 되어 있고 상즉의 경우에는 향상거·향하래로 되어 있으나, 표원은 상입의 경우에도 향상거·향하래라 하고 동체문에서는 상입과 상즉, 향상거와 향하래란 용어를 사용하고 있지 않다. 또한 표원은 의상이 중문에서는 향상래·향하거라 하고 즉문에서는 향상거·향하래라고 한 것은 앞뒤의 말이 통일되지 않아 어긋나므로 인용하지 않는다고 하였는데[15], 이는 표원이 의상의 표현 방식을 인정하지 않았음을 보여주는 것이다.[16] 그러나 의상의 이러한 설정은 그 법손들에 의해 아무 모순 없이 받아들여지고 깊이 이해되었다.[17]

고려시대에 편찬된 것으로 보이는 『법계도기총수록』에는 『일승법계도』에 대한 주기(註記)들이 실려 있는데, 그 중 「대기(大記)」·「법융기(法融記)」·「고기(古記)」 등에 의상의 수십전법이 부연 설명되거나 상세히 해석되어 있다. 수십전법에서 '일'은 근본수로서 중요하지만, 만약 '일'에 집착한다면 단(斷)·상(常)의 잘못이 있게 된다. '십'이 있어서 '일'이 있는 것이므로 '십'이 없이 '일'이라고 하는 것은 단견이고, '십'이 없는데 '일'에 집착하기 때문에 상견이다. 우리가 일상생활에서 수십전법을 체달하게 되면 모든 경계가 날마다 작용하는 가운데 보고 듣는 것을 따라 취하지도 않고 집착하지도 않아 하나하나의 털구멍과 하나하나의 티끌에서 모든 부처님을 보고 일체 법을 들어, 마음을 일으키고 생각을 움직이는 것과 발을 들고 내리는 등의 모든 행하는 것이 구경(究竟) 아님이 없어서 불사(佛事)를 만족하기 때문에 수십전법은 집착하는 병을 다스리는 으뜸가는 약이라고 하여 일찍이 그 효용성이 강조되었다.[18]

---

14 『대정장』 72권, 240.

15 『한불전』 2권, 358하.

16 黃圭燦, 『新羅表員의 華嚴學』, 민족사, 1998, 117면.

17 전해주, 「화엄교학의 수십전유에 대한 고찰 - 지엄과 의상설을 중심으로-」, 『명성스님 고희기념 불교학논문집』 (청도: 운문승가대학출판부, 2000), 943면.

18 『한불전』 6권, 838상.

고려 초의 균여(923~973)는 지엄과 의상, 법장 등의 저술에 주석을 가하였다. 현존하는 균여의 주석서에는 수십전유의 진(盡)·부진(不盡)의 뜻과 그에 대한 10지(地)10탑(塔)의 비유가 실려 있다. 균여는 의상과 법장의 진·부진의 뜻을 회통하여 자신의 주측관(周側觀)을 형성하게 되는데[19], 이러한 균여의 회통은 의상과 법장의 법계연기설의 입장에서 시도된 것이었다.[20] 주측의 '주'는 횡진법계를 의미하고 '측'은 수진법계를 뜻하며, 횡과 수를 구별할 필요는 없지만 시방 삼세에서 이 대법(大法)을 보편적으로 설하지 않음이 없기 때문에 주측이라고 한다.[21] 주측에서 의상과 법장의 사상이 근본적으로는 다르지 않고 횡진법계와 수진법계는 서로 분리될 수 없다는 것에서 균여의 독자적인 사상을 찾을 수 있다.[22] 균여는 그의 주측을 통해 의상으로 대표되는 해동 화엄과 법장으로 대표되는 중국 화엄을 화회(和會)하는 입장에 서 있는 것이다.[23] 균여는 연기관(緣起觀)을 배우고 보현행을 닦으려면 반드시 수전문에 의지해야 한다고 강조하였는데[24], 수행자가 만약 일전을 부를 때 십전도 아울러 하나의 이름으로 답하는 관(觀)을 익힌다면 자기의 몸과 마음에 불보살의 법이 원만하게 갖추어짐을 알아서 가까운 것으로 먼 것을 회통할 수 있으며 5척(尺)을 움직이지 않고 삼제(三際)를 균등히 밟아서 자체의 비로자나 과해(果海)를 궁극적으로 증득한다고 말하고, 이 관법을 부지런히 닦을 것을 권유하였다.[25]

2. 텍스트별 용례

1) 『수현기』의 수법설(數法說)

지엄은 60권 『화엄경』의 주석서인 『수현기』에서 「여래광명각품」을 해설하는 가운데 수십전유와 관련되는 내용을 간략하게 언급하고 있다. 이에 의하면, '일 가운데 다[一中多]'는 일의 수 가운데서 십을 보기 때문이며, '다 가운데 일[多中一]'은 십의 수 가운데서 일을 보기 때문이라고 한다.[26]

---

19 전해주, 「법장의 수십전유에 대한 고찰」, 121면.
20 全海住, 「均如の數十錢說について」, 『印度學佛教學研究』 제50권 제2호, 237면~238면.
21 균여, 『석화엄지귀장원통초』 (『한불전』 4권, 87하)
22 정병삼, 「균여 法界圖圓通記의 화엄사상」, 『한국학연구』 제7집, 1997, 92면~93면.
23 고영섭, 「균여의 周側學」, 『白蓮佛教論集』 제9집, 1999, 319면.
24 균여, 『일승법계도원통기』 (『한불전』 4권, 25중)
25 균여, 『십구장원통기』 (『한불전』 4권, 57하~58상)

또 '일이 곧 다[一卽多]'라는 것은 일의 수가 곧 다(多)라서 일을 보지 않기 때문이며, '다가 곧 일[多卽一]'이라는 것은 다의 수가 곧 일이라서 다를 보지 않는 것이다. 이것은 하나의 사[一事]에서 일다를 분별한 것이며, 다른 사[異事]에서 일다를 분별하는 것도 준해서 생각할 수 있다.[27] 지엄은 일다의 연기 관계에서 '중(中)'과 '즉(卽)'의 차이점을 밝히고, 또 그러한 일다의 관계를 '일사'와 '이사'의 두 가지 관점에서 논하였다.

2) 『일승법계도』의 수십전법

『일승법계도』에서 의상은 연기실상다라니법을 관하고자 한다면 먼저 일전(一錢)에서 십전(十錢)까지의 동전 세는 법을 배워야 한다고 강조한다. 수십전법에는 두 가지 핵심 구조가 있는데, 그것은 '일중십십중일(一中十十中一)'의 중문과 '일즉십십즉일(一卽十十卽一)'의 즉문이다. '일'과 '십' 사이를 헤아리는 방식으로서 중문에서는 '위를 향해 오는 것[向上來]'과 '아래를 향해 가는 것[向下去]'을, 즉문에서는 '위를 향해 가는 것[向上去]'과 '아래를 향해 오는 것[向下來]'의 두 가지를 채택하고 있다. 중문의 향상래에 10문이 있어 같지 않다. 첫째는 근본수[本數]로서의 일이며 연으로 이루어졌다. 나아가 열째는 '일 가운데 십[一中十]'이며, 만약 일이 없으면 십은 이루어지지 않아서 그리하여 십은 일이 아니다. 나머지 문도 이와 같으며, 예에 준거하면 알 수 있다. 향하거에도 10문이 있는데, 첫째는 연성(緣成)의 십이다. 나아가 열째는 '십 가운데 일[十中一]'이며, 만약 십이 없다면 일은 이루어지지 않아서 그대로 일은 십이 아니기 때문이다. 나머지도 이와 같아서 이렇게 왔다갔다 하면서 헤아리면, 하나하나의 동전 중에 10문을 갖추고 있음을 알 수 있다. 처음[本]과 끝[末]의 두 동전 가운데에 10문을 갖추고 있는 것처럼, 나머지 여덟 개의 동전에서도 예에 준하면 알 수 있다.[28] 이미 '일'이라고 말하고서, 다시 일 가운데를 십이라고 이름할 수 있는 것은, 대연기다라니법은 만약 일

---

26 木村清孝, 「智儼における十の觀念」, 『印度學佛教學研究』 16-2(東京: 日本印度學佛教學會, 1968), 282면.

27 『대정장』 35권, 27중.

28 일본 심승(審乘)의 『화엄오교장문답초(華嚴五教章問答抄)』(『대정장』 72권, 664)에서는 『일승법계도』의 이 부분을 『법계시도(法界詩圖)』라는 제명으로 인용하고 있다. "『법계시도』에 이르기를, '이와 같이 왔다 갔다 하면 하나하나의 동전 가운데 10문을 구족함을 알 수 있을 것이다. 본말의 두 동전 중에 10문을 구족한 것과 같이, 나머지 8개의 동전 가운데서도 예에 준하여 이해할 수 있다'라고 하였다[法界詩圖云 如是往返 當知一一錢中 具足十門 如本末兩錢中 具足十門 餘八錢中 准例可解]"

이 없으면 일체가 이루어지지 않기 때문에 이와 같음을 반드시 아는 것이다. 일이라고 말한 것은 자성의 일이 아니라 연성이기 때문에 일이며, 십이라는 것도 자성이 십이 아니라 연성이기 때문에 십이다. 모든 연으로 생겨난 법[緣生法]은 어느 한 법도 정해진 자성이 없고, 자성이 없기 때문에 자재(自在)하지 않다. 자재하지 않다는 것은, 생함은 생하지 않음의 생함[生不生生]이다. 생하지 않음의 생함이란 머무르지 않는다[不住]는 뜻이며, 머무르지 않는다는 뜻은 중도의 뜻이고, 중도의 뜻은 생함과 생하지 않음에 통한다. 이러한 뜻에서 용수(龍樹)는 "인연으로 생긴 법을 나는 공(空)이라 설하며 가명(假名)이라고도 하고 다시 중도의 뜻이라고 설한다"고 말하였다. 중도란 분별하지 않는다는 뜻이고, 무분별의 법은 자성을 고수하지 않기 때문에 연을 따라 다함이 없으며, 머무르지 않는다. 그러므로 '일중십'과 '십중일'이 서로 받아들여 걸림이 없다. 이미 1문 중에 10문을 갖추었기 때문에 1문 가운데 다함 없음의 뜻이 있음을 분명히 알아야 하며, 1문에서와 같이 나머지도 이와 같다. 1문 중에 십을 거두어서 다하기[盡]도 하고, 다하지 않기[不盡]도 한다. 왜냐하면 다하기를 필요로 하면 다하고, 다하지 않기를 필요로 하면 다하지 않기 때문이다. 그 뜻은, 일사(一事)로써 일다(一多)를 분별하기 때문에 다함이고 이사(異事)로써 일다를 분별하기 때문에 다하지 않음인데, 이는 지엄의 수법설을 계승한 것이라 할 수 있다. '필요로 한다[須]'는 것은, 연으로 이루어진다는 뜻이며, 인연법은 하나도 어긋나 잃어버림이 없기 때문이다. 개별의 모든 현상문 중에서도 예에 준하면 이와 같으며, 연기의 미묘한 이치가 응당 이와 같음을 알기 때문이다. 두 번째 문인 즉문 중에도 두 가지가 있다. 첫 번째는 '위를 향해 가는 것[向上去]'이고, 두 번째는 '아래를 향해 오는 것[向下來]'이다. 처음의 향상거에 10문이 같지 않다. 첫째는 연성의 일이다. 나아가 열째는 '일즉십(一卽十)'이며, 만약 일이 없으면 십은 이루어지지 않는데 연성이기 때문이다. 두 번째인 향하래에도 10문이 있다. 첫째는 연성의 십이다. 나아가 열째는 '십즉일(十卽一)'이며, 만약 십이 없으면 일은 이루어지지 않기 때문이다. 나머지는 예에 준한다. 이러한 뜻이기 때문에 하나하나의 동전에 열 개의 문이 갖추어져 있음을 안다. 여기서 말하는 '오고 감[來去]'은 자기의 지위는 움직이지 않고서 항상 오고 간다는 뜻이며, 동전 가운데 첫 번째와 나아가 열 번째가 같지 않으나 상즉하고 상입해서 걸림이 없다.[29]

29 의상, 『일승법계도』(『한불전』 2권, 6상~7중)

3) 『화엄오교장』의 수십전유

법장은 수십전유로 상즉상입을 설명하고 중중무진의 법계연기를 드러낸다. 법장의 수십전유는 의상의 수십전법에 의거하여 그것을 더욱 발전시킨 것이나, 그 내용에 있어서는 서로 차이가 있다.[30] 법장은 『화엄오교장』에서 법계연기를 불자경계(佛自境界)와 보현경계(普賢境界)로 구분하고 보현경계의 뜻을 비유와 법으로써 설명하는데, 여기서 비유에 해당하는 것이 수십전유이다. 법장은 먼저 동체(同體)와 이체(異體)로 나눈 다음, 이체문의 상입·상즉과 동체문의 '일중다다중일(一中多多中一)'·'일즉다다즉일(一卽多多卽一)'을 설명하는데, 이체문의 상입에서는 향상수·향하수라 하고 이체문의 상즉에서는 향상거·향하래라고 표현하였다. 여기서 향상거·향하래라 하여 '오고 감[來去]'이라고 한 뜻은 스스로의 지위를 움직이지 않고서 항상 오고 가는 것을 말한다. 그 이유는 오고 감과 움직이지 않음이 한가지이기 때문이며, 다만 지혜를 내어 이치를 드러내기 위하여 '오고 감'의 뜻을 말할 뿐이다.[31] 법장은 이체문에 있어서 상즉과 상입은 '일중십'과 '일즉십'이 모두 일을 떠나면 십이 없으나 '일중십'은 십이 일이 아니며 '일즉십'은 십이 곧 일인 것이 다르다고 한다.[32] 이체문에서는 처음의 일이 뒤의 아홉 가지 다른 문을 바라보아 상입하는 것이고, 동체문에서는 일 가운데 스스로 십을 갖추고 있어 앞뒤의 다른 문을 바라보지 않는다. 이 점에서 이체문의 상입과 동체문의 상입은 다르다고 할 수 있다. 법장은 수십전유에서 동체와 이체를 나눈 이유에 대해 모든 연기문 안에 두 가지 뜻이 있기 때문이라고 전제한다. 그 첫째는 '서로 말미암지 않음[不相由]'의 뜻인데, 스스로 덕을 갖추기 때문이며 '인 가운데 연을 기다리지 않는다는 것[因中不待緣]' 등이다. 둘째는 '서로 말미암음[相由]'의 뜻으로서, '연을 기다린다는 것[待緣]' 등이다. 여기서 불상유의 의미는 동체이고, 상유의 의미는 이체에 해당한다. 이체 중에 상즉과 상입의 두 문이 있는 이유는 모든 연기법에는 공(空)·유(有)의 뜻과 역(力)·무력(無力)의 뜻이 있기 때문이다. 공·유의 뜻은 자체(自體)를 바라본 것이고, 역·무력의 뜻은 역용(力用)을 바라본 것

---

30 전해주, 「법장의 수십전유에 대한 고찰」, 『한국불교학』 제27집(서울: 한국불교학회, 2000), 98면.

31 법장, 『화엄오교장』(『대정장』 45권, 504상)

32 전해주, 「법장의 수십전유에 대한 고찰」, 『한국불교학』 제27집(서울: 한국불교학회, 2000), 110면.

이다. 공·유의 뜻을 말미암기 때문에 상즉하고, 역·무력의 뜻을 말미암기 때문에 상입한다. 법장은 먼저 일에서 십으로 세어 올라가는 향상수와 십에서 일로 세어 내려오는 향하수로 이체문의 상입을 설명한다. 처음은 향상수의 10문인데, 첫째는 본수로서의 일이다. 그 이유는 연으로 이루어졌기 때문이다. 나아가 열째는 '일중십'이며, 만약 일이 없으면 십이 이루어지지 않기 때문이다. 일은 온전히 힘이 있기 때문에 십을 섭수하나, 십은 일이 아니다. 나머지 아홉 문도 이와 같아서 하나하나가 다 십을 가지고 있으며, 예에 준하여 알 수 있다. 향하수도 10문인데, 첫째는 십으로서 일을 섭수한다. 왜냐하면 연으로 이루어졌기 때문이며, 만약 십이 없으면 일은 이루어지지 않기 때문이다. 일은 온전히 무력이어서 십으로 돌아가지만 일은 십이 아니다. 나머지 예도 마찬가지이다. 이와 같이 처음과 끝의 두 문에 각각 10문을 갖춘다. 나머지 하나하나의 동전에서도 준하여 생각할 것이며, 이는 다른 문에서 서로 바라봄에 근거하여 말한 것이다. 이미 일이라고 말했는데 일 가운데 십이 있다는 것은 대연기다라니법은 만일 일이 없으면 일체가 성립하지 않기 때문이다. 그것은 일은 자성의 일이 아니라 연성이기 때문이다. 그러므로 일 가운데 십이 있다는 것도 연성의 일이다. 나아가 십이라는 것도 자성의 십이 아님은 연성이기 때문이다. 따라서 십 가운데 일이 있음도 연성이며, 자성이 없는 십이다. 이어 법장은 이체문의 상즉에 대해 향상거와 향하래의 두 문으로 설명한다. 향상거에 10문이 있는데, 처음은 연성의 일이다. '일즉십'은 만약 일이 없으면 십이 없기 때문이며, 일은 체가 있고 나머지는 다 공하기 때문이다. 그러므로 이 일이 곧 십인 것이다. 이와 같이 위로 향하여 나아가 열 번째에 이르기까지 모두 각각 앞에서와 같다. 향하라 말한 것에도 역시 10문이 있다. 첫째는 연성의 십이다. '십즉일'은 만약 십이 없으면 일이 없기 때문이며, 일은 체가 없고 나머지는 모두 유(有)이기 때문이다. 그러므로 이 십이 곧 일이다. 이와 같이 아래로 향하여 나아가 첫 번째에 이르기까지 모두 각각 이와 같으며, 앞에 준하여 알 수 있다. 이러한 뜻이므로 하나하나의 동전이 곧 많은 동전임을 알아야 한다. 만약 일이 십에 즉(卽)하지 않는다면 많은 일이 역시 십을 이루지 못하며, 또한 십을 이루지 못하므로 일의 뜻도 역시 이루어지지 않는다.[33] 법장은 동체문에서는 '일중다다중일(一中多多中一)'과 '일즉다다즉일(一卽多多

33 법장, 『화엄오교장』(『대정장』 45권, 503하~504상)

卽一)'의 두 문을 시설하고 있다. 먼저 '일중다다중일'은 다시 '일중다'와 '다중일'로 나누어진다. 먼저 '일중다'에 10문이 있어 같지 않다. 첫째는 연성의 일이며, 근본수이다. 일 가운데 십을 갖추니 일전(一錢) 자체가 일이기 때문에 다시 이(二)와 더불어 일을 지으므로 이의 일[二一]이 된다. 나아가 십과 더불어 일을 지으므로 곧 십의 일[十一]이 된다. 그러므로 일 가운데 스스로 열 개의 일을 갖출 뿐이어서 일은 십이 아님은 아직 즉문이 아니기 때문이다. 처음 일전이 이미 그러하듯, 나머지 이·삼·사·오 이상 아홉 문도 모두 각각 이와 같음을 예에 준하여 알 수 있다. 다음으로 '다중일'도 역시 10문이 있는데, 첫째는 연성의 십이다. '십중일'인 까닭은 이 일은 십과 더불어 일을 짓기 때문에 곧 저 처음의 일은 십의 일 가운데 있으며, 십의 일을 떠나면 처음의 일은 없기 때문이다. 그러므로 이 일은 곧 십 가운데 일이어서 십은 일이 아니다. 나머지 아래의 구·팔·칠, 나아가 일에 이르기까지 모두 각각 이와 같으며, 예에 준하여 생각할 수 있다. 이것을 이체문의 경우와 비교해 보면, 이체문에서는 처음의 일이 뒤의 아홉을 바라보아 다른 문이 상입하는 것이고, 동체문에서는 일 가운데 스스로 십을 갖추고 있어서 앞뒤의 다른 문을 바라보아 말한 것이 아니다. 동체문의 '일즉십십즉일'도 두 문으로 나누어진다. 처음의 '일즉십'에 10문이 있어서 같지 않다. 첫째는 연성의 일이다. '일즉십'인 까닭은 십의 일이 바로 처음의 일이기 때문이며, 별도의 자체가 없기 때문이다. 그러므로 십이 곧 일인 것이다. 나머지 아홉 문도 모두 이와 같다. 다음으로 '십즉일'에도 역시 10문이 있어 같지 않다. 첫째는 연성의 십이다. '십즉일'인 까닭은 저 처음의 일이 곧 십이기 때문이며, 다시 스스로의 일이 없기 때문이다. 그러므로 처음의 일이 곧 십이다. 나머지 아홉 문도 예에 준하여 알 수 있다.[34]

4) 『일승십현문』의 수십전유

『일승십현문』의 수십전유는 동전의 비유가 없다는 점에서 『일승법계도』 및 『화엄오교장』과 다르고, 동체와 이체를 설정하였다는 점에서는 『화엄오교장』과 유사하다. 『일승십현문』에서는 십수(十數)의 비유로써 이체문과 동체문을 설명한다. 이체문 중에 '일중다다중일'과 '일즉다다즉일'의 두 문이 있다. 십수를 기준하여 '일중다 다중일'을 밝히는데, 만일 일에서 십

34 법장, 『화엄오교장』(『대정장』 45권, 503중~504하)

으로 순방향으로 세어 올라가면 향상거이고, 십에서 일로 역방향으로 세어 내려오면 향하래이다. 첫째는 연성의 일이다. 일 가운데 곧 십이 있음은 일이 이루어지기 때문이다. 만일 십이 없다면 일은 이루어지지 않으니, 제 성품이 없이 연으로 이루어졌기 때문이다. 일이 이루어지므로 이·삼·사 등 일체가 모두 이루어진다. 만약 일이 제 성품에 머물면 십은 이루어지지 않는다. 십이 만약 이루어지지 않으면 일도 또한 이루어지지 않는다. '일즉다다즉일'은 앞 문의 향상거·향하래와 같다. 일이 곧 십인 것은 연성이기 때문이니, 만약 일이 십이 아니면 십은 이루어지지 않는다. 위에서부터 아래로 향하여 오는 것도 이와 같다. 십이 곧 일인 것은 연성이기 때문이며, 만약 십이 일이 아니면 일은 이루어지지 않는다. '일즉십십즉일'이기 때문에 일이 이루어지면 다시 십이 이루어진다. 여기서 '일중십'과 '일즉십'을 비교해 보면, '일중십'은 일을 떠나 십이 없으며 십은 일이 아니다. '일즉십'은 일을 떠나 십이 없으나 십은 곧 일이니, 연성이기 때문이다. 동체문도 이체문에서처럼 '일중다다중일'과 '일즉다다즉일'을 설명한다. 중문에서 향상거·향하래를 설명하는데, 그 중에 역순(逆順)으로 각각 10문을 갖추고 있다. 이 동체문은 앞의 이체문과 비교해 보면, 이체문에서 '일중십'이라고 말한 것은 뒤의 아홉을 바라본 것이기 때문에 '일중십'이라 이름하며, 동체문에서 '일중십'이라 말한 것은 일 가운데 아홉이 있기 때문에 '일중십'이라 말한 것이다. 동체문의 '일즉십'이란 것에서 일은 하나의 연으로 이루어졌기 때문에 일이 곧 십이다. 만약 십이 일이 아니라면 일은 이루어지지 않기 때문이다. '일즉십'과 같이 '일즉이', '일즉삼'도 그러하며 역순의 각 10문도 마찬가지이다.[35]

5) 『화엄경문의요결문답』의 수십전유

표원은 『화엄경문의요결문답』에서 수십전유를 동체와 이체로 나누고, 이체문에서의 상입과 상즉을 설명한다. 먼저 유력(有力)·무력(無力)의 입장에서 상입을 설명하고 유체(有體)·무체(無體)의 측면에서 상즉을 설명한 다음, 이체문의 상입에서 동전 열 개의 비유를 들고 있다. 상입에 향상거와 향하래의 두 문이 있다. 향상거에 역시 10문이 있는데, 첫째의 일은 본수로서 연성이다. 나아가 열째는 '일중십'이며, 일이 없으면 십은 이루어지지 않기

35 『일승십현문』(『대정장』 45권, 514중~515중)

때문이다. 즉 일에 온전한 힘이 있기 때문에 십을 섭수하는 것이나, 십은 일이 아니다. 나머지 아홉 문도 이와 같으며, 하나하나에 모두 십이 있음을 예에 준하여 알 수 있다. 아래로 세어 내려가는 것에도 10문이 있다. 첫째는 연성의 십이다. 나아가 열째는 '십중일'이며, 십이 없으면 일은 성립되지 않기 때문이다. 즉 일은 온전한 힘이 없어서 십에 귀속되며, 그리하여 일은 십이 아닌 것이다. 나머지 예도 마찬가지이다. 이처럼 처음과 끝의 두 문에 10문을 갖추고 있다. 나머지 하나하나의 동전에서도 이에 준하여 생각하면 된다. 여기서 수를 세는 법은 첫 번째는 십이고, 두 번째는 '십중구'이며, 나아가 열 번째는 '십중일'이다. 이것은 다른 문이 서로 바라봄을 기준으로 하여 말한 것이다. 이미 일이라고 말했는데 일 가운데 십이 있다는 것은 대연기다라니법은 만일 일이 없으면 일체가 성립하지 않기 때문이다. 이 뜻은 이른바 일이라고 말한 것은 자성의 일이 아니라 연성인 까닭이다. 그러므로 일 가운데 십이 있다는 것은 연성의 일이다. 이체문 중에 두 번째 상즉의 의미는, 이 가운데 향상거와 향하래의 두 문이 있다. 처음 문에 10문이 있고, 첫째는 연성의 일이다. 나아가 열째는 '일즉십'이며, 만약 일이 없으면 십도 없기 때문이다. 일은 체가 있고 나머지는 모두 공하기 때문이니, 이 일은 곧 십인 것이다. 이와 같이 위로 향하여 열 번째에 이르기까지 모두 각각 앞과 같다. 아래로 세어 내려가는 것에도 역시 10문이 있다. 첫째는 연성의 십이다. 나아가 열째는 '십즉일'이며, 만약 십이 없으면 일도 없기 때문이다. 일이 체가 없으면 나머지는 체가 있으므로 이 십이 곧 일이다. 이렇게 아래로 향해 세어 내려와 첫 번째에 이르기까지 모두 각각 앞에서와 같다. 이와 같은 뜻이기 때문에 하나하나의 동전이 곧 많은 동전임을 알 수 있다. 만약 일이 십에 즉하지 않는다면 많은 일이 역시 십을 이루지 못하며, 또한 십을 이루지 못하므로 일의 뜻도 역시 이루어지지 않는다. 두 번째 동체문 중에도 역시 두 가지 뜻이 있다. 첫째는 '일중다다중일'이고, 둘째는 '일즉다다즉일'이다. '일중다다중일'은 다시 '일중다'와 '다중일'로 나누어진다. 처음의 '일중다'는 10문이 같지 않다. 첫째는 연성의 일이며, 이것은 본수로서 일 가운데 십을 갖추고 있다. 왜냐하면 일전(一錢) 자체가 일이며, 다시 이(二)와 더불어 일을 짓기 때문에 이의 일[二一]이 되는 것이다. 나아가 십과 더불어 일을 짓기 때문에 일체는 곧 십의 일이 된다. 그러므로 이 일 가운데 곧 스스로 10개의 일을 갖추고 있을 뿐이다. 그리하여 일은 십이 아니며, 아직 즉문이 아니기 때문이다. 처음의 일전이 이미 그러하므로, 나머지 이·삼·사 이상 아홉 문에서도 모두 이와 같음을 예에 준하여 알 수 있다. '다중일'도 역시 10문이 있으며, 첫째는 연성의 십이다. '십중일'은 일이 십과 더불어 일을 짓기 때문이다. 저 처음의 일은 십의 일 가운데 있으며, 십의 일을 떠나서는 처음의 일이 없기 때문이다. 그러므로 이 일은 곧 십 가운데의 일이어서 십은 일이 아니다. 나머지 아래로 구·팔·칠, 나아가 일에 이르기까지 모두 각각 이와 같다. 즉(卽)의 뜻 가운데 '일즉십십즉일'에도 역시 두 문이 있다. '일즉십'에 10문이 있어 같지 않으며, 첫째는 연성의 일이다. '일즉십'은 십이 곧 처음의 일이기 때문이며, 별도의 자체가 없기 때문이다. 그러므로 이 십은 곧 일인 것이다. 나머지 아홉 문도 모두 이와 같다. '십즉일'에도 10문이 있어 같지 않으며, 첫째는 연성의 십이다. '십즉일'은 저 처음의 일이 곧 십이기 때문이며, 다시 스스로의 일이 없기 때문이다. 나머지 아홉 문도 예에 준하여 알 수 있다.[36]

6) 『화엄오교장지사』에 인용된 원효의 수십전유

수령의 『화엄오교장지사』에 의하면, 원효는 열 개의 동전을 헤아리는데 향상거와 향하래의 두 가지가 있다고 하였다. 향상거에 10문이 있으며, 첫째는 연성의 일(一)이다. 둘째는 '일즉이(一卽二)'인데, 일이 없으면 이가 이루어지지 않기 때문이다. 나아가 열째는 '일즉십(一卽十)'이며, 만약 일이 없다면 십이 이루어지지 않기 때문이다. 향하래에도 역시 10문이 있다. 첫째는 연성의 십(十)이다. 둘째는 '십즉구(十卽九)'이며, 십이 없으면 구(九)가 이루어지지 않기 때문이다. 나아가 열째는 '십즉일(十卽一)'이며, 십이 없으면 일이 이루어지지 않기 때문이다. 나머지는 이에 준한다. 그러므로 하나하나의 동전 중에 모두 10문을 갖추어서 다시 서로 상즉함을 알 수 있다. 일체의 모든 법이 다 이와 같아서 일과 일체가 서로 연기하여 일즉일체·일체즉일이다.[37] 이러한 원효의 수십전유는 의상 수십전법의 즉문에 해당하는 것이지만, 향상거에서 '일즉이'를 들고 향하래에서 '십즉구' 등을 말한 것은 의상 수십전법의 즉문의 내용과 차이가 있다.

---

36 표원, 『화엄경문의요결문답』(『한불전』 2권, 358중~360상)
37 『대정장』 72권, 240상~중.

7) 『법계도기총수록』의 수십전법 해석[38]

『법계도기총수록』의 「대기(大記)」에 의하면, 동전 세는 법을 밝힌 이유는 미혹되고 어리석은 이를 이해시키기 위해서였다고 한다. 연으로 생긴 법은 자성이 없어서 이름과 모양[名相]을 떠나므로 끝내 얻을 수 없음을 이 동전 세는 법으로써 곧바로 가리켜 보인 것이다. 현상으로 드러난 변계의 사물에 집착하여 연기법에 미혹한 자가 이해할 수 있는 십전(十錢)에 의지해서 동전 세는 법을 말하였지만, 이것은 어디까지나 수단일 뿐, 결국에는 이를 통해 말을 여의고 모양이 끊어진 연기실상의 법을 알게 하는 것이 궁극적인 목적이다. 세속에서 아는 동전 세는 법도 이처럼 깊고 현묘(玄妙)할 수 있는데, 하물며 저 성인의 지혜로 증득한 말을 떠나고 모양이 끊어진 법이겠는가라고 하여, 수십전법이 지향하는 바를 명확하게 보여준다. 「법융기(法融記)」에서는 수십전법의 '본수(本數)'라는 것이 '본래 일[本一]'과 어떻게 다른지 논의한다. 지위[位]를 부여하지 않았을 때는 일(一)을 부르면 십(十)이 모두 "나도 일", "나도 일"이라고 말한다. 첫 번째, 나아가 열 번째 등의 지위를 주는 때에 첫 번째의 일은 바로 본래 일이며, 첫 번째의 지위[第一位]를 주기 때문에 '본수의 일'이라고 한다. 그리고 십을 세는 것의 처음의 일이므로 '본래 일'이라는 것이다. 「대기」에서는 의상이 일(一)로써 근본을 삼는다면 『화엄경』의 "수법(數法)에서 십은 다 본수이다"라고 한 문장과 어떻게 통하는지 묻고, 일의 십이기 때문에 십을 들었을 뿐이며, 일의 십이기 때문에 십은 다 일이므로 모두 다 본수라 한 것이라고 대답한다. 그렇다면 십은 모두 다 본수일텐데 그렇지 않은 이유는 그 각각의 지위를 줄 때에 이미 이(二), 삼(三) 등이라 말하였기 때문에 오직 처음의 일만 본수이나, 그 십은 바로 '일의 십'이기 때문에 모두 다 본수라고 한다. 부처님의 자증법(自證法)은 일(一)이니, 이(二)이니 하는 표현을 떠나서 자성을 고수하지 않으므로 연(緣)을 따라 이루어질 때에 일을 부르면 온법계가 바로 일이며, 이미 지위를 주고서 일, 이, 나아가 십이라고 하기 때문에 처음의 일이 본법(本法)으로 불리어질 수 있다는 것이다. 또한 '오고 간다는 것은 연을 따른다는 뜻이니 인연의 뜻이고 움직이지 않는다는 것은 근본을 향한다는 뜻이니 연기의 뜻'이라는 것에 대해서는, 법장이 "오고 가고 움직이지 않는 것이 바로 한 물건이기 때문이다"라고 한 말을 인용하고, 각각 한 뜻

38 『한불전』 6권, 838상~841상 참조.

을 나타내기 때문에 또한 서로 인정하는 것이며, 평등하여 일으키지 않기 때문에 연기(緣起)라고 이름한 것이므로 근본을 향한다는 뜻이며, 이는 바로 연기의 뜻이라고 설명한다. 「법융기」에서는 '무분별'에 대해, 십전 가운데 하나하나의 동전을 듦에 따라 옆이 없어서 표시하여 가리킬 수 없기 때문이라고 한다. '자성을 고수하지 않는다'라는 것은 이가 자성을 고수하지 않고 삼, 사, 나아가 십이 자성을 고수하지 않고 일의 체를 이루기 때문에 '연을 따른다[隨緣]'고 한 것이며, 그러므로 '머무르지 않는다[不住]'라 한 것이라고 해석한다. '향상래'에 대해서는, 첫 번째 동전에는 다만 '감[去]'의 뜻만 있고 '옴[來]'의 뜻은 없으며, 열 번째 동전에는 '온다'는 뜻만 있고 '간다'는 뜻은 없다는 의견과, 혹은 이와 반대라는 의견을 제시하고서, 첫 번째 동전에 힘이 있어서 십전을 가지고 오기 때문에 '온다'라고 한 것이고, 열 번째 동전에 힘이 있어서 십전을 가지고 가기 때문에 '간다'라 한 것이라고 설명한다. 그리고 '향상거·향하래'에 대해서는 오직 처음 일전의 전체[擧體]가 이(二)가 되고, 나아가 십이 되기 때문에 '향해 간다[向去]'라고 했을 뿐이며, '가지고 감'을 기준하여 '간다'라고 한 것은 아니다. 십으로부터 일을 향하여 전체가 오기 때문에 '온다'라고 했을 뿐, '가지고 옴'을 기준으로 하여 '온다'라고 한 것은 아니다. 다시 말하면, 즉문은 형탈문(形奪門)이기 때문에 그 자체의 '오고 감'의 뜻을 기준하여 '온다, 간다'라고 한 것이며, 중문은 '서로 따른다'는 뜻이기 때문에 '가지고 오고 가지고 감'의 뜻을 기준으로 하여 '온다, 간다'라고 한 것이다. '스스로의 지위는 움직이지 않고서 항상 오고 간다'는 것은, 일이 곧 이(二)이고, 일이 곧 삼(三)이며, 나아가 일이 곧 십이라고 하였으나 일의 이름을 버리지 않고 열 번째 동전에까지 이르기 때문에 그렇게 말한 것이라고 해석한다. '일사(一事)로 일다(一多)를 분별한다'는 것에 대해, 일로 말미암아 십이 있으므로 만약 그 일을 취한다면 이, 삼, 나아가 십이 모두 이루어지지 않기 때문에 일을 부를 때에 십이 모두 "나도 일", "나도 일"이라고 대답할 수 있는 것이며, 일의 다이기 때문에 '일다를 분별하므로 다한다'라고 한 것이다. '다른 사(事)로 일다를 분별한다'는 것은, 이(二)를 부를 때에 십이 모두 "내가 바로 이" 등으로 대답할 수 있기 때문에 '다른 사로 일다를 분별하므로 다하지 않는다'라고 한 것이다. 다시 말하면, 이(二)로써 십을 다하고, 삼으로써 십을 다하며, 나아가 십으로써 십을 다하는 것이 모두 처음 일전의 다함 없는 덕이라는 것이다. 「대기」에서는 '일사(一事)로 일다를 분별한다'는 것은 동전의 체를 기준으로 하였기 때문에 십전(十錢)에 통한다고 한다. 「고기(古記)」에서는 동전을 변계(遍計)와 인연(因緣)의 동전으로 구분하여, 열 개의 동전이 첫 번째, 두 번째로부터 나아가 열 번째에 이르기까지 모두 자성이 있기 때문에 하나를 취하면 하나가 없고 둘을 취하면 둘이 없다는 등은 변계의 동전이라 하고, 일전(一錢)의 지위에 중·즉을 갖추고 있기 때문에 만약 나머지 아홉이 없다면 이 일전도 성립될 수 없다는 것은 인연의 동전이라고 설명한다. 『법계도기총수록』에는 지엄과 의상에 관한 일화가 다수 전하는데, 그 중에는 수십전유와 관련되는 내용도 있다. 지엄의 말에 의하면, 어떤 한 누각을 보니 안은 일승으로 꾸미고 밖은 삼승으로 치장하였는데, 이 가운데 문이 있어 '깨달음의 문[覺門]'이라 이름하였다. 보리수를 향하고 있으나 모든 중생들의 망상과 번뇌로 이 문이 막혀 있어서 일승의 진귀한 보배 장엄을 보지 못한다. 그래서 인도의 세친 보살이 6상(相)의 자물쇠와 열쇠로 이 문을 열어 보였으나 천축 사람들이 6상을 이해하지 못하였기 때문에 그들이 익힌 실담장(悉曇章) 총지(總持)의 법으로 가르쳐 보인 것인데, 동토(東土)의 사람은 또 그 실담장 총지의 법을 이해하지 못하므로 지엄이 그들이 익힌 동전 세는 법으로써 가르쳐 보인 것이라고 한다. 「고기」에는 의상이 동전 열 개를 가지고 처음 동몽(童蒙)을 인도하는 방편에 대해 자세히 나와 있다. 여기서 동몽이란 연기의 이치를 모르는 미혹한 사람을 어린아이에 빗대어 말한 것이다. 의상은 먼저 동몽에게 열 개의 동전을 줄 세우게 한 다음, 그 열 개가 자성의 십인지 연기하여 제 성품이 없는 십인지 묻는다. 그런데 그 사람은 "이 동전은 자성의 십"이라고 대답한다. 그러자 의상은 이 십은 연으로 이루어진 십이기 때문에 하나하나가 십을 갖추고 있다고 말해주지만, 그 미혹한 사람은 이 뜻을 이해하지 못한다. 이에 의상은 그 사람에게 동전을 직접 세어보게 한다. 그가 "하나, 둘 … 열"까지 다 세자, 의상은 문득 첫 번째 동전 하나를 치워버린다. 그리고는 몇 개인지 묻는다. 그 사람이 아홉 개라고 대답하자, 의상은 다시 세어 보라고 말한다. 그 사람이 "하나, 둘 … 아홉"까지 세자, 의상은 그 사람이 앞에서 '이 십은 자성이 정해진 십'이라고 한 말을 상기시키고, 그가 앞에서 두 번째라고 말한 것을 첫 번째로 삼고, 앞에서 세 번째라고 말한 것을 두 번째로 삼는 등의 방식대로라면 논리적 모순이 있지 않느냐고 되묻는다. 여전히 의상의 뜻을 이해하지 못한 그 사람은 의상이 동전 한 개를 치워버렸기 때문에 그런 것이라고 대답한다. 그러자 의상은 동전 한 개를 다시 놓으면서 몇 개냐고 묻는다. 그 사람이 열 개라고 대답하자, 의상은 아무 말 없이 다시 세어보라고 말한다. 그 미혹한 사람은 의상이 시키는 대로 다시 "하나, 둘 … 열"이라고 세는 동안, 마침내 십은 자성이 십이 아니라 일로 말미암아 십이 있고, 십으로 말미암아 일이 있으며, 하나하나는 연기여서 정해진 제 성품이 있지 않음을 깨닫게 된다. 이처럼 의상은 상대방의 근기 수준에 맞추어 일관되게 설명함으로써 결국 상대방 스스로가 '연생법은 무자성'이라는 것을 깨닫도록 유도한다. 『법계도기총수록』의 「고기」에 전하는 이 내용은 『일승법계도』에는 보이지 않는 것으로서, 의상이 신라로 귀국한 이후에 설해졌을 것으로 추정된다.

8) 『십구장원통기』의 수십전유 해석

수십전유에서 진·부진은 일문(一門) 중에 십(十)을 섭수하여 다하는가, 다하지 않는가의 문제이다. 의상의 진·부진의 뜻은 주로 '일사(一事)'·'이사(異事)'와 관련하여 설명되고, 법장의 경우에는 '일중십'·'십중일'로써 다루어진다. 이러한 의상과 법장의 뜻을 균여는 그의 주측(周側) 논리로써 아우른다. 균여는 『십구장』 본문에서 "하나를 부를 때 일체가 대답하는 것에 두 가지 뜻이 있는데, 첫째는 법장의 '하나의 이름을 부를 때 일체가 각각 자기의 이름으로 대답하는 것'이고, 둘째는 의상의 '하나의 이름을 부를 때 일체가 다함께 하나의 이름으로 대답하는 것'이다"라고 한 것에 대해, 하나의 연기법 속에 이 두 가지 뜻이 갖추어져 서로 한 변을 드러내기 때문에 그 뜻은 결국 동일하다고 해석한다. 이어 의상과 법장의 진(盡)·부진(不盡)의 뜻을 십지를 예로 들어 설명한 다음, 10층탑을 비유로 든다. 이러한 『십구장원통기』의 내용은 『일승법계도원통기』와 거의 동일하나, 『일승법계도원통기』에서는 먼저 십지를 들어 설명하고 나서 『십구장』을 인용하고, 그 다음에 10층탑의 비유를 들고 있다는 점에서 『십구장원통기』의 설명순서와 차이가 난다. 『십구장원통기』에서는 의상과 법장의 진·부진의 뜻에 대해 두 가지 관점에서 설명한다. 첫째로, 의상의 진·부진은 하나하나의 지(地)에 십지를 갖춘 십지를 세운 것과 같고, 법장의 진·부진은 일왕(一往)의 십지를 세운 것과 같다. 이것을 10층탑으로 비유하면, 의상은 10층10탑을 세우는 것과 같아서 횡진법계의 뜻이고, 법장은 10층1탑을 세우는 것과 같아서 수진법계의 뜻이다. 이에 대한 『십구장원통기』의 설명은 『일승법계도원통기』의 경우와 대체로 동일하다. 둘째로, 십지를 기준으로 하여 논하면,

일왕의 십지에서는 처음 환희지(歡喜地)를 부를 때에 나중의 아홉도 똑같이 "나도 환희", "나도 환희"라고 대답하는 것은 의상의 뜻이고, 처음 환희지를 부를 때 나중의 아홉이 "나는 이구(離垢)", "나는 발광(發光)", 나아가 "나는 법운(法雲)"이라고 말하는 것은 법장의 뜻이다. 10층1탑에서 처음 층을 부를 때 뒤의 아홉 층이 "나도 처음 층", "나도 처음 층"이라고 하는 것은 의상의 뜻이고, 처음 층을 부를 때 뒤의 아홉 층이 "나는 두 번째", 나아가 "나는 열 번째"라고 하는 것은 법장의 뜻이다. 이러한 점에서 본다면, 두 스님의 뜻은 수(竪)이면 모두 수이고 횡(橫)이면 모두 횡인 것이어서, 일률적으로 의상의 진·부진의 뜻은 횡이고 법장의 진·부진의 뜻은 수라고 말한 것은 아니다. 즉 수(竪)의 지위의 십지를 기준으로 하면, 처음의 환희지를 부를 때 뒤의 아홉 지(地)가 모두 "나도 환희", "나도 환희"라고 하는 것은 의상의 뜻이고, 처음의 환희지를 부를 때에 뒤의 아홉이 "나는 이구", 나아가 "나는 법운"이라고 하는 것은 법장의 뜻이다. 그러므로 두 스님의 뜻이 수라면 모두 수인 것이다. 그리고 가로로 십전을 열거하여 첫 번째 동전을 부를 때 뒤의 아홉 동전이 "나도 첫 번째", "나도 첫 번째"라고 하는 것은 의상의 뜻이고, 첫 번째 동전을 부를 때 뒤의 아홉 동전이 "나는 두 번째", 나아가 "나는 열 번째"라고 하는 것은 법장의 뜻이다. 그러므로 두 스님의 뜻이 횡이라면 모두 횡인 것이다. 하나의 연기법 중에 무성(無性)과 불괴(不壞)가 서로 대하는 측면에서 말하면 무성의 뜻은 횡이고 불괴의 뜻은 수이다. 의상은 무성의 뜻을 기준으로 했기 때문에 횡이고 법장은 불괴의 뜻을 기준으로 했기 때문에 수라고 한 것이며, 횡과 수를 고정시켜서 논한 것은 아니다.[39]

9) 『일승법계도원통기』의 수십전유 해석

균여는 『일승법계도원통기』에서 의상과 법장 등의 저술을 비교하면서 수십전유를 해석한다. 특히 각 문헌의 '향상·향하와 내거'의 양식을 소개한 뒤, 문헌마다 그 설(說)이 다른 이유를 설명한다. 중문은 '오는 문[來門]'에 서 있으면 뒤의 아홉을 가지고 와서 첫 번째로 나아가는 것이고, '가는 문[去門]'에 서 있으면 앞의 아홉을 가지고 가서 열 번째로 향하는 것이다. 즉문에서 일(一)은 곧 이(二)이고 일은 곧 삼(三)인 등, 이와 같이 첫 번째는

39 『한불전』 4권, 49하~50하.

곧 열 번째에 즉하고, 십이 곧 구(九)이고 십이 곧 팔(八)인 등, 이와 같이 열 번째가 일에 갖추어져 있는 것이라고 한다. 또 중문의 십전은 처음의 일에 '온다'는 뜻이 있고 '간다'는 뜻은 없으며, 열 번째에 '간다'는 뜻은 있고 '온다'는 뜻은 없다는 것이다. 향하에서는 이와 반대이며, 중간의 동전들은 '오고 감'의 두 가지 뜻을 갖추고 있다고 한다. 즉문의 십전에서는 처음의 일에 '간다'는 뜻이 있고 '온다'는 뜻은 없으며, 열 번째에 '온다'는 뜻이 있고 '간다'는 뜻은 없다. 향하에서는 이와 반대이며, 중간의 동전들은 '오고 감'의 두 가지 뜻을 갖추고 있다. 한편 '능히 세는 마음[能數心]'을 기준으로 하여 '향상·향하와 내거'의 관계를 설명하면, 만약 '능히 세는 마음'이 열 번째에 서 있어서 각각 십을 구족한 10문을 열거할 때에 첫 번째부터 열 번째에 이르기까지 열거하면 모두 나의 '능히 세는 마음'을 향하여 오기 때문에 향상래라 하고, 열 번째부터 첫 번째에 이르기까지 나의 '능히 세는 마음'을 등지고 가기 때문에 향하거라 한다. 만약 '능히 세는 마음'이 처음 동전에 서 있어서 10문을 열거할 때 열 번째부터 처음의 일에 이르기까지 열거하면 나의 '능히 세는 마음'을 향하여 오기 때문에 향하래라 하고, 처음부터 열 번째에 이르기까지 열거하면 나의 '능히 세는 마음'을 향하여 오지 않고 다만 열 번째를 향하여 가기 때문에 향상거라 하는 것이다. 그러므로 의상 수십전법의 중문에서는 '능히 세는 마음'이 열 번째에 있기 때문에 향상래·향하거라 한 것이고, 의상 수십전법의 즉문 등에서 향상거·향하래라 한 것은 '능히 세는 마음'이 처음의 일에 있기 때문이다. '오고 간다'는 뜻은 스스로의 지위를 움직이지 않고서 항상 오고 가는 것이다. 십전을 일에서부터 십에 이르기까지 열거하면 향상이고, 십에서부터 일에 이르기까지 열거하면 향하이다. 능히 갖추는 주체[能具]와 능히 갖추는 주체를 기준으로 하기 때문에 '옴[來]'이고, 갖추어지는 대상[所具]'과 갖추어지는 대상을 기준으로 하기 때문에 '감[去]'이다. 다시 말하면, 일이 능구가 되는 때에 뒤의 아홉을 가지고 와서 갖추기 때문에 향상래라 하고, 소구의 입장에 서서 능구를 바라보면 뒤의 아홉이 처음의 일 가운데로 향하여 가서 갖추어지므로 향하거라 한다. 나아가 열 번째가 능구인 입장에 서 있으면, 앞의 아홉이 열 번째를 향하여 와서 갖추어지므로 '옴'이라 한다. 소구로써 능구인 열 번째를 바라보면 앞의 아홉이 바로 소구여서 향하여 가서 갖추어지므로 '감'이라 한다. 그러므로 앞에서는 능구와 능구의 입장에서 '온다, 온다'고 하고, 소구와 소구의 입장에서 '간다,

간다'라고 한다는 것이다.[40] 균여는 동전에 위전(位錢)·체전(體錢)·덕전(德錢)이 있다고 하고, 처음에 '첫째는[一者]'이라고 한 것은 위전이고 그 다음에 '일(一)'이라고 한 것은 체전이며, 나아가 '일 가운데 이[一中二]' 등이라고 한 것은 덕전이라고 해석한다. 그리고 중문에서 본전(本錢)의 일은 바로 '옴'의 처음이자 아울러 '감'의 마지막이고, 말전(末錢)의 십은 '감'의 처음이자 또한 '옴'의 마지막이라고 해석한다.[41] 한편, 균여는 진·부진의 의미에 대해 의상과 법장의 설을 대조하여 설명한다. 먼저 십지(十地)로 의상과 법장의 진·부진의 뜻을 풀이하면, 처음의 환희지를 부를 때에 뒤의 모든 지(地)에서 "환희", "환희"라고 일시에 대답하고, 이구지를 부를 때에 앞뒤의 모든 지에서 "이구", "이구"라고 일시에 대답하면, 이는 의상의 진·부진의 뜻이다. 법장의 뜻은 첫 번째 지(地)를 부를 때에 두 번째의 이구지와 나아가 열 번째의 법운지가 각각 자기 이름으로 대답하는 것이다. 이어서 균여는 『십구장』의 "하나를 부를 때 일체가 대답하는 것에 두 가지 뜻이 있는데, 첫째는 법장의 '하나의 이름을 부를 때 일체가 각기 자기의 이름으로 대답하는 것'이고, 둘째는 의상의 '하나의 이름을 부를 때 일체가 다함께 하나의 이름으로 대답하는 것'이다"라고 한 문장을 인용한 뒤, 이에 대해 10층탑의 비유로써 해설한다. 균여는 의상의 진·부진은 10층짜리 탑 열 개를 나열한 것과 같아서, 첫 번째 탑의 첫째 층을 부를 때 나머지 아홉 탑의 첫째 층도 "첫째 층"이라고 일시에 대답하며, 첫 번째 탑의 둘째 층을 부를 때 나머지 아홉 탑의 둘째 층도 "둘째 층"이라고 모두 대답한다는 뜻이어서, 이것은 '가로로 법계를 다한다'는 횡진법계의 의미라고 한다. 그리고 법장이 말한, 하나의 이름을 부를 때 일체가 각각 자기의 이름으로 대답하는 것은 마치 10층짜리 탑 하나를 세우는 것과 같아서, 처음 층을 부르자마자 "나는 첫 번째 층", 나아가 "나는 열 번째 층"이라고 각각 자기의 이름으로 대답한다는 뜻이기 때문에 '세로로 법계를 다한다'는 수진법계의 의미라고 한다. 균여는 다시 『십구장』의 설에 의거하여, 의상과 법장의 뜻은 결국 같은 것이라고 말한다. 또 의상의 횡진법계와 법장의 수진법계는 두 분이 모두 한 종류의 십전을 기준으로 해서 논하였기 때문에 한 종류의 10층탑을 기준으로 하면, 처음 층을 부를 때 두 번째·세 번

40 『한불전』 4권, 25중~26중.
41 『한불전』 4권, 27.

째 등도 처음 층으로써 대답하는 것은 의상의 '하나의 이름으로 대답하는 뜻'이고, 처음 층을 부를 때 모두 두 번째·세 번째 등 자기의 이름으로 대답하는 것은 법장의 '자기의 이름으로 대답하는 뜻'이다. 십지를 기준으로 해도 마찬가지이다. 그러므로 두 분은 횡(橫)이라면 모두 횡이고 수(竪)라면 모두 수여서, 설명은 다르지만 그 의미는 같다. 즉 '오는[來]' 처음의 일전을 기준으로 해서 십을 거두어들여 다하면 진(盡)이고, 나머지 문의 법을 거두어들여 다하면 처음 일의 다함이 아니기 때문에 부진(不盡)이 된다는 것이다.[42]

10) 『석화엄교분기원통초』의 수십전유 해석

균여는 『석화엄교분기원통초』에서 의상과 법장의 진부진설에 대해 표현은 다르지만 그 뜻은 다르지 않다고 해석한다. 의상의 진·부진은 10층탑 열 개를 세운 것과 같아서 처음 탑의 첫 번째 층을 부를 때에 뒤의 아홉 탑의 첫 번째 층도 모두 "나도 첫 번째 층", "나도 첫 번째 층"이라고 하고, 처음 탑의 두 번째 층을 부를 때에 뒤의 아홉 탑의 두 번째 층도 모두 "나도 두 번째 층", "나도 두 번째 층"이라고 한다는 뜻이기 때문에 횡진법계의 뜻이다. 법장의 경우는 10층탑 하나를 세운 것과 같아서 첫 번째 층을 부를 때에 뒤의 아홉 층이 "나는 두 번째 층", "나는 세 번째 층", 나아가 "나는 열 번째 층"이라고 대답한다는 뜻이기 때문에 수진법계의 뜻이다. 이렇게 본다면 의상과 법장의 뜻은 다른 것인데 같다고 하는 것은, 두 분이 모두 한 종류의 십전을 기준으로 해서 논하였기 때문이다. 그러므로 횡이라면 모두 횡이고 수라면 모두 수라서 나눌 수가 없다. 두 분이 모두 10층탑 하나를 기준으로 해서 논하였기 때문에 모두 수이고, 두 분이 모두 가로로 동전 열 개를 늘어놓음을 기준으로 해서 논하였기 때문에 모두 횡인 것이다. 하나의 연기법에 무자성(無自性)의 뜻이 있고 '문이 섞이지 않는다[門不雜]'[43]는 뜻이 있는데, 의상은 무자성의 뜻을 기준으로 하였기 때문에 십이 모두 하나의 이름으로 대답하는 것이고, 법장은 '문이 섞이지 않는다'는 뜻을 기준으로 했기 때문에 각각 자기의 이름으로 대답하는 것이다.[44]

---

42 『한불전』 4권, 28하~29상.

43 『석화엄교분기원통초』의 '문부잡(門不雜)'은 『십구장원통기』에는 '불괴(不壞)'로 되어 있다.

44 『한불전』 4권, 463중~464중.

Ⅲ. 인접 개념과의 관계 및 현대적 논의

1. 인접 개념과의 관계

의상의 수십전법은 중국과 한국 등, 동북아시아의 여러 화엄사상가들이 논의한 수십전유 가운데 독창적이면서도 체계화된 형태라 할 수 있다. 의상은 연으로 생겨난 모든 것에는 제 성품이라 고집할 어떤 것도 없다는 연성무성(緣成無性)의 차원에서 수십전법을 설명한다. 의상에 의하면, 분별이 없는 법은 자성을 고수하지 않기 때문에 연(緣)을 따라 다함이 없으므로 '일중십'과 '십중일'이 서로 받아들여 걸림이 없고 다함도 없다는 것이다. 이러한 상용무애(相容無礙)·중중무진(重重無盡)의 뜻은 법장의 수십전유에서 더욱 구체적으로 드러난다. 법장은 『화엄오교장』에서 십현연기(十玄緣起)와 육상원융(六相圓融)의 법계연기를 드러내기 위해 그 논리적 근거로 삼성동이(三性同異)와 연기인문육의(緣起因門六義)를 설명하면서, 연기인문육의에서 동체·이체의 상즉과 상입을 도출하고 있다. 상즉은 인과 연의 체의 측면에서, 상입은 역용의 측면에서 논한 것으로, 상즉은 인과 연이 다 공·유의 두 뜻을 갖추고 있으므로 인유면 연공, 연유면 인공이 되어 인과 연은 체의 공·유에 의해 상즉의 뜻이 성립하고, 인과 연이 서로 유력·무력이 되는 것은 인의 역용이 연으로 들어가고 연의 역용이 인으로 들어가기 때문에 상입의 관계가 생긴다고 한다. 여기서 인이 연을 기다린다는 측면에서 인과 연은 이체이며, 인이 연을 기다리지 않는다는 의미에서 인과 연은 동체이다. 이러한 원리는 과(果)에도 적용되어 과는 또다시 인이 되어 무진연기(無盡緣起)의 기본구조를 이루는 것이다.[45] 법장의 수십전유에서 십은 다함 없음의 뜻을 나타내므로 하나의 문 중에 십이 있음은 하나의 문 가운데 일체 무진을 갖추는 것이며, 나머지 일체 문에도 무진을 갖추고 무진 역시 무진을 갖추어 중중무진법계를 이룬다.[46] 법장은 수십전유를 설명한 다음, 10의(義)와 10문(門)으로 십현연기를 설명하면서 수십전유와 연결시킨다. 법장이 말한 동체문의 상즉은 십현문 중 제법상즉자재문(諸法相卽自在門)에서 더욱 자세히 보인다.[47] 제법상즉자재문은 10의에서, 하나가 일체

45 전해주, 「법장의 수십전유에 대한 고찰」, 『한국불교학』 제27집(서울: 한국불교학회, 2000), 103~105면.

46 전해주, 위의 논문, 121면.

에 즉하고 일체가 하나에 즉하여 원융자재하여 걸림이 없다. 만일 동체문에 근거한다면 스스로 갖추어 일체법을 거두어들이나, 이 스스로의 일체는 다시 스스로 상입하여 중중무진이다. 하지만 이러한 무진은 모두 처음 문 중에 있다. 한 생각이 깊고 넓어 가없다는 것은 진실로 연기법계가 일즉일체이기 때문이며, 동체문 중의 일전이 중중무진의 뜻을 얻는다는 것과 같은 것이다. 1문 중에 10의를 구족하므로 1문 중에 무진의 뜻이 있으며, 이는 처음의 동전 가운데 곧 무진의 뜻을 거두어들이는 것과 같다. 법장은 이것을 진(盡)·부진(不盡)의 문답으로써 다시 한번 밝히고 있다. 즉 1문 중에 십을 거두어들여 다하기도 하고 다하지 않기도 하는 것은 '일중십'이므로 다함이며, '십중일'이므로 다하지 않음이다. 이러한 이체문의 상입은 십현문 중 특히 일다상용부동문(一多相容不同門)으로 설명된다. 일과 다가 서로 용납하여 중중무진이지만 일과 다의 체는 같지 않아 부동임은 동전의 비유에서 풀이한 것과 같다.[48] 수십전에서 본수인 일은 연으로 이루어진 것이며, 일로 말미암아 십을 말할 수 있으므로 십은 자성의 십이 아닌 '일 가운데 십'이고, 그 일은 다시 십 가운데 일이다. 일에는 이(二), 나아가 십이라는 개념이 들어 있고 일에 의해 이, 나아가 십이 이루어진다. 여기서 일즉일체·일체즉일의 관계가 성립되며, 무한히 상즉상입하면서 중중무진의 걸림 없는 법계를 이룬다.[49]

2. 현대적 논의

이러한 화엄의 상즉상입 교설을 수십전유와 관련지어 살펴볼 때, 우리는 나와 너, 이것과 저것, 좋아함과 싫어함, 선함과 악함, 잘나고 못남, 인간과 자연 등 모든 상대적인 관념들의 속성에 대해 생각해 보게 된다. 나와 남, 인간과 자연에 대한 관심은 필연적으로 인간은 타인이나 자연과 어떤 관계를 맺어야 하는가, 즉 타인과 자연에 대하여 어떻게 행동해야 할 것인가라는 윤리적인 문제와 직결된다. 나와 남, 인간과 자연이 상호의존적으로 하나의 전체를 이루고 있다는 자각은 나와 남, 인간과 자연을 분별하지 않고

47 전해주, 앞의 논문, 98면과 116면 참조.

48 전해주, 앞의 논문, 107~108면.

49 戒環(張愛順), 「중국불교의 相卽論에 대한 고찰」, 『한국불교학』 제30집(서울: 한국불교학회, 2001), 52면.

한 몸으로 여기는 동체자비의 실천, 즉 윤리적 삶의 토대가 되는 것이다.[50] 연성무성의 법이란, 이 세상 법계 모든 존재자는 무분별이어서 평등하며 그 자체로서 고귀한 존재라는 의미이다.[51] '일'과 '십'의 중즉 관계를 연성의 관점에서 다루는 수십전법은 이분법적인 사유에 익숙한 우리의 습관을 올바로 보기 위한 방편이자, 현대인의 집착하는 병을 다스리는 양약(良藥)이라 할 수 있다. 이러한 수십전법은 동체대비에 입각한 보살도의 실천을 표방한 것이며, 연기실상의 차원에서 모든 존재자의 공존과 조화를 강조한다. 바로 이 점이 수십전유의 전형으로서 의상 수십전법이 갖는 특색이라 할 수 있다. 또한 중중무진의 법계연기를 설명하는 법장의 수십전유는 현대의 주요 현안인 자연환경과 인간의 문제를 해결하는데 도움이 될 수 있을 것이다. 화엄의 수십전유는 무자성의 모든 존재들이 본래 갖고 있는 평등성을 인식하게 함으로써 공존과 상생의 길을 제시해 주는 가르침이라 하겠다. ❁

박서연 (동국대)

50 이중표, 「불교에서 보는 인간과 자연」, 『불교학연구』 제2호(서울: 불교학연구회, 2001), 6, 97면.

51 박서연, 「의상 數十錢法의 특징과 그 傳承에 관한 고찰」, 『한국불교학결집대회논집』 제2집 상권(서울: 한국불교학회, 2004), 207면.

우리말 불교개념 사전

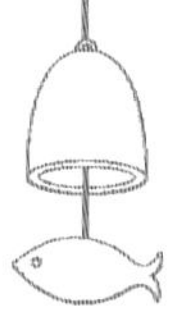

출전 근거와 참고문헌

연기

『구사론』(『대정장』29)
『구사론석』(『대정장』29)
『순정리론』(『대정장』29)
『청정도론』(『남전대장경』64)
『대지도론』(『대정장』25)
『잡아함경』(『대정장』2)
『중론』(『대정장』30)
『육십송여리론』(『대정장』30)
『보성론』(『대정장』31)
『기신론』(『대정장』31)
『대승기신론의기』(『대정장』44)
『마하지관』(『대정장』46)
『법화현의』(『대정장』46)
De La Vallee paussin, *Theorie des Douze Causes,* Gand, Université de Gand, Recueil fasc. 40, 1913.
Kalupahana, D.J, *Causality; The Central philosophy of Buddhism,* Honolulu: the University press of Hawaii, 1975.
鎌田茂雄,「法界緣起と存在論」『講座 佛教思想』1(東京: 理想社, 1982)
高崎直道,「因果 -如來藏と緣起」『佛教思想』3(京都: 平樂社書店, 1982)
宇井伯壽,『印度哲學研究(Ⅱ)』(東京: 岩波書店, 昭和40[1965])
________,『佛教思潮論(宇井伯壽選集)』(東京: 岩波書店, 昭和 46[1971])
舟橋一哉,『原始佛教思想の研究』(京都: 法藏館, 昭和27)
竹村牧男,「因果 -如來藏緣起說について - 大乘起信論との關係を含めて」『講座 佛教思想』(東京: 理想社, 1982)
平川 彰,『佛教思想の諸問題』(東京: 春秋社, 1974)
김동화,『불교학개론』(서울: 보련각, 1984)
김인덕,『중론송 연구』(서울: 불광출판부, 1995)
법성,『민중불교의 탐구』(서울: 민족사, 1989)
____,『앎의 해방, 삶의 해방』(서울: 한마당, 1989)
서경수,『불교철학의 한국적 전개』(서울: 불광출판부, 1990)
이중표,『아함의 중도체계』(서울: 불광출판부, 1991)

전재성,『초기불교의 연기사상』(서울: 한국빠알리성전협회, 1991)
최봉수,『원시불교의 연기사상연구』(서울: 경서원, 1991)
梶山雄一 저, 정호영 역『공의 논리(중관사상)』(서울: 민족사, 1989)
이이다 쇼오따로오,「불교의 연기와 관용에 관한 소고」『불교와 현대세계』(서울: 신흥인쇄, 1977)
藤田正浩,「初期如來藏系經典と緣起思想」,『印度學佛敎學硏究』 제25권 1호
마츠모토 시로「불교와 포스트모더니즘」,『21세기 문명과 불교(개교 90주년 기념 세계불교학술회의)』(서울: 한국언론자료간행회, 1997)
石橋眞誠,「華嚴の緣起說」,『印度學佛敎學硏究』 제31권 1호
小谷信千代,「瑜伽師地論本地分に見られる ア-ラヤ識緣起說の 崩芽」,『印度學佛敎學硏究』 제25권 1호
神子上惠生,「因緣心論頌について」,『印度學佛敎學硏究』 제10권 2호
新田雅章,「天台敎學と緣起の思想」,『印度學佛敎學硏究』 제27권 1호
八力廣喜,「龍樹の緣起觀 :『中論』に說かれる十二支緣起 」,『印度學佛敎學硏究』 제19권2호
박경준,「초기불교의 연기상의설 재검토」,『한국불교학』 제14집(서울: 한국불교학회, 1995)
박광서,「연기론과 현대물리학」,『불교의 현대적 조명-교불련 논문집 1』(서울: 민족사, 1989)
양형진,「생명세계에서의 연기론」,『미래불교의 향방(목정배 화갑논총)』(서울: 장경각, 1997)
이호진,「환경과 연기」,『21세기 문명과 불교(개교 90주년 기념 세계불교학술회의)』(서울: 한국언론자료간행회, 1997)
홍기삼 외,『제2회 불교생태학 세미나』(서울: 동국대, 2003)

윤회

André Bareau, *Le Bouddhisme Indien, Les Religions de l'Inde*, Paris, 1966.
Gananath Obeyesekere, '*The Rebirth Eschatology and Its Transformation*', *Karma and Rebirth in Classical Indian Traditions,* Delhi: ed. by Wendy Doniger, 1983.
Johannes Bronkhorst, *The Two Tradition of Meditation in Ancient India*, Stuttgart, 1986.
Patrick Olivelle, *The Early Upaniṣads annotated text and translation*, Oxford, 1998.
Richard Gombrich, *How Buddhism began*, London, 1996.
Wilhelm Halbfass, '*Karma, Apūrva, and "Natural" Causes: Observations on the Growth and Limits of the Theory of Saṃsāra*', *Karma and Rebirth in Classical Indian Traditions,* Delhi: ed. by Wendy Doniger, 1983.
Étienne Lamotte, *Karmasiddhiprakaraṇa the Treatise on Action by Vasubandhu,* Berkeley: tr. by Leo M. Pruden, 1988.

선과 불선

Aṅguttara-nikāya (London: PTS, 1976)
Majjhima-nikāya (London: PTS, 1976)
Saṃyutta-nikāya (London: PTS, 1976)
Dīgha-nikāya (London: PTS, 1976)
Dhammapada (London: PTS, 1976)
Sutta-nipāta (London: PTS, 1976)
Therī-gātā (London: PTS, 1976)
지눌,『勸修定慧結社文』(『韓國佛敎全書』 4권).
____,『修心訣』(『韓國佛敎全書』 4권).
『大方廣佛華嚴經』(『大正新脩大藏經』 9권).
『阿毘達磨大毘婆沙論』(『大正新脩大藏經』 28권).
『妙法蓮華經』(『大正新脩大藏經』 9권).
『菩提行經』(『大正新脩大藏經』 32권).

『勝鬘獅子吼一乘大方便方廣經』(『大正新脩大藏經』 12권).
『阿毘達磨俱舍論』(『大正新脩大藏經』 29권).
『攝大乘論』『大正新脩大藏經』 31권).
『成唯識論』(『大正新脩大藏經』 31권).
『龍樹菩薩勸誡王頌』(『大正新脩大藏經』 32권).
『瑜伽師地論』(『大正新脩大藏經』 30권).
『維摩詰所說經』(『大正新脩大藏經』 14권).
『六祖大師法寶壇經』(『大正新脩大藏經』 48권).
『中論』(『大正新脩大藏經』 30권).
Charles Hallisey, 'Recent Works on Buddhist Ethics.', *Religious Studies Review*, vol.18. no.4, 1992.
Charles Prebish, 'Ambiguity and Conflict in the Study of Buddhist Ethics.', *Journal of Religious Ethics,* vol.24. no.2, 1996.
Damien Keown, *The Nature of Buddhist Ethics*, New York: St. Martin's Press, 1992.
D. Premasiri, 'Ethics.', *Encyclopaedia of Buddhism,* Colombo: Department of Buddhist Affairs, 1991.
Gene Reeves, 'Appropriate Means as an Ethical Doctrine in the *Lotus Sutra.', Journal of Buddhist Ethics* 5, 1998.
James Whitehill, 'Buddhism and the Virtues.', Damien Keown Ed., *Contemporary Buddhist Ethics*(Richmond: Curzon Press, 2000.
Monier Williams, *Sanskrit-English Dictionary*, London: Oxford University Press, 1956.
Peter Harvey, *An Introduction to Buddhist Ethics: Foundations, Values, and Issues*, Cambridge: Cambridge University Press, 2000.
Rhys David, *The Pali Text Society's Pali-English Dictionary,* London: PTS, 1979.
S. Cousins, 'Good of Skillful? Kusala in Canon and Commentary.', *Journal of Buddhist Ethics* 3, 1996.

다르마

Abhidharma Kośabhāsya, (Panta : K. P. Jayaswal Research Institute, 1967)
Dhammapada
Dīgha Nikāya
Majjhima Nikāya
Ṛgveda
Saṁyutta Nikāya
Rhys Davids 영역, *Dialogues of the Buddha II*, (London : Pali Text Society, 1977)
I. B. Horner 영역, *The Collection of the Middle Length Sayings,* (London ; Pali Text Society, 1976)
K. Bhattacharya, *The Dialectical Method of Nāgārjuna,* (Motilal Banarsidass, 1978)
『雜阿含』(『대정장』2권)
『中阿含』(『대정장』1권)
『華嚴經』(『대정장』10권)
『根本說一切有部毘奈耶』(『대정장』23권)
『俱舍論』(『대정장』 29권)
『雜阿毘曇心論』(『대정장』 28권)
『六十華嚴』(『大正藏』 9권)
『大乘起信論』(『대정장』 32권)
『般若波羅蜜多心經註解』(『대정장』 33권)
『中論』
『廻諍論』
『大智度論』(『大正藏』 25권)
『唯識論』(『대정장』 31권)

僧肇, 『肇論』 (『대정장』 45권)
杜順, 『華嚴法界觀門』, 조계종교육원 편, 『화엄종관행문』 (서울 : 조계종출판사, 2001)
智儼, 『孔目章』 (『대정장』 45권)
智儼, 『大方廣佛華嚴經搜玄分齊通智方軌』 (『대정장』 35권)
法藏, 『修華嚴奧旨妄盡還源觀』 (『대정장』 45권)
法藏, 『華嚴經深玄記』 (『대정장』35권)
法藏, 『華嚴經問答』 (『대정장』 45권)
澄觀, 『大方廣佛華嚴經隨疏演義鈔』 (『대정장』36권)
澄觀, 『大方廣佛華嚴經疏』 (『대정장』35권)
義湘, 『一乘法界圖』, (『韓國佛敎全書』 2권)
N. N. Bhattacharyya, *A Glossary of Indian Religious Terms and Concepts,* (Manohar Publications, 1990)
B. G. Gokhale, *Indian Thought Through The Ages*, (Bombay : Asia Publishing House, 1961)
S. Gopalan, *Hindu Social Philosophy,* (New Delhi : Willey Eastern Limited, 1979)
U. N. Goshal, *A History of India Political Ideas,* (Oxford : University Press, 1957)
H. Guenther, *Philosophy & Psychology in the Abhidharma,* (Shambhala, 1976)
D. J. Kalupahana, *Causality,* (Honolulu : The University Press of Hawaii, 1975)
B. Khan, *The Concept of Dharma in Vālmiki Rāmāyaṇa*, (New Delhi : Munshram Manoharlal)
M. Monier-Williams, *Sanskrit-English Dictionary,* (Oxford, 1960)
Radhakrishnan, *The Principal Upanisads*
W. Spellman, *Political Theory of Ancient India,* (Oxford : Clarendon Press, 1967)
Th. Stcherbatsky, *The Conception of Buddhist Nirvāṇa,* (Leningrad, 1927)
W. G. Weeraratne ed., *Encyclopaedia of Buddhism,* (The Government of Sri Lanka, 1988), vol. IV, DHAMMA
吉元信行, 「三世實有說再考」, 『印度學佛教學研究』 제37권 제2호 (東京: 日本印度學佛教學會, 1989)
권오민, 『유부아비달마와 경량부철학의 연구』 (서울: 경서원, 1994)
김종욱, 『불교에서 보는 철학, 철학에서 보는 불교』 (서울: 불교시대사, 2002)
이중표, 「十二處說考」, 『한국불교학』 제13집 (서울: 한국불교학회, 1988)
溝口雄三 외저, 김석근 외역, 『중국사상문화사전』 (서울: 민족문화문고, 2003)
라다크리슈난 저, 이거룡 역, 『인도철학사』1권 (서울: 한길사, 2001)
에밀 벤베니스트 저, 김현권 역, 『인도 유럽사회의 제도 문화 어휘 연구 II』 (서울: 아르케, 1999)
쟈끄 메, 김형희 역, 『중관학연구』 (서울: 경서원, 2000)
T. R. V. 무르띠, 김성철 역, 『불교의 중심철학』 (서울: 경서원, 1995)
유진 오덤 저, 이도원 역, 『생태학』 (서울: 사이언스북스, 2001)
도널드 워스터 저, 강헌 역, 『생태학 : 그 열림과 닫힘의 역사』 (서울: 아카넷, 2002)
D. J. 칼루파하나 저, 김종욱 역, 『불교철학사』, (서울: 시공사, 1996)
존 콜러 저, 허우성 역, 『인도인의 길』 (서울: 세계사, 1995)

열반

1. 일차자료

Dīgha Nikāya (PTS.)
Majjhima-Nikāya (PTS.)
Milindapañha (PTS.)
Saṃyutta-Nikāya (PTS.)
Suttanipāta (PTS.)
Aṅguttara-Nikāya (PTS.)
Udāna (PTS.)
Vinaya-piṭaka (PTS.)
Visuddhimagga (PTS.)

『大智度論』(『大正藏』25권)
『大般涅槃經』(『大正藏』12권)
『大乘玄論』(『大正藏』45권)
『三無性論』(『大正藏』31권)
『成唯識論』(『大正藏』31권)
『十地經論』(『大正藏』26권)
『阿毘達磨俱舍論』(『大正藏』29권)
『阿毘達磨俱舍論』(『大正藏』29권)
『阿毘達磨大毘婆沙論』(『大正藏』27권)
『涅槃宗要』(『韓佛全』1권)
『雜阿含經』(『大正藏』2권)
『宗鏡錄』(『大正藏』48권)
『中論』(『大正藏』30권)
『增一阿含經』(『大正藏』2권)
『中阿含經』(『大正藏』1권)
釋靜과 釋筠 편찬, 『祖堂集』(長沙市: 岳麓書社, 1996)

2. 이차자료

David, Rhys, *Pali-English Dictionary.* London: Pali Text Society, 1979.
Williams, Monier, *Sanskrit-English Dictionary,* London: Oxford University Press, 1956.
Eliade, Mircea, ed., *Encyclopedia of Religion.* 16 volumes. New York, 1987.
Hastings, James, ed., *Encyclopedia of Religions and Ethics.* 13 volumes. Edinburgh. 1908-26.
望月信享 編纂. 『佛教大辭典』(東京: 世界聖典刊行協會)
『가산불교대사림』(서울:가산불교문화연구원, 2001)
Boyd, James W, 'The Theravāda View of Saṃsāra', *in Buddhist Studies in Honour of Walpola Rahula* ed. by Somaratana Balasooriya et al., London: Gordon Fraser. 1980, 29-43면.
Burford, *Desire, Death and Goodness : the conflict of ultimate values in Theravāda Buddhism*, New York: Peter Lang Publishing. Inc. 1991.
Cousins, L. S. 'Nibbāna and Abhidhamma' *in Buddhist Studies Review* 1, 2, 1983-4,
Gombrich, *How Buddhism Began : The Conditioned Genesis of the Early Teachings*. London & Atlantic Highlands: The Athlone Press. 1996.
Guy Richard Welbon, *The Buddhist Nirvāṇa and its Western Interpreters*, by Chicago, 1968.
Kalansuriya, A.D.P. 'Two Modern Sinhalese Views of Nibbāna', *Religion* Volume 9 Spring 1979.
Lamotte, E., *History of Indian Buddhism*. Tr. by Sara Webb-Boin. Louvain- la-Neuve. 1988.
Nyāṇaponika Mahāthera, '*Anatta and Nibbāna: Egolessness and Deliverance*' Kandy: The Buddhist Publication Society 1986.
Ray, Reginald A., *Buddhist Saints in India*. Oxford University Press. 1994.
Rune, Johansson, *The Psychology of Nirvana*, London: George Allen and Unwin LTD. 1969.
Steven Collins, *Nirvana and other Buddhist felicities*, Cambridge University Press 1998.
早島鏡正, 『初期佛教のさとり』(東京:世界聖典刊行協會, 1994)
佛教思想硏究會 編, 『解脫』(東京:平樂寺書店, 1982)
안양규, 「붓다의 반열반(parinibbāna)에 관한 고찰」, 『인도철학』제10집, 인도철학회, 2000.

유위와 무위

Dhammasaṅgaṇi, PTS, edited by Edward Muller, London, 1978.
佛陀耶舍共竺佛念譯, 『長阿含經』 22권 (『大正藏』 1권).
瞿曇僧伽提婆譯, 『中阿含經』 60권 (『大正藏』 1권).

求那跋陀羅譯,『雜阿含經』50卷 (『大正藏』2권).
瞿曇僧伽提婆譯,『增一阿含經』51권 (『大正藏』2권).
玄奘譯,『大般若波羅密多經』401권 (『大正藏』7권).
鳩摩羅什譯,『摩訶般若波羅密經』27권 (『大正藏』8권).
鳩摩羅什譯,『小品般若經』10권 (『大正藏』8권).
佛馱跋陀羅譯,『大方廣佛華嚴經』60권 (『大正藏』9권).
實叉難陀譯,『大方廣佛華嚴經』80권 (『大正藏』10권).
曇無讖,『大般涅槃經』40권 (『大正藏』12권).
若那跋陀譯,『佛說大般泥洹經』6권 (『大正藏』12권).
龍樹菩薩造, 鳩摩羅什譯,『大智度論』100권 (『大正藏』25권).
尊者舍利子設, 玄奘譯,『阿毘達磨集異門足論』20卷, No. 1536 (『大正藏』26권).
尊者大目乾連造, 玄奘譯,『阿毘達磨法蘊足論』12卷, No. 1537 (『大正藏』26권).
尊者世友造, 求那跋陀羅共著提耶舍譯,『衆事分阿毘曇論』12卷, No. 1542 (『大正藏』26권).
迦栴延子造, 僧伽提婆共竺佛念譯,『阿毘達磨八犍度論』30卷, No. 1543 (『大正藏』26권).
尊者世友造, 玄奘譯,『阿毘達磨品類足論』18권, No. 1542 (『大正藏』26권).
五百大阿羅漢造, 玄奘譯,『阿毘達磨大毘婆沙論』200卷, No. 1545 (『大正藏』27권).
曇摩耶舍共曇摩崛多等譯,『舍利弗阿毘曇論』30卷, No. 1548 (『大正藏』28권).
尊者瞿沙造, 失譯,『阿毘曇甘露味論』2卷, No.1553 (『大正藏』28권).
世親造, 玄奘譯,『阿毘達磨俱舍論』30卷, No. 1558 (『大正藏』29권).
婆藪盤豆造, 眞諦譯,『阿毘達磨俱舍釋論』22권, No. 1558 (『大正藏』29권).
尊者衆賢造, 玄奘譯,『阿毘達磨順正理論』80卷, No. 1562 (『大正藏』, 29권).
尊者衆賢造, 玄奘譯,『阿毘達磨藏顯宗論』40卷, No. 1563 (『大正藏』29권).
龍樹菩薩造, 梵志靑目釋, 鳩摩羅什譯,『중論』40권 (『大正藏』30권).
龍樹菩薩造, 鳩摩羅什譯,『十二門論』(『大正藏』30권).
聖天菩薩本, 護法菩薩釋, 玄奘譯,『大乘光百論釋論』10권 (『大正藏』30권).
最勝子等造, 玄奘譯,『瑜伽師地論』100권 (『大正藏』30권).
無着菩薩造, 玄奘譯,『大乘阿毘達磨集論』7卷, No. 1605 (『大正藏』31권).
護法等菩薩造, 玄奘譯,『成唯識論』10권 (『大正藏』31권).
無著菩薩造, 玄奘譯,『顯揚聖敎論』20권 No. 1063 (『大正藏』31권).
天親菩薩造, 玄奘譯,『大乘百法明門論』1권 (『大正藏』31권).
慧沼撰,『法華玄贊』1권 (『大正藏』34권).
慧遠撰,『大乘義章』26권, No. 2305 (『大正藏』44권).
世友菩薩造, 玄奘譯,『異部宗輪論』1권, No. 2031 (『大正藏』49권).
天友菩薩造, 眞諦譯,『部執異論』1권 (『大正藏』49권).
慧海 撰,『頓悟入道要門論』, No 1223 (『續藏經』63권).
Tao te ching (道德經)/ Lao Tsu, translated by Gia-Fu Feng and Jane, New York: Vintage Books, 1997.
BHS : *Buddhist Hybrid Sanskrit Grammar and Dictionary* Vol. II, by Franklin Edgerton, Motilal Banarsidass Publishsers, Delhi, 1993.
中村元 著,『佛敎語大辭典』(東京: 東京書籍, 1981).
荻原雲來 編纂, 鈴木學術財團 編,『(漢譯對照)梵和大辭典』(東京: 講談社, 昭和61).

공성

1. 나가르주나 지음, 박인성 옮김,『중론』(대전: 주민출판사, 2001).
2. 마이뜨레야 송, 바수반두 논, 박인성 역,『중과 변을 구별하기』(대전: 주민출판사, 2005).
3. 원측 지음, 박인성 옮김,『반야심경찬』, (대전: 주민출판사, 2005).
4. 佛敎思想硏究會編,『佛敎思想』7,『空』(京都: 平樂寺書店 1982).
5. 中村 元·紀野一義 譯註,『般若心經·金剛般若經』(東京: 岩破書店, 1973)
6. 長尾雅人,『中觀と唯識』(東京: 岩波書店, 1978).
7. 김형효,『하이데거와 마음의 철학』(서울: 청계, 2000).
8. 이남인,『현상학과 해석학』(서울: 서울대출판부, 2004).

9. Candrakīrti, Possin 교정본, 『Prasannapadā』 (Tokyo, 1977).
10. 『北京版 西藏大藏經』
11. 『大北版 西藏大藏經』
12. PTS본 『Nikāya』

법계

1. 경전류

『대반야경』 (『대정장』 7권)
『대반열반경』 (『대정장』 12권)
『대보적경』 (『대정장』 11권)
『대일경』 (대정장』18권)
『문수사리소설마하반야바라밀다경』 (『대정장』 8권)
『불지경론』 (『대정장』 26권)
『서장대장경』 (北京版 제25·26권)
『소품반야경』 (대정장』8권)
『유마경』 (대정장』14권)
『잡아함경』 (『대정장』 2권)
60권『화엄경』 (『대정장』 9권)
80권『화엄경』 (『대정장』 10권)
40권『화엄경』 (『대정장』 10권)

2. 논소류

『공목장』 (『화엄경내장문등잡공목장』) (『대정장』 45권)
『구사론』 (『대정장』 29권)
『금강정유가중발아뇩다라삼막삼보리심론』, (『대정장』 32권)
『대방광불화엄경수현분제통지방궤』(『수현기』) (『대정장』 35권)
『대비바사론』 (『대정장』27권)
『대승기신론』 (『대정장』35권)
『보성론』 (『대정장』31권)
『대승장엄경론』 (『대정장』 31권)
『대지도론』 (『대정장』25권)
『마하지관』 (『대정장』46권)
『법계도기총수록』(『총수록』) (『한국불교전서(한불전)』6권
『법계현경』 (『대정장』 45권)
『변중변론』 (『대정장』 31권)
『보현행원품별행소초』 (『속장경』1~7~5책)
『분별공덕론』 (『대정장』25권)
『불조통기』 (『대정장』 49권)
『불지경론』 (『대정장』 26권)
『선원제전집도서』(대정장』48권)
『석화엄지귀장원통초』 (『한불전』4)
『섭대승론』 (『대정장』 31권)
『섭대승론석』 (『대정장』 31권)
『성유식론』 (『대정장』 31권)
『신화엄경론』 (『대정장』 36권)
『십지론의소』 (『대정장』85권)
『오교장』 (『대정장』 45권)
『의해백문』 (『대정장』 45권)
『임제록』 (대정장』47권)

『일승법계도』(『한불전』2권)
『일승법계도원통기』(『한불전』4권)
『잡집론』(『대정장』 31권)
『주법계관문』(『대정장』 45권)
『중변분별론』(『대정장』 31권)
『중론』(대정장』30권)
『지관보행전홍결』(『대정장』46권)
『탐현기』(『대정장』 35권)
『화엄경약책』(『대정장』 36권)
『화엄경문의요결문답』권3 (『속장경』1~12~4책)
『화엄경보현행원품소』(『속장경』1~7~3책)
『화엄경소』(『대정장』 35권)
『화엄경수소연의초』(연의초) (『대정장』 36권)
『화엄경지귀』(『대정장』 45권)
『화엄경현담회현기』(『속장경』1~12~1책)
『화엄일승십현문』 (『대정장』 45권)
『The Daśabhūmika Sūtra (범문대방광불화엄경십지품)』(by Ryūko Kondō, Tokyo: 中山書房, 1936, 再版)

3. 사전류

길상 편, 『불교대사전』(서울: 홍법원, 2001)
지관 편저, 『가산불교대사림』(서울: 가산불교문화원, 2008)
中村元(나카무라 하지메) 편, 『불교어대사전』(東京: 東京書籍, 1981)
織田能得(오다 노도쿠) 편, 『불교대사전』(東京: 大藏出版株式會社, 1954)

4. 저서·논문류

김복순, 『신라화엄종연구』(서울: 민족사, 1990)
김지견, 「신라화엄학의 체계와 사상」(『학술원논문집』 12, 1973)
김지견 역, 『일승법계도합시일인』(서울: 초롱, 1993)
운허 현토, 『법계도기총수록』(서울: 동방원, 1987)
의상기념관, 『의상의 사상과 신앙연구』(서울: 불교시대사, 2001)
전해주, 『의상화엄사상사연구』(서울: 민족사, 1993)
정엄(서해기), 「사법계설의 성립과 『법계관문』」(『한국불교학』제30집, 2001)
정엄(서해기), 「澄觀の法界解釋－三大說を中心に－」(『南都佛教』 78, 2000)
鎌田茂雄(카마다 시게오), 『中國華嚴思想史の研究』(東京: 東京大學出版會, 1965)
木村清孝(키무라 키요타카), 『初期中國華嚴思想の研究』(東京: 春秋社, 1977)
小島岱山(코지마 다이쟌), 「澄觀における老·易·嚴一致の華嚴思想と四法界」, 『印度學佛教學研究』 46-2 (東京: 日本印度學佛教學會, 1998)
坂本幸男(사카모토 유키오), 『華嚴教學の研究』(京都: 平樂寺書店, 1956)

신멸 · 신불멸

『法句經』 卷下 (『大正藏』 4권).
『佛說太子瑞應本起經』 卷上 (『大正藏』 3권).
『大般涅槃經』(『大正藏』 12권).
僧祐 撰, 「弘明集後序」, 『弘明集』(『大正藏』 52권).
牟融, 「理惑論」, 『弘明集』(『大正藏』 52권).
羅含, 「更生論」, 『弘明集』(『大正藏』 52권).
孫盛, 「孫長沙書」(『大正藏』 52권).
戴逵, 「與遠法師書」, 『廣弘明集』卷18 (『大正藏』 52권).

何承天,「報應問」,『廣弘明集』(『大正藏』 52권).
曹思文,「難神滅論」,『弘明集』(『大正藏』 52권)
慧遠,「三報論」,『弘明集』(『大正藏』 52권).
慧遠,「沙門不敬王者論」,『弘明集』(『大正藏』 52권).
宗炳,「明佛論」,『弘明集』(『大正藏』 52권).
李延壽 撰,「范縝傳」,『南史』 권57 (北京: 中華書局, 1992).
范縝,「神滅論」,『弘明集』(『大正藏』 52권).
蕭衍,「立神明成佛義記」,『弘明集』(『大正藏』 52권).
吉藏,『大乘玄論』(『大正藏』 45권).
元曉,『涅槃宗要』(『韓佛全』 1권).
石峻 編,『中國佛教思想資料選編』 卷1 (北京: 中華書局, 1981).
『老子翼』,『漢文大系』6권(臺北: 新文豐出版社, 1988년).
『論語·先進』;『四書集注』, (北京, 中華書局, 1983).
黃錦鋐 註釋,『莊子讀本』(臺北: 三民書局印行, 1991).
『荀子·天論』;『荀子箋釋』下 (東京: 博文館, 1906).
『靈樞講義』下 (東京: オリエント出版社, 1988).
北京大學歷史系,『論衡註釋』 권3 (北京: 中華書局, 1979).
Akira Hirakswa, *A Buddhist Chinese-Sanskit Dictionary,* (東京: 靈友會, 1997).
William Edward Soothill, *A Dictionary of Chinese Buddhist terms*, Taipei: cheng-wen publishing co. 1975.
望月信亨編,『望月佛教大辭典』(東京: 世界聖典刊行協會, 1971).
伊藤隆寿,『仏教の批判的研究』(東京: 大蔵出判株式会社, 1992).
葛榮晋,『中國哲學範疇史』(哈爾濱: 黑龍江人民出版社, 1987).
方立天,『中國古代哲學問題發展史』(北京: 中華書局, 1990).
候外盧 住編,『中國思想通史』 3권 (北京: 人民出版社, 1992).
Rddhakrishna, Sarvepalli, 이거룡 옮김,『인도철학사』(서울: 한길사, 1999).
정태혁,『印度宗教哲學史』(서울: 김영출판사, 1985).
R. 뿔리간들라, 이지수 옮김,『인도철학』(서울: 민족사, 1991).
木村泰賢, 박경준 옮김,『原始佛教 思想論』(서울: 경서원, 1992).
길희성,『印度哲學史』(서울: 현음사, 1993).
木村清孝, 박태원 옮김,『中國佛教思想史』(서울: 민족사, 1988)
平川彰, 李浩根 옮김,『印度佛教의 歷史』上 (서울: 민족사, 1989).
尹浩眞,『無我·輪廻問題의 研究』(서울: 민족사, 1992).
張岱年, 양재혁 등 옮김,『중국철학사방법론』(서울: 이론과 실천, 1990).
溝口雄三 等編, 김석근 외 옮김,『中國思想文化辭典』(서울: 민족문화문고, 2003).

삼세

1. 출전 근거

Dīgha-nikāya, London, PTS, 1976.
Majjhima-nikāya, London, PTS, 1976.
Saṃyutta-nikāya, London, PTS, 1976.
Aṅguttara-nikāya, London, PTS, 1976.
Abhidharmakosabhāṣya, ed. Swami Dwarikadas Sastri, Vanarasi : Bauddha Bharati, 1981.
Satyasiddhiśāstra of Harivarman, ed. N. Aiyaswami Sastri, Baroda : Oriental Institute, 1975.
Madhyāntavibhāgabhāṣya, ed. by G.M. Nagao, Tokyo, 1964.
Yogacārabhūmi of Ācārya Asaṅga, ed. by V. Bhattacharya, Calcutta, 1957.
『中阿含經』(『大正藏』1권).
『雜阿含經』(『大正藏』 2권).
『菩薩瓔珞經』(『大正藏』16권).
『大寶積經』(『大正藏』11권).

『解深密經』(『大正藏』16권).
『阿毘達磨大毘婆娑論』(『大正藏』28권).
『阿毘達磨俱舍論』(『大正藏』29권).
『阿毘達磨識身足論』(『大正藏』26권).
『阿毘達磨集異門足論』(『大正藏』26권).
『阿毘達磨順正理論』(『大正藏』29권).
『阿毘達磨顯宗論』(『大正藏』29권).
『雜阿毘曇心論』(『大正藏』26권).
『大智度論』(『大正藏』25권).
『中論』(『大正藏』30권).
『瑜伽師地論』(『大正藏』30권).
『顯揚聖教論』(『大正藏』31권).
『攝大乘論』(『大正藏』31권).
『唯識三十頌』(『大正藏』31권).
『成唯識論』(『大正藏』31권).
『成唯識論述記』(『大正藏』43권).
『成唯識論學記』(『韓佛全』3책).
『成唯識論演秘』(『大正藏』 43권.
『解深密經疏』(『韓佛全』 1책).
『百法明門論疏』(『大正藏』44권).

2. 참고 문헌

운허 스님, 『佛教辭典』(서울: 동국역경원, 2002).
관응 스님 감수, 『佛教學大辭典』(서울: 홍법원, 1988).
伽山智冠 편저, 『伽山佛教大辭林』(서울: 가산불교문화원, 2001).
『望月佛教大辭典』, 世界聖典刊行協會, 昭和 48.
『佛光大辭典』(臺灣高雄: 佛光出版部, 1988).
『佛教インド思想辭典』(東京: 春秋社, 昭和 61).
『世界哲學大辭典』교육출판공사, 1989.
David, Rhys, The Pali Text Society's Pali-English Dictionary, London, PTS, 1979.
Nyanatiloka, Buddhist Dictionary, Kandy, Buddhist Publication Society, 1997.
Williams, Monier, Sanskrit-English Dictionary, London, Oxford University Press, 1956.
고익진, 『아함법상의 체계성 연구』(서울: 동국대학교 출판부, 1990).
권오민, 『아비달마불교』 (서울: 민족사, 2003).
______, "經量部哲學의 批判的 體系 硏究" (서울: 동국대학원 박사학위논문, 1990).
김규영, 『시간론』(서울: 서강대학교 출판부, 1987).
김동화, 『俱舍學』 (서울: 文潮社, 1971).
______, 『唯識哲學』 (서울: 보련각, 1973).
대림, 각묵 스님 공동번역 및 주해, 『아비담마 길라잡이』 하권 (서울: 초기불전연구원, 2002).
박인성, 『中論』(대전: 주민출판사, 2001).
李芝洙, 「印度佛教哲學의 몇 가지 문제들—Madhva의 '全哲學綱要'와 관련하여 —」, 『韓國佛教學』 제11집, 1986.
R. E. 버스웰, "아비달마철학에서의 三世 논쟁", 녹원스님 고희기념 학술논집 『韓國佛教의 座標』(서울: 불교시대사, 1997).
소광희, 『시간의 철학적 성찰』, 서울: 문예출판사, 2001.
스티븐 호킹 지음, 현정준 번역, 『時間의 歷史』(서울: 삼성출판사, 1990).
深浦正文 著 全觀應 譯, 『唯識論解說』(서울: 明心會, 1993).
江島惠教, "大乘佛教における時間論", 『講座 佛教思想』 第1卷 「存在論·時間論」(東京: 理想社, 1974).
金倉圓照, "時間論覺え書—特に『ミリンダの問』『中頌』とその釋·及びアビダルマとの連關について", 『インド哲學佛教學研究 I』(東京 : 春秋社, 昭和 48).
藤謙敬, "印度佛教における時間觀の一考察", 『印度學佛教學研究』 第3卷 (東京: 日本印度學佛教學會, 昭和 28).
里見泰穩, “佛教の時間否定について”, 『印度學佛教學研究』 9-1 (東京: 日本印度學佛教學會, 昭和 36).
梶山雄一, 『佛教における存在と認識 』(東京: 紀伊國屋書店, 1983).
福原亮嚴, “毘曇と瑜伽との時間論”, 『印度學佛教學研究』 4-1 (東京: 日本印度學佛教學會, 昭和 31).
_______, “性相學における時間論”, 『龍谷大學論集』 第350號 (京都: 龍谷大學, 昭和 30).
佐佐木現順, 『阿毘達磨思想研究』(東京: 淸水弘文堂, 昭和 47).
_________, 『佛教における時間論の研究』(東京: 淸水弘文堂, 昭和 49).
佐野靖夫, “三世實有と現在有體過未無體 ― 時空座標解釋からの一つの試み―”, 『佛教學』 第41輯, 1999年 12月.
佐藤賢順, “事と時について ― 華嚴經の時間觀念”, 『印度學佛教學研究』 3-2 (東京: 日本印度學佛教學會, 昭和 30).
三枝充悳, “存在論·時間論”, 『講座 佛教思想』 제1권 (東京 : 理想社, 1974).
西義 雄, 『阿毘達磨佛教 研究』(東京: 國書刊行會, 1975).
深浦正文, 『唯識學硏究』 下 (京都: 永田文昌堂, 昭和 29).
田端哲哉, “「三世實有」の原文について”, 『印度學佛教學研究』 第28卷 第1號 (東京: 日本印度學佛教學會, 昭和 54).
平川彰, “原始佛教·アビダルマにおける時間論”, 『講座 佛教思想』 第1卷 「存在論·時間 論」(東京: 理想社, 1974).
______, “有剎那と剎那滅”, 『金倉博士古稀記念 印度學佛教學論集』 (東京: 日本印度學佛教學會, 昭和 41).
Bhattacharya, Narendra Nath, History of Indian Cosmogonical Ideas, New Delhi Munshiram Manoharal, 1971.
David, Rhys, The Pali Text Society's Pali-English Dictionary, London, PTS, 1979.
Dowson John, A Classical Dictionary of Hindu Mythology and Religion, Geography, History and Literature, London : R. K. P., 1979.
Gokhale, B. G., Indian Thought Through the Ages, Bambay : Asia Publishing House, 1961.
Heinrich Zimmer, Philosophies of India, New York : Meridian Book, Inc. 1956.
Kalupahana, D.J., The Principles of Buddhist Psychology, Albany : State University of New York Press, 1987.
Monier Williams, A Sanskrit-English Dictionary, London : Clarendon Press, 1951.
Nyanatiloka, Buddhist Dictionary, Kandy, Buddhist Publication Society, 1997.
Raju, P. T., The Philosophyical Traditions of India, London, George Allen & Unwin Ltd., 1971.
Rhys Davids, The Pali Text Society's Pali-English Dictionary, London : Luza & Company, Ltd., 1959.
Theodore Stcherbatsky, The Central Conception of Buddhism, Delhi : Motilal Banarsidass, 1979.

삼계

『起世經』(『大正藏』 1권 348중).
『經律異相』(『大正藏』 53권).
『俱舍論』(『大正藏』 29권).
『大樓炭經』(『大正藏』 1권).
『大般若經』(『大正藏』 6·7권).
『無量壽經』下 (『大正藏』 12권).
『妙法蓮華經』(『大正藏』 9권).
『法苑珠林』2 (『大正藏』 53권).
『首楞嚴經』6 (『大正藏』 19권).
『雜阿含經』(『大正藏』 2권).

『華嚴經』18 (『大正藏』 9·10권).
『望月佛教大辭典』 (東京:明和印刷株式會社, 昭和 33).
오형근, 『심령과 윤회의 세계』 (서울: 불교사상사, 1978).

이제

『中阿含經』 (『大正藏』 1권).
『增一阿含經』 (『大正藏』 2권).
『小品般若經』 (『大正藏』 8권).
『大品般若經』 (『大正藏』 8권).
『大寶積經』 (『大正藏』 11권).
『大般涅槃經』 (『大正藏』 12권).
『仁王般若經』 (『大正藏』 8권).
『菩薩瓔珞本業經』 (『大正藏』 24권).
『入楞伽經』 (『大正藏』 16권).
五百大阿羅漢等造, 玄奘譯, 『阿毘達磨大毘婆沙論』 (『大正藏』 27권).
龍樹, 鳩摩羅什譯, 『中論』 (『大正藏』 30권).
訶梨跋摩, 鳩摩羅什譯, 『成實論』 (『大正藏』 32권).
世親造, 玄奘譯, 『阿毘達磨俱舍論』 (『大正藏』 29권).
彌勒, 玄奘譯, 『瑜伽師地論』 (『大正藏』 30권).
護法等造, 玄奘譯, 『成唯識論』 (『大正藏』 31권).
僧肇, 『肇論』 (『大正藏』 45권).
慧達, 『肇論疏』 (『卍續藏』 150권).
智顗, 『妙法蓮華經玄義』 (『大正藏』 33권).
吉藏, 『中觀論疏』 (『大正藏』 제42권).
____, 『大乘玄論』 (『大正藏』 45권).
____, 『二諦義』 (『大正藏』 45권).
窺基, 『大乘法苑義林章』 (『大正藏』 45권).
慧遠, 『大乘義章』 (『大正藏』 44권).
義淨, 『南海寄歸內法傳』 (『大正藏』 54권).
SUTTA-NIPĀTA, Pali Text Society, Oxford, 1990.
Nāgārjuna, *Śūnyatāsaptati* (Chr. Lindtner, Nagarjuniana, Motilal Banarsidass, 1982.)
宇井伯壽, 『佛教汎論』 (東京: 岩波書店, 1947).
安井廣濟, 『中觀思想の研究』 (京都: 法藏館, 1961. (김성환역, 서울: 문학생활사, 1989.))
保坂玉泉, 『唯識根本教理』 (京都: 鴻盟社, 1960).
講座·大乘佛教 『唯識思想』 8 (東京: 春秋社, 1982).
勝呂信靜, 『初期唯識思想の研究』 (京都: 春秋社, 1989).
平井俊榮, 『中國般若思想史研究』 (京都: 春秋社, 1976).
新田雅章, 『天台實相論の研究』 (京都: 平樂寺書店, 1980).
武邑尚邦, 『佛教思想辭典』 (東京: 教育新潮社, 1984).
高崎直道 編集, 『佛教·インド思想辭典』 (東京: 春秋社, 1987).
中村元 等編, 『岩波 佛教辭典』 (東京: 岩波書店, 1989).
『望月佛教大辭典』 제5권 (東京: 世界聖典刊行協會, 1961).
『佛光大辭典』 제1권 (臺灣: 佛光出版社, 1988).
耘虛龍夏, 『불교사전』 (서울: 동국역경원, 1961).
『韓國 佛教大辭典』 제5권 (서울:明文堂, 1982).
弘法院編輯, 『佛教大辭典』 (서울: 弘法院, 1988).
『伽山 佛教大辭林』 제7권, 서울: 伽山佛教研究院出版部, 2005).
T.R.V. Murti, *The Central Philosophy of Buddhism*, George Allen and Unwin Ltd, 1960.(김성철역, 서울: 경서원, 1995.)
우리사상연구소, 『우리말 철학사전』 (서울: 지식산업사, 2002-2003).
高麗大 민문연 한국사상연구소, 『자료와 해설: 한국의 철학사상』 (서울: 예문서원, 2002).

山崎龍明, 「眞宗二諦說の吟味」, 『印度學佛教學研究』 제19-1 (東京: 日本印度學佛教學會, 1970)
福原亮嚴, 「三性三無性の源流」, 『印度學佛教學研究』 제20-2 (東京: 日本印度學佛教學會, 1972)
田中正德, 「中論二諦について」, 『印度學佛教學研究』 제21-2 (東京: 日本印度學佛教學會, 1973)
安井廣濟, 「干潟龍祥博士による, 梵文善勇猛般若經の出版と般若經研究」, 『大谷學報』 제39-1호 (京都: 大谷學校, 1959)
金仁德, 「高句麗 三論思想의 展開」, 李智冠스님 華甲記念論叢 『韓國佛敎文化思想史』 (서울: 가산문고, 1992)
______, 「僧朗 相承 三論學의 三種中道論」, 『韓國佛敎學』 제24집 (서울: 한국불교학회, 1998)
김치온, 「唯識學에서의 二諦說에 대한 고찰」, 『회당학보』 (서울: 회당학보, 2002)

격의

1. 출전 근거

文謙譯, 『大明度經』(『大正藏』8권).
[梁]慧皎撰, 『高僧傳』(『大正藏』50권).
道安述, 『鼻奈耶序』(『大正藏』24권).
道安述, 『道行般若經序』(『大正藏』8권).
道安撰, 『合放光光贊略解序』(『出三藏記集』8권).
道安撰, 『安般注序』(『出三藏記集』8권).
僧肇撰, 『肇論』, (『大正藏』45권).
僧叡撰, 『毗摩羅詰堤經義疏序』(『出三藏記集』8권).
康僧會撰, 『法鏡經序』(『出三藏記集』6卷).
作者未詳, 『正誣論』([梁]僧祐撰, 『弘明集』1卷, (『大正藏』52권).
孫綽, 『喻道論』([梁]僧佑撰, 『弘明集』3卷, 『大正藏』52권).
[唐]元康撰, 『肇論疏』(『大正藏』45권).
[隋]吉藏撰, 『中觀論疏』 (『大正藏』42권).
[梁]釋僧祐撰, 蘇晋仁·蕭錬子點校, 『出三藏記集』(北京: 中華書局, 1995).
『明僧傳抄』(『中國哲學史教學資料匯編』(魏晋南北朝部份), 北京: 中華書局, 1963).
[南朝宋]劉義慶著, 劉孝標注, 徐嘉錫箋疏, 『世說新語箋疏』(上海: 上海古籍出版社, 1996).

2. 참고 문헌

湯用彤著, 『漢魏兩晋南北朝佛教史』(北京: 北京大學出版社, 1997).
呂澂著, 『中國佛學源流略講』(北京: 中華書局, 1979).
許抗生著, 『僧肇平傳』(南京: 南京大學出版社, 1998).
楊維中, 『佛教心性論』(南京: 南京大學博士學位論文, 1998).
金鎭戊, 『佛學與玄學關系研究』(南京: 南京大學校 哲學系 博士學位論文, 2001).
今井宇三郎, 「六家七宗論の成立」(日本: 『日本中國學會報』, 第七集, 1955).
晴山俊英, 「六家七宗論研究序說」(日本: 『駒澤大學佛教學部論集』, 第22號, 1991).
林傳芳, 「格義佛教思想之史的開展」(臺灣: 『華岡佛學學報』, 第2期, 1972).
劉貴傑, 「東晉道安思想析論」(臺灣: 『中華佛學學報』, 第4期, 1991).
黃寶珊, 「六家七宗格義問題與玄學關係之分析」(臺灣: 『普門學報』, 第26期, 2005).
陸世全, 「試論格義在佛教與中國文化融合過程中的作用」(中國: 『安徽大學學報(哲學社會科學版)』, 第2期, 1993).

중도

Dīgha Nikāya(이하 PTS本), Vol. Ⅰ, 187~188면.
Saṃyutta Nikāya, Vol. Ⅱ, p.17, p.36. Vol. Ⅳ, pp.330~331. Vol. Ⅴ, 421면.
Vinaya, Vol. Ⅰ, 10면.

『잡아함경(雜阿含經)』(『大正藏』 2권).
『중아함경(中阿含經)』(『大正藏』 1권).
『불설전유경(佛說箭喻經)』(『大正藏』 1권).
『백유경(百喻經)』(『大正藏』 4권).
『사분율(四分律)』(『大正藏』 22권).
『오분율(五分律)』(『大正藏』 22권).
『아비달마대비바사론(阿毘達磨大毘婆沙論)』(『大正藏』 27권).
『대반야바라밀다경(大般若波羅蜜多經)』(『大正藏』 5권).
『대방광불화엄경(大方廣佛華嚴經)』(『大正藏』 10권).
『묘법연화경(妙法蓮華經)』(『大正藏』 9권)
『대반열반경(大般涅槃經)』(『大正藏』 12권)
『대지도론(大智度論)』(『大正藏』 25권).
『중론(中論)』(『大正藏』 30권).
『대승광백론석론(大乘廣百論釋論)』(『大正藏』 30권).
『백론(百論)』(『大正藏』 30권).
『반야등론(般若燈論釋)』(『大正藏』 30권).
『유가사지론(瑜伽師地論)』(『大正藏』 30권).
『성유식론(成唯識論)』(『大正藏』 31권).
『섭대승론(攝大乘論)』(『大正藏』 31권).
『대혜도경종요(大慧度經宗要)』(『大正藏』 33권).
『인왕경소(仁王經疏)』(『大正藏』 33권).
『관음현의(觀音玄義)』(『大正藏』 34권).
『금강삼매경론(金剛三昧經論)』(『大正藏』 34권).
『법화종요(法華宗要)』(『大正藏』 34권).
『양권무량수경종요(兩卷無量壽經宗要)』(『大正藏』 37권).
『열반종요(涅槃宗要)』(『大正藏』 38권).
『중관론소(中觀論疏)』(『大正藏』 42권).
『대승의장(大乘義章)』(『大正藏』 44권).
『대승기신론소(大乘起信論疏)』(『大正藏』 44권).
『대승현론(大乘玄論)』(『大正藏』 45권, 19하, 20상).
『이제의(二諦義)』(『大正藏』 45권).
『화엄일승교의분제장(華嚴一乘教義分齊章)』(『大正藏』 45권).
『마하지관(摩訶止觀)』(『大正藏』).
『사교의(四教儀)』(『大正藏』 46권).
『종경록(宗鏡錄)』(『大正藏』 48권).
『진심직설(眞心直說)』(『大正藏』 48권).

체용

승조, 『조론』(『대정장』 45권)
길장, 『이제의』(『대정장』 45권)
담연, 『십불이문』(『대정장』 46권)
지례, 『십이문지요초』(『대정장』 46권)
지례, 『대방광불화엄경』(『대정장』 35)
법장, 『대방광불화엄경소』(『대정장』 35권)
법장, 『화엄경의해백문』(『대정장』 45권)
현장 역, 『아비달마대비바사론』(『대정장』 27권)
현장, 『성유식론』(『대정장』 31권)
혜능, 『육조대사법보단경』(『대정장』 48권)
종밀, 『선원제전집도서』(『대정장』 48권)
종밀, 『중화전심지선문사자승습도』(『속장경』 110책)
대혜종고, 『대혜보각선사어록』(『대정장』 47권)

원효, 『대승기신론소·별기』(『한불전』 1권)
견등, 『대승기신론동이략집본』(『한불전』 3권)
지눌, 『보조법어』
지눌, 『수심결』(『대정장』 48권)
지눌, 『진심직설』(『대정장』 48권)
기화, 『금강반야바라밀겨오가해설의』(『한불전』 7권)
기화, 『대방광원각수다라요의경설의』(『한불전』 7권)
『論語』
『大學』
『孟子』
『周易』
『詩經』
노자, 『道德經』
순자, 『荀子』
왕필, 『道德經注』
정호·정치, 『二程集』
주희, 『朱子語類』
『三蘇全書』
주희, 『中庸或問』
왕양명, 『傳習錄』
왕양명, 『王陽明全集』
섭쌍강, 『쌍강섭선생문집』
왕용계, 『용계왕선생전집』
장지동, 『권학편』
웅십력, 『신유식론』
웅십력, 『체용론』
웅십력, 『원유』
이황, 『퇴계선생문집』(한국문집총간 29,30)
『불교사전』(서울: 동국역경원 2002)
『망월불교대사전』(동경: 세계성전간행협회 1973)
『범화대사전』(동경: 영목학술재단 1986)
『민족문화대백과사전』(성남: 한국정신문화연구원 1991)
『불광대사전』(대만: 불광대사전편찬위)

식전변

1. 일차자료

『中阿含』 164경 (『대정장』 제 1권)
『雜阿含』 266경·267경 (『대정장』 제 2권)
『大方廣佛華嚴經』 제 9경 (『대정장』 제 10권)
『大寶積經』 109경 (『대정장』 제 11권)
『大乘密嚴經』 하권 (『대정장』 제 16권)
『俱舍論』 제 4권·제 13권·제 30권 (『대정장』 제 29권)
『大乘成業論』 (『대정장』 제 31권)
『瑜伽師地論』 제 93권 (『대정장』 제 30권)
『大乘阿毘達磨雜集論』 제 3권 (『대정장』 제 31권)
『唯識二十論』 (『대정장』 제 31권)
『唯識三十論頌』 (『대정장』 제 31권)
『成唯識論』 제 1권·제 7권 (『대정장』 제 31권)

2. 이차자료

『망월불교대사전』(東京: 世界聖典刊行協會)
『불교대사전』(서울: 홍법원)
『가산불교대사전』(서울: 가산불교문화연구원 출판부)

寺本婉雅 역주, 『安慧造唯識三十論疏』(동경: 소화 52년), pp.8-11·pp.97-100.
宇井伯壽, 『安慧護法唯識三十頌釋論』(동경: 1952년), pp.21-22·pp.110-117.
平川彰·梶山雄一·高崎直道편 李萬역, 강좌대승불교 8 『유식사상』(서울: 경서원, 1993), 제 4장, pp.156-192.

유식무경

『잡아함경』(『대정장』 2권)
『대승아비달마경』(『대정장』 31권)
『구사론』(『대정장』 29권)
『해심밀경』(『대정장』 16권)
『유가사지론』(『대정장』 30권)
『섭대승론』(『대정장』 31권)
『유식이십론』(『대정장』 31권)
『유식삼십송』(『대정장』 31권)
『성유식론』(『대정장』 31권)
『화엄경』(『대정장』 9·10권)
『법화경』(『대정장』 9권)
『대승기신론』(『대정장』 32권)

정토

1. 일차자료

1) 장경
『마하반야바라밀경』(『대정장』 8권)
『묘법연화경』(『대정장』 9권)
『대방광불화엄경』(『대정장』 9권)
『불설아미타경』(『대정장』 12권)
『불설무량수경』(『대정장』 12권)
『관무량수불경』(『대정장』 12권)
『불설대승무량수장엄경』(『대정장』 12권)
『불설반주삼매경』(『대정장』 13권)
『지장보살본원경』(『대정장』 13권)
『약사유리광칠불본원공덕경』(『대정장』 14권)

2) 논소
용수, 『십주비바사론』(『대정장』 26권)
세친, 『무량수경우바제사(왕생론)』(『대정장』 26권)
선도, 『관무량수불경소』(『대정장』 37권)
가재, 『정토론』(『대정장』 47권)
혜원, 『약방문류』(『대정장』 47권)
선도, 『관념아미타불상해삼매공덕법문』(『대정장』 47권)
선도, 『왕생예찬게』(『대정장』 47권)
도작, 『안락집』(『대정장』 47권)

담란, 『정토론주』(『대정장』40)
담란, 『약론안락정토의』(『대정장』47권)
法然, 『選擇本願念佛集』(『眞宗聖教全書』Ⅰ)
親鸞, 『歎異抄』(『眞宗聖教全書』Ⅱ)
親鸞, 『末燈鈔』(『眞宗聖教全書』Ⅱ)

2. 이차자료

1) 사전
『불교사전』(서울: 동국역경원 2002)
『망월불교대사전』(동경: 세계성전간행협회 1973)
『범화대사전』(동경: 영목학술재단 1986)
『佛敎語大辭典』(동경: 東京書籍 昭和56)

2) 논문
교양교재편찬위원회편, 『불교학개론』(서울: 동국대학교 출판부, 2000)
장휘옥, 『정토불교의 세계』(서울: 불교시대사, 1996)
최봉수, 『원시불교와 초기대승불교 사상』(서울: 탄허불교문화재단, 1996)
홍윤식, 『정토사상』(서울: 한겨레출판사, 1980)
불교문화연구원, 『한국정토사상연구』(서울: 동국대학교출판부, 1985)
이태원, 『염불의 원류와 전개사』(서울: 운주사, 1998)
김영태, 『한국불교사 개설』(서울: 경서원, 1986)
길희성, 『일본의 정토사상』(서울: 민음사, 1999)
望月信亨, 이태원역, 『중국정토교리사』(서울: 운주사, 1997)
坪井俊映, 이태원역, 『정토삼부경개설』(서울: 운주사, 1992)
坪井俊映, 한보광역, 『정토교개론』(서울: 여래장, 2000)
平川彰外編, 『淨土思想』, 講座·大乘佛敎5 (東京: 春秋社, 昭和58)
星野元豊, 『淨土 存在と意義』(京都: 法藏館, 昭和40)
香川孝雄, 『淨土敎の成立史的硏究』(東京: 山喜房佛書林, 1993)
石田充之, 『淨土敎敎理史』(京都: 平樂寺書店, 1962)
山口益, 『世親の淨土論』(京都: 法藏館, 1963)
望月信亨, 『淨土敎之硏究』(東京: 佛書硏究會, 1914)
강동균, 「대승불교에 있어서 정토사상의 의미」『정토학연구』창간호(서울: 한국정토학회, 1998)
홍윤식, 「정토교와 문화예술」『정토학연구』창간호(서울: 한국정토학회, 1998)
이태원, 「중국초기 정토신앙」『정토학연구』3집(서울: 한국정토학회, 2000)

일체

Majjhima-Nikāya(London: PTS, 1976).
Saṃyutta-Nikāya(London: PTS, 1976).
『中阿含經』(『大正藏』1권).
『雜阿含經』(『大正藏』2권).
『雜阿毘曇心論』(『大正藏』28권).
『阿毘達摩俱舍論』(『大正藏』29권).
Buddhaghosa, *Sārattha-ppakāsinī* (London: P.T.S, 1977).
Radhakrishnan, *The Principal Upaniṣads*(London: George Allen & Unwin, 1968).
和辻哲郎, 『原始佛敎の實踐哲學』(東京: 岩波書店, 1945).
바렐라·톰슨·로쉬 공저, 석봉래 옮김, 『인지과학의 철학적 이해(*The Embodied Mind: Cognitive Science and Human Experience*)』(서울: 도서출판 옥토, 1997).
고익진, 「아함법상의 체계성 연구」(동국대학교 대학원 석사학위청구논문, 1971).

삼제원융

1. 일차자료

경론류
『仁王經』 1권 (『大正藏』 8)
『珞經(菩薩瓔珞本業經)』 1권 (『大正藏』 24)
『梵網經』 2권 (『大正藏』 24)
『中論』 4권 (『大正藏』 30)

智顗의 찬술류
智顗, 『釋禪波羅蜜次第法門』 10권 (『大正藏 46)
智顗, 『方等三昧行法』 1권 (『大正藏』 46)
智顗, 『法華三昧懺儀』 1권 (『大正藏』 46)
智顗, 『六妙法門』 1권 (『大正藏』 46)
智顗, 『天台智者大師禪門口訣』 1권 (『大正藏』 46)
智顗, 『方等懺法(『國淸百錄)』 1권 (『大正藏』 46)
智顗, 『釋摩訶般若波羅蜜經覺意三昧』 1권 (『大正藏』 46)
智顗, 『法界次第初門』 6권 (『大正藏』 46)
智顗, 『修習止觀坐禪法要』 1권 (『大正藏』 46)
智顗, 『法華文句』 10권 (『大正藏』 34)
智顗, 『法華玄義』 10권 (『大正藏』 46)
智顗, 『摩訶止觀』 10권 (『大正藏』 46)
智顗, 『維摩經玄疏』 6권 (『大正藏』 38)
智顗, 『維摩經文疏』 28권 (『卍續藏』 28)
智顗, 『三觀義』 2권 (『卍續藏』 99)
智顗, 『四敎義』 12권 (『大正藏』 46)
智顗, 『觀心論』 1권 (『大正藏』 46)
智顗, 『金光明經玄義』 2권 (『大正藏』 39)
智顗, 『金光明經文句』 6권 (『大正藏』 39)
智顗, 『請觀音經疏』 1권 (『大正藏』 39)
智顗, 『觀音玄義』 2권 (『大正藏』 35)
智顗, 『觀音義疏』 2권 (『大正藏』 35)
智顗, 『仁王經疏』 5권 (『大正藏』 33)
智顗, 『觀無量壽佛經疏』 1권 (『大正藏』 37)
智顗, 『阿彌陀經義記』 1권 (『大正藏』 37)

湛然의 찬술류
湛然, 『法華文句記』 30권 (『大正藏 34)
湛然, 『法華玄義釋籤』 20권 (『大正藏 36)
湛然, 『止觀輔行傳弘決』 40권 (『大正藏 46)
湛然, 『止觀輔行搜要記』 10권 (『卍續藏 99)
湛然, 『止觀義例』 1권 (『大正藏 46)
湛然, 『止觀大意』 1권 (『大正藏 46)
湛然, 『三大部科文』 16권 (『卍續藏 43)
湛然, 『法華五百問論』 3권 (『卍續藏 100)
湛然, 『維摩經略疏 』 10권 (『大正藏 38)
湛然, 『維摩經疏記』 3권 (『卍續藏 28)
湛然, 『金剛錍論』 권 (『大正藏 46)
湛然, 『華嚴經骨目』 2권 (『大正藏 36)
湛然, 『觀心誦經記』 1권 (『卍續藏 99)
湛然, 『授菩薩戒儀』 1권 (『卍續藏 105)

湛然,『法華三昧補助儀』1권 (『大正藏 46)
湛然,『始終心要』1권 (『大正藏 46)
湛然,『法華經大意』1권 (『卍續藏 43)

湛然,『法華玄義科文』5권 (『卍續藏 43)
道邃,『法華玄義釋籤要決』10권 (『日佛全 15)
證眞,『法華玄義私記』10권 (『日佛全 21, 佛大本, 天台全)
癡空,『法華玄義釋籤講義』10권 (『佛大本, 天台全)
守脫,『法華玄義釋籤講述』10권 (『佛大本, 天台全)

諦觀,『天台四敎儀』1권 (『韓佛全 4)
無寄,『釋迦如來行蹟頌』2권 (『韓佛全 6)

2. 이차자료

趙明基,『高麗大覺國師와 天台思想』(서울: 경서원, 1991)
李永子,『韓國 天台思想의 展開』(서울: 민족사, 1993)
田村芳朗 梅原猛,『천태법화의 사상』, 李永子역 (서울: 민족사, 1992)
김성철,『중관사상』(서울: 민족사, 2006)
______,『중론- 논리로 부터의 해탈 논리에 의한 해탈-』(서울: 불교시대사, 2005)
前田慧雲,『天台宗綱要』(東京: 東洋大學出版部)
天台宗務廳教學部,『台學階梯』, 教觀講要, 天台發行所.
天台宗讀本,『谷慈弘』, 天台宗務廳教學部, 1939.
二宮守人,『天台の教義と信仰』, 國書刊行會, 1977.
島地大等,『天台教學史』(東京: 中山書院, 1978 (1929))
________,『教理と史論』(東京: 中山書院, 1931)
福田堯穎,『天台學概論』(東京: 三省堂, 1954).
________,『續 天台學概論』(東京: 文一出版, 1959).
山口光圓,『天台概說』(京都: 法藏館)
藤浦慧嚴,『天台教學と淨土教』, 淨土教報社, 1942.
石津照璽,『天台實相論の研究』, 創文社, 1980 (1947).
安藤俊雄,『天台性具思想論』(京都: 法藏館, 1953)
________,『天台思想史』(京都: 法藏館, 1959)
________,『天台學』, 平樂寺, 1969.
________,『天台學論集』, 平樂寺書店, 1975.
佐藤哲英,『天台大師の研究』, 百華苑, 1961.
________,『續 天台大師の研究』, 百華苑, 1981.
佐佐木憲德,『天台教學』, 百華苑, 1963 (1951).
__________,『天台緣起論展開史』, 永田文昌堂, 1953.
玉城康四郎,『心把捉の展開』, 山喜房佛書林, 1975 (1961).
日比宣正,『唐代天台學序說』, 山喜房佛書林, 1966.
________,『唐代天台學研究』, 山喜房佛書林, 1975.
新田雅章,『天台實相論研究』, 平樂寺, 1969.
________,『天台思想入門』, 第三文明社,1977.
________,『天台哲學入門』, 第三文明社, 1977.
田村芳朗, 梅原猛,『絕對の眞理 天台, 佛教の思想 5』(東京: 角川書店, 1970).
鎌田茂雄,『天台思想入門』(東京: 講談社, 1984)
鹽入良道 金剛秀友 編輯,『佛教內部における對論 佛教思想史 4』(京都: 平樂寺書店, 1981)

3. 사전류

耘虛스님, 『佛教辭典』 (서울: 東國譯經院, 1980)
觀應스님, 『佛教學大辭典』 (서울: 弘法院, 1996)
中村元, 佛教語大辭典 (東京: 東京書籍, 소화56년)

무상

1. 일차자료

Aṅguttara-nikāya III (Oxford: PTS, reprint 1989).
Dhammapada (Oxford: PTS, 1994).
Kathāvatthu, I, II (London: PTS, reprint 1979).
Saṃyutta-nikāya III (London: PTS, reprint 1975).
Sutta-nipāta (Oxford: PTS, reprint 1990).

Aṣṭasāhasrikā Prajñāpāramitā with Haribhadra's Commemtary called Aloka ed. P. L. Vaidya (The Mithila Institute of Post-Graduate studies and Research in Sanskrit Learning, 1960).

『金剛經』(『大正藏』8권).
『大般涅槃經』(『大正藏』12권).
『大智度論』(『大正藏』25권).
『辯中邊論』(『大正藏』31권).
『阿毘達磨俱舍論』(『大正藏』29권).
『維摩詰所說經』(『大正藏』14권).
『遊行經』(『大正藏』1권).
『雜阿含經』(『大正藏』2권).
『中阿含經』(『大正藏』1권).
『中論』(『大正藏』30권).
『顯揚聖教論』(『大正藏』31권).

2. 이차자료

가산 이지관, 『伽山 佛教大辭林, 권6』 (서울: 가산불교문화연구원, 2004)
Malalasekkera, G.P. *Encyclopaedia of Buddhism*, Vol. I Fascicle 4, (Colombo: The Government of Ceylon, 1965)
Nyanatiloka, *Buddhist Dictionary*(Kandy: Buddhist Publication Society, 1997)

고봉, 『高峰和尙 禪要』 (서울: 조계종 교재편찬위원회, 대한불교조계종 교육원, 1999)
김윤수, 『반야심경·금강경 읽기』 (서울: 마고북스, 2005)
권오민, 『아비달마불교』 (서울: 민족사, 2003)
_____, 『인도철학과 불교』 (서울: 민족사, 2004)
대한불교조계종 포교원, 『불교의 이해와 신행』 (서울: 조계종출판사, 2004)
일타 엮음, 『법공양문』 (서울: 효림, 1994)
월암, 『간화정로, 간화선을 말한다』 (부산: 현대북스, 2006)
조애너 메이시 저/ 이중표 역, 『불교와 일반시스템 이론』 (서울: 불교시대사, 2004)
초펠 편역, 『티벳 스승들에게 길을 묻는다면』 (서울: 하늘호수, 2005)
총카파 지음/ 청전 옮김, 『깨달음에 이르는 길, 람림』 (서울: 지영사, 2005)

Laszlo, *Introduction to Systems Philosophy,* (New York: Harper Torchbook, 1973)
Bertalanffy, Ludwig von, *Perspectives on Systems Theory,* (New York: Goeorge Braziller,

1975)
________, *General Systems- An Overview*, Gray William 외편, *General Systems Theory and Psychiatry,* (Boston: Little, Brown & Co., 1969)
Rospatt, Alexander von, *The Buddhist Doctrine of Momentariness: A Survey of the Origins and Early Phase of this Doctrine up to Vasubandhu*, (Stuttgart: Steiner, 1995)
Wan Doo Kim[미산], *The Theravadin Doctrine of Momentariness-A Survey of its Origins and Development*, (Oxford: D. Phil Thesis, Oxford University, 1999)

십현연기

1. 출전 근거

智儼,『搜玄記』(『大正新修大藏經』35권)
義相,『一乘法界圖』(『韓國佛敎全書』1권)
『一乘十玄門』(『大正新修大藏經』45권)
法藏,『華嚴一乘敎義分齊章』(『大正新修大藏經』45권)
法藏,『華嚴經旨歸』(『大正新修大藏經』45권)
法藏,『探玄記』(『大正新修大藏經』35권)
表員,『華嚴經文義要決問答』(『韓國佛敎全書』2권)
澄觀,『大方廣佛華嚴經疏』(『大正新修大藏經』35권)
澄觀,『大方廣佛華嚴經隨疏演義鈔』(『大正新修大藏經』36권)
澄觀,『大華嚴經略策』(『大正新修大藏經』36권)
澄觀,『華嚴法界玄鏡』(『大正新修大藏經』45권)
李通玄,『新華嚴經論』(『大正新修大藏經』36권)
李通玄,『略釋新華嚴經修行次第決疑論』(『大正新修大藏經』36권)
宗密,『圓覺經大疏』(『續藏經』14권)
宗密,『注華嚴法界觀門』(『大正新修大藏經』45권)
宗密,『禪源諸詮集都序』(『大正新修大藏經』48권)
延壽,『宗鏡錄』(『大正新修大藏經』48권)
均如,『釋華嚴敎分記圓通鈔』(『韓國佛敎全書』4권)
『法界圖記叢髓錄』(『韓國佛敎全書』6권)

2. 참고 문헌

金芿石,『華嚴學槪論』(서울: 법륜사, 1974)
平川彰, 鄭淳日 역, 講座 大乘佛敎 3『華嚴思想』(서울: 경서원, 1988)
空緣無得,『賢首法藏 華嚴學體系』(서울: 우리출판사, 1988)
高翊晋,『韓國古代佛敎思想史』(서울: 동국대출판부, 1989)
까르망 C 츠앙 저, 이찬수 옮김,『華嚴哲學』(서울: 경서원, 1990)
全海住,『義湘華嚴思想史研究』(서울: 민족사, 1993)
戒環,『中國華嚴思想史研究』(서울: 불광출판부, 1996)
정병삼,『의상 화엄사상 연구』(서울: 서울대출판부, 1998)
海住,『화엄의 세계』(서울: 민족사, 1998)
金天鶴 역주,『화엄경문의요결문답』(서울: 민족사, 1998)
黃圭燦,『新羅表員의 華嚴學』(서울: 민족사, 1998)
古鏡,『꽃으로 장엄한 부처님 바다(華嚴玄海)』(서울: 하늘북, 2000)
학담,『화엄종관행문』(서울: 조계종출판사, 2001)
학담,『화엄오교장』(서울: 조계종출판사, 2001)
鈴木宗忠,『原始華嚴哲學の研究』(東京: 大東出版社, 1934)
高峰了州,『華嚴思想史』(京都: 百華苑, 1942)
坂本幸男,『華嚴敎學の研究』(京都: 平樂寺書店, 1954)
石井·敎道,『華嚴敎學成立史』(京都: 平樂寺書店, 1964)

鎌田茂雄,『中國華嚴思想史の硏究』(東京: 東京大學出版會, 1965)
湯次了榮,『華嚴五敎章講義』(京都: 百華苑, 1975)
末綱恕一,『華嚴經の世界』(東京: 春秋社, 1976)
木村淸孝,『中國初期華嚴思想の硏究』(東京: 春秋社, 1977)
鎌田茂雄,『華嚴五敎章』『佛典講座』28(東京: 大藏出版株式會社, 1979)
鎌田茂雄,『華嚴の思想』(東京: 講談社, 1983)
吉津宜榮,『華嚴禪の思想史的硏究』(東京: 大東出版社, 1985)
木村淸孝,『大乘佛典-華嚴五敎章』(東京: 中央公論社, 1989)
吉津宜榮,『華嚴一乘思想の硏究』(東京: 大東出版社, 1991)
木村淸孝,『中國華嚴思想史』(京都: 平樂寺書店, 1992)
石井公成,『華嚴思想の硏究』(東京: 春秋社, 1996)

黃晟起,「華嚴敎學의 無盡緣起論」, 1957, 동국대학교 석사학위논문
張元圭,「華嚴敎學 完成期의 思想硏究」,『佛敎學報』11(서울 : 동대불교문화연구원, 1974)
李孝杰,「華嚴哲學의 思惟構造」, 1983, 고려대학교 석사학위논문
민병도,「十玄緣起無碍法門義」『東國思想』19, 1986
張戒環,「法藏의 一乘思想」『韓國佛敎學』14, 1990
申賢淑,「義湘의 華嚴法界緣起와 空觀 : 華嚴無碍 四法界의 時間과 空間論」『柳炳德博士華甲記念論叢』, 1990
明星,「華嚴法界緣起에 대한 小考」『脩多羅』7, 1992
황규찬,「十玄緣起의 無碍法門義 小考」『韓國佛敎學』20, 1995
楊政河, 慧一 역,「華嚴法界緣起觀 簡釋」『脩多羅』13, 1998

久保虎賀壽,「大悲の論理學」,『思想』, 101(東京: 岩波書店, 1930)
龜川敎信,「支那華嚴宗傳統と李通玄の立場」,『日華佛敎硏究會年報』支那諸宗と其祖師 6(京都: 日華佛敎硏究會, 1943)
坂本幸男,「法界緣起の歷史的形成」,『佛敎の根本眞理』(東京: 三省堂, 1955)
末綱恕一,「華嚴十玄考」,『鈴木大拙博士頌壽記念 佛敎と文化』(1960)
小林實玄,「華嚴觀門の展開と敎學の變遷, 原始華嚴より法藏まで」,『佛敎學硏究』20(京都: 龍谷大學佛敎學會, 1964)
小林實玄,「澄觀敎學の硏究, 華嚴觀門の展開と敎學の變遷」,『龍谷大學論集』377(京都: 龍谷大學, 1964)
小林實玄,「法界緣起の硏究序說」,『南都佛敎』19(奈良:南都佛敎硏究會, 1966)
鎌田茂雄,「中國の華嚴思想」,『講座 東洋思想』6(東京: 東京大學出版會, 1967)
結城令聞,「華嚴の初祖杜順と法界觀門の著者との問題」,『印度學佛敎學硏究』18-1(東京: 日本印度學佛敎學會, 1969)
木村淸孝,「李通玄における六相と十玄」,『印度學佛敎學硏究』40(東京: 日本印度學佛敎學會, 1972)
吉津宜榮,「華嚴五敎章の硏究」,『駒澤大學佛敎學部硏究紀要』36(東京: 駒澤大學, 1978)
日置孝彦,「捜玄記と一乘十玄門にみられる法界緣起の相違」,『印度學佛敎學硏究』54(東京: 日本印度學佛敎學會, 1979)
吉津宜榮,「澄觀の華嚴敎學と杜順の法界觀門」,『駒澤大學硏究紀要』38(東京:駒澤大學, 1980)
鎌田茂雄,「一乘法界圖の思想史的意義」,『新羅義湘の華嚴思想』(서울: 大韓傳統佛敎硏究院, 1980)
石井公成,「一乘十玄門の諸問題」,『佛敎學』12(東京: 佛敎思想學會, 1981)
小林實玄,「唯心廻轉門の變遷について」,『印度學佛敎學硏究』61(東京: 日本印度學佛敎學會, 1982)
吉津宜榮,「法藏の法界緣起說の形成と變容」,『平川彰博士古稀記念論集 佛敎思想の諸問題』(東京: 春秋社, 1985)
梅本薰,「中國華嚴における法界觀の硏究」,『龍谷大學大學院紀要』7(京都: 龍谷大學 文學硏究科, 1986)
織田顯祐,「華嚴一乘思想の成立史的硏究」,『華嚴學硏究』2(東京: 華嚴學硏究所, 1988)
李杏九,「義湘の法界緣起觀」,『印度學佛敎學硏究』95(東京: 日本印度學佛敎學會, 1999)

육상원융

1. 출전 근거

『六十華嚴』(『大正藏』 9권)
『八十華嚴』(『大正藏』 10권)
『華嚴經探玄記』(『大正藏』 35권)
『華嚴經義海百門』(『大正藏』 45권)
『華嚴經文義要決問答』(『韓佛全』 2권)
『華嚴五教章』(『大正藏』 45권)
『華嚴一乘法界圖』(『韓佛全』 2권)
『華嚴教分記圓通鈔』(『韓佛全』 4권)
『法界圖記叢髓錄』(『韓佛全』 6권)
『大乘義章』(『大正藏』 44권)
『十地經』(『大正藏』 10권)
『十地經論』(『大正藏』 26권)

2. 참고 문헌

龜川教信, 『華嚴學』(경도: 百華苑, 1949).
宇井伯壽, 『佛教凡論』(동경: 岩波書店, 1963).
湯次了榮, 『華嚴大系』(동경: 國書刊行會, 1975).
末綱恕一, 『華嚴經の世界』(동경: 春秋社, 1981).
鎌田茂雄, 『華嚴の思想』(동경: 講談社, 1983).
伊藤瑞叡, 『華嚴菩薩道の基礎的研究』, (경도 : 平樂寺書店, 1985).
김잉석, 『화엄학개론』(서울: 법륜사, 1986).
高峯了州, 『화엄사상사』, 계환(서울: 보림사, 1988).
鎌田茂雄, 『화엄의 사상』, 한형조(서울: 고려원, 1989).
계환, 『중국화엄사상사연구』, (서울: 불광출판사, 1996).
대한불교조계종교육원 역경위원회 편, 『화엄오교장』(서울: 조계사출판사, 2001).
坂本幸男, 「法界緣起の歷史的形成」, (宮本正尊編, 『佛教の根本眞理』(동경: 三省堂, 1957).
日野泰道, 「華嚴に於ける六相說の思想史的考察」, 『大谷學報』33-2 (京都: 大谷學校, 1975).
계환, 「법장의 교상즉관법에 대하여」, 『한국불교학』 18 (서우리 한국불교학회, 1993).
전호련, 「화엄육상설연구」, 『불교학보』 31 (서울: 불교문화연구원, 1994).
안형관 외(外) 「화엄불교의 육상원융과 기능적 가족」, 『한국동서정신과학회지』 4 (서울: 한국동서정신과학회, 2001).
계환, 「화엄의 법계연기론」, 『보조사상』 17 (서울: 불일출판사, 2002).
이재욱 외(外) 「화엄불교의 육상원융사상과 노인의 가족치료」, 『한국동서정신과학회지』 6 (서울: 한국동서정신과학회, 2003).

연기인문육의법

1. 출전 근거

智儼, 『大方廣佛華嚴經搜玄分齊通智方軌』(『大正藏』 35권)
智儼, 『華嚴五十要問答』(『大正藏』 45권)
智儼, 『華嚴經內章門等雜孔目章』(『大正藏』 45권)
法藏, 『華嚴五教章』(『大正藏』 45권)
無着菩薩造, 眞諦譯, 『攝大乘論』(『大正藏』 31권)
無着菩薩造, 玄奘譯, 『攝大乘論本』(『大正藏』 31권)
世親菩薩釋, 眞諦譯, 『攝大乘論釋』(『大正藏』 31권)
護法等菩薩造, 『成唯識論』(『大正藏』 31권)
均如說, 『釋華嚴教分記圓通鈔』(『韓國佛教全書』 4권)

壽靈, 『華嚴五教章指事』(『大正藏』 72권)

2. 참고 문헌

기무라 기요타카 지음, 정병삼 외 역, 『중국화엄사상사』 (서울: 민족사, 2005)
균여설, 김두진 역, 『석화엄교분기원통초』 (서울: 동국역경원, 1997)
법장저, 학담 편역, 『화엄오교장』 (서울: 대한불교조계종교육원, 2001)
해주, 『화엄의 세계』 (서울: 민족사, 1998)
木村清孝, 『初期中国華厳思想の研究』 (東京: 春秋社, 1977)
竹村牧男, 『唯識の探究』 (東京: 春秋社, 1992)

수십전유

1. 출전 근거

60권 『華嚴經』 (『大正藏』 9권).
80권 『華嚴經』(『大正藏』 10권).
智儼, 『搜玄記』(『大正藏』 35권).
智儼, 『一乘十玄門』(『大正藏』 45권).
法藏, 『華嚴五教章』(『大正藏』 45권).
元曉, 『華嚴經疏』(『韓佛全』 1권).
義湘, 『一乘法界圖』(『韓佛全』 2권).
表員, 『華嚴經文義要決問答』(『韓佛全』 2권).
均如, 『一乘法界圖圓通記』(『韓佛全』 4권).
均如, 『十句章圓通記』(『韓佛全』 4권).
均如, 『釋華嚴教分記圓通鈔』(『韓佛全』 4권).
均如, 『釋華嚴旨歸章圓通鈔』(『韓佛全』 4권).
均如, 『華嚴經三寶章圓通記』(『韓佛全』 4권).
編者 未詳, 『法界圖記叢髓錄』(『韓佛全』 6권).
壽靈, 『華嚴五教章指事』(『大正藏』 72권).
審乘, 『華嚴五教章問答抄』(『大正藏』 72권).

2. 참고 문헌

高翊晋, 『한국고대불교사상사』 (서울: 동대출판부, 1989).
義相 撰·金知見 譯, 『一乘法界圖合詩一印』 (서울: 초롱, 1997).
金相鉉, 『신라화엄사상사연구』 (서울: 민족사, 1991).
대한불교조계종교육원 編, 『화엄오교장』 (서울: 조계종출판사, 2001).
불교사학회 編, 『한국화엄사상사연구』 (서울: 민족사, 1990).
李道業, 『화엄경사상연구』 (서울: 민족사, 1998).
全海住, 『의상화엄사상사연구』 (서울: 민족사, 1992).
全海住, 『화엄의 세계』 (서울: 민족사, 1998).
表員 集·金知見 감수/金天鶴 역주, 『화엄경문의요결문답』 (서울: 민족사, 1998).
中村 元 外/釋元旭 번역, 『화엄사상론』 (서울: 문학생활사, 1988).
無比 편찬, 『화엄경』 1~10권, (서울: 민족사, 1994).
黃圭燦, 『新羅表員의 華嚴學』 (서울: 민족사, 1998).
鎌田茂雄, 『화엄의 사상』, 한형조(서울: 고려원, 1987).
戒環(張愛順), 「중국불교의 相卽論에 대한 고찰」, 『韓國佛教學』 제30집 (서울: 한국불교학회, 2001).
고영섭, 「균여의 周側學」, 『白蓮佛教論集』 제9집 (서울: 성철사상연구원, 1999).
박서연, 「의상 數十錢法의 특징과 그 傳承에 관한 고찰」, 『한국불교학결집대회논집』 제2집 상권 (서울: 한국불교학회, 2004).

박은정, 「華嚴一乘十玄門」 연구, 동국대 대학원 석사학위 논문, 2004.
석길암, 「元曉의 普法華嚴思想 硏究」, 동국대 대학원 박사학위 논문, 2003.
이중표, 「불교에서 보는 인간과 자연」, 『불교학연구』 제2호 (서울: 불교학연구회, 2001).
全海住, 「화엄교학의 數十錢喩에 대한 고찰」, 『明星스님 고희기념 불교학논문집』, 2000.
全海住, 「法藏의 數十錢喩에 대한 考察」, 『한국불교학』 제27집 (서울: 한국불교학회, 2000).
全海住, 「義湘의 法性과 法界觀」, 『한국불교학결집대회논집』 제1집, 2002.
全海住, 「均如の數十錢說について」, 『印度學佛敎學硏究』 제50권 제2호 (동경: 일본인도학불교학회, 2002).
정병삼, 「균여 法界圖圓通記의 화엄사상」, 『한국학연구』 제7집, 1997.
趙敦圭, 「均如의 華嚴思想 연구」, 동국대 대학원 석사학위 논문, 1998.
黃圭燦, 「신라 表員의 화엄요의문답 연구」, 동국대 대학원 박사학위 논문, 1996.
木村清孝, 「智儼における十の觀念」, 『印度學佛敎學硏究』 16-2 (동경: 일본인도학불교학회, 1968).

우리말 불교개념 사전

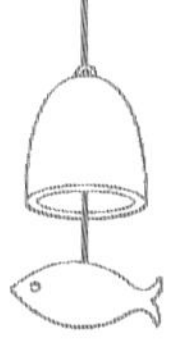

찾아보기

(ㅈ)